Novo

David Conrad

Minidicionário Escolar Inglês

INGLÊS/PORTUGUÊS ❖ PORTUGUÊS/INGLÊS

Copyright © 2025 do texto e ilustrações: Editora DCL

Direção Editorial: Rogério Rosa
Autoria e Coordenação: David Conrad
Diagramação: Casa Editorial Maluhy & Co.
Finalização de Texto: André Leonardo Majer

**Texto em conformidade com as regras do
Novo Acordo Ortográfico da Língua Portuguesa.**

**Dados Internacionais de Catalogação na Publicação (CIP)
(Câmara Brasileira do Livro, SP, Brasil)**

Conrad, David
  Minidicionário escolar de inglês : inglês – português,
português – inglês / David Conrad. – São Paulo : DCL, 2025.

ISBN 978-65-5658-333-4

1. Inglês - Dicionário – Português
2. Português – Dicionário – Inglês. I. Título.

99-3726

CDD-423.69
-469.32

Índice para catálogo sistemático:

1. Inglês : Dicionário   469.32

Impresso na Índia

Editora DCL – Difusão Cultural do Livro
Av. Marquês de São Vicente, 1619, Cj. 2612 — Barra Funda
CEP 01139-003 — São Paulo — SP
Tel.: (11) 3932-5222
www.editoradcl.com.br

APRESENTAÇÃO

Como organizador deste minidicionário, que possui mais de 40 mil verbetes, julgo oportuno informar nesta apresentação, de uma maneira bem resumida, os princípios que nortearam a sua elaboração, uma vez que ao nosso ver não se trata de apenas mais uma obra colocada no mercado com propósitos meramente atualizadores, mas uma obra que visa respaldar o consulente de uma maneira mais ampla, mais consentânea.

Pelo menos em termos de ideais, o meu desejo foi o de, sempre que possível, desenvolver em cada sinônimo, em cada verbete, uma conceituação mais ampla, visando a absoluta absorção do que precisa ser retido, pois parece comum que, assim que fechamos o dicionário, em razão dos diversos conceitos que uma palavra possui, além da pronúncia, ocorra uma fuga daquilo que foi consultado, portanto um esquecimento momentâneo. Assim, só para exemplificar, no verbete **GREGORIAN**, além da pronúncia e do seu correspondente em português, acrescentei um conteúdo histórico, para facilitar o processo de memorização.

Por outro lado, quanto à pronúncia, procurei simplificá-la ao máximo, buscando interpretá-la segundo um carater bastante aproximativo do seu original, considerando que em nossa língua não possuimos determinados sons existentes na língua inglesa, em concordância com as observações depreendidas dos inúmeros contatos que mantenho com pessoas interessadas no estudo e no aprendizado do Inglês e do Português.

Por fim, tenho a necessidade de projetar que o pessoal envolvido neste trabalho, pessoal altamente qualificado, porquanto são professores e interessados na divulgação da cultura e desta língua universal, pessoas as quais tive o privilégio e o prazer, além da honra, de conviver como dirigente, pessoas que entenderam como entendem, em consonância com o meu próprio pensamento de que não somos os autores do dicionário, mas sim meramente coordenadores, visto como as palavras de uma língua são de patrimônio popular; que abriram mão de qualquer menção pessoal, porquanto, além de serem profissionais, possuem a filosofia inerente em suas almas de servir, a elas, portanto, o meu mais profundo agradecimento, com a certeza de que cumprimos com Paz Profunda, com sucesso e em conjunto, mais um objetivo de nossas vidas, os quais, com a ajuda de Deus Todo Poderoso, não será seguramente a última, mas apenas o começo daquilo que a nós nos foi reservado perseguir como parte de nossa vocação humana...

David Conrad

Sumário

3 .... **Apresentação**

5 .... **Universo Idiomático**

17 .... **Conversação Geral**
- Expressões e Frases Úteis
- Afirmando
- Perguntando e Respondendo
- Apresentando
- Negações

26 .... **Situações e Lugares**
- No Aeroporto
- No Hotel
- No Restaurante
- Comprando
- Direções e Viagens

33 .... **Abreviaturas**

35 .... **Inglês/Português**

271 .... **Português/Inglês**

437 .... **Apêndices**
- Verbetes de Informática
- Questões Gramaticais que causam Confusão
- Verbos Irregulares

Universo Idiomático

Alguns países que falam a língua inglesa:

dólar

Obs.: Os Estados Unidos são compostos de 50 estados, dos quais dois não pertencem ao seu território contínuo: Alasca e Havaí.

ESTADOS UNIDOS
Nome oficial: Estados Unidos da América.
Área: 9.363.520 km².
População: 305,8 milhões de habitantes.
Capital: Washington D. C.
Cidades principais: Nova York, Chicago, Los Angeles, Filadélfia e Boston.
Unidade monetária: dólar americano.
Idioma: inglês.
Gentílico: norte-americano ou estadunidense.
Religião: protestante.
Rios principais: Mississipi-Missouri, Yukon, Bravo ou Grande do Norte, Colorado e Columbia.

6

REINO UNIDO (R.U.)
Nome oficial: Reino Unido da Grã-Bretanha e Irlanda do Norte.
Área: 244.100 km².
População: 60,7 milhões de habitantes.
Capital: Londres.
Cidades principais: Londres, Manchester, Birmingham, Leeds e Liverpool.
Unidade monetária: libra esterlina.
Idiomas: inglês, gaélico e galês.
Gentílico: britânico e inglês.
Religião: protestante anglicana.
Rios principais: Severn, Tâmisa, Trent, Ouse e Wye.

ÁFRICA DO SUL (AFS)
Nome oficial: República da África do Sul.
Área: 1.221.037 km².
População: 48,5 milhões de habitantes
Capitais: Cidade do Cabo (legislativa), Pretória (administrativa), Bloemfontein (judiciária).
Cidades principais: Pretória, Johannesburgo, Cidade do Cabo, Durban e Port Elizabeth.
Unidade monetária: rand.
Idiomas: inglês e africâner, sepédi, sessoto, setsuana (oficiais).
Gentílico: sul-africano.
Religião: cristianismo (anglicanos, reformistas, católicos, metodistas, luteranos, outros).
Rios principais: Orange, Limpopo, Vaal, Olifants, Caledon.

ANTÍGUA E BARBUDA (ATG)
Nome oficial: Antígua e Barbuda.
Área: 440 km².
População: 81.200 habitantes.
Capital: Saint John's.
Cidades principais: Saint John's e Codrington.
Unidade monetária: dólar do Caribe Oriental.
Idioma: inglês.
Gentílico: antiguano.
Religião: católica e anglicana.

AUSTRÁLIA
Nome oficial: Comunidade da Austrália.
Área: 7.713.364 km².
População: 20,7 milhões de habitantes.
Capital: Camberra.
Cidades principais: Sydney, Melbourne, Brisbane, Adelaide e Perth.
Unidade monetária: dólar australiano.
Idioma: inglês.
Gentílico: australiano.
Religião: anglicanismo.
Rios principais: Murray, Darling, Murrumbidgee, Lachland e Flinders.

BAHAMAS (BAH)
Nome oficial: Comunidade das Bahamas.
Área: 13.878 km².
População: 331.277 habitantes.
Capital: Nassau.
Cidades principais: Nassau, Freeport e Marsh Harbour.
Unidade monetária: dólar das Bahamas.
Idioma: inglês.
Gentílico: bahamense.
Religiões: anglicana, batista e católica.
Rio principal: Andros.

BARBADOS (BAR)
Nome oficial: Barbados.
Área: 430 km².
População: 293.894 habitantes.
Capital: Bridgetown.
Cidades principais: Bridgetown e Splightstown.
Unidade monetária: dólar de Barbados.
Idioma: inglês.
Gentílico: barbadiano.
Religião: anglicana.
Rio principal: Constitution.

BELIZE (BZL)
Nome oficial: Belize.
Área: 22.965 km².
População: 287.698 habitantes.
Capital: Belmopan.
Cidades principais: Belise City, Orange Walk e San Ignacio.
Unidade monetária: dólar de Belize.
Idiomas: inglês.
Gentílico: belizenho.
Religião: cristianismo.
Rios principais: Belize e Mopán.

BOTSUANA (BOT)
Nome oficial: República da Botsuana.
Área: 581.730 km².
População: 1,8 milhão de habitantes.
Capital: Gaborone.
Cidades principais: Gaborone, Francistown e Selebi Phikwe.
Unidade monetária: pula.
Idiomas: inglês.
Gentílico: betchuano.
Religiões: animista e católica.
Rios principais: Okavango, Limpopo.

CAMAROES
Nome oficial: República de Camarões.
Área: 475.442 km².
População: 18,5 milhões de habitantes.
Capital: Iaundê.
Cidades principais: Iaundê, Douala e Garoua.
Unidade monetária: franco CFA.
Idiomas: francês e inglês.
Gentílico: camaronês.
Religião: católica romana, animista e islamismo sunita.
Rios principais: Sanaga e Niong.

CANADÁ (CAN)
Nome oficial: Canadá.
Área: 9.976.139 km².
População: 32,8 milhões de habitantes.
Capital: Ottawa.
Cidades principais: Montreal, Toronto, Vancouver e Hamilton.
Unidade monetária: dólar canadense.
Idiomas: inglês e francês.
Gentílico: canadense.
Religiões: católica e protestante.
Rios principais: Mackenzie, Yukon, São Lourenço, Columbia. Athabaska e Fraser.

DOMINICA (DMO)
Nome oficial: Comunidade Dominicana.
Área: 751 km².
População: 69.625 habitantes.
Capital: Roseau.
Cidades principais: Roseau, Portsmouth e Marigot.
Unidade monetária: dólar do Caribe Oriental.
Idiomas: inglês.
Gentílico: dominicano.
Religião: católica romana.
Rios principais: Layou, Rosseau e Clyde.

GÂMBIA (GAM)
Nome oficial: República do Gâmbia.
Área: 11.295 km².
População: 1,7 milhão de habitantes.
Capital: Banjul.
Cidades principais: Serekunda, Banjul, Brikama e Bakau.
Unidade monetária: dalasi.
Idiomas: inglês.
Gentílico: gambiano.
Religiões: islamismo sunita e animismo.
Rio principal: Gâmbia.

GANA (GAN)
Nome oficial: República de Gana.
Área: 238.538 km².
População: 19,5 milhões de habitantes.
Capital: Acra.
Cidades principais: Acra, Kumasi, Tamale e Tema.
Unidade monetária: cedi novo.
Idiomas: inglês.
Gentílico: ganense.
Religiões: protestante e islamismo sunita.
Rios principais: Volta, Volta Negro, Volta Branco e Tano.

GRANADA (GRA)
Nome oficial: Granada.
Área: 344 km².
População: 105.668 habitantes.
Capital: St. George's.
Unidade monetária: dólar do Caribe Oriental.
Idiomas: inglês.
Gentílico: granadino.
Religião: católica.

GUIANA (GUY)
Nome oficial: República Cooperativa da Guiana.
Área: 214.969 km².
População: 737.907 habitantes.
Capital: Georgetown.
Cidades principais: Georgetown, Linden e Nova Amsterdã.
Unidade monetária: dólar da Guiana.
Idiomas: inglês.
Gentílico: guianense.
Religiões: hinduísmo, protestante e católica romana.
Rios principais: Essequibo, Corantjin, Berbice, Demerara, Mazaruni e Cuyuni.

ILHAS MARSHALL (MAR)
Nome oficial: República das Ilhas Marshall.
Área: 181 km².
População: 54.600 habitantes.
Capital: Dalap-Uliga-Darrit.
Cidades principais: Majuro e Ebeye.
Unidade monetária: dólar americano.
Idiomas: inglês e marshallês.
Gentílico: marshallino.
Religião: protestante.

ILHAS SALOMAO (SAL)
Nome oficial: Ilhas Salomão.
Área: 28.896 km².
População: 495.600 habitantes.
Capital: Honiara.
Cidades principais: Honiara, Gizo e Auki.
Unidade monetária: dólar das Ilhas Salomão.
Idiomas: inglês.
Gentílico: salomônico.
Religiões: anglicana e católica.

IRLANDA (IRL)
Nome oficial: República da Irlanda (Eire).
Área: 70.284 km².
População: 4,3 milhões de habitantes.
Capital: Dublin.
Cidades principais: Dublin, Cork, Limerick e Galway.
Unidade monetária: euro.
Idiomas: irlandês e inglês.
Gentílico: irlandês.
Religião: católica.
Rio principal: Shannon.

ÍNDIA (IND)
Nome oficial: República da Índia.
Área: 3.287.590 km².
População: 1.169 bilhão de habitantes.
Capital: Nova Délhi.
Cidades principais: Calcutá, Mumbai, Madras e Bangalore.
Unidade monetária: rúpia indiana.
Idiomas: hindu e inglês.
Gentílico: indiano.
Religião: hinduísmo.
Rios principais: Indo, Bramaputra, Ganges, Gadavari e Narbada.

JAMAICA (JAM)
Nome oficial: Jamaica.
Área: 10.990 km².
População: 2,7 milhões de habitantes.
Capital: Kingston.
Cidades principais: Kingston e Montego Bay.
Unidade monetária: dólar jamaicano.
Idioma: inglês.
Gentílico: jamaicano.
Religião: protestante.

LESOTO (LES)
Nome oficial: Reino de Lesoto.
Área: 30.355 km².
População: 2 milhões de habitantes.
Capital: Maseru.
Cidades principais: Maseru, Mafeteng e Maputsoe.
Unidade monetária: loti.
Idiomas: sessoto e inglês.
Gentílico: lessoto.
Religiões: católica e anglicana.
Rios principais: Orange, Caledon, Komets Pruit, Singunyane e Malibamatso.

LIBÉRIA (LBR)
Nome oficial: República da Libéria.
Área: 111.369 km².
População: 3,7 milhões de habitantes.
Capital: Monróvia.
Cidades principais: Monróvia, Harper e Gbarnga.
Unidade monetária: dólar liberiano.
Idiomas: inglês.
Gentílico: liberiano.
Religião: cristianismo e islamismo.
Rios principais: Dougava, Gauja, Balupe, Venta e Lielupe.

MALAUÍ (MLW)
Nome oficial: Malauí.
Área: 118.484 km².
População: 13,9 milhões de habitantes.
Capital: Lilongue.
Cidades principais: Blantyre, Lilongue e Mzuzu.
Unidade monetária: cuacha malauiana.
Idiomas: inglês e chicheua.
Gentílico: malauiano.
Religião: cristianismo e crenças locais.
Rios principais: Shiré, Bua, Dwangwa, Lilongue e South Ruhuru.

MALTA (MLT)
Nome oficial: República de Malta.
Área: 316 km².
População: 406.583 habitantes.
Capital: Valeta.
Cidades principais: Sliema, Birkirkara e Qormi.
Unidade monetária: lira maltesa.
Idiomas: maltês e inglês.
Gentílico: maltês.
Religião: católica.

MAURÍCIO (MAU)
Nome oficial: República de Maurício.
Área: 2.040 km².
População: 1,2 milhão de habitantes.
Capital: Port Louis.
Cidades principais: Port Louis, Curepipe e Beau Bassin.
Unidade monetária: rúpia mauriciana.
Idiomas: inglês.
Gentílico: mauriciano.
Religião: hinduísmo e católica.
Rios principais: Poste, Créoles, Chaux e Tabac.

MICRONÉSIA
Nome oficial: Federação dos estados da Micronésia.
Área: 707 km².
População: 418 mil habitantes.
Capital: Palikir.
Cidades principais: Moen, Colonia.
Unidade monetária: Dólar americano.
Idiomas: Línguas regionais e inglês.
Gentílico: micronésio.
Religião: Protestantismo e católica.

NIGÉRIA (NIG)
Nome oficial: República Federal da Nigéria.
Área: 923.768 km².
População: 148 milhões de habitantes.
Capital: Abuja.
Cidades principais: Lagos, Ibadan, Kano e Ogbomosho.
Unidade monetária: naira.
Idiomas: inglês.
Gentílico: nigeriano.
Religião: islamismo e protestante.
Rios principais: Níger, Benue, Sokoto, Komadugu Gana, Gurara, Kaduna, Donga, Gross e Zamfara.

NAMÍBIA (NAM)
Nome oficial: República da Namíbia.
Área: 824.292 km².
População: 2 milhão de habitantes.
Capital: Windhoek.
Cidades principais: Windhoek, Swakopmund e Rundu.
Unidade monetária: dólar namibiano.
Idiomas: inglês.
Gentílico: namibiano.
Religião: cristianismo.
Rios principais: Orange, Okavango, Cunene.

NOVA ZELÂNDIA (NZL)
Nome oficial: Nova Zelândia.
Área: 270.984 km².
População: 4,1 milhões de habitantes.
Capital: Wellington.
Cidades principais: Auckland, Christchurch, Manukau e Nortshore.
Unidade monetária: dólar da Nova Zelândia.
Idiomas: inglês e maori.
Gentílico: neozelandês.
Religião: cristianismo.
Rios principais: Waitaki, Clutha e Arthur.

PAPUA NOVA GUINÉ (PNG)
Nome oficial: Estado Independente de Papua Nova Guiné.
Área: 462.840 km².
População: 6,3 milhões de habitantes.
Capital: Port Moresby.
Cidades principais: Portmoresby, Lae, Wewak e Madang.
Unidade monetária: kina.
Idiomas: inglês e motu.
Gentílicos: papuásio e papua.
Religião: protestante.
Rios principais: Fly, Kikori, Purari e Ramu.

RUANDA (RUA)
Nome oficial: República Ruandesa.
Área: 26.338 km².
População: 9,7 milhões de habitantes.
Capital: Kigali.
Cidades principais: Kigali, Ruhengeri, Butare e Gisenyi.
Unidade monetária: franco da Ruanda.
Idiomas: francês, quiniaruanda e inglês.
Gentílico: ruandês.
Religião: cristianismo e animista.
Rios principais: Kagera, Niabarongo, Akangera e Ruzizi.

SAMOA OCIDENTAL (WSA)
Nome oficial: Estado Independente de Samoa Ocidental.
Área: 2.831 km².
População: 187.026 habitantes.
Capital: Ápia.
Cidade principal: Ápia.
Unidade monetária: tala.
Idiomas: samoano e inglês.
Gentílico: samoano.
Religião: congregacionista, católica e metodista.

SANTA LÚCIA (SLU)
Nome oficial: Santa Lúcia.
Área: 622 km².
População: 164.923 habitantes.
Capital: Castries.
Cidade principal: Castries.
Unidade monetária: dólar do Caribe Oriental.
Idiomas: inglês.
Gentílico: santa-lucense.
Religião: católica.
Rios principais: Canelles e Roseau.

SAO CRISTÓVAO E NÉVIS (CRI)
Nome oficial: Federação de São Cristóvão e Névis.
Área: 261 km².
População: 40.400 habitantes.
Capital: Basseterre.
Cidades principais: Basseterre e Charlestown.
Unidade monetária: dólar do Caribe Oriental.
Idioma: inglês.
Gentílico: são-cristovense.
Religião: cristianismo.

SAO VICENTE E GRANADINAS (SVG)
Nome oficial: São Vicente e Granadinas.
Área: 388 km².
População: 120.398 habitantes.
Capital: Kingstown.
Cidade principal: Kingstown.
Unidade monetária: dólar jamaicano.
Idiomas: inglês.
Gentílico: são-vicentino.
Religião: protestante e católica.
Rios principais: Colonaire e Cumberland.

15

Dias da semana	Days of the week	Dêiz ov dhe uik
domingo	sunday	sandei
segunda	monday	mondei
terça	tuesday	tíuzdei
quarta	wednesday	uénzdei
quinta	thursday	thárzdei
sexta	friday	fraidei
sábado	saturday	séturdei

Meses do ano	Months of the year	Manfs ov dhe iar
janeiro	january	djenueri
fevereiro	february	februeri
março	march	márch
abril	april	êipril
maio	may	mêi
junho	june	djíunn
julho	july	djulái
agosto	august	ógust
setembro	september	septembar
outubro	october	octoubar
novembro	november	nouvembar
dezembro	december	dissembar

Estações do ano

primaveras	spring	sprinn
verão	summer	sámer
outono	fall	fóul
inverno	winter	uinter

Cores Colors kólãrz

- amarelo / yellow / "ielou"
- azul-marinho / navy-blue / "nêivi-blu"
- branco / white / "huáit"
- azul / blue / "blu"
- cinza / grey / "grêi"
- cor de vinho / burgundy / "bêrgandi"
- creme / cream / "krimm"
- lilás / lilac / "láilek"
- cor-de-rosa / pink / "pink"
- preto / black / "blek"
- verde / green / "grinn"
- marrom / brown / "braunn"
- verde-escuro / dark green / "dark grinn"
- verde-claro / light green / "lait grinn"
- vermelho / red / "red"
- roxo / purple / "pârpol"

Conversação Geral
Expressões e frases úteis

Thank you/ Thanks.
"Tank iú tênks"
Obrigado.

Thank you very much.
"Tank iú veri mãtchi"
Muito obrigado.

You're ou You are welcome.
"Iú aer uélcam"
Seja bem-vindo.

Not at all
"Nót'ét ól"
De nada /
Não tem de que /
Não, de modo algum.

Good morning.
"Gud mórning"
Bom dia.

Good afternoon.
"Gud afternun"
Boa tarde.

Good evening. (ao entardecer)
"Gud ivinim"
Boa noite.

Good night.
Gud náigt.
Boa noite.

How are you?
"Ráu ár iú?"
Como vai?

How do you do? (apresentando-se)
"Ráu ár dú iú dú?"
Como vai passando? / muito prazer

It's very kind of you.
"Iris véri káind óv iú"
É muita bondade sua.

Who's there?
"Rús dhér?"
Quem é?

What do you want?
"Uót du iú'ânt?"
O que você deseja?

what time is?
"Uát' táimi is?"
Que horas são?

Listen to me.
"Lísen tchú mi"
Me escute.

Bye-bye./ Good bye.
"Bai-bai / Gud bai"
Adeus.

So long.
"Sô long"
Até logo.

See you later.
"Si'iú leitér"
Vejo você mais tarde.

What do you call this?
"Uót du iú ból dhês?"
Como se chama isto?

See you tomorrow.
"Si'iú tchu'mórou"
Vejo-o amanhã.

What's the matter?
"Uáts dhâ mâdder?"
O que acontece? / Qual é o problema?

It's time to go away.
"It's táimi tu gou auei"
É hora de ir embora.

I need to leave.
"Ai nid tchú livi"
Preciso partir!

Ai uânt ah épou pai.
Quero uma torta de maçã.

I want an apple pie.

19

"Follow me."
"Fólôu'mi"
Siga-me.

Apologize me.
"Apólo'jaiss mi"
Desculpe-me

Mind.
"Máind"
Preste atenção, tome cuidado.

I'm late!
"Aim leiti!"
Estou atrasado!

I don't care.
"Ái donnt kér"
Não me importo.

Take care!
"Têik kér!"
Tome cuidado!

Come in.
"Câm'in"
Entre.

It's your turn.
"Ítis iór târn"
É sua vez.

Sit down.
"Sít dáun"
Sente-se.

Get up.
"Guét'áp"
Levante-se.

Stand up.
"Stênd'áp"
Levante-se.

Go on.
"Gôu'ôn"
Vá em frente / Prossiga.

Keep out.
"Kip áut"
Proibido entrar.

One way street.
"Uân uêi istrit"
Mão única.

So am I.
"Sô êm ai"
Eu também.

I'm sure.
"Á'em chúr"
Tenho certeza.

"nôu párking"
Proibido estacionar.

Lovely day, isn't?
"Lóveli dêi, ísânt?"
Lindo dia, não é verdade?

Just a moment, please.
"Jast a moment, pliz"
Um momento por favor.

No smoking.
"Nôu smôkin"
Proibido fumar.

"Plíz, uráit'êt dáun"
Por favor, escreva-o.

There's no doubt!
"Dhér'is nôu dáut!"
Não há dúvida!

It's quite possible.
"Iris kuáit pósiból"
É perfeitamente possível.

Yes, that is fine
"Iés, dhât is fáin"
Sim, está bem.

Just as you said!
"Djâst'as iú séd"
Exatamente como você falou!

Afirmando

I'll be back in a moment.
"auil bi béck inna móment"
Voltarei num instante.

It takes about an hour.
"I'têikis âbáut an'áuâr"
Dura mais ou menos uma hora.

He is a very pleasant fellow (boy, man, etc.).
"Ri is a véri ple'zant félôu" (bói, mân etc.)
Ele é uma pessoa muito agradável (rapaz, homem etc.).

She is a very nice girl
"Shi ís a véri náiss gérl"
Ela é uma moça muito legal.

That's why it's perfect.
"dhát's huái it'ris pérféct"
Por isso que é perfeito.

We have to go now, or we will be late.
"Uí rev tchu gô nau, ór uí iuil bi leiti"
Temos que ir agora, ou vamos nos atrasar.

Perguntando e Respondendo

Just a little.
"Djast a lirol"
Só um pouco.

What is your name?
"Uót ís iór nêimi"
Qual é o seu nome?

My name is ...
"Mai nêimi iz ..."
Meu nome é ...

Where are you from?
"Uér ar iú from?"
De onde você é?

I'm from Brazil.
"Aim from Brezíl"
Sou do Brasil.

What's your nationality?
"Uót's iór nationality?"
Qual a sua nacionalidade?

I am brazilian.
"Aim brezíliann"
Eu sou brasileiro.

What's your profession?
"Uót's iór profession?"
Qual é sua profissão?

I am doctor. (student, seller)
"Aim dóktar" (istudent, seler)
Eu sou médico. (estudante, vendedor)

How many time will you stay here?
"Rau meni táimi uil iú istei riir?"
Quanto tempo você vai permanecer aqui?

More or less five days. (a week, a month)
"Mór or lés faivi deis" (a uik, a manf)
Mais ou menos cinco dias. (uma semana, um mês)

Could you give me a hand?
"Culd iú give mi a hand?"
Poderia dar me uma ajuda?

Yes, of course.
"Iés, off córs"
Sim, naturalmente.

Jack, have you got any money?
"Jack, rév iú gót êni mânei?"
Jack, você tem dinheiro?

I've got a little, why?
"Áiv gót a lirôu, uái?"
Tenho algum, por que?

Raul, are you thirsty?
"Raul, ar iú thârsti?"
Raul, você está com sede?

Yes, I am thirsty a lot.
"Iés, ai éim thârsti a lót"
Sim, estou com muita sede.

"Uát shal uí du thâs ívi'nin?"
O que faremos à noite?

"Uí culd gôu tchu thâ cínema"
Poderemos ir ao cinema.

What shall we do this evening?

We could go to the cinema.

24

"Aim stadinn"
Estou estudando.

"Arnaldo, uát'ár iú duinn?"
Arnaldo, o que está fazendo?

May I ask you some questions?
"Mêi ái ásk iú sâm kuéstions?"
Posso fazer algumas perguntas a você?

Not now. I'm very busy.
"Nót nau. Aim veri biusi"
Agora não. Estou muito ocupado.

Do you want to go to the movie?
"Du iú uânt tu gou tu dhe muvi?"
Você quer ir ao cinema?

I'd love some!
"Áid lóv sâmm!"
sim, adoraria!

Did you see mrs. Maria?
"Did iú si mistres Maria?"
Você viu a sra. Maria?

What's wrong with ...?
"Uat'is rônn uídh...?"
Que há de mal em...?

"Kud iú givi mi enn infor-meishann?"
Você poderia me dar uma informação?

Apresentando

Neusa, I'd like you to introduce Alberto.

Alberto, this is Neusa, Sílvio's wife.

"Alberto dhês is Neusa, Sílvios uaif"
Alberto, esta é a Neusa, esposa de Sílvio.

"Neusa, áid láik iú tchú introduci Alberto"
Neusa, quero te apresentar o Alberto.

Good afternoon, I look for mr. Camargo.
"Gud afiternum, ai luk fór mister Camargo"
Boa tarde, procuro pelo sr. Camargo.

I'm lost. Could you help me?
"Aim lóst. Kuld iú hlep mi?"
Estou perdido. Poderia me ajudar?

Negações

I can't do it.
"Ái cânt du êt"
Não posso fazê-lo.

I'm not able to do it.
"Ái nót êibol tshu du êt"
Não sou capaz de fazê-lo.

"Ái dont láik êt"
Eu não gosto.

I don't like it.

It isn't possible.
"Êt isânt pósiból"
Não é possível.

I don't think so.
"Ái dont tshink sô"
Eu não penso assim./ Eu não acho.

Situações e Lugares

No Aeroporto

Could you help me with my bag?
"Kuld iú help mi uith mai beg?"
Você poderia me ajudar com minha mala?

May I check your ticket and passport?
"Mêi ai tiéqui iór tíket end péssport?"
Posso verificar seu bilhete e passaporte?

"Huér is dher a keb?"
Onde há um táxi?

How many bags do you have?
"Rau meni begz du iú hev?"
Quantas malas o senhor tem?

You have excess baggage.
"Iú hev ekséss béghdj"
Você tem excesso de bagagem.

"Uót's mai flait namber?"
Qual é o meu número de voo?

What's my flight number?

No Hotel

I'd to make a reservation.

What kind of room, sir?

"Aid laik tu mêik a rezervêishann"
Gostaria de fazer uma reserva.

"Uót kaind of rumm, sâr?"
Que tipo de quarto, senhor?

I want a double room with air conditioner, television and private bath.

Ok. Please, fill out the registration.

"Ai uant a dábol rumm, uifi er kondíshannar, televijan and práivit beth"
Quero um quarto com ar-condicionado, televisão e banheiro privativo.

"Ókei. Pliz, fil aut dhe redjistrêishann"
Ok. Por favor, preencha a ficha de registro.

How much is the rate?

$ 40. (fourty dollars)

"Rau mátch iz dhe rêit?"
Quanto é a diária?

"$ 40. (fórti dolarz)"
$ 40. (quarenta dólares)

No Restaurante

Check, please!
"Tchéck, plíss"
A conta, por favor!

Yes, please.
"Iés, pliz"
Sim, por favor.

I'll have pork chops, boiled potatoes and tomato salad.
"Áio hev pork chops, bóiold potêitouz end tomêitou sélad"
Quero costeletas de porco, batatas cozidas e salada de tomate.

We always have breakfast at 7.00.
"Uí ólueis hév bréckfést ét seven"
Nós sempre fazemos o desjejum às 7.00.

"Uat kaind óf dizârt du iú rev?"
Que tipo de sobremesa vocês tem?

What kind of dessert do you have?

Cakes, pudding, pie.
"Kêik, puddin, pai"
Bolos, pudim, torta.

Comprando

I need to buy a birthday present.
"Á niid to bái a bârthdêi présent"
Preciso comprar um presente de aniversário.

What is the price of this one?
"Uót is dhâ prais of diss?"
Qual o preço deste/desta?

I'll (I will) take this
"A'uil têik dhiss"
Vou querer esta (ou este) / Vou levar esta (ou este).

Excuse me! – Those apples, how much are they?
"Écskiuz-me!" – "dhôuz épôus, ráu mâtch ar dhei?"
Com licença! – Aquelas maçãs, quanto custam?

Can you show me something different?
"Cân iú shôu-mi sâmthinn diferent?"
Pode me mostrar algo diferente?

I want them all.
"Ái'uânt dhem'mól"
As quero todas (todas elas).

How much is that?
"Ráu mâtch ês dhézt?"
Quanto custa aquilo? (ou isto)

"A'uónt sometsing láik dhâss"
Quero uma como esta.

I want something like this.

Direções e Viagens

Is this the right way?
"Is dhiss dhê ráit uêi?"
Este é o caminho certo?

Is the station far from there?
"Is thâ stêisham far from dhére?"
A estação está longe daqui?

"Tchumórou a'uil bi in Riô"
– "Áim livinn náu, bái!"
Amanhã estarei no Rio.
– Estou indo agora, adeus!

What place is this?
"Uát plêiss ês dhâss"
Que lugar é este?

Which is the best way to get there?
"Uitch-is dhâ bést uêi to gét dhér"
Qual é o melhor meio para chegar lá?

Where is the downtown?
"Uér ês dhâ dáuntáun?"
Onde é o centro da cidade?

Can you tell me where the International Hotel is?
"Ken iú tél me huér dhâ Internêcional Rotel ês?"
Sabe me dizer onde fica o Hotel Internacional?

Could you tell me where the station is, please?
"Culd iú tél mí uére de estaichom is, pliz?"
Poderia dizer-me onde é a estação, por favor?

Come along.
"Câm'alônn"
Venha comigo.

Turn to the right.
"Târn to dhê ráith"
Vire à direita.

Abreviaturas Usadas Neste Dicionário

A
abrev = abreviatura
adj = adjetivo
adv = advérbio
AER = aeronáutica
AGRIC = agricultura
ANAT = anatomia
ANT = antigo
ARQ = arqueologia
ARQT = arquitetura
ART = arte
art = artigo
ASTR = astronomia
ASTRL = astrologia
AUT = automobilismo

B
BÍBL = Bíblia
BIO = biologia
BOT = botânica
BR = Brasil

C
CAN = Canadá
CIN = cinema
COM = comércio
conj = conjunção
CONT = contabilidade
contr = contração

E
ECON = economia
ELET = eletricidade
ELETR = eletrônica
ENGL = Inglaterra
ESC = escola
ESOT = esotérico
ESP = esporte
EXOT = exotérico

F
FAM = familiar
FARM = farmácia
FIG = figurativo
FIL = filosófico
FIN = finanças
FÍS = física
FON = fonética
FOT = fotografia
FUT = futebol

G
GEO = geografia
GEOL = geologia
GEOM = geometria
GÍR = gíria
GRAF = grafologia
GRAM = gramática

H
HIST = história

I
IND = indústria
indef = indefinido
INGL = Inglaterra
interj = interjeição

J
JORN = jornalismo
JUR = jurídico

L
LAT = latim

M
MAT = matemática
MEC = mecânica
MED = medicina
MET = metalurgia
MIL = militar
MIN = mineralogia

MIT = mitologia
MÚS = música

N
NÁUT = náutica

P
past = passado
pl = plural
POES = poesia
POL = política
POP = popular
pp = particípio passado
prep = preposição
pron = pronome
PSIC = psicologia
PSIQ = psiquiatria

Q
QUÍM = química

R
RÁD = rádio
RELIG = religião
RET = retórica

S
s = substantivo
SOC = sociologia

T
TEATR = teatro
TIP = tipografia
TV = televisão

U
USA = Estados Unidos

V
v = verbo
VETER = veterinária

Z
ZOO = zoologia

Minidicionário Escolar

Inglês – Português

David Conrad

A

A (ēi) *s* primeira letra do alfabeto Português e do alfabeto Inglês.
A (ēi) *s* MÚS cifra da nota lá.
A (ēi) *s* QUÍM símbolo químico do elemento argônio.
A (ēi) *art indef* um; uma; uns; umas; *he never wears A hat*: ele nunca usa um chapéu.
A (ēi) *prep* a; no (a); para; sobre; por.
Aback (abé-k) *adv* atrás; detrás; para trás; *be taken ABACK*: ficar confuso; ficar atônito.
Abandon (abén-dânn) *s* abandono; despreocupação; renúncia.
Abandon (abén-dânn) *v* abandonar; *to ABANDON oneself to*: ceder; deixar; entregar-se.
Abase (abēi-ss) *v* abater; aviltar; degradar; desonrar.
Abasement (abēis-ment) *s* aviltação; degradação; humilhação.
Abash (abé-sh) *v* envergonhar; humilhar; inferiorizar.
Abate (abēi-t) *v* abater; moderar; reduzir.
Abatement (abēit-ment) *s* abatimento; diminuição; redução.
Abbess (é-biss) *s* abadessa; superiora.
Abbotship (é-bâtship) *s* abadia; dignidade de abade.
Abbreviate (ebri-viêt) *v* abreviar; resumir; sumariar.
Abbreviation (ebriviêi-shânn) *s* abreviatura; resumo; MAT redução.
Abdicant (éb-dikânt) *s* abdicante.
Abdicant (éb-dikânt) *adj* abdicante; renunciador.
Abdicate (éb-dikêit) *v* abdicar; demitir-serenunciar.
Abdication (ebdikēi-shânn) *s* abdicação; renúncia.
Abdomen (ébdôu-mên) *s* abdômen; abdome; ventre.
Abducent (ébdâ-sent) *adj* MED que é retirado com força; que é afastado do seu centro simétrico (corpo humano).
Abduct (ébdâk-t) *v* arrebatar; retirar; raptar; sequestrar.
Abduction (ébdâk-shânn) *s* rapto; sequestro; MED abdução.
Abed (abé-d) *adv* acamado; de cama; na cama.
Aberration (ébārēi-shânn) *s* aberração; anormalidade; anomalia.
Abet (abé-t) *v* fomentar; induzir; incitar; sugerir.
Abetment (abét-ment) *s* fomento; instigação; sugestão.
Abeyance (abēi-ânss) *s* suspensão; JUR estado jacente, herança que é passada para o Estado.
Abhor (eb-hór) *v* detestar; odiar; repugnar; rejeitar.
Abide (abái-d) *v* habitar; residir; sustentar; suportar; *past or pp* ABODE.
Ability (abi-liti) *s* capacidade; habilidade; talento.
Abject (ébdjék-t) *adj* desprezível; inferior; mesquinho.
Abjuration (ébjurēi-shânn) *s* abjuração; repúdio; renúncia.
Abjure (ebdju-r) *v* abjurar; afastar; renunciar; repudiar.
Ablation (ēblēi-shânn) *s* ablação; extirpação; GEO erosão.
Ablaze (âblēi-z) *adj* ardente; excitado; flamejante.
Ablaze (âblēi-z) *adv* em chamas; em ânsia.
Able (ēi-bl) *adj* apto; capacitado; habilitado; idôneo; *are you ABLE to speak any foreign languages?*: você é capaz de falar qualquer língua estrangeira?
Ablebodied (ēi-bl-bó-did) *adj* apto; físico robusto; fisicamente capaz.
Abloom (âblu-mm) *adj* florescente; florido.
Abloom (âblu-mm) *adv* em flor; floridamente.
Ablution (âblu-shânn) *s* ablução; lavagem; purificação.
Ably (ēi-bli) *adv* competentemente; talentosamente.
Abnegate (éb-nighêit) *v* rejeitar; renunciar; recusar.
Abnegation (ébnighēi-shânn) *s* abnegação; renúncia; sacrifício.
Abnormality (ébnormé-liti) *s* anormalidade; raridade.
Aboard (âbōur-d) *adv* a bordo; dentro de navio; dentro de avião; dentro de trem.
Abode (âbōu-d) *s* domicílio; morada; residência.
Abolish (âbó-lish) *v* abolir; cancelar; derrubar; suprimir.
Abolition (ēboli-shânn) *s* abolição; anulação; revogação.
Abominable (âbó-minábl) *adj* abominável; desprezível; odioso.
Abominate (âbó-minēit) *v* abominar; detestar; execrar.
Aborigine (ébori-djini) *s* aborígine; autóctone; nativo.
Abortion (âbór-shânn) *s* aborto.
Abortion (âbór-shânn) *v* abortar; interromper; FIG malograr.
Abortive (âbór-tiv) *adj* que pode ser abortado.
Abound (âbáun-d) *v* abundar; exceder.
Abounding (âbáun-dinn) *adj* abundante; em excesso.
About (âbau-t) *prep* acerca de; a respeito de; sobre.
About (âbau-t) *adv* aproximadamente; em torno.
About... (âbau-t...) *to come ABOUT*: acontecer; efetuar; rodar; *to get ABOUT*: andar um pouco; dar um pequeno passeio; *to go ABOUT*: empreender; intentar; *to look*.
About orientar-se; *to look ABOUT for*: procurar; *to look. ABOUT one* estar alerta; *to put ABOUT*: fazer correr; virar; *to set ABOUT*: empreender; principiar.
Above (âbâ-v) *s* céu; o ápice; o alto.
Above (âbâ-v) *adj* citado; mencionado; referido.
Above (âbâ-v) *adv* acima; supra; superior a.
Above (âbâ-v) *prep* além de; em cima; por cima; sobre.
Aboveboard (âbâv-bôurd) *adj* franco; honesto; leal; sincero.
Aboveboard (âbâv-bôurd) *adv* às claras; com franqueza.
Abrasion (âbrēi-jânn) *s* abrasão; desgaste; esmerilamento.
Abreast (âbrés-t) *adv* de frente; emparelhado; lado a lado; par a par.
Abridge (âbrid-j) *v* abreviar; reduzir; resumir.
Abroad (âbró-d) *adv* externo; exterior; fora.
Abrogable (éb-rogábl) *adj* ab-rogável; anulável; cancelável.
Abrogate (éb-roghêit) *v* ab-rogar; anular; revogar.
Abrupt (âbrâp-t) *adj* abrupto; áspero.
Abruptness (âbrâpt-néss) *s* rudeza.
Abscissa (âb-sáiz) *s* GEOM abscissa, uma de duas coordenadas (linhas traçadas retilineamente) que determinam a posição de um ponto no plano e no espaço.
Abscission (ébsi-jânn) *s* abcisão; amputação; corte.
Abscond (ébskén-d) *v* esconder-se; ocultar-se.
Absence (éb-sénss) *s* alienação; ausência; distração.
Absent (éb-sēn-t) *adj* ausente; absorto; distraído.
Absolute (éb-solut) *adj* absoluto.
Absolute (éb-solut) *adj* absoluto; inteiro; único.
Absolutely (éb-solutli) *adv* absolutamente; completamente.
Absolution (ébslu-shânn) *s* absolvição; perdão; remissão.
Absolve (ébsól-v) *v* absolver; eximir; isentar; perdoar.
Absonant (éb-sonânt) *adj* dissonante; discordante; sem harmonia.
Absorb (âbsór-b) *v* absorver; embeber.
Abstain (âbstēi-n) *v* abster-se; comedir; conter; privar.

Abstainer (ábstêi-nâr) s abstêmio.
Absterge (ebstâr-dj) v filtrar; limpar; purificar.
Abstergent (ebstâr-djênt) s detergente; esterilizador; purificador.
Abstergent (ebstâr-djênt) adj detergente; esterilizador; purificador; FARM purgante.
Abstinent (ebs-tinênt) adj abstinente; moderado; sóbrio.
Abstract (ébstrék-t) s abstração; extrato.
Abstract (ébstrék-t) v abstrair; remover; resumir; subtrair.
Abstract (ébstrék-t) adj abstrato; etéreo; complexo; resumido.
Abstracted (ébstrék-tid) adj concentrado em si; distraído; preocupado.
Abstraction (ebstrék-shânn) s abstração; concentração.
Abstruse (ebstru-ss) adj escondido; recôndito; secreto.
Absurd (âbsâr-d) s absurdo.
Absurd (âbsâr-d) adj absurdo; fora de propósito.
Abundance (âbân-dânss) s abundância; em excesso; fartura.
Abuse (âbiu-z) s abuso; insulto; injúria.
Abuse (âbiu-z) v abusar de; exceder; usar em demasia.
Abusive (âbiu-siv) adj abusivo; excessivo; insultante.
Abut (âbât) v delimitar; limitar; tocar em; past or pp ABUTTED.
Abutment (âbât-ment) s confim; junção; limite.
Abysm (âbiz-m) s abismo; precipício.
Acacia (âkeitch) s acácia (planta muito citada nos relatos bíblicos e que presentemente serve de símbolo para lendas filosóficas).
Academic (ékádé-mik) s acadêmico; estudante.
Academic (ékádé-mik) adj acadêmico.
Accede (éksi-d) v anuir; aceder; assentir; concordar.
Accedence (éksi-dênss) s acessão; aquiescência.
Accelerate (éksé-lârêit) v acelerar; antecipar; apressar.
Acceleration (ékséârrêi-shânn) s aceleração; pressa.
Accent (ék-sênt) s acento; sotaque; tonicidade; tom de voz; *Gregório speaks with a paulista ACCENT*: Gregório fala com sotaque tipicamente paulista.
Accent (ék-sênt) v acentuar; evidenciar; frisar; repisar.
Accentuate (éksên-tiuêit) v acentuar; salientar.
Accentuation (éksêntiêi-shânn) s acentuação; ênfase; dicção.
Accept (âksép-t) v aceitar; admitir; concordar; interpretar.
Access (ék-séss) s entrada; acesso; caminho.
Accessibility (ékséssibi-liti) s acessibilidade.
Accessory (éksé-sôri) s acessório; suplemento.
Accessory (éksé-sôri) adj acessório; secundário.
Accident (ék-sidênt) s acidente; desastre; irregularidade.
Accidental (éksidén-tâl) s incidente.
Accidental (éksidén-tâl) adj acidental; casual; inesperado.
Acclaim (âklêi-mm) s aclamação.
Acclaim (âklêim) v aclamar; aplaudir.
Acclamation (éklâmê-shânn) s aprovação; aclamação.
Acclimate (âklái-mêit) v aclimatar; condicionar ao clima.
Acclimatise (âklái-mêtaiz) *vide* ACCLIMATE.
Acclimatize (âklái-mêtaiz) *vide* ACCLIMATE.
Acclivity (âkli-viti) s aclive; encosta; rampa; subida.
Accolade (ékôlêi-d) s amplexo; abraço; distinção.
Accommodate (âkô-modêit) v anuir; adaptar; acomodar; abrigar; favorecer; hospedar.
Accommodated (âkô-modêitid) adj abrigado; acomodado.
Accommodation (âkô-modêi-shân) s acomodação; adaptação; ajuste; alojamento.
Accompanier (ékâm-pâniêr) s acompanhante; companheiro; sócio.
Accompaniment (âkâm-pâniment) s acompanhamento.
Accompany (âkâm-pâni) v acompanhar; seguir; unir-se.
Accomplice (âkâm-pliss) s cúmplice; parceiro.
Accomplish (âkâm-plish) v concretizar; efetuar; cumprir.
Accomplished (âkâm-plishd) adj acabado; completo; executado.

Accomplishment (âkâm-plishment) s consecução; consumação; concretização; realização.
Accord (âkôr-d) s acordo; convênio; harmonia.
Accord (âkór-d) v acordar; anuir; conceder; concordar.
Accordance (âkôr-dânss) s acordo; concordância; consonância.
According (âkôr-dinn) adj de acordo; de conformidade com; harmonioso.
According to (âkór-dinn tiu) adv segundo; conforme; consequentemente; conformemente; justo.
Accordingly (âkôr-dingli) adv consequentemente; por conseguinte.
Accordion (âkôr-diânn) s MÚS acordeão; gaita; harmônica (sanfona).
Accost (âkós-t) s abordagem.
Accost (âkós-t) v atracar; aproximar; abordar.
Account (âkâun-t) v avaliar; considerar; calcular; contar; contabilizar; julgar.
Accountable (âkâun-tâbl) adj explicável; responsável; respondível.
Accountancy (âkâun-tânssi) s contabilidade.
Accountant (âkâun-tânt) s COM contador; perito; JUR réu de ação judicial.
Accounting (âkâun-tinn) s COM contabilidade; extrato de contas.
Accouter (âku-târ) v armar; equipar; vestir.
Accredit (âkré-dit) v abonar; autorizar; endossar.
Accretion (ékri-shânn) s aumento; acréscimo; adição.
Accrue (âkru) v aumentar; acrescentar; incrementar.
Accumbent (âkâm-bênt) adj inclinado; recostado; reclinado.
Accumulate (âkiu-miulêit) v acumular; aumentar; economizar.
Accumulation (âkiumiulêi-shânn) s acervo; acumulação; acúmulo.
Accumulator (âkiu-miulêitâr) s acumulador; bateria.
Accuracy (e-kiurássi) s apuração; esmero; exatidão; retidão.
Accurate (é-kiurit) adj exato; correto; preciso; seguro.
Accurse (âkâr-ss) v amaldiçoar; difamar; execrar; maldizer.
Accursed (âkâr-sid) adj amaldiçoado; detestável; execrável; maldito.
Accusation (ékiuzêi-shânn) s acusação; delação; denúncia; imputação.
Accuse (âkiu-z) v acusar; censurar; culpar; denunciar; imputar; repreender; *I was accused of telling lies*: fui acusado de dizer mentiras.
Accustom (âkâs-tâmm) v acostumar; familiarizar; habituar.
Ace (êiss) s ás; FIG o melhor; o líder; valor mínimo; valor máximo (no baralho).
Acerb (âssâr-b) adj áspero; amargo; acre; severo.
Acerbate (é-sârbêit) v acerbar; azedar; exasperar; tornar amargo.
Acervate (âssâr-vit) adj amontoado; compacto; sintético.
Acetic (âssi-tik) adj QUÍM acético (ácido do vinagre).
Acetone (é-sátôunn) s QUÍM acetona (acetato destilado).
Acetous (é-sitáss) adj acetose; acetoso; azedo; com gosto de vinagre.
Ache (êik) s MED dor contínua e localizada.
Ache (êik) v MED doer; padecer; ressentir-se; *my head ACHES*: minha cabeça dói.
Achievable (âtshi-vábl) adj concretizável; executável; realizável.
Achieve (âtshi-v) v alcançar; completar; concretizar; executar; realizar.
Achievement (âtshiv-ment) s consecução; execução; realização.
Aching (êi-kinn) adj dolorido.
Achromatize (ékromé-taiz) v acromatizar; matizar.
Acidify (âssi-difái) v acidificar (tornar ácido ou azedo).
Acknowledge (âknô-lidj) v admitir; acusar recepção; agradecer (favor); confirmar; confessar; reconhecer; JUR validar.
Acknowledgement (âknó-lidjment) s admissão; confirmação; confissão; reconhecimento.

Acne (ék-ni) s acne; espinha.
Acolyte (é-koláit) s acólito; ajudante; partidário; sacristão.
Acoustic (ákus-tik) adj acústico.
Acquaint (ákuêin-t) v avisar; comunicar; inteirar; informar.
Acquaintanceship (ákuêintáns-ship) s amizade; conhecimento; entendimento; relações pessoais; trato.
Acquest (ákués-t) s aquisição; compra.
Acquiesce (ékuié-ss) v aquiescer; anuir; consentir; concordar.
Acquiescence (ékuié-sênss) s anuência; condescendência; concordância.
Acquiescent (ékuié-sênt) adj anuente; condescendente; indulgente; resignado; submisso.
Acquire (ákuá-iâr) v adquirir; ganhar; obter; receber.
Acquisition (ékuizi-shánn) s aquisição; compra; ganho.
Acquit (ákui-t) v JUR absolver; desobrigar; isentar; inocentar.
Acquittal (ákui-tál) s absolvição; desempenho; libertação; quitação.
Acquittance (ákui-tans) s recibo.
Acre (êi-kâr) s GEOL campo; acre; FIG cemitério; terra dos pés juntos.
Acrid (é-krid) adj acre; causticante; irritante; picante.
Acridity (ékri-diti) s aspereza; acrimônia.
Acridness (ékri-diniss) vide ACRIDITY.
Acrobat (é-kròbét) s acrobata; atleta.
Across (ákrò-ss) adj cruzado; entrecruzado.
Across (ákrò-ss) prep através de; de lado a lado; em forma de cruz; no cruzamento; *David Jr. lives ACROSS the street*: O David Jr. mora do outro lado da rua; *A Marô (Maria Eugênia) runs across the fields*: A Marô (Maria Eugênia) corre através dos campos.
Across (ákrò-ss) adv transversalmente.
Acrostic (ákròs-tik) s acróstico (palavra que se constrói pelas iniciais de um verso ou de frase com duplo significado).
Act (ékt) s ato; feito; obra.
Act (ékt) v atuar; agir; fazer; representar; trabalhar.
Actable (ék-tábl) adj representável.
Acting (ék-tinn) s arte de representar; arte de imitar; TEATR encenação; profissão de ator.
Action (ék-shánn) s execução; ação; efeito; feitura.
Activate (ék-tivêt) v ativar; acelerar a execução; FÍS tornar radioativo.
Active (ék-tiv) adj ativo; ágil; rápido; *ACTIVE wear*: roupa esportiva; passeio.
Activeness (ék-tivnéss) s atividade; agilidade; vivacidade.
Actor (ék-târ) s ator; agente; protagonista.
Actual (ék-tiuál) adj efetivo; real; verdadeiro; vigente.
Actuality (éktiué-liti) s atualidade; fato; realidade.
Actually (ék-tiuáli) adv de fato; efetivamente; na verdade; realmente.
Actuary (ék-tiuâri) s atuário.
Actuation (éktiuéi-shánn) s acionamento; atuação; movimentação.
Acuity (ákiu-iti) s agudeza; argúcia; perspicácia.
Acumen (ákiu-men) s esperteza; penetração; sagacidade.
Acuminate (áku-minit) v aguçar; realçar.
Acuminate (áku-minit) adj adelgaçado; delgado; pontiagudo; pontudo.
Acute (ákiu-t) adj agudo; aguçado; pontiagudo.
Ad (ád) s anúncio (*ADVERTISEMENT*).
Adage (e-didj) s adágio; provérbio; refrão.
Adam (áedâm) s BÍBL. Adão primeiro homem sobre a terra; FIG lado positivo.
Adam's apple (áedâmms épol) s FAM pomo-de-adão; ANAT proeminência laríngea (saliência).
Adapt (ádép-t) v adaptar; ajustar; acomodar.
Adapter (ádép-târ) s adaptador; adaptação; ajustador.
Adaptor (ádép-târ) vide ADAPTER.
Add (éd) v acrescer; acrescentar; adicionar; juntar; somar.
Addict (ádik-t) s adicto (acostumado); pessoa viciada; viciado.
Addict (ádik-t) v devotar; dedicar; entregar-se; consagrar-se.
Addiction (ádik-shánn) s apego; inclinação; propensão; tendência.
Addition (ádi-shánn) s acréscimo; adição; soma.
Additive (é-ditiv) adj aditivo; cumulativo; que acrescenta.
Addle (édl) v apodrecer; estragar; gorar.
Addle (édl) adj estéril; vazio.
Address (ádré-ss) s discurso; endereço; palestra.
Address (ádré-ss) v dirigir-se; endereçar; subscritar.
Addressee (ádréssí) s destinatário; endereçado.
Adduce (ádiu-ss) v aduzir; alegar; apresentar.
Adducible (ádiu-sibl) adj aduzível; alegável; evidenciável.
Adept (ádépt) s conhecedor; entendido; perito.
Adept (ádépt) adj adepto; competente; experiente; hábil; habilitado; partidário.
Adequacy (é-dikuássi) s aptidão; adequação; suficiência.
Adequate (é-dikuit) adj adequado; equivalente; próprio.
Adequateness (é-dikuitnéss) vide ADEQUACY.
Adhere (éd-hi-r) v aderir; limitar-se; seguir.
Adherence (éd-hi-rênss) s aderência; apego; adesão.
Adherency (éd-hi-rânsi) s vide ADHERENCE.
Adhesive (éd-hi-siv) s adesivo; *ADHESIVE tape*: esparadrapo; fita isolante.
Adhesive (éd-hi-siv) adj adesivo; aderente.
Adhibit (éd-hi-bit) v admitir; apensar; anexar; aspirar; juntar.
Adhibition (éd-hibi-shánn) s afixação; aplicação; emprego; uso.
Adipose (é-dipôuss) adj adiposo; gorduroso; gordo.
Adit (é-dit) s acesso; entrada; passagem.
Adjacency (ádjêi-sênsi) s adjacência; nas imediações; nas proximidades.
Adjacent (ádjêi-sênst) adj adjacente; contíguo; nas imediações; próximo; vizinho.
Adjective (é-djéktiv) s adjetivo; dependente; subordinado.
Adjoin (ádjói-nn) v juntar; reunir; unir.
Adjoining (ádjói-ninn) adj adjunto; ajuntado; congregado; confinado; unido.
Adjourn (ádjâr-nn) v adiar; diferir; postergar; prorrogar.
Adjournment (ádjârn-ment) s adiamento; preterimento; prorrogação; suspensão.
Adjudge (ádjádj) v adjudicar; determinar; decretar; julgar; ordenar sentenciar.
Adjunct (é-djánkt) s adjunto; acessório; anexo; auxiliar; complemento.
Adjunct (é-djánkt) adj adjunto; auxiliar; acessório; complemento.
Adjure (ádjiu-r) v adjurar; esconjurar; invocar; intimar; suplicar.
Adjust (ádjás-t) v acomodar; ajustar; regularizar; regular.
Adjustable (ádjás-tábl) adj ajustável; adaptável; regulável.
Adjuster (ádjás-târ) s ajustador; coordenador; regulador.
Adjustor (ádjás-târ) vide ADJUSTER.
Adjutage (é-djátij) s bebedouro; bica; bocal de bebedouro.
Adjutant (é-djutânt) s ajudante; auxiliar; assistente.
Admeasure (édmé-jâr) v dividir; partilhar; repartir.
Administer (âdmi-nistâr) v administrar; dirigir, gerenciar; ministrar.
Admiral (éd-mirál) s almirante.
Admiralship (éd-mirál-ship) s almirantado.
Admiration (édmirêi-shánn) s apreciação; admiração; contemplação.
Admire (édmái-râr) v admirar; apreciar; contemplar.
Admissible (ádmi-sibl) adj admissível; aceitável; lícito.
Admission (ádmi-shánn) s admissão; aceitação; acesso; ingresso.
Admit (ádmi-t) s admitir; aceitar; ingressar; permitir; reconhecer.
Admix (ádmik-ss) v juntar; miscigenar; misturar.
Admonish (ádmó-nish) v admoestar; prevenir; repreender.
Admonisher (ádmó-nishâr) s admoestador; censurador.

Ado (âdu) s alarido; algazarra; pressa.
Adobe (édôu-bi) s argila; adobe; barro; tijolo (não cozido).
Adolescent (édolé-sênt) s adolescente; jovem.
Adopt (âdóp-t) v admitir; adotar; assumir.
Adorable (âdóu-râbl) adj adorável; apreciável; admirável.
Adoration (édorêi-shânn) s adoração; culto; devoção; veneração.
Adore (âdóu-r) v adorar; reverenciar; venerar.
Adorn (âdór-n) v adornar; enfeitar; ornamentar.
Adown (âdáu-n) adv para baixo.
Adown (âdáu-n) prep ao longo de; ao largo de.
Adrift (âdrif-t) s à deriva; sem rumo; sem direção.
Adroit (âdrói-t) adj capaz; destro; hábil.
Adulate (é-diulêit) v adular; bajular; elogiar; lisonjear.
Adult (âdâl-t) s adulto; crescido; desenvolvido.
Adult (âdâl-t) adj adulto; crescido; desenvolvido.
Adulterate (âdâl-târêit) v adulterar; corromper; falsificar; fraudar.
Adulterer (âdâl-târâr) s adúltero.
Adumbrate (é-dâmbrêit) v anuviar; adumbrar; sombrear.
Advance (âdvén-ss) s avanço.
Advance (âdvén-ss) v antecipar; avançar; evoluir; progredir.
Advanced (âdvéns-t) adj adiantado; avançado.
Advantage (édvân-tidj) s lucro; proveito; vantagem.
Advantage (édvân-tidj) v auxiliar; ajudar; beneficiar; favorecer.
Advent (éd-vênt) s advento; chegada; vinda.
Advent (éd-vênt) v advir; alcançar.
Adventism (éd-vêntizmm) s RELIG Adventismo (doutrina dos Adventistas que pregam o retorno de Jesus Cristo ao nosso planeta).
Adventist (éd-vêntist) s RELIG Adventista (que aguarda a renovada vinda de Cristo ao mundo).
Adventist (éd-vêntist) adj RELIG Adventista (que pertence ao Adventismo).
Adventitious (édvênti-tshâss) adj adventício.
Adventure (âdvén-tshâr) s aventura; façanha; proeza.
Adventure (âdvén-tshâr) v aventurar-se.
Adverb (éd-vârb) s GRAM advérbio (palavra modificadora do verbo, do adjetivo ou de outro advérbio).
Adversary (éd-vârsâri) s adversário; antagonista; opositor.
Adversative (âdvâr-sâtiv) adj adversativo; oposto.
Adverse (éd-vârss) adj adverso; contrário; oposto.
Advert (édvâr-t) v advertir; avisar; apontar; aludir.
Advertence (édvâr-tênss) s advertência; aviso.
Advertise (éd-vârtáiz) v anunciar; advertir; avisar; informar; notificar; publicar.
Advertisement (éd-vârtâiz-ment) s anúncio; propaganda; publicidade; reclame.
Advertiser (éd-vârtáizâr) s anunciante; noticiador.
Advertising (éd-vârtáizinn) s propaganda; publicidade.
Advertize (éd-vârtáiz) v anunciar; advertir; avisar; notificar; publicar.
Advice (âdvái-ss) s aviso; conselho; parecer.
Advice (âdvái-ss) v aconselhar; avisar; deliberar.
Advisability (âdváizâbi-liti) s conveniência; ponderação; prudência.
Advise (âdvái-z) v avisar; aconselhar; advertir.
Advisement (âdváiz-ment) s cautela; prudência; prevenção.
Adviser (âdvái-zâr) s conselheiro; consultor; orientador.
Advisor (âdvái-zâr) vide ADVISER.
Advisory (âdvái-zâri) adj consultivo; orientável; prudente.
Advocate (éd-vokêit) s advogado; defensor.
Advocate (éd-vokêit) v advogar; defender; representar.
Adz (édz) s enxó (instrumento que serve para desbastar madeira); machadinha.
Adze (édz) vide ADZ.
Aerate (êi-arêit) v arejar; refrescar; ventilar.
Aerator (êi-ârêit) s condicionador; ventilador.
Aerodrome (êi-ârodrôumm) s aeródromo; campo de pouso.

Aerodynamic (êiârodáinê-mik) adj aerodinâmico · acordo com a aerodinâmica).
Aerodynamics (êiârodáinê-mikss) s FÍS aerodinâmic (ciência reguladora das leis do movimento dos fluidos elásticos e da pressão do ar exterior.
Aerogram (êi-ârogrémm) s aerograma; radiograma.
Aeronaut (êi-âronót) s aeronauta.
Aeroplane (êi-âroplêinn) s aeroplano; avião.
Aesthetic (isthé-tik) s estética (ciência e arte que estuda o que é belo).
Aesthetic (isthé-tik) adj estético (que está de acordo com a estética).
Afar (âfá-r) adv à distância; ao longe; distanciado.
Affability (éfâbi-liti) s amabilidade; afabilidade; sensibilidade.
Affair (âfé-r) s assunto; interesse; matéria; namoro; negócio; romance.
Affect (âfék-t) s afeto; emoção; sentimento.
Affect (âfék-t) v afetar; comover; fingir; interessar; tocar.
Affectation (éfékti-shânn) s afetação; fingimento; simulação.
Affection (âfék-shânn) s afeição; carinho; ternura.
Affective (âfék-tiv) adj afetivo; emocional; terno.
Afferent (é-fârent) adj aferente; que conduz; que leva.
Affiance (âfái-ânss) s fé; confiança; juramento; promessa.
Affiance (âfái-ânss) v casar; esposar; prometer em casamento.
Affiliation (âfiliêi-shânn) s afiliação; adoção; ingresso.
Affinity (âfi-niti) s afinidade; compatibilidade; parentesco.
Affirm (âfâr-mm) v afirmar; asseverar; declarar.
Affirmation (âfârmêi-shânn) s afirmação; asseveração; ratificação.
Affix (é-fiks) v afixar; fincar; pregar.
Aflation (âflêi-liti) s bafejo; inspiração; sopro.
Afflatus (âflêi-tâss) s inspiração; sopro.
Afflict (âflik-t) v acabrunhar; atormentar; afligir.
Affliction (âflik-shânn) s aflição; ansiedade; angústia; desespero.
Affluent (é-fluênt) s afluente.
Affluent (é-fluênt) adj afluente; tributário.
Afflux (é-flâks) s afluxo; afluência.
Afford (âfór-d) v conceder; dar; fornecer; proporcionar; produzir.
Afforest (éfó-rist) v reflorestar.
Affranchise (éfrén-tsháiz) v conceder; franquear; isentar; libertar.
Affray (âfrê-i) s distúrbio; refrega; tumulto.
Affront (âfrân-t) s afronta; insulto; ultraje.
Affront (âfrân-t) v afrontar; injuriar; ofender; ultrajar.
Affronter (âfrân-târ) s agressor; hostilizador; provocador.
Affusion (âfiu-jânn) s aspersão; afusão; derramamento.
Afield (âfil-d) adv em campo; no campo; para o campo.
Afire (âfái-âr) adj em fogo; em chamas; incendiado.
Aflame (âflêi-mm) adj chamejante; em chamas; flamejante.
Afloat (âflôu-t) adv à tona; flutuante; no mar.
Afoot (âfu-t) adv a pé; em movimento; em ação.
Aforesaid (âfôur-séd) adj citado anteriormente; supramencionado; supracitado.
Aforethought (âfour-thót) s premeditação.
Aforethought (âfour-thót) adj propositado; presumido; premeditado.
Aforetime (âfôur-táimm) adj anterior.
Aforetime (âfôur-táimm) adv anteriormente; antigamente; outrora.
Afoul (âfául) adj confuso; embaraçado; preso.
Afraid (âfrêi-d) adj assustado; atemorado; medroso; receoso; *are you AFRAID of dogs?*: você tem medo de cachorros?
Afresh (âfré-sh) adv de novo; novamente; outra vez.
African (é-frikân) adj africano.
Aft (éft) adv à ré; à popa; atrás.
After (áf-târ) prep após; detrás de; depois de; *let's go to a movie AFTER dinner*: vamos ao cinema depois do jantar.

AFTER — ALCOHOLIZE

After (áf-tàr) *adv* depois; em seguida.
After (áf-tàr) *conj* depois que.
Afternoon (àftârnu-nn) *s* tarde.
Afterthought (áf-tàr-thót) *s* ideia ulterior; reflexão posterior.
Afterward (áf-tàr-uârd) *adv* em seguida; logo após.
Again (âghéi-n) *adv* além disso; de novo; novamente; outra vez.
Against (âghêins-t) *prep* contrário; contra; em oposição a; *to rub AGAINST*: esfregar-se em.
Agape (é-gâpi) *s* ágape (refeição que se faz depois de uma reunião fraternal, eucarística, ou religiosa).
Agape (âghéi-p) *adj* boquiaberto; confuso; embasbacado.
Age (èidj) *s* era; época; idade; período.
Age (èidj) *v* amadurecer; envelhecer.
Ageless (èi-djíléss) *adj* eterno; perene; que não envelhece.
Agelong (éi-djlónn) *adj* duradouro; eterno; perpétuo.
Agency (èi-djènsi) *s* agência; filial; loja; repartição pública.
Agenda (ei-djènde) *s* agenda; ordem do dia; registro de compromissos.
Agent (èi-djènt) *s* agente; intermediário; representante; QUÍM reagente.
Agglomerate (âgló-mâréit) *s* aglomerado.
Agglomerate (âgló-mâréit) *v* aglomerar.
Agglomerate (âgló-mâréit) *adj* aglomerado; compactado.
Agglutinant (âglu-tinânt) *adj* aglutinante.
Aggrandize (é-grândáiz) *v* engrandecer; enaltecer; exaltar.
Aggravate (é-grâvêit) *v* agravar; intensificar; provocar.
Aggregate (é-grâghêit) *s* agregação; agregado.
Aggregate (é-grâghêit) *v* agregar; associar; incorporar; reunir.
Aggress (âgré-ss) *v* agredir; atacar; avançar.
Aggrieve (âgri-v) *v* afligir; molestar; magoar; prejudicar.
Aghast (âghés-t) *adj* aterrado; aterrorizado; espantado; extasiado; perplexo.
Agile (é-djil) *adj* ágil; lépido; ligeiro; rápido; *AGILE person*: pessoa muito ágil.
Agility (âdji-liti) *s* agilidade; presteza; vivacidade.
Agio (é-djiòu) *s* ágio; acréscimo; incremento.
Agiotage (é-djiotidj) *s* agiotagem.
Agitate (é-djitêti) *v* agitar; discutir; perturbar; revolver; sacudir.
Agitation (édjitêi-shânn) *s* agitação; comoção; pertubação.
Aglow (âglô-u) *adj* ardente; abrasado; extasiado; incandescente.
Agnail (ég-néil) *s* MED panarício; unheiro.
Agnate (ég-nêit) *s* agnato; congênere.
Agnate (ég-nêit) *adj* similar.
Agnomen (égnôu-men) *s* após o nome; sobrenome.
Ago (âgô-u) *adj* passado.
Ago (âgô-u) *adv* faz tempo; há muito tempo; tempos atrás.
Agog (âgó-g) *adv* ardentemente; ansiosamente; impacientemente.
Agonize (é-gonáiz) *v* agoniar; agonizar.
Agouti (âgu-ti) *s* aguti; cutia.
Agouty (âgu-ti) *vide* AGOUTI.
Agrarian (âgré-riânn) *adj* agrário; campestre; relativo à terra.
Agree (âgrii) *v* aceder; admitir; aquiescer; assentir; ceder; concordar.
Agreeability (âgriâbi-liti) *s* agradabilidade; afabilidade; conveniência.
Agreed (âgrid) *adj* concorde; de acordo; favorável.
Agreement (âgri-ment) *s* acorde; ajuste; convênio; concordância.
Agrestic (âgrés-tik) *adj* agreste; rude; rústico.
Agricultural (égrikâl-tiurál) *adj* agrícola; agrário; rural.
Agronomist (âgró-nomist) *s* agrônomo.
Aground (âgráund) *adj* encalhado; imobilizado; paralisado; *the ship is AGROUND*: o navio está encalhado.
Aground (âgráund) *adv* imobilizadamente.
Ague (êiguiu) *s* MED calafrio; febre; malária.

Ahead (â-héd) *adv* à frente; avante; adiante; em frente; na dianteira; *Fabiana sits AHEAD of Gregório*: Fabiana está sentada na frente do Gregório.
Aid (êid) *s* MED iniciais de Acute Infectious Disease.
Aid (êid) *s* assistência; socorro; ajuda.
Aid (êid) *v* auxiliar; amparar; abrigar.
Aids (êids) *s* MED iniciais da expressão Acquired Immunological Deficiency Syndrome (denominação que caracteriza um vírus mutante que se aloja nas células de defesa do organismo).
Ail (êil) *v* afligir; angustiar; doer; molestar.
Ailing (êi-linn) *adj* acamado; adoentado; doente.
Aim (êimm) *s* alvo; mira; pontaria.
Aim (êimm) *v* apontar; aspirar; mirar; pretender; visar.
Aimless (êim-léss) *adj* incerto; sem propósito; vago.
Ain't (êint) GRAM contração de AM not, ARE not or IS not.
Air (ér) *s* ar; atmosfera; aparência; afetação; jeito; maneira; porte; MÚS melodia, modinha; *AIR bag*: bolsa de ar (proteção colocada estrategicamente nos automóveis para amortecer choques num acidente); *AIR bridge*: ponte-aérea; *AIR bus*: grande aeronave; *AIR mail*: correio aéreo; *AIR mattress*: colchão de ar.
Air (ér) *adj* aéreo.
Air (ér) *v* arejar; publicar.
Aircraft (ér-kréft) *s* aeroplano; avião; aeronave; dirigível.
Airdrome (ér-dróumm) *s* aeroporto; campo de pouso; pista de pouso.
Airily (é-rili) *adv* alegremente; airosamente; levemente.
Airiness (é-rinéss) *s* leveza; suavidade; tenuidade.
Airman (ér-maen) *s* aviador; piloto de avião.
Airplane (ér-plênn) *s* aeroplano; *vide* AEROPLANE.
Airport (ér-pôurt) *s* aeroporto.
Airtight (ér-táit) *adj* hermético; irreputável; impenetrável; incontestável.
Airway (ér-uêi) *s* rota aérea; trajeto aéreo.
Airy (é-ri) *adj* arejado; aéreo; leve; tênue.
Aisle (â-il) *s* sala; corredor; nave lateral; passagem entre bancos de igreja.
Ajar (âdjá-r) *adj* entreaberto; semicerrada.
Akin (âki-nn) *adj* aparentado; consangüíneo; parecido; semelhante.
Alabaster (é-lâbástár) *s* alabastro; pedra branca.
Alacrity (âlé-kriti) *s* alegria; entusiasmo; vivacidade.
Alar (ei-lâr) *adj* alado; que tem asas.
Alarm (âlár-mm) *s* alarma; alertador; *ALARM clock*: despertador.
Alarm (âlár-mm) *v* alarmar.
Alarmist (âlár-mist) *s* alarmista; boateiro.
Albeit (ólbi-it) *conj* embora; entretanto; não obstante; se bem que.
Albescent (élbé-sênt) *adj* alvejante; albescente.
Alchemist (él-kimist) *s* ESOT alquimista, místico dedicado a um modelo de experimentação e conhecimento divino, geralmente não aceito como científico (às vezes chamado de ciências ocultas) geralmente voltado às verdades imateriais do ser humano.
Alchemy (él-kimi) *s* alquimia, ciência predecessora da química que supostamente pretendia transmutar pedra em ouro (ou diamante), mas que na verdade, estava, como está, voltada para o transmutar do próprio ser humano, no sentido de que Deus ao operar, em si mesmo, uma grande transformação, através do que chamam "lapidar da pedra-bruta" transformando-a em diamante ou pedra polida, metáfora indicativa de que o ser humano comum necessita conhecer-se a si mesmo, através de uma profunda imersão no seu próprio intelecto.
Alcoholic (élko-hó-lik) *adj* alcólico; alcoólatra; que contém álcool.
Alcoholize (él-ko-holáiz) *v* alcoolizar; embebedar; embriagar.

Alcove (él-kôuv) s alcova; compartimento; quarto; recâmara.
Alderman (ól-dârmaen) s magistrado; o que é eleito; vereador.
Aldermanry (ól-dârmaenri) *vide* ALDERMANSHIP.
Aldermanship (ól-dârmaenship) s USA tempo de perduração de um mandato de vereador.
Ale (êil) s bebida com malte; cerveja; malte fermentado.
Aleatory (êiliâtôu-ri) *adj* ao acaso; aleatório; por sorte.
Alehouse (êil-háuss) s bar; cervejaria; casa onde se fornece cerveja.
Alembic (álém-bik) s alambique (dispositivo que faz o destilamento e o lugar onde se faz o estoque do produto destilado).
Alert (âlâr-t) *adj* alerta; atento; pronto; vivo; vigilante.
Alertness (âlârt-néss) s perspicácia; prontidão; vivacidade; vigilância.
Alewife (êil-uáif) s esposa do cervejeiro; garçonete; pessoa ligada ao fornecimento de cerveja.
Algebra (él-djibrá) s MAT álgebra, operação que toma os valores numéricos, pela simples representação com letras do alfabeto, supondo-os conhecidos.
Algid (él-djid) *adj* álgido; frio; gelado.
Alias (êi-liéss) *adv* aliás; de outra maneira; note-se; por outro modo.
Alien (êi-liênn) *adj* alienígena; alheio; de outro mundo; estrangeiro; estranho.
Alienable (êi-lienábl) *adj* alienável; destacável; transferível.
Alienate (êi-lienêit) v alienar; alhear; transferir.
Alight (âlái-t) v apear; descer; desmontar; pular.
Alight (âlái-t) *adj* aceso; brilhante; clareado; em chamas; iluminado.
Align (âlái-n) v alinhar; enfileirar; posicionar.
Alignment (âláin-ment) s alinhamento; posicionamento.
Alike (âlái-k) *adj* igual; parecido; semelhante.
Alike (âlái-k) *adv* da mesma maneira; igualmente.
Aliment (é-liment) s alimento; alimentação; sustento.
Aliment (é-liment) v alimentar; sustentar.
Alimental (élimén-tâl) *adj* alimentício; nutritivo.
Alimony (é-limôuni) s mesada; pensão alimentícia.
Aline (âlai-nn) *vide* ALIGN.
Alive (âlái-v) *adj* animado; com vida; vivo; TV ao vivo (transmissão de eventos).
Alkaline (ék-kálainn) *adj* alcalino; relativo a álcali.
All (ól) s tudo.
All (ól) *adj* inteiro; todo (s); toda (s).
All (ól) *adv* completamente; inteiramente.
All (ól) *pron* tudo.
All... (ól...) *after ALL*: afinal; *ALL abroad*: confuso; *ALL at once*: de repente; *ALL better*: tanto melhor; *ALL right (o.k.)*: está bem; *be ALL over*: estar terminado; *by ALL means*: por todos os meios; *be ALL there*: ser esperto; ser vivo; *it's ALL over with him*: está arruinado; nas últimas; perdido; *once for ALL*: uma vez para sempre.
Allay (âlê-i) v acalmar; aliviar; abrandar; suavizar; tranquilizar.
Allayer (âlêi-âr) s calmante; tranquilizante.
Allayment (âlêi-ment) s atenuação; alívio.
Allegation (élighéi-shânn) s alegação; argumentação; desculpa; pretexto.
Allege (âlê-dj) v alegar; afirmar; asseverar; declarar.
Allegeable (âlê-djábl) *adj* afirmável; alegável; sustentável.
Allegiance (âli-djánss) s lealdade; fidelidade devida aos senhores feudais; submissão; vassalagem.
Allegoric (éligó-rik) *adj* alegórico; figurativo; simbólico.
Allergic (álâr-djik) *adj* alérgico.
Alleviate (âli-viêit) v abrandar; aliviar; acalmar; livrar (a dor); refrescar.
Alley (é-li) s alameda; beco; passagem; rua (estreita); ruela; viela.
Allfools-day (ól-fulz-dêi) s dia do engano; dia dos tolos; dia da mentira (primeiro de abril).
All-hallows (ól-hé-lôuz) s dia de todos os Santos (primeiro de novembro).
Alliance (âlái-ânss) s aliança; coalizão; sociedade; união.
Allied (âlái-d) *adj* aliado; sócio; unido.
Alligator (é-lighêitâr) s aligátor (réptil); caimão; crocodilo; jacaré.
Allocate (é-lokêit) v colocar; demarcar; distribuir; fixar; lotear.
Allocation (élokêi-shânn) s deslocação; distribuição; pagamento.
Allocution (élokiu-shânn) s alocução; pequena fala.
Allot (âló-t) v conceder; dividir; distribuir; partilhar; repartir.
Allotment (âlót-ment) s divisão; dotação; partilha; porção.
Allow (âlá-u) v aprovar; conceder; ceder; outorgar; permitir.
Allowable (âláu-âbl) *adj* admissível; legal; permissível.
Allowance (âláu-ânss) s concessão; mesada; pensão; subsídio.
Alloy (âlô-i) s liga (de metal); mistura.
Alloy (âlô-i) v combinar; ligar; misturar.
Allround (ól-ráun-d) *adj* completo; em volta; ao derredor; ao redor.
All-saints-day (ól-sein-ts-dêi) s dia de todos os Santos (primeiro de novembro).
All-souls-day (ól-sôul-z-dêi) s dia das almas; finados (dois de novembro).
Allude (âliu-d) v aludir; comentar; insinuar; referir.
Allure (âliu-r) v aliciar; atrair; seduzir; tentar.
Allurement (âliur-ment) s ardil; engodo; falácia.
Allurer (âliu-râr) s ardiloso; encantador; sedutor.
Alluring (âliu-rinn) *adj* atraente; tentador.
Allusion (âliu-jânn) s alusão; comentário; referência.
Alluvion (âliu-viânn) s aluvião; enxurrada; enchente.
Ally (âlá-i) s aliado; associado; auxiliar.
Ally (âlá-i) v aliar; ligar; socializar.
Almanac (ól-mânék) s almanaque; calendário.
Almightiness (ólmêiti-néss) s onipotência; supremacia.
Almighty (ólmái-ti) *adj* onipotente; referência à onipotência do Grande Árbitro dos Mundos ou Grande Arquiteto do Universo (Deus).
Almond (á-mând) s amêndoa; parte interna da semente.
Almoner (él-mânâr) s esmoleiro; esmoler.
Almonry (él-mânri) s casa de caridade; lugar onde são distribuídas esmolas aos necessitados.
Almost (ól-môust) *adv* por pouco; quase.
Alms (áamz) s donativo; esmola; óbulo.
Almshouse (áamz-háuss) s asilo; casa de amparo.
Aloft (âlóf-t) *adv* acima; em cima; em suspenso; para cima; para o alto.
Alone (âlôun) *adj* separado; sozinho; solitário; só.
Along (âló-nn) *prep* ao longo de; ao largo de; *we walked very carefully ALONG the icy path*: nós andávamos com muito cuidado ao longo do caminho de gelo.
Along (âló-nn) *adv* adiante; ao largo; comigo; juntamente; para diante.
Alongside (âlón-sáid) *adv* ao lado; junto a.
Alongside (âlón-sáid) *prep* ao longo.
Aloof (âluf) *adj* arredio; altivo; distante.
Aloof (âluf) *adv* à distância; à parte; longe.
Aloud (âláud) *adv* audivelmente; alto; em voz alta.
Alpenstock (él-pinstók) s bastão de alpinista; bordão; gancho.
Alphabet (él-fábit) s alfabeto.
Alphabetize (él-fábitáiz) v organizar pelo alfabeto; pôr em ordem alfabética.
Already (ólré-di) *adv* agora; anteriormente; já; pronto.
Alright (ólrait) *adj* tudo bem; *vide* ALLRIGHT.
Also (ól-sôu) *adv* além disso; do mesmo modo; da mesma maneira; também; *I ALSO want some*: eu também quero.
Alter (ól-târ) v alterar; diferenciar; mudar; tornar outro; variar.
Alterable (ól-târábl) *adj* alterável; mutável; variável.
Alterative (ól-târêitiv) s remédio.
Alterative (ól-târêitiv) *adj* alterativo; alterante; mutável.

Altercate (ól-târkêit) v altercar; discutir; indispor.
Alternate (ól-târnêit) s substituto; suplente.
Alternate (ól-târnêit) v alternar; suceder; trocar.
Although (ól-dhóu) conj embora; não obstante; no entanto; todavia.
Altogether (óltughé-dhâr) adv juntamente; todos juntos.
Altruism (él-truizm) s altruísmo; humanismo.
Always (ól-uêiz) adv permanentemente; repetidamente; sempre; *I ALWAYS fall down*: eu sempre caio.
Amain (âmêi-nn) adv intensificadamente; repentinamente; veementemente.
Amalgam (âmél-gânn) s amálgama; mistura; massa homogênea.
Amanuensis (âméniuên-siss) s amanuense; copista; escrevente.
Amass (âmé-ss) v acumular; amontoar; empilhar; juntar.
Amateur (é-mátâr) adj amador.
Amatory (é-mâtôuri) adj erótico; que se pode amar.
Amaze (âmêi-z) v assustar; confundir; embaraçar; espantar.
Amazing (âmêi-zinn) adj assombroso; espantoso; estupendo; embaraçoso; maravilhoso.
Amazon (é-mâsânn) s BR amazonas (rio); MIT amazona (mulher guerreira).
Ambassador (êmbé-sâdar) s diplomata; embaixador.
Amber (ém-bâr) adj âmbar (resina); a cor cinzenta.
Ambidexter (émbis-wka-târ) adj ambidextro; que se utiliza de ambas as mãos; FIG pessoa falsa.
Ambient (ém-bient) s ambiente; meio em que se vive; recinto.
Ambiguity (ém-bigiuiti) s ambiguidade; duplo sentido.
Ambit (ém-bit) s amplitude; alcance; âmbito; esfera.
Ambition (êmbi-shânn) s aspiração; ambição; pretensão.
Amble (ém-bl) s cavalo que marcha coordenadamente; equipado.
Ambo (ém-bôu) s púlpito; tribuna (de igreja).
Ambulance (ém-biulânss) s ambulância; USA advogado de porta de cadeia.
Ambulant (ém-biulânt) adj andarilho; ambulante; móvel.
Ambulate (ém-biulêt) v andar nervosamente de um lado para outro; caminhar; mover-se.
Ambuscade (ém-bâskêid) s tocaia; emboscada.
Ambuscade (ém-bâskêid) v cair em tocaia (emboscada).
Ambush vide AMBUSCADE.
Ameliorate (âmi-liorêit) v aperfeiçoar-se; enriquecer; evoluir; melhorar.
Amen (êi-men) s aprovação; consentimento.
Amen (êi-men) interj assim seja!; amém!
Amenability (âminâbi-liti) s acessibilidade; receptividade; subordinação.
Amend (âmén-d) v corrigir; emendar; remendar.
Amends (âmén-ds) s compensação; indenização; ressarcimento; reparação.
Amenity (âmi-niti) s amenidade; brandura; suavidade; ternura.
Amerce (âmâr-ss) v autuar; castigar; multar; punir; taxar.
Amercement (âmârs-ment) s castigo; multa; punição; pena; taxa.
American (âmé-rikânn) s americano.
Americanism (âmé-rikânizm) s imitação do estilo de vida dos americanos dos USA.
Americanize (âmé-rikânáiz) v americanizar, imitar tudo o que diga respeito ao que é comum aos americanos dos USA.
Amethyst (é-mithist) s ametista (pedra preciosa).
Amiability (êimiábi-liti) s afabilidade; amabilidade.
Amiable (êi-miábl) adj agradável; amável; cativante.
Amicability (émikâbi-liti) s afeto; amizade; afeição.
Amid (âmi-d) prep cercado de; entre; incluído; misturado com; no meio de.
Amidst (âmi-dst) vide AMID.
Amiss (âmi-ss) adj errôneo; importuno; incômodo; impróprio.
Amiss (âmi-ss) adv erroneamente; erradamente; faltosamente.
Amity (é-miti) s amizade; cordialidade; fraternidade.
Ammunition (âmôu-niék) s bala; chumbo; munição.
Amnesia (émini-ziâ) s amnésia; esquecimento.
Amnesty (ém-nesti) s anistia; perdão.
Amnesty (ém-nesti) v anistiar; livrar.
Among (âmá-nn) prep em meio de; entre; incluso; no meio.
Amongst (âmâns-t) vide AMONG.
Amoral (émó-ral) adj amoral.
Amorist (é-morist) s cativador; galanteador; namorador.
Amorous (é-morâss) adj amoroso; apaixonado; carinhoso; enamorado.
Amorphism (âmór-fizm) s amorfismo; sem forma.
Amortization (âmórtizéi-shânn) s FIN amortização (pagamento em parcelas).
Amount (âmáun-t) s importância; montante; quantia.
Amount (âmâun-t) v chegar; equivaler; somar.
Ampere (émpé-r) s ampério, ampère (unidade elétrica).
Ampersand (ém-pârsénd) s símbolo de and (&).
Ample (ém-pl) adj amplo; imenso; vasto; espaçoso.
Ampleness (ém-pinéss) s amplitude; amplidão; vastidão.
Amplification (émplifikêi-shânn) s aumento; amplificação; alargamento.
Amplify (ém-plifiáir) v ampliar; aumentar; expandir; engrandecer.
Ampoule (ém-pul) s ampola; frasco; recipiente.
Amputate (ém-piutêit) v amputar; cortar; extirpar.
Amuck (âmá-k) adv furiosamente; insanamente; vide AMOK.
Amulet (é-miulit) s amuleto; protetor; talismã.
Amuse (âmiu-z) v divertir; distrair.
Amusement (âmiuz-ment) s distração; diversão; entretenimento.
Amusing (âmiu-zinn) adj divertido; hilariante; recreativo.
An (ânn) art indef um (a,as); uns; (usado em substituição do *A*, geralmente antes de nomes que começam por vogal); *I'm AN optimist*: eu sou um otimista.
Anachronism (âné-kronizm) s anacronismo (sem cronologia).
Anacoluthon (énákoliu-thónn) s GRAM anacoluto (frase que não segue a construção regular, mudando inesperadamente de rumo).
Anagram (é-nâgrémm) s anagrama (composição com letras de uma determinada frase que forma um novo significado).
Analects (é-nâlékts) s antologia; seleção; HIST escravo (Roma Antiga).
Analgesic (énáldji-sik) s MED analgésico; que tira a dor.
Analogism (âné-lodjizm) s analogismo (raciocínio dedutivo-indutivo).
Analogous (âné-logáss) adj análogo; igual; semelhante.
Analogy (âné-lodji) s analogia; parentesco;semelhança.
Analyze (é-nâláiz) v analisar; investigar.
Analyzer (é-nâláizâr) s analisador; examinador; pesquisador.
Anaphora (âné-forâ) s GRAM anáfora (repetição de palavras em frases sucessivas).
Anarchic (é-nárk) s anárquico; desordenado.
Anarchical (énár-kikâl) vide ANARCHIC.
Anathema (âné-thimâ) s anátema; excomunhão; estigma.
Anatomic (énâtó-mik) adj anatômico.
Anatomical (énâtó-mikâl) vide ANATOMIC.
Ancestor (én-sistâr) s ancestral; antepassado.
Ancestry (én-sistri) s genealogia; descendência; linhagem; raça.
Anchor (én-kâr) s âncora.
Anchor (én-kâr) v ancorar; prender.
Anchorage (én-kâridj) s atracadouro; ancoradouro; porto.
Anchoret (én-korét) vide ANCHORITE.
Anchorite (én-koráit) s anacoreta; ermitão; pessoa solitária.
Anchorman (én-kârmann) s homem-chave; ESP último atleta em prova de revezamento; JORN repórter que permanece no estúdio recebendo e coordenando as notícias.
Ancient (ên-shent) adj antigo; idoso; patriarca; velho.

ANCIENTRY — ANTLER

Ancientry (ên-shentri) s antiguidade.
Ancon (én-kónn) s base; cotovelo (cúbito); suporte.
And (ând) *conj* de modo que; e.
Andiron (én-dáiârn) s chaminé; cão de lareira.
Android (én-dróid) s androide; fantoche; robô.
Anecdotal (é-nekdôutâl) *adj* anedótico.
Anemia (âni-miâ) s MED anemia (deficência de hemácias no sangue).
Anesthetize (enis-thiatáiz) v amortecer; anestesiar.
Aneurism (é-niurizm) s MED aneurisma (dilatação local de artéria).
Anew (âniu) *adv* de novo; novamente; outra vez; repetidamente.
Angel (êin-djel) s anjo; FAM protetor; patrocinador.
Angelic (éndjé-lik) *adj* angélico; casto; puro.
Angelical (éndjé-likâl) *vide* ANGELIC.
Anger (én-gâr) s desatino; furor; ódio; raiva.
Anger (én-gâr) v desatinar; enlouquecer; enfurecer; irritar.
Angle (én-gl) s GEOM ângulo; aspecto; medida geométrica; ponto de vista.
Angle (én-gl) v pescar; FIG engodar; obter de maneira fraudulenta.
Angler (én-glâr) s pescador (com vara); pescador (com anzol).
Anglerworm (én-gl-uârmm) s isca de anzol; minhoca.
Anglican (én-glikânn) s Anglicano (religião oficial da Inglaterra).
Anglican (én-glikânn) *adj* anglicano, relativo ou pertencente ao anglicanismo.
Anglicize (én-glissáiz) v tornar Inglês.
Angling (én-glinn) s pesca (com vara e anzol).
Angrily (én-grili) *adv* colericamente; furiosamente; raivosamente.
Angry (én-gri) *adj* furioso; irado; irritado; nervoso; zangado; *she is angry*: ela está zangada.
Anguish (én-guish) s aflição; agonia; ânsia; angústia.
Anguish (én-guish) v angustiar.
Aniline (é-nilinn) s anilina.
Anility (éni-liti) s caduquice; senilidade; velhice.
Animadversion (énimédvâr-shânn) s censura; crítica; repreensão.
Animadvert (énimédvâr-t) v criticar; censurar; criticar.
Animal (é-nimâl) s animal; besta.
Animal (é-nimâl) *adj* animal; brutal; irracional.
Animalism (é-nimâlizm) s animalismo; irracionalidade.
Animate (é-nimêit) v animar; encorajar; prestigiar.
Animate (é-nimêit) *adj* animado; esperto; vivo; vigoroso.
Animater (é-nimêitâr) s animador; encorajador; CIN desenhista.
Animation (énimêi-shânn) s animação; entusiasmo; CIN movimento dos desenhos animados.
Animator (é-nimêitâr) *vide* ANIMATER.
Animosity (énimó-siti) s animosidade; hostilidade; predisposição ao ódio.
Animus (é-nimâss) s ânimo; disposição; estado de espírito; ódio violento.
Anise (é-niss) s anis; erva-doce; planta.
Ankle (én-kl) s ANAT protuberância óssea; tornozelo.
Anklet (én-klit) s meia soquete; protetor; tornozeleira.
Annalist (é-nâlist) s analista; cronista; MED analista; psicólogo.
Anneal (éni-l) v preparar; tratar a fogo; temperar.
Annex (ânék-ss) v anexar; juntar; ligar.
Annexation (énekśêi-shânn) s anexação; adição; reunião.
Annihilate (ânáiílâbl) v exterminar; aniquilar; destruir.
Anniversary (énivâr-sâri) s aniversário; natalício.
Annotate (é-nôutêit) v anotar; escrever; comentar; pôr notas.
Annotation (énôutêi-shânn) s anotação; comentário; registro.
Annotator (énôutêi-târ) s anotador; escriturário; registrador.
Announce (ânâun-ss) v anunciar; noticiar; publicar.
Announcement (ânâuns-ment) s anúncio; aviso; publicidade.

Announcer (ânâun-sâr) s anunciador; anunciante; apresentador; locutor.
Annoy (ânó-i) v aborrecer; admoestar; importunar; incomodar; irritar.
Annoying (ânói-inn) *adj* desconfortável; inoportuno; incômodo.
Annuitant (âniu-itânt) s que se beneficia de anuidade.
Annul (ânâ-l) v anular; cancelar; invalidar.
Annular (â-niulâr) *adj* anelado; aneliforme.
Annunciate (ânân-shiêit) v avisar; anunciar; proclamar.
Anoint (ânôi-nt) v dar extrema unção; ungir; untar.
Anomalism (ânó-mâlizm) s anomalia; anormalidade; erro.
Anomalous (ânó-mâlâss) *adj* anômalo; anormal; desigual.
Anomaly (ânó-mâli) s anomalia; desigualdade; defeito.
Anonym (é-nonimm) s anônimo; disfarçado; incógnito.
Another (ânâ-dhâr) *adj* outro (a); um (uma) outro (a); *ANOTHER sandwich*: um outro sanduíche.
Another (ânâ-dhâr) *pron* outro (a); um (a).
Answer (én-sâr) v réplica; resposta; satisfazer.
Answerable (én-sârâbl) *adj* correspondente; respondível; refutável.
Ant (ént) s formiga; inseto.
Antagonism (énté-gonizm) s antagonismo; contrariedade; oposição.
Antagonist (énté-gonis-tik) s antagonista; oponente; rival.
Antarctic (éntárk-tik) s a Antártica.
Antarctic (éntárk-tik) *adj* antártico; do Polo Sul.
Antecede (éntissi-d) v anteceder; vir antes.
Antecedence (éntissi-dânss) s antecedência; precedência.
Antecedent (éntissi-dânt) s antecedente.
Antecedent (éntissi-dânt) *adj* antecedente.
Antecessor (éntissé-sâr) s antepassado; antecessor; predecessor.
Antedate (éntidêi-t) s antedata.
Antedate (éntidêi-t) v antecipar; antedatar; predatar.
Antelope (éntiloup) s antílope.
Antenuptial (éntinâp-shál) *adj* antenupcial; antes do casamento; pré-nupcial.
Anterior (énti-riâr) *adj* anterior; precedente; que vem antes.
Anteroom (énti-rumm) s antecâmara; antessala; saleta.
Anthem (én-themm) s antífona; cântico; canto litúrgico; hino.
Anthil (ént-hil) s cupim; formigueiro.
Anthological (éntholó-djikâl) *adj* antológico; relativo à antologia.
Anthology (énthó-lodji) s BOT antologia, estudo e tratado das flores; POES seleta (livro) de excertos.
Anthrax (én-thréks) s MED carbúnculo; furúnculo; pústula maligna.
Anthropologist (énthropó-lodjist) s antropologista (que cuida do estudo do homem).
Anthropology (énthropó-lodji) s antropologia (estudo do homem).
Anthropophagous (énthropó-fâgâss) *adj* antropófago (que come carne humana).
Antibody (én-tibódi) s anticorpo; neutralizante de toxinas.
Anticipate (énti-sipêit) v anteceder; antecipar; prevenir; prever; pressagiar.
Antinomy (énti-nomi) s antinomia; contradição; oposição recíproca.
Antipathy (énti-pâthi) s aversão; antipatia; rejeição.
Antiphon (én-tifânn) s RELIG antífona (versículo que se canta antes dos salmos).
Antipode (én-tipoup) s antípoda; oposto.
Antipyretic (éntipáiré-tik) s antipirético; contra a febre.
Antiquarian (éntikuêi-riânn) *adj* antiquário; colecionador de antiguidades.
Antislavery (éntislêi-vâri) *adj* antiescravista.
Antithesis (énti-thississ) s antítese (oposição de palavras).
Antler (én-tlâr) s aspas; armação; chifre de alce.

ANVIL — APPROBATE

Anvil (én-vil) s bigorna.
Anxiety (éngzái-âti) s ansiedade; ânsia; angústia.
Anxious (énk-shâss) adj ansioso; angustiado; inquieto.
Any (é-ni) adj algum (as); qualquer; seja qual for; *I do not have ANY money*: não tenho nenhum dinheiro.
Any (éni) pron algum (as); qualquer; seja qual for.
Anybody (éni-bódi) pron alguém; qualquer um; qualquer pessoa.
Anyhow (éni-háu) adv casualmente; de qualquer maneira; de qualquer forma.
Anyone (éni-uânn) pron alguém; qualquer pessoa; qualquer um.
Anything (éni-thinn) pron alguma coisa; algo; qualquer coisa; *it eats ANYTHING*: ele come qualquer coisa (animal).
Anyway (éni-uêi) adv de qualquer modo; de qualquer maneira; em todo caso.
Anywhere (éni-uér) adv em qualquer lugar; em qualquer parte; *she cannot go ANYWHERE*: ela não pode ir a lugar nenhum.
Anywise (éni-uáiz) adv de qualquer forma; de algum modo; de alguma maneira.
Apace (âpêi-ss) adv ligeiramente; rapidamente; velozmente.
Apart (âpár-t) adj dividido; separado.
Apart (âpár-t) adv à parte; separadamente.
Apartment (âpárt-ment) s apartamento.
Apathetic (épâthé-tik) adj alheio; apático; insensível.
Apathy (é-pâthi) s apatia; alheamento; indiferença.
Ape (êip) s mico; macaco.
Ape (êip) v arremedar; imitar; macaquear.
Aperture (é-pârtiuâr) s abertura; buraco; fenda; orifício.
Apex (êi-peks) s alto; ápice; cume; cimo.
Aphorism (é-forizm) s aforismo; máxima; provérbio.
Apiarian (êipié-riânn) adj apícola; apiário; colmeia.
Apical (êi-pikál) adj alto; elevado.
Apiculture (êi-pikâltiur) s apicultura (arte de criar abelhas).
Apiece (âpi-ss) adv cada um; por cabeça; por pessoa.
Apish (êi-pish) adj afetado; arremedador; imitador; macaqueador.
Aplomb (âpló-mm) s autoconfiança; firmeza; posição perpendicular.
Apocalypse (âpó-kálips) s RELIG Apocalipse (livro do Novo Testamento); FIG linguagem obscura; linguagem incompreensível.
Apocryphal (âpó-krifál) adj apócrifo; falso; não autêntico.
Apologetic (âpólodjé-tik) adj apologético (que faz defesa ou apologia).
Apologise (âpó-lodjáiz) v defender-se; desculpar-se; justificar-se; *I APOLOGIZE for being late*: desculpe-me pelo atraso.
Apologize (âpó-lodjáiz) vide APOLOGISE.
Apologue (é-pológ) s apólogo (narração ou conto extenso que atribui fala aos animais).
Apology (âpó-lodji) s apologia; argumentação; justificativa.
Apoplexy (é-popléksi) s MED apoplexia (parada cerebral).
Apostasy (âpós-tâssi) s apostasia (mudança de crença, filosofia ou de religião).
Apostate (âpós-tit) s apóstata; infiel.
Apostle (âpós-l) s apóstolo; adepto.
Apostleship (âpóstl-ship) s apostolado; missão.
Apostolic (épostó-lik) adj apostólico (relativo aos apóstolos).
Apothecary (âpó-thikéri) s boticário; farmacêutico.
Appal (âpó-l) v aterrar; atemorizar; afugentar; espantar.
Appall (âpó-l) vide APPAL.
Appalling (âpó-linn) adj aterrador; atemorizante; espantoso.
Apparatus (épâréi-tâss) s aparelho; aparato; instrumento.
Apparel (âpé-râl) s vestes; vestido; vestuário.
Apparel (âpé-râl) v ornar; trajar; vestir.
Apparent (âpé-rant) adj aparente; claro; evidente; transparente.
Apparentness (âpé-râtnéss) s evidência; clareza; transparência.

Apparition (âpári-shânn) s aparição; revelação; visão.
Appeal (âpi-l) v apelar; invocar o testemunho; recorrer.
Appealable (âpi-lábl) adj apelável.
Appealer (âpi-lâr) s apelante; recorrente; suplicante.
Appear (âpi-r) v aparecer; mostrar-se; surgir.
Appearance (âpi-ârânss) s aparência; aparecimento.
Appeasable (âpi-zábl) adj atenuável; aplácavel; conciliável.
Appease (âpi-z) v apaziguar; aplacar; pacificar.
Appeasement (âpiz-ment) s apaziguamento; pacificação.
Appellant (âpé-lânt) adj apelante; recorrente; suplicante.
Appellation (épelêi-shânn) s apelação; designação; recurso.
Append (âpén-d) v apensar; anexar; aditar; apor; fixar; juntar.
Appendage (âpén-didj) s apêndice; acessório; prolongamento.
Appendant (âpén-dânt) s apêndice; apenso; dependência.
Appendent (âpén-dânt) vide APPENDANT.
Appendicitis (âpendissái-tiss) s MED apendicite (inflamação do apêndice).
Appendix (âpén-diks) s acessório; apêndice; suplemento.
Apperception (âpârsép-shânn) s apercepção; perceber.
Appertain (âpârtêi-nn) v pertencer; relacionar-se; ser parte.
Appetence (é-pitânss) s apetite; cobiça; desejo.
Appetite (é-pitáit) s apetite; apetência; fome.
Appetize (é-pitáiz) v abrir o apetite; apetecer.
Appetizer (é-pitáizâr) s aperitivo; antepasto.
Applaud (âplô-d) v aclamar; aplaudir; ovacionar.
Applause (âplô-z) s aplauso; aclamação; ovação.
Apple (épl) s maçã (fruta); *APPLE core*: o caroço de maçã.
Applejack (épl-djék) s USA aguardente; bebida de maçã; bebida feita com cidra; sidra.
Applepie (épl-pái) s torta de maçã.
Appletree (épl-trii) s macieira.
Appliance (âplái-ânss) s apetrecho; instrumento; utensílio.
Applicability (éplikâbi-liti) s aplicabilidade; utilidade.
Applicable (é-plikâbl) adj aplicável; utilizável; útil.
Applicant (é-plikânt) s peticionário; postulante; pretendente; requerente.
Application (éplikêi-shânn) s aplicação; diligência; emprego.
Applicative (é-plikêitiv) adj aplicável; prático; utilizável.
Apply (âplái-i) v aplicar; dedicar-se; empregar; praticar.
Appoint (âpóin-t) v apontar; designar; decretar; nomear.
Appointee (âpóin-târ) s aquele que é designado para algum cargo.
Appointment (âpóint-ment) s designação; decreto; indicação; nomeação.
Apportion (âpór-shânn) v dividir; partilhar; ratear.
Apportionment (âpór-shânment) s divisão; partilha; rateio.
Appose (âpôu-z) v aplicar; acrescentar; apor; justapor.
Apposite (é-pozit) adj próprio; apropriado; adequado.
Apposition (âpozi-shânn) s aposição; justaposição.
Appraisal (âprêi-zâl) s apreciação; avaliação; exame.
Appraise (âprêi-z) v apreciar; apreçar; avaliar; estimar.
Appreciable (âpri-shábl) adj admirável; apreciável; estimável.
Appreciate (âpri-shiêit) v apreciar; examinar; reconhecer.
Appreciation (âprishêi-shânn) s apreciação; avaliação; admiração.
Appreciative (âpri-shiátiv) adj apreciativo; avaliativo; examinativo.
Apprehend (épri-hén-d) v apreender; compreender; deter; perceber; presumir.
Apprehensible (épri-hén-sibl) adj apreensível; compreensível; perceptível.
Apprentice (âprén-tiss) s aprendiz; novato; noviço.
Apprenticeship (âprén-tis-ship) s aprendizagem; noviciado.
Apprise (âprái-z) v avisar; notificar; prevenir.
Approach (âprôu-tsh) v aproximar-se; acercar-se; chegar; rodear.
Approachable (âprôu-tshábl) adj aproximativo.
Approbate (é-probêit) v aprovar; autenticar; convalidar; validar.

APPROBATION — AROMATICAL

Approbation (éprobêi-shánn) *s* aceitação; aprovação; consentimento.
Appropriate (âprôu-priêit) *v* apropriar; adaptar; apossar-se de; reservar.
Appropriate (âprôu-priêit) *adj* apropriado; conveniente; próprio.
Appropriation (âprôupriêi-shánn) *s* apropriação; invasão; posse.
Approvable (âpru-vábl) *adj* aprovável; aceitável; homologável.
Approval (âpru-vál) *s* aprovação; aceitação; adesão; acordo.
Approve (âpru-v) *v* aprovar; apoiar; consentir; sancionar.
Approximate (âprók-simêit) *v* aproximar-se; avizinhar; acercar-se.
Approximate (âprók-simêit) *adj* aproximado; próximo; semelhante.
Approximation (âproksimêi-shánn) *s* aproximação; proximidade.
Approximative (âprók-simâtiv) *adj* aproximativo.
Appurtenance (âpâr-tinánss) *s* acessório; pertença; pertence.
Appurtenant (âpâr-tinánt) *adj* pertinente, pertencente; próprio.
Apricot (ei-pricôut) *s* damasco (fruta).
April (êi-pril) *s* abril (4º mês do ano).
Apriority (âprió-ráiti) *s* apriorismo; anterioridade; que vem antes.
Apron (êi-prânn) *s* avental; anteparo; protetor; vestes.
Apropos (éprôpô-u) *adj* apropriado; conveniente; oportuno.
Apropos (éprôpô-u) *adv* apropositado; oportunamente; propriamente.
Apt (épt) *adj* apto; próprio; talhado.
Aptitude (ép-titud) *s* aptidão; inclinação; talento.
Aptness (épt-néss) *s* capacidade; competência; disposição.
Aquarelle (êkuârê-l) *s* aguarela; aquarela.
Aquarium (âkuêi-riâmm) *s* aquário; museu aquático.
Aquarius (âkuêi-riâss) *s* ASTR Aquário (signo do Zodíaco).
Aquatic (âkué-tik) *adj* aquático.
Aqueduct (êkuidâkt) *s* aqueduto; tubo condutor de água.
Aqueous (êi-kiâss) *adj* aquoso (relativo a água).
Aquiline (é-kuilinn) *adj* aquilino (da águia).
Arab (é-râb) *adj* Árabe.
Arabesque (érâbês-k) *s* arabesco (desenhos ornamentais).
Arable (é-râbl) *adj* arável; cultivável.
Aramaic (érâmêi-ik) *s* aramaico (língua falada pelos antigos Arameus).
Aramaic (érâmêi-ik) *adj* aramaico.
Arbiter (âr-bitâr) *s* árbitro; juiz; mediador.
Arbitrament (ârbi-trâment) *s* ajuizamento; arbitragem; arbitramento.
Arbitrary (ár-bitrâri) *adj* arbitrário; despótico; por conta própria.
Arbitrate (ár-bitrêit) *v* arbitrar; decidir; julgar.
Arbor (ár-bâr) *s* árvore; eixo; fuso; planta; veio.
Arborization (árborizêi-shánn) *s* arborização.
Arbour (ár-boâr) *vide* ARBOR.
Arcade (ârkêi-d) *s* arco; arcada; abóbada.
Arcade (ârkêi-d) *v* arquear; abobodar.
Arch (ár-tsh) *s* abóbada; arco.
Arch (ár-tsh) *v* arquear; abobadar.
Arch (ár-tsh) *adj* astuto; eminente; mor; principal.
Archaic (árkêi-ik) *adj* arcaico; antigo; velho.
Archaize (ár-kêiáiz) *v* arcaico; arcaizar; tornar antigo.
Archangel (ár-kêindjél) *s* arcanjo.
Archbishop (ártshbi-sháp) *s* arcebispo; prelado.
Archetype (ár-kitáip) *s* arquétipo; cópia.
Architect (árkitékt) *s* arquiteto; artífice; criador; *Great ARCHITECT of the Universe*: Grande Arquiteto do Universo (Deus).
Archive (ár-káiv) *s* arquivo; depósito de papéis; livros.
Archway (ártsh-uêi) *s* abóbada; arcada; passagem.

Arctic (árk-tik) *s* ártico; boreal; do norte.
Arctic (árk-tik) *adj* ártico.
Arcuate (ár-kiuit) *adj* arcado; arqueado; vergado.
Ardency (ár-densi) *s* ânsia; ardência; ardor; calor.
Ardent (ár-dent) *adj* ardente; chamejante; fogoso.
Ardor (ár-dâr) *s* ardor; entusiasmo; fervor.
Arduous (ár-diuáss) *adj* árduo; penoso; trabalhoso.
Are (ár) *vide* BE (conjugação do verbo).
Area (êi-riâ) *s* área; extensão; região; superfície.
Arena (ârí-nâ) *s* arena; palco.
Argent (ár-djent) *adj* argênteo; prateado.
Argentine (ár-djentinn) *s* argênteo; prata.
Argentine (ár-djentinn) *adj* argentino (da Argentina).
Argon (ár-gónn) *s* QUÍM argônio (gás).
Arguable (ár-ghiuábl) *adj* arguível; debatível; contestável.
Argue (ár-ghiu) *v* arguir; argumentar; discorrer; debater; discutir.
Argument (ár-ghiument) *s* argumento; prova; raciocínio.
Argute (árghiut) *adj* arguto; esperto; perspicaz.
Aria (á-riâ) *s* MÚS ária (parte de composição músical).
Arian (é-riânn) *adj* ariano (povo originário provavelmente da Índia); indo-europeu.
Arianism (é-riânizm) *s* RELIG arianismo (seita fundada por Ário – 280-336); POL pseudo hipótese nazista de superioridade racial.
Arid (é-rid) *adj* árido; áspero; estéril; rústico.
Aridity (éri-diti) *s* aridez; esterilidade.
Aridness (é-ridnéss) *vide* ARIDITY.
Aright (é-rait) *adv* acertadamente; bem; corretamente; propriamente.
Arise (ârái-z) *v* aparecer; elevar-se; levantar; levantar-se; originar; surgir; subir; *past* AROSE *and pp* ARISEN.
Aristocracy (éristó-krâssi) *s* aristocracia (governo dos melhores).
Aristocratic (âris-tokrét) *adj* aristocrático (classe social, classe intelectual ou pessoa que hipoteticamente possui qualidades superiores às demais, formando um grupo de excessão).
Aristocratical (éristokré-tikâl) *vide* ARISTOCRATIC.
Arithmetic (ârith-métik) *s* MAT aritmética (ciência dos números).
Ark (árk) *s* arca; baú; RELIG arca de Noé (grande barco bíblico que teria sobrevivido ao dilúvio, salvaguardando um casal de cada espécie animal, segundo aquilo que Deus determinou diretamente a Noé).
Arm (ármm) *s* braço; membro.
Arm (ármm) *v* armar; munir.
Armadillo (ármádi-lôu) *s* tatu (mamífero).
Armament (ár-mâment) *s* armamento (aparelhamento militar).
Armature (ár-mâtshâr) *s* armamento; armadura; proteção corpórea.
Armchair (árm-tshér) *s* cadeira estofada; poltrona.
Armful (árm-ful) *s* braça; braçada; braçado.
Armhole (árm-hôul) *s* axila, cava de roupa.
Armistice (ár-mistiss) *s* armistício (suspensão momentânea ou definitiva de guerra, luta ou revolução armada); trégua.
Armless (árm-léss) *adj* desavisado; desprotegido; desarmado.
Armlet (árm-lét) *s* bracelete; braço de rio; braço de mar; pulseira.
Armor (ár-mâr) *s* armadura; couraça; proteção.
Armory (ár-môuri) *s* arsenal; depósito de armas.
Armour (ár-mâr) *vide* ARMOR.
Armoury (ár-mouri) *vide* ARMORY.
Armpit (árm-pit) *s* axila; sovaco.
Aroma (ârôu-mâ) *s* aroma; fragância; olor; perfume.
Aromatic (éromé-tik) *s* aroma; olor; perfume.
Aromatic (éromé-tik) *adj* aromatizado.
Aromatical (éromé-tikâl) *vide* AROMATIC.

AROUND — ASSEMBLY

Around (âráun-d) *adv* ao derredor; acerca; em volta; por volta de; *they will arrive around noon*: eles chegarão por volta do meio dia.

Arouse (âráu-z) *v* acordar; animar; despertar; excitar; levantar.

Arraign (ârêi-nn) *v* JUR acusar; denunciar; processar.

Arraignment (ârêin-ment) *s* JUR acusação; citação; denúncia; processo.

Arrange (ârêin-dj) *v* arranjar; ajustar; arrumar; dispor; preparar; *to ARRANGE flowers*: fazer um arranjo nas flores.

Arrangement (ârêindj-ment) *s* arranjo; acomodação; disposição.

Arrant (é-rânt) *adj* consumado; deslavado; notório; vergonhoso.

Array (ârê-i) *s* ordem; ordenação.

Array (ârê-i) *v* dispor; ordenar; ornar; pôr; vestir.

Arrear (âri-âr) *s* atraso; falta de pontualidade.

Arrest (ârés-t) *v* apreender; arrestar; deter; embargar; prender.

Arrival (ârái-vâl) *s* chegada; vinda.

Arrive (ârái-v) *v* chegar; surgir; vir.

Arriver (ârái-vâr) *s* visitante.

Arrogance (é-rogânss) *s* arrogância; presunção; superioridade.

Arrogancy (é-rogânsi) *vide* ARROGANCE.

Arrogate (é-roghêit) *v* arrogar; apropriar-se; usurpar.

Arrogation (éroghêi-shânn) *s* arrogância; presunção; superioridade.

Arrogator (é-roghêitâr) *s* usurpador.

Arrow (é-rôu) *s* flexa; ponta; seta.

Arsenal (ár-sinâl) *s* arsenal; depósito de armas.

Arson (ár-sânn) *s* abrasamento; incêndio provocado.

Arsonist (ár-sânist) *s* incendiário.

Arsonite (ár-sânáit) *vide* ARSONIST.

Art (árt) *s* arte; habilidade; ofício; perícia.

Arterial (árti-riâl) *adj* arterial (que é relativo, pertencente ou proveniente da artéria).

Arterialization (ártiriâlizêi-shânn) *s* fenômeno que se verifica no sangue e que ocorre nos pulmões, chamado hematose, onde se verifica a troca de gás carbônico por oxigênio.

Artery (ár-târi) *s* ANAT artéria (tubo por onde corre o sangue oxigenado do corpo).

Artesian (árti-ziânn) *adj* artesiano (poço que se perfura com profundidade numa rocha para encontrar água); poço tubular profundo.

Artful (árt-ful) *adj* artificioso; astuto; ladino; perspicaz.

Artfulness (árt-fulnéss) *s* astúcia; destreza; habilidade.

Artichoke (ár-tishôuk) *s* alcachofra.

Article (ár-tikl) *s* artigo; coisa; matéria; objeto.

Articulator (árti-kiulêi-shânn) *s* articulador; agilizador.

Artifact (ár-tikéet) *s* artefato; objeto.

Artifice (ár-tifiss) *s* artifício; estratagema; estratégia.

Artificer (árti-fissâr) *s* artesão; artífice; artista; produtor.

Artificial (ártifi-shâl) *adj* artificial; falso; fictício; superficial.

Artisan (ár-tizânn) *s* artífice; artesão.

Artist (ár-tist) *s* artista; artista.

Artist (ár-tist) *adj* artista.

Artistry (ár-tléss) *s* carreira de artista; talento artístico.

Artless (árt-léss) *adj* natural; sem arte; simples.

Aryan (é-riânn) *s* língua dos Ários; que não é da etnia semítica.

Aryan (é-riânn) *adj* soc ariano (aquele que é hipoteticamente proveniente de uma etnia (raça) não semítica, Indo-Europeia, isto é, que teria vindo, num determinado momento, da Índia à Europa.

As (éz) *adv* igualmente; tão; tanto quanto.

As (éz) *conj* à medida que; como; pois que; porquanto; porque.

As... (éz) *AS big AS*: tão grande como; *AS far AS*: até; *AS far AS I know*: que eu saiba; *AS for me*: no que me diz respeito; *As soon AS*: logo que; *AS well*: além disso; também; *such AS*: tal como.

Ascend (âssén-d) *v* ascender; elevar-se; subir.

Ascendance (âssén-dânss) *s* ascendência; poderoso; superioridade.

Ascendence (âssén-dânsi) *vide* ASCENDANCE.

Ascension (âssén-shânn) *s* ascensão; elevação; subida.

Ascent (âssén-t) *s* aclive; avanço; ascensão; subida.

Ascertain (éssârtêi-nn) *v* apurar; averiguar; constatar; determinar; indagar; verificar.

Ascertainment (éssârtêin-ment) *s* averiguação; determinação; verificação.

Ascetic (âssé-tik) *s* asceta.

Ascetic (âssé-tik) *adj* ascético; devoto; místico.

Ascetical (âssé-tikâl) *vide* ASCETIC.

Ascribable (âskrái-bâbl) *adj* atribuível; aplicável; imputável.

Ascribe (âskráib) *v* atribuir; conceder; imputar.

Ascription (âskrip-shânn) *s* atribuição; concessão; imputação.

Ash (ésh) *s* cinza; resto mortal; resíduo mineral; *ASHTRAY*: cinzeiro.

Ashamed (âshêimmd) *adj* desconcertado; envergonhado; tímido.

Ashamedness (âshêimd-néss) *s* timidez; vergonha.

Ashen (é-shenn) *adj* cinzento; pálido.

Ashery (é-shâri) *s* amontoado de cinzas; depósito de cinzas.

Ashore (âshôu-r) *adv* em terra; na praia; para praia.

Ashy (é-shi) *adj* cinzento; coberto de cinzas.

Aside (âssáid) *adv* ao lado; à parte; de lado; para o lado.

Asininity (ésini-niti) *s* asnice; estupidez; grosseria.

Ask (ésk) *v* inquirir; perguntar; pedir; requerer; *to ask for directions*: perguntar o caminho.

Askance (âskén-ss) *adv* de lado; de esguelha; de soslaio; obliquamente.

Askant (âskén-t) *vide* ASKANCE.

Asker (és-kâr) *s* pedinte; peticionário; requerente.

Askew (âskiú) *adj* empenado; oblíquo; torto.

Askew (âskiú) *adv* de esguelha; de soslaio; inclinadamente; obliquamente.

Aslant (âslént) *adj* atravessado; enviesado; oblíquo; torto.

Asleep (âs-lip) *adj* adormecido; dormente; inativo.

Aslope (âslôu-p) *adj* inclinado; oblíquo; torto.

Aslope (âslôu-p) *adv* obliquamente.

Asp (ésp) *s* áspide; cobra; víbora.

Asparagus (âspé-râgâss) *s* espárago; aspargo; espargo.

Aspect (és-pékt) *s* ar; aspecto; aparência; semblante.

Aspectable (âspék-tâbl) *adj* aparente; visível.

Aspen (és-pânn) *s* faia; pingente; tremulante.

Asperity (âspé-riti) *s* acrimônia; aspereza; rudeza.

Asperse (âspâr-ss) *v* aspergir; borrifar; denegrir; respingar.

Aspersion (âspâr-shânn) *s* aspersão; calúnia; difamação; infâmia.

Aspic (és-pik) *s* alfazema.

Aspirant (âspái-rânt) *s* aspirante; candidato; pretendente.

Aspirate (és-pirêit) *v* absorver; aspirar; sorver; sugar.

Aspire (âspái-ân-r) *v* aspirar; ambicionar; almejar; pretender.

Aspirin (és-pirinn) *s* aspirina.

Asquint (âskuint) *adj* inclinado; lateral; oblíquo.

Ass (éss) *s* asno; burro; jumento; nádegas; traseiro.

Assail (âssê-il) *v* assaltar; atacar; arremeter; investir; saltear.

Assailant (âssêi-lânt) *s* atacante; agressor; assaltante.

Assassin (âssé-sinn) *s* assassino; homicida; matador.

Assassinate (âssé-sinêit) *v* assassinar.

Assault (âssól-t) *s* assalto; agressão.

Assault (âssól-t) *v* assaltar; agredir; atacar; investir.

Assay (âssê-i) *s* demonstração; ensaio; prova.

Assay (âssê-i) *v* esboçar; ensaiar; testar.

Assayer (âssêi-âr) *s* ensaiador; analisador; examinador; verificador.

Assemblage (âssém-blidj) *s* assembleia; concílio; reunião.

Assemble (âssém-bl) *v* agregar-se; congregar; reunir.

Assembly (âssém-bli) *s* assembleia; conclave; congresso; reunião.

Assemblyman (âssém-blimaenn) s congressista; homem público; membro de assembleia.
Assent (âssén-t) v assentir; anuir; concordar; consentir.
Assentation (éssentêi-shânn) s assentimento; consentimento; complacência.
Assert (âssârt) v asseverar; afirmar; assegurar; sustentar.
Assertion (âssâr-shânn) s asseveração; asserção; afirmação.
Assertor (âssâr-tàr) s defensor; justificador; sustentador.
Assess (âssé-ss) v avaliar para taxação; taxar; tributar.
Assessment (âssés-ment) s tributação; taxação; taxa.
Assessor (âssé-sâr) s assessor; auxiliar; assistente.
Asset (é-sit) s domínio; posse; propriedade; vantagem.
Asseverate (âssé-vârêit) v assegurar; asseverar; afirmar; declarar.
Assiduity (éssidiu-iti) s assiduidade; diligência; solicitude.
Assign (âssái-nn) v citar; ceder; consignar; designar; fixar; intimar.
Assignation (éssignêi-shânn) s adjudicação; cessão; partilha; transferência.
Assignee (éssini) s cessionário; concessionário; síndico.
Assigner (âssái-nâr) s comitente; cedente; transmitente.
Assimilable (âssi-milâbl) adj assimilável; igualável; incorporável.
Assimilate (âssi-milêit) v absorver; assimilar; digerir; igualar.
Assist (âssis-t) v assistir; auxiliar; ajudar; socorrer.
Assistance (âssis-tânss) s assistência; amparo; socorro.
Assistant (âssis-tânt) s assistente; ajudante; auxiliar.
Assize (âssái-z) s JUR júri; lei determinante do padrão geral mínimo de preço de mercado; tribunal.
Associable (âssôu-shiâbl) adj agregável; associável.
Associate (âssôu-shiit) s companheiro; colega; sócio.
Associate (âssôu-shiit) v agregar; associar-se; juntar; unir.
Associate (âssôu-shiit) adj aliado; associado; parceiro; sócio.
Assonance (é-sonânss) s assonância; concordância.
Assonant (é-sonânt) adj assonante; concordante.
Assort (âssór-t) v arranjar; classificar; sortir.
Assortment (âssórt-ment) s agrupamento; classificação; sortimento.
Assuage (âssuêi-dj) v acalmar; abrandar; facilitar; saciar.
Assuagement (âssuêidj-ment) s alívio; abrandamento; mitigação.
Assume (âssiumm) v assumir; arrogar-se; apoderar-se; admitir.
Assumed (âssiumd) adj assumido; falso; fictício; presumido; suposto.
Assumption (âssâmp-shânn) s assunção; arrogância; presunção; suposição.
Assumptive (âssâmp-tiv) adj hipotético; presumido; suposto.
Assurance (âshu-rânss) s certeza; convicção; segurança.
Assure (âshur) v assegurar; afirmar; garantir; segurar.
Assurer (âshu-rár) s assegurador; segurador.
Astatic (êisté-tik) adj instável; inconstante; mutável.
Astern (âstâr-nn) adv à ré; à popa; atrás.
Asthma (éz-mâ) s MED asma.
Astigmatism (éstig-mâtizm) s MED astigmatismo (deficência visual).
Astir (âstâr) adj agitado; ativo.
Astir (âstâr-r) adv ativamente.
Astonish (âstó-nish) v assombrar; espantar; maravilhar.
Astonishing (âstó-nishinn) adj espantoso; extraordinário; surpreendente.
Astound (âstáun-d) v aterrorizar; embaraçar; pasmar.
Astraddle (âstré-dl) adj de pernas muito abertas; escarranchado.
Astral (és-trâl) adj ASTR astral; relativo aos astros; sideral.
Astray (âstrêi) adj desviado; extraviado.
Astrict (âstri-kt) v constranger; restringir.
Astriction (âstrik-shânn) s adstrição; contração; compressão.
Astride (âstráid) adj escarranchado; montado em.
Astride (âstráid) adv escarranchadamente.

Astringe (âstrin-dj) v adstringir; comprimir; ligar.
Astrologic (éstroló-djik) adj astrológico (arte que objetiva conhecer o futuro através dos astros); relativo aos astros.
Astronaut (éstrow-nót) s astronauta; cosmonauta.
Astronautic (éstrow-nótks) s astronáutica; ciência cósmica.
Astronomer (âstró-nomâr) s astrônomo (versado em astronomia).
Astute (âstiu-t) adj astuto; ladino; perspicaz; sagaz.
Asunder (âssân-dâr) adj distante; remoto; separado.
Asunder (âssân-dâr) adv à distância; separadamente.
Asylum (âssái-lâmm) s albergue; asilo; manicômio; refúgio.
Asynergy (éssi-nardji) s MED assinergia (que não tem coordenação harmoniosa).
At (ét) prep a (as); até; em; junto a; na; nos; perto de.
At (ét) adv ao mesmo tempo; de repente; de uma vez.
At... (ét) *AT best*: na melhor das hipóteses; *AT first*: a princípio; *AT home*: em casa; *AT last*: por fim; enfim; *AT least*: pelo menos; *AT most*: quando muito; *AT once*: imediatamente; *when Gregório arrived AT the party, David Jr. wasn't there*: quando o Gregório retornou à festa, David Jr. não estava mais lá.
Atheistic (êi-thiist) adj ateísta; ateu.
Atheistical (êithiis-tikâl) vide ATHEISTIC.
Athenian (âthi-niânn) adj ateniense (nascido ou vindo de Atenas).
Athirst (âthârst) adj sequioso; sedento.
Athlete (éth-lit) s atleta; esportista.
Athwart (âthuórt) adv obliquamente; transversalmente.
Athwart (âthuórt) prep através; em diagonal; em oposição.
Atilt (âtilt) adj aprumado; envergado; inclinado.
Atilt (âtil-t) adv inclinadamente.
Atmosphere (ét-mâsfir) s ar; atmosfera; ambiente.
Atoll (âto-l) s atol; recife.
Atom (é-tâmm) s átomo; partícula.
Atomization (étomáizêi-shânn) s atomização; microdivisão; pulverização.
Atomy (é-tomi) s vide ATOM.
Atonality (âtôu-néliti) s atonalidade.
Atone (âtôu-nn) v aplacar; compensar; expiar; purgar; reparar.
Atonement (âtôun-ment) s compensação; expiação; reparação.
Atonic (âtó-nik) adj átono; débil; fraco.
Atop (âtóp) adj encimado.
Atop (âtóp) prep em cima de; no alto de; sobre.
Atop (âtóp) adv no topo; no cimo.
Atrabilious (étrâbi-liâss) adj atrabiliário; hipocondríaco; melancólico.
Atrocity (âtróisiti) s atrocidade; crueldade; desumanidade.
Atrophic (étró-fik) adj atrofiado.
Atrophy (é-trofi) s atrofia; definhamento.
Atrophy (é-trofi) v atrofiar; definhar; debilitar.
Attach (âté-tsh) v atar; anexar; ligar; prender; unir.
Attachment (âté-tshment) s anexação; conexão; ligação; união.
Attack (âték) s ataque; agressão; investida.
Attack (âték) v atacar; agredir; investir.
Attain (âtêin) v atingir; alcançar; conseguir; obter.
Attainable (âtêi-nâbl) adj logrável; obtenível; realizável.
Attainder (âtêin-dár) s extinção; proscrição; ostracismo.
Attainment (âtêin-ment) s aquisição; consecução; obtenção.
Attaint (âtêint) s estigma; mácula; nódoa.
Attaint (âtêint) v desonrar; denegrir; degradar; infamar.
Attar (é-târ) s essência de rosas; perfume.
Attemper (âtém-pâr) v abrandar; acomodar; mitigar; temperar.
Attempt (âtémp-t) s esforço; ensaio; empreendimento; tentativa.
Attempt (âtémp-t) v atentar; ensaiar; empreender; tentar.
Attend (âténd) v atender; assistir (encontro, festa); acudir; acompanhar; dar ouvidos a; MED tratar.
Attendance (âtén-dânss) s atendente; assistência; presença.

ATTENDANT — AVERAGE

Attendant (atén-dânt) s assistente; criado; subordinado; servidor.
Attention (atén-shânn) s atenção; cuidado; observação; obséquio; *pay ATTENTION!*: preste atenção!
Attentive (atén-tiv) adj atento; cuidadoso; obsequioso.
Attenuate (até-niuânt) v atenuar; amenizar; diminuir; minorar; suavizar.
Attenuate (até-niuânt) adj atenuado; amenizado; suavizado.
Attest (atés-t) v atestar; afirmar; certificar; declarar.
Attestation (âtestêi-shânn) s atestação; confirmação; declaração.
Attester (âtés-târ) s atestante; declarante; aquele que presta testemunho.
Attestor (âtés-târ) vide ATTESTER.
Attic (é-tik) s ático; sótão.
Attic (é-tik) adj ático; clássico; puro.
Attire (âtá-ir) s adorno; enfeite; vestimenta; vestido.
Attire (âtá-ir) v adornar; ornar; vestir.
Attirement (âtá-irment) s adorno; vestuário; veste.
Attitude (é-tituid) s atitude; postura; posição.
Attitudinize (étitiu-dináiz) v assumir uma atitude; comportar-se.
Attorney (âtâr-ni) s advogado; defensor; procurador.
Attract (âtrék-t) v atrair; cativar; seduzir.
Attractability (âtréktabi-liti) s atratividade.
Attraction (âtrék-shânn) s atração; encanto; sedução; simpatia.
Attribute (âtri-buit) s atributo; qualidade; símbolo.
Attribute (âtri-buit) v atribuir; imputar.
Attribution (étribiu-shânn) s atribuição; encargo; imputação.
Attributive (âtri-biutiv) adj atributivo; predicativo.
Attrition (âtri-shânn) s atrito; contrição; desgaste; fricção.
Attune (âtiu-nn) v afinar; concordar; harmonizar; sintonizar.
Auburn (ó-bârnn) adj avermelhado; ruivo.
Auction (ók-shânn) s hasta pública; leilão.
Auction (ók-shânn) v leiloar.
Auctioneer (ókshânir) s leiloeiro.
Audacious (ódêi-shâss) adj audacioso; destemido; ousado.
Audacity (ódé-siti) s audácia; ousadia; coragem.
Audibility (ódibi-liti) s audibilidade.
Audible (ó-dibl) adj audível; perceptível.
Audience (ó-dienss) s audiência; auditório; assistência; público.
Audient (ó-dient) adj assistente; ouvinte.
Audit (ó-dit) s CONT auditoria; balanço final; juízo.
Audit (ó-dit) v CONT examinar; inspecionar; verificar; controlar contas.
Audition (ódi-shânn) s audição.
Auditive (ó-ditiv) adj auditivo.
Auditor (ó-ditâr) s auditor; inspetor; perito.
Auditory (ó-ditôuri) s auditório; audiência.
Auditory (ó-ditôuri) adj auditivo.
Auger (ó-gâr) s broca; escavador; pua; trado; verruma.
Aught (ót) s algo; parte de um todo; zero.
Aught (ót) adv absolutamente; de qualquer modo.
Aught (ót) pron algo; alguma coisa.
Augment (ógmén-t) s aumento.
Augment (ógmén-t) v aumentar; ampliar; acrescentar.
Augmentable (ógmén-tâbl) adj aumentável; ampliável.
Augmentation (ógmenté-shânn) s aumento; acréscimo; ampliação.
Augur (ó-gâr) s augúrio; adivinhação; presságio.
Augur (ó-gâr) v augurar; adivinhar; pressagiar.
August (ó-gâst) s agosto (8º mês do ano).
August (ó-gâst) adj augusto; grandioso; imponente; majestoso.
Augustness (ó-gâstnéss) adj grandeza; majestade.
Aunt (ánt) s tia; *my AUNT is my father's sister*: A minha tia é a irmã do meu pai.
Aura (ó-rê) s ambiente; ar; ESOT irradiação luminosa e colorida que se projeta ao derredor de todos os corpos, perceptível por pessoas preparadas ou por instrumentos especiais.
Aureate (ó-riit) adj áureo; brilhante; dourado.
Aureola (óri-âlâ) s auréola; aura.
Aureole (ó-rióul) vide AUREOLA.
Aureous (ó-riâss) adj áureo; dourado.
Auricle (ó-rikl) s aurícola.
Auricular (ori-kiulâr) adj auricular.
Auriferous (ori-fârâss) adj aurífero.
Auscultate (ós-kâltêit) v auscultar; examinar.
Auspice (ós-piss) s auspícios; égide; proteção.
Auspicious (óspi-shâss) adj auspicioso; feliz; próspero.
Austere (ósti-r) adj austero; duro; rigoroso; severo.
Austerity (ósté-riti) s austeridade; rigorosidade; severidade.
Australian (óstrêi-liânn) adj australiano.
Austrian (ós-triânn) adj Austríaco; *Wolfgang Amadeus Mozart (1756/1791) was an AUSTRIAN musician and composer*: Wolfagang Amadeus Mozart (1756/1791) foi um músico e compositor Austríaco.
Autarchy (ó-târki) s autarquia.
Authentic (óthén-tik) adj autêntico; legítimo; lídimo; verdadeiro.
Authenticate (óthén-tikêit) v autenticar; legitimar.
Author (ó-thâr) s autor; criador; escritor; inventor.
Authoritative (óthó-ritêitiv) adj autoritário; autorizado; ditatorial.
Authority (óthó-riti) s autoridade; autorização; jurisdição.
Authorizable (ó-thâráizâbl) adj autorizável.
Authorize (ó-thâráiz) v autorizar; dar poderes; permitir.
Authorship (ó-thârship) s autoria; criação; paternidade.
Autobiographer (ótobáió-gráfâr) s autobiógrafo.
Autobiographic (ótobáiogré-fik) adj autobiográfico.
Autobiographical (ótobáiogré-fikâl) vide AUTOBIOGRAPHIC.
Autobus (ó-tobâss) s ônibus; autobus.
Autocracy (ó-to-krâssi) s autocracia (sistema de governo exercido por um chefe absoluto, déspota).
Autocratic (ótokré-tik) adj autocrático.
Autocratical (ótokré-tikâl) vide AUTOCRATIC.
Autograph (ó-togréf) s autógrafo; assinatura; rubrica.
Autography (óto-gráfi) s autógrafo; autografia.
Automatic (ótomé-tik) adj automático.
Automatism (ótó-mâtizm) s automatismo.
Automaton (ótó-mâtânn) s autômato; inconsciente.
Automobile (ó-tomobil) s automóvel; carro; máquina.
Autonomous (ótó-nomâss) adj autônomo; independente.
Autonomy (ó-tó-nomi) s autonomia; alcance; independência.
Autopsy (ó-topsi) s autópsia; necropsia.
Autosuggestion (ótossâdjés-tshânn) s autossugestão; autoconvencimento.
Autumn (ó-tâmm) s outono.
Autumnal (ótâm-nâl) adj outonal.
Auxiliary (ógzi-liâri) adj auxiliar; ajudante; assistente.
Avail (âvéi-l) s benefício; proveito; vantagem.
Avail (âvéi-l) v aproveitar-se; servir-se; valer-se.
Availability (âvêilâbi-liti) s eficiência; eficácia; utilidade.
Available (âvéi-lâbl) adj útil; utilizável; vantajoso.
Avalanche (é-válantsh) s avalanche (queda abrupta e rápida de neve).
Avarice (é-váriss) s avareza; cobiça.
Avaricious (évâri-shâss) adj avaro; avarento.
Avenge (âvén-dj) v castigar; punir; vingar.
Avenger (âvén-djâr) adj vingador.
Avenue (é-viniu) s avenida; alameda; caminho.
Aver (âvâ-r) v asseverar; assegurar; afirmar.
Averable (âvâ-ribl) adj afirmável; comprovável; justificável.
Average (é-váridj) s média; rateio.
Average (é-váridj) v calcular; tomar a média.

Average (é-vâridj) *adj* médio; mediano.
Averment (âvâr-mént) *s* afirmação; prova; verificação.
Averse (âvâr-ss) *adj* adverso; avesso; contrário; oposto.
Aversion (âvâr-shânn) *s* aversão; rejeição; repulsa.
Avert (âvárt) *v* afastar; desviar; impedir; separar.
Avian (êi-viânn) *adj* aviário; avícula; auricular.
Aviate (êi-viêit) *v* dirigir avião; voar.
Aviation (êiviêi-shânn) *s* aviação.
Aviculture (évikâl-tiur) *s* avicultura.
Avid (é-vid) *adj* ávido; ansioso; aflito.
Avidity (âvi-diti) *s* avidez; ansiedade; cobiça; sofreguidão.
Avocado (évoká-dôu) *s* abacate.
Avocation (évokêi-shânn) *s* distração; ocupação; passatempo.
Avoid (âvói-d) *v* evitar; fugir; impedir.
Avoidable (âvói-dâbl) *adj* anulável; evitável; revogável.
Avoidance (âvói-dânss) *s* anulação; impedimento; revogação.
Avouch (âváu-tsh) *v* afirmar; asseverar; garantir.
Avouchment (âváutsh-ment) *s* asseveração; declaração.
Avow (âvá-u) *v* afirmar; confessar; declarar.
Avowal (âváu-âl) *s* confissão; declaração; reconhecimento.
Avowed (âváu-d) *adj* confesso; claro; declarado; manifesto.
Avower (âvau-âr) *s* declarante; manifestante.
Avulsion (âvâl-shânn) *s* avulsão; extirpação; separação.
Await (âuêit) *v* aguardar; esperar; estar reservado.
Awake (âuêi-k) *v* acordar; despertar; *past* AWOKE *and pp* AWAKED *or* AWOKEN.
Awaken (âuêi-kenn) *v* acordar; animar; despertar; incitar.
Award (âuórd) *s* adjudicação; decisão; julgamento; prêmio; resposta.
Award (âuórd) *v* adjudicar; decidir; julgar; conferir.
Awardable (âuór-dâbl) *adj* adjudicável.
Awarder (âuor-dâr) *s* árbitro.
Aware (âuér) *adj* ciente; inteirado; prevenido; *no, I wasn't AWARE of that*: não, não estava consciente disso.
Awareness (âuér-néss) *s* ciência; conhecimento; percepção.
Awash (âuósh) *adj* inundado.
Awash (âuósh) *adv* à flor d'agua.
Away (âuêi) *adj* distante; longe; fora; *she is AWAY*: ela está fora, saiu.
Away (âuêi) *adv* à distância; afastadamente.
Awe (ó) *s* medo; pavor; temor.
Aweigh (âuê-i) *adj* içado; levantado; suspenso.
Awesome (ó-sâmm) *adj* horroroso; pavoroso; temível.
Awestricken (ó-strikânn) *adj* aterrado; apavorado; atemorizado.
Awestruck (ós-trâk) *vide* AWESTRICKEN.
Awful (ó-ful) *adj* medonho; terrível; tremendo; *an AWFUL smell*: um cheiro muito terrível.
Awhile (âhuáil) *adv* momentaneamente; por um instante; um pouco.
Awkward (ó-kuárd) *adj* desajeitado; desastrado; sem jeito; *an AWKWARD person*: um sujeito desajeitado.
Awkwardly (ó-kuârdli) *adv* desajeitadamente; desastradamente; inconvenientemente.
Awkwardness (ó-kuârdnéss) *s* falta de jeito; grosseria; inépcia; inabilidade.
Awl (ól) *s* agulha; furador.
Awn (ónn) *s* barba de espiga.
Awning (ó-ninn) *s* cobertura de pano; lona; toldo; tenda.
Awry (ârá-i) *adj* oblíquo; torcido; torto.
Ax (éks) *s* axe; machado; machadinha.
Axe (éks) *vide* AX.
Axial (ék-siâl) *adj* axial; relativo a eixo.
Axilla (éksi-lâ) *s* sovaco; axila.
Axiom (ék-siâmm) *s* axioma; adágio; proposição; teorema.
Axis (ék-siss) *s* eixo.
Axman (éks-maenn) *s* lenhador; machadeiro.
Ay (ái) *adv* sempre.
Ay (ái) *interj* expressão de surpresa; sim; voto favorável.
Aye (ái) *vide* AY.
Azimuth (é-zimâth) *s* azimute; ângulo.
Azoic (âzôu-ik) *adj* azoico (não fossilizado).
Azote (âzôu-t) *s* azoto; azote; nitrogênio.
Aztec (éz-ték) *s* asteca.
Aztec (éz-ték) *adj* asteca.
Azure (é-jâr) *adj* azulado; pigmento azul.

bB

B (bi) *s* segunda letra do alfabeto Português e do alfabeto Inglês.
B (bi) *s* MÚS cifra (símbolo) da nota si.
B (bi) *s* QUÍM símbolo do boro.
Babble (bé-bl) *s* murmúrio; ruído feito pelo percorrer de águas (cachoeira, rios etc.); tagarelice; ELET múltipla interferência.
Babble (bé-bl) *v* balbuciar; tagarelar.
Babble (bé-bl) *adj* tagarela.
Babblement (bé-blment) *s* balbuciação; falatório; palrice.
Babbler (ba-blâr) *s* conversador; falador; tagarela; palrador.
Babbling (bé-blinn) *adj vide* BABBLE.
Babe (béib) *s* bebê; nenê; GÍR belezinha; garotinha.
Babel (bêi-bâl) *s* algazarra; confusão; caos; desordem; *BABEL TOWER*: torre de Babel (segundo a Bíblia, lugar onde Deus, em razão da pretensiosa ambição humana, que pretendia criar uma torre para chegar aos céus, provocou o não entendimento entre os povos, fazendo com que cada um falasse uma língua diferente).
Baby (bêi-bi) *s* criancinha; criança de colo; FIG pessoa infantil; *BABY carriage*: carrinho de bebê; *BABY bottle*: mamadeira; *BABY doll*: pijama curto; *BABY-FARMER*: USA carrinho de criança; dispensário maternal; ama.
Babyhood (bêi-bi-hud) *s* primeira infância.
Babyish (bêi-biish) *s* infantil; pueril.
Baby sitter (bêi-bi) *s vide* BABYFARMER.
Baccalaureate (békáló-riit) *s* bacharelado, título recebido por quem termina um curso universitário (superior).
Bacchanal (bé-kânâl) *s* bacanal; depravação; orgia; MIT festa em honra ao deus Baco.
Bacchanal (bé-kânâl) *adj* báquico; MIT relativo ao deus Baco.
Bacchic (bé-kik) *adj* báquico; bacanal; orgíaco.
Bachelor (bé-tshâlar) *s* bacharel; celibatário; solteirão.
Back (baek) *s* costas; dorso; FUT jogador que fica atrás da linha de meio campo (de defesa).
Back (baek) *v* apoiar; endossar; montar; recuar.
Back (baek) *adj* posterior; atrasado; traseiro.
Back... (baek) *BACK away*: afastar-se; recuar; *BACK up*: apoiar; recuar; *get one's BACK up*: ficar zangado; TV *etc.*, *play BACK*: gravação (em fita ou disco laser) de acompanhamento musical permitindo o canto de alguém, sem a presença de uma orquestra ou conjunto; *to call BACK*: mandar voltar; retratar; *to come BACK*: recorrer à memória; voltar; *to get BACK*: recuperar; voltar; *to give BACK*: restituir; retirar-se; *to go BACK*: retirar; retroceder; *to look BACK*: refletir; *to put BACK*: colocar de novo; voltar; *to take BACK*: aceitar; retratar-se.
Backache (baereick) *s* dor nas costa.
Backbite (baek-bit) *v* caluniar; detrair; falar mal de alguém pelas costas.
Backbiter (baek-báitâr) *s* caluniador; detrator; maledicente.
Backbiting (baek-báitinn) *s* maledicência.
Back-bone (baek-bôunn) *s* espinha dorsal.
Back-door (baek-dór) *s* porta dos fundos; porta secreta; porta traseira.
Back-door (baek-dór) *adj* encoberto; oculto; secreto.
Backer (bae-kâr) *s* apostador; arrimo.
Backfield (baek-fíld) *s* USA jogador de defesa.

Background (baek-gráund) *s* experiência; último plano; vivência; RÁD cortina sonora; fundo musical.
Backhair (baek-haér) *s* tranças de cabelo.
Backhand (baek-haend) *s* dorso da mão; escrita contrária (direita/esquerda).
Backhanded (baek-haen-did) *adj* ambíguo; dado com a costa da mão; feito ao contrário (da direita para a esquerda).
Back-hander (baek-haender) *s* ajudante de ferreiro; tapa com a costa da mão.
Backing (ba-kinn) *s* apoio; proteção; reforço.
Back-room (baek-rumm) *s* quarto de fundo.
Backset (baek-sét) *s* antagonismo; ação contrária; revés.
Backside (baek-sáid) *s* assento; nádegas; parte traseira.
Backslide (baek-sláid) *s* apostasia (mudança de religião); renegado.
Backslide (baek-sláid) *v* apostatar; desviar-se; reincidir.
Backstage (baek-stêidj) *s* atrás, bastidores (de palco).
Back-up (baek-uârd) *vide* BACKWARD.
Backward (baek-uârd) *adj* atrasado; negligente; tardio.
Backward (baek-uârd) *adv* de costas; para trás.
Backwards (baek-uârd) *vide* BACKWARD.
Backwater (baek-uótâr) *s* água represada; remanso.
Backwoods (baek-uudz) *s* zona afastada dos centros urbanos.
Backyard (baek-iârd) *s* pátio; quintal.
Bacon (bêi-kânn) *s* toucinho; FAM prêmio; *BACON and eggs*: toucinho e ovos.
Bad (béd) *s* mau; ruim; nocivo.
Bad (béd) *adj* mau; nocivo; ruim; *BAD luck*: má sorte.
Badge (bédj) *s* distintivo policial; insígnia;.
Badge (bédj) *v* conceder distintivo a.
Badger (béd-jâr) *s* texugo (mamífero).
Badger (bédj) *v* cansar; fatigar.
Badinage (bédínidj) *s* ato espirituoso; chacota; dito espirituoso; graça; gracejo.
Badly (béd-li) *adv* gravemente; mal; maldosamente; *be BADLY off*: estar mal de vida.
Badness (béd-néss) *s* maldade; mau estado.
Baffle (béf-l) *v* enganar; frustrar.
Baffler (bé-flâr) *s* contrariedade; enganador.
Bag (beg) *s* bolsa; saco; sacola.
Bag (beg) *v* ensacar; emalar; embolsar.
Bagasse (bâghéss) *s* bagaço.
Bagatelle (bégátél) *s* bagatela; ninharia.
Baggage (bé-ghidj) *s* mala; USA bagagem.
Bagging (bae-ghinn) pano para sacos; ubre (teta) de vaca.
Baggy (bae-ghi) *adj* inchado; largo; mal ajustado.
Bagman (baeg-maen) *s* caixeiro viajante; vendedor.
Bagpipe (baeg-páip) *s* gaita de foles.
Bail (béil) *s* caução; fiança; garantia.
Bail (béil) *v* afiançar; caucionar; COM *to go BAIL for*: dar fiança para; JUR *to release on BAIL*: libertar sob fiança.
Bailer (bêi-lâr) *s* fiador.
Bailor (bêi-lâr) *s* fiador.
Bait (bêit) *s* ceva; engôdo; isca.
Bait (bêit) *v* engodar; iscar; importunar.
Bake (bêik) *v* assar; calcinar; secar ao sol.
Baker (bêi-kâr) *s* USA padeiro; *BAKER dozen*: dúzia de treze.

BAKERY — BARRAGE

Bakery (bêi-kâri) *s* USA padaria.
Balance (bé-lânss) *s* balança; equilíbrio; *BALANCE bridge*: ponte levadiça.
Balance (bé-lânss) *v* contrabalançar; equilibrar; pesar.
Balancer (bé-lânsâr) *adj* acrobata; balanceiro.
Balcony (bél-koni) *s* sacada; varanda; USA balcão de teatro.
Bald (bóld) *adj* careca; calvo; *BALD-head*: careca; cabeça pelada.
Balderdash (ból-dârdésh) *s* disparate; falatório.
Baldly (bóld-li) *adv* grosseiramente.
Baldric (ból-drik) *s* cinturão.
Bale (bêil) *s* fardo.
Bale (bêil) *v* embalar; empacotar; enfardar.
Baleful (bêil-ful) *adj* funesto; maligno; pernicioso.
Balefulness (bêil-fulnéss) *s* malignidade; nocividade.
Balk (bók) *s* embargo; obstáculo.
Balk (bók) *v* empacar; frustrar; impedir.
Ball (ból) *s* bola; esfera; globo.
Ball (ból) *v* fazer bolas; fazer novelos.
Ballad (bé-lâd) *s* balada; canção.
Ballast (bé-lâst) *s* cascalho; NÁUT lastro; válvula compensadora.
Ballast (bé-lâst) *v* NÁUT carregar um navio com lastro.
Ballet (bé-lêi) *s* bailado; dança artística.
Balloon (bâlu-nn) *s* balão; aeróstato; *hot air BALLON*: balão de ar quente.
Ballooner (bâlu-nâr) *s* que faz balões.
Balloonist (bâlu-nist) *vide* BALLOONER.
Ballot (bê-lât) *s* cédula; esfera para votação (bolas brancas ou pretas); voto.
Ballroom (ból-rumm) *s* salão de bailes.
Balm (bámm) *s* bálsamo; ungüento.
Balmy (bá-mi) *adj* balsâmico; calmante.
Balsam (ból-sâmm) *s* bálsamo.
Baluster (bé-lâstâr) *s* balaústre; coluneta.
Bamboo (bémbu) *s* bambu (planta).
Bamboozle (bémbu-zl) *v* enganar; iludir; lograr; mistificar.
Ban (baen) *s* édito; pregão.
Ban (baen) *v* banir; excomungar.
Banal (bê-nâl) *adj* banal; trivial; vulgar.
Banality (bâné-liti) *s* banalidade; direito de propriedade feudal (senhores feudais); trivialidade.
Banana (bâné-nâ) *s* banana.
Band (bénd) *s* atadura; banda; faixa; venda; RÁD faixa de freqüência sonora; *musical BAND*: banda de música.
Band (bénd) *v* associar-se; ligar; unir.
Bandage (bén-didj) *s* atadura; faixa; AUT cobertura de borracha (lona que protege a câmara de ar dos pneus).
Bandit (bén-dit) *s* bandido.
Bandmaster (bénd-maes-târ) *s* MÚS maestro.
Bandoleer (béndoli-r) *s* bandoleira; cartucheira.
Bandolier (béndolir) *vide* BANDOLEER.
Bane (bêinn) *s* veneno.
Bane (bêinn) *v* envenenar.
Bang (béng) *s* barulho; pancada; ruído de um soco.
Bang (béng) *v* bater; golpear.
Bang (béng) *adv* ruidosamente.
Bangle (bén-gl) *s* bracelete.
Bangle (bén-gl) *v* desperdiçar; destruir.
Banish (bé-nish) *v* banir; deportar; expulsar.
Banishment (bé-nishment) *s* banimento; desterro; exílio.
Banister (bé-nistâr) *s* balaustrada; corrimão.
Banjo (bén-djou) *s* MÚS banjo.
Bank (baenk) *s* banco; casa bancária; margem de rio; ribanceira.
Bank (baenk) *v* aterrar; depositar dinheiro em banco; formar banco de areia; *BANK-BILL*: letra de câmbio; USA cédula; nota; *BANK PAPER*: papel moeda.
Banker (baen-kâr) *s* banqueiro.
Bankrupt (bénk-râpt) *s* falido.

Bankrupt (bénk-râpt) *v* falir.
Bankruptcy (bénk-râptsi) *s* bancarrota; falência; quebra; tribunal de falências.
Banner (bé-nâr) *s* bandeira; estandarte; pendão.
Banns (bénz) *s* proclamas.
Banquet (bén-kuit) *s* banquete.
Banquet (bén-kuit) *v* banquetear; festejar.
Banter (bén-târ) *s* chacota; escárnio; gracejo.
Banter (bén-târ) *v* gracejar; escarnecer; zombar.
Bantling (bén-tlinn) *s* fedelho.
Baptism (bép-tizm) *s* RELIG batismo.
Baptistery (bép-tistéri) *s* RELIG batistério (lugar da pia batismal).
Baptize (béptáiz-) *v* batizar.
Bar (bár) *s* barra; bar; tranca; JUR fôro; tribunal.
Bar (bár) *v* excetuar; fechar; trancar; vedar.
Barb (bárb) *s* extremidade do anzol.
Barb (bárb) *v* munir de farpas.
Barbarian (bárbé-riánn) *s* bárbaro; selvagem; rude.
Barbarian (bárbé-riánn) *adj* bárbaro; selvagem.
Barbaric (bárbé-rik) *adj* bárbaro.
Barbarism (bár-bârizm) *s* barbarismo; barbárie.
Barbarism (bár-bârizm) *adj* amontoado; compacto; sintético.
Barbed (bár-bid) *adj* farpado; *BARBED wire*: arame farpado.
Barber (bár-bâr) *s* barbeiro.
Barber (bár-bâr) *v* barbear.
Bare (bér) *adj* indigente; desarmado; descoberto; pelado; só; *BARE-NECKED*: com o pescoço nu; decotado; *one BARE foot*: um pé descalço.
Bare (bér) *v* descobrir.
Bareback (bér-baek) *adv* em pelo.
Barefaced (bér-fêist) *adj* descarado.
Barefacedness (bér-fêistnéss) *s* descaramento.
Barefoot (bér-fut) *s* pé descalço.
Barefooted (bér-futid) *adj* descalço.
Barely (bér-li) *adv* apenas; nuamente; simplesmente.
Bareness (bér-néss) *s* magreza; nudez; pobreza.
Barfly (bér-flái) *s* o que freqüenta regularmente alguns bares ("bebum").
Bargain (bár-ghinn) *s* barganha; negócio; permuta; pechincha; troca.
Bargain (bár-ghinn) *v* ajustar; contratar.
Barge (bár-dj) *s* barca; barcaça; lancha; GÍR discussão.
Bargee (bárdji) *s* barqueiro.
Bargeman (bárdi-maen) *vide* BARGEE.
Baritone (bae-ritóunn) *s* barítono.
Bark (bárk) *s* cortiça; casca de árvore; latido.
Bark (bárk) *v* latir; ladrar.
Barkeeper (bár-ki-pâr) *s* USA dono de bar; caixeiro.
Barker (bár-kâr) *s* arma de fogo; cachorro ladrador; USA pregoeiro.
Barking (bár-kinn) *s* latido.
Barky (bár-ki) *adj* que tem casca.
Barley (bár-li) *s* cevada.
Barm (bárm) *s* fermento; levedura.
Barman (bár-maen) *s* dono de bar; serviçal de bar.
Barmy (bár-mi) *adj* ativo; espumoso; fermentado.
Barn (bárn) *s* celeiro; USA cocheira; estábulo.
Barnacle (bár-nâkl) *s* percevejo.
Baron (bé-rânn) *s* RELIG; USA *MAGNATE*.
Baronage (bé-rânidj) *s* baronato.
Baroness (bé-rânéss) *s* baronesa.
Baroque (bârôuk) *adj* grotesco; ARQT barroco (estilo popularizado no último período do Renascimento).
Barque (bárk) *s* barcaça; barca.
Barrack (bé-râk) *s* barracas; caserna; quartel.
Barrack (bé-râk) *v* aquartelar.
Barrage (bé-râdj) *s* barragem.

BARREL — BEATING

Barrel (bé-râl) s barril; barrica; cano de arma (pistola); USA arrecadação para campanha política; *BARREL-ORGAN*: MÚS órgão portátil; realejo.
Barren (bé-rânn) adj árido; estéril.
Barrenness (bé-rân-néss) s aridez; esterilidade; infecundidade.
Barret (bé-rit) s barrete de clérigo (gorro usado pelas autoridades religiosas).
Barrette (bé-riti) s pregador de cabelo.
Barricade (bérikêid) s barricada (trincheira improvisada com barricas); vala.
Barrier (bé-riâr) s barreira; barragem; vala; BR posto fiscal localizado nas fronteiras (limites de Estados).
Barrister (bé-ristâr) s advogado.
Barrow (bé-rôu) s carrinho de mão; túmulo; *BARROW boy*: vendedor de frutas etc.(ambulante).
Barter (bár-târ) s escambo; permuta; troca de mercadoria.
Barter (bár-târ) v permutar; trocar.
Barytone (bae-ritôunn) s MÚS barítono (cantor cuja voz está entre o tom grave e o agudo).
Basal (bêi-sâl) s apoio; alicerce; base.
Basal (bêi-sâl) v apoiar; assentar; basear; embasar.
Basal (bêi-sâl) adj básico; basal; fundamental.
Base (bêiss) s base; sustentáculo; *BASE-ball*: USA basebol (jogo nacional do País); a bola do mesmo jogo; *BASE-born*: bastardo; plebeu.
Baseboard (bêis-bôurd) s rodapé.
Baseless (bêis-léss) adj infundado; sem base.
Baselessness (bêis-léss-niss) s arrojo; falta de base; inconsistência; temeridade.
Basely (bêis-li) adv ordinariamente; vilmente.
Baseman (bêis-maen) s ESP jogador de basebol.
Basement (bêis-ment) s porão da casa.
Baseness (bêis-néss) s baixeza; ruindade; vileza; MÚS profundeza do som; tom grave.
Bash (bésh) v envergonhar-se.
Bashful (bésh-ful) adj envergonhado; modesto; tímido.
Bashfulness (bésh-fulnéss) s acanhamento; timidez.
Basic (bêi-sik) adj básico; essencial; fundamental.
Basin (bêisnn) s bacia; bacia fluvial; dique; estaleiro; recipiente.
Bask (bask) v aquecer-se ao fogo; aquecer-se ao sol.
Basket (bás-kit) s cêsto; cesta; balaio; *go to the BASKET*: ir preso; *BASKETBALL*: basquetebol (bola ao cesto); *BASKET-CHAIR*: cadeira de vimeiro.
Bas-relief (bá-rili-f) s baixo relevo.
Bass (bêiss) s MÚS baixo; perca (peixe); som grave.
Bassoon (bássu-nn) s clarineta (som grave); fagote.
Bast (baest) s esteira de esparto (planta).
Bastard (bés-târd) s bastardo.
Bastard (bés-târd) adj bastardo; ilegítimo (filho).
Baste (bêist) v alinhavar; bater na planta do pé (sola); espancar.
Basting (bêis-tinn) s alinhavo (costura provisória); surra; sova.
Bat (baet) s taco (beisebol; críquete; etc.); ZOO morcêgo.
Bat (baet) v bater; golpear (com um bastão); surrar.
Batch (bétsh) s carga; cozedura; fornada; grupo.
Batch (bétsh) v enrolar.
Bate (bêit) s contenda; debate; discussão.
Bate (bêit) v abater; diminuir; reduzir.
Bath (béth) s banho; *BATH room*: casa de banho; *BATH robe*: roupão; *I am having a BATH*: estou tomando banho.
Bath (béth) v banhar-se; banhar.
Bathe (bêidh) s banho (mar; rio; etc.).
Bathe (bêidh) v lavar-se; banhar-se.
Bather (bêi-dhâr) s aposento de banho; banhista.
Bathroom (béthrumm) s banheiro.
Bathtub (béthtâb) s banheira.
Baton (ba-etân) s bastão; batuta; cassetete.
Batsman (bésts-maen) s ESP jogador que empunha o bastão.
Battalion (bâtél-liânn) s batalhão.

Batten (baetn) s ripa; sarrafo; tábua.
Batten (baetn) v construir com sarrafos; engordar; enriquecer (explorando outrem).
Batter (bé-târ) s soco; murro.
Batter (bé-târ) v bater; destruir; espancar; socar.
Battery (bé-târi) s bateria; pilha; JUR agressão.
Battle (bétl) s batalha; combate; luta.
Battle (bétl) v batalhar; combater; lutar.
Battlefield (bétl-fild) s campo de luta; campo de batalha.
Battleground (bétl-gráund) *vide* BATTLEFIELD.
Battlement (bétl-ment) s ameia; seteira.
Battleship (bétl-ship) s couraçado.
Batty (béti) s GÍR louco; maluco.
Bauble (bôbl) s bagatela; brinquedo; ninharia.
Bawbee (bó-bii) s metade de um penny.
Bawd (bód) s alcoviteiro; mexeriqueiro.
Bawdy (bó-di) s alcovitice; imoralidade; obscenidade.
Bawl (ból) s berro; grito.
Bawl (ból) v berrar; gritar.
Bay (bêi) s baia; braço de mar; enseada; louro (planta para tempero).
Bayonet (bêi-onit) s baioneta.
Bayonet (bêi-onit) v atacar (com baioneta); ferir.
Bazaar (bâzá-r) s bazar; comércio (artigos diversos).
Be (bi) v custar; existir;estar; ficar; dever; ser; *Hugo IS sick today*: o Hugo hoje está doente.
Beach (bitsh) s costa; praia.
Beach (bitsh) v desembarcar na praia; *BEACH comber*: vadio.
Beacon (bi-kânn) s baliza; farol.
Beacon (bi-kânn) v demarcar; guiar pela luz.
Bead (bid) s conta de rosário; conta (pedra de colar); miçanga.
Bead (bid) v adornar (com contas).
Beading (bi-dinn) s gotas (igual a contas); ornato de contas.
Beadle (bidl) s porteiro; bedel; servidor escolar.
Beagle (bigl) s cão de caça; detetive; espião.
Beak (bik) s bico (de ave); cabo; promotório.
Beaker (bi-kâr) s copo; caneca; taça.
Beam (bimm) s raio de luz; trave; viga-mestra; *BEAM of light*: facho de luz.
Beam (bimm) v emitir raios; mostrar-se alegre; mostrar-se contente; mostrar-se radiante; trasmitir.
Beamful (bim-ful) adj luminoso; radiante.
Beaming (bi-minn) adj alegre; brilhante; luminoso.
Bean (binn) s fava; feijão; vagem; USA GÍR *BEANS*: dinheiro; grana.
Beanfeast (binn-fest) s festa do feijão (confraternização anualmente feita pelos trabalhadores do campo, na véspera do dia de Reis).
Bear (bér) s urso.
Bear (bér) v aguentar; apresentar; produzir; suportar; sustentar; usar; *past* **BORE** *and pp* **BORN or BORNE**.
Bearable (bé-râbl) adj suportável; tolerável.
Beard (bârd) s barba; cavanhaque.
Beard (bârd) v desafiar.
Beardless (bârd-léss) adj imberbe; sem barba.
Bearer (bé-râr) s árvore que dá frutos; carregador; portador; transportador.
Bearing (bé-rinn) s atitude; gravidez; porte; procedimento.
Bearish (bé-rish) adj brutal; grosseiro; rude.
Beast (bist) s animal de carga; besta (fera); pessoa irascível; quadrúpede.
Beastly (bis-tli) adj bestial; brutal.
Beastly (bis-tli) adv brutalmente.
Beat (bit) v bater; dèrrotar; espancar; tocar (tambor); vibrar; GÍR *BEAT it!*: cai fora! fora!
Beaten (bit-n) adj batido; conquistado; gasto; usado.
Beater (bi-târ) s batedor; martelo; malho.
Beatify (bié-tifái) v beatificar.
Beating (bi-tinn) s batimento; derrota; pulsação; surra.

Beau (bôu) *s* galã; galanteador.
Beauteous (biu-tiâss) *adj* belo formoso.
Beautiful (biu-tiful) *adj* belo; bonito; formoso; linda; magnífico.
Beautify (biu-tifái) *v* aformosear; embelezar.
Beauty (biu-ti) *s* beleza; beldade; formosura.
Beaver (bi-vâr) *s* castor; chapéu alto; pele de castor; viseira de capacete.
Becalm (bikámm) *v* acalmar; tornar calmo.
Becalmed (bikámméd) *adj* acalmado; calmaria.
Because (bicóz) *conj* porque; por causa de; *BECAUSE of*: devido a.
Beck (bék) *s* aceno; arroio; regato; sinal.
Beckon (bé-kànn) *s* aceno; sinal.
Beckon (bé-kànn) *v* acenar; chamar.
Becloud (bikláud) *v* anuviar; escurecer; nublar.
Become (bikâ-mm) *v* assentar; convir; tornar-se; transformar-se.
Becoming (bikâ-minn) *adj* conveniente; decente; próprio.
Bed (béd) *s* cama, camada; fundo; leito.
Bed (béd) *v* assentar; plantar; *BED-table*: criado mudo; mesinha de quarto.
Bedaub (bidób) *v* emporcalhar; enlamear; sujar.
Bedazzle (bidézl) *v* confundir; deslumbrar; ofuscar.
Bedbug (béd-bâg) *s* percevejo.
Bedchamber (béd-tshêim-bâr) *s* câmara de dormir; quarto de dormir.
Bedeck (bidék) *v* adornar; enfeitar.
Bedevil (bidévl) *v* atormentar; estorvar; estragar; frustar.
Bedew (bidiu) *v* orvalhar; umedecer.
Bedfast (béd-fést) *adj* USA acamado; de cama.
Bedlam (béd-lâmm) *adv* casa de doidos; confusão; manicômio.
Bedmaker (béd-mâiker) *s* ENGL criado de quartos; marceneiro.
Bedpan (béd-paenn) *s* aquecedor de cama; comadre (vaso de cama).
Bedraggle (bidrégl) *v* enlamear; sujar com lama.
Bedroom (béd-rumm) *s* quarto de dormir.
Bedside (béd-sáid) *s* lado da cama.
Bedspread (béd-spréd) *s* coberta da cama.
Bedstead (béd-stéd) *s* armação da cama.
Bedtime (béd-táimm) *s* hora de dormir.
Bee (bi) *s* abelha.
Beef (bif) *s* boi para corte; carne bovina.
Beefy (bi-fi) *s* carnoso; carnudo; forte; musculoso.
Beehive (bi-háiv) *s* colmeia, cortiço.
Beer (bir) *s* cerveja.
Beery (bi-ri) *adj* feito de cerveja; relativo a cerveja.
Beeswax (bíz-uéks) *s* cera de abelha; cera virgem.
Beet (bit) *s* açúcar de beterraba; beterraba.
Beetle (bitl) *adj* besouro; escaravelho.
Beetle (bitl) *v* bater com maço; malhar.
Beetroot (bit-rut) *vide* BEET.
Befall (bifól) *v* acontecer; suceder; sobrevir.
Befit (bifit) *v* convir; ir bem; ser próprio.
Befitting (bifi-tinn) *adj* conveniente; privativo; próprio.
Before (bifóur) *prep* antes de; em frente de; perante; *wash your hands BEFORE dinner*: lave as suas mãos antes de jantar.
Before (bifóur) *conj* antes que.
Before (bifóur) *adv* anteriormente; *BEFORE long*: daí a pouco; em breve; em pouco tempo; logo.
Beforehand (bifóur-hénd) *adv* antecipadamente; de antemão; previamente.
Beforetime (bifóur-táimm) *adv* antigamente; anteriormente; noutros tempos.
Befriend (bifrénd) *s* ajudar; favorecer; proteger; ser amigo de.
Beg (bég) *v* pedir; rogar; suplicar.
Beget (bighét) *v* gerar; originar; produzir.
Beggar (bé-gâr) *s* mendigo; pedinte.
Beggar (bé-gâr) *s* levar à miséria; reduzir à miséria.

Beggarly (bé-gârli) *adj* miserável; pobre; paupérrimo.
Beggarly (bé-gârli) *adv* miseravelmente; pobremente.
Begin (bighi-nn) *v* começar; iniciar; principiar; *your guitar lesson BEGINS at nine o'clock*: sua aula de violão começa às nove horas.
Beginner (bighi-nâr) *s* aprendiz; autor; principiante.
Beginning (bighi-ninn) *s* começo; origem; princípio.
Begird (bi-gârd) *adj* bloquear; cercar; cingir.
Begone (bigó-nn) *interj* saia! fora daqui! rua!
Begrime (bigrái-mm) *v* sujar.
Begrudge (bigrâd-j) *v* invejar.
Beguile (bigá-il) *v* divertir; enganar; seduzir.
Beguilement (bigáil-ment) *s* engano; ilusão; logro; sedução.
Behalf (bi-háf) *s* favor; obséquio.
Behave (bi-hêiv) *v* comportar-se; portar-se; proceder.
Behead (bi-héd) *v* decaptar; degolar.
Behest (bi-hést) *s* comando; mandado.
Behind (bi-háind) *prep* atrás de; após; inferior.
Behind (bi-háind) *adv* atrás; atrasado; detrás.
Behindhand (bi-háind-hénd) *adj* atrasado; demorado; tardio; vagaroso.
Behold (bi-hôuld) *v* contemplar; observar; ver.
Behold (bi-hôuld) *interj* eis aqui! eis o que! veja! vêde!
Beholden (bi-hôuld-n) *adj* agradecido; grato.
Beholder (bi-hôuldâr) *s* contemplador; espectador.
Behoof (bi-huf) *s* benefício; proveito.
Behoove (bi-huv) *v* competir; dever; ser necessário.
Behove (bi-houv) *vide* BEHOOVE.
Being (bi-inn) *s* criatura; ente; entidade; indivíduo; ser.
Belabor (bilêi-bâr) *v* açoitar; espancar; zurzir (açoitar com vara).
Belabour (bilêi-bâr) *vide* BELABOR.
Belate (bilêit) *v* atrasar; demorar; retadardar.
Belated (bilêi-tid) *adj* atrasado; demorado; tardio.
Belay (bilêi) *v* NÁUT amarrar; prender com amarra.
Belch (béltsh) *s* arrôto; vômito.
Belch (béltsh) *v* arrotar; vomitar.
Beleaguer (bili-gâr) *v* bloquear; cercar; sitiar.
Belfry (bél-fri) *s* campanário; torre.
Belgian (bél-djiânn) *adj* belga.
Belie (bi-lái) *v* contradizer; contrariar; desmentir.
Belief (biljf) *s* crença; confiança; crédito; convicção (religiosa); fé.
Believable (bili-vábl) *adj* acreditável; crível.
Believe (biliv) *v* acreditar; crer; confiar; supor; *I BELIEVE in dragons*: eu acredito em dragões.
Believer (bili-vâr) *s* crente; fiel.
Believing (bili-vinn) *adj* confiante; crente.
Belike (biláik) *adv* possivelmente.
Belittle (bilitl) *v* depreciar; diminuir; deprimir.
Bell (bél) *s* campainha; sino; sineta.
Bell (bél) *v* tocar sino.
Belligerent *adj* beligerante.
Bellman (bél-mân) *s* leiloeiro; pregoeiro.
Bellow (bilôu) *v* bramir; mugir; rugir.
Bellows (bé-lôuz) *s* fole.
Belly (bé-li) *s* barriga; ventre; *BELLY button*: umbigo.
Belly (bé-li) *v* fazer barriga; intumescer; inchar.
Belong (biló-nn) *v* pertencer; ser de; *she BELONGS to me*: ela me pertence.
Belonging (bilón-ghinn) *s* pertences.
Beloved (bilâ-vid) *adj* amado; querido.
Below (bilôu) *prep* abaixo de; debaixo de; por baixo de.
Below (bilôu) *adv* abaixo; por baixo.
Belt (bélt) *s* cinto; correia; cinturão; faixa.
Belt (bélt) *v* bater; cingir.
Belting (bél-tinn) *s* cinta; material de cinta.
Bemoan (bimôunn) *v* lamentar; lastimar.
Bench (béntsh) *s* banco; tribuna; JUR tribunal.

Bencher (bén-tshâr) *s* juiz; pertencente a um colegiado de advogados de Londres (antigo); vereador.
Bend (bénd) *s* curva; curvatura; nó.
Bend (bénd) *v* curvar; dobrar.
Beneath (bini-th) *adv* abaixo; debaixo.
Benediction (bénidik-shânn) *s* benção; graça.
Benefaction (bénifék-shânn) *s* benefício; favor; obséquio.
Benefactor (bénifék-târ) *s* benfeitor.
Benefactress (bénifék-tréss) *s* benfeitora.
Benefice (bé-nifiss) *s* benefício; favor.
Beneficence (biné-fissenss) *s* beneficência; caridade.
Beneficent (biné-fissent) *adj* benéfico; caratitavo.
Beneficial (bénifi-shâl) *adj* benéfico; proveitoso; útil.
Benefit (bé-nifit) *s* benefício; favor; proveito.
Benefit (bé-nifit) *v* ajudar, beneficiar; favorecer.
Benevolent (biné-volent) *adj* benevolente; benigno; bondoso.
Benighted (bínai-tid) *adj* inculto; ignorante; surpreendido pela noite.
Benign (bínai-nn) *adj* afável; benigno; bom; benévolo.
Bent (bént) *s* curvatura; propensão; tendência.
Bent (bént) *adj* curvo; inclinado; torto.
Benzine (bén-zinn) *s* quím benzina (solvente).
Benzoic (bénzóu-ik) *adj* quím benzoico (extraído do benjoim).
Bequeath (bikuidh) *v* deixar em testamento; legar.
Berate (biréit) *v* advertir; repreender.
Bereave (biri-v) *v* despojar; desolar; privar.
Bereavement (biriv-ment) *s* aflição; luto; privação.
Berry (bé-ri) *s* baga; grão.
Berth (bârth) *s* ancoradouro; beliche; leito.
Berth (bârth) *v* ancorar; atracar.
Beseech (bissi-tsh) *v* implorar; rogar; suplicar.
Beseeching (bissi-tshinn) *s* rôgo; súplica.
Beseem (bissimm) *v* convir; enquadrar-se.
Beset (bissét) *v* cercar; rodear; sitiar.
Beset (bissét) *adj* cercado.
Beside (bissáid) *prep* ao lado de; junto de; perto de.
Beside (bissáid) *adv* à mão; perto.
Besides (bissáidz) *prep* além de.
Besides (bissáidz) *adv* além disso; demais a mais; demais; também; *BESIDES, you should not eat so much chocolate*: além disso, você não deveria comer tanto chocolate.
Besiege (bissidj) *v* assediar; cercar; sitiar.
Besieger (bissi-djâr) *s* sitiante.
Besmear (bismir) *v* emporcalhar; sujar.
Besmirch (bismâr-tsh) *v* manchar; sujar.
Besom (bi-zâmm) *s* ramo seco usado como vassoura; vassoura.
Bespangle (bispéngl) *v* ornar com lantejoulas.
Bespatter (bispé-târ) *v* manchar; salpicar.
Best (bést) *s* o melhor.
Best (bést) *adj* o melhor (superlativo de GOOD).
Best (bést) *adv* da melhor forma (superlativo de WELL).
Best... (bést...) *at BEST*: quando muito; *BEST-seller*: o livro mais vendido; *do one's BEST*: fazer o possível; *make the BEST of bad job*: tirar o melhor proveito.
Bestir (bistâr) *v* ativar; mexer-se; movimentar-se.
Bestow (bistóu) *v* conceder; dar; outorgar.
Bestowal (bistóu-âl) *s* concessão; dádiva; presente.
Bestride (bistráid) *v* cavalgar; montar; subir.
Bet (bét) *s* aposta.
Bet (bét) *v* apostar.
Betake (bitéik) *v* aplicar-se; dedicar-se; empregar-se.
Bethel (bé-thél) *s* casa santa; capela; santuário.
Bethink (bithink) *v* considerar; pensar; refletir.
Betide (bitáid) *v* acontecer; ocorrer; suceder.
Betimes (bitáimz) *adv* a tempo; cedo; logo.
Betoken (bitóukn) *v* pressagiar; predizer; vaticinar.
Betray (bitréi) *v* atraiçoar; denunciar.
Betrayal (bitrêi-âl) *s* denúncia; traição.
Betrayer (bitrêi-âr) *s* denunciante; traidor.

Betroth (bitró-th) *v* prometer casamento.
Betrothal (bitró-thâl) *s* noivado.
Better (bé-târ) *s* apostador; melhoria; superior; *Elaine WRITES better than Erika*: Elaine escreve melhor do que a Erika.
Better (bé-târ) *adj* melhor; superior (comparativo de GOOD).
Betterment (bé-tinn) *s* melhoria; melhoramento; progresso.
Betting (bé-tinn) *s* aposta.
Between (bitui-nn) *adv* entre; no meio (de objetos).
Between (bitui-nn) *prep* entre; no meio (de objetos).
Bevel (bé-vel) *s* chanfradura; recorte.
Bevel (bé-vel) *v* chanfrar; recortar.
Beverage (bé-vâridj) *s* bebida; beberagem; gorjeta.
Bevy (bé-vi) *s* grupo (de pássaros); bando.
Bewail (biuéil) *v* lamentar; lastimar; sentir.
Beware (biuér) *v* acautelar-se; precaver-se; tomar cuidado.
Beware (biuér) *interj* cuidado!
Bewilder (biuil-dâr) *v* confundir; desorientar; desviar.
Bewilderment (biuil-dârment) *s* aturdimento; confusão; perplexidade.
Bewitch (biui-tsh) *v* cativar; enfeitiçar; encantar; fascinar.
Bewitchment (biui-tshment) *s* encantamento; encanto; fascinação; feitiço.
Beyond (bi-iónd) *prep* além de; mais longe do que.
Beyond (bi-iónd) *adv* além de; do outro lado; mais longe.
Bias (bái-âss) *s* propensão; pendor; tendência.
Bias (bái-âss) *v* influenciar; influir; induzir; predispor.
Bib (bib) *s* babador.
Bible (báibl) *s* RELIG Bíblia, conjunto de livros sagrados; *the BIBLE wich is on the table belongs to me*: a Bíblia que está em cima da mesa pertence a mim.
Biblical (bi-blikâl) *adj* bíblico.
Bibulous (bi-biulâss) *adj* absorvente; poroso.
Biceps (bái-séps) *s* ANAT bíceps (músculo).
Bicker (bi-kâr) *s* altercação; disputa.
Bicker (bi-kâr) *v* altercar; disputar.
Bicycle (bái-sikl) *s* bicicleta.
Bicycler (bái-siklâr) *s* ciclista.
Bicyclist (bái-siklist) *vide* BICYCLER.
Bid (bid) *s* concorrênciao; ferta.
Bid (bid) *v* lançar; leiloar; licitar; oferecer.
Biddable (bi-dâbl) *adj* dócil; obediente.
Bidder (bi-dâr) *s* licitante; leiloante; ofertante.
Bidding (bi-dinn) *s* lanço; ofertas; mando; ordem.
Bide (báid) *v* esperar; ficar; permanecer.
Bier (bir) *s* ataúde; carreta fúnebre; féretro.
Biff (bif) *s* golpe; soco.
Biff (bif) *v* esmurrar; golpear; socar.
Bifocal (báifóu-kâl) *adj* bifocal (com dois focos).
Bifurcate (bái-fârkêit) *v* bifurcar (tar duas direções).
Big (big) *adj* corpulento; grande; gordo; volumoso; *BIG shot*: chefão; grande chefe; homem poderoso.
Bigamist (bi-gâmist) *s* bígamo (com dois cônjuges simultaneamente).
Bight (báit) *s* angra; enseada; golfo; laçada.
Bigness (big-néss) *s* grossura; volume.
Bigot (bi-gât) *s* beato; carola; fanático.
Bigotry (bi-gâtri) *s* beatice; fanatismo; intolerância.
Bigwig (big-uig) *s* figurão; mandachuva; *vide* BIG shot.
Bike (báik) *s* bicicleta; formigueiro; FIG multidão.
Bilateral (báilé-târâl) *adj* bilateral; JUR contratos onde as partes têm deveres e direitos recíprocos.
Bile (báil) *s* bile; bílis; mau humor.
Bilge (bildj) *s* fundo de embarcação; porão.
Bilge (bildj) *v* NÁUT fazer água.
Bilingual (báilin-guâl) *adj* bilíngue, que fala, escreve (domina) duas línguas.
Bilk (bilk) *v* defraudar; enganar; lograr.
Bilking (bil-kinn) *s* logro; fraude; trapaça.

Bill (bil) s conta; fatura; lista; letra de câmbio; nota (dinheiro); papel moeda.
Billboard (bil-bòurd) s USA quadro onde se afixa cartazes (notas, avisos).
Billet (bi-lit) s aviso; aquartelamento; alojamento; bilhete; nota.
Billet (bi-lit) v aquartelar; alojar.
Billfold (bil-fóuld) s USA carteira de bolso.
Billhook (bil-huk) s podadeira (instrumento cortante para grama etc.).
Billianaire (biliâne-r) s USA bilionário.
Billiards (bi-liârds) s ESP bilhar (jogo feito em mesa especial, visando o contato de uma bola branca com as duas outras bolas restantes).
Billingsgate (bi-lingzghêit) s linguagem profana; rude.
Billion (bi-liânn) s bilhão; USA mil milhões.
Billow (bi-lôui) s onda grande; vaga.
Billowy (bi-lôui) adj agitado; encapelado; enfurecido.
Billy (bi-li) s cassetete de policial.
Billycock (bi-likók) s chapéu coco.
Bin (binn) s caixa; caixote; cofre.
Bin (binn) v armazenar, guardar bebidas na adega.
Binary (bái-nâri) adj MAT binário (sistema numérico de base dois).
Bind (báind) s atadura; faixa.
Bind (báind) v atar; aglutinar-se; segurar; unir.
Binder (báin-dâr) s atador; encadernador; enfeixador de trigo.
Binderly (báin-dâri) s indústria de encadernação.
Binding (báin-dinn) s encadernação; faixa.
Binding (báin-dinn) adj forçado; obrigatório.
Bingo (bingôu) s festa; farra; jogo coletivo (sorteio); troça.
Binocle (bi-nókl) s binóculo.
Binocular vide BINOCLE.
Binomial (báinôu-miál) s MAT binômio (expressão algébrica).
Biographer (báió-grâfâr) s biógrafo.
Biography (báió-grâfi) s biografia (arte e ciência de escrever a vida de pessoas famosas).
Biologist (báio-lodjist) s biologista; biólogo.
Biology (báio-lodji) s biologia.
Biped (bái-ped) adj bípede (dois pés).
Bipedal (bi-pidâl) vide BIPED.
Biplane (bái-plêinn) s biplano; duplo plano.
Birch (bârtsh) s bétala; vidoeiro.
Birch (bârtsh) v açoitar.
Bird (bârd) s ave; pássaro; GÍR cara; rapariga; sujeito.
Birdcall (bârd-kól) s assobio do canto do pássaro; chamariz; engôdo.
Birdlime (bârd-láimm) s visco; produto para capturar pássaros.
Birth (bârth) s começo; nascimento; descendência; origem; princípio; prole; *they were happy at the BIRTH of their second child*: eles ficaram felizes com o nascimento do segundo filho.
Birthday (bârth-dêi) s aniversário de nascimento.
Birthplace (bârth-plêiss) s cidade natal; lugar de nascimento.
Birthright (bârth-ráit) s JUR direito de primogenitura (do filho mais velho).
Biscuit (bis-kit) s biscoito; bolacha; USA CRACKERS.
Bisection (báissék-shânn) v bisecção; dividido em duas partes iguais.
Bisexual (báissék-shuâl) adj bissexual; hermafrodita (dois sexos).
Bishop (bi-shâp) s bispo.
Bishopric (bi-shâprik) s diocese (extensão territorial governada por um prelado, por um bispo).
Bismuth (biz-mâth) s QUÍM bismuto (número atômico 83, peso atômico 209, símbolo Bi).
Bissextile (bissék-til ou bissék-táil) adj bissexto (ano em que o mês de fevereiro tem 29 dias).
Bistoury (bis-turi) s MED bisturi.

Bit (bit) s dentada; migalha; pedaço; pouco; porção.
Bit (bit) v refrear; reprimir.
Bitch (bitsh) s cadela; cachorra; fêmea dos caninos; GÍR mulher de vida fácil.
Bite (báit) s bocado (alimento); dentada; ferroada; mordedura; picada; refeição rápida.
Bite (báit) v cortar; picar (insetos); morder; roer.
Biter (bi-târ) s mordedor.
Biting (bái-tinn) adj afiado; cortante; mordaz; sarcástico.
Bitter (bi-târ) adj amargo; cortante; doloroso; penoso; penetrante; *"Giló" has a BITTER taste*: o "Giló" tem um gosto amargo.
Bitters (bi-târz) s bebidas amargas.
Bitumen (bitiu-men) s betume.
Biweekly (bái-uik-li) adj quinzenal; publicação quinzenal.
Bizarre (bizâ-r) adj bizarro; extravagante; esquisito.
Blab (bléb) v dar com a língua nos dentes (revelar segredo); tagarelar.
Blabber (blé-bâr) s falador; indiscreto; tagarela.
Black (blaek) s cor negra; negro; *BLACK jack*: jogo de cartas (vinte e um).
Black (blaek) v enegrecer.
Black (blaek) adj escuro; negro; preto.
Blackamoor (blae-kâmur) s negro.
Blackball (blaek-ból) s contrário; voto contra.
Blackball (blaek-ból) v contrariar; rejeitar; voto contra.
Blackberry (blaek-béri) s amora (fruta).
Blackbird (blaek-bârd) s melro; pássaro preto.
Blackboard (blaek-bôurd) s lousa; quadro negro.
Blacken (blae-kânn) v denegrir; enegrecer; tingir de preto.
Blackguard (blaek-gârd) s mal carater; patife.
Blackguard (blaek-gârd) v insultar; injuriar; infamar.
Blacking (blae-kinn) s engraxadela; graxa.
Blackish (blae-kish) adj escuro.
Blackleg (blaek-lég) s traidor (o que fura a greve).
Blackmail (blaek-mêil) s chantagem.
Blackmail (blaek-mêil) v praticar chantagem.
Blackmailer (blaek-mêi-lâr) s chantagista.
Blackness (blaek-néss) s escuridão; negrume; negrura.
Blackout (blaek-áut) s escuridão total.
Black-rod (blaek-rôud) s bedel do parlamento inglês.
Bladder (blé-dâr) s ampola; bexiga; vesícula.
Blade (blêid) s fôlha cortante; fôlha; lâmina.
Blain (blêinn) s chaga; ferida; pústula.
Blamable (blêi-mâbl) adj censurável; reprovável.
Blamableness (blêi-mâblnéss) s culpa; falta.
Blame (blêimm) s censura; reprovação; repreensão.
Blame (blêimm) v admoestar; censurar; culpar; repreender; responsabilizar; *she BLAMED David Jr., but he did not break the vase*: ela responsabilizou ao David Jr, mas não foi ele quem quebrou o vaso.
Blameless (blêim-léss) adj sem culpa; inocente.
Blamelessness (blêim-lésnéss) s inocência.
Blanch (bléntsh) v descansar; empalidecer; tornar branco.
Bland (blénd) adj afável; brando; meigo; macio; suave.
Blandish (blén-dish) v afagar; acariciar; suavizar.
Blandishment (bléndish-ment) s afago; carinho; carícia.
Blank (blaenk) adj branco; espaço não escrito; espaço não preenchido; vazio; *BLANK page*: folha em branco.
Blank (blaenk) v anular; cancelar; ESP dar uma surra.
Blanket (blén-kit) s cobertor; coberta; manta.
Blanket (blén-kit) v cobrir com manta; cobertor.
Blankness (blênk-néss) s brancura; palidez; pertubação.
Blare (blér) s bramido; estrondo; rugido.
Blare (blér) v berrar; retumbar.
Blarney (blâr-ni) s adulação; bajulação; lábia.
Blaspheme (blaesfi-mm) v blasfemar; imprecar (rogar praga).
Blast (blást) s explosão; golpe de vento; pé de vento; rajada de vento.

BLAST — BLUNDERBUSS

Blast (blást) v dinamitar; destruir; explodir.
Blast (blást) *interj* com os diabos!
Blasted (blás-tid) adj arruinado; amaldiçoado; depravado; destruído; maldito.
Blasting (blás-tinn) s estouro; explosão.
Blasting (blás-tinn) adj destruidor.
Blat (blét) v balir (imitar o som do cordeiro ou ovelha).
Blatancy (blé-tânsi) s berro; barulho; clamor.
Blatant (blé-tânt) adj alardeante; barulhento; manifesto; patente; ruidoso.
Blaze (blêiz) s ardor; brilho; chama; fogo; labareda.
Blaze (blêiz) v brilhar; luzir; queimar; proclamar; tornar conhecido.
Blazer (blêi-zâr) s dia claro; jaqueta (roupa esportiva); luminoso.
Blazing (blêi-zinn) adj chamejante; em chamas; flamejante.
Blazon (blêiz-n) s brasão.
Blazon (blêiz-n) v proclamar; publicar; tornar conhecido.
Bleach (blitsh) v alvejar; branquear; empalidecer.
Bleacher (bli-tshâr) s branqueador; descorante.
Bleak (blik) adj cortante; deserto; ermo; frio; gélido; penetrante.
Bleakness (blik-néss) s desabrigo; frialidade; palidez.
Blear (blir) adj lacrimejante; rameloso; turvo.
Bleat (blit) s balido (grito de ovelha); FIG lamúria.
Bleat (blit) v balir; balar.
Bleb (bléb) s ampola; bolha; bexiga; reservatório.
Bleed (blid) v sangrar; GÍR extorquir dinheiro de.
Bleeding (bli-dinn) s hemorragia; sangria.
Blemish (blé-mish) s mácula; mancha; nódoa.
Blemish (blé-mish) v corromper; viciar.
Blench (bléntsh) v esquivar-se; retirar-se; retrair-se; retroceder.
Blend (blénd) s combinação; fusão; mistura.
Blend (blénd) v combinar; homogeneizar; misturar.
Blended (blén-did) adj harmonizado; misturado.
Blender (blén-dâr) s liquidificador.
Blending (blén-dinn) s combinação; fusão; mistura.
Bless (bléss) v abençoar; benzer; consagrar; santificar.
Blessed (blé-sid) adj abençoado; feliz; louvado.
Blessedness (blés-sidnéss) s bem-aventurança; graça de Deus.
Blessing (blé-sinn) s benção; benefício; graça.
Blight (bláit) s ferrugem; queima (pelo frio).
Blight (bláit) v mirrar (plantas); queimar.
Blind (bláind) s capa; veneziana; estore.
Blind (bláind) adj cego; escondido; escuro; oculto.
Blind (bláind) v cegar; encobrir; esconder; vendar os olhos.
Blindfold (bláind-fóuld) adj olhos vendados; olhos ofuscado.
Blindfold (bláind-fóuld) v vendar os olhos; ofuscar.
Blindfold (bláind-fóuld) adv às cegas; cegamente.
Blindly (bláind-li) adv às cegas; cegamente.
Blindman's buff (bláind-maenzbâf) s o jogo da cabra cega.
Blindness (bláind-néss) s cegueira.
Blink (blink) s clarão repentino; clarão passageiro; lampejo.
Blink (blink) v evitar; ignorar; piscar (os olhos); pestanejar; vacilar.
Blinker (blin-kâr) s pestanejador; pisca-pisca; viseira.
Bliss (bliss) s alegria; bem-estar; bem-aventurança; felicidade.
Blissful (blis-ful) adj bem-aventurado; feliz; satisfeito.
Blister (blis-târ) s bolha; ampola.
Blithe (bláidh) adj alegre; contente; jovial.
Blizzard (bli-zârd) s nevasca; tempestade de neve.
Bloat (blôut) s POP bêbado.
Bloat (blôut) v defumar; inchar; inflar; intumescer.
Bloated (blôu-tid) adj defumado; inchado; túmido.
Block (blók) s bloco; conjunto; cubos (brinquedo); grupo; quarteirão; TIP clichê.
Block (blók) v bloquear; estorvar; impedir; obstruir; obstar.
Blockade (blókêid) s bloqueio; USA interrupção no trânsito.
Blockade (blókêid) v bloquear; obstruir.

Blockhead (blók-héd) s cabeça dura; ignorante; pessoa estúpida.
Blockish (bló-kish) adj estúpido; imbecil.
Blocky (bló-ki) adj maciço.
Blond (blónd) adj louro; loiro.
Blonde (biónd) *vide* BLOND.
Blood (blâd) s linhagem; parentesco; raça; sangue; seiva; suco.
Blooded (blâ-did) adj de puro sangue.
Bloodhound (blâd-háund) s cão de caça; sabujo; sanguinário.
Bloodiness (blâ-dinéss) adj crueldade; sanguinolência.
Bloodless (blâ-diléss) adj exangue.
Bloodless (blâd-léss) adj pálido; sem sangue.
Bloodsausage (blâd-sósij) s chouriço.
Bloodshed (blâd-shéd) s chacina; matança.
Bloodshot (blâd-shót) adj com os olhos ensanguentado; cheio de sangue.
Blood-stone (blâd-stôn) s pedra avermelhada (preciosa).
Bloodsucker (blâd-sâ-kâr) s sanguessuga.
Bloody (blâ-di) adj ensanguentado; sanguinolento; sangrento.
Bloom (blumm) s a planta em flor; ferro ao sair da forja; florescência; lingote encandescente; vermelho de faces.
Bloom (blumm) v florir; florescer; ostentar.
Bloomer (blu-mâr) s êrro; engano; gafe; planta em flor.
Bloomers (blu-mârz) s calções esportivos; calças para senhoras.
Blooming (blu-minn) s florescência.
Blooming (blu-minn) adj florescente.
Blossom (bló-sâmm) s flor de árvore.
Blossom (bló-sâmm) v desabrochar; florir; florescer.
Blot (blót) s borrão (de tinta); mácula; mancha; nódoa; rasura.
Blot (blót) v borrar; enxugar; manchar; secar (tinta); *BLOT out*: obliterar; riscar.
Blotch (blótsh) s mancha; pústula; tumor cutâneo.
Blotch (blótsh) v cobrir de pústulas.
Blotter (bló-târ) s USA livro de registro (policial, hospitalar etc.).
Blouse (bláuz) s blusa.
Blow (blôu) s assopro; golpe; murro; pancada; sopro; ventania; *BLOW-FLY*: varejeira (mosca); *BLOW-UP*: explosão; USA ampliação de fotos; *a BLOW to the head*: uma pancada na cabeça.
Blow (blôu) v soprar; ventar.
Blower (blôu-âr) s assoprador; fole; soprador; ventoinha; ventilador.
Blowing (blôu-inn) s sopro.
Blowout (blôu-áut) s explosão.
Blowpipe (blôu-páip) s tubo (de sopro); zarabatana (arma).
Blowy (blôui) adj ventoso; tempestuoso.
Blowzed (bláuzd) adj desalinhado; queimado do sol; rubro.
Blubber (blâ-bâr) s choro; gordura de baleia.
Blubber (blâ-bâr) v chorar; pranto.
Bludgeon (blâ-djânn) s cacete; clava; porrete.
Blue (blu) s azul; tristeza; depressão; *BLUE-JACKET*: marinheiro.
Blue (blu) adj azul; fiel; severo; triste.
Blue (blu) v azular; *to feel BLUE*: estar deprimido.
Blueberries (blu-bérâss) s mírtilo (fruta).
Blueness (blu-néss) s cor azul.
Blues (bluz) s MÚS canção triste; depressão; melancolia.
Bluestocking (blu-stóking) s literata; sabichona.
Bluff (blâf) s blefe; ilusão; lôgro.
Bluff (blâf) v blefar; enganar; iludir.
Bluff (blâf) adj franco; rude; sincero; sem dissimulação.
Bluffness (blâf-néss) s aspereza; fanfarronada; franqueza; rudeza.
Bluish (blu-ish) adj azulado.
Blunder (blân-dâr) s asneira; disparate; êrro crasso; tolice.
Blunder (blân-dâr) v cometer êrro grosseiro.
Blunderbuss (blân-dârbâss) s bacamarte (arma); pateta; trapalhão.

BLUNDERER — BOOB

Blunderer (blân-dârâr) *s* desatinado; desajeitado.
Blundering (blân-dârinn) *adj* desajeitado; disparatado; precipitado.
Blunt (blânt) *adj* abrupto; brusco; duro; embotado; sem corte.
Blunt (blânt) *v* adormecer; enervar; embotar; entorpecer; neutralizar.
Bluntness (blânt-néss) *s* aspereza; embotamento; grosseria.
Blur (blâr) *s* borrão; desdouro; falta de clareza; mancha; névoa.
Blur (blâr) *v* borrar; confundir; manchar; nublar; ofuscar; velar.
Blurt (blârt) *v* deixar escapar um segredo; falar precipitadamente.
Blush (blâsh) *s* rubor; vermelhidão.
Blush (blâsh) *v* corar; ruborizar-se.
Blush (blâsh) *adj* róseo; rubro.
Blushing (blâ-shinn) *s* rubor facial; vermelhidão.
Blushing (blâ-shinn) *adj* avermelhado; corado; ruborizado.
Bluster (blâs-târ) *s* barulho; bazófia; fanfarronada; jactância; ruído; tumulto.
Bluster (blâs-târ) *v* bramir; proferir ameaças; vociferar; zunir.
Blusterer (blâs-târâr) *s* fanfarrão.
Board (bôurd) *s* diretoria; junta; mesa; prancha; quadro; tábua; tabuleiro; tribunal; NÁUT *on* BOARD: a bordo; COM *free on* BOARD (FOB): sem despesas de transporte; BOARD *of trade*: câmara de comércio; BOARD *and lodge*: casa e comida.
Board (bôurd) *v* abordar; dar pensão; hospedar; embarcar; ir a bordo de; USA dar abrigo e alimento aos animais.
Boarder (bôur-dâr) *s* aluno interno; comensal; hóspede; pensionista.
Boarding (bôur-dinn) *s* quadro de aviso; tapume; tábuas; NÁUT abordagem; BOARDING *house*: pensão.
Boarish (bó-rish) *adj* brutal; cruel; imundo; lascivo; sujo; sensual.
Boast (bôust) *s* bazófia; jactância; vanglória.
Boast (bôust) *v* gabar-se; ostentar; vangloriar-se; *Alberto likes to boast*: o Alberto gosta de se gabar.
Boaster (bôus-târ) *s* fanfarrão; prosa; valentão.
Boastful (bôust-ful) *adj* jactancioso; presunçoso; prosa.
Boastfulness (bôust-fulnéss) *s* jactância; ostentação; prosa.
Boat (bôut) *s* barco; bote; canoa; *ferry* BOAT: barco para travessia de passageiros e veículos.
Boat (bôut) *v* navegar; remar.
Boating (bôu-tinn) *s* ESP competição a barco; passeio de barco; remo.
Boatman (bôut-maen) *s* barqueiro.
Bob (bób) *s* boia colocada na linha de pesca; fio de prumo; feixe; pêndulo; pancada leve; prendedor de cabelo; GÍR xelim; BOB-WIG: peruca de cachos.
Bob (bób) *v* bater de leve; balouçar-se; sacudir.
Bobbin (bó-binn) *s* bobina; carretel.
Bobby (bó-bi) *s* policial; tira; BOBBY *pin*: grampo de cabelo.
Bode (bôud) *v* pressagiar; predizer; vaticinar.
Bodement (bôud-ment) *s* agouro; adivinhação; profecia.
Bodice (bó-diss) *s* espartilho (colete para apertar a cintura do corpo).
Bodily (bó-dili) *adj* corpóreo; material; real.
Bodily (bó-dili) *adv* em carne e osso; em corpo e alma; em pessoa; em conjunto.
Bodkin (bód-kinn) *s* alfinete de cabelo; furador.
Body (bó-di) *s* corpo; cadáver; esqueleto.
Bog (bóg) *s* brejo; lamaçal; pântano.
Bog (bóg) *v* atolar-se; enlamear-se.
Boggle (bógl) *v* equivocar; hesitar em; recuar; tremer diante; vacilar.
Boggler (bóg-lâr) *s* pessoa hesitante.
Boggy (bó-ghi) *adj* lamacento; pantanoso.
Bogus (bó-gâss) *adj* falso; fictício.
Bogy (bó-ghi) *s* fantasma; espectro; visão; demônio.
Bohemian (bó-himãn) *adj* boêmio; natural da Boêmia.

Boil (bóil) *s* MED espinha; ebulição; fervura; furúnculo.
Boil (bóil) *v* aferventar; cozinhar; excitar-se; enervar-se; ferver.
Boiler (bói-lâr) *s* caldeira; cadinho; chaleira; panela de ferver; tacho.
Boilery (bói-lâri) *adj* ariano; indo-europeu.
Boiling (bói-linn) *s* ebulição; fervura.
Boiling (bói-linn) *adj* escaldante; fervente.
Boisterous (bóis-târâss) *adj* barulhento; violento; turbulento.
Bold (bôuld) *adj* arrojado; destemido; valente.
Boldness (bôuld-néss) *s* audácia; coragem; descaramento; ousadia.
Bole (bôul) *s* haste de árvore; tronco.
Bolivian (boli-viânn) *adj* boliviano.
Boll (bôl) *s* cápsula; casulo; invólucro.
Bolshevik (ból-shivik) *s* bolchevista; bolchevique (do partido social-comunista).
Bolshevism (ból-shivizm) *s* bolchevismo (partido social-democrata na Rússia).
Bolster (bôuls-târ) *s* almofada; suporte; travesseiro.
Bolster (bôuls-târ) *v* apoiar; sustentar.
Bolt (bôult) *s* dardo; ferrolho; faísca; fuga; flecha; grampo; lingueta (de fechadura); parafuso; raio; seta.
Bolt (bôult) *v* aferroar; fugir.
Bolter (bôul-târ) *s* crivo; escaldar arisco; peneira; USA dissidente.
Bomb (bómm) *s* bomba; explosivo; granada.
Bomb (bómm) *v* bombardear.
Bombard (bóm-bárd) *s* bombarda (antiga máquina de guerra); peça de artilharia.
Bombard (bóm-bárd) *v* bombardear.
Bombast (bóm-bést) *s* bombástico; altissonante.
Bombastic (bóm-bés-tik) *adj* bombástico; empolado; retumbante.
Bombastical (bómbés-tikâl) *vide* BOMBASTIC.
Bomber (bóm-bâr) *s* AER avião de bombardeio; bombardeiro; bombardeador.
Bombing (bóm-binn) *adj* ataque aéreo; lançamento de bombas.
Bombshell (bómm-shél) *s* granada; FIG grande surpresa.
Bonbon (bón-bón) *s* bombom; confeito; guloseima de chocolate.
Bond (bónd) *s* debênture; laço; obrigação moral; título; união; vínculo; vale; JUR contrato; fiança.
Bond (bónd) *v* aglutinar-se; ligar; unir; JUR caucionar; penhorar; hipotecar.
Bondage (bón-didj) *s* cativeiro; escravidão; servidão; sujeição.
Bonded (bón-did) *adj* afiançado; garantido; hipotecado; penhorado.
Bondholder (bónd-hôul-dâr) *s* acionista; obrigacionista; portador de título de crédito.
Bondmaid (bónd-mêid) *s* criada; escrava; serva.
Bondman (bónd-maen) *s* criado; dependente; escravo; servo.
Bondsman (bóndz-maen) *s* escravo; fiador; servo.
Bondswoman (bóndz-uu-maen) *vide* BONDWOMAN.
Bondwoman (bónd-uu-maen) *s* escrava; serva.
Bone (bôunn) *s* barbatana; esqueleto; espinha de peixe; osso.
Bonehead (bôun-héd) *s* estúpido; imbecil; tolo.
Bonfire (bôun-fáir) *s* fogueira; lenha em chamas.
Bonnet (bó-nit) *s* boina; boné; gorro escocês; gorra; USA capô de motor de automóvel; tampa de motor.
Bonnie (bóni) *adj* alegre; belo; bonito; formoso.
Bonny (bóni) *vide* BONNIE.
Bonnyclabber (bóni-clébâr) *s* coalhada; leite coalhado.
Bonus (bô-nâss) *s* abono; bônus; bonificação; prêmio; percentagem.
Bony (bôu-ni) *adj* espadaúdo; ossudo.
Boo (bu) *s* apupo; vaia.
Boo (bu) *v* apupar; vaiar.
Boo (bu) *interj* aversão; manifestação de desprezo.
Boob (bub) *s* USA estúpido; pateta; palerma; tolo.

Booby (bu-bi) s GÍR pateta; tolo; USA *BOOBY prize*: prêmio de consolação.
Boobysh (bub-ish) adj USA estúpido; tolo.
Boodle (budl) s cambada; dinheiro para suborno.
Boodle (budl) v subornar.
Boohoo (bu-hu) s deploração; lamentação.
Boohoo (bu-hu) v deplorar; lamentar.
Book (buk) s álbum; bloco; caderno; compêndio; livro; tomo; talão.
Bookbinder (buk-báin-dâr) s encadernador.
Bookbindery (buk-báin-dâri) s encadernação; oficina de encadernação.
Bookcase (buk-kéiss) s estante para livros.
Booking (bu-kinn) s reserva de passagens; registro de inscrições.
Bookish (bu-kish) adj aplicado no estudo; estudioso; pedante; teórico.
Bookkeeper (buk-ki-pâr) s COM contador; guarda-livro.
Bookkeeping (buk-ki-pinn) s contabilidade; escrituração mercantil.
Booklet (buk-lit) s brochura; fascículo; opúsculo.
Bookmaker (buk-mêi-kâr) s agenciador de apostas; banqueiro de aposta (corrida de cavalo).
Bookman (buk-maen) s livreiro; erudito.
Bookseller (buk-shélf) s livreiro; vendedor de livros.
Bookshelf (buk-shélf) s prateleira de livros.
Bookshop (buk-shóp) s livraria.
Bookstore (buk-stór) s USA livraria.
Bookworm (buk-uârmm) s cupim; traça; GÍR rato de biblioteca.
Boom (bumm) s aumento imediato de algum fenômeno; explosão; estouro; prosperidade.
Boom (bumm) v fazer grande barulho; favorecer; fomentar; progredir subitamente; retumbar; ribombar.
Boor (bur) s camponês; campreste; do campo; grosseirão; rústico.
Boorish (bu-rish) adj grosseiro; rústico; rude.
Boost (bust) s apoio; ajuda; USA alta (de preços); auxílio; elogio; impulso.
Boost (bust) v USA apoiar; alçar; elevar; entusiasmar alguém; suspender.
Boot (but) s bota; botina; chute; ganho; pontapé; porta-malas de automóvel.
Bootblack (but-black) s USA engraxate; ENGL SHOEBLACK.
Booted (bu-tid) adj calçado; que está protegido por botas.
Booth (buth ou budh) s barraca; cabine de telefone; tabernáculo; tenda; urna.
Bootjack (but-djék) s calçadeira; descalçadeira.
Bootleg (but-lég) s cano de bota; USA contrabando de bebidas.
Bootless (but-léss) adj descalço; inútil; sem botas; ocioso.
Boots (buts) s engraxate; servidor de hotel (recados).
Booty (bu-ti) s despojo; espólio; pilhagem; presa; presa de guerra; saque.
Booze (buz) s bebida alcoólica; bebedeira; embriaguez.
Booze (buz) v embriagar-se; embebedar-se.
Boozer (bu-zâr) s bêbado; ébrio.
Border (bôur-dâr) s borda; fronteira; limite; margem.
Border (bôur-dâr) v confinar; delimitar; guarnecer; limitar.
Bore (bór) s buraco; furo; perfuração; pessoa inoportuna.
Bore (bór) v enfadar; fazer buraco em; importunar; incomodar; maçar; perfurar; *Bob can BORE people*: O Bob consegue incomodar as pessoas.
Boredom (bôur-dâmm) s aborrecimento; maçada; tédio.
Borer (bôu-râr) s broca; furador; sonda.
Boring (bôu-ring) adj enfadonho; maçante; maçador; perfurante.
Born (bórn) v gerar; nascer; parir.
Born (bórn) adj gerado; nascido.
Borough (bâ-rôu) s burgo; comarca; município; vila.
Borrow (bó-rôu) s empréstimo.
Borrow (bó-rôu) v apropriar-se; emprestar; tomar emprestado.
Borrower (bó-rôuâr) s devedor; mutuário; que pede emprestado.
Borrowing (bó-rouinn) s empréstimo.
Bosh (bósh) s asneira; disparate; tolice.
Bosom (bu-zâmm) s âmago; coração; peito; seio.
Bosom (bu-zâmm) v pôr no seio; receber na intimidade; USA peito de camisa falso.
Bosom (bu-zâmm) adj íntimos.
Boss (bóss) s chefe; córcova; patrão.
Boss (bóss) v comandar; gravar em relevo; mandar.
Boss (bóss) adj em relevo; saliente.
Bossy (bó-si) adj dominador; em relevo; mandão; mandachuva.
Bot (bót) s berne (larva).
Botany (bó-tâni) s botânica.
Botch (bótsh) s remendo malfeito.
Botch (bótsh) v remendar.
Botcher (bótshâr) s mau trabalhador; remendão.
Both (bôuth) adj ambos; os dois; um e outro.
Both (bôuth) pron ambos; os dois; um e outro; *Neusa and Marô are BOTH cute*: Neusa e Marô são ambas engraçadinhas.
Both (bôu-th) adv assim como; tanto como; ao mesmo tempo.
Both (bôu-th) conj assim como; tanto como; ao mesmo tempo.
Bother (bó-dhâr) s aborrecimento; incômodo; moléstia.
Bother (bó-dhâr) v aborrecer; enfadar; incomodar; maçar.
Bottle (bótl) s frasco; garrafa; vasilhame; *BOTTLE opener*: abridor de garrafa.
Bottle (bótl) v engarrafar; enfrascar.
Bottleneck (bótl-nék) s gargalo; garganta; passagem estreita.
Bottler (bó-tlâr) s engarrafador.
Bottom (bó-tâmm) s base; essência; fundamento; fundo; leito de rio; nádegas; pé; sopé; traseiro.
Bottom (bó-tâmm) v aprofundar; alicerçar; basear-se; embasar; firmar.
Bottom (bó-tâmm) adj baixo; fundo; inferior; o mais baixo; último.
Bottomless (bó-tâmléss) adj insondável; sem fundo; sem fundamento; visionário.
Bougeois (bur-juá) adj burguês.
Bough (báu) s galho de árvore; ramo.
Bounce (báun-ss) s estalo; exagero; mola; pancada barulhenta; salto; USA demitir.
Bounce (báun-ss) v pular; saltar.
Bouncer (báun-sâr) s exagero; fanfarrão; mentira grosseira; USA segurança ("leão de chácara").
Bouncing (báun-sinn) s estalo; estrondo.
Bouncing (báun-sinn) adj exagerado; forte; vigoroso.
Bound (báund) s fronteira; fim; limite.
Bound (báund) v demarcar, limitar.
Bound (báund) adj atado; ligado.
Boundary (báun-dâri) s divisa; fronteira; limite.
Bounteous (báun-tiáss) adj generoso; liberal; magnânimo; pródigo.
Bountiful (báun-tiful) vide BOUNTEOUS.
Bourn (bôurn) s arroio; limite; meta; regato.
Bourne (bôurn) vide BOURN.
Bourse (bârss) s bolsa de valores; bolsa de títulos.
Bouse (báuss) v alar; içar.
Bout (báut) s ataque (de doença); contenda; peleja; luta turno; vez.
Bow (báu) s arco; arco de flecha; curva; laço de gravata; reverência; saudação; NÁUT proa; MÚS arco de instrumento; arco-íris; *BOW tie*: gravata borboleta.
Bow (báu) v curvar-se; reverenciar; saudar.
Bowel (báu-âl) s intestino; tripa.
Bower (bôu-âr) s camarim; manejador de arco; residência; NÁUT âncora da proa.

BOWL — BRIGHT

Bowl (bôul) *s* bacia; boliche; bola de madeira; taça; tijela.
Bowl (bôul) *v* atirar; deslizar; fazer rolar; jogar a bola.
Bowleg (bôu-lég) *s* perna torta.
Bowlegged (bôu-légd) *adj* de pernas tortas.
Bowler (bôu-lâr) *s* chapéu coco; USA DERBY.
Bowstring (bôu-strinn) *s* corda de arco (para lançar flechas).
Box (bóks) *s* arca; caixa; caixote; camarote; compartimento; estojo; mala.
Box (bóks) *v* boxear; esbofetear; encaixar, encaixotar; lutar.
Boxer (bók-sâr) *s* boxeador; pugilista.
Boxing (bók-sinn) *s* boxe; embalagem; pugilismo.
Boy (bói) *s* garoto; menino; rapaz; BOY-scout: escoteiro.
Boycott (bói-kót) *s* boicote; embaraço.
Boycott (bói-kót) *v* boicotar (produzir meios para atrapalhar algo ou alguém).
Boyfriend (bói-friénd) *s* amiguinho; namorado.
Boyhood (bói-hud) *s* infância.
Boyish (bói-ish) *adj* infantil; pueril.
Bra (brah) *s* sutiã (brassière).
Brace (brêiss) *s* braçadeira; cinta; escora; gancho; ligadura; suporte.
Brace (brêiss) *v* atar; engatar; ligar.
Bracelet (brêis-lét) *s* bracelete; pulseira; GÍR algema.
Bracing (brêi-sinn) *s* estimulante; fortificante; tonificante.
Bracken (bré-kânn) *s* BOT feto.
Bracket (bré-kit) *s* braçadeira, chave; colchete; consolo; gancho; parênteses.
Bracket (bré-kit) *v* colocar entre parênteses.
Brackisk (bré-kish) *adj* salobre; salobro (água).
Brad (bréd) *s* prego sem cabeça; ponta.
Bradwal (bréd-ól) *s* buril; furador.
Brag (braeg) *s* basófia; jactância.
Brag (braeg) *v* gabar-se; vangloriar-se; *her mother tells her not to BRAG*: sua mãe diz-lhe para não se gabar.
Braggart (brae-gârt) *adj* fanfarrão; gabolas.
Braid (brêid) *s* galão; trança.
Braid (brêid) *v* entrelaçar; trançar.
Brain (brênn) *s* cérebro; intelecto; inteligência.
Brainless (brêin-léss) *adj* desmiolado; insensato.
Brainsick (brêin-sik) *adj* doido; insensato.
Brainstorm (brêin-stórm) *s* distúrbio mental temporário; FIG ter uma ótima ideia.
Braise (brêiss) *v* assar; guisar; refogar.
Brake (brêik) *s* AUT breque; freio.
Brake (brêik) *v* brecar; frear.
Bramble (brémb-l) *s* espinheiro.
Bran (braenn) *s* farelo.
Branch (bréntsh) *s* galho (de árvore); ramo.
Branch (bréntsh) *v* ramificar-se.
Branchy (brén-tshi) *adj* ramificado.
Brand (brénd) *s* espada; estigma; ferrete; tição; raio.
Brandish (brén-dish) *v* agitar; brandir.
Brandy (braen-di) *s* aguardente de frutas; conhaque.
Brass (brásss) *s* arame; cobre; latão; metal amarelo; MÚS instrumento de metal; GÍR alta patente militar.
Brassy (brá-si) *adj* de latão; descarado; impudente.
Brat (braet) *s* avental; guarda pó; moleque; pirralho.
Brave (brêiv) *v* desafiar.
Brave (brêiv) *adj* bravo; corajoso; *the doctor says you are very BRAVE*: o médico diz que você é muito corajoso.
Bravery (brêi-vâri) *s* audácia; bravura; coragem.
Bravo (brâ-vôu) *s* assassino; capanga; matador.
Bravo (brâ-vôu) *interj* bravo!
Brawl (bról) *s* alvoroço; briga; contenda; disputa.
Brawl (bról) *v* altercar; brigar.
Brawler (bró-lâr) *s* altercador; brigão.
Brawn (brónn) *s* carne de porco; força muscular; músculo.
Brawny (bró-ni) *adj* forte; musculoso; vigoroso.
Bray (brêi) *v* moer; triturar; zurrar.

Braze (brêiz) *v* bronzear; soldar.
Brazen (brêiz-n) *adj* bronzeado; de bronze; de latão; descarado.
Brazilian (brâsi-liânn) *adj* brasileiro.
Brazilwood (brâzil-uud) *s* pau-brasil (árvore).
Brazing (brêi-zinn) *s* bronzeamento; solda; soldadura.
Breach (britsh) *s* abertura; buraco; brecha; fenda.
Bread (bréd) *s* hóstia; pão.
Breadth (brédth) *s* amplitude; extensão; liberalidade; largueza de visão.
Break (brêik) *s* falha; interrupção; pausa; quebra; rompimento; ruptura.
Break (brêik) *v* despedaçar; quebrar; romper; *BREAK in*: arrombar.
Breakdown (brêik-dáunn) *s* colapso; esgotamento, ruína.
Breaker (brêi-kâr) *s* infrator; onda; transgressor; vagalhão.
Breakfast (brêik-fâst) *s* café da manhã; desjejum.
Breakfast (brêik-fâst) *v* quebrar o jejum.
Breaking (brêi-kinn) *s* fratura; falência; ruptura; ruína.
Breakneck (brêik-nék) *s* desfiladeiro; precipício.
Breakneck (brêik-nék) *adj* precipitado; perigoso; rápido.
Breakwater (brêikúó-târ) *s* quebra-mar.
Breast (brést) *s* peito; seio; tetas.
Breast (brést) *v* atacar pela frente; enfrentar.
Breastbone (brést-bôunn) *s* MED esterno.
Breath (bréth) *s* fôlego; hálito; respiração; sopro.
Breathe (bridj) *v* descansar; exalar; respirar; soprar; viver.
Breathing (bri-dhinn) *s* fôlego; respiração.
Breech (britsh) *s* culatra; nádegas; traseiro.
Breeches (bri-tshiz) *s* calções.
Breed (brid) *s* raça; geração; ninhada.
Breed (brid) *v* criar; educar; procriar; produzir.
Breeze (briz) *s* aragem; agitação; brisa.
Brethren (bré-dhren) *s* irmãos de fraternidade.
Brevet (bré-vit) *s* carta de voo; diploma; permissão; patente.
Brevet (brivé-t) *v* graduar.
Breviary (bri-viéri) *s* breviário: resumo; sumário; RELIG livro de preces.
Brevity (bré-viti) *s* brevidade.
Brew (bru) *s* bebida; cerveja; mistura.
Brew (bru) *v* fermentar; misturar; remexer; tramar.
Brewer (bru-âr) *s* cervejeiro.
Brewery (bru-âri) *s* cervejaria; fábrica de cerveja.
Briar (brái-âr) *adj* matagal roseira; sarça.
Bribe (bráib) *s* propina; suborno; subornar.
Bribery (brái-bâri) *s* suborno.
Brick (brik) *s* bom sujeito; ladrilho; tijolo.
Bricklayer (brik-leiâr) *s* pedreiro.
Brickwork (brik-uârk) *s* obra de tijolos; obra de ladrilhos.
Bridal (brái-dâl) *s* noivado; núpcias.
Bridal (brái-dâl) *adj* nupcial.
Bridal (brái-dâl) *v* construir pontes.
Bride (bráid) *s* noiva (recém casada).
Bridegroom (bráid-grumm) *s* noivo (recém casado).
Bridesmaid (brái-dzméid) *s* dama de honra.
Bridge (bridj) *s* jogo de cartas; ponte.
Bridle (bráidl) *s* freio; rédea (de cavalo); NÁUT amarra.
Bridle (bráid-l) *v* conter; refrear.
Brief (brif) *s* compêndio; instrução; memorial; resumo.
Brief (brif) *v* abreviar; resumir.
Brief (brif) *adj* breve; conciso; curto; efêmero.
Briefcase (brif-quêiz) *s* maleta; pasta.
Briefless (brif-léss) *adj* JUR sem clientes; sem causa.
Briefly (brif-li) *adv* concisamente; resumidamente.
Briefness (brif-néss) *s* brevidade; concisão.
Brier (brái-âr) *s* vide BRIAR.
Brigade (brighêi-d) *s* brigada (corpo militar).
Brigand (bri-gând) *s* bandido; bandoleiro; marginal.
Bright (bráit) *adj* brilhante; luminoso; resplendecente; *BRIGHT sun*: sol resplandecente.

BRIGHTEN — BUGBEAR

Brighten (bráit-n) *v* alegrar; enobrecer; iluminar; lustrar; polir.
Brightness (bráit-néss) *s* alegria; animação; brilho; esplendor.
Brim (brimm) *s* aba; beira; borda.
Brim (brimm) *v* encher até as bordas.
Brimful (brim-ful) *adj* cheio até a borda.
Brindle (brindl) *adj* malhado.
Brine (bráinn) *s* água do mar; lágrima (poesia) salmoura.
Bring (brinn) *v* conduzir; produzir; trazer; *to BRING back*: devolver.
Bringer (brin-gâr) *s* portador.
Brink (brink) *s* beira; borda; extremidade; margem; orla.
Briny (brái-ni) *adj* salgado; salobre.
Brisk (brisk) *adj* ativo; animado; esperto; vivo; vigoroso.
Brisk (brisk) *v* animar.
Briskness (brisk-néss) *s* atividade; vivacidade.
Bristle (bris-l) *s* cerda; pelo.
Bristle (bris-l) *v* eriçar os pelos.
Britannic (brité-nik) *adj* britânico.
British (bri-tish) *s* o povo inglês.
British (bri-tish) *adj* britânico.
Briton (bri-tànn) *s* bretão; britânico.
Briton (bri-tànn) *adj* bretão; britânico.
Brittle (brit-l) *adj* frágil.
Brittleness (brit-lnéss) *s* fragilidade; pouca consistência.
Broach (brôutsh) *s* broca; espêto; furador.
Broach (brôutsh) *v* abrir; espetar; tornar público.
Broad (bród) *adj* amplo; claro; categórico; essencial; principal; vasto; *BROAD-minded*: liberal; tolerante.
Broadcast (bród-kést) *s* ação de semear; programa (rádio); radiodifusão.
Broadcast (bród-kést) *v* espalhar; irradiar; semear; transmitir.
Broadcast (bród-kést) *adj* difundido; irradiado; semeado; transmitido pelo rádio.
Broaden (bród-n) *v* alargar; ampliar; desenvolver.
Broadly (bró-dli) *adv* amplamente; de um modo geral.
Broadness (bród-néss) *s* atrevimento; franqueza; largura.
Brocade (brokêi-d) *s* brocado (tecido).
Brock (brók) *s* texugo (mamífero).
Brogan (brôu-gânn) *s* calçado (pesado e rústico).
Brogue (brôug) *s* Irlandês; sotaque.
Broil (bróil) *s* algazarra; motim; rixa; tumulto.
Broil (bróil) *v* assar; discutir; tostar.
Broiler (brói-lâr) *s* agitador; amotinador; grelha; perturbador.
Broke (brôuk) *adj* arruinado; falido; quebrado; sem dinheiro.
Broken (brôukn) *adj* domado; entrecortado; falido; língua mal falada; quebrado.
Brokenness (brôuk-néss) *s* falência; interrupção; ruína.
Broker (brôu-kâr) *s* corretor de títulos; representante.
Brokerage (brôu-kâridj) *s* corretagem; comissão.
Bronze (brónz) *s* bronze (cobre e estanho).
Brooch (brôutsh) *s* alfinete de lapela; broche.
Brood (brud) *s* descendência; geração; ninhada; prole; raça.
Brood (brud) *v* chocar; meditar; pensar; refletir.
Broody (bru-di) *adj* choca; introspectivo; prenhe; pensativo; taciturno.
Brook (bruk) *s* arroio; córrego; riacho; regato.
Brook (bruk) *v* digerir; suportar; tolerar.
Brooklet (bruk-lit) *s* córrego; regato.
Broom (brumm) *s* giesta; planta ornamental; vassoura.
Broom (brumm) *v* varrer.
Broomstick (brum-stik) *s* cabo da vassoura.
Broth (bróth) *s* caldo; sopa.
Brothel (bró-thel) *s* bordel; casa de prostituição (prostíbulo).
Brother (brâ-dhâr) *s* amigo; confrate; irmão; *BROTHER in law*: cunhado; *I love my BROTHER*: eu gosto do meu irmão.
Brotherhood (brâ-dhâr-hud) *s* fraternidade; confraria; irmandade.
Brotherlike (brâ-dhârláik) *adj* fraternal.
Brotherly (brâ-dhârli) *adj* fraternal.
Brotherly (brâ-dhârli) *adv* fraternalmente.
Brow (bráu) *s* sobrancelha; testa.
Browbeat (bráu-bit) *v* intimidar.
Brown (bráun) *adj* castanho; marrom; moreno; trigueiro.
Brown (bráun) *v* acastanhar; amorenar; tostar.
Brownie (bráu-ni) *s* escoteira; máquina fotográfica; MIT duende.
Browse (bráuz) *s* brôto; rebento.
Browse (bráuz) *v* comer folhas e rebentos; pastar.
Bruise (bruz) *s* contusão; escoriação; mancha (roxa); nódoa (negra).
Bruise (bruz) *v* contundir; machucar; pisar.
Brume (brumm) *s* bruma; névoa.
Brummagem (brâ-mâdjâmm) *s* bijuteria; joalheria barata.
Brummagem (brâ-mâdjâmm) *adj* falso.
Brunt (brânt) *s* choque; colisão; pêso.
Brush (brâsh) *s* broxa; escova (de cabelo); pincel; *toothBRUSH*: escova de dente; *paintBRUSH*: brocha.
Brush (brâsh) *v* escovar; pintar com pincel; retocar; varrer.
Brushwood (brâsh-uud) *s* mato; matagal.
Brusk (brâsk ou brusk) *adj* brusco; grosseiro; rude.
Brusque (brâsk ou brusk) *adj* brusco; *vide* BRUSK.
Brutality (bruté-liti) *s* brutalidade; crueldade; rudeza.
Brutalize (bru-tâláiz) *v* brutalizar; embrutecer.
Brute (brut) *s* animal; bruto.
Brute (brut) *adj* bruto; estúpido; irracional; sensual.
Brutish (bru-tish) *adj* brutal; embrutecido; estúpido; sensual.
Bub (bâb) *s* USA menino; rapaz.
Bubble (bábl) *s* ampola; bolha (de sabão); bola (de sabão); logro; murmúrio; quimera; *BUBBLE gum*: goma de mascar.
Bubble (bâbl) *v* borbulhar; *BUBBLE over with*: estar radiante; estar cheio de.
Buccaneer (bâkânir) *s* aventureiro; bucaneiro; pirata.
Buck (bâk) *s* bode; gamo; macho (de animal); veado; USA GÍR dólar.
Bucket (bâ-kit) *s* balde; tina.
Bucket (bâ-kit) *v* baldear; cavalgar; mover-se rapidamente.
Bucketful (bâ-kitful) *s* capacidade de um balde.
Buckhound (bâk-háund) *s* cão caçador.
Buckle (bâkl) *s* broche de cabelo; fivela.
Buckle (bâk-l) *v* afivelar; prender.
Buckler (bâk-lâr) *s* defesa; escudo.
Buckler (bâk-lâr) *v* defender; escudar; proteger.
Buckskin (bâk-skinn) *s* camurça; pele de anta; pele de gamo.
Bucolic (biukó-lik) *s* bucólico; pastoril.
Bud (bâd) *s* botão (flor); broto.
Bud (bâd) *v* brotar; emitir; enxertar; germinar.
Buddhism (bu-dizm) *s* RELIG Budismo (doutrina religiosa e social fundada por Gautama Shiddartha, denominado o Buda – "o iluminado").
Buddhist (bu-dist) *adj* budista, que segue a doutrina religiosa de Buda.
Budge (bâdj) *s* pele de cordeiro.
Budge (bâdj) *v* agitar-se; mover-se; mexer.
Budge (bâdj) *adj* austero; cerimonioso; pomposo.
Budget (bâ-djit) *s* mochila; orçamento; saco.
Buff (bâf) *s* couro de búfalo; disco de camurça para polir; tolice.
Buff (bâf) *v* polir.
Buffalo (bâ-fâlôu) *s* búfalo.
Buffer (bâ-fâr) *s* para-choque; GÍR velho incompetente.
Buffet (bâ-fit) *s* bofetada; tapa.
Buffet (bâ-fit) *v* bater; esmurrar; sacudir.
Buffoon (bâfu-nn) *s* bôbo; bufão; palhaço.
Buffoonery (bâfu-nâri) *s* palhaçada.
Bug (bág) *s* carrapato; percevejo; pulgão; GÍR micróbio; USA falha; inseto; mania.
Bugaboo (bâ-gâbu) *s* bicho-papão; fantasma.
Bugbear (bâg-bér) *vide* BUGABOO.

Bugger (bâ-gâr) s sodomita (que faz cópula anal); pederastia; velhaco.
Bugle (bâgl) s corneta; clarim; trompa.
Build (bild) s contrução; prédio.
Build (bild) v construir; edificar; erigir; fabricar.
Bulgar (bâl-gâr) adj búlgaro.
Bulgarian (bâlghé-riân) vide BULGAR.
Bulge (bâldj) s bôjo; saliência.
Bulk (bâlk) s grandeza; massa; volume.
Bulky (bâl-ki) adj corpulento; volumoso.
Bull (bul) s bula (papal); contradição; disparate; touro.
Bulldog (bul-dóg) s buldogue (cão de fila).
Bulldozer (bul-douzer) s escavadora (terraplanagem).
Bullet (bu-lit) s bala; projétil.
Bullfight (bul-fáit) s tourada.
Bullfighter (bul-fái-târ) s toureiro.
Bullheaded (bul-hé-did) adj cabeçudo; obstinado.
Bullhorn (bul-hórn) s megafone (alto falante).
Bully (bu-li) s brigão; capanga; fanfarrão; valentão.
Bully (bu-li) v bravetear; dar trote; fanfarronar; intimidar.
Bully (bu-li) adj USA brutal; insolente; ótimo.
Bulwark (bu-uârk) s baluarte; muralha; parapeito.
Bum (bâmm) s USA ébrio; vagabundo.
Bum (bâmm) v embriagar-se; viver á custa de outrem.
Bum (bâmm) adj inferior.
Bummer (bâm-mâr) s USA cabo político corrupto; desertor.
Bump (bâmp) s choque; galo (na cabeça); inchaço; pancada; protuberância.
Bump (bâmp) v bater; contundir; ferir.
Bumper (bâm-pâr) s USA para-choque.
Bumper (bâm-pâr) adj lotação esgotada; muito grande.
Bumpkin (bâmp-kinn) s caipira; grosseiro; jeca; rústico.
Bumptious (bâmp-shâss) adj presunçoso; vaidoso.
Bun (bânn) s biscoito; bolo; carrapicho (cabelo).
Bunch (bântsh) s cacho; molho (punhado).
Bunch (bântsh) v agrupar; enfeixar; reunir.
Bund (bând) s aterro; dique.
Bung (bâng-l) s rolha; tampão.
Bung (bâng-l) v arrolhar; tamponar.
Bungler (bânn-lâr) s trapalhão.
Bunion (bâ-niânn) s calo; joanete.
Bunk (bânk) s beliche; estrado de dormir; tarimba.
Bunny (bân-ni) s coelhinho.
Buoy (bói ou bu-i) s boia; salva-vidas.
Buoy (bói ou bu-i) v boiar.
Burden (bârd-n) s NÁUT carga; fardo; peso; tonelagem.
Burden (bârd-n) v carregar; dificultar; oprimir; tiranizar.
Burdensome (bârd-n-sâmm) adj incômodo; opressivo; oneroso; pesado.
Bureau (biu-rôu) s escritório; escrivaninha; secretária; USA agência; departamento.
Bureaucracy (biuró-krássi) s administração formal; burocracia.
Bureaucrat (biu-rokrét) s burocrata; funcionário público.
Burgeon (bâr-djânn) s broto; botão.
Burgeon (bâr-djânn) v rebentar.
Burgess (bâr-djiss) s burguês; cidadão; vereador.
Burglar (bâr-glâr) s ladrão; gatuno; arrombador; assaltante.
Burglarize (bâr-gláráiz) v arrombar; roubar.
Burglary (bâr-glâri) s arrombamento; roubo.
Burgle (bârg-l) v arrombar; roupar.
Burial (bê-riâl) s enterro; funeral.
Burier (bé-riâr) s coveiro.
Burin (biu-rinn) s buril; cinzel.
Burlesque (bârlés-k) adj burlesco; caricato; grotesco.
Burliness (bâr-linéss) s corpulência; grossura; gordura; volume.
Burly (bâr-li) adj forte; robusto; volumoso; vigoroso.
Burn (bârn) s fogo; queimadura.
Burn (bârn) v carbonizar; incendiar; queimar.
Burner (bâr-nár) s bico de gás.

Burning (bâr-ninn) s chama; combustão; queimadura; fogo; incêndio.
Burning (bâr-ninn) adj ardente; abrasador; aceso.
Burnish (bâr-nish) s brilho; lustro; polimento.
Burnish (bâr-nish) v luzir; lustrar; polir.
Burr (bâr) s broca de dentista; halo (em torno do sol ou da lua); rebarba de metal; som arrastado; som gutural.
Burrow (bâ-rôu) s cova; esconderijo; toca.
Burrow (bâ-rôu) v cavar; escavar; entocar-se; esconder-se; fazer uma cova, um buraco.
Bursary (bârss) s bolsa de estudo.
Burse (bârss) vide BURSARY.
Burst (bârst) s explosão; estouro; fenda; racha.
Burst (bârst) v arrebentar; brotar; explodir; estourar; exclamar; quebrar; rebentar.
Bury (bé-ri) v esconder; enterrar; ocultar; sepultar; soterrar.
Burying (bé-riinn) s enterro; sepultamento.
Bus (bâss) s ônibus; BUS stop: parada (ponto) de ônibus.
Bush (bu-shi) s arbusto; moita; mata.
Bush (bu-shi) v copar; plantar arbustos; tornar espesso.
Bushel (bu-shél) s alqueire (medida –INGL 36,3481 litros e USA 35,2591 litros).
Bushel (bu-shél) v consertar; remendar.
Business (biz-néss) s comércio; dever; negócio; profissão.
Businessman (biz-nésmaen) s homem de negócios; negociante.
Bust (bâst) s busto; peito; seio.
Bustle (bâsl) s animação; alvoroço; afobação; movimento.
Bustle (bâsl) v apressar-se; alvoroçar-se; agitar-se; mexer-se.
Busy (bi-zi) v atarefado; ativo; diligente; ocupado; *he is BUSY now*: ele está ocupado agora.
Busy (bi-zi) v empregar; ocupar-se de.
Busybody (bizi-bódi) s bisbilhoteiro; intrometido; importuno; inoportuno.
But (bât) s obstáculo; objeção.
But (bât) adv apenas; meramente; somente.
But (bât) conj a não ser que; contudo; exceto; mas; não obstante; porém; todavia; *I would like to go, BUT I am busy*: eu gostaria de ir, mas estou ocupado.
But (bât) prep com exceção de.
Butcher (bu-tshâr) s açougueiro; assassino; carniceiro; carrasco.
Butcher (bu-tshâr) v abater; chacinar.
Butchery (bu-tshâri) s açougueiro; carnificina; mortandade; matadouro.
Butler (bâ-tlâr) s mordomo.
Butt (bât) s alvo; coronha; extremidade grossa.
Butt (bât) v ajustar; dar cabeçadas; ligar; protestar; unir.
Butter (bâ-târ) s manteiga; GÍR adulação.
Butter (bâ-târ) v adular; lisonjear.
Butterfly (bâ-târflái) s borboleta.
Butterfly (bâ-târflái) adj leviano.
Buttery (bâ-târi) s adega; despensa.
Buttery (bâ-târi) adj amanteigado.
Buttok (bâ-tâk) s anca; bunda; nádega; traseiro.
Button (bâtn) s abotuadura; botão; broche de lapela.
Button (bâtn) v abotoar.
Buttonhole (bât-n-hôul) s botoeira; casa de botão.
Buttonhole (bât-n-hôul) v abotoar; fazer casa de botões.
Buttress (bâ-tréss) s apoio; esteio; escora; contraforte; suporte.
Buttress (bâ-tréss) v apoiar; escorar; sustentar.
Buxom (bâk-sâmm) adj jovial; opulenta; rosado; saudável.
Buy (bái) s aquisição; compra.
Buy (bái) v adquirir; comprar; subornar.
Buyable (bái-âbl) adj comprável.
Buyer (bái-âr) s comprador.
Buzz (bâz) s murmúrio; zumbido; zunido; zoada.
Buzz (bâz) v cochichar; zumbir; zunir; zoar.
Buzzer (bâ-zâr) s cigarra; sereia; GÍR telefone.
By (bái) prep a; de; em; perto de; por; pelo; sobre.

By (bái) *adv* a; de; em; perto de; por; pelo; sobre.
Bye (bái) *s* assunto secundário; assunto de menor importância; coisa de menor importância.
Bye (bái) *adj* secundário; superveniente.
Bye-bye (bái bái) *s* adeus; até logo.
Bygone (bái-gónn) *s* o passado.
Bygone (bái-gónn) *adj* antigo; fora de moda; morto; passado.
Byname (bái-nêimm) *s* apelido; pseudônimo.
By pass (bái-pass) *s* atalho; caminho secundário; passagem secreta.

By pass (bái-pass) *v* contornar.
Byplay (bái-plêi) *s* mímica.
Byre (báir) *s* estábulo.
Bystander (bái-stén-dâr) *s* assistente; espectador.
Bystreet (bái-strit) *s* beco; rua lateral; travessa; viela.
Byword (bái-uârd) *s* provérbio; adágio; máxima.
Byzantin (bizén-tinn) *adj* bizantino (pertencente ou que é de Bizâncio, cidade que já recebeu o nome de Constantinopla e que foi, posteriormente, mudada para Istambul).

C

C (si) *s* terceira letra do alfabeto Português e Inglês e de diversos alfabetos.
C (si) *s* MÚS cifra (símbolo) da nota musical dó.
C (si) *s* cem em algarismo romano.
Cab (kéb) *s* a parte coberta de uma locomotiva; cabina; USA *taxi CAB*: táxi; *CAB-RANK*: ponto de automóveis; USA TAXI-STAND.
Cabal (kâbé-l) *s* cabala; conspiração; ciência oculta; intriga; trama.
Cabala (kâbé-l) *s* cabalá.
Cabala (kâbé-l) *v* cabalar; intrigar; tramar.
Cabalistic (kêbâlis-tik) *adj* alegórico; cabalístico; metafórico; obscuro.
Cabbage (ké-bidj) *s* couve; concessão ilegal (influência política); repolho; GÍR charuto barato; pessoa estúpida (sem inteligência).
Cabby (ké-bi) *s* cocheiro; motorista (de táxi).
Cabin (ké-binn) *s* cabana; abrigo; cabina; camarote.
Cabinet (ké-binét) *s* gabinete; armário; arquivo; cômoda.
Cabinet (ké-binét) *adj* confidencial; secreto; ministerial; relativo a gabinete.
Cable (kêibl) *s* cabo (fio); amarra de barco; cabograma.
Cable (kêibl) *v* amarrar; telegrafar via cabo submarino; cabografar.
Cablegram (kêib-l-grémm) *s* cabograma; telegrama via cabo.
Cabman (kéb-maen) *vide* CABBY.
Cabotage (ké-botidj) *s* cabotagem; navegação costeira.
Cache (kaesh) *s* esconderijo para provisões.
Cache (kaesh) *v* esconder; ocultar (provisões).
Cachet (kaeshê) *s* chancela; selo; marca; cunho; rubrica; sinete.
Cackle (kékl) *s* tagarelice; risada; gargalhada; cacarejo de galinha.
Cackle (kékl) *v* tagarelar; cacarejar; mexericar; rir-se.
Cacophony (kákó-grâfi) *s* GRAM cacofonia, ligação sonora entre palavras produzindo sons desagradáveis.
Cad (kaed) *s* pessoa inculta; grosseira; malcriada; canalha; condutor de ônibus.
Caddie (kae-di) *s* mensageiro; portador; ESP aquele que carrega os tacos de golfe e outros objetos.
Caddish (kae-dish) *adj* mal-educado; grosseiro; sem cultura.
Caddy (kae-di) *s* lata ou caixa pequena para alojar chá; caixinha.
Cadence (kêi-denss) *s* cadência; ritmo; compasso.
Cadence (kêi-denss) *v* cadenciar.
Cadent (kêi-denst) *adj* cadente; que cai; cadenciado; ritmado.
Cadet (kâdé-t) *s* MIL cadete (aspirante a oficial); irmão mais novo (caçula).
Cadge (kédj) *v* mascatear; mendigar; esmolar; pedir.
Cadger (ké-djâr) *adj* mascate; pedinte; vagabundo.
Caducity (kâdiu-siti) *s* caducidade; decrepitude.
Caducous (kâdiu-káss) *adj* caduco; efêmero.
Café (cáafé) *s* bar; café (comércio); bebida.
Cafeteria (kéfiti-riá) *s* restaurante automático (o consumidor é seu próprio servidor); lanchonete que serve café.
Cage (kêidj) *s* gaiola; prisão; cadeia; jaula.
Cage (kêidj) *v* engaiolar; prender.

Cajole (kâdjôu-l) *v* acariciar; lisonjear.
Cajoler (kâdjôu-lâr) *s* bajulador; adulador; lisonjeador; subserviente.
Cake (kêik) *s* bolo; GÍR assíduo frequentador de festas e reuniões.
Calamitous (kâlé-mitáss) *adj* calamitoso; desastrado.
Calamity (kâlé-miti) *s* calamidade; desgraça.
Calculable (kél-kiulâbl) *adj* calculável; avaliável; contável.
Calculate (kél-kiulêit) *v* calcular; estimar; supor; refletir; conjeturar.
Calculation (kél-kiulêi-chann) *s* cálculo; cômputo; ato de calcular.
Caldron (kól-drânn) *s* caldeirão; caldeira.
Calefaction (kélifék-shânn) *s* calefação; aquecimento.
Calendar (ké-lindâr) *s* calendário; folhinha.
Calendar (ké-lindâr) *v* registrar; listar.
Calf (káf) *s* vitela; novilha; bezerro; barriga da perna.
Caliber (ké-libâr) *s* calibre; capacidade.
Calibrate (ké-librêit) *v* calibrar; medir o calibre (capacidade).
Calibre (ké-libâr) *vide* CALIBER.
Calix (kêi-liks ou ké-liks) *s* cálice (copo de vidro para vinho etc.); BOT cálice (invólucro da flor).
Calk (kók) *s* ponta de gancho ou ferradura; arpão; chapa de ferro para sapato.
Calk (kók) *v* NÁUT calafetar; vedar fendas ou passagens de ar ou água; ferrar; prover de pontas.
Call (kól) *v* chamar; anunciar; apelar; convidar; telefonar; convocar; *call off*: cancelar; *Nassim has CALLED OFF our trip to the campsite*: O Nassim cancelou a nossa viagem ao "camping".
Callboy (kól-bói) *s* rapaz de recados; mensageiro; porteiro.
Caller (kó-lâr) *s* visita; visitante; aquele que telefona.
Calligraphy (kâli-grâfi) *s* caligrafia (grafia bonita).
Calling (kó-linn) *s* chamada; apelo; convocação; vocação; profissão.
Callous (ké-láss) *adj* caloso; endurecido; insensível; indiferente.
Calm (kámm) *s* calma; tranquilidade.
Calm (kámm) *v* acalmar; serenar.
Calm (kámm) *adj* calmo.
Calmness (kám-néss) *s* calma; sossego; serenidade.
Calorie (ké-lori) *s* caloria (unidade de energia fornecida pelos alimentos).
Calorific (kélori-fik) *adj* calorífico.
Calory (ké-lori) *vide* CALORIE.
Calumniate (kâlâm-niêit) *v* caluniar; desacreditar publicamente; difamar.
Calumniator (kâlâm-niêitâr) *s* caluniador; difamador; maledicente.
Calumny (ké-lâmni) *s* calúnia; difamação; maledicência.
Calvary (kél-vâri) *s* calvário, o lugar onde Cristo foi crucificado; FIG sofrimento.
Calvinism (kél-vinizm) *s* RELIG Calvinismo, sistema religioso criado por João Calvino (século XVII).
Camarilla (kémâri-lâ) *s* camarilha, agrupamento de pessoas que possuem objetivos não expressos, escusos, geralmente imorais, provocando o prejuízo de alguém.

Camber (kém-bâr) s curvatura; arqueamento; caimento.
Camber (kém-bâr) v arquear; abaular.
Cambered (kém-bârd) adj arqueado; com aparência de arco.
Cambist (kém-bist) s cambista, pessoa que troca moedas de diversas nacionalidades; tabela de câmbio.
Cambric (kém-brik) s cambraia (tecido de algodão ou linho).
Camel (ké-mel) s camelo, mamífero ruminante (possui duas corcovas).
Camelopard (kâmé-lopárd) s girafa, mamífero ruminante.
Cameo (ké-miôu) s camafeu, pedra de duas cores onde se lavra figuras em relevo (numa delas).
Camera (ké-mârâ) s câmara; objetiva; máquina fotográfica ou cinematográfica.
Cameraman (ké-mârâmaen) s TV e CIN cinegrafista, profissional de televisão ou cinema.
Camion (ké-miânn) s caminhão.
Camisole (ké-missôul) s camisola; vestes de dormir (feminina).
Camouflage (ké-mufládj) s camuflagem; disfarce.
Camouflage (ké-mufládj) v camuflar; disfarçar; mascarar.
Camp (kémp) s campo; acampamento.
Camp (kémp) v acampar; alojar.
Campaign (kémpêi-nn) s campanha, esforço comum de um grupo no sentido de obter algum objetivo predefinido.
Campaigner (kémpêi-nâr) s veterano (soldado antigo).
Campanile (kémpâni-l) s campanário (torre de sinos).
Camphor (kém-fâr) s cânfora, resina extraída da canforeira (árvore).
Camping (kémp-inn) s acampamento; ESP acampamento, lugar no campo onde se arma barraca, geralmente de lona, para pernoite; camping organizado, aquele que tem estrutura habitacional para ser alugada.
Campus (kém-pâs) s pátio de uma universidade ou escola; ESP campo para provas.
Can (kén) s lata; vasilha; tambor; caneca; lata de refrigerante; lata de alimento; carro velho; CAN opener: abridor de latas; vide TIN opener.
Can (kén) v poder; past ou pp COULD.
Canadian (kânêi-diânn) adj canadense.
Canal (kânél) s canal; vide CHANNEL.
Canal (kânél) v canalizar; vide CHANNEL.
Canalization (kânêlizêi-shânn) s canalização.
Canalize (ké-nâláiz) v canalizar.
Canard (kânár-d) s notícia falsa; divulgação exagerada.
Canary (kâna-ri) s canário (pássaro).
Cancel (kén-sél) s cancelamento.
Cancel (kén-sél) v cancelar; anular; suprimir; suspender.
Cancer (kén-sâr) s MED câncer, nome comum dos tumores malignos; ASTR câncer (signo do zodíaco).
Candent (kén-dent) adj candente; incandescente; em brasas.
Candid (kén-did) adj cândido; sincero; franco; leal.
Candidate (kén-didêit ou kén-didit) s candidato; aspirante.
Candied (kén-did) adj confeitado; coberto de açúcar.
Candle (kéndl) s vela.
Candlelight (kénd-l-láit) s luz de vela.
Candlestick (kéndl-stik) s castiçal; candelabro.
Candlewick (kéndl-uik) s pavio de vela.
Candock (kén-dók) s limo; lodo; lama.
Candor (kén-dâr) s imparcialidade; ingenuidade; franqueza.
Candour (kén-dâr) s ingenuidade; imparcialidade; franqueza.
Candy (kén-di) s açúcar (diversos); bombom; bala; doce; vide SWEETS.
Candy (kén-di) v cristalizar-se; cobrir de açúcar.
Cane (kéinn) s bengala; cana; palhinha; vide WALKING STICK.
Canicular (kâni-kiulár) adj canicular, que tem relação com o verão, quando o calor atmosférico é muito elevado.
Canker (kén-kâr) s MED cancro, doença que se alastra lentamente.

Canner (kén-nâr) s enlatador; fabricante de conservas.
Cannibal (ké-nibál) s canibal (que come carne humana).
Cannibalism (ké-nibálism) s canibalismo (que come carne humana).
Cannon (ké-nânn) s canhão; ESP carambola, ação feita com a bola do jogc, tocada por um taco especial, a fim de que atinja as outras duas bolas existentes.
Cannonade (ké-nânêid) v canhonear.
Canny (ké-ni) adj prudente; cauteloso; moderado; esperto; bonito.
Canoe (kánu) s canoa; bote.
Canon (ké-nânn) s cânone; decreto; paradigma; padrão; RELIG decisão de concílio; lista de Santos da Igreja; cônego.
Canonize (ké-nânáiz) v canonizar; glorificar; consagrar como santo.
Canopy (ké-nopi) s dossel; pálio; abrigo; cobertura.
Cant (ként) s canto; calão; gíria; linguagem hipócrita.
Cant (ként) v falar com hipocrisia.
Can't (kaent) v forma contraída de CAN NOT; I can't see you on friday: não posso vê-lo (a) na sexta-feira.
Cantaloupe (kân-téloup) s melão.
Cantankerous (kântén-kârâss) adj desagradável; rabugento; ruim; perverso.
Canteen (kénti-nn) s cantina; cantil; vasilhame de acampamento.
Canticle (kén-tikl) s cântico; hino religioso.
Cantle (ként-l) s retalho; fragmento.
Cantle (ként-l) v retalhar; fragmentar.
Canton (kén-tânn) s cantão, divisão existente na Suíça e em diversos países da Europa (territorial).
Canvas (kén-vâss) s canvas, tecido para confecções (lonas, telas etc.).
Canvass (kén-vâss) v discutir; debater; intrigar.
Canvasser (kén-vâssar) s propagandista; USA cabo eleitoral; investigador.
Canyon (ké-niânn) s desfiladeiro; vale profundo.
Cap (kaep) s boné; gorro; tampa; chapéu; extremidade.
Cap (kaep) v cobrir; coroar; vencer; ganhar; sobrepujar.
Capability (kêipâbi-liti) s capacidade; aptidão; competência.
Capacity (kâpé-siti) s capacidade; âmbito; espaço; aptidão.
Cape (kêip) s capa; manto; GEO cabo.
Caper (kêi-pâr) s cabriola; dar cambalhota.
Caper (kêi-pâr) v saltar; dar cambalhotas.
Capital (ké-pitál) s capital; cabedal; letra maiúscula.
Capital (ké-pitál) adj capital; principal; primordial.
Capitalism (ké-pitálism) s ECON capitalismo, sistema sócio-econômico onde os trabalhadores vendem sua força de trabalho aos donos do capital, proprietários dos meios de produção.
Capitalize (ké-pitâláiz) v capitalizar; acrescentar (somar) juros ao principal; acumular dinheiro; USA tirar proveito de.
Capitulate (kâpi-tiulêit) v capitular; render-se.
Capitulation (kâpitulêi-shânn) s capitulação; rendimento; rendição; deposição de armas.
Capon (kéi-pânn) s capão; cavalo; cordeiro ou galo capado.
Caprice (kâpri-ss) s capricho; excentricidade; extravagância.
Capricious (kâpri-shâss) adj caprichoso; bizarro.
Caprine (ké-prinn) adj caprino; concernente a cabra ou bode.
Capsize (képsái-z) v capotar; virar; soçobrar.
Capsular (ké-psiulár) adj capsular; embalar em pequenos invólucros.
Captain (ké-ptinn) s capitão.
Caption (kép-shânn) s captura; prisão; legenda de ilustração; JUR rubrica.
Captious (kép-shâss) adj capcioso; falaz; censurador; ardiloso.
Captivate (ké-ptivêit) v cativar; fascinar; encantar; seduzir.
Captive (ké-ptiv) s escravo; cativo.
Captive (ké-ptiv) adj cativo; prisioneiro.
Capture (ké-pitiur) s captura; apresamento; prisão.

CAPTURE — CASTAWAY

Capture (ké-ptshâr) *v* capturar; aprisionar.
Car (kár) *s* carro (de qualquer tipo); veículo; automóvel; *dining CAR*: vagão-restaurante; USA vagão de trem; *We've got a new CAR*: nós temos um novo carro.
Carabine (ké-râbáinn) *s* carabina; espingarda curta e de cano estriado.
Carat (ké-rât) *s* quilate, unidade de peso para metais e pedras preciosas, equivalente a 200 miligramas.
Caravan (ké-râvénn) *s* caravana, movimento migratório conjunto; habitação conjunta (móvel), geralmente em veículos apropriados.
Caravel (ké-rávél) *s* caravela, embarcação de velas (latinas).
Carbon (kár-bânn) *s* QUÍM carbono; folha de papel para cópia.
Carbonate (kár-bânit) *s* QUÍM carbonato; sal do ácido carbônico.
Carbonate (kár-bânit) *v* carbonizar.
Carbonic (kárbó-nik) *adj* carbônico, gás resultante da combustão.
Carburetor (kár-biurêitâr) *s* MEC carburador, dispositivo onde ocorre a mistura do combustível com o oxigênio.
Carburettor (kár-biurêitâr) *vide* CARBURETOR.
Carcass (kár-kâss) *s* carcaça; esqueleto; arcabouço.
Card (kárd) *s* cartão postal; carta de baralho; cardápio; convite; ficha.
Card (kárd) *v* cartear; fixar; endereçar um cartão.
Cardboard (kárd-bōr-d) *s* papelão; USA PASTEBOARD.
Cardiac (kár-diék) *adj* cardíaco.
Cardinal (kár-dinâl) *s* cardeal; número cardinal.
Cardinal (kár-dinâl) *adj* cardinal; principal; primordial.
Care (kér) *s* cuidado; preocupação; atenção.
Care (kér) *v* cuidar; ter ou mostrar cuidado; importar-se; interessar-se.
Career (kâri-r) *s* carreira; profissão; ofício; modo de vida.
Career (kâri-r) *v* galopar.
Carefree (kár-fri) *adj* despreocupado; descuidado.
Careful (kér-ful) *adj* cuidadoso; exato.
Carefully (kér-fuli) *adv* cuidadosamente; cautelosamente.
Careless (kér-léss) *adj* descuidado; desatento; negligente.
Caress (kâré-ss) *s* carinho; afago; mimo; carícia.
Caress (kâré-ss) *v* acariciar; afagar; mimar.
Caressing (kâré-sinn) *adj* acariciador; afável.
Caretaker (kér-têi-kâr) *s* zelador; guarda; curador; procurador.
Careworn (kér-uôurn) *adj* fatigado; exausto; consumido; cansado.
Cargo (kár-gôu) *s* carga; carregamento; frete.
Caricature (ké-rikâtiur) *s* caricatura.
Caricature (ké-rikâtshur) *v* caricaturar; ridicularizar; ridiculizar.
Caries (ké-riz) *s* cárie.
Carillon (kâri-liân) *s* carrilhão; grandes sinos de torre de igreja.
Carious (ké-riâss) *adj* cariado.
Carking (kár-kinn) *adj* pesaroso; pungente; opressivo.
Carman (kár-maen) *s* pessoa que dirige carro.
Carmine (kár-minn ou kár-máinn) *s* carmin; cor avermelhada muito viva.
Carnage (kár-nidj) *s* carnificina; matança; morticínio.
Carnal (kár-nâl) *adj* carnal; sensual; lascivo.
Carnality (kárné-liti) *s* carnalidade; sensualidade.
Carnation (kár-nêishan) *s* cravo (flor).
Carneous (kár-niâss) *adj* carnudo; da cor da carne.
Carnival (kár-nivâl) *s* carnaval; parque de diversões.
Carol (ké-râl) *s* canto alegre; gorjeio; hino de Natal.
Caroler (ké-râlâr) *s* cantor; gorjeador.
Caroller (ké-râlâr) *vide* CAROLER.
Carotid (kâró-tid) *s* MED carótida; artéria que leva sangue à cabeça.
Carouser (kárâu-zâr) *s* beberrão; farrista; boêmio; bebedeira.
Carouse (kárâu-zâr) *v* festejar com orgia; embebedar-se.
Carp (kárp) *s* carpa.

Carp (kárp) *v* criticar; admoestar; censurar.
Carpenter (kár-pintâr) *s* carpinteiro.
Carpentry (kár-pintri) *s* carpintaria; obra de carpinteiro.
Carper (kár-pâr) *s* crítico; censor; maldizente.
Carpet (kár-pit) *s* carpete; alfombra; tapete.
Carpeting (kár-pitinn) *s* tecido para tapete; tapetes em geral.
Carping (kár-pinn) *adj* repreendedor; censurador; crítico.
Carriage (ké-ridj) *s* carruagem; carro; veículo de rodas; despesas de transportes; carrinho de bebê.
Carrier (ké-riâr) *s* portador; carregador.
Carrion (ké-riânn) *s* carniça; carne podre; cadáver em putrefação.
Carrion (ké-riânn) *adj* pútrido; putrefato; FIG imundo.
Carrot (ké-rât) *s* cenoura; FIG pessoa ruiva.
Carroty (ké-râti) *adj* ruivo; da cor da cenoura.
Carry (ké-ri) *s* alcance de um projétil; de uma bala.
Carry (ké-ri) *v* carregar; levar; conduzir; transportar; executar.
Carrying (ké-riinn) *s* condução; transporte.
Cart (kárt) *s* carroça; pequeno carro para carga; carreta; carruagem; AUT carrinho de corrida.
Cart (kárt) *v* transportar em uma carroça.
Cartage (kár-tidj) *s* carreto; frete; carretagem; importância do frete.
Cartel (kár-tél) *s* ECON cartel, monopólio empresarial feito sòbre determinada produção agrícola, industrial; etc., vendendo-a com exclusividade; sindicato de empresas produtoras.
Carter (kár-târ) *s* carroceiro; carteiro; carreteiro; MEC cárter; depósito de óleo do motor.
Carthouse (kárt-háuss) *s* cocheira.
Cartomancy (kártó-mânsi) *s* cartomancia, suposta adivinhação, feita pela consulta em cartas de um baralho.
Carton (kár-tânn) *s* caixa de papelão; papelão.
Cartoon (kártu-nn) *s* caricatura; desenho; esboço.
Cartouche (kârtu-sh) *s* cartucho; cartucheira; ARQ cártula, ornato de um capitel de coluna.
Cartridge (kár-tridj) *s* cartucho; canudo de papel ou papelão; rolo de filmes (para fotos); cartucho (arma de fogo).
Carve (kárv) *v* esculpir; trinchar; entalhar; gravar; cinzelar.
Carven (kár-venn) *adj* esculpido.
Carver (kár-vâr) *s* escultor; entalhador; gravador; cinzelador.
Carving (kár-vinn) *s* escultura; entalhe; gravação.
Cascade (késkêid) *s* cascata; queda d'água.
Case (kêiss) *s* caso; estado; baú; caixa; estojo; mala.
Casement (kêis-mânt) *s* armação de janela; batente.
Casern (kázár-nn) *s* quartel; caserna.
Caserne (kázár-nn) *vide* CASERN.
Cash (kêsh) *s* pagamento à vista; dinheiro em caixa (na mão).
Cash (kêsh) *v* converter em dinheiro; descontar títulos.
Cashier (késhi-r) *s* caixa de um banco; pagador.
Cashier (késhi-r) *v* demitir; despedir; licenciar.
Cashmere (késh-mir) *s* casimira; pano fino de lã para roupas.
Casing (kêi-sinn) *s* cobertura; coberta; parte externa do pneu.
Casino (kâssi-nôu) *s* cassino.
Cask (kásk) *s* barril; pipa; casco; chagre; elmo.
Casket (kás-kit) *s* escrínio; pequeno cofre para joias; ataúde; USA caixão fúnebre.
Casque (késk) *s* elmo; capacete.
Cassation (késséi-shânn) *s* cassação; anulação; revogação; anulamento.
Casserole (ké-sârôu) *s* caçarola; panela de ferro ou alumínio.
Cassimere (ké-sâmir) *vide* CASHMERE.
Cassock (ké-sák) *s* batina; sotaina; balandrau; FIG sacerdócio.
Cast (kaest) *s* golpe; lance; arremesso; fundição; expressão; aparência; elenco.
Cast (kaest) *v* lançar; atirar; fundir; designar os atores para peça; computar; idear; *past or pp* CAST.
Castaway (kést-âuêi) *s* réprobo; pária; náufrago.
Castaway (kést-âuêi) *adj* rejeitado; abandonado.

Caste (kést) s casta; classe social.
Castellan (kés-telán) s castelão.
Caster (kaes-tãr) s lançador; arremessador.
Castigate (kést-tighêit) v punir; castigar; corrigir.
Castigation (késtighêi-shánn) s castigo; punição; crítica acerba.
Casting (kaes-tinn) s arremesso; fundição; cálculo.
Castle (kaesl) s castelo; fortaleza; cidadela; ESP torre (xadrez).
Castle (kaes-l) v encastelar; ESP roque (xadrez).
Castor (kás-tãr) s castor; pele de castor.
Castrate (késtrêi-t) v castrar.
Casual (ké-juãl) s mendigo ocasional; trabalhador avulso.
Casual (ké-juãl) adj casual; fortuito; acidental; ocasional.
Casually (ké-juãli) adv casualmente; despreocupadamente; incidentalmente.
Casualness (ké-juãlnéss) s casualidade; acaso; negligência.
Cat (két) s gato; nome geral dado aos felídeos; pele de gato; chicote; mulher de má conduta.
Cataclysm (ké-tãklizm) s cataclismo; grande desgraça; calamidade.
Catacomb (ké-tãkõumm) s catacumba; cripta; sepultura.
Catalogue (ké-tãlóg) s catálogo; anuário de universidade.
Catalogue (ké-tãlóg) v catalogar; classificar; USA CATALOG.
Catarrh (kâtã-r) s MED catarro.
Catcall (két-kól) s apupo; vaia.
Catcall (két-kól) v vaiar.
Catch (kétsh) s engate; prendedor; garra; lingueta; batente; presa.
Catch (kétsh) v colher; agarrar; pegar; prender; apanhar; past or pp CAUGHT.
Catcher (ké-tshãr) s armadilha; apanhador; agarrador; o que prende.
Catching (ké-tshinn) s captura; prisão.
Catching (ké-tshinn) adj cativante; atraente; contagioso.
Catchup (kétsh-ãp) s molho de tomate temperado.
Catchword (kétsh-uãrd) s TEATR deixa; passe de fala para outro ator; TIP lema; divisa.
Catchy (ké-tshi) adj atrativo; embaraçoso; ilusório; contagioso.
Cate (kêit) s iguaria; petisco.
Catechesis (kétiki-siss) s catequese; doutrinação.
Catechise (ké-tikáiz) v catequizar; doutrinar; ensinar.
Catechism (ké-tikizm) s catecismo; catequese.
Catechize (ké-tikáiz) vide CATECHISE.
Categorical (kétigó-rikãl) adj categórico.
Categorize (ké-tigoráiz) v categorizar.
Category (ké-tigóuri) s categoria; classe.
Catenate (ké-tinêit) v concatenear; encadear.
Catenation (kétinêi-shánn) s concatenação; encadeamento.
Cater (kêi-tãr) s quadra para jogos de carta ou dados.
Cater (kêi-tãr) v fornecer; abastecer; prover.
Caterer (kêi-tãréss) s fornecedor; aprovisionador; provedor.
Caterpillar (ké-tãrpilãr) s trator com lagartas; lagarta; larva de inseto.
Caterwaul (ké-tãr-uól) s miado; gritaria; algazarra; briga.
Caterwaul (ké-tãr-uól) v miar; produzir sons discordantes.
Catfish (két-fish) s peixe-gato; bagre.
Catgut (két-gât) s MED categute, corda ou linha de tripa usada em cirurgia.
Catharsis (kâthãr-siss) s catarse; purificação; purgação.
Cathedra (kâthi-drã) s cátedra; cadeira de catedrático; cadeira pontifícia.
Cathedral (kâthi-drál) s catedral; sé; igreja episcopal de uma diocese.
Catheter (ké-thitãr) s MED cateter; sonda cirúrgica.
Cathode (ké-thoud) s ELET cátodo; catódio; polo negativo da pilha elétrica.
Catholic (ké-thólik) s católico, pertencente à religião católica; universal; geral.
Catholicism (kãthó-lissizm) s catolicismo; universalidade; liberalidade.

Catlike (két-láik) adj felino; semelhante ao gato.
Catling (két-linn) s gatinho; MED tripa fina usada em cirurgia; bisturi.
Catnap (két-nâp) s soneca.
Catsup (két-sâp) vide CATCHUP.
Cattle (két-l) s gado; rebanho.
Cattleman (két-lmaen) s criador de gado.
Caucus (kó-kãss) s convenção política; política de um partido.
Caudal (kó-dãl) adj caudal; referente a cauda.
Caudle (kód-l) s gemada quente preparada com vinho, açúcar, pão etc.
Cauldron (kót) s caldeirão.
Caulescent (kólé-sânt) adj caulescente; que tem caule.
Cauliflower (kó-li-fláu-ãr) s couve-flor.
Causal (kó-zãl) adj causal; causativo.
Causation (kózêi-shánn) s princípio da causalidade; relação entre causa e efeito.
Causative (kó-zãtiv) adj causal; causador; causativo.
Cause (kóz) s causa; motivo; razão.
Cause (kóz) v causar; ocasionar; acarretar; compelir; JUR ação judicial; demanda.
Causeless (kóz-léss) adj infundado; sem fundamento; injustificável.
Causer (kó-zãr) s causador; provocador; motivador.
Causerie (kôuzãri-) s ensaio; artigo de jornal; conversa; palestra.
Causeway (kóz-uêi) s calçada; passadiço; caminho elevado (feito por cima de lama, água, lodo etc.).
Caustic (kós-tik) s cáustico; substância corrosiva.
Caustic (kós-tik) adj cáustico; corrosivo; sarcástico; mordaz; satírico.
Caution (kó-shánn) s cautela; prevenção; aviso.
Caution (kó-shánn) v prevenir; avisar; advertir; acautelar.
Cautionary (kó-shãnéri) adj admonitório; previdente; precavido.
Cautious (kó-shãss) adj cauteloso; prudente; avisado; reservado.
Cautiously (kó-shãsli) adv cautelosamente.
Cavalcade (kévãlkêi-d) s cavalgada.
Cavalier (kévãli-r) s cavaleiro.
Cavalier (kévãli-r) adj jovial; nobre; distinto; franco.
Cavalry (kévélri) s MIL cavalaria.
Cave (kêiv) s caverna; cova; buraco.
Cave (kêiv) v escavar; cavar; ruir; habitar em caverna.
Caveat (kêi-viét) s admoestação; repreensão; USA requerimento de patente (invenção).
Cavern (ké-vãrn) s caverna; cavidade.
Cavern (ké-vãrn) v escavar.
Cavernous (ké-vãrnãss) adj oco; cavernoso.
Caviar (ké-viãr) s caviar; ovas de esturjão.
Cavil (ké-vil) s cavilação; chicana; objeção capciosa; sofisma.
Cavil (ké-vil) v cavilar; atuar fraudulentamente; sofismar; chicanear.
Cavity (ké-viti) s cavidade; buraco.
Cavy (kê-vi) s cobaia; rato branco de experiência (científica); porquinho-da-índia.
Caw (kó) v grasnar; gralhar.
Cay (kêi) s recife; baixio; ilhota.
Cease (siss) v cessar; parar; extinguir; extinguir-se; terminar.
Ceaseless (siss-léss) adj incessante; contínuo; ininterrupto.
Ceasing (si-sinn) s cessação; interrupção; paralisação.
Cedar (si-dãr) s cedro; árvore comum no Líbano.
Cede (sid) v ceder; conceder; outorgar; renunciar.
Ceil (sil) v ARQT forrar; estucar.
Ceiling (si-linn) s teto; forro.
Celadon (sé-ládónn) s verde-acinzentado; verde-azulado.
Celebrant (sé-librânt) s celebrante; oficiante.
Celebrate (sé-librêit) v celebrar; festejar; exaltar; solenizar.
Celebrated (sé-librêi-tid) adj célebre; famoso; ilustre.

CELEBRATION — CHAMFER

Celebration (sélibrêi-shânn) *s* comemoração; celebração.
Celebrity (silé-briti) *s* celeb *s* celibatário; solteiro.
Celibate (sé-libêit) *adj* celibatário.
Cell (sél) *s* pilha; acumulador; célula; cela; cela de prisão; cubículo; BIO célula.
Cellar (sé-lâr) *s* cava; buraco; adega; porão; celeiro.
Cellar (sé-lârid) *v* armazenar em adega.
Cellarage (sé-lârid) *s* armazenamento; armazenagem em adega.
Cellaret (sé-lârit) *s* frasqueira; garrafeira.
Cellular (sé-liulâr) *adj* celular; celuloso; telefone portátil.
Cellule (sé-liul) *s* célula pequena.
Celluloid (sé-liulóid) *s* QUÍM celuloide, substância fabricada com cânfora e algodão-pólvora.
Cellulose (sé-liulôuz) *s* QUÍM celulose, substância que se encontra na constituição da membrana da célula vegetal (hidrato de carbono).
Celt (kélt ou sélt) *s* instrumento pré-histórico semelhante ao machado.
Celt (kélt ou sélt) *adj* celta, antigo povo indo-germânico.
Celtic (sél-tik) *s* céltico, a língua dos antigos celtas.
Cement (simén-t) *s* cimento, pó que se obtém pela trituração de certos calcários e que misturado com cal dá uma argamassa fortíssima.
Cement (simén-t) *v* cimentar; tornar firme; consolidar.
Cemetery (sé-mitéri) *s* cemitério; campo-santo.
Cense (sénss) *v* incensar; perfumar com incenso.
Censer (sén-sâr) *s* turíbulo; incensório.
Censor (sén-sâr) *s* censor; crítico.
Censor (sén-sâr) *v* censurar.
Censorial (sénsôu-riâl) *adj* censório; de censor.
Censorship (sén-sârship) *s* censura; funções de censor.
Censurable (sén-shârâbl) *adj* censurável; repreensível.
Censure (sén-shâr) *s* censura; crítica; admoestação.
Censure (sén-shâr) *v* censurar; repreender; condenar; criticar; admoestar.
Census (sén-sâss) *s* censo; recenseamento, contagem populacional.
Cent (sént) *s* centésimo; centavo.
Center (sén-târ) *s* centro; meio.
Center (sén-târ) *v* centralizar; focalizar.
Centesimal (sénté-simâl) *adj* centesimal; centésimo.
Centigrade (sén-tigrêid) *adj* centígrado.
Centimeter (sén-timitâr) *s* centímetro.
Centimetre (sén-timitâr) *vide* CENTIMETER.
Centner (sént-nâr) *s* unidade de peso usada em vários países da Europa (50 quilos).
Central (sén-trâl) *adj* central; principal.
Centralization (séntrâláizéi-shânn) *s* centralização.
Centralize (sén-trâláiz) *v* centralizar; concentrar.
Centralizer (sén-trâláizâr) *s* centralizador.
Centre (sén-tri) *vide* CENTER.
Centric (sén-trik) *adj* central.
Centrical (sén-trikâl) *vide* CENTRIC.
Centrifugal (séntri-fiugâl) *adj* centrífugo, que se afasta do centro.
Century (sén-tiuri u sén-tshuri) *s* século; centenário; centúria; *there are one hundred years in a CENTURY*: um século tem cem anos.
Ceramic (siré-mik) *adj* cerâmico.
Cerated (si-rêitid) *adj* encerado; coberto de cera.
Cere (sir) *v* encerar; cobrir de cera; lacrar.
Cereal (si-riâl) *s* cereal; que produz farinha; USA mingau.
Cerebellum (séribé-lâmm) *s* BIO cerebelo, parte do cérebro.
Cerebral (sé-ribral) *adj* cerebral; mental.
Cerebration (séribrêi-shânn) *s* cerebração, função cerebral.
Cerement (sir-ment) *s* sudário; mortalha.
Ceremonial (sérimôu-niâl) *s* cerimonial; ritual.
Ceremonial (sérimôu-niâl) *adj* cerimonial; ritual.
Ceremonious (sérimôu-niâss) *adj* cerimonioso.
Ceremony (sé-rimôuni) *s* cerimônia; etiqueta.
Cerise (sâri-z) *s* cereja; fruta.
Cerise (sâri-z) *adj* cereja; cor.
Certain (sâr-tn) *s* número indeterminado.
Certain (sâr-tn) *adj* certo; seguro; positivo; fixo; *he has a CERTAIN feeling about Hugo*: ele tem uma certa impressão do Hugo.
Certainly (sâr-tnli) *adv* certamente; sem dúvida; verdadeiramente.
Certifiable (sâr-tifáiâbl) *adj* certificável.
Certificate (sârti-fikêit) *s* certificado; certidão; atestado; laudo.
Certificate (sârti-fikêit) *v* atestar; certificar.
Certificate (sârti-fikêit) *adj* atestado; certificado.
Certify (sâr-tifái) *v* certificar; atestar; assegurar.
Ceruse (si-russ) *s* alvaiade; carbonato artificial de chumbo.
Cervine (sâr-vinn ou sârváinn) *adj* cervino, relativo ao cervo.
Cervix (sâr-viks) *s* MED nuca.
Cess (séss) *s* imposto; tributo; taxa.
Cess (séss) *v* tributar.
Cessation (séssêi-shânn) *s* cessação; pausa; parada; interrupção.
Cession (sé-shânn) *s* cessão.
Cessment (sés-ment) *s* taxa; imposto.
Chafe (tshêif) *v* aquecer por atrito; irritar-se; esfolar; incomodar.
Chafer (tshêi-fâr) *s* pequeno fogão portátil; escaravelho.
Chaff (tshéf) *s* zombaria; caçoada; farelo; palha cortada em pedaços; debulho; FIG droga; coisa de pouco valor.
Chaff (tshéf) *v* caçoar; pilheriar.
Chaffer (tshé-fâr) *s* regateio; pechincha.
Chaffer (tshé-fâr) *v* pechinchar; comprar; regatear; mercadejar.
Chaffy (tshé-fi) *adj* cheio de palha; coberto de palhas.
Chain (tshêinn) *s* corrente; cadeia; algema; cadeia de montanhas; lojas em cadeia; FIG escravidão.
Chain (tshêinn) *v* escravizar; sujeitar; encadear; acorrentar; algemar.
Chainless (tshêin-léss) *adj* livre; sem cadeias.
Chainlet (tshêin-lit) *s* correntinha (de pescoço).
Chainsaw (tshêinn-só) *s* serra elétrica.
Chair (tshér) *s* cadeira; cátedra; cadeira presidencial; USA cadeira elétrica.
Chair (tshér) *v* instalar na presidência; dar posse a; carregar em triunfo; sobre uma cadeira.
Chairman (tshér-maen) *s* presidente de assembleia, comissão etc.
Chairmanship (tshér-maenship) *s* presidência de uma reunião ou assembleia.
Chaise (shêiz) *s* carruagem de rodas.
Chaldaic (kéldé-ik) *adj* caldaico; caldeu.
Chalet (shalê-) *s* chalé; casa nas montanhas.
Chalice (tshé-liss) *s* cálice; taça; copa; BOT cálice de flor.
Chalk (tshók) *s* giz.
Chalk (tshók) *v* desenhar com giz; debitar.
Challenge (tshé-lindj) *s* desafio; provocação; pedido de senha; MIL brado de alerta.
Challenge (tshé-lindj) *v* desafiar; JUR disputar judicialmente.
Challengeable (tshé-lendjâbl) *adj* desafiável; provocável.
Challenger (tshé-lendjâr) *s* desafiador; provocador.
Chamber (tshêim-bâr) *s* câmara; espaço; compartimento; quarto de dormir.
Chamberlain (tshêim-bârlinn) *s* camarista de corte; mordomo; tesoureiro municipal; camareiro.
Chambermaid (tshêim-bârmêid) *s* camareira; arrumadeira; criada de quarto; quarteira.
Chameleon (kâmi-liânn) *s* camaleão; FIG vira-casaca.
Chamfer (tshém-fâr) *s* chanfro; cano de coluna; estria; chanfradura.
Chamfer (tshém-fâr) *v* estriar.

CHAMOIS — CHEAPLY

Chamois (shé-muâ) *s* camurça; pele de cabrito montês; espécie de cabra.

Champ (tshémp) *v* mascar; mastigar; morder (impacientemente).

Champagne (shémpéi-nn) *s* champanha (vinho branco francês).

Champaign (tshém-pêinn) *s* campina; campo extenso.

Champaign (tshém-pêinn) *adj* plano; raso; descoberto.

Champignon (tshémpi-niánn) *s* cogumelo.

Champion (tshém-piánn) *s* campeão; vencedor; herói.

Champion (tshém-piánn) *v* agir como campeão; JUR advogar; defender causa; combater por.

Champion (tshém-piánn) *adj* ótimo; vitorioso; excelente; campeão.

Championship (tshém-piánshíp) *s* campeonato; JUR defesa de uma causa.

Chance (tshénss) *s* acaso; casualidade; oportunidade; sorte; risco; USA perigo.

Chance (tshénss) *v* arriscar; arriscar-se; aventurar-se; ocorrer; acontecer.

Chance (tshénss) *adj* casual; fortuito.

Chanceable (tshén-sâbl) *adj* fortuito; casual.

Chancel (tshén-sél) *s* santuário; capela-mor; coro destinado ao clero; presbitério.

Chancellor (tshén-sélár) *s* ministro; chanceler.

Chancellorship (tshén-sélárshíp) *s* chancelaria.

Chancelry (tshén-sâri) *s* chancelaria.

Chancery (tshén-sâri) *s* tribunal de justiça; USA tribunal especial.

Chancy (tshén-si) *adj* sujeito a riscos; incerto.

Chandelier (shéndili-r) *s* candelabro; lustre; lampadário.

Chandler (tshén-dlâr) *s* mercador; fabricante de velas; negociante.

Change (tshéindj) *s* troca; câmbio; mudança; permuta; moeda miúda (troco).

Change (tshéindj) *v* mudar; trocar; cambiar.

Changing (tshéin-djinn) *s* mudança; inconstante; variável.

Changing (tshéin-djinn) *adj* mutável; inconstante.

Channel (tshé-nél) *s* canal; cruzeta; calha; conduto.

Channel (tshé-nél) *v* canalizar; sulcar; conduzir.

Chanson (shén-sânn) *s* canção.

Chant (tshént) *s* cântico; salmo; melodia; cantochão (canto gregoriano).

Chant (tshént) *v* cantar; entoar; salmodear.

Chaos (kêi-óss) *s* caos; confusão generalizada; desordem.

Chaotic (kêiô-tik) *adj* caótico.

Chap (tshép) *s* sulco; greta; fenda; MED mandíbulas; maxilas.

Chap (tshép) *v* sulcar; gretar; fender; rachar.

Chapbook (tshép-buk) *s* novela popular; livreto de baladas; folheto.

Chape (tshéip) *s* fivela; gancho.

Chapel (tshé-pél) *s* capela.

Chapfallen (tshépfó-lânn) *adj* consternado; desanimado.

Chapiter (tshé-p-tár) *s* ARQT capitel de um pilar; remate de coluna.

Chaplain (tshép-linn) *s* capelão.

Chapman (tshép-maen) *s* vendedor ambulante; mascate.

Chappie (tshé-pi) *s* GÍR garoto; rapazinho.

Chappy (tshé-pi) *vide* CHAPPIE.

Chapter (tshép-târ) *s* capítulo; carta capitular; cabido de sé.

Char (tshár) *s* biscate; trabalho extra.

Char (tshár) *v* torrar; tostar; trabalhar em jornal; fazer biscates.

Character (ké-râktár) *s* caráter; caractere; reputação; fama; índole; *Neusa has a strong CHARACTER*: a Neusa tem um caráter forte.

Characterise (ké-râktârais) *v* caracterizar; gravar; individualizar.

Characteristic (kéråktâris-tik) *s* peculiaridade; característica.

Characteristic (kéråktâris-tik) *adj* característico.

Characterize (ké-råktârais) *vide* CHARACTERISE.

Characterless (kéråktåris-tikâl) *adj* sem caráter; desavergonhado.

Charade (shâa-raad) *s* charada; enigma.

Charcoal (shâa-cul) *s* carvão.

Charge (tshárdj) *s* carga; despesa; custo; ordem; cargo; investida; ataque; assalto; brasão; fardo.

Charge (tshárdj) *v* cobrar; atacar; acusar; ordenar; carregar; onerar; exortar; culpar; *the watch has stopped because I forgot to CHARGE the battery*: o relógio parou porque me esqueci de carregar a bateria.

Chargeable (tshár-djábl) *adj* acusável; culpável; responsável; taxável; cobrável; imputável.

Charger (tshár-djár) *s* cavalo de batalha; travessa (para carne).

Charitable (tshé-ritábl) *adj* caridoso; generoso; misericordioso.

Charity (tshé-riti) *s* caridade; esmola; casa de misericórdia; beneficência.

Charlatan (shár-latánn) *adj* charlatão.

Charlatanry (shár-lâtânri) *s* charlatanice; charlatanaria.

Charm (shárm) *s* encanto; sedução; atrativo; berloque.

Charm (shárm) *v* encantar; seduzir; cativar.

Charmer (tshár-mâr) *s* encantador; feiticeiro; sedutor.

Charming (tshár-minn) *adj* fascinante; fascinador; maravilhoso; encantador.

Charmless (shárm-léss) *adj* sem encanto; desgracioso.

Charnel (tshár-nel) *s* cemitério; capela mortuária.

Charnel (tshár-nel) *adj* sepulcral.

Chart (tshárt) *s* carta marítima; diagrama; mapa; gráfico; tabela.

Chart (tshárt) *v* traçar um mapa; um roteiro.

Charter (tshár-târ) *s* título; escrita pública; carta patente; alvará; privilégio; decreto; carta régia.

Charter (tshár-târ) *v* fretar; privilegiar; patentear; diplomar.

Charterer (tshár-târâr) *s* fretador.

Chary (tshé-ri) *adj* cuidadoso; cauteloso; econômico; avaro.

Chase (tshéiss) *s* caixilho; moldura; caça; presa; caçada; perseguição; rachadura; fenda; TIP rama.

Chase (tshéiss) *v* caçar; perseguir; gravar em relevo; cinzelar.

Chaser (tshéi-sâr) *s* o que executa trabalhos em relevo; perseguidor; caçador.

Chasing (tshéi-sinn) *s* perseguição; caça; cinzelamento; arte de gravação.

Chasm (kézm) *s* abismo; precipício; divergência de opinião.

Chasmy (kéz-mi) *adj* abismal; cheio de brechas.

Chassi (cha-si) *s* ELET base dos aparelhos de rádio; MEC sustentação das partes mecânicas dos automóveis.

Chassis (cha-si) *vide* CHASSI.

Chaste (tshéist) *adj* casto; puro; virtuoso; modesto; pudico.

Chasten (tshêis-n) *v* punir; restringir; castigar; corrigir; moderar; purificar; depurar.

Chasteness (tshêis-néss) *s* castidade; pureza.

Chastise (tshéstái-z) *v* castigar; punir; reprimir; açoitar.

Chastisement (tshés-tizment) *s* castigo; punição; correção.

Chastity (tshés-titi) *s* castidade; continência; pureza.

Chat (tshét) *s* conversa; prosa; palestra.

Chat (tshét) *v* conversar; palestrar; tagarelar.

Chattel (tshé-tel) *s* bens móveis; bem de raiz; haveres.

Chatter (tshé-târ) *s* conversa fiada; tagarelice.

Chatter (tshé-târ) *v* vibrar; ranger os dentes; tagarelar; conversar.

Chatterbox (tshé-târbóks) *s* tagarela; falaz; palrador; GÍR metralhadora.

Chatterer (tshé-târâr) *s* tagarela; nome de diversas aves.

Chatty (tshé-ti) *adj* loquaz; falador; conversador.

Cheap (tship) *adj* barato.

Cheapen (tshi-pen) *v* baratear; depreciar; regatear; desacreditar.

Cheapener (tshi-penâr) *s* regateador; pechincheiro.

Cheaply (tship-li) *adv* facilmente.

CHEAPNESS — CHIVALRIC

Cheapness (tship-néss) *s* barateza; baixeza; vulgaridade.
Cheat (tshit) *s* fraude; embuste; trapaça; engano; enganador; trapaceiro.
Cheat (tshit) *v* enganar; burlar; iludir; ESC colar (copiar num exame).
Cheater (tshi-târ) *s* trapaceiro; embusteiro.
Check (tshék) *s* cheque; ordem escrita para pagamento; conta; nota de despesa; resistência; contratempo; revés militar.
Check (tshék) *v* conferir; deter; verificar; deixar; repetir; refrear; repassar; revisar; *CHECK your coat at the entrance, please*: deixe seu casaco na portaria, por favor.
Checker (tshé-kâr) *s* controlador; conferente; inspetor; ESP peça de jogo de damas; tabuleiro de xadrez.
Checker (tshé-kâr) *v* enxadrezar; matizar.
Checkerboard (tshé-kârbôurd) *s* tabuleiro para jogo de damas ou xadrez.
Checkered (tshé-kârd) *adj* axadrezado; acidentado.
Checkup (tshék-âp) *s* USA exame médico (completo e minucioso).
Cheek (tshik) *s* face; parte lateral; focinho; bochecha.
Cheekiness (tshi-kinéss) *s* descaramento; insolência.
Cheeky (tshi-ki) *adj* bochechudo; descarado; impudente.
Cheep (tship) *v* piar; pipilar; gorjear; chilrear.
Cheer (tshir) *s* aclamação; alegria; animação; regozijo; comida; provisão; grito de alegria.
Cheer (tshir) *v* animar; aplaudir; aclamar; alegrar; alegrar-se; açular.
Cheerful (tshir-ful) *adj* alegre; festivo; jovial; animado; divertido.
Cheerfulness (tshir-fulnéss) *s* alegria; jovialidade; animação.
Cheerily (tshi-rili) *adv* alegremente; animadamente.
Cheerio (tshi-riw) *s* tchau! adeus! coragem! saúde!
Cheery (tshi-ri) *adj* alegre; jovial; vivo.
Cheese (tshiz) *s* queijo.
Chef (tshif) *s* cozinheiro; chefe.
Chemise (shimi-z) *s* camisa feminina.
Chemist (ké-mist) *s* químico; droguista; farmacêutico.
Chemistry (ké-mistri) *s* química, ciência que estuda a natureza, propriedades das substâncias e as leis das suas combinações.
Cherish (tshé-rish) *v* apreciar; nutrir; acariciar; abrigar; afeiçoar; entreter.
Cherisher (tshé-rishâr) *s* protetor; patrão; causador.
Cherry (tshé-ri) *s* cereja; cerejeira.
Cherry (tshé-ri) *adj* cor de cereja; *CHERRY-brandy*: licor de cerejas; *CHERRY-tree*: cerejeira.
Cherub (tshé-râb) *s* querubim; anjo.
Chess (tshéss) *s* jogo de xadrez.
Chessman (tshés-maen) *s* ESP peão; enxadrista; jogador de xadrez.
Chest (tshést) *s* peito (nu); tórax; arca; baú.
Chestnut (tshés-nât) *s* castanha; cavalo alazão; anedota antiga.
Chestnut (tshés-nât) *adj* castanho; alazão.
Chevalier (shévâli-r) *s* cavalheiro; cavaleiro.
Chevy (tshé-vi) *s* caça; grito usado nas caçadas; montaria.
Chevy (tshé-vi) *v* caçar; perseguir a caça.
Chew (tshu) *s* mastigação; tabaco de mascar.
Chew (tshu) *v* mastigar; mascar; meditar; remoer; ruminar.
Chewer (tshu-âr) *s* mastigador.
Chewing (tshu-inn) *adj* próprio para mascar; *CHEWING gum*: goma de mascar; chiclete.
Chic (shik) *s* elegante.
Chic (shik) *adj* chique; elegante; formoso; USA esperto; inteligente.
Chicane (shikéinn) *s* tramoia; enredo; chicana; zombaria.
Chicane (shikéinn) *v* enganar; chicanar; lograr.
Chick (tshik) *s* pinto; pintinho; criancinha; pimpolho; *CHICK-peas*: grão-de-bico.
Chicken (tshi-kinn) *s* frango; criança; galinha; rapaz; pessoa inexperiente; MED *CHICKEN-POX*: catapora.
Chicle (tshik-l) *s* goma de mascar; chiclete.
Chicory (tshi-kori) *s* chicória; crespa.
Chide (tsháid) *s* repreensão; censura.
Chide (tsháid) *v* repreender; recriminar; censurar; ralhar com; *past* CHID *and pp* CHID *or* CHIDDEN.
Chiding (tshái-dinn) *s* censura; repreensão.
Chiding (tshái-dinn) *adj* admoestador.
Chief (tshif) *s* chefe; principal; gerente; comandante.
Chief (tshif) *adj* supremo; primeiro; principal.
Chiefdom (tshif-dâmm) *s* supremacia.
Chiefless (tshif-léss) *adj* sem chefe; desgovernado.
Chiefly (tshif-li) *adv* principalmente; sobretudo.
Chieftain (tshif-tinn) *s* chefe; cabeça; capitão.
Chiffon (tshi-fónn) *s* tecido fino; gaze; enfeite de vestido.
Chigo (tshi-gôu) *s* bicho do pé.
Chigoe (tshi-gôu) *vide* CHIGO.
Chilblain (tshil-blêinn) *s* frieira.
Child (tsháild) *s* criança; filho; filha.
Childbirth (tsháild-bâr-tê) *s* parto.
Childhood (tsháild-hud) *s* infância; condição de criança; puerícia.
Childing (tsháil-dinn) *adj* mulher grávida.
Childish (tsháil-dish) *adj* infantil; pueril.
Childlike (tsháild-láik) *adj* infantil; pueril; ingênuo.
Children (tshil-dren) *s* crianças.
Chilean (tshi-liânn) *adj* chileno.
Chill (tshil) *s* frio; calafrio; arrepio; resfriamento.
Chill (tshil) *v* esfriar; endurecer a frio.
Chill (tshil) *adj* gelado; descortês.
Chilled (tshild) *adj* arrepiado; desanimado.
Chillness (tshi-linéss) *s* frialdade; desânimo; indiferença.
Chilly (tshi-li) *adj* friorento; fresco; frio; indiferente; insensível; *a CHILLY year*: um ano muito frio.
Chime (tsháimm) *s* carrilhão; repique de sinos; FIG harmonia.
Chime (tsháimm) *v* repicar; soar; convocar; chamar com sinos; concordar; assentir.
Chimera (káimi-râ) *s* quimera; fantasia; ilusão.
Chimney (tshim-ni) *s* chaminé; FIG cartola; *CHIMNEY-sweeper*: limpador-de-chaminé.
Chin (tshinn) *s* queixo.
Chinatown (tshái-nátáunn) *s* USA bairro chinês (São Francisco e Nova Iorque).
Chinaware (tshái-nâuér) *s* porcelana; louça.
Chinch (tshintsh) *s* percevejo.
Chincough (tshin-kóf) *s* MED coqueluche; tosse comprida.
Chine (tsháinn) *s* MED coluna vertebral; espinhaço; espinha dorsal; ribanceira.
Chinese (tsháini-z) *adj* chinês.
Chink (tshink) *s* fenda; racha; rachadura; fenda.
Chintz (tshints) *s* chita; chitão.
Chip (tship) *s* cavaco; apara; fragmento; limalha; lasca (madeira, pedra).
Chip (tship) *v* cortar em pedaços; lascar.
Chipper (tshi-pâr) *adj* USA esperto; ladino; ativo.
Chipping (tshi-pinn) *s* cavaco; apara; estilhaço; lasca.
Chippy (tshi-pi) *adj* quebradiço; seco; insípido.
Chips (tship) *s* batata frita.
Chirm (tshârmm) *s* zumbido de insetos.
Chirp (tshârp) *s* gorjeio; canto do grilo; canto da cigarra; estampa de tecidos.
Chirp (tshârp) *v* gorjear; chilrear.
Chirpy (tshâr-pi) *adj* alegre; jovial; conversador.
Chirrup (tshi-râp) *s* gorjeio; trinado.
Chirrup (tshi-râp) *v* aplaudir; estimular.
Chisel (tshiz-l) *s* cinzel; buril; formão.
Chisel (tshiz-l) *v* cinzelar; esculpir.
Chit (tshit) *s* pirralho; criança; fedelho; penhor.
Chitchat (tshit-tshét) *s* tagarelice; conversa fiada; falatório.
Chivalric (shivâl-rik) *adj* nobre; cavalheiresco.

CHIVALROUS — CLAMOROUS

Chivalrous (shi-vâlráss) *vide* CHIVALRIC.
Chives (shai-vs) *s* cebolinha.
Chloroform (shi-vâlri) *s* clorofórmio; substância líquida de propriedade anestésica.
Chock (tshók) *s* calço; cunha; escora.
Chock (tshók) *v* prender com calço; calçar.
Chock (tshók) *adv* à cunha.
Chocolate (tshó-kolit) *s* chocolate.
Chocolate (tshó-kolit) *adj* de chocolate; da cor do chocolate.
Choice (tshóiss) *s* escolha; nata; preferência; variedade.
Choice (tshóiss) *adj* escolhido; selecionado; primoroso; excelente.
Choir (kuáir) *s* coro de igreja.
Choir (kuáir) *v* cantar em coro.
Choke (tshóuk) *s* sufocação; obstrução.
Choke (tshóuk) *v* sufocar; enganar (numa brincadeira); estrangular; engasgar-se; sufocar-se; obstruir.
Choker (tshôu-kâr) *s* sufocador; estrangulador; coisa sufocante; gravata apertada; fala irrefutável.
Choker (tshôu-kâr) *adj* sufocante.
Choking (tshôu-kinn) *s* abafamento; sufocação.
Choking (tshôu-kinn) *adj* sufocante; asfixiante; sufocado.
Choleric (kolé-rik) *adj* colérico; irascível; irado; zangado; enfurecido.
Choop (tshup) *interj* cale-se!
Choose (tshuz) *v* escolher; preferir; *past* CHOSE and *pp* CHOSEN.
Chooser (tshu-zâr) *s* selecionador; eleitor.
Choosing (tshu-zinn) *s* escolha; seleção.
Choosing (tshu-zinn) *adj* exigente.
Chop (tshóp) *s* fatia; fenda; posta; costeleta; machadada; passaporte; marca; senha; mandíbula; queixada.
Chop (tshóp) *v* retalhar; cortar; picar; trocar; permutar.
Chophouse (tshóp-háuss) *s* restaurante que prepara costelas.
Chopper (tshó-pâr) *s* faca afiada para cortar carne; cutelo; USA porteiro de teatro; de estação ferroviária.
Chopping (tshó-pinn) *s* corte; ação de cortar em pedaços.
Chopping (tshó-pinn) *adj* inconstante; variável.
Chopsticks (tshóp-stiks) *s pl* objetos de madeira que substituem o garfo (pauzinhos para comer).
Chord (kórd) *s* MÚS corda; acorde; harmonia.
Chorus (kó-râss) *s* MÚS refrão; coro; estribilho; *CHORUS girl*: corista.
Chrism (krizm) *s* crisma.
Christ (kráist) *s* Cristo.
Christen (kris-n) *v* batizar; batizar-se; dar nome a.
Christian (kris-tshânn) *s* RELIG cristão.
Christian (kris-tshânn) *adj* cristão, que é adepto do cristianismo.
Christmas (kris-mâss) *s* Natal; *Merry CHRISTMAS*: Feliz Natal.
Chronic (kró-nik) *adj* crônico; permanente; inveterado.
Chronical (kró-nikâl) *vide* CHRONIC.
Chronicle (kró-nikl) *s* crônica.
Chronicle (kró-nikl) *v* cronicar; narrar; redigir crônicas.
Chronometer (tshró-mitâr) *s* cronômetro; relógio de precisão.
Chubbiness (tshâ-bíness) *s* gordura; obesidade.
Chubby (tshâ-bi) *adj* gorducho; roliço; bochechudo.
Chuck (tshák) *s* carícia; pancadinha; empurrão.
Chuck (tshák) *v* afagar; dar palmadas de leve em; jogar; atirar; cacarejar.
Chuckle (tshâk-l) *v* sorrir; rir entre os dentes (disfarçadamente).
Chunk (tshânk) *s* pedaço grande; tronco; bloco; animal atarracado.
Chunky (tshân-ki) *adj* atarracado; troncudo.
Church (tshârtsh) *s* igreja; templo.
Churchgoing (tshârtshgôu-inn) *s* devoção.
Churchgoing (tshârtshgôu-inn) *adj* devoto; religioso.
Churchman (tshârtsh-maen) *s* clérigo; eclesiástico.
Churchyard (tshârtshiárd) *s* cemitério anexo a uma igreja.
Churl (tshârl) *s* plebeu; rústico; sovina; pessoa mal educada.
Churlish (tshâr-lish) *adj* rude; grosseiro; mesquinho; avaro.
Chute (shut) *s* cano inclinado; escoadouro; cachoeira; *para-CHUTE*: paraquedas.
Cicatrice (si-kâtriss) *s* cicatriz.
Cicatrix (si-kâtriks) *vide* CICATRICE.
Cicatrize (si-kâtráiz) *v* cicatrizar.
Cigar (si-gâr) *s* charuto.
Cigaret (sigârét) *s* cigarro.
Cigarette (sigârét) *vide* CIGARET.
Cincture (sink-tshâr) *s* cinta; cinto; cinturão; cintura; cerca; muro.
Cincture (sink-tshâr) *v* cercar; cingir.
Cinema (si-nimâ) *s* cinema.
Cipher (sái-fâr) *s* cifra; zero; FIG pessoa sem importância.
Cipher (sái-fâr) *v* cifrar; calcular; computar.
Circle (sârkl) *s* círculo; órbita; circunferência.
Circle (sârk-l) *v* cercar; cingir; andar em círculos; rodear.
Circlet (sâr-klit) *s* aro; argola; anel.
Circuit (sâr-kit) *s* circuito; giro; volta; âmbito; perímetro.
Circulate (sâr-kiulêit) *v* circular; trafegar; pôr em circulação.
Circumference (sârkâm-fârênss) *s* circunferência; periferia.
Circumflex (sârkâm-fléks) *s* acento circunflexo.
Circumflex (sârkâm-fléks) *adj* circunflexo.
Circumnavigation (sârkâm-névighêi-shânn) *s* circunavegação.
Circumscribe (sâr-kâmskráib) *v* circunscrever; traçar em redor; limitar; confinar; fixar.
Circumspect (sâr-kâmpsékt) *adj* circunspecto; prudente; discreto; grave.
Circumstance (sâr-kâmstênss) *s* circunstância; particularidade; motivo.
Circumstantial (sârkâmstén-shâl) *adj* acidental; circunstancial; casual.
Circumvent (sârkâm-véntâr) *v* enganar; lograr; fraudar; iludir.
Circus (sâr-kâss) *s* circo; praça; arena.
Cistern (sis-târn) *s* cisterna; poço de água.
Citation (sáitêi-shânn) *s* JUR citação judicial; intimação; citação; menção; USA condecoração.
Cite (sáit) *v* citar; intimar; mencionar; alegar; JUR citar judicialmente.
Citizen (si-tizn) *s* cidadão; munícipe; burguês.
Citizeness (si-tiznéss) *s* cidadã.
Citric (si-trik) *adj* cítrico; relativo às plantas que contêm esse tipo de ácido.
Citron (si-trânn) *s* cidra.
City (si-ti) *s* cidade.
City (si-ti) *adj* municipal; citadino.
Civic (si-vik) *adj* cívico; municipal.
Civil (si-vill) *adj* civil; cortês.
Civilization (sivilizêi-shânn) *s* civilização; cultura.
Civilize (si-viláiz) *v* civilizar; educar; refinar.
Civism (si-vizm) *s* civismo; patriotismo.
Clabber (klé-bâr) *s* coalhada.
Clabber (klé-bâr) *v* coalhar.
Clack (klék) *s* tagarelice; estalo; ruído; som repetido.
Clack (klék) *v* tagarelar; estalar.
Claim (klêimm) *s* alegação; direito; reclamação; reivindicação; exigência.
Claim (klêimm) *v* reivindicar; reclamar; alegar; afirmar; requerer; clamar; USA declaração; alegação.
Clam (klémm) *s* molusco; marisco; espécie de mexilhão.
Clam (klémm) *v* aderir; grudar; mariscar.
Clamant (klé-mânt) *adj* clamante; chamada por socorro.
Clamber (klém-bâr) *v* escalar com dificuldade; trepar.
Clammy (klé-mi) *adj* viscoso; pegajoso; úmido e frio.
Clamorous (klé-mârâss) *adj* clamoroso; ruidoso; vociferante.

CLAMP — CLOSE

Clamp (klémp) s gancho; braçadeira; colchete; presilha; pregador.
Clamp (klémp) v prender com grampo; agarrar; dar passadas; caminhar pesadamente; empilhar; amontoar.
Clamping (klém-pinn) s aperto; travamento.
Clan (klénn) s clã; tribo; família; grupo; grei; raça; casta.
Clandestine (kléndés-tinn) adj clandestino; oculto; secreto.
Clang (klénn) v retinir; ressoar.
Clap (klép) s palmada; estrondo; estalo; palmas; aplauso; golpe de azar.
Clap (klép) v bater ruidosamente; aplaudir; estalar; bater palmas.
Clap (klép) adj inesperado; vibrante.
Clapboard (klép-bôurd) s tábua; ripa de madeira; aduela.
Clarify (klé-rifái) v clarificar; elucidar; purificar; aclarar.
Clarinet (klérinét) s clarineta.
Clarity (klé-riti) s claridade; brilho; lucidez; clareza; pureza de som; lustro.
Clash (klésh) s choque; colisão; oposição; conflito; estrondo; desacordo; discordância.
Clash (klésh) v chocar-se; ressoar; entrar em conflito; opor-se a; embater.
Clashing (klé-shinn) s choque; colisão; estrondo; oposição.
Clashing (klé-shinn) adj retumbante; estridente; chocante.
Clasp (klésp) s broche; colchete; fecho; fivela; pregador; abraço; amplexo.
Clasp (klésp) v acolchetar; afivelar; abraçar; apertar; prender nos braços; segurar na mão.
Class (kléss) s classe; grupo; série; qualidade; posição social; aula; curso; categoria.
Class (kléss) v classificar; ordenar; coordenar.
Class (kléss) adj relativo a classe.
Classic (klé-sik) s clássico; obra de autor clássico.
Classic (klé-sik) adj clássico.
Classical (klé-sikál) adj clássico.
Classify (klé-sifái) v coordenar; classificar; agrupar.
Classmate (kléss-mêit) s colega de classe.
Classroom (kléss rumm) s sala de aula; classe.
Classy (klé-si) adj de classe; distinto; elegante; alinhado; GÍR superior.
Clatter (klé-târ) v retinir; ressoar; fazer bulha; fazer barulho; tagarelar.
Clause (klóz) s cláusula; condição; artigo de contrato.
Claw (kló) s garra; unha; pata; pinça.
Claw (kló) v arranhar; dilacerar; arrancar com as garras.
Clay (klêi) s argila; barro; lodo; terra; FIG barrar; *CLAY is used to make bricks*: a argila é usada para fazer tijolos.
Clean (klinn) v limpar; assear; arrumar; arrumar-se.
Clean (klinn) adj claro; nítido; limpo; puro; inocente; honesto; escrupuloso; liso; regular; simétrico; hábil; bem proporcionado; completo; total; *he is all CLEAN*: ele está bem limpo.
Clean (klinn) adv limpamente; habilmente; inteiramente.
Cleaner (kli-n-âr) s limpador; servente; arrumadeira.
Clear (klir) v limpar; aclarar; esclarecer; desembaraçar; retirar; evacuar; lucrar.
Clear (klir) adj claro; limpo; transparente; puro.
Clearage (kli-ridj) s afastamento; retirada; limpeza.
Clearance sale (kli-rânss sêile) s liquidação.
Clearing (kli-rinn) s exame; ajuste; apuração de contas; esclarecimento; justificação; terreno preparado para cultura; pagamento.
Cleave (kliv) v fender; rachar; abrir caminho; seccionar; manter-se fiel; apegar-se; *past* CLEFT *or* CLOVE *and pp* CLEFT *or* CLOVEN.
Cleaver (kli-vâr) s rachador; machadinha de açougueiro.
Cleek (klik) s gancho; presilha; braçadeira; tipo de bastão de golfe.

Clef (kléf) s MÚS clave, chave que aponta o tom e o início da sequência das notas musicais (no pentagrama).
Cleft (kléft) s racha; fenda; rachadura.
Cleft (kléft) adj rachado; fendido.
Cleg (klég) s mutuca; mosca de gado; GÍR pessoa inteligente.
Clemency (klé-mensi) s clemência; compaixão.
Clement (klé-mênt) adj clemente.
Clench (kléntsh) s garra; pinça; tenaz; aperto; rebite.
Clench (kléntsh) v agarrar; prender; cerrar; apertar (punhos, dentes).
Clergy (klâr-dji) s clero.
Cleric (klé-rik) s clérigo; sacerdote; eclesiástico.
Cleric (klé-rik) adj clerical; eclesiástico.
Clerk (klârk) s escrevente; copista; sacristão; balconista; USA caixeiro.
Clever (klè-vár) adj hábil; lesto; esperto; ligeiro; destro; inteligente; USA afável; obsequioso; bem-humorado.
Cleverness (klé-vârnéss) s habilidade; destreza; talento; inteligência.
Clew (klu) s indicio; vestígio; pista; rastro; indicação; NÁUT punho de vela.
Clientage (klái-entidj) s clientela; freguesia.
Cliff (klif) s penhasco; despenhadeiro; rochedo íngreme.
Climacteric (kláimék-tárik) s período climatérico.
Climacteric (kláimék-tárik) adj climatérico; climático.
Climate (klái-mit) s clima.
Climatic (kláimé-tik) adj climático, relativo ao clima.
Climatical (kláimé-tikál) *vide* CLIMATIC.
Climax (klái-méks) s clímax; ápice; auge; ponto culminante.
Climb (kláimm) s ascensão; escalada.
Climb (kláimm) v subir; escalar; trepar.
Clime (kláimm) s região; clima; tema (poesia).
Clinch (klintsh) s rebite; aperto; agarramento; luta corpo-a-corpo; argumento decisivo.
Clinch (klintsh) v segurar; fixar com rebite; ratificar; atracar-se em luta.
Clincher (klin-tshâr) s rebitador; gancho; braçadeira; pregador; prendedor; torniquete; garra; argumento concludente.
Cling (klinn) v aderir; agarrar-se; apegar; apegar-se; aferrar-se; colar-se; *past or pp* CLUNG.
Clinging (kli-ninn) s adesivo; aderente; pegajoso; colado.
Clinic (kli-nik) s clínica; clínico.
Clinic (kli-nik) adj clínico.
Clink (klink) s tinido; tamarela; traqueta; som.
Clink (klink) v tinir; tilintar; ressoar; ritmar; retinir; soar.
Clip (klip) s tosquia; corte; corte de cabelo; prendedor; grampo; presilha; pinça; pente de bala; USA velocidade.
Clip (klip) v aparar; cortar com tesoura; podar; tosquiar; cercear; prender com presilha; omitir sílabas ou letras ao falar; mover-se rapidamente.
Clipper (kli-pár) s tosquiador; cortador; tesoura; máquina de tosquiar; de cortar cabelo; tipo de avião ou navio.
Clipping (kli-pinn) s corte de cabelo; tosquia; andadura rápida; apara; raspa.
Clipping (kli-pinn) adj rápido; veloz; cortante.
Cloak (klôuk) s capa; capote; manto; disfarce; dissimulação.
Cloak (klôuk) v encapotar; encapar; encobrir; dissimular.
Cloakroom (klôuk-rumm) s vestiário.
Clock (klók) s relógio; medidor; relógio de parede.
Clod (klód) s torrão de terra; leiva; solo; pateta.
Cloister (klóis-târ) s claustro; mosteiro; convento.
Cloister (klóis-târ) v enclaustrar; enclausurar.
Close (klóuz) s fim; término; conclusão; briga; espaço fechado; fecho de carta; *CLOSE up*: CIN primeiro plano; tomada de muito perto.
Close (klóuz) v fechar; obstruir a passagem; encerrar; concluir; cercar; tapar; arrolhar; juntar.
Close (klóuz) adj fechado; retirado; reservado; abafado; preso; econômico; secreto; próximo.

Close (klôuz) *adv* perto; bem junto; secretamente.
Closed (klôuzd) *adj* fechado; reservado; concluído; encerrado.
Closely (klôus-li) *adv* de perto; intimamente; secretamente; atentamente.
Closeness (klôus-néss) *s* proximidade; intimidade; estreiteza; aperto; avareza; concisão; abafamento; segredo; reserva.
Closet (kló-zit) *s* quartinho; cubículo; gabinete; aposento particular; banheiro; roupeiro; *water CLOSET*: privada.
Closet (kló-zit) *v* encerrar em gabinete; receber em recinto privado para conferência secreta.
Closet (kló-zit) *adj* secreto; privado; particular; reservado.
Closing (klôu-zinn) *s* conclusão; encerramento; fechamento; fechadura.
Closure (klôu-jâr) *s* encerramento; suspensão; conclusão; cerca; tapume.
Clot (klót) *s* coágulo; grumo; coalho.
Clot (klót) *v* coagular.
Cloth (klóth) *s* pano; tecido; toalha de mesa; tecido; roupa; vestuário; traje; hábito clerical; *the clothes are made of CLOTH*: os vestidos são feitos de tecido.
Clothe (klôudh) *v* vestir; trajar; revestir; forrar; cobrir com pano.
Clothes (klôu-dhz) *s* roupa; traje; vestuário; roupa de cama; *CLOTHES line*: varal.
Clothesline (klôu-dhz-láinn) *s* varal; arame de secar roupa.
Clothespin (klôu-dhz-pinn) *s* USA prendedor de roupa lavada (no varal).
Clothing (klôu-dhinn) *s* vestuário; roupa; revestimento; coberta.
Cloud (kláud) *s* nuvem; névoa; bruma; mancha; multidão; grande número; FIG desgosto; desgraça.
Cloud (kláud) *v* nublar; anuviar; obscurecer; escurecer.
Cloudburst (kláud-bârst) *s* aguaceiro; chuva pesada.
Cloudless (kláud-less) *adj* desanuviado; claro; sereno; límpido.
Cloudy (kláu-di) *adj* nebuloso; nublado; triste; obscuro; confuso.
Clough (kláf) *s* ravina; desfiladeiro; penhasco; barranco; comporta.
Clout (kláut) *s* tachão para sapato; remendo; trapo; centro de alvo; GÍR tapa; bofetão; murro; cascudo.
Clout (kláut) *v* remendar; esmurrar; guarnecer de tachão; cravejar.
Clove (klôuv) *s* dente de alho; bulbo; cravo-da-índia.
Clover (klôu-vâr) *s* trevo.
Clown (kláunn) *s* palhaço; bobo; campônio.
Clownery (kláu-nâri) *s* palhaçada.
Clownish (kláu-nish) *adj* apalhaçado; rude; malcriado; ridículo; cômico.
Cloy (klói) *v* saciar; fartar; saturar; FIG enjoar.
Cloyingly (klói-inli) *adv* fartamente; nauseosamente.
Club (kláb) *s* cacete; porrete; clava; maça; clube; grêmio; sociedade; naipe de paus.
Club (kláb) *v* dar cacetadas em; associar-se; quotizar-se.
Clubbable (klâ-bâbl) *adj* sociável.
Clubbing (klâ-binn) *s* surra; sova.
Clubfoot (klâb-fut) *s* de pé torto.
Clublaw (kláb-ló) *s* lei do mais forte.
Cluck (klák) *s* cacarejo de galinha.
Clue (kluu) *s* ideia; dica; indício; *she does not have a CLUE how to get there*: ela não tem ideia de como ir lá.
Clump (klâmp) *s* moita; arvoredo; bloco; pedaço; torrão; grupo; massa informe.
Clump (klâmp) *v* agrupar; amontoar; caminhar pesadamente; plantar em grupos.
Clumsy (klâm-zi) *adj* desajeitado; rústico.
Cluster (klâs-târ) *s* grupo; conglomerado; cacho; ramalhete; bando; enxame; assembleia; agrupamento.
Cluster (klâs-târ) *v* agrupar; amontoar; produzir cachos; apinhar-se; agarrar; agarrar-se.

Clutch (klâtsh) *s* garra; aperto; arrebatamento; tentativa de confisco; apropriação indébita; pitada; dose; ninhada; AUT pedal da embreagem.
Clutch (klâtsh) *v* agarrar; agarrar-se; empunhar.
Clutter (klâ-târ) *s* confusão; balbúrdia; desordem; tumulto; algazarra.
Clutter (klâ-târ) *v* misturar; lançar-se na desordem; confundir.
Coach (kôutsh) *s* coche; carruagem; carro; vagão; automóvel sedã; USA ônibus; treinador; vagão de trem de ferro.
Coach (kôutsh) *v* instruir; ensinar; treinar; conduzir-se de carro; *Solange COACHES our volleyball team twice a week*: a Solange treina a nossa equipe de voleibol duas vezes por semana.
Coaching (kôu-tshinn) *s* passeio de carro; viagem de coche; instrução; treinamento esportivo.
Coachman (kôu-tshmaen) *s* cocheiro.
Coaction (kôuék-shânn) *s* cooperação; colaboração; coação; coerção.
Coagulate (koé-ghiulêit) *v* coagular; coalhar; solidificar.
Coal (kôul) *s* carvão de pedra; hulha; tição; brasa.
Coal (kôul) *v* encarvoar; reduzir a carvão.
Coalesce (kôu-âléss) *v* coalescer; unir-se; fundir-se.
Coalescence (kôuâlé-senss) *s* coalescência; união; junção; mistura; fusão; incorporação.
Coalescent (kôuâlé-sent) *adj* coalescente; aderente; aglutinante.
Coalition (kôuáli-shânn) *s* coalizão; coligação; união; acordo; fusão.
Coast (kôust) *s* costa; litoral; praia; beira-mar.
Coast (kôust) *v* costear.
Coaster (kôus-târ) *s* navio costeiro; habitante da costa; suporte (copos, garrafas etc.).
Coasting (kôus-tinn) *s* cabotagem; navegação costeira.
Coat (kôut) *s* sobretudo; capa; casaco; pelo; plumagem; lã; camada; demão (tinta, verniz etc.).
Coat (kôut) *v* aplicar uma camada; vestir; cobrir.
Coated (kôu-tid) *adj* coberto; revestido; recamado; encarpado.
Coating (kôu-tinn) *s* revestimento; camada; pintura; massa; tegumento; tecido para casacos.
Coax (kôuks) *v* lisonja; adular; bajular.
Coaxer (kôuk-sâr) *s* lisonjeador; adulador; pessoa insinuante.
Cob (kób) *s* espiga de milho; golpe; aranha; bloco.
Cobble (kóbl) *s* pedra (usada em pavimentação); seixo.
Cobble (kóbl) *v* remendar; consertar sapato; calçar com pedras; pavimentar.
Cobbler (kób-lâr) *s* sapateiro; remendão; operário inábil; ponche.
Cobblestone (kóbl-stôunn) *s* pedra arredondada.
Cobweb (kób-uéb) *s* teia de aranha; FIG sofisma; trama; argumento sutil.
Cock (kók) *s* galo; frango; macho de qualquer ave; cão (de arma); torneira; válvula; fiel de balança; piscadela; cata-vento; barquinho; namorador; aba (de chapéu).
Cock (kók) *v* engatilhar (arma); levantar; levantar-se; erguer; empinar; piscar o olho; enfeixar; amontoar; revirar; aprumar-se.
Cockeyed (kók-áid) *adj* vesgo; estrábico.
Cockfight (kók-fáit) *s* briga de galos.
Cockhorse (kók-hórss) *s* cavalinho de pau.
Cockle (kókl) *s* joio; ruga; carrapicho.
Cockle (kókl) *v* enrugar-se; franzir.
Cockney (kók-ni) *s* londrino da gema; mulher afetada; linguagem da classe baixa de Londres.
Cockpit (kók-pit) *s* rinha; lugar para briga de galos; espaço onde se aloja quem comanda uma máquina (automóvel, avião etc.).
Cockroach (kók-rôutsh) *s* barata.
Cockscomb (kók-shôumm) *s* crista de galo.

Cocksure (kók-shur) *adj* infalível; certo; presunçoso; dogmático.
Cocktail (kók-têil) *s* coquetel; salada de frutas; bebidas com várias misturas (rabo de galo); BR aperitivo ou reunião onde se oferece bebida e petisco, em comemoração a alguma festividade.
Cocky (kó-ki) *adj* afetado; presumido; vaidoso; petulante.
Coco (kôu-ko) *s* coco; coqueiro.
Cocoa (kôu-ko) *s* cacau; chocolate em pó.
Coconut (kôu-konât) *s* coco.
Cocoon (kóku-nn) *s* casulo feito pelo bicho-da-seda.
Cod (kód) *s* bacalhau; folheto; bolsa; vagem; tolo.
Code (kôud) *s* código; cifra; código secreto.
Codex (kôu-deks) *s* códice.
Codfish (kód-fish) *s* bacalhau.
Codger (kó-djâr) *s* homem excêntrico; esquisitão; mesquinho.
Codification (kódifikêi-shânn) *s* codificação.
Codify (kó-difái) *v* codificar; sistematizar.
Coefficient (kôufi-shânt) *s* coeficiente.
Coerce (kôuâr-ss) *v* coagir; forçar; reprimir; reter.
Coercible (kôuâr-sibl) *adj* coercível; reprimível.
Coercion (kôuâr-shânn) *s* coerção; coação; pressão; compressão.
Coexist (kôu-égsiz-t) *v* coexistir.
Coexistence (kôu-égzis-tenss) *s* coexistência.
Coffee (kó-fi) *s* café.
Coffeehouse (kó-fi-háuss) *s* café-bar.
Coffer (kó-fâr) *s* cofre; caixa; arca; burra; baú.
Coffin (kó-finn) *s* esquife; ataúde; caixão de defunto.
Cog (kóg) *s* dente de engrenagem; dado viciado; trapaça; embarcação de pesca.
Cog (kóg) *v* fraudar; chumbar dado de jogo; viciar; trapacear no jogo de dados; mentir.
Cogent (kôu-djênt) *adj* convincente; irrefutável; compulsório.
Cogitate (kó-dijitêit) *v* cogitar em; planejar; meditar.
Cognate (kóg-nêit) *adj* cognato; consanguíneo; congênere.
Cognition (kógni-shânn) *s* cognição; percepção; noção; conhecimento.
Cognitive (kóg-nitiv) *adj* cognitivo; cognoscitivo.
Cognizance (kóg-nizânss) *s* percepção; aviso; informação; alçada; jurisdição; insígnia; distintivo.
Cognize (kóg-náiz) *v* conhecer; perceber; cientificar-se de; ter consciência de.
Cognomen (kógnôu-menn) *s* cognome; apelido; alcunha.
Cohabit (kôu-hé-bit) *v* coabitar; viver maritalmente.
Coherence (kôu-hi-rênss) *s* coerência; conexão; adesão; aderência; coesão.
Coherency (kôu-hi-rênsi) *vide* COHERENCE.
Coherent (kôu-hi-rênt) *adj* coerente; conexo; aderente.
Cohesion (kôu-hi-jânn) *s* coesão; união; adesão; aderência.
Cohesive (kôu-hi-siv) *adj* coesivo; coeso; aderente.
Coiffeur (kuá-fâr) *s* cabeleireiro.
Coiffure (kuáfiu-r) *s* penteado; toucado.
Coign (kóinn) *s* esquina; canto; ângulo.
Coil (kóil) *s* espiral; serpentina de tubos; bobina.
Coil (kóil) *v* enrolar; enovelar; serpear.
Coin (kóinn) *s* moeda; dinheiro ('em moedas); esquina; cunha; chaveta.
Coin (kóinn) *v* cunhar; inventar; forjar.
Coincide (kôuinsái-d) *v* coincidir; concordar; harmonizar; combinar.
Coincidence (kôu-in-sidênss) *s* coincidência; correspondência.
Coiner (kói-nâr) *s* cunhador; moedeiro falso; falsificador de moedas.
Coinsure (kôu-inshur) *v* cossegurar.
Coke (kôuk) *s* coque; forma abreviada de Coca-Cola.
Coke (kôuk) *v* transformar em coque.
Col (kól) *s* desfiladeiro; passagem entre montanhas.

Colander (kâ-lândâr) *s* coador; peneira.
Cold (kôuld) *s* frio; resfriado; *I'm COLD*: estou com frio.
Cold (kôuld) *adj* frio; gelado; desanimado; sem vida; desapaixonado; desinteressado; sem graça.
Coldly (kôul-dli) *adv* friamente; insensivelmente; indiferentemente.
Cole (kôul) *s* couve.
Collaborate (kolé-bârêit) *v* colaborar.
Collaboration (kolébârêi-shânn) *s* colaboração; cooperação.
Collapse (kolé-pss) *s* colapso; ruína; queda; falência; desmaio.
Collapse (kolé-pss) *v* provocar colapso em; arruinar; desabar; ruir; falir; sucumbir; desmaiar.
Collapsible (kolé-psibl) *adj* flexível; dobradiço; arruinável; deformável.
Collar (ko-lâr) *s* colarinho; gola; colar; gargantilha; coleira; coleira de animais; GÍR apoderar-se de; ANAT *COLLAR bone*: clavícula.
Collate (kólêi-t) *v* conferir; confrontar; cotejar.
Collateral (kólé-târal) *adj* colateral; paralelo; secundário; JUR parente indireto.
Collation (kólêi-shânn) *s* colação; refeição leve; nomeação para benefício eclesiástico.
Colleague (kó-lig) *s* colega; confrade; camarada; companheiro.
Colleague (kó-lig) *v* coligar-se; conspirar.
Colleagueship (kó-ligship) *s* coleguismo.
Collect (kólék-t) *s* coleta.
Collect (kólék-t) *v* colecionar; cobrar; arrecadar; recolher; angariar; recuperar; reunir-se; concluir; deduzir.
Collectable (kólék-tâbl) *adj* colecionável; coletável; cobrável; recuperável; acumulável.
Collected (kólék-tid) *adj* calmo; tranquilo; controlado; senhor de si; reunido; ajuntado.
Collection (kólék-shânn) *s* coleta de dinheiro; coleção; compilação; acúmulo.
Collective (kólék-tiv) *s* o coletivo.
Collective (kólék-tiv) *adj* coletivo; reunido; agregado.
Collectivism (kólék-tivizm) *s* coletivismo.
Collectivity (kólékti-viti) *s* coletividade.
Collector (kólék-târ) *s* coletor; cobrador.
College (kó-lidj) *s* colégio; faculdade.
Collegian (kóli-djiânn) *s* estudante; membro de uma congregação; colegial.
Collegiate (kóli-djiit) *adj* colegial.
Collide (kólái-d) *v* colidir; chocar-se; conflitar; discordar.
Collie (kóli) *s* cão pastor.
Collier (kó-liár) *s* mineiro; carvoeiro; tripulante (barco carvoeiro).
Colligate (kó-lighêit) *v* coligar; unir; agrupar; incorporar.
Colligation (kólighêi-shânn) *s* coligação; união.
Collimate (kó-limêit) *v* colimar; objetivar.
Collision (kóli-jânn) *s* colisão; choque; aproximação; abalroamento.
Collop (kó-lâp) *s* posta; pedaço de carne.
Colloquial (koló-kuiâl) *adj* coloquial.
Colloquy (kó-lokui) *s* colóquio.
Collusion (kóliu-jânn) *s* conluio; conspiração; maquinação; trama.
Collusive (kóliu-siv) *adj* conspiratório.
Colly (kó-li) *s* fuligem.
Cologne (kolôu-n) *s* água-de-colônia.
Colombian (kolóm-biânn) *adj* colombiano.
Colon (kó-lânn) *s* GRAM dois pontos; ANAT cólon.
Colonel (kârn-l) *s* coronel.
Colonelcy (kârn-lsi) *s* coronelato; cargo de coronel.
Colonelship (kârn-lship) *vide* COLONELCY.
Colonial (kolôu-niâl) *s* colono.
Colonial (kolôu-niâl) *adj* colonial; antigo.
Colonization (kólonizêi-shânn) *s* colonização.
Colonize (kó-lonáiz) *v* colonizar.

Colonizer (kó-lonáizâr) s colonizador; USA que vota em mais de um distrito eleitoral.
Colony (kó-loni) s colônia; USA bancada.
Color (kâ-lâr) s cor; dissimulação; pretexto; disfarce; aparência.
Color (kâ-lâr) v colorir; pintar; tingir; dissimular; disfarçar.
Colorable (kâ-lârâbl) adj tingível; aceitável; plausível; aparente; falso.
Coloration (kâlârêi-shânn) s coloração; colorido.
Colored (kâ-lârd) adj colorido; de cor; tendencioso; apaixonado; negro.
Colorful (kâ-lârful) adj colorido; brilhante; de cores vivas.
Colour (kâ-lâr) vide COLOR.
Colourable (kâ-lârâbl) vide COLORABLE.
Coloured (kâ-lârd) vide COLORED.
Colourful (kâ-lârful) vide COLORFUL.
Colt (kôult) s potro; pessoa alegre.
Colt (kôult) v pular; saltar.
Coltish (kôul-tish) adj alegre; vivo.
Column (kó-lâmm) s coluna; pilar; fileira de soldados.
Columnist (kó-lâminist) s colunista (comentarista de jornal).
Comb (kôumm) s pente; rastelo; crista de ave; favo de mel.
Comb (kôumm) v pentear; cardar a lã; pesquisar; buscar; esquadrinhar.
Combat (kóm-bât) s combate; luta.
Combat (kóm-bât) v opor-se; combater; pelejar.
Combatant (kóm-bâtânt) adj combatente.
Comber (kôu-mâr) s carda; vagalhão.
Combination (kômbinêi-shânn) s combinação; união; fusão; coligação.
Combine (kóm-bâinn) s combinação; reunião; associação; conluio; USA conchavo; monopólio.
Combine (kóm-bâinn) v combinar; misturar; ajustar; dispor; associar-se.
Combustible (kâmbâs-tibl) s combustível.
Combustible (kâmbâs-tibl) adj combustível; inflamável; irritável.
Combustion (kâmbâs-tshânn) s combustão; ignição; agitação; conflagração; queima.
Come (kâmm) v vir; chegar; aproximar-se; aparecer; surgir; estender-se; acontecer; realizar-se; advir; nascer; proceder; provir; *TO COME OFF*: sair do lugar; *TO COME TO*: recuperar (os sentidos); *do you COME here often?*: você vem aqui com frequência?: past **CAME** e pp **COME**.
Comeback (kâm-béck) s gír resposta; réplica; USA reeleição.
Comedian (kâmi-diânn) s comediante; farsista.
Comedienne (kâmidié-nn) vide **COMEDIAN**.
Comedown (kâm-dáun) s quebra; ruína.
Comedy (kó-midi) s comédia; farsa.
Comeliness (kâm-linéss) s graça; beleza; garbo; comportamento.
Comely (kâm-li) adj gracioso; elegante; garboso; bonito; decente; agradável.
Comer (kâ-mâr) s recém-chegado; aquele que chega.
Comestible (komés-tibl) adj comestível.
Comet (kó-mit) s cometa.
Comfit (kâm-fit) s confeito; doce; fruta cristalizada.
Comfort (kâm-fârt) s conforto; consolo; alívio; USA acolchoado.
Comfort (kâm-fârt) v confortar; aliviar; encorajar; reconfortar; animar.
Comfortable (kâm-fârtâbl) adj confortável; consolador; cômodo; contente; amplo; satisfatório.
Comforter (kâm-fârtâr) s confortador; consolador; manta de lã; cachecol; RELIG o Espírito Santo.
Comfortless (kâm-fârtléss) adj sem conforto; desconsolado.
Comic (kó-mik) s comediante; comicidade.
Comic (kó-mik) adj cômico; engraçado; ridículo.
Coming (kâ-minn) s chegada; vinda; advento.
Coming (kâ-minn) adj vindouro; futuro; esperado; próximo.

Comma (kó-ma) s GRAM vírgula; *inverted COMMA*: aspas.
Command (kómén-d) s comando; autoridade; poder; controle; domínio; denominação; vigilância; conhecimento; tirocínio.
Command (kómén-d) v governar; mandar; ordenar; dirigir; render; lucrar; comandar.
Commandant (kômândén-t) s comandante militar.
Commandeer (kóméndi-r) v recrutar; requisitar militarmente.
Commandment (kómend-ment) s mandamento; ordem; preceito.
Commemorate (kómé-morêit) v comemorar; celebrar; honrar a memória de.
Commemoration (kómémoréi-shânn) s comemoração.
Commence (komén-ss) v começar; principiar; dar origem a; colar grau; doutorar-se.
Commencement (koméns-ment) s começo; origem; princípio; cerimônia de entrega de diplomas.
Commend (kámen-d) v recomendar; elogiar; louvar; confiar; incumbir; encomendar.
Commendable (kámen-dâbl) adj recomendável; louvável; meritório.
Commensurable (kâmen-shârâbl) adj comensurável; proporcionado; adaptado; recomendável.
Commensurate (kâmen-shârit) adj comensurável; proporcionado; igual em tamanho e extensão.
Comment (kó-ment) s comentário; explicação; reflexão; crítica; anotação.
Comment (kó-ment) v comentar; censurar; anotar.
Commentary (kó-mentéri) s comentário; crítica; série de comentários; ilustração.
Commentator (kó-mentêitâr) s comentador; comentarista.
Commerce (kó-mârss) s comércio; tráfico; intercurso; intercâmbio.
Commerce (kó-mârss) v comerciar; negociar.
Commercial (kómâr-shâl) s mercantil; comercial; BR TV intervalo de transmissão, visando apresentar propaganda e publicidade comercial.
Commercial (kómâr-shâl) adj comercial; mercantil.
Commercialize (komâr-shâláiz) v comercializar.
Commination (kóminêi-shânn) s cominação; ameaça; denúncia.
Comminatory (kómi-nâtôuri) adj cominatório; ameaçador.
Commingle (kóming-l) v misturar-se; misturar.
Commiserate (kómi-zârêit) v compadecer-se; apiedar-se; comiserar-se.
Commissary (kó-misséri) s comissário.
Commit (kómi-t) v cometer; perpetrar; comprometer-se; empenhar; enviar sob prisão; praticar; confiar; entregar; consignar.
Commitment (kómit-ment) s compromisso; cometimento; JUR mandado de prisão.
Committee (kómi-ti) s comitê; comissão; delegação; junta; curador; comissário; tutor.
Commode (kómôu-d) s cômoda; lavatório.
Commodious (kómôu-diâss) adj apropriado; cômodo; conveniente; útil; espaçoso; amplo.
Commodity (kómó-diti) s mercadoria; gênero; produto; artigo; bens móveis; JUR conveniência.
Common (kó-mânn) s terra comum; pasto público; propriedade geral; passagem pública.
Common (kó-mânn) adj comum; vulgar; popular; geral; universal; público; ordinário; inferior.
Common (kó-mânn) v comunicar; partilhar; compartilhar.
Commonage (kó-mânidj) s direito de pastagem; propriedade em comum; posse conjunta.
Commonly (kó-mânli) adv comumente; geralmente; vulgarmente.
Commonness (kó-mâness) s generalidade; comunidade; vulgaridade.

COMMONPLACE — COMPRESS

Commonplace (kó-mân-plêiss) s lugar-comum; trivialidade; banalidade.
Commonplace (kó-mân-plêiss) *adj* comum; vulgar; banal; trivial.
Commons (kó-mânz) s plebe; povo; alimento; provisões; ENGL *HOUSE of COMMONS*: Câmara dos Comuns.
Commotion (kâmôu-shânn) s perturbação; comoção; motim; revolta; tumulto; agitação.
Commove (kâmu-v) s comover; agitar; perturbar.
Communal (ko-miunâl) *adj* comunal; público.
Communalize (kómiu-nâláiz) v tornar comum.
Commune (kâmiu-nn) s conversa; comuna; comunidade; intimidade.
Commune (kâmiu-nn) v conversar; discorrer; comungar; receber a hóstia.
Communicable (kâmiu-nikâbl) *adj* comunicável, contagioso.
Communicant (kâmiu-nikânt) s comungante; participador.
Communicate (kâmiu-nikêit) v comunicar-se; comunicar; avisar; participar; receber a comunhão.
Communication (kâmiunikêi-shânn) s comunicação; notificação; participação; ligação; passagem; comunhão eucarística.
Communion (kâmiu-niânn) s comunhão; confraternidade; comunicação; união; comércio; sacramento da eucaristia.
Communism (kó-miunizm) s comunismo, sistema sócio-econômico que defende e pretende a divisão de todos os bens para distribuição igualitária a todos.
Community (kâmiu-niti) s comunidade; sociedade; semelhança; identidade; dinheiro coletado para fins de caridade; *we live in a small COMMUNITY*: nós vivemos numa pequena comunidade.
Communize (kó-miunáiz) v socializar; adaptar ao comunismo.
Commutable (kâmiu-tâbl) *adj* comutável; permutável.
Commutate (kó-miutêit) v comutar; alterar uma corrente elétrica.
Commute (kómiu-t) v comutar; permutar; substituir; atenuar.
Commuter (kómiu-târ) s viajante autorizado por assinatura.
Compact (kóm-pekt) s pacto; acordo; ajuste; tratado; estojo de pó-de-arroz ou rouge; MÚS *COMPACT disc (CD)*: disco compacto contendo.
Compact (kóm-pekt) v comprimir; espessar; unir.
Compact (kóm-pekt) *adj* compacto; denso; maciço; comprimido; conciso.
Companion (kómpé-niânn) s companheiro; camarada; dama de companhia; sócio; associado.
Company (kâm-pâni) s companhia; sociedade empresarial; convivência; hóspedes; tripulação de um navio; divisão de um regimento; comitiva; *she is in good COMPANY*: ela está em boa companhia.
Comparative (kómpé-râtiv) *adj* comparativo; relativo; comparado.
Compare (kómpé-r) s comparação; confronto; cotejo.
Compare (kómpé-r) v comparar; cotejar; igualar; assemelhar-se.
Compartment (kómpárt-ment) s compartimento; secção; divisão; aposento.
Compass (kâm-pâss) s extensão; espaço; circuito; âmbito; compasso; bússola; MÚS compasso); *my COMPASS points south*: a minha bússola indica o sul.
Compass (kâm-pâss) v circundar; atingir; planejar; bloquear; percorrer; conseguir; perceber.
Compass (kâm-pâss) *adj* redondo.
Compassion (kómpé-shânn) s compaixão; comiseração; piedade; pena; dó.
Compatibility (kómpétibi-liti) s compatibilidade; harmonia.
Compatible (kómpé-tibl) *adj* compatível; harmonioso; conciliável.
Compatriot (kómpêi-triât) *adj* compatriota.
Compeer (kómpi-r) s companheiro; camarada; par; igual.

Compel (kómpé-l) v compelir; obrigar; coagir; extorquir.
Compend (kóm-pénd) s compêndio; súmula; síntese.
Compensable (kompén-sâbl) *adj* compensável; indenizável.
Compensate (kóm-penseit) v compensar; indenizar.
Compete (kómpit) v competir; concorrer; disputar; rivalizar.
Competence (kóm-pitenss) s competência; capacidade; suficiência de meios.
Competent (kóm-pitent) *adj* competente; capaz; idôneo.
Competition (kómpiti-shânn) s competição; concorrência; concurso; confronto.
Compile (kompáil) v compilar; coligir; ajuntar; colher.
Complacence (komplêi-senss) s complacência; contentamento; prazer.
Complacency (komplêi-sensi) *vide* COMPLACENCE.
Complain (komplêi-nn) v queixar-se; lamentar-se; reclamar.
Complainant (komplêi-nânt) s queixoso; reclamante; JUR demandante.
Complainer (komplêi-nâr) v queixoso; reclamante.
Complaint (komplêint) s queixa; reclamação; lamúria; querela; enfermidade; indisposição.
Complaisant (komplêi-zânt) *adj* complacente; benevolente; afável; cortês.
Complement (kom-pliment) s complemento; apêndice; plenitude; consumação; remate; totalidade.
Complete (kómplit) v completar; concluir; acabar; inteirar; aperfeiçoar.
Complete (kómplit) *adj* completo; inteiro; cabal; acabado; perfeito.
Completely (kómplit-li) *adj* completamente; inteiramente; perfeitamente.
Completion (kompli-shânn) s remate; completamente; acabamento; conclusão.
Complex (kóm-pléks) s complexo; GÍR aversão.
Complex (kóm-pléks) *adj* complexo; complicado; intrincado.
Compliance (komplái-ânss) s condescendência; submissão; aquiescência.
Compliancy (komplái-ânsi) *vide* COMPLIANCE.
Complicate (kómp-likêit) v complicar.
Complicated (kóm-plikêitid) *adj* complicado; complexo; intrincado.
Complicity (kompli-siti) s cumplicidade.
Compliment (kóm-pliment) s cumprimento; atenção; elogio; expressão de cortesia; *pl* homenagens.
Compliment (kóm-pliment) v saudar; cumprimentar; presentear; elogiar; homenagear.
Complot (komplót) s conspiração.
Complot (komplót) v conspirar; tramar.
Comply (komplái-i) v aceder; aquiescer; consentir; ceder.
Component (kómpôu-nânt) s componente; ingrediente; constituinte.
Comport (kompôurt) v comportar-se; conduzir-se; condizer; concordar; ser compatível.
Comportment (kompôurt-ment) s comportamento; conduta; procedimento; aparência.
Compose (kompôu-z) v compor; formar; constituir; arranjar; ajustar; apaziguar.
Composed (kompôuz-d) *adj* calmo; quieto; tranquilo.
Composer (kompôu-zâr) s compositor; autor; linotipista; maestro; escritor.
Composite (kompó-zit) s composto; misto.
Composite (kompó-zit) *adj* composto; heterogêneo; misto.
Composition (kómpozi-shânn) s composição; tema; acordo; ajuste.
Composure (kompôu-jâr) s compostura; serenidade; calma; moderação.
Compound (komáun-d) v compor; misturar; conciliar.
Comprehend (kompri-hén-d) v compreender; entender; abranger; conter; incluir.
Compress (kompré-ss) s compressa.

COMPRESS — CONFORM

Compress (kompré-ss) v comprimir; prensar; condensar; resumir; abreviar.
Comprise (komprái-z) v abranger; encerrar; incluir; conter.
Compromise (kóm-promáiz) s compromisso; acordo; conciliação; concessão; acomodação.
Compromise (kóm-promáiz) v comprometer; transigir; estabelecer acordo ou ajuste; conciliar.
Compulsion (kompâl-shânn) s compulsão; constrangimento; coação; obrigação.
Compulsive (kompâl-siv) adj compulsivo; compulsório; coercivo.
Computable (kómpiu-tâbl) adj computável.
Compute (kómpiu-târ) v computar; calcular; estimar.
Computer (kómpiu-târ) s computador; calculista; máquina de calcular.
Comrade (kom-réd) s camarada; companheiro; colega; membro; sócio.
Con (kónn) s voto contrário; objeção.
Con (kónn) v decorar; aprender de cor; examinar; considerar; estudar.
Conation (konêi-shânn) s FIL volição; desejo.
Concave (kón-kêiv) s côncavo; concavidade.
Conceal (kónsi-l) v ocultar; dissimular; disfarçar.
Concede (konsi-d) v conceder; outorgar; admitir; permitir.
Conceit (konsi-t) s conceito; vaidade; presunção.
Conceited (konsi-tid) adj presumido; convencido; afetado.
Conceive (konsiv) v conceber; gerar; imaginar; compreender; perceber; ficar grávida; pensar; exprimir; julgar; crer.
Concentrate (kón-sentrêit) v concentrar; intensificar; condensar.
Concept (kón-sépt) s conceito; ideia; noção; respeito.
Concern (konsâr-n) s interesse; relação; ligação; ansiedade; solicitude; participação; negócio; empresa.
Concern (konsâr-n) v concernir; dizer respeito; interessar-se; afligir; inquietar; concertar; convencionar; pactuar; planejar; maquinar.
Conch (kónk) s concha; pavilhão auricular; caramujo.
Conciliate (konsi-liêit) v conciliar; acalmar; harmonizar; granjear; apaziguar; congraçar; ganhar.
Conciliative (konsi-liêitiv) adj conciliatório; conciliador.
Concise (konsái-ss) adj conciso; sucinto; lacônico.
Concision (konsi-jânn) s corte; concisão.
Conclamation (kónklâmêi-shânn) s conclamação.
Conclude (konklu-d) v concluir; inferir; deduzir; terminar; acabar.
Concoct (kónkók-t) v preparar; forjar; tramar; urdir; planejar; inventar.
Concomitance (kónkó-mitânss) s concomitância; coexistência; coincidência.
Concomitancy (kónkó-mitânsi) vide CONCOMITANCE.
Concomitant (kónkó-mitânt) s companheiro; coisa que acompanha outra.
Concomitant (kónkó-mitânt) adj concomitante.
Concord (kón-kórd) s acordo; tratado; concórdia; paz; MÚS acorde.
Concordat (kónkór-dét) s acordo; concordata.
Concourse (kón-kôurss) s concurso; reunião; assembleia.
Concrete (kón-krit) s concreto.
Concrete (kón-krit) v concretizar; solidificar-se.
Concrete (kón-krit) adj concreto; real; palpável.
Concubinage (kónkiu-binidj) s concubinagem; concubinato; mancebia.
Concubine (kón-kiubâinn) s concubina; amante.
Concur (konkâr) v cooperar; coincidir; concorrer; combinar.
Concurrence (konkâ-renss) s concorrência; concurso; confluência; acordo; assentimento; coincidência.
Concurrent (konkâ-rênt) s concorrência; rival; confluência; acordo; concomitante; concorrente.

Concuss (konkâ-ss) v concutir; sacudir; abalar; constranger; forçar.
Condemn (kondém-n) v condenar; reprovar; sentenciar; desenganar.
Condense (kondén-ss) v condensar; condensar-se; comprimir; resumir.
Condescend (kóndissén-d) v assentir condescender; dignar-se; transigir.
Condign (kondái-nn) adj condigno; merecido; justo; adequado; apropriado.
Condiment (kón-diment) s condimento; tempero; adubo.
Condiment (kón-diment) v condimentar.
Condisciple (kóndissáip-l) s condiscípulo; colega de escola.
Condition (kondi-shânn) s condição; estipulação; classe social; estado.
Condition (kondi-shânn) v estipular; condicionar; convencionar.
Conditional (kondi-shânâl) adj condicional; restritivo.
Condone (koundôu-lenss) v perdoar; justificar; indultar.
Conduce (kondiu-ss) v conduzir; guiar; levar; tender; contribuir.
Conduct (kóndâkt) s direção; administração; gerência; escolta; comboio.
Conduct (kóndâkt) v conduzir; reger; guiar; escoltar; controlar; dirigir; levar; comandar; USA para-raios.
Conduction (kondâk-shânn) s condução; transmissão.
Conductor (kondâk-târ) s maestro; condutor (guarda de trem etc.).
Conduit (kón-duit) s conduto; canal; aqueduto; ELET eletroduto.
Cone (kôunn) s cone; USA copinho para sorvetes; *ice cream CONE*: casquinha do sorvete.
Coney (kôu-ni) vide CONY.
Confabulate (konfé-biuléit) v confabular; palestrar.
Confect (konfék-t) v fazer doces; pôr em conserva; confeitar.
Confederacy (konfék-dârássi) s confederação; liga; conspiração; trama.
Confederate (konfé-dârit) s confederado; cúmplice; parceiro.
Confederate (konfé-dârit) v confederar; confederar-se; unir; ligar-se.
Confederate (konfé-dârit) adj confederado; aliado; associado.
Confer (konfâr) v conferir; conceder; dar; conferenciar; consultar; trocar ideias.
Confess (konfé-ss) v confessar; admitir.
Confessor (konfé-sâr) s confessor; mártir.
Confide (konfái-d) v confiar; fiar-se; entregar-se.
Confidence (kón-fidenss) s confiança; segredo; confidência.
Confident (kón-fident) adj confiante.
Configuration (konfighiurêi-shânn) s configuração; contorno; forma.
Confine (kôn-fáinn) s confim; limite; fronteira.
Confine (kôn-fáinn) v limitar; confinar; internar; restringir; encarcerar.
Confinement (konfáin-ment) s limitação; restrição; prisão; clausura; reclusão; parto.
Confirm (kânfâr-m) v confirmar; estabelecer; assegurar; ratificar; sancionar; validar; crismar; comprovar.
Confirmed (konfârmd) adj confirmado; crônico; crismado; habitual.
Confiscate (kón-fiskêit) v confiscar; apreender; embargar.
Confiscation (kónfiskêi-shânn) s confiscação.
Conflagration (kónflâgrêi-shânn) s conflagração.
Conflict (konflik-t) s conflito; combate; colisão; discordância; desacordo.
Conflict (konflik-t) v colidir; conflitar; lutar; discordar; diferir.
Confluent (kón-fluênt) s confluente; rio afluente; tributário.
Conform (konfór-m) v conformar; ajustar; adaptar; obedecer; seguir; resignar-se; igualar.

CONFORMATION — CONSTITUTIVE

Conformation (konformêi-shânn) *s* conformação; configuração.
Confound (konfáund) *v* confundir; perturbar; frustrar; misturar; consternar; amaldiçoar; destruir.
Confraternity (kónfrâtâr-niti) *s* confraternidade; irmandade; confraria.
Confront (konfrânt) *v* confrontar; defrontar; arrostar.
Confuse (konfiuz) *v* confundir; misturar; embaraçar; desordenar; perturbar; envergonhar.
Congeal (kondjil) *v* congelar; gelar-se; coagular; cristalizar-se.
Congener (kóndji-nár) *s* congênere; semelhante.
Congener (kóndji-nár) *adj* congênere; idêntico.
Congenial (kondji-niál) *adj* análogo; afim; agradável.
Congest (kóndjés-t) *v* acumular; amontoar; congestionar.
Congestion (kondjést-shânn) *s* congestionamento; acúmulo, MED congestão.
Congestive (kondjés-tiv) *adj* congestivo; relativo à congestão.
Conglomerate (konglô-mârêit) *s* conglomerado; aglomerado; congregado.
Conglomerate (konglô-mârêit) *v* conglomerar; amontoar; congregar.
Congrats (kongré-ts) *s* parabéns.
Congratulate (kongré-tiulêit) *v* congratular; felicitar; regozijar-se.
Congratulation (kongrétiulêi-shânn) *s* congratulação; felicitação; parabéns; *vide* CONGRATS.
Congregant (kón-grigant) *s* congregante; congregado.
Congregate (kón-grighêit) *v* congregar; reunir; convocar; juntar.
Congregate (kón-grighêit) *adj* congregado; reunido.
Congress (kón-gréss) *s* congresso; assembleia; parlamento.
Congressman (kón-grésmaen) *s* congressista.
Congruence (kón-gruénss) *s* congruência; concordância; harmonia.
Congruent (kón-gruént) *adj* congruente; conveniente; adequado.
Congruity (kóngru-iti) *s* congruência; conveniência; conformidade; harmonia.
Conjectural (kondjék-tiurâl) *adj* conjetural; que se baseia em conjeturas.
Conjecture (kondjék-tiur) *s* conjetura; suposição; hipótese.
Conjecture (kondjék-tiur) *v* conjeturar; supor.
Conjoin (kondjói-nn) *v* conjungir; associar; ligar-se; reunir.
Conjoint (kondjói-nn-t) *adj* conjunto; unido; ligado; associado; junto.
Conjugal (kón-djugâl) *adj* conjugal; matrimonial.
Conjugate (kón-djughêit) *s* cognato; conjugado.
Conjugate (kón-djughêit) *v* conjugar; unir em matrimônio.
Conjugate (kón-djughêit) *adj* conjugado; unido; emparelhado.
Conjugation (kóndjughêi-shânn) *s* conjugação; união; combinação.
Conjunct (kondjânk-t) *adj* conjunto; unido; ligado; reunido.
Conjunction (kondjânk-shânn) *s* conjunção; associação; reunião; liga.
Conjuncture (kondjânk-tshâr) *s* conjuntura; crise; combinação.
Conjure (kân-djâr) *v* conjurar; evocar; encantar; suplicar; implorar.
Conk (kónk) *s* GÍR narigão; nariz.
Conk (kónk) *v* falhar; entrar em pane.
Connect (konék-t) *v* ligar; coordenar; associar; encadear.
Connected (konik-tid) *adj* unido; conjugado; ligado; aparentado; relacionado.
Connection (konék-shânn) *s* conexão; ligação; parentesco; amizade; seita religiosa.
Connexion (konék-shânn) *vide* CONNECTION.
Connivance (konái-vânss) *s* conivência; cumplicidade; conluio.
Connivancy (konái-vânsi) *vide* CONNIVANCE.
Connive (konái-v) *v* tolerar faltas; mancomunar; ser conivente; consentir.
Connotation (kónotêi-shânn) *s* conotação; dependência.
Connote (kónôut) *v* conotar; implicar; significar; envolver; antipatizar.
Conquer (kón-kâr) *v* conquistar; sair vitorioso; subjugar; refrear; sujeitar.
Conquering (kón-kârinn) *adj* vitorioso; triunfante; vencedor.
Conquest (kón-kuist) *s* conquista; vitória; subjugação; triunfo.
Conscience (kón-shênss) *s* consciência; escrúpulo; retidão; probidade.
Conscious (kón-shâss) *adj* consciente; ciente; deliberado; cônscio; intencional; de propósito.
Conscript (kóns-kript) *s* recruta; conscrito.
Conscript (kóns-kript) *v* recrutar.
Conscription (konskrip-shânn) *s* conscrição; alistamento; recenseamento militar.
Consecrate (kón-sikrêit) *v* consagrar; canonizar; devotar; destinar; dedicar.
Consecrate (kón-sikrêit) *adj* consagrado.
Consecutive (konsé-kiutiv) *adj* consecutivo; sucessivo; consequente.
Consensus (konsén-sâss) *s* consenso; acordo; pleno acordo.
Consent (konsén-t) *s* consentimento; anuência; permissão; aquiescência.
Consent (konsént) *v* consentir; anuir.
Consequence (kon-sikuénss) *s* consequência; dedução; efeito; resultado; importância.
Conserve (kon-sêrv) *v* guardar em conserva.
Consider (kon-sêrv) *v* considerar; ponderar; refletir; pensar; distinguir.
Consign (kon-sain) *v* consignar; confiar; considerar; deliberar; examinar; depositar; dispor.
Consistent (kon-sis-tent) *adj* compatível; coerente; contínuo; habitual.
Consolation (konsolêi-shânn) *s* consolação; consolo; alívio; lenitivo.
Console (konsôu-l) *s* consolo; base de computador; móvel onde se assenta objetos diversos; MÚS estrutura do teclado do órgão.
Console (konsôu-l) *v* consolar; confortar; amenizar; mitigar.
Consolidate (konsó-lidêit) *v* unir; consolidar; firmar-se; solidificar-se.
Consonant (kón-sonânt) *s* GRAM consoante.
Consonant (kón-sonânt) *adj* consonante; conforme.
Consort (kón-sórt) *s* consorte; cônjuge; sócio; navio que segue a outro.
Consort (kón-sórt) *v* associar; unir; concordar; juntar; consorciar-se; harmonizar.
Conspiracy (konspi-rássi) *s* conspiração; trama; intriga; conjuração.
Conspire (konspái-r) *v* conspirar; tramar; maquinar; ligar-se; cooperar.
Constable (kâns-tâbl) *s* policial; condestável; guarda; mordomo.
Constancy (kóns-tânsi) *s* constância; estabilidade; perseverança; fidelidade.
Constellation (kónstâlêi-shânn) *s* constelação; reunião; grupo brilhante; *CONSTELLATION of Aquarius*: constelação de aquário.
Consternate (kóns-tânêit) *v* consternar; atemorizar.
Constipate (kóns-tipêit) *v* MED constipar; causar prisão de ventre.
Constitute (kóns-titiut) *v* constituir; estabelecer; fixar; organizar.
Constitution (kónstitiu-shânn) *s* constituição; complexão; estrutura; nomeação; estatuto.
Constitutive (kónsti-tiutiv) *adj* constitutivo; essencial; fundamental; construtivo; formativo.

CONSTRAIN — CONVERSE

Constrain (konstrêi-nn) *v* constranger; forçar; obrigar; apertar; bloquear; reprimir; encarcerar.
Constrict (konstrik-t) *v* constringir; reprimir; apertar; cingir.
Constringent (konstrin-djênt) *adj* constringente; adstringente.
Construct (konstråkt) *v* construir; edificar; planejar; formar; arquitetar.
Constructor (konstråk-tår) *s* construtor.
Construe (konstru) *v* construir; dar boa regência gramatical; traduzir.
Consuetudinary (kónsuitiu-dinâri) *adj* consuetudinário; usual; costumeiro.
Consult (konsâl-t) *v* consultar; deliberar; considerar; aconselhar-se; conferenciar.
Consultative (konsâl-tátiv) *adj* consultativo; deliberativo.
Consume (konsiu-mm) *v* consumir; devorar; preocupar; despender.
Consummate (kón-sâmit) *v* consumar; acabar.
Contact (kón-têkt) *s* contacto; ligação; conexão.
Contact (kón-têkt) *v* pôr em contato; comunicar-se com.
Contagion (kontêi-djånn) *s* contágio; infecção; transmissão de costumes; transmissão de qualidades morais ou sociais.
Contain (kontêi-nn) *v* conter; encerrar; abranger; refrear; reprimir; ser divisível por; deter.
Contemn (kóntêm-n) *v* desprezar; desdenhar; menosprezar.
Contemner (kontém-når) *s* desprezador; desdenhador; menosprezador.
Contemnor (kontém-når) *vide* CONTEMNER.
Contemplate (kón-têmplêit) *v* contemplar; projetar; tencionar; meditar.
Contemplation (kóntemplêi-shånn) *s* contemplação; medição; projeto; exame.
Contemplative (kontém-plátiv) *adj* contemplativo; meditativo.
Contemporaneous (kontêmporéi-niåss) *adj* contemporâneo; coevo; da mesma época.
Contemporize (kontémp-poráiz) *v* contemporizar.
Contempt (kontémpt) *s* desprezo; desdém; escárnio; vergonha.
Contend (konténd) *v* contender; lutar; combater; sustentar; afirmar; argumentar.
Contender (kontén-dêr) *s* contendor; competidor; adversário.
Content (kón-tent) *s* contentamento; satisfação; índice; essência; extensão.
Content (kón-tent) *v* contentar; satisfazer; combater; competir; disputar.
Content (kón-tent) *adj* contente; satisfeito; disposto.
Contest (kontést) *s* debate; luta; controvérsia; competição; contenda.
Contest (kontés-t) *v* disputar; concorrer; contestar; refutar; abater; contender; altercar.
Contestable (kontés-tâbl) *adj* contestável; disputável.
Context (kón-têkst) *s* contexto; contextura.
Contexture (kontêks-tshâr) *s* contextura; tecido; pano.
Contiguity (kontighiu-iti) *s* contiguidade; proximidade; vizinhança; continuidade.
Continence (kón-tinénss) *s* continência; castidade; pureza; abstinência.
Continent (kon-tinént) *s* continente.
Continent (kon-tinént) *adj* continente; casto; puro; moderado.
Continual (kónti-niuâl) *adj* contínuo; constante; sucessivo; incessante.
Continuation (kontiniuêi-shånn) *s* continuação; prosseguimento; sequência.
Continue (konti-niu) *v* continuar; prosseguir; prolongar; ficar; permanecer; durar; adiar.
Contort (kontór-t) *v* contorcer; torcer.
Contour (kón-tur) *s* contorno; curva de nível.
Contour (kón-tur) *v* contornar.
Contrabandist (kóntrâbên-dist) *s* contrabandista.
Contrabass (kón-trâbêiss) *s* MÚS contrabaixo.

Contract (kón-trékt) *s* contrato; ajuste; pacto; acordo; encomenda.
Contract (kón-trékt) *v* contratar; contrair; adquirir; encolher; restringir; ajustar.
Contractive (kontrêk-tiv) *adj* contrativo.
Contradict (kóntrádikt) *v* opor-se; contradizer; contestar; desmentir.
Contralto (kontréi-tôu) *s* MÚS contralto (a voz feminina mais grave).
Contraposition (kóntråposi-shånn) *s* contraposição; antítese.
Contraption (kontrép-shånn) *s* paliativo; geringonça; engenhoca; USA invento.
Contrariant (kontré-riånt) *adj* contrário; oposto; incompatível.
Contrariety (kontrårái-åti) *s* contrariedade; contradição; oposição; repugnância.
Contrary (kón-trâri) *s* contrário; contradição; inverso.
Contrary (kón-trâri) *adj* contrário; desfavorável; adverso; antagônico.
Contrarywise (kón-trâruaiz) *adv* contrariamente; em sentido oposto.
Contrast (kontrés-t) *s* contraste; diferença; oposição.
Contrast (kontrés-t) *v* contrastar; contrapor.
Contravene (kón-trávinn) *v* opor-se a; transgredir; infringir; contraditar.
Contravention (kóntråvén-shånn) *s* contravenção; infração; transgressão; violação.
Contribute (kontri-biut) *v* contribuir; concorrer; cooperar; colaborar; subscrever; doar.
Contrite (kón-tráit) *adj* contrito; arrependido; penitente; pesaroso.
Contrive (kontrái-v) *v* projetar; imaginar; inventar.
Control (kontrôul) *s* controle; chave; domínio; governo; direção; comando; fiscalização; autoridade; alavanca; padronização.
Control (kontrôul) *v* controlar; fiscalizar; governar; dirigir; refrear; reprimir; regular.
Controller (kontrôu-lår) *s* controlador; superintendente; inspetor.
Controversial (kóntrovår-shâl) *adj* polêmico; controverso.
Controversy (kón-trovårsi) *s* controvérsia; polêmica; discussão; debate.
Controvert (kón-trovårt) *v* controverter; contestar; contradizer; disputar; debater; impugnar.
Contumacy (kon-tiumássi) *s* contumácia; obstinação; desobediência.
Contusion (kontiu-jånn) *s* contusão; ferimento.
Conundrum (konán-drâmm) *s* adivinha; adivinhação; enigma; charada; adivinhação.
Convalescence (kónvålé-sênt) *s* convalescença.
Convene (konvi-nn) *v* reunir; convocar; citar; emprazar.
Convenience (konvi-niênss) *s* conveniência; comodidade; conforto.
Convenient (konvi-niént) *adj* conveniente; oportuno; adequado; cômodo; prático; útil; fácil.
Convent (kón-vênt) *s* convento; mosteiro; claustro.
Convention (konvén-shånn) *s* convenção; convênio; assembleia; etiqueta; formalidades.
Conventual (konvén-tshuâl) *s* conventual; religioso.
Conventual (konvén-tshuâl) *adj* conventual; religioso.
Converge (konvår-dj) *v* convergir; afluir.
Convergent (konvår-djént) *adj* convergente.
Conversant (kón-vårsånt) *adj* versado; entendido; experimentado; conhecedor; familiar; íntimo.
Conversation (kónvårsêi-shånn) *s* conversação; palestra; colóquio.
Converse (kón-vårss) *s* conversa; palestra; conversação; intercurso; relações; contrário.
Converse (kón-vårss) *adj* inverso; contrário; oposto; recíproco; complementar.

CONVERSELY — CORRUGATION

Conversely (kón-vårsli) *adv* inversamente; reciprocamente; mutuamente.
Conversion (konvâr-shánn) *s* conversão; transformação; transposição.
Convert (konvârt) *s* converso; convertido; prosélito.
Convert (konvârt) *v* converter; transportar; apropriar-se.
Convex (kón-veks) *adj* convexo.
Convey (konvê-i) *v* transportar; levar; conduzir; trazer; transmitir; exprimir.
Conveyance (konvêi-ânss) *s* transferência; traspasse; transporte.
Convict (konvik-t) *s* réu convicto; condenado.
Convict (konvik-t) *v* condenar; pronunciar um réu.
Convince (konvin-ss) *v* convencer; persuadir; incitar.
Convivial (konvi-viál) *adj* jovial; alegre; festivo; convival.
Convocation (kónvokêi-shánn) *s* convocação; chamada; sínodo.
Convoke (konvôu-k) *v* convocar.
Convolve (konvól-v) *v* enrolar; envolver; embrulhar.
Convoy (kónvó-i) *s* comboio.
Convoy (kónvó-i) *v* escoltar; comboiar; proteger.
Convulse (konvâl-ss) *v* convulsionar; agitar; excitar.
Convulsion (konvâl-shánn) *s* abalo; convulsão; comoção; distúrbio.
Convulsive (konvâl-siv) *adj* convulsivo; espasmódico.
Cony (kôu-ni) *s* coelho; pele de coelho.
Coo (ku) *s* arrulho.
Coo (ku) *v* arrulhar; murmurar.
Cook (kuk) *s* cozinheiro; *Milton is a good COOK*: o Milton é um bom cozinheiro.
Cook (kuk) *v* cozinhar; cozer; falsificar; forjar; *she COOKS breakfast*: ela prepara o café da manhã.
Cooker (ku-kâr) *s* fogão.
Cookery (ku-kâri) *s* culinária; cozinha; guloseima.
Cookie (ku-ki) *vide* COOKY.
Cookmaid (kuk-mêid) *s* cozinheira.
Cooky (ku-ki) *s* bolinho; USA biscoito.
Cool (kul) *s* frescura; frescor; lugar fresco.
Cool (kul) *v* esfriar; refrescar; refrigerar; acalmar.
Cool (kul) *adj* frio; fresco; insensível; audacioso; GÍR USA legal! bom!; *my hand is in the COOL water*: minha mão está na água fria.
Cooler (ku-lâr) *s* refrigerador; refrigerante; GÍR prisão (geladeira).
Coolie (ku-li) *s* trabalhador chinês ou indiano.
Cooling (ku-linn) *adj* refrigerante; refrescante.
Coolness (kul-néss) *s* frescura; calma; sangue frio.
Cooly (ku-li) *adv* friamente; calmamente.
Cooper (ku-pâr) *s* embarrilador; tanoar; consertar barris.
Cooperage (ku-pâridj) *s* tanoaria; que fabrica pipas.
Cooperate (koó-pârêit) *v* cooperar; coadjuvar; colaborar; contribuir.
Co-operate (koó-pârêit) *vide* COOPERATE.
Cooperative (koó-pârêitiv) *adj* cooperativo; colaborador.
Co-operative (koó-pârêitiv) *vide* COOPERATIVE.
Coopt (koópt) *v* cooptar; eleger.
Co-opt (koópt) *vide* COOPT.
Coordinate (koór-dinit) *s* coordenada.
Coordinate (koór-dinit) *v* coordenar; classificar; dispor.
Coordinate (koór-dinit) *adj* coordenado.
Co-ordinate (koór-dinit) *vide* COORDINATE.
Coot (kut) *s* corvo marinho; ave aquática; GÍR tolo.
Cop (kóp) *s* cimo; ápice; topo; crista; GÍR policial.
Cop (kóp) *v* GÍR apanhar; furtar; surripiar.
Copartner (kôupárt-nâr) *s* companheiro; comparte; sócio; parceiro.
Copartnership (kôupárt-nârhip) *s* sociedade; companhia.
Cope (kôup) *s* abóbada; cúpula; telhado.
Cope (kôup) *v* contender; lutar; cobrir; combater.
Copier (kó-piâr) *s* imitador; copista.
Coping (kôu-pinn) *s* cumeeira; remate; cume; alto.
Copious (kôu-piâss) *adj* copioso; abundante; rico; nutritivo.
Copper (kó-pâr) *s* cobre; moeda; vasilha de cobre; GÍR policial.
Copper (kó-pâr) *v* revestir de cobre; cobrir.
Coppice (kó-piss) *s* bosque; capão.
Copse (kóps) *vide* COPPICE.
Copulate (kó-piulêit) *v* copular; coabitar; unir; juntar; ligar.
Copulation (kópiulêi-shánn) *s* cópula; coito; conjunção.
Copy (kó-pi) *s* cópia; reprodução; imitação; manuscrito; exemplar (livro).
Copy (kó-pi) *v* copiar; transcrever; imitar; reproduzir.
Copybook (kó-pibuk) *s* caderno; USA copiador.
Copyright (kó-piráit) *s* direitos autorais; propriedade literária.
Copyright (kó-piráit) *v* adquirir uma propriedade literária; ter reserva autoral.
Coquet (koké-t) *v* namorar; galantear.
Coquet (kokét) *adj* namorador.
Coquettish (koké-tish) *adj* namorador; galanteador; faceira.
Cord (kórd) *s* corda; cordão; cordel; tendão; nervo; veludo.
Cord (kórd) *v* encordoar; atar com corda.
Cordial (kór-diâl) *adj* cordial; sincero; estimulante; amável.
Core (kôur) *s* coração; âmago; centro; núcleo; alma.
Core (kôur) *v* extrair o núcleo; esvaziar; tirar o centro.
Corespondent (kôurispón-dênt) *s* cúmplice; corréu.
Cork (kórk) *s* cortiça (também rolha).
Cork (kórk) *v* arrolhar.
Corkscrew (kórk-skru) *s* saca-rolhas.
Corkscrew (kórk-skru) *adj* espiralado.
Corn (kórn) *s* semente; grão de cereal; trigo; aveia; milharada; calo; calosidade; USA milho; *POP CORN*: pipoca.
Corn (kórn) *v* salgar; conservar em salmora; granular; plantar milho em.
Corned (kórnid) *adj* conservado em salmora.
Corner (kór-nâr) *s* canto; ângulo; esquina; FIG embaraço.
Corner (kór-nâr) *v* encurralar; levar à parede; monopolizar; açambarcar; USA colocar em situação embaraçosa.
Cornerman (kór-nârmaen) *s* vagabundo; vadio.
Cornerstone (kórn-stôunn) *s* pedra fundamental; pedra angular; base; fundamento.
Cornerwise (kórn-uáiz) *adv* diagonalmente.
Cornet (kór-nit) *s* corneta; trombeta; cartucho cônico de papel.
Cornstarch (kórn-stársh) *s* amido de milho; maisena.
Corollary (koró-lâri) *s* corolário; conclusão; inferência; resultado.
Corona (korôu-nâ) *s* coroa; halo; auréla.
Coroner (korô-nâr) *s* magistrado (criminal); médico legista.
Coronet (kó-ronét) *s* diadema; coroa de titular; coroa do casco de cavalo.
Corporal (kór-porâl) *adj* corporal; corpóreo; físico; material.
Corporation (kór-porit) *s* grêmio; corporação; USA sociedade por ações.
Corps (kôur) *s* corpo; associação de pessoas; corpo de exército.
Corpse (kôurps) *s* cadáver; defunto.
Corpulent (kôur-piulênt) *adj* corpulento; obeso.
Correct (kórék-t) *v* corrigir; castigar; repreender; remediar.
Correct (kórék-t) *adj* correto; justo; perfeito; exato; esmerado.
Corrector (kórék-târ) *s* corretor; revisor; reformador.
Correlate (kóriléit) *v* correlacionar.
Correspond (kórispónd) *v* condizer; corresponder; escrever.
Correspondence (kórispón-dênss) *s* correspondência; harmonia; acordo.
Correspondent (kórispón-dênt) *s* correspondente.
Corridor (kóri-dâr) *s* corredor; galeria de fortificação.
Corroborate (koró-borêit) *v* corroborar; ratificar; confirmar.
Corrode (korôu-d) *v* corroer; desgastar; consumir.
Corrugation (kóriughêi-shánn) *s* arrugação; ondulação; enrugamento; contração.

CORRUPT — COVETABLE

Corrupt (korâpt) v corromper; estragar; viciar; depravar; subornar.
Corrupt (korâpt) adj corrupto; estrado; poluído; pervertido; depravado.
Corsage (kór-sidj) s corpete; corpo; ramalhete; corpinho.
Corsair (kór-sér) s corsário; pirata.
Corset (kór-sit) s espartilho; colete.
Coruscate (korâs-kêit) v coruscar; reluzir; faiscar; relampejar.
Cosmetic (kósmé-tik) s cosmético.
Cosmetic (kósmé-tik) adj cosmético, produto para o embelezamento do corpo (rosto, cabelo etc.).
Cosmic (kós-mik) adj cósmico; astronômico; vasto.
Cosmical (kós-mikâl) vide COSMIC.
Cosmogony (kósmó-goni) s cosmogonia.
Cosmopolitical (kósmopóli-tikâl) adj cosmopolita.
Cosmos (kós-móss) s cosmos; mundo; universo.
Cossack (kó-sâk) s cossaco; cavaleiro das estepes do sul da Rússia.
Cost (kóst) s preço; custo; despesa; gasto; perda.
Cost (kóst) v valer; custar; acarretar; past or pp COST.
Coster (kós-târ) s verdureiro ambulante; fruteiro.
Costermonger (kós-târ-mân-gâr) vide COSTER.
Costly (kóst-li) adj esplêndido; caro; dispendioso; suntuoso.
Costume (kós-tiumm) s vestuário; traje típico; vestido.
Cot (kót) s casinha; choupana; catre; beliche; alpendre; aprisco (curral).
Coterie (kôu-târi) s círculo social; roda familiar; grupo.
Cottage (kó-tidj) s casa de campo; cabana; choupana.
Cottager (kó-tidjâr) s aldeão; camponês; habitante da casa de campo.
Cotton (kót-n) s algodão; algodoeiro; roupas de algodão.
Cotton (kót-n) v harmonizar-se; afeiçoar-se; concordar.
Cotton (kót-n) adj feito de algodão.
Couch (káutsh) s canapé; sofa; leito.
Couch (káutsh) v acamar; deitar; recostar; encobrir; redigir; deitar-se; agachar-se.
Couchant (káu-tshânt) adj agachado.
Cough (kóf) s tosse.
Cough (kóf) v tossir.
Coulisse (kuli-ss) s bastidores de teatro.
Council (káun-sil) s conselho; assembleia; concílio.
Counsel (káun-sél) s conselho; parecer; JUR consulta; advogado.
Counsel (káun-sél) v aconselhar; consultar.
Counteous (káunt) s conta; total; soma; estimativa; cômputo; atenção; conde; artigo de acusação.
Count (káunt) v contar; ter em conta; enumerar; somar; calcular; valer.
Countable (káun-tâbl) adj contável; computável.
Countenance (káun-tinâss) s semblante; fisionomia; rosto; aspecto; proteção; apoio.
Countenance (káun-tinâss) v aprovar; sancionar; proteger; patrocinar; apoiar; animar.
Counter (káun-târ) s contador; calculador; caixa registradora; balcão.
Counter (káun-târ) v rebater; contra-atacar; opor-se a; contrariar.
Counteract (káun-târ-ék-t) v contrariar; impedir; frustrar; anular.
Counterattack (káun-târ-é-ték) s contra-ataque.
Counterattack (káun-târ-é-ték) v contra-atacar.
Counterblast (káun-târblást) s contrarrajada; oposição enérgica.
Countercharm (káun-târ-tshârmm) v frustrar o efeito de.
Counterfeit (káun-târfit) s falsificação; adulteração; dissimulação; velhaco; impostor.
Counterfeit (káun-târfit) v falsificar; arremedar; contrafazer; imitar; fingir; pretender.
Counterfoil (káun-târfóil) s talão; canhoto.

Countermand (káun-târmánd) s contraordem.
Countermand (káun-târmánd) v contraordenar; revogar; cancelar.
Countermark (káun-târmárk) s contramandar; anular.
Counteroffensive (káun-târofen-siv) s contraofensiva.
Counterpane (káun-târpêinn) s coberta; colcha; acolchoado.
Counterpart (káun-târpárt) s parte correspondente; contraparte.
Counterplot (káun-târplót) s contraconspiração.
Counterplot (káun-târplót) v frustrar uma conspiração.
Counterpoint (káun-târpóint) s contraponto.
Counterpoise (káun-târpóiz) s contrapeso; compensação; equilíbrio.
Counterpoise (káun-târpóiz) v contrabalançar; equilibrar.
Counterpoison (káun-târpóizn) s contraveneno; antídoto.
Countersign (káun-târsáinn) s senha; contrassenha; rubrica.
Countersign (káun-târsáinn) v autenticar; rubricar; subscrever.
Counterweight (káun-târ-uêit) s contrapeso.
Counterweight (káun-târ-uêit) v contrapesar.
Countess (káun-tiss) s condessa.
Counting (káun-tin) s conta; recenseamento.
Countinghouse (káun-tinn-háuss) s escritório comercial.
Countless (káunt-léss) adj inúmero; incontável; inumerável.
Country (kân-tri) s país; nação; campo; região; pátria.
Country (kân-tri) adj do campo; rústico; campestre; rural.
Countryside (kân-tri-sáid) s campo; região rural; zona campestre.
County (káun-ti) s condado; comarca; conselho; distrito.
Couple (kâp-l) s casal; par; parelha.
Couple (kâp-l) v ligar; juntar-se; acoplar.
Courage (kâ-ridj) s coragem; ânimo; bravura.
Courageous (kârêi-djâss) adj corajoso; bravo; valente; destemido; intrépido.
Courier (ku-riâr) s correio; mensageiro.
Course (kôurss) s curso; caminho; corrida; carreira; rota; conduta.
Course (kôurss) v correr; galopar; seguir uma direção; COM COURSE of exchange: cotação do câmbio.
Courser (kôur-sâr) s caçador; corcel.
Coursing (kôur-sinn) s caça à lebre.
Court (kôurt) s corte; paço; residência real; galanteios; séquito; tribunal; quadra de tênis; pátio interno; beco sem saída.
Court (kôurt) v cortejar; namorar; provocar; solicitar.
Courteous (kârt-tiáss) adj cortês; amável; polido; cortesão.
Courtesy (kâr-tissi ou kôur-tissi) s cortesia; reverência; cumprimento; urbanidade; polidez.
Courtmartial (kôurt-már-shâl) s corte--marcial; conselho de guerra.
Courtroon (kôurt-rumm) s sala de tribunal.
Courtship (kôurt-ship) s corte; namoro; galanteio.
Courtyard (kôurt-iárd) s pátio.
Cousin (kâz-n) s primo; prima.
Cove (kôuv) s angra coberta; enseada; recanto; recesso abrigado.
Cove (kôuv) v abobadar; arquear.
Covenant (kó-vinânt) s escrita de contrato; convenção; pacto.
Covenant (kó-vinânt) v contratar; ajustar; pactuar; estipular.
Cover (kâ-vâr) s fachada; coberta; cobertura; abrigo; envelope; sobrescrito; capa de livro; véu; disfarce; pretexto; invólucro; talher.
Cover (kâ-vâr) v cobrir; tapar; viajar; cobrir; percorrer; encapar; ocultar; abranger; compensar; fazer face a; compreender; ser suficiente; pôr o chapéu.
Coverage (kâ-vâridj) s cobertura (apólice); alcance; lastro em ouro.
Covert (kâ-vârt) s abrigo; toca; guarida.
Covert (kâ-vârt) adj coberto; abrigado.
Covet (kâ-vit) v cobiçar; ambicionar; aspirar.
Covetable (kâ-vitâbl) adj ambicioso; cobiçoso; ganancioso.

COVEY — CRIMELESS

Covey (kâ-vi) s bando de pássaros; ninhada; grupo; reunião.
Cow (káu) s vaca; fêmea de diversos animais.
Coward (káu-ârd) adj covarde; poltrão; medroso.
Cowbane (káu-bêinn) s cicuta.
Cowboy (káu-bói) s vaqueiro; meninoque cuida das vacas; USA boiadeiro.
Cowcatcher (káu-ké-tshâr) s limpa-trilhos de locomotiva.
Cower (káu-âr) s agachar-se; encolher-se; tremer.
Cowherd (káu-hârd) s vaqueiro.
Cowl (kául) s capuz de frade; hábito (de frade); chapéu de chaminé; capota de motor.
Cowl (kául) v cobrir com capuz; encapuzar.
Cowshed (káu-shéd) s estábulo.
Coxy (kó-ksi) adj afetado; presunçoso.
Coy (kói) adj acanhado; recatado; modesto; tímido; pudico.
Coyness (kói-néss) s modéstia; reserva; acanhamento; timidez.
Cozen (kázn) v enganar; lograr; defraudar.
Crab (kréb) s caranguejo; ASTR câncer; GÍR rabugento.
Crack (krék) s fenda; racha; rachadura; louco; estrondo; mudança de voz; GÍR tóxico barato que provoca um elevado teor de dependência físico-química e psicológica.
Crack (krék) v fender; estalar; rachar; gabar-se; rebentar; enlouquecer.
Crack (krék) adj bom; excelente; famoso.
Cracker (kré-kâr) s foguete; explosivo; bolacha; dispositivo que serve para quebrar; GÍR mentira.
Cracking (kré-kinn) s rachadura; estalo; ação de rachar; crepitação.
Crackle (krék-l) v estalar; crepitar.
Cracknel (krékn-l) s biscoito duro; bolacha.
Cradle (krêidl-l) s berço; terra natal; infância.
Cradle (krêidl-l) v embalar; pôr no berço; ceifar.
Craft (kráf-t) s arte; artesanato; ofício; manha; habilidade; destreza; embarcação; avião.
Craftiness (kráf-tinéss) s manha; habilidade; astúcia.
Craftsman (kráf-tsmaen) s artífice; mecânico; artesão.
Crafty (kráf-ti) adj ladino; astuto; hábil.
Crag (krég) s despenhadeiro; abismo; penhasco íngreme.
Craggy (kré-ghi) adj escabroso; escarpado.
Crake (krêik) s som da codorniz.
Crake (krêik) v emitir o som onomatopaico da codorniz.
Cram (krémm) s abarrotamento; saciedade.
Cram (krémm) v abarrotar; atulhar; encher; estudo de última hora, estudo apressado para fazer um exame (escolar ou para concurso).
Cramp (krémp) s grampo; gancho; cãibra; obstáculo.
Cramp (krémp) v apertar; constranger; enganar.
Crane (krêinn) s garça; guindaste.
Crane (krêinn) v guindar; suspender; içar.
Cranium (krêi-nâmm) s crânio.
Crank (krénk) s manivela; volta; pessoa esquisita; frase bombástica.
Crank (krénk) v apertar com torniquete; girar; manivelar.
Crank (krénk) adj fraco; abalado; fora do eixo; solto.
Cranked (krénk) adj curvo; dobrado.
Cranny (kré-ni) s fenda; rachadura.
Crape (krêip) s crepe.
Crape (krêip) v encrespar.
Crash (krésh) s estrépito; ruído; barulho; falência.
Crash (krésh) v estalar; estrondear; despedaçar-se; bater.
Crasis (krêi-siss) s crase.
Crass (kréss) adj crasso; grosseiro; estúpido.
Crassness (krés-néss) s grosseria; crassidão.
Crate (krêit) s engradado; caixote; cesto grande.
Crate (krêit) v pôr em cestos; encaixotar; engradar; embalar.
Crater (krêi-târ) s cratera de vulcão; buraco causado por explosão de bomba; vaso (para vinho).
Crave (krêiv) v rogar; suplicar; ambicionar; desejar ardentemente; suspirar por; necessitar.

Craven (krêivn) s covarde; poltrão.
Craven (krêivn) v acovardar.
Craven (krêivn) adj medroso; covarde.
Crawfish (kró-fish) s caranguejo de rio; camarão de água doce.
Crawl (król) v arrastar-se; insinuar-se; rastejar; engatinhar.
Crayfish (krêi-fish) vide CRAWFISH.
Crayon (krêi-ânn) s pastel; lápis de desenho (de cor).
Craze (krêiz) s loucura; demência; paixão; capricho; ranhuras em louças.
Craze (krêiz) v enlouquecer; quebrar; despedaçar.
Crazy (krêi-zi) adj louco; demente.
Creak (krik) s som áspero; chiado.
Creak (krik) v ranger; chiar; cantar (da cigarra).
Cream (krimm) s creme; nata; cor de creme; pomada; cosmético.
Cream (krimm) v desnatar; bater para formar creme.
Cream (krimm) adj de creme; cremoso; cor de creme.
Creamy (kri-mi) adj cremoso; parecido com a nata.
Crease (kriss) s prega; dobra; ruga.
Create (kriêit) v criar; produzir; gerar; constituir; ocasionar; inventar.
Creation (kriêi-shânn) s criação; ato de criar; produção.
Creative (kriêi-tiv) adj criativo; produtivo; criador.
Creativeness (kriêi-tivinéss) s criatividade; faculdade criadora.
Creator (kriei-târ) s criador; autor.
Creature (kri-tshâr) s criatura; ser; animal doméstico; ente.
Credence (kri-dânss) s crédito; crença; fé; credencial.
Credible (kré-dibl) adj crível; acreditável; verossímel.
Credit (kré-dit) s crédito; confiança; reputação; fé; honra.
Credit (kré-dit) v crer; acreditar; creditar; vender a; confiar.
Creditable (kre-ditabl) adj meritório; louvável; recomendável.
Creditor (kré-ditâr) s credor.
Credo (kri-dóu) s credo; símbolo dos Apóstolos; profissão de fé.
Credulous (kré-diulâss) adj crédulo; ingênuo; cândido.
Credulously (kré-diulâsli) adv credulamente; ingenuamente.
Creed (krid) s credo; crença; profissão de fé; doutrina.
Creek (krik) s angra; riacho; baía; porto; enseada.
Creel (kril) s cesto de pescador; MEC grade; estante.
Creep (krip) v arrastar-se; humilhar-se; engatinhar; arrepiar-se; past ou pp CREPT.
Cremate (krimêit) v cremar; incinerar.
Cremation (krimêi-shânn) s cremação; incineração.
Crepitant (kré-pitânt) adj crepitante.
Crepuscule (kré-pâskiul) s crepúsculo.
Crescent (kré-sânt) s objeto em forma de meia-lua; quarto crescente da lua.
Crescent (kré-sânt) adj semilunar; crescente.
Cress (kréss) s agrião.
Crest (krést) s crista de galo; crina do cavalo; penacho; cume.
Crest (krést) v coroar; pôr crista em; encimar; galgar o cimo de; superar; encrespar.
Crestfallen (krést-fólânn) adj desanimado; abatido; pesaroso; triste; cabisbaixo.
Cretin (kré-tinn) s cretino; imbecil.
Cretinous (kré-tinâss) adj cretino; imbecil.
Crew (kru) s tripulação (navio); multidão; bando; turba.
Crewel (kru-âl) s lã para bordar.
Crib (krib) s manjedoura; presépio; curral; berço com grades de segurança.
Crib (krib) v roubar; furtar; plagiar; encerrar; colar (uma lição).
Cribbage (kri-bidj) s jogo de cartas.
Cribbing (kri-binn) s ato de plagiar.
Crick (krik) s MED cãibra muscular; torcicolo.
Crick (krik) v produzir cãibra em.
Cricket (kri-kit) s críquete (jogo); grilo; USA banquinho de três pés.
Crime (kráimm) s crime; delito.
Crimeless (kráim-léss) adj inocente.

Criminal (kri-minál) s criminoso; delinquente.
Criminal (kri-minál) adj criminal; criminoso.
Crimp (krimp) s encrespado; ondulação; plissagem; recrutador para o serviço militar.
Crimp (krimp) v encrespar; frisar; enrugar; torcer; preguear.
Crimp (krimp) adj frágil; quebradiço; rígido.
Crimper (krim-pór) s frisador; ferro de frisar cabelo.
Cringer (krin-djâr) s adulação; adulador; servilismo; baixeza.
Cringer (krin-djâr) v adular; bajular.
Crinkle (krink-l) v serpear; ondear; enrugar; fazer rodeios.
Cripple (kripl) s coxo; estropiado; inválido; aleijado.
Cripple (kripl) adj coxo; estropiado; inválido.
Cripple (kripl) v aleijar; estropiar; invalidar; coxear.
Crippled (kripld) adj estropiado; inválido; avariado.
Crisis (krái-siss) s crise; momento decisivo.
Crisp (krisp) s GÍR dinheiro em cédulas; pl batatinhas fritas.
Crisp (krisp) v encaracolar; ondear; encrespar.
Crisp (krisp) adj crespo; ondeado; sinuoso; tortuoso.
Criss-cross (kris-króss) s desenho de linhas cruzadas; assinatura em cruz; palavras cruzadas; amarelinha; maré.
Criss-cross (kris-króss) adj riscado em linhas cruzadas; FIG rabujento; rabugento.
Criss-cross (kris-króss) adv em forma de cruz.
Criterion (kráiti-riânn) s critério; norma; padrão.
Critic (kri-tik) s crítico; censor; perito; crítica.
Critic (kri-tik) adj crítico; severo; decisivo.
Criticize (kri-tissáiz) v criticar; censurar.
Critique (kriti-k) s crítica; arte de criticar; normas do criticismo.
Croakiness (krôu-kinéss) s lamentação; ato de resmungar; ruído semelhante ao grasnido.
Croaky (krôu-ki) adj rouco; coaxante; que tem som semelhante ao grasnar das rãs.
Croc (krók) s forma abreviada para CROCODILE.
Crock (krók) s pote; jarro; caco de louça; fuligem da chaminé.
Crock (krók) v enferrujar; machucar.
Crocket (kró-kit) s espécie de ornamento usado em cornijas; dosséis.
Crocodile (kró-kodáil) s crocodilo; vide ALIGATOR.
Croft (króf-t) s quintal; quinta pequena; terreno cercado.
Crofter (króf-târ) s caseiro; arrendatário que cultiva sítio.
Crone (krôunn) s ovelha ranhosa; mulher idosa e encarquilhada; ovelha negra.
Crony (krôu-ni) s camarada; companheiro; amigo.
Crook (kruk) s gancho; cajado de pastor; trapaça; ladrão; embuste; artifício.
Crook (kruk) v curvar; perverter; torcer; retorcer.
Crooked (kru-kid) adj curvo; torto; torcido; desonesto; fraudulento.
Croon (krunn) s canto monótono.
Croon (krunn) v cantarolar; cantar monotonamente.
Crooner (kru-nâr) s cantor popular; cantor de orquestra.
Crop (krop) s colheita; ceifa; coleção; cabelo curto; papo de aves; chicote.
Crop (krop) v colher os frutos; ceifar; cortar rente; aflorar; surgir; colher; semear.
Cropper (kró-pâr) s grão de boa colheita; cultivador; plantador; raça de pombos; cortador; GÍR queda violenta.
Crosier (krôu-jâr) s cajado de bispo; cajado de abade mitrado; báculo de bispo.
Cross (króss) s cruz; tormento; aflição; riscar; atravessar; contrariedade; revés; cruzamento de raças; cruzeiro.
Cross (króss) v cruzar; atravessar; apagar; atormentar; contradizer; cruzar-se; barrar um cheque; impedir; frustrar; formar um cruzamento de ruas; montar; cavalgar.
Cross (króss) adj atravessado; transversal; em cruz; oposto; infeliz; desfavorável.
Crossbones (krós-bôunz) s ossos postos em cruz simbolizando a morte.
Crossbred (króss-bréd) s mestiço; cruzado; híbrido.
Crossbred (króss-bréd) adj mestiço; cruzado; híbrido.
Crossbreed (króss-brid) v cruzar; fazer cruzamento de raças; mestiçar.
Cross-eye (króss-ái) s estrabismo; vesgueira.
Cross-eyed (krós-áid) adj vesgo; estrábico.
Crossing (kró-sinn) s travessia; encruzamento de fios; o sinal da Cruz.
Crossly (krós-li) adv de mau-humor.
Crossness (krós-néss) s mau-humor; má disposição; malícia.
Crosspatch (krós-pétsh) s resmungão; rabugento.
Crosspiece (krós-piss) s travessa.
Cross-purpose (krós-pâr-pâss) s contradição; propósito contrário.
Crossroad (krós-rôud) s encruzilhada; atalho; USA INTERSECTION.
Crossways (krós-uêiz) vide CROSSWISE.
Crosswise (krós-uáiz) adv de través; ao contrário; transversalmente.
Crossword (krós-uârd) s palavras de mau-humor; palavra cruzada.
Crotch (krótsh) s forquilha; forqueta; bifurcação.
Crotchet (krót-shit) s fantasia; excentricidade; pequeno gancho; MÚS semínima.
Crouch (kráutsh) v abaixar-se; humilhar-se; bajular; agachar-se.
Croupier (kru-piâr) s crupiê.
Crow (krôu) s corvo; gralha; nome de várias aves; pé de cabra; instrumento de carpinteiro; canto do galo; grito de satisfação do nenê.
Crow (krôu) v cantar de galo; gabar-se; vangloriar-se.
Crowd (kráud) s multidão; turba; ajuntamento; companhia; *a CROWD in a small space*: uma multidão num espaço pequeno.
Crowd (kráud) v amontoar; ajuntar; encher completamente; forçar as velas da embarcação.
Crowded (kráu-did) adj abarrotado; repletado; compacto; cheio; comprimido.
Crowkeeper (krôu-ki-pâr) s espantalho.
Crown (kráunn) s coroa; diadema; grinalda; soberania; galardão; prêmio; crista; cimo; parte superior do dente; moeda de cinco xelins; apogeu.
Crown (kráunn) v coroar; premiar; completar; aperfeiçoar; proteger; acabar; ESP tranformar pião em dama.
Crown (kráunn) adj relativo a coroa.
Crowner (kráu-nâr) s completador; aperfeiçoador.
Crownpiece (kráun-piss) s parte superior dos objetos; testeira de cavalos.
Crownwork (kráun-uârk) s colocação de coroa dentária.
Crucial (kru-shiál) adj em forma de cruz; crucial; decisivo; conclusivo; severo; penoso.
Crucifix (kru-sifíks) s Crucifixo.
Crucify (kru-sifái) v crucificar; atormentar; afligir; mortificar.
Crude (krud) adj cru; bruto; verde; imaturo; indigesto; tosco; imperfeito.
Crudity (kru-diti) s crueza; dureza.
Cruel (kru-âl) adj cruel; desumano; selvagem; aflitivo.
Cruelty (kru-âlti) s crueldade; ferocidade; desumanidade.
Cruise (kruz) s cruzeiro; passeios marítimos; travessia.
Cruise (kruz) v cruzar o mar; andar a esmo.
Crumb (krâmm) s miolo de pão; migalha (bolo, pão).
Crumb (krâmm) v esmigalhar; esmoer; pisar; triturar; fracionar.
Crumble (krâmbl) s matéria em decomposição.
Crumble (krâmbl) v esmigalhar; fracionar; espedaçar.
Crumby (krâ-mi) adj mole; brando; cheio de migalhas; GÍR piolhento.
Crump (krâmp) s golpe violento; corcunda; GÍR granada.

Crump (krâmp) *v* mastigar ruidosamente; estar mal-humorado.
Crumpet (krâm-pit) *s* bolo doce; bolinho; GÍR cabeça; coco.
Crumple (krâmpl) *v* amarrotar; machucar; vincar.
Crumpled (krâmpld) *adj* amassado; enrugado; espiralado.
Crunch (krântsh) *s* mastigação ruidosa.
Crunch (krântsh) *v* trincar; mascar; pisar; esmagar; espremer; triturar; mastigar com ruído.
Crupper (krâ-pâr) *s* rabo do arreio do cavalo; garupa; ancas de cavalo.
Crupper (krâ-pâr) *v* pôr rabicho na sela do cavalo.
Crusade (krusêi-d) *s* cruzada; cruzado.
Crusade (krusêi-d) *v* tomar parte numa cruzada.
Crusader (krusêi-dâr) *s* cruzado, que faz parte numa cruzada.
Crush (krâsh) *s* torvelinho; colisão; remoinho; esmagamento; compressão violenta; multidão; aglomeração; USA aperto.
Crush (krâsh) *v* esmagar (com os pés para fazer vinho); amarrotar; achatar.
Crushed (krusht) *adj* moído; pulverizado; oprimido; subjugado.
Crusher (krâ-shâr) *s* esmagador; compressor; opressor.
Crust (krâst) *s* crosta; casca (de bolo etc.); borra de vinho; MED casca de ferida; FIG atrevimento.
Crust (krâst) *v* encodear; encrostar; fazer criar crosta.
Crustaceous (krâstêi-shiáss) *adj* crustáceo; coberto de crosta.
Crustation (krâstêi-shânn) *s* incrustação.
Crusted (krâs-tid) *adj* coberto de crosta; vinho maduro; antiquado.
Crutch (krâtsh) *s* muleta; aleijado; apoio; descanso.
Crutch (krâtsh) *v* apoiar; forquilhar; andar de muletas.
Crux (krâks) *s* cruz; embaraço; dificuldade.
Cry (krái) *s* grito; brado; clamor; choro; proclamação; lamentação; pedido.
Cry (krái) *v* gritar; chorar; bradar; apregoar; rogar.
Crying (krái-inn) *s* grito; choro; ato de gritar.
Crying (krái-inn) *adj* que grita; sabido; notório; conhecido.
Crypt (kript) *s* cripta.
Cryptic (krip-tik) *adj* oculto; secreto; escondido; enigmático.
Cryptical (krip-tikâl) *vide* CRYPTIC.
Cub (kâb) *s* filhote de urso (e outros animais); rapaz grosseiro; fedelho; USA repórter novato (foca).
Cub (kâb) *v* dar à luz; parir.
Cube (kiub) *s* MAT cubo.
Cube (kiub) *v* cubar; elevar ao cubo.
Cubic (kiu-bik) *adj* cúbico; tridimensional; MAT do terceiro grau.
Cubical (kiu-bikâl) *adj* cubiforme; cúbico.
Cubicle (kiu-bikl) *s* cubículo, compartimento pequeno.
Cubism (kiu-bizm) *s art* cubismo, pintura que dá representação geométrica aos objetos pintados.
Cubist (kiu-bizt) *adj art* cubista, pintor que pratica a técnica do cubismo.
Cubit (kiu-bit) *s* cúbito, antiga medida de comprimento.
Cuckoo (ku-ku) *s* cuco, o canto do cuco (pássaro); GÍR maluco; doido.
Cucumber (kiu-kâmbâr) *s* pepino; pepineiro.
Cud (kâd) *s* alimento que os ruminantes têm no primeiro estômago; FIG refletir; ponderar; meditar.
Cuddle (kâd-l) *s* afago; carinho; abraço; carícia.
Cuddle (kâd-l) *v* aconchegar-se; apertar-se; afagar; embalar; acarinhar; agachar-se; esconder-se.
Cudgel (kâ-djâl) *s* bastão; cacete; pau.
Cudgel (kâ-djâl) *v* bater; espancar; surrar.
Cuff (kâf) *s* punho de manga; bainha de calça; bofetada; sopapo; murro; algema.
Cuff (kâf) *v* esbofetear; socar; esmurrar.
Cuisine (kuizi-nn) *s* cozinha; arte culinária; comida; alimento.
Culinary (kiu-linâri) *adj* culinário.
Cull (kâl) *v* escolher; apartar; selecionar; eleger.
Culling (kâ-linn) *s* escolha; separação; seleção; refugo.

Culm (kâlm) *s* colmo; caule das gramíneas; pó de carvão; carvão de pedra.
Culminant (kâl-minant) *adj* culminante.
Culminate (kâl-minêit) *v* culminar; atingir um fim; alcançar.
Culpability (kâlpâbi-liti) *s* culpabilidade.
Culpable (kâl-pâbl) *adj* culpável.
Culprit (kâl-prit) *s* réu; ré; acusado; ofensor.
Cult (kâlt) *s* culto; admiração; consideração; homenagem; culto religioso; seita.
Cultivable (kâl-tivâbl) *adj* cultivável.
Cultural (kâl-tshârâl) *adj* cultural.
Culture (kâl-tshâr) *s* cultura; refinamento; ilustração; educação.
Culture (kâl-tshâr) *v* cultivar; amanhar; criar; desenvolver.
Culver (kal-var) *s* pombo; pomba.
Cumber (kâm-bâr) *s* impedimento; embaraço; estorvo.
Cumber (kâm-bâr) *v* embaraçar; impedir; estorvar; incomodar; sobrecarregar.
Cumbersome (kâm-bârsâmm) *adj* incômodo; enfadonho; importuno; sem desenvoltura.
Cuneiform (kiu-niifórm) *adj* cuneiforme; em forma de cunha.
Cunning (kâ-ninn) *s* destreza; astúcia; ardil; habilidade; manha.
Cup (kâp) *s* xícara; chávena; copo; taça; xicarada; bebida embriagante.
Cup (kâp) *v* dar de beber; fazer aplicação de ventosas.
Cupboard (kâp-bôurd) *s* armário de cozinha; guarda-louça.
Cupid (kiu-pid) *s* cupido; moço muito bonito.
Cupidity (kiupi-diti) *s* cupidez; avareza; cobiça; ambição.
Cupola (kiu-pâlâ) *s* cúpula.
Cur (kâr) *s* cão vira-lata; malandro; patife.
Curability (kiurâbi-liti) *s* curabilidade.
Curable (kiu-râbl) *adj* curável.
Curatorship (kiurêi-târship) *s* curadoria; curatela.
Curb (kârb) *s* o meio fio; *vide* KERB.
Curbstone (kârb-stóunn) *s* guia de pedra; meio-fio de calçada.
Curd (kârd) *s* coalho; coágulo; requeijão; coalhada.
Curd (kârd) *v* coalhar.
Curdle (kârd-l) *v* coalhar; coagular.
Cure (kiur) *s* cura; tratamento; remédio; restabelecimento.
Cure (kiur) *v* curar; tratar de uma pessoa; salgar; conservar; defumar.
Cureless (kur-léss) *adj* incurável.
Curer (kiu-râr) *s* remédio; médico; curandeiro; salgador; defumador.
Curfew (kâr-fiu) *s* toque de recolher (anunciado pelo bater de um sino).
Curiosity (kiurió-siti) *s* curiosidade; vontade de saber; indiscrição; objeto raro; bibelô.
Curious (kiu-riáss) *adj* curioso; indiscreto; digno de ser visto; excêntrico; esquisito.
Curiously (kiu-riâsli) *adv* curiosamente.
Curl (kârl) *s* anel; caracol; friso; ondulação; sinuosidade.
Curl (kârl) *v* encaracolar; enrolar; frisar; ondular; ondear; torcer; anelar-se.
Curled (kâr-lid) *adj* crespo; encrespado; ondulado; torto; torcido.
Curling (kâr-linn) *s* ondulação; nome um jogo sobre o gelo.
Curly (kâr-l) *adj* encaracolado; ondulado; anelado.
Curmudgeon (kârmâd-jânn) *s* avarento; sovina; miserável.
Currant (kâ-rânt) *s* groselha.
Currency (kâ-rânsi) *s* circulação; curso; voga; COM valor corrente; crédito; moeda corrente.
Current (kâ-rânt) *s* marcha; progressão; marcha; corrente.
Current (kâ-rânt) *adj* corrente (de rio); comum; vulgar; circulante.
Curriculum (kâri-kiulâmm) *s* currículo; curso; programa de estudos; carro para corridas.

CURRISH — CZECH

Currish (kâ-rish) *adj* grosseiro; brutal; ordinário; agressivo; impertinente.

Curse (kârss) *s* praga; maldição; imprecação; desgraça; calamidade; anátema; excomunhão.

Curse (kârss) *v* amaldiçoar; maldizer; blasfemar; atormentar; anatematizar; excomungar.

Cursed (kâr-sid) *adj* maldito; abominável; detestável; miserável; mau; malvado; execrável.

Cursive (kâr-siv) *s* letra cursiva.

Cursive (kâr-siv) *adj* cursivo.

Cursory (kâr-sâri) *adj* apressado; feito às pressas; precipitado; descuidado.

Curt (kârt) *adj* curto; cortado; breve; conciso; abrupto; rude.

Curt (kârt) *v* encurtar.

Curtail (kâr-têil) *v* encurtar; reduzir; aparar.

Curtain (kârtn) *s* cortina; cortinado; abrigo; resguardo; proteção; pano palco.

Curtness (kârt-néss) *s* brevidade; concisão.

Curvate (kâr-vêit) *adj* curvado; arqueado.

Curvature (kâr-vâtshâr) *s* curvatura; arqueamento.

Curve (kârv) *s* curva; flexão; volta.

Curve (kârv) *v* curvar; dobrar.

Curve (kârv) *adj* curvado; curvo.

Cushion (kâ-shânn) *s* almofada; para-choque; coxim; travesseiro; pneumático; tabela de bilhar.

Cushion (kâ-shânn) *v* proteger com almofadas; adornar com almofadas.

Cusp (kâsp) *s* ponta; cúspide; vértice de curva.

Cuss (kâss) *s* maldição; pessoa sem valor; animal insignificante.

Cussed (kâ-sid) *adj* amaldiçoado; maldito; renitente.

Custard (kâs-târd) *s* doce de creme.

Custodial (kâstôu-diâl) *s* custódia; receptáculo para objetos sagrados.

Custodian (kâstôu-diânn) *s* guarda; guardião; administrador.

Custody (kâs-todi) *s* custódia; guarda; prisão; escolta; proteção; defesa.

Custom (kâs-tâmm) *s* costume; uso; hábito; freguesia; saída de mercadorias; clientela.

Customary (kâs-tâmâri) *s* registro de usos e costumes.

Customer (kâs-tâmâr) *s* freguês; cliente; pessoa; indivíduo.

Customhouse (kâs-tâm-háuss) *s* alfândega; aduana.

Customs (kâs-tâmms) *s* COM direitos alfandegários; alfândega.

Cut (kât) *s* corte; abertura; ferida; golpe; modo; forma; atalho; canal; incisão; ELET *CUT-out*: interruptor.

Cut (kât) *v* cortar; talhar; rachar; trinchar; ferir; mutilar; esculpir; separar; lapidar; castrar; chicotear; ofender; GÍr cabular (faltar às aulas); GÍr *to CUT up well*: deixar muito dinheiro; *to CUT in*: ultrapassar (carros); *to CUT out*: recortar; *past or pp* CUT.

Cut (kât) *adj* cortado; fendido; interceptado; castrado; pronto; preparado.

Cute (kiut) *adj* agudo; perspicaz; inteligente; fino; esperto; atrativo; bonito; USA gracioso; delicado; lindo; GÍr gracinha; belezinha.

Cutely (kiu-tli) *adv* engenhosamente.

Cuteness (kiu-tnéss) *s* agudeza; perspicácia; esperteza; encanto; atração.

Cuticle (kiu-tikl) *s* cutícula; película.

Cutlery (kât-lâri) *s* talheres; cutelaria.

Cutlet (kât-lit) *s* costeleta; posta de carne; pedaço de carne para fritar ou assar; pedaço de peixe para fritar ou assar.

Cutpurse (kât-pârss) *s* batedor de carteiras.

Cut-rate (kât-reit) *adj* que vende a preços reduzidos.

Cutter (kâ-târ) *s* cortador; talhador; máquina de cortar; instrumento cortante; USA pequeno trenó; CIN redator de filme.

Cut-throat (kât-thrôut) *s* assassino; matador; degolador; bárbaro.

Cut-throat (kât-thrôut) *adj* assassino; matador; bárbaro.

Cutting (kâ-tinn) *s* corte; incisão; talhe.

Cutting (kâ-tinn) *adj* cortante; incisivo; áspero; sarcástico.

Cutwork (kât-uórk) *s* bordado aberto; bordado de aplicação.

Cycle (sáik-l) *s* ciclo; período de tempo; época; bicicleta.

Cycle (sáik-l) *v* passar por vários ciclos; andar de bicicleta.

Cyclic (sái-klik) *adj* cíclico; circular; em anel.

Cyclical (sái-klikâl) *vide* CYCLING.

Cycling (sái-klinn) *s* passeio de bicicleta; cíclico.

Cyclist (sál-klist) *s* ciclista.

Cyclone (sái-klôunn) *s* ciclone.

Cyclops (sái-klóps) *s* MIT Ciclope, gigante de olho no meio da testa.

Cygnet (sig-nit) *s* cisne novo.

Cylinder (si-lindâr) *s* cilindro; rolo; tambor de máquina.

Cylindric (silin-drik) *adj* cilíndrico.

Cylindrical (silin-drikál) *vide* CYLINDRIC.

Cymbal (sim-bâl) *s* MÚS prato metálico (bateria de orquestra etc.).

Cynic (si-nik) *s* cínico; sarcástico; céptico.

Cynical (si-nikâl) *adj* cínico: misantropo; cético; descrente.

Cynically (si-nikáli) *adv* cinicamente.

Cynicism (si-nissizm) *s* cinismo; sarcasmo.

Cypress (sái-priss) *s* cipreste.

Cyprian (si-priânn) *adj* cipriota.

Cyst (sist) *s* MED quisto; cisto; bolsa.

Czar (zár) *s* czar; tzar, título dos imperadores da Rússia (César no império romano).

Czech (tshék) *s* tcheco; a língua tcheca.

d D

D (di) *s* a quarta letra do alfabeto Português e do alfabeto Inglês, além de diversos outros alfabetos.
D (di) MÚS símbolo da nota ré (2ª nota).
Dab (déb) *s* palmadinha; toque; pessoa astuta.
Dab (déb) *v* bater suavemente; salpicar.
Dabber (dé-bâr) *s* escova macia; brocha para salpicar.
Dabble (déb-l) *v* salpicar; umedecer; patinhar; fazer com desmazelo; chafurdar.
Dabster (débs-târ) *s* pessoa esperta; perito; ladino.
Dachshund (dash-hunt) *s* bassê (basset), raça de cães.
Dactyl (dék-til) *s* dáctilo, relativo aos dedos.
Dactylography (déktilo-grafi) *s* datilografia, arte de escrever a máquina.
Dad (dé-di) *s* papai; papaizinho; ABREV de DADDY.
Daddy ('dé-di) *s* papai.
Daedal (di-dâl) *adj* engenhoso; intrincado.
Daffodil (dé-fâdil) *s* narciso, planta ornamental.
Daffy (d-aefi) *adj* GÍR tonto; zonzo; aloucado.
Daft (dáft) *s* imbecil; tolo; pateta; idiota; louco.
Daft (dáft) *adj* louco; imbecil; tolo; idiota.
Daftly (dáft-li) *adv* loucamente.
Daftness (dáft-néss) *s* imbecilidade; idiotice; tolice.
Dagger (dé-gâr) *s* punhal; adaga; arma branca.
Daggle (dég-l) *v* enlamear; sujar; salpicar; chafurdar.
Dagoba (dá-gobâ) *s* dágoba, templo budista.
Daily (dêi-li) *s* diário; jornal.
Daily (dêi-li) *adj* quotidiano.
Daily (dêi-li) *adv* diariamente; cotidianamente.
Daintiness (dêin-tinéss) *s* guloseima; cortesia; esmero; melindre; elegância.
Dainty (dêin-ti) *s* iguaria fina; guloseima; pitéu.
Dainty (dêin-ti) *adj* delicado; delicioso; elegante; gracioso; belo.
Dairy (dêi-ri) *s* leiteria; queijaria; indústria de laticínios.
Dairymaid (dêi-rimêid) *s* vendedora de leite; queijeira.
Dairyman (dêi-rimaen) *s* leiteiro; vendedor de leite; queijeiro.
Dais (dé-iss) *s* plataforma; tablado; palanque; estrado.
Daisy (dêi-zi) *s* margarida; bonina; bem-me-quer; POP qualquer coisa muito boa; USA homem efeminado.
Dale (dêil) *s* pequeno vale.
Dalesman (dêilz-maen) *s* habitante de um vale.
Dalliance (dé-liânss) *s* adiamento; carícia; divertimento; dilação; demora.
Dallier (de-liâr) *s* brincalhão; galhofeiro; gracejador.
Dally (dé-li) *v* perder tempo; tagarelar; divertir-se; acariciar; afagar.
Daltonism (dólt-nism) *s* daltonismo, deficência visual em distinguir determinadas cores (vermelho e verde).
Dam (démm) *s* represa; barragem; dique; açude.
Dam (démm) *v* represar; conter; tapar.
Damage (dé-midj) *s* dano; prejuízo; avaria; perda; despesa; preço.
Damage (dé-midj) *v* prejudicar; arruinar-se; danificar; estragar.
Damageable (dé-midjâbl) *adj* danoso; dano; prejuízo.
Damaging (dé-midjinn) *adj* prejudicial.
Damask (dé-mâsk) *s* damasco (tecido de seda).
Damask (dé-mâsk) *v* adamascar.

Damask (dé-mâsk) *adj* adamascado (cor).
Dame (démm) *s* senhora; dama; ama; GÍR tia.
Damn (démm) *s* maldição; praga.
Damn (démm) *v* condenar; amaldiçoar; desprezar; reprovar.
Damnable (dém-nâbl) *adj* condenável; execrável; abominável; detestável; maldito; infame.
Damnation (démnéi-shânn) *s* danação; condenação; maldição.
Damnatory (dém-nâtôuri) *adj* condenatório.
Damned (démd) *adj* maldito; condenado; amaldiçoado.
Damnification (démnifikêi-shânn) *s* danificação; estrago.
Damnify (dém-nifái) *v* danificar; deteriorar; prejudicar; estragar; avariar.
Damning (dém-ninn) *adj* condenável; censurável.
Damp (démp) *s* umidade; vapor; névoa; ar viciado; neblina; abatimento; depressão.
Damp (démp) *v* umedecer; molhar; desencorajar; enfraquecer; desalentar; desanimar.
Damp (démp) *adj* úmido; molhado; desanimado; triste; desalentado.
Damper (dém-pâr) *s* apagador; abafador de piano; desanimador; contratempo; estorvo; registro de fogão; registro de chaminé.
Dampness (démp-néss) *s* umidade; névoa.
Damsel (dém-zél) *s* senhorita; donzela; moça.
Dance (dânss) *s* dança; baile.
Dance (dânss) *v* dançar; bailar; saltar; pular; brincar.
Dancer (dén-sâr) *s* dançarino; dançarina; bailarino.
Dancing (dân-sinn) *s* dança.
Dancing (dân-sinn) *adj* dançante.
Dander (dén-dâr) *s* passo vagaroso; ira; raiva; cólera.
Dander (dén-dâr) *v* andar vagarosamente.
Dandle (dénd-l) *v* acariciar; embalar.
Dane (dêinn) *s* dinamarquês, natural ou habitante da Dinamarca.
Danger (dêin-djâr) *s* perigo; risco.
Dangerous (dêin-djâráss) *adj* perigoso; arriscado.
Danish (dêi-nish) *s* dinamarquês (idioma).
Danish (dêi-nish) *adj* dinamarquês.
Dank (dénk) *s* úmido.
Dapper (de-pâr) *adj* vivo; esperto; ligeiro; veloz; ativo; asseado; gentil.
Dare (dér) *s* desafio; ousadia.
Dare (dér) *v* ousar; atrever-se; desafiar; afrontar; ter coragem; *past* DURST *and pp* DARED.
Daredevil (dér-dévil) *s* valente; homem audacioso.
Daredevil (dér-dévil) *adj* intrépido; audaz; ousado; atrevido; audacioso.
Daring (dé-rinn) *s* audácia; bravura; intrepidez; coragem.
Daring (dé-rinn) *adj* audaz; temerário; audacioso; ousado; atrevido.
Daringly (dé-rinnli) *adv* atrevidamente.
Dark (dárk) *s* escuridão; ignorância; mistério.
Dark (dárk) *adj* escuro; moreno; enigmático; secreto; melancólico; TV não transmitido.
Darken (dár-kânn) *v* escurecer; ofuscar; nublar; cegar.

DARKNESS — DECAY

Darkness (dárk-néss) s escuridão; cegueira; obcecação; ignorância; obscuridade.
Darksome (dárk-sâmm) adj sombrio; opaco; fosco; escuro.
Darky (dár-ki) s negro; preto; mulato.
Darling (dár-linn) s querido; querida; amado.
Darling (dár-linn) adj querido; amado.
Darn (dárn) s cerzidura; cerzido; maldição; praga.
Darn (dárn) v remendar; cerzir; maldizer.
Dart (dárt) s dardo; flecha; seta; movimento rápido.
Dart (dárt) v lançar-se; arremessar-se; arremessar setas; precipitar-se; dardejar.
Darter (dár-târ) s flecheiro; lançador.
Dash (désh) s colisão; pancada; choque; arremetida; hífen; traço.
Dash (désh) v quebrar; bater; arremessar; colidir; atirar com força; arrojar; desanimar.
Dashboard (désh-bórd) s para-lama; painel de instrumentos (auto etc.).
Dasher (dé-shâr) s para-lama.
Dashing (dé-shinn) adj ruidoso; barulhento; vivo; precipitado.
Dastard (dés-târd) s poltrão; covarde; pusilânime.
Dastard (dés-târd) adj poltrão; covarde; pusilânime.
Data (dêi-tâ) s pl dados; informações.
Date (dêit) s data; encontro; época; tâmara; USA encontro marcado; namorado.
Date (dêit) v datar; sair com alguém; namorar; marcar um encontro.
Daub (dób) s argamassa; crosta; borrão; pintura tosca.
Daub (dób) v borrar; adular; lisonjear; untar.
Dauber (dó-bâr) s pintor grosseiro; escova de engraxate; lisonjeiro; adulador.
Daughter (dó-târ) s filha; *DAUGHTER-in-law*: nora.
Daunt (dónt) v atemorizar; assustar; intimidar.
Dauntless (dónt-léss) adj intrépido; destemido.
Davenport (dév-n-pórt) s escrivaninha; USA divã; sofá-cama.
Davit (dé-vit) s NÁUT turco; serviola, cada um dos paus colocados no bordo do navio para enrolar um cabo de maneira horizontal.
Daw (dó) s gralha; FIG simplório; humilde.
Dawdle (dód-l) v desperdiçar o tempo com futilidades; vadiar; palestrar.
Dawdler (dód-lâr) s preguiçoso; vadio.
Dawn (dónn) s alvorada; nascer do dia; origem; aurora.
Dawn (dónn) v amanhecer; alvorecer; surgir; romper o dia.
Dawning (dó-ninn) s o amanhecer; origem; nascimento.
Day (dêi) s dia; *All Soul's DAY*: dia de Finados (2/11); *Dooms DAY*: dia do Juízo Final; *the DAY before yesterday*: anteontem; *Valentine's DAY*: dia dos namorados (14/2).
Daybreak (dêi-brêik) s alvorada; alva; aurora; dia enforcado.
Daylight (dêi-láit) s dia; luz do dia.
Daze (dêiz) s torpor; ofuscação.
Daze (dêiz) v ofuscar; deslumbrar; aturdir; entorpecer; pasmar.
Dazzle (dêzl) s deslumbramento; excesso de luz; FIG fascinação.
Dazzle (dêzl) v deslumbrar; maravilhar; extasiar; ofuscar.
Dazzling (déz-linn) adj deslumbrante; brilhante; sedutor; ofuscante; encantador.
Deacon (di-kânn) s diácono; USA couro de bezerro.
Dead (déd) s morto; inanimado; inerte; sem vida; *DEAD house*: necrotério; *DEAD language*: língua morta; *DEAD march*: marcha fúnebre; *DEAD Sea*: Mar Morto.
Deaden (déd-n) v amortecer; enfraquecer; paralisar.
Deadlock (déd-lók) s beco sem saída; impasse.
Deadly (déd-li) adj mortal; fatal; funesto; terrível.
Deadly (déd-li) adv muito; muitíssimo; mortalmente.
Deaf (déf) adj surdo; insensível; *DEAF-and-dumb*: surdo-mudo.
Deafen (déf-n) v ensurdecer; atordoar; aturdir.
Deafening (déf-ninn) s amortecimento do som.
Deafening (déf-ninn) adj ensurdecedor.

Deafness (déf-néss) s surdez.
Deal (dil) s acordo; quantidade; porção; negociação; ação de dar cartas no jogo.
Deal (dil) v negociar; repartir; lidar; tratar; distribuir; desferir; ser mão no jogo de cartas; *past or pp* **DEALT**.
Dealer (di-lâr) s COM negociante; distribuidor; ESP o jogador que é mão no jogo de cartas.
Dealings (di-linns) s relações; conduta; transações; procedimento.
Dean (dinn) s reitor; deão; vale.
Dear (dir) s querido; favorito; predileto; bem-amado; estimado.
Dear (dir) adj querido; estimado; caro; *Silvio is my DEAR friend*: o Sílvio é meu amigo querido.
Dear (dir) adv dispendioso; caro.
Dearly (di-rli) adv carinhosamente; ternamente; muito caro.
Dearth (dârth) s escassez; carestia; carência; penúria; fome.
Deary (di-ri) s queridinho; mimoso; favorito.
Death (déth) s morte; óbito; *DEATH certificate*: atestado de óbito.
Deathless (dé-thléss) adj imortal; eterno.
Debar (dibá-r) v excluir; privar de.
Debase (dibéi-ss) v humilhar; desprezar; aviltar; falsificar.
Debasement (dibéis-ment) s humilhação; degradação; falsificação; adulteração.
Debatable (dibêi-tâbl) adj discutível; contestável.
Debate (dibêi-t) s debate; discussão; contenda; controvérsia.
Debate (dibêi-t) v debater; discutir; disputar.
Debater (dibêi-târ) s pessoa que debate; disputador; controversista.
Debauch (dibó-tsh) s deboche; orgia; libertinagem; imoralidade; vida dissoluta.
Debauch (dibó-tsh) v prostituir; viciar; perverter; corromper.
Debaucher (dibó-tshâr) s corruptor.
Debauchery (dibó-tshâri) s deboche; depravação; devassidão; libertinagem; corrupção.
Debauchment (dibó-tshment) s sedução.
Debenture (dibén-tshâr) s debênture, título de dívida; obrigação.
Debilitate (dibi-litêit) v debilitar; enfraquecer; esgotar.
Debility (dibi-liti) s debilidade; fraqueza; enfraquecimento.
Debit (dé-bit) s débito; dívida.
Debit (dé-bit) v debitar.
Debonair (debâné-r) adj cortês; alegre; afável; delicado.
Debouch (debu-sh) v desembocar; desfilar militarmente.
Debouchment (debush-ment) s desembocadura.
Debris (dé-bri) s escombros; fragmentos; despojos; restos; ruínas.
Debt (dét) s dívida; débito; obrigação; dever.
Debtor (dé-târ) s devedor.
Debunk (dibân-k) v GÍR desmascarar; desiludir.
Début (d-eibu) s estreia.
Début (d-eibu) v estrear.
Debutant (debút-â) s debutante; estreante; principiante.
Decade (dé-kâd) s década.
Decadence (dé-kâdânss) s decadência; queda.
Decadent (dé-kâdânt) s decadente.
Decadent (dé-kâdânt) adj decadente.
Decalog (dé-kálóg) s decálogo; os dez mandamentos da Lei de Deus.
Decamp (dikém-p) v descampar; fugir; escapar.
Decant (dikén-t) v decantar; clarificar líquidos.
Decantation (dikéntêi-shânn) s decantação; clarificação de líquidos.
Decanter (dikén-târ) s vasilhame para decantar licores; garrafa de mesa.
Decapitate (diké-pitêit) v decapitar; degolar.
Decapitation (diképitêi-shânn) s degola; degolamento; decapitação.
Decay (dikê-i) s decadência; deterioração; ruína; cárie.

DECAY — DEFER

Decay (dikê-i) *v* decair; deteriorar; arruinar; declinar.
Decayed (dikêi-d) *adj* decaído; deteriorado; estragado.
Decease (dissi-ss) *s* morte; óbito; falecimento.
Decease (dissi-ss) *v* morrer; falecer; perecer.
Deceit (dissi-t) *s* engano; fraude; dolo; impostura; estratagema.
Deceitful (dissit-ful) *adj* ilusório; fraudulento; mentiroso; enganador; falso.
Deceive (dissi-v) *v* enganar; iludir; fraudar; decepcionar; desapontar.
Deceiver (dissi-vár) *s* enganador; impostor.
Decelerate (dissé-lârêit) *s* diminuição de velocidade.
Decelerate (dissé-lârêit) *v* desacelerar.
December (dissém-bâr) *s* dezembro, o último mês do ano.
Decency (di-sensi) *s* decência; decoro; pudor; recato.
Decent (di-sent) *adj* decente; respeitável; apropriado; decoroso.
Decentness (di-sent-ness) *s* decência.
Decentralize (dissén-trâláiz) *v* descentralizar.
Deception (dissép-shânn) *s* decepção; engano; dolo; fraude.
Deceptive (dissép-tiv) *adj* enganoso; ilusório; mentiroso.
Decide (dissái-d) *v* decidir; solucionar; julgar; resolver; *I may have to DECIDE for her*: talvez tenha que decidir por ela.
Deciduous (dissi-diuáss) *adj* que cai; nulo; transitório; passageiro; efêmero.
Decimal (dê-simâl) *s* decimal.
Decimal (dê-simâl) *adj* fração decimal.
Decimate (dé-simêit) *v* dizimar.
Decipher (dissái-fâr) *s* decifração.
Decipher (dissái-fâr) *v* decifrar; interpretar.
Decipher (dissái-fâr) *adj* decifrável.
Decision (dissi-jânn) *s* decisão; arbítrio; acordo; juízo.
Decisive (dissái-siv) *adj* decisivo; terminante; peremptório.
Deck (dék) *s* convés (navio); coberta de navio; USA baralho.
Deck (dék) *v* ataviar; ornar; assear; adornar.
Decker (dé-kâr) *s* decorador.
Declaim (diklêi-mm) *v* declamar; recitar.
Declamation (déklâmêi-shânn) *s* declamação.
Declamatory (diklé-mâtôuri) *adj* declamatório.
Declaration (déklârêi-shânn) *s* declaração; exposição; asserção; confissão; depoimento.
Declare (diklé-r) *v* declarar; explicar; afirmar; expressar; depor; proclamar.
Declension (diklân-shânn) *s* decadência; declínio; declive; pendor; deterioração.
Declination (déklinêi-shânn) *s* declinação; recusa; inclinação; renúncia.
Decline (diklái-nn) *s* declínio; decadência; deterioração; declive.
Decline (diklái-nn) *v* declinar de; pender; deteriorar; recuar; escusar-se; negar-se; decair.
Decoct (dikók-t) *v* cozer.
Decoction (dikók-shânn) *s* cozimento; decocção.
Decode (dikôu-d) *v* traduzir um código; decifrar.
Decollate (dikó-lêit) *v* degolar; decapitar.
Decomposable (dikómpôu-zâbl) *adj* passível de decomposição; decomponível; corruptível.
Decompose (dikómpôu-z) *v* decompor; decompor-se; analisar; corromper-se.
Decomposition (dikómpozi-shânn) *s* decomposição; desintegração; corrupção; análise.
Decompound (dikómpáun-d) *v* decompor.
Décor (dikó-r) *s* cenário; decoração; ornamentação.
Decorate (dé-korêit) *v* decorar; ornamentar; enfeitar; condecorar.
Decoration (dékorêi-shânn) *s* decoração; adorno.
Decorative (dé-korâtiv) *adj* decorativo; ornamental.
Decorator (dé-korêitâr) *s* decorador; ornamentador.
Decorous (dé-korâss) *adj* decoroso; decente; próprio; correto; conveniente.
Decoy (dikó-i) *s* chamariz; engodo; armadilha.
Decoy (dikó-i) *v* enganar; seduzir; atrair; engodar.
Decrease (di-kriss) *s* decréscimo; redução; decrescimento; diminuição.
Decrease (di-kriss) *v* decrescer; diminuir; reduzir; minguar.
Decree (dikri) *s* decreto; lei; édito; decisão.
Decree (dikri) *v* decretar; ordenar; mandar.
Decrepit (dikré-pit) *adj* decrépito.
Decrier (dikrái-âr) *s* vituperador; difamador; depreciador.
Decry (dikrá-i) *v* censurar com aspereza; desacreditar.
Decumbent (dikâm-bént) *adj* deitado; rasteiro.
Decussate (dikâssêit) *adj* transversal.
Decussate (dikâ-ssêit) *v* interceptar; cortar em ângulo agudo.
Decussation (dikâssêi-shânn) *s* interseção; encruzamento.
Dedicate (dé-dikêit) *adj* dedicado; consagrado.
Dedicate (dé-dikêit) *v* dedicar; consagrar; devotar; franquear ao público.
Dedication (dédikêi-shânn) *s* devotamento; dedicação.
Deduce (didiu-ss) *v* deduzir; inferir; induzir; derivar; concluir.
Deduct (didâ-kt) *v* subtrair; descontar; abater; deduzir; diminuir.
Deduction (didâk-shânn) *s* dedução; inferência; abatimento.
Deed (did) *s* ato; façanha; proeza; feito; escritura.
Deed (did) *v* ceder; transferir uma propriedade (através de escritura).
Deem (dimm) *v* julgar; estimar; supor; considerar.
Deep (dip) *s* fundo; abismo; profundeza; intensidade.
Deep (dip) *adj* profundo; fundo; sagaz; perspicaz; intenso; escuro; melancólico; grave; secreto.
Deepen (di-pânn) *v* afundar; escurecer; cavar; agravar; aprofundar.
Deeply (dip-li) *adv* profundamente.
Deepness (dip-néss) *s* profundidade; abismo; sagacidade; profundeza; artifício.
Deer (dir) *s* cervo; veado; gamo; corça.
Deface (difêi-ss) *v* desfigurar; borrar; apagar; deteriorar; mutilar.
Defacement (difêis-ment) *s* estrago; mutilação; destruição; deterioração; violação; desfiguração.
Defacer (difêi-sâr) *s* desfigurador; destruidor.
Defalcate (défél-kêit) *v* desfalcar; deduzir; diminuir; descontar.
Defamation (difâmêi-shânn) *s* difamação; calúnia.
Defame (difêi-mm) *v* infamar; caluniar; desacreditar; desonrar.
Defamer (difêi-mâr) *s* difamador.
Default (difólt) *s* falta; culpa; defeito; omissão; descuido; negligência; delito.
Default (difólt) *v* violar; condenar à revelia; faltar a um compromisso.
Defeasance (difi-zânss) *s* JUR anulação; revogação; rescisão.
Defeasible (difi-zibl) *adj* revogável; anulável.
Defeat (difi-t) *s* derrota; frustração; revés; revogação.
Defeat (difi-t) *v* derrotar; destroçar; anular; falhar; invalidar; sobrepujar; desfazer.
Defeatist (difi-tist) *s* derrotista.
Defecate (dé-fikêit) *v* defecar; depurar; evacuar.
Defect (difék-t) *s* defeito; imperfeição; deficiência.
Defection (difék-shânn) *s* traição; deserção; defecção; abjuração; apostasia.
Defective (difék-tiv) *adj* defeituoso; incompleto; imperfeito; GRAM defectivo.
Defence (difén-ss) *s* defesa; amparo; auxílio; proteção; apologia.
Defenceless (diféns-léss) *adj* indefeso; desprotegido.
Defend (difén-d) *v* defender; proteger; amparar; auxiliar.
Defendant (difén-dânt) *s* réu; acusado.
Defender (difén-dâr) *s* defensor; protetor; advogado.
Defense (difén-ss) *vide* **DEFENCE**.
Defensive (difén-siv) *s* defensiva.
Defensive (difén-siv) *adj* defensivo.
Defer (difâr) *v* adiar; dilatar; prorrogar; ceder.

DEFERENCE — DEMONSTRATIVE

Deference (dé-ferênss) s deferência; respeito; honra.
Defiance (difái-ânss) s desafio; despeito; repulsa; desobediência; provocação; rebeldia; oposição.
Deficiency (difi-shânsi) s deficiência; falta; imperfeição; falha; defeito.
Defier (difái-âr) s desafiador; desafiante; provocador.
Defile (difái-l) s despenhadeiro; desfiladeiro; desfile; passagem estreita entre duas montanhas (garganta).
Defile (difáil) v sujar; contaminar; corromper; viciar; profanar; poluir; desonrar.
Defiler (difái-lâr) s violador; corruptor; sedutor.
Define (difái-nn) v limitar; definir; decidir; fixar; determinar; explicar.
Definite (dé-finit) adj definido; definitivo; determinado; terminante; preciso; exato.
Definitely (défini-tli) adv decididamente; determinadamente; sem falta; por força.
Definition (défini-shânn) s definição; determinação; decisão.
Definitive (difi-nitiv) adj definitivo; final; decisivo.
Deflagrate (dé-flâgrêit) v deflagrar; incendiar; arder.
Deflate (difl-eit) v deflacionar; reduzir preços; esvaziar pneu; balão; etc.
Deflect (diflékt) v desviar; apartar; pender; inclinar.
Deflower (difláu-ar) v desflorar; deflorar; desvirginar.
Deform (difórm) v deformar; desfigurar.
Deformity (difór-miti) s deformidade; deformação.
Defraud (difród) v trapacear; frustrar; defraudar; espoliar; COM fraudar; lograr.
Defray (difrê-i) v custear; pagar; fazer as despesas de.
Defrayment (difrêi-ment) s custeio; pagamento; liquidação.
Defrost (difrós-t) v descongelar.
Defroster (difrós-târ) s descongelador.
Deft (déft) adj esperto; destro; hábil; apto; ágil.
Deftness (déft-ness) s destreza; primor; habilidade; polidez.
Defy (difá-i) v desafiar; provocar; desdenhar; desprezar.
Degenerate (didji-nârêit) s degenerado.
Degenerate (didji-nârêit) adj degenerado.
Degenerate (didji-nârêit) v degenerar; perder as qualidades primitivas.
Deglutinate (diglu-tinêit) v deglutir; engolir.
Degradation (degrâdêi-shânn) s degradação; rebaixamento; perversidade; aviltamento.
Degrade (digrêi-d) v degradar; rebaixar; depor; aviltar.
Degrading (digrêi-dinn) adj degradante; que humilha.
Degree (digri-) s grau; medida; ordem; estágio; classe; diploma; degrau; graduação.
Dehisce (di-hi-ss) v abrir-se; fender-se espontaneamente (frutas).
Dehumanize (di-hiu-mânáiz) v desumanizar; embrutecer; brutalizar.
Dehydrate (di-hái-drêit) v desidratar.
Deification (difikêi-shânn) s deificação; endeusamento; divinização.
Deify (di-ifái) v deificar; endeusar.
Deign (dêinn) v condescender; dignar-se; permitir; conceder.
Deism (di-izm) s RELIG deísmo, doutrina dos que acreditam em Deus, mas rejeitam toda revelação.
Deity (di-iti) s divindade; deidade.
Deject (didjék-t) v abater; afligir; desanimar; prostrar.
Dejection (didjék-shânn) s depressão; abatimento; tristeza; desalento.
Delate (dil-eit) v delatar.
Delay (dilê-i) s demora; atraso; retardamento; COM moratória.
Delay (dilê-i) v retardar; demorar; adiar; impedir; atrasar.
Delectable (dilék-tâbl) adj deleitável; aprazível.
Delectation (dilêktêi-shânn) s deleite; delícia; encanto.
Delegate (dé-lighêit) s delegado; deputado; comissão.
Delegate (dé-lighêit) v delegar; incumbir; comissionar; encarregar.
Delegation (délighêi-shânn) s delegação; comissão.
Delete (dili-t) v apagar; riscar.
Deleterious (déliti-riâss) adj deletério, que destrói, que corrompe.
Deletion (dili-shânn) s apagamento; ato de riscar; anulação.
Deliberate (dili-bârêit) adj acautelado; ponderado; deliberado; hesitante; prudente.
Deliberate (dili-bârêit) v deliberar; ponderar; examinar.
Delicacy (dé-likâssi) s delicadeza; guloseima; polidez.
Delicate (dé-likéit) adj delicado; atencioso; cortês.
Delicatessen (délikâtê-senn) s comércio (loja) de guloseimas; mercearia de produtos finos; pl guloseimas.
Delicious (dili-shânn) adj delicioso; gostoso; saboroso.
Delict (dilik-t) s delito; culpa; crime.
Delight (dilái-t) s delícia; prazer; gozo.
Delight (dilái-t) v deleitar; ter prazer; alegrar; encantar.
Delightful (dilái-ful) adj encantador; agradável; deleitoso.
Delineate (dili-niêit) v delinear; descrever; esboçar.
Delinquent (dilin-kuent) s delinquente; culpado; faltoso; réu.
Delinquent (dilin-kuent) adj delinquente; faltoso.
Delirious (dili-riâss) adj delirante; excessivo; louco.
Deliver (dili-vâr) v entregar; emitir; expor; pronunciar; comunicar; dar à luz; libertar; distribuir; disparar arma de fogo.
Delivery (dili-vâri) s entrega; parto; livramento; expedição.
Dell (dél) s vale pequeno; fosso; ravina.
Delude (diliu-d) v enganar; iludir; frustrar; alucinar.
Deluge (dé-liudj) s dilúvio; inundação.
Deluge (dé-liudj) v inundar; alagar.
Delusion (diliu-jânn) s desilusão; embuste; fraude; engano.
Delusive (diliu-siv) adj ilusório; sedutor; enganoso.
Delve (délv) s cova; cavidade; depressão.
Delve (délv) v cavar; sondar; examinar.
Demagogic (dimâgô-jik) adj demagógico.
Demagogical (dimâgô-jikâl) vide DEMAGOGIC.
Demagogy (dé-mâgódji) s demagogia, governo das facções populares; atitude política enganosa.
Demand (dimén-d) s demora; exigência; demanda.
Demand (dimén-d) v exigir; reclamar; necessitar; pedir; *law of supply and DEMAND*: lei da oferta e da procura.
Demarcation (dimárkêi-shânn) s demarcação.
Demean (dimi-nn) v avilatar; rebaixar-se; diminuir-se.
Demeanor (dimi-nâr) s conduta; aviltamento; comportamento.
Demeanour (dimi-nâr) vide DEMEANOR.
Dement (dimén-t) v enlouquecer.
Demented (dimén-tid) adj demente; louco.
Demerit (dimé-rit) s demérito; falta de mérito; nota baixa.
Demesne (dimêi-nn) s domínio; direito senhorial; região.
Demigod (dé-migód) s semideus.
Demijohn (dé-midjon) s garrafão empalhado.
Demise (dimái-z) s morte; falecimento; sucessão da coroa; transferência de propriedade.
Demise (dimái-z) v legar; ceder; transferir; aforar.
Demission (dimi-shânn) s demissão; abdicação.
Demit (dimi-t) v demitir; renunciar; abdicar.
Demobilize (dimôu-biláiz) v desmobilizar; debandar.
Democracy (dimó-krâssi) s democracia, sistema de governo em que a soberania deriva do povo e é exercida por ele.
Democrat (di-mokrét) s democrata.
Democratic (démokré-tik) adj democrático.
Demolish (dimó-lish) s demolido; destruído.
Demolish (dimó-lish) v demolir; destruir; arrastar.
Demon (di-mânn) s demônio.
Demonstrate (dé-mânstrêit) v demonstrar; provar.
Demonstration (démânstrêi-shânn) s demonstração; passeata; protesto; prova; manifestação.
Demonstrative (dimóns-trâtiv) adj demonstrativo.

DEMORALIZE — DESIDERATE

Demoralize (démorăláiz) v desmoralizar; perverter; indisciplinar; corromper.
Demote (dimôut) v rebaixar; degradar.
Demotic (dimó-tik) *adj* demótico (escrita vulgar dos antigos egípcios).
Demount (dimáunt) v desmontar.
Demur (dimâ-r) s objeção; escrúpulo; dúvida; demora.
Demur (dimâ-r) v hesitar; objetar; vacilar; pôr dúvidas.
Demurrer (dimâ-râr) s chicaneiro, pessoa que opõe objeção em juízo.
Den (dénn) s toca; covil; retiro; recanto; esconderijo.
Denature (dinêi-tshâr) v desnaturar.
Dene (dinn) s morro; pequeno monte de areia perto do mar.
Dengue (dén-ghi) s febre infecciosa propagada pelo mosquito aëdes aegypti.
Denial (dinái-âl) s negação; negativa; recusa.
Denigrate (dé-nigrêit) s denegrir; infamar.
Denim (di-nim) s brim; sarja.
Denizen (dé-nizânn) s estrangeiro naturalizado; cidadão.
Denominate (dinó-minêit) *adj* determinado; definido.
Denominate (dinó-minêit) v denominar; chamar; designar; qualificar.
Denomination (dinóminêi-shânn) s denominação.
Denote (dinôu-t) v denotar; significar; indicar.
Denounce (dináun-ss) v denunciar; delatar; acusar; tornar público.
Dense (dénss) *adj* denso; espesso.
Dent (dént) s cavidade; entalhe; saliência; são.
Dent (dént) v entalhar; fazer dentes em instrumentos cortantes; amassar (auto, por uma batida).
Dental (dén-tâl) *adj* dental; dentário.
Dentist (dén-tist) s dentista; odontólogo.
Dentistry (dén-tistri) s odontologia.
Denture (dén-tshâr) s dentadura.
Denunciate (dinân-siêit) v denunciar; delatar.
Deny (dinái-i) v negar; desmentir; renegar; recusar.
Deodorant (diôu-dorânt) s desodorante; desinfetante.
Deodorant (diôu-dorânt) *adj* desodorante; desinfetante.
Deodorize (diôu-doráiz) v desinfetar; desodorizar.
Depart (dipár-t) v partir; ir embora; sair; morrer.
Departed (dipár-tid) s morto; defunto; falecido.
Departed (dipár-tid) *adj* morto; defunto.
Department (dipárt-ment) s departamento; seção; repartição pública; USA ministério; *DEPARTMENT store*: loja de departamentos.
Departure (dipár-tshâr) s partida; saída; retirada.
Depend (dipénd) v depender de; contar com; confiar em; fiar-se em; pender.
Dependable (dipén-dâbl) *adj* confiável; seguro.
Dependence (dipén-dânss) s dependência; subordinação.
Dependent (dipén-dânt) *adj* dependente; subalterno.
Depict (dipikt) v pintar; descrever; representar.
Depicter (dipik-târ) s pintor.
Depiction (dipik-shânn) s retrato; pintura.
Depilate (dé-pilêit) v depilar.
Depilation (dépilêi-shânn) s depilação.
Deplete (diplit) v esgotar; exaurir; sangrar.
Depletion (dipli-shânn) s MED depleção, diminuição da quantidade de líquido num órgão; sangria.
Deplorable (dipló-râbl) *adj* deplorável; lastimável; lamentável.
Deplore (diplór) v lamentar; deplorar.
Deploy (dipló-i) v desenrolar-se; estender; desdobrar-se.
Deport (dipór-t) v deportar; transportar; exilar; desterrar.
Deportee (dipórti-) s exilado; deportado.
Depose (dipôu-z) v depor; destituir; testificar; atestar; declarar em juízo.
Deposit (dipó-sit) s depósito; garantia.
Deposit (dipó-sit) v depositar; guardar.
Depositor (dipó-zitâr) s depositante.

Depot (dé-pôu) s estação ferroviária; armazém; depósito.
Deprave (diprêi-v) v depravar; viciar; corromper.
Deprecate (dé-prikêit) v deprecar; pedir; implorar.
Deprecation (déprikêi-shânn) s deprecação; ato de suplicar; súplica.
Depreciate (dipri-shiêit) v depreciar; menosprezar; rebaixar; lamentar.
Depreciation (diprishiêi-shânn) s depreciação; menosprezo.
Depredate (dé-pridêit) v depredar; saquear; pilhar.
Depress (dipré-ss) v deprimir; diminuir; paralisar; acabrunhar; humilhar; desvalorizar.
Depressed (dipré-sid) *adj* deprimido; humilhado; abatido.
Depressing (diprés-sinn) *adj* deprimente; desanimador; opressivo.
Depression (dipré-shânn) s depressão; abatimento.
Deprivation (déprivêi-shânn) s privação; carência; perda.
Deprive (diprái-v) v privar de; despojar.
Deprivement (dipráiv-ment) s privação; perda.
Depth (dépth) s profundidade; abismo; meio da noite; GÍR sagacidade.
Depurate (dé-piurêit) v depurar; limpar.
Depuration (dépiurêi-shânn) s depuração; purificação.
Deputation (déptiutêi-shânn) s delegação; comissão; missão.
Deputy (dé-piuti) s deputado; delegado; agente.
Derail (dirêil) v descarrilhar.
Derange (dirêin-dj) v desarranjar; transtornar; desordenar; perturbar; enlouquecer.
Derby (dár-bi) s ESP dérbi (corrida de cavalo, auto etc., em dias especiais).
Derelict (dé-rilikt) s objeto abandonado; pessoa abandonada.
Derelict (dé-rilikt) *adj* abandonado; desleixado.
Deride (dirái-d) v zombar; ridicularizar.
Derider (dirái-dâr) s escarnecedor; zombador.
Derision (díri-jânn) s menosprezo; escárnio.
Derisive (dirái-siv) *adj* irrisório; burlesco.
Derisory (dirái-sôuri) *adj* irrisório; ridículo.
Derivable (dirái-vâbl) *adj* derivável.
Derivation (dérivêi-shânn) s derivação; descendência; etimologia.
Derive (diráiv) v derivar; derivar-se; inferir; deduzir.
Derogate (dé-roghêit) v derrogar; desacreditar; anular; revogar; depreciar.
Derogation (déroghêi-shânn) s derrogação; anulação; menosprezo.
Derrick (dé-rik) s guindaste para grandes pesos.
Descant (dés-ként) s dissertação; discurso; comentário; MÚS canto; melodia.
Descant (dés-ként) v discorrer; dissertar; discutir; cantar ao som de um instrumento musical.
Descend (dissén-d) v descer; descender; proceder.
Descendant (dissén-dânt) s descendente.
Descendant (dissén-dânt) *adj* descendente.
Descent (dissén-t) s descida; descendência.
Describe (diskrái-b) v descrever; narrar; representar.
Description (diskrip-shânn) s descrição; narração.
Descry (diskrá-i) v descobrir; avistar ao longe; averiguar.
Desecrate (dé-sikrêit) v profanar; violar a santidade de.
Desert (dizár-t) s merecimento; mérito; virtude; ermo; deserto.
Desert (dizár-t) v desertar; abandonar; deixar; desamparar.
Desertion (déssikêi-shânn) s deserção; fuga.
Deserve (dizâr-v) v merecer; ter merecimento.
Deserving (dizâr-vinn) s mérito; merecimento.
Deserving (dizâr-vinn) *adj* digno de; merecedor de.
Desiccate (dé-sikêit) *adj* seco; enxuto.
Desiccate (dé-sikêit) v dessecar; secar; enxugar.
Desiccation (déssikêi-shânn) s dessecação; secar completamente.
Desiderate (dizi-dârêit) v desejar.

DESIDERATIVE — DEXTER

Desiderative (dizi-dârêitiv) *adj* desiderativo, que exprime desejo.
Desideratum (dizidârêi-tâmm) *s* desiderato; escopo; aspiração.
Design (dizái-nn) *s* projeto; desenho; esboço; desígnio; intento.
Design (dizái-nn) *v* projetar; desenhar; propor-se; destinar; tencionar; traçar.
Designate (dé-zinêit) *adj* designado; apontado; nomeado.
Designate (dé-zinêit) *v* destinar; designar; indicar; nomear.
Designer (dizái-nâr) *s* desenhista; projetista; inventor; intrigante; maquinador.
Designing (dizái-ninn) *s* ato de fazer projetos; desenho; esboço; esquema.
Designing (dizái-ninn) *adj* falso; astuto; artificial.
Desirable (dizái-râbl) *adj* desejável; conveniente.
Desire (dizái-r) *s* desejo; ânsia; anelo; paixão.
Desire (dizái-r) *v* desejar; pedir; aspirar.
Desirous (dizái-râss) *adj* desejoso.
Desist (dizis-t) *v* desistir; renunciar.
Desistance (dizis-ténss) *s* desistência.
Desk (désk) *s* escrivaninha; carteira escolar; púlpito.
Desolate (dé-solêit) *adj* desolado; triste; infeliz; solitário.
Desolate (dé-solêit) *v* saquear; despovoar; desolar; devastar.
Desolation (déssolêi-shânn) *s* desolação; consternação; aflição.
Despair (dispé-r) *s* desespero; desesperança.
Despair (dispé-r) *v* desesperar; desesperar-se.
Desperate (dés-pârit) *adj* desesperado; furioso; precipitado.
Desperately (dés-pâritli) *adv* desesperadamente; furiosamente; excessivamente.
Despicability (déspikâbi-liti) *s* vileza; baixeza; objeção.
Despicable (dés-pikâbl) *adj* vil; desprezível; baixo.
Despise (dispáiz) *v* desprezar; menosprezar; desdenhar.
Despite (dispáit) *s* despeito; malícia; desdém.
Despite (dispáit) *v* humilhar; vexar; menosprezar.
Despite (dispáit) *prep* apesar de; não obstante; todavia.
Despoil (dispó-il) *v* privar de; despojar; espoliar.
Despond (dispónd) *v* desesperar; desanimar; desalentar.
Despondent (dispón-dânt) *adj* desanimado; desalentado; abatido.
Desponding (dispón-dinn) *adj* desesperante; triste.
Despot (dés-pót) *s* désposta; opressor; tirano.
Despotism (dés-potizm) *s* despotismo; poder arbitrário; tirania.
Dessert (dizâr-t) *s* sobremesa.
Destination (dés-tinêi-shânn) *s* destino; fim; direção.
Destine (dés-tinn) *v* destinar; dedicar; determinar.
Destiny (dés-tini) *s* destino; sorte; sina; fado.
Destitute (dés-tituit) *adj* destituído; necessitado; desamparado.
Destitution (dés-titiu-shânn) *s* destituição; falta; pobreza.
Destroy (distró-i) *v* destruir; rasgar; aniquilar.
Destroyer (distrói-âr) *s* contratorpedeiro (navio de guerra).
Destruction (distrâk-shânn) *s* destruição; devastação.
Destructive (distrâk-tiv) *adj* destrutivo.
Destructor (distrâk-târ) *s* destruidor; exterminador.
Desultory (dé-sâltôuri) *adj* inconstante; variável; incoerente.
Detach (dité-sh) *v* separar; desligar; desunir; destacar.
Detachable (dité-shâbl) *adj* destacável; separável.
Detached (dité-sht) *adj* separado; imparcial; sem prevenção.
Detachedness (dité-shtnéss) *s* desinteresse; afastamento; separação; destacamento militar.
Detachement (ditésh-ment) *vide* DETACHEDNESS.
Detail (di-têil) *s* detalhe; particularidade; pormenor.
Detail (di-têil) *v* detalhar; pormenorizar; particularizar.
Detailed (di-têild) *adj* detalhado; minucioso; pormenorizado.
Detain (ditêi-nn) *v* deter; reter; demorar; retardar.
Detainer (ditêi-nâr) *s* detentor; prisão; embargo.
Detainment (ditêin-ment) *s* detenção; demora.
Detect (ditét-k) *v* descobrir; identificar; revelar.
Detectable (ditét-tâbl) *adj* detectável, que se pode descobrir.
Detection (ditét-shânn) *s* descoberta; revelação; descobrimento.
Detective (ditét-tiv) *s* detetive; investigador.
Detective (ditét-tiv) *adj* detetive, que tem habilidade para investigação policial.
Detector (ditét-târ) *s* descobridor; **lying DETECTOR**: detector de mentiras, aparelho que serve para apontar mentiras.
Detent (ditén-t) *s* alavanca; mola de retenção.
Detention (ditén-shânn) *s* detenção; custódia; retenção.
Deter (ditâ-r) *v* desviar; intimidar; atemorizar; dissuadir; impedir.
Detergent (ditâr-djent) *s* detergente, que serve para limpar.
Detergent (ditâr-djent) *adj* detergente.
Deteriorate (diti-riorêit) *v* deteriorar; estragar; estragar-se.
Determinable (ditâr-minabl) *adj* determinável.
Determination (ditârminêi-shânn) *s* determinação; resolução; decisão.
Determine (ditâr-minn) *v* determinar; decidir.
Detest (dités-t) *v* detestar; odiar; aborrecer.
Detestable (dités-tâbl) *adj* detestável.
Detonate (dé-tonêit) *v* detonar; explodir.
Detour (dit-uâ) *s* volta; desvio; rodeio.
Detour (dit-uâ) *v* desviar-se.
Detract (dirék-t) *v* diminuir; caluniar; depreciar; difamar.
Detriment (dé-triment) *s* detrimento; dano; prejuízo.
Detrition (ditri-shânn) *s* atrito; desgaste.
Detruncate (ditrân-keit) *v* truncar; mutilar.
Deuce (diuss) *s* duque; dois (cartas, dados; etc.); ESP quarenta (tênis).
Deuce (diuss) *v* ESP igualar o marcador (tênis).
Deuteronomy (diutâró-nomi) *s* BÍBL Deuteronômio, quinto livro do Pentateuco (Antigo Testamento ou Vulgata) e da Torá Judaica.
Devaluate (divé-liuêit) *v* desvalorizar.
Devaluation (divéliuêi-shânn) *s* desvalorização monetária.
Devastate (dé-vâstêit) *v* devastar; assolar; gastar; dissipar; saquear.
Devastating (dé-vâstêi-ting) *adj* devastador; assolador.
Develop (divé-lop) *v* desenvolver; evoluir; revelar fotografias.
Development (divé-lopment) *s* progresso; desenvolvimento; crescimento; FOT revelação.
Devest (divés-t) *v* despir; tirar a roupa; privar de.
Deviate (di-viêit) *v* desviar-se; afastar-se; divergir; dissentir.
Deviation (diviêi-shânn) *s* desvio; divergência; erro.
Deviator (di-viêitâr) *s* desviador.
Device (diváis-s) *s* aparelho; dispositivo; projeto; divisa; estratagema; instrumento.
Devil (dévl) *s* diabo; demônio.
Devil (dévl) *v* condimentar fortemente; importunar; atormentar.
Deviled (dévld) *adj* picante; apimentado.
Devilish (dév-lish) *adj* diabólico; infernal; satânico.
Devilled (dévld) *vide* DEVILED.
Devilment (dév-lment) *s* diabrura; malícia.
Devious (di-viâss) *adj* divergente; tortuoso; afastado; errante; extraviado.
Devisable (diváí-zâbl) *adj* imaginável; JUR transmissível.
Devise (diváiz) *s* legado.
Devise (diváiz) *v* imaginar; projetar; criar; tramar; JUR legar em testamento.
Deviser (diváí-zâr) *s* inventor; autor; planejador.
Devoid (divóid) *adj* destituído de; desprovido de; livre.
Devolve (divólv) *v* transferir; entregar; transmitir.
Devote (divôut) *v* devotar; dedicar; dedicar-se; consagrar-se.
Devoted (divôu-tid) *adj* dedicado; devotado; condenado.
Devotion (divôu-shânn) *s* devoção; piedade; zelo; *pl* orações.
Devour (divôu-r) *v* devorar; engolir; consumir.
Devout (divôu-t) *adj* devoto; religioso; reverente.
Dew (diu-) *s* orvalho; garoa; sereno.
Dexter (déks-târ) *s* destra; lado direito.
Dexter (déks-târ) *adj* destro; hábil; favorável.

Dexterity (déksté-riti) *s* destreza; aptidão; habilidade.
Diabetes (dái-âbitis) *s* MED diabetes, mau funcionamento do pâncreas, provocando redução de insulina no organismo, além de sede excessiva e urina frequente.
Diagnose (dái-âgnôuz) MED *v* diagnosticar, verificar possível doença por certos sintomas apresentados.
Diagonal (dáié-gonâl) MAT *s* diagonal, reta que se traça inclinadamente de um ângulo inicial em direção ao ângulo oposto.
Diagram (dái-âgrémm) *s* diagrama; gráfico.
Dial (dái-âl) *s* mostrador (de relógio, rádio, bússola etc.); disco dos aparelhos telefônicos etc.
Dial (dái-âl) *v* discar ou digitar um número de telefone.
Dialect (dái-âlékt) *s* dialeto, variação de pronúncia e, às vezes, significado de uma mesma língua falada.
Dialog (dái-âlôg) *s* diálogo.
Dialog (dái-âlôg) *v* dialogar; conversar.
Dialogue (dái-âlôg) *vide* DIALOG.
Diameter (dáié-mitâr) *s* MAT diâmetro, linha reta traçada em uma circunferência, de um lado a outro, atravessando o seu centro.
Diamond (dái-âmând) *s* diamante.
Diapason (dáiâpêi-sânn) *s* MÚS diapasão, instrumento de sopro que possui o tom natural das notas musicais (mi, lá, ré, sol, si, mi). e que servem à afinação de outros instrumentos, geralmente instrumentos de corda.
Diaper (dái-âpár) *s* fralda; cueiro; guardanapo; arabesco.
Diaphragm (dái-âfrémm) *s* ANAT diafragma, músculo que separa a cavidade torácica da cavidade abdominal.
Diary (dái-âri) *s* diário; jornal; relação daquilo que sucede dia a dia.
Dice (dáiss) *s* sorteio; *pl* dados.
Dice (dáiss) *v* jogar dados.
Dictator (dik-têitâr) *s* ditador, que reúne em si todos os poderes públicos; déspota; governador absoluto.
Dictate (dik-têit) *s* máxima; ordem; palpite; ditame; preceito.
Dictate (dik-têit) *v* ditar; impor; ordenar; mandar.
Dictation (diktêi-shânn) *s* ditado; prescrição.
Diction (dik-shânn) *s* dicção; expressão; linguagem.
Dictionary (dik-shânéri) *s* dicionário.
Diddle (did-l) *v* trapacear; hesitar; lograr.
Diddler (did-lâr) *s* enganador.
Die (dái) *s* furador; dado (jogo); *pl* DICE.
Die (dái) *v* cunhar; estampar; morrer; expirar; faceler.
Diet (dái-et) *s* dieta; comida; assembleia.
Dietetic (dái-ité-tik) *adj* dietético.
Dietetical (dái-ité-tikal) *vide* DIETETIC.
Differ (di-fâr) *v* diferir; discordar; divergir; ser diferente; diferençar.
Difference (di-fârénss) *s* diferença; distinção; controvérsia; *all the persons born equal, there is no DIFFERENCE between them*: todas as pessoas nascem iguais, não existe diferença entre elas.
Different (di-fârént) *adj* diferente; desigual; distinto.
Differential (difârén-shâl) *s* AUT diferencial, dispositivo que permite movimento independente das rodas traseiras do automóvel (nas curvas).
Differential (difârén-shâl) *adj* distinto; diferencial; MAT cálculo diferencial, aumento infinitamente pequeno de uma quantidade variável.
Differentiate (difârén-shiêit) *v* diferenciar; distinguir; MAT derivar.
Differing (di-fârinn) *s* desavença; contestação.
Differing (di-fârinn) *adj* diferente.
Difficult (di-fikâlt) *adj* difícil; penoso; árduo.
Difficulty (di-fikâlti) *s* dificuldade; oposição; obstáculo.
Diffidence (di-fidénss) *s* timidez; modéstia; desconfiança; suspeita.
Diffident (di-fidént) *adj* inseguro; desconfiado; tímido; humilde.
Diffuse (difiu-z) *adj* difuso; espalhado; estendido.
Diffuse (difiu-z) *v* difundir; espalhar; propagar; derramar.
Dig (dig) *s* escavação; empurrão; GÍR cutucada; escárnio; USA estudante aplicado.
Dig (dig) *v* escavar; cavar; averiguar; extrair; furar; cavocar; desenterrar; solapar; evacuar; *past or pp* DUG.
Digest (didjést) *s* digesto; compilação.
Digest (didjést) *v* digerir; elaborar; meditar; supurar; QUÍM cozer; *the snake DIGESTS a cow*: a cobra digere uma vaca.
Digestible (didjés-tibl) *adj* digerível; digestivo.
Digestion (didjést-shânn) *s* digestão; exame; supuração.
Digger (di-gâr) *s* cavador; cavoqueiro; escavador.
Digging (di-ghinn) *s* escavação; ação de cavar.
Dight (dáit) *adj* ornamentado; ordenado; disposto.
Dight (dáit) *v* adornar.
Digit (di-djit) *s* dígito (diz-se dos números de um a dez); algarismo; dedo; ASTR cada uma das doze partes em que se divide o diâmetro da Lua ou do Sol (para o cálculo das eclipses).
Digital (di-djitâl) *adj* digital, relativo ao dedo ou ao dígito (algarismos numéricos).
Dignified (dig-nifáid) *adj* honrado; sério; grave; altivo; respeitável.
Dignify (dig-nifái) *s* dignificar; exaltar; honrar.
Dignitary (dig-nitâri) *s* dignitário.
Dignitary (dig-nitâri) *adj* dignitário.
Dignity (dig-niti) *s* dignidade; honradez; nobreza.
Digress (digré-ss) *v* divagar; digressionar.
Digression (digré-shânn) *s* divagação; digressão; desvio; afastamento.
Dike (dáik) *s* dique; represa; leito (de rio).
Dike (dáik) *v* represar; pôr diques.
Dilapidate (dilé-pidêit) *v* dilapidar; arruinar; dissipar; destruir.
Dilapidation (dilépidêi-shânn) *s* dilapidação; destruição; ruína.
Dilate (dilêi-t) *v* dilatar; expandir-se; ampliar.
Dilemma (dilém-mâ) *s* dilema.
Dilettante (diletén-te) *v* diletante; amador; apreciador.
Dilettantism (dilétén-tizm) *s* diletantismo, qualidade de diletante.
Diligent (di-lidjénss) *adj* vivaz; aplicado; ativo.
Dilute (diliu-t) *v* diluir; dissolver.
Dilute (diliu-t) *adj* diluído; fraco; atenuado.
Dim (dimm) *s* escuro; penumbra.
Dim (dimm) *v* ofuscar; obscurecer; tornar opaco.
Dim (dimm) *adj* escuro; obscuro; sombrio.
Dime (dáimm) *s* USA ten cents; (10 ¢) moeda equivalente a um décimo do dólar.
Dimension (dimén-shânn) *s* dimensão; tamanho; extensão.
Dimestore (dáimm-estóri) *s* lojas de artigos baratos.
Diminish (dimi-nish) *v* diminuir; minorar; debilitar.
Diminishable (dimi-nishábl) *adj* reduzível.
Diminutive (dimi-niutiv) *s* diminutivo; diminuído.
Diminutive (dimi-niutiv) *adj* diminutivo; diminuto; minúsculo.
Dimissory (di-missôuri) *adj* demissório; de despedida.
Dimly (dim-li) *adv* obscuramente.
Dimness (dim-néss) *s* obscuridade; escuridão; ofuscamento.
Dimple (dimp-l) *s* covinha nas faces; pequenas ondulações.
Din (dinn) *s* estrondo; barulho; ruído contínuo.
Din (dinn) *v* atordoar; aturdir; ensurdecer.
Dine (dáinn) *v* oferecer jantar; jantar; alimentar.
Diner (di-nâr) *s* pessoa que janta; restaurante em vagão de trem.
Dingle (dingl) *s* vale estreito; desfiladeiro.
Dingy (din-dji) *adj* manchado; sujo; escuro.
Dining-car (dái-ninn-kár) *s* vagão-restaurante.
Dining-room (dái-ninn-rumm) *s* sala de jantar.

DINNER — DISCOMFORT

Dinner (di-nâr) s jantar; banquete; *at 8 o'clock yesterday evening I was having dinner with some friends*: às 8 horas da noite de ontem, estava fazendo um jantar com alguns amigos.
Dinosaur (d-ainasâri) s dinossauro.
Dint (dint) s golpe; pancada; poder.
Diocese (dáióssiss) s diocese, jurisdição administrada por um bispo.
Dip (dip) s mergulho; imersão; banho de imersão.
Dip (dip) v imergir; mergulhar; submergir.
Diphtheria (difthi-riâ) s MED difteria, doença causada por um bacilo, geralmente atacando a garganta e o nariz.
Diphthong (dif-thónn) s ditongo, encontro de vogais pronunciadas de uma só vez.
Diploma (diplôu-mâ) s diploma, documento oficial em que se confere um cargo, honras, privilégios, demonstrando a conclusão de algum tipo de curso; título.
Diplomacy (diplôu-mâssi) s diplomacia; prudência; cautela.
Diplomat (di-plomét) s diplomata, representante de estado (num outro estado).
Dipper (di-pâr) s mergulhador; colher para sopa.
Dipping (di-pinn) s mergulho; ação de mergulhar.
Dire (dáir) adj horrendo; medonho; fatal.
Direct (dirék-t) v dirigir; indicar; governar; endereçar.
Direct (dirék-t) adj direto; franco; decisivo.
Direction (dirék-shânn) s direção; curso; administração; diretoria; sentido; endereço; DIRECTIONS: instruções.
Director (dirék-târ) s diretor; guia; condutor; administrador.
Directory (dirék-tôuri) s diretório; lista telefônica; catálogo; almanaque; coletânea de regras.
Direful (dáir-full) adj horrível; funesto; terrível.
Dirge (dâr-dj) s canto fúnebre; endecha (composição poética fúnebre e triste).
Dirigible (di-ridjibl) s dirigível.
Dirigible (di-ridjibl) adj manobrável; dirigível.
Dirk (dârk) s punhal escocês; adaga.
Dirk (dârk) v apunhalar.
Dirt (dârt) s sujeira; lama; terra; imundície; porcaria.
Dirt (dârt) v sujar; enlamear; emporcalhar.
Dirtiness (dâr-tinéss) s sujeira; porcaria; lama; vileza.
Dirty (dâr-ti) adj sujo; porco; indecente.
Disability (dissâbi-liti) s inabilidade; incapacidade.
Disable (disséibl) v inabilitar; incapacitar; desmontar; inutilizar.
Disabled (dis-eibld) adj incapacitado.
Disablement (disséibl-ment) s impotência; incapacidade; fraqueza.
Disabuse (dissâbiuz) v desenganar; desiludir.
Disaccustom (dissékâs-tâmm) v desacostumar; desabituar.
Disadvantage (dissédvén-tidj) s desvantagem; perda; COM prejuízo.
Disadvantage (dissédvén-tidj) v prejudicar.
Disaffect (disséfékt) v indispor; descontentar.
Disaffected (disséfék-tid) adj desafeiçoado; desleal; inamistoso.
Disaffection (disséfék-shânn) s desafeição; deslealdade; má vontade.
Disaffirm (disséfâr-mm) v negar; JUR anular; invalidar; repudiar.
Disagree (dissâgri) v discordar; altercar; divergir; não concordar.
Disagreeable (dissâgri-âbl) adj desagradável; discordante; ofensivo.
Disagreement (dissâgri-ment) s discordância; divergência; desacordo.
Disallow (disséla-u) v desaprovar; rejeitar; censurar.
Disallowable (disséláu-âbl) adj negável; inadmissível; condenável.
Disallowance (disséláu-ânss) s desaprovação; negação; proibição.

Disappear (dissépi-r) v desaparecer; extinguir-se; perder-se.
Disappearance (dissépi-rânss) s desaparecimento.
Disappoint (dissépóint) v desapontar; malograr; frustrar; faltar a uma promessa.
Disappointed (dissépóin-tid) adj desapontado; decepcionado; desiludido.
Disappointment (dissépóint-ment) s decepção; revés; desapontamento.
Disapproval (dissépru-vâl) s desaprovação; censura; reprimenda.
Disapprove (dissépruv) v desaprovar; condenar; rejeitar; reprovar; censurar.
Disapprovingly (dissépru-vinnli) adv reprovação.
Disarm (dissâr-mm) v desarmar; apaziguar; serenar; acalmar.
Disarmament (dissâr-mâment) s desarmamento.
Disarrange (dissérén-dj) v desarranjar; desordenar; perturbar.
Disarrangement (dissâr-mâment) s desarranjo; desordem; perturbação.
Disarray (disséré-i) s confusão; desalinho; desordem.
Disarray (disséré-i) v desordenar; desbaratar; derrubar; despir.
Disarticulate (dissârtikiuléi-t) s desarticulação.
Disarticulate (dissârtikiuléi-t) v desarticular.
Disassemble (disas-embal) v desmontar; separar; desagrupar.
Disaster (dizés-târ) s desastre; revés.
Disastrous (dizés-trâss) adj desastroso; malogrado; calamitoso.
Disavow (dissâvá-u) v negar; repudiar; condenar.
Disavowal (dissâvá-âl) s negação; rejeição; retratação.
Disband (disbénd) v licenciar; dispersar; debandar; despedir; expulsar.
Disbandment (disbénd-ment) s licenciamento; debandada; dispersão.
Disbelieve (disbili-v) v desacreditar; duvidar; descrer; rejeitar.
Disbeliever (disbili-vâr) s incrédulo; descrente.
Disburse (disbâr-ss) v desembolsar; gastar; despender.
Disbursement (disbârs-ment) s desembolso; gasto; despesa.
Discard (diskár-d) s descarte (jogo de cartas).
Discard (diskár-d) v descartar; livrar-se de; excluir.
Discern (dizâr-nn) v discernir; reconhecer; julgar.
Discernible (dizâr-nibl) adj perceptível; distinguível; visível.
Discernibleness (dizâr-nibléss) s perceptibilidade.
Discerning (dizâr-ninn) s rápido discernimento; critério; penetração.
Discerning (dizâr-ninn) adj sagaz; perspicaz.
Discernment (dizâr-ment) s discernimento; critério; juízo.
Discharge (distshár-dj) s descarregamento; absolvição; quitação; exclusão; despedida; descarga; demissão.
Discharge (distshár-dj) v cumprir; pagar; demitir; absolver; descarregar; disparar; expelir; desembaraçar.
Discharger (distshár-djâr) s descarregador; tubo; cano; via de descarga.
Discharging (distshár-djinn) s descarga; descarregamento.
Disciple (dissáip-l) s discípulo; apóstolo; sequaz; prosélito.
Discipline (di-siplinn) s disciplina; educação; instrução; ordem; doutrina.
Discipline (di-siplinn) v disciplinar; ensinar; educar; castigar.
Disclaim (disklêi-mm) v renegar; desaprovar; renunciar; desconhecer.
Disclose (disklôu-z) v descobrir; revelar; divulgar.
Discloser (disklôu-zâr) s revelador.
Disclosure (disklôu-jâr) s declaração; revelação; publicação.
Discolor (diskâ-lâr) v descorar; descolorar; desbotar.
Discolour vide DISCOLOR.
Discomfit (diskâm-fit) v derrotar; desbaratar; malograr; desconcertar; embaraçar; confundir.
Discomfiture (diskâm-fitshur) s derrota; desbarato; desapontamento.
Discomfort (diskâm-fârt) s desconforto; incômodo; inquietação; aborrecimento.
Discomfort (diskâm-fârt) v afligir; desconfortar; incomodar.

DISCOMPOSE — DISJOINT

Discompose (diskómpôu-z) v perturbar; desordenar; transformar; inquietar.
Disconcert (diskónsâr-t) v desapontar; desconcertar; envergonhar.
Disconformity (diskónfór-miti) s desconformidade; dessemelhança.
Disconnect (diskónék-t) v desunir; separar; romper; desligar; parar; desconectar.
Disconnected (diskónék-td) adj separado; desconexo.
Disconsolate (diskón-solit) adj desconsolado; desolado; triste.
Discontent (diskónten-t) s descontentamento.
Discontent (diskónten-t) v descontentar.
Discontent (diskónten-t) adj descontente.
Discontinue (diskónti-niu) v interromper; suspender; descontinuar; cessar.
Discord (diskór-d) s discórdia; desacordo; discordância.
Discord (diskór-d) v discordar; desafinar; dissentir.
Discordance (diskór-dânss) s discordância; desacordo; dissensão.
Discordant (diskó-dânt) adj discordante; divergente; oposto.
Discount (diskáun-t) s desconto; abatimento; redução.
Discount (diskáun-t) v descontar; deduzir; diminuir; abater, considerar; desprezar.
Discountenance (diskáun-tinânss) s desagrado; mau acolhimento.
Discountenance (diskáun-tinânss) v desaprovar; desfavorecer; desanimar.
Discounter (diskáun-târ) s cambista; o que desconta.
Discourage (diskâ-ridj) v desanimar; opor; obstruir; desencorajar.
Discouragement (diská-ridjment) s desânimo; abatimento; desalento.
Discourse (diskôur-ss) s discurso; raciocínio; tratado; conversação.
Discourse (diskôur-ss) v discursar; conversar; falar.
Discourteous (diskâr-tiâss) adj mal-educado; descortês; grosseiro.
Discover (diská-vâr) v descobrir; inventar; revelar.
Discoverer (diská-vârâr) s descobridor; explorador; espia; vigia.
Discovery (diská-vâri) s descoberta; invenção; revelação; descobrimento.
Discredit (diskré-dit) s descrédito; desconfiança; desonra; infâmia.
Discredit (diskré-dit) v desacreditar; desconfiar; desmoralizar.
Discreet (diskri-t) adj discreto; prudente; cauteloso.
Discrepance (diskré-pânss) s discrepância; divergência; contradição.
Discrepancy (diskré-pânsi) vide DISCREPANCE.
Discrete (diskri-t) adj discreto; distinto; descontínuo.
Discretion (diskré-shânn) s discrição; cautela; prudência.
Discriminate (diskri-minêit) adj distinto; diferenciado; separado.
Discriminate (diskri-minêit) v discriminar; distinguir; discernir; separar.
Discrimination (diskriminêi-shânn) s discriminação; discernimento; distinção; diferença.
Discrown (diskráu-nn) v destronar.
Discuss (diská-ss) v discutir; debater; tratar; conversar.
Discussion (diská-shânn) s discussão; exame; debate.
Disdain (disdêi-nn) s desdém; desprezo; repugnância.
Disdain (disdêi-nn) v desdenhar; desprezar.
Disease (diziz) s doença; moléstia; enfermidade.
Diseased (dizizd) adj doente; enfermo; moribundo.
Disembark (dissembárk) v desembarcar; descarregar.
Disembody (dissembó-di) v desagregar; desincorporar.
Disembowel (dissembáu-él) v desentranhar; estripar.
Disenchant (dissentshén-t) v desencantar; desiludir.
Disendow (dissendá-u) v anular uma doação; suspender uma subvenção.

Disengage (dissenghêi-dj) v desocupar; soltar; desunir.
Disengaged (dissenghêi-djd) adj desocupado; livre; desimpedido.
Disentangle (dissenténgl) v desembaraçar; desenredar; desimpedir.
Disentanglement (dissenténgl-ment) s desembaraço; livramento.
Disenthral (dissenthról) v libertar; livrar.
Disenthrall (dissenthról) vide DISENTHRAL.
Disenthralment (dissenthról-ment) s soltura; libertação; franquia.
Disenthrone (dissenthróu-nn) v destronar.
Disestablish (dissesté-blish) v separar (Igreja do Estado); privar do caráter de estabelecimento público.
Disfavor (disfêi-vâr) s desfavor; descrédito; desprezo.
Disfavor (disfêi-vâr) v desfavorecer; desacreditar; antipatizar-se com.
Disfavour (disfêi-vâr) vide DISFAVOR.
Disfiguration (disfighiurêi-shânn) vide DISFIGUREMENT.
Disfigure (disfi-ghiur) v desfigurar; deformar.
Disfigurement (disfi-ghiurment) s desfiguração; deformação.
Disforest (disfó-rest) v desflorestar.
Disfurnish (disfâr-nish) v desmobilizar; desguarnecer; desprover.
Disgarnish (disfâr-nish) vide DISFURNISH.
Disgorge (disgór-dj) v vomitar; expelir; arrojar; restituir.
Disgrace (disgrêi-ss) s desfavor; desonra; descrédito; vergonha.
Disgrace (disgrêi-ss) v desfavorecer; desgraçar; desonrar.
Disgraceful (disgrêis-ful) adj vergonhoso; afrontoso.
Disguise (disgái-z) s disfarce; ficção; dissimulação.
Disguise (disgái-z) v disfarçar; dissimular; ocultar.
Disguised (disgáiz-d) adj disfarçado; mascarado.
Disguisement (disgáiz-ment) s disfarce.
Disgust (disgâs-t) s desgosto; repugnância; asco.
Disgust (disgâs-t) v repugnar; desgostar; entediar; enfastiar.
Disgusting (disgâs-tinn) adj repugnante; tedioso; fastidioso; desagradável.
Dish (dish) s prato; iguaria; comida; travessa; louça.
Dishearten (dis-hárt-n) v desanimar; desalentar; atemorizar.
Dishonest (dissó-nést) adj desonesto; infiel; desleal; fraudulento; *a DISHONEST citizen*: uma cidadão desonesto.
Dishonesty (dissó-nésti) s desonestidade; deslealdade.
Dishonor (dissó-nâr) s desonra; afronta; repreensão.
Dishonor (dissó-nâr) v desonrar; não honrar; com recusar o pagamento de uma dívida; negar o aceite de uma letra.
Dishonorable (dissó-nórâbl) adj desonroso; indecoroso; afrontoso.
Dishonour (dissó-nâr) vide DISHONOR.
Dishwasher (dishe-uásher) s máquina de lavar louça.
Dishwater (dishe-uáter) s a água de lavar a louça.
Disillusion (dissiliu-jânn) s desilusão; desengano; desencanto.
Disillusion (dissiliu-jânn) v desiludir; desenganar; desencantar.
Disincline (dissinklái-nn) v indispor; afastar; inimizar; malquistar.
Disinfect (dissinfék-t) v desinfetar.
Disinfectant (dissinfék-tânt) s desinfetante.
Disinfectant (dissinfék-tânt) adj desinfetante.
Disingenuos (dissinjé-niuâss) adj falso; dissimulado; fingido.
Disinherit (dissin-hé-rit) v deserdar.
Disintegrate (dissin-tigrêit) v desintegrar; decompor; desagregar.
Disinterest (dissin-tárést) s desinteresse; indiferença; desprendimento.
Disinterested (dissin-târéstid) adj desinteressado; imparcial; indiferente.
Disinterment (dissin-tâmment) s exumação.
Disject (disdjékt) v dispensar.
Disjoint (disdjói-nn) v deslocar; desarticular; desunir.

DISJOINTED — DISQUALIFY

Disjointed (disdjóin-tid) *adj* desarticulado; deslocado; incoerente; desmembrado.
Disjunct (disdjänkt) *adj* desunido; separado; desligado.
Disjunction (disdjänk-shänn) *s* disjunção; desunião; separação; deslocamento.
Disjunctive (disdjänk-tiv) *adj* disjuntivo; desunido.
Disk (disk) *s* disco; pátena de cálice.
Dislike (dislái-k) *s* aversão; repugnância; antipatia.
Dislike (dislái-k) *v* detestar; antipatizar-se com; não gostar de.
Dislocate (dis-lokêit) *v* deslocar.
Dislocation (dislokêi-shänn) *s* deslocamento; desconjuntamento; luxação.
Dislodge (disló-dj) *v* desalojar; expulsar; desacomodar; mudar-se.
Dislodgment (dislódj-ment) *s* desalojamento; despejo.
Disloyal (disló-iâl) *adj* desleal; infiel; falso.
Disloyalty (dislói-iâlti) *s* deslealdade; infidelidade; falsidade.
Dismal (diz-mâl) *adj* sombrio; lúgubre; triste; desanimador; funesto.
Dismalness (diz-mâlnéss) *s* melancolia; tristeza; horror.
Dismantle (dismêntl) *v* desmantelar; despir; desguarnecer.
Dismantlement (dismêntl-ment) *s* desmantelamento; desmembramento.
Dismay (dismê-i) *s* desânimo; terror; espanto; assombro.
Dismay (dismê-i) *v* desanimar; consternar; espantar.
Dismember (dismém-bâr) *v* desmembrar; desconjuntar.
Dismemberment (dismém-bârment) *s* desmembramento.
Dismiss (dismi-ss) *v* dispensar; exonerar; demitir; repudiar; rejeitar.
Dismissal (dismi-sâl) *s* demissão; destituição; exoneração.
Dismount (dismáun-t) *v* desmontar; desarmar; apear; descer.
Dismounting (dismáun-tinn) *s* desmontagem.
Disnaturalize (disné-tshurâláiz) *v* desnaturalizar.
Disnatured (disnêi-tshârd) *adj* desnaturado.
Disobedience (dissobi-diänss) *s* desobediência; rebeldia.
Disobedient (dissobi-diânt) *adj* desobediente; rebelde.
Disobey (dissobê-i) *v* desobedecer.
Disobeyer (dissobêi-âr) *s* rebelde.
Disoblige (dissoblái-dj) *v* desobrigar; desagradar; afrontar; incomodar.
Disobliging (dissoblái-djinn) *adj* incivil; descortês.
Disobligingness (dissoblái-djinéss) *s* incivilidade; descortesia.
Disorder (dissór-dâr) *s* desordem; doença; barulho; confusão.
Disorder (dissór-dâr) *v* desordenar; desorganizar; adoecer; perturbar; inquietar.
Disordered (dissór-dârd) *adj* desordenado; confuso; mórbido.
Disorderly (dissór-dârli) *adj* desordenado; turbulento; tumultuoso; confuso.
Disorderly (dissór-dârli) *adv* desordenadamente; tumultuosamente.
Disordinate (dissór-dinit) *adj* desordenado; desvairado.
Disorganize (dissór-gânáiz) *v* desorganizar; desordenar.
Disorientation (disori-entêishan) *s* desorientação; desnorteamento; desconcerto.
Disown (dissôu-nn) *v* repudiar; rejeitar; renegar; renunciar.
Disparage (dispé-ridj) *v* deprimir; depreciar; aviltar; desprezar.
Disparagement (dispé-ridjment) *s* menosprezo; injúria; infâmia.
Disparager (dispé-ridjâr) *s* depreciador; aviltador; difamador; injuriador.
Disparaging (dispé-ridjinn) *adj* desonroso; pejorativo; depreciativo; aviltante.
Disparate (dis-pârit) *adj* desigual; diferente; discordante; díspar.
Disparity (dispé-rit) *s* disparidade; diferença; desigualdade.
Dispart (dispá-rt) *v* dividir; separar.
Dispassion (dispé-shänn) *s* imparcialidade; indiferença.
Dispassionate (dispé-shânit) *adj* impassível; desapaixonado; frio; sereno.
Dispassionately (dispé-shânitli) *adv* desapaixonadamente; imparcialmente.
Dispassionateness (dispé-shanitnéss) *s* imparcialidade; serenidade.
Dispatch (dispé-tsh) *s* despacho; aviamento; presteza; agilidade; mensagem.
Dispatch (dispé-tsh) *v* despachar; expedir; matar; aviar; abreviar.
Dispel (dispél) *v* dissipar; expelir; enviar; expedir; afastar; dispersar.
Dispensable (dispén-sâbl) *adj* dispensável; sem valor.
Dispensation (dispénsêi-shänn) *s* dispensa; exceção; decreto; escusa.
Dispensatory (dispén-sâtôuri) *s* MED formulário de produtos medicinais.
Dispense (dispén-ss) *v* dispensar; conceder; distribuir; MED receitar.
Disperse (dispâr-ss) *v* dispersar; espalhar; dissipar.
Dispersion (dispâr-shânn) *s* dispersão.
Dispersive (dispâr-siv) *adj* dispersivo.
Dispirit (dispi-rit) *v* desanimar; acabrunhar; abater.
Dispirited (dispi-ritd) *adj* desanimado; acabrunhado; abatido; deprimido; desalentado.
Displace (displêi-ss) *v* deslocar; desarranjar; retirar; destituir; substituir; demitir.
Displaceable (displêi-sâbl) *adj* deslocável.
Displacement (displêis-ment) *s* deslocação; destituição; deslocamento; remoção; mudança.
Displant (displént) *v* transplantar; desplantar; mudar.
Displantation (displéntêi-shânn) *s* transplantação; desplantação.
Display (displê-i) *s* mostra; aparato; apresentação; exposição; desfile; ostentação; manifestação.
Display (displê-i) *v* exibir; expor; mostrar; manifestar.
Displayer (displêi-âr) *s* expositor; apresentador; ostentador.
Displease (displiz) *v* desagradar; magoar; ofender.
Displeasing (displi-zinn) *adj* desagradável; antipático; ofensivo.
Displeasure (displé-jâr) *s* desprazer; desgosto; desagrado.
Disport (dispórt) *s* divertimento; diversão; passatempo.
Disport (dispórt) *v* divertir; recrear; brincar.
Disposable (dispôu-zâbl) *adj* disponível.
Disposal (dispôu-zâl) *s* disposição; venda; ordem; manejo; concessão.
Dispose (dispôu-z) *v* dispor; ceder; vender; pôr em ordem; arranjar; preparar.
Disposer (dispôu-zâr) *s* árbitro; o que dispõe.
Disposition (dispozi-shânn) *s* disposição; caráter; atitude; aptidão.
Dispossess (dispozé-ss) *v* desapropriar; espoliar; desalojar.
Dispossession (dispózé-shânn) *s* expropriação; despejo; desalojamento.
Dispraise (disprêiz) *s* censura; descrédito; repreensão; reprovação.
Dispraise (disprêi-z) *v* censurar; repreender; reprovar.
Disproof (dispruf) *s* refutação; impugnação; contestação.
Disproportion (dispropôr-shânn) *s* desproporção; insuficiência; desigualdade.
Disprove (dispruv) *v* desaprovar; refutar; impugnar.
Disputable (dispiu-tâbl) *adj* disputável.
Disputant (dis-piutânt) *s* disputante; diputador; competidor; contendor.
Disputant (dis-piutânt) *adj* disputante; disputável.
Disputation (dispiutêi-shânn) *s* disputa; contenda; controvérsia; argumentação; competição.
Dispute (dispiu-t) *s* disputa; discussão; controvérsia.
Dispute (dispiu-t) *v* disputar; discutir; contestar.
Disqualification (diskuólifikêi-shânn) *s* desqualificação; inabilitação; impedimento.
Disqualify (diskuó-lifái) *v* desqualificar; inabilitar; incapacitar.

Disquiet (diskuái-ét) s inquietação; mal-estar; ansiedade.
Disquiet (diskuái-ét) *adj* inquieto; desassossegado.
Disquiet (diskuái-ét) *v* inquietar; perturbar; incomodar.
Disquietude (diskuái-itiud) s ansiedade; inquietação; desassossego.
Disquisition (diskuizi-shânn) s averiguação; pesquisa; exame.
Disregard (disrigárd) s descuido; negligência; desconsideração.
Disregard (disrigárd) *v* desdenhar; menosprezar; negligenciar; desprezar.
Disregardful (disrigárd-ful) *adj* desatento; negligente.
Disrelish (disré-lish) s aversão; fastio; desgosto.
Disrelish (disré-lish) *v* sentir aversão; repugnar.
Disrepair (disripér) s mau estado; desarranjo; dilapidação.
Disreputability (disripiutábi-liti) s descrédito; desonra; ignomínia; baixeza.
Disreputable (disripiu-tábl) *adj* desonroso; não respeitável; infamante; desacreditado.
Disreputableness (disripiu-táblnéss) *vide* DISREPUTABILITY.
Disrepute (disripiut) s desonra; descrédito; ignomínia; má reputação.
Disrepute (disripiut) *v* desonrar; desacreditar.
Disrespect (disripékt) s desrespeito; desconsideração; descortesia; desatenção.
Disrespect (disripékt) *v* desrespeitar; desconsiderar; desacatar.
Disrespectful (disripékt-ful) *adj* desrespeitoso; irreverente; incivil.
Disrespectfulness (disripékt-fulness) s desrespeito; incivilidade; grosseria.
Disrobe (disrôu-b) *v* despir-se; despojar; privar de.
Disroot (disrut-) *v* desarraigar.
Disrupt (disrâp-t) *adj* rasgado; roto; dilacerado.
Disrupt (disrâp-t) *v* romper; rebentar; despedaçar.
Disruption (disrâp-shânn) s rompimento; ruptura; dilaceração.
Disruptive (disrâp-tiv) *adj* rompedor; que causa dilaceração.
Dissatisfaction (dissétisfék-shânn) s insatisfação; descontentamento; pesar.
Dissatisfactoriness (dissétisfék-tôuriness) s incapacidade de contentar.
Dissatisfactory (dissétisfék-tôuri) *adj* insatisfeito; desagradável; insuficiente.
Dissatisfy (dissé-tisfái) *v* descontentar; desagradar; desgostar.
Dissect (dissékt) *v* dissecar; retalhar; anatomizar.
Dissected (disséktd) *adj* dissecado.
Dissection (dissék-shânn) s dissecação; anatomização; exame rigoroso.
Disseize (dissiz) *v* desapossar; usurpar.
Disseizee (dissizi) s pessoa despojada ilegalmente.
Dissemblance (dissem-bléns) s dissimulação; fingimento; hipocrisia.
Dissemble (dissémbl) *v* dissimular; disfarçar; fingir; mascarar.
Dissembler (dissém-blâr) s dissimulador; hipócrita; fingindo.
Disseminate (dissé-minêit) *v* disseminar; divulgar; espalhar; semear.
Dissemination (disséminêi-shânn) s disseminação; propagação; difusão.
Disseminator (dissé-minêitâr) s disseminador; propagador; divulgador.
Dissension (dissén-shânn) s dissensão; divergência; contenda.
Dissent (dissént) s dissensão; dissidência; discórdia.
Dissent (dissént) *v* discordar; divergir; diferir; dissentir.
Dissenter (dissén-târ) s dissidente.
Dissenter (dissén-târ) *adj* dissidente.
Dissentient (dissén-tshiânt) *vide* DISSENTER.
Dissenting (dissén-tinn) *adj* discordante.
Dissentious (dissen-shâs) *adj* discordante; contendor.
Dissertate (dissâr-teit) *v* dissertar.
Dissertation (dissârtêi-shânn) s dissertação; discurso; tese.
Disservice (dissâr-viss) s desserviço; prejuízo; perfídia.

Dissever (dissé-vâr) *v* dividir; desunir; partir.
Disseverance (dissé-vârânss) s separação; divisão.
Disseverment (dissé-vârment) s divisão.
Dissidence (di-sidénss) s dissidência; discórdia; divergência; desarmonia.
Dissident (di-sidént) s dissidente.
Dissident (di-sidént) *adj* dissidente.
Dissimilar (dissi-milâr) *adj* dessemelhante; diferente; diverso; desigual; dissimilar.
Dissimilarity (dissimilé-riti) s dessemelhança; diversidade; desigualdade.
Dissimilate (dissi-milêit) *v* desassemelhar; diferenciar.
Dissimilitude (dissimi-litiud) s desigualdade; dessemelhança; disparidade.
Dissimulate (dissi-miulêit) *v* dissimular; fingir.
Dissimulation (dissimiulêi-shânn) s dissimulação; fingimento; hipocrisia.
Dissimulative (dissi-miulêitiv) *adj* dissimulador; falso; fingido.
Dissipate (di-sipêit) *v* dissipar; dispersar; esbanjar; desaparecer.
Dissipated (di-sipêitid) *adj* esbanjador; pródigo; dissoluto.
Dissipation (dissipêi-shânn) s dissipação; libertinagem; diversão; desperdício.
Dissociable (dissôu-shiâbl) *adj* dissociável; insociável; separável.
Dissocialize (dissôu-shialáiz) *v* tornar insociável; afastar da sociedade.
Dissociate (dissôu-shiêit) *v* dissociar; desagregar; desunir; separar; decompor.
Dissociation (dissôushiêi-shânn) s dissociação; desunião; divisão.
Dissolubility (dissoliubi-liti) s dissolubilidade; decomponibilidade.
Dissoluble (di-soliubl) *adj* dissolúvel.
Dissolubleness (di-soliublnéss) s dissolubilidade.
Dissolute (di-soliut) *adj* dissoluto; devasso; imoral.
Dissoluteness (di-soliutnéss) s libertinagem; devassidão; dissipação; dissolução.
Dissolution (dissoliu-shânn) s dissolução; desintegração; decomposição; morte.
Dissolvability (dizóvâbi-liti) s solubilidade; qualidade de ser solúvel.
Dissolvable (dizól-vâbl) *adj* dissolúvel.
Dissolve (dizólv) *v* dissolver; derreter; separar.
Dissonance (di-sonânss) s dissonância; discordância; desacordo; desavença; oposição; contrariedade.
Dissonancy (di-sonânsi) *vide* DISSONANCE.
Dissonant (di-sonânt) *adj* dissonante; desarmônico; desentoado.
Dissuade (dissuêid) *v* dissuadir; desviar; desaconselhar.
Dissuasion (dissuêi-jânn) s dissuasão; despersuasão.
Distaff (dis-téf) s roca de fiar; fuso; FIG autoridade feminina; trabalho feminino.
Distance (dis-tânss) s distância; intervalo; afastamento; espaço; respeito; reserva; *DISTANCE between two houses*: a distância entre duas casas.
Distant (dis-tânt) *adj* distante; remoto; obscuro; afastado.
Distaste (distêist) s desagrado; desgosto; repugnância.
Distaste (distêist) *v* desgostar; aborrecer.
Distasteful (distêist-ful) *adj* desagradável; amargo; insípido; repelente.
Distemper (distém-pâr) s indisposição; enfermidade; incômodo.
Distemper (distém-pâr) *v* destemperar; irritar-se; perturbar; perder a serenidade.
Distend (disténd) *v* distender; dilatar; inflar.
Distensible (distén-sibl) *adj* dilatável.
Distension (distén-shânn) s distensão; dilatação; inflação.
Distent (distén-t) *adj* distendido; dilatado.
Distich (dis-tik) s dístico.

DISTIL — DOCTORATE

Distil (distil) *v* destilar; purificar; gotejar; retificar.
Distillery (disti-lâri) *s* destilaria.
Distinct (distink-t) *adj* distinto; diferente; claro.
Distinction (distink-shânn) *s* distinção; diferença; distintivo; honra; prerrogativa.
Distinctive (distink-tiv) *adj* distintivo; característico.
Distinguish (distin-guish) *v* distinguir; salientar; discernir; enaltecer.
Distinguished (distin-guisht) *adj* famoso; distinto; assinalado; ilustre.
Distort (distórt) *v* deturpar; torcer; falsificar; adulterar; distorcer; deformar; desnaturar.
Distortion (distór-shânn) *s* distorção; deformidade; torcedura; tergiversação.
Distract (distrékt) *v* distrair; perturbar; desviar.
Distraction (distrék-shânn) *s* distração; desordem; loucura; abstração.
Distrain (distrêi-nn) *v* embargar; penhorar; sequestrar; apoderar-se.
Distrainer (distrêi-nâr) *s* embargante; sequestrador.
Distrainment (distrêin-ment) *s* embargo; penhora.
Distrainor (distrêi-nâr) *vide* DISTRAINER.
Distrait (distrêi-t) *adj* distraído.
Distraught (distró-t) *adj* distraído; perturbado; agitado.
Distress (distré-ss) *s* aflição; angústia; desgraça; pobreza; mágoa; apuro; escassez; perigo.
Distress (distré-ss) *v* afligir; embargar; agoniar; desolar.
Distressed (distré-sid) *adj* infeliz; aflito; desgraçado; desprovido; desamparado.
Distressful (distrés-ful) *adj* digno de pena; lastimável; aflito; desgraçado; infeliz; agoniado.
Distressing (distré-sinn) *adj* aflitivo; penoso; doloroso.
Distributable (distri-biutábl) *adj* distributivo; classificável.
Distribute (distri-biut) *v* distribuir; classificar; repartir.
Distribution (distribiu-shânn) *s* distribuição; partilha; arranjo.
Distributive (distri-biutiv) *adj* distributivo.
District (dis-trikt) *s* distrito; região; bairro; comarca.
Distrust (distrâs-t) *s* desconfiança; suspeita; receio.
Distrust (distrâs-t) *v* desconfiar de; temer; recear.
Distrustful (distrâst-ful) *adj* desconfiado; receoso; suspeitoso.
Distrustfulness (distrâst-fulnéss) *s* desconfiança; suspeita; medo; receio.
Disturb (distârb) *v* perturbar; incomodar; transtornar; interromper.
Disturbance (distâr-bânss) *s* perturbação; distúrbio; motim.
Disturber (distâr-bâr) *s* desordeiro; perturbador; agitador; importuno.
Disturbing (distâr-binn) *adj* perturbador.
Disunion (disiu-niânn) *s* desunião; separação; desacordo; desavença.
Disunite (dissiu-náit) *v* desunir; separar; dividir.
Disuse (dissiuz) *s* desuso; descostume.
Disuse (dissiuz) *v* desusar; desacostumar.
Disused (dissiuzd) *adj* desusado; antiquado; arcaico.
Ditch (ditsh) *s* rego; fosso; vala; trincheira.
Ditch (ditsh) *v* abrir fossos; cercar de fossos; atirar num fosso; GÍR rejeitar; abandonar; descarrilar.
Ditcher (di-tshâr) *s* cavador de valas; máquina de cavar.
Dither (di-thâr) *s* tremor; estremecimento.
Dither (di-thâr) *v* arrepiar; estremecer.
Ditto (di-tôu) *s* dito; idem; o mesmo.
Ditto (di-tôu) *adv* igualmente; como anteriormente.
Ditty (di-ti) *s* canção; cantiga; balada; cançoneta.
Diurnal (dáiâr-nâl) *adj* diurno; cotidiano; diário.
Divagate (dái-vâghêit) *v* divagar; perambular.
Divagation (dáivâghêi-shânn) *s* divagação; digressão.
Divan (divé-nn) *s* divã; sofá; sala de fumar.
Divaricate (divé-rikêit) *v* bifurcar; dividir em dois.

Dive (dáiv) *s* mergulho; pique; salto de trampolim; submersão de submarinos; USA taberna; taverna; casa noturna de má reputação.
Dive (dáiv) *v* mergulhar; ocultar-se; submergir; penetrar; aprofundar-se.
Diver (dái-vâr) *s* mergulhador.
Diverge (divâr-dj) *v* divergir; discordar; desviar-se.
Divergence (divâr-djénss) *s* divergência; desacordo.
Divergency (divâr-djénsi) *vide* DIVERGENCE.
Divergent (divâr-djént) *adj* divergente; contrário.
Divers (dái-vârss) *adj* diversos; vários; alguns.
Diverse (divâr-ss) *adj* diverso; diferente; distinto.
Diverseness (divârs-néss) *s* diversidade.
Diversification (divârsifikêi-shânn) *s* diversificação; variedade.
Diversiform (dáivâr-siform) *adj* diversiforme; multiforme.
Diversify (divâr-sifái) *v* diversificar; diferenciar; variar.
Diversion (divâr-shânn) *s* diversão; desvio; deflexão; divertimento.
Diversity (divâr-siti) *s* diversidade; diferença; variedade.
Divert (divâr-t) *v* divertir; distrair; desviar.
Diverting (divâr-tinn) *adj* recreativo; divertido.
Divertissement (divértismá-nn) *s* bailado; entretenimento; divertimento em intervalos de peças teatrais.
Divest (divés-t) *v* despir; esbulhar; privar.
Divestiture (divés-titshâr) *s* despimento; despojo; ação de despojar.
Dividable (diváí-dâbl) *adj* divisível.
Divide (diváid) *v* dividir; repartir; cindir; divergir.
Dividend (di-vidénn) *s* COM dividendo (relativo a uma distribuição de ações, a título de renda).
Divination (divinêi-shânn) *s* adivinhação; palpite; intuição; conjetura; profecia; prognóstico.
Divine (diváí-nn) *s* clérigo; teólogo; sacerdote.
Divine (diváí-nn) *v* adivinhar; prognosticar; vaticinar.
Divine (diváí-nn) *adj* divino; sacro; sublime; sagrado.
Diviner (diváí-nâr) *s* adivinho; vaticinador.
Diving (daivin) *s* mergulho; mergulhador (profissão).
Divinity (divi-niti) *s* divindade; atributo divino.
Division (divi-jânn) *s* divisão; seção; separação.
Divorce (divôur-ss) *s* divórcio; separação; desquite.
Divorce (divôur-ss) *v* divorciar; separar; desquitar.
Divorcee (divôur-si) *s* divorciado; divorciada.
Divulgation (divâlghêi-shânn) *s* divulgação; propagação.
Divulge (divâl-dj) *v* divulgar; publicar; espalhar.
Divulger (divâl-gâr) *s* divulgador; revelador.
Dizen (diz-n ou dáiz-n) *v* ornar; enfeitar; ataviar.
Dizziness (di-zinéss) *s* vertigem; tontura.
Dizzy (di-zi) *adj* atordoado; tonto; vertiginoso; *I feel DIZZY*: sinto-me tonto.
Dizzy (di-zi) *v* atordoar; aturdir; estontear.
Do (du) *v* fazer; agir; proceder; executar; bastar; lograr; enganar; preparar; servir; arrumar (casas); arranjar (cabelos); *what shall I DO?*: o que farei?; *past* DID *and pp* DONE.
Doable (du-âbl) *adj* factível.
Docile (dó-sil ou dôu-sáil) *adj* dócil; obediente; brando.
Docility (dóssi-liti) *s* brandura; docilidade.
Dock (dók) *s* doca; dique; estaleiro; banco dos réus; rabo de animal; rabicho.
Dock (dók) *v* ancorar; cortar; encurtar; abreviar; cortar cauda de animal.
Docker (dó-kâr) *s* estivador.
Docket (dó-két) *s* resumo; extrato; sumário; etiqueta; calendário; almanaque.
Docket (dó-két) *v* resumir; rotular; etiquetar; condensar.
Dockyard (dók-iárd) *s* estaleiro; arsenal de marinha.
Doctor (dók-târ) *s* doutor; médico.
Doctoral (dók-târit) *adj* doutoral.
Doctorate (dók-târit) *s* doutorado.

DOCTRINAIRE — DOWEL

Doctrinaire (dók-triné-r) *s* visionário; escolástico; doutrinário; utopista.
Doctrinaire (dók-triné-r) *adj* doutrinário; teórico.
Doctrine (dók-trinn) *s* doutrina; dogma; ensino; erudição.
Document (dó-kiumént) *s* documento; lição; conceito; preceito.
Document (dó-kiumént) *v* documentar; instruir.
Documentation (dókiumentêi-shânn) *s* documentação.
Dodder (dó-dâr) *v* tremer; titubear; vacilar.
Doddered (dó-dârd) *adj* enfermo; abatido.
Dodge (dó-dj) *s* subterfúgio; astúcia; artimanha; evasiva; artifício.
Dodge (dó-dj) *v* esquivar-se a; evitar; escapar; enganar; espiar.
Dodger (dó-djâr) *s* trapaceiro; embusteiro; USA impresso publicitário que se distribui.
Doe (dôu) *s* corça; fêmea de diversos animais.
Doff (dof) *v* tirar o chapéu em saudação; remover; relegar; deixar de lado; despir; livrar-se de.
Dog (dóg) *s* cão; cachorro.
Dogged (dó-ghid) *adj* teimoso; obstinado; intratável; pertinaz.
Doggery (dó-gâri) *s* USA espelunca.
Doggie (dó-ghi) *s* cachorrinho.
Doggie (dó-ghi) *adj* elegante; vistoso.
Dogma (dóg-mâ) *s* dogma, pontos fundamentais e indiscutíveis de uma doutrina, geralmente religiosa.
Dogmatic (dógmé-tik) *adj* dogmático; categórico.
Dogmatically (dógmé-tikâli) *adv* dogmaticamente.
Doily (dói-li) *s* guardanapo; pequeno pano para mesa.
Doings (du-inns) *s pl* ações; feitos; acontecimentos; conduta.
Doit (dóit) *s* bagatela; antiga moeda holandesa.
Doited (dói-tid) *adj* caduco; senil.
Dole (dôul) *s* dádiva; esmola; aflição.
Dole (dôul) *s* distribuir; repartir com os pobres.
Doleful (dôul-ful) *adj* doloroso; triste; lúgubre.
Doll (dól) *s* boneca; mulher ou criança bonita mas pouco perspicaz, sem vivacidade.
Dollar (dó-lâr) *s* dólar, moeda americana (USA) e de outros países.
Dollish (dó-lish) *adj* afetado; melindroso.
Dolly (dó-li) *s* boneca; carrinho.
Dolman (dól-mânn) *s* dólmã; vestimenta militar.
Dolmen (dól-menn) *s* dólmen, pedras em círculos de grande peso que serviam à prática religiosa dos Drúidas.
Dolor (dôu-lâr) *s* dor; angústia.
Dolour (dôu-lâr) *vide* DOLOR.
Dolphin (dól-finn) *s* golfinho.
Dolt (dólt) *s* tolo; pateta; imbecil.
Domain (dôméi-nn) *s* domínio; dominação; império.
Dome (dôumm) *s* cúpula; abóbada; zimbório.
Domestic (domés-tik) *s* servo; criado.
Domestic (domés-tik) *adj* doméstico; caseiro; familiar; nacional.
Domesticate (domés-tikêit) *v* domesticar; amansar; naturalizar.
Domicil (dó-missil) *s* domicílio; lar; casa; habitação.
Domicile (dó-missil) *vide* DOMICIL.
Domiciliary (domissi-liâri) *adj* domiciliário.
Dominant (dó-minânt) *s* dominante; domínio.
Dominant (dó-minânt) *adj* dominante.
Dominate (dó-minêit) *v* dominar; controlar; tiranizar; governar com arbitrariedade; avassalar.
Domination (dóminêi-shânn) *s* dominação; domínio; império.
Domineer (dómini-r) *v* dominar; vexar; oprimir.
Domineering (dómini-rinn) *adj* dominante; insolente; tirânico; imperioso.
Dominion (domi-niânn) *s* domínio; propriedade; posse; senhorio.
Domino (dó-minôu) *s* dominó jogo de 28 pedras com números de zero a seis, combinados dois a dois.

Donate (dôu-nêit) *v* doar; contribuir; dar.
Donative (dôu-nâtiv) *s* donativo; doação.
Donator (dôunêi-târ) *s* doador.
Done (dânn) *adj* feito; acabado; logrado.
Donkey (dón-ki) *s* burro; asno; jumento; imbecil; ignorante; estúpido.
Donor (dôu-nór) *s* doador.
Doodle (dudl) *adj* pateta; tolo; palavras rabiscadas; rabisco.
Doom (dumm) *s* perdição; condenação; destino; julgamento; sorte; *DOOMS day*: dia do Julgamento Final.
Doom (dumm) *v* condenar; julgar; determinar.
Doomed (dumd) *adj* condenado.
Door (dôur) *s* porta.
Doorbell (dôur-bel) *s* campainha.
Doorknob (dôur-nób) *s* maçaneta.
Doorman (dôur-maen) *s* porteiro.
Doormat (dôur-maet) *s* capacho.
Dope (dôup) *s* verniz; lubrificante; GÍR narcótico; entorpecente; informação secreta; pessoa ignorante.
Dope (dôup) *v* viciar; dopar.
Dormancy (dór-mânsi) *s* dormência; letargia; calma.
Dormant (dór-mânt) *adj* dormente; inativo; secreto; parado; oculto.
Dossal (dó-sâl) *s* dossel, cobertura saliente de tronos, púlpitos etc.
Dot (dót) *s* ponto; vírgula; pingo; pinta; borrão; mancha.
Dot (dót) *v* pontilhar; pontear; colocar pingos; pôr vírgulas; pôr pontos.
Dotage (dôu-tidj) *s* imbecilidade; idolatria; demência; senilidade.
Dotation (dotêi-shânn) *s* dotação, renda destinada para alguma atividade.
Dote (dôut) *v* amar intensamente; amar infantilmente; caducar; desvairar.
Doter (dôu-târ) *s* apaixonado; aquele que ama com paixão.
Dottiness (dó-tinéss) *s* imbecilidade.
Dotty (dó-ti) *adj* estúpido; maluco; alucinado.
Double (dâbl) *s* dobro; duplo; cópia; duplicata; sósia.
Double (dâbl) *v* dobrar; duplicar; repetir; dissimular.
Double (dâbl) *adj* dobrado; duplo; falso.
Doubleness (dó-tinéss) *s* duplicidade; fingimento.
Doublet (dâ-blét) *s* par; parelha; gibão; veste de couro usada por vaqueiros.
Doubling (dâ-blinn) *s* duplicação; revestimento.
Doubloon (dâblu-nn) *s* dobrão, moeda de ouro portuguesa (antiga).
Doubt (dáut) *s* dúvida; suspeita; incerteza.
Doubt (dáut) *v* duvidar; suspeitar; hesitar; vacilar; recear.
Doubtful (dáut-ful) *adj* duvidoso; ambíguo; discutível.
Doubtless (dáut-léss) *adj* seguro; certo; inquestionável.
Doubtless (dáut-léss) *adv* indubitavelmente.
Douche (dush) *s* ducha; tomar duchas.
Dough (dôu) *s* massa (pão etc.); pasta; USA dinheiro.
Doughboy (dôu-bói) *s* USA soldado de infantaria.
Doughfaced (dôu-fêist) *adj* simplório; ingênuo; hipócrita; estúpido.
Doughfoot (dôu-fut) *vide* DOUGHBOY.
Doughtiness (dáu-tinéss) *s* valentia; coragem; bravura.
Doughty (dáu-ti) *adj* valente; bravo; destemido; forte.
Dour (dur) *adj* severo; obstinado; árido; tenebroso.
Douse (dáuss) *v* extinguir; apagar; mergulhar; recolher; suprimir; despir.
Dove (dâv) *s* pombo.
Dovetail (dâv-têil) *s* malhete; encaixe em forma de rabo de ave.
Dovetail (dâv-têil) *v* encaixar; embutir; combinar.
Dowager (dáu-âdjâr) *s* viúva rica; GÍR viúva idosa.
Dowdy (dáu-di) *s* mulher desalinhada.
Dowdy (dáu-di) *adj* desleixado; sujo.
Dowel (dáu-él) *s* prego de madeira; tarugo; cavilha.

DOWER — DRINK

Dower (dáu-âr) s dote; doação; parte da viúva numa herança; talento; dom.
Dowerless (dáu-âr-liss) adj viúva sem quinhão numa herança.
Dowlas (dáu-lâss) s tecido de linho.
Down (dáunn) s penugem; penas; duna; pl revés da sorte.
Down (dáunn) v derrubar; vencer; derrotar.
Down (dáunn) adj descendente; abatido.
Down (dáunn) adv em baixo; para baixo; debaixo; abaixo.
Down (dáunn) prep em baixo; para baixo; debaixo; abaixo.
Downcast (dáun-kést) adj descendente; inclinado; triste; deprimido.
Downfall (dáun-fól) s aguaceiro; nevada; FIG ruína; decadência.
Downrightness (dáun-ráitnéss) s franqueza; sinceridade; lealdade.
Downstairs (dáun-stérz) adv debaixo da escada; no andar inferior; para baixo; escada abaixo; embaixo.
Downstream (dáun-strimm) s corrente abaixo (rio).
Downtown (dáun-taunn) adj centro da cidade.
Downtown (dáun-taunn) adv no centro da cidade.
Downward (dáun-uârd) adj descendente; inclinado.
Downwards (dáun-uârds) adv para baixo; para o sul.
Downy (dáu-ni) adj felpudo; peludo; macio; suave.
Dowry (dáu-ri) vide DOWER.
Doze (dóz) s soneca; cochilo; torpor.
Doze (dóz) v cochilar; dormitar.
Dozen (dâz-n) s dúzia.
Dozer (dó-zâr) s indolente; preguiçoso; dorminhoco.
Dozy (dó-zi) adj sonolento; adormecido; entorpecido.
Drab (dréb) s pardacento; monotonia; mulher rameira.
Drab (dréb) v prostituir-se; frequentar os lupanares; frequentar os prostíbulos.
Drab (dréb) adj pardacento; monótono.
Drachma (drácma) s dracma, moeda da Grécia.
Draft (dréft) s corrente de ar; aspiração; projeto; esboço; trago; COM saque de letra; ordem de pagamento; USA recrutamento.
Draft (dréft) v esboçar; rascunhar; redigir; delinear; traçar; desenhar; esculpir; MIL destacar tropas.
Draftsman (draft-maen) s desenhista; delineador; desenhador.
Drag (drég) s draga; gancho; grade para arar; carruagem; carreta.
Drag (drég) v arrastar; dragar; puxar.
Draggle (drég-l) v sujar; sujar-se; puxar; arrastar.
Dragman (drég-maen) s pescador que se utiliza de rede para arrasto.
Dragon (drég-ânn) s dragão; soldado de cavalaria.
Dragon (drég-ânn) v acossar; intimidar.
Dragonfly (dré-gânn-flai) s libélula.
Dragoon (drágu-nn) vide DRAGON.
Drain (drêinn) s dreno; cano de esgoto; sangradouro; ralo (vide PLUG HOLE).
Drain (drêinn) v dragar; drenar; escoar; escoar-se; secar; FIG empobrecer.
Drainer (drêi-nâr) s drenador.
Drake (drêik) s pato; pequeno canhão antigo; nome de moeda inglesa (antiga).
Drama (drá-mâ) s peça teatral; drama; arte teatral.
Dramatise (drá-mâtáiz) v dramatizar.
Dramatize (drá-mâtáiz) vide DRAMATISE.
Drape (dréip) v cobrir de pano; enroupar; guarnecer.
Draper (drêi-pâr) s negociante de tecidos; vendedor de fazendas (tecidos).
Drapery (drêi-pâri) s fabricação de tecidos; comércio de panos.
Drastic (drés-tik) adj drástico; forte; violento.
Draught (dréft) s corrente de ar; tração; gole; beberagem; desenho; pl jogo de damas.
Draw (dró) s tração; sucção; loteria; atração; empate; desenho.
Draw (dró) v puxar; atrair; aspirar; deduzir; desenhar; redigir; sacar; perceber; ganhar; arrastar; extrair; persuadir; descrever; calar; arrastar-se; adiantar-se; mover-se; past DREW or pp DRAWN.
Drawback (dró-bék) s fracasso; prejuízo; COM desconto; reembolso; prêmio de exportação.
Drawbridge (dró-bridge) s ponte elevadiça.
Drawee (dró-i) s COM sacado; devedor contra quem é sacada (emitida) uma letra comercial.
Drawer (dró-âr) s desenhista; gaveta; COM sacador de uma letra.
Drawing (dró-inn) s desenho; esboço; plano; sorteio.
Drawl (dról) s balbuciação; pronúncia vagarosa; gagueio.
Drawl (dról) v gaguejar; balbuciar; arrastar as palavras.
Drawler (dró-lâr) s aquele que fala arrastado; que fala com dificuldade.
Drawling (dró-linn) adj lento; calmo; vagoroso.
Dray (drêi) s carreta.
Dread (dréd) s medo; temor; horror; fobia.
Dread (dréd) v ter medo; recear; temer.
Dreadful (dréd-ful) adj terrível; tremendo; pavoroso.
Dream (drimm) s sonho; fantasia; ilusão; imaginação.
Dream (drimm) v sonhar; imaginar; fantasiar; past or pp DREAMT or DREAMED.
Dreamer (dri-mâr) s sonhador; fantasiador; visionário.
Dreamland (drimm-laend) s país dos sonhos.
Dreamy (dri-mi) adj relativo aos sonhos.
Dreariness (dri-rinéss) s tristeza; melancolia; pesar.
Dreary (dri-ri) adj triste; melancólico; funesto; enfadonho.
Dredge (drédj) s draga; rede.
Dredge (drédj) v dragar; escavar.
Dredger (dré-djâr) s o que faz dragagem; pescador e barco de ostras.
Dregs (drégs) s sedimento; borra; escória; resto.
Drench (dréntsh) s remédio para animais; aguaceiro; USA purgante.
Drench (dréntsh) v ensopar; molhar; saturar; dar bebida; dar água.
Drencher (drén-tshar) s extintor de incêndios.
Dress (dréss) s roupa; roupagem; traje; vestido; vestuário; adorno; uniforme.
Dress (dréss) v vestir-se; ornar; preparar (alimento); adornar; cozinhar; temperar; aparelhar.
Dress (dréss) adj vestuário.
Dresser (dré-sâr) s camareiro; armário de cozinha; assistente de cirurgião; curtidor de peles; cômoda (vide CHEST OF DRAWERS); toucador; penteadeira.
Dressing (dré-sinn) s adorno; ação de vestir; roupa; condimento; curativo.
Dressmaker (dréss-mêi-kâr) s costureira; modista.
Dressmaking (dréss-mêi-kinn) s trabalho de moda; costura.
Dressy (dré-si) adj elegante; chique; na moda.
Dribble (drib-l) s baba; saliva; gota.
Dribble (drib-l) v babar; gotejar; FUT movimento que esconde a bola e engana o adversário.
Driblet (dri-blét) s pedaço; pequena quantidade; pequena dívida.
Drier (drái-âr) s secante; que enxuga; enxugador.
Drift (drift) s violência; impulso; direção; broca; punção; monte que se forma pelo vento.
Drift (drift) v amontoar; empurrar; andar à deriva (no mar); impelir; desviar-se; fazer galerias numa mina.
Drill (dril) s arado; perfurador; broca; pua; exercícios físicos.
Drill (dril) v furar; brocar; sulcar; perfurar; exercitar estrategicamente.
Drilling (drili-nn) s pano semelhante à lona; exercícios; perfuração.
Drink (drink) s bebida (alcoólica ou não); trago; beberagem.

DRINK — DUMPY

Drink (drink) *v* beber; solver; embriagar-se; ensopar; *past* DRANK *and pp* DRUNK.
Drinkable (drin-kâbl) *adj* potável.
Drinker (drin-kâr) *s* bêbado; dependente de bebida; ébrio; bebedor.
Drinking-bout (drinn-kinnbaut) *s* orgia; bacanal.
Drip (drip) *s* gota; goteira.
Drip (drip) *v* pingar; gotejar.
Dripping (dri-pinn) *s* pingo; gordura de assado; goteira.
Drive (dráiv) *s* passeio; rua; avenida; impulso; urgência; iniciativa; USA campanha para recolher donativos.
Drive (dráiv) *v* forçar; impedir; derivar; abrir túneis; guiar; conduzir; expulsar; dirigir (autos); induzir; empurrar; levar; arremessar; *she DRIVES carefully*: ela dirige com cuidado; *past* DROVE *and pp* DRIVEN.
Drivel (drivl) *s* tolice; tagarelice.
Drivel (drivl) *v* dizer tolices; desperdiçar.
Driver (drái-var) *s* motorista; cocheiro; maquinista de trem; talhadeira larga; *mad DRIVER*: motorista louco.
Driveway (drái-vuei) *s* entrada de autos em moradia.
Driving (drái-vinn) *s* comando; transmissão; USA condução.
Driving (drái-vinn) *adj* impulsor; motriz; motor.
Drizzle (drizl) *s* chuvisco; garoa.
Drizzle (drizl) *v* garoar; chuviscar.
Droll (drôul) *adj* cômico; hilariante; jocoso; engraçado; jovial; chulo.
Drollery (drôu-lâri) *s* palhaçada; comicidade; graça.
Drone (drôu-nn) *s* zangão; zumbido; sussurro; pessoa ociosa.
Drone (drôu-nn) *v* zumbir; parasitar.
Drool (drul) *s* saliva; baba; GÍR baboseira; conversa tola.
Drool (drul) *v* salivar; babar.
Droop (drup) *s* inclinação; descaimento.
Droop (drup) *v* enfraquecer; definhar; desfalecer; cair; curvar; decair; desanimar; entristecer-se; inclinar-se; consumir-se.
Drooping (dru-pinn) *s* tristeza; desfalecimento; languidez; prostração.
Drooping (dru-pinn) *adj* lânguido; triste; pendente; curvado.
Drop (dróp) *s* pingo; gota; pastilha; pendente; brinco; pingente.
Drop (drópp) *v* derrubar; cair; denunciar; largar; gotejar; soltar; desistir; dar cria; renunciar; destilar; *TO DROP IN*: aparecer; *TO DROP OUT*: abandonar.
Dropper (dró-pâr) *s* conta-gotas.
Dross (dróss) *s* impureza; escória; borra; sedimento.
Drossy (dró-si) *adj* impuro.
Drought (dráut) *s* secura; aridez; estiagem; USA DROUTH.
Droughty (dráu-ti) *adj* seco; árido.
Drover (dro-ver) *s* criador de gado; boiadeiro; vaqueiro.
Drown (dráu-nn) *v* afogar; inundar; afogar-se; abafar (voz ou som).
Drowning (dráu-ninn) *s* afogamento.
Drowse (dráuss) *v* adormecer; cochilar; dormitar.
Drowsiness (dráu-zinéss) *s* sonolência; entorpecimento.
Drowsy (dráu-zi) *adj* sonolento; lento; adormecido; entorpecido; *I feel DROWSY*: sinto-me sonolento.
Drub (drâb) *v* bater; surrar; espancar; açoitar; sacudir.
Drudge (drâdj) *s* trabalhador; escravo; criado.
Drudge (drâdj) *v* labutar; trabalhar intensamente; cansar-se.
Drudgery (drâd-jári) *s* trabalho intenso; trabalho penoso; lida; labuta.
Drug (drâg) *s* remédio; droga; medicamento; entorpecente.
Drug (drâg) *v* medicar; receitar; narcotizar.
Drugstore (drâg-stôur) *s* USA farmácia; drogaria.
Druid (dru-id) *s* drúida, nome dos antigos sacerdotes Bretões e Gálios.
Drum (drâmm) *s* tambor; bumbo; tamboril; MED tímpano da orelha.
Drum (drâmm) *v* tocar tambor; tamborilar.
Drunk (drânk) *s* bebedeira; ébrio; bêbado.
Drunk (drânk) *adj* embriagado; ébrio.
Drunkard (drân-kárd) *s* bêbado; ébrio; borracho.
Drunken (drân-kânn) *adj* ébrio; embriagado.
Dry (drái) *v* secar; enxugar; desaguar; calar-se.
Dry (drái) *adj* seco; árido; enxuto; dessecado; austero; insípido; *DRY cleaner*: lavanderia a seco.
Dryer (drái-âr) *s* secante; secador; secadora.
Dryly (drái-li) *adv* secamente.
Dryness (drái-néss) *s* aridez; secura.
Dual (diu-âl) *adj* dual, referente a dois.
Dualism (diu-âlizm) *adj* dualismo, relativo a dois.
Dualist (diu-âlist) *s* dualista.
Dub (dâb) *s* charco; USA frangote; perdedor; pexote.
Dub (dâb) *v* armar cavaleiro; outorgar honra; conferir dignidade; apelidar; dar pancada seca; tirar aresta de madeira.
Dubbing (dâ-binn) *s* sincronização.
Dubiety (diubái-âti) *s* incerteza; dúvida; dubiedade.
Dubious (diu-biáss) *adj* duvidoso; dúbio; indeciso.
Dubitation (diubitêi-shânn) *s* dúvida; incerteza; dubitação.
Duchess (dâ-thiss) *s* duquesa.
Duchy (dâ-tshi) *s* ducado.
Duck (dâk) *s* pato; marreco; reverência; mergulho; brim; lona; GÍR benzinho.
Duck (dâk) *v* mergulhar; reverenciar; esquivar-se abaixando a cabeça.
Duckling (dâk-linn) *s* patinho; marrequinho.
Duct (dâkt) *s* conduto; tubo; canal.
Ductile (dâk-til ou dâk-tái) *adj* dútil; maleável; dócil.
Ductility (dâkti-liti) *s* maleabilidade; flexibilidade; docilidade.
Dud (dâd) *s* GÍR pessoa inútil; objeto inútil.
Dud (dâd) *s* USA impostor; pedante.
Dudgeon (dâ-djânn) *s* mágoa; mau humor; raiva.
Due (diu) *s* dívida; impostos; direitos; USA mensalidade.
Due (diu) *adj* devido a; vencido; adequado; próprio; exato.
Due (diu) *adv* exatamente; diretamente.
Duel (diu-él) *s* duelo.
Duel (diu-él) *v* duelar.
Duff (dâf) *s* ordinário; inferior; de má qualidade.
Dug (dâg) *s* teta; bico de peito; ubre.
Duke (diuk) *s* duque; chefe do exército.
Dulcet (dâl-sit) *adj* doce; harmonioso; agradável.
Dull (dâl) *adj* estúpido; vagaroso; insípido; monótono; melancólico; nebuloso; cego (sem corte).
Dull (dâl) *v* amortecer; entorpecer; ofuscar; obstruir; imbecilizar-se.
Dullard (dâ-lârd) *s* estúpido; imbecil; obtuso.
Dullish (dâ-lish) *adj* lento; estúpido; triste.
Dullness (dâl-néss) *s* estupidez; negligência; embotamento.
Dully (dâ-li) *adv* lentamente; vagarosamente; negligentemente.
Duly (diu-li) *adv* pontualmente; devidamente; em devido tempo; oportunamente.
Dumb (dâmm) *adj* mudo; calado; silencioso; USA elevador de pratos; ENGL *KITCHEN-LIFT*.
Dumbfound (dâmm-faund) *v* embaraçar; confundir; emudecer.
Dummy (dâ-mi) *s* pessoa silenciosa; manequim; chupeta; bico; morto (jogo de baralhos); TIP boneco; esboço.
Dummy (dâ-mi) *adj* silencioso; falso; mudo; postiço.
Dump (dâmp) *s* tristeza; melancolia; depósito de lixo.
Dump (dâmp) *v* derramar; despejar; depositar; esvaziar; importar; exportar; descarregar.
Dumping (dâm-pinn) *s* mercadorias comercializadas no exterior, com preço mais baixo do vendido no país de origem.
Dumpish (dâm-pish) *adj* melancólico; acabrunhado; triste.
Dumpishness (dâm-pishnéss) *s* melancolia; tristeza.
Dumps (dâmps) *s* depressão; tristeza.
Dumptruck (dâmp-trâk) *s* caminhão de lixo; *vide* LORRY.
Dumpy (dâm-pi) *adj* troncudo; espadaúdo.

DUN — DYSENTERY

Dun (dânn) *s* credor encarniçado; montículo.
Dun (dânn) *v* cobrar com insistência; incomodar; importunar; salgar algum tipo de carne.
Dun (dânn) *adj* castanho escuro; pardo; sombrio.
Dunce (dânss) *s* lerdo; tolo; parvo; ignorante; cretino.
Dunderhead (dân-dâr-héd) *s* imbecil; tolo; cabeçudo; estúpido.
Dune (diunn) *s* duna.
Dung (dânn) *s* esterco; estrume; adubo.
Dung (dânn) *v* adubar; estercar.
Dung (dânn) *adj* sórdido; vil.
Dungeon (dân-djânn) *s* masmorra; calabouço; prisão.
Dunk (dânk) *v* usa molhar; embeber.
Dupe (diup) *s* ingênuo; pateta; tolo.
Dupe (diup) *v* ludibriar; enganar; lograr.
Duplicate (diu-plikit) *s* dobro; duplicata.
Duplicate (diu-plikit) *v* dobrar; copiar; duplicar.
Duplicate (diu-plikit) *adj* duplicado; duplo; dobrado.
Duplication (diuplikêi-shânn) *s* duplicação; dobra.
Duplicator (diu-plikêitâr) *s* copiador; duplicador.
Duplicity (diupli-siti) *s* duplicidade; em dobro; engano.
Durability (diurâbi-liti) *s* durabilidade; permanência; estabilidade.
Durable (diu-râbl) *adj* duradouro; durável; permanente.
Durableness (diu-râblnéss) *s* duração.
Duration (diurêi-shânn) *s* permanência; duração; estabilidade.
Duress (diu-réss ou diuré-ss) *s* dureza; prisão; aprisionamento.
During (diu-rinn) *prep* durante; enquanto.
Dusk (dâsk) *s* poente; anoitecer; crepúsculo.
Dusk (dâsk) *v* obscurecer; escurecer.
Dusk (dâsk) *adj* sombrio; obscuro; moreno.
Dusky (dâs-ki) *adj* escuro; moreno; sombrio; melancólico.
Dust (dâst) *s* pó; poeira; sepultura; restos mortais; tumulto; humilhação.

Dust (dâst) *v* limpar; espanar; varrer.
Duster (dás-târ) *s* espanador; apagador de lousa; aspirador de pó.
Dustman (dâst-man) *s* lixeiro.
Dusty (dâs-ti) *adj* empoeirado; cheio de pó.
Dutch (dâtsh) *s* holandês.
Dutch (dâtsh) *adj* holandês.
Duteous (diu-tiâss) *adj* obediente; dócil; respeitoso.
Dutiful (diu-tiful) *adj* submisso; respeitoso; obediente.
Duty (diu-ti) *s* obrigação; submissão; dever; imposto; tributo; volume de água necessário à irrigação.
Dwarf (duórf) *s* anão.
Dwarf (duórf) *v* tonar-se menor; definhar.
Dwell (duél) *v* morar; habitar; residir; permanecer; demorar; *past or pp* DWELT.
Dweller (dué-lâr) *s* morador; habitante; residente.
Dwelling (dué-linn) *v* moradia; residência; lar.
Dwindle (duindl) *v* diminuir; decair; minguar; degenerar; reduzir-se.
Dye (dái) *s* tinta; corante; colorido; tintura.
Dye (dái) *v* colorir; tingir.
Dyer (dái-âr) *s* tintureiro.
Dyestuff (dái-stâf) *s* corante.
Dying (dái-inn) *adj* moribundo; agonizante; mortal.
Dynamic (dáiné-mik) *s* dinâmico.
Dynamite (dái-nâmáit) *s* dinamite.
Dynamite (dái-nâmáit) *v* dinamitar; explodir.
Dynamo (dái-nâmôu) *s* dínamo, gerador de energia eletrica; usa GENERATOR.
Dynasty (dái-nâsti ou di-nâsti) *s* dinastia; sucessão; soberania.
Dysentery (di-sentéri) *s* disenteria; desarranjo intestinal.

E

E (i) *s* quinta letra do alfabeto Português e Inglês, além de diversos alfabetos.
E (i) *s* MÚS cifra (símbolo) da nota mi.
Each (itsh) *adj* cada.
Each (itsh) *pron* cada um; cada qual; *EACH dog has a bone*: cada cachorro tem o seu osso.
Eager (i-gâr) *adj* esperto; ativo; ardente; vivo; ávido; ansioso; impaciente; áspero.
Eagerly (i-gârli) *adv* avidamente; impetuosamente; ansiosamente.
Eagerness (i-gârness) *s* ânsia, ímpeto; avidez; impaciência.
Eagle (igl) *s* águia; USA águia (moeda).
Eaglet (i-glit) *s* águia (pequena).
Ear (ir) *s* orelha (ouvido); audição; espiga de cereal; asa de jarro; *EAR-ring*: brinco; *EAR-shot*: alcance da voz.
Ear (ir) *v* espigar (milho ou outro ceral).
Earache (ir-êik) *s* dor de orelha (dor de ouvido).
Eared (ird) *adj* espigado; auriculado; que tem orelhas.
Earl (ârl) *s* conde.
Earldom (ârl-dâmm) *s* condado.
Earliness (âr-linéss) *s* precocidade; antecipação; madrugada.
Early (âr-li) *adj* precoce, adiantado; temporão; matinal; relativo ao começo.
Early (âr-li) *adv* cedo, no começo.
Earmark (ir-márk) *s* marca; sinal nas orelhas de um animal.
Earmark (ir-márk) *v* fazer marca ou sinal na orelha.
Earn (ârn) *v* ganhar; conseguir; obter pelo trabalho; merecer; granjear; conquistar; *Figueira EARNS a good wage*: o Figueira ganha um bom salário.
Earnest (âr-nist) *s* seriedade; realidade; penhor; garantia.
Earnest (âr-nist) *adj* zeloso; cuidadoso; ardente; apaixonado; sério; grave; importante.
Earnestness (âr-nístness) *s* zelo; fervor; atividade; cuidado.
Earning (âr-ninn) *s* salário; ganho; ordenado; paga.
Earphone (âr-foun) *s* fone de orelha (fone de ouvido).
Earth (ârth) *s* terra; chão; solo; o globo terrestre; mundo; o planeta; *EARTH-worm*: minhoca.
Earth (ârth) *v* enterrar; cavar (a terra).
Earthen (âr-thenn) *adj* térreo; da terra; de terra; de barro; terrestre.
Earthenware (ârt-thenn-uér) *s* cerâmica; louça de barro.
Earthliness (ârth-liést) *s* mundanidade; grosseria.
Earthling (arth-linn) *s* mortal.
Earthly (ârth-li) *adj* terreno; mundano; terrestre; carnal; sensual; grosseiro.
Earthquake (ârth-kuêik) *s* terremoto.
Earthward (ârth-uârd) *adv* em direção ao solo; em direção à terra.
Earthy (ârthi) *adj* terreno; térreo; da terra; material grosseiro.
Ease (iz) *s* repouso; tranquilidade; sossego; comodidade; bem-estar; desembaraço; alívio.
Ease (iz) *v* aliviar; facilitar; tranquilizar; suavizar; acalmar; repousar.
Easeful (iz-ful) *adj* tranquilo.
Easel (izl) *s* cavalete (de pintor); sustentáculo (para quadro etc.).

Easement (iz-ment) *s* alívio; assistência; conforto; vantagem; desagravo.
Easily (i-zili) *adv* facilmente.
Easiness (i-zinéss) *s* facilidade; desembaraço; bondade; complacência.
East (i-zi) *s* oriente; leste; nascente.
Easter (is-târ) *s* Páscoa.
Eastern (is-târ) *s* oriental.
Eastern (is-târ) *adj* oriental.
Easy (i-zi) *adj* fácil; tranquilo; livre; sossegado; feliz; condescendente; plano; liso; confortável; competente; amável.
Eat (it) *v* comer; mastigar; consumir; roer; nutrir-se; *to EAT supper*: jantar; *past* ATE *and pp* EATEN.
Eater (i-târ) *s* comedor.
Eaves (ivs) *s* cornija; goteira; calha; beiral.
Ebb (éb) *s* maré baixa; vazante; refluxo; ruína; decadência.
Ebb (éb) *v* refluir (a maré); decair; arruinar-se.
Ebonics (é-bânics) *s* o inglês falado entre os jovens negros.
Ebonize (é-bânáiz) *v* polir; imitando ébano.
Ebony (é-boni) *s* ébano.
Ebriety (ibrái-iti) *s* embriaguez.
Ebullience (ibâ-lienss) *s* ebulição; fervura; entusiasmo; ardor; excitação.
Ebullient (ibâ-lient) *adj* ebuliente; fervente; efervescente; FIG ardoroso; entusiasmado.
Ebullition (ébâli-shânn) *s* ebulição; efervescência; agitação.
Eccentric (éksén-trik) *adj* excêntrico; extravagante; exótico; original.
Eccentricity (ékséntri-siti) *s* excentricidade, esquisitice; exorbitância.
Ecclesiastes (ékliézi-tis) *s* RELIG Eclesiastes, um dos Livros do Antigo Testamento.
Ecclesiastic (ékliézi-tik) *s* eclesiástico; padre; clérigo.
Ecclesiastic (ékliézi-tik) *adj* eclesiástico; padre; clérigo.
Ecclesiasticism (ékliézi-tissizm) *s* clericalismo; zelo religioso.
Echo (é-kôu) *s* eco.
Echo (é-kôu) *v* ecoar; ressoar; retumbar; imitar; repercutir.
Eclectic (elék-tik) *adj* eclético; indulgente; tolerante; condescendente; partidário do ecletismo.
Eclectical (eléki-tikâl) *vide* ECLECTIC.
Eclipse (ikli-ps) *s* obscuridade; sombra; ASTR eclipse, interposição de astros de tal sorte que haja o desaparecimento temporário de um deles.
Eclipse (ikli-ps) *v* eclipsar; apagar; nublar; obscurecer; eclipsar-se.
Ecliptic (iklip-tik) *s* eclíptica, círculo máximo na esfera celeste, correspondente a uma volta aparente feita pelo Sol em torno da Terra.
Ecliptic (iklip-tik) *adj* eclíptico; relativo a eclipse.
Eclogue (é-klóg) *v* écloga, poesia pastoril.
Ecology (ikó-lodji) *s* ecologia, estudo dos seres vivos em relação ao meio ambiente.
Economic (ikonó-mik) *adj* econômico; regrado; moderado; poupado.
Economical (ikonó-mikâl) *vide* ECONOMIC.

ECONOMICS — EGREGIOUSNESS

Economics (ikonó-miks) s economia de um país; economia política.
Economist (ikó-nomist) s economista; econômo; aquele que é formado em ciências econômicas; POP baixo custo.
Economize (ikó-nomáiz) v economizar; poupar.
Economy (ikó-nomi) s economia; método; organização; parcimônia.
Ecstasy (ékst-tâssi) s êxtase; enlevo; arrebatamento; exaltação.
Ecstatic (éksté-tik) adj extático; absorto; arrebatado; enlevado.
Ectoplasm (ék-toplésm) s ectoplasma, segundo a crença espíritista, plasma psíquico emanado de um medium; MED porção periférica do citoplasma.
Ectype (ék-táip) s cópia, reprodução.
Ecumenic (ékiumé-nik) adj ecumênico; universal; geral.
Edacious (idê-shâss) adj voraz; devorador; glutão; ávido.
Edaciousness (idêi-shâsnéss) s voracidade; avidez.
Eddy (é-di) s remoinho; ressaca; turbilhão; refluxo.
Eddy (é-di) v remoinhar.
Eden (i-den) s Éden; paraíso.
Edge (édj) s fio; gume; borda; beira; ponta; extremidade; corte; orla; margem; ângulo; arma; *the stone is at the EDGE*: a pedra está à beira do abismo.
Edge (édj) v afiar; açular; aguçar; excitar; incitar; exasperar; irritar; *straight EDGE*: régua de pedreiro.
Edged (édjd) adj aguçado; pontudo; afiado; cortante; guarnecido.
Edgeless (édj-léss) adj embotado; cego; sem gume (corte).
Edgeways (édj-uêiz) adv lateralmente; de soslaio; do lado do gume.
Edgewise (édj-uáiz) vide EDGEWAYS.
Edging (é-djinn) s debrum; cercadura; orla; bainha; extremidade.
Edgy (é-dji) adj cortante; anguloso; irascível; nervoso; irritável.
Edible (é-dibl) s comestível.
Edible (é-dibl) adj comestível, comível.
Edict (i-dikt) s édito; edital; citação; decreto; ordem.
Edification (édifikêi-shânn) s edificação; ensino; construção; instrução moral.
Edifice (é-difiss) s edifício; casa; prédio.
Edify (é-difái) v edificar; construir; instruir; doutrinar; melhorar.
Edifying (é-difáinn) adj edificante; exemplar.
Edile (i-dáil) s edil; vereador.
Edileship (i-dáilship) s edilidade.
Edit (é-dit) v editar; publicar; fazer a revisão de.
Edition (edi-shânn) s edição; publicação; impressão de livro.
Editor (edi-târ) s editor; redator de uma publicação; diretor de jornal.
Editorial (éditôu-riál) adj editorial.
Editorship (é-ditârship) s cargo e função de editor; cargo de redator, direção de um jornal.
Educable (é-diukábl) adj educável.
Educate (é-diukêit) v educar; criar; instruir; ensinar.
Educated (é-diukêitd) adj educado; instruído; ensinado.
Education (édiukêi-shânn) s educação; cultura; instrução; ensino.
Educational (ediukêi-shânâl) adj educacional; pedagógico.
Educationist (ediukêi-shânist) s educador; pedagogo; mestre.
Educative (é-diukêitiv) adj educativo.
Educator (é-diukêitâr) s educador; mestre; instrutor.
Educe (idiu-ss) v deduzir; extrair; evocar; tirar.
Educt (idâk-t) s produto; resultado.
Eduction (idâk-shânn) s dedução; emissão; extração; desprendimento; MEC descarga de uma máquina, escape.
Eductor (idâk-târ) s edutor; extrator; emissor.
Eel (il) s enguia; lampreia.
Eeriness (i-rinéss) s timidez; melancolia; lugubridade; pavor.
Eery (i-ri) adj estranho; tímido; assustador.
Effable (é-fâbl) adj dizível; explicável.
Efface (efêi-ss) v borrar; riscar; apagar; destruir.
Effaceable (efêi-sábl) adj anulável; apagável; destruível.
Effacement (efêis-ment) s extinção; obliteração; cancelamento.
Effect (efék-t) s efeito; ação; resultado; repercussão; eficácia; realização.
Effect (efék-t) v efetuar; realizar; operar; cumprir; consumar; assegurar.
Effective (efék-tiv) s pessoa eficaz; MIL efetivo (n° disponível de soldados).
Effective (efék-tiv) adj eficaz; ativo; útil; eficiente.
Effectiveness (efék-tivnéss) s eficiência; eficácia.
Effectual (efék-tuâl) adj eficiente; eficaz; efetivo.
Effectualness (efék-tuâlnéss) s eficiência.
Effectuate (efék-tiuêit) v efetuar; executar; realizar.
Effeminate (efé-minêit) adj delicado; efeminado.
Effeminate (efé-minêit) v efeminar.
Effervesce (éfârvê-ss) v efervescer; espumar; fermentar; soltar bolhas.
Effervescence (éfârvé-senss) s efervescência; ebulição; excitação.
Effervescent (éfârvé-sent) adj efervescente; espumoso.
Effete (efit) adj impotente; estéril; gasto; cansado; embotado.
Efficacious (éfikêi-shâss) adj eficaz; forte; eficaz; poderoso; salutar.
Efficaciousness (éfikêi-shâsnéss) s eficácia; eficiência.
Efficacy (éfiké-siti) s eficácia, eficiência; energia, força.
Efficiency (éf-shensi) s eficiência; eficácia; força; ação.
Efficient (éfi-shent) adj eficiente; capaz; produtivo; ativo.
Effigy (é-fidji) s efígie, imagem.
Effloresce (éfloré-ss) v florescer; QUÍM eflorescer.
Efflorescence (éfloré-senss) s florescência; desabrochamento; MED erupção; pústula.
Efflorescent (éfloré-sent) adj eflorescente.
Effluence (é-fluenss) s emanação; eflúvio; emissão.
Effluent (é-fluent) adj efluente, que emana invisivelmente de certos corpos.
Effluvium (éflu-viâmm) s eflúvio; emanação; exalação.
Efflux (é-flâks) s eflúvio; exalação; fluxo; derrame; desprendimento.
Effort (é-fârt) s esforço; tentativa; empenho.
Effortless (é-fârtléss) adj sem esforço.
Effrontery (efrân-târi) s descaramento; arrogância; impudência; desfaçatez.
Effulge (efâl-dj) v brilhar; efulgir; refulgir; resplandecer.
Effulgent (efâl-djent) adj brilhante; fulgurante; resplandecente.
Effuse (efiuz) v difundir; entornar; emanar; derramar; espalhar.
Effuse (efiu-z) adj espalhdo; derramado; difuso.
Effusion (efiu-jânn) s efusão; expansão; derramamento; derrame.
Effusive (efiu-siv) adj efusivo; caloroso; pródigo; expansivo.
Effusiveness (efiu-sivnéss) s efusão; expansão.
Eft (éft) s salamandra; lagartixa.
E.g. (i-dgi) s por exemplo, ABREV de "EXEMPLI GRATIA" (Latin).
Egg (ég) s ovo; óvulo; germe; larva de bicho-da-seda.
Egg (ég) v misturar; cobrir com ovos.
Eggbeater (ég-biter) s batedeira de ovos; Gír helicóptero.
Eggplant (ég-plânt) s USA berinjela; INGL AUBERGINE.
Egoism (é-gôuzim) s egoísmo.
Egoist (é-gôuist) s egoísta.
Egoistic (égôuis-tik) adj egoístico.
Egotism (é-gôutizm) s egotismo; egoísmo.
Egotist (é-gôutist) s egotista, egoísta.
Egregious (igri-djâss) adj egrégio; insigne; ilustre; perfeito; arrematado.
Egregiousness (igri-djâsnéss) s distinção; nobreza; notoriedade; celebridade.

Egress (i-gréss) s egressão; partida; saída.
Egret (é-gret) s garça pequena; pluma de garça; penacho; cocar.
Egyptian (idjip-shânn) s egípcio.
Egyptian (idjip-shânn) adj egípcio.
Egyptology (idjiptó-lodji) s egiptologia.
Eider (ái-dâr) s grande ganso marinho; pato marinho (regiões árticas).
Eidolon (áidôu-lónn) s espectro; fantasma.
Eight (êit) adj oito.
Eighteen (êiti-nn) adj dezoito.
Eighteenth (êitin-th) adj décimo-oitavo.
Eighty (êi-ti) adj oitenta.
Either (i-dhâr) adj um de dois; um ou outro; ambos; qualquer.
Either (i-dhâr) pron um ou outro; ambos; qualquer dos dois.
Either (i-dhâr) conj ou; ora; também não; também; de nenhum modo.
Ejaculate (idjé-kiulêit) v ejacular; proferir; bradar; falar com veemência.
Ejaculation (idjékiulêi-shânn) s ejaculação; emissão; exclamação; interjeição.
Ejaculatory (idjé-kiulêitôuri) adj ejaculatório; exclamatório; jaculatório.
Eject (idjék-t) v expelir; expulsar; desapossar; arrojar; arremessar; MED evacuar.
Ejection (idjék-shânn) s expulsão; exclusão; evacuação.
Ejector (idjék-târ) s ejetor; expulsor.
Eke (ik) v alongar; aumentar; obter; suprir; suplementar; manter; produzir com dificuldade.
Eke (ik) adv também; além do mais.
Elaborate (ilé-borêit) v elaborar; melhorar; trabalhar com esmero; trabalhar com arte.
Elaborate (ilé-borêit) adj elaborado; feito com esmero; feito com muito cuidado; primoroso.
Elaborately (ilé-boritli) adv primorosamente.
Elaborateness (ilé-boritnéss) s esmero; primor; cuidado; bom trabalho.
Elaboration (ileborêi-shânn) s elaboração.
Elapse (ilé-ps) v passar; decorrer; transcorrer; (relativamente ao tempo).
Elastic (ilés-tik) s elástico.
Elastic (ilés-tik) adj elástico.
Elasticity (élâsti-siti) s elasticidade.
Elate (ilêit) v exaltar; excitar; entusiasmar; glorificar; tornar vaidoso.
Elate (ilêit) adj exaltado; altivo; orgulhoso; soberbo; presunçoso.
Elation (ilêi-shânn) s exaltação; soberba; elevação; júbilo.
Elbow (él-bôu) s o cúbito (o cotovelo); ângulo; braço; volta; canto; esquina.
Elbow (él-bôu) v cubitar (acotovelar).
Eld (éld) s antiguidade; velhice.
Elder (él-dâr) s primogênito; ancião; chefe de uma tribo; antepassado.
Elder (él-dâr) adj mais velho; mais idoso; mais antigo.
Elderliness (él-dârlinéss) s idade madura.
Elect (ilékt) s eleito; escolhido; preferido.
Elect (ilékt) v votar; eleger; nomear; escolher; preferir.
Elect (ilékt) adj eleito; escolhido; preferido.
Election (ilék-shânn) s eleição; votação; escolha; predestinação; *ELECTIONS are held to choose the president*: eleições são realizadas para escolher o presidente.
Electioneer (ilékshâni-r) s galopim; angariador de votos.
Electioneer (ilékshâni-r) v cabalar; solicitar votos; galopinar.
Electioneering (ilékshâni-rinn) s manobras eleitorais; campanha eleitoral.
Elective (ilék-tiv) adj eletivo; sujeito a escolha; facultativo.
Electiveness (ilék-tivnéss) s eletividade; elegibilidade.
Elector (ilék-târ) s eleitor; votante.
Electoral (ilék-târâl) adj eleitoral.

Electorate (ilék-târit) s eleitorado.
Electric (ilé-trik) adj elétrico.
Electrical (ilék-trikâl) adj elétrico.
Electrician (iléktri-shânn) s eletricista.
Electricity (iléktri-siti) s eletricidade.
Electrification (iléktrifikêi-shânn) s eletrificação; eletrização.
Electrify (ilék-trifái) v eletrificar; eletrizar; exaltar; entusiasmar.
Electrocute (ilék-trokiut) v eletrocutar; fulminar pela eletricidade.
Electrocution (iléktrokiu-shânn) s eletrocução.
Electrode (ilék-trôud) s eletródio.
Electrolysis (iléktro-lissis) s eletrólise.
Electrolyte (ilék-troláit) s eletrólito.
Electrolytic (iléktroli-tik) adj eletrolítico.
Electron (ilék-trónn) s elétron.
Electronic (iléktrôu-nik) adj eletrônico.
Electronics (iléktrôu-niks) s eletrônica.
Electrotechnics (iléktrôutêk-niks) s eletrotécnica.
Electrum (ilék-trâmm) s eletro.
Elegance (é-ligânss) s elegância; distinção; gentileza; graça; refinamento.
Elegant (é-ligânt) adj elegante; polido; distinto; USA excelente.
Elegiac (ili-djiék) adj elegíaco.
Elegist (é-lidjist) s poeta elegíaco, melancólico.
Elegize (é-lidjáiz) v escrever elegias; lamentar.
Elegy (é-lidji) s elegia, composição consagrada ao luto e à tristeza.
Element (é-limént) s elemento; célula; componente; fundamento; princípio; noções; rudimentos; primeiras letras; QUÍM átomo; corpo simples; ALQ os quatro elementos da natureza: terra, água, fogo e ar.
Elemental (élimén-tâl) adj elementar; simples; rudimentar; elemental; elementário.
Elementariness (élimén-târinéss) s elementaridade; simplicidade.
Elementary (élimén-târi) adj elementar; primário; rudimentar; simples; USA *ELEMENTARY school*: primário (1º ao 6º graus).
Elephant (é-lifânt) s elefante.
Elephantine (élifén-táinn) adj elefantino; elefântico; pesadão; desajeitado.
Elevate (é-livêit) v elevar; erguer; exaltar; alçar; encorajar; excitar; alegrar; animar.
Elevated (é-livêited) s ferrovia aérea.
Elevated (é-livêited) adj elevado; alto; exaltado; nobre; sublime.
Elevation (élivêi-shânn) s elevação; altura; exaltação; sublimidade.
Elevator (é-livêitâr) s USA elevador; ascensor; ENGL LIFT.
Eleven (ilév-n) adj onze.
Eleventh (ilévn-th) adj undécimo.
Elf (élf) s duende; gnomo; gênio; fada; silfo; bruxa.
Elfin (él-finn) s pequeno duende; anão; criança travessa; diabrete.
Elfish (él-fish) adj de duendes; maligno; travesso; misterioso.
Elicitation (ilissitêi-shânn) s instigação; dedução; indução.
Elide (iláí-d) v elidir; suprimir; refutar.
Eligibility (élidjibi-liti) s elegibilidade.
Eligible (é-lidjibl) adj elegível; preferível; conveniente; vantajoso.
Eligibleness (é-lidjiblnéss) s elegibilidade.
Eliminate (ili-minêit) v eliminar; suprimir; expulsar; banir; abstrair.
Elimination (iliminêi-shânn) s eliminação; banimento; exclusão; expulsão.
Eliminatory (ili-minâtôuri) adj eliminatório.
Élite (êli-t ou il-it) s elite; a melhor parte; o escol.
Elixir (ilik-sâr) s elixir, bebida medicamentosa.
Elk (élk) s alce, espécie de animal mamífero.

ELL — EMENDATION

Ell (él) *s* vara, antiga medida de comprimento; USA anexo a um edifício.
Ellipsis (eli-psiss) *s* GRAM elipse, omissão de palavras que ficam subentendidas.
Elm (él-mm) *s* olmo; olmeiro (árvore comum do hemisfério norte).
Elocution (élokiu-shânn) *s* elocução; declamação; expressão.
Elocutionist (élokiu-shânist) *s* declamador; professor de declamação.
Elongate (ilón-ghêit) *v* alongar; alongar-se; prolongar; estender-se; afastar.
Elongation (ilónghêi-shânn) *s* prolongamento; extensão; separação; afastamento.
Elope (ilóup) *v* evadir-se; escapar-se; fugir de casa.
Elopement (ilóup-ment) *s* fuga; evasão.
Eloquence (é-lokuénss) *s* eloquência.
Eloquent (é-lokuént) *adj* eloquente; expressivo; significativo; convincente.
Else (éls) *adj* outro.
Else (éls) *adv* além de; em lugar de.
Else (éls) *pron* outro; outrem.
Else (éls) *conj* ou; senão.
Elsewhere (éls-huér) *adv* em outra parte; noutra parte; alhures.
Elucidate (iliu-sidêit) *v* elucidar; comentar; ilustrar; esclarecer; explicar.
Elucidation (iliussidêi-shânn) *s* elucidação; explicação; esclarecimento; ilustração.
Elucidatory (iliu-sidâtôuri) *adj* elucidativo; explicativo.
Elude (iliu-d) *v* iludir; fugir; esquivar-se; enganar; evitar; escapar a; tergiversar.
Elusion (iliu-jânn) *s* ilusão; engano; ardil; artifício; subterfúgio.
Elusive (ilu-siv) *adj* ilusório; enganador; evasivo; esquivo.
Elusiveness (iliu-sivnéss) *s* ilusão; engano; artifício; logro; fraude.
Elusory (iliu-sôuri) *adj* ilusório; ardiloso; fraudulento; enganoso.
Elysian (ili-ziânn) *adj* elísio; celeste; sublime; agradável.
Emaciate (imêi-shiêit) *v* emagrecer; extenuar; definhar; murchar.
Emaciation (imêishiêi-shânn) *s* emagrecimento; magreza; extenuação.
Emanate (é-mânêit) *v* emanar; exaltar; provir; desprender; sair de; proceder.
Emanation (émânêi-shânn) *s* emanação; proveniência.
Emancipate (imén-sipêit) *v* emancipar; libertar; livrar.
Emancipate (imén-sipêit) *adj* emancipado.
Emancipation (iménsipêi-shânn) *s* emancipação; alforria; libertação.
Emancipator (imén-sipêitàr) *s* emancipador; libertador.
Embalm (imbá-mm) *v* embalsamar; perfumar; conservar.
Embalmer (imbá-már) *s* embalsamador.
Embalmment (imbám-ment) *s* embalsamamento.
Embank (imbên-k) *v* represar; proteger com dique; aterrar; terraplanar.
Embankment (imbenk-ment) *s* represa; dique; aterro.
Embargo (embár-gôu) *s* embargo; interdição; detenção.
Embargo (embár-gôu) *v* embargar; impedir; deter.
Embark (imbár-k) *v* embarcar; arriscar-se; aventurar-se; COM comprometer-se.
Embarkation (embárkêi-shânn) *s* embarque; embarcamento.
Embarrass (imbár-ráss) *v* embaraçar; perturbar; estorvar; embaraçar-se; encabular; incomodar; dificultar.
Embarrassment (embé-rásment) *s* embaraço; encabulamento; obstáculo; estorvo; dificuldade; empecilho.
Embassy (em-bâssi) *s* embaixada.
Embattle (embét-l) *v* formar em batalha; guarnecer de ameias; fortificar; amear.
Embay (embêi) *v* ancorar.
Embayment (embêi-ment) *s* ancoradouro.

Embed (imbé-d) *v* embutir; entalhar; encaixar.
Embedment (imbéd-ment) *s* embutidura; encaixe; incrustação.
Embellish (embé-lish) *v* embelezar; enfeitar; aformosear; adornar; enriquecer; ornamentar.
Embellisher (embé-lishâr) *s* enfeitador; embelezador; decorador.
Embellishment (embé-lishment) *s* embelezamento; ornamentação; adorno; decoração.
Ember (em-bâr) *s* brasa; tição aceso; cinzas quentes.
Embezzie (embéz-l) *v* apropriar-se com fraude; usurpar; desviar; desfraudar.
Embezzler (embéz-lâr) *s* defraudador; estelionatário; peculatário.
Embitter (embi-târ) *v* amargar; azedar; amargurar; infelicitar; envenenar.
Embitterment (embi-târment) *s* ato de tornar amargo.
Emblazon (emblêiz-n) *v* adornar; ornar; guarnecer com brasões; embelezar; esmaltar a cores; exaltar; celebrar.
Emblazonment (emblêizn-ment) *s* ato de brasonar; brasão; louvor exagerado.
Emblem (ém-blémm) *s* emblema; divisa; símbolo; insígnia; distintivo.
Emblematic (emblemé-tik) *adj* emblemático; simbólico.
Embodiment (embó-diment) *s* resumo; incorporação; agrupamento; condensação; encarnação.
Embody (embó-di) *v* incorporar; juntar; encarnar; abranger; personificar; corporificar.
Embolden (émbóuld-n) *v* animar; atrever-se; encorajar; estimular; ousar.
Embosom (embu-zânn) *v* pôr no seio; ocultar; esconder; proteger.
Emboss (embó-ss) *v* gravar; imprimir em relevo; incrustar; embutir; entalhar.
Embosser (embó-sâr) *s* gravador em relevo.
Embossing (embó-sinn) *s* gravura em relevo.
Embossment (embóss-ment) *s* relevo; realce; trabalho em relevo.
Embouchure (embushu-r) *s* bocal de um instrumento; desembocadura de rio; embocadura.
Embowel (embáu-él) *v* desentranhar; estripar; encerrar; despedaçar; enterrar.
Embower (embáu-âr) *v* cobrir com folhagens; copar; abrigar; sombrear.
Embrace (embrêi-ss) *s* abraço; amplexo.
Embrace (embrêi-ss) *v* abraçar; cingir; abranger; abarcar; aceitar; incluir.
Embracement (embrêis-ment) *s* abraço; amplexo.
Embracer (embrêi-sâr) *s* abraçador; subornador, o que pretende subornar um júri.
Embrasure (embrêi-jur) *s* vão de porta ou de janela; canhoneira; seteira.
Embrocate (ém-brokêit) *v* fomentar; MED embrocar; aplicar linimentos.
Embrocation (embrokêi-shânn) *s* linimento; fomentação; fricção.
Embroider (embrói-dâr) *v* bordar; enfeitar; esmaltar; embelezar; adornar.
Embroiderer (embrói-dârâr) *s* bordador; bordadeira.
Embroil (embrói-l) *v* embrulhar (no sentido de confundir; intrigar; embaraçar).
Embroilment (embróil-ment) *s* confusão; enredo; intriga; perturbação; embrulhada; contenda.
Embryo (ém-briôu) *s* embrião; feto; rudimento; princípio.
Embryonic (embrió-nik) *adj* embrionário.
Emend (imén-d) *v* emendar; corrigir; melhorar; retificar.
Emendable (imén-dâbl) *adj* emendável; reparável; retificável; corrigível.
Emendation (iméndêi-shânn) *s* emenda; correção.

Emendator (imén-dâtâr) s emendador; retificador.
Emerald (é-mâráld) s esmeralda; cor de esmeralda.
Emerge (imâr-dj) v emergir; surgir; elevar; aparecer; sair.
Emergence (imâr-djénss) s emergência; aparição; emersão.
Emergency (imâr-djén-si) s caso fortuito; emergência; necessidade urgente; acontecimento; conjuntura.
Emergent (imâr-djént) adj emergente; repentino; inesperado; difícil.
Emergently (imâr-djéntli) adv repentinamente.
Emersion (imâr-shânn) s emersão; aparição; reaparição.
Emery (é-mâri) s esmeril.
Emetic (imé-tik) s vomitório.
Emetic (imé-tik) adj emético; vomitivo.
Emigrant (é-migrént) s emigrante.
Emigrant (é-migrént) adj emigrante; refugiado.
Emigrate (é-migrêit) v emigrar.
Emigration (émigrêi-shânn) s emigração.
Emigratory (emi-grâtôuri) adj emigratório.
Eminence (é-minénss) s elevação; altura; grandeza; superioridade; excelência; eminência (título religioso).
Eminent (é-minént) adj eminente; ilustre; supremo; notável.
Emissary (é-missâri) s emissário; mensageiro; espião; canal de esgoto (cano).
Emissary (é-missâri) adj enviado.
Emission (imi-shânn) s emissão; saída.
Emissive (imi-siv) adj emissivo.
Emit (imi-t) v emitir; lançar; desprender; despedir; exalar; descarregar; publicar; pôr em circulação.
Emmet (é-mit) s formiga.
Emollient (imó-lient) s emoliente; brando.
Emollient (imó-lient) adj emoliente; brando.
Emolument (imó-liument) s lucro; emolumento; gratificação; rendimento salarial (extra).
Emotion (imôu-shânn) s perturbação; emoção; comoção; alvoroço; sensação; excitamento.
Emotional (imôu-shânâl) adj emocional; sentimental; impressionante.
Emotionalist (imôu-shânalist) adj sentimentalista.
Emotionless (imôu-shânléss) adj insensível; sem emoções.
Emotive (imôu-tiv) adj emotivo; impressionável.
Empannel (impé-nel) v inscrever um jurado (constar da lista de).
Emperor (ém-pârâr) s imperador.
Emphasis (ém-fâssiss) s ênfase; energia; realce; força; significância.
Emphasize (ém-fâssáiz) v acentuar; salientar; carregar; dar ênfase; realçar.
Emphatic (emfé-tik) adj enfático; forte; expressivo; enérgico; sonoro.
Emphysema (emfissi-mâ) s MED enfisema (infiltração de ar no tecido celular).
Empire (ém-páir) s império.
Empiric (émpi-rik) s curandeiro; charlatão.
Empiric (émpi-rik) adj empírico (que não tem formação teórica, mas apenas formação decorrente da experiência vivida).
Emplacement (emplêis-ment) s localização; situação; colocação; MIL plataforma para canhões.
Employ (empló-i) s emprego; ocupação; negócio; ofício; cargo.
Employ (empló-i) v empregar; ocupar; dar trabalho; utilizar; servir-se de; usar.
Employable (emplói-âbl) adj empregável.
Employee (emplói-i) s empregado.
Employer (emplói-âr) s empregador; patrão; empresário; chefe; amo; gerente.
Employment (emplói-ment) s uso; emprego; função; ocupação; cargo; aplicação; atividade.
Emporium (empôu-riâmm) s empório; centro comercial; bazar; armazém.

Empower (empáu-âr) v autorizar; habilitar; dar poderes a; empossar.
Empress (ém-press) s imperatriz.
Emptiness (émp-tinéss) s vazio; vácuo; nulidade; futilidade; ignorância; solidão.
Empty (émp-ti) v esvaziar; evacuar; esgotar; despejar; descarregar.
Empty (émp-ti) adj vazio; oco; deserto; fútil; desocupado; estéril; imaginário; vão; inútil; estúpido; nulo; *the house is EMPTY*: a casa está vazia.
Empyreal (empi-riâl) s empíreo, morada dos deuses e santos.
Empyreal (empi-riâl) adj empíreo, supremo, celeste.
Emu (i-miu) s ema; avestruz australiano.
Emulate (é-miulêit) v emular; igualar; imitar; competir; rivalizar; esforçar-se por sobrepujar.
Emulation (émiulêi-shânn) s emulação; estímulo; concorrência; rivalidade.
Emulative (é-miulátiv) adj emulativo.
Emulator (é-miulêitâr) s êmulo; rival; imitador; competidor.
Emulous (é-miulâss) s êmulo; antagonista; rival.
Emulsion (imâl-sifái) s MED emulsão (líquido com substância gordurosa em suspensão).
Emulsive (imâl-siv) adj emulsivo; de que se pode extrair óleo.
Enable (enêib-l) v habilitar; capacitar; possibilitar; permitir; dar poderes a.
Enact (enék-t) v estabelecer; decretar; executar; promulgar; cumprir; desempenhar; interpretar; aprovar.
Enactive (enék-tiv) adj promulgador; ordenador; que pode decretar.
Enactment (enékt-ment) s decreto; estatuto; ordem; lei; sanção; promulgação; legalização.
Enactor (enék-târ) s legislador; autor; executor.
Enamel (ené-mel) s esmalte; adorno.
Enamel (ené-mel) v esmaltar; adornar.
Enameled (ené-nleid) adj esmaltado.
Enameler (enê-melâr) s esmaltador.
Enameling (ené-melinn) s esmaltagem; esmalte.
Enamor (ené-mâr) v enamorar; cativar; encantar.
Enamored (ené-mârd) adj enamorado; encantado.
Encage (enkêi-dj) v engaiolar; enjaular; encarcerar; encerrar.
Encamp (enkém-p) v acampar.
Encampment (enkémp-ment) s acampamento; arraial; alojamento; campo.
Encase (enkêi-ss) v encaixotar; encaixar; envolver.
Encave (enkêiv) v esconder; encavernar.
Enceinte (ânsént) s recinto de uma fortaleza.
Enceinte (ânsént) adj prenhe; grávida.
Enchain (antshêi-nn) v encadear; algemar; acorrentar; subjugar; dominar.
Enchainment (entshêin-ment) s encadeamento; conexão; concatenação; ligação.
Enchant (entshén-t) v encantar; seduzir; enfeitiçar; deleitar; arrebatar; deliciar.
Enchanter (entshén-târ) s encantador; sedutor; mágico; feiticeiro.
Enchantment (entshént-ment) s magia; encantamento; encanto; fascinação; feitiço.
Enchantress (entshén-tréss) s feiticeira.
Enchase (entshêi-ss) v encaixar; incrustar; embutir; engastar.
Enchasing (entshêi-sinn) s engaste; armação; montagem.
Encircle (ensârk-l) v cercar; abraçar; cingir; envolver; rodear; escoltar; abarcar.
Enclasp (enklés-p) v cingir; abrochar; conter; abarcar; abraçar.
Enclitic (enkli-tik) adj GRAM enclítico, corresponde ao vocábulo que está em ênclise, como os pronomes átonos colocados depois do verbo.
Enclose (enklôu-z) v incluir; fechar; rodear; anexar; conter; encerrar; enfeixar.
Enclosed (enklôuz-d) adj anexado; incluído; anexo.

ENCLOSER — ENGULF

Encloser (enklôu-zâr) s muro; valado; o que cerca; anexo; cerca.
Enclosure (inklôu-jur) s cercado; inclusão; recinto fechado; valado.
Encomium (enkôu-miâmm) s encômio; louvor; elogio.
Encompass (enkâm-pâss) v cercar; circundar; cingir; encerrar; abarcar; incluir; abraçar.
Encore (ânkôur) s TEATR repetição; bis.
Encore (ânkôu-r) v repetir; bisar.
Encounter (enkáun-târ) s encontro; choque; embate; escaramuça; combate; ataque.
Encounter (enkáun-târ) v encontrar; opor-se; atacar; lutar; investir; acometer; combater.
Encourage (enkâ-ridj) v animar; fomentar; encorajar; instigar; animar; estimular.
Encouragement (enkâ-ridjment) s ânimo; encorajamento; incitamento; instigação; fomento; estímulo.
Encourager (enkâ-ridjâr) s encorajador; favorecido; instigador; animador; estimulante.
Encouraging (enkâ-ridjinn) adj animador; alentador.
Encroach (enkrôu-tsh) v invadir; imiscuir-se; transgredir; usurpar; abusar.
Encroacher (enkrôu-tshâr) s invasor; usurpador.
Encroaching (enkrôu-tshinn) adj usurpante; intruso; usurpador.
Encroachment (enkrôu-tshment) s usurpação; invasão; abuso; intromissão.
Encrust (enkrâs-t) v entalhar; incrustar; embutir.
Encumber (enkâm-bâr) v estorvar; atrapalhar; embaraçar; onerar; endividar; sobrecarregar; obstruir; oprimir.
Encumbrance (enkâm-brânss) s estorvo; carga; dificuldade; embaraço; obstáculo; hipoteca.
Encyclic (ensi-klik) s encíclica (ordem escrita do Papa sobre dogma ou disciplina).
Encyclic (ensi-klik) adj encíclico.
Encyclopedia (ensáiklopi-diá) s enciclopédia.
Encyclopedic (ensáiklopi-dik) adj enciclopédico.
End (énd) s fim; termo; extremidade; alvo; resultado; fragmento; desígnio; conclusão; cabo; término; final; ponta; interesse.
End (énd) v acabar; expirar; concluir; terminar; morrer; finalizar; matar; liquidar; decidir; redundar; resultar.
Endanger (endén-djâr) v comprometer; correr perigo; expor; arriscar; pôr em perigo.
Endangering (endén-djârinn) adj arriscado.
Endear (endi-r) v encarecer; apreciar; estimar.
Endearing (endi-rinn) adj carinhoso; terno; amável; afetuoso.
Endearment (endir-ment) s meiguice; afeto; ternura; afago; carinho; carícia.
Endeavor (endé-vâr) s empenho; esforço; empreendimento.
Endeavor (endé-vâr) v esforçar-se; diligenciar; envidar esforços.
Ending (én-dinn) s fim; desenlace; termo; conclusão.
Endive (en-div) s endívia; escarola; chicória.
Endless (énd-léss) adj interminável; eterno; infinito; perpétuo.
Endlessness (énd-lésnéss) s perpetuidade; redondeza; continuidade.
Endlong (énd-lónn) adv estendido em linha reta; ao comprido.
Endmost (énd-môust) adj o mais afastado; o mais distante.
Endorse (indór-ss) v endossar; abonar; rubricar; autenticar; sancionar; aprovar.
Endorsement (indór-sment) s endosso; visto; rubrica; sanção.
Endorser (indór-sâr) s endossante; endossador.
Endow (endá-u) v dotar; doar; fundar; enriquecer; favorecer; beneficiar com algum dom.
Endower (endáu-âr) s doador.
Endowment (endáu-ment) s doação; prenda; qualidade; dotação; dote; dom.
Endue (endi-u) v dotar; assumir; investir; privilegiar.
Endurable (endiu-râbl) adj suportável; aturável; tolerável.
Endurance (endiu-rânss) s paciência; sofrimento; resignação; resistência.
Endure (endiur) v suportar; sofrer; tolerar; aturar; durar; resistir.
Endurer (endiu-râr) s sofredor; paciente; tolerante.
Enduring (endiu-rinn) adj paciente; tolerante; resistente; perpétuo; constante.
Enemy (é-nimi) s inimigo; adversário; rival.
Energetic (énârdjé-tik) adj energético; ativa; eficaz; vigoroso; ativo.
Energize (é-nârdjáiz) v excitar; dar vigor; dar energia.
Energy (é-nârdji) s energia; atividade; vigor; força.
Enervate (e-nârvêit) v enervar; debilitar; derrotar.
Enervate (e-nârvêit) adj enervado; enfraquecido; esgotado.
Enervating (énârvêi-tinn) adj enervante; debilitante; exaustivo.
Enervation (énârvêi-shânn) s enervação; fraqueza; debilitação.
Enfeeble (enfîb-l) v enfraquecer; depauperar; debilitar.
Enfeeblement (enfîbl-ment) s enfraquecimento; debilidade; desfalecimento; fraqueza.
Enfold (enfôul-d) v envolver; incluir; embrulhar; abraçar.
Enfoldment (enfôuld-ment) s envolvimento; ação de envolver.
Enforce (enfôur-ss) v pôr em vigor; fazer valer; forçar; compelir; obrigar; apoiar; executar.
Enforced (enfôursst) adj forçado; violentado.
Enforcement (enfôurss-ment) s força; coação; violência.
Enfranchise (enfrén-tsháiz) v franquear; liberar; emancipar; conceder direitos civis.
Enfranchisement (enfrén-tshisment) s franquia; alforria; independência; emancipação; direito de cidadão.
Engage (enghêi-dj) v empenhar; ocupar; comprometer-se; alistar; contratar; ficar noivo.
Engaged (enghêi-djd) adj empenhado; ocupado; alugado; comprometido; MEC engrenado.
Engagement (enghêi-djment) s ajuste; compromisso; noivado; contrato; MIL batalha; combate; luta.
Engaging (enghêi-djinn) adj insinuante; simpático; atraente; encantador.
Engender (endjén-dâr) v gerar; produzir; procriar; gerar.
Engine (en-djinn) s máquina; motor; locomotiva; engenho; força; ardil; estratagema; *ENGINE driver*: maquinista.
Engine (en-djinn) v prover de máquinas.
Engineer (endjini-r) s engenheiro; mecânico; USA maquinista.
Engineer (endjini-r) v executar; dirigir a execução de; exercer a engenharia.
Enginery (en-djinâri) s maquinaria; MIL artilharia.
Engird (engâr-d) v cingir; cercar; rodear.
Englander (in-glândâr) s inglês.
English (in-glish) s os ingleses; a língua inglesa.
English (in-glish) v inglesar; verter para o inglês.
English (in-glish) adj inglês.
Englishism (in-glishism) s anglicismo.
Englishman (ing-lishmaen) s inglês.
Englut (englâ-t) v engolir; saciar.
Engorge (engór-dji) v devorar; engolir; engurgitar; abarrotar.
Engraft (engréf-t) v gravar; imprimir; enxertar; incorporar.
Engraftment (engréft-ment) s enxerto.
Engrain (engrêinn) v tingir de escarlate.
Engrave (engrêi-v) v gravar; burilar; entalhar; cinzelar; esculpir.
Engraver (engrêi-vâr) s gravador.
Engraving (engrêi-vinn) s gravação; pintura gravada; estampa; gravura.
Engross (engróss) v engrossar; passar a limpo; absorver; condensar; tirar a cópia de; monopolizar; transcrever.
Engrosser (engró-sâr) s abarcador; monopolizador; copista.
Engrossment (engróss-ment) s cópia; transcrição; caligrafia; monopólio; translado de um documento; açambarcamento.
Engulf (engâlf) v engolfar; afundar; imergir; tragar; abismar.

ENGULFMENT — ENTIRE

Engulfment (engâlf-ment) *s* imersão; engolfamento; afundamento; mergulho.
Enhance (en-héns-s) *v* aumentar; elevar; melhorar; realçar; engrandecer; encarecer; elevar o valor de.
Enhancement (en-héns-ment) *s* realce; encarecimento; alta; aumento de valor;.
Enigma (inig-mâ) *s* enigma; mistério; coisa obscura.
Enigmatic (inigmé-tik) *adj* enigmático; arcano; misterioso; obscuro.
Enigmatist (inig-mâtist) *s* enigmatista; enigmista.
Enjoin (endjói-n) *v* prescrever; ordenar; intimidar; impor; ditar; encarregar; USA proibir.
Enjoiner (endjói-nâr) *s* mandante; ordenador.
Enjoy (endjói-i) *v* gozar de; deleitar-se; deliciar; gostar; divertir; desfrutar; usufruir; aproveitar.
Enjoyable (endjói-âbl) *adj* desfrutável; saboroso; agradável; divertido.
Enjoyer (endjói-âr) *s* desfrutador; gozador; possuidor.
Enjoyment (endjói-ment) *s* gozo; prazer; divertimento; deleite; alegria.
Enkindle (enkindl) *v* acender; inflamar; atear.
Enlace (enlêi-ss) *v* enlaçar; entrelaçar.
Enlacement (enlêis-ment) *s* enlaçadura.
Enlarge (enlár-dj) *v* aumentar; alargar; ampliar; engrandecer; dilatar.
Enlargement (enlárdj-ment) *s* aumento; alargamento; dilatação; ampliação fotográfica.
Enlarger (enlár-djâr) *s* ampliador.
Enlarging (enlár-djinn) *s* ampliação.
Enlighten (enláit-n) *v* esclarecer; informar; instruir; ilustrar; aclarar.
Enlightened (enláitn-d) *adj* esclarecido; instruído.
Enlightenment (enláitn-ment) *s* esclarecimento; ilustração; iluminação; cultura; sabedoria.
Enlink (enlink) *v* ligar; acorrentar.
Enlist (enlist) *v* alistar-se; recrutar; inscrever; atrair; matricular-se.
Enlistment (enláitn-ment) *s* alistamento; recrutamento; inscrição; engajamento.
Enliven (enláiv-n) *v* animar; alentar; avivar; excitar; vivificar.
Enlivener (enláiv-nâr) *s* animador; estimulante; vivificador.
Enmesh (enmé-sh) *v* emaranhar; confundir.
Enmity (é-miti) *s* inimizade; repugnância; antipatia; aversão.
Ennoble (enôub-l) *v* enobrecer; ilustrar; significar; nobilitar.
Ennoblement (enôubl-ment) *s* enobrecimento; nobilitação; ilustração.
Ennui (aniúi) *s* tédio; enfado; fastio; aborrecimento.
Enormity (inór-miti) *s* enormidade; demasia; excesso; insulto; ultrage.
Enormous (inór-mâss) *adj* enorme; nefando; excessivo; cruel; atroz; perverso.
Enormousness (inór-mâsnéss) *s* enormidade; imensidade.
Enough (ináf) *adj* suficiente; necessário; bastante.
Enough (ináf) *adv* suficientemente; assaz.
Enough (ináf) *interj* basta! chega!
Enounce (ináunss) *v* enunciar; declarar; exprimir.
Enouncement (ináuns-ment) *s* declaração; enunciado; exposição.
Enquire (inkuái-âr) *v* inquirir; perguntar; informar-se; pesquisar.
Enquirer (inkuái-ârâr) *s* investigador; indagador; pesquisador.
Enquiry (inkuái-âri) *s* indagação; averiguação; exame; sindicância; pesquisa; investigação.
Enrage (enrréi-dj) *v* enraivecer; enfurecer; irritar.
Enraged (enrrêi-djd) *adj* enraivecido; enfurecido.
Enrapt (enrrépt) *adj* entusiasmado.
Enrapture (enrrép-tshur ou enrrép-tiur) *v* extasiar; arrebatar; entusiasmar; encantar.
Enrich (enri-tsh) *v* enriquecer; adornar; fertilizar; adornar.

Enrichment (enri-tshment) *s* adorno; enriquecimento; benefício.
Enrol (anrrôul) *v* registrar; catalogar; inscrever; matricular-se.
Enrolment (enrrôul-ment) *s* registro; inscrição; matrícula; alistamento.
Enroot (enrru-t) *v* enraizar.
Enrooted (enrru-tid) *adj* arraigado.
Ens (enz) *s* ente; ser; tudo o que existe.
Ensanguine (ensén-gûinn) *v* ensanguentar.
Ensconce (enkón-ss) *v* cobrir; encobrir; ocultar; envolver; esconder.
Ensemble (ansámb-l) *s* conjunto; grupo; totalidade.
Enshrinement (enshráin-ment) *s* ação de guardar algo como relíquia.
Enshroud (enshráu-d) *v* amortalhar; cobrir; encobrir; ocultar.
Ensign (én-sáinn) *s* insígnia, emblema, distintivo; bandeira; estandarte.
Ensigncy (en-sáinsi) *s* porta-bandeira.
Enslave (ensléi-v) *v* escravizar; subjugar; avassalar.
Enslavement (ensléiv-ment) *s* escravidão; escravização.
Enslaver (ensléi-vâr) *s* escravizador; aquele que escraviza.
Ensnare (ensnér) *v* enganar; enlaçar; enredar.
Ensnarer (ensné-râr) *s* aquele que arma estratagema; enganador; armador de laço.
Ensue (ensi-u) *v* seguir-se; resultar; advir, sobrevir.
Ensuing (ensiu-inn) *adj* próximo; subsequente; seguinte.
Ensure (enshur) *v* segurar; pôr no seguro; *vide* INSURE.
Entail (entêil) *s* vínculo; herança.
Entail (entêil) *v* implicar; comprometer; envolver; impor; substituir; vincular; causar; perpetuar.
Entailment (entêil-ment) *s* vínculo.
Entangle (entén gl) *v* envolver; arrastar; embaraçar; confundir.
Entanglement (enténgl-ment) *s* enredo; embaraço; confusão; obstáculo.
Enter (én-târ) *v* entrar; lançar; inscrever; ingressar; registrar; penetrar; iniciar; admitir; empreender; matricular-se.
Entering (én-târinn) *s* entrada; admissão.
Enterprise (én-târpráiz) *s* empresa; arrojo; empreendimento; empreitada; atividade.
Enterprise (én-târpráiz) *v* empreender; tentar; aventurar; arriscar.
Enterprising (én-târpráizinn) *s* empresa.
Enterprising (én-târpráizinn) *adj* audaz; empreendedor, enérgico; ousado; ativo.
Entertain (entârtêi-nn) *v* entreter; acolher; divertir; tomar em consideração; receber como hospede; obsequiar; manter; planejar; nutrir.
Entertainer (entârtêi-nâr) *s* anfitrião; o que diverte; hospedeiro; festejador.
Entertaining (entârtêi-ninn) *adj* alegre; hospitaleiro; divertido; agradável.
Entertainment (entârtêin-ment) *s* entretenimento; recepção; divertimento; acolhimento; consideração.
Enthral (enthró-l) *v* dominar; sujeitar; escravizar; subjugar; submeter.
Enthralment (enthról-ment) *s* domínio, cativeiro; escravidão; submissão.
Enthrone (enthrôu-nn) *v* entronizar, elevar ao trono.
Enthronement (enthrôun-ment) *s* entronização.
Enthuse (enthiuz) *v* entusiasmar; entusiasmar-se; encorajar.
Enthusiasm (enthiu-ziézm) *s* entusiasmo; fervor.
Enthusiast (enthiu-ziést) *s* entusiasta.
Enthusiastic (enthiuziés-tik) *adj* entusiástico.
Entice (entái-ss) *v* incitar; tentar; corromper; seduzir; instigar; atrair.
Enticer (entái-sâr) *s* tentador; sedutor; instigador.
Entire (entái-âr) *adj* inteiro; todo; fiel; íntegro; verdadeiro; completo; constante; cabal.

Entirely (entái-ârli) *adv* inteiramente; plenamente; completamente.
Entireness (entái-árness) *s* inteireza; retidão; integridade; totalidade.
Entirety (entái-ârti) *s* totalidade; o todo; inteireza; integridade; o conjunto.
Entitle (entáitl-) *v* intitular; dar direito a; ter direito a; autorizar; habilitar.
Entitled (entáitl-d) *adj* habilitado; autorizado.
Entity (én-titi) *s* entidade; ser; ente.
Entomb (entu-mm) *v* enterrar; sepultar.
Entombment (entum-ment) *s* sepultamento; funeral; enterro; sepultura.
Entourage (anturá-j) *s* meio ambiente; companhia; roda; séquito.
Entrails (ént-rêils) *s* entranhas; tripas; intestinos.
Entrance (entrén-ss) *s* entrada; ingresso; vestíbulo; entrada alfandegária.
Entrance (entrén-ss) *v* fascinar; extasiar; encantar; arrebatar.
Entrancement (entréns-ment) *s* enlevo; arrebatamento; encantamento; êxtase.
Entrant (én-trânt) *s* noviço; estreante; principiante.
Entrant (én-trânt) *adj* noviço; estreante; principiante.
Entrap (entré-p) *v* surpreender; apanhar no laço; embaraçar; lograr.
Entrapment (entrép-ment) *s* cilada; laço; armadilha.
Entrapper (entré-pâr) *s* aquele que lança armadilhas.
Entreat (entrit) *v* rogar; implorar; pedir; solicitar.
Entreating (entri-tinn) *adj* suplicante.
Entreaty (entri-ti) *s* súplica; pedido; rogo; solicitação.
Entrench (entrén-tsh) *v* entrincheirar; transpassar; invadir; penetrar.
Entrenchment (entrén-tshment) *s* infração; entrincheiramento; defesa.
Entrepôt (antrâpô-u) *s* entreposto; empório.
Entrust (entrás-t) *v* incumbir; depositar; encarregar; confiar.
Entry (én-tri) *s* ingresso; saguão; porta de entrada; vestíbulo; COM entrada; registro; lançamento; assento; escrituração.
Entwine (entuái-nn) *v* enlaçar; enroscar; entrelaçar.
Entwist (entuist) *v* torcer; rodear; cercar; cingir.
Enumerate (iniu-mâreit) *v* enumerar; detalhar; pormenorizar; especificar.
Enumeration (iniumârêi-shânn) *s* lista; enumeração; relação; especificação; série.
Enunciable (inân-siâbl) *adj* enunciável.
Enunciate (inân-siêit) *v* pronunciar; enunciar; expor; declarar; articular; exprimir.
Enunciation (inânsiêi-shânn) *s* enunciação; exposição; enumeração; declaração.
Enure (iniu-r) *v* entrar em operação; estar disponível; *vide* INURE.
Envelop (envé-lâp) *v* envolver; cobrir; ocultar; embrulhar.
Envelope (in-vilôup) *s* envoltório; sobrecarta; invólucro; envelope.
Envelopment (envé-lâpment) *s* capa; envolvimento; embrulho; embaraço.
Envenom (envé-nâmm) *v* envenenar; irritar; perverter; amargurar; aborrecer.
Enviable (én-viâbl) *adj* invejável; cobiçável.
Enviableness (én-viâblness) *s* invejabilidade.
Envious (én-viâss) *adj* invejoso; malicioso; cobiçoso.
Enviousness (én-viâsness) *s* inveja.
Environ (envái-rânn) *v* cercar; cingir; rodear; sitiar.
Environment (envái-rânment) *s* meio ambiente; ambiente; arrabaldes; arredores; cerco.
Environs (envái-rânss) *s* arredores; arrabaldes; cercanias.
Envisage (envi-zidj) *v* contemplar; fitar; refletir; enfrentar.
Envoy (én-vói) *s* enviado; emissário; embaixador.
Envy (én-vi) *s* inveja; cobiça; rivalidade; ciúme.

Envy (én-vi) *v* invejar; cobiçar.
Enwrap (en-rép) *v* envolver; arrebatar; enrolar; embrulhar.
Enwrapment (enrrép-ment) *s* envolvimento; envoltório.
Enwreathe (enri-dh) *v* engrinaldar, enfeitar com grinaldas.
Epergne (epâr-n) *s* centro de mesa.
Ephemeral (ifé-mârâl) *adj* efêmero; de pouca duração; transitório.
Ephemerides (efimé-ridiz) *s* efemérides.
Ephemeron (ifé-mârass) *adj* efêmero.
Ephod (é-fód) *s* veste sacerdotal judaica.
Epic (é-pik) *s* poema épico; epopeia.
Epic (é-pik) *adj* épico.
Epicene (é-pissinn) *s* GRAM epiceno, que é comum de dois gêneros.
Epicene (é-pissinn) *adj* GRAM epiceno, que é comum de dois gêneros.
Epidemic (épidé-mik) *s* epidemia; praga.
Epidemic (épidé-mik) *adj* epidêmico; contagioso.
Epidermic (épidâr-mik) *adj* epidérmico (relativo à pele).
Epidermis (épidâr-miss) *s* epiderme (a parte exterior da pele).
Epiglottis (épigló-tiss) *s* MED epiglote (válvula da glote, na laringe).
Epigraph (é-pigréf) *s* epígrafe; inscrição; epitáfio.
Epigrapher (é-pigréfâr) *s* o que faz epígrafes.
Epilepsy (é-pilépssi) *s* MED epilepsia (doença cerebral).
Epilogize (é-pilódj) *v* epilogar; concluir; encerrar.
Epilogue (é-pilóg) *s* epílogo; conclusão.
Epiphany (ipi-fâni) *s* epifania (aparição ou manifestação divina).
Episcopacy (ipis-kopâssi) *s* episcopado, bispado.
Episcopal (ipis-kopâl) *adj* episcopal (referente a bispo).
Episcopate (ipis-kopit) *s* episcopado; bispado.
Episode (é-pisôud) *s* episódio; ocorrência.
Episodic (épisó-dik) *adj* episódico.
Epistle (ipis-l) *s* epístola; carta; missiva.
Epitaph (é-pitéf) *s* epitáfio (elogio fúnebre).
Epithet (é-pithét) *s* epíteto; título; cognome.
Epitome (ipi-tomi) *s* resumo; epítome; compêndio; sinopse.
Epitomic (épi-tómik) *adj* resumido; sintetizado.
Epitomist (ipi-tomist) *s* resumidor; autor de epítome.
Epitomize (ipi-tomáiz) *v* resumir; abreviar; sintetizar.
Epoch (é-pâk) *s* época; era.
Epochal (é-pâkâl) *adj* relativo a época.
Epopee (épopi) *s* epopeia, poema sobre grandes acontecimentos.
Equability (ikuábi-liti) *s* equabilidade; igualdade; uniformidade.
Equable (i-kuâbl ou é-kuâbl) *adj* igual; uniforme; equável.
Equably (i-kuâbli) *adv* igualmente; uniformemente.
Equal (i-kuâl) *s* igual; par.
Equal (i-kuâl) *v* igualar; nivelar-se.
Equal (i-kuâl) *adj* igual; semelhante; uniforme; imparcial; justo; capaz.
Equalization (ikuólzéi-shânn) *s* uniformidade; igualamento.
Equalize (i-kuâláiz) *v* igualar; uniformizar.
Equally (i-kuâli) *adv* igualmente; uniformemente; imparcialmente.
Equanimity (ikuâni-miti) *s* constância; serenidade; equanimidade; imparcialidade.
Equanimous (ikuâ-nimâss) *adj* moderado; equânime.
Equate (i-kueit) *v* igualar; uniformizar; tornar equivalente.
Equation (ikuéi-shânn) *s* equação.
Equator (ikuêi-târ) *s* equador, divisor dos hemisférios terrestres (círculo).
Equatorial (ekuâtô-riâl) *adj* equatorial.
Equerry (é-kuâri) *s* escudeiro; camarista; cavalariço.
Equestrian (ikués-triânn) *s* cavaleiro.
Equestrian (ikués-triânn) *adj* equestre.
Equiangled (ikuién-gld) *adj* equiângulo.

EQUIDISTANT — ESPERANTO

Equidistant (ikuidis-tânss) *adj* equidistante, que possui igual distância de um ponto a diversos outros pontos (distância igual).
Equilateral (ikuilé-târâl) *adj* equilateral, que tem lados iguais.
Equilibrate (ikuilái-brêit) *v* equilibrar.
Equilibration (ikuilibrêi-shânn) *s* equilíbrio; equilibração.
Equilibrist (ikui-librist) *s* equilibrista.
Equilibrium (ikuili-briâmm) *s* equilíbrio.
Equine (i-kuáinn) *adj* cavalar; hípico; equino.
Equinoctial (ikuinók-shâl) *s* linha do equinócio.
Equinoctial (ikuinók-shâl) *adj* equinocial.
Equinox (i-kuinóks) *s* ASTR equinócio, posição do Sol no equador que provoca, na Terra, duração análoga do dia e da noite.
Equip (ikui-p) *v* equipar; abastecer; prover; aparelhar.
Equipage (é-kuipidj) *s* equipagem; equipamento; comitiva; tripulação.
Equipment (ikuip-ment) *s* equipamento; armamento; arreios; abastecimento; aparelhamento; vestuário.
Equipoise (i-kuipóiss) *s* equilíbrio; contrapeso.
Equipoise (i-kuipóiss) *v* equilibrar.
Equitable (é-kuitâbl) *adj* equitativo; justo.
Equitableness (é-kuitâblnéss) *s* equidade; justiça; imparcialidade.
Equitation (ékuitêi-shânn) *s* equitação; competição a cavalo.
Equity (é-kuiti) *s* equidade; justiça; retidão.
Equivalence (ikui-válénss) *s* equivalência.
Equivalent (ikui-válént) *adj* equivalente.
Equivocal (ikui-vokâl) *adj* ambíguo; equívoco; duvidoso; obscuro.
Equivocalness (ikui-vokâlnéss) *s* ambiguidade; obscuridade.
Equivocate (ikui-vokêit) *v* sofismar; equivocar-se; mentir.
Equivocation (ikuivokêi-shânn) *s* sofisma; ambiguidade; engano.
Equivoke (é-kuivôuk) *s* equívoco; trocadilho; sofisma.
Era (i-râ) *s* era; período; época; idade.
Eradiate (irrâ-diêit) *v* irradiar.
Eradiation (irrâdiêi-shânn) *s* irradiação.
Eradicable (irrâ-dikâbl) *adj* erradicável; extirpável; arrancável.
Eradicate (irrâ-dikêit) *v* erradicar; extirpar; desarraigar; arrancar; suprimir.
Eradication (irrâdikêi-shânn) *s* erradicação; extirpação; exterminação.
Eradicative (irrâ-dikâtiv) *adj* erradicativo.
Erasable (irrêi-sâbl) *adj* delével; deletável; destruível; anulável.
Erase (irrêi-ss) *v* apagar; raspar; destruir; deletar; obliterar; eliminar.
Erasement (irrêis-ment) *s* rasura; cancelamento; destruição.
Eraser (irrêi-sâr) *s* raspador; apagador; raspadeira; borracha apagadora.
Erasion (irrêi-jân) *s* rasura; raspadura; ação de apagar; destruição.
Ere (ér) *prep* antes de; antes que.
Erect (irék-t) *v* erigir; erguer; edificar; construir; montar; edificar; estabelecer; instalar.
Erect (irék-t) *adj* levantado; direito; ereto; aprumado; erguido; vigoroso.
Erectile (irék-táil ou irék-til) *adj* erétil, que pode obter ereção.
Erection (irék-shânn) *s* ereção; criação; exaltação; instalação; montagem; estrutura.
Erectness (irékt-néss) *s* ereção; postura a prumo; levantamento; perpendicularidade.
Eremite (é-rimáit) *s* eremita, pessoa que vive no ermo; pessoa que evita a convivência social.
Ergo (âr-gôu) *adv* logo; portanto; por conseguinte.
Ergo (âr-gôu) *conj* logo; portanto; por conseguinte.
Eristic (âr-gotjm) *adj* controverso; passível de discussão.
Ermine (âr-minn) *s* arminho, mamífero de pele branca no inverno; toga; magistratura.

Erode (irôu-d) *v* roer; comer; desgastar-se; corroer.
Erosion (irôu-jânn) *s* erosão; corrosão; desgaste.
Erotic (iró-tik) *adj* erótico; lascivo; libidinoso; sensual.
Eroticism (iró-tissizm) *s* erotismo; paixão amorosa; sensualidade.
Err (âr) *v* errar; enganar-se; transviar-se; pecar.
Errable (é-râbl) *adj* sujeito a errar.
Errand (é-rând) *s* recado; mensagem; diligência; incumbência; *he has many ERRANDS this afternoon*: ele tem muitas incumbências nesta tarde.
Errant (é-rânt) *adj* errante; nômade; vagabundo.
Errantry (é-rântri) *s* vida nômade; vida errante; vagabundagem.
Errata (irêi-tâ) *s* errata; erros.
Erratic (iré-tik) *adj* errático; irregular; desordenado; errante; excêntrico; vagabundo.
Erratum (irêi-tâmm) *s* erro.
Erroneous (irôu-niâss) *adj* errôneo; irregular; errado; inexato; incorreto.
Erroneousness (irôu-niâsnéss) *s* erro; irregularidade; engano; falsidade.
Error (e-râr) *s* erro; falta; equívoco; engano; transgressão.
Erst (ârst) *adv* outrora; antes; em outro tempo; antigamente.
Erubescence (érubé-sensi) *s* vermelhidão; enrubescimento; avermelhamento.
Erubescent (érubé-sent) *adj* ruborizado; corado; avermelhado.
Eructate (irâk-têit) *v* arrotar.
Eructation (iráktêi-shânn) *s* eructação; arroto; erupção vulcânica.
Erudite (é-rudáit ou é-rudáit) *adj* erudito; culto; instruído; sábio; douto.
Erudition (ériudi-shânn) *s* erudição; saber; cultura.
Eruginous (irâ-djinâss) *adj* eruginoso; enferrujado.
Erupt (irâpt) *v* emergir; irromper; sair com força.
Eruption (irâp-shânn) *s* erupção; pústula; irrupção.
Eruptive (irâp-tiv) *adj* eruptivo.
Erysipelas (érissi-pelâss) *s* MED erisipela, inflamação estreptocócica (pele).
Escalade (éskâlêi-d) *s* escalada.
Escalade (éskâlêi-d) *v* escalar.
Escalator (és-kalêidr) *s* escada rolante.
Escapade (és-kâpêid) *s* escapada; fuga; descuido; lapso; erro; travessura; movimento brusco de um cavalo.
Escape (iskêi-p) *s* evasão; escapamento; fugida; fuga.
Escape (iskêi-p) *v* escapar; escoar; evitar; iludir; fugir; evadir-se; salvar-se.
Escapement (iskêip-ment) *s* escapamento; escape.
Escarp (iskâr-p) *s* escarpa; declive.
Escarp (iskâr-p) *v* escarpar.
Escarpment (iskâr-pment) *s* escarpa; rampa escarpada.
Eschatology (éskâtó-lodji) *s* RELIG escatologia, doutrina das coisas que deverão acontecer no final do mundo.
Escheat (éstshi-t) *v* confiscar; reverter ao Estado.
Eschew (éstshu-) *v* evitar; renunciar a; fugir de.
Escort (eskôr-t) *s* escolta; comboio; acompanhamento; proteção.
Escort (eskôr-t) *v* escoltar; acompanhar.
Escutcheon (iskât-shânn) *s* brasão; escudo de armas.
Eskimo (és-kimôu) *s* esquimó.
Eskimo (és-kimôu) *s* esquimó.
Esophagus (issó-fâgâss) *s* MED esôfago.
Esoteric (éssóté-rik) *adj* esotérico; confidencial; secreto; relativo a um tipo de doutrina especial ensinada a um grupo escolhido de pessoas.
Esoterical (éssóté-rikâl) *vide* ESOTERIC.
Especial (espéi-shâl) *adj* especial; particular; notável; distinto; excepcional.
Especially (espéi-shâli) *adv* especialmente; particularmente.
Esperanto (espérán-tôu) *s* Esperanto, língua mundial inventada pelo médico Luís Lázaro Zamenhof (1859-1917).

Espial (espái-âl) s espionagem; descoberta.
Espionage (és-pionidj) s espionagem.
Esplanade (ésplânêi-d) s esplanada; relva; avenida.
Espousal (espáu-zâl) s esponsais; adesão a uma ideia; defesa de uma causa.
Espouse (espáu-ss) v abraçar; desposar; defender; patrocinar; casar-se.
Espouser (espáu-zâr) s aquele que contrai matrimônio; defensor; protetor.
Esprit (espri-) s espírito; graça.
Espy (ispá-i) v avistar; espionar; avistar à distância; descobrir; divisar; espiar.
Esquire (és-kuái-r) s escudeiro; título de cortesia (Ilmo. Sr.) colocado antes do nome nos endereçamentos.
Essay (éssêi) s ensaio literário; tentativa; esforço; prova; experiência.
Essay (éssêi) v ensaiar; tentar; provar; experimentar.
Essayer (éssêi-âr) s autor de ensaios literários; experimentador.
Essayist (é-séist) s ensaísta; autor de ensaios.
Essence (é-senss) s essência; perfume; substância; extrato; o âmago; existência.
Essential (essén-shâl) adj essencial; primordial; indispensável; constitutivo.
Essentiality (essénshâ-liti) s essencialidade, a essência de algo.
Establish (esté-blish) v estabelecer; criar; fixar; estatuir; fundar; ratificar.
Establisher (esté-blishâr) s instituidor; originador; fundador.
Establishment (esté-blishment) s casa comercial; estabelecimento; fundação; lei; estatuto; instituição.
Estate (istêi-t) s estado; condição; bens; classe; posição; propriedade; domínio; ativo; patrimônio; massa.
Esteem (esti-mm) s estima; consideração; opinião; apreço.
Esteem (esti-mm) v avaliar; considerar; estimar; admirar; apreciar.
Estimable (és-timâbl) adj estimável; apreciável; considerável.
Estimate (és-timit) s avaliação; opinião; preço; cálculo; orçamento; cômputo; crédito; verba.
Estimate (és-timit) v avaliar; calcular; estimar; apreciar.
Estimation (éstimêi-shânn) s cálculo; estimativa; avaliação; orçamento; apreço.
Estival (és-tivâl ou estái-vâl) adj estival (relativo ao estio); quente.
Estop (istó-p) v JUR impedir; proibir; embargar.
Estoppage (éstó-pidj) s JUR embargo; impedimento.
Estrade (éstrêi-d) s estrado; tablado; palco.
Strange (éstren-dj) v alienar; afastar; separar.
Estrangement (éstrendj-ment) s aversão; alienação; indiferença.
Estuary (és-tshuéri) s estuário; esteiro.
Etch (étsh) v gravar; delinear; traçar.
Etcher (é-tshâr) s o gravador (aquele que grava utilizando ácidos).
Etching (ét-shinn) s gravura com ácidos; rascunho; esboço.
Eternal (itâr-nâl) adj eterno; perpétuo; imortal; perene.
Eternity (itâr-niti) s eternidade; perenidade.
Eternize (itâr-náiz) v imortalizar; eternizar; perpetuar.
Ether (ithâr) s QUÍM éter; ANT cosmo, espaço sideral (éter).
Ethereal (ithi-riâl) adj etéreo; sutil; sublime; puro; espiritual.
Ethic (é-thik) adj ético, relativo à ética.
Ethical (é-thikâl) vide ETHIC.
Ethics (é-thiks) s FIL ética, ramo da ciência que trata dos valores morais e da conduta humana.
Ethmoid (éth-móid) s MED etmoide, osso (base do crânio).
Ethnic (éth-nik) adj étnico (concernente ao povo, à raça).
Ethnography (éthnó-gráfi) s etnografia, ciência que descreve os povos, raça, costumes, religião, língua etc.
Ethnology (ithó-lodji) s etnologia, estudo material e espiritual dos povos naturais.

Ethology (ithó-lodji) s etologia, ciência que estuda os usos, costumes e caracteres dos seres humanos.
Eucalyptus (iukálip-tâss) s eucalipto.
Eucharist (iu-kârist) s Eucaristia, sacramento (Igreja Católica) indicativo de que o corpo e o sangue de Jesus Cristo estão presentes no pão e no vinho consagrados.
Eucharistic (iukâris-tik) adj eucarístico, que concerne à eucaristia.
Eugenic (iudjé-nik) adj eugênico, relativo à eugenia (ácidos de sabor acre e ardente).
Eugenical (iudjé-nikâl) vide EUGENIC.
Eugenics (iudjé-niks) s eugenia, ciência que estuda a forma de se aperfeiçoar o ser humano.
Eulogist (iu-lodjist) s elogiador; panegirista; lisonjeador.
Eulogistic (iulodjis-tik) adj laudatório; elogioso.
Eulogize (iu-lodjáiz) v elogiar; louvar; encomiar.
Eulogy (iu-lodji) s elogio; louvor; encômio.
Eunuch (iu-nâk) s eunuco, escravo (castrado) que vigiava os haréns.
Euphemism (iu-fimizm) s FON eufemismo, uso de palavras com o mesmo significado que substituem outras, buscando amenizar o sentido.
Euphemize (iu-fimáiz) v FON suavizar pelo uso de eufemismo.
Euphonic (iufó-nik) adj eufônico (que tem som agradável); melodioso.
Euphonical (iufó-nikâl) vide EUPHONIC.
European (iuropi-ânn) s europeu; europeia.
European (iuropi-ânn) adj europeu; europeia.
Evacuant (evé-kiuant) adj evacuante.
Evacuate (evé-kiuêit) v evacuar; anular; esvaziar; desocupar; abandonar.
Evacuation (evékiuêi-shânn) s saída; evacuação; despejo; anulação.
Evade (evêi-d) v escapar; evitar; fugir; evadir-se.
Evader (evêi-dâr) s foragido; fugitivo.
Evaluate (evé-liuéit) v avaliar; apreciar; calcular.
Evaluation (evéliuêi-shânn) s avaliação; estimativa; apreciação.
Evanesce (evâné-ss) v desaparecer; desmaiar; espalhar-se; dissipar-se; esvaecer.
Evanescence (evâne-ssens) s esvaecimento; desaparecimento; dissipação.
Evanescent (evâné-sent) adj evanescente; efêmero; imperceptível; fugitivo.
Evangel (evén-djel) s RELIG Evangelho (Boa Nova).
Evangelic (ivendjé-lik) s evangélico.
Evangelic (ivendjé-lik) adj evangélico, relacionado ao Novo Testamento.
Evangelical (ivendjé-likâl) vide EVANGELIC.
Evangelist (ivén-djilist) s RELIG evangelista, aquele que ensina a Boa Nova contida no Novo Testamento bíblico.
Evangelize (ivén-djiláiz) v evangelizar; apostolar; converter ao cristianismo.
Evanish (evé-nish) v desvanecer-se; desaparecer.
Evaporate (evé-porêit) v evaporar-se; dissipar; desaparecer.
Evaporation (ivéporêi-shânn) s evaporação.
Evaporator (ivé-porêitâr) s vaporizador.
Evasion (evêi-jânn) s evasão; desculpa; evasiva; fuga; pretexto.
Evasive (ivêi-siv) adj evasivo; ambíguo; ilusório.
Evasiveness (ivêi-sivnéss) s evasiva; escusa; subterfúgio; ambiguidade.
Eve (iv) s véspera; *Christmas EVE*: véspera de Natal.
Even (ivn) v igualar; aplainar; nivelar; uniformizar; emparelhar; equilibrar.
Even (ivn) adj plano; par; lisa; exato; uniforme; igual; semelhante; *six is an EVEN number*: o seis é um número par.
Even (ivn) adv igualmente; até mesmo; até; precisamente; exatamente; mesmo; ainda que.
Evening (iv-ninn) s o anoitecer; noite; tarde; o crepúsculo; *what shall we do this EVENING?*: que faremos nesta noite?

EVENING — EXCEPT

Evening (iv-ninn) *adj* vespertino.
Evenly (i-venli) *adv* plenamente; uniformemente; imparcialmente.
Evenness (ivn-néss) *s* igualdade; lisura; uniformidade; serenidade; regularidade; imparcialidade.
Evensong (ivn-sonn) *s* oração da tarde; ave-maria; vésperas.
Event (ivént) *s* acontecimento; êxito; eventualidade; sucesso; saída; ocorrência.
Eventful (ivént-ful) *adj* memorável; movimentado; cheio de incidentes; cheio de acontecimentos.
Eventide (ivn-táid) *s* o anoitecer; o crepúsculo.
Eventual (ivén-tshuâl) *adj* final; consequente; conclusivo; resultante.
Eventuality (ivéntshué-liti) *s* eventualidade.
Eventually (i-véntshuéli) *adv* consequentemente; finalmente.
Eventuate (ivén-tiuêit) *v* acontecer; resultar.
Eventuation (ivéntiuêi-shânn) *s* resultado; consequência.
Ever (é-vâr) *adv* sempre; já; algum dia; perpetuamente; em qualquer tempo; eternamente; alguma vez; nunca; jamais.
Evergreen (é-vârgrinn) *s* sempre-viva, planta que se mantém sempre verde.
Evergreen (é-vârgrinn) *adj* verdejante; sempre verde.
Everlasting (évârlás-tinn) *adj* eterno; perpétuo; durável; perdurável; imortal.
Evermore (évâr-môur) *adv* para sempre; eternamente.
Eversion (evâr-shânn) *s* aversão; ruína; transtorno; desordem; subversão.
Evert (ivâr-t) *v* subverter; destruir; transtornar; revirar.
Every (é-vri) *adj* cada; cada um; todo; todos; toda; todas; *Gregório does not have school every day*: o Gregório não vai à escola todos os dias.
Everybody (é-vribódi) *pron* toda a gente; todo mundo; todos.
Everyday (évridei) *adj* diário; usual; cotidiano; comum.
Everyone (é-vriuânn) *pron* cada um; todos; cada qual.
Everything (é-vrithinn) *pron* tudo.
Everyway (é-vriuêi) *adv* em todas as direções; a todos os respeitos.
Everywhere (é-vri-huêr) *adv* em toda parte; por toda parte; em qualquer lugar.
Evict (evikt) *v* desapossar; desalojar; usurpar; excluir; expulsar; evidenciar; provar.
Eviction (evik-shânn) *s* JUR evicção; evidência; prova; despejo.
Evidence (é-videnss) *s* evidência; prova; declaração; testemunho; depoimento.
Evidence (é-videnss) *v* provar; atestar; testemunhar; evidenciar; justificar; demonstrar.
Evident (é-vidént) *adj* notório; claro; óbvio; patente.
Evidential (evidén-shâl) *adj* patente; probatório; indicativo; manifesto; evidente.
Evidently (évidén-tli) *adv* evidentemente; inegavelmente; obviamente.
Evil (ivl) *s* dano; prejuízo; mal; maldade; vício; moléstia.
Evil (ivl) *adj* mau; nocivo; perverso; infeliz; prejudicial.
Evilly (i-vli) *adv* mal.
Evilness (i-vl-néss) *s* perversidade; maldade.
Evince (evin-ss) *v* provar; mostrar; revelar; manifestar; patentear; demonstrar; justificar.
Evincible (evin-sibl) *adj* demonstrável; evidenciável.
Evitable (é-vitâbl) *adj* evitável.
Evocation (évokei-shânn) *s* evocação; apelação; intimação.
Evoke (i-vouk) *v* evocar; citar; avocar.
Evolution (évoliu-shânn) *s* evolução; sequência; desenvolvimento; crescimento; manobra; MAT extração de raízes.
Evolutionism (évoliu-shânizm) *s* evolucionismo.
Evolve (evól-v) *v* desenrolar-se; abrir-se; desprender-se; desdobrar; despregar-se.
Evolvement (evólv-ment) *s* desenvolvimento; desdobramento.
Evulsion (evâl-shânn) *s* evulsão; extração; arrancamento.
Ewe (iu) *s* ovelha.
Ewer (iu-âr) *s* bilha; jarro.
Exacerbate (égzé-sârbêit) *v* exacerbar; exasperar; irritar; agravar.
Exacerbation (égzéssârbêi-shânn) *s* exacerbação; agravamento; irritação; provocação.
Exact (égzék-t) *v* exigir pagamento total; obrigar; impor; requerer; extorquir.
Exact (égzék-t) *adj* exato; certo; justo; rigoroso; escrupuloso; preciso.
Exacter (égzá-târ) *vide* EXACTOR.
Exacting (égzék-tinn) *adj* exigente.
Exaction (égzé-shânn) *s* extorsão; exigência; cobrança.
Exactitude (égzék-titiud) *s* exatidão; regularidade; rigor; pontualidade.
Exactly (égzá-tli) *adv* exatamente; precisamente; justamente.
Exactor (égzá-târ) *s* exator; cobrador; opressor.
Exaggerate (égzé-djârêit) *v* exagerar; exaltar; magnificar; ampliar; engrandecer.
Exaggeration (égzédjârêi-shânn) *s* exagero; exageração.
Exaggerative (égzé-djârâtiv) *adj* em que há exagero; exagerado; exagerativo.
Exalt (égzólt) *v* exaltar; louvar; elevar; enaltecer; glorificar; incrementar; reforçar; intensificar.
Exaltation (égzóltêi-shânn) *s* exaltação; glorificação; engrandecimento; intensificação.
Exalted (égzól-tid) *adj* exaltado; engrandecido; enaltecido; sublime.
Exaltedness (égzól-tidnéss) *s* altivez; exaltação; glorificação; sublimidade.
Exam (egza-m) *s* prova; exame.
Examinant (egza-minant) *s* examinador.
Examination (égzéminêi-shânn) *s* exame; inquérito; pesquisa; inspeção; investigação; análise.
Examine (égzé-mini) *v* analisar; estudar; examinar; interrogar; inspecionar; investigar; considerar; registrar.
Examinee (égzémini) *s* examinando.
Examiner (égzé-minár) *s* examinador; analisador; investigador; analista; interrogador.
Example (égzémpl) *s* exemplo; cópia; modelo; amostra; *sometimes Hugo Jr. does not set a good EXAMPLE*: às vezes o Hugo Jr. não dá bom exemplo.
Example (égzémp-l) *v* exemplificar.
Exanimation (égzénimêi-shânn) *s* MED morte.
Exasperate (égzés-pârêit) *v* exasperar; exasperar-se; irritar; agravar; exacerbar; exaltar.
Exasperation (égzéspârêi-shânn) *s* exasperação; agravamento; irritação.
Excavate (éks-kâvêit) *v* escavar; cavar; tornar oco; profundar.
Excavation (éks-kâvêishânn) *s* fosso; escavação; cova; cavidade; desaterro.
Exceed (éksi-d) *v* exceder; sobrepujar; sobressair; avantajar-se; eclipsar; exceder-se; ultrapassar; preponderar.
Exceeding (éksi-dinn) *s* excesso.
Exceeding (éksi-dinn) *adj* excedente; excessivo.
Excel (éksél) *v* exceder; sobrepujar; superar; avantajar.
Excellence (ék-selénss) *s* excelência; mérito; eminência; perfeição; dignidade; bondade.
Excellency (ék-selénss) *s* excelência; eminência.
Excellent (ék-selént) *adj* excelente; primoroso; ótimo; esplêndido; maravilhoso.
Excelsior (éksél-sióur) *adj* mais alto; mais elevado.
Except (éksép-t) *v* excetuar; excluir; opor-se; isentar; omitir; recusar.
Except (éksépt) *prep* exceto; afora.
Except (éksépt) *conj* a menos que; salvo; a não ser que.

EXCEPTING — EXERCISE

Excepting (éksép-tinn) *prep* exceto; exceptuando-se.
Exception (éksép-shânn) *s* exceção; recusa; exclusão; objeção.
Exceptional (éksép-shânâl) *adj* fora do comum; peculiar; superior; excepcional; extraordinário.
Excerpt (éksârpt) *s* excerto; extrato; transcrição; seleção; resumo.
Excerpt (éksârpt) *v* escolher; extrair; selecionar; escolher.
Excerption (éksárp-shânn) *s* extrato; ação de extratar.
Excess (éksé-ss) *s* excesso; transgressão; demasia; sobejo; sobra.
Excessive (éksé-siv) *adj* excessivo; demasiado; imoderado; redundante.
Exchange (ékstshén-dj) *s* troca; ágio; permuta; câmbio.
Exchange (ékstshén-dj) *v* permutar; trocar; cambiar; COM negociar na Bolsa de Valores.
Exchangeability (ékstshéndjâbi-liti) *s* permutabilidade.
Exchangeable (ékstshén-djâbl) *adj* permutável; cambiável; trocável.
Exchanger (ékstshén-djâr) *s* cambista; banqueiro.
Exchequer (ékstshé-kâr) *s* erário; fundos; tesouro público.
Excise (éksái-z) *s* imposto de consumo.
Excise (éksái-z) *v* cortar; onerar; extirpar; amputar; taxar.
Exciseman (éksáiz-mæn) *s* cobrador de impostos.
Excision (éksi-jânn) *s* excisão; corte; destruição; extirpação; amputação.
Excitability (éksáitâbi-liti) *s* excitabilidade.
Excitable (éksái-tâbl) *adj* excitável.
Excitableness (éksái-tâblnéss) *s* excitação.
Excitant (éksi-tânt) *s* estimulante; excitante.
Excitant (éksi-tânt) *adj* estimulante; excitante.
Excitation (éksitéi-shânn) *s* excitação; instigação; estímulo; encitamento.
Excitative (éksái-tâtiv) *adj* excitante; estimulante; excitativo.
Excitatory (éksái-tatôuri) *vide* EXCITATIVE.
Excite (éksáit) *v* excitar; provocar; estimular; incitar; alentar; excitativo.
Excitement (éksáit-ment) *s* comoção; excitamento; sensação; estimulação.
Exciter (éksái-târ) *s* incitador; excitador; instigador; estimulador.
Exciting (éksái-tinn) *adj* excitante; emocionante; estimulante.
Exclaim (éksklêi-mm) *v* exclamar; gritar; bradar.
Exclamation (éksklâméi-shânn) *s* exclamação;
EXCLAMATION mark: ponto de exclamação.
Exclamatory (éksklé-mâtôuri) *adj* exclamatório; exclamativo.
Exclude (éksklu-d) *v* excluir; exceptuar; rejeitar; afastar.
Exclusion (éksklu-jânn) *s* exclusão; expulsão; repulsa; rejeição.
Exclusive (éksklu-siv) *adj* exclusivo; seleto; restrito; USA excelente.
Exclusiveness (éksklu-sivnéss) *s* exclusividade; exclusão; exceção; repulsa.
Excogitate (éskó-djitêit) *v* urdir; excogitar; imaginar; refletir; meditar.
Excogitation (ékskódjitêi-shânn) *s* excogitação, ação de excogitar; meditação; invenção; maquinação.
Excommunicate (ékskómiu-nikêit) *v* excomungar; anatematizar.
Excommunication (ékskómiunikêi-shânn) *s* excomunhão (exclusão de uma pessoa da comunidade religiosa).
Excoriate (ékskó-riêit) *v* escoriar; arranhar; esfolar.
Excoriation (ékskoriêi-shânn) *s* escoriação; arranhão; pilhagem; esfoladura.
Excrement (éks-krimént) *s* excremento; resíduos fecais.
Excrescence (ékskré-senss) *s* demasia; excrescência; saliência; superfluidade.
Excrescent (ékskré-sent) *adj* saliente; excrescente; supérfluo.
Excrete (ékskri-t) *v* excretar; expelir do corpo; evacuar.
Excretion (ékskri-shânn) *s* excreção; evacuação.

Excruciate (ékskru-shiêit) *v* torturar; excruciar; afligir; atormentar; martirizar.
Excruciating (ékskru-shiêitinn) *adj* excruciante; doloroso; lancinante; pungente; mortificante.
Excruciation (ékskrushiêi-shânn) *s* dor; tortura; tormento; pesar; martírio; pena; aflição.
Exculpate (ékskâl-peit) *v* desculpar; perdoar; justificar.
Exculpation (ékskâlpêi-shânn) *s* defesa; desculpa; escusa; justificação.
Exculpatory (ékskâl-pâtôuri) *adj* escusatório; justificativo.
Excurrent (ékskâ-rént) *adj* que corre para fora.
Excurse (ékskâr-ss) *v* viajar; excursionar.
Excursion (ékskâr-shânn) *s* excursão; passeio; romaria; digressão; viagem; desvio; afastamento.
Excursionist (ékskâr-shânist) *s* viajor; excursionista.
Excursionize (ékskâr-shânáiz) *v* excursionar.
Excursive (ékskâr-siv) *adj* errante; digressivo; vagabundo; disparatado.
Excusable (ékskiu-zâbl) *adj* escusável; justificável; desculpável.
Excuse (ékskiu-z) *s* escusa; apologia; desculpa; justificação; isenção.
Excuse (ékskiu-z) *v* escusar; isentar de; desculpar; perdoar; eximir; justificar.
Execrable (ék-sikrâbl) *adj* execrável; condenável; abominável; detestável.
Execrableness (ék-sikrâblnéss) *s* abominação.
Execrate (ék-sikrêit) *v* execrar; detestar; abominar; amaldiçoar; maldizer.
Execration (éksikrêi-shânn) *s* execração; maldição.
Executable (ék-sikiutâbl) *adj* executável.
Executant (égzé-kiutânt) *s* MÚS executante.
Execute (ék-sikiut) *v* executar; cumprir; realizar; justiçar; matar; efetuar; administrar; desempenhar.
Executer (ék-sikiutâr) *s* executor; algoz; carrasco.
Execution (éksikiu-shânn) *s* execução; cumprimento; realização; operação; penhora; desempenho; funcionamento.
Executioner (éksikiu-shânâr) *s* executor; carrasco.
Executive (ékzé-kiutiv) *s* diretor; o poder executivo; organizador; administrador de empresa.
Executive (ékzé-kiutiv) *adj* executivo; funcionário categorizado.
Executor (ék-sikiutâr) *s* testamenteiro; executor; algoz; carrasco.
Executory (ékské-kiutôuri) *adj* executivo; executório; administrativo.
Executrix (ékské-kiutriks) *s* testamenteira.
Exegesis (éksidji-siss) *s* exegese (exame autorizado dos textos bíblicos).
Exegete (ék-sidjit) *s* exegeta, pessoa autorizada a interpretar a Bíblia.
Exegetic (éksidjé-tik) *adj* exegético; explicativo.
Exegetics (éksidjé-tiks) *s* exegética.
Exemplar (égzém-plâr) *s* exemplar; cópia; modelo; espécime; padrão; original.
Exemplariness (égzém-plârinéss) *s* caráter exemplar; modelo; exemplaridade.
Exemplary (ég-zemplâri) *s* exemplar; modelar.
Exemplification (égzémplifikêi-shânn) *s* exemplificação; exemplo; demonstração; JUR cópia; tradução.
Exemplify (égzém-plifái) *v* declarar; exemplificar; autenticar; ilustrar; transcrever fielmente; translator.
Exempt (égzémpt) *v* isentar; dispensar; eximir; desobrigar.
Exempt (égzémp-t) *adj* livre; isento; desobrigado.
Exemptible (égzémp-shânn) *adj* isentável.
Exemption (égzémp-shânn) *s* isenção; dispensa; imunidade; privilégio.
Exercise (ék-sârsáiz) *s* ensaio; função; prática; uso; atividade; exercício (físico); manobra militar; exercício.
Exercise (ék-sârsáiz) *v* exercitar; exercer; praticar; adestrar; treinar.

EXERCISER — EXPENSIVENESS

Exerciser (ék-sârsáizâr) *s* exercitante.
Exercitation (égzârsitêi-shânn) *s* uso prático; exercício; prática.
Exert (égzâr-t) *v* exercer; apurar-se; pôr em ação; esforçar-se; envidar; empenhar-se.
Exertion (égzâr-shânn) *s* esforço; empenho; diligência.
Exertive (égzâr-tiv) *adj* esforçado.
Exfoliate (éksfôu-liêit) *v* esfoliar; descascar; desfolhar; escamar.
Exfoliation (éksfoliêi-shânn) *s* esfoliação; descamação.
Exhalant (éks-hêi-lânt) *s* exalante; exalador.
Exhalant (éks-hêi-lânt) *adj* exalante; exalador.
Exhalation (éks-hâlêi-shânn) *s* vapor; exalação; emanação.
Exhale (éks-héil) *v* exalar; dissipar-se; soltar; emitir; expandir-se; evaporar-se.
Exhaust (ég-zost) *s* descarga; emissão de gás.
Exhaust (ég-zost) *v* esgotar; cansar; exaurir; debilitar; depauperar; enfraquecer; empobrecer.
Exhauster (égzós-târ) *s* aspirador; exaustor; esgotador.
Exhaustible (égzós-tibl) *adj* exaurível; exaustível; esgotável.
Exhausting (égzós-tinn) *adj* extenuante; exaustivo; fatigante.
Exhaustion (égzóst-shânn) *s* aspiração; evacuação; esvaziamento; esgotamento.
Exhaustive (égzós-tiv) *adj* exaustivo; cabal; completo; apurado.
Exhaustiveness (égzós-tivnéss) *s* exaustão; enfraquecimento; esfalfamento.
Exhibit (égz-bit) *s* exposição; exposição; manifestação; show; JUR documento; escritura.
Exhibit (égz-bit) *v* exibir; patentear; mostrar; expor; administrar um remédio.
Exhibiter (égz-bitâr) *s* exibidor; expositor.
Exhibition (égzbi-shânn) *s* exibição; apresentação; exposição; pensão; bolsa de estudos; manifestação.
Exhibitive (égzbi-tiv) *adj* que se pode exibir; representativo.
Exhibitor (égzbi-târ) *s* expositor.
Exhilarant (égzi-lârânt) *adj* hilariante; divertido; alegre; jovial.
Exhilarate (égzi-lârêit) *v* regozijar; alegrar; recrear.
Exhilarating (égzilârêit-inn) *adj* extasiante; hilariante; divertido.
Exhilaration (égzilârêi-shânn) *s* alegria; jovialidade; animação; hilaridade; regozijo.
Exhort (égzór-t) *v* exortar; aconselhar; incitar; animar.
Exhortation (égzórtêi-shânn) *s* exortação; estímulo; conselho.
Exhortative (égzór-tâtiv) *adj* exortativo; animador.
Exhumation (éks-hiumêi-shânn) *s* exumação; desenterramento.
Exhume (éks-hiu-mm) *v* exumar; desenterrar.
Exhumer (éks-hiu-mâr) *s* coveiro.
Exigence (ék-sidjénss) *s* apuro; aperto; exigência; urgência; emergência.
Exigency (ék-sidjénsi) *vide* EXIGENCE.
Exigent (ék-sidjént) *adj* exigente; urgente; necessário; minucioso.
Exigible (éksi-djibl) *adj* exigente; premente.
Exiguity (ézighiu-iti) *s* exiguidade; pequenez; carência; escassez; estreiteza.
Exiguous (égzi-ghiuâss) *adj* exíguo; escasso; estreito; minguado.
Exiguousness (égzi-ghiuâsnéss) *s* exiguidade.
Exile (ék-sáil) *s* exílio; desterro; expatriação.
Exile (ék-sáil) *v* exilar; desterrar; expatriar.
Exist (égzis-t) *v* existir; subsistir; viver; durar; estar; *the Dinosaurs no longer EXIST*: os dinosauros não existem mais.
Existence (egzis-ténss) *s* existência; ser; vida; ente; entidade.
Existent (égzis-tént) *s* o que existe.
Existent (égzis-tént) *adj* existente.
Exit (ék-sit) *s* saída; partida; morte.
Exit (ék-sit) *v* sair; *vide* LEAVE.
Exode (ék-soud) *s* êxodo; emigração; farsa; representação.
Exodus (ék-sodâss) *s* êxodo.
Exonerate (égzó-nârêit) *v* isentar; aliviar; exonerar; absolver; desobrigar.
Exoneration (égzónârêi-shânn) *s* exoneração; desculpa; absolvição; isenção; demissão.
Exorbitance (égzór-bitânss) *s* demasia; exorbitância; extravagância; excesso.
Exorbitancy (égzór-bitânsi) *vide* EXORBITANCE.
Exorbitant (égzór-bitânt) *adj* exorbitante; excessivo; demasiado; exagerado.
Exorcise (ék-sórsáiz) *v* exorcizar; conjurar; esconjurar.
Exorcism (ék-sórcizm) *s* exorcismo; esconjuro.
Exorcist (ék-sorsist) *s* exorcista.
Exordium (égzór-diâmm) *s* exórdio, introdução a um discurso; preâmbulo.
Exoteric (éksoté-rik) *adj* exotérico; comum; vulgar.
Exoterical (éksoté-rikâl) *vide* EXOTERIC.
Exoterics (éksoté-riks) *s* exotérica; exoterismo, doutrina ensinada a todos.
Exotic (éksó-tik) *s* planta exótica.
Exotic (éksó-tik) *adj* exótico; estranho; incomum.
Expand (ékspén-d) *v* expandir; alargar; dilatar; difundir; espalhar; encher.
Expanse (ékspén-ss) *s* expansão; dilatação; extensão.
Expansibility (ékspénsibi-liti) *s* expansibilidade; dilatabilidade.
Expansible (ékspén-sibl) *adj* expansível; dilatável.
Expansion (ékspén-shânn) *s* expansão; imensidade; extensão; desenvolvimento; dilatação.
Expansive (ékspén-siv) *adj* expansivo; comunicativo; extensivo.
Expatiate (ékspêi-shiêit) *v* dissertar; discorrer; dilatar-se; ampliar; espaçar; estender-se.
Expatiation (ékspêishiêi-shânn) *s* desenvolvimento; alargamento.
Expatiator (ékspêi-shiêitâr) *s* pessoa prolixa; dissertador; comentarista.
Expatriate (ékspêi-triêit) *v* expatriar-se; exilar; banir; desterrar.
Expatriation (ékspêitriêi-shânn) *s* expatriação; desterro; exílio.
Expect (ékspé-kt) *v* contar com; supor; esperar; aguardar; *she EXPECTS you to be ponctual*: ela espera que você seja pontual.
Expectance (ékspék-tânss) *s* esperança; expectativa; expectação.
Expectant (ékspék-tânt) *adj* aspirante; esperançoso; expectante.
Expectation (ékspéktêi-shânn) *s* pretensão; expectação; expectativa; esperança.
Expectorate (ékspék-torêit) *v* cuspir; expectorar; escarrar.
Expectoration (ékspéktorêi-shânn) *s* expectoração.
Expedience (ékspi-diénss) *s* aptidão; expediência; conveniência; vantagem; utilidade.
Expediency (ékspi-diénsi) *vide* EXPEDIENCE.
Expedient (ékspi-diént) *s* expediente; meio.
Expedient (ékspi-diént) *adj* útil; apto; oportuno; conveniente; diligente; ativo.
Expedite (éks-pidáit) *v* desembaraçar; expedir; acelerar; apressar; despachar; facilitar.
Expedition (ékspidi-shânn) *s* expedição; despacho; diligência; pressa.
Expeditious (ékspidi-shâss) *adj* pronto; expedito; desembaraçado; rápido; diligente.
Expel (ékspé-l) *v* expelir; excluir; banir; expulsar; despedir; vomitar.
Expend (ékspén-d) *v* despender; gastar; empregar; consumir.
Expenditure (ékspén-ditiur) *s* gasto; consumo; despesa.
Expense (ékspén-ss) *s* despesa; gasto; consumo.
Expensive (ékspén-siv) *adj* dispendioso; caro; generoso; custoso.
Expensiveness (ékspén-sivnéss) *s* dispêndio; gasto.

EXPERIENCE — EXTERIOR

Experience (ékspi-riénss) s experiência; prova; perícia; prática; tentativa; ensaio.
Experience (ékspi-riénss) v provar; experimentar.
Experiment (ékspé-rimént) s ensaio; experiência; experimento; prova.
Experiment (ékspé-rimént) v ensaiar; experimentar.
Experimental (éksperimén-tâl) adj experimental.
Experimentally (éksperimén-tâli) adv experimentalmente.
Experimentation (éksperiméntêi-shânn) s tentativa; prova; ensaio; experimentação.
Expert (ékspâr-t) s perito; técnico; especialista.
Expert (ékspâr-t) adj perito; destro; técnico; experimentado.
Expertly (ékspâr-tli) adv habilmente.
Expertness (ékspârt-néss) s habilidade; prática; perícia; destreza.
Expiable (éks-piábl) adj expiável.
Expiate (éks-piêit) v expiar; reparar danos; pagar.
Expiation (ékspiê-shânn) s expiação; penitência; reparação de danos.
Expiator (éks-piêitâr) s expiador; penitente.
Expiatory (éks-piâtôuri) adj expiatório.
Expire (ékspái-r) v expirar; exalar; cessar; morrer.
Expiring (ékspái-rinn) adj expirante; moribundo.
Expiry (ékspái-ri) s expiração; fim; terminação.
Explain (ékspléi-nn) v explanar; explicar; esclarecer; elucidar.
Explainable (ékspléi-nâbl) adj explicável; demonstrável.
Explainer (ékspléi-nâr) s intérprete; explicador.
Explanation (éksplânêi-shânn) s explanação; explicação; exposição.
Explanatory (ésplé-nâtôuri) adj explicativo; explícito; explanatório.
Explicable (éks-plikâbl) adj explicável.
Explicate (éks-plikêit) v explicar; esclarecer; interpretar.
Explication (éksplikêi-shânn) s explicação; exposição; esclarecimento.
Explicative (éks-plikâtiv) adj explicativo.
Explicit (ékspli-sit) adj explícito; claro; formal; categórico.
Explicitness (éksplí-sitnéss) s clareza.
Explode (éksplôu-d) v explodir; expelir; expulsar; censurar; rejeitar.
Exploder (éksplôu-dâr) s explosivo; vociferador; reprovador; gritador; censurador.
Exploit (éksplói-t) s façanha; proeza.
Exploit (éksplói-t) v pormenorizar; explorar; aproveitar-se; aproveitar; prevalecer-se.
Exploitation (éksplóitêi-shânn) s exploração; utilização; aproveitamento.
Exploration (éksplorêi-shânn) s exploração; aproveitamento; pesquisa; investigação.
Exploratory (ékspló-râtôuri) adj exploratório.
Explore (éksplô-r) v explorar; sondar; pesquisar; investigar.
Explorer (éksplo-râr) s explorador; pesquisador.
Explosion (éksplôu-jânn) s explosão; estouro; detonação.
Explosive (éksplôu-siv) s explosivo.
Explosive (éksplôu-siv) adj explosivo.
Explosiveness (éksplôu-sivnéss) s qualidade de explosivo.
Exponent (ékspôu-nént) s expoente; expositor; intérprete.
Exponential (ékspônén-shâl) adj MAT exponencial, que possui expoente (invariável ou determinado).
Export (ékspór-t) s exportação.
Export (ékspór-t) v exportar.
Exportation (éksportêi-shânn) s exportação.
Exporter (ékspór-târ) s exportador.
Expose (ékspôu-z) s exposição; explicação; interpretação.
Expose (ékspôu-z) v expor; confundir; desmascarar.
Exposed (ékspôu-zid) adj exposto.
Expositor (ékspó-sitâr) s expositor; exibidor.
Expostulate (ékspós-tshulêit) v censurar; altercar; reclamar.

Expostulation (ékspósthulêi-shânn) s altercação; debate; admoestação; questão; censura.
Expostulator (ékspós-tshulêitâr) s censurador; acusador; reclamador.
Exposure (ékspôu-jur) s exposição; orientação; escândalo; desmascaramento; revelação.
Expound (ékspáun-d) v expor; explicar; interpretar; esclarecer; desenvolver.
Expounder (ékspáun-dâr) s explicador; expositor; intérprete.
Express (éksprè-ss) s expresso; carta; mensagem; mensageiro; correio.
Express (éksprè-ss) v exprimir; declarar; expressar; manifestar.
Express (éksprè-ss) s expresso; exato; explícito; preciso.
Expressible (ékspré-sibl) adj exprimível; expressável.
Expression (ékspré-shânn) s expressão; atitude; gesto; palavra; frase.
Expressive (ékspré-siv) adj expressivo; significativo.
Expressiveness (ékspré-sivnéss) s expressão; significação; energia.
Expropriate (éksprôu-priêit) v alienar; expropriar; desapropriar.
Expropriation (éksprôupriêi-shânn) s expropriação; alienação; desapropiação.
Expulsion (ékspâl-shânn) s expulsão.
Expulsive (éks-pâlsiv) adj expulsivo.
Expunge (éks-pândj) v apagar; riscar; anular; cancelar.
Expurgate (éks-pârghêit) v expurgar; emendar; limpar; corrigir.
Expurgation (ékspârghêi-shânn) s expurgação; expurgo; depuração.
Exquisite (éks-kuizit) s janota, pessoa vestida com demasiado apuro.
Exquisite (éks-kuizit) adj primoroso; excessivo; delicado; raro; refinado; agudo.
Exquisitely (éks-kuizitli) adv primorosamente; perfeitamente.
Exquisiteness (éks-kuizitnéss) s primor; perfeição; excelência.
Exsect (éksék-t) v MED extirpar; extrair cirurgicamente.
Exsection (éksék-shânn) s MED extirpação cirúrgica.
Extant (éks-tânt) adj existente; vivente; saliente.
Extemporaneous (ékstémporêui-niâss) adj extemporâneo; inesperado; repentino.
Extemporary (ékstém-porâri) vide EXTEMPORANEOUS.
Extempore (ékstém-pôuri) adj improvisado.
Extempore (ékstém-pôuri) adv de repente; de improviso; inesperadamente.
Extemporisation (ékstemporizêi-shânn) s improviso; improvisação.
Extemporise (ékstém-poráiz) v improvisar.
Extemporization (ékstemporizêi-shânn) vide EXTEMPORISATION.
Extemporizer (ékstém-poráizâr) s improvisador.
Extend (éksten-d) v estender; prolongar; prorrogar; dilatar; JUR embargar; penhorar; prender.
Extended (éksten-did) adj estendido; alongado; prolongado.
Extensible (éksten-sibl) adj extensível; prorrogável.
Extension (éksten-shânn) s extensão; amplitude; dilatação; acréscimo.
Extensive (éksten-siv) adj extenso; amplo; vasto; espaçoso.
Extensiveness (éksten-sivnéss) s extensão; amplidão.
Extent (éksten-t) s extensão; alcance; grau; JUR embargo; sequestro; execução.
Extenuate (éksté-niuêit) v atenuar; minorar; diminuir; mitigar.
Extenuating (éksténiuêi-tinn) adj atenuante.
Extenuation (éksténiuêi-shânn) s atenuação; diminuição; mitigação.
Extenuative (éksté-niuâtiv) adj atenuativo; atenuante; paliativo.
Exterior (éksti-riâr) s exterior; aspecto; aparência.
Exterior (éksti-riâr) adj exterior; de fora; estrangeiro.

EXTERIORITY — EYRY

Exteriority (ékstirió-riti) *s* exterioridade.
Exterminable (ekstâr-minâbl) *adj* exterminável; destrutível.
Exterminate (ekstâr-minêit) *v* arruinar; exterminar; destruir; extirpar.
Extermination (ekstârminêi-shânn) *s* extermínio; destruição; exterminação; eliminação.
Exterminator (ekstâr-minêitâr) *s* exterminador; destruidor.
Exterminatory (ekstâr-minâtôuri) *adj* exterminatório; eliminatório.
External (ekstâr-nâl) *adj* externo; forasteiro; estrangeiro.
Externally (ekstâr-nali) *adv* exteriormente.
Extinct (ekstink-t) *adj* extinto; suprimido; apagado; abolido.
Extinction (ekstink-shânn) *s* extinção; abolição; apagamento; aniquilamento.
Extinguish (ekstin-guish) *v* extinguir; aniquilar; destruir; suprimir.
Extinguishable (ekstin-guishâbl) *adj* extinguível; apagável.
Extinguisher (ekstin-güishâr) *s* extintor (de incêndio).
Extinguishment (ekstin-güishment) *s* extinção; abolição; supressão.
Extirpate (eks-târpêit) *v* extirpar; arrancar; arruinar.
Extirpation (ekstârpêi-shânn) *s* extirpação; destruição; exterminação.
Extirpator (eks-târpêitâr) *s* extirpador; exterminador.
Extol (ekstól) *v* exaltar; louvar; glorificar; gabar.
Extoller (ekstó-lâr) *s* panegirista, pessoa que faz elogio público (discurso) em favor de alguém.
Extort (ekstórt) *v* extorquir; tirar a força; arrebatar.
Extortion (ekstór-shânn) *s* extorsão; opressão; violência.
Extortionate (ekstór-shânit) *adj* injusto; ilegal; opressivo; violento.
Extortioner (ekstór-shânâr) *s* opressor; concussionário.
Extra (eks-trâ) *s* o excesso.
Extra (eks-trâ) *adj* extra; adicional; extraordinário.
Extract (ekstrék-t) *s* extrato; trecho; apanhado; sumário; fragmento; resumo.
Extract (ekstrék-t) *v* extrair; extirpar; escolher; transcrever.
Extraction (ekstrék-shânn) *s* extração; origem; progênie.
Extractive (ekstrék-tiv) *adj* extrativo.
Extractor (ekstrék-târ) *s* extrator.
Extradite (eks-trâdáit) *v* extraditar.
Extradition (ekstrâdi-shânn) *s* extradição.
Extraneous (ekstrêi-niâss) *adj* estranho; exterior; alheio.
Extraordinary (ekstrór-dinéri) *adj* extraordinário; particular; especial; raro; singular.
Extravagance (ekstré-vâgânss) *s* extravagância; loucura; excesso; capricho.
Extravagant (ekstré-vâgânt) *adj* extravagante; singular; irregular; exorbitante.
Extravasate (ekstré-vâssêit) *v* extravasar.
Extravasation (ekstrévâssêi-shânn) *s* extravasamento.
Extreme (eks-trimm) *s* extremo; fim; extremidade; termo; excesso.
Extreme (eks-trimm) *adj* extremo; derradeiro; distante; excessivo.
Extremism (ekstri-mizm) *s* extremismo; radicalismo.
Extremist (ek-stré-mist) *s* extremista; radicalista.
Extremity (ekstré-miti) *s* extremidade; fim; rigor; necessidade.
Extricable (eks-trikâbl) *adj* desembaraçável; deslindável.
Extricate (eks-trikêit) *v* destrinçar; desenredar; esclarecer.
Extrication (ekstrikêi-shânn) *s* desenredo; deslindamento; desembaraço.
Extrinsic (ekstrin-sik) *adj* extrínseco; externo; exterior.
Extroversion (eks-trovâr-shânn) *s* extroversão.
Extrovert (eks-trovârt) *s* extrovertido.
Extrude (ekstrud) *v* expulsar; enxotar; banir; desapossar; depor.
Extrusion (ekstru-jânn) *s* extrusão; exclusão; banimento.
Exuberance (eksiu-bârânss) *s* excesso; exuberância; superabundância.
Exuberant (eksiu-bârânt) *adj* exuberante; superabundante; excessivo.
Exuberate (eksiu-bârêit) *v* exuberar.
Exudation (eksiudêi-shânn) *s* suar; exsudação; transpiração.
Exude (eksiud) *v* exsudar; transpirar.
Exult (egzâlt) *v* exultar; regozijar-se; triunfar.
Exultance (egzâl-tânss) *s* exultação; alegria; júbilo.
Exultation (egzâltêi-shânn) *s* júbilo; exultação; alegria.
Exulting (égzêl-tinn) *adj* triunfante; contente; jubiloso.
Eye (ai) *s* olho; vista; olhar; visão; atenção; aparência; respeito; acatamento; perspicácia; direção do vento.
Eye (ai) *v* avistar; olhar; ver; vigiar; contemplar; observar.
Eyeball (éi-ból) *s* globo ocular.
Eyebrow (ái-bráu) *s* sobrancelha.
Eyed (áid-) *adj* provido de olhos.
Eyeglasses (ái-glâsses) *s* óculos; *vide* SPECTACLES.
Eyehole (ái-hôul) *s* órbita ocular (buraco); furo; vigia; buraco para espreita.
Eyelash (ái-lesh) *s* cílio; pestana.
Eyeless (ái-léss) *adj* cego; desprovido de olhos.
Eyelet (ái-lit) *s* ilhó.
Eyelid (ai-lid) *s* pálpebra.
Eyesight (ái-sáit) *s* visão; vista.
Eyewitness (áit-niss) *s* testemunha que presenciou (ocular).
Eyot (éit) *s* ilhota, pequena ilha.
Eyrie (ê-ri) *s* ninho de ave de rapina.
Eyry (ê-ri) *vide* EYRIE.

F

F (éf) *s* sexta letra do alfabeto Português e do alfabeto Inglês, além de outros.
F (éf) *s* MÚS cifra da nota fá.
Fa (fá) *s* MÚS nota fá.
Fable (fêibl) *s* fábula; mito; conto; mentira.
Fable (fêibl) *v* fingir; enganar.
Fabric (fé-brik) *s* tecido; pano; trama; construção; fabricação.
Fabricate (fé-brikêit) *v* edificar; fabricar; construir; forjar; urdir; preparar; manufaturar; criar; mentir; falsificar.
Fabrication (fébrikêi-shânn) *s* fabricação; obra; tecido; invenção; mentira; história.
Fabricator (fé-brikêitâr) *s* fabricante; inventor; construtor; embusteiro.
Fabulist (fé-biulist) *s* fabulista, escritor de fábulas.
Fabulize (fé-biuláiz) *v* escrever; narrar fábulas.
Fabulous (fé-biulâss) *adj* fabuloso; fingido; falso; hipócrita.
Façade (fássád) *s* fachada; face; frontispício.
Face (fêiss) *s* ar; aspecto; aparência; cara; careta; face; lado; lado principal dos objetos; rosto.
Face (fêiss) *v* afrontar; arrostar; enfrentar; encarar; enganar; forrar; fazer face a; opor; *don't FACE your troubles by yourself*: não enfrente sozinho as dificuldades; *to FACE the music*: arrostar consequências; *in FACE of*: oposto a; *FACE-cloth*: mortalha; pano para cobrir a face de cadáveres; sudário; toalha de rosto.
Faced (fêis-t) *adj* embaraçado; forrado; guarnecido.
Facer (fé-sâr) *s* bofetada; tapa.
Facet (fé-set) *s* faceta.
Facet (fé-set) *v* facetar.
Facetious (fássi-shâss) *adj* alegre; divertido; jovial; engraçado.
Facial (fêi-shâl) *adj* facial.
Facile (fé-sil) *adj* afável; cortês; dócil; fácil; hábil.
Facileness (fé-silnéss) *s* facilidade.
Facilitate (fássi-litêit) *v* facilitar; simplificar; tornar fácil.
Facilitation (fâssilitêi-shânn) *s* facilidade.
Facility (fássi-liti) *s* facilidade; afabilidade; desembaraço; habilidade; cortesia.
Facing (fêi-sinn) *s* adorno; paramento; cobertura.
Fact (fékt) *s* fato; ação; caso; feito; culpa; *in FACT*: na verdade, na realidade.
Faction (fék-shânn) *s* facção; parcialidade; partido; dissensão; discórdia.
Factional (fék-shânâl) *adj* faccionário, membro de uma facção.
Factious (fékti-shâss) *adj* faccioso; desleal; reacionário; parcial; perturbador.
Factitious (fékti-shâss) *adj* factício, produzido ou imitado pela arte; artificial.
Factitiousness (fékti-shâsnéss) *s* artificialidade.
Factor (fék-târ) *s* fator; causa; comissário; agente; MAT fator, cada um dos termos da multiplicação aritmética.
Factorage (fék-toridj) *s* COM comissão; corretagem.
Factorial (féktôu-riâl) *s* fábrica; feitoria; manufatura.
Factorial (fék fatorial; relativo a fator.
Factorize (fék-toráiz) *v* MAT fatorar; decompor em fatores.
Factorship (fék-târship) *s* conjunto de fatores.

Factory (fék-tori) *s* empresa encarregada de negócios em outro país; fábrica; feitoria; manufatura; usina;.
Facula (fé-kiulâ) *s* ASTR fácula, mancha luminosa no disco do Sol e da Lua.
Facultative (fé-kâltâtiv) *adj* facultativo; opcional.
Faculty (fé-kâlti) *s* aptidão; faculdade; poder; talento; engenho; eficiência; faculdade (ensino); USA corpo docente; ENGL TEACHING STAFF.
Fad (féd) *s* moda; capricho; mania; novidade; GÍR onda.
Faddiness (fé-dinéss) *s* fantasia, capricho; moda.
Faddist (fé-dist) *s* maníaco.
Faddy (fé-di) *adj* caprichoso; exigente.
Fade (fêid) *v* murchar; descorar; definhar; durar pouco; desaparecer; desbotar; empalidecer.
Fading (fêi-dinn) *s* desvanecimento.
Fading *adj* esmorecido; pálido; decadente; moribundo.
Fag (fég) *s* cansaço; aborrecimento; servo; escravo; GÍR calouro que serve a um veterano; cigarro.
Fag (fég) *v* labutar; cavar; fatigar; cansar; estafar.
Fagging (fé-ghinn) *s* obrigação; obediência; submissão dos calouros para servirem aos alunos veteranos.
Faggot (fé-gât) *s* feixe; molho; porção de peixe posto para secar; faxina; gente intrometida.
Faggotto (fégó-tóu) *s* MÚS fagote (clarineta).
Fail (fêil) *s* falta.
Fail (fêil) *v* faltar; fracassar; decair; falir; desapontar; deixar de fazer; falhar; malograr; desvanecer; ser reprovado no exame; USA FLUNK.
Failing (fêi-linn) *s* falta; defeito; fraqueza; omissão; imperfeição; fracasso.
Failing (fêi-linn) *prep* à falta de.
Failure (fé-liur) *s* falência; quebra; malogro; fracasso; fiasco; bancarrota.
Fain (fênn) *adj* resignado; bem disposto; contente.
Fain (fênn) *adv* de bom grado.
Faint (fêint) *s* desmaio; síncope.
Faint (fêint) *v* enfraquecer; desfalecer; desmaiar; murchar; decair.
Faint (fêint) *adj* fraco; abatido; desanimado; frouxo; superficial; indistinto.
Fainting (fêin-tinn) *s* desmaio; desfalecimento.
Faintish (fêin-tish) *adj* fraco; tênue; débil; tenro.
Faintness (fêint-néss) *s* fragilidade; languidez; timidez.
Fair (fér) *s* fesira; mercado; quermesse.
Fair (fér) *adj* claro; puro; leal; louro; apropriado; justo.
Fair (fér) *adv* imparcialmente; cortesmente; plausivelmente.
Fairish (fé-rish) *adj* razoável; regular; claro; justo.
Fairly (fér-li) *adv* razoavelmente; suficientemente; favoravelmente.
Fairness (fér-néss) *s* beleza; formosura; alvura.
Fairway (fér-wei) *s* rio navegável (curso); lugar navegável.
Fairy (fé-ri) *s* fada; duende.
Fairy (fé-ri) *adj* referente a fadas; mágico; lendário.
Fairyland (fér-lând) *s* país das fadas; reino das fadas.
Fairylike (fér-láik) *adj* parecido com as fadas.
Faith (fêith) *s* devotamento; crença; confiança; fé; doutrina.

FAITHFUL — FAST

Faithful (fêi-thful) *adj* fiel; devotado; exato; leal; crente.
Faithfully (fêi-thfuli) *adv* firmemente; devotadamente; fielmente; sinceramente.
Faithfulness (fêi-thfulnéss) *s* lealdade; fidelidade; exatidão; constância.
Faithless (fêi-thléss) *adj* desleal; pérfido; incrédulo; sem fé.
Fake (fêik) *s* mentira; perfídia; falsidade.
Fake (fêik) *v* mentir; fraudar; roubar.
Faker (fêi-kár) *s* enganador; ladrão; mentiroso.
Fakir (faki-r) *s* faquir (monge).
Fakirism (faki-rizm) *s* faquirismo.
Faichion (fól-tshânn) *s* alfanje; cimitarra (espada).
Falcon (fók-n) *s* falcão (ave); MIL peça de artilharia de canhão antigo.
Fall (fól) *s* queda; ruína; deslize; degradação; descida; baixa de preço; catarata; cascata; MIL rendição; USA outono; ENGL AUTUMN.
Fall (fól) *v* cair; descer; abaixar-se; abandonar; caber por sorte; aparecer; principiar; morrer; degradar-se; *to FALL in love with*: apaixonar-se por. *past* FELL *and pp* FALLEN.
Fallacious (fêlêi-shâss) *adj* falaz; falacioso; ilusório; enganador.
Fallacy (fé-lâssi) *s* falácia; sofisma; engano; logro.
Fallen (fól-n) *adj* caído; decaído; desgraçado; arruinado.
Fallibility (félibi-liti) *s* falibilidade.
Fallible (félibôl) *adj* falível.
Falling (fó-linn) *s* queda; apostasia; caída; emagrecimento; abandono; baixa.
Fallow (fé-lôu) *s* terras devolutas; pousio (descanso dado à terra cultivável).
Fallow (fé-lôu) *v* arrotear; lavrar.
Fallow (fé-lôu) *adj* fulvo (amarelo tostado); terra descansada (pousio).
False (fóiss) *adj* falso; desleal; fingido; pérfido; postiço; MÚS desafinado.
Falsehearted (fols-hártid) *adj* covarde; traidor.
Falsehood (fóls-hud) *s* falsidade; mentira; traição.
Falseness (fóls-néss) *s* falsidade; perfídia; traição.
Falsies (fól-sis) *s* seios postiços.
Falsification (fólsifikêi-shânn) *s* falsificação; adulteração.
Falsifier (fól-sifáiâr) *s* falsificador; falsário; trapaceiro.
Falsify (fól-siti) *s* falsidade; mentira.
Falsify (fól-siti) *v* falsificar; forjar; mentir.
Falter (fól-târ) *v* gaguejar; vacilar; hesitar; perturbar-se.
Falterer (fól-tàrâr) *s* gago; hesitante.
Faltering (fól-tàrinn) *s* gagueira; hesitação.
Faltering (fól-tàrinn) *adj* hesitante; titubeante.
Fame (fêimm) *s* fama; reputação; renome.
Fame (fêimm) *v* afamar.
Famed (fêimd) *adj* famoso; afamado; célebre.
Familiar (fâmi-liár) *s* amigo íntimo.
Familiar (fâmi-liár) *adj* familiar; íntimo; caseiro.
Familiarity (fâmilié-riti) *s* familiaridade; intimidade.
Familiarize (fâmi-liáráiz) *v* familiarizar; habituar; acostumar.
Family (fé-mili) *s* família; raça; casta; classe; linhagem; *Holy FAMILY*: Sagrada Família.
Famine (fé-minn) *s* fome; carência de víveres; penúria.
Famish (fé-mish) *v* esfomear; morrer de fome.
Famous (fêi-mâss) *adj* famoso; célebre; ilustre; notável.
Fan (fénn) *s* ventilador; leque; admirador; aficionado.
Fan (fénn) *v* ventilar; soprar; joeirar; abanar; excitar; ESP torcer (para equipe).
Fanatic (fâné-tik) *adj* fanático; visionário.
Fanaticism (fané-tissizm) *s* fanatismo.
Fanaticize (fâné-tisáiz) *v* fanatizar.
Fancied (fân-sid) *adj* imaginário.
Fanciful (fén-siful) *adj* fantasioso; imaginoso; quimérico.
Fancifulness (fén-sifulnéss) *s* fantasia; capricho.
Fancy (fén-si) *s* imaginação; fantasia; capricho; imagem.
Fancy (fén-si) *v* imaginar; fantasiar; apaixonar-se.

Fancy (fén-si) *adj* imaginário; caprichoso; ideal.
Fanfare (fén-fér) *s* fanfarra; som de trombeta; barulho.
Fanfaron (fén-fârônn) *s* fanfarrão; alardeador; impostor.
Fanfaronade (fénfârônêi-d) *s* fanfarronada; bravata; fanfarrice.
Fang (fénn) *s* garra; unha; dente; presa.
Fangless (fénn-léss) *adj* sem dentes; sem garras; sem unhas.
Fanlight (fén-láit) *s* bandeira de porta; bandeira de janela.
Fantail (fén-têil) *s* cauda em leque; pombo de leque.
Fantasm (fén-tézm) *s* fantasma.
Fantastic (féntés-tik) *adj* fantástico; maravilhoso; extraordinário; imaginário.
Fantasy (fén-tâssi) *s* fantasia; capricho, imaginação.
Far (fâr) *adj* distante; remoto; afastado; longínquo.
Far (fâr) *adv* distante; longe; *how FAR?*: a que distância?; *FAR-away*: remoto; distraído; pensativo.
Farce (fárss) *s* farsa; burla.
Farcical (fár-sikâl) *adj* cômico; alegre; jovial.
Farcicality (fársikê-liti) *s* hilaridade; jocosidade.
Farcy (fár-si) *s* sarna de cavalo.
Fardel (fár-dél) *s* fardel (saco para viagem).
Fare (fér) *s* frete; preço de passagem; comida.
Fare (fér) *v* passar bem; passar mal; viver de; alimentar-se.
Farewell (fér-uél) *s* adeus; despedida.
Farm (fármm) *s* fazenda; estância; rancho.
Farm (fármm) *v* cultivar terras; arrendar terras.
Farmer (fár-már) *s* fazendeiro; lavrador; cobrador de rendas; pessoa que se paga para tomar conta de criança.
Farmhouse (farm-háuss) *s* sede de fazenda; casa de quinta; casa de fazenda.
Farming (fár-minn) *s* agricultura; lavoura; arrendamento; cobrança de contribuições.
Farmyard (fármm-iárd) *s* pátio de fazenda; terreno de uma quinta.
Farrier (fé-riâr) *s* ferrador; veterinário não formado (prático).
Farrow (fé-rôu) *s* barrigada da porca; ninhada.
Farrow (fé-rôu) *v* o parir da porca.
Farther (fár-dhâr) *adv* mais longe; além de; por mais tempo; além.
Farthermost (fár-dhârmôust) *adj* o mais distante.
Farthest (fár-dhést) *adv* o mais distante; o mais longe; maior distância.
Farthing (fár-dhinn) *s* a quarta parte do **penny** (moeda).
Farthingale (fár-dhinghêil) *s* anquinhas (armação para saia).
Fasciated (fé-shiêitd) *adj* enfaixado.
Fascicle (fé-sikl) *s* fascículo; folheto (opúsculo publicado); pequeno feixe.
Fascinate (fé-sinêit) *v* fascinar; encantar; seduzir.
Fascinating (fé-sinêitinn) *adj* fascinante; encantador; atraente.
Fascination (féssinêi-shânn) *s* fascinação; feitiço; encanto.
Fascinator (fé-sinêitâr) *s* fascinador; sedutor; USA touca.
Fascine (féssi-nn) *s* faxina; feixe de ramos curtos.
Fascism (fáshiz-m) *s* fascismo (partido nacionalista e totalitário implantado por Benito Mussolini, de 1922 a 1945, na Itália e que adotou para símbolo o feixe de varas dos antigos Lictores romanos).
Fascist (fáshis-t) *s* fascista.
Fash (fésh) *s* incômodo; aborrecimento; cuidado.
Fash (fésh) *v* incomodar; aborrecer; atormentar.
Fashion (fé-shiânn) *s* moda; modo; estilo; costume; escol; alta sociedade.
Fashion (fé-shiânn) *v* amoldar; adaptar; conformar; idear.
Fashionable (fé-shiânâbl) *adj* elegante; moderno; da moda; da alta sociedade.
Fashioner (fé-shiânâr) *s* modista; alfaiate da moda.
Fashionmonger (fé-shiânnmân-gàr) *s* janota; almofadinha.
Fast (fést) *s* jejum; abstinência; NÁUT amarra; cabo.
Fast (fést) *v* jejuar; fixar.

Fast (fést) *adj* firme; seguro; sólido; estável; fiel; leal; rápido; veloz.
Fast (fést) *adv* solidamente; rapidamente; firmemente.
Fasten (fésn) *v* atar; fechar; ligar; prender; parafusar.
Fastener (fés-nâr) *s* pregador.
Fastening (fés-ninn) *s* nó; ligadura; união; gancho.
Faster (fés-târ) *s* jejuador; abstinente; o mais rápido; o que é mais ligeiro.
Fastidious (fésti-diâss) *adj* manhoso; dengoso; melindroso.
Fastidiousness (fésti-diâsnéss) *s* fastio; enfado; desdém; tédio.
Fasting (fés-tinn) *s* abstinência.
Fasting (fés-tinn) *adj* de jejum.
Fastness (fést-néss) *s* firmeza; solidez; ligação; velocidade.
Fat (fét) *s* gordura; banha; manteiga; toucinho.
Fat (fét) *adj* gordo, obeso; oleoso; próspero; rico; FIG néscio; estúpido.
Fatal (fei-tâl) *adj* fatal; funesto; mortal.
Fatalism (fêi-tâlizm) *s* fatalismo.
Fatalist (fêi-tâlist) *s* fatalista.
Fatalist (fêi-tâlist) *adj* fatalístico.
Fatality (fêtê-liti) *s* fatalidade; destino; desgraça.
Fate (fêit) *s* fado; destino; sorte.
Fate (fêit) *v* destinar; condenar.
Fated (fêi-tid) *adj* predestinado; fadado.
Fateful (fêit-ful) *adj* fatal; funesto; fatídico.
Father (fê-dhâr) *s* pai; chefe espiritual; patriarca; padre; criador; inventor.
Father (fê-dhâr) *v* adotar; atribuir a; *FATHER-in-law*: sogro.
Fatherhood (fâdhâ-r-rud) *s* autoridade paterna; paternidade.
Fatherland (fâ-dhârlénd) *s* país natal; pátria; terra natal.
Fatherless (fâ-dhârléss) *adj* órfão; sem pai.
Fatherliness (fâ-dhârlinéss) *s* amor paternal.
Fatherly (fâ-dhârli) *adj* paternal.
Fatherly (fâ-dhârli) *adv* paternalmente.
Fathom (fé-dhâmm) *s* sonda; profundidade.
Fathom (fé-dhâmm) *v* sondar; penetrar; aprofundar.
Fathomless (fé-dhâmléss) *adj* insondável; impenetrável.
Fatidic (féti-dik) *adj* fatídico.
Fatidical (féti-dikól) *vide* FATIDIC.
Fatigue (fâti-g) *s* fadiga; cansaço.
Fatigue (fâti-g) *v* fatigar; cansar-se.
Fatness (fét-néss) *s* obesidade; gordura.
Fatten (fét-n) *v* engordar; nutrir; cevar.
Fattener (fét-nâr) *s* aquele que engorda; engordador; cevador.
Fattening (fét-ninn) *s* engorda.
Fatty (fé-ti) *s* FAM gordinho; pessoa gorda.
Fatty (fé-ti) *adj* gorduroso; oleoso; gordo.
Fatuity (fâtiu-iti) *s* fatuidade, estupidez.
Fatuous (fé-tiuâss) *adj* fátuo; pretensioso; tolo; vaidoso.
Fatuousness (fé-tiuâsnéss) *s* fatuidade; tolice; imbecilidade.
Faubourg (fôubu-r) *s* subúrbio; arrabalde.
Fauces (fó-siz) *s* fauce, goela.
Faucet (fó-set) *s* USA torneira; ENGL TAP.
Faugh (fó) *interj* fora!
Fault (fólt) *s* falta; culpa; erro; carência; escassez; defeito; *it's your own FAULT*: a culpa é tua.
Faultiness (fól-tinéss) *s* culpa; falta; erro; ofensa.
Faultless (fólt-léss) *adj* sem falhas; sem falta; perfeito.
Faulty (fól-ti) *adj* defeituoso; imperfeito; errôneo; culpável.
Faun (fónn) *s* fauno (divindade dos antigos romanos).
Fauna (fó-nâ) *s* fauna (animais de uma região ou de uma era geológica).
Favor (fêi-vâr) *s* favor; auxílio; obséquio; proteção; permissão.
Favor (fêi-vâr) *v* favorecer; socorrer; proteger; assistir.
Favorable (fêi-vârâbl) *adj* favorável; propício.
Favorableness (fêi-vârâblnéss) *s* bondade; benignidade; benevolência.
Favored (fêi-vârd) *adj* favorecido; protegido.
Favorer (fêi-vârâr) *s* favorecedor; protetor.

Favorite (fêi-vârit) *s* favorito; predileto; querido; protegido.
Favorite (fêi-vârit) *adj* favorito; predileto; querido; protegido.
Favoritism (fêi-vâritizm) *s* favoritismo; parcialidade.
Favour (fêi-vâr) *vide* FAVOR.
Favourable (fêi-vârâbl) *vide* FAVORABLE.
Favourableness (fei-vârâblnéss) *vide* FAVORABLENESS.
Favourer (fêi-vârâr) *vide* FAVORER.
Favourite (fêi-vârit) *vide* FAVORITE.
Favouritism (fêi-vâritizm) *vide* FAVORITISM.
Fawn (fónn) *s* carinho; afago; lisonja; veado novo; filhote de corço.
Fawn (fónn) *v* acariciar; bajular; fazer festa.
Fawner (fó-niâr) *s* adulador; lisonjeador; bajulador.
Fawning (fó-ninn) *s* lisonja; bajulação.
Fawning (fó-ninn) *adj* adulador; lisonjeiro.
Fay (fêi) *s* fada; duende.
Fealty (fi-âlti) *s* fidelidade; lealdade.
Fear (fiâr) *s* medo; temor; apreensão; pavor.
Fear (fiâr) *v* recear; temer.
Fearful (fiâr-ful) *adj* apavorante; medroso; de meter medo; tímido; cuidadoso; digno de respeito; imponente.
Fearfulness (fiârful-néss) *s* timidez; medo; pavor; espanto.
Fearing (fiâ-rinn) *s* receio.
Fearing (fiâ-rinn) *adj* receoso.
Fearless (fiâr-léss) *adj* destemido; audaz; intrépido.
Fearlessness (fiâr-lésnéss) *s* intrepidez; audácia; bravura.
Fearsome (fiâr-sóumm) *adj* espantoso; medroso; tímido.
Feasibility (fizibi-liti) *s* possibilidade; praticabilidade.
Feasible (fi-zibl) *adj* possível; praticável.
Feast (fist) *s* festa; festim; banquete.
Feast (fist) *v* banquetear; festejar.
Feaster (fis-târ) *s* festejador; gastrônomo; comilão.
Feasting (fis-tinn) *s* festim; banquete; pagode.
Feat (fit) *s* feito; ação; proeza.
Feather (fé-dhâr) *s* pluma; plumagem; gênero; espécie.
Feather (fé-dhâr) *v* emplumar; armar de penas.
Featherbrain (fé-dhârbrêinn) *s* tolo; imbecil.
Feathered (fé-dhârd) *adj* coberto de penas.
Feathering (fé-dhârinn) *s* plumagem; pêlo enrolado de certos cães.
Featherless (fé-dhâr-less) *adj* implume; sem penas.
Featherweight (fé-dar-uêit) *s* ESP peso-pluma; peso pena (box).
Feathery (fé-dhâri) *adj* armado de penas; guarnecido com plumas.
Feature (fi-tshur) *s* traço; aspecto; feição; característica; cardápio (especialidade de um restaurante ou empresa).
Feature (fi-tshur) *v* retratar; apresentar elenco; destacar.
Febric (fê-brik) *adj* febril.
Febricity (febri-siti) *s* estado febril.
February (fé-bruâri) *s* fevereiro (2° mês do ano).
Feculence (fé-kiulenss) *s* feculência; escória; refugo.
Feculent (fé-kiulent) *adj* feculento; turvo; impuro.
Fecund (fé-kând) *adj* fecundo; prolífico; fértil.
Fecundate (fé-kândêit) *v* fecundar; fertilizar.
Fecundation (fekândêi-shânn) *s* fecundação; fertilização.
Federate (fé-dârêit) *s* confederado.
Federate (fé-dârêit) *v* federar; confederar-se.
Federate (fé-dârêit) *adj* confederado.
Federation (fedârêi-shânn) *s* liga; aliança; confederação (Estados dependentes de um poder central).
Federative (fé-dârâtiv) *adj* federativo.
Fee (fi) *s* honorários; paga; taxa; emolumento; mensalidades (nos clubes, escolas etc.).
Fee (fi) *v* recompensar; pagar; gratificar; assalariar.
Feeble (fib-l) *adj* debilitado; fraco; lânguido.
Feebleness (fibl-néss) *s* debilidade; fraqueza; languidez.
Feebly (fi-bli) *adv* debilmente.
Feed (fid) *s* alimento; ração; sustento; MEC abastecimento (de motor, de máquinas).

FEED — FEVERISH

Feed (fíd) *v* alimentar; nutrir; comer; *past or pp* FED.
Feeder (fí-dâr) *s* o que alimenta; fomentador; mamadeira; afluente (rio); condutor elétrico (principal).
Feeding (fí-dinn) *s* alimentação; pasto; comida.
Feel (fíl) *s* tato; percepção.
Feel (fíl) *v* sentir; perceber; aperceber-se; compreender; conceber; tocar; examinar com o tato; *past or pp* FELT.
Feeler (fí-lâr) *s* aquele que toca; apalpador; tentáculo; antena (inseto etc.).
Feeling (fí-linn) *s* sentimento; tato; toque; dó; sensação; intuição; ternura.
Feeling (fí-linn) *adj* sensível; terno; compassivo; comovedor.
Feign (fêinn) *v* fingir; dissimular; imaginar; inventar.
Feint (fêint) *s* fingimento; dissimulação; simulação.
Feint (fêint) *v* dissimular; simular; fingir.
Feldspar (fél-dspár) *s* feldspato (mineral).
Felicitate (feli-sitêit) *v* felicitar; congratular; saudar.
Felicitation (felissitêi-shânn) *s* felicitação; congratulação; parabéns.
Felicitous (feli-sitâss) *adj* feliz; venturoso; bem-aventurado; apropriado.
Felicity (feli-siti) *s* felicidade; graça; ventura.
Feline (fi-láinn) *s* felino.
Feline (fi-láinn) *adj* felino (relativo ou semelhante a gato); cruel.
Fell (fél) *s* cabelo; pelo; couro.
Fell (fél) *v* abater; derrubar; lançar por terra; cortar.
Fell (fél) *adj* ferino; cruel; bárbaro; hediondo.
Feller (fé-lâr) *s* lenhador; mateiro; máquina de costura.
Felling (fé-linn) *s* corte; derrubada; costura.
Fellow (fé-lôu) *s* companheiro; camarada; sócio; sujeito; indivíduo; GÍR cara (pessoa).
Fellow (fé-lôu) *v* irmanar; aliar; igualar; associar.
Fellowship (fé-lôuship) *s* sociedade; associação; companhia; confraria; confraternidade; USA bolsa (escolar).
Fellowship (fé-lôuship) *v* admitir ingresso (numa sociedade).
Felly (fé-li) *adv* ferozmente; cruelmente.
Felon (fé-lânn) *s* réu de crime capital; criminoso; MED panarício (inflamação nas unhas).
Felon (fé-lânn) *adj* malvado; criminoso; perverso.
Felonious (filôu-niâss) *adj* perverso; bárbaro; criminoso.
Felony (fé-loni) *s* felonia; crime capital; traição; covardia.
Felt (félt) *s* feltro.
Felt (félt) *v* cobrir com feltro; estofar; *past or pp* de FEEL.
Female (fi-mêil) *s* fêmea.
Female (fi-mêil) *adj* relativo à fêmea; feminino; feminil.
Feminine (fé-mininn) *adj* feminino; feminil.
Femininity (fémini-niti) *s* feminilidade.
Femur (fi-mâr) *s* ANAT fêmur.
Fen (fénn) *s* pântano; charco.
Fence (fénss) *s* cerca; cancela; cercadura; trincheira; barreira; receptador de objetos roubados; defesa; jogo de esgrima; debate; USA grade (de ferro).
Fence (fénss) *v* cercar; fechar; discutir; entrincheirar; esgrimir; defender-se.
Fenceless (féns-léss) *adj* aberto; sem guarda; indefeso.
Fencer (fén-sâr) *s* esgrimista; cavalo (que salta bem cercas).
Fencing (fén-sinn) *s* material para cercas; cerca; esgrima.
Fend (fénd) *v* desviar; defender; defender-se; aparar; resguardar.
Fender (fén-dâr) *s* defesa; guarda (de fogão ou chaminé); para-lama (automóvel); ENGL MUD-GUARD; WING.
Fenianism (fi-niênism) *s* movimento político-revolucionário Irlandês.
Fenny (fé-ni) *adj* pantanoso.
Fent (fént) *s* fenda; racha.
Feoff (féf) *s* feudo.
Feoffee (fé-fi) *s* feudatário.
Feoffer (fé-fâr) *s* senhor feudal.
Ferment (fârmen-t) *s* fermento; levedura; comoção; tumulto.
Ferment (fârmen-t) *v* agitar; excitar; fermentar.
Fermentable (fârmen-tâbl) *adj* fermentável.
Fermentation (fârmentêi-shânn) *s* fermentação; excitação; agitação.
Fern (fârnn) *s* feto (planta); samambaia.
Fernery (fâr-nâri) *s* fetal (onde se criam fetos); estufa (para samambaias).
Ferocious (ferôu-shâss) *adj* feroz; perverso; voraz.
Ferocity (feró-siti) *s* ferocidade; crueldade.
Ferreous (fé-riâss) *adj* férreo.
Ferret (fé-rit) *s* furão (animal mamífero); fio; fita de seda.
Ferret (fé-rit) *v* indagar; esquadrinhar; perscrutar; caçar com furão.
Ferriage (fé-ridj) *s* frete (balsa, barco); preço de passagem (barco).
Ferruginous (féru-djinâss) *adj* ferruginoso (que contém ferro).
Ferrule (fé-ril) *s* virola; ponteira (de ferro); ponteira (ponta de bengala).
Ferry (fé-ri) *s* balsa; travessia em balsa; pontão.
Ferry (fé-ri) *v* transportar (por balsa ou por barco).
Ferryboat (féri-bôut) *s* balsa; barca (para travessia de pequena extensão marítima ou de rios).
Fertile (fâr-tâil) *adj* fértil; fecundo; abundante.
Fertility (fârti-liti) *s* abundância; fertilidade; fecundidade.
Fertilization (fârtilizêi-shânn) *s* fertilização; fecundação.
Fertilize (fâr-tiláiz) *v* fertilizar; adubar; fecundar.
Fertilizer (fâr-tiláizâr) *s* fertilizante; fertilizador; adubo químico.
Ferule (fé-rul) *s* férula, palmatória.
Ferule (fé-rul) *v* bater com a férula.
Fervency (fâr-vensi) *s* fervor; zelo.
Fervent (fâr-vent) *adj* ardente; fervoroso; veemente.
Fervid (fâr-vid) *adj* fervido; ardente; brilhante.
Fervidly (fâr-vidli) *adv* ardentemente.
Fervor (fâr-vâr) *s* fervor; ardor; veemência; entusiasmo.
Festal (fés-tâl) *adj* festivo; cerimonioso; solene; imponente.
Fester (fés-târ) *s* ferida; tumor; úlcera.
Fester (fés-târ) *v* ulcerar; inflamar; supurar.
Festival (fés-tivâl) *s* festa; festival.
Festival (fés-tivâl) *adj* festival.
Festive (fés-tiv) *adj* alegre; festivo; solene.
Festivity (fésti-viti) *s* festividade.
Festoon (féstu-nn) *s* festão; recorte; grinalda.
Festoon (féstu-nn) *v* engrinaldar.
Fetch (fétsh) *s* estratagema; estratégia; ardil.
Fetch (fétsh) *v* trazer; alcançar, conseguir (um preço); pegar; seguir; conduzir; POP fazer aderir.
Fetcher (fé-tshâr) *s* que vai buscar; buscador.
Fetid (fé-tid) *adj* fétido.
Fetish (fi-tish) *s* fetiche; ídolo.
Fetishism (fi-tishizm) *s* PSIC fetichismo (perversão que leva uma pessoa a amar parte de outra pessoa ou um objeto por ela usado).
Fetishist (fiti-shizt) *s* PSIC fetichista (aquele que cultiva o fetichismo).
Fetter (fe-târ) *s* grilhões; cadeia; algema.
Fetter (fe-târ) *v* agrilhoar; acorrentar; algemar.
Fettered (fe-târd) *adj* agrilhoado; algemado; acorrentado.
Fettle (fét-l) *v* ajustar; alisar; aplainar.
Feud (fiu-d) *s* rixa; disputa.
Feudal (fiu-dâl) *adj* feudal.
Feudalism (fiu-dâlizm) *s* feudalismo (regime político que vigorou na Idade Média, mantendo obrigações recíprocas entre nobres, aristocratas e clérigos, denominados Senhores Feudais e Vassalos).
Fever (fi-vâr) *s* febre; calor; animação.
Feverheat (fi-vâr-hit) *s* MED temperatura elevada (do corpo).
Feverish (fi-vârish) *adj* febril; exaltado; inconstante.

FEW — FINE

Few (fiu-) *adj* poucos; poucas.
Few (fiu-) *pron* poucos; poucas.
Fewness (fiu-néss) *s* minoria; escassez.
Fez (féz) *s* fez (gorro).
Fiancé (fiânsê-) *s* noivo.
Fiancée (fiânsê-) *s* noiva.
Fiasco (fi-éscou) *s* fiasco; fracasso; USA FROST.
Fiat (fái-et) *s* ordem; decreto.
Fib (fib) *s* mentira; trapaça; conto.
Fib (fib) *v* mentir; trapacear.
Fibber (fi-bâr) *s* mentiroso.
Fiber (fái-bâr) *s* fibra; essência; natureza.
Fibered (fái-bárd) *adj* fibroso; filamentoso.
Fibre (fái-bâr) *vide* FIBER.
Fibrous (fái-brâss) *adj* fibroso; filamentoso.
Fibula (fi-biulâ) *s* ANAT fíbula (novo nome do perônio).
Fickle (fik-l) *adj* inconstante; volúvel.
Fickleness (fikl-néss) *s* inconstância; volubilidade.
Fictile (fik-til) *adj* maleável; plástico; moldável.
Fiction (fik-shânn) *s* ficção; novela; mito.
Fictional (fik-shânâl) *adj* imaginário.
Fictionist (fik-shânist) *s* novelista; fabulista.
Fictitious (fikti-shâss) *adj* fictício; fabuloso; falso; imaginário.
Fictive (fik-tiv) *adj* fictício; falso; imaginário.
Fiddle (fidl) *s* violino; rabeca.
Fiddle (fidl) *v* tocar rabeca; tocar violino; GÍR bater os dedos (nervosamente).
Fiddler (fid-lâr) *s* violinista.
Fidelity (fidé-liti) *s* fidelidade; lealdade; veracidade.
Fidget (fid-jét) *s* inquietação; agitação.
Fidget (fid-jét) *v* inquietar; incomodar; mexer-se; agitar-se.
Fidgetily (fi-djétli) *adv* impacientemente.
Fidgety (fi-djéti) *adj* inquieto; impaciente; aborrecido.
Fiducial (fidiu-shâl) *adj* fiducial; fiduciário.
Fiduciary (fidiu-shâri) *s e adj* fiduciário (que revela confiança).
Fief (fifi-) *s* feudo; domínio.
Field (fild) *s* campo; campo de batalha; campina; ESP campo de jogos (caça etc.).
Field (fild) *v* ESP postura para apanhar a bola (no baseball, cricket etc.).
Fielder (fil-dâr) *s* ESP aquele que apanha a bola (jogador).
Fiend (find) *s* mau espírito; satã; inimigo; demônio; diabo.
Fiendish (fin-dish) *adj* diabólico; satânico.
Fiendishly (fin-dishli) *adv* diabolicamente.
Fiendishness (fin-dishnéss) *s* perversidade; diabrura.
Fierce (firss) *adj* feroz; selvagem; bárbaro; impetuoso; desumano; cruel.
Fierceness (firs-néss) *s* ferocidade; crueldade; maldade.
Fieriness (fái-rinéss) *s* calor; ímpeto; ardor; paixão.
Fiery (fái-ri) *adj* ígneo; fogoso; ardente; apaixonado; violento.
Fife (fáif) *s* MÚS pífano; pífaro (flauta).
Fife (fáif) *v* tocar pífano ou pífaro.
Fifer (fái-fâr) *s* tocador de pífano.
Fifteen (fifti-nn) *s* quinze.
Fifteen (fifti-nn) *adj* quinze.
Fifteenth (fiftin-th) *adj* décimo-quinto.
Fifth (fif-th) *s* a quinta parte; cinco (do mês).
Fifth (fif-th) *adj* quinto.
Fifties (fif-tiis) *s* designativo dos anos cinquenta.
Fiftieth (fif-tiith) *s* a quinquagésima parte.
Fiftieth (fif-tiith) *adj* quinquagésimo.
Fifty (fif-ti) *s* o número cinquenta.
Fifty (fif-ti) *adj* cinquenta.
Fig (fig) *s* figueira; figo; ninharia.
Fig (fig) *v* GÍR vestir; enfeitar.
Fight (fáit) *s* luta; combate.
Fight (fáit) *v* lutar; combater; guerrear; pugnar; defender-se; *past or pp* FOUGHT.
Fighter (fái-târ) *s* brigão; lutador; batalhador.

Fighting (fái-tinn) *s* combate; peleja; luta.
Fighting (fái-tinn) *adj* combatente; beligerante.
Figment (fig-ment) *s* fantasia; fingimento; invenção; ficção.
Figurable (fi-ghiurâbl) *adj* figurável.
Figuration (fighiurêi-shânn) *s* figuração; figura; configuração.
Figurative (fi-ghiurâtiv) *adj* figurativo; simbólico.
Figure (fi-ghiur) *s* figura; vulto; aparência; imagem; contorno; emblema; tipo; cifra; número; preço; importância.
Figure (fi-ghiur) *v* figurar; formar; moldar; delinear; calcular.
Figured (fi-ghiurd) *adj* enfeitado (com figuras); simbolizado; representado.
Filament (fi-lâment) *s* filamento; filete; fibra.
Filamentous (filâmén-tâss) *adj* filamentoso; fibroso.
Filature (fi-lâtshur) *s* fabricação de seda (criação).
Filbert (fil-bârt) *s* avelã.
Filch (fil-tsh) *v* tirar; furtar, roubar.
Filcher (til-tshâr) *s* larápio; gatuno; ladrão.
File (fáil) *s* arquivo; fila.
File (fáil) *v* arquivar; polir; afiar com lima; aguçar; MIL desfilar.
Filer (fil-lâr) *s* limador.
Filiation (filiêi-shânn) *s* filiação; adoção; perfilhação.
Filibuster (fi-libâstâr) *s* corsário; pirata.
Filibuster (fi-libâstâr) *v* piratear; USA aquele que impede os trabalhos no Parlamento.
Filigrane (fi-ligrêinn) *s* filigrana (obra feita com fios de ouro formando desenhos artísticos); ourivesaria.
Filigree (fi-ligri) *s* filigrana.
Filigree (fi-ligri) *adj* adornado de filigrana.
Filing (fái-linn) *s* limadura; arquivamento.
Fill (fil) *s* suficiência; fartura; suprimento.
Fill (fil) *v* cumprir; preencher; saciar; abastecer; acumular; desempenhar um cargo; obturar os dentes; fartar-se; *one goes to the gas station in order to FILL UP his tank*: alguém vai ao posto de gasolina para abastecer o tanque.
Filler (fi-lâr) *s* funil; conta-gotas.
Fillet (fi-lét) *s* fita; atadura; moldura.
Filling (fi-linn) *s* enchimento; obturação; adição.
Filly (fi-li) *s* potranca; égua; FAM moça alegre e graciosa.
Film (filmm) *s* filme; fita; membrana; pele fina; filamento delicado.
Film (filmm) *v* filmar; cobrir com membrana; cobrir com película.
Filmy (fil-mi) *adj* pelicular; membranoso.
Filter (fil-târ) *s* filtro; purificador.
Filter (fil-târ) *v* filtrar; purificar, coar.
Filtering (fil-târinn) *s* filtração; filtragem; depuramento.
Filth (filth) *s* sujeira; lixo; imundície.
Filthiness (fil-thinéss) *s* sujidade; porcaria; impureza.
Filthy (fil-thi) *adj* imundo; sujo; corrompido; obsceno.
Filtration (fil-trêishan) *vide* FILTERING.
Fimbria (fim-briâ) *s* fímbria; orla; franja.
Fimbriate (fim-briit) *adj* orla; franja.
Fin (finn) *s* barbatana; debrum.
Finable (fái-nâbl) *adj* JUR passível de ser multado.
Final (fái-nâl) *adj* final; último; definitivo; conclusivo.
Finality (fainá-liti) *s* finalidade; fim; tendência.
Finance (finén-ss) *s* finança; fundos; rendas.
Finance (finén-ss) *v* financiar; administrar negócios (financeiros ou empréstimos).
Financial (finén-shâl) *adj* financial; financeiro.
Financier (finénsir) *s* financeiro.
Financier (finénsir) *v* financiar; gerenciar as finanças.
Finch (fintsh) *s* pintassilgo (pássaro).
Find (fáin) *s* achado; descoberta.
Find (fáin) *v* achar; descobrir; verificar; certificar-se de; decidir; prover; suprir; inventar; *past or pp* FOUND.
Finder (fáin-dâr) *s* achador; descobridor; inventor.
Finding (fain-dinn) *s* achado; invenção; descobrimento.
Fine (fáinn) *s* multa.

FINE — FLARE

Fine (fáinn) v multar; purificar; clarificar.
Fine (fáinn) adj fino; ótimo; delicado; puro; refinado.
Fine (fáinn) interj excelente!; muito bom!
Fineness (fáin-néss) s sutileza; finura; astúcia; engenho.
Finery (fái-nàri) s adorno; luxo (nas vestes); refinação; forja (fundição).
Finesse (finé-ss) s astúcia; artifício; diplomacia; habilidade.
Finger (fin-gâr) s dedo (da mão); extensão de um dedo; largura de um dedo.
Finger (fin-gâr) v tocar; furtar; dedilhar; manusear.
Fingering (fin-gàrinn) s manejo; MÚS dedilhado.
Finial (fi-niál) s remate.
Finical (fi-nikál) adj afetado; esquisito; melindroso; fastidioso.
Fining (fái-ninn) s refinação; depuração; purificação.
Finish (fi-nish) s fim; termo; conclusão; retoque.
Finish (fi-nish) v acabar; cessar; completar; aperfeiçoar; expirar; morrer; concluir.
Finished (fi-nisht) adj terminado; acabado; completo.
Finisher (fi-nishâr) s rematador; executor; retocador.
Finishing (fi-nishinn) s acabamento; retoque (final).
Finite (fái-náit) adj finito; limitado.
Finiteness (fái-náitnéss) s limitação; restrição.
Fink (fink-) s fura-greve.
Fiord (fiórd) s fiorde (braço de mar).
Fir (fâr) s pinheiro; abeto; pinho.
Fire (fáiâr) s fogo; chama; incêndio; brilho; relâmpago; erupção; paixão.
Fire (fáiâr) v atear fogo; incendiar; inflamar; detonar; animar; iluminar; cauterizar; GÍR USA demitir.
Fireball (fáiâr-ból) s meteoro; MIL granada.
Firebox (fáiâr-bóks) s fornalha.
Fireman (fáire-men) s bombeiro; foguista.
Fireplace (fáiâr-plêiss) s lareira; fogão.
Firer (fái-râr) s incendiário; USA FIRE-BUG.
Firesale (fáire-sêil) s liquidação (venda) feita nos magazines.
Firewood (fáiâr-uud) s lenha.
Firework (fáiâr-uârk) s fogo de artifício.
Firing (fáiâ-rinn) s fogo; aquecimento; combustível; descarga de arma; cauterização.
Firkin (fâr-kinn) s barril.
Firm (fârmm) s firma; empresa; estabelecimento.
Firm (fârmm) adj firme; fixo; inflexível; duro.
Firmament (fâr-mâment) s céu; firmamento.
Firmness (fârm-néss) s firmeza; consistência; solidez.
First (fârst) s o primeiro; o primitivo; o principal.
First (fârst) adj primeiro; primitivo; principal; original; *this is the FIRST time I've driven a car*: esta é a primeira vez que estou dirigindo um automóvel.
First (fârst) adv primeiramente; preferivelmente.
Firstling (fârs-tlinn) s as primícias; o primogênito.
Firth (fârth) s braço de mar; estuário.
Fisc (fisk) s fisco; erário; tesouro.
Fish (fish) s peixe; pescado; reforço.
Fish (fish) v pescar; procurar; obter.
Fisher (fi-shâr) s pescador.
Fisherman (fi-shârmaen) s pescador; barco de pesca.
Fishery (fi-shâri) s pesca; pescaria; local de pesca.
Fishiness (fi-shinéss) s sabor; forma; cheiro de peixe.
Fishing (fi-shinn) s pesca.
Fishy (fi-shi) adj fisco; FAM suspeito.
Fissile (fi-sil) adj fendível; separável.
Fission (fi-shânn) s separação; divisão; divisão celular.
Fissure (fi-shur) s fenda; racha; abertura; fissura.
Fissured (fi-shurd) adj fendido; rachado; aberto.
Fist (fist) s punho; mão cerrada.
Fistic (fis-tik) adj relativo ao box; pugilístico.
Fisticuff (fis-tikâf) s murro; briga de socos.
Fit (fit) s desmaio; acidente; ataque; capricho.

Fit (fit) v equipar; habilitar; encaixar; adequar-se; adaptar; amoldar; preparar.
Fit (fit) adj próprio; justo; conveniente; capaz; digno; idôneo.
Fitch (fitsh) s doninha (animal mamífero); escova (feita com o pelo da doninha).
Fitful (fit-ful) adj espasmódico; agitado; caprichoso.
Fitfulness (fit-fulnéss) s capricho; irregularidade.
Fitment (fit-ment) s equipagem; acessório; mobiliário.
Fitness (fit-néss) s conveniência; confomidade; dignidade.
Fitter (fi-târ) s ajustador; montador (de máquinas).
Fitting (fi-tinn) s ajuste; instalação.
Fitting (fi-tinn) adj adequado; conveniente.
Five (fáiv) adj cinco.
Fivefold (fáiv-fóuld) adj quíntuplo.
Fiver (fái-vâr) s cinco dólares ou cinco libras (cédula); POP papel moeda.
Fives (fái-vz) s jogo de bola; GÍR os cinco dedos da mão.
Fix (fiks) s embaraço; apuro; dilema.
Fix (fiks) v fixar; consertar; firmar; estabelecer; ordenar; solidificar-se; ajustar; fixar residência; USA desforrar.
Fixable (fik-sábl) adj fixável; adaptável.
Fixation (fiksêi-shânn) s fixação; firmeza; estabilidade.
Fixed (fi-kst) adj fixado; fixo; estável; permanente; firme.
Fixedness (fi-kstnéss) s fixidez; firmeza; estabilidade.
Fixer (fi-kser) s fixador.
Fixing (fi-ksinn) s fixação; determinação; adaptação; adorno.
Fixity (fik-siti) s fixidez; estabilidade.
Fixture (fiks-tshur) s móvel fixo; peça fixa.
Fizz (fiz) s efervescência; assobio.
Fizz (fiz) v efervescer; assobiar.
Fizzer (fiz-âr) s assobiador; aquilo que efervesce.
Fizzle (fiz-l) s assobio; fiasco; malogro.
Fizzle (fiz-l) v assobiar; ser mal sucedido.
Flabbergast (flé-bârghést) v espantar; pasmar; surpreender.
Flabbiness (fle-binéss) s debilidade; frouxidão; lassidão.
Flabby (flé-bi) adj frouxo; lasso; fraco; lânguido.
Flaccid (flék-sid) adj flácido; frouxo; débil.
Flaccidity (flék-siditi) s flacidez; frouxidão; moleza.
Flag (flég) s bandeira; pendão; estandarte; lousa; laje.
Flag (flég) v afrouxar; derrear; pender; abater-se; enfraquecer.
Flagellate (flé-djelêit) v flagelar; açoitar.
Flagellate (flédjelêi-shânn) s flagelação; açoite.
Flagellator (flé-djelêitâr) s flagelador.
Flageolet (flé-djolét) s MÚS flajolé (flauta).
Flagging (flé-ghinn) adj flácido; lasso; frouxo.
Flaggy (flé-ghi) adj frouxo; flexível.
Flagon (flé-gonn) s garrafa de mesa (com asa).
Flagrant (flêi-grânt) adj flagrante; escandaloso; notório.
Flagstone (flêig-stóunn) s laje.
Flake (flêik) s floco; escama; lâmina; fagulha; andaime; cravo almiscarado.
Flake (flêik) v fazer flocos; lascar; laminar-se.
Flam (flémm) s mentira; embuste; capricho.
Flame (flêimm) s chama; fogo; brilho; paixão; FAM namoro antigo.
Flame (flêimm) v chamejar; lançar chamas; arder.
Flaming (flêi-minn) adj flamejante; ardente; brilhante.
Flamingo (flâmin-gôu) s flamingo; flamengo (ave).
Flamy (flêi-mi) adj inflamado; chamejante; brilhante.
Flange (fléndj) s orla; guia; fita; arandela.
Flank (flénk) v flanquear.
Flanker (flén-kâr) s MIL flanco de fortificação.
Flannel (flén-l) s flanela (de lã).
Flap (flép) s aba; borda; fralda; extremidade; bofetada.
Flap (flép) v agitar; bater com as asas; açoitar.
Flapjack (flép-djék) s panqueca; caixinha (para pó de arroz).
Flapper (flé-pâr) s aquele ou aquilo que bate; GÍR mão.
Flare (flér) s brilho; fulgor; chama; acesso de cólera.
Flare (flér) v cintilar; zangar-se; brilhar; inclinar-se; jactar-se.

FLARING — FLOG

Flaring (flé-rinn) *adj* cintilante; deslumbrante; ofuscante; vistoso.
Flash (flésh) *s* relâmpago; lampejo; lâmpada instantânea (fotos); inspiração; instante; FIG rápido comentário.
Flash (flésh) *v* relampejar; brilhar; chamejar; acender.
Flashback (flésh-béck) *s* rememoração de um passado saudoso; retrospecto; narração de acontecimentos precedentes; TV apresentação de algo importante que ocorreu num passado mais ou menos recente (gravado).
Flashiness (flé-shinéss) *s* brilho momentâneo.
Flashlight (flésh-láit) *s* holofote; lanterna elétrica (de mão); ENGL ELECTRIC TORCH.
Flashy (flé-shi) *adj* superficial; de mau gosto.
Flask (flésk) *s* frasco; redoma; garrafa.
Flasket (flés-ket) *s* frasco; cesto (para roupa).
Flat (flét) *s* plano; planície; palma da mão; USA barco (com fundo chato); apartamento.
Flat (flét) *v* alisar; aplanar.
Flat (flét) *adj* plano; liso; chato; MÚS som não harmônico; bemol.
Flatness (flét-néss) *s* planura; lisura; monotonia; MÚS som grave.
Flatten (flét-n) *v* aplainar; achatar; enfraquecer; deprimir; rebaixar; amortecer.
Flatter (flé-târ) *v* lisonjear; elogiar; adular.
Flatterer (flé-târâr) *s* lisonjeador; bajulador; adulador.
Flattering (flé-târinn) *s* lisonja.
Flattering (flé-târinn) *adj* lisonjeiro.
Flattery (flé-târi) *s* lisonja; bajulação; adulação.
Flatulence (flé-tiuléns) *s* flatulência, ventosidade (acúmulo de gases); FIG vaidade; orgulho; presunção.
Flatulency (flé-tiulénsi) *vide* FLATULENCE.
Flatulent (flé-tiulént) *adj* flatulento; FIG presunçoso; vaidoso.
Flaunt (fléi-tâss) *s* gala; atavios; impertinência; ostentação.
Flaunt (fléi-tâss) *v* ostentar; pavonear; alardear.
Flaunter (flón-târ) *s* vaidoso; exibicionista.
Flaunting (flón-tinn) *adj* vaidoso; soberbo.
Flautist (fló-tist) *s* flautista.
Flavor (fléi-vâr) *s* sabor; gosto; aroma; perfume.
Flavor (fléi-vâr) *v* temperar; aromatizar; adubar; condimentar.
Flavored (fléi-vârd) *adj* aromático; aromatizado; saboroso.
Flavoring (fléi-vârinn) *s* essência; condimento.
Flavorless (fléi-vârléss) *adj* insípido.
Flavorous (fléi-vârâss) *adj* saboroso; esquisito; aromatizado.
Flavour (fléi-vâr) *vide* FLAVOR.
Flavoured (fléi-vârd) *vide* FLAVORED.
Flavouring (fléi-vârinn) *vide* FLAVORING.
Flavourless (fléi-vârléss) *vide* FLAVORLESS.
Flavourous (fléi-vârâss) *vide* FLAVOROUS.
Flaw (fló) *s* fenda; racha; defeito; confusão; mancha; perturbação de espírito.
Flaw (fló) *v* fender; violar.
Flawless (fló-léss) *adj* inteiro; sem fendas; perfeito.
Flawy (fló-i) *adj* imperfeito; defeituoso; tempestuoso.
Flax (fléks) *s* linho (planta de onde se faz o tecido do mesmo nome).
Flay (fléi) *v* esfolar; pelar.
Flayer (fléi-âr) *s* esfolador.
Flaying (fléi-nn) *s* esfolamento.
Flea (fli) *s* pulga.
Fleck (flék) *s* pinta; mancha; nódoa.
Fleck (flék) *v* salpicar; manchar.
Feckless (flék-léss) *adj* sem mancha.
Flection (flék-shânn) *s* flexão; inclinação; curvatura.
Fledge (flédj) *v* cobrir de penas.
Flee (fli) *v* fugir; escapar; evitar. *past or pp* FLED.
Fleece (fliss) *s* lã de carneiro (velo).
Fleece (fliss) *v* tosquiar; GÍR despojar.
Fleeced (flisst) *adj* coberto de lã.
Fleecer (fli-sâr) *s* tosquiador.
Fleecy (fli-si) *adj* lanudo; análogo à lã.
Fleer (flir) *s* fugitivo.
Fleet (flit) *s* esquadra; armada; enseada.
Fleet (flit) *v* nadar; flutuar; passar rapidamente.
Fleet (flit) *adj* ligeiro; veloz.
Fleeting (fli-tinn) *adj* passageiro; efêmero; transitório.
Fleetness (flit-néss) *s* velocidade; ligeireza; curta duração.
Flemish (flé-mish) *adj* flamengo; de Flandres.
Flesh (flésh) *s* carne; alimento; nutrição; sensualidade.
Flesh (flésh) *v* engordar; nutrir (de carne); saciar; encorajar.
Fleshed (flésht) *adj* carnudo; polposo; polpudo.
Fleshy (flé-shi) *adj* carnudo; gordo.
Fletcher (flé-tshâr) *s* flecheiro; arqueiro.
Flex (fléks) *s* fio flexível.
Flex (fléks) *v* dobrar; vergar; tornar curvo.
Flexibility (fléksibi-liti) *s* flexibilidade.
Flexible (flék-sibl) *adj* flexível.
Flexion (flék-shânn) *s* flexão; curvatura; inclinação.
Flick (flik) *s* chicotada; pancada rápida.
Flick (flik) *v* chicotear; sacudir.
Flicker (fli-kâr) *s* adejar; luz sem brilho (mortiça); bater (asas).
Flickering (fli-kârinn) *s* vacilação; hesitação.
Flickering (fli-kârinn) *adj* vacilante; hesitante.
Flier (flái-âr) *s* voador; coisa veloz; aviador; ave.
Flight (fláit) *s* voo; velocidade; bando; lanço de escada; elevação de pensamento; migração.
Flightiness (flái-tinéss) *s* volubilidade; leviandade; utopia.
Flighty (flái-ti) *adj* inconstante; leviano; volátil.
Flim-flam (flim-flém) *s* fantasia; capricho; estratégia.
Flimsy (flim-zi) *s* papel fino; nota bancária.
Flimsy (flim-zi) *adj* débil; fraco; frívolo.
Flinch (flintsh) *v* desistir; acovardar-se; vacilar.
Flincher (flin-tshâr) *s* desertor; aquele que desiste.
Flinching (flin-tshinn) *adj* vacilante; hesitante.
Flinders (flin-dârs) *s pl* fragmentos; lascas; estilhaços.
Fling (flinn) *s* arremesso; coice; salto; tiro; zombaria.
Fling (flinn) *v* arrojar; lançar; repelir; zombar; atirar; *past* FLANG *and pp* FLUNG.
Flintiness (flint-néss) *s* dureza; insensibilidade; crueldade.
Flinty (flin-ti) *adj* duro; cruel; endurecido; silicoso.
Flip (flip) *s* sacudidela; bebida composta (aguardente, cerveja e açúcar).
Flip (flip) *v* tocar levemente; atirar para o ar; mover com brandura.
Flippancy (fli-pânsi) *s* loquacidade; volubilidade; impertinência; petulância.
Flippant (fli-pânt) *adj* loquaz; impertinente; petulante.
Flipper (fli-pâr) *s* membro de animais (aquáticos); barbatana; GÍR mão.
Flirt (flârt) *s* flerte (namoro ligeiro).
Flirt (flârt) *v* flertar; namoricar; agitar; escarnecer.
Flirtation (flârtéi-shânn) *s* flerte; galanteio; requebro.
Flit (flit) *v* o bater de asas; voar; mudar de endereço; emigrar; acalmar; cessar uma tormenta.
Flitter (fli-târ) *s* trapo; farrapo; emigrante.
Flittermouse (fli-târmáuss) *s* morcego.
Flitting (fli-tinn) *s* voo rápido; fuga; erro; ofensa.
Float (flôut) *s* flutuador; jangada; boia de pescador; salva-vidas.
Float (flôut) *v* flutuar; boiar; nadar; ser instável.
Floatable (flôu-tábl) *adj* flutuável.
Floating (flôu-tinn) *adj* flutuante; móvel; variável; circulante.
Flocculent (fló-kiulênt) *adj* análogo a flocos de lã; flocado.
Flock (flók) *s* floco; multidão; rebanho; grei; floco de lã.
Flock (flók) *v* acorrer em multidão; congregar-se; estofar com lã.
Flocky (fló-ki) *adj* em flocos.
Floe (flôu) *s* gelo que flutua.
Flog (flóg) *v* fustigar; chicotear; açoitar; bater.

FLOGGING — FOLDING

Flogging (fló-ghinn) s açoite; sova.
Flood (flâd) s inundação; cheia; fluxo; hemorragia do útero.
Flood (flâd) v inundar; alargar; estar com hemorragia uterina.
Floodgate (flâd-ghêit) s comporta (porta de represa).
Flooding (flâ-dinn) s hemorragia uterina.
Floor (flór) s chão; pavimento; andar; solo; recinto (Congresso ou Parlamento).
Floor (flór) v assoalhar; pavimentar; aterrar.
Floorer (fló-rãr) s murro; soco; pergunta capciosa (numa prova).
Flooring (fló-rinn) s soalho; chão; materiais de pavimentação.
Flop (flóp) s fracasso; malogro.
Flop (flóp) v bater; sacudir (asas); ir ao encontro; deixar cair repentinamente.
Flora (fluó-râ) s flora (plantas de uma região).
Floret (flôu-ret) s BOT florzinha; florete; floco de seda.
Florid (fló-rid) adj florido; rosado; ornado; corado.
Florin (fló-rinn) s florim, unidade monetária da Holanda e Hungria (moeda).
Florist (fló-rist) s florista, aquele que cultiva ou vende flores.
Floss (flóss) s penugem; cabelo de milho.
Flossy (fló-si) adj seda; macio; sedoso; peludo; leve.
Flotsam (flót-sâmm) s destroços (de navio); objetos flutuantes.
Flounce (fláuns) s franja; orla; mergulho.
Flounce (fláuns) v debater-se; mergulhar; arremessar-se; prover de franjas.
Flounder (fláun-dâr) v lutar; debater-se; ter dificuldades.
Flour (flá-ur) s farinha.
Flour (flá-ur) v moer; enfarinhar; pisar.
Flourish (flâ-rish) s força; alegria; vigor; enfeite.
Flourish (flâ-rish) v enfeitar; florear; embelezar; vangloriar-se; vibrar.
Flourishing (flâ-rishinn) adj florescente; floreado; próspero.
Flout (fláut) s mofa; censura; troça; insulto; zombaria.
Flout (fláut) v escarnecer; zombar; troçar; burlar.
Flouting (fláu-tinn) s mofa; escárnio; zombaria.
Flouting (fláu-tinn) adj irrisório; escarnecedor.
Flow (flôu) s fluxo; corrente; enchente; abundância; multidão.
Flow (flôu) v fluir; correr; escoar-se; proceder; encher a maré.
Flower (fláu-âr) s flor; a melhor parte de alguma coisa; figura de retórica; enfeite; beleza.
Flower (fláu-âr) v enfeitar; florir; florescer.
Floweret (fláu-ârét) s florzinha.
Flowering (fláu-ârinn) s floração.
Flowerpot (fláu-ârpót) s vaso para plantas (flores).
Flowing (flôu-inn) adj cheio; fluente; transbordante; pleno.
Flu (flu-u) s gripe (influenza).
Fluctuate (flak-tmêit) v flutuar; variar; ondear; hesitar; agitar-se.
Fluctuation (flâktiuêi-shânn) s flutuação; vacilação; hesitação.
Fluency (flu-ensi) s fluência; eloquência; abundância.
Fluent (flu-ent) adj fluente; eloquente; volúvel.
Fluff (flâf) s lanugem; penugem; pó; explosão.
Fluff (flâf) v espalhar; cobrir com penugem.
Fluid (fluid) s fluído; gás.
Fluid (fluid) adj fluído; gás.
Fluidity (flui-diti) s fluidez.
Fluidness (flui-diti) vide FLUIDITY.
Fluke (fluk) s ponta de arpão; ponta de flecha; golpe de sorte.
Flume (flumm) s canal; calha; ravina, torrente de água.
Flummery (flâ-mâri) s manjar branco; ninharia; lisonja.
Flump (flâmp) s barulho.
Flump (flâmp) v atirar-se ao chão.
Flunk (flân-k) v USA ser reprovado (em prova).
Flunkey (flân-ki) vide FLUNKY.
Flunkeyism (flân-kiizm) s servilismo.
Flunky (flân-ki) s lacaio.
Fluor (flu-ór) s QUÍM flúor; menstruação.
Fluorescence (fluoré-senss) s fluorescência.

Fluorescent (fluoré-sent) adj fluorescente.
Flurry (flâ-ri) s agitação do ar; USA nevada forte inesperada.
Flurry (flâ-ri) v confundir.
Flush (flâsh) s robustez; vigor; rubor.
Flush (flâsh) v corar; orgulhar-se; exaltar; lavar; animar; excitar.
Flushing (flâ-shinn) s inundação; rubor; transbordamento.
Fluster (flâs-târ) s perturbação; confusão; agitação.
Fluster (flâs-târ) v confundir; embriagar; agitar.
Flute (flut) s flauta; estria.
Flute (flut) v estriar; tocar flauta.
Fluting (flu-tinn) s estriagem; canelagem; estria.
Flutist (flu-tist) s flautista.
Flutter (flâ-târ) s confusão; agitação; aposta a dinheiro; sobressalto.
Flutter (flâ-târ) v alvoroçar; palpitar; agitar-se.
Flutterer (flâ-târâr) s agitador.
Fluvial (flu-viâl) adj fluvial.
Flux (flâks) s fluxo; curso; QUÍM dissolvente; MED disenteria; corrimento.
Fluxion (flâk-shânn) s fluxo; MAT cálculo diferencial.
Fly (flái) s mosca; coisa sem significância; cabriolé; percurso de um projetil.
Fly (flái) v voar; viajar de avião; fugir; correr; precipitar; rebentar; *to FLY at*: lançar-se sobre; *to FLY from*: fugir de; *to FLY into a passion*: encolerizar-se; *to FLY upon*: cair sobre; *past* FLEW *and pp* FLOWN.
Flyer (flái-âr) vide FLIER.
Flying (flá-inn) s voo; aviação; *FLYING saucer*: disco voador.
Flypaper (fláipêi-pâr) s papel pega-mosca.
Foal (fôul) s potro.
Foal (fôul) v dar cria (égua).
Foam (fôumm) s espuma.
Foam (fôumm) v espumar.
Foaming (fôu-minn) adj espumante.
Foamy (fôu-mi) adj espumoso; espumante.
Fob (fób) s engano; logro; bolso (de colete).
Fob (fób) v dissimular; lograr; enfiar no bolso.
Focalize (fô-kâláiz) v focalizar; focar; enfocar.
Focus (fôu-kâss) s foco.
Focus (fôu-kâss) v focalizar; focar; enfocar.
Fodder (fó-dâr) s forragem.
Fodder (fó-dâr) v dar forragem a.
Foe (fôu) s inimigo; adversário; perseguidor.
Foeman (fôu-maen) s inimigo; adversário.
Fog (fóg) s nevoeiro; neblina; confusão mental.
Fog (fóg) v enevoar-se; nublar; obscurecer.
Fogey (fóg) vide FOGY.
Fogginess (fó-ghinéss) s nebulosidade; cerração.
Foggy (fó-ghi) adj enevoado; velado; cerrado (com nevoeiro).
Fogy (fôu-ghi) s obscurantista; pessoa antiquada (conservador).
Fogyish (fôu-ghiish) adj obscurantista; antiquado.
Fogyism (fôu-ghizm) s obscurantismo.
Foible (fóib-l) s o fraco (o ponto fraco); parte de uma espada (inferior); FIG o lado fraco de uma pessoa.
Foil (fóil) s derrota; revés; chapa de metal; folha (de metal, ouro ou de prata); pista; rastro de animal.
Foil (fóil) v derrotar; frustrar; despistar; fracassar; anular; amortecer.
Foist (fóist) v fraudar (um escrito, contrato etc.); passar um objeto falso como verdadeiro; contrabandear.
Fold (fôuld) s dobra; prega; envoltório; FIG congregação de fiéis.
Fold (fôuld) v dobrar; guardar (em pastas ou portfólios); envolver; enlaçar; cingir; encurralar.
Folder (fôul-dâr) s pasta (para papéis); USA folheto (para propaganda ou publicidade).
Folding (fôul-dinn) s prega; dobra.
Folding (fôul-dinn) adj dobradiço; flexível.

FOLIAGE — FORERUN

Foliage (fôu-lidj) s folhagem; folhas.
Foliate (fôu-liêit) v folhear; laminar; estanhar (espelho).
Foliate (fôu-liêit) adj folheado; frondoso; laminado.
Foliation (fôulêi-shânn) s renovação de folhagem; folheação.
Folio (fôu-lio) s fólio; página.
Folk (fôuk) s povo; raça; nação; gente.
Folklore (fôuk-lór) s folclore (canções, poesias, contos etc. que fazem parte da tradição de um povo).
Folklorist (fôuk-lórist) s folclorista.
Follicle (fó-likl) s MED folículo; glândula.
Follow (fó-lôu) v seguir; resultar, perseguir; obedecer; observar; *as FOLLOWS*: a saber, como segue; *do you FOLLOW me?*: compreende-me? *FOLLOW-up*: lembrete; seguir de perto.
Follower (fó-lôuâr) s seguidor; sectário; discípulo; imitador; MEC tambor de transmissão.
Following (fó-lôuinn) s séquito; carreira; profissão; acompanhamento.
Following (fó-lôuinn) adj seguinte; imediato; próximo.
Folly (fó-li) s tolice; disparate; insensatez.
Foment (fomént) v fomentar; provocar; excitar.
Fomentation (fomentêi-shânn) s fomentação; instigação; incitamento.
Fomenter (fomén-târ) s fomentador; incitador; instigador.
Fond (fónd) adj amigo; afeiçoado; favorito; amante.
Fondle (fóndl) v acariciar; afagar; acarinhar.
Fondler (fónd-lâr) s acariciador.
Fondness (fónd-néss) s afeto; carinho; afeição; ternura.
Font (fónt) s pia batismal; fonte tipográfica.
Food (fud) s comida; alimento; pasto; *junk FOOD*: comida pouco saudável servida em restaurantes; *FAST-FOODS*: lanchonetes para refeição rápida.
Foodless (fud-léss) adj sem víveres.
Fool (ful) s tolo; palhaço; imbecil.
Fool (ful) v zombar de; enganar; divertir-se.
Foolery (fu-lâri) s loucura; extravagância; tolice.
Foolish (fu-lish) adj néscio; tolo; imbecil; tonto.
Foolishness (fu-lishnéss) s insensatez; tolice; loucura.
Foot (fut) s pé; base; sopé; rodapé; MIL infantaria.
Foot (fut) v pisar; andar; dançar; percorrer; GÍR USA pagar uma conta.
Football (fut-ból) s futebol.
Footboard (fut-bôurd) s estribo.
Footed (fu-tid) adj provido de pés; quadrúpede.
Footer (fu-târ) s pedestre; pessoa que anda a pé; POP o jogo de futebol.
Footing (fu-tinn) s pé; base; posição; piso; soma de uma coluna.
Foots (futs) s sedimentos; fezes; borra.
Footsteps (fut-stéps) s pegadas.
Footwear (fut-uér) s calçado; *athletic FOOTWEAR*: calçados para esportes; BR tênis; *vide* SNEAKERS or TENNIS SHOES.
Foozle (fuzl) s pessoa estúpida.
Fop (fóp) s almofadinha; janota.
Foppery (fó-pâri) s afetação no trajar; fanatismo.
Foppish (fó-pish) adj afetado; presumido; efeminado.
For (fór) prep para; por; por causa de; durante; em lugar de; quanto a.
For (fór) conj porque; pois; *FOR all the world*: exatamente; completamente; *what FOR?*: para quê?
Forage (fó-ridj) s forragem; víveres.
Forage (fó-ridj) v saquear; roubar; depredar; errar.
Foraging (fó-ridjinn) s forragem.
Forasmuch (fórâsmâ-tsh) conj pois que, considerando que; visto que.
Foray (fó-rêi) s saque; pilhagem.
Foray (fó-rêi) v saquear.
Forbear (fôr-bér) v abster-se de; deixar de; reprimir-se; *past* FORBORE *and pp* FORBORNE.
Forbearance (fórbé-rânss) s abstenção; indulgência; paciência.

Forbearing (fórbé-rinn) adj indulgente; sofredor; clemente.
Forbid (fórbi-d) v proibir; vedar; reprimir; interditar; excluir de; *past* FORBADE *and pp* FORBIDDEN.
Forbidden (fórbid-n) adj proibido; amaldiçoado; interdito.
Forbidding (fórbi-dinn) s proibição.
Forbidding (fórbi-dinn) adj proibitivo; repulsivo; desagradável.
Force (fôurss) s força; vigor; energia; causa; eficácia; queda d'água; MIL força; tropas.
Force (fôurss) v forçar; obrigar; arrombar; violentar; insistir.
Forced (fôurss-t) adj forçado; obrigado; artificial.
Forceful (fôurss-full) adj potente; vigoroso; poderoso.
Forceless (fôurss-léss) adj fraco; débil; sem forças.
Forceps (fór-seps) s MED fórceps (instrumento que força a saída da criança do útero materno).
Forcer (fôur-sâr) s forçador; êmbolo.
Forcible (fôur-sibl) adj forte; poderoso; potente.
Forcing (fôur-sinn) s indução para amadurecer frutas; fruto temporão.
Ford (fórd) s vau; passagem.
Ford (fórd) v vadear (atravessar rios etc.).
Fore (fôur) s NÁUT proa.
Fore (fôur) adj anterior; dianteiro.
Fore (fôur) adv anteriormente; adiante; antes.
Forearm (fôur-ármm) s antebraço.
Forebode (fôur-bôud) v prognosticar; vaticinar; pressagiar.
Foreboder (fôur-bôudâr) s adivinhador; vaticinador.
Foreboding (fôur-bôudinn) s presságio; prognóstico; pressentimento.
Forecast (fôurkés-t) s previsão; plano; projeto; prognóstico.
Forecast (fôurkés-t) v vaticinar; profetizar; prever.
Forecaster (fôurkés-târ) s previsor.
Foreclose (fôurklôu-z) v JUR ato de executar uma hipoteca.
Foreclosure (fôurklou-zâr) s JUR execução de hipoteca.
Foredate (fôur-dêit) v antedatar.
Foredoom (fôurde-mm) s destino; fado.
Foredoom (fôurdu-mm) v predestinar.
Forefather (fôur-fadhâr) s pl antepassados; ascendentes.
Forefinger (fôur-fingâr) s dedo indicador; índice.
Forefront (fôur-frânt) s dianteira; fachada.
Forego (fôur-gôu) v privar-se de; renunciar; anteceder; *past* FOREWENT *and pp* FOREGONE.
Foregoer (fôur-gôuâr) s predecessor; antecessor.
Foregoing (fôur-gôuinn) adj anterior; antecedente; precedente.
Foregone (fôur-gónn) adj decidido anteriormente.
Forehand (fôur-hénd) s quarto dianteiro do cavalo.
Forehand (four-hénd) adj prematuro; temporão.
Forehanded (fôur-hén-did) adj prematuro; oportuno; USA rico, endinheirado.
Forehead (fôur-héd) s fronte; testa; altivez.
Foreign (fó-rinn) adj estrangeiro; alheio.
Foreigner (fó-rinâr) s estrangeiro; estranho; forasteiro.
Forejudge (fôurdjâ-dj) v prejulgar; conjecturar.
Foreknow (fôurnô-u) v prever; adivinhar; conhecer antecipadamente; *past* FOREKNEW *and pp* FOREKNOWN.
Foreland (fôur-lénd) s promontório; cabo; morro.
Foreleg (fôur-lég) s perna dianteira.
Forelock (fôur-lók) s topete.
Foreman (fôur-maen) s capataz; feitor; contramestre.
Foremast (fôur-mést) s NÁUT mastro de proa.
Foremost (fôur-môust) adj primeiro; dianteiro; supracitado; avançado.
Forename (fôur-nêimm) s prenome; nome de batismo.
Forenoon (fôur-nunn) s a manhã.
Forepart (fôur-párt) s dianteira; frente; proa.
Forepaw (fôurpó-) s pata dianteira.
Forerun (fôur-râ-nn) v adiantar-se a; anunciar; preceder; prevenir; *past* FORERAN *and pp* FORERUN.

Forerunner (fôur-râ-nâr) *s* precursor; prognóstico; presságio.
Foresee (fôursi-) *v* prever; antecipar; *past* FORESAW *and pp* FORESEEN.
Foreshadow (fôurshé-dôu) *v* predizer; simbolizar; prefigurar.
Foreshow (fôure-chôw) *v* mostrar antecipadamente; predizer; vaticinar.
Foresight (fôur-sáit) *s* previsão; perspicácia; mira de arma.
Foreskin (fôur-sáit) *s* ANAT prepúcio.
Forest (fó-rest) *s* floresta; selva; mata; bosque.
Forestall (fôurstó-l) *v* antecipar; prevenir; monopolizar.
Forestaller (fôurstó-lâr) *s* monopolizador; açambarcador.
Forester (fó-restâr) *s* engenheiro ou guarda-florestal; canguru gigante.
Forestry (fó-restri) *s* silvicultura.
Foretaste (fôur-têist) *s* antegozo.
Foretaste (fôur-têist) *v* prelibar; antegozar.
Foretell (fôurté-l) *v* predizer; anunciar; antecipar; vaticinar; *past or pp* FORETOLD.
Forethought (fôur-thót) *s* previdência; antecipação; previsão.
Foretoken (fôurtôuk-n) *s* advertência antecipada.
Foretoken (fôurtôuk-n) *v* prognosticar; prever; anunciar.
Forever (fóré-vâr) *adv* para sempre.
Forevermore (fóré-vârmór) *adv* para todo o sempre.
Foreword (fôur-uârd) *s* prefácio; preâmbulo; introdução.
Forfeit (fór-fit) *s* multa; pena; JUR perda de direitos pelo não cumprimento de uma obrigação ou por um crime; delito; prevaricação.
Forfeit (fór-fit) *v* JUR perder por confisco.
Forfeit (fór-fit) *adj* confiscado.
Forfeiture (fór-fitshur) *s* JUR confisco; perda de direitos; multa; prevaricação.
Forge (fórdj) *s* forja; fornalha; oficina.
Forge (fórdj) *v* forjar; moldar; tramar; inventar; imitar.
Forged (fór-djd) *adj* forjado; falsificado.
Forgeman (fór-djmaen) *s* ferreiro.
Forger (fór-djâr) *s* forjador; falsário; trapaceiro.
Forgery (fór-djâri) *s* falsificação; falsidade; mentira.
Forget (fórghé-t) *v* esquecer; olvidar; desprezar; perder o interesse; *past* FORGOT *and pp* FORGOTTEN.
Forgetful (fórghét-ful) *adj* esquecido; descuidado; negligente.
Forgetfulness (fórghét-fulnéss) *s* esquecimento; negligência; descuido.
Forgive (fórghi-v) *v* perdoar; absolver; desculpar; *past* FORGAVE *and pp* FORGIVEN.
Forgiveness (fórghiv-néss) *s* perdão; remissão; absolvição; clemência.
Forgiving (fórghi-vinn) *adj* generoso; indulgente; clemente.
Fork (fórk) *s* garfo; forquilha; bifurcação; confluência de um rio.
Fork (fórk) *v* bifurcar.
Forked (fór-kit) *adj* bifurcado; fendido; bipartido.
Forlorn (fórlór-nn) *adj* perdido; solitário; esquecido; abandonado.
Forlornness (fórlór-néss) *s* abandono; desamparo; tristeza.
Form (fórmm) *s* forma; figura; modo; ritual; classe; ordem; cerimônia; molde; padrão; espectro; condição física e mental; banco.
Form (fórmm) *v* formar; fazer; estabelecer; criar.
Formal (fór-mâl) *adj* formal; solene; expresso; metódico; afetado.
Formalism (fór-mâlizm) *s* formalismo.
Formalist (fór-mâlist) *s* formalista.
Formality (fórmé-liti) *s* formalidade; solenidade; cerimônia; etiqueta.
Format (fôurmét) *s* formato; dimensão; tamanho.
Formation (fórmêi-shânn) *s* formação; disposição; arranjo.
Formative (fór-mâtiv) *adj* formativo.
Former (fór-mâr) *s* autor; matriz; molde.
Former (fór-mâr) *adj* anterior; antigo; precedente.

Formerly (fór-mârli) *adv* antigamente; outrora.
Formicary (fór-mikéri) *s* formigueiro.
Formication (fórmikêi-shânn) *s* formigamento; comichão; coceira; prurido.
Formidable (fór-midâbl) *adj* tremendo; pavoroso; horrível.
Formula (fór-miulâ) *s* fórmula; modelo; receita.
Formulary (fór-miuléri) *s* formulário.
Formulary (fór-miuléri) *adj* formal.
Formulate (fór-miulêit) *v* formular; desenvolver.
Fornicate (fór-nikêit) *v* fornicar; coito.
Fornication (fórnikêi-shânn) *s* fornicação.
Forsake (fórsêik) *v* abandonar; deixar; desertar; separar-se; *past* FORSOOK *and pp* FORSAKEN.
Forsaking (fórsêi-kinn) *s* abandono; desamparo; apostasia.
Forsooth (fórsu-th) *adv* certamente; deveras; sem dúvida; com efeito.
Forswear (fórsué-r) *v* abjurar; renegar (mesmo jurando); *past* FORSWORE *and pp* FORSWORN.
Fort (fórt) *s* forte; fortificação.
Forte (fórt ou fôur-te) *s* forte; o ponto forte; fortificação; talento.
Forth (fôurth) *adv* adiante; avante; diante; para fora; à vista; publicamente.
Forthcoming (fôurth-kâminn) *adj* próximo; futuro; vindouro.
Forthwith (fôurth-uith) *adv* em seguida; imediatamente.
Forties (fór-ties) *s* os anos quarenta.
Fortieth (fór-tieth) *s* a quadragésima parte.
Fortieth (fór-tieth) *adj* quadragésimo.
Fortification (fórtifikêi-shânn) *s* fortificação.
Fortify (fór-tifái) *v* fortificar; corroborar; fortalecer.
Fortitude (fór-tituid) *s* fortaleza; força de ânimo; coragem; vigor.
Fortlet (fór-tlét) *s* fortim.
Fortress (fór-tréss) *s* fortaleza.
Fortuitous (fórtiu-itâss) *adj* fortuito; casual; eventual; ocasional.
Fortuity (fórtiu-iti) *s* casualidade; eventualidade; acaso.
Fortunate (fór-tshunit) *adj* afortunado; ditoso; venturoso.
Fortunately (fór-tshunitl) *adv* felizmente; afortunadamente.
Fortune (fór-tshunn) *s* fortuna; sorte; bom êxito; destino.
Fortuneless (fór-tshunléss) *adj* infortunado; infeliz.
Forum (fôu-râmm) *s* foro; fórum.
Forward (fór-uârd) *s* FUT jogador de linha.
Forward (fór-uârd) *v* aviar; enviar; transmitir; expedir; apressar; ativar.
Forward (fór-uârd) *adj* adiantado; precoce; pronto; prematuro; predisposto.
Forward (fór-uârd) *adv* para a frente; avante.
Forwarder (fór-uârdâr) *s* promotor; expedidor.
Forwarding (fór-uârdinn) *s* envio; expedição; remessa.
Forwardness (fór-uârdnéss) *s* adiantamento; presunção; audácia.
Foss (fóss) *s* fosso; vala profunda.
Fosse (fóss) *vide* FOSS.
Fossil (fó-sil) *adj* fóssil; antiquado.
Fossiliferous (fóssili-fârâss) *adj* que contém fósseis.
Fossilize (fó-siláiz) *v* fossilizar; petrificar.
Foster (fós-târ) *v* criar; nutrir; animar; encorajar; alentar.
Fosterage (fós-târidj) *s* adoção.
Foul (fául) *s* ferrugem; má fortuna; mau tempo; ESP golpe ilícito; violação de regras.
Foul (fául) *v* colidir; abalroar; desonrar; poluir.
Foul (fául) *adj* sujo; desleal; abominável; sórdido; grosseiro.
Foulard (fulár-d) *s* tecido de seda (leve).
Foully (fáu-li) *adv* vergonhosamente.
Foulness (fául-néss) *s* impureza; torpeza; imundície.
Found (fáun-d) *v* instituir; fundar; fundir.
Foundation (fáundêi-shânn) *s* fundação; princípio; estabelecimento; alicerce; origem; razão de ser; doação.

FOUNDER — FRETTING

Founder (fáun-dâr) s fundador; inflamação (casco de cavalo).
Founder (fáun-dâr) v soçobrar; arruinar; ir a pique; fracassar.
Foundering (fáun-dârinn) s NÁUT naufrágio.
Founding (fáun-dinn) s fundição.
Foundling (fáun-dlinn) s enjeitado (criança).
Foundress (fáun-dréss) s fundadora.
Foundry (fáun-dri) s fundição.
Fount (fáunt) s fonte; TIP fonte (tipos).
Fountain (fáun-ten) s fonte; causa; origem; nascente.
Four (fôur) s quatro.
Four (fôur) adj quatro.
Fourfold (fôur-fôuld) adj quádruplo.
Fourscore (fôur-skór) adj oitenta; octogenário.
Fourteen (fôurti-nn) s catorze; quatorze.
Fourteen (fôurti-nn) adj catorze; quatorze.
Fourteenth (fôurtin-th) s décimo quarto.
Fourteenth (fôurtin-th) adj décimo quarto.
Fourth (fôur-thli) s a quarta parte.
Fourthly (fôur-thli) adv em quarto lugar.
Fowl (fául) s ave (que se come); galinha.
Fowl (fául) v caçar aves.
Fowler (fáu-lâr) s passarinheiro; caçador de pássaros.
Fowling (fáu-linn) s caça de aves.
Fox (fóks) s raposa; pessoa astuciosa.
Fox (fóks) v azedar (cerveja); embriagar; lograr.
Foxiness (fók-sinéss) s ardil; astúcia; velhacaria; acidez; descoloração.
Foxish (fó-kish) adj manhoso; velhaco; matreiro.
Foxy (fó-ksi) adj velhaco; azedo; descolorado; relativo à raposa.
Foyer (fói-âr) s local de espera; vestíbulo.
Fracas (frêi-kâss) s desordem; rixa.
Fraction (frék-shânn) s fração; fragmento; quebra.
Fractional (frék-shânâl) adj fracionário.
Fractious (frék-shâss) adj bulhento; rabugento; perverso; brigão.
Fracture (frék-tshur) s fratura; ruptura; quebra.
Fracture (frék-tshur) v fraturar; quebrar.
Fragile (fré-djil) adj frágil; débil; fraco.
Fragility (fredji-liti) s fragilidade; fraqueza; debilidade.
Fragment (frég-ment) s fragmento; lasca; estilhaço.
Fragmentary (frég-mentéri) adj fragmentário.
Fragrance (frêi-grânss) s fragrância; aroma; perfume.
Fragrancy (frêi-grânsi) vide FRAGRANCE.
Fragrant (frêi-grânt) adj fragrante; aromático; perfumado.
Frail (frêil) s cesto; canastra.
Frail (frêil) adj frágil; quebradiço; débil.
Frame (frêimm) s estrutura; esqueleto; disposição de espírito; caixilho; moldura.
Frame (frêimm) v forjar; enquadrar; fabricar; compor; idear.
Framer (frêi-mâr) s autor; armador; fabricante de moldes; criador.
Framework (frêim-uârk) s armação; vigamento; estrutura.
Framing (frêi-minn) s ossada; suportes; armação.
Franchise (frén-tshiss ou frén-tsháiz) s franquia; privilégio; cidadania.
Franciscan (frénsis-kânn) adj RELIG franciscano (da Ordem de São Francisco).
Frangible (frén-djibl) adj frágil; quebradiço; fraco.
Frank (frénk) v franquear; despachar (franqueado).
Frank (frénk) adj franco; liberal; sincero; ingênuo.
Frankness (frénk-néss) s franqueza; candura; inocência.
Frantic (frén-tik) adj frenético; colérico; furioso.
Frap (frép) v NÁUT reforçar as amarras (de um barco).
Fraternal (frâtâr-nâl) adj fraternal; fraterno.
Fraternity (frâtâr-niti) s fraternidade; irmandade; confraria; grêmio.
Fraternize (fré-târnáiz) v fraternizar; confraternizar; irmanar.
Fratricide (fré-trissáid) s fratricida (quem mata seu irmão); guerra civil.

Fraud (fród) s fraude; engano; logro; impostor.
Fraudulence (fró-diuléns) s fraude; engano; logro.
Fraudulent (fró-diulént) adj fraudulento; enganoso.
Fraught (frót) adj carregado; cheio; repleto.
Fray (frêi) s rixa; combate; briga; desgaste (em pano, corda etc.).
Fray (frêi) v desgastar; atemorizar; esfregar.
Fraying (frêi-inn) s roçadura; desgaste por atrito.
Frazzle (frézl) s farrapo.
Frazzle (frézl) v desgastar.
Freak (frik) s capricho; extravagância; monstruosidade.
Freakiness (frik-néss) s capricho; caráter caprichoso.
Freakish (fri-kish) adj caprichoso; esdrúxulo; excêntrico.
Freckle (frékl) s sarda.
Freckle (frékl) v tornar-se sardento.
Free (fri) adj livre; independente; franco; generoso; gratuito; vago; desocupado; vivo; isento; inocente.
Free (fri) v libertar; livrar; resgatar; isentar; *to set FREE*: pôr em liberdade.
Free (fri) adv gratuitamente; *FREE on board (FOB)*: posto a bordo.
Freebooter (fri-butâr) s pirata; corsário.
Freebooting (fri-butinn) s pirataria; saque; roubo.
Freedom (fri-dâmm) s liberdade; independência; ousadia; licença; franquia.
Freely (fri-li) adv livremente; espontaneamente; gratuitamente.
Freeman (fri-maen) s homem livre; cidadão.
Freemason (fri-mêisn) s Maçom (pessoa digna e íntegra que é convidada a participar da Maçonaria).
Freemasonry (fri-mêisnri) s Maçonaria, sociedade discreta que possui o ideal de congregar pessoas dignas para promoverem o bem estar social, a felicidade humana e a paz universal.
Freer (fri-âr) s libertador.
Freethinker (fri-thin-kâr) s livre-pensador.
Freewill (fri-uill) s livre-arbítrio.
Freeze (friz) v gelar; congelar; *past* FROZE and *pp* FROZEN.
Freezer (fri-zâr) s congelador; geladeira.
Freezing (fri-zinn) adj glacial; que congela.
Freight (frêit) s carga; frete de navio.
Freight (frêit) v carregar; transportar; fretar.
Freighter (frêi-târ) s carregador; fretador; cargueiro.
Freighting (frêi-tinn) s fretamento; frete.
French (fren-tsh) adj francês.
Frenchman (frén-tshmaen) s francês.
Frenchwoman (fréntsh-uu-maen) s francesa.
Frenzied (frén-zid) adj irascível; nervoso; colérico.
Frenzy (frén-zi) s frenesi; loucura.
Frequence (fri-kuénss) s frequência; assiduidade.
Frequent (fri-kuént) v frequentar; visitar constantemente.
Frequent (fri-kuént) adj frequente.
Frequentative (frikuén-tâtiv) frequentativo.
Frequenter (frikuén-târ) s frequentador.
Fresh (frésh) s inundação; nascente; reservatório de água potável.
Fresh (frésh) adj fresco; recém-chegado; atrevido; noviço.
Freshen (fréshn) v refrescar-se; avivar-se.
Freshet (fré-shit) s cheia; inundação; reservatório (de água potável).
Freshman (frésh-maen) s principiante; novato; primeiranista.
Freshness (frésh-néss) s frescura; viço; formosura.
Fret (frét) s fricção; desgaste; irritação; relevo.
Fret (frét) v esfregar; irritar; agitar-se; cinzelar; bordar em relevo; aborrecer-se; friccionar.
Fretful (frét-ful) adj impertinente; aborrecido; incômodo; irritável; zangado.
Fretfulness (frét-fulnéss) s rabugice; mau humor.
Fretting (fré-tinn) s irritação; impertinência; agitação.
Fretting (fré-tinn) adj impertinente; cáustico.

Fretwork (frét-uârk) s ARQT gregas (ornato composto de linhas entrelaçadas).
Friability (fráiâbi-liti) s friabilidade (quebradiço).
Friable (frái-âbl) adj friável; frágil; quebradiço.
Friar (frái-âr) s frade; frei; monge.
Friary (frái-âri) s mosteiro; convento (frades).
Friary (frái-âri) adj monástico.
Fribble (fribl) s ninharia; pessoa fútil; brincalhão.
Fribble (fribl) v divertir; brincar; vacilar; zombar.
Fribbler (fri-blâr) s escarnecedor; zombador.
Friction (frik-shânn) s fricção.
Friday (frái-dêi) s sexta-feira.
Friend (frénd) s amigo; amiga; companheiro; camarada.
Friendless (frénd-léss) adj abandonado; desamparado; sem amigos.
Friendliness (frénd-linéss) s amizade.
Friendly (frénd-li) adj amigável; camarada; simpático; favorável.
Friendly (frénd-li) adv amigavelmente; amistosamente.
Friendship (frénd-ship) s amizade; socorro; favor.
Frieze (friz) s friso; tecido (frisado).
Frigate (fri-ghit) s NÁUT fragata.
Fright (fráit) s espanto; medo; temor.
Fright (fráit) v assustar; atemorizar.
Frighten (fráit-n) v assustar; espantar; alarmar.
Frightening (fráit-inn) adj amedrontador; aterrador.
Frightful (fráit-ful) adj espantoso; medonho, terrível.
Frightfulness (fráit-fulnéss) s horror; espanto; medo.
Frigid (fri-djid) adj frio; glacial; indiferente; insensível.
Frigidity (fridji-diti) s frigidez; frieza; indiferença.
Frill (fril) s borda; orla; pregas.
Frill (fril) v preguear.
Fringe (frindj) s franja; orla; guarnição.
Fringe (frindj) v pôr franjas.
Frippery (fri-pâr) s roupa velha; trapos; afetação no vestir.
Frippery (fri-pâr) adj desprezível; sem valor.
Frisk (frisk) s pulo; salto.
Frisk (frisk) v saltar; pular; brincar.
Frisker (fris-kâr) s brincalhão; folgazão; saltador.
Frisky (fris-ki) adj alegre; folgazão; travesso; cavalo fogoso.
Fritter (fri-târ) s fritura; retalho; fragmento.
Fritter (fri-târ) v picar; desperdiçar.
Frivol (fri-vâl) v proceder frivolamente; esbanjar.
Frivolity (frivó-liti) s frivolidade; ninharia.
Frivolous (fri-volâss) adj frívolo; banal.
Frizz (friz) s cacho; anel; ondulação de cabelo.
Frizz (friz) v frisar; encrespar.
Frizzle (frizl) vide FRIZZ.
Fro (frôu) adv forma abreviada de FROM; para trás.
Frock (frók) s vestido; avental; roupão; roupa de operário.
Frog (fróg) s rã; alça; inflamação das tonsilas (amígdalas).
Froggy (fró-ghi) s rã.
Froggy (fró-ghi) adj abundante em rãs.
Frolic (fró-lik) s brincadeira; divertimento; travessura.
Frolic (fró-lik) v pular; folgar; brincar; traquinar.
Frolic (fró-lik) adj alegre; brincalhão; traquinas.
Frolicsome (fró-liksâmm) adj alegre; folgazão.
From (frómm) prep de (origem); desde; a partir de; por causa de; conforme.
Frond (frónd) s fronde; folhagem.
Front (frânt) s frente; frontispício; face; atrevimento; ousadia; franja de camisa; MIL frente de batalha.
Front (frânt) v afrontar; encarar; fazer frente.
Front (frânt) adj dianteiro; precedente.
Frontage (frân-tidj) s fachada; frente; vitrina.
Frontal (frân-tâl) s frontal.
Frontal (frân-tâl) adj dianteiro; anterior; fronteiro.
Frontier (frón-tir) s fronteira.
Frontier (frón-tir) adj fronteiro; limítrofe.
Frontispiece (frón-tispiss) s frontispício; fachada.
Frost (fróst) s geada; frio; gelo; USA fracasso.
Frost (fróst) v gear; congelar-se.
Frosted (fróts-tid) adj coberto de gelo; crestado pela geada.
Frostwork (fróst-uârk) s desenho no vidro (feito pela neve).
Frosty (frós-ti) adj congelado; gelado; indiferente.
Froth (fróth) s espuma; frivolidade; ostentação.
Frothy (fró-ti) adj espumoso; fútil; frívolo.
Froward (frôu-uârd) adj desobediente; insolente.
Frowardness (frôu-uârdnéss) s mau humor; insolência; petulância.
Frown (fráunn) s franzimento das sobrancelhas; carranca.
Frown (fráunn) v franzir as sobrancelhas.
Frowning (fráu-ninn) s olhar carrancudo.
Frowning (fráu-ninn) adj carrancudo; zangado.
Frowziness (fráu-zinéss) s fedor; mau cheiro; desalinho.
Frowzy (fráu-zi) adj fétido; sujo; rançoso; desalinhado.
Frugal (fru-gâl) adj frugal; comedido; sóbrio.
Frugality (frughé-liti) s frugalidade; sobriedade.
Fruit (frut) s fruto; fruta; produto; proveito; utilidade.
Fruit (frut) v frutificar.
Fruitfulness (frut-fulnéss) s fecundidade; fertilidade.
Fruitless (frut-léss) adj infrutífero; estéril; inútil.
Fruity (fru-ti) adj análogo a uma fruta.
Frump (frâmp) s velha rabugenta; mofa.
Frumpish (frâm-pish) adj rabugento; antiquado.
Frustrate (frâs-trêit) v frustrar; malograr; inutilizar; anular.
Frustration (frâstrêi-shânn) s frustração; malogro; derrota.
Fry (frái) s fritada; desova de peixes.
Fry (frái) v fritar; fermentar; fundir.
Fuddle (fádl) s bebedeira.
Fuddle (fádl) v embriagar; confundir.
Fuddler (fâd-lâr) s ébrio; bêbado.
Fudge (fâdj) s embuste; conto; loquacidade.
Fudge (fâdj) v inventar histórias.
Fudge (fâdj) interj tolice!; ora essa!
Fuel (fiu-él) s combustível; lenha.
Fuel (fiu-él) v abastecer de combustível.
Fugacious (fiughêi-shâss) adj fugaz; efêmero.
Fugitive (fiu-djitiv) s fugitivo; foragido.
Fugitive (fiu-djitiv) adj fugitivo; fugaz.
Fugue (fiug) s ato ou efeito de fugir; MÚS fuga (composição polifônica).
Fulcrum (fâl-krâmm) s fulcro, alicerce, sustentáculo.
Fulfil (fulfil) v cumprir; preencher; executar; acumular.
Fulfill (fulfil) vide FULFIL.
Fulfiller (fulfi-lâr) s aquele que cumpre.
Fulfilment (fulfil-ment) s cumprimento; execução.
Fulgent (fâl-djent) adj fulgente; esplêndido; brilhante.
Full (ful) s máximo; totalidade.
Full (ful) v engrossar; avolumar.
Full (ful) adj cheio; amplo; largo; completo; perfeito; saciado; grávida.
Full (ful) adv inteiramente; completamente.
Fullness (ful-néss) vide FULNESS.
Fully (fu-li) adv inteiramente; plenamente.
Fulminate (fál-minêit) v fulminar; excomungar; explodir.
Fulmination (fálminêi-shânn) s fulminação; detonação; anátema.
Fulness (ful-néss) s plenitude; abundância; perfeição.
Fulsome (fâl-sâmm) adj nojento; repugnante; grosseiro; vil; baixo.
Fumble (fâmb-l) v tatear; apalpar; agir sem destino; titubear.
Fumbler (fâm-blâr) s pessoa desastrada; pessoa desajeitada.
Fume (fiumm) s fumo; vapor; emanação; excitação; cólera.
Fume (fiumm) v defumar; incensar; enfurecer-se.
Fumigation (fiumighêi-shânn) s fumigação; desinfecção; defumação.
Fun (fânn) s divertimento; brincadeira; chiste; graça.

FUN — FUZZ

Fun (fânn) *v* brincar; gracejar.
Funambulist (fiuném-biulist) *s* funâmbulo (que anda na corda bamba).
Function (fânk-shânn) *s* função; faculdade; festa; cerimônia religiosa; mister.
Function (fânk-shânn) *v* funcionar.
Functionary (fânk-shânéri) *s* funcionário.
Fund (fând) *s* fundo; capital; riqueza; fundos públicos.
Fund (fând) *v* empregar capital; capitalizar; consolidar dívidas.
Fundament (fân-dâmént) *s* fundamento; base.
Fundamental (fândâmén-tâl) *adj* fundamental; essencial; básico.
Fundamentally (fândâmén-tâli) *adv* fundamentalmente; essencialmente.
Funding (fân-dinn) *s* investimento (capital) em fundos públicos.
Funeral (fiu-nârâl) *s* funeral; enterro.
Fungous (fân-gâss) *adj* fungoso; esponjoso.
Fungus (fân-gâss) *s* BOT fungo.
Funicle (fiu-nikl) *s* ANAT funículo (pequena corda); cordão umbelical.
Funk (fânk) *s* medo; embaraço; pulsilânime.
Funk (fânk) *v* tremer de medo; fugir de medo.
Funkiness (fân-kinéss) *s* timidez; medo.
Funky (fân-ki) *adj* tímido.
Funnel (fân-l) *s* funil; tubo afunilado; chaminé; túnel.
Funny (fâ-ni) *adj* engraçado; divertido; bizarro; estranho; raro.
Fur (fâr) *s* peles para adornos; pelo.
Fur (fâr) *v* forrar de peles; cobrir-se de peles.
Furbish (fâr-bish) *v* lustrar; limpar.
Furcate (fâr-kêit) *v* bifurcar; bipartir.
Furcate (fâr-kêit) *adj* bifurcado.
Furious (fiu-riâss) *adj* furioso; raivoso; violento.
Furl (fârl) *v* dobrar; NÁUT ferrar (as velas).
Furlong (fâr-lónn) *s* medida linear inglesa (1/8 de milha = 201,125m).
Furlough (fâr-lôu) *s* licença; baixa.
Furnage (fâr-niss) *s* fornalha; crematório; forno.
Furnish (fâr-nish) *v* fornecer; mobiliar; prover; equipar.
Furnishing (fârnish-inn) *s* enfeite nas extremidades de um vestido; tapeçaria; MIL guarnição (tropas que defendem uma praça).
Furniture (fâr-nitshur) *s* mobília; arreios; equipagem; utensílios.
Furrier (fâ-riâr) *s* peleiro; vendedor de peles.
Furrow (fâ-rôu) *s* sulco; rego de arado; estria; ruga.
Furrow (fâ-rôu) *v* sulcar; entalhar; arar; enrugar.
Furrowy (fâ-rôuti) *adj* estriado; enrugado.
Further (fâr-dhâr) *v* adiantar; promover; facilitar; favorecer.
Further (fâr-dhâr) *adj* ulterior; mais; adicional; além.
Further (fâr-dhâr) *adv* ulterior; mais; adicional; suplementar; além; mais adiante.
Furtherance (fâr-dhârânss) *s* adiantamento; auxílio; apoio; ajuda.
Furthermore (fâr-dhârmóur) *adv* além disso; outrossim; ademais.
Furthermost (fâr-dhármôust) *adj* o mais afastado.
Furthest (fâr-dhést) *adj* o mais distante; o mais remoto; extremo.
Furthest (fâr-dhést) *adv* o mais distante; o mais remoto; extremo.
Furtive (fâr-tiv) *adj* furtivo; dissimulado; oculto; secreto.
Fury (fiu-ri) *s* fúria; furor; paixão; frenesi.
Fuse (fiuz) *s* fusível; rastilho; estopim.
Fuse (fiuz) *v* fundir; derreter-se.
Fuselage (fiuz-lidj) *s* fuselagem, a parte principal e mais resistente do avião.
Fusible (fiu-zibl) *adj* fusível (que se pode fundir).
Fusil (fiu-zil) *s* fuzil (arma de guerra).
Fusing (fiu-zinn) *adj* fundente; ponto de fusão.
Fusion (fiu-jânn) *s* fusão; reunião; liga; fundição.
Fuss (fâss) *s* estrondo; barulho; inquietação.
Fuss (fâss) *v* agitar; inquietar-se; fazer dificuldades; chicanear; contestar.
Fussy (fâ-si) *adj* estrondoso; bulhento; inquieto; afetado.
Fustian (fâs-tshânn) *s* fustão; estilo bombástico.
Fustian (fâs-tshânn) *adj* feito de fustão; bombástico; pomposo.
Fustigate (fâs-tighêit) *v* fustigar; açoitar; chicotear.
Fustigation (fâstighêi-shânn) *s* fustigação; açoite; chicoteamento.
Fustiness (fâs-tinéss) *s* bolor (vegetação desenvolvida em material orgânico).
Fusty (fâs-ti) *adj* bolorento; mofado; rançoso.
Futile (fiu-til) *adj* fútil; frívolo; vão; inútil.
Futility (fiuti-liti) *s* futilidade.
Future (fiu-tshur) *s* futuro; porvir.
Future (fiu-tshur) *adj* futuro; vindouro.
Futurity (fiutiu-riti) *s* o futuro; o porvir.
Fuze (fiuz) *s* espoleta; estopim.
Fuzz (fâz) *s* cotão (pelos de tecido); penugem; poeira muito fina.
Fuzz (fâz) *v* cobrir de cotão.

g G

G (dji) *s* sétima letra do alfabetos Português e Inglês, além de diversos outros.
G (dji) *s* MÚS cifra (símbolo) da nota sol.
Gab (ghéb) *s* forquilha; loquacidade.
Gab (ghéb) *v* tagarelar; mexericar; mentir.
Gabble (ghébl) *s* tagarelice; palração.
Gabble (ghéb-l) *v* tagarelar; mexericar; palrar.
Gabbler (gé-blâr) *s* tagarela.
Gable (ghéib-l) *s* cumeeira (parte mais elevada); espigão; empena.
Gaby (ghéi-bi) *s* tolo; bobo; simplório.
Gad (ghéd) *s* cunha; ferrão; ponta de aço; estilete.
Gad (ghéd) *v* vaguear; errar; vagabundar.
Gad (ghéd) *interj* irra!
Gadder (ghédâr) *s* desocupado; vagabundo.
Gadget (g-hé-djét) *s* dispositivo (de máquina); máquina esquisita; invento.
Gaff (ghéf) *s* gancho de ferro; arpão.
Gaff (ghéf) *v* arpoar; *to hold the GAFF*: suportar um gastigo.
Gaffer (ghé-fâr) *s* velhote; camponês (velho).
Gag (ghég) *s* mordaça; engasgo; logro; TEATR caco (improvisação do ator).
Gag (ghég) *v* amordaçar; enjoar; ter náuseas; TEATR improvisar (caco, exnerto); *an april fool GAG*: um trote (logro) de 1º de abril.
Gage (ghéidj) *s* penhor; caução; desafio; afronta.
Gage (ghéidj) *v* penhorar; caucionar; hipotecar.
Gagman (ghég-mên) *s* TEATR humorista; cômico.
Gaiety (ghêi-ti) *s* alegria; prazer; jovialidade; satisfação.
Gaily (gêi-li) *adv* alegremente.
Gain (ghêinn) *s* benefício; ganho; proveito; lucro.
Gain (ghêinn) *v* ganhar; melhorar; lucrar; enriquecer; conseguir.
Gainer (ghêi-nâr) *s* ganhador; beneficiário.
Gainful (ghêin-ful) *adj* lucrativo; proveitoso; USA remunerado; pago.
Gainly (ghêin-li) *adj* gracioso; belo; bonito.
Gainsay (ghêinsé-i) *v* contradizer; negar; disputar.
Gainsayer (ghêinsêi-âr) *s* adversário; contraditor.
Gait (ghêit) *s* modo de andar (marcha); USA passo; andar (velocidade).
Gait (ghêit) *v* adestrar na marcha (no cavalgar).
Gaiter (ghêi-târ) *s* botina; polaina.
Gala (ghêlâ) *s* gala; pompa; festa.
Galaxy (ghé-lâksi) *s* ASTR galáxia (conjunto de estrelas e de outros corpos celestes).
Gale (ghêil) *s* rajada; ventania; tufão; tormenta; divertimento (ruidoso, barulhento).
Galician (gali-shiânn) *s* galego (da Galícia, Espanha).
Galician (gali-shiânn) *adj* galego.
Gall (góll) *s* fel; bilis; ódio; amargura; excrescência; escoriação; USA atrevimento.
Gall (góll) *v* esfolar; escoriar; irritar; raspar.
Gallant (ghélén-t) *adj* garboso; conquistador; bravo.
Gallant (ghélén-t) *v* galantear; cortejar.
Gallantry (ghé-lântri) *s* valentia; heroísmo; galanteio.
Gallery (ghé-lâri) *s* galeria; varanda; tribuna; exposição.
Galley (ghé-li) *s* castigo; pena NÁUT galé (nave).
Gallic (ghé-lik) *s* gaulês (da Gália); idioma dos antigos gauleses.
Gallic (ghé-lik) *adj* gaulês (relativo aos antigos gauleses).
Gallicism (ghé-lissizm) *s* galicismo (introdução de palavra francesa noutra língua).
Gallicize (ghé-lissáiz) *v* afrancesar.
Gallinaceous (ghélinêi-shâss) *adj* galináceo (galo, o peru etc.).
Galling (gó-linn) *adj* irritante; mortificante.
Gallipot (ghé-lipót) *s* vaso de farmácia; GÍR farmacêutico; droguista.
Gallon (ghé-lânn) *s* galão (medida – ENGL 4,55 litros e USA 3,78 litros).
Galloon (ghélu-nn) *s* tira dourada; galão.
Gallop (ghé-lâp) *s* galope.
Gallop (ghé-lâp) *v* galopar.
Gallopade (ghélopêi-d) *s* galopada; galope (dança).
Galloway (ghé-lóuêi) *s* raça de cavalo (de Galloway, Escócia).
Gallows (ghé-lôuz) *s* forca; patíbulo.
Galoot (ghélu-t) *s* pessoa sem jeito (desajeitada); recruta.
Galosh (gâlô-sh) *s* galocha; USA rubber.
Gambit (ghém-bit) *s* ESP gambito (movimento de ataque do pião, no jogo de xadrez).
Gamble (ghémb-l) *s* jogo de azar; loteria.
Gamble (ghémb-l) *v* jogar por dinheiro (jogo de azar); apostar.
Gambler (ghém-blâr) *s* jogador.
Gambling (ghém-blinn) *s* jogo de azar; vício (no jogar).
Gambol (ghém-bâl) *s* salto; cambalhota; pulo; travessura.
Gambol (ghém-bâl) *v* traquinar; dar cambalhotas; dar saltos.
Game (ghêimm) *s* jogo; competição; brincadeira; divertimento; caça; USA partida.
Game (ghêimm) *v* jogar.
Game (ghêimm) *adj* destemido; corajoso; valente; *GAME-COCK*: galo de briga.
Gameness (ghêim-néss) *s* valentia; coragem; ânimo.
Gaming (ghêi-minn) *s* jogo (qualquer tipo); ato de jogar.
Gamma (ghé-mâ) *s* gama (3ª letra do alfabeto grego).
Gammer (ghé-mâr) *s* velhota; matrona.
Gammon (ghé-mânn) *s* presunto; mentira; gamão (jogo).
Gammon (ghé-mânn) *v* defumar; enganar; zombar.
Gamp (ghémp) *s* guarda-sol (grande); guarda-chuva de grande porte.
Gamut (ghé-mât) *s* MÚS gama; escala.
Gamy (ghêi-mi) *adj* indômito; abundante em caça; GÍR brigão.
Gander (ghén-dâr) *s* ganso (macho).
Gang (ghénn) *s* bando; turma; quadrilha; multidão.
Gang (ghénn) *v* atacar em grupo; andar em grupo.
Ganger (ghén-âr) *s* chefe de equipe; capataz.
Ganglion (ghén-gliân) *s* ANAT gânglio.
Gangrene (ghén-grinn) *s* gangrena.
Gangrene (ghén-grinn) *v* gangrenar.
Gangster (ghén-stâr) *s* bandido; salteador.

GANGWAY — GENIE

Gangway (ghén-uêi) s corredor; ala; passagem; NÁUT passadiço; escada do costado.
Gap (ghép) s brecha; lacuna; hiato; intervalo.
Gape (ghêip) s bocejo; abertura; fenda.
Gape (ghêip) v bocejar; ficar boquiaberto; estar boquiaberto.
Gaper (ghêi-pâr) s basbaque.
Garage (ghé-ridj ou gárá-j) s garagem.
Garage (ghé-ridj ou gárá-j) v pôr o auto na garagem.
Garb (gárb) s garbo; aparência; aspecto; ar.
Garb (gárb) v vestir.
Garbage (gár-bidj) s refugo; lixo.
Garble (gárbl) v mutilar; truncar; perverter.
Garden (gárdn) s jardim; quintal; horta.
Gardener (gárd-nâr) s jardineiro.
Gardening (gárd-ninn) s jardinagem; horticultura.
Gargle (gárg-l) s gargarejo.
Gargle (gárg-l) v gargarejar.
Gargling (gár-glinn) s gargarejo.
Garish (ghé-rish) adj deslumbrante; pomposo; vistoso; berrantes.
Garishness (ghé-rishnéss) s ostentação; gala; pompa.
Garland (gár-lând) s grinalda; coroa; coletânea de poesias.
Garland (gár-lând) v engrinaldar.
Garlic (gár-lik) s alho.
Garment (gár-ment) s vestuário; traje; vestido.
Garner (gár-nâr) s celeiro; paiol.
Garner (gár-nâr) v armazenar (cereais etc.).
Garnet (gar-nt) s granada (pedra preciosa).
Garnish (gár-nish) s adorno; enfeite; JUR notificação judicial.
Garnish (gár-nish) v guarnecer; adornar; enfeitar.
Garnishee (gárnishi-) s JUR pessoa intimada (notificada).
Garnishment (gár-nishment) s adorno; enfeite; JUR intimação.
Garniture (gár-nitshur) s guarnição; enfeite; adorno.
Garret (ghé-rét) s sótão; água-furtada.
Garrison (ghé-rissânn) s MIL guarnição.
Garrote (ghé-rou-t) s garrote.
Garrote (ghé-rou-t) v estrangular (para roubo); garrotear.
Garrulous (ghé-rulâss) adj gárrulo; palrador; loquaz.
Garth (gárth) s pátio; jardim.
Gas (ghéss) s gás; gasolina; POP tolice; conversa fiada.
Gas (ghéss) v tratamento por gás; envenenar pelo gás; POP dizer tolices.
Gasconade (ghésknêi-d) s gasconada; fanfarronada.
Gasconade (ghésknêi-d) v fanfarronar.
Gaseous (ghé-siâss) adj gasoso.
Gash (ghésh) s cutilada; corte profundo (talho).
Gash (ghésh) v cutilar (ferir gravemente); golpear.
Gasification (ghéssifikêi-shânn) s gaseificação.
Gasify (ghé-sifái) v gaseificar-se.
Gasket (ghés-ket) s gaxeta; arruela de vedação.
Gasolene (ghé-solinn) vide GASOLINE.
Gasoline (ghé-solinn) s gasolina.
Gasp (ghésp) s respiração ofegante; suspiro.
Gasp (ghésp) v ofegar; respirar com dificuldade.
Gasper (ghésp-âr) s USA GÍR cigarro.
Gassy (ghé-si) adj gasoso; vaidoso; convencido.
Gastronomist (ghéstró-nomist) s gastrônomo (apreciador de comidas).
Gastronomy (ghéstró-nomi) s gastronomia (arte de cozinhar).
Gate (ghêit) s portão; bilheteria; entrada; pórtico; garganta.
Gatekeeper (gheit-ki-pâr) s porteiro; USA GATE-TENDER.
Gateway (ghêit-uêi) s passagem; porta; caminho (onde há cancelas).
Gather (ghéi-dhâr) s franzido; prega.
Gather (ghéi-dhâr) v apanhar; colher; reunir; deduzir; aprender.
Gatherer (ghé-dhârâr) s coletor; ceifeiro; cobrador.
Gathering (ghé-dhârinn) s ajuntamento; reunião; acumulação.
Gaud (gód) s bugiganga; enfeite; adorno; ornamento.
Gaudiness (gó-dinéss) s fausto; pompa; aparato.
Gaudy (gó-di) adj pomposo; garrido; bizarro.
Gauge (ghêidj) s calibre; diâmetro; bitola; calado (de navio); manômetro.
Gauge (ghêidj) v medir; aferir; calibrar.
Gauger (ghêi-djâr) s aferidor; medidor; arqueador.
Gauging (ghêi-djinn) s arqueação; medição.
Gaunt (gónt ou gánt) adj magro; descarnado; frágil.
Gauntlet (gón-tlét ou gán-tlét) s manopla; luva comprida para senhoras; MIL castigo.
Gauntness (gónt-néss) s magreza; fragilidade; fraqueza.
Gauze (góz) s gaze; tecido vaporoso.
Gavel (ghév-l) s malho de pedreiro; USA malhete usado por leiloeiros ou por quaisquer presidentes de assembleias.
Gawky (gó-ki) adj tolo; desajeitado.
Gay (ghêi) adj alegre; divertido; enfeitado; bem humorado; GÍR pederasta (homossexual).
Gayness (ghêi-néss) s alegria; brilho; pompa.
Gaysome (ghêi-sâmm) adj alegre.
Gaze (ghêiz) s contemplação.
Gaze (ghêiz) v encarar; apreciar; fitar; contemplar; fixar.
Gazer (ghêi-zâr) s observador; espectador; contemplador.
Gazing (ghêi-zinn) s contemplação.
Gear (gui-êr) s equipamento; engrenagem; adorno; roupa; utensílio doméstico.
Gear (gui-êr) v engrenar; montar; armar.
Gearing (ghié-rinn) s engrenagem; transmissão de movimento; encaixe; correias; USA LEVERAGE.
Gee (dji) s cavalo (linguagem infantil).
Gee (dji) interj puxa vida!; Jesus!
Gehenna (ghi-hé-ná) s BÍBL geena; inferno; tortura.
Gelatin (djé-lâtinn) s gelatina.
Gelatine (djé-lâtinn) vide GELATIN.
Gelatinous (djilé-tinâss) adj gelatinoso; gelatinosa.
Geld (ghéld) v castrar; capar; mutilar.
Gelid (djé-lid) adj gélido; gelado.
Gem (djémm) s gema; pedra preciosa; gomo; botão.
Gem (djémm) v adornar com pedras preciosas; cravejar.
Geminate (djé-minêit) v dobrar; duplicar.
Gemination (djéminêi-shânn) s duplicação; repetição; gemiparidade.
Gemini (djé-minái) s gêmeos (irmãos do mesmo parto); ASTR gêmeos (3ª constelação do zodíaco).
Gendarme (djémdár-mm) s policial.
Gender (djén-dâr) s gênero.
General (djé-nâral) s generalidade; RELIG geral; MIL general.
General (djé-nâral) adj geral; usual; comum; universal.
Generality (djénâré-liti) s generalidade; maioria; MIL o corpo de generais.
Generalization (djénârélizêi-shânn) s generalização; vulgarização.
Generalize (djé-nârâláiz) v generalizar; tornar comum.
Generalship (djé-nârâlship) s MIL generalato, Estado Maior.
Generate (djé-nârêit) v gerar; produzir; causar.
Generation (djénârêi-shânn) s geração; produção; descendência; posteridade.
Generative (djé-nârátiv) adj generativo; procriador; gerador.
Generosity (djénâró-siti) s liberalidade; generosidade.
Generous (djé-nârâss) adj generoso; abundante; valente; liberal.
Generousness (djé-nârâsnéss) s generosidade; liberalidade.
Genesis (djé-nississ) s gênesis; geração; origem; começo; criação; BÍBL Gênese, 1º Livro do Pentateuco (Torá Judaica e Antigo Testamento).
Genial (dji-niál) adj cordial; delicado; bem disposto; generativo; nupcial.
Geniality (djiniê-liti) s cordialidade; jovialidade; amabilidade; delicadeza.
Genie (djini) s gênio; espírito com poderes estranhos.

GENITAL — GIRASOL

Genital (djé-nitâl) *adj* genital; sexual.
Genius (dji-niâss) *s* gênio; talento; divindade; entidade etérea (sobrenatural).
Genteel (djéntil) *adj* distinto; amável; gentil; cortês; elegante no trajar.
Gentile (djén-táil) *s* gentio; cristão; não judeu.
Gentile (djén-táil) *adj* gentio; idólatra; pagão.
Gentility (djénti-liti) *s* delicadeza; urbanidade; nobreza.
Gentle (djént-l) *adj* brando; dócil; tranquilo; gentil; manso; benévolo.
Gentlefolk (djéntl-fôuk) *s* pessoa da alta sociedade; nobreza; burguesia.
Gentleman (djéntl-maen) *s* cavalheiro; senhor.
Gentlemanly (djéntl-maenli) *adj* fidalgo; gentil; cavalheiresco; cortês.
Gentleness (djéntl-néss) *s* docilidade; doçura; brandura; delicadeza.
Gently (djén-tli) *adv* suavemente; brandamente; aprazivelmente.
Gentry (djén-tri) *s* família distinta; alta burguesia; USA classe social pouco inferior à nobreza.
Genuflection (djéniuflék-shânn) *s* genuflexão (RELIG reverência).
Genuine (djé-niuinn) *adj* genuíno; legítimo; verdadeiro.
Geocentric (djióssén-trik) *adj* ASTR geocêntrico (sistema que considerava o nosso planeta como o centro do universo).
Geographic (djiogré-fik) *adj* geográfico.
Geography (djió-grâfi) *s* geografia (estudo geral e descrição do planeta Terra).
Geranium (djirêi-niâmm) *s* gerânio (flor).
Germ (djârmm) *s* germe; embrião; semente; origem.
German (djâr-maen) *s* alemão (língua alemã).
Germinate (djâr-minêit) *v* germinar; nascer; florescer; brotar.
Germination (djârminêi-shânn) *s* germinação.
Gestation (djéstêi-shânn) *s* gestação; gravidez.
Gesticulate (djésti-kiulêit) *v* gesticular.
Gesticulation (djéstikiulêi-shânn) *s* gesticulação.
Gesticulator (djésti-kiulêitâr) *s* gesticulador.
Gesture (djés-tshur) *s* gesto; aceno; ação; postura.
Get (ghét) *v* acertar; adquirir; aprender; arranjar; atingir; buscar; compreender; comprar; conseguir; decorar; ganhar; habituar-se; levar; pegar; persuadir; receber; tomar; tornar-se; trazer; vencer; *GET away!*: ponha-se lá fora!; *GET lost!*: GÍR sai fora!; *to GET about*: dar um pequeno passeio; *to GET above*: vencer; colocar-se acima de; *to GET abroad*: espalhar, divulgar (notícias); *to GET along*: progredir, avançar; *to GET ahead*: passar adiante; fazer progressos; *to GET at*: ir para; chegar a; *to GET away*: ir-se; partir; retirar-se; *to GET back*: voltar; recuperar; *to GET before*: prevenir; adiantar-se; *to GET behind*: penetrar; *to GET better*: melhorar; *GET fat*: engordar; *to GET forward*: adiantar-se; levantar-se; *to GET the hang of it*: pegar o jeito; *to GET home*: chegar a casa; *to GET in*: entrar; *to GET into*: entrar; vestir; *to GET into a mess*: meter-se em dificuldades; *to GET involved*: envolver-se; *to GET married*: casar-se; *to GET off*: desfazer; livrar-se; *to GET off!*: ponha-se lá fora!; *to GET out*: sair; tirar; arrancar; *GET out!*: ponha-se para fora!; *to GET seasick*: enjoar; *to GET out of sight*: sair; sumir; desaparecer; *to GET over*: vencer obstáculos; *to GET ready*: aprontar-se para; *to GET to*: chegar a; *to GET to grips with*: chegar a enfrentar; *to GET under*: passar sob; *to GET up*: subir; montar; *past* GOT and *pp* GOTTEN.
Getter (ghét-ê-êibl) *s* aquele que adquire; aquele que é diligente.
Getter-up (ghé-tâp) *s* inventor.
Getting (ghé-tinn) *s* aquisição; ganho.
Gewgaw (djiu-gó) *s* ninharia; bagatela.
Geyser (gái-zâr) *s* gêiser (fonte de água quente).

Ghastliness (ghés-tlinéss) *s* palidez; aspecto medonho; carranca.
Ghastly (ghés-tli) *adj* pálido; macabro; medonho; lívido; cadavérico.
Gherkin (gâr-kinn) *s* pepino de conserva.
Ghost (gôust) *s* fantasma; espectro; duende; visão; espírito; *The Holly GHOST*: o Espírito Santo.
Ghostlike (gôust-láik) *adj* lúgubre; fantasmagórico.
Ghostliness (gôus-tlinéss) *s* espiritualidade.
Ghostly (gôus-tli) *adj* espiritual; espectral.
Giant (djái-ânt) *s* gigante.
Giant (djái-ânt) *adj* gigantesco; colossal.
Giantess (djái-ântis) *s* gigante (feminino).
Giantlike (djái-ântláik) *adj* gigantesco.
Gib (djib) *s* grampo; chaveta.
Gibber (dji-bâr) *v* algaraviar (falar como um árabe); falar confusamente.
Gibberish (ghi-bârish) *s* o falar de maneira incompreensível (sem nexo).
Gibbet (dji-bet) *s* forca; patíbulo.
Gibbet (dji-bet) *v* enforcar.
Gibbous (ghi-bâss) *adj* corcunda; corcovado.
Gibe (djáib) *s* sarcasmo; escárnio; troça.
Gibe (djáib) *v* zombar; ralhar com; troçar.
Giber (djái-bâr) *s* escarnecedor; trocistas.
Gibing (djái-binn) *s* zombaria; troça.
Gibing (djái-binn) *adj* zombador; escarnecedor.
Giddiness (ghi-dinéss) *s* vertigem; inconstância; atordoamento; desvario.
Giddy (ghi-di) *adj* inconstante; vertiginoso; volúvel.
Gift (ghift) *s* doação; dádiva; oferta; dom; USA presente; *GIFT of gab*: lábia.
Gift (ghift) *v* presentear; doar; dotar.
Gifted (ghif-tid) *adj* dotado; prendado; talentoso.
Gig (ghig) *s* cabriolé; escaler; arpão.
Gigantic (djáighén-tik) *adj* gigantesco; colossal.
Giggle (ghigl) *s* riso hipócrita (amarelo).
Giggle (ghigl) *v* rir furtivamente; dar risadinhas; zombar; rir sem motivo.
Giggler (ghi-glâr) *s* trocista; zombador.
Gild (ghild) *s* corporação; grêmio; comunidade; confraria.
Gild (ghild) *v* dourar; enfeitar; iluminar; *past and pp* GILDED or GILT.
Gilder (ghil-dâr) *s* dourador.
Gilding (ghil-dinn) *s* douração; brilho; embelezamento.
Gill (djil) *s* guelra de peixe; barranco; vale profundo; pelanca debaixo do queixo (carne).
Gilt (ghilt) *s* material para douração; GÍR dinheiro.
Gimlet (ghim-lét) *s* verruma; broca.
Gimmick (ghim-ic) *s* plano inteligente, frequentemente não muito honesto (truque).
Gin (djinn) *s* laço; armadilha; guindaste; máquina (de separar algodão); gim; genebra; GÍR botequim.
Gin (djinn) *v* apanhar no laço; descaroçar algodão (sementes).
Ginger (djin-djâr) *s* gengibre.
Gingerale (djin-djâr-êil) *s* cerveja de gengibre.
Gingerbeer (djin-djârbir) *vide* GINGERALE.
Gingerbread (djin-djârbréd) *s* pão de gengibre.
Gingerly (djin-djârli) *adj* cauteloso; prudente.
Gingerly (djin-djârli) *adv* cautelosamente; cuidadosamente.
Gingery (djin-djâri) *adj* aromático; de sabor a gengibre.
Ginning (djin-ninn) *s* debulha (escolha de sementes do algodão).
Gip (djip) *v* estripar peixe.
Gipsy (dji-psi) *s* cigano; malandro; boêmio; língua dos ciganos; mulher matreira (esperta).
Giraffe (djiré-f) *s* girafa.
Girandole (dji-rândôul) *s* girândola; candelabro; lustre.
Girasol (dji-râsól) *s* girassol.

GIRD — GLUTTONOUS

Gird (gârd) v ligar; cingir; envolver; *past and pp* GIRT.
Girder (gâr-dâr) s viga; trave; zombador.
Girding (gâr-dinn) s cinto; faixa; atadura.
Girdle (gârd-l) s cinto; cinturão; circunferência; zona.
Girdle (gârd-l) v cingir; circundar.
Girl (gârl) s moça; menina; aluna.
Girlhood (gârl-hud) s adolescência feminina.
Girlish (gâr-lish) adj juvenil; próprio de moça.
Girth (gârth) s circunferência; periferia.
Girth (gârth) v encilhar; cingir.
Gist (djist) s fundamento; substância.
Gitano (dji-tânou) *vide* GIPSY.
Give (ghiv) v apresentar; abandonar; ceder; dar; desistir; oferecer; pronunciar; *to* GIVE *again*: restituir; *to* GIVE *away*: lançar mão; *to* GIVE *back*: restituir; retirar-se; *to* GIVE *forth*: proclamar; publicar; divulgar; *to* GIVE *in*: ceder; dar-se por vencido; fugir; *to* GIVE *it away*: ressentear; *to* GIVE *into*: adotar uma opinião; *to* GIVE *off*: desistir; cessar; arrojar; cometer; *to* GIVE *out*: publicar; ceder; fingir; *to* GIVE *people first aid*: prestar primeiros socorros; *to* GIVE *up*: desistir; ceder; depor; *I* GAVE UP *the opportunities I had*: eu abandonei as oportunidades que tinha; *past* GAVE *and pp* GIVEN.
Given (ghiv-n) adj dado; inclinado; concedido.
Giver (ghi-vâr) s doador.
Giving (ghi-vinn) s dom; presente; doação; donativo.
Gizzard (ghi-zârd) s moela (de ave); canal alimentar (crustáceos).
Glacial (glei-shâl) adj glacial; gelado.
Glad (gléd) adj feliz; satisfeito; alegre; contente.
Gladden (gléd-n) v alegrar; animar; contentar; encorajar; alegrar-se.
Glade (glêid) s clareira; atalho; caminho.
Gladly (glé-dli) adv prazenteiramente; de bom grado.
Gladness (gléd-néss) s alegria; satisfação; prazer.
Gladsome (gléd-sâmm) adj alegre; jubiloso; contente.
Glair (glér) s clara de ovo; albumina.
Glaireous (glé-riâss) adj viscoso; pegajoso; albuminoide; com a clara de ovo.
Glairy (glé-ri) *vide* GLAIREOUS.
Glamor (glé-mâr) s feitiço; encanto; bruxaria; magia; fascinação.
Glamorous (glé-mârâss) adj encantador; fascinante.
Glance (glénss) s clarão; fulgor; vislumbre; olhar; olhadela.
Glance (glénss) v lançar um olhar; cintilar; luzir; brilhar.
Gland (glénd) s glande; glândula.
Glare (glér) s brilho; claridade; deslumbramento; olhar penetrante; ar carrancudo.
Glare (glér) v brilhar; cintilar; deslumbrar; encarar ostensivamente.
Glaring (glé-rinn) adj brilhante; evidente; penetrante.
Glaringness (glé-rinnéss) s notoriedade; resplendor.
Glass (glaess) s copo; taça; vidro; espelho; binóculo; ampulheta.
Glass (glaess) v espelhar; refletir.
Glass (glaess) adj de vidro.
Glassiness (glae-sinéss) s aspecto vítreo.
Glassmaker (glaess-mêi-kâr) s vidraceiro; fabricante de vidro.
Glassy (glae-si) adj transparente; cristalino; vítreo.
Glaucous (gló-kâss) adj glauco; verde-azulado (marinho).
Glaze (glêi-z) s lustro; verniz; brilho.
Glaze (glêi-z) v vidrar; envidraçar; polir; lustrar.
Glazed (glêi-zd) adj envidraçado.
Glazer (glêi-zâr) s vidraceiro; vidreiro; esmeril (que corta vidro).
Glazing (glêi-zinn) s vidrado; verniz; esmalte.
Gleam (glimm) s fulgor; brilho; clarão.
Gleam (glimm) v luzir; radiar; cintilar; resplandecer.
Gleaming (gli-minn) adj fulgurante; cintilante.
Glean (glinn) v respigar; recolher.
Gleaning (gli-ninn) s respigo; rebusca; rebusco.
Glee (gli) s regozijo; alegria; canção.
Gleeful (gli-ful) adj alegre; jubiloso; jovial.
Gleefulness (gli-fulnéss) s alegria; prazer; júbilo.
Gleeman (gli-maen) s cantor ambulante; bardo; menestrel.
Glen (glénn) s vale estreito.
Glib (glib) adj fluente; escorregadio; volúvel.
Glibness (glib-néss) s volubilidade; fluência; verbosidade.
Glide (gláid) s escorregadela; deslize; AER planeio.
Glide (gláid) v escorregar; escoar; resvalar; deslizar; planar.
Glimmer (gli-mâr) s vislumbre; luz mortiça; mica.
Glimmer (gli-mâr) v brilhar (fraco).
Glimpse (glimpss) s relance; reflexo; luz débil; vislumbre passageiro.
Glimpse (glimpss) v entrever; luzir por intervalos; relancear; vislumbrar.
Glint (glint) s brilho; fulgor.
Glint (glint) v refletir; luzir; cintilar.
Glisten (glis-n) s cintilação.
Glisten (glis-n) v cintilar; brilhar; luzir.
Glitter (gli-târ) v brilhar; cintilar; reluzir; rebrilhar.
Gloam (glôumm) s crepúsculo; entardecer.
Gloam (glôumm) v obscurecer (como num crepúsculo).
Gloaming (glôu-minn) s crepúsculo; o cair da noite.
Gloat (glôut) v sentir-se bem com o mal alheio; olhar fixamente.
Globate (glôu-bêit) adj globoso; globular; esférico.
Globated (glôu-bêitid) *vide* GLOBATE.
Globe (glôub) s globo; esfera.
Globe (glôub) v arredondar.
Globosity (glôubô-siti) s redondeza; esfericidade.
Globular (gló-biulâr) adj globular; esférico.
Globule (gló-biul) s glóbulo.
Gloom (glumm) s obscuridade; melancolia; tristeza.
Gloom (glumm) v escurecer; entristecer; obscurecer.
Gloominess (glu-minéss) s obscuridade; melancolia; tristeza.
Gloomy (glu-mi) adj obscuro; tenebroso; triste; melancólico.
Glorification (glôurifikêi-shânn) s glorificação; celebração.
Glorify (glôu-rifái) v glorificar; exaltar; celebrar.
Glorious (glôu-riâss) adj glorioso; esplêndido; belo; admirável.
Glory (glôu-ri) s glória; fama; renome; celebridade.
Glory (glôu-ri) v jactar-se; gloriar-se; ufanar-se.
Gloss (glóss) s lustro; brilho; verniz; polimento.
Gloss (glóss) v lustrar; polir; comentar; explicar; insinuar.
Glossary (glôu-sâri) s glossário.
Glosser (glo-sâr) s glosador; comentador; o que dá lustro.
Glossiness (gló-sinéss) s polimento; brilho; lustro.
Glossy (gló-si) adj brilhante; polido; acetinado.
Glottis (gló-tiss) s ANAT glote.
Glove (glâv) s luva.
Glove (glâv) v enluvar.
Glover (glâ-vâr) s luveiro.
Glow (glôu) s calor; ardor; animação.
Glow (glôu) v animar-se; inflamar-se; sentir calor; fosforecer; incandescer.
Glower (glâ-vâr) s olhar ameaçador (feroz).
Glower (glâ-vâr) v olhar com raiva.
Glowing (glôu-inn) adj apaixonado; ardente; indignado; corado; inflamado.
Gloze (glôu-z) v lisonjear; acariciar; glosar; cintilar.
Glue (glu) s cola; grude; visco.
Glue (glu) v colar; grudar.
Gluey (glu-i) adj pegajoso; glutinoso; viscoso.
Glut (glât) s fartura; excesso; superabundância.
Glut (glât) v comer avidamente; fartar; tragar; devorar.
Glutinous (glu-tinâss) adj glutinoso; viscoso; pegajoso.
Glutton (glât-n) s glutão; guloso.
Gluttonous (glât-nâss) adj glutão; guloso; voraz.

GLUTTONY — GOSSIP

Gluttony (glât-ni) s glutonaria; gula.
Gnarl (nârl-l) v resmungar; grunhir.
Gnash (nésh) v ranger os dentes.
Gnat (nét) s bagatela; ninharia; mosquito.
Gnaw (nó) v roer; mortificar; morder.
Gnawer (nó-âr) s roedor.
Gnawing (nó-inn) s dor no estômago (aguda); ação de roer.
Gneiss (náiss) s gnaisse (rocha).
Gnome (nôumm) s gnomo; diabrete; máxima; aforismo.
Gnostic (nós-tik) s gnóstico.
Gnostic (nós-tik) adj gnóstico.
Gnosticism (nós-tissizm) s FIL gnosticismo (doutrina do conhecimento da natureza e dos atributos de Deus).
Go (gôu) s moda; animação; vez; pacto; oportunidade.
Go (gôu) v andar; assentar; decair; ficar bem; desaparecer; dirigir-se; funcionar; ir; mover-se; partir; prosseguir; sofrer; tolerar; trabalhar.
Go... (gôu...) v at a GO: dum golpe; de uma vez; GO about your business!: trate de sua vida!; GO-ahead!: vá em frente!; GO astern!: para trás!; GO-away!: rua!, fora!, vá-se embora!; GO it!: vamos!; prá frente!; GO to grass!: ponha-se lá fora!; GO straight ahead: siga em frente; is it a GO?: estamos entendidos?; it is the GO: é a grande moda; it is no GO: é inútil, isto não anda; to GO about: intentar; empreender; circular; cuidar de; to GO abroad: sair; partir; to GO after: seguir; ir buscar; procurar; to GO against: opor-se; contradizer; to GO along: continuar; prosseguir; to GO ashore: encalhar; to GO astray: extraviar-se; desencaminhar; to GO at: atacar; to GO back: voltar; to GO backward: retroceder; to GO before: proceder; anteceder; to GO behind: seguir alguém; to GO between: mediar; to GO beyond: ir além do permitido; to GO by: passar; adiante; to GO down: baixar; descer; to GO ever: passar por cima; atropelar; to GO far: ir longe; to GO for: ir por; chamar; to GO forth: sair à luz; emanar; publicar-se; to GO forward: prosseguir; avançar; to GO from: apartar-se; separar-se; to GO from strength to strength: muito bem obrigado, um sucesso só; to GO in: entrar; to GO into: entrar; participar de; investigar; to GO jogging: correr a passos moderados; to GO off: disparar; explodir; despedir-se; to GO on: continuar; perseverar; to GO on the streets: prostituir-se; to GO out: sair; sair a campo; to GO round: girar; to GO through: realizar; executar; conseguir; atravessar; to GO up: subir; levantar-se; arruinar-se; falir; to GO up and down: andar errante; to GO without: dispensar; passar bem; to GO wrong: fracassar; past WENT and pp GONE or HAVE GONE.
Goad (gôud) s aguilhão; ferrão.
Goad (gôud) v aguilhoar; FIG incitar; estimular.
Goal (gôal) s meta; objetivo; fim; intento; FUT to keep GOAL: defender o gol.
Goalkeeper (gôulki-pâr) s ESP arqueiro; goleiro.
Goat (gôut) s cabra; bode; POP bode expiatório.
Goatee (gôut-ii) s cavanhaque.
Goatling (gôut-ilinn) s cabrito.
Gob (gób) s pedaço; porção; bocado; escombros.
Gobble (gób-l) v engolir; tragar; fazer barulho; gorgorejar.
Gobbler (gób-lâr) s glutão; USA peru.
Goblet (gó-blit) s taça; copo (com pé).
God (gód) s Deus; GOD Almighty or Almighty GOD: Deus Todo-Poderoso; GOD forbid!: Deus nos livre!; for GOD'S sake: pelo amor de Deus; please GOD!: se Deus quiser!
Godchild (gód-tsháild) s afilhado; afilhada.
Goddaughter (gód-dó-târ) s afilhada.
Goddess (gó-dess) s deusa.
Godfather (gód-fá-dhâr) s padrinho.
Godforsaken (gód-fâr-seikn) s miserável; desgraçado.
Godless (gód-léss) adj herege; ateu; ímpio.
Godlike (gód-láik) adj divino; divinal.
Godmother (gó-d-mó-dhâr) s madrinha.
Godparent (gód-pé-rent) s padrinho; madrinha.
Goer (gôu-âr) s transeunte.
Goffer (gó-fâr) s franzido; frisado.
Goffer (gó-fâr) v frisar; encrespar; estampar.
Goggle (góg-l) s o arregalar (olhos); GÍR os olhos; pl óculos (aviador etc.).
Goggle (góg-l) v arregalar os olhos.
Going (gôuinn) s ida; saída; partida; passo.
Goiter (gói-târ) s caxumba; papeira; bócio.
Gold (gôuld) s ouro; dinheiro; riqueza; cor do ouro.
Goldbeating (gôuld-bi-tinn) s laminação do ouro.
Goldbrick (gôuld-briik) s operário fingindo (no trabalho, que "faz cera"); MIL soldado que foge do serviço.
Golden (gôuld-n) adj dourado; áureo; precioso; excelente; feliz.
Goldsmith (gôuld-smith) s ourives.
Golf (gólf) s ESP golfe (jogo com bola e taco).
Golfer (gól-fâr) s jogador de golfe; golfista.
Golliwog (góli-liuóg) s espantalho; boneca-bruxa (de pano).
Golosh (goló-sh) vide GALOSH.
Gonfalon (gón-fálónn) s gonfalão; pendão; estandarte.
Gong (gónn) s gongo (sino).
Good (gud) s proveito; vantagem; utilidade.
Good (gud) adj bom; excelente; benigno; virtuoso; útil; legítimo; vantajoso; propício; sólido; hábil; considerável; apropriado.
Good (gud) adv bem; GOOD afternoon: boa tarde; GOOD evening: boa noite; GOOD-Fryday: Sexta-Feira Santa; GOOD morning: bom dia; GOOD night: boa noite (ao se despedir); we wish you GOOD luck!: desejamos boa sorte a você!.
Goodbye (gud-bái) s até logo; adeus; forma contraída de God be with you: adeus! (Deus esteja com você).
Goodiness (gu-dinéss) s ingenuidade; inocência.
Goodish (gu-dich) adj regular; não tão bom.
Goodliness (gu-dinéss) s graça; elegância; formosura.
Goodly (gu-dli) adj belo; elegante; virtuoso; considerável; respeitável.
Goodman (gud-mân) s amo; marido.
Goodness (gud-néss) s virtude; bondade; benevolência; fineza; graça; mercê.
Goods (gudz) s mercadorias; artigos; bens.
Goodwife (gud-uáif) s dona de casa; ama.
Goodwill (gud-wil) s boa vontade; benevolência; freguesia; COM fundo comercial.
Goody (gu-di) s bonachão; ingênuo; bobalhão; bombom; USA empregada de estudante (arrumadeira).
Goose (guss) s ganso; ferro de alfaiate; bobo; néscio.
Gooseberry (gus-béri) s groselha.
Goosey (gu-si) adj abobalhado; néscio; bobo.
Gore (gôr) s sangue coagulado; pano de enfeite (triangular).
Gore (gôur) v picar; ferir a chifradas (furar).
Gorge (górdj) s desfiladeiro; garganta; goela.
Gorge (górdj) v engolir; saciar; fartar.
Gorgeous (gór-djáss) adj magnificente; grandioso.
Gorgeousness (gór-djásnéss) s brilho; esplendor; magnificência.
Gorilla (gori-lâ) s gorila (macaco).
Gormandize (gór-mândáiz) v comer avidamente.
Gormandizer (gór-mândáiz) s glutão; guloso.
Gory (gôu-ri) adj ensanguentado.
Gosh (gósh) interj credo!
Gosling (gós-linn) s gansinho.
Gospel (gós-pél) s Evangelho; credo.
Gospel (gós-pél) v evangelizar.
Gosper (gós-pâr) v evangelista.
Gossamer (gó-sâmâr) s fio delgado; teia de aranha.
Gossip (gó-sip) s conversação; prosa; bisbilhoteiro; tagarela; mexerico.

GOSSIP — GRATE

Gossip (gó-sip) *v* palrar; mexericar; tagarelar; murmurar.
Gossipy (gó-sipi) *adj* mexeriqueiro.
Gotcha (gót-cha) *interj* peguei você! (*I have got you!*, frase que surpreende ou amedronta ou, ainda, quando se tem vantagem sobre algo ou alguém).
Goth (góth) *s* Godo (povo germânico, dos séculos 3º e 5º a.D.).
Gothic (gó-thik) *adj* gótico (tipo de construção ogival ou nome de uma caligrafia usada a partir da Idade Média).
Gouge (gáudj) *s* ranhura; goiva (espécie de formão); USA logro.
Gouge (gáudj) *v* USA enganar, lograr.
Gourd (gôurd) *s* cuia de beber; cabaça.
Gout (gáut) *s* MED gota; artritismo.
Gouty (gáu-ti) *adj* MED artrítico; gotoso.
Govern (gâ-vârnn) *v* governar; reger; dominar; administrar.
Governable (gâ-vârnábl) *adj* governável; obediente; dócil.
Governance (gâ-vârnânss) *s* governo; direção; autoridade.
Governess (gâ-vârness) *aij* governanta; instrutora.
Governing (gâ-vârninn) *adj* que governa; que administra.
Government (gâ-vârnment) *s* governo; administração; autoridade; domínio; Estado.
Governmental (gâvârnmén-tâl) *adj* governamental; ministerial.
Governor (gâ-vârnâr) *s* governador; aio; pai; patrão; diretor de penitenciária.
Governorship (gâ-vârnârship) *s* governo.
Gown (gáunn) *s* bata; toga; batina.
Gown (gáunn) *v* vestir-se de toga; vestir-se de túnica.
Gowned (gáun-d) *adj* togado.
Graal (grâ-él) *s* gral (cálice usado na última ceia pelo Divino Mestre, Jesus, que serviu para José de Arimatéia recolher o sangue jorrado de suas chagas).
Grab (gréb) *s* garra; grampo; fraude.
Grab (gréb) *v* segurar; pegar; agarrar.
Grabber (gré-bâr) *s* arrebatador.
Grabble (gréb-l) *v* tatear; apalpar; apanhar; andar às apalpadelas.
Grace (grêiss) *s* graça; garbo; ação de graças; favor; mercê; graça divina; cortesia; agradecimento; COM dia de tolerância (dia da graça).
Grace (grêiss) *v* favorecer; auxiliar; enfeitar; ajudar.
Graceful (grêis-ful) *adj* elegante; gracioso; delicado.
Gracefulness (grêis-fulnéss) *s* graça; elegância; delicadeza.
Graceless (grêis-léss) *adj* amaldiçoado; desgraçado; deselegante; réprobo.
Gracious (grêi-shâss) *adj* bondoso; benigno; amável; cortês.
Graciousness (grêi-shâsnéss) *s* cortesia; benevolência; gentileza; amabilidade.
Grackle (grék-l) *s* melro (pássaro).
Gradation (grâdêi-shânn) *s* gradação; classificação; classe; ordem; série.
Grade (grêid) *s* grau; dignidade; nota escolar; classe; qualidade; cruzamento de raças; USA declive; série escolar.
Grade (grêid) *v* graduar; classificar; nivelar; cruzar animais (raças); USA julgar; classificar.
Gradient (grêi-dient) *s* declive; rampa; grau (aumento ou diminuição); parafuso (graduado).
Gradual (gré-djuâl) *adj* gradual.
Graduate (gré-djuêit) *s* bacharel; diplomado.
Graduate (gré-djuêit) *v* graduar; regular; conferir grau a; diplomar.
Graduate (gré-djuêit) *adj* graduado.
Graduation (grédjuêi-shânn) *s* graduação; formatura.
Graduator (gré-djuêitâr) *s* graduador.
Graft (gréft) *s* enxerto; suborno.
Graft (gréft) *v* enxertar; inserir.
Grafter (gréf-târ) *s* enxertador; subornador; USA aquele que ganha dinheiro ilicitamente.
Grail (grêil) *s* cálice; taça; graal; almofariz.
Grain (grêinn) *s* grão; semente; veio; granulação.

Grain (grêinn) *v* granular; granular-se; cristalizar.
Grainer (grêi-nâr) *s* grão; semente; o que imita os veios da madeira (em pintura).
Gram (grémm) *s* grão-de-bico; o grama (peso).
Grammar (grém-mâr) *s* gramática.
Grammarian (grémêi-riânn) *s* gramático.
Grammatic (grémé-tik) *adj* gramatical.
Grammatical (grémé-tikâl) *vide* GRAMMATIC.
Gramme (grémm) *vide* GRAM.
Gramophone (gré-mofôunn) *s* gramofone; fonógrafo; USA PHONOGRAPH.
Granary (gré-nâri) *s* celeiro para grãos.
Grand (grénd) *adj* grande; majestoso; grandioso; nobre; sublime; digno; USA nota de mil dólares.
Grandchild (grénd-tsháil-d) *s* neto.
Granddaughter (grén-dó-târ) *s* neta.
Grandee (grén-di) *s* magnata.
Grandeur (grén-djur) *s* grandeza; magnificência.
Grandfather (grénd-fâ-dhâr) *s* avô.
Grandiloquence (gréndi-lokuénss) *s* grandiloquência (estilo muito elevado).
Grandiloquent (gréndi-lokuént) *adj* grandiloquente (grandioso).
Grandiosity (gréndió-siti) *s* grandiosidade; imponência.
Grandma (grén-má) *s* GÍR avó.
Grandmama (grén-má) *vide* GRANDMA.
Grandmother (grénd-mâ-dhâr) *s* avó.
Grandness (grén-dnéss) *s* pompa; grandeza; fausto.
Grandpa (grénd-pá) *s* vovô (tratamento carinhoso para *GRANDFATHER*; avô).
Grandparent (grénd-pérents) *s* antepassado (avô ou avó); *GRANDPARENTS*: avós.
Grandson (grén-dsânn) *s* neto.
Grange (gréndj) *s* granja; herdade; USA associação de lavradores.
Granger (grêin-djâr) *s* granjeiro; fazendeiro.
Granite (gré-nit) *s* granito (rocha).
Granitic (gréni-tik) *adj* granítico.
Granny (grén-ni) *s* tratamento carinhoso de *GRANDMOTHER*; avó; vovó; POP mulher idosa; mulher velha.
Grant (grént) *s* concessão; outorga; donativo; mercê; privilégio.
Grant (grént) *v* conceder; admitir; outorgar.
Grantee (grénti-) *s* concessionário; cessionário; donatário; outorgado.
Granular (grén-niulâr) *adj* granular.
Granulate (gré-niulêit) *v* granular; granular-se.
Granulation (gréniulêi-shânn) *s* granulação.
Grape (grêip) *s* uva; parreira.
Graph (gréf) *s* diagrama; gráfico.
Graphic (gré-fik) *adj* gráfico.
Graphical (gré-fikâl) *vide* GRAPHIC.
Grapnel (grép-nél) *s* NÁUT âncora pequena; arpão de ferrar navios.
Grapple (grépl) *s* luta; combate.
Grapple (grépl) *v* agarrar; lutar; prender; agarrar; amarrar.
Grasp (grésp) *s* ação de agarrar; mão; punho; presa; usurpação; garra; compreensão.
Grasp (grésp) *v* agarrar; segurar; compreender; usurpar; tomar; apoderar-se.
Grasper (grés-pâr) *s* aquele que compreende; aquele que apanha.
Grasping (grés-pinn) *adj* avaro; ávido.
Grass (gréss) *s* erva; relva; grama; pasto.
Grass (gréss) *v* gramar; pastar; *I've got to cut the GRASS*: tenho que cortar a relva.
Grasshopper (gréss-hópâr) *s* gafanhoto.
Grate (grêit) *s* grade; grelha de fogão.
Grate (grêit) *v* raspar; irritar; ofender.

Grateful (grêit-ful) *adj* grato; agradecido; agradável; *I'm very GRATEFUL to you:* fico grato a você.
Gratefulness (grêit-fulnéss) *s* gratidão; reconhecimento; agrado.
Gratification (gré-tifikêi-shânn) *s* gratificação; prêmio; recompensa; satisfação; deleite; gozo.
Gratify (gré-tifái) *v* satisfazer; agradar; contentar; gratificar; recompensar.
Gratis (grêi-tiss) *adv* grátis; gratuito.
Gratitude (gré-tituid) *s* reconhecimento; gratidão.
Gratuitous (grâtiu-itâss) *adj* gratuito; gracioso; voluntário; espontâneo.
Gratuitousness (grâtiu-itâsnéss) *s* desinteresse; espontaneidade.
Gratuity (grâtiu-iti) *s* presente; dádiva; propina; gorjeta; gratificação.
Grave (grêiv) *s* sepultura; fossa; tumba; sepulcro; acento grave.
Grave (grêiv) MÚS grave; tom baixo.
Grave (grêiv) *v* gravar; esculpir; sepultar; enterrar; *past* GRAVED *and pp* GRAVEN.
Grave (grêiv) *adj* grave; sério; importante; sisudo.
Gravel (gré-vel) *s* cascalho; pedregulho; saibro; areia grossa.
Gravel (gré-vel) *v* cobrir de areia ou de calcário.
Graveness (grêv-néss) *s* gravidade; seriedade.
Graver (grêi-vâr) *s* buril; cinzel escultor; gravador.
Graveyard (grêiv-iárd) *s* cemitério.
Gravid (gré-vid) *adj* mulher grávida; prenhe.
Graving (grêi-vinn) *s* gravação; gravura; impressão.
Gravitate (gré-vitêit) *v* gravitar.
Gravitation (grévitêi-shânn) *s* gravitação; tendência; inclinação.
Gravity (gré-viti) *s* gravidade; importância; atração; seriedade.
Gravy (grêi-vi) *s* caldo de carne; molho.
Gray (grêi) *vide* GREY.
Grayish (grêi-ish) *adj* acinzentado; cinzento; pardo.
Grayness (grêi-néss) *s* cor cinza; cor parda.
Graze (grêiss) *s* pasto.
Graze (grêiss) *v* apascentar; roçar; pastar.
Grazier (grêi-ziâr) *s* criador de gado.
Grazing (grêiz-inn) *s* pastagem.
Grease (griss) *s* gordura animal; graxa; lubrificante.
Grease (griss) *v* engraxar; engordar; untar; engordurar; lubrificar.
Greaser (gri-sâr) *s* lubrificador; azeitador.
Greasiness (gri-sinéss) *s* unguento; gordura.
Greasy (gri-si) *adj* gorduroso; oleoso; obsceno; escorregadio; sujo.
Great (grêit) *adj* grande; ótimo; benigno; notável; sublime; vasto; elevado; principal; magnânimo; difícil; notório; remoto.
Greatness (grêit-néss) *s* grandeza; grandiosidade; magnitude; poder; majestade.
Grecian (gri-shânn) *vide* GREEK.
Greed (grid) *s* voracidade; sovinice; ambição desmedida; avareza.
Greediness (grid-néss) *vide* GREED.
Greedy (gri-di) *adj* avarento; ganancioso; voraz; guloso; insaciável.
Greek (grik) *s* grego.
Greek (grik) *adj* grego.
Green (grinn) *s* verde; verdura; prado.
Green (grinn) *v* pintar de verde; cobrir de verde.
Green (grinn) *adj* verde; fresco; recente; novo; tolo; viscoso; moço.
Greenback (grin-bék) *s* USA moeda em papel de qualquer valor.
Greenery (gri-nâri) *s* horta; verdura.
Greengage (grin-ghêidj) *s* ameixa europeia (rainha cláudia).
Greenhouse (grin-háuss) *s* estufa.
Greenish (gri-nish) *adj* esverdeado.
Greenness (grin-néss) *s* inexperiência; novidade; verdura; frescura.
Greenroom (grin-rumm) *s* camarim.
Greensward (grin-suórd) *s* gramado; relva.
Greet (grit) *v* saudar; felicitar; cumprimentar.
Greeting (gri-tinn) *s* saudação; felicitação; cumprimento.
Gregarious (grighêi-riâss) *adj* gregário.
Gregorian (grêgôu-riânn) *adj* gregoriano (alusão ao Papa Gregório I que teria introduzido o canto-chão, isto é, o canto de diversas vozes, em uníssono, no ritual da Igreja e, também, ao Papa Gregório XIII que estabeleceu o calendário atualmente praticado).
Grenade (grinêi-d) *s* granada (bomba manual).
Grenadier (grenâdi-r) *s* granadeiro (soldado).
Grey (grêi) *s* a cor cinza.
Grey (grêi) *adj* cinzento; pardo; USA GRAY.
Grid (grid) *s* grade paralela (barras); grelha.
Griddle (grid-l) *s* forma para assar tortas.
Gride (grâid) *v* cortar (com som áspero); raspar.
Gridiron (grid-aìrân) *s* USA campo de futebol; ENGL FOOTBALL FIELD.
Grief (grif) *s* pesar; dor; tristeza; aflição.
Grievance (gri-vanss) *s* agravo; lesão; ofensa; injúria.
Grieve (griv) *v* entristecer; agravar; injuriar; afrontar; afligir; lamentar-se; afligir-se; doer-se.
Griever (gri-vâr) *s* o que aflige; ofensor; o que afronta.
Grieving (gri-vinn) *s* dor; aflição; angústia.
Grievous (gri-vass) *adj* grave; penoso; aflitivo; doloroso.
Grig (grig) *s* grilo; enguia; anão; homem divertido.
Grill (gril) *s* grelha; assado (em grelha).
Grill (gril) *v* frigir na grelha; grelhar; FIG torturar; atormentar; USA interrogatório policial intenso.
Grillage (gri-lidj) *s* estacaria fincada num terreno (alicerce).
Grille (gril) *s* grade ferro; tela de ferro (para portão, portas e janelas); AUT grade de radiador.
Grim (grimm) *adj* feio; carrancudo; medonho; bárbaro.
Grimace (grimêi-ss) *s* careta; carranca.
Grimace (grimêi-ss) *v* fazer caretas (cara feia).
Grime (gráimm) *s* sujidade; imundície.
Grime (gráimm) *v* sujar; emporcalhar.
Griminess (grái-minéss) *s* imundície; sujeira; porcaria.
Grimness (grim-néss) *s* horror; espanto.
Grimy (grái-mi) *adj* sujo; porco; imundo.
Grin (grinn) *s* arreganho de dentes.
Grin (grinn) *v* fazer caretas; arreganhar os dentes.
Grind (gráind) *s* ação de afiar; trabalho pesado; estudante aplicado; ação de moer.
Grind (gráind) *v* moer; reduzir a pó; amolar facas; oprimir; polir; ranger os dentes; GÍR estudar intensamente; *past and pp* GROUND.
Grinder (gráin-dâr) *s* moinho; moleiro; esmeril; tocador de realejo; aluno muito aplicado.
Grinding (gráin-dinn) *s* moagem; trituração.
Grinding (gráin-dinn) *adj* triturante; moedor.
Grip (grip) *s* aperto de mão; beliscão; presa; garra; espasmo; punho do remo.
Grip (grip) *v* agarrar; segurar.
Gripe (gráip) *s* opressão; sujeição; cólica; aperto; agarramento; USA mau humor.
Gripe (gráip) *v* agarrar; apertar; segurar; afligir; oprimir.
Grippe (grip) *s* MED gripe; influenza.
Gripper (grip-âr) *s* pinça.
Grisliness (griz-linéss) *s* terror; pânico.
Grisly (griz-li) *adj* terrível; medonho; espantoso.
Grist (grist) *s* quantia de grãos (para moer); GÍR porção; quantidade.
Gristle (grisl) *s* cartilagem; tendões.
Gristly (gri-sli) *adj* cartilaginoso.
Grit (grit) *s* areia; saibro.

GRIT — GULL

Grit (grit) *v* ranger.
Grittiness (gri-tinéss) *s* consistência arenosa; firmeza de caráter; coragem.
Gritty (gri-ti) *adj* saibroso; arenoso; bravo; corajoso.
Grizzle (griz-l) *adj* matiz cinzento; pardo.
Grizzly (griz-li) *adj* cinzento; grisalho.
Groan (gróunn) *s* gemido; lamento; suspiro; berro.
Groan (gróunn) *v* gemer; suspirar; rugir.
Groaning (gróu-ninn) *vide* GROAN.
Groat (gróut) *s* moeda inglesa (antiga); quantia insignificante.
Grocer (gróu-sâr) *s* merceeiro; vendeiro; armazém (de alimentos).
Grocery (gróu-sâri) *s* empório; armazém (alimentos); mercearia.
Grogginess (gró-ghinéss) *s* embriaguez; bebedeira.
Groggy (gró-ghi) *adj* ébrio; cambaleante; embriagado.
Groin (gróinn) *s* ANAT virília; ARQT aresta.
Groom (grumm) *s* tratador de animais; cavalariço; USA noivo no dia do casamento.
Groomsman (grummz-maen) *s* padrinho de casamento (do noivo).
Groove (gruv) *s* encaixe; entalhe; estria; sulco.
Groove (gruv) *v* sulcar; entalhar; estriar.
Grooviness (gru-vinéss) *s* encaixe; ranhura; rotina.
Grope (gróup) *v* tatear; andar às apalpadelas.
Groper (gróu-pâr) *s* o que anda usando o tato.
Grosbeak (gróus-bik) *s* cardeal (pássaro).
Gross (gróuss) *s* o grosso.
Gross (gróuss) *adj* grosso; espesso; rude; grosseiro; crasso; total; bruto.
Grossly (gróus-li) *adv* grosseiramente; excessivamente; totalmente.
Grossness (gróus-néss) *s* grosseria; densidade; grossura; espessura.
Grotesque (grotés-k) *adj* grotesco; ridículo.
Ground (gráund) *s* terra; solo; terreno; base; fundamento; território; motivo; causa; bens (de raiz); sedimentos; detritos; fezes.
Ground (gráund) *v* fixar; estabelecer; basear; fundamentar; encalhar; ensinar com insistência (sistematicamente).
Grounding (gráund) *s* fundamento; encalhe de um navio; fundo; base.
Groundless (gráund-léss) *adj* sem fundamento; infundado.
Groundwork (graud-uârk) *s* fundação; parte fundamental, alicerce.
Group (grup) *s* grupo.
Group (grup) *v* agrupar; reunir.
Grouping (gru-pinn) *s* agrupamento; ordem; série.
Grouse (gráuss) *s* galo silvestre; faisão.
Grouse (gráuss) *v* lamentar-se.
Grousing (gráu-sinn) *s* rabugice; ENGL descontentamento.
Grout (gráut) *s* argamassa; resíduo; farinha grosseira.
Grout (gráut) *v* encher de reboco; cimentar.
Grouting (gráu-tinn) *s* processo de rebocar ou cimentar.
Grouty (gráu-ti) *adj* turvo; intratável; arisco; árido.
Grove (gróuv) *s* bosque; alameda.
Grovel (gróvl) *v* arrastar-se; engatinhar.
Groveller (gro-vlâr) *s* homem vil; baixo; ordinário.
Grow (gróu) *v* crescer; cultivar; plantar; tornar-se; progredir; enraizar-se; *past* GREW *and pp* GROWN.
Grower (gróu-âr) *s* produtor; lavrador.
Growing (gróu-inn) *s* crescimento; cultura; vegetação.
Growl (grául) *s* grunhido; resmungo.
Growl (grául) *v* resmungar; bramir; grunhir.
Growler (gráu-lâr) *s* resmungão; cão rosnador.
Grown (gróunn) *adj* crescido; desenvolvido; *past and pp* de GROW.
Growth (gróuth) *s* crescimento; desenvolvimento; cheia de maré; melhoria; produção.
Grub (grâb) *s* larva; verme; GÍR comida.
Grub (grâb) *v* roçar; cavar; capinar; USA GÍR comer.
Grubber (grâ-bâr) *s* sacho; escavador.
Grudge (grâdj) *s* rancor; ódio; inveja; ressentimento.
Grudge (grâdj) *v* invejar; mostrar má vontade; resmungar; murmurar.
Grudger (grâ-djâr) *s* invejoso; rabujento.
Gruel (gru-el) *s* papa de farinha.
Gruelling (gruel-inn) *adj* árduo; cansativo.
Gruesome (gru-sâmm) *adj* horrível; pavoroso.
Gruff (grâf) *adj* áspero; rude; carrancudo; grosseiro.
Gruffness (grâf-néss) *s* grosseria; aspereza.
Grumble (grámbl) *v* resmungar; murmurar; queixar-se.
Grumbler (grâm-blâr) *s* resmungão; rabugento.
Grumbling (grâm-blinn) *s* murmuração; queixume.
Grumpiness (grâm-pinéss) *s* rabujice; impertinência.
Grumpy (grâm-pi) *adj* rabugento; queixoso; ríspido.
Grunt (grânt) *s* grunhido; gemido.
Grunt (grânt) *v* grunhir; resmungar; rosnar; gemer.
Grunter (grân-târ) *s* grunhidor; porco; roncador.
Guarantee (ghéranti-) *s* garantia; fiança; abono.
Guarantee (ghéranti-) *v* garantir; responsabilizar-se.
Guarantor (ghé-rântâr) *s* fiador; abonador.
Guaranty (ghé-rânti) *s* garantia; fiança.
Guard (gárd) *s* guarda, vigilante; sentinela; condutor de trem.
Guard (gárd) *v* guardar; vigiar; proteger; defender.
Guarded (gár-did) *adj* cauteloso; prevenido; prudente.
Guardian (gár-diânn) *s* tutor; curador.
Guardianship (gár-diânship) *s* tutela; tutoria; proteção; curadoria.
Guava (gu-êive) *s* goiaba.
Gudgeon (gâ-djânn) *s* isca; tolo.
Gudgeon (gâ-djânn) *v* enganar; lograr.
Guerdon (gâr-dânn) *s* galardão; recompensa; prêmio.
Guerrilla (gheri-lâ) *s* guerrilha; guerrilheiro.
Guess (ghéss) *s* suposição; palpite; conjetura; adivinhação.
Guess (ghéss) *v* conjeturar; avaliar; guiar; supor; adivinhar; acertar; crer.
Guessable (ghé-sâbl) *adj* conjeturável.
Guesser (ghé-sâr) *s* conjeturador; adivinho; adivinhador.
Guessing (ghé-sinn) *s* conjetura; adivinhação.
Guesswork (ghés-uârk) *s* suposição; adivinhação; conjetura.
Guest (ghést) *s* conviva; hóspede; convidado; visita.
Guffaw (gâfo) *s* gargalhada.
Guffaw (gâfo) *v* gargalhar.
Guidance (gâi-dénss) *s* guia; direção; governo.
Guide (gáid) *s* guia; padrão; norma; modelo.
Guide (gáid) *v* guiar; governar; dirigir; arranjar; ordenar.
Guiding (gái-dinn) *adj* dirigente; regulador; relativo a direção.
Guild (ghild) *s* guilda; corporação; associação.
Guilder (ghil-dâr) *s* florim, moeda da Holanda (de diversos países).
Guile (gáil) *s* engano; fraude; logro; artifício.
Guileful (gáil-ful) *adj* astucioso; enganador; malicioso; insidioso.
Guileless (gáil-léss) *adj* ingênuo; franco; sincero.
Guilelessness (gáil-lésnéss) *s* ingenuidade; inocência.
Guilt (ghilt) *s* culpa; crime; pecado.
Guiltiness (ghil-tinéss) *s* culpabilidade; criminalidade.
Guiltless (ghilt-lés) *adj* inocente.
Guiltlessness (ghilt-lésnéss) *s* inocência.
Guilty (ghil-ti) *adj* culpado; perverso; réu; criminoso.
Guinea (ghi-ni) *s* guinéu, antiga moeda de ouro inglesa (21 xelins).
Guise (gáiz) *s* modo; pretexto; maneira; aparência.
Guitar (ghitár) *s* guitarra.
Gulch (gâltsh) *s* ravina (torrente de água); garganta.
Gulf (gâlf) *s* golfo; abismo.
Gull (gâl) *s* gaivota; logro; embuste; engano.

Gull (gâl) *v* lograr; enganar; fraudar.
Gullet (gu-lét) *s* garganta; esôfago; encanamento subterrâneo; canal.
Gullibility (gâlibi-liti) *s* credulidade; simplicidade.
Gully (gâ-li) *s* fosso; ravina; vala.
Gulp (gâlp) *s* trago; gole.
Gulp (gâlp) *v* tragar (de um gole); engolir com avidez.
Gum (gâmm) *s* goma; grude; gengiva; USA galochas; goma de mascar.
Gum (gâmm) *v* grudar; colar; engomar.
Gummy (gâ-mi) *adj* gomoso; viscoso.
Gumption (gâmp-shânn) *s* inteligência; perspicácia; sagacidade.
Gun (gânn) *s* arma de fogo; pistola; rajada.
Gun (gânn) *v* atirar (arma de fogo).
Gunpowder (gân-páu-dâr) *s* pólvora.
Gurgle (gârgl) *s* golfada.
Gurgle (gârgl) *v* gorgulhar; borbulhar; borbotar.
Gush (gâsh) *s* jorro; entusiasmo; efusão.
Gush (gâsh) *v* brotar; esguichar; jorrar; emocionar.
Gusher (gâ-shâr) *s* coisa que jorra; pessoa emocionável.
Gushing (gâ-shinn) *adj* que jorra; o que se emociona facilmente.
Gusset (gâ-sét) *s* entretela; reforço de costura.
Gust (gâst) *s* pé-de-vento; paixão; rajada; gosto; sabor.
Gustation (gâstêi-shânn) *s* ato de provar; gustação.
Gustative (gâstêitiv) *adj* gustativo.
Gustatory (gâs-tâtôuri) *vide* GUSTATIVE.
Gustful (gâst-ful) *adj* saboroso.
Gustiness (gâs-tinéss) *s* caráter; estado tempestuoso; borrascoso.
Gusty (gâs-ti) *adj* tempestuoso; violento; borrascoso.
Gut (gât) *s* tripa; corda de trípa.
Gut (gât) *v* esvaziar.

Gutter (gâ-târ) *s* calha; goteira; canal; valeta.
Gutter (gâ-târ) *v* instalar calhas; instalar canos.
Guttering (gâ-târinn) *s* encanamento de águas.
Guttural (gâ-târâl) *s* som modificado pela garganta, gutural.
Guttural (gâ-târâl) *adj* gutural.
Guy (gái) *s* cabo; corda; fuga; corrente; FIG pessoa ridícula; GÍR cara; USA camarada; sujeito; indivíduo.
Guy (gái) *v* prender (com cabo); USA zombar ridicularizar.
Guzzle (gâz-l) *v* beber (em excesso); comer (em excesso); embriagar-se.
Guzzler (gâ-zlâr) *s* ébrio; beberrão.
Gymnasium (djimnêi-jiâmm) *s* ginásio.
Gymnast (djim-nést) *s* ginasta.
Gymnastic (djimnés-tik) *adj* ginástico.
Gymnastical (djimnés-tikâl) *vide* GYMNASTIC.
Gymnastics (djimnés-tiks) *s* ginástica.
Gynecologist (djinikó-lodjist) *s* MED ginecologista.
Gynecology (djinikó-lodji) *s* MED ginecologia.
Gyp (djip) *s* criado (da Universidade de Cambridge); vigarista; USA cadela.
Gyp (djip) *v* trapacear; roubar; enganar.
Gypseous (djip-siâss) *adj* cheio de gesso; da natureza do gesso.
Gypsum (djip-sâmm) *s* gesso.
Gypsy (dji-psi) *s* cigano.
Gyrate (djái-rit) *adj* circular.
Gyrate (djái-rit) *v* girar; circular.
Gyration (djáirêi-shânn) *s* giro; rotação; volta.
Gyratory (djái-râtôuri) *adj* giratório; rotatório; circulatório.
Gyre (djáir) *s* giro; volta.
Gyre (djáir) *v* girar.
Gyrose (djái-rôuss) *adj* ondeado; encurvado.
Gyve (djáiv) *v* encadear; algemar; acorrentar.
Gyves (djái-vz) *s* cadeias; grilhões; algemas; corrente.

hH

H (ëitsh) *s* oitava letra do alfabeto Português e Inglês e diversos outros alfabetos.
Ha (há) *interj* Ah!
Haberdasher (hé-bâr'dé-shâr) *s* proprietário de loja de armarinhos; USA comerciante que vende artigos masculinos.
Haberdashery (hé-bâr'dé-shâri) *s* loja de armarinho; USA loja de artigos para homens.
Habile (há-bil) *adj* hábil; destro; competente.
Habiliment (hábi-limént) *s* roupa; vestuário; traje.
Habilitate (hâbi-litéit) *v* habilitar; equipar.
Habilitation (hábilitêi-shânn) *s* habilitação; aptidão.
Habit (hé-bit) *s* hábito (roupa); hábito; costume; estado; condição.
Habitable (hé-bitábl) *adj* habitável.
Habitation (hébitêi-shânn) *s* habitação; morada.
Habitual (hâbi-tshuál) *adj* habitual; costumeiro.
Habitualness (hâbi-tshuálness) *s* habitualidade.
Habituate (hâbi-tshuéit) *v* habituar; habituar-se; acostumar.
Habitude (hé-bitiud) *s* hábito; uso; familiaridade; trato; costume.
Hack (hék) *s* trabalhador; talho; corte; entalhe; brecha; picareta; cavalo cansado; mercenário.
Hack (hék) *v* cortar; picar; despedaçar; entalhar; alugar (cavalos); prostituir-se; *I don't HACK that any more!*: não aguento mais isso!
Hackle (hékl) *s* seda crua; filamento; isca de pesca.
Hackney (hék-ni) *s* cavalo de aluguel; meretriz.
Hackney (hék-ni) *adj* assalariado; gasto; comum; cansado; que é de aluguel.
Hackney (hék-ni) *v* cansar pelo excesso de uso (cavalo, auto etc.); conduzir num carro (alugado).
Hades (hêi-diss) *s* hades; inferno.
Hag (hég) *s* feiticeira; fúria; velha (muito feia); bruxa.
Haggard (hé-gârd) *adj* pálido; arisco; feroz; magro.
Haggle (hégl) *s* regatear; pechinchar; despedaçar.
Haggler (hé-glâr) *s* regateador; aquele que despedaça.
Haggling (hé-glinn) *v* hesitação; regateio.
Hail (hêil) *s* saraiva; grito; granizo; saudação.
Hail (hêil) *v* saudar; saraivar; vomitar.
Hail (hêil) *interj* salve!; *HAIL the king!*: salve o rei!
Hair (hér) *s* cabelo; crina; fibra; filamento.
Hairbrush (hér-brâsh) *s* escova (de cabelo).
Haircut (hér-kât) *s* corte (de cabelo).
Hairiness (hé-rinéss) *s* estado de ser cabeludo; estado de ser peludo.
Hairless (hé-rliss) *s* calvo; careca; pelado.
Hairpin (hér-pinn) *s* grampo (de cabelo).
Hairy (hé-ri) *adj* cabeludo; felpudo; peludo.
Hake (héik) *s* peixe (igual ao bacalhau).
Hale (hêil) *adj* robusto; forte; são.
Hale (hêil) *v* alar; puxar com força.
Half (háf) *s* metade.
Half (háf) *adj* meio; quase.
Half (háf) *adv* meio; quase.
Halfway (háf-uêi) *adj* incompleto.
Halfway (háf-uêi) *adv* na metade do caminho; parcialmente.

Hall (hól) *s* salão; corredor; vestíbulo; entrada.
Hallmark (hól-márk) *s* marca; carimbo (ouro ou prata).
Hallo (hêi-lóu) *interj* olá! alô!
Hallow (hél-lóu) *v* santificar; consagrar; reverenciar.
Halloween (hélôw-inn) *s* véspera do dia de Todos os Santos; dia das bruxas (31 de outubro).
Hallowmass (hél-lóumáss) *s* dia de Todos os Santos.
Hallucinate (héliu-sinéit) *v* alucinar; apaixonar.
Hallucination (héliussinêi-shânn) *s* alucinação; ilusão; engano.
Halo (hêi-lóu) *s* halo; auréola.
Halo (hêi-lóu) *v* aureolar.
Halt (hólt) *s* paragem; parada; pausa; estacionamento.
Halt (hólt) *v* mancar; coxear; hesitar; parar; duvidar; vacilar.
Halter (hól-târ) *s* cabresto; corda; coxo; frente única (peça feminina).
Halter (hól-târ) *v* encabrestar; amarrar (com uma corda).
Halve (hév) *v* dividir (no meio); rachar (algo com alguém); reduzir pela metade.
Ham (hémm) *s* aldeia; presunto; pernil (porco); curva (da perna); GÍR canastrão; radioamador.
Hamburger (hém-bârguer) *s* sanduíche (carne moída assada e temperada).
Hamlet (hém-lét) *s* aldeola; aldeia; lugarejo.
Hammer (hé-mâr) *s* martelo; malho; percursor; cão; gatilho (arma de fogo).
Hammer (hé-mâr) *v* martelar; USA criticar (com severidade).
Hammock (hém-mák) *s* rede (para dormir).
Hamper (hém-pâr) *s* cesto (grande).
Hamper (hém-pâr) *v* enganar; embaraçar; pôr (em cestos); estorvar; embaraçar.
Hand (hénd) *s* mão; mão (vez de jogar); mão de obra; pata dianteira; operário; execução; marujo; tendência; assinatura.
Hand (hénd) *v* dar; guiar; entregar; transmitir; passar; conduzir; ajudar; cooperar.
Hand (hénd) *adj* feito a mão; usado na mão; acionado a mão.
Handbag (hénd-bég) *s* mala de mão; bolsa; USA pocket-book.
Handball (hénd-ból) *s* ESP jogo praticado com as mãos (com bola).
Handbook (hénd-buk) *s* manual; guia; USA caderneta (uso em corridas de cavalo); *HANDBOOK-man*: banqueiro de aposta de cavalos; ENGL bookmaker.
Handcuff (hénd-kâff) *s pl* algemas.
Handcuff (hénd-kâff) *v* algemar; dominar; coagir.
Handed (hénd-did) *adj* que tem mãos; de mãos dadas; conduzido na mão.
Handful (hénd-ful) *s* mão-cheia; porção.
Handgrip (hénd-grip) *s* ato de agarrar (com a mão).
Handicap (hén-dikép) *s* desvantagem imposta a um competidor forte (dando vantagem ao mais fraco).
Handicap (hén-dikép) *v* pôr obstáculos; pôr embaraço.
Handicraft (hén-dikréft) *s* ofício; trabalho manual; mão de obra.
Handiness (hén-dinéss) *s* perícia; habilidade; prontidão; comodidade.

HANDIWORK — HARTSHORN

Handiwork (hén-diuárk) s trabalho manual; obra feita pela mão humana.
Handkerchief (hén-kártshif) s lenço.
Handle (hénd-l) s punho; cabo (de navalha, faca); maçaneta; manivela.
Handle (hénd-l) v manejar; apalpar; manipular; manobrar; negociar com.
Handling (hén-dlinn) s manobra; execução; toque; manejo; retoque.
Handmade (hénd-mêid) adj feito a mão.
Handmaiden (hénd-meiden) s criada; arrumadeira.
Handout (hénd-óut) s folheto (para publicidade); nota (para a imprensa).
Handsel (hénd-sél) s presente comemorativo (casamento, ano novo, Natal).
Handsel (hénd-sél) v estrear; presentear.
Handsome (hén-sâmm) adj belo; bonito; elegante; simpático; generoso; perfeito; honrado.
Handsomeness (hén-sâmnéss) s beleza; elegância; generosidade.
Handwork (hénd-uôrk) s trabalho manual.
Handwriting (hénd-raiting) s escrita; letra; caligrafia.
Handy (hén-di) adj jeitoso; destro; hábil; útil; desembaraçado.
Hang (hénn) s ladeira; caimento (de vestido, roupa etc.); propensão.
Hang (hénn) v enforcar; pendurar; prender; ameaçar; depender; esperar; hesitar; past HUNGED and pp HUNG.
Hangar (hân-gâr) s hangar; galpão.
Hanger (hén-nár) s verdugo; carrasco; cabide; USA cartaz de propaganda em casa comercial (de papelão).
Hangling (hén-ninn) s ato de pendurar; enforcamento; suspensão.
Hangling (hén-ninn) adj suspenso.
Hangman (hénn-maen) s carrasco (que enforca).
Hank (hénk) s novelo de linha; laço; meada; prestígio; poder.
Hanker (hén-kâr) v asiar; almejar.
Hankering (hén-kârinn) s desejo veemente; anseio; aspiração.
Hansa (hén-sa) s confederação de várias cidades alemãs na Idade Média (de ordem comercial).
Hap (hép) s sorte; acidente; acaso.
Hap (hép) v acontecer; ocorrer (forma antiga).
Haphazard (hép-zard) s acidente; acaso; fortuna; sorte.
Haphazard (hép-zard) adj casual; fortuito.
Haphazard (hép-zard) adv casualmente.
Hapless (hép-léss) adj infeliz; sem sorte.
Haply (hé-pli) adv por acaso; talvez; casualmente; acidentalmente.
Hap'orth (hêi-pârth) s 1/2 pêni (ABREV de HALFPENNYWORTH).
Happen (hép-n) v acontecer; ocorrer; suceder.
Happening (hép-nin) s ocorrência; acontecimento; sucesso.
Happily (hé-pili) adv felizmente.
Happiness (hé-pinéss) s felicidade; prazer; graça; ventura; ocorrência feliz.
Happy (hé-pi) adj feliz; alegre; hábil; afortunado; ditoso; venturoso; próspero.
Harangue (hâré-nn) s dircurso repetitivo; arenga; alocução; lengalenga.
Harangue (hâré-nn) v arengar.
Haranguer (hârén-nâr) s falador; arengador; discursador.
Harass (hâ-ráss) v fustigar; cansar; aborrecer; importunar; perseguir.
Harasser (hé-rássâr) s molestador.
Harassment (hé-rássment) s tormento; aborrecimento; estrago; devastação; ruína.
Harbinger (hár-bindjâr) s arauto; presságio; precursor; prenúncio.
Harbor (hár-bâr) s porto; asilo; alojamento; ancoradouro.
Harbor (hár-bâr) v abrigar; alojar; refugiar-se.
Harborage (hâr-bâridj) s porto; refúgio; asilo.
Harborer (hâr-bârâr) s aquele que possibilta abrigo a alguém.
Harborless (hâr-bârléss) adj desamparado; desabrigado.
Harbour (hár-bâr) vide HARBOR.
Harbourage (hâr-báridj) vide HARBORAGE.
Harbourer (hâr-bârâr) vide HARBORER.
Harbourless (hâr-bârléss) vide HARBORLESS.
Hard (hárd) adj sólido; difícil; duro; vigoroso; rude; ofensivo; opressivo.
Hard (hárd) adv diligentemente; duramente; firmemente; laboriosamente.
Harden (hárd-n) v insensibilizar; endurecer; solidificar; temperar (aço, ferro etc.); enrijecer; robustecer.
Hardened (hárd-nd) adj obstinado; endurecido.
Hardening (hárd-ninn) s dureza; endurecimento; têmpera; obstinação.
Hardiness (hár-dinéss) s coragem; vigor; ânimo; valor.
Hardly (hár-dli) adv raramente; de má vontade; duramente.
Hardness (hárd-néss) s dureza; firmeza; solidez; severidade; grosseria; desumanidade.
Hardship (hárd-ship) s fadiga; opressão; trabalho.
Hardware (hárd-uér) s ferramenta; quinquilharia; USA ferragem.
Hardwood (hárd-uud) s madeira-de-lei.
Hardy (hár-di) s cinzel; talhadeira.
Hardy (hár-di) adj forte; robusto; vigoroso; endurecido; intrépido; ousado.
Hare (hér) s lebre.
Hare (hér) v correr rapidamente.
Harebrained (hér-brêind) adj volúvel; inconstante; louco.
Harehearted (hér-hârtd) adj medroso; tímido.
Harelip (hér-lip) s lábio leporino (fendido como o da lebre).
Harem (hêi-remm) s harém (conjunto de odaliscas).
Haricot (hé-rikôu) s feijão; ensopado (guisado) de carne de carneiro com feijão.
Hark (hárk) v escutar atentamente.
Hark (hárk) interj ouve! escuta!
Harlot (hár-lât) s meretriz; rameira.
Harlotry (hár-lâtri) s prostituição.
Harm (hármm) s prejuízo; dano; ofensa.
Harm (hármm) v prejudicar; causar dano; ofender.
Harmful (hárm-ful) adj nocivo; prejudicial; perigoso.
Harmfulness (hárm-fulnéss) s prejuízo; dano; maldade.
Harmless (hárm-léss) adj inocente; inofensivo; ileso.
Harmonic (hármó-nik) adj harmônico.
Harmonious (hármôu-niâss) adj MÚS harmonioso.
Harmoniousness (hármôu-niâsnéss) s harmonia.
Harmonize (hár-monáiz) v conciliar; harmonizar; pôr-se de acordo.
Harmony (hár-moni) s MÚS harmonia; concórdia; concordância.
Harness (hár-néss) s arreios; armadura.
Harness (hár-néss) v arrear; armar.
Harp (hárp) s harpa; ASTR lira (constelação).
Harp (hárp) v tocar harpa.
Harpoon (hárpu-nn) s arpão; fisga.
Harpoon (hárpu-nn) v arpoar.
Harpsichord (hár-piskórd) s MÚS clavicórnio; cravo.
Harpy (hár-pi) s harpia (ave); chantagista.
Harridan (hé-ridânn) s megera; bruxa; mulher velha.
Harrow (hé-rôu) s perturbação; grade; incômodo; distúrbio.
Harrow (hé-rôu) v gradar; torturar.
Harry (hé-ri) v assolar; oprimir; saquear; destruir.
Harsh (hársh) adj áspero; rigoroso; forte; austero; intratável.
Harshen (hár-shen) v tornar áspero; tornar severo; cruel.
Harshness (hár-shen) s aspereza; severidade; dureza; autoridade.
Hart (hárt) s veado.
Hartshorn (hárts-hórnn) s chifre de veado.

HARVEST — HEATHEN

Harvest (hár-vést) s colheita; ceifa; sega.
Harvest (hár-vést) v ceifar; fazer a colheita.
Harvester (hár-véstár) s ceifeiro; máquina de ceifar.
Hash (hésh) s picado.
Hash (hésh) v picar; retalhar.
Hasp (hésp) s broche; anel de cadeado.
Hasp (hésp) v fechar com cadeado.
Hassock (hé-sâk) s capacho espesso; genuflexório.
Haste (hêist) s prontidão; presteza; precipitação; diligência; urgência.
Haste (hêist) v apressar; *to make HASTE*: apressar-se; *to HASTE away*: partir às pressas; *to HASTE in*: entrar precipitadamente.
Hastily (hêis-tli) *adv* às pressas; apressadamente; aceleradamente.
Hasty (hêis-ti) *adj* apressado; vivo; precipitado; impetuoso; violento.
Hat (hét) s chapéu.
Hatch (hétsh) s ninhada; comporta; manifestação; descobrimento; que sai da casca.
Hatch (hétsh) v chocar (ovos); incubar; tramar.
Hatchet (hét-shit) s machadinha.
Hatching (hé-tshinn) s ato de chocar; riscos; ninhada.
Hatchment (hé-tshment) s armas; brasões de um morto.
Hatchway (hé-tshuêi) s NÁUT escotilha.
Hate (hêit) s ódio; aversão.
Hate (hêit) v odiar; abominar; detestar.
Hateful (hêit-ful) *adj* detestável; reprovável; odioso.
Hater (hêi-târ) s inimigo; abominador.
Haughtiness (hó-tinéss) s altivez; orgulho; arrogância.
Haughty (hó-ti) *adj* orgulhoso; soberbo; insolente; arrogante.
Haul (hól) s puxão; arrasto; arranco.
Haul (hól) v puxar; rebocar; arrastar.
Haulage (hó-lidj) s despesas com transportes; NÁUT ato de levantar uma embarcação.
Hauling (hó-linn) s transporte; reboque; puxão.
Haulm (hómm) s caule; colmo.
Haunch (hántsh) s anca; quadril.
Haunt (hánt) s retiro; covil; antro; USA HANGOUT.
Haunt (hánt) v assombrar; perseguir; visitar; frequentar.
Haunted (hán-tid) *adj* visitado por espíritos errantes; assombrado.
Hautboy (hôu-bói) s MÚS oboé; morango.
Have (hév) v ter; tomar (bebida); dever; aceitar; possuir; querer; ter de; *have you got a driving licence?*: você tem carta de motorista?; *past or pp* HAD.
Haven (hêiv-n) s porto; enseada; refúgio; asilo; abrigo.
Haversack (hé-vársék) s mochila; bornal.
Havoc (hé-vâk) s destruição; ruína; estrago; devastação.
Havoc (hé-vâk) v arruinar; destruir; devastar; destroçar; arruinar.
Haw (hó) s cerca; enxadão; cercado.
Haw (hó) v gaguejar; rir largamente.
Hawfinch (hó-fintsh) s pardal (pássaro).
Hawk (hók) s falcão (ave); pigarro.
Hawk (hók) v pigarrear (limpar a garganta); caçar com falcão; mascatear.
Hawkweed (hó-kuíd) s chicória.
Hawser (hó-zâr) s NÁUT espia; cabo; amarra.
Hay (hêi) s feno; forragem.
Hay (hêi) v fazer feno; armar laços.
Hayseed (hêi-sid) s USA caipira; matuto.
Hazard (hé-zârd) s azar; risco; perigo; acaso; jogo (de azar).
Hazard (hé-zârd) v arriscar; aventurar-se; correr o risco.
Hazardable (hé-zârdâbl) *adj* arriscado; temerário.
Hazardous (hé-zârdâss) *adj* arriscado; perigoso; incerto.
Hazardousness (hé-zârdâsnéss) s risco; acidente.
Haze (hêi-z) s nevoeiro; mormaço; neblina; obscuridade; perturbação mental.
Haze (hêi-z) v atemorizar; espantar; nublar; USA trote estudantil (ENGL *BULLY*).
Hazel (hêiz-l) s aveleira.
Hazel (hêiz-l) *adj* castanho (cor).
Haziness (hêi-zinéss) s cerração; escuridão; nebulosidade.
Hazy (hêi-zi) *adj* confuso.
He (hi) s homem; símbolo químico do hélio.
He (hi) *adj* animal macho; HE-goat: um bode.
He (hi) *pron* ele.
Head (héd) s cabeça; chefe; intelecto; guia; cabeçalho; nascente (rio); cara (de moeda).
Head (héd) v guiar; governar; chefiar; encabeçar; comandar.
Head (héd) *adj* principal.
Headache (hé-dêik) s dor de cabeça; enxaqueca.
Headdress (hé-dress) s penteado; toucado.
Header (hé-dâr) s cabeça; chefe.
Headiness (hé-dinéss) s teimosia; obstinação; precipitação.
Headline (héd-lain) s título de jornal; manchete; cabeçalho.
Headlong (héd-long) *adj* rápido; precipitado; temerário; repentino.
Headlong (héd-long) *adv* precipitadamente; impetuosamente.
Headmaster (héd-mástér) s diretor de escola; reitor.
Headphone (héd-fônn) s fone de orelha (aparelho de som).
Headquarters (héd-quárters) s comando; quartel-general.
Headship (héd-tship) s autoridade; chefe.
Headsman (héds-mân) s carrasco.
Headstone (héd-stoun) s pedra fundamental; pedra angular; pedra tumular.
Headstrong (héd-stron) s teimoso; cabeçudo; indomável.
Headwork (héd-wêrk) s trabalho mental; título.
Heady (hé-di) *adj* violento; forte; temerário; embriagante.
Heal (hil) v curar; sarar; cicatrizar; conciliar; remediar.
Healable (hi-lâbl) *adj* curável; sanável.
Healer (hi-lâr) s médico.
Healing (hi-linn) s cura; ato de curar; restabelecimento.
Healing (hi-linn) *adj* curativo; medicinal; apaziguador.
Health (hélth) s saúde; sanidade; pureza; sinceridade; brinde; salvação.
Healthful (hélth-ful) *adj* salubre.
Healthfulness (hélth-fulnéss) s salubridade; sanidade.
Healthiness (hélt-thinéss) s sanidade.
Healthy (hél-thi) *adj* são; sadio; saudável.
Heap (hip) s monte; pilha; acúmulo; aglomeração (de pessoas).
Heap (hip) v amontoar; aglomerar; cumular; empilhar.
Hear (hip) v ouvir; ouvir falar; escutar; dar ouvidos; examinar; *past and pp* HEARD.
Hearer (hi-râr) s ouvinte; investigador; auditor.
Hearing (hi-rinn) s audição; audiência; averiguação; JUR exame e inquirição de testemunhas.
Hearken (hár-ken) v escutar atentamente.
Hearsay (hir-séi) s boato; rumor; voz.
Hearse (hârss) s carro fúnebre; ataúde; féretro.
Heart (hárt) s coração; peito; interior (íntimo de qualquer coisa); centro; amor; coragem; ânimo; sensibilidade; alma.
Hearten (hártân) v animar; estimular.
Heartfelt (hárt-félt) *adj* sincero; cordial.
Hearthstone (hárth-stôunn) s lareira (pedra).
Heartily (hár-tili) *adv* sinceramente; cordialmente.
Heartiness (hár-tinéss) s sinceridade; cordialidade.
Heartless (hárt-léss) *adj* cruel; desumano; insensível; covarde.
Hearty (hár-ti) *adj* cordial; franco; sincero; robusto.
Heat (hit) s calor; aquecimento; ardor; cólera.
Heat (hit) v aquecer; esquentar; animar-se; agitar; fermentar.
Heater (hi-târ) s aquecedor; estufa.
Heath (hi-th) s mata; terreno baldio.
Heathen (hi-thnn) s pagão; gentio; idólatra.
Heathen (hi-thnn) *adj* gentílico; rude; cruel.

HEATHENDOM — HEREBY

Heathendom (hi-dhndâmm) s paganismo; gentilismo.
Heating (hi-tinn) s aquecimento.
Heave (hiv) s elevação; náusea; esforço (para vomitar, para levantar-se etc.).
Heave (hiv) v levantar; içar; suspender; palpitar; lançar; vomitar; expectorar; *past and pp* HOVE.
Heaven (hévn) s céu; firmamento; RELIG o Céu.
Heavenliness (hévn-linéss) s excelência suprema.
Heavenly (hévn-li) adj celestial; divino.
Heavenly (hévn-li) adv divinamente.
Heaver (hi-vâr) s carregador; pé de cabra; alavanca.
Heaviness (hi-vinéss) s peso; opressão; mágoa; tristeza.
Heavy (hi-vi) adj pesado; oneroso; carregado; denso; maciço; triste; árduo.
Heavyweight (hé-vi-uêit) s ESP peso-pesado (boxe).
Hebraic (hibrêi-k) adj hebráico.
Hebraical (hibrêi-kâl) *vide* HEBRAIC.
Hebrew (hi-bru) s hebreu; judeu.
Hebrew (hi-bru) adj hebreu; hebráico.
Hecatomb (hé-kâtumm ou hékâtomm) s hecatombe (morte de cem bois); mortandade; carnificina humana.
Heckle (hékl) v interpelar; apartear; importunar.
Heckler (hé-klâr) s importunador; cardador.
Hectare (hék-tér) s hectare (medida = 10.000m quadrados).
Hectogram (hék-togrémm) s hectograma (peso = 100 gramas).
Hectoliter (hék-tolitâr) s hectolitro (medida = 100 litros).
Hectolitre (hék-tolitâr) *vide* HECTOLITER.
Hectometer (hék-tomitâr) s hectômetro (medida = 100 metros lineares).
Hectometre (hék-tomitâr) *vide* HECTOMETER.
Hector (héc-târ) s valentão; fanfarrão.
Hector (héc-târ) v afrontar; enfadar; fanfarronar; atormentar; perseguir.
Hedge (hédj) s cerca viva; proteger; tapume; obstáculo.
Hedgeborn (hédj-bórnn) adj de descendência humilde.
Hedgerow (hédj-rôu) s planta que forma cerca, muro.
Hedonism (hi-dânizm) s hedonismo (sistema que estabelece o prazer como essencial).
Hedonist (hi-dânist) s hedonista (partidário do hedonismo).
Heed (hid) s cautela; cuidado; consideração; atenção.
Heed v prestar atenção a; considerar; atender.
Heedful (hid-ful) adj cuidadoso; precavido; atento; cauteloso.
Heedless (hid-léss) adj distraído; descuidado; imprudente; insensato; negligente.
Heehaw (hi-hó) s zurro; gargalhada.
Heehaw v zurrar.
Heel (hil) s calcanhar; tacão; salto; NÁUT inclinação do navio.
Heel v colocar salto ou tacão em; NÁUT inclinar.
Heeler (hi-lâr) s USA protegido (de chefe político).
Hefty (héf-ti) adj USA substancioso; pesado; violento; ENGL STURDY.
Hegemony (hidjé-moní) s superioridade; hegemonia; supremacia.
Hegira (hé-djirâ) s hégira (fuga de Maomé da cidade de Meca para Medina, em 622 a.D.).
Heifer (hé-fâr) s novilha; vitela.
Height (háit) s altura; excelência; altitude; elevação; eminência.
Heighten (háit-n) v elevar; erguer; levantar; realçar; alçar.
Heinous (hêi-nâs) adj atroz; odioso; horrível.
Heinousness (hêi-nâsnéss) s infâmia; horror; atrocidade.
Heir (ér) s herdeiro; sucessor.
Heirdom (ér-dâmm) s herança.
Heiress (é-réss) s herdeira.
Heirship (ér-ship) s qualidade de herdeiro; direito de herdar.
Helicopter (hélikóp-târ) s helicóptero.
Heliocentric (hiliossén-trik) adj heliocêntrico (o Sol como centro).
Heliocentrical (hilossén-trikâl) *vide* HELIOCENTRIC.

Heliotrope (hi-liotrôup) s heliotrópio (flor que se volta ao Sol).
Helium (hi-liâmm) s QUÍM hélio (símbolo: He).
Helix (hi-liks) s hélice; ARQT voluta.
Hell (hél) s inferno.
Hellenic (hélé-nik) s grego.
Hellenic (hélé-nik) adj grego; helênico.
Hellenize (hé-lináiz) v helenizar.
Hellish (hé-lish) adj infernal.
Hellishness (hé-lishnéss) s caráter diabólico.
Hello (hâllow) *interj* alô!
Helm (hélmm) s leme; governo; timão; direção.
Helm v dirigir; governar; conduzir; guiar.
Helmet (hél-mit) s elmo; capacete.
Help (hélp) s ajuda; socorro; auxílio; remédio; recurso; ajudante.
Help v ajudar; auxiliar; socorrer; remediar; evitar.
Helper (hél-pâr) s auxiliar; ajudante.
Helpful (hélp-ful) adj proveitoso; útil; prestativo.
Helpfulness (hélp-fulnéss) s auxílio; préstimo; ajuda.
Helpless (hélp-léss) adj desamparado; impotente; irremediável; desvalido.
Helplessness (hélp-lésnéss) s abandono; desamparo; debilidade.
Helpmate (hélp-mêit) s ajudante; companheiro (cônjuge).
Helve (hélv) s cabo (para diversos instrumentos).
Helvetian (hélvi-shiânn) s suíço.
Helvetian (hélvi-shiânn) adj helvécio; suíço.
Helvetic (hélvé-tik) adj helvécio.
Hem (hémm) s bainha; debrum; orla; pigarro.
Hem (hémm) v debruar; embainhar; tossir fingidamente; pigarrear.
Hemisphere (hé-misfâr) s hemisfério (metade de esfera).
Hemispheric (hémisfé-rik) adj hemisférico.
Hemispherical (hémisfé-rikâl) *vide* HEMISPHERIC.
Hemlock (hémm-lók) s cicuta, (planta venenosa).
Hemorrhoid (hé-mâróids) s MED hemorroidas (varizes nas veias do reto).
Hemp (hémp) s cânhamo (árvore).
Hempen (hém-pem) adj cânhamo (feito de).
Hempseed (hámp-sid) s cânhamo (semente).
Hen (hénn) s galinha; fêmea (de aves).
Hence (hénss) adv daqui; daí; desde que.
Hence (hénss) *conj* portanto; por essa razão; em consequência; logo.
Henceforth (héns-fôurth) adv daqui em diante; para o futuro; de hoje em diante.
Henceforward (héns-fór-uârd) *vide* HENCEFORTH.
Henchman (hén-tshmaen) s subordinado; partidário; valete; criado; pajem.
Hennery (hén-nâri) s galinheiro.
Heptagon (hép-tâgónn) s heptágono (polígono com sete lados e sete ângulos).
Her (hâr) *pron* seu; seus; sua; suas; dela; lhe; a ela.
Herald (hé-râld) s o que anuncia; arauto; mensageiro.
Herald (hé-râld) v anunciar; proclamar; apresentar; introduzir.
Heraldry (hé-râldri) s heráldica (ciência dos brasões); genealogia.
Herb (hârb ou ârb) s erva; planta; legume.
Herbaceous (hârbêi-shâss) adj herbáceo (relativo as ervas).
Herbage (hâr-bidj) s pastagem; pasto.
Herculean (hârkiu-liânn) adj hercúleo; gigantesco.
Herd (hârd) s bando; multidão; grei; rebanho; manada.
Herd (hârd) v andar em bandos; reunir em rebanhos; andar em mandadas.
Herdsman (hârds-maen) s pastor; guardador (de gado).
Here (hir) adv aqui; neste lugar; cá.
Hereafter (hir-áftâr) adv doravante; para o futuro.
Hereby (hir-bái) adv pela presente; por este meio; não longe daqui.

HEREDITABILITY — HITCH

Hereditability (hiréditâbi-liti) s hereditariedade.
Hereditable (hiré-ditâbl) adj herdável.
Hereditament (hé-ri-di-tâmént) s herança; patrimônio herdado.
Hereditary (hiré-ditâri) adj hereditário.
Herein (hi-rinn) adv aqui dentro; nisto.
Hereof (hir-óf) adv disto; a respeito disto; daqui; como resultado disto.
Hereon (hir-ónn) adv sobre isto; a respeito disto; para isso.
Heresy (hé-rissi) s RELIG heresia.
Heretic (hé-ritik) s RELIG herege; ateu.
Heretic (hé-ritik) adj herético.
Heretical (hiré-tikâl) vide HERETIC.
Hereto (hir-tu) adv até agora; a este lugar; a esse fim.
Hereupon (hir-âpónn) adv por causa disto.
Herewith (hir-uith) adv com isto; junto, incluso.
Heritable (hé-ritâbl) adj que pode ser recebido por herança.
Heritage (hé-ritidj) s tradição; herança; patrimônio.
Hermetic (hârmé-tik) adj hermético, completamente fechado (que não entra ar).
Hermit (hâr-mit) s eremita; solitário.
Hermitage (hâr-mitidj) s ermida; eremitério.
Hero (hi-rôu) s herói.
Heroic (hirói-k) adj heroico.
Heroism (hé-roizm) s heroísmo.
Heron (hé-rânn) s garça (ave).
Hers (hârz) pron seu (s); sua (as); dela.
Herself (hârsel-f) pron ela mesma; ela própria.
Hesitance (hé-zitânss) s hesitação; indecisão; vacilação.
Hesitancy (hé-zitânsi) vide HESITANCE.
Hesitation (hézitêi-shânn) vide HESITANCE.
Hesitative (hezitêi-tiv) adj vacilante; indeciso; irresoluto.
Heterodox (hé-târodóks) adj heterodoxo (não ortodoxo); RELIG oposto aos princípios de uma religião.
Heterogeneity (hé-târodjini-iti) s heterogeneidade (não homogêneo).
Heterogeneous (hétârodji-niâss) adj heterogêneo.
Hew (hiu) v cortar; talhar; picar; desbastar; past HEWED and pp HEWN.
Hewer (hiu-âr) s talhador; desbastador; lenhador.
Hexagon (hék-sâgónn) s hexágono (seis ângulos e seis lados).
Hey (hêi) interj olá! ê! hem!
Hi! (hái) interj olá! oi!
Hiatus (háitêi-tâss) s hiato; brecha; fenda; interrupção.
Hibernal (háibâr-nâl) adj hibernal; invernal.
Hibernate (hái-bârnêit) v hibernar.
Hibernation (háibârnêi-shânn) s hibernação (sono prolongado).
Hiccough (hi-câp) s soluço.
Hiccough (hi-câp) v soluçar.
Hide (háid) s couro; pele.
Hide (háid) v esconder; ocultar; cobrir com couro; tirar o couro. past HID and pp HIDED, HID or HIDDEN.
Hidebound (háid-báund) adj intratável; mesquinho.
Hideous (hi-diâss) adj abominável; horrível; feio.
Hideousness (hi-diâsnéss) s fealdade; espanto; horror.
Hiding (hái-dinn) s encobrimento; esconderijo; surra; sova.
Hie (hái) v ativar; apressar-se.
Hierarchic (háiârár-kik) adj hierárquico.
Hierarchical (háiârâr-kikâl) vide HIERARCHIC.
Hierarchy (hái-ârárki) s hierarquia.
Hieratic (háiâré-tik) adj hierático.
Hieratical (háiâré-tikâl) vide HIERATIC.
Hieroglyph (hái-ârôglif) s hieróglifo (escrita egípcia).
Hieroglyphic (háiárógli-fik) vide HIEROGLYPH.
Higgle (hig-l) v regatear; negociar; pechinchar.
Higgler (hig-glâr) s regateador; pechinchador.
High (hái) s número elevado; trunfo (jogo de cartas); USA altura; AUT a terceira velocidade.

High (hái) adj alto; grande; eminente; altivo; orgulhoso; arrogante; consumado; completo; RELIG sumo; JUR supremo.
High (hái) adv altamente; de preço excessivo; arrogantemente; luxuosamente.
Highball (hái-ból) s USA uísque (com soda e gelo picado).
Highlander (hái-léndâr) s terra montanhosa; montanhês da Escócia (norte).
Highness (hái-néss) s elevação; altura; grandeza; sublimidade; alteza (com H maiúsculo e antes de Your, His ou Her).
Highway (hái-uéi) s estrada (de rodagem); rodovia (alta velocidade).
Hike (háik) s caminhada.
Hike (háik) v excursionar; fazer longas caminhadas (por prazer).
Hilarious (háilêi-riâss) adj alegre; jovial; hilariante.
Hilarity (hilé-riti) s hilaridade; jovialidade; alegria.
Hill (hil) s colina; encosta; monte.
Hill (hil) v amontoar; acumular.
Hillman (hil-maen) s montanhês.
Hillock (hi-lâk) s colina.
Hilly (hi-li) adj acidentado; cheio de colinas; montanhoso.
Hilt (hilt) s punho; guarda; copos (de espada); cabo.
Hilted (hil-tid) adj que tem cabo (espada).
Him (himm) pron o; lhe; ele.
Himself (himsél-f) pron ele mesmo; ele próprio; se; a si mesmo.
Hind (háind) s camponês; corça.
Hind (háind) adj posterior; traseiro.
Hinder (háin-dâr) v embaraçar; impedir; obstruir; retardar.
Hinderance (hin-dârânss) s impedimento; obstáculo; estorvo; empecilho.
Hindu (hin-du) s hindu (da Índia).
Hinge (hindj) s dobradiça; ponto principal; NÁUT macho e fêmea do leme.
Hinge (hindj) v depender de; curvar.
Hint (hint) s insinuação; sugestão; USA advertência.
Hint (hint) v sugerir; insinuar; dar a entender; aludir; advertir.
Hip (hip) s anca; quadril; cadeiras.
Hip (hip) v derrear; desconjuntar; entristecer; produzir melancolia.
Hippishness (hi-pishnéss) s melancolia; desânimo.
Hippodrome (hi-podrôumm) s hipódromo (para corrida de cavalos).
Hippopotamus (hipopó-tâmâss) s hipopótamo.
Hircine (hâr-sinn) adj hircino (relativo ao bode); com cheiro de bode.
Hire (háir) s aluguel; salário; ordenado.
Hire (háir) v alugar; assalariar; subornar; USA contratar (empregado).
Hired (háir-ed) adj de aluguel; mercenário; assalariado; alugado.
Hireling (háir-linn) s mercenário.
Hireling (háir-linn) adj mercenário; venal.
Hirsute (hârsiu-t) adj hirsuto; peludo; cabeludo.
His (hiz) pron seu; sua; seus; suas; dele.
Hiss (his) s assobio; silvo; apupo.
Hiss (his) v assobiar; silvar; vaiar.
Hisser (hi-sâr) s assobiador; aquele que vaia.
Hist (híst) interj silêncio; psiu!
Historian (histôu-riânn) s historiador; cronista.
Historic (histó-rik) adj histórico.
Historical (histó-rikâl) vide HISTORIC.
History (his-tori) s história.
Hit (hit) s golpe; pancada; acerto.
Hit (hit) v ferir; bater; chocar-se; acertar; atingir o alvo; alcançar; colidir.
Hitch (hitsh) s nó; laço; parada; obstáculo; dificuldade; problema.
Hitch (hitsh) v sacudir; enganchar; atrelar; enroscar-se; agarrar; prender.

HITCHHIKER — HORRID

Hitchhiker (hitsh-háiker) *s* carona.
Hither (hi-târ) *adj* aquém de; até aqui; para cá; para aqui.
Hither (hi-târ) *adv* aquém de; até aqui; para cá; para aqui.
Hitherto (hi-dhârtu) *adv* até agora; até aqui.
Hitter (hi-târ) *s* o que bate; o que fere.
Hive (háiv) *s* colmeia; enxame.
Hive (háiv) *v* enxamear.
Hives (háivz) *s* MED urticária.
Ho (hôu) *interj* olá, alô!
Hoar (hôur) *adj* branco; alvo; grisalho; bolorento.
Hoar (hôur) *v* envelhecer; mofar.
Hoard (hôurd) *s* provisão; tesouro; esconderijo.
Hoard (hôurd) *v* amontoar; acumular; entesourar.
Hoarse (hôurss) *adj* discordante; rouco.
Hoarseness (hôurs-néss) *s* rouquidão.
Hoary (hôu-ri) *adj* esbranquiçado; branco; encanecido; velho.
Hoax (hôuks) *s* mistificação; logro; burla; engano.
Hoax (hôuks) *v* mistificar; lograr; fraudar; enganar.
Hob (hób) *s* projeção da lareira (lateral).
Hobble (hob-l) *s* obstáculo; coxeadura; dificuldade.
Hobble (hob-l) *v* mancar; embaraçar.
Hobbler (hob-blâr) *s* coxo; manco.
Hobby (hó-bi) *s* passatempo; ocupação predileta; cavalinho de pau.
Hobgoblin (hóbgó-blinn) *s* duende; fantasma; espectro.
Hobnail (hób-nêil) *s* cravo de ferradura; prego grosso; tachão.
Hobnail (hób-nêil) *v* pregar.
Hobnob (hób-nób) *s* convite para beber.
Hobnob (hób-nób) *v* brindar à saúde; beber em companhia de outrem.
Hock (hók) *s* jarrete; vinho (do Reno).
Hock (hók) *v* GÍR empenhorar; pôr no prego.
Hockey (hó-ki) *s* ESP hóquei.
Hocus-pocus (hôu-kâs-pôu-kâss) *s* prestidigitador; farsa; tolice.
Hocus-pocus (hôu-kâs-pôu-kâss) *v* mistificar; engodar; aturdir.
Hoe (hôu) *s* enxada; máquina para cavar.
Hoe (hôu) *v* cavar; capinar.
Hog (hóg) *s* porco; capado.
Hoggish (hó-ghish) *adj* porco; vil; imundo; sujo.
Hogshead (hógs-héd) *s* casco; barril.
Hoist (hóist) *s* guindaste; guincho; elevador.
Hoist (hóist) *v* levantar; guindar; içar; alçar.
Hold (hôuld) *s* apresamento; posse; controle; prisão; NÁUT porão.
Hold (hôuld) *v* segurar; durar; conter; ocupar; celebrar; comportar; defender; julgar; manter; aguentar; *past and pp* HELD.
Holdall (hôul-dól) *s* mochila; saco de viagem.
Holder (hôul-dâr) *s* detentor; asa; possuidor; arrendatário; proteção; cabo; punho.
Holding (hôul-dinn) *s* influência; arrendamento; posse; coro; estribilho.
Hole (hôul) *s* buraco; cavidade; cova; antro; caverna.
Hole (hôul) *v* cavar; esburacar; meter-se (num buraco).
Holiday (hó-lidêi) *s* dia santo; feriado; dia de festa.
Holland (hó-lânn) *s* holanda (tecido).
Hollander (hó-lânde) *adj* holandês.
Hollow (hó-lôu) *s* cavidade; vale; buraco; concavidade; antro; caverna.
Hollow (hó-lôu) *v* perfurar; cavar; escavar; esvaziar.
Hollow (hó-lôu) *adj* oco; surdo; falso; enganador.
Holster (hôuls-târ) *s* coldre; porta-revólver.
Holy (hôu-li) *adj* santo; sagrado; pio; piedoso; HOLY *Water:* Água Benta; HOLY-*Week:* Semana Santa; HOLY-*WRIT:* Sagrada Escritura; HOLY OF HOLIES: RELIG santíssimo; santuário.
Homage (hó-midj) *s* homenagem; honraria; deferência.
Home (hôumm) *s* lar; casa; pátria; família; residência.

Home (hôumm) *adj* doméstico; caseiro; nativo; natal.
Homeless (hôum-léss) *s* sem lar; sem asilo; sem casa.
Homesick (hôum-sik) *adj* nostálgico; com saudades da pátria; com saudades do lar.
Homespun (hôum-spânn) *s* pano de fabricação nacional.
Homespun (hôum-spânn) *adj* simples; caseiro; nacional, feito no país.
Homestead (hôum-stéd) *s* solar; herdade; propriedade rural.
Homework (hôum-uôrk) *s* tarefa de casa; trabalho (de casa).
Homicide (hó-missáid) *s* homicídio; assassinato.
Homily (hó-mili) *s* RELIG homília, sermão.
Homogeneity (homodji-ni-iti) *s* homogeneidade.
Homogeneous (homodji-niâss) *adj* homogêneo.
Homonym (hó-monimm) *s* homônimo (mesmo nome); GRAM (mesma pronúncia, grafia e significados diferentes).
Homophonous (homó-fonâss) *adj* GRAM homófono (mesma pronúnica ou som).
Hone (hôunn) *s* pedra de amolar (afiar).
Hone (hôunn) *v* afiar; amolar; lamentar-se; afligir-se.
Honest (ó-nist) *adj* probo, sincero; franco; íntegro.
Honestly (ó-nistli) *adv* honestamente; honradamente.
Honesty (ó-nisti) *s* honradez; probidade; pureza.
Honey (hâ-ni) *s* mel; doçura; GÍR querido; querida; meu bem.
Honey (hâ-ni) *v* adoçar; falar com carinho; cobrir de mel; tornar doce.
Honeybee (hâ-nibi) *s* abelha.
Honeycomb (hâ-nikôumm) *s* favo de mel.
Honeymoon (hâ-nimunn) *s* lua-de-mel.
Honor (ó-nâr) *s* honra; honestidade; fama; dignidade; ornamento; senhoria.
Honor (ó-nâr) *v* honrar; homenagear; glorificar; COM pagar uma letra no dia do vencimento.
Honorable (ó-norábl) *adj* honroso; honrado; justo; honorífico.
Honour (ó-nâr) *vide* HONOR.
Honourable (ó-norábl) *vide* HONORABLE.
Hood (hud) *s* touca; capuz; dobra; prega ornamental; chapéu; capa de chaminé; USA AUT capota de carro (capô).
Hood (hud) *v* encapuzar.
Hoodmanblind (hud-maen-bláind) *s* cabra-cega.
Hoodwink (hud-uink) *v* vendar os olhos; lograr; enganar.
Hoof (huf) *s* casco de cavalo.
Hoof (huf) *v* andar devagar; andar a passo (a pé).
Hook (huk) *s* gancho; anzol; engodo.
Hook (huk) *v* enganchar; dependurar; furtar; pescar.
Hooked (hukt) *adj* curvo; arqueado.
Hooker (hu-kâr) *s* barco pequeno (de pesca).
Hoop (hup) *s* arco; círculo; anel; colar.
Hoop (hup) *v* prender com arcos; guinchar; cercar; rodear.
Hooper (hu-pâr) *s* tanoeiro (ave).
Hooping (hu-pinn) *s* gritaria; algazarra; ação de prender com aros.
Hoot (hut) *s* grito; apupo; vaia; pio.
Hoot (hut) *v* gritar; apupar; vaiar.
Hop (hóp) *s* salto; pulo; baile; BOT lúpulo.
Hop (hóp) *v* andar aos pulos; saltitar.
Hope (hôup) *s* esperança; confiança; expectativa.
Hope (hôup) *v* esperar; ter confiança.
Hopeful (hôup-ful) *adj* esperançoso; esperançado.
Hopeless (hôup-léss) *adj* desesperançado; desamparado.
Hopper (hó-pâr) *s* saltador; caixa de água para sanitário (com válvula); gafanhoto.
Horde (hôur-d) *s* horda; bando; clã.
Horizon (horáiz-n) *s* horizonte.
Horn (hórnn) *s* chifre; corno; antena de inseto; protuberância óssea; MÚS corneta.
Hornet (hór-nit) *s* vespão.
Horny (hór-ni) *adj* córneo; caloso.
Horrible (hó-ribl) *adj* horrível; espantoso; atroz.
Horrid (hó-rid) *adj* horrível.

HORRIFY — HUNGER

Horrify (hó-rifái) *v* horrorizar.
Horse (hórss) *s* cavalo; cavalaria; *HORSE opera*: filme de Far West.
Horseman (hórs-maen) *s* cavaleiro; soldado de cavalaria.
Horsemanship (hórs-maenship) *s* equitação.
Horseshoe (hórsishu) *s* ferradura.
Horticulture (hór-tikâltshur) *s* horticultura.
Hose (hôuz) *s* meias; mangueira; calções.
Hose (hôuz) *v* puxar água (com mangueira).
Hosier (hôu-jár) *s* vendedor de meias, malhas, calções etc.
Hosiery (hôu-jâri) *s* fábrica de meias ou malhas.
Hospice (hós-piss) *s* hospício.
Hospitable (hós-pitâbl) *adj* hospitaleiro.
Hospital (hós-pitâl) *s* hospital.
Host (hôust) *s* hoste; exército; bando; hóspede; hospedeiro; RELIG Hóstia (o Corpo de Cristo).
Host (hôust) *v* hospedar; receber a bordo; sediar.
Hostage (hós-tidj) *s* penhor; refém; garantia.
Hostel (hós-tel) *s* hospedaria; estalagem; residência (para estudante).
Hostelry (hós-telri) *vide* HOSTEL.
Hostile (hós-til) *adj* hostil; inimigo.
Hostility (hósti-liti) *s* hostilidade; inimizade.
Hostler (ós-lâr) *s* cavalariço; ferroviário (preparador de locomotivas).
Hot (hót) *adj* quente; ardente; fogoso; violento.
Hotel (hou-tel) *s* hotel; hospedaria.
Hotness (hót-néss) *s* calor; furor; ardor; veemência.
Hotspur (hót-spâr) *adj* violento; temerário.
Hound (háund) *s* cão de caça; sabujo; FIG pessoa vil.
Hound (háund) *v* caçar com cães.
Hour (áuâr) *s* hora; tempo; ocasião.
Hourly (áuâr-li) *adj* breve; recente; feito a cada hora.
Hourly (áuâr-li) *adv* a cada hora.
House (háuss) *s* casa; residência; casa comercial; habitação; lar; domicílio; casa de espetáculos; assembleia.
House (háuss) *v* residir; hospedar; alojar; morar.
Household (háus-hôuld) *s* família; lar; governo da casa.
Householder (háus-hôuldâr) *s* dono da casa; chefe de família.
Housewife (háus-uáif) *s* dona da casa; estojo de costura.
Housing (háu-zinn) *s* alojamento; habitação; moradia.
Hovel (hó-vel) *s* choça; barraca; cabana.
Hovel (hó-vel) *v* abrigar-se (choça).
Hover (hó-ver) *v* hesitar; pairar.
How (háu) *adv* como; quão; de que modo; quanto.
Howbeit (háubi-it) *adv* não obstante; seja como for.
However (háu-évâr) *adv* como quer que seja.
However (háu-évâr) *conj* ainda que; todavia; contudo.
Howitzer (háu-itsâr) *s* MIL obus; morteiro.
Howl (hául) *s* uivo; rugido; alarido.
Howl (hául) *v* uivar; latir.
Howler (háu-lâr) *s* uivador; tolice; grande asneira.
Howsoever (háusoé-vâr) *adv* como quer que; de qualquer forma.
Hoy (hói) *s* batelão; tipo de barco ou barcaça.
Hoy (hói) *interj* olá! alto!
Hoyden (hóid-n) *s* moça atrevida; moça arrogante.
Hub (háb) *s* cubo da roda; centro; eixo.
Hubbub (hâ-háb) *s* algazarra; grito; confusão.
Huckle (hâk-l) *s* corcunda; corcova; saliência.
Huckster (hâ-kstâr) *s* vendedor de miudezas (quinquilharias ou produto agrícola); maroto; velhaco.
Huddle (hâdl) *s* confusão; tumulto; barulho.
Huddle (hâdl) *v* confundir; juntar às pressas; atropelar-se; acotovelar-se.
Hue (hiu-) *s* cor; matiz; tinta; tez.
Huff (hâf) *s* bazófia; acesso de arrogância.
Huff (hâf) *v* insultar; ofender.
Huffiness (hâ-finéss) *s* arrogância.
Huffish (hâ-fish) *adj* arrogante; petulante.
Huffishness (hâ-fishnéss) *s* atrevimento; petulância; arrogância.
Huffy (hâ-fi) *adj* insolente; fanfarrão.
Hug (hâg) *s* abraço apertado.
Hug (hâg) *v* abraçar.
Huge (hiudj) *adj* enorme; colossal; prodigioso; tremendo.
Hugeness (hiudj-néss) *s* vastidão; enormidade; imensidade.
Hulking (hâl-kinn) *adj* desajeitado.
Hull (hâl) *s* casca (de fruta); vagem; NÁUT casco (de barco).
Hull (hâl) *v* descascar; flutuar.
Hullabaloo (hâlâbâlu) *s* algazarra; tumulto; ruído.
Hullo (hâ-lôu) *interj* olá!
Hum (hium) *v* sussurrar; zunir.
Human (hiu-maen) *adj* humano.
Humane (hiumêi-nn) *adj* humano; compassivo; humanitário.
Humaneness (hiumêin-néss) *s* humanidade; bondade; doçura; clemência.
Humanise (hiu-mânaiz) *v* humanizar; tornar humano; suavizar.
Humanism (hiu-mânizm) *s* humanismo.
Humanist (hiu-mânist) *s* humanista.
Humanitarian (hiumânitêi-riânn) *s* filantropo.
Humanitarian (hiumânitêi-riânn) *adj* compassivo; benevolente; bondoso.
Humanitarianism (hiumânitêi-riânizm) *s* humanitarismo; filantropia.
Humanity (hiumé-niti) *s* humanidade; o gênero humano.
Humanize (hiu-mânáiz) *vide* HUMANISE.
Humankind (hiu-mânkáind) *s* o gênero humano; a humanidade.
Humble (hâmbl) *adj* humilde; simples; modesto.
Humble (hâmbl) *v* humilhar; deprimir.
Humbleness (hâmbl-néss) *s* humildade; nascimento humilde.
Humbug (hâm-bâg) *s* engano; embuste.
Humbug (hâm-bâg) *v* lograr; enganar; mistificar.
Humdrum (hâm-drâmm) *s* néscio; tolo; monótono; estúpido.
Humdrum (hâm-drâmm) *adj* néscio; tolo; monótono; estúpido.
Humid (hiu-mid) *adj* úmido.
Humidity (hiumi-diti) *s* umidade; qualidade do que húmido.
Humiliate (hiumi-liêit) *v* humilhar; rebaixar.
Humiliation (hiumiliêi-shânn) *s* humilhação.
Humility (hiumi-liti) *s* humildade; modéstia.
Humming-bird (hâm-minn-bârd) *s* beija-flor; colibri (pássaro).
Hummock (hâm-mâk) *s* montículo; pequena colina.
Humor (hiu-mâr) *s* humor; índole; disposição; capricho.
Humor (hiu-mâr) *v* agradar; brincar; satisfazer; consentir em; comprazer.
Humorist (hiu-mârist) *s* humorista.
Humorous (hiu-mârâss) *adj* engraçado; gracioso; jocoso.
Humorsome (hiu-mârsamm) *adj* petulante; atrevido; caprichoso.
Humour (hiu-mâr) *vide* HUMOR.
Humoursome (hiu-mârsamm) *vide* HUMORSOME.
Hump (hâmp) *s* corcunda; corcova.
Hump (hâmp) *v* curvar; esforçar-se; corcovar; dobrar-se.
Humpback (hâmp-baek) *s* corcunda.
Humpbacked (hâmp-baekt) *adj* corcovado; corcunda.
Humpiness (hâm-pinéss) *s* MED curvatura da coluna vertebral.
Hunch (hânth) *s* corcova; corcunda; cotovelada.
Hunch (hânth) *v* acotovelar; tornar-se corcunda; arquear.
Hunchback (hântsh-baek) *vide* HUMPBACK.
Hundred (hân-dred) *s* cento; centena.
Hundred (hân-dred) *adj* cem.
Hundredfold (hân-dredfôuld) *adj* cêntuplo (cem vezes).
Hunger (hân-gâr) *s* fome.
Hunger (hân-gâr) *v* ter fome; ansiar por; desejar intensamente.

HUNGERER — HYSTERICS

Hungerer (hân-gârâr) s faminto.
Hungriness (hân-grinéss) s fome.
Hungry (hân-gri) adj esfomeado; faminto; estéril.
Hunk (hânk) s FAM pedaço grande; naco.
Hunks (hânks) s avarento; avaro.
Hunt (hânt) s caça; matilha; reunião de caçadores.
Hunt (hânt) v caçar; perseguir; buscar.
Hunter (hân-târ) s caçador; cão (de caça); cavalo (de caça).
Hunting (hân-tinn) s caça.
Hurdle (hârdl) s estacada; valado; grade; caniçada.
Hurdle (hârdl) v fazer cerca de bambu; fechar (com cancelas); fechar (cercas de vime).
Hurdygurdy (hâr-di-gâr-di) s realejo.
Hurl (hârl) s arremesso; estrondo; confusão; tumulto.
Hurl (hârl) v arremessar; mover-se (com rapidez); atirar.
Hurly-burly (hârli-bârli) s tumulto; algazarra; confusão.
Hurrah (hurrá) interj viva!
Hurricane (hâ-rikêinn) s furacão; tempestade; ciclone.
Hurrier (hâ-riâr) s acelerador; inquietador.
Hurry (hâ-ri) s pressa; tumulto.
Hurry (hâ-ri) v apressar-se; acelerar.
Hurt (hârt) s mal; prejuízo; dano.
Hurt (hârt) v magoar; ferir; prejudicar; estragar; past and pp HURT.
Hurt (hârt) adj magoado; ofendido; prejudicado.
Hurtful (hârt-ful) adj prejudicial; nocivo.
Hurtfulness (hârt-fulnéss) s dano; prejuízo; malefício.
Hurting (hâr-tinn) s dor.
Hurtle (hârt-l) v esbarrar; chocar-se; arremessar-se (violentamente).
Hurtless (hârt-léss) adj indene; ileso; inofensivo.
Husband (hâz-bând) s marido; esposo.
Husband (hâz-bând) v economizar; poupar; administrar (economicamente).
Husbandry (hâz-bândri) s lavoura; agricultura.
Hush (hâsh) s silêncio.
Hush (hâsh) v sossegar; acalmar.
Hush (hâsh) interj silêncio!
Hushaby (hâ-shâbái) s palavra que se usa para adormecer criança.
Husk (hâsk) s casca; folheto; vagem.
Husk (hâsk) v descascar; debulhar.
Huskiness (hâs-kinéss) s rouquidão; aspereza sonora.
Husky (hâs-ki) s USA homem robusto (corpulento).
Husky (hâs-ki) adj rouco; áspero; enérgico.
Hussy (hâ-zi) s mulher fútil (leviana).
Hustle (hâstl) v empurrar; atropelar; acotovelar-se; USA andar (com pressa).

Hustler (hâs-lâr) s pessoa enérgica.
Hut (hât) s cabana; choupana; choça; barraca.
Hut (hât) v alojar (numa barraca).
Hutch (hâtsh) s arca; ratoeira.
Hutch (hâtsh) v entesourar.
Hyaline (hái-âlinn) adj cristalino; transparente; vítreo.
Hybrid (hái-brid) adj híbrido.
Hybridism (hái-bridism) s hibridismo; cruzamento.
Hybridity (háibri-diti) vide HYBRIDISM.
Hydra (hái-drâ) s hidra (constelação); serpente.
Hydrogen (hái-drodjénn) s QUÍM hidrogênio (corpo simples, símbolo H).
Hydrology (háidró-lodji) s hidrologia.
Hydrometry (háidró-mitri) s hidrometria (o mesmo que densimetria).
Hydropathy (hâidró-pâthi) s hidropatia.
Hydroplane (hái-droplêinn) s hidroplano; hidroavião.
Hydrous (hái-drâss) adj aquoso; hidratado.
Hyena (hái-nâ) s hiena (mamífero).
Hygiene (hái-djinn) s higiene; ciência sanitária.
Hygienic (hái-djienik) adj higiênico.
Hygienics (hái-djieniks) s higiene.
Hymen (hái-men) s hímen; himeneu; casamento.
Hymeneal (háimini-âl) adj nupcial.
Hymenean (háimini-ânn) vide HYMENEAL.
Hymn (him) s hino.
Hymn (him) v celebrar (com hinos); cantar hinos.
Hyoid (hái-óid) adj ANAT hioide (osso com o formato de U).
Hyperbole (háipâr-boli) s hipérbole; exagero.
Hyphen (hái-fenn) s traço de união; hífen.
Hypnosis (hipnôu-siss) s hipnose.
Hypnotism (hip-notizm) s hipnotismo.
Hypnotize (hip-notáiz) v hipnotizar.
Hypocrisy (hipó-krissi) s hipocrisia.
Hypocrite (hi-pokrit) s hipócrita.
Hypothec (háipó-thik) s hipoteca.
Hypothecate (háipó-thikêit) v hipotecar; dar garantia hipotecária.
Hypothecation (háipóthikêi-shânn) s hipoteca; penhor.
Hypothesis (háipó-thississ) s hipótese.
Hypothetic (háipóthé-tik) adj hipotético; imaginário.
Hypothetical (háipóthé-tikâl) vide HYPOTHETIC.
Hysteria (histi-riâ) s histerismo; espasmo.
Hysteric (histé-rik) adj histérico.
Hysterical (histé-rikól) vide HYSTERIC.
Hysterics (histé-riks) s ataque de histeria; ataque histérico.

i I

I (ái) *s* nona letra do alfabeto Português e do alfabeto Inglês, além de diversos outros alfabetos.
I (ái) numeral latino equivalente a 1 (um).
I (ái) *pron* eu.
Iberian (áibi-riânn) *s* ibero.
Iberian (áibi-riânn) *adj* ibérico; ibero.
Ice (áiss) *s* gelo; sorvete; caramelo; USA GÍR diamante.
Ice (áiss) *v* gelar; cobrir com gelo; cobrir com açúcar cristalizado.
Iceberg (áis-bârg) *s* grande pedra de gelo flutuante (montanha).
Icebox (áis-bóks) *s* geladeira.
Iced (áist) *adj* congelado; com açúcar (cristalizado).
Icicle (ái-sikl) *s* caramelo (de neve); massa de gelo (pendente).
Iciness (áis-néss) *s* temperatura muito baixa; congelação.
Icing (ái-sinn) *s* cobertura de açúcar cristalizado ou suspiro (para ornamentar bolo); cobertura de gelo.
Icon (ái-kónn) *s* ícone; imagem; imagem sagrada; pintura.
Ictus (ik-tâss) *s* MED choque; pulsação (artéria); acento tônico.
Icy (ái-si) *adj* gélido; próprio do gelo; frio; indiferente.
Idea (áidí-â) *s* ideia; pensamento; opinião.
Ideal (áidi-âl) *adj* ideal; mental; perfeito; imaginário.
Idealisation (áudiâlizéi-shânn) *s* idealização.
Idealise (áidi-âlaiz) *v* idealizar, tornar alguma coisa ideal, fato concreto.
Idealism (áidi-âlizm) *adj* idealismo; tendência para o devaneio.
Idealization (áudiâlizái-shânn) *vide* IDEALISATION.
Idealize (áidi-âlaiz) *vide* IDEALISE.
Identical (áidén-tikâl) *adj* idêntico; igual; análogo.
Identification (áidéntifikéi-shânn) *s* identificação; reconhecimento.
Identifier (áidén-tifáiâr) *s* identificador.
Identify (áidén-tifái) *v* distinguir; identificar.
Identity (áidén-tifái) *s* identidade.
Ides (áidz) *s* idos (dias, no calendário romano).
Idiocy (i-diossi) *s* idiotismo; estupidez; imbecilidade.
Idiom (i-diâmm) *s* idioma; língua; linguagem.
Idiomatic (idiomé-tik) *adj* idiomático.
Idiomatical (idiomé-tikâl) *vide* IDIOMATIC.
Idiot (i-diât) *adj* idiota; imbecil; estúpido.
Idiotical (idió-tikâl) *vide* IDIOT.
Idiotism (i-diâtizm) *s* idiotismo.
Idle (áidl) *adj* desocupado, ocioso; frívolo.
Idle (áidj) *v* vadiar; estar ocioso; estar desocupado.
Idleness (ái-dlnéss) *s* indolência; ociosidade.
Idler (ái-dlâr) *s* ocioso; desocupado.
Idol (ái-dâl) *s* ídolo.
Idolater (áidó-lâtar) *s* idólatra.
Idolatry (áidó-lâtri) *s* idolatria.
Idolism (ái-dolizm) *s* idolatria; amor excessivo.
Idolize (i-doláiz) *v* idolatrar; amar com excesso; venerar.
Idolizer (i-doláizâr) *s* idólatra.
Idyll (ái-dil) *s* idílio.
Idyllic (ái-dil) *adj* idílico.
If (if) *conj* se, ainda que; suposto que; quando mesmo; embora.
Igneous (i-gniâss) *adj* ígneo, incandescente.
Ignite (ignái-t) *v* acender o fogo; inflamar.
Ignition (igni-shânn) *s* ignição; inflamação.
Ignobility (ignôubi-liti) *s* baixeza; ignobilidade.
Ignoble (ignôubl) *adj* ignóbil; sem caráter; vil.
Ignominious (ignomi-niâss) *adj* ignominioso; vil; infame.
Ignominy (ig-nomini) *s* ignomínia; infâmia; desonra.
Ignorance (ig-norânss) *s* ignorância, falta de conhecimento.
Ignorant (ig-norânt) *adj* ignorante.
Ignore (ignôu-r) *v* ignorar; rejeitar; desprezar.
Ill (il) *s* mal; malícia; maldade.
Ill (il) *adj* doente; mau; ruim; maléfico.
Ill (il) *adv* mal; maldosamente; dificilmente.
Illation (ilêi-shânn) *s* ilação; dedução.
Illegal (ili-gâl) *adj* ilegal; ilícito.
Illegality (ili-ghêliti) *s* ilegalidade.
Illegible (ilé-djbl) *adj* ilegível.
Illegitimacy (ilidji-timássi) *s* legitimidade.
Illegitimate (ilidji-timit) *adj* ilegítimo; bastardo.
Illicit (ili-sit) *vide* ILLEGAL.
Illicitness (ili-sitnéss) *vide* ILLEGALITY.
Illimitable (ili-mitâbl) *adj* ilimitado; infinito.
Illiteracy (ili-târâssi) *vs* ignorância; analfabetismo; incultura.
Illiterate (ili-târit) *adj* ignorante; inculto; analfabeto.
Illness (il-néss) *s* doença; moléstia.
Illogical (iló-djikâl) *adj* ilógico.
Illume (iliu-mm) *v* iluminar, ilustrar; esclarecer; inspirar.
Illuminate (iliu-minêit) *vide* ILLUME.
Illumination (iliuminêi-shânn) *s* iluminação; esplendor; brilho; instrução.
Illuminator (iliu-minêitâr) *s* iluminador; refletor (lâmpada, lente).
Illumine (iliu-minn) *vide* ILLUME.
Illusion (iliu-jânn) *s* ilusão; quimera; engano; decepção.
Illusionism (iliu-jânizm) *s* ilusionismo.
Illusionist (iliu-jânist) *s* ilusionista; prestidigitador.
Illusive (iliu-siv) *adj* falso; enganoso; ilusório.
Illustrate (i-lâstrêit) *v* ilustrar; explicar; explanar; demonstrar; elucidar.
Illustration (ilâstrêi-shânn) *s* ilustração; explicação; celebridade; gravura.
Illustrator (i-lâstrêitâr) *s* ilustrador; explicador.
Illustrious (ilâs-triâss) *adj* nobre; ilustre; famoso; célebre; distinto.
Image (i-midj) *s* imagem; ideia; retrato; estátua; ídolo.
Image (i-midj) *v* imaginar.
Imagery (i-midjiri) *s pl* fantasias; imagens; estátuas; pinturas; figuras de retórica).
Imaginable (imé-djnâbl) *adj* imaginável.
Imaginary (imé-djinâri) *adj* ideal; imaginário; quimérico.
Imagination (imédjinêui-shânn) *s* ideia; concepção; imaginação; fantasia.
Imaginative (imé-djinâtiv) *adj* imaginativo.
Imagine (imé-djinn) *v* imaginar; imaginar-se; conceber; inventar.
Imaginer (imé-djinâr) *s* inventor; imaginador; idealizador.
Imbecile (imbi-siliti) *s* imbecil; doente (mental); idiota.

IMBECILE — IMPLORE

Imbecile (imbi-siliti) *adj* anormal; imbecil; idiota.
Imbecility (imbi-siliti) *s* imbecilidade.
Imbibe (imbái-b) *v* embeber; chupar; absorver; ensopar.
Imbue (imbiu-) *v* imbuir; embeber; impregnar; tingir.
Imitable (imi-tâbl) *adj* imitável.
Imitate (i-mitêit) *v* imitar; copiar; falsificar.
Imitation (imitêi-shânn) *s* cópia; imitação; falsificação.
Imitator (i-mitêitâr) *s* imitador.
Immaculate (imé-kiulit) *adj* puro; imaculado.
Immanent (ímenent) *adj* inerente; imanente.
Immaterial (imâti-riâl) *adj* imaterial; impalpável; incorpóreo.
Immature (imâtiu-r) *adj* precoce; imperfeito; imaturo; prematuro.
Immatureness (imâtiur-néss) *s* imaturidade; precocidade.
Immediate (imi-diêit) *adj* imediato; próximo; instantâneo; urgente.
Immediately (imi-diêtli) *adv* em seguida; imediatamente; diretamente.
Immemorial (imí-moriâl) *adj* imemorial.
Immense (imén-ss) *adj* imenso; ilimitado; enorme.
Immensity (imén-siti) *s* imensidade; infinidade.
Immerge (imâr-ge) *v* imergir; submergir; mergulhar.
Immerse (imâr-ss) *vide* IMMERGE.
Immersion (imâr-shânn) *s* imersão; submersão.
Immigrant (i-migrânt) *s* imigrante.
Immigrate (i-migrêit) *v* imigrar.
Immigration (imigrêi-shânn) *s* imigração.
Imminence (i-minénss) *s* iminência.
Imminent (i-minuént) *adj* iminente.
Immobile (imôu-bil) *adj* imóvel; fixo.
Immobility (imobi-liti) *s* imobilidade.
Immoderate (imó-dârit) *adj* imoderado; excessivo; exagerado.
Immoderation (imódârêi-shânn) *s* imoderação; superabundância; excesso.
Immodest (imó-dést) *adj* imodesto; desonesto; insolente.
Immodesty (imó-desti) *s* imodéstia; indecência; desonestidade.
Immolate (i-molêit) *v* imolar; sacrificar.
Immolation (imolêi-shânn) *s* imolação; sacrifício.
Immoral (imó-râl) *adj* imoral; depravado; desonesto.
Immorality (imoré-liti) *s* imoralidade; depravação; desonestidade.
Immortal (imór-tâl) *s* imortal.
Immortal (imór-tâl) *adj* imortal; perene.
Immortalise (imór-tâláiz) *v* imortalizar.
Immortality (imórté-liti) *s* imortalidade.
Immortalize (imór-tâláiz) *vide* IMMORTALISE.
Immovable (imu-vâbl) *s* em bens imóveis.
Immovable (imu-vâbl) *adj* imóvel; imperturbável; impassível.
Immune (imiu-nn) *adj* imune; livre; isento.
Immunity (imiu-niti) *s* imunidade; dispensa; isenção.
Immure (i-miur) *v* emparedar; murar; encarcerar.
Immurement (i-miurêmênt) *s* encarceramento; prisão.
Immutability (imiutâbi-liti) *s* imutabilidade; firmeza; inalterabilidade.
Immutable (imiu-tâbl) *adj* imutável; invariável; inalterável.
Imp (imp) *s* duende; enxerto; estaca (para andaime); prole.
Imp (imp) *v* assistir; ajudar; auxiliar; aumentar; enxertar.
Impact (impék-t) *s* impacto; choque; colisão.
Impact (impék-t) *v* embutir; ir de encontro; comprimir.
Impair (impé-r) *v* deteriorar; piorar; debilitar; diminuir; prejudicar.
Impairment (impér-ment) *s* dano enfraquecimento; comprometimento; prejuízo.
Impalement (impêil-ment) *s* separação; cerca.
Impart (impár-t) *v* dar; conceder; conferir; comunicar; divulgar.
Impartial (impár-shâl) *adj* imparcial.
Impartiality (impárshâ-liti) *s* imparcialidade.

Impassable (impé-sâbl) *adj* impraticável; insuperável; intransitável.
Impassioned (impé-shând) *adj* veemente; apaixonado; ardente; excitado.
Impassive (impé-siv) *adj* impassível; insensível; apático.
Impassiveness (impé-sivnéss) *s* impassibilidade; insensibilidade.
Impatience (impêi-shânss) *s* impaciência.
Impatient (impêi-shânt) *adj* impaciente.
Impeach (impi-tsh) *v* impugnar; acusar; atacar; denunciar; contestar.
Impeachment (impi-tshment) *s* impugnação; acusação; impedimento; obstáculo.
Impeccability (impekâ-biliti) *s* impecabilidade.
Impeccable (impé-kâbl) *adj* impecável.
Impede (impi-d) *v* impedir; estorvar; entravar.
Impediment (impé-diment) *s* impedimento; estorvo; embaraço.
Impel (impé-l) *v* impelir; empurrar; instigar.
Impend (impén-d) *v* estar iminente; ameaçar; pender; impender.
Impenetrable (impé-nitrâbl) *adj* impenetrável.
Impenitence (impé-nitânss) *s* impenitência.
Imperative (impé-râtiv) *s* GRAM imperativo (o modo verbal).
Imperative (impé-râtiv) *adj* imperativo; decisivo; imperioso.
Imperceptible (impârsép-tibl) *adj* imperceptível.
Imperfect (impâr-fékt) *s* GRAM imperfeito (o verbo).
Imperfect (impâr-fékt) *adj* imperfeito; defeituoso; incorreto.
Imperfection (impârfék-shânn) *s* imperfeição; incorreção.
Imperial (impi-riâl) *adj* imperial; supremo.
Imperialism (impi-riâlizm) *s* imperialismo.
Imperialist (impi-riâlist) *adj* imperialista.
Imperil (impé-ril) *v* arriscar; pôr em perigo.
Imperious (impi-riâss) *adj* urgente; imperioso; déspota; arrogante.
Imperishable (impé-rishâbl) *adj* imperecível; imortal; imorredouro.
Impermeable (impâr-miâbl) *adj* impermeável.
Impersonal (impâr-sânâl) *adj* impessoal.
Impersonate (impâr-sânêit) *v* imitar; personificar; representar; fingir.
Impersonation (impârsânêi-shânn) *s* personificação; imitação; TEATR representação.
Impertinence (impâr-tinânss) *s* impertinência; inoportunidade.
Impertinent (impâr-tinént) *adj* impertinente; insolente; atrevido.
Imperturbable (impârtâr-bâbl) *adj* imperturbável; sereno.
Impervious (impâr-viâss) *adj* impenetrável; inacessível; impermeável.
Impetuous (impé-tiuâss) *adj* impetuoso; violento.
Impetuousness (impé-tinuâsnéss) *s* impetuosidade; fúria; violência.
Impetus (im-pitâss) *s* ímpeto; impulso.
Impiety (impái-iti) *s* impiedade; irreverência.
Impinge (impin-dj) *v* colidir; violar; infringir; esbarrar.
Impious (im-piâss) *adj* herege; impio; profano; descrente.
Impish (im-pish) *adj* travesso; ladino; endiabrado; traquinas.
Impishness (im-pishnéss) *s* diabrura; travessura.
Implacable (implêi-kâbl) *adj* inexorável; implacável.
Implant (implén-t) *v* implantar; fixar; introduzir.
Implantation (implénteî-shânn) *s* implantação.
Implement (im-pliment) *s* instrumento; ferramenta; acessório.
Implicate (im-plikêit) *v* implicar.
Implicate (im-plikêit) *adj* enredado; complicado.
Implication (implikêi-shânn) *s* implicação; enredo; complicação.
Implicit (impli-sit) *adj* tácito; implícito; complicado.
Implore (implôu-r) *v* implorar; rogar.

IMPLORER — INCARNATION

Implorer (implôu-râr) s implorante; suplicante.
Imply (implá-i) v implicar; significar; fazer supor; incluir.
Impolite (impolái-t) adj incivil; rude.
Impoliteness (impolát-néss) s incivilidade; grosseria; descortesia.
Import (im-pûrt) s tendência; importância; significação; com importação.
Import (im-pûrt) v significar; envolver; com importar.
Importable (impôur-tábl) adj importável.
Importance (impôur-tânss) s importância; consequência; consideração.
Important (impôur-tânt) adj importante.
Importation (impôurtêi-shânn) s importação.
Importunate (impôr-tiunêit) adj inoportuno; importuno.
Importune (impôr-tiunn) v importunar; enfadar; molestar.
Impose (impôuz) v impor; intimar; impingir.
Imposer (impôu-zâr) s impostor; o que impõe; enganador.
Imposing (impôu-zinn) adj grandioso; majestoso; imponente.
Imposition (impozi-shânn) s imposição; tributo; imposto; engano.
Impossibility (impàssibi-liti) s impossibilidade.
Impossible (impó-sibl) adj impossível; irrealizável; impraticável.
Impound (impáun-d) v encurralar; aprisionar; apossar-se de
Impoverish (impó-vârish) v minguar; empobrecer; acabar com os recursos.
Impoverishment (impó-vârishment) s empobrecimento.
Impracticable (imprék-tikábl) adj impraticável; impossível.
Impractical (imprék-tikál) adj irrealizável; impraticável.
Imprecate (im-prikêit) v imprecar; amaldiçoar; maldizer.
Imprecation (imprikêi-shânn) s imprecação; maldição.
Impregn (imprég-nábl) adj impregnável; fecundável.
Impregnate (imprég-gnêit) v fecundar; emprenhar; impregnar.
Impregnation (imprégnêi-shânn) s impregnação; fecundação.
Impress (imprè-ss) s timbre; sinal; impressão; cunho; marca; semelhança.
Impress (imprè-ss) v estampar; gravar; impressionar; marcar.
Impressible (imprè-ssibl) adj impressionável.
Impression (imprè-shânn) s sinal; impressão; ideia; TIP impressão; edição.
Impressionable (imprè-shânábl) adj impressionável.
Impressment (imprès-ment) s requisição; recrutamento (forçado).
Imprint (im-print) s impressão; marca; nome do editor (em publicação).
Imprint (im-print) v imprimir; marcar.
Imprison (impriz-n) v aprisionar; encarcerar.
Imprisonment (imprizn-ment) s encarceramento; prisão.
Improbable (impró-bábl) adj improvável; inverossímil.
Improbity (impró-biti) s improbidade.
Improper (impró-biti) adj impróprio; indecente; inconveniente.
Impropriate (imprôu-priêit) v apropriar-se; apossar-se; tomar bens de outrem.
Impropriation (imprôupriêi-shânn) s apropriação dos bens eclesiásticos.
Improve (impru-v) v melhorar; cultivar; aperfeiçoar; progredir.
Improvement (impruv-ment) s melhoramento; melhora; progresso.
Improver (impru-vâr) s melhorador; aperfeiçoador.
Improvisation (improvizêi-shânn) s improvisação; improviso.
Improvise (im-prováiz) v improvisar.
Improviser (im-prováizâr) s improvisador.
Imprudence (impru-dénss) s imprudência.
Imprudent (impru-dént) adj imprudente.
Impugn (impiu-nn) v impugnar; contestar; atacar.
Impugner (impiu-nâr) s impugnador, aquele que contesta.
Impulse (im-pâlss) s impulso; incentivo.

Impulsion (impâl-shânn) s impulso; ímpeto.
Impunity (impiu-niti) s impunidade.
Impure (ímpiu-r) adj impuro; sórdido; contaminado.
Impureness (impiur-néss) s impureza.
Impurity (impiu-riti) s impureza.
Imputable (impiu-tábl) adj atribuível; imputável.
Imputation (impiutêi-shânn) s imputação; censura; atribuição.
Impute (impiu-t) v imputar; atribuir.
Imputer (impiu-târ) s imputador.
In (inn) prep em; de; por; para.
In (inn) adv dentro; em casa.
Inability (inâbi-liti) s inabilidade; incapacidade.
Inaccessible (inéksé-sibl) adj inacessível.
Inaccuracy (iné-kiurássi) s inexatidão; engano; incorreção.
Inaccurate (iné-kiurit) adj inexato; incorreto; errôneo.
Inaction (inék-shânn) s inação; inércia.
Inactive (inék-tiv) adj inativo; inerte; indolente.
Inadequacy (iné-dikuâssi) s insuficiência; desproporção.
Inadequate (iné-dikuit) adj inadequado; insuficiente; defeituoso.
Inadequateness (iné-dikuitnéss) s insuficiência.
Inadmissible (inédmi-sibl) adj inadmissível.
Inalienable (inêi-lienábl) adj inalienável.
Inane (inêi-nn) s vazio; vácuo.
Inane (inêi-nn) adj fútil; ôco; vão.
Inaneness (inêin-néss) s inanidade; o nada.
Inanimate (iné-nimit) adj inanimado; inânime.
Inanition (inâni-shânn) s inanição; fraqueza.
Inanity (iné-niti) s inanidade; nulidade.
Inappeasable (inépi-zábl) adj implacável; inexorável.
Inapposite (iné-pozit) adj irrelevante; inoportuno; impróprio.
Inapproachable (inéprôu-tshábl) adj inacessível; inabordável.
Inappropriate (inéprôu-priêit) adj inapropriado; inadequado.
Inapt (inépt) adj inapto; impróprio; incapaz.
Inaptness (inépt-néss) s inaptidão; incapacidade.
Inarticulate (inarti-kiulit) adj inarticulado; vago; indistinto.
Inarticulateness (inarti-kiulitnéss) s falta de clareza.
Inartistic (inártis-tik) adj rude; grosseiro; não artístico.
Inasmuch (inésmâ-tsh) conj porquanto; visto que; considerando que.
Inattention (inétén-shânn) s falta de atenção; distração.
Inattentive (inétén-tiv) adj desatento; descuidado.
Inattentiveness (inétén-tivnéss) s desatenção; negligência; descuido.
Inaudibility (inódibi-liti) s falta de audição.
Inaudible (inó-dibl) adj inaudível.
Inaugurate (inó-ghiurêit) v inaugurar; empossar; iniciar.
Inauguration (inóghiurêi-shânn) s inauguração; fundação; USA dia (cerimônia) de posse do Presidente.
Inauspicious (inóspi-shâss) adj não auspicioso; de mau agouro.
Inauspiciousness (inóspi-shâsnéss) s falta de sorte; desgraça; infelicidade.
Inborn (in-bórnn) adj inato; inerente; congênito.
Inbreathe (inbri-dh) v inspirar.
Inbred (in-bréd) vide INBORN.
Inbreed (inbri-d) v produzir; criar; gerar; past or pp INBRED.
Incapable (inkêi-pábl) adj inábil; incapaz.
Incapacitate (inkápe-sitêit) v incapacitar; inabilitar; desqualificar.
Incapacitation (inkápésitêi-shânn) s inabilitação; desqualificação.
Incapacity (inkápé-siti) s incapacidade; inabilidade.
Incarcerate (inkár-sârêit) v encarcerar; aprisionar.
Incarceration (inkársârêi-shânn) s encarceramento; prisão.
Incarnate (inkár-nêit) v encarnar; humanar.
Incarnate (inkár-nêit) adj encarnado; personificado; cor de carne.
Incarnation (inkárnêi-shânn) s encarnação; RELIG ato pelo qual o filho de Deus se fez homem.

INCAUTION — INCULCATION

Incaution (inkó-shânn) s negligência; desmazelo.
Incautious (inkó-shâss) adj incauto; imprudente.
Incendiary (insén-diâri) adj incendiário.
Incense (in-sénss) s incenso; lisonja.
Incense (in-sénss) v provocar; encolerizar; incensar.
Incentive (insén-tiv) s incentivo; estímulo.
Incentive (insén-tiv) adj excitante; incentivo; estimulante.
Incept (insép-t) v começar; iniciar.
Inception (insép-shânn) s começo; princípio.
Inceptive (insép-tiv) adj incipiente; inicial.
Inceptor (insép-târ) s novato; calouro.
Incertitude (insâr-titiud) s incerteza; dúvida; vacilação.
Incest (in-sést) s incesto.
Incestuous (insés-shuâss) adj incestuoso.
Inch (intsh) s polegada (2,54 cm).
Inchoate (in-koêit) adj começado; iniciado; incompleto.
Inchoation (inkoêi-shânn) s princípio; estado rudimentar.
Inchoative (inkôu-âtiv) adj incoativo; principiante.
Incinerate (insi-nârêit) v incinerar.
Incineration (insinârêi-shânn) s incineração.
Incipience (insi-piénss) s incipiência; começo; princípio.
Incipient (insi-piént) adj incipiente; principiante.
Incise (insái-z) v cortar; talhar; incidir.
Incision (insi-jânn) s incisão; corte; talho.
Incisive (insái-siv) adj incisivo; agudo; cortante.
Incisor (insái-zâr) s incisivo (dente).
Incitation (insitêi-shânn) s incitamento; estímulo; incentivo.
Incite (insái-t) v incitar; instigar; estimular.
Incitement (insáit-ment) s incitamento; estímulo; impulso.
Inciter (insái-târ) s incitador; excitador; estimulante.
Inciting (insái-tinn) s incitação; estímulo.
Inciting (insái-tinn) adj estimulante; incitante; excitante.
Incivility (insivi-liti) s incivilidade; descortesia.
Inclinable (inklái-nâbl) adj inclinável.
Inclination (inklinêi-shânn) s inclinação; reverência; declive.
Incline (inklái-nn) s declive; inclinação.
Incline (inklái-nn) v inclinar-se; pender; estar propenso.
Inclose (inklôu-z) v incluir; encerrar.
Inclosure (inklôu-jur) s cercado; valado; conteúdo; documento apenso.
Include (inklu-d) v incluir; conter; abranger; encerrar.
Including (inklu-dinn) adj incluso; incluído; compreendido.
Inclusion (inklu-jânn) s inclusão.
Inclusive (inklu-siv) adj inclusivo; abrangido.
Incoherence (inko-hi-rénss) s incoerência.
Incoherent (inko-hi-rént) adj incoerente; incompatível.
Income (in-kâmm) s ingresso; entrada; FIN renda; receita; rendimento; entrada.
Incomer (in-kâmâr) s recém-chegado; inquilino; intruso.
Incoming (in-kâminn) s entrada; rendimento; renda.
Incoming (in-kâminn) adj acumulado; que está para chegar.
Incommensurable (inkomén-shârâbl) adj incomensurável.
Incommensurate (inkomén-shurit) adj incomensurável; impróprio; inadequado.
Incommode (inkômôu-d) v incomodar; estorvar; importunar.
Incommodious (inkômôu-diâss) adj incômodo.
Incomparable (inkóm-pârâbl) adj sem par; sem igual; incomparável.
Incompatibility (inkómpétibi-liti) s incompatibilidade.
Incompetence (inkóm-piténss) s incapacidade; inabilidade; insuficiência; incompetência.
Incomplete (inkómpli-t) adj incompleto; imperfeito; inacabado.
Incompleteness (inkómplit-néss) s incompleto; falta de acabamento.
Incompletion (inkómpli-shânn) s falta; imperfeição.
Incomprehensible (inkómpri-hén-sibl) adj incompreensível; obscuro.
Incomprehension (inkómprihén-shânn) s incompreensão.

Inconceivable (inkónsi-vâbl) adj inconcebível; incrível; inacreditável.
Inconclusive (inkónklu-siv) adj inconsequente; inconcludente.
Incongruity (inkóngru-iti) s incongruência; impropriedade.
Incongruous (inkón-gruâss) adj incôngruo; impróprio; discordante.
Inconsequence (inkón-sikuénss) s inconsequência; contraditório.
Inconsequent (inkón-sikuént) adj inconsequente.
Inconsiderable (inkónsi-dârâbl) adj insignificante; sem importância.
Inconsiderate (inkónsi-dârit) adj inconsiderado; irrefletido; volúvel.
Inconsistency (inkonsis-ténsi) s inconsistência; inconstância; incerteza.
Inconsistent (inkonsis-tént) adj inconsistente; inconstante; volúvel.
Inconspicuous (inkónspi-kiuâss) adj inconspícuo; imperceptível.
Inconstancy (inkóns-tânsi) s inconstância; instabilidade.
Inconstant (inkóns-tânt) adj inconstante; instável; volúvel.
Incontinence (inkón-tinénss) s incontinência; lascívia; devassidão.
Incontinent (inkón-tinént) adj incontinente; corrupto; devasso.
Incontrovertible (inkóntrovâr-tibl) adj incontroverso; indiscutível.
Inconvenience (inkónvin-niénss) s inconveniência; obstáculo; dificuldade.
Inconvenience (inkónvin-niénss) v estorvar; incomodar; importunar.
Inconvenient (inkónvi-niént) adj inadequado; molesto; incômodo.
Inconvertible (inkónvâr-tibl) adj inconversível; imutável.
Incorporate (inkór-porêit) v incorporar; ligar-se; associar-se.
Incorporate (inkór-porêit) adj incorporado; incluído; imaterial.
Incorporation (inkórporêi-shânn) s incorporação; agrupamento; inclusão.
Incorporeal (inkórpôu-riâl) adj incorpóreo; impalpável; intangível.
Incorrect (inkórrék-t) adj incorreto; inexato; errado.
Incorrectness (inkórékt-néss) s incorreção; inexatidão.
Incorrigible (inkó-ridjibl) adj incorrigível; reincidente.
Incorrupt (inkârâ-pt) adj incorrupto; puro; são.
Incorruptibility (inkóráptibi-liti) s incorruptibilidade; austeridade; retidão; inalterabilidade.
Increase (inkri-ss) s aumento; prole; incremento; multiplicação; descendência; progênie; produto.
Increase (inkri-ss) v crescer; intensificar; acrescer; aumentar.
Increasing (inkri-sinn) adj crescente; aumentativo.
Incredibility (inkrédibi-liti) s incredibilidade.
Incredible (inkré-dibl) adj incrível; inacreditável.
Incredulity (inkrédiu-liti) s ceticismo; incredulidade.
Incredulous (inkré-diulâss) adj incrédulo.
Incredulousness (inkré-diulâsnéss) s incredulidade, falta de fé.
Incriminate (inkri-minêit) v acusar; incriminar; inculcar.
Incrust (inkrâs-t) v incrustar; engastar; revestir.
Incrustate (inkrâs-têit) vide INCRUST.
Incrustation (inkrâstêi-shânn) s incrustação; engaste; embutido.
Incubate (in-kiubêit) v incubar; projetar; chocar.
Incubation (inkiu-bêi-shânn) s incubação; MED tempo entre a aquisição de uma doença e a sua manifestação.
Incubative (inkiu-bêitiv) adj concernente a incubação.
Incubus (in-kiubâss) s íncubo; opressor; pesadelo; demônio.
Inculcate (inkâl-kêit) v inculcar; indicar; aconselhar; citar; apontar.
Inculcation (inkâlkêi-shânn) s inculcação.

INCULPATE — INDULGE

Inculpate (inkâl-pêit) *v* inculpar; incriminar; acusar.
Incumbency (inkâm-bénsi) *s* gestão; incumbência; benefício (eclesiástico).
Incumbent (inkâm-bént) *adj* obrigatório; incumbente.
Incur (inkâ-r) *v* incorrer; expor-se; contrair; provocar.
Incurability (inkiurâbi-liti) *s* incurabilidade.
Incurable (inkiu-râbl) *adj* incurável.
Incurious (inkiu-riâss) *adj* descuidado; negligente.
Incurrence (inkâr-rénss) *s* incurso; responsabilidade.
Incursion (inkâr-shânn) *s* incursão; invasão.
Incursive (inkâr-siv) *adj* incursivo; invasor.
Incurvate (inkâr-vêit) *v* curvar; arquear; dobrar; inclinar.
Incurvation (inkârvêi-shânn) *s* encurvatura; inclinação; curvatura; flexão.
Incurve (inkârv) *vide* INCURVATE.
Incuse (inkiu-z) *s* impressão ou figura estampada em moeda.
Incuse (inkiu-z) *adj* cunhado; estampado.
Incuse (inkiu-z) *v* cunhar; imprimir; estampar.
Indebt (indét) *v* endividar; incorrer em dívida; tornar-se devedor.
Indebted (indét-d) *adj* endividado; grato; reconhecido.
Indebtedness (indétd-néss) *s* dívida; gratidão; reconhecimento.
Indecision (indissi-jân) *s* indecisão; hesitação; dúvida.
Indecorous (indikôu-râss) *adj* indecoroso; vergonhoso.
Indeed (indi-d) *adv* na verdade; de fato; realmente; sem dúvida.
Indeed (indi-d) *interj* sim? realmente!.
Indefatigable (indifé-tigâbl) *adj* infatigável; incansável.
Indefeasibility (indifizibi-liti) *s* indestrutibilidade; irrevogabilidade.
Indefeasible (indifi-zibl) *adj* irrevogável; inalterável; indestrutível.
Indefensible (indifén-sibl) *adj* indefensável; desarmado; indefeso.
Indefinable (indifái-nâbl) *adj* indefinível; inexplicável.
Indefinite (indé-finit) *adj* infinito.
Indefiniteness (indé-finitnéss) *s* indefinibilidade.
Indelible (indé-libl) *adj* indelével; indestrutível.
Indelicacy (indé-likâssi) *s* indelicadeza; grosseria; descortesia.
Indelicate (indé-likit) *adj* rude; indelicado; malcriado; incivil.
Indemnification (idémnifikêi-shânn) *s* indenização; compensação; reparação.
Indemnify (idém-nifái) *v* livrar do perigo; indenizar; compensar.
Indemnity (idém-niti) *s* indenização; anistia; isenção.
Indent (indén-t) *s* impressão; ordem; requisição; encomenda (do exterior).
Indent (indén-t) *v* lavrar contrato; recortar; cambalear.
Indentation (indéntêi-shânn) *s* recorte; corte.
Indenture (indén-tshur) *s* contrato; ajuste; pacto.
Independence (indipén-dénss) *s* liberdade; independência.
Independency (indipén-dénsi) *vide* INDEPENDENCE.
Independently (indipén-déntli) *adv* independentemente, que atua com independência.
Indescribable (indiskrái-bâbl) *adj* extraordinário; indescritível.
Indeterminate (inditâr-minit) *adj* indefinido; indeterminado.
Indetermination (inditârminêit-shânn) *s* indeterminação; dúvida; indecisão.
Index (in-déks) *s* índice; indicador; ANAT dedo indicador; MAT expoente.
Indian (in-diânn) *s* indiano; hindu.
Indian (ín-diânn) *s* índio; pele-vermelha.
Indicate (in-dikêit) *v* indicar; designar; mostrar.
Indication (indikêi-shânn) *s* indicação; indício; sinal.
Indicative (indi-kâtiv) *s* GRAM o modo indicativo.
Indicative (indi-kâtiv) *adj* designativo.
Indict (indái-t) *v* JUR acusar; levar aos tribunais; pronunciar; indiciar.
Indictable (indái-tâbl) *adj* denunciável; processável.
Indicter (in-dái-târ) *s* denunciante; delator; acusador.
Indictment (indáit-ment) *s* acusação; processo; denúncia.
Indifferent (in-difrêns) *adj* apático; indiferente; imparcial.
Indigence (in-didjénss) *s* pobreza; indigência.
Indigested (indidjés-tid) *adj* indigesto; informe; confuso.
Indigestible (indidjés-tibl) *adj* enfadonho; aborrecido; indigerível.
Indigestion (indidjés-tshânn) *s* MED indigestão.
Indignant (indig-nânt) *adj* irado; indignado.
Indignation (indignêi-shânn) *s* indignação; ira; despeito; repulsão.
Indignity (indig-niti) *s* indignidade; afronta; injúria.
Indigo (in-digôu) *s* anil; índigo.
Indirect (indirék-t) *adj* indireto; ilícito; doloso; iníquo.
Indirectness (indirékt-néss) *s* injustiça; obliquidade; rodeio.
Indiscipline (indi-siplinn) *s* desobediência; indisciplina; rebelião.
Indiscreet (indiskri-t) *adj* indiscreto; imodesto; tagarela.
Indiscretion (indiskré-shânn) *s* indiscrição; imodéstia; imprudência.
Indiscriminate (indiskri-minit) *adj* indiscriminado; confuso; indistinto.
Indiscrimination (indiskriminêi-shânn) *s* indistinção; promiscuidade; confusão.
Indispensable (indispén-sâbl) *adj* necessário; indispensável.
Indispose (indispôu-z) *v* indispor; inabilitar; inimizar.
Indisposed (indispôuz-d) *adj* adoentado; indisposto.
Indisposition (indispôuzi-shânn) *s* indisposição; inimizade; incômodo.
Indisputable (indis-piutâbl) *adj* incontestável; indisputável.
Indissociable (indissôu-shiâbl) *adj* inseparável; indissolúvel.
Indissoluble (indi-soliubl) *vide* INDISSOCIABLE.
Indistinct (indistink-t) *adj* indistinto; ambíguo; vago.
Indistinctive (indistink-tiv) *adj* indistinto; que não distingue.
Indistinguishable (indistin-güishâbl) *adj* indistinguível.
Indite (indái-t) *v* redigir; ditar; escrever.
Inditer (indái-târ) *s* redator; compositor; escritor.
Individual (indivi-diuâl) *s* pessoa; indivíduo.
Individual (indivi-diuâl) *adj* individual; pessoal.
Individuality (individuê-liti) *s* originalidade; individualidade.
Indivisible (indivi-zibl) *adj* indivisível.
Indocile (indó-sil) *adj* indomável; indócil.
Indocility (indósi-liti) *s* indocilidade.
Indolence (in-dolénss) *s* apatia; inatividade; indolência; preguiça.
Indolency (in-dolénsi) *vide* INDOLENCE.
Indolent (in-dolént) *adj* indolente; preguiçoso; apático.
Indomitable (indó-mitâbl) *adj* indômito; indomável.
Indoor (in-dôur) *adj* interior; em casa; dentro (de casa).
Indoors (indôur-z) *adv* dentro; portas adentro; em casa.
Indorse (indôr-ss) *v* apoiar; sancionar; endossar.
Indorsee (indórsi-) *s* COM endossado (pessoa a quem se dá endosso).
Indorsement (indórs-ment) *s* endosso; sanção.
Indraught (in-dréft) *s* aspiração; sucção; absorção.
Indubitable (indiu-bitâbl) *adj* indubitável; sem dúvida.
Induce (indiu-ss) *v* induzir; incitar; persuadir; produzir; lisonjear.
Inducement (indius-ment) *s* pretexto; motivo; persuasão; instigação.
Inducer (indiu-sâr) *s* sedutor; induzidor; instigador.
Induct (indâk-t) *v* instalar; introduzir.
Induction (indâk-shânn) *s* indução; introdução; instalação.
Inductive (indâk-tiv) *adj* indutivo; persuasivo.
Inductor (indâk-târ) *s* indutor; instigador; FÍS circuito que produz a indução elétrica.
Indulge (indâldj) *v* condescender; satisfazer; regalar-se.

INDULGENCE — INFRINGE

Indulgence (indâl-djénss) *s* indulgência; gratificação; satisfação; complacência; favor; gratificação.
Indulgency (indâl-djénsi) *vide* INDULGENCE.
Indulgent (indâl-djént) *adj* indulgente; condescendente.
Indulger (indâl-djâr) *s* pessoa indulgente.
Industrialize (indâstriálaiz) *v* industrializar, tornar industrial.
Industrious (indâs-triâss) *adj* industrioso; hábil; diligente.
Industry (indâs-tri) *s* indústria; engenho; atividade; diligência.
Indwell (indué-l) *v* residir; morar; habitar; *past and pp* INDWELLED *or* INDWELT.
Indweller (indué-lâr) *s* morador; habitante.
Indwelling (indué-linn) *s* residência; morada.
Indwelling (indué-linn) *adj* íntimo.
Inebriate (ini-briêit) *v* embriagar, tornar ébrio, bêbedo.
Inebriation (inibriêi-shânn) *s* embriaguez; bebedeira.
Inedited (in-editid) *adj* inédito.
Ineffaceable (inefêi-sâbl) *adj* indestrutível; indelével; inalterável.
Ineffective (inefék-tiv) *adj* ineficaz; inútil.
Ineffectively (inefék-tivli) *adv* inutilmente; sem efeito.
Ineffectual (inefék-tiuâl) *vide* INEFFECTIVE.
Ineffectualness (inefék-tiuâlnéss) *s* ineficácia.
Inelegance (iné-legânss) *s* deselegância; inelegância.
Inelegancy (iné-legansi) *vide* INELEGANCE.
Inelegant (iné-legânt) *adj* deselegante; inelegante.
Inept (inépt) *adj* inepto; inexperiente; incapaz.
Inequality (inikuó-liti) *s* desigualdade; diversidade; injustiça.
Inequitable (iné-kuitâbl) *adj* iníquo; injusto.
Inequity (iné-kuiti) *s* iniquidade; injustiça.
Inert (inâr-t) *adj* inerte; ocioso; inativo.
Inertness (inârt-néss) *s* inércia; indolência; ociosidade.
Inestimable (in-estiâbl) *s* inapreciável; inestimável.
Inevitability (inevitâ-biliti) *s* fatalidade; inevitabilidade.
Inexact (inegzé-kt) *adj* inexato; errado; errôneo.
Inexcusable (inékskiu-zábl) *adj* indesculpável; imperdoável.
Inexhaustible (inégzós-tibl) *adj* inexaurível; inesgotável.
Inexorable (inék-sorâbl) *adj* inflexível; inexorável; rígido.
Inexorableness (inék-sorâblnéss) *s* inexorabilidade; inflexibilidade.
Inexpediency (inékspi-diénsi) *s* impropriedade; inoportunidade.
Inexpedient (inékspi-diént) *adj* inconveniente; inoportuno; impróprio.
Inexpensive (inékspén-siv) *adj* não dispendioso; barato.
Inexperience (inékspi-riénss) *s* imperícia; inabilidade; inexperiência.
Inexperienced (inékspi-riênst) *adj* ingênuo; inábil; inexperiente.
Inexpert (inékspâr-t) *adj* inábil; inexperiente.
Inexpertness (inékspârt-néss) *s* inexperiência, sem experiência.
Inexpiable (inéks-piâbl) *adj* inexpiável; irreparável.
Inexplicit (inékspli-sit) *adj* não explícito; confuso.
Inexpugnable (inékspârg-nâbl) *s* invencível; inexpugnável; inconquistável.
Inextensible (inéksten-sibl) *adj* inextensível; improrrogável.
Inextinguishable (inékstin-güishâbl) *adj* interminável; inextinguível; imorredouro.
Inextricable (inéks-trikâbl) *adj* intrincado; emaranhado; inextricável.
Infallibility (infélibi-liti) *s* indefectibilidade; infalibilidade.
Infallible (infé-libl) *adj* inevitável; indefectível; infalível.
Infamize (in-famáiz) *v* infamar.
Infamous (in-fâmâss) *adj* ignóbil; vil.
Infamousness (in-fâmâsnéss) *s* infâmia; vileza.
Infamy (in-fâmi) *s* infâmia; vileza; desonra.
Infancy (in-fânsi) *s* infância; meninice.
Infant (in-fént) *s* bebê; criança; menor.
Infant (in-fént) *adj* infantil; tenro.

Infanticide (infén-tissáid) *s* infanticídio; infanticida.
Infantile (in-féntáil) *adj* infantil; pueril.
Infantry (in-féntri) *s* infantaria, tropa militar a pé.
Infatuate (infé-tshuêit) *v* cegar; perder a cabeça; entontecer.
Infatuation (infétshuêi-shânn) *s* paixão; desvairamento.
Infect (infék-t) *v* infectar; viciar; infeccionar; perverter.
Infection (infék-shânn) *s* infecção; corrupção; contágio.
Infectious (infék-shâss) *adj* infeccioso; contagioso; pestilento.
Infelicitous (infili-sitâss) *adj* infeliz; inepto; inadequado.
Infelicity (infili-siti) *s* desgraça; infortúnio; infelicidade.
Infer (infâ-r) *v* inferir; provar; deduzir.
Inference (in-fârénss) *s* inferência; dedução; conclusão.
Inferential (infârén-shâl) *adj* dedutivo; conclusivo.
Inferior (infi-riâr) *s* inferior; secundário; subalterno.
Inferiority (infirió-riti) *s* inferioridade.
Infernal (infâr-nâl) *adj* infernal; diabólico.
Infertile (infâr-til) *adj* infértil; estéril.
Infest (infés-t) *v* infestar; assolar.
Infidel (in-fidél) *s* infiel.
Infidel (in-fidél) *adj* desleal; infiel; descrente.
Infidelity (infidé-liti) *s* traição; descrença; infidelidade.
Infiltrate (infil-trêit) *v* infiltrar-se.
Infiltration (infiltrêi-shânn) *s* infiltração.
Infinite (in-finit) *s* infinito.
Infinite (in-finit) *adj* infindo; infinito.
Infiniteness (in-finitnéss) *s* infinidade.
Infinity (infi-niti) *s* imensidade; infinidade.
Infirm (infâr-mm) *adj* enfermo; fraco; doente.
Infirmary (infâr-mâri) *s* hospital; enfermaria.
Infirmity (infâr-miti) *s* fragilidade; enfermidade; doença.
Infix (infi-ks) *v* cravar; enterrar; imprimir.
Inflame (inflêi-mm) *v* inflamar; irritar; instigar.
Inflammable (inflé-mâbl) *adj* inflamável.
Inflammation (inflâmêi-shânn) *s* exaltação; inflamação; irritação.
Inflammatory (inflâ-mâtôuri) *adj* excitador; inflamatório.
Inflate (inflêi-t) *v* inflar; inchar; encher-se de ar.
Inflation (inflêi-shânn) *s* inchação; inflação; arrogância; ECON emissão excessiva de papel-moeda.
Inflect (inflék-t) *v* inclinar; desviar; modular; variar; GRAM conjugar; flexionar.
Inflection (inflék-shânn) *s* inflexão; modulação de voz; GRAM flexão.
Inflexibility (infléksibi-liti) *s* inflexibilidade.
Inflexible (inflék-sibl) *adj* inflexível; indiferente; implacável.
Inflict (inflik-t) *v* infligir; impor; cominar.
Infliction (inflik-shânn) *s* imposição; castigo; punição.
Inflow (in-flôu) *s* afluência; influxo.
Influence (in-fluénss) *s* influência; autoridade; prestígio.
Influence (in-fluénss) *v* influir; persuadir.
Influent (in-fluént) *adj* influente.
Influential (influén-shâl) *vide* INFLUENT.
Influx (in-flâks) *s* influxo; afluência; intromissão; introdução.
Infold (infôul-d) *v* envolver; encerrar; abraçar.
Inform (infôr-mm) *v* informar; dar forma a; ensinar.
Informal (infôrm-l) *adj* informal; sem cerimônia; insólito.
Informality (infôrmé-liti) *s* irregularidade; falta de formalidade.
Information (infôrmêi-shânn) *s* informação; aviso; denúncia.
Informative (infôr-mâtiv) *adj* informativo; instrutivo.
Informer (infôr-mâr) *s* delator; denunciante; relator.
Infract (infrék-t) *v* infringir; violar.
Infraction (infrék-shânn) *s* infração; transgressão; violação.
Infractor (infrék-târ) *s* infrator; transgressor.
Infrangible (infrén-djibl) *adj* infrangível; inquebrável; inseparável.
Infrequency (infri-kuénsi) *s* infrequência; raridade.
Infrequent (infri-kuént) *adj* não frequente; raro.
Infringe (infrin-dj) *v* infringir; violar; transgredir; postergar.

INFRINGEMENT — INSALUBRITY

Infringement (infrindj-ment) s infração; violação; transgressão.
Infringer (infrin-djâr) s transgressor; infrator.
Infuriate (influ-riêit) adj colérico; enfurecido; raivoso.
Infuriate (influ-riêit) v encolerizar; enfurecer; irritar.
Infuse (influ-z) v infundir; insinuar; imbuir; inspirar.
Infusible (influ-zibl) adj infusível.
Infusion (influ-jânn) s infusão; inspiração; sugestão.
Ingathering (inghé-dhârinn) s AGRIC colheita.
Ingenious (indji-niâss) adj destro; inventivo; engenhoso; astuto; hábil.
Ingeniousness (indji-niâsnéss) s engenho; arte; habilidade; astúcia.
Ingenuity (indji-niuiti) s talento; habilidade; destreza; ingenuidade.
Ingenuous (indjé-niuâss) adj inocente; ingênuo; sincero.
Ingenuousness (ingló-riâsnéss) s ingenuidade; inocência.
Ingest (indjést-) v engolir; ingerir.
Ingestion (indjést-shânn) s ingestão, ação de ingerir, engolir.
Inglorious (ingló-riâss) adj inglório; obscuro; modesto.
Ingloriousness (ingló-riâsnéss) s baixeza; vileza; ignomínia.
Ingoing (in-gôuinn) s entrada.
Ingoing (in-gôuinn) adj entrante.
Ingot (in-gót) s lingote (barra de metal fundido).
Ingrain (ingrêi-nn) v tingir.
Ingratiate (ingrêi-shiêit) v insinuar-se.
Ingratitude (ingré-titiud) s ingratidão.
Ingredient (ingri-dient) s ingrediente.
Ingress (in-gréss) s ingresso; acesso; entrada.
Ingrowing (in-grôuinn) adj que tem crescimento interior (para dentro).
Ingulf (ingâlf) v engolir; engolfar; abismar.
Inhabit (inhé-bit) v habitar; ocupar; residir; morar; viver.
Inhabitant (inhé-bitânt) s habitante.
Inhabitation (inhébi-teishânn) s habitação; residência; morada; domicílio.
Inhalation (inhâlêi-shânn) s aspiração; inspiração; inalação.
Inhale (in-hêi-l) v inalar; inspirar; absorver; aspirar; respirar.
Inhaler (in-hêi-lâr) s inalador; que inala; o que respira.
Inharmonious (in-harmôu-niâss) adj dissonante; desafinado; discordante; inarmonioso.
Inhere (in-hir) v estar inerente, ligado intimamente.
Inherent (in-hi-rent) adj inerente; próprio; imanente; natural.
Inherit (in-hé-rit) v receber (suceder) como herdeiro; herdar.
Inheritance (in-hé-ritânss) s patrimônio; sucessão; herança.
Inheritor (in-hé-ritâr) s herdeiro; sucessor.
Inhibit (in-hi-bit) v inibir; vedar; proibir.
Inhibition (in-hibi-shânn) s inibição; embaraço; proibição.
Inhospitable (in-hós-pitâbl) adj inóspito; inospitaleiro.
Inhuman (in-hiu-maen) adj desumano; cruel; inumano.
Inhumanity (in-hiumé-niti) s crueldade; desumanidade.
Inhumation (in-hiumêi-shânn) s enterro; inumação.
Inhume (in-hiu-mm) v enterrar; sepultar; inumar.
Inimical (ini-mikâl) adj inimigo; hostil; adverso.
Inimitable (ini-mitâbl) adj inimitável.
Iniquitous (ini-kuitâss) adj iníquo; mau; perverso.
Iniquity (ini-kuiti) s iniquidade; crime; maldade; injustiça.
Initial (ini-shâl) s letra inicial.
Initial (ini-shâl) v assinar (com as iniciais).
Initial (ini-shâl) adj inicial.
Initiate (ini-shiêit) v iniciar; instruir-se; originar.
Initiate (ini-shiêit) adj iniciado; começado.
Initiation (inishiêi-shânn) s iniciação.
Initiative (inishiei-tiv) s iniciativa.
Initiative (inishiei-tiv) adj inicial; preliminar.
Inject (indjékt) v injetar; introduzir.
Injudicious (indjudi-shâss) adj imprudente; indiscreto; irrefletido.
Injudiciousness (indjudi-shâsnéss) s indiscrição; imprudência.

Injunction (indjânk-shânn) s ordem; mandado; injunção; exortação.
Injure (indjur-) v prejudicar; lesar; danificar; debilitar; enfraquecer.
Injurer (in-djurâr) s injuriador; ofensor; prejudicador.
Injurious (indju-riâss) adj prejudicial; nocivo; ofensivo; injusto.
Injury (in-djuri) s dano; injustiça; mal; detrimento; ferimento; ESP FUT *INJURY time*: descontos no tempo de jogo.
Injustice (indjâs-tiss) s injustiça, falta de justiça; iniquidade.
Ink (ink) s tinta para escrever.
Ink (ink) v aplicar tinta.
Inker (in-kâr) s rolo de tinta; aquilo que se aplica tinta.
Inkling (in-klinn) s desejo; aviso (secreto); insinuação; inclinação; suspeita.
Inkpot (ink-pót) s tinteiro.
Inkstand (in-ksténd) vide INKPOT.
Inky (in-ki) adj de tinta; manchado de tinta.
Inlaid (in-lêid) adj marchetado; incrustado.
Inland (in-lând) s sertão.
Inland (in-lând) adj sertão: interior de um país.
Inlander (in-lândâr) s habitante do interior.
Inlay (inlêi) v incrustar; embutir; past or pp **INLAID**.
Inlet (in-lét) s angra; enseada; aqueduto; introdução.
Inly (in-li) adj interior; interno.
Inly (in-li) adv interiormente; no íntimo.
Inmate (in-mêit) s inquilino; interno de hospital; hóspede.
Inmost (in-môust) adj interior; recôndito; íntimo.
Inn (inn) s estalagem; hotel; pousada; hospedaria.
Innate (in-nêit) adj inato; próprio; congênito; inerente.
Inner (in-nâr) adj interior; íntimo; secreto.
Innermost (in-nârmôust) adj íntimo; recôndito; interior.
Innervate (inâr-vêit) v inervar, transmitir a atividade nervosa a.
Innervation (inârvêi-shânn) s inervação; atividade nervosa.
Innocence (in-nossénss) s inocência.
Innocency (in-nossénsi) vide INNOCENCE.
Innocent (in-nossént) adj inocente.
Innocuous (nió-kiuâss) adj inócuo; inofensivo; inocente.
Innominate (ió-minit) adj anônimo; sem nome.
Innovate (in-novêit) v inovar.
Innovation (inovêi-shânn) s inovação; novidade.
Innoxious (in-nók-siâss) adj inócuo; inofensivo; inocente.
Innuendo (iniuén-dôu) s insinuação; alusão; indireta.
Innumerable (iniu-mârâbl) adj inumerável.
Innutritious (iniutri-shâss) adj desnutrido.
Inobservance (inóbzâr-vânss) s desatenção; inobservância.
Inoculate (ió-kiulêit) v MED inocular; contaminar; contagiar.
Inoculation (inókiulêi-shânn) s fertilização; inoculação; infecção.
Inodorous (inó-dorâss) adj inodoro.
Inoffensive (inófén-siv) adj inofensivo; manso; inocente.
Inoperative (inó-pârâtiv) adj ineficaz; inoperante; inoperativo.
Inordinate (inór-dinit) adj desordenado; excessivo; irregular.
In-patient (in-pêishént) s doente (internado em hospital).
In-put (in-pât) s entrada; MEC energia fornecida a um motor.
Inquest (in-kuést) s sindicância; JUR inquérito judicial; auto de corpo de delito.
Inquire (inkuái-r) v indagar; informar-se; investigar.
Inquirer (inkuái-râr) s inquiridor; examinador; averiguador.
Inquiring (inkuái-rinn) adj que pergunta; que investiga; curioso.
Inquiry (inkuái-ri) s inquérito; pesquisa; pergunta.
Inquisition (inkuizi-shânn) s inquisição; inquérito judicial.
Inquisitive (inkui-sitiv) adj curioso; indiscreto; perguntador.
Inquisitiveness (inkui-sitivnéss) s curiosidade; indiscrição.
Inquisitor (inkui-zitâr) s inquiridor, investigador.
Inroad (in-rôud) s incursão; usurpação; invasão.
Inrush (in-râsh) s invasão; irrupção.
Insalubrious (insâliu-briâss) adj insalubre; doentio.
Insalubrity (insâliu-briti) s insalubridade.

INSANE — INTEGRATION

Insane (insêi-nn) *adj* insano; arrebatado; demente.
Insaneness (insêin-néss) *s* insanidade; demência.
Insanity (insé-niti) *s* insanidade; demência.
Insatiable (insêi-shiábl) *adj* insaciável; sôfrego.
Insatiate (insêi-shiéit) *adj* insaciável.
Inscribe (ins-kráib) *v* inscrever; gravar.
Inscriber (ins-kráibâr) *s* inscritor.
Inscription (inskrip-shânn) *s* inscrição; dedicatória; rótulo.
Inscroll (inskrôul-) *v* escrever em rolo de pergaminho; registrar.
Insect (in-sékt) *s* inseto.
Insecure (insikiu-r) *adj* incerto; em perigo; arriscado.
Insecurity (insikiu-riti) *s* risco; incerteza; perigo; insegurança.
Inseminate (insé-minêit) *v* semear; fecundar.
Insensate (insén-sêit) *adj* insensato.
Insensibility (insénsibi-liti) *s* estupidez; insensibilidade; apatia.
Insensible (insén-sibl) *adj* insensível; estúpido; apático.
Insentient (insén-shiént) *adj* sem vida; inanimado.
Inseparable (insé-pârâbl) *adj* inseparável.
Insert (insâr-t) *v* inserir; introduzir.
Insertion (insâr-shânn) *s* inserção; intercalação.
Insertion (insâr-shânn) *v* inserir; intercalar.
Inshore (in-shôur) *adj* costeiro.
Inshore (in-shôur) *adv* na costa; perto da costa.
Inside (in-sáid) *s* o interior; o conteúdo.
Inside (in-sáid) *adv* dentro.
Insider (in-sáidâr) *s* o que está dentro; membro (de clube etc.); aquele que goza de uma vantagem especial.
Insidious (insi-diâss) *adj* pérfido; insidioso.
Insight (in-sáit) *s* discernimento intelectual; intuição; penetração; introspecção.
Insignificance (insigni-fikânss) *s* insignificância, de pouca importância.
Insignificancy (insigni-fikânsi) *s* insignificância; pessoa insignificante.
insignificant (insigni-fikânt) *adj* insignificante.
Insincere (insinsi-r) *adj* hipócrita; fingido; desleal.
Insincerity (insinsé-riti) *s* falta de sinceridade; dissimulação.
Insinuate (insi-niuêit) *v* insinuar; insinuar-se; introduzir.
Insinuating (insi-niuêitinn) *adj* insinuante.
Insinuation (insiniuêi-shânn) *s* insinuação; indireta; sugestão.
Insipid (insi-pid) *adj* insípido; monótono; desinteressante.
Insist (insist) *v* insistir; persistir; *I'll drive you to the station, I INSIST*: eu o levarei até a estação, insisto.
Insistence (insis-ténss) *s* insistência; porfia.
Insolation (insolêi-shânn) *s* insolação.
Insolence (in-solénss) *s* insolência, falta de respeito.
Insolent (in-solênt) *adj* insolente; atrevido; descarado.
Insoluble (insó-liubl) *adj* insolúvel; incobrável.
Insolvable (insól-vábl) *adj* inexplicável; insolúvel; com insolvente.
Insolvency (insól-vensi) *s* insolvência; falência.
Insolvent (insól-vent) *adj* insolvente.
Insomuch (insôumâ-tsh) *adv* a tal ponto que; de sorte que; de tal modo que.
Inspect (inspék-t) *v* inspecionar; examinar; fiscalizar.
Inspection (inspék-shânn) *s* inspeção; exame; fiscalização.
Inspector (inspék-târ) *s* inspetor; superintendente.
Inspectorate (inspék-târit) *s* inspetoria.
Inspidness (inspi-pidnéss) *s* insipidez.
Inspiration (inspirêi-shânn) *s* inspiração; entusiásmo poético.
Inspire (inspái-r) *v* inspirar; respirar; aspirar.
Inspirer (inspái-rár) *s* inspirador, que inspira; que sugere ideias.
Inspiring (inspái-rinn) *adj* inspirador.
Inspirit (inspi-rit) *v* animar; alegrar; excitar; encorajar.
Instability (instâbi-liti) *s* instabilidade; mutabilidade.
Instable (instêi-bl) *adj* instável.
Install (instól) *v* instalar; alojar; dar posse.
Installation (instólêi-shânn) *s* instalação; investidura; montagem.

Instalment (instól-ment) *s* instalação; prazo; pagamento parcial.
Instance (ins-tânss) *s* exemplo; urgência; JUR instância.
Instance (ins-tânss) *v* mencionar; alegar; exemplificar.
Instancy (ins-tânsi) *s* urgência; instância; insistência.
Instant (ins-tânt) *s* instante; momento.
Instant (ins-tânt) *adj* instante; urgente.
Instantaneous (instântêi-niáss) *adj* instantâneo.
Instead (instéd) *adv* em vez; em lugar de.
Instep (ins-tép) *s* tarso; peito do pé.
Instigate (ins-tighêit) *v* instigar; inculcar; incitar.
Instigation (instighêi-shânn) *s* instigação; excitamento; incitamento.
Instil (instil) *v* instilar; inculcar; inspirar; insuflar.
Instill (insti-ll) *vide* INSTIL.
Instillment (instill-ment) *vide* INSTILMENT.
Instilment (instil-ment) *s* instilação; insinuação.
Instinct (ins-tikt) *s* instinto.
Instinct with (ins-tikt) *adj* animado; impregnado.
Instinctive (ins-tiktiv) *adj* instintivo; espontâneo; natural.
Institute (ins-titiut) *s* instituto; estabelecimento; regra; máxima.
Institute (ins-titiut) *v* instituir; intentar; propor; nomear.
Institution (institiu-shânn) *s* instituição; associação; estabelecimento.
Institutional (institiu-shânâl) *adj* institucional; elementar.
Instruct (instrâk-t) *v* instruir; informar; dar instruções.
Instruction (instrâk-shânn) *s* instrução; ensino; educação; *pl* ordens; conhecimentos; indicações.
Instructive (instrâk-tiv) *adj* instrutivo.
Instructor (instrâk-târ) *s* mestre; preceptor; instrutor.
Instrument (ins-trumént) *s* instrumento; meio; agente.
Instrumental (instrumén-tâl) *adj* instrumental; ferramenta.
Instrumentation (instrumentâi-shânn) *s* instrumentação.
Insubordinate (insâbórdini-t) *adj* insubordinado; indisciplinado.
Insubordination (insâbórdinêi-shânn) *s* insubordinação; revolta.
Insufferable (insâ-fârâbl) *adj* intolerável; detestável; incômodo.
Insufficiency (insâfi-shénsi) *s* incapacidade; insuficiência.
Insufficient (insâfi-shént) *adj* insuficiente; inepto; incapaz.
Insulate (in-siulêit) *v* isolar; insular.
Insulation (insiulêi-shânn) *s* isolação; separação.
Insulator (in-siulêitâr) *s* isolador.
Insult (insâl-t) *s* insulto; ofensa.
Insult (insâl-t) *v* insultar; ofender; afrontar.
Insulter (insâl-târ) *s* insultador; injuriador.
Insulting (insâl-tinn) *adj* insultante; insolente; ultrajante.
Insuperability (insiupârâbi-liti) *s* invencibilidade; insuperabilidade.
Insuperable (insiu-pârâbl) *adj* insuperável; invencível.
Insupportable (insâpór-tâbl) *adj* intolerável; insuportável.
Insurance (inshu-rânss) *s* garantia; segurança; seguro.
Insure (inshu-r) *v* segurar; garantir.
Insured (inshur-d) *s* segurado.
Insured (inshur-d) *adj* segurado.
Insurgence (insâr-djéns) *s* insurgência; revolta.
Insurgency (insâr-djénsi) *vide* INSURGENCE.
Insurgent (insâr-djént) *adj* rebelde; revoltoso; insurgente.
Insurrection (insârrék-shânn) *s* insurreição; levante; revolta.
Insurrectionist (insârrék-shânist) *s* insurreto; revoltoso.
Intact (inték-t) *adj* intacto; ileso.
Intangibility (inténdjibi-liti) *s* intangibilidade (o que é intangível).
Intangible (intén-djibl) *adj* impalpável; intangível.
Integer (in-tidjâr) *s* totalidade; integridade; número inteiro.
Integral (in-tigrâl) *adj* número inteiro; integrante.
Integrate (in-tigrêit) *v* integrar; restaurar; completar.
Integration (intigrêi-shânn) *s* integração.

INTEGRITY — INTERVENTION

Integrity (inté-griti) *s* integridade; retidão; inteireza.
Intellect (in-telékt) *s* inteligência; entendimento; intelecto.
Intellection (intelék-shánn) *s* intelecção; inteligência.
Intellectual (intelék-tshual) *s* espiritual; intelectual.
Intellectual (intelék-tshual) *adj* espiritual; intelectual.
Intellectualism (intelék-tsuálizm) *s* intelectualismo.
Intellectualize (intelék-tualáiz) *v* intelectualizar; raciocinar.
Intelligence (inté-lidjénss) *s* inteligência; penetração; conhecimento.
Intelligent (inté-lidjént) *adj* inteligente; perito; hábil.
Intemperance (intém-párénss) *s* intemperança; beber, comer em excesso.
Intemperate (intém-pârit) *adj* intemperante; desmedido; dissoluto.
Intend (intén-d) *v* tencionar; dirigir; significar; pretender.
Intendance (intén-dânss) *s* intendência.
Intended (intén-did) *s* noivo; noiva.
Intended (intén-did) *adj* prometido; intencional.
Intense (intén-ss) *adj* intensivo; ardente; ativo; enérgico.
Intenseness (inténs-néss) *s* intensidade; veemência; ardor.
Intensification (intensifikéi-shânn) *s* intensificação.
Intensify (intén-sifái) *v* intensificar.
Intensive (intén-siv) *adj* intensivo; aplicado; forte.
Intent (intén-t) *s* intento; objetivo; intenção; propósito.
Intention (intén-shânn) *s* intenção; propósito; intento.
Intentional (intén-shânâl) *adj* intencional; deliberado.
Intentioned (intén-shând) *adj* intencionado.
Inter (intâ-r) *v* enterrar; sepultar.
Interact (intârék-t) *v* atuar um sobre outro.
Interaction (intârék-shânn) *s* ação recíproca; interação.
Interbreed (intâr-brid) *v* cruzar raças; criar híbridos.
Intercalate (intâr-kâlêit) *v* intercalar; interpolar.
Intercalation (intârkâlêi-shânn) *s* intercalação.
Intercede (intârsi-d) *v* interceder; interpor-se; intervir.
Interceder (intârsi-dâr) *s* intermediário; intercessor.
Intercept (intârsép-t) *v* interceptar; deter; interromper.
Interception (intârsép-shann) *s* intercepção; estorvo; impedimento.
Interchange (intârtshén-dj) *s* intercâmbio; permuta.
Interchange (intârtshén-dj) *v* permutar; cambiar.
Interchangeable (intârtshén-djâbl) *adj* permutável; mútuo; recíproco.
Intercommunicate (intârkómiu-nikêit) *v* comunicar-se; intercomunicar.
Intercommunication (intârkómiunikêi-shânn) *s* intercomunicação.
Intercourse (in-târkôurss) *s* intercurso; tráfico; comércio; relações comerciais.
Intercurrence (intârkâ-renss) *s* ocorrência; intercorrência.
Intercurrent (intârkâ-rént) *adj* intercorrente.
Interdict (in-târdikt) *s* interdito.
Interdict (in-târdikt) *v* interditar; proibir; vedar.
Interdiction (intârdik-shânn) *s* interdição; proibição.
Interest (in-târést) *s* interesse; juro; proveito; lucro; participação.
Interest (in-târést) *v* importar; interessar.
Interesting (in-târéstinn) *adj* atraente; interessante; simpático.
Interfere (intârfi-r) *v* intervir; interferir; prejudicar; imiscuir-se.
Interference (intârfi-rénss) *s* interferência; intervenção; colisão; obstáculo; intrometimento.
Interferer (intârfi-râr) *s* intrometido; mediador; interventor.
Interior (inti-riâr) *adj* interno; interior.
Interject (intârdjék-t) *v* interpor; intrometer; interpor-se.
Interjection (intârdjék-shânn) *s* intervenção; GRAM exclamação; interjeição.
Interlace (intârléi-ss) *v* entrelaçar; misturar; enlaçar.
Interlacement (intârlêis-ment) *s* entrelaçamento; mistura.
Interlard (intârlêi-d) *v* lardear; mesclar; intrometer-se.
Interline (intârlái-nn) *v* entrelinhar.
Interlineation (intârliniéi-shânn) *s* entrelinha.
Interlink (intârlink) *v* encadear; ligar; unir.
Interlock (intârló-k) *v* fixar; abraçar-se; fixar.
Interlocution (intârlokiu-shânn) *s* interlocução.
Interlocutor (intârló-kiutâr) *s* interlocutor.
Interlope (intârlóu-p) *v* contrabandear; intrometer-se.
Interloper (intârlôu-pâr) *s* intruso; contrabandista; intrometido.
Interlude (in-târliud) *s* MÚS interlúdio; TEATR farsa; intervalo.
Intermeddle (intârméd-l) *v* intrometer-se; intervir.
Intermeddler (intârméd-lâr) *s* intrometido; atrevido.
Intermediary (intermi-diâri) *adj* intermediário.
Intermediate (intârmi-diêit) *v* servir de intermediário.
Intermediate (intârmi-diêit) *adj* intermediário.
Interment (intâr-mént) *s* enterro; funeral.
Interminable (intâr-minâbl) *adj* interminável; ilimitado.
Intermingle (intârming-l) *v* entremear; misturar-se; incorporar-se.
Intermission (intârmi-shânn) *s* intermissão; pausa; interrupção.
Intermit (intârmi-t) *v* interromper, cortar a continuação; deixar de fazer.
Intermittent (intârmi-tént) *adj* intermitente.
Intermix (intârmi-kss) *v* misturar-se.
Intermixture (intârmiks-tshur) *s* mistura.
Intern (intâr-nn) *s* interno.
Intern (intâr-nn) *v* internar.
Intern (intâr-nn) *v* internar-se.
Internal (intâr-nal) *adj* interno; interior; doméstico; intrínseco.
International (intârnâ-shânâl) *adj* internacional.
Internationalize (intarnê-shânâláiz) *v* internacionalizar.
Internecine (intârni-sinn) *adj* destrutivo; exterminador; sanguinário.
Internee (intâr-ni) *s* médico interno em hospital.
Internment (intârn-ment) *s* internação; internamento.
Interpellate (intârpé-lêit) *v* interpelar.
Interpellation (intârpélêi-shânn) *s* pergunta; intimação; interrupção; interpelação.
Interphone (inter-fonn) *s* telefone (interno).
Interpolate (intâr-polêit) *v* intercalar; interpolar; inserir.
Interpolation (intârpolêi-shânn) *s* inserção; falsificação; interpolação.
Interpose (intârpôuz) *v* interpor; interferir; intrometer.
Interposition (intârpozi-shânn) *s* intervenção; interrupção; interposição.
Interpret (intâr-prét) *v* interpretar; explicar; esclarecer.
Interpretation (intârpretêi-shânn) *s* interpretação; explicação; esclarecimento.
Interpreter (intâr-prétâr) *s* intérprete.
Interrogate (intâ-roghêit) *v* interrogar; entrevistar.
Interrogation (intâroghêi-shânn) *s* interrogação.
Interrogative (intâró-gâtiv) *adj* interrogativo.
Interrogator (intâ-roghêitâr) *s* interrogador; examinador.
Interrupt (intârrâp-t) *v* parar; interromper; perturbar; estorvar.
Interrupter (intârrâp-târ) *s* interruptor.
Interruption (intârrâp-shânn) *s* interrupção; intervalo; pausa.
Intersect (intârsék-t) *v* entrecortar; cortar; cruzar.
Intersection (intârsék-shânn) *s* interseção; USA cruzamento de estrada.
Intersperse (intârspâr-ss) *v* espalhar; entremear; difundir.
Interspersion (intârspâr-shânn) *s* disseminação; aspersão; derramamento.
Interval (in-târvâl) *s* intervalo; interstício; pausa.
Intervene (intârvi-nn) *v* intervir; interpor-se; ocorrer; acontecer.
Intervener (intârvi-nâr) *s* interventor; mediador.
Intervention (intârvén-shânn) *s* intervenção; interposição; mediação.

INTERVIEW — IODIZE

Interview (in-târviú) s entrevista; conferência; conversação.
Interview (in-târviú) v conferenciar com; entrevistar.
Interweave (intârui-v) v entrelaçar; enlaçar; entremear; *past and pp* **INTERWOVEN**.
Intestacy (intés-tassi) s falta de testamento; falta de testemunho.
Intestate (intés-têit) s pessoa que morreu sem deixar testamento.
Intestine (intés-tinn) s intestino.
Intestine (intés-tinn) *adj* intestino; interno; interior.
Intimacy (in-timâssi) s familiaridade; intimidade.
Intimate (in-timêit) s amigo íntimo; confidente; sócio.
Intimate (in-timêit) v dar a entender; sugerir; insinuar.
Intimate (in-timêit) *adj* íntimo; interno; intestino.
Intimation (intimêi-shânn) s intimação; notificação; aviso.
Intimidate (inti-midêit) v intimidar; amedrontar; USA desanimar; desencorajar.
Intimidation (intimidêi-shânn) s intimidação.
Into (in-tu) *prep* em; para dentro de.
Intolerable (intó-lárâbl) *adj* insuportável; intolerável.
Intolerance (intó-lárénns) s intolerância.
Intolerant (intó-lárant) *adj* intolerante.
Intonate (in-tonêit) v entoar; modular a voz.
Intonation (intonêi-shânn) s entonação; entoação; modulação da voz.
Intoxicate (intók-sikêit) v intoxicar; envenenar; embriagar.
Intoxication (intóksikêi-shânn) s embriaguez; êxtase; MED intoxicação.
Intractable (intrék-tâbl) *adj* intratável; obstinado; indócil.
Intransigent (intrén-sidjênt) s revolucionário; intransigente; intolerante.
Intransigent (intrén-sidjênt) *adj* intolerante; intransigente; irreconciliável.
Intrench (intrén-tsh) v entrincheirar; invadir.
Intrenchment (intrén-tshment) s trincheira; entrincheiramento.
Intrepid (intré-pid) *adj* audaz; intrépido; arrojado.
Intrepidity (intrépi-diti) s intrepidez; coragem; valentia.
Intricacy (in-trikâssi) s complicação; enredo; embrulhada.
Intricate (in-trikit) *adj* intricado; confuso; embaraçado.
Intrigue (intri-g) s intriga; enredo; trama.
Intrigue (intri-g) v intrigar; tramar.
Intriguer (intri-gâr) s intrigante; mexeriqueiro.
Intrinsic (intrin-sik) *adj* inerente; intrínseco.
Introduce (introdiu-ss) v introduzir; apresentar; estabelecer.
Introducer (introdiu-sâr) s introdutor.
Introduction (introdâk-shânn) s introdução; iniciação; apresentação.
Introductory (introdâk-tôuri) *adj* preliminar; introdutório.
Introit (intrôi-t) s introito; começo.
Introspection (introspék-shânn) s introspecção; exame subjetivo.
Introspective (introspék-tiv) *adj* introspectivo.
Intrude (intru-d) v introduzir à força; intrometer-se.
Intruder (intru-dâr) s intruso; usurpador; intrometido.
Intrusion (intru-jânn) s intrusão; usurpação; invasão.
Intrusive (intru-siv) *adj* intruso; impertinente; importuno.
Intuition (intiui-shânn) s intuição; pressentimento.
Intuitive (intiui-tiv) *adj* intuitivo.
Intumescence (intiumé-senss) s tumor; intumescência.
Intumescent (intiumé-sent) *adj* inchado; intumescente.
Inundate (i-nândêit) v submergir; inundar; alagar.
Inundation (inândêi-shânn) s inundação.
Inure (iniu-r) v acostumar; calejar; habituar.
Inurement (iniur-ment) s costume; prática; hábito.
Invade (invêi-d) v invadir; violar.
Invader (invêi-dâr) s invasor; violador.
Invalid (in-vâlid) v tornar-se inválido; MIL dar baixa por invalidez.
Invalid (in-vâlid) *adj* nulo; inválido.
Invalidate (invé-lidêit) v invalidar; inutilizar; anular.
Invalidation (invélidêi-shânn) s invalidação; anulação.
Invaluable (invé-liuâbl) *adj* inestimável; inapreciável; incalculável.
Invasion (invêi-jânn) s invasão; incursão; usurpação.
Invective (invék-tiv) s invectiva.
Invective (invék-tiv) *adj* ultrajante; ofensivo; injurioso.
Inveigh (invêi) v injuriar; vituperar; censurar.
Inveigle (invigl) v seduzir; enganar; engodar.
Inveiglement (invigl-ment) s sedução; encanto.
Inveigler (invi-glâr) s sedutor; enganador.
Invent (invén-t) v inventar; idear; descobrir.
Invention (invén-shânn) s invenção; inventiva; descoberta.
Inventive (invén-tiv) *adj* inventivo; engenhoso.
Inventiveness (invén-tivnéss) s inventiva; qualidade inventiva; engenho.
Inventor (invén-târ) s descobridor; criador; inventor; autor.
Inventory (in-ventôuri) s inventário; USA balanço.
Inverse (invâr-ss) s inverso; invertido.
Inverse (invâr-ss) *adj* inverso; invertido.
Inversion (invâr-shânn) s inversão; mudança; troca.
Invert (in-vârt) s homossexual.
Invert (in-vârt) v inverter; transpor; trocar.
Invertebrate (invâr-tâbrit) *adj* invertebrado.
Invest (invés-t) v vestir; cobrir; conferir; outorgar; sitiar; aplicar dinheiro.
Investigate (invés-tighêit) v investigar; analisar; averiguar.
Investigation (invéstighêi-shânn) s investigação; indagação; inquirição.
Investigator (invés-tighêitâr) s investigador.
Investment (invést-ment) s investidura; investimento; bloqueio.
Inveterate (invé-târit) *adj* inveterado; antigo; arraigado.
Invidious (invi-diâss) *adj* invejoso; odioso.
Invigorate (invi-gârêit) v vigorar; fortalecer; fortificar.
Invigoration (invigârêi-shânn) s robustecimento; fortalecimento.
Invincibility (invinsibi-liti) s insuperabilidade; invencibilidade.
Invincible (invin-sibl) *adj* insuperável; invencível.
Inviolability (inváiolábi-liti) s inviolabilidade.
Inviolable (invái-olâbl) *adj* inviolável.
Inviolate (invái-olit) *adj* inviolado; intacto; íntegro.
Invisibility (invizibi-liti) s invisibilidade.
Invisible (invi-zibl) *adj* invisível.
Invitation (invitêi-shânn) s solicitação; convite.
Invite (invái-t) v convidar; solicitar.
Inviter (invái-târ) s o que convida.
Inviting (invái-tinn) *adj* convidativo; tentador; atraente.
Invitingness (invái-tinnéss) s atrativo; sedução; encanto.
Invocation (invokêi-shânn) s invocação.
Invoice (in-vóiss) s COM fatura; remessa.
Invoice (in-vóiss) v faturar.
Invoke (invôu-k) v invocar; implorar; chamar.
Involucre (in-voliukâr) s involúcro.
Involuntary (invó-lântéri) *adj* involuntário.
Involution (involiu-shânn) s envolvimento; enredo; MAT elevar a uma potência.
Involve (invól-v) v envolver; incluir.
Inwall (in-uól) s parede interna.
Inwall (in-uól) v emparedar; murar.
Inward (i-nuârd) s o interior.
Inward (i-nuârd) *adj* interno; interior; íntimo.
Inward (i-nuârd) *adv* interiormente; para dentro.
Inwardness (i-nuârdnéss) s o interior; intimidade; interioridade.
Inwrought (inró-t) *adj* lavrado; embutido.
Iodize (ái-odáiz) v iodar, tratar com iodo.

ION — IZZARD

Ion (ái-ann) s Fís íon, átomo ou radical com carga elétrica.
Iota (áiou-tâ) s jota (língua grega); ponto; quantidade diminuta.
Irascible (áiré-shibl) adj irascível; irritável.
Irate (áirêi-t) adj encolerizado; enfurecido; irado.
Ire (áir) s ira; fúria; cólera.
Ireful (áir-ful) adj irado; colérico; encolerizado.
Irefulness (áir-fulnéss) s fúria; cólera.
Irish (ái-rish) adj irlandês.
Irk (ârk) v enfadar; cansar; molestar.
Irksome (ârk-sôumm) adj penoso; enfadonho; incômodo.
Irksomeness (ârk-sôumnéss) s enfado; tédio; cansaço.
Iron (ái-ârn) s ferro de engomar; ferro; utensílio.
Iron (ái-ârn) adj férreo; indômito.
Iron (ái-ârn) v passar a ferro; algemar.
Ironclad (ái-ârnklêd) s que tem couraça; couraçado (navio).
Ironclad (ái-ârnklêd) adj couraçado;coberto de ferro; rigoroso.
Ironic (áiró-nik) adj irônico.
Ironical (áiró-nikâl) adj irônico; sarcástico.
Ironmonger (ái-ârnmângâr) s ferrageiro; USA sucateiro; quinquilheiro.
Ironmongery (ái-ârnmângâri) s negócio de ferragens; loja de quinquilharias; USA HARDWARE STORE.
Ironside (ái-ârnsáid) s homem austero; enérgico; homem rigoroso.
Ironwork (ái-ârn-uârk) s armação de ferro; ferragem.
Ironworks (ái-ârn-uârk) s fundição; ferraria; forja.
Irony (ái-roní) s ironia; zombaria; sarcasmo.
Irradiance (irrêi-diânss) s irradiação; difusão; iluminação.
Irradiancy (irrêi-diânsi) vide IRRADIANCE.
Irradiant (irrêi-diânt) adj luminoso; irradiante.
Irradiate (irrêi-diêit) v irradiar; iluminar; aclarar.
Irradiation (irrêidiêi-shânn) s irradiação; propagação; brilho.
Irrational (irréshânâl) adj irracional; ilógico.
Irrecoverable (irrikâ-vârâbl) adj irreparável; irremediável.
Irredeemable (irridi-mâbl) adj irremissível; perpétuo; irresgatável.
Irreducible (iridiu-sibl) adj irreduzível; MAT irredutível.
Irrefragable (irré-frâgâbl) adj irrefragável; infalível; irrefutável.
Irrefutable (irrifiu-tâbl) qdj irrefutável; evidente; inegável.
Irregular (irré-ghiulâr) adj irregular; desigual; assimétrico.
Irregularity (irréghiulé-riti) s desordem; irregularidade.
Irrelevance (irrélivânsi) s irrelevância; impertinência; despropósito.
Irrelevancy (irré-livânsi) vide IRRELEVANCE.
Irrelevant (irré-livânt) adj impertinente; inaplicável; impróprio.
Irreligion (irrili-djânn) s irreligião; descrença; ateísmo.
Irreligious (irrili-djâss) adj irreligioso; descrente; ateu.
Irreligiousness (irrili-djâssnéss) s irreligiosidade; descrença.
Irremediable (irrimi-diâbl) adj irremediável; inevitável; incurável.
Irremovability (irrimuvâbi-liti) s imobilidade; quietude.
Irremovable (irrimu-vâbl) adj fixo; irremovível; imutável.
Irreparability (irrépârâbi-liti) s irreparabilidade.
Irreparable (irripé-râbl) adj irreparável; irreparável.
Irrepressible (irripré-sibl) adj indomável; irreprimível.
Irreproachable (irriprôu-tshâbl) adj irrepreensível; impecável.
Irresistible (irrizist-tibl) adj irresistível.
Irresolute (irré-zoliut) adj irresoluto; vacilante; indeciso.
Irresoluteness (irré-zoliutnéss) s irresolução; hesitação; indecisão.

Irrespective (irrispék-tiv) adj independente de; sem consideração.
Irresponsibility (irrispónsibi-liti) s irresponsabilidade.
Irresponsible (irrispón-sibl) adj inconsciente; irresponsável.
Irresponsive (irrispón-siv) adj indiscutível; incontestável; irrefutável.
Irretrievable (irritri-vâbl) adj irremediável; irreparável.
Irreverence (irré-várénss) s irreverência; desacato; desrespeito.
Irreverent (irré-várént) adj desrespeitoso; irreverente.
Irreversible (irrivâr-sibl) adj irrevogável.
Irrevocable (irré-vokâbl) adj irrevogável.
Irrigate (i-righêit) v irrigar; aguar; banhar; regar.
Irrigation (irrighêi-shânn) s rega; irrigação.
Irritability (irritâbi-liti) s irritabilidade.
Irritable (irri-tâbl) adj irritável; irascível; colérico.
Irritant (iritânt) adj estimulante; irritante.
Irritate (i-ritêit) v irritar; exacerbar; exasperar.
Irritation (irritêi-shânn) s irritação; excitação; provocação.
Irritative (i-ritêitiv) adj irritante.
Irruption (irrâp-shânn) s irrupção, invasão súbita; invasão impetuosa.
Irruptive (irrâp-tiv) adj irruptivo.
Islam (is-lâmm) s islamismo; Islão.
Islamic (is-lâmik) adj islâmico; islamítico; maometano.
Islamism (is-lâmizm) s islamismo.
Island (ái-lând) s ilha.
Islander (ái-lândâr) s insular; ilhéu.
Isle (áil) s ilhota; ilha.
Islet (ái-lét) s ilhota; ilhéu.
Isolate (i-solêit) v isolar; segregar; separar.
Isolation (issolêi-shânn) s isolação; isolamento.
Israelite (iz-riéláit) s israelita; judeu; hebreu.
Israelitish (izriéláitshi) adj judeu; judaico; hebraico; hebreu.
Issuable (i-shuâbl) adj que pode ser emitido; publicável.
Issue (i-shu) s emissão de valores; emanação; emissão; expedição.
Issue (i-shu) v sair; emanar; terminar; emitir; publicar; nascer.
Issuer (i-shur) s emissor.
Isthmus (is-mâss) s istmo.
It (it) s encanto; atrativo.
It (it) pron a; o; ele; ela; isto; isso.
Italian (ité-liânn) adj italiano.
Italic (ité-lik) s GRAF itálico.
Italic (ité-lik) adj itálico; italiano.
Italicize (ité-lissáiz) v grifar; imprimir em itálico.
Itch (fitsh) s comichão; prurido; sarna.
Itch (fitsh) v coçar; prurir; desejar ardentemente.
Itching (i-tshinn) s comichão; desejo ardente.
Itchy (i-tshi) adj sarnento.
Iterate (i-târêit) v repetir; reiterar.
Iteration (itârêi-shânn) s iteração; repetição.
Itinerancy (áiti-nârânsi) s jornada; viagem.
Itinerary (áiti-nârânsi) s jornada; viagem.
Itinerate (áiti-nârânt) v errante; ambulante; itinerante.
Itinerant (áiti-nârânt) adj errante; ambulante; itinerante.
Its (íts) pron seu; sua; seus; suas.
Itself (itsél-f) pron ele próprio; ela própria; ele mesmo; ela mesma; se; sigo; si mesmo.
Ivory (ái-vori) s marfim.
Ivory (ái-vori) adj de marfim.
Ivy (ái-vi) s sempre-verde; planta trepadeira e rasteira.
Izzard (i-zârd) s nome variante da letra z; *from A to IZZARD*: do começo ao fim.

jJ

J (djêi) s décima letra do alfabeto Português e do alfabeto Inglês, além de diversos outros alfabetos.
Jab (dzaeb) s estocada; golpe.
Jab (dzaeb) v bater; socar; ferir; apunhalar.
Jabber (djé-bâr) s tagarelice; motim; confusão de vozes; gritaria.
Jabber (djé-bâr) v tagarelar; palrar.
Jabberer (djé-bârâr) s tagarela; falador.
Jack (djék) s descalçadeira; espeto (para assar); marinheiro; valete (no baralho); lugar (tomada) para plugar fios elétricos; POP forma abreviada para João (Joãozinho); GÍR cara; *the Union JACK*: bandeira nacional do Reino Unido.
Jackal (djé-kól) s chacal.
Jackanapes (djék-neips) s pessoa presumida; pessoa impertinente.
Jackass (djék-éss) s asno; burro; FIG tolo; estúpido; ignorante.
Jackdaw (djék-dó) s gralha (ave).
Jacket (djé-két) s jaqueta; blusão; coroa para dente; casaco.
Jacket (djé-két) v vestir-se com uma jaqueta; POP bater; surrar.
Jackie (djéki) v USA marinheiro.
Jackpudding (djékipâdinn) s palhaço.
Jacobin (djékâ-binn) s pombo (de capuz); frade dominicano; jacobino.
Jacobinism (djékâbinnism) s jacobinismo (associação revolucionária dos jacobinos, fundada em Paris em 1789).
Jade (djêid) s jade (pedra verde ou branca); cavalo magro; POP mulher feia.
Jade (djêid) v cansar; fatigar; desanimar.
Jag (djég) s dente; recorte; carga; USA bebedeira.
Jag (djég) v recortar; entalhar; dentear.
Jagged (djé-ghid) adj recortado; denteado; irregular.
Jaggedness (djé-ghidnéss) s aspereza; irregularidade.
Jail (djêil) s cárcere; prisão; cadeia; *she'll love to throw your ass in JAIL*: ela amará colocá-lo atrás das grades.
Jailer (djêi-lâr) s carcereiro, guarda de prisão.
Jailor (djêi-lâr) *vide* JAILER.
Jalop (djé-lâp) s GÍR calhambeque; automóvel antigo (lata velha).
Jalousie (djé-luzi) s ciúme; gelosia; persiana.
Jam (djémm) s geleia; compota; aperto; apuro; congestionamento; GÍR pechincha.
Jam (djémm) v apertar; espremer; apinhar; RÁD interferir.
Jamb (djémm) s umbral de porta.
Jamboree (djémm-bâri) s congresso de escoteiros.
Jangle (djéng-l) s disputa; ruídos, sons descordantes.
Jangle (djéng-l) v discutir; brigar; disputar.
Jangler (djén-lâr) s contendor; tagarela; altercador.
Jangling (djén-glinn) s altercação; discussão; som desagradável.
Janitor (djénitâr) s bedel; servente; USA porteiro; zelador de edifício.
January (djé-niuéri) s janeiro; *JANUARY, the first month of the year*: janeiro, o primeiro mês do ano.
Jap (djép) s língua japonesa.
Jap (djép) adj ABREV de japonês ou japonesa; japonês.
Japan (djépé-nn) s Japão; japan (goma-laca); verniz do Japão.
Japan (djépé-nn) v envernizar; engraxar.
Japanese (djépâni-z) s japonês.
Japanese (djépâni-z) adj japonês, pessoa nascida no Japão; nipônico.
Jape (djêip) s gracejo; zombaria.
Jape (djêip) v gracejar; lograr; iludir.
Jar (djár) s jarro; pote; vibração; discussão.
Jar (djár) v vibrar; tremer; chocar-se.
Jargon (djár-gânn) s gíria; dito popular; jargão.
Jarring (djá-rinn) s discordância; vibração; rixa; disputa.
Jarring (djá-rinn) adj discordante.
Jasey (djêi-si) s peruca; cabeleira postiça.
Jasmine (djás-minn) s jasmim (flor).
Jasper (djés-pâr) s jaspe (pedra quartzo).
Jaundice (dján-diss) s MED icterícia.
Jaunt (djánt) s excursão; passeio.
Jaunt (djánt) v passear; perambular; vaguear; excursionar.
Jauntiness (dján-tinéss) s garbo; graça; ligeireza; exibição.
Jaunting (dján-tinn) adj passeador; excursionista.
Jaunty (dján-ti) adj airoso; garboso.
Javanese (djávâniz) adj javanês (da ilha de Java).
Jaw (djó) s mandíbula; maxilar; GÍR bate-papo; conversa; *JAW-BONE*: ANAT maxilar.
Jay (djêi) s USA palerma; simplório; TEATR canastrão.
Jazz (djéss) s USA música e dança improvisadas.
Jealous (djé-lâss) adj ciumento; zeloso; invejoso; desconfiado.
Jealously (djé-lâsi) adv zelosamente; ciosamente.
Jealousness (djé-lâsnéss) s ciúme; desconfiança; inveja.
Jealousy (djé-lâsi) s ciúme; suspeita; receio.
Jean (djêinn) s fustão de algodão e lã.
Jeans (djêinns) s calça esporte.
Jeep (djip) s MIL carro (automóvel) especial (nome formado pelas iniciais de General Purpose).
Jeer (djir) s zombaria; escárnio.
Jeer (djir) v zombar; escarnecer; gracejar.
Jeerer (dji-rár) s zombeteiro; zombador; escarnecedor.
Jeering (dji-rinn) s zombaria; motejo.
Jeering (dji-rinn) adj zombeteiro.
Jeez (djiz) *interj* de Jesus.
Jehu (dji-hiu) s cocheiro de carruagens.
Jejune (djidju-nn) adj seco; estéril; árido; desprovido.
Jejuneness (djidjun-néss) s carência; esterilidade; pobreza.
Jejunum (djidju-nâmm) s ANAT jejuno (intestino delgado).
Jejunum (djidju-nâmm) adj aquele que está de jejum.
Jell (djél) s geleia.
Jellied (djé-lid) adj gelatinoso.
Jelly (djé-li) s geleia.
Jemmy (djé-mi) s pé de cabra.
Jenny (djé-ni) s torno; máquina (fiar); tacada (bilhar).
Jeopardise (djé-pârdáiz) v arriscar; pôr em perigo.
Jeopardize (djé-pârdáiz) *vide* JEOPARDISE.
Jeopardous (djé-pârdâss) adj arriscado; perigoso.
Jeopardy (djé-pârdi) s perigo; risco.
Jeremiad (djéri-miad) s choradeira; lamúria.

JERK — JUDGESHIP

Jerk (djârk) *s* safanão; sacudida; sacudidela; *JERKED-BEEF*: carne seca; carne de sol.
Jerk (djârk) *v* sacudir; arremessar.
Jerker (djâr-kâr) *s* inspetor de alfândega.
Jerky (djâr-ki) *adj* espasmódico; impaciente.
Jerry (djé-ri) *s* construção inferior.
Jersey (djâr-zi) *s* bovino (de Jersey); jérsei (tecido).
Jessamine (dje-sâminn) *s* jasmim (planta florida).
Jest (djést) *s* gracejo; zombaria.
Jester (djés-târ) *s* gracejador; bobo; palhaço.
Jesting (djés-tinn) *s* zombaria; gracejo.
Jesting (djés-tinn) *adj* ridículo; zombeteiro.
Jesuit (dje-ziuit) *s* RELIG Jesuíta (religioso da Companhia de Jesus, ordem religiosa fundada em 1534, por Inácio de Loiola, nascido em l491 e desaparecido em 1556).
Jesus (djizâs) *s* RELIG Jesus, expoente máximo da cristandade, também chamado "O Divino Mestre".
Jet (djét) *s* jato; cano de descarga; azeviche; AER avião a jato; GÍR piloto.
Jet (djét) *v* fazer saliência; lançar; arrojar; arremessar-se.
Jetsam (djé-tsâmm) *s* NÁUT carga lançada ao mar.
Jetty (djé-ti) *s* cais; ARQT saliência.
Jetty (djé-ti) *adj* cor de azeviche.
Jew (dju) *s* Judeu, Israelita.
Jewel (dju-él) *s* joia; pedra preciosa; prenda.
Jewel (dju-él) *v* adornar (com joias).
Jeweler (dju-elâr) *s* joalheiro; lapidário.
Jeweller (dju-elâr) *vide* JEWELER.
Jewelry (dju-éri) *s* pedraria; pedras preciosas; joalheria.
Jewess (dju-éss) *s* Judia.
Jewish (dju-ish) *adj* Judaico; Hebráico.
Jewry (dju-ri) *s* bairro de Judeu.
Jib (djib) *s* NÁUT bujarrona (vela triângular).
Jiffy (dji-fi) *s* GÍR instante; momento.
Jig (djig) *s* jiga (dança italiana); MEC crivo; gabarito.
Jiggle (djig-l) *v* sacudir; vacilar.
Jigsaw (djig-só) *s* serra de vaivém; quebra-cabeças (brinquedo).
Jill (djil) *s* namorada; moça.
Jilt (djilt) *s* mulher jovem leviana.
Jilt (djilt) *v* enganar um namorado (dar o fora).
Jimjams (djimdjams) *s* delirium tremens (delírio provocado pelo abuso de álcool).
Jingle (djing-l) *s* eufonia; aliteração; consonância de som nas rimas.
Jingle (djing-l) *v* tinir; soar; rimar; MÚS canção publicitária.
Jingoism (djingouism) *s* jacobinismo, nacionalismo extremo (chauvinismo).
Jink (djink) *s* movimento rápido (que visa enganar).
Jinx (djinks) *s* indivíduo azarento.
Jitney (djitni) *s* moeda (5 cents); lotação; quantia insignificante.
Jitter (djitâr) *s* USA nervosismo.
Jitterbug (djitârbâg) *s* pessoa que dança grotescamente; pessoa nervosa.
Jo (djóu) *s* namorado; namorada.
Job (djób) *s* emprego; serviço; trabalho; ocupação; embuste; lucro; *Erika has a very well-paid JOB*: Erika tem um emprego bem pago.
Job (djób) *v* trabalhar de empreitada; fazer bico; agiotar.
Jobber (djó-bâr) *s* agiota; corretor; revendedor.
Jobbery (djó-bâri) *s* agiotagem; usura.
Jobbing (djó-binn) *adj* intermediário.
Jockey (djó-ki) *s* jóquei; negociante de cavalos; trapaceiro.
Jocose (djokôu-z) *adj* jocoso; alegre.
Jocoseness (djokôuz-néss) *s* jocosidade; alegria; graça.
Jocular (djó-kiulâr) *adj* jocoso; divertido.
Jocund (djó-kând) *adj* jovial; alegre; prazeroso.
Jog (djóg) *s* sacudidela; cotovelada.
Jog (djóg) *v* mover-se vagarosamente; tocar de leve.
Jogger (djó-gâr) *s* pessoa que anda lentamente.
Joggle (djóg-l) *s* entalhe (em peças de madeira).
Joggle (djóg-l) *v* sacudir; empurrar.
Johnny (djôni) *s* tolo; simplório; Joãozinho (diminutivo de John).
Join (djóinn) *v* unir; juntar; associar; reunir; aderir a.
Joiner (djói-nâr) *s* marceneiro.
Joinery (djói-nâri) *s* marcenaria.
Joining (djói-ninn) *s* união; junção.
Joint (djóint) *s* articulação; nó; união.
Joint (djóint) *v* juntar; ligar; articular.
Joint (djóint) *adj* junto; associado; unido; ligado.
Jointer (djóin-târ) *s* junteira, instrumento de carpinteiro (plaina).
Jointress (djóin-tréss) *s* viúva que recebe dote do marido.
Jointure (djóin-tshur) *s* JUR bens dotais de viúva.
Joist (djóist) *s* viga; trave; barrote.
Joke (djôuk) *s* gracejo; graça; piada.
Joke (djôuk) *v* gracejar; pilheriar; brincar.
Joker (djôu-kâr) *s* gracejador; brincalhão; curinga (cartas).
Joking (djôu-kinn) *s* gracejo; galhofa; brincadeira.
Joking (djôu-kinn) *adj* gracejador; galhofeiro; brincalhão.
Jollification (djólifikêi-shânn) *s* festança; folia.
Jolliness (djó-linéss) *s* jovialidade; alegria; júbilo.
Jolly (djó-li) *adj* jovial; alegre; vivo; robusto.
Jollyboat (djó-libôut) *s* NÁUT escaler (barco).
Jolt (djôult) *s* balanço; sacudidela.
Jolt (djôult) *v* sacudir; balançar; lançar; solavancar.
Jolting (djôul-tinn) *s* sacudidela; solavanco; balanço.
Joskin (djós-kinn) *s* GÍR matuto; caipira; comilão.
Jostle (djós-l) *v* empurrar; impelir; apertar.
Jot (djót) *s* jota; ponto; til.
Jot (djót) *v* anotar; resumir.
Jotting (djó-tinn) *s* apontamento; nota.
Journal (djâr-nâl) *s* jornal; gazeta; periódico; CONT livro-diário.
Journalese (djâr-nâlis) *s* linguagem jornalística (sensacionalista).
Journalism (djâr-nâlism) *s* jornalismo.
Journalist (djâr-nâlist) *s* jornalista; USA NEWSPAPERMAN.
Journalize (djâr-nâláiz) *v* trabalhar (em jornal); CONT lançar (em diário).
Journey (djâr-ni) *s* viagem; jornada; caminhada.
Journey (djâr-ni) *v* viajar.
Joust (djâst) *s* torneio; peleja; justa.
Jovial (djou-viâl) *adj* jovial; alegre.
Joviality (djôuvié-liti) *s* regozijo; jovialidade; alegria.
Jowl (djául) *s* rosto; face; bochecha.
Joy (djói) *s* prazer; alegria; gozo.
Joy (djói) *v* alegrar-se; exultar; regozijar-se.
Joyful (djói-ful) *adj* alegre; contente.
Joyfulness (djói-fulnéss) *s* júbilo; alegria; contentamento.
Joyless (djói-léss) *adj* triste; melancólico.
Joylessness (djói-lésnéss) *s* tristeza; amargura.
Joyous (djói-âss) *adj* alegre; jubiloso.
Jubilant (dju-bilânt) *adj* jubilante; triunfante.
Jubilate (dju-bilêit) *s* o terceiro domingo depois da Páscoa.
Jubilate (dju-bilêit) *v* regozijar-se; regubilar-se; exultar.
Jubilation (djubilêi-shânn) *s* júbilo; regozijo.
Jubilee (dju-bili) *s* jubileu.
Judaism (dju-dêizm) *s* RELIG Judaísmo, religião dos Judeus com base fundamental na Bíblia, composta de três grandes partes que correspondem ao Antigo Testamento do Cristianismo: a Lei (Pentateuco), Os Profetas e Os Escritos (Torá, Neviim e Ketuvim).
Judge (djâdj) *s* juiz; árbitro; perito.
Judge (djâdj) *v* julgar; distinguir; decidir; sentenciar.
Judgement (djâdj-ment) *s vide* JUDGMENT.
Judgeship (djâdj-ship) *s* magistratura; cargo de juiz.

Judgment (djâdj-ment) s juízo; sentença judiciária; bom senso; opinião.
Judicature (dju-dikâtshur) s judicatura; tribunal; magistratura.
Judicial (djudi-shâl) adj judicial; sensato; judicioso.
Judiciary (djudi-shâri) s judiciário; judicatura.
Judiciary (djudi-shâri) adj judiciário.
Judicious (djudi-shâss) adj sábio; judicioso; sensato; discreto.
Judiciousness (djudi-shâsnéss) s juízo; prudência; senso.
Jug (djâg) s jarro; cântaro.
Jug (djâg) v cozinhar (lebre); cantar (como rouxinol); GÍR encanar (prender).
Juggins (djâ-ghinss) s GÍR simplório (ingênuo).
Juggle (djâgl) s prestidigitação.
Juggle (djâgl) v enganar; lograr.
Juggler (djâ-glâr) s prestidigitador; trapaceiro.
Jugglery (djâ-glâri) s prestidigitação.
Jugoslav (iugosláv) s iugoslavo.
Juice (djuss) s sumo; suco; caldo; POP gasolina; corrente elétrica.
Juiciness (dju-sinéss) s suculência.
Juicy (dju-si) adj suculento; sucoso; sumarento.
July (djulái) s julho; *JULY, the seventh month of the year*: julho, o sétimo mês do ano.
Jumble (djâmb-l) s confusão; baralhada.
Jumble (djâmb-l) v misturar; confundir; atrapalhar; complicar.
Jumbling (djâm-blinn) s confusão; barulho; baralhada.
Jumbo (djâm-bou) s colosso; pessoa enorme (também: animal ou coisa).
Jump (djâmp) s salto; pulo; vestido solto.
Jump (djâmp) v pular; saltar; levantar.
Jumper (djâm-pâr) s saltador; blusa de marinheiro; broca comprida.
Jumping (djâm-pinn) s saltador.
Jumpy (djampi) adj nervoso; excitado.
Junction (djânk-shânn) s junção; entroncamento (estrada de ferro).
Juncture (djânk-tshâr) s junção; união; encaixe; junta; momento crítico; conjuntura.
June (djunn) s junho; *JUNE, the sixth month of the year*: junho, o 6º mês do ano.
Jungle (djângl) s selva; mato; floresta.
Junior (dju-niâr) s filho mais moço; USA estudante do penúltimo ano de um colégio.
Junior (dju-niâr) adj novo; júnior; mais moço.
Junk (djânk) s junco (embarcação); cesta; USA sucata.
Junker (djân-kâr) s jovem fidalgo (alemão).
Junket (djân-kit) s festança; doce; gulodice; USA banquete (com dinheiro público).
Junket (djân-kit) v banquetear; regalar-se.
Junketing (djânk-tinn) s festança; banquete.
Juridical (djuri-dikâl) adj jurídico; judicial.
Jurisconsult (djuriskón-sâlt) s jurisconsulto; jurista.
Jurisdiction (djurisdik-shânn) s jurisdição; competência.
Jurisprudence (djurispru-dénss) s jurisprudência (doutrina fixada em razão de alguma decisão emanada por autoridade competente, quando interpretando os textos obscuro da lei, ou dando solução para caso não previsto na legislação).
Jurist (dju-rist) s jurista; advogado; jurisconsulto; causídico.
Juror (dju-râr) s jurado, aquele que prestou juramento.
Jury (dju-ri) s júri, cidadãos escolhidos para julgarem uma causa num tribunal.
Juryman (dju-rimaen) s jurado; USA **VENIREMAN**.
Just (djâst) adj justo; imparcial; reto; legítimo.
Just (djâst) adv justamente; apenas; exatamente; simplesmente; somente.
Justice (djâs-tiss) s justiça; retidão; direito.
Justifiable (djâs-tifáiâbl) adj justificável.
Justifiableness (djâs-tifáiâblnéss) s justiça; retidão.
Justification (djâstifikêi-shânn) s justificação; defesa.
Justified (djâs-tifáid) adj justificado.
Justifier (djâs-tifáiâr) s justificador; justificante.
Justify (djâs-tiái) v justificar; defender; absolver; perdoar.
Justness (djâst-néss) s justiça; exatidão; regularidade.
Jut (djât) s projeção; saliência.
Jut (djât) v fazer saliência; projetar-se.
Jute (djut) s juta (planta).
Jutting (djâ-tinn) adj saliente; proeminente; arqueado.
Juvenescence (djuvené-senss) s rejuvenescimento.
Juvenescent (djuvené-sent) adj rejuvenescente.
Juvenile (dju-venil) s jovem; pessoa nova; mocinho.
Juvenile (dju-venil) adj juvenil; jovem.
Juvenility (djuveni-liti) s juventude; mocidade; vivacidade.
Juxtapose (djâsks-tâpôuz) v justapor; sobrepor.
Juxtaposition (djâkstâpôzi-shânn) s justaposição; superposição.

k K

K (kêi) *s* décima primeira letra do alfabeto Inglês e de diversos alfabetos.
K (kêi) QUÍM símbolo do potássio.
Kailyard (kéi-liârd) *s* horta (plantação).
Kaiser (kái-ser) *s* imperador.
Kale (kêil) *s* repolho; couve; USA GÍR dinheiro.
Kaleidoscope (kâlái-doskôup) *s* calidoscópio (aparelho óptico).
Kalends (ké-lendz) *s* calendas (1º dia do mês no calendário romano).
Kangaroo (kéngâru) *s* canguru (animal).
Karma (kérma) *v* RELIG carma.
Kayak (kaiék) *s* caiaque (barco).
Keck (kék) *v* enojar-se; repugnar-se; fazer esforço para vomitar.
Kedge (kédj) *s* NÁUT âncora; ancoreta.
Keel (kil) *s* NÁUT quilha; barco; chata.
Keel (kil) *v* bater a quilha; refrescar; sulcar; soçobrar.
Keeler (ki-lâr) *s* gamela; saleiro.
Keelson (kél-sânn) *s* carlinga.
Keen (kin) *adj* vivo; agudo; ardente; entusiasta; ávido; colérico; penetrante.
Keenness (kin-néss) *s* agudeza; sagacidade; desejo (ardente); ânsia; vivacidade.
Keep (kip) *s* guarda; manutenção; forte; custódia; proteção.
Keep (kip) *v* guardar; conservar; manter; ter; criar; celebrar; *past or pp* KEPT.
Keeper (ki-pâr) *s* guarda; protetor; guardião.
Keeping (ki-pinn) *s* guarda; custódia; sustento; harmonia.
Keepsake (kip-sêik) *s* dádiva; presente; lembrança.
Kef (két-l) *s* langor; torpor; sonolência.
Keg (kég) *s* barril; barrica.
Kemp (kémmp) *s* campeão; lutador.
Ken (kénn) *s* alcance (da vista); alcance (conhecimento).
Ken (kénn) *v* reconhecer; ver (ao longe).
Kennel (kén-nel) *s* canil; covil; vala; toca.
Kennel (kén-nel) *v* abrigar-se (em covil ou toca); habitar; entocar.
Kerchief (kértshif) *s* lenço de cabeça.
Kern (kârnn) *s* caipira; simplório; TIP parte saliente de um tipo.
Kernel (kârn-l) *s* semente; caroço; núcleo; miolo; amêndoa; grão.
Kerosene (kerâsin) *s* querosene.
Kersey (kâr-zi) *s* tecido lã.
Kerseymere (kâr-zimir) *s* casimira.
Ketch (kétsh) *s* chalupa.
Ketchup (ké-tshâp) *s* molho (de tomates, cogumelo etc.).
Kettle (két-l) *s* caldeira; chaleira.
Kettledrum (ké-tldrâmm) *s* tímbale (tambor).
Key (ki) *s* chave; teclado; cais; recife; tipo (letra) de máquina de escrever; MÚS clave.
Keyboard (ki-bôurd) *s* teclado (de piano, linotipo, máquina de escrever etc.).
Keyhole (ki-houl) *s* buraco de fechadura.
Keyman (ki-man) *s* USA telegrafista.
Keystone (ki-stôunn) *s* pedra angular.
Khaki (kâ-ki) *s* cáqui, cor de barro.

Khalifa (kâ-lif) *s* califa.
Khan (kánn) *s* cã; príncipe.
Kibe (káib) *s* MED frieira.
Kick (kik) *s* pontapé; patada; coice; USA crítica; objeção.
Kick (kik) *v* escoicear; dar pontapés; USA criticar; protestar.
Kicker (ki-kâr) *s* aquele que dá pontapés; o que da coices; USA reclamador.
Kicking (ki-kinn) *s* ação de dar pontapés; ação de dar coices; violência.
Kickshaw (kik-shó) *s* ninharia; prato leve; insignificância; frivolidade.
Kid (kid) *s* garoto; criança; cabrito; pele de cabrito; carne de cabrito; cesta.
Kid (kid) *v* cobrir-se com pele (de cabritos); parir cabritos; GÍR enganar; iludir.
Kidding (kid-inn) *adj* bricalhão.
Kiddle (kid-l) *s* criança.
Kidling (ki-dlinn) *s* cabritinho.
Kidnap (kid-nép) *s* rapto; sequestro.
Kidnap (kid-nép) *v* raptar; sequestrar (pessoas).
Kidnapper (kid-népâr) *s* raptor; sequestrador.
Kidnapping (kid-népinn) *s* rapto; sequestro.
Kidney (ki-dni) *s* disposição; temperamento; humor; ANAT rim.
Kidstuff (kid-stâf) *s* maconha (entorpecente).
Kidvid (kidvid) *s* TV programa infantil.
Kill (kil) *s* animal morto; canal; rio; arroio.
Kill (kil) *v* matar; executar; assassinar; pôr fim a; aniquilar; neutralizar.
Killer (ki-lâr) *s* assassino; matador; homicida.
Killing (ki-linn) *s* assassino; assassínio.
Killing (ki-linn) *adj* matador; homicida.
Killjoy (kiljâi) *s* desmancha-prazeres.
Kiln (kiln) *s* forno.
Kilogramme (kilâgram) *s* quilograma, kg (mil gramas); USA KILOGRAM.
Kilometre (kilâmiter) *s* quilômetro (mil metros); USA KILOMETER.
Kilt (kilt) *s* saiote escocês.
Kilt (kilt) *v* franzir; arregaçar.
Kimono (kimonou) *s* quimono (roupão).
Kin (kinn) *s* parentesco; parente.
Kin (kinn) *adj* parente.
Kind (káind) *s* gênero; espécie; casta; natureza; maneira.
Kind (káind) *adj* afável; gentil; amável.
Kindergarten (kinn-dârgârtn) *s* jardim da infância (escola infantil).
Kindle (kind-l) *v* acender; atear; inflamar-se; excitar.
Kindler (kin-dlâr) *s* incendiário; agitador.
Kindliness (káin-dlinéss) *s* bondade; benevolência; boa índole.
Kindling (kin-dlinn) *s* fogo; entusiasmo; USA graveto (para fogo).
Kindly (káin-dli) *adj* bondoso; amável; brando; bondoso.
Kindness (káind-néss) *s* amabilidade; bondade; benevolência.
Kindred (kin-dred) *s* parentesco; afinidade.
Kindred (kin-dred) *adj* aparentado; parente; congênere.
Kinematics (kinemé-tiks) *s* cinemática.

KINETIC — KUDOS

Kinetic (kiné-tik) *adj* cinético; cinemático.
King (kinn) *s* rei; majestade.
Kingcraft (kinjkraft) *s* arte de reinar.
Kingcup (kin-kâp) *s* ranúnculo (planta amarela).
Kingdom (kin-dâmm) *s* reino; império; região.
Kingfisher (kin-fishâr) *s* pássaro que se alimenta de peixe.
Kinghood (kin-hud) *s* realeza; soberania.
Kinglike (kin-láik) *adj* real; majestoso; régio.
Kingliness (kin-linéss) *s* dignidade real.
Kingly (kin-li) *adj* real.
Kingship (kin-ship) *s* majestade; realeza.
Kink (kink) *s* dobra; prega; MED tosse convulsa; coqueluche.
Kink (kink) *v* torcer; dobrar; tossir com intensidade convulsa.
Kinsfolk (kinz-fôuk) *s* parentela; parentesco.
Kinship (kin-ship) *s* parentesco consaguíneo.
Kinsman (kinz-maen) *s* parente consaguíneo.
Kinswoman (kinz-uumaen) *s* parenta consaguínea.
Kiosk (kiásk) *s* quiosque; banca de jornal; USA NEWS-STAND.
Kip (kip) *s* pele (animal); peso (mil libras).
Kipper (ki-pâr) *s* salmão; peixe defumado.
Kipper (ki-pâr) *v* defumar peixes.
Kirk (kêrk) *s* igreja (Escócia).
Kirsch (kârsh) *s* aguardente (de cerejas).
Kirtle (kârt-l) *s* saiote; túnica; saia.
Kiss (kiss) *s* beijo; ósculo.
Kiss (kiss) *v* beijar.
Kissing (ki-sinn) *s* ato de beijar; beijo.
Kit (kit) *s* balde (para leite); barril (pequeno); ferramenta; estojo para abrigar diversos tipos de produtos; equipamento; gatinho.
Kitchen (ki-tshenn) *s* cozinha.
Kitchener (ki-tshenâr) *s* chefe (de cozinha); trabalhador de cozinha; cozinheiro (chefe).
Kitchenette (kitsh-inét) *s* cozinha com copa (pequena); BR apartamento (muito pequeno)
Kite (káit) *s* milhafre (ave); papagaio de papel (pipa); COM nota promissória (papagaio); FIG pessoa ambiciosa.
Kith (kith) *s* relações; amigos.
Kitten (kitn) *s* gatinho.
Kittenish (kitnitsh) *adj* travesso; jocoso; brincalhão (como gatinho).
Kittle (ki-tl) *adj* intratável; difícil; espinhoso.
Kitty (kiti) *s* gatinho (na linguagem infantil).
Kleptomania (kleptou-meinia) *s* cleptomania (desejo incontido de roubar).
Knack (nék) *s* destreza; habilidade; brinquedo.
Knacker (né-kâr) *s* negociante (de material de 2ª mão, de cavalos velhos etc.); fabricante de brinquedos.
Knag (nég) *s* nó (de madeira); cavilha.
Knaggy (né-ghi) *adj* nodoso; áspero; irregular.
Knap (nép) *s* estalido; rangido.
Knap (nép) *v* estalar; britar.
Knapper (né-pâr) *s* britador.
Knapsack (nép-sack) *s* mochila.
Knar (nép) *s* nó de árvore.
Knave (nêiv) *s* valete (jogo de cartas); criado; patife.
Knavery (nêi-vâri) *s* velhacaria; patifaria.
Knavish (nêi-vish) *adj* velhaco; tratante; patife.
Knavishness (nêi-vishnéss) *s* patifaria; velhacaria.
Knead (nid) *v* amassar; unir; juntar.
Kneader (ni-dâr) *s* amassador; misturador.
Kneck (nék) *s* amarra; torcida.
Knee (ni) *s* joelho; curva.
Knee (ni) *v* ajoelhar; dobrar os joelhos.
Kneecap (ni-kép) *s* patela; rótula (do joelho).
Kneed (ni-d) *adj* curvado (joelhos).
Kneel (nél) *v* ajoelhar-se; *past or pp* KNELT.
Kneeling (ni-linn) *s* genuflexão.
Kneeling (ni-linn) *adj* ajoelhado.
Knell (nél) *s* dobre de sinos (o bater).
Knell (nél) *v* dobrar os sinos; *past or pp* KNELT.
Knickerbocker (nike-bócker) *s* calção apertado (nos joelhos).
Knickers (níkers) *s* calção; calça (de mulher); USA BLOOMERS.
Knick-knack (nic-néc) *s* brinquedo; ninharia; bagatela.
Knife (náif) *s* faca; navalha; punhal.
Knife (náif) *v* apunhalar; esfaquear; USA virar a casaca; trair.
Knight (náit) *s* cavaleiro; cavalo (jogo de xadrez); valete (no baralho).
Knight (náit) *v* nomear cavaleiro; armar cavaleiro; *KNIGHT-templar*: Templário ou Cavaleiro Templário, membro de uma Ordem Militar e Religiosa fundada em Jerusalém em 1118 (na atualidade tornou-se uma sociedade discreta que visa o aperfeiçoamento dos seus membros e trabalha em favor da humanidade).
Knighthood (náit-hud) *s* dignidade de cavaleiro; cavalaria.
Knightly (nái-tli) *adv* cavalheiresco.
Knit (nit) *v* fazer meia ou crochê; fazer renda; unir; enlaçar; *past or pp* KNIT.
Knitting (ni-tinn) *s* união; junção; confecção em meia; enlace.
Knittle (nitl) *s* cabo de atracar; amarra; atracador.
Knob (nób) *s* côrcova; protuberância; botão; alça de gaveta (puxador); nó (em madeira).
Knobbiness (nó-binéss) *s* nodosidade; que têm nós.
Knobby (nó-bi) *adj* protuberante; cheio de saliências.
Knock (nók) *s* pancada; golpe; toque.
Knock (nók) *v* bater; ferir; socar; bater à porta.
Knockdown (nók-dáunn) *s* ESP soco que faz o adversário cair.
Knocker (nó-kâr) *s* aquele que bate; USA derrotista; pessimista.
Knocking (nó-kinn) *s* ato de bater; golpe; barulho; tumulto.
Knockout (nók-óut) *s* ESP soco que faz o adversário cair (desmaiar).
Knoll (nóul) *s* colina; morro; cume; dobre de finados; repicar de sino (para chamar a atenção).
Knoll (nóul) *v* tinir; retinir; tocar.
Knop (nóp) *s* botão (flor).
Knot (nót) *s* nó; laço; dificuldade; problema; nó (de madeira).
Knot (nót) *v* enlaçar; dar nós.
Knottiness (nó-tinéss) *s* dificuldade; nodosidade.
Knotty (nó-ti) *adj* nodoso; embaraçoso; difícil.
Know (nôu) *v* conhecer; distinguir; saber; compreender; reconhecer; *I've KNOWN about it for a long time*: fiquei sabendo disto faz muito tempo; *past* KNEW *and pp* KNOWN.
Knowable (nôu-âbl) *adj* que se pode saber; que se pode conhecer.
Knower (nôu-âr) *s* conhecedor; sábio.
Knowing (nôu-inn) *adj* instruído; inteligente; hábil; fino; sagaz.
Knowingness (nôu-innéss) *s* sagacidade; finura; esperteza.
Knowledge (no-ledj) *s* saber; habilidade; erudição; ciência; conhecimento; inteligência.
Known (nôunn) *adj* sabido; reconhecido.
Knuckle (nâk-l) *s* articulação; junta; nó dos dedos.
Knuckle (nâk-l) *v* curvar-se; ceder; submeter-se; sujeitar-se.
Knur (nêr) *s* nó de madeira; tronco de árvore.
Knurl (nêrl) *s* protuberância; nó; estria.
Kohl (kôul) *s* pó preto (para pintar os cílios).
Kopje (kó-pi) *s* outeiro; pequena colina.
Koran (kârann) *s* Alcorão; Corão (Livro Sagrado do Islamismo).
Kosher (kôu-shâr) *adj* puro; limpo (segundo a lei dos judeus).
Kow-tow (kôutá-u) *s* reverência chinesa (prostração).
Kow-tow (kôutá-u) *v* reverenciar (colocando a testa no chão).
Kudos (kiu-dóss) *s* POP fama; nome; glória; crédito.

L

L (él) *s* décima primeira letra do alfabeto Português e décima segunda do Inglês e diversos outros alfabetos.
L (él) cinquenta (algarismo romano).
La (lá) *s* MÚS lá (símbolo usado: A).
Laager (lé-gâr) *s* MIL acampamento (África do Sul).
Laager (lé-gâr) *v* acampar.
Label (lêi-bél) *s* rótulo; etiqueta.
Label (lêi-bél) *v* rotular; classificar; etiquetar.
Labial (lêi-biâl) *s* GRAM letra labial.
Labial (lêi-biâl) *adj* labial.
Labor (lêi-bâr) *s* labor; trabalho; MED dores de parto.
Labor (lêi-bâr) *v* trabalhar; labutar; elaborar.
Laboratory (lé-borâtôuri) *s* laboratório.
Laborer (lêi-bârâr) *s* operário; obreiro; trabalhador.
Laboring (lêi-bârinn) *s* trabalho; fadiga; inclinação do navio.
Laboring (lêi-bârinn) *adj* trabalhoso; fatigante.
Laborious (lâbôu-riâss) *adj* trabalhoso; difícil; penoso; árduo.
Labour (lâbôu-r) *vide* LABOR.
Labourer (lêi-bârâr) *vide* LABORER.
Labyrinth (lé-birinth) *s* labirinto; dédalo; ANAT interior da orelha.
Lac (lék) *s* laca; goma-laca.
Lace (lêiss) *s* atacador; cordão; laço; fita.
Lace (lêiss) *v* guarnecer de rendas.
Lacerate (lé-sârêit) *v* lacerar; dilacerar; rasgar.
Lacerate (lé-sârêit) *adj* lacerado; dilacerado; rasgado.
Laceration (léssârêi-shânn) *s* laceração; FIG tormento.
Lachrymal (lé-krimâl) *adj* lacrimal; ANAT glândula que produz lágrimas.
Lacing (lêi-sinn) *s* laçadura; ato de laçar.
Lack (lék) *s* falta; carência; ausência; privação.
Lack (lék) *v* carecer de; necessitar; precisar.
Lackadaisical (lékâdêi-sikâl) *adj* sentimental; lânguido; dolente.
Lackey (lé-ki) *s* lacaio; servidor; pajem.
Lackey (lé-ki) *v* servir de lacaio.
Lacking (lé-kinn) *adj* carente de; necessitado de.
Laconian (lâkónia-ân) *s* lacônio; breve; conciso; resumido.
Laconian (lâkónia-ân) *adj* lacônio; resumido; conciso; breve.
Laconic (lâkó-nik) *vide* LACONIAN.
Lacquer (lé-kâr) *s* laca; verniz.
Lacquer (lé-kâr) *v* lacar; pintar (com laca).
Lacquerer (lé-kârâr) *s* envernizador; fabricante (objetos com laca).
Lacrosse (lakró-ss) *s* ESP CAN pela (jogo de bola).
Lactate (lék-têit) *s* lactato.
Lactate (lék-têit) *v* amamentar; transformar (em leite).
Lactic (lék-tik) *adj* láctico.
Lacustrine (lakáss-trin) *adj* lacustre.
Lacy (lei-ssi) *adj* rendado; feito de renda.
Lad (léd) *s* moço; rapaz.
Ladder (lé-dâr) *s* escada de mão; fio corrido em meia; USA RUN.
Laddie (lé-di) *s* rapazinho; mocinho.
Lade (lêid) *s* canal de rio; carga.
Lade (lêid) *v* carregar; deitar fora; vazar; NÁUT entrar água (numa embarcação); *past or pp* LADEN.
Laden (lêidn) *adj* abatido; carregado; prostrado.
Lading (lêi-dinn) *s* carregamento; carga; frete.
Ladle (lêidl) *s* colher; concha.
Ladle (lêidl) *v* tirar (com colher grande ou com uma concha).
Lady (lêi-di) *s* senhora; dona de casa; dama; esposa.
Ladybird (lêi-dibârd) *s* joaninha; escaravelho; USA LADY-BUG.
Ladylike (lêi-diláik) *adj* senhoril; elegante; distinto.
Lag (lég) *s* atraso; retardamento.
Lag (lég) *v* andar (vagarosamente).
Lag (lég) *adj* último; tardio; tardo; vagaroso.
Laggard (lé-gârd) *s* pessoa retardatária.
Laggard (lé-gârd) *adj* vagaroso; tardio; retardatário.
Lagger (lé-gâr) *s* retardatário; vagaroso.
Lagging (lé-ghinn) *s* cobertura; revestimento.
Lagging (lé-ghinn) *adj* lento; retardado.
Lagoon (lâgu-nn) *s* lagoa; laguna.
Laic (lêik) *s* laico; leigo; secular.
Laic (lêik) *adj* laico; leigo; secular.
Laical (lêi-kâl) *adj* laical; secular; leigo.
Laid (lêid) *adj* posto; estendido; colocado; que tem sulcos.
Lake (lêik) *s* lago; lagoa; laca; goma-laca.
Lam (lémm) *s* lâmina (de ouro ou de prata).
Lam (lémm) *v* GÍR bater; espancar.
Lama (lá-mâ) *s* lama (sacerdote Tibete); lama ou lhama (animal quadrúpede).
Lamb (lémm) *s* cordeiro; carne de cordeiro.
Lamb (lémm) *v* ação que retrata o parir de uma ovelha.
Lambency (lém-bènsi) *s* qualidade de ligeiro; ligeireza.
Lambent (lém-bènt) *adj* ligeiro; caprichoso; que toca com delicadeza; que tem luminosidade suave.
Lambskin (lém-skinn) *s* pele (de cordeiro); pelica.
Lame (lêimm) *adj* coxo; estropiado; imperfeito.
Lame (lêimm) *v* estropiar; mancar.
Lament (lâmén-t) *s* lamento; queixa.
Lament (lâmén-t) *v* lamentar; queixar-se.
Lamentable (lâmén-tâbl) *adj* lamentável; deplorável.
Lamentation (lâmentêi-shânn) *s* lamentação; lamento; pranto; queixume.
Lamina (lé-minâ) *s* lâmina; chapa; placa.
Laminar (lé-minâr) *v* laminar, reduzir a lâminas.
Lamination (léminêi-shânn) *s* laminação de metais (estabelecimento).
Lamp (lémp) *s* lâmpada; lampião; lanterna.
Lampblack (lémp-blék) *s* fuligem (pó de couro, madeira etc.).
Lampoon (lémpu-nn) *s* pasquim (jornal satírico); libelo difamatório; jornaleco.
Lampoon (lémpu-nn) *v* difamar; satirizar; escrever para pasquins.
Lampooner (lémpu-nâr) *s* escritor satírico; escritor de pasquins.
Lamprey (lém-pri) *s* lampreia (peixe).
Lance (lénss) *s* lança; lanceta.
Lance (lénss) *v* lancetar, ferir com lança.
Lancer (lén-sâr) *s* lanceiro; lancetador.

LANCET — LAUGH

Lancet (lén-set) s MED lanceta (lâmina cirurgia).
Lancinating (lén-sinêitinn) adj lancinante; dor aguda.
Land (lénd) s terra; terreno; região; continente; herdade; bens de raiz.
Land (lénd) v desembarcar; aterrizar; aterrar.
Landed (lén-did) adj desembarcado.
Landfall (lénd-fól) s ganho não esperado; aterragem; JUR herança.
Landholder (lénd-hôuldâr) s proprietário rural (fazendeiro).
Landing (lén-dinn) s desembarque; pouso; aterrizagem; USA patamar.
Landlady (lénd-lêidi) s proprietária; a senhoria.
Landlord (lénd-lórd) s dono de terras (fazendeiro).
Landmark (lénd-márk) s limite; baliza; marco; ponto de referência; reconhecimento; JUR preceitos que não podem ser mudados (sociedades diversas).
Landscape (lénd-skêip) s paisagem; painel; panorama.
Landslide (lénd-sláid) s POL vitória esmagadora; USA desmoronamento; desabamento.
Landslip (léndz-slip) vide LANDSLIDE.
Landsman (léndz-maen) s MIL soldado (de terra).
Landward (lénd-uârd) adv em direção à terra; para a terra.
Lane (lêinn) s beco; viela; travessa; passagem.
Language (lén-güidj) s língua; fala; linguagem; idioma.
Languid (lén-güid) adj lânguido; débil; fraco; desfalecido.
Languidness (lén-güidnéss) s languidez; abatimento; prostração; cansaço.
Languish (lén-güish) v desfalecer; consumir-se.
Languishing (lén-güishinn) adj lânguido; desfalecido; alquebrado.
Languishment (lén-güishment) s desfalecimento; abatimento; ternura (no olhar).
Languor (lén-gâr) s langor; abatimento.
Languorous (lén-gârâss) adj langoroso; débil; fraco; frouxo.
Lank (lénk) adj magro; cabelo liso; liso; franzino; magrelo.
Lankiness (lénk-néss) s frouxidão; fraqueza.
Lanky (lén-ki) adj frouxo; mole; débil; alto e magrelo.
Lantern (lén-târnn) s lanterna; farol; claraboia.
Lanyard (lé-niârd) s passadeira; correia; NÁUT corda (dos escaleres).
Lap (lép) s recobrimento; bainha; dobra; regaço; colo; cobrança; volta completa de uma pista.
Lap (lép) v dobrar; enrolar; embrulhar; encobrir; lamber.
Lapel (lâpél) s lapela.
Lapidary (lé-pidéri) s lapidário.
Lapidary (lé-pidéri) adj lapidário; tumular.
Lapidate (lé-pidêit) v lapidar; apedrejar.
Lapidation (lépidêi-shânn) s lapidação; apedrejamento.
Lappet (lé-pét) s aba; pano; guia; fio; lóbulo da orelha.
Lapse (léps) s lapso; queda; falta de tempo.
Lapse (léps) v cair; declinar; escorregar; cometer lapso; decair; JUR caducar; prescrever.
Lapsed (lépst) adj decaído; deslizado; devoluto.
Larboard (lár-bôurd) s NÁUT bombordo de navio (lado esquerdo, no sentido da popa à proa).
Larcenous (lár-sinâss) adj ladrão; defraudador.
Larceny (lár-sini) s furto; apropriação indébita.
Lard (lárd) s banha (de porco); toucinho.
Lard (lárd) v lardear; engordar; misturar.
Larder (lár-dâr) s despensa (armário de gêneros alimentícios etc.).
Large (lárdj) adj grande; largo; volumoso; espaçoso.
Large (lárdj) adv NÁUT largamente; jactansiosamente.
Largeness (lár-djnéss) s grandeza; tamanho; extensão; liberalidade.
Largess (lár-djéss) s dom; dádiva; presente.
Lariat (lé-riét) s laço; corda para animais.
Lark (lárk) s calhandra, cotovia; brincadeira; travessura; peça; partida.

Lark (lárk) v apanhar calhandras; dizer gracinhas; pregar peça.
Larkspur (lár-kspâr) s espora (planta).
Larky (lár-ki) adj travesso; brincalhão.
Larrikin (lé-rikinn) s desordeiro; malandro de rua; vagabundo.
Larrikin (lé-rikinn) adj desordeiro; malandro de rua; vagabundo.
Larrup (lé-râp) s pancada; golpe.
Larrup (lé-râp) v GÍR espancar; surrar.
Laryngology (léringó-ládji) s MED laringologia.
Larynx (lé-rinks) s ANAT laringe.
Lascivious (léssi-viâss) adj lascivo; obsceno.
Lasciviousness (léssi-viâsnéss) s lascívia; luxúria.
Laser (lêiza) s lêiser (fonte luminosa que produz feixes de luz cromática, condensada e de grande intensidade).
Lash (lésh) s látego; mecha; pestana.
Lash (lésh) v açoitar; chicotear; fustigar; satirizar.
Lasher (lé-shâr) s açoitador; chicoteador; crítico rigoroso.
Lashing (lé-shinn) s açoite; chicotada; castigo; NÁUT amarrilho.
Lass (léss) s moça; aldeã; namorada.
Lassie (lé-si) s mocinha; garota.
Lassitude (lé-sitiud) s lassidão; cansaço; fraqueza.
Lasso (lé-sôu) s laço.
Lasso (lé-sôu) v laçar; agarrar com o laço.
Last (lést) s o fim; a extremidade; carga; lastro.
Last (lést) v durar; permanecer; conservar-se.
Last (lést) adj último; passado; *this time LAST year I was living in Brazil*: neste período, no último ano eu estava vivendo no Brasil.
Last (lést) adv ultimamente; enfim.
Lasting (lés-tinn) adj durável; duradouro; constante; fixo.
Lastly (lés-tli) adv por fim; finalmente.
Latch (létsh) s trinco; fecho; fechadura.
Latch (létsh) v fechar com ferrolho.
Latchet (lé-tshét) s cordão (para sapato ou sandália).
Late (lêit) adj tardio; atrasado; demorado; recente; USA tardy.
Late (lêit) adv tarde; fora de hora.
Lateen (láti-nn) s NÁUT latina.
Lateen (láti-nn) adj latino.
Lately (lêi-tli) adv recentemente; ultimamente.
Latency (lêi-tensi) s estado latente, encoberto, subentendido.
Lateness (lêit-néss) s atraso; demora; USA TARDINESS.
Latent (lêi-tent) adj latente; oculto; secreto.
Latently (lêi-tentli) adv secretamente; ocultamente.
Later (lêi-târ) adj posterior; subsequente; mais tardio; mais tarde.
Later (lêi-târ) adv mais tarde.
Latest (lêi-tést) adj o último; o mais recente; o mais moderno.
Lath (léth) s ripa; sarrafo.
Lath (léth) v cobrir com sarrafos.
Latin (lé-tinn) s o latim (língua atualmente considerada morta, falada no antigo Império Romano).
Latin (lé-tinn) adj latino.
Latinism (lé-tinizm) s latinismo (palavras, expressões etc., próprios do Latim ou a ele interligadas).
Latinist (lé-tinist) s latinista.
Latish (lêi-tish) adj um tanto tarde; um pouco tardio.
Latitude (lé-titiud) s latitude; FIG amplitude; largueza.
Latter (lé-târ) adj o último de dois; este; o mais recente.
Latterly (lé-târli) adv recentemente; há pouco tempo.
Lattice (lé-tiss) s janela de grade; gelosia.
Latticed (lé-tist) adj engradado; gradeado.
Laud (lód) s louvor; elogio.
Laud (lód) v louvar; elogiar.
Laudable (ló-dâbl) adj louvável; digno de aprovação; bom de saúde.
Laudatory (ló-dâtôuri) s encômio; elogio; louvor.
Laudatory (ló-dâtôuri) adj que encerra louvor.
Laugh (léf) s riso; risada; gargalhada; escárnio.
Laugh (léf) v rir-se; zombar; escarnecer.

LAUGHABLE — LEFT

Laughable (lé-fâbl ou lá-fâbl) *adj* risível; ridículo.
Laugher (lé-fâr) *s* o que ri; folgazão; brincalhão.
Laughing (lé-finn) *s* riso; ato de rir.
Laughing (lé-finn) *adj* jovial; zombeteiro.
Laughter (léf-târ) *s* risada; riso.
Launch (lán-tsh) *s* NÁUT lancha; lançamento de navio (ao mar).
Launch (lán-tsh) *v* lançar à água.
Launching (lán-tshinn) *s* lançamento ao mar; no mercado etc.
Laundress (lón-dréss) *s* lavandeira; lavandeira.
Laundry (lón-dri) *s* lavanderia; lavagem de roupa; roupa para lavar.
Laundryman (lón-drimaen) *s* lavandeiro; lavadeiro.
Laureate (ló-riit) *v* laurear; aplaudir; festejar.
Laureate (ló-riit) *adj* laureado.
Laurel (ló-rél) *s* loureiro; louro (planta); laurel; triunfo.
Laurel (ló-rél) *adj* láureo; de louro.
Lavatory (lé-vâtôuri) *s* lavatório; pia; banheiro.
Lavender (lé-vendâr) *s* lavanda.
Laver (lêi-vâr) *s* pia; bacia batismal; água do batismo.
Lavish (lé-vish) *adj* pródigo; esbanjador.
Lavish (lé-vish) *v* prodigalizar; esbanjar; gastar.
Lavishness (lé-vishnéss) *s* profusão; excesso; prodigalidade.
Law (ló) *s* lei; regra; direito; estatuto; constituição; decreto; édito; os livros (5) do Velho Testamento (a Toráh ou Pentateuco); foro; tribunal.
Lawful (ló-ful) *adj* legal; legítimo; estabelecido por lei.
Lawfulness (ló-fulnéss) *s* legitimidade; legalidade.
Lawless (ló-léss) *adj* ilegal; ilegítimo; não sujeito a leis.
Lawn (lónn) *s* relva; prado; planície; relvado; cambraia de linho.
Lawyer (ló-âr) *s* advogado; jurisconsulto; legista.
Lax (léks) *adj* lasso; frouxo; banho; vago; que tem diarreia.
Laxative (lék-sâtiv) *s* laxante; purgante.
Laxative (lék-sâtiv) *adj* laxativo, que afrouxa.
Laxity (lék-siti) *s* relaxamento; lassidão; frouxidão; diarreia.
Lay (lêi) *s* situação; leito; camada; negócio; canto; balada.
Lay (lêi) *v* pôr; colocar; depositar; estender; apostar. *past or pp* LAID.
Lay (lêi) *adj* leigo; secular.
Layer (lêi-âr) *s* camada; estrato; leito.
Layer (lêi-âr) *v* mergulhar; enterrar plantas.
Laying (lêi-inn) *s* colocação; a colocação de ovos; cal de uma parede (camada).
Layman (lêi-maen) *s* leigo; o laico; o profano.
Layout (lêi-aut) *s* plano; esboço; USA situação; condição; mesa de jogo.
Laze (lêiz) *v* viver ociosamente; esbanjar o tempo.
Laziness (lêi-zinéss) *s* preguiça; indolência; ociosidade.
Lazing (lêi-zinn) *adj* preguiçoso; indolente.
Lazy (lêi-zi) *adj* preguiçoso; vadio; mandrião; indolente.
Lea (li) *s* prado; campina; pastagem.
Lead (léd) *s* chefia; direção; sonda; guia; prumo; comando; mão (no jogo); notícia de jornal, de programas etc. (principal); grafita; artigo (de chumbo).
Lead (léd) *v* conduzir; comandar; guiar; entrelinhar; chumbar; ser mão (no jogo); *past or pp* LED.
Leaden (léd-n) *adj* de chumbo; cor (de chumbo); chumbado; estúpido; grosseiro.
Leader (li-dâr) *s* condutor; guia; chefe; cavalo dianteiro; navio-capitânia; USA editorial.
Leadership (li-dârship) *s* direção; chefia; liderança.
Leading (li-dinn) *s* direção; condução; TEATR protagonista.
Leading (li-dinn) *adj* principal; condutor; dirigente.
Leaf (lif) *s* folha (planta, livro etc.); tábua (de mesa); aba (peça de bolapor).
Leaf (lif) *v* cobrir-se de folhas; desfolhar; USA folhear livro.
Leafy (li-fi) *adj* frondoso, cheio de folhas.
League (lig) *s* liga; aliança; união; associação; légua.

League (lig) *v* ligar-se; associar-se.
Leaguer (li-gâr) *s* confederado; associado; aliado.
Leak (lik) *s* fenda; abertura; rombo.
Leak (lik) *v* derramar; gotejar; escapar; NÁUT entrar água (em navio).
Leakage (li-kidj) *s* escoamento; escape; escapamento.
Leaking (li-kinn) *s* escoamento; saída.
Leaky (li-ki) *adj* escoante; aberto; falador; NÁUT que faz água.
Leal (lil) *adj* leal; fiel; verdadeiro.
Lean (linn) *s* repouso; inclinação.
Lean (linn) *v* pender; inclinar; apoiar; firmar; *past or pp* LEANT.
Lean (linn) *adj* magro; mesquinho.
Leaning (li-ninn) *s* tendência; inclinação.
Leaning (li-ninn) *adj* inclinado; pendente.
Leanness (li-néss) *s* magreza; pobreza.
Leap (lip) *s* salto; pulo.
Leap (lip) *v* saltar; pular; *THE LEAP-year*: o ano bissexto.
Leaping (li-pinn) *s* salto; pulo.
Learn (lârn) *v* aprender; instruir-se; ouvir dizer; *past and pp* LEARNT.
Learned (lâr-nid) *adj* sábio; douto; erudito; versado.
Learnedness (lâr-nidnéss) *s* erudição; cultura.
Learner (lâr-nâr) *s* aprendiz; calouro; novato.
Learning (lâr-ninn) *s* ciência; saber; conhecimentos; estudo.
Lease (lis) *s* arrendamento; escritura de arrendamento; posse.
Lease (lis) *v* arrendar; alugar.
Leasehold (lis-hôuld) *s* arrendamento.
Leaseholder (lis-hôuldâr) *s* arrendatário; locatário.
Leash (lish) *s* correia.
Leash (lish) *v* atar; ligar; atrelar.
Least (list) *s* o mínimo; o menor.
Least (list) *adj* mínimo; menor.
Least (list) *adv* menos; no menor grau; *at LEAST*: pelo menos.
Leastways (list-uêiz) *adv* pelo menos; contudo.
Leather (lé-dhâr) *s* pele (animal); couro.
Leather (lé-dhâr) *adj* de couro; coberto (de couro).
Leather (lé-dhâr) *v* curtir peles; aplicar couro.
Leathern (lé-dhârn) *adj* de couro; feito de couro.
Leathery (lé-dhâri) *adj* igual a couro.
Leave (liv) *s* licença; permissão; autorização; despedida.
Leave (liv) *v* deixar; abandonar; legar; sair; *past or pp* LEFT.
Leaven (lév-n) *s* levedura; fermento.
Leaven (lév-n) *v* fermentar; levedar.
Leaving (li-vinn) *s* partida; saída.
Lecherous (lé-tshârâss) *adj* luxurioso; libidinoso; lascivo.
Lechery (lé-tshâri) *s* luxúria; perversão.
Lection (lék-shânn) *s* lição; leitura; trecho seleto.
Lector (lék-târ) *s* leitor; lente (de universidade); clérigo (que lê a Sagrada Escritura na Igreja ou Templo).
Lecture (lék-tshâr) *s* leitura; lição; sermão; prática; repreensão.
Lecture (lék-tshâr) *v* que faz preleção; censurar; conferenciar; FAM repreender.
Lecturer (lék-tshârâr) *s* preletor; conferencista.
Ledge (lédj) *s* borda; filete; recife; proeminência.
Ledger (lé-djâr) *s* livro-mestre; laje sepulcral; COM livro razão.
Lee (li) *s* sotavento; abrigo; resguardo.
Lee (li) *adj* a sotavento.
Leech (li-tsh) *s* sanguessuga; ventosa; NÁUT beira lateral da vela.
Leech (li-tsh) *v* tratar; curar; aplicar sanguessugas.
Leer (lir) *s* olhar (malicioso de soslaio).
Leer (lir) *v* olhar de soslaio; olhar maliciosamente.
Lees (liz) *s* fezes; excremento.
Leet (lit) *s* lista; relação de candidatos (a emprego); tribunal inglês (antigo).
Leeway (li-uêi) *s* tempo de reserva; dinheiro (de reserva); NÁUT deriva; declinação da rota.
Left (léft) *s* esquerda; o lado esquerdo.
Left (léft) *adj* esquerdo.

LEFTWARD — LICENCE

Leftward (left-uârds) *adv* para a esquerda; para o lado esquerdo.
Leg (lég) *s* perna; pata de animais; pé de mesa; suporte; perna de compasso; cano de bota; etapa.
Legacy (lé-gâssi) *s* legado; doação; embaixada.
Legal (li-gâl) *adj* legal; legítimo; lícito.
Legalism (li-gâlizm) *s* legalismo.
Legalist (li-gâlist) *s* legalista.
Legality (lighé-liti) *s* legalidade.
Legalization (lighéilizéi-shânn) *s* legalização.
Legalize (li-gâláiz) *v* legalizar; autenticar; legitimar.
Legate (lé-ghit) *s* legado; delegado; embaixador; emissário.
Legatee (légâti-) *s* legatário.
Legation (lighéi-shânn) *s* legação; embaixada.
Legend (lé-djend) *s* lenda; legenda; inscrição; rótulo; história.
Legendary (lé-djendéri) *s* coleção de lendas.
Legendary (lé-djendéri) *adj* lendário; fabuloso.
Legging (lé-ghinn) *s* perneira; polainas.
Leggy (lé-ghi) *adj* de pernas compridas e finas.
Legibility (lédjibi-liti) *s* legibilidade.
Legible (lé-djibl) *adj* legível.
Legion (li-djânn) *s* legião; multidão.
Legionary (li-djânéri) *s* legionário.
Legionary (li-djânéri) *adj* legionário, soldado de uma legião.
Legislate (lé-djislêit) *v* legislar; fazer ou decretar (leis).
Legislation (lédjislêi-shânn) *s* legislação.
Legislative (lé-djislêitiv) *adj* legislativo.
Legislator (lé-djislêitâr) *s* legislador.
Legislature (lé-djislêitshâr) *s* legislatura; mandato de uma assembleia legislativa.
Legist (li-djist) *s* JUR legista (especialista em medicina legal ou leis).
Legitimacy (lidji-timâssi) *s* legitimidade.
Legitimate (lidji-timêit) *adj* legitimado; legítimo; genuíno.
Legitimation (lidjitimêi-shânn) *s* legitimação.
Legume (lé-ghiumm) *s* legume.
Legumen (lé-ghiumenn) *vide* LEGUME.
Leisure (li-jur) *s* lazer; ócio; descanso.
Leisured (li-jurd) *adj* desocupado; ocioso.
Leisureliness (li-jurlinéss) *s* descanso; ócio.
Lemon (lé-mânn) *s* limão.
Lemonade (lémânêi-d) *s* limonada.
Lend (lénd) *v* emprestar; dar; proporcionar; conceder; *past or pp* LENT.
Lender (lén-dâr) *s* emprestador.
Lending (lén-dinn) *s* empréstimo.
Length (lén-th) *s* comprimento; extensão; duração; grau de alcance.
Lengthen (lén-thnn) *v* alongar; prolongar.
Lengthy (lén-thi) *adj* longo; prolongado; prolixo.
Lenience (li-niénss) *s* brandura; doçura; indulgência.
Leniency (li-niénss) *vide* LENIENCE.
Lenient (li-niént) *adj* indulgente; brando; calmo; clemente.
Lenitive (lé-nitiv) *s* lenitivo; calmante; laxativo.
Lenitive (lé-nitiv) *adj* lenitivo.
Lenity (lé-niti) *s* brandura; clemência; indulgência.
Lens (lénss) *s* lente óptica; objetiva; ANAT cristalino.
Lent (lént) *s* Quaresma.
Lenten (lén-ten) *adj* quaresmal.
Lentil (lén-til) *s* lentilha.
Leonine (li-oninn) *adj* leonino; majestoso; poderoso.
Leopard (lé-pârd) *s* leopardo.
Leper (lé-pâr) *s* MED leproso; lázaro.
Leprosy (lé-prossi) *s* MED lepra (infecção pelo bacilo de Hansen).
Leprous (lé-prôuss) *adj* leproso.
Leprousness (lé-prôusnéss) *s* estado de leproso; lepra.
Lesion (li-jânn) *s* lesão; dano; ferimento; ferida.
Less (léss) *s* o mais moço; o inferior.

Less (léss) *adj* menor; menos; inferior.
Less (léss) *prep* menos.
Less (léss) *adv* em menor grau.
Lessee (léssi-) *s* arrendatário; inquilino; empresário.
Lessen (lés-n) *v* diminuir; reduzir; rebaixar; deprimir.
Lesson (léss-n) *s* lição; instrução; ensino; repreensão; censura.
Lessor (lé-sâr) *s* senhorio; arrendador.
Lest (lést) *conj* a fim de que não; para que não; com receio que.
Let (lét) *s* estorvo; obstáculo; impedimento.
Let (lét) *v* deixar; permitir; alugar; fretar; *past or pp* LET.
Lethal (li-thâl) *adj* letal; mortal.
Lethargic (lithâr-djik) *adj* letárgico.
Lethargical (lithâr-djikâl) *vide* LETHARGIC.
Lethargicalness (lithâr-djikâlnéss) *s* sonolência; adormecimento; letargo.
Lethargy (lé-thârdji) *s* letargia; apatia; indiferença.
Letter (lé-târ) *s* letra; carta; tipo de letra; pergaminho; diploma.
Letter (lé-târ) *v* estampar letras; fazer letreiros.
Lettered (lé-târd) *adj* letrado; erudito; culto; marcado com letras.
Letterhead (lé-târhéd) *s* cabeçalho; papel timbrado.
Lettering (lé-târinn) *s* título; letreiro; rótulo; impressão.
Lettuce (lé-tiss) *s* alface.
Levant (livén-t) *v* esconder, fugir (de credores).
Levee (lé-vi) *s* dique; represa; USA recepção na Casa Branca.
Level (lév-l) *s* superfície plana; nível; plano; planície.
Level (lév-l) *adj* plano; liso; probo.
Level (lév-l) *v* nivelar; aplainar; adaptar; arrasar.
Leveller (lévl-lâr) *s* nivelador.
Lever (lé-vâr) *s* alavanca; pé de cabra.
Lever (lé-vâr) *v* servir-se de alavanca.
Leverage (lé-vâridj) *s* força; poder da alavanca; FIG supremacia.
Leveret (lé-vârét) *s* lebre pequena, mamífero roedor.
Levitate (lé-vitêit) *v* suspender; levitar; fazer flutuar ou boiar.
Levitation (lévitêi-shânn) *s* levitação; suspensão de um corpo.
Levity (lé-viti) *s* leveza; levianidade; inconstância.
Levy (lé-vi) *s* leva de tropas; coleta; cobrança; recrutamento.
Levy (lé-vi) *v* recrutar; lançar impostos; penhorar.
Lewd (liúd) *adj* lascivo; perverso.
Lewdness (liúd-néss) *s* lascívia; impudicícia; devassidão.
Lexicon (lé-sikónn) *s* léxico; dicionário.
Liability (láiâbi-liti) *s* perigo; risco; responsabilidade; COM compromissos; o passivo.
Liable (lái-âbl) *adj* sujeito; exposto; responsável; devedor de.
Liar (lái-âr) *s* mentiroso; embusteiro.
Libate (lái-bêit) *v* beber; libar.
Libation (láibêi-shânn) *s* libação.
Libel (lái-bél) *s* libelo; calúnia; pasquim; difamação.
Libel (lái-bél) *v* difamar por escrito; processar.
Libeller (lái-bélâr) *s* difamador.
Libelling (lái-belinn) *s* acusação; difamação.
Libellist (lái-belist) *vide* LIBELLER.
Libellous (lái-belâss) *adj* acusatório; difamatório.
Liber (lái-bâr) *s* livro de registro (títulos, hipotecas etc.).
Liberal (li-bârâl) *adj* liberal; generoso; franco; isento; nobre.
Liberality (libâré-liti) *s* liberalidade; generosidade.
Liberate (li-bârêit) *v* libertar; livrar; soltar; emancipar.
Liberation (libârêi-shânn) *s* libertação; liberdade; soltura.
Liberator (li-bârêitâr) *s* libertador, aquele que liberta.
Liberty (li-bârti) *s* liberdade; permissão; licença.
Libidinous (libi-dinâss) *adj* libidinoso; imoral; lascivo.
Libra (láibrê) *s* moeda (de muitos países); unidade de peso; ASTR a sétima constelação do Zodíaco.
Librarian (laibr-earian) *s* bibliotecário.
Library (lái-brâri) *s* biblioteca.
Librate (lái-brêit) *v* librar; balancear; equilibrar.
Libration (láibrêi-shânn) *s* libração; equilíbrio; balanço.
Licence (lái-sénss) *s* licença; permissão; privilégio; autorização; desordem.

LICENCE — LINKING

Licence (lái-sénss) v licenciar; autorizar; permitir.
License (lái-sénss) vide LICENCE.
Licensed (lái-sénst) adj licenciado; diplomado; habilitado.
Licentious (láisen-shâss) adj licencioso; libertino.
Licentiousness (láisén-shâsnéss) adj licenciosidade; devassidão.
Licit (li-sit) adj lícito; permitido.
Lick (lik) s lambedura; pancada.
Lick (lik) v lamber; derrotar; esmurrar.
Licker (li-kâr) s lambedor; glutão; tipo de lubrificador automático.
Lickerish (li-kârish) adj delicado; saboroso; voraz; guloso.
Licking (li-kin) s lambedura; castigo; pancada.
Licorice (li-koriss) s alcaçuz (raiz).
Lid (lid) s tampa; cobertura; pálpebra.
Lidded (li-did) adj tapado; provido de tampa.
Lidless (li-dléss) adj destampado; com as pálpebras abertas.
Lie (lái) s mentira; fábula; ficção.
Lie (lái) v mentir; deitar-se; furtar; suspender; jazer; past lay and pp lain.
Lief (lif) adj querido; caro; amado.
Lief (lif) adv de bom grado.
Liege (lidj) s feudatário; vassalo; súdito.
Liege (lidj) adj feudatário.
Liegeman (lidj-maen) vide LIEGE.
Lien (li-en) s JUR hipoteca; direito de retenção; penhora.
Lieu (liú) s lugar.
Lieutenant (liuté-nânt) s MIL o posto de lugar-tenente; USA capitão-tenente.
Life (láif) s vida; duração; existência; ser; biografia; ardor; movimento.
Lifeless (láif-léss) adj morto; inanimado; sem vida; desabitado.
Lifelike (láif-láik) adj natural; como a vida; semelhante.
Lifelong (láif-lónn) adj que dura toda a vida; vitalício.
Lifer (lái-fâr) v GÍR condenado a prisão perpétua.
Lifetime (láif-tâimm) s duração da vida; existência.
Lift (lift) s elevador; levantamento; ato de levantar; USA ELEVATOR; USA condução grátis (carona).
Lift (lift) v levantar-se erguer-se; sublevar; içar.
Lifter (lif-târ) s o que levanta; suspende; alça; ladrão.
Lifting (lif-tinn) s elevação; ato de levantar; ajuda.
Ligament (li-gâment) s ligamento; tira; atadura.
Light (láit) s luz; claridade; clarão; inteligência; aurora; dia; ponto de vista; percepção.
Light (láit) v acender; iluminar; alumiar; pousar; encontrar por acaso; past or pp LIT.
Light (láit) adj claro; brilhante; leve; suave; ligeiro.
Lighten (láit-n) v alumiar; esclarecer; relampejar.
Lighter (lái-târ) s acendedor; fragata; isqueiro.
Lighter (lái-târ) adj mais leve; mais claro; mais ligeiro.
Lighthouse (láit-háuss) s farol; torre de farol.
Lighthousekeeper (láit-háuski-pâr) s faroleiro (homem de torre de farol).
Lighting (lái-tinn) s iluminação artificial; luz artificial.
Lightly (lái-tli) adv ligeiramente; levemente; sem razão.
Lightminded (láitmáin-did) adj leviano; volúvel; inconstante.
Lightness (láit-néss) s ligeireza; agilidade; leviandade.
Lightning (láit-ninn) s iluminação; relâmpago; centelha.
Lights (láits) s pulmões dos animais.
Lightsome (láit-sâmm) adj luminoso; claro; festivo; alegre.
Ligneous (lig-niâss) adj lígneo; lenhoso (da madeira).
Like (láik) adj semelhante; análogo; parecido; igual.
Like (láik) v gostar de; achar bom; querer; convir em.
Like (láik) adv como; do mesmo modo.
Likelihood (lái-kli-hud) s boa aparência; semelhança; verossimilhança.
Likeliness (lái-klinéss) s semelhança; igualdade; aparência; probabilidade.
Likely (lái-kli) adj agradável; idôneo; provável; verossímil.

Likely (lái-kli) adv provavelmente; com probabilidade.
Likeminded (láikmáin-did) adj da mesma opinião; sentimentos idênticos.
Liken (láik-n) v assemelhar; comparar.
Likeness (láik-néss) s semelhança; aparência; aspecto; ar; retrato.
Likewise (láik-uáiz) adv da mesma forma; do mesmo modo; também.
Liking (lái-kinn) s inclinação; simpatia; gosto; agrado; prova.
Lilac (lái-lâk) s lilás (cor).
Lilac (lái-lâk) adj de cor lilás.
Lily (li-li) s lírio (planta com flores).
Lily (li-li) adj branco (como o lírio).
Limb (limm) s membro (humano ou de animal); galho de árvore; saliência.
Limber (lim-bâr) s carreta de peças.
Limber (lim-bâr) v engatar.
Limber (lim-bâr) adj macio; brando; flexível.
Limberness (lim-bârnéss) s fragilidade; flexibilidade; condescendência.
Lime (láimm) s cal; lodo; limo (fruta).
Lime (láimm) v caiar; cobrir de visco; apanhar com laço.
Limit (li-mit) s limite; marco; termo.
Limit (li-mit) v limitar; confinar; restringir.
Limitable (li-mitâbl) adj limitável; restringível.
Limitedness (li-mitdnéss) s limitação; prescrição; termo.
Limitless (li-mitléss) adj ilimitado; indefinido.
Limp (limp) s coxeadura; manqueira.
Limp (limp) v coxear; mancar.
Limp (limp) adj mole, brando.
Limper (lim-pâr) s coxo; manco.
Limpid (lim-pid) adj límpido; transparente.
Limpidity (limpi-diti) s limpidez; clareza; transparência.
Limping (lim-pinn) adj coxo; manco.
Limpness (limp-néss) s debilidade; fraqueza.
Limy (lái-mi) adj calcário; viscoso.
Line (láinn) s linha; traço; cabo; contorno; linha de navegação; frota mercante.
Line (láinn) v forrar; guarnecer; alinhar; estar em linha.
Lineage (li-niidj) s linhagem; estirpe; raça.
Lineal (li-niâl) adj linear; hereditário; lineal.
Lineament (li-niâment) s lineamento; feição; traço.
Lineation (liniê-shânn) s delineamento; esboço.
Lined (lâ-nd) adj forrado; revestido; debruado.
Lineman (láin-maen) s guarda-linha telegráfico; ESP juiz de linha.
Linen (li-ninn) s linho; pano de linho; roupa branca.
Linen (li-ninn) adj de linho; pálido; branco.
Liner (lái-nâr) s forro; aeronave (navio ou avião de navegação ou uma linha aérea); MEC camisa de cilindro.
Linesman (láins-maen) s ESP árbitro (de futebol); árbitro de linha (diversos esportes); bandeirinha; MIL soldado (de linha).
Ling (linn) s urze (peixe igual ao bacalhau).
Linger (lin-gâr) v demorar; tardar; dilatar.
Lingerer (lin-gârâr) s retardatário; sofredor.
Lingerie (lénjári) s lingerie (roupa íntima para senhoras).
Lingering (lin-gârinn) s lentidão; indolência.
Lingering (lin-gârinn) adj vagoroso; demorado; indolente.
Lingo (lin-gôu) s gíria; calão; algaravia.
Lingual (lin-guâl) s som lingual.
Lingual (lin-guâl) adj lingual.
Linguist (lin-güist) s poliglota; linguísta.
Linguistics (lin-güístics) s linguística.
Liniment (li-niménnt) s MED linimento (oleo para massagens).
Lining (lái-ninn) s forro; parede interior; guarnição.
Link (linnk) s elo; archote; ligação.
Link (linnk) v ligar; encadear; unir.
Linking (lin-kinn) s união; ligação; amizade.

LINKS — LODGING

Links (links) *s* terreno arenoso; campo de golfe.
Linn (linn) *s* queda de água; catarata.
Linnet (lin-net) *s* pintarroxo (pássaro).
Linotype (lái-notáip) *s* TIP linotipo.
Linseed (lin-sid) *s* linhaça (semente).
Lintel (lin-tel) *s* caixilho; verga de porta ou de janela.
Lion (lái-ânn) *s* leão; celebridade; herói.
Lionize (lai-ânáiz) *v* celebrizar.
Lip (lip) *s* beiço; lábio; bordo; extremidade.
Lip (lip) *v* beijar; balbuciar; tocar com os lábios.
Lipped (lip-t) *adj* que possui lábios ou rebordos.
Lipper (li-pâr) *s* mar encapelado.
Lipstick (lip-stik) *s* batom (cosmético para os lábios).
Liquefaction (likiufék-shânn) *s* liquefação.
Liquefy (li-kuifái) *v* liquidificar; derreter; derreter-se.
Liqueur (likâ-r) *s* licor; cordial.
Liquid (li-kuid) *s* líquido; bebida; beberagem.
Liquid (li-kuid) *adj* líquido; límpido; claro; fluente; doce.
Liquidate (li-kuidêit) *v* liquidar; regularizar; saldar.
Liquidation (likuidêi-shânn) *s* liquidação de estoque; liquidação por falência.
Liquor (li-kâr) *s* bebida alcoólica; licor.
Liquor (li-kâr) *v* umedecer; untar; banhar.
Lisp (lisp) *s* cicio; murmúrio.
Lisp (lisp) *v* ciciar; murmurar; balbuciar.
Lisper (lis-pâr) *s* cicioso (pessoa que fala e pronuncia mal).
Lisping (lis-pinn) *adj* cicioso; balbuciante.
List (list) *s* lista; rol; relação; arena; nomenclatura; desejo; filete; moldura.
List (list) *v* alistar; orlar; listrar; catalogar; tabelar.
Listed (lis-tid) *adj* relacionado; COM cotizado.
Listen (lis-n) *v* escutar; atender.
Listener (lis-nâr) *s* ouvinte; espião.
Listening (lis-ninn) *s* ato de escutar.
Listless (list-léss) *adj* negligente; descuidado; indiferente.
Litany (li-tâni) *s* RELIG ladainha (oração e súplica à Virgem).
Liter (li-târ) *s* litro (medida de capacidade).
Literal (li-târâl) *adj* literal; ao pé da letra.
Literally (li-târâli) *adv* literalmente (letra por letra).
Literary (li-târâri) *adj* literário; dado à leitura.
Literate (li-târit) *v* literato; erudito.
Literate (li-târit) *adj* literato; douto; letrado; erudito.
Literature (li-târâtshur) *s* literatura; obras literárias; erudição.
Lithe (láidh) *adj* brando; flexível.
Litheness (láidh-néss) *s* flexibilidade; agilidade.
Lithesome (lái-dhshâmm) *adj* flexível; brando.
Lithium (li-thiâmm) *s* FÍS lítio (símbolo Li, número atômico 3).
Lithograph (li-thogréf) *s* litografia.
Lithograph (li-thogréf) *v* litografar.
Lithosphere (li-thosfir) *s* litosfera (parte sólida do globo).
Litigant (li-tigânt) *s* litigante.
Litigant (li-tigânt) *adj* litigante.
Litigate (li-tighêit) *v* pleitear; contestar; demandar.
Litigation (litighêi-shânn) *s* litígio; contenda; pleito.
Litigious (liti-djâss) *adj* litigioso; litigante; trapaceiro.
Litter (li-târ) *s* liteira; ninhada de animais; confusão; desordem; lixo.
Litter (li-târ) *v* ato de parir (animal); promover desordens.
Little (litl) *s* pouca coisa.
Little (litl) *adj* pouco; limitado; pequeno; pouco tempo; breve.
Little (litl) *adv* escassamente; pouco.
Littleness (litl-néss) *s* insignificância; pequenez; ninharia.
Littoral (li-torâl) *s* litoral.
Liturgy (li-târdji) *s* liturgia.
Livable (li-vâbl) *adj* habitável; tolerável.
Live (liv) *v* morar; habitar; viver.
Live (liv) *adj* vivo; ardente; eficaz; efetivo.
Lived (liv-d) *adj* de vida elevada; de alto tom ou classe.

Livelihood (lái-vlihud) *s* meio de vida; subsistência; sustento.
Liveliness (lái-vlinéss) *s* vivacidade; ânimo; disposição.
Livelong (liv-lónn) *adj* todo; inteiro.
Lively (lái-vli) *adj* vivo; animado; espirituoso; vigoroso; enérgico; galhardo.
Lively (lái-vli) *adv* vivamente; vigorosamente.
Liver (li-vâr) *s* ANAT fígado.
Livery (li-vâri) *s* libré; ração de cavalo; posse; investidura.
Livid (li-vid) *adj* lívido; pálido.
Living (li-vinn) *s* modo de vida; subsistência; sala de estar.
Living (li-vinn) *adj* vivo; vivificante; evidente; manifesto.
Lizard (li-zârd) *s* lagarto; lagartixa; camaleão.
Load (lôud) *s* carga.
Load (lôud) *v* carregar (veículos); carregar (arma); *past* LOADED *and pp* loaden.
Loader (lôu-dâr) *s* carregador.
Loading (lôu-dinn) *s* carga.
Loadstone (lôu-dstôunn) *s* pedra-ímã; magnetita.
Loaf (lôuf) *s* filão de pão; vadiação.
Loaf (lôuf) *v* vadiar.
Loafer (lôu-fâr) *s* preguiçoso; malandro; USA BUM.
Loan (lôunn) *s* empréstimo (valor ou o objeto).
Loan (lôunn) *v* USA emprestar.
Loath (lôuth) *adj* contrário; de má vontade.
Loathe (lôuth) *v* detestar; odiar.
Loathful (lôuth-ful) *adj* aborrecido; enfastiado.
Loathing (lôu-thinn) *s* aborrecimento; tédio; repugnância.
Loathly (lôu-thli) *adj* detestável; nauseabundo.
Loathly (lôu-thli) *adv* contra vontade.
Loathsome (lôu-tshâmm) *adj* repugnante; asqueroso; aborrecível.
Lobby (ló-bi) *s* vestíbulo; corredor; antecâmara; USA aquele que influi na votação do Congresso.
Lobe (lôub) *s* ANAT lobo ou lóbulo (orelha).
Lobster (ló-bstâr) *s* lagosta; pessoa acanhada.
Local (lôu-kâl) *adj* local (ponto geográfico determinado).
Locality (lóké-liti) *s* localidade, lugar determinado.
Localize (lôu-keláiz) *v* localizar, determinar o local de; limitar.
Locate (lôu-kêit) *v* colocar; designar o lugar de; situar; estabelecer.
Located (lôu-kêitid) *adj* situado.
Location (lôukêi-shânn) *s* colocação; situação; sítio; localidade; arrendamento.
Locative (ló-kâtiv) *adj* GRAM locativo.
Lock (lók) *s* fechadura; fecho; cadeado; comporta; cerca.
Lock (lók) *v* fechar a chave; trancar.
Lockage (ló-kidj) *s* comporta; taxa de eclusa; eclusa.
Locked (lókt) *adj* fechado com chave.
Locker (ló-kâr) *s* compartimento de bordo; armário; caixão; paiol.
Locket (ló-kit) *s* medalhão; broche.
Lockout (ló-káut) *s* greve dos empregadores; fechamento de fábrica.
Locksmith (lók-smith) *s* serralheiro.
Locomotion (lokomôu-shânn) *s* locomoção.
Locomotive (lokomôu-tiv) *s* locomotiva.
Locomotive (lokomôu-tiv) *adj* locomotivo; locomotor.
Locust (lôu-kâst) *s* locusta; gafanhoto.
Locution (lokiu-shânn) *s* locução; frase.
Locutory (ló-kiutôuri) *s* locutório; parlatório.
Lode (lód) *s* filão; veio.
Lodestar (lôu-dstâr) *s* a estrela polar; estrela-guia.
Lodge (lódj) *s* loja; casa pequena; cubículo; covil.
Lodge (lódj) *v* alojar; hospedar; fixar; depositar; depor.
Lodgement (ló-djment) *s* depósito bancário; alojamento; amontoamento; entrincheiramento.
Lodger (ló-djâr) *s* hóspede; inquilino.
Lodging (ló-djinn) *s* pousada; hospedaria.

LODGINGHOUSE — LOWNESS

Lodginghouse (ló-djin-háuss) s hospedaria; USA ROOMING-HOUSE.
Loft (lóft) s sótão; celeiro; pombal; galeria superior.
Loftiness (ló-ftinéss) s elevação; altura; altivez; orgulho; majestade.
Lofty (ló-fti) adj elevado; alto; sublime; excelso.
Log (lóg) s acha de lenha; barrote; trave; barquilha.
Logarithm (ló-gârthm) s MAT logaritmo, sistema de representação numérica inverso à potenciação.
Loggerhead (ló-gâr-héd) s tonto; imbecil; grande tartaruga marinha.
Logic (ló-djik) s lógica; raciocínio; método; coerência.
Logical (ló-djikâl) adj lógico, coerente.
Logician (lodji-shânn) s lógico; homem versado em lógica.
Logistic (lodjis-tik) s logística.
Logistic (lodjis-tik) adj logístico.
Loin (lóinn) s lombo; quadril; filé; loro; correia; rins.
Loiter (lói-târ) v demorar-se; tardar; perder tempo.
Loiterer (lói-târâr) s ocioso; vagabundo; vadio.
Loitering (lói-târinn) adj preguiçoso; ocioso; negligente.
Loll (lól) v recostar-se; refestelar-se; espreguiçar-se; mostrar a língua.
Loller (ló-lâr) s preguiçoso; indolente; ocioso.
Lolling (ló-linn) s preguiça; indolência.
Lollipop (ló-lipóp) s pirulito; caramelo.
Londoner (lân-dânâr) s londrino.
Lone (lóunn) adj solitário; só; sozinho; solteiro.
Loneliness (lôun-linéss) s solidão; isolamento.
Lonely (lôun-li) adj solitário; só; deserto.
Lonesome (lôun-sâmm) adj solitário; só; isolado; triste.
Long (lónn) s longitude.
Long (lónn) v cobiçar; ansiar por; ter saudades de.
Long (lónn) adj longo; comprido; vagaroso; aflito.
Long (lónn) adv longamente; demoradamente.
Longboat (lón-bôut) s lancha.
Longer (lón-nâr) adv por mais tempo.
Longevity (lóndjé-viti) s longevidade.
Longhand (lón-hénd) s escrita por extenso; escrita comum.
Longing (lón-ninn) s anseio; anelo; desejo ardente.
Longish (lón-nish) adj um pouco longo.
Longitude (lón-djitiud) s longitude.
Longways (lón-uéiz) adv longitudinalmente.
Looby (lu-bi) s tolo; néscio.
Look (luk) s olhar; espiada; aspecto; fisionomia.
Look (luk) v olhar; observar; contemplar; parecer; considerar; prestar atenção; ver; *to cast a LOOK*: dar uma vista de olhos; *to LOOK about for*: procurar; *to LOOK after*: cuidar de; *to LOOK alive*: mexer-se; *to LOOK away*: desviar a vista; *to LOOK back*: olhar para trás; *to LOOK big*: envaidecer-se; *to LOOK down*: baixar os olhos; *to LOOK for*: procurar; *to LOOK into*: informar-se de; *to LOOK like*: parecer-se; *to LOOK on*: considerar; *to LOOK upon*: considerar; *to LOOK out*: olhar para fora; *to LOOK ower*: examinar; *to LOOK up*: levantar a vista; visitar.
Looker-on (lu-kâronn) s espectador; assistente.
Looking (lu-kinn) s a ação de olhar; aparência.
Loom (lumm) s tear; braço do remo; presença; miragem.
Loom (lumm) v assomar; aparecer; luzir; reluzir.
Looming (lu-minn) s miragem; visão.
Loon (lunn) s tratante; enganador.
Loony (lu-ni) s bobo; tolo; paspalhão.
Loop (lup) s presilha; alça; alarmar.
Loop (lup) v pôr presilha; fazer voltas.
Looping (lup-inn) s manobra em espiral (avião etc.).
Loose (luss) v soltar; desatar; aliviar; afrouxar.
Loose (luss) adj solto; destacado; frouxo; móvel desocupado.
Loosen (lus-n) s folgado.
Loosen (lus-n) v desprender; soltar; afrouxar.

Looseness (lus-néss) s frouxidão; relaxamento; liberdade; diarreia.
Looser (lú-ser) s perdedor.
Loot (lut) s saque; pilhagem.
Loot (lut) v saquear; pilhar.
Lop (lóp) s ramos; galhos.
Lop (lóp) v podar; desbastar; desgalhar.
Lope (lôup) s trote largo.
Lope (lôup) v galopar; saltar; pular.
Lopping (ló-pinn) s poda; decote.
Loquacious (lokuéi-shâss) adj loquaz; palrador; conversador.
Lord (lórd) s lorde; senhor; dono; monarca; Deus; Criador.
Lord (lórd) v governar; mandar; dominar.
Lordliness (lór-dlinéss) s grandeza; dignidade; altivez; orgulho.
Lordly (lór-dli) adj altivo; fidalgo; senhoril; orgulhoso.
Lordship (lórd-ship) s poder; título de fidalgo; senhoria; propriedade de um fidalgo; domínio.
Lore (lór) s ciência; saber; erudição; doutrina.
Lorn (lórnn) adj sem parentes; sem amigos; abandonado.
Lorry (ló-ri) s caminhão de carga; USA truck.
Lory (ló-ri) s arara (ave).
Lose (luz) v perder; arruinar; desperdiçar; *I've LOST my key again, I'm always LOSING things!*: perdi minha chave novamente, estou sempre perdendo coisas!; *past or pp* LOST.
Loss (lóss) s perda; dano; quebra; desperdício.
Lost (lóst) adj desperdiçado; desorientado; desaparecido; perdido.
Lot (lót) s lote; fortuna; ventura; grande porção.
Lot (lót) v lotear; repartir.
Lotion (lôu-shânn) s loção; líquido medicinal.
Lotus (lôu-táss) s lótus; loto (planta).
Loud (láud) adj ruidoso; estrondoso; barulhento; escandaloso; vistoso.
Loud (láud) adv ruidosamente.
Loudness (láud-néss) s ruído; barulho; sonoridade.
Lounge (láun-dj) s ociosidade; vadiagem; sofá.
Lounge (láun-dj) v vaguear; vadiar.
Lounger (láun-djâr) s vadio; mandrião; ocioso.
Louse (láuss) s piolho.
Lout (láut) s estúpido; bruto; relaxado; estúpido.
Loutish (láu-tish) adj rústico; grosseiro.
Lovable (lâ-vâbl) adj amável.
Love (lâv) s amor; afeição; amizade; galanteio; pessoa amada.
Lovebird (lâv-bârd) s periquito (ave).
Love (lâv) v amar; gostar de; adorar; estar enamorado.
Loveless (lâv-léss) adj não e amado; sem amor.
Loveliness (lâ-vlinéss) s amabilidade; encanto; beleza.
Lovely (lâ-vli) adj amável; agradável; simpático; fascinante.
Lover (lâ-vâr) s amante; namorado.
Loversome (lâ-vârsâmm) adj simpático; atraente.
Loving (lâvinn) adj afetuoso; amoroso; terno.
Low (lôu) s balido; mugido.
Low (lôu) v deprimir; abaixar; balir; mugir; AUT 1ª velocidade (marcha).
Low (lôu) adj baixo; pequeno; fraco; humilde; moderado; servil; submisso.
Low (lôu) adv baixo; profundamente; vulgarmente; humildemente; servilmente.
Lower (lôu-âr) adj inferior; mais baixo.
Lower (lôu-âr) v baixar; abaixar; diminuir; escurecer; ameaçar tempestade.
Lowering (lôu-ârinn) adj sombrio; ameaçador; nebuloso; carrancudo.
Lowing (lôu-inn) s mugido; balido.
Lowliness (lôu-linéss) s baixeza; vileza; humildade.
Lowly (lôu-li) adj baixo; vil; humilde.
Lowly (lôu-li) adv humildemente; modestamente.
Lowness (lôu-néss) s pequenez; prostração; ruindade; som grave.

LOYAL — LYRIST

Loyal (ló-iâl) *adj* leal; fiel; sincero.
Loyalty (ló-iâlti) *s* lealdade; fidelidade; sinceridade.
Lozenge (ló-zendj) *s* losango; pastilha.
Lubber (lâ-bâr) *s* desastrado; desajeitado; preguiçoso.
Lubberly (lâ-bârli) *adj* rústico; vadio.
Lubberly (lâ-bârli) *adv* desastradamente.
Lubricant (liu-brikânt) *s* lubrificante.
Lubricant (liu-brikânt) *adj* lubrificante.
Lubricate (liu-brikêit) *v* lubrificar; azeitar; amaciar.
Lucency (liu-sensi) *s* brilho; fulgor; resplandecência.
Lucent (liu-sent) *adj* luzente; brilhante.
Lucid (liu-sid) *adj* lúcido; brilhante; transparente.
Lucidity (liusi-diti) *s* lucidez; claridade.
Lucidness (liu-sidnéss) *s* lucidez; claridade; clareza.
Luck (lâk) *s* fortuna; acaso; sorte; ventura.
Luckiness (lâk-néss) *s* felicidade; boa sorte.
Luckless (lâk-léss) *adj* sem sorte.
Lucky (lâ-ki) *adj* sortudo; propício; afortunado; venturoso;
   LUCKY charm: amuleto, talismã.
Lucubrate (liu-kiubrêit) *v* lucubrar; pensar profundamente.
Lucubration (liukiubrêi-shânn) *s* lucubração; cogitação profunda.
Ludicrous (liu-dikrâss) *adj* burlesco; cômico; ridículo.
Ludicrousness (liu-dikrâsnéss) *s* jocosidade; extravagância.
Luff (lâf) *s* ló; barlavento.
Luff (lâf) *v* NÁUT pôr em direção ao vento.
Lug (lâg) *s* orelha; alça; asa.
Lug (lâg) *v* arrastar; içar; puxar.
Luggage (lâ-ghidj) *s* bagagem; USA ·BAGGAGE.
Lugubrious (lughiu-briâss) *adj* lúgubre; triste; funerário.
Lukewarm (lu-kuórmm) *adj* morno; tépido; FIG insensível; indiferente; frio.
Lukewarmness (lu-kuórmnéss) *s* mornidão; indiferença; apatia.
Lull (lâl) *s* calmaria; murmúrio.
Lull (lâl) *v* embalar; acalmar; adormecer.
Lullaby (lâ-lâbâi) *s* canção de ninar; arrulho.
Luller (lâ-lâr) *s* embalador; pessoa que acalenta.
Lumbago (lâmbêi-gôu) *s* lumbago, dor forte na região lombar.
Lumbar (lâm-bâr) *adj* lombar; dorsal.
Lumber (lâm-bâr) *s* madeira; madeiramento; trastes.
Lumber (lâm-bâr) *v* amontoar ou cortar madeira; marchar pesadamente.
Lumberman (lâm-bârmaen) *s* madeireiro.
Luminary (liu-minâri) *s* luminar; astro; corpo luminoso.
Lump (lâmp) *s* massa; protuberância; bocado.
Lump (lâmp) *v* amontoar; aglomerar-se.
Lumper (lâm-pâr) *s* amontoador; estivador.
Lumping (lâm-pinn) *adj* grosso; pesado; carregado.
Lumpish (lâm-pish) *adj* pesado; grosseiro; estúpido.
Lumpishness (lâm-pishnéss) *s* grosseria; estupidez; brutalidade.
Lumpy (lâm-pi) *adj* grumoso; granuloso.
Lunacy (liu-nâssi) *s* loucura; demência; insânia.
Lunate (liu-nit) *adj* em forma de meia-lua ou crescente.
Lunatic (liu-nâtik) *s* lunático; alienado.
Lunatic (liu-nâtik) *adj* lunático; alienado.
Lunation (liunêi-shânn) *s* lunação (tempo decorrido entre luas novas).
Lunch (lântsh) *s* almoço; USA fazer merenda.
Lunch (lântsh) *v* almoçar; USA merendar.
Lune (liunn) *s* a lua; mania.
Lung (lânn) *s* pulmão.
Lunge (lândj) *s* investida; bote; investida.
Lunge (lândj) *v* dar botes; investir.
Lupin (liu-pinn) *s* tremoço (grão).
Lurch (lârtsh) *s* desamparo; abandono; ESP partida dupla.
Lurch (lârtsh) *v* iludir; emboscar-se.
Lurcher (lâr-tshâr) *s* larápio; glutão; pessoa que fica de emboscada.
Lurching (lâr-tshinn) *s* balanço rápido; guinada.
Lure (liur) *s* engodo; isca; armadilha.
Lure (liur) *v* engodar; atrair.
Lurid (liu-rid) *adj* lúgubre; sombrio; fúnebre; pálido.
Lurk (lârk) *v* emboscar-se; iludir.
Lurker (lâr-kâr) *s* espia; o que está de emboscada.
Lush (lâsh) *adj* suculento; viçoso.
Lust (lâst) *s* desejo ardente; cobiça; luxúria.
Lust (lâst) *v* cobiçar; desejar.
Luster (lâs-târ) *s* brilho; fulgor; candelabro.
Lustful (lâst-ful) *adj* cobiçoso; sensual; devasso.
Lustiness (lâst-fulnéss) *s* robustez; vigor; força.
Lustrous (lâs-trâss) *adj* lustroso; brilhante.
Lusty (lâs-ti) *adj* forte; robusto; abundante.
Lute (liut) *s* alaúde.
Lute (liut) *v* vedar com luto; tocar alaúde.
Lutist (liu-tist) *s* fabricante ou tocador de alaúde.
Luxate (lâk-sêit) *v* deslocar; desconjuntar.
Luxation (lâksêi-shânn) *s* luxação; deslocamento.
Luxe (luks) *s* luxo; ostentação.
Luxuriant (lâgju-riânt) *adj* luxuriante; viçoso; exuberante.
Luxurious (lâgju-riâss) *adj* luxurioso; exuberante; voluptuoso.
Luxury (lâk-shuri) *s* luxo; suntuosidade; luxúria; prazer.
Lyceum (láissi-âmm) *s* liceu.
Lye (lái) *s* lixívia.
Lying (lái-inn) *s* mentira; engano.
Lying (lái-inn) *adj* falso; mentiroso.
Lykewake (láik-uêik) *s* velório.
Lynch (lintsh) *v* linchar.
Lynx (links) *s* lince (animal felino).
Lyre (láir) *s* MÚS lira (instrumento).
Lyric (li-rik) *s* poema lírico; canção lírica.
Lyric (li-rik) *adj* lírico.
Lyrist (lái-rist) *s* tocador de lira; poeta lírico.

M

M (émm) *s* décima segunda letra do alfabeto Português e décima terceira do alfabeto Inglês.
M (émm) *s* mil em algarismos romanos.
Ma'am (mémm) *s* senhora; minha senhora (contração de MADAM).
Mab (méb) *s* rainha das fadas no folclore inglês; FIG mulher desalinhada.
Mab (méb) *v* vestir-se desalinhadamente.
Macaroni (mékârôu-nik) *s* macarrão.
Macaw (mâkó-) *s* arara.
Mace (méiss) *s* maça; clava.
Macerate (mé-sârêit) *v* macerar; mortificar.
Maceration (mé-se-rêi-shânn) *s* maceração.
Machinate (mé-kinêit) *v* maquinar; forjar; arquitetar.
Machine (mâshi-nn) *s* máquina; engenho; instrumento.
Machine (mâshi-nn) *v* trabalhar com máquinas; *MACHINE-gun*: metralhadora.
Machinery (mâshi-nâri) *s* maquinaria.
Machinist (mâshi-nist) *s* mecânico.
Mackintosh (mé-kintósh) *s* capa impermeável; casaco impermeável; USA RAINCOAT.
Maculate (mé-kiulêit) *v* macular.
Maculate (mé-kiulêit) *adj* maculado; manchado.
Maculation (mékiulêi-shânn) *s* ação de macular; mancha.
Mad (méd) *adj* louco; doido; raivoso.
Madam (médam) *s* senhora; FAM lady.
Madcap (méd-kép) *s* maluco; doidivanas; estouvado.
Madcap (méd-kép) *adj* maluco; doidivanas; estouvado.
Madden (méd-n) *v* enlouquecer; enfurecer; encolerizar.
Made (mêid) *adj* feito; fabricado.
Madhouse (méd-háuss) *s* manicômio; hospício.
Madly (mé-dli) *adv* loucamente; furiosamente.
Madman (méd-maen) *s* louco; doido; maníaco.
Madness (méd-néss) *s* loucura; raiva; fúria.
Mag (még) *s* tagarela; palrador; falador; meio pêni (moeda).
Magazine (mégâzi-nn) *s* revista; armazém; paiol; magazine.
Mage (mêidj) *s* mágico.
Maggot (mé-gât) *s* capricho; fantasia; larva.
Maggoty (mé-gâti) *adj* caprichoso; fantástico.
Magic (mêi-djai) *s* magia; mago; mágica.
Magic (mêi-djai) *adj* mágico; feiticeiro.
Magical (mé-djikâl) *adj* mágico; encantador; sedutor.
Magician (mâdji-shânn) *s* mágico; prestidigitador.
Magisterial (médjisti-riâl) *adj* de magistrado; de magistratura; ditatorial; dogmático.
Magistracy (médji-tresi) *s* magistratura.
Magistrate (mé-djistrit) *s* magistrado.
Magnanimity (mégnéni-miti) *s* magnanimidade; nobreza; generosidade.
Magnanimous (mégnéni-mous) *adj* magnânimo; generoso; nobre.
Magnate (még-nêit) *s* magnata.
Magnet (még-nit) *s* ímã; magneto.
Magnetic (mégné-tik) *adj* magnético.
Magnetics (mégné-tiks) *s* magnetismo.

Magnetize (még-netáiz) *v* magnetizar; encantar; seduzir; atração.
Magnification (mégnifikêi-shânn) *s* ampliação; aumento; elevação.
Magnificence (méni-fissénss) *s* magnificência; grandeza; suntuosidade.
Magnificent (mégni-fissént) *adj* magnificente; esplendoroso; pomposo.
Magnifier (még-nifáiâr) *s* ampliador; lente de aumento.
Magnify (még-nifái) *v* aumentar; exaltar; ampliar; engrandecer; glorificar.
Magnitude (még-nitiud) *s* magnitude; grandeza; extensão.
Magpie (még-pái) *s* pega (ave).
Mahogany (má-hó-gâni) *s* mogno (madeira).
Maid (mêid) *s* donzela; moça; empregada doméstica; criada.
Maiden (mêid-n) *adj* inteiro; intacto; novo; virgem; virginal; solteira.
Maidenhood (mêidn-hud) *s* virgindade; pureza.
Maidenliness (mêidn-lінéss) *s* modéstia; simplicidade; pudor.
Maidenly (mêidn-li) *adj* virginal; puro; modesto.
Maidenly (mêidn-li) *adv* virginalmente.
Mail (mêil) *s* mala postal; correio; correspondência; cota de malha.
Mail (mêil) *v* enviar; remeter (via mala postal).
Mailbag (mêil-bég) *s* mala postal; mala (Correio).
Mailbox (mêil-bóks) *s* caixa do correio.
Mailman (mêil-maen) *s* USA carteiro; ENGL POSTMAN.
Maim (mêinn) *s* mutilação; ferida; deformidade.
Maim (mêinn) *v* mutilar; cortar.
Maimed (mêim-d) *adj* defeituoso; manco; coxo.
Main (mêinn) *s* força; violência; o principal; essencial; cabo de eletricidade.
Main (mêinn) *adj* principal; essencial; poderoso.
Mainland (mêin-lénd) *s* continente; terra firme.
Mainly (mêin-li) *adv* principalmente; fortemente.
Maintain (mêitêi-nn) *v* manter; defender; sustentar.
Maintainable (mêintêinn-nâbl) *adj* defensável; suportável.
Maintenance (mêin-tinénss) *s* manutenção; sustento; proteção; apoio.
Maize (mê-iz) *s* milho; USA CORN.
Majestic (mâdjés-tik) *adj* majestoso; sublime; grandioso.
Majestical (mâdjés-tikâl) *vide* MAJESTIC.
Majesty (mé-djesti) *s* majestade; pompa; grandeza.
Major (mêi-djâr) *s* major; maioria; maioridade.
Major (mêi-djâr) *adj* maior; principal.
Majority (mâdjó-riti) *s* maioridade; USA maioria absoluta.
Make (mêik) *s* forma; feitio; estrutura; companheiro.
Make (mêik) *v* fazer; fabricar; somar; construir; estabelecer; evidenciar; resultar; causar; descobrir; atingir; atravessar; *past or pp* MADE.
Make-believe (mêik-bili-v) *s* embuste; pretexto; ficção.
Make-believe (mêik-bili-v) *v* fingir; pretender; pretextar.
Make-believe (mêik-bili-v) *adj* falso; imaginário.
Maker (mêi-kâr) *s* autor; fabricante; criador; construtor.
Makeshift (mêik-shift) *s* paliativo; substituto.
Makeshift (mêik-shift) *adj* provisório; temporário.

Make-up (mêi-kâp) s composição; ESC segunda época, repetição de ano (exame); TEATR TV caracterização; maquilagem; TIP composição.
Makeweight (mêi-kuêit) s contrapeso.
Making (mêi-kinn) s manufatura; trabalho; fabrico; composição.
Maladroit (mélâdrói-t) adj desastrado; inábil.
Malady (mé-lâdi) s MED doença; doença mental.
Malaise (méléi-z) s MED mal-estar; indisposição.
Malaria (mâlé-riânn) s MED malária (infecção).
Malcontent (mél-kântént) s descontente; insatisfeito.
Malcontent (mél-kântént) adj descontente; insatisfeito.
Male (mêil) s macho; varão.
Male (mêil) adj masculino; varonil.
Malediction (mélidik-shânn) s maldição; praga; execração.
Malefactor (mélifék-târ) s malfeitor; desordeiro; criminoso.
Maleficent (mâlé-fissént) adj maléfico.
Malevolence (mâlé-volénss) s malevolência; aversão; ódio.
Malevolent (mâlé-volént) adj malevolente; malfazejo.
Malfeasance (mélfi-zânss) s malvadeza; malignidade.
Malice (mê-liss) s malícia; maldade; JUR má fé: dolo.
Malicious (mâli-shâss) adj malicioso; maldoso; velhaco.
Maliciousness (mâli-shâsnéss) s malícia; má intenção.
Malign (mâlái-nn) v difamar.
Malign (mâlái-nn) adj maligno; daninho.
Malignity (mâlig-niti) s malignidade; maldade; malícia.
Malinger (mâlin-gâr) v fingir-se doente (para não trabalhar).
Malingerer (mâlin-gârâr) s falso doente.
Mall (mól) s USA rua de comércio (fechada ao trânsito).
Mallard (mé-lârd) s pato (ave).
Malleable (mé-liâbl) adj maleável; dúctil; flexível.
Mallet (mé-lit) s malho; maço; malhete (para presidência de assembleias etc).
Mallow (mé-lôu) s malva (planta).
Malodorous (mélôu-dârâss) adj mal cheiroso; fétido; desagradável.
Malpractice (mélprék-tiss) s abuso; mau procedimento.
Malt (mólt) s malte (cevada seca).
Maltreat (méltri-t) v maltratar; brutalizar; USA MISTREAT.
Maltreatment (méltrit-ment) s maltrato; USA MISTREATMENT.
Malversation (mélvârsêi-shânn) s prevaricação; má conduta; malversação.
Mama (mâ-ma) s mamãe; mãe; ANAT glândula mamária (mama).
Mammal (mé-mâl) s mamífero.
Mammoth (mé-mâth) s mamute.
Mammoth (mé-mâth) adj enorme; gigante; colossal.
Mammy (mé-mi) s mamãe (linguagem infantil); vovó na Inglaterra; USA mãe preta.
Man (maen) s homem; a humanidade; criado; servo.
Man (maen) v tripular; fortificar; equipar.
Manacle (mé-nâkl) v algemar.
Manage (mé-nidj) v gerir; controlar; conseguir; amansar.
Manageable (mé-nidjâbl) adj manejável; dócil.
Management (mé-nidjment) s manejo; direção; governo; gerência.
Manager (mé-nidjâr) s diretor; administrador; gerente; regente; pessoa econômica; ESP técnico; USA chefe (partido político); presidente (câmara municipal).
Managerial (ménâdji-riâl) adj administrativo.
Managing (mé-nidjinn) s administração; gerência.
Manciple (maen-sipl) s mordomo; despenseiro; fornecedor.
Mandatory (mén-dâtôri) s mandatário.
Mandatory (mén-dâtôuri) adj USA obrigatório.
Mandible (mén-dibl) s ANAT mandíbula.
Mandrake (mén-drêik) s mandrágora (planta narcotizante); personagem de revista em quadrinhos.
Mandrel (mén-drâl) s MEC mandril; eixo; fuso.

Mandrill (ménd-ril) s mandril.
Mane (mêinn) s juba; crina.
Manful (maen-ful) adj viril; robusto; varonil; animoso.
Mange (mêindj) s sarna; rabugem.
Manger (mén-djâr) s manjedoura; *The Child in the MANGER*: o Menino Jesus.
Mangle (méng-l) s calandra; máquina de passar roupa.
Mangle (méng-l) v passar roupa; mutilar; deturpar (palavra ou citação).
Mangler (mén-glâr) s destroçador; destruidor; lustrador; mutilador.
Mangling (mén-glinn) s calandragem; mutilação; destroçamento.
Mango (mén-gôu) s manga (fruta).
Mangonel (mén-gôunl) s catapulta (máquina de atirar projéteis).
Manhole (maen-hôul) s caldeira; mina; abertura para subterrâneo.
Manhood (maen-hud) s natureza humana; humanidade; vigor; virilidade.
Mania (mêi-niâ) s mania; loucura.
Maniac (mêi-niék) s maníaco; maluco; louco.
Maniac (mêi-niék) adj maníaco; maluco; louco.
Maniacal (mêi-niékâl) adj maníaco.
Manifest (mé-nifést) s manifesto; declaração.
Manifest (mé-nifést) v manifestar; demonstrar; patentear; evidenciar.
Manifest (mé-nifést) adj manifesto; evidente.
Manifestation (méniféstêi-shânn) s manifestação; evidência; demonstração.
Manifestly (mé-niféstli) adv manifestamente; claramente.
Manifesto (ménifés-tôu) s manifesto; protesto público; declaração.
Manifold (mé-nifôuld) s cópia; agregado.
Manifold (mé-nifôuld) adj múltiplos; diversos.
Manikin (mé-nikinn) s manequim; boneco.
Manipulate (mâni-piulêit) v manipular; preparar; manejar.
Mankind (maen-káind) s humanidade.
Manlike (maen-láik) adj varonil; másculo.
Manliness (maen-linéss) s virilidade; ânimo; força.
Manly (maen-li) adj varonil; corajoso.
Manned (mêned) adj guiado; dirigido; humanizado.
Manner (mé-nâr) s maneira; modo; espécie; porte; educação.
Mannerism (mé-nârizm) s maneirismo; cortesia.
Mannerist (mé-nârist) s pessoa afetada.
Mannerly (mé-nârli) adj delicado; cortês.
Mannerly (mé-nârli) adv cortesmente.
Mannish (mé-nish) adj masculino; viril.
Mansion (mén-shânn) s mansão; morada; castelo.
Mantle (méntl) s manto; camada externa; capa.
Mantle (méntl) v cobrir; tapar; disfarçar.
Manufactory (mé-niufék-tori) s fábrica; oficina; manufatura.
Manufacture (méniufék-tshur) s manufatura; indústria.
Manufacture (méniufék-tshur) v manufaturar; fabricar.
Manure (mâniu-r) s adubo; estrume.
Manure (mâniu-r) v adubar; estercar; fertilizar.
Manuring (mâniu-rinn) s estrumação; adubação.
Many (mé-ni) s multidão; povo; grande número.
Many (mé-ni) adj muitos; muitas; diversos.
Map (mép) s mapa; carta geográfica.
Map (mép) v traçar; delinear.
Mapping (mé-pinn) s cartografia.
Mar (már) s mancha; ofensa; borrão.
Mar (már) v estragar; desfigurar.
Maraud (mâró-d) v pilhar; saquear.
Marauder (máró-dâr) s pilhador; saqueador.
Marble (márb-l) s mármore; bolinha de gude.
March (mártsh) s março (3º mês do ano); marcha; progresso.
March (mártsh) v marchar; caminhar.

MARCHING — MATURATION

Marching (már-tshinn) s movimento; marcha.
Marchioness (már-shânéss) s marquesa.
Mare (mér) s égua.
Margin (már-djinn) s margem; extremidade.
Margin (már-djinn) v marginar; apostilar.
Marine (mâri-nn) s marinha.
Marine (mâri-nn) adj marítimo; naval.
Mariner (mé-rinâr) s marinheiro; marítimo; USA fuzileiro naval.
Marish (mé-rish) s pântano.
Marish (mé-rish) adj pantanoso.
Marital (mé-ritâl) adj marital; conjugal.
Mark (márk) s marca; símbolo; nota escolar; testemunho; prova.
Mark (márk) v marcar; notar; observar.
Marker (már-kâr) s marcador; ficha; marca.
Market (már-kit) s mercado; feira; venda; preço.
Marketing (márk-tinn) s atuação ativa do mercado (compra, venda etc.).
Marking (már-kinn) s marca; marcação; cotação.
Markup (már-kâp) s alta de preço; remarcação de preços.
Marmalade (már-mâleid) s compota (alimento doce).
Maroon (mâru-nn) s cor de castanha; marrom.
Maroon (mâru-nn) adj castanho; marrom.
Marquees (márkis) s marquises.
Marquis (már-kuiss) s marquês (título).
Marriage (mé-ridj) s casamento; matrimônio.
Married (mé-rid) adj casado; conjugal; **to get MARRIED**: casar-se.
Marrow (mé-rôu) s tutano; medula; essência; substância.
Marry (mé-ri) v casar; casar-se com; unir; desposar.
Mars (márz) s Marte (4º planeta do nosso sistema solar).
Marsh (márh) s pântano; lodaçal; malária.
Marshal (már-shâl) s marechal; mestre-de-cerimônias; USA XERIFE.
Marshy (már-shi) adj pantanoso; paludoso; doentio.
Mart (márt) s mercado; feira.
Marten (már-ten) s marta; pele de marta.
Martial (már-shâl) s marciano.
Martial (már-shâl) adj marciano (do planeta Marte); belicoso.
Martyr (már-târ) s mártir.
Martyr (már-târ) v martirizar; atormentar.
Martyrdom (már-târdâmm) s martírio; tormento.
Martyrize (már-târáiz) v martirizar; atormentar.
Marvel (már-vel) s maravilha; prodígio.
Marvel (már-vel) v maravilhar-se; pasmar.
Marvellous (már-velâss) adj maravilhoso; pasmoso; surpreendente; amante.
Marvellousness (már-velâssnéss) s maravilha; grandeza; singularidade.
Masculine (més-kiulinn) s gênero masculino.
Masculine (més-kiulinn) adj masculino; varonil.
Mash (mésh) s massa; confusão; desordem.
Mash (mésh) v amassar; triturar.
Masher (mé-shâr) s amassadeira; USA conquistador.
Mashing (mé-shinn) s amassamento.
Mashy (mé-shi) adj misturado; amassado.
Mask (másk) s máscara; disfarce; pretexto; comédia teatral de máscaras.
Mask (másk) v mascarar; dissimular; encobrir.
Mason (mêis-n) s Maçom; pedreiro; pedreiro-livre.
Masonic (mâssô-nik) adj maçônico.
Masonry (mêisn-ri) s Maçonaria; ofício de pedreiro; alvenaria.
Masquerade (més-kârêi-d) s disfarce.
Masquerade (més-kârêi-d) v mascarar-se; disfarçar-se.
Mass (méss) s Missa; massa; confusão; volume.
Mass (méss) v celebrar Missa; juntar em massa.
Massacre (mé-sâkâr) s massacre; extermínio.
Massacre (mé-sâkâr) v massacrar.

Massage (mâssá-j) s massagem.
Massage (mâssá-j) v fazer massagem.
Massagist (mâssá-jist) s massagista.
Masseur (mâssâ-r) vide MASSAGIST.
Massiness (mé-sinéss) s peso; volume; massa; solidez.
Massive (mé-siv) adj maciço; compacto; sólido.
Mast (mést) s mastro; mastaréu.
Mast (mést) v mastrear.
Master (más-târ) s mestre; professor; senhor; patrão; proprietário; chefe.
Master (más-târ) v dominar.
Masterdom (más-târdâmm) s mando; domínio.
Masterful (más-târful) adj altivo; impetuoso.
Masterliness (más-târlinéss) s maestria.
Masterly (más-târli) adj imperioso; dominante.
Masterly (más-târli) adv magistralmente.
Masterpiece (más-târpiss) s obra-prima.
Mastership (más-târship) s magistério; domínio; maestria.
Mastery (más-târi) s poder; superioridade; domínio; supremacia.
Masticate (més-tikêit) v mastigar; mascar; triturar.
Mastication (méstiikêi-shânn) s mastigação; trituração.
Mastiff (més-tif) s mastim (cão de guarda para gado).
Masting (més-tinn) s mastreação.
Mat (mét) s esteira; tapete; capacho.
Mat (mét) adj opaco; fosco.
Match (métsh) s companheiro; competidor; fósforo; mecha; torcida.
Match (métsh) v emparelhar; casar; igualar; combinar.
Matchable (mé-tshâbl) adj proporcionado; igual; condizente.
Matchless (mé-tshléss) adj incomparável; inigualável.
Mate (mêit) s companheiro; camarada; cônjuge; macho ou fêmea (para animais); piloto; mate (jogo de xadrez).
Mate (mêit) v igualar; casar.
Mateless (mêit-léss) adj só; sem companheiro.
Material (mâti-riâl) s material; ingrediente; tecido; estofo.
Material (mâti-riâl) adj material; físico; corpóreo.
Materialism (mâti-riâlizm) s materialismo.
Materialist (mâti-riâlist) s materialista.
Materiality (matirié-liti) s materialidade.
Materialize (mati-riâláiz) v materializar; dar corpo; tornar comum.
Maternal (mâtâr-nâl) s maternal; materno.
Maternity (mâtâr-niti) s maternidade; estado ou qualidade de mãe.
Mates (mêit-s) s amigos; USA FRIENDS.
Math (méth) s matemática.
Mathematical (méthimé-tikâl) adj matemático.
Mathematician (méthimâti-shânn) s matemático.
Mathematics (méthimé-tiks) s matemática.
Matin (mé-tinn) s a manhã.
Matin (mé-tinn) adj matinal; matutino.
Matricide (mêi-trissáid) s matricídio (crime da própria mãe).
Matriculate (mâtri-kiulêit) s matriculado.
Matriculate (mâtri-kiulêit) adj matriculado.
Matriculate (mâtri-kiulêit) v matricular; matricular-se.
Matriculation (mâtrikiulêi-shânn) s matrícula; inscrição.
Matrimonial (métrimôu-niâl) adj matrimonial.
Matrimony (mé-trimôuni) s matrimônio; casamento; núpcias.
Matrix (mêi-triks) s matriz; molde.
Matron (mêi-trânn) s matrona; mãe de família; enfermeira-chefe.
Matter (mé-târ) s matéria; substância; questão; assunto; importância; conseqüência.
Matter (mé-târ) v importar; supurar; interessar.
Mattock (mé-tók) s alvião (picareta).
Maturate (mé-tiurêit) v amadurecer; esgotar um prazo.
Maturation (métiurêi-shânn) s maturação; MED supuração.

Mature (mâtiu-r) *v* madurar; amadurecer; COM vencer (título, duplicata etc.).
Mature (mâtiu-r) *adj* maduro; sazonado; completo; acabado; prudente; vencido.
Maturity (mâtiu-rit) *s* maturidade; madureza; COM no vencimento.
Maudlin (mó-dlinn) *adj* embriagado; FIG estúpido.
Maul (mól) *s* malho; martelo.
Maul (mól) *v* malhar; espancar; maltratar.
Maunder (món-dâr) *v* resmungar; andar vagarosamente.
Maw (mó) *s* bucho; papo; moela; ventre; estômago de animais.
Mawkish (mó-kish) *adj* desenxabido; imundo; repugnante; insípido.
Maxim (mék-simm) *s* máxima; preceito; regra; aforismo; axioma.
May (mêi) *s* maio (5º mês do ano); FIG a primavera da vida (mocidade, juventude).
May (mêi) *v* poder; ser possível; ser provável; ter permissão para; *he MAY be in his office*: ele talvez esteja em seu escritório; *past or pp* MIGHT.
Maybe (mêi-bi) *s* incerteza.
Maybe (mêi-bi) *adv* talvez; quiçá; porventura.
Mayor (mêi-âr) *s* presidente de câmara municipal; USA prefeito.
Maze (mêiz) *s* labirinto; enredo; confusão; *v* confundir; hesitar.
Mazily (mêi-zili) *adv* confusamente.
Maziness (mêi-zinéss) *s* confusão; indecisão.
Mazy (mêi-zi) *adj* confuso; embaraçoso.
Me (mi) *pron* me; mim.
Mead (mid) *s* hidromel (bebida); POES prado; campina.
Meadow (mé-dôu) *s* prado; pasto; campina.
Meager (mi-gâr) *adj* magro; insuficiente; escasso; estéril.
Meagerness (mi-gârnéss) *s* magreza; escassez; esterilidade.
Meagre (mi-gâr) *vide* MEAGER.
Meal (mil) *s* refeição; farinha; comida; bocado.
Mealy (mi-li) *adj* farináceo.
Mean (minn) *s* meios; recursos; modo; forma; médio; expediente; *v* destinar; tencionar; querer dizer; significar; *past or pp* MEANT.
Mean (minn) *adj* baixo; vil; sovina; abjeto; mediano; intermediário.
Meander (mién-dâr) *s* meandro; labirinto.
Meander (mién-dâr) *v* correr tortuosamente.
Meaning (mi-ninn) *s* propósito; significado; sentido; acepção.
Meaning (mi-ninn) *adj* significativo; expressivo.
Meaningless (mi-niléss) *adj* sem sentido; sem significação.
Meanly (min-li) *adv* vilmente; mesquinhamente.
Meanness (min-néss) *s* vileza; baixeza; infâmia; mediocridade.
Meantime (min-táimm) *adv* entretanto; entrementes.
Meanwhile (min-huái-l) *adv* enquanto; entrementes.
Measles (miz-lz) *s* MED sarampo.
Measly (miz-li) *adj* desprezível; MED atacado de sarampo.
Measurable (mé-jurâbl) *adj* mensurável; moderado; limitado.
Measure (mé-jur) *s* medida; medição; cadência; modo; grau; proporção; quantidade; expediente; projeto de lei.
Measure (mé-jur) *v* medir; graduar.
Measurement (mé-jurment) *s* medição; graduação; medida.
Measurer (mé-jurâr) *s* medidor; calculador.
Measuring (mé-jurinn) *s* medição; medida.
Meat (mit) *s* carne; alimento; comida.
Meaty (mi-ti) *adj* carnudo; nutritivo.
Mechanic (miké-nik) *s* mecânico; artífice; operário; *adj* mecânico.
Mechanical (miké-nikâl) *adj* mecânico; da mecânica.
Mechanician (mékâni-shânn) *s* mecânico.
Mechanics (miké-niks) *s* mecânica.
Mechanize (mé-kanáiz) *v* mecanizar.
Medal (mé-dàl) *s* medalha.
Medallion (medé-liânn) *s* medalhão.

Medallist (mé-dâlist) *s* gravador de medalhas; pessoa condecorada.
Meddle (médl) *v* intrometer-se em; meter-se em.
Meddler (me-dlâr) *s* intrometido; intruso.
Meddlesome (médl-sâmm) *adj* intrometido; intruso; curioso.
Media (mi-diâ) *s* mídia.
Medial (mi-diâl) *adj* médio; medial.
Median (mi-diânn) *adj* mediano; do meio.
Mediate (mi-diêit) *v* mediar, servir de mediador; *adj* intermédio; mediato; interposto.
Mediation (midiêi-shânn) *s* mediação; intervenção; intercessão.
Mediator (mi-diêitâr) *s* mediador; medianeiro.
Medical (mé-dikâl) *s* estudante de medicina; *adj* de médico; medicinal; sanitário.
Medicament (mé-dikâment) *s* medicamento; remédio.
Medicate (mé-dikêit) *v* medicar.
Medication (médikêi-shânn) *s* medicação.
Medicine (mé-dissinn) *s* medicina; remédio; medicamento.
Mediocrity (midió-kriti) *s* mediocridade; medianilidade; trivialidade.
Meditate (mé-ditêit) *v* meditar; cogitar; ponderar.
Meditated (mé-ditêitid) *adj* meditado; projetado.
Meditation (mé-ditêi-shânn) *s* meditação; cogitação; estudo; discurso.
Meditative (mé-ditêitiv) *adj* meditativo; contemplativo.
Medium (mi-diâmm) *s* meio; meio termo; éter; RELIG médium, pessoa inspirada; *adj* médio; moderado; medíocre.
Medley (mé-dli) *s* mistura; miscelânea; *adj* confuso; misturado.
Meed (mid) *s* recompensa; prêmio; pagamento.
Meek (mik) *adj* afável; meigo; manso.
Meekness (mik-néss) *s* brandura; modéstia.
Meet (mit) *s* ponto de reunião; encontro.
Meet (mit) *v* encontrar; reunir-se; satisfazer; pagar; conhecer pessoa; *past or pp* MET.
Meeting (mi-tinn) *s* encontro; entrevista; reunião; comício.
Megrim (mi-grimm) *s* enxaqueca.
Melancholia (mélânkôu-liâ) *s* melancolia.
Melancholic (mélânkô-lik) *adj* melancólico; triste; aflitivo.
Melancholy (mé-lânkóli) *s* melancolia; tristeza; hipocondria.
Melancholy (mé-lânkóli) *adj* melancólico.
Mellifluous (méli-fluâss) *adj* melífluo; doce; harmonioso.
Mellow (mé-lôu) *adj* maduro; sazonado; mole; melodioso; pastoso; meio embriagado.
Mellow (mé-lôu) *v* amadurecer; abrandar; amolecer.
Mellowness (mé-lôunéss) *s* frutos maduros; harmonia; suavidade.
Melodious (mélôu-diâss) *adj* melodioso; doce; suave.
Melody (mé-lodi) *s* melodia; canção; ária.
Melon (mé-lânn) *s* melão, espécie de fruta.
Melt (mélt) *s* substância derretida; derretimento.
Melt (mélt) *v* derreter; dissolver; fundir; *past and pp* MELTED or MOLTEN.
Melted (mél-tid) *adj* derretido; dissolvido.
Melter (mél-târ) *s* fundidor; cadinho; crisol.
Melting (mél-tinn) *s* fundição; fusão.
Melting (mél-tinn) *adj* derretido.
Member (mém-bâr) *s* membro corporal; membro; sócio; representante.
Membership (mém-bârship) *s* sociedade; confraria; irmandade.
Memoir (mé-muór) *s* memória; narrativa.
Memorable (mé-morâbl) *adj* memorável.
Memorial (memóu-riâl) *s* petição; memorial; nota.
Memorial (memóu-riâl) *adj* comemorativo.
Memorize (mé-moráiz) *v* anotar; registrar; USA decorar; recordar.
Memory (mé-mori) *s* memória; lembrança; recordação.
Men (mén) *s* homens; obreiros; operários.

MENACE — MILCH

Menace (mé-niss) s ameaça.
Menace (mé-niss) v ameaçar; intimidar.
Menacing (mé-nissinn) s ameaça.
Menacing (mé-nissinn) adj ameaçado.
Menage (mená-j) s economia doméstica.
Mend (ménd) s emenda; melhoria.
Mend (ménd) v consertar; restabelecer-se; remendar.
Mendable (mén-dâbl) adj corrigível; emendável.
Mendacious (mendêi-shâss) s mentiroso; falso.
Mendacity (mendé-siti) s mentira; embuste.
Mender (mén-dâr) s reformador; remendão.
Mendicancy (mén-dikânsi) s mendicância, ação de mendigar.
Mendicant (mén-dikânt) s mendigo; pedinte.
Mendicant (mén-dikânt) adj mendigo; pedinte.
Mendicity (mendi-siti) s mendicidade; mendicância.
Mending (mén-dinn) s reparação; emenda; conserto.
Menial (mi-niâl) s criado; lacaio.
Menial (mi-niâl) adj doméstico; servil; subalterno.
Menses (mén-siz) s menstruação; regras.
Menstrual (méns-trual) adj menstrual.
Menstruate (méns-truéit) v menstruar.
Menstruation (ménstruêi-shânn) s menstruação; regras; fluxo.
Mensurable (mén-shurâbl) adj mensurável.
Mensuration (ménshurêi-shânn) s mensuração; medida; medição.
Mental (mén-tâl) adj mental; ideal; intelectual.
Mentality (mêntê-liti) s mentalidade.
Mention (mén-shânn) s menção; alusão.
Mention (mén-shânn) v mencionar; aludir.
Mentor (mén-târ) s mentor; guia; conselheiro.
Menu (mé-niu) s menu; cardápio.
Mercantile (mâr-kântil) adj mercantil; comercial.
Mercenary (mâr-sinéri) s mercenário.
Mercenary (mâr-sinéri) adj mercenário; venal.
Mercer (mâr-sâr) s negociante (fazendas e tecidos).
Merchandise (mâr-tshândáiz) s comerciante atacadista; USA varejista.
Merchandise (mâr-tshândáiz) v negociar; comerciar.
Merchant (mâr-tshânt) s negociante atacadista; USA comerciante varejista.
Merchant (mâr-tshânt) adj mercantil; comercial.
Merciful (mâr-siful) adj misericordioso; clemente; compassivo; humano.
Mercifulness (mâr-sifulnéss) s misericórdia; clemência; compaixão.
Merciless (mâr-siléss) adj impiedoso; desalmado; cruel.
Mercury (mâr-kiuri) s mercúrio; ASTR Mercúrio (planeta do nosso sistema solar).
Mercy (mâr-si) s clemência; piedade.
Mere (mir) adj mero; simples; puro.
Merely (mir-li) adv meramente; simplesmente; inteiramente.
Meretricious (métretri-shâss) adj meretrício; prostituição.
Merge (mârdj) v amalgamar; unir; fundir; imergir.
Meridian (meri-diânn) s meridiano; ponto culminante; zênite; meio-dia.
Meridional (mari-diânal) s meridional (sul).
Meridional (mari-diânal) adj meridional (lado sul).
Meringue (mârâ-nn) s suspiro; merengue, doce de clara de ovos.
Merit (mé-rit) s mérito; merecimento; prêmio.
Merit (mé-rit) v merecer.
Merle (mârl) s melro (pássaro).
Merlin (mâr-linn) s esmerilhão (ave).
Mermaid (mâr-mêid) s MIT sereia (mulher peixe).
Merry (mé-ri) adj alegre; jovial; feliz.
Merrymaking (mé-ri-mêi-kinn) s festa; folguedo; divertimento.
Mesh (mésh) s malha; rede; laço.
Mesh (mésh) v prender com rede.
Meshy (mé-shi) adj reticulado.

Mesmerism (més-mârizm) s mesmerismo (hipnotismo).
Mess (méss) s prato de comida; rancho; confusão.
Mess (méss) v comer; dar rancho; complicar.
Message (mé-sâdji) s mensagem; recado; comunicação; embaixada.
Messenger (mé-sendjâr) s mensageiro; precursor; núncio.
Messiah (missaihâ) s Messias; Cristo; ungido.
Messy (mé-si) adj desordenado; desarranjado; atravancado.
Metabolism (meté-bolizm) s MED metabolismo.
Metal (mé-tâl) s metal; liga; substância; cascalho.
Metal (mé-tâl) v cobrir ou revestir de metal; cobrir de cascalho.
Metalling (meté-linn) s revestimento metálico.
Metallurgy (mé-tâlârdji) s metalurgia.
Metaphor (mé-tâfâr) s metáfora.
Metaplasm (mé-tâplézm) s metaplasmo.
Mete (mit) s divisa; limite.
Mete (mit) v medir; partilhar.
Meteor (mi-tiór) s meteoro; estrela cadente.
Meteorology (mitioró-lodji) s meteorologia.
Meter (mi-târ) s metro, sistema de medida; medidor; contador.
Method (mé-thâd) s método; regra; ordem; MÚS execução técnica.
Methodism (mé-thâdizm) s método; RELIG Metodismo.
Methodist (mé-thâdist) s RELIG metodista.
Methodize (mé-thâdáiz) v metodizar; regularizar.
Meticulous (meti-kiuláss) adj meticuloso; cuidadoso; sistemático.
Metonymy (metó-nimi) s metonímia.
Metrify (mi-trifái) v metrificar.
Mettle (mét-l) s valor; coragem; vivacidade.
Mettled (mé-tld) adj vivo; fogoso; ardente; corajoso; ousado.
Mew (miu-) v miar.
Mewl (miul) s choro de criança; miado.
Mewl (miul) v choramingar; lamentar-se.
Mewling (miu-linn) s lamúria; lamentação.
Mexican (mék-sikânn) s o mexicano.
Mexican (mék-sikânn) adj mexicano.
Mi (mi) s MÚS mi, nota musical (**E**).
Microbe (mái-krôub) s micróbio, ser animal ou vegetal microscópico.
Microscope (mái-kroskôup) s microscópio, excessivamente pequeno.
Mid (mid) adj meio; médio; intermediário.
Midday (mid-dêi) s meio-dia; zênite.
Middle (mid-l) adj do meio; central; médio; intermediário.
Middling (mi-dlinn) adj médio; mediano; regular; medíocre.
Midge (midj) s mosquito; anão.
Midget (mid-gét) s anão; pigmeu.
Midland (mid-lénd) s centro de um país; região central.
Midnight (mid-náit) s meia-noite.
Midnight (mid-náit) adj escuro; oculto; secreto.
Midst (midst) s meio; centro; seio.
Midst (midst) adv no meio.
Midst (midst) prep entre.
Midsummer (mid-sâmâr) s solstício do verão.
Midway (mid-uêi) s meio caminho.
Midway (mid-uêi) adj a meio caminho.
Midwife (mid-uáif) s parteira.
Midwife (mid-uáif) v partejar; FIG dar à luz.
Mien (min) s ar; semblante.
Might (máit) s poder; força.
Might (máit) v ser possível.
Mightily (mái-tli) adv poderosamente.
Mightiness (máit-néss) s poder; poderio; força.
Mighty (mái-ti) adj forte; poderoso; importante; eficaz.
Migrate (mái-grêit) v migrar.
Migration (máigrêi-shânn) s migração.
Migratory (mái-grâtôuri) s migração; peregrino; errante.
Milch (miltsh) adj lácteo; de leite.

Mild (máild) *adj* suave; doce; ameno; brando; macio; indulgente.
Mildly (mil-dli) *adv* pacificamente; suavemente.
Mildness (mild-néss) *s* brandura; suavidade; indulgência.
Mile (máil) *s* milha (= 1.609 metros).
Mileage (mái-lidj) *s* comprimento em milhas.
Milestone (mail-stôunn) *s* marco (distância em milhas).
Militancy (mi-litânsi) *s* militância; guerra; combate.
Militant (mi-litânt) *adj* militante; combatente.
Military (mi-litéri) *adj* militar; bélico; marcial.
Militate (mi-litêit) *v* militar; contender; combater.
Milk (milk) *s* leite; suco leitoso de algumas plantas.
Milk (milk) *v* ordenhar; mamar.
Milker (mil-kâr) *s* ordenhador.
Milkiness (mil-kinéss) *s* natureza láctea; doçura; ternura; suavidade.
Milkmaid (milk-mêid) *s* leiteira; mulher que vende leite.
Milkman (milk-maen) *s* leiteiro.
Milky (mil-ki) *adj* lácteo; suave; doce.
Mill (mil) *s* moinho; fiação; oficina; fábrica; FAM pugilato.
Mill (mil) *v* moer; triturar; esmagar.
Milled (mild) *adj* pisado; socado.
Millenarian (milinêi-riânn) *vide* MILLENARY.
Millenary (mi-linéri) *adj* milenário.
Miller (mi-lâr) *s* moleiro; mariposa.
Milligram (mi-ligrémm) *s* miligrama (mg).
Millimeter (mi-limitâr) *s* milímetro (ml).
Millimetre (mi-limitâr) *vide* MILLIMETER.
Milliner (mi-linâr) *s* chapeleira.
Milling (mi-linn) *s* moagem; fresagem; moenda.
Million (mi-liânn) *s* milhão.
Millionth (mi-liânth) *s* o milionésimo.
Millionth (mi-liânth) *adj* milionésimo (ordinal).
Milord (milór-d) *s* milorde.
Milt (milt) *s* esperma de peixe; baço.
Milt (milt) *v* fecundar (ovas).
Mime (máimm) *s* mímica; farsa.
Mimic (mi-mik) *adj* mímico; burlesco; grotesco.
Mimic (mi-mik) *v* arremedar; imitar.
Mimicry (mi-mikri) *s* mímica; pantomima; arremedo.
Mince (minss) *v* picar; pronunciar por partes; medir as palavras no falar; andar com afetação.
Mincemeat (mins-mit) *s* carne picada.
Mind (máind) *s* mente; cabeça; ânimo; gosto; opinião; memória.
Mind (máind) *v* prestar atenção a; cuidar de; importar-se; notar; desconfiar de.
Minded (máin-did) *adj* propenso; inclinado; disposto.
Mindful (máind-ful) *adj* atento; cuidadoso; diligente.
Mine (mainn) *s* mina; jazida; mina explosiva.
Mine (mainn) *v* minar; destruir; explorar minas.
Mine (mainn) *pron* meu; minha; meus; minhas.
Mineralogy (minâré-lodji) *s* mineralogia.
Mingle (ming-l) *v* misturar; juntar; confundir.
Mingled (mingl-d) *adj* misturado; confuso.
Mingling (min-glinn) *s* mistura; confusão.
Mingy (min-dji) *adj* FAM sovina; mesquinho.
Mini (mini) *s* miniatura; automóvel.
Minify (mini-fái) *v* diminuir; reduzir; menosprezar.
Minim (mi-nimm) *s* MÚS mínima; USA HALF NOTE.
Minim (mi-nimm) *adj* menor; mínimo.
Minimize (mi-nimáiz) *v* diminuir; encurtar; atenuar.
Minish (mi-nish) *v* diminuir; tornar mais curto.
Minister (mi-nistâr) *s* ministro; sacerdote.
Minister (mi-nistâr) *v* prover; dar; servir; celebrar missa; ministrar.
Ministration (ministrêi-shânn) *s* ministério; funções eclesiásticas; comissão; administração.
Ministry (mi-nistri) *s* ministério; clero; cargo.

Mink (mink) *s* espécie de marta; pele de marta; vison.
Minor (mái-nâr) *s* mínimo; JUR menor.
Minor (mái-nâr) *adj* menor; inferior.
Minority (minó-riti) *s* minoria; menoridade.
Minster (mins-târ) *s* mosteiro; catedral; convento.
Minstrel (mins-trél) *s* menestrel; trovador; cantor.
Mint (mint) *s* casa da moeda; mina.
Mint (mint) *v* cunhar moeda; inventar; forjar.
Minter (min-târ) *s* moedeiro; inventor; forjador.
Minuscule (minâs-k-ul) *s* letra minúscula.
Minuscule (minâs-k-ul) *adj* minúsculo; pequeno.
Minute (mi-nit) *s* minuto; nota; resumo.
Minute (mi-nit) *v* anotar; rascunhar; projetar.
Minute (mi-nit) *adj* diminuto; tênue; detalhado; preciso; exato.
Minuteness (miniut-néss) *s* miudeza; exiguidade; pequenez.
Miracle (mi-râkl) *s* milagre; maravilha.
Miraculous (miré-kiulâss) *adj* miraculoso; maravilhoso.
Mirage (mirâ-j) *s* miragem; ilusão; visão.
Mire (máir) *s* atoleiro; lama; lodo.
Mire (máir) *v* atolar-se; enlamear.
Miriness (mái-rinéss) *s* sujidade; porcaria; imundície.
Mirror (mi-râr) *s* espelho; modelo.
Mirror (mi-râr) *v* espelhar; refletir.
Mirth (mârth) *s* alegria; regozijo; contentamento.
Mirthful (mârth-ful) *adj* alegre; jovial; jubiloso.
Mirthless (mârth-léss) *adj* triste; melancólico.
Miry (mâ-ri) *adj* lodoso; lamacento; enlameado.
Misadventure (misédvént-shur) *s* infortúnio; desgraça; revés.
Misalliance (missêilái-ânss) *s* casamento não desejado; união imprópria.
Misapplication (misséplikêi-shânn) *s* mau emprego; falsa aplicação.
Misapply (misséplá-i) *v* aplicar mal; fazer mau uso de.
Misapprehend (misépri-hén-d) *v* compreender mal; não perceber.
Misapprehension (misépri-hén-shânn) *s* mal entendido; engano.
Misappropriate (misséprôu-priêit) *v* malversar; obter por fraude.
Misappropriation (misséprôupriei-shânn) *s* apropriação indébita.
Misbegotten (miss-bigotn) *adj* bastardo; ilegítimo.
Misbehave (misbihêi-v) *v* comportar-se mal; conduzir-se mal.
Misbehaved (misbihêiv-d) *adj* mal comportado.
Misbehaviour (misbihêi-viâr) *s* mau comportamento.
Misbelief (misbili-f) *s* falsa crença; erro; descrença.
Misbeliever (misbili-vâr) *s* incrédulo; descrente.
Miscalculate (miskél-kiulêit) *v* calcular mal; calcular erroneamente.
Miscalculation (miskélkiulêi-shânn) *s* cálculo errado; erro de cálculo.
Miscall (miskó-l) *v* difamar; ofender; dar nome errado.
Miscarriage (miské-ridj) *s* aborto; falta; culpa; malogro.
Miscarry (miské-ri) *v* malograr; extraviar.
Miscellaneous (misselêi-niâss) *adj* misturado; misto.
Miscellany (mi-selâni) *s* miscelânea; mistura.
Mischance (mistshén-ss) *s* infortúnio; desgraça; malogro.
Mischief (mis-tshif) *s* mal; prejuízo; travessura.
Mischievous (mis-tshivâss) *adj* malévolo; nocivo; desordeiro.
Misconception (miskânsép-shânn) *s* opinião errônea; noção errada.
Misconduct (miskónda-kt) *s* má conduta.
Misconduct (miskónda-kt) *v* conduzir mal; administrar mal.
Misconstruction (miskónstrâk-shânn) *s* interpretação errônea.
Misconstrue (miskónstru-) *v* interpretar mal; construir de maneira péssima.
Miscount (miskáun-t) *s* contagem errônea.
Miscount (miskáun-t) *v* contar errado.
Misdeed (misdi-d) *s* delito; culpa; má ação.

Misdemeanour (misdimi-nâr) *s* pequena contravenção; má conduta.
Misdoing (misdu-inn) *s* falta; delito; culpa; erro.
Miser (mái-zâr) *s* usurário; avarento; avaro.
Miserable (mi-zârâbl) *adj* desgraçado; infeliz; desditoso.
Miserableness (mi-zârâblnéss) *s* desgraça; infelicidade; desventura.
Miserly (mái-zârli) *adj* avaro; avarento.
Misery (mi-zâri) *s* miséria; desdita.
Misfit (misfi-t) *s* o que encaixa mal.
Misfit (misfi-t) *v* não ajustar bem.
Misfortune (misfór-tshunn) *s* infortúnio; desventura; desgraça.
Misgive (misghi-v) *v* inspirar receios; estar receoso.
Misgiving (misghi-vinn) *s* pressentimento; dúvida; desconfiança.
Misgotten (misgót-n) *adj* mal adquirido.
Misgovern (misgâ-vârn) *v* governar mal; dirigir mal.
Misgovernment (misgâ-vârnment) *s* mau governo; desbarato; esbanjamento.
Misguidance (misgái-dânss) *s* direção errônea; desvio; erro.
Misguide (misgái-d) *v* extraviar; desencaminhar.
Misguided (misgái-did) *adj* desencaminhado.
Mishandle (mis-hénd-l) *v* manejar mal; tratar mal; dirigir mal.
Mishap (mis-hé-p) *s* desgraça; infortúnio; contratempo.
Mishappen (mis-hép-n) *v* ter mau êxito; não ter sorte.
Misinformation (missinfórméi-shânn) *s* informação errônea ou falsa.
Misinterpret (missintâr-prét) *v* interpretar mal; não entender.
Misinterpretation (missintârpré-têi-shânn) *s* má interpretação.
Misjudge (misdjâ-dj) *v* julgar mal; fazer mal juízo de.
Misjudgement (misdjâdj-ment) *s* juízo falso; opinião errônea.
Misjudgment (misdjâdj-ment) *vide* MISJUDGEMENT.
Misknow (miss-nôu) *v* desconhecer; compreender mal.
Mislay (mislê-i) *v* pôr em lugar errado; pôr onde não se lembra.
Mislead (misli-d) *v* desencaminhar; extraviar; enganar; induzir em erro.
Misled (mislé-d) *adj* desencaminhado; iludido.
Mismanage (mismé-nâdj) *v* manejar mal; gerir mal.
Misplace (misplêi-ss) *v* colocar mal; colocar fora de lugar; extraviar.
Misplacement (misplêis-ment) *s* colocação fora de local apropriado.
Misprint (misprin-t) *s* TIP erro.
Misprint (misprin-t) *v* TIP cometer erro.
Mispronounce (mispronáun-ss) *v* pronunciar mal.
Misrepresent (misréprizén-t) *v* deturpar; adulterar.
Misrepresentation (misréprizén-têi-shânn) *s* adulteração; deturpação; violação.
Misrule (misru-l) *s* desgoverno; desordem; confusão.
Miss (miss) *s* erro; engano; menina; jovem; mocinha.
Miss (miss) *v* faltar; perder; omitir; saltar; esquecer; achar falta de; ter saudades de.
Misshapen (mis-shêipn) *adj* disforme; deformado.
Missile (mi-sil) *s* projétil; míssil.
Missing (mi-sinn) *adj* desaparecido; extraviado; ausente; perdido.
Mission (mi-shânn) *s* missão; destino; desígnio.
Missionary (mi-shânéri) *s* o missionário.
Missionary (mi-shânéri) *adj* missionário.
Missioner (mi-shânâr) *s* enviado; emissário; núncio.
Missive (mi-siv) *s* missiva; carta; mensageiro.
Missive (mi-siv) *adj* missivo.
Misspend (mis-spén-d) *v* gastar mal; dissipar; esbanjar.
Misstate (mis-stêi-t) *v* expor mal; relatar inexatamente.
Misstatement (mis-stêit-ment) *s* informação errônea; narração falsa.
Missy (mi-si) *s* menina (diminutivo de MISS).

Mist (mist) *s* neblina; névoa; nevoeiro.
Mistake (mistêi-k) *s* engano; erro.
Mistake (mistêi-k) *v* compreender mal; equivocar-se; tomar por engano; *past* MISTOOK and *pp* MISTAKEN.
Mistaken (mistêik-n) *adj* errado; errôneo; enganado.
Mister (mis-târ) *s* senhor (**Mr.**).
Mistress (mis-tréss) *s* mestra; preceptora; ama; patroa; dona-de-casa; amada; amante.
Mistrust (mistrâs-t) *s* desconfiança.
Mistrust (mistrâs-t) *v* desconfiar; recear; duvidar.
Misty (mis-ti) *adj* enevoado; obscuro; nublado.
Misunderstand (missândârstén-d) *s* desentendimento.
Misunderstand (missândârstén-d) *v* entender errado; equivocar-se; *past or pp* MISUNDERSTOOD.
Misunderstanding (missândâr-stén-dinn) *s* mal-entendido; equívoco, erro.
Misuse (missiu-z) *s* abuso; maltrato; aplicação errônea.
Misuse (missiu-z) *v* abusar de; empregar mal; maltratar.
Mitigate (mi-tighêit) *v* mitigar; consolar; acalmar; atenuar.
Mitigation (mitighêi-shânn) *s* mitigação; consolo; alívio.
Mitre (mai-târ) *s* RELIG mitra (barrete).
Mix (miks) *s* mistura.
Mix (miks) *v* misturar; baralhar; confundir-se; juntar.
Mixed (miks-t) *s* misturado; misto; ligado.
Mixer (mik-sâr) *s* misturador; batedeira; USA dono ou empregado de bar; pessoa comunicativa.
Mixture (miks-tshur) *s* mistura; misto; mescla.
Mizzle (miz-l) *v* chuviscar; sucumbir; confundir.
Moan (môunn) *s* lamentação; lamúria.
Moan (môunn) *v* lamentar; gemer.
Moanful (môun-ful) *adj* lamentável; triste; lúgubre.
Moat (môut) *s* fosso.
Moat (môut) *v* cercar de fossos.
Mob (mób) *s* motim; turba; multidão.
Mob (mób) *v* provocar um motim.
Mobile (môu-bil) *adj* movediço; móvel; inconstante.
Mobility (môubi-liti) *s* mobilidade; volubilidade.
Mobilization (môubizêi-shânn) *s* mobilização.
Mobilize (môu-biláiz) *v* mobilizar.
Mock (mók) *adj* burlesco; falso; fingido.
Mock (mók) *v* zombar de; ridicularizar; imitar.
Mocker (mó-kâr) *s* zombador; escarnecedor.
Mockery (mó-kâri) *s* escárnio; zombaria; menosprezo; arremedo.
Mocking (mó-kinn) *s* zombaria; troça; brincadeira.
Mocking (mó-kinn) *adj* escarnecedor.
Modality (modé-liti) *s* modalidade.
Mode (môud) *s* modo; maneira; processo; método; uso; estilo; graduação; grau.
Model (mód-l) *s* modelo; amostra; norma; desenho; figurino.
Model (mód-l) *v* modelar; fazer um molde.
Modeller (mó-delâr) *s* modelador; desenhador.
Modelling (mó-delinn) *s* modelagem; modelação.
Moderate (mó-dârêit) *v* moderar; acalmar; temperar; conter-se.
Moderate (mó-dârêit) *adj* moderado; mediocre; calmo; parco; módico.
Moderation (módârêi-shânn) *s* moderação; temperança; calma.
Modern (mó-dârn) *s* moderno; recente; banal.
Modern (mó-dârn) *adj* moderno; recente; banal.
Modernism (mó-dârnizm) *s* modernismo.
Modernity (módâr-niti) *s* novidade; modernidade.
Modernize (mó-dârnáiz) *v* modernizar; tornar atual.
Modest (mó-dest) *adj* modesto; moderado; casto; humilde.
Modesty (mó-desti) *s* modéstia; recato; humildade.
Modification (módifikêi-shânn) *s* modificação; alteração; mudança.
Modify (mó-difái) *v* modificar; alterar; variar.

MODULATE — MOSSY

Modulate (mó-diulêit) *v* modular; variar o tom; cantar com harmonia.
Modulation (módiulêi-shânn) *s* modulação.
Moist (móist) *adj* úmido; molhado.
Moisten (móist-n) *v* umedecer, tornar úmido.
Mole (môul) *s* verruga; muralha; dique.
Molecule (mó-lekiul) *s* molécula; partícula.
Molest (molés-t) *v* molestar; perturbar; incomodar.
Molestation (molestêi-shânn) *s* incômodo; aborrecimento; estorvo.
Mollification (mólifikêi-shânn) *s* amolecimento; mitigação.
Mollify (mó-lifái) *v* abrandar; aliviar; suavizar.
Mollusc (mó-lásk) *vide* MOLLUSK.
Mollusk (mó-lásk) *s* molusco.
Molly (mó-li) *s* homem efeminado; maricas; USA SISSY.
Molten (môult-n) *adj* fundido; derretido; vasado.
Mom (mô-umm) *s* USA mãe.
Moment (môu-ménṭ) *s* momento; instante; importância; peso; gravidade.
Momentary (môu-mentéri) *adj* passageiro; momentâneo.
Momentous (môu-mentâss) *adj* momentoso; grave; importante.
Momentousness (môu-mentâsnéss) *s* gravidade; importância.
Monarch (mó-nârk) *s* monarca; rei.
Monarchism (mó-nârkizm) *s* monarquismo.
Monarchy (mó-nârki) *s* monarquia.
Monastery (mó-nâstéri) *s* mosteiro; convento.
Monasticism (monés-tissimm) *s* monasticismo; vida monástica; ascetismo.
Monday (mâu-dêi) *s* segunda-feira.
Money (mâ-ni) *s* dinheiro; moeda; riqueza.
Money (mâ-ni) *v* cunhar moedas; fazer moedas.
Moneyed (mâ-nid) *adj* endinheirado.
Moneyless (mâ-niléss) *adj* sem dinheiro; pobre.
Monger (mân-gâr) *s* negociante.
Mongrel (mân-grél) *s* cão vira-lata.
Mongrel (mân-grél) *adj* mestiço; híbrido.
Monitor (mó-nitâr) *s* monitor; instrutor; lagarto; navio de guerra.
Monk (mânk) *s* monge; frade.
Monkery (mân-kâri) *s* vida monástica; mosteiro.
Monkey (mân-ki) *s* macaco; bate-estacas; USA brincar; USA mexer com.
Monody (mó-nodi) *s* monodia; canto fúnebre; elegia.
Monogamist (mânâ-gâmous) *s* monógamo.
Monogamy (mânâ-gâmoni) *s* monogamia.
Monologue (mó-nálôg) *s* TEATR monólogo.
Monopolize (monó-poláiz) *v* monopolizar.
Monopoly (monó-poli) *s* monopólio; abarcamento; entreposto.
Monosyllabic (monossilé-bik) *adj* monossilábico.
Monosyllable (monossi-lâbl) *s* monossílabo.
Monotonous (monó-tânâss) *adj* monótono; enfadonho.
Monster (móns-târ) *s* monstro; prodígio.
Monster (móns-târ) *adj* monstruoso; prodigioso.
Monstrance (móns-trânss) *s* ostensório.
Monstrous (móns-trâss) *adj* monstruoso; prodigioso; pavoroso; disforme.
Month (mânth) *s* mês.
Monthly (mân-thli) *s* publicação mensal; regras, menstruação.
Monthly (mân-thli) *adj* mensal.
Monthly (mân-thli) *adv* mensalmente.
Monument (mó-niumént) *s* monumento; marco; sinal; lápide sepulcral.
Monumental (móniumén-tâl) *adj* monumental; grandioso.
Moo (mu) *s* mugido.
Moo (mu) *v* mugir.
Mooch (mu-tsh) *v* vaguear; vadiar; errar.
Mood (mud) *s* ânimo; humor; modo; disposição.

Moodiness (mu-dinéss) *s* capricho; extravagância; tristeza.
Moody (mu-di) *adj* triste; melancólico; caprichoso; taciturno.
Moon (munn) *s* lua; fase lunar.
Moon (munn) *v* vaguear; andar sem destino.
Moonlight (mun-láit) *s* luar.
Moonlight (mun-láit) *adj* enluarado.
Moonshine (mun-sháinn) *s* luar; disparate; desatino; tolice.
Moony (mu-ni) *adj* simplório; lunar; claro como a lua; maníaco.
Moor (mur) *s* charco; pântano; matagal; terreno baldio; mouro.
Moor (mur) *v* atracar; aportar; ancorar.
Mooring (mu-rinn) *s* ancoragem; amarra; amarração.
Moorish (mu-rish) *adj* pantanoso; mouro.
Moose (muss) *s* alce.
Moot (mut) *v* discutir; debater.
Mop (móp) *s* esfregão.
Mop (móp) *v* esfregar; lavar; limpar; fazer caretas.
Mopboard (mop-bôurd) *s* USA rodapé de parede.
Mope (môup) *s* indivíduo aborrecido.
Mope (môup) *v* desanimar; definhar; entristecer.
Mopish (môu-pish) *adj* triste; enfadado; imbecil; desgostoso.
Mopishness (môu-pishnéss) *s* estupidez; tristeza; enfado.
Moral (mó-râl) *s* moralidade; moral.
Moral (mó-râl) *adj* moral; ético; casto; digno.
Moralism (mó-rálizm) *s* moralismo; religiosidade.
Morality (moré-liti) *s* moralidade; retidão; dignidade; honradez.
Moralization (móralizêi-shânn) *s* moralização.
Moralize (mó-ráláiz) *v* moralizar; pregar moral.
Morass (moré-ss) *s* pântano; lamaçal.
Morbid (mór-bid) *adj* mórbido; sinistro.
Morbidness (mór-bidnéss) *s* morbidez; caráter doentio.
More (môur) *s* maior quantidade.
More (môur) *adj* adicional; extra; mais; em maior quantidade.
More (môur) *adv* mais; em maior número; além de.
Moreover (môur-ôuvâr) *adv* além disso; demais.
Morn (mârnn) *s* POES manhã.
Morning (mór-ninn) *s* manhã; alvorada.
Morning (mór-ninn) *adj* matutino; matinal.
Morose (morôu-ss) *adj* melancólico; triste; impertinente; misantropo.
Moroseness (morôus-ness) *s* enfado; mau humor; capricho.
Morphine (mâr-finn) *s* morfina.
Morphology (mórfó-lodji) *s* GRAM morfologia.
Morrow (mó-rôu) *s* amanhã.
Morse (mórss) *s* morsa (mamífero); sistema telegráfico em códigos.
Morsel (mór-sel) *s* bocado; manjar; pedaço.
Mortal (mór-tâl) *s* ser mortal.
Mortal (mór-tâl) *adj* mortal; fatal.
Mortality (mórté-liti) *s* mortalidade.
Mortgage (mór-ghidj) *s* hipoteca.
Mortgage (mór-ghidj) *v* hipotecar.
Mortification (mortifikêi-shânn) *s* mortificação.
Mortify (mór-tifái) *v* mortificar; atormentar; humilhar; gangrenar.
Mortise (mór-tiss) *s* entalhe; encaixe (de madeira).
Mortise (mór-tiss) *v* entalhar.
Mortuary (mór-tshuâri) *s* necrotério; cemitério.
Mortuary (mór-tshuâri) *adj* mortuário; fúnebre.
Mosaic (mozêi-k) *s* mosaico.
Mosaic (mozêi-k) *adj* mosaico (pavimento); relativo a Moisés.
Moslem (móz-lemm) *s* muçulmano; islamita.
Moslem (móz-lemm) *adj* muçulmano; islamita.
Mosque (mósk) *s* mesquita, templo muçulmano.
Moss (móss) *s* musgo; lagoa.
Moss (móss) *v* cobrir de musgo.
Mossy (mó-si) *adj* musgoso.

Most (môust) *s* o maior número; a maioria; a maior parte.
Mostly (môus-tli) *adv* na maior parte das vezes; principalmente.
Mote (môut) *s* partícula de pó; molécula.
Moth (móth) *s* traça; mariposa.
Mother (mâ-dhâr) *s* mãe; genitora; madre; causa.
Mother (mâ-dhâr) *adj* materno; natural; *MOTHER-in-law*: sogra; *MOTHER-in-God*: madrinha; *step-MOTHER*: madrasta.
Motherhood (mâ-dhâr-hud) *s* maternidade.
Motherless (mâ-dhârléss) *adj* órfão de mãe.
Motherliness (mâ-dhârlinéss) *s* maternidade; cuidados maternais.
Motif (môuti-f) *s* motivo; assunto; tema.
Motion (môu-shânn) *s* movimento; gesto; moção; proposta; impulso.
Motion (môu-shânn) *v* fazer sinal; propor; aconselhar.
Motionless (môu-shânléss) *adj* imóvel; parado; estupefato.
Motive (môu-tiv) *s* motivo; causa; ideia.
Motive (môu-tiv) *adj* motriz; motor.
Motley (mó-tli) *s* mescla de cores; traje de várias cores.
Motley (mó-tli) *adj* matizado; mesclado.
Motor (mou-târ) *s* motor, máquina motriz.
Motorize (môutâr-ráiz) *v* motorizar; mecanizar.
Motorway (môutâr-uêi) *s* estrada de rodagem; *My house is very near the motorway*: minha casa é muito próxima da estrada de rodagem.
Mottle (mó-tl) *v* matizar; sarapinar.
Mottled (mó-tld) *adj* mosqueado; matizado.
Motto (moutou) *s* lema; legenda; mote.
Mould (môuld) *v* moldar; modelar; amassar pão; mofar.
Mount (máunt) *s* monte; morro; cavalaria; baluarte.
Mount (máunt) *v* montar; subir; somar; trepar.
Mountain (máun-ten) *s* montanha; serra; massa disforme.
Mountaineer (máunteni-r) *s* montanhês; serrano; rústico.
Mountainous (máun-tenâss) *adj* montanhoso; montês.
Mounting (máun-tinn) *s* montagem; subida; armadura.
Mourn (môur-n) *v* chorar; lamentar-se; deplorar; prantear.
Mourner (môur-nâr) *s* o que está de luto.
Mournful (môurn-ful) *adj* triste; melancólico; choroso.
Mournfulness (môurn-fulnéss) *s* luto; tristeza; melancolia; dor; aflição.
Mourning (môur-ninn) *s* dor; lamentação; luto.
Mourning (môur-ninn) *adj* triste; choroso.
Mouse (máuz) *s* camundongo; rato.
Mouser (máu-zâr) *s* animal rateiro; caçador de ratos.
Moustache (mâsté-sh) *s* bigode.
Mouth (máudh) *s* boca; entrada; bico; gargalo; garganta; embocadura.
Mouth (máudh) *v* mastigar; declamar.
Mouthful (máudh-ful) *s* bocado; pedaço; gole; trago; porção; punhado.
Mouthpiece (máudh-piss) *s* bocal; embocadura; boquilha; órgão; intérprete.
Mouthy (máu-dhi) *adj* maledicente.
Movable (mu-vábl) *adj* móvel; mutável; movediço.
Movableness (mu-váblnéss) *s* movimento; mobilidade.
Move (muv) *s* movimento; proposta; manobra; ação; mudança.
Move (muv) *v* mover; mexer-se; pôr se a caminho; mudar-se; comover.
Movement (muv-ment) *s* ação; ato; movimento; impulso; marcha; evolução; incidente; passo.
Mover (mu-vâr) *s* motor; autor de proposta; móvel.
Movie (múvi) *s* filme; fita de cinema.
Movie (múvi) *adj* cinematográfico.
Movies (múvis) *s* USA cinema.
Moving (mu-vinn) *s* movimento; mudança de moradia; moção; remoção.
Moving (mu-vinn) *adj* motriz; patético; comovedor.

Mow (môu) *s* celeiro.
Mow (môu) *v* ceifar; segar; armazenar; *past* MOWED and *pp* MOWN.
Mower (môu-âr) *s* ceifeiro; segador; ceifadeira.
Mowing (môu-inn) *s* ceifa; sega.
Much (mâtsh) *s* abundância; grande quantidade.
Much (mâtsh) *adj* muito; excessivamente; assaz; quase.
Much (mâtsh) *adv* muito; excessivamente; assaz; quase.
Muchness (mâtsh-néss) *s* quantidade; grandeza.
Muck (mâk) *s* porcaria; estrume.
Muck (mâk) *v* estrumar; adubar.
Mucky (mâ-ki) *adj* imundo; sujo; porco.
Mucous (miu-kâss) *adj* mucosa.
Mucus (miu-kâss) *s* muco; mucosidade.
Mud (mâd) *s* lama; lodo; barro.
Mud (mâd) *v* enlamear.
Muddiness (mâ-dinéss) *s* perturbação de espírito; turvação; sujidade.
Muddle (mâd-l) *s* desordem; balbúdia; confusão; (mâdl) *v* turvar; embotar; misturar; entontecer.
Muddy (mâ-di) *adj* turvo; lamacento; lodoso; perturbado de espírito.
Muddy (mâ-di) *v* enlamear; sujar.
Muff (mâf) *s* pessoa desajeitada; pessoa tímida; homem efeminado.
Muff (mâf) *v* proceder ou fazer desajeitadamente.
Muffin (mâ-finn) *s* bolo; FAM galanteador.
Muffle (mâf-l) *s* crisol; forno para esmaltar; luva de pugilista.
Muffle (mâf-l) *v* agasalhar; cobrir.
Muffler (mâ-flâr) *s* capuz; venda; agasalho de pescoço; USA silenciador (auto).
Mug (mâg) *s* caneca; cara; tolo; simplório.
Mugger (mâ-gâr) *s* crocodilo indiano.
Mugginess (mâ-ghinéss) *s* calor úmido.
Muggy (mâ-ghi) *adj* úmido; climal quente (abafado).
Mulch (mâltsh) *s* estrume.
Mulch (mâltsh) *v* cobrir plantas com estrume.
Mulct (mâlkt) *s* multa; penalidade.
Mulct (mâlkt) *v* despojar; multar.
Mule (miul) *s* mula; máquina de fiar algodão; fuso mecânico.
Mulish (miu-lish) *adj* cabeçudo; obstinado; híbrido.
Mulishness (miu-lishnéss) *s* teimosia; obstinação.
Mull (mâl) *s* confusão; desordem; promontório.
Mull (mâl) *v* confundir; atrapalhar; USA cogitar.
Multifarious (mâltifêi-riâss) *adj* variado; vário.
Multiform (mâl-tifórm) *adj* multiforme.
Multiples (mâl-tiplâs) *s* multinacionais.
Multiplication (mâltiplikêi-shânn) *s* multiplicação.
Multiplicity (mâltipli-siti) *s* multiplicidade.
Multiplier (mâl-tipláiâr) *s* multiplicador.
Multiply (mâl-tipláí) *v* multiplicar.
Multiplying (mâl-tiplálinn) *s* multiplicação.
Multiplying (mâl-tiplálinn) *adj* multiplicador.
Multitude (mâl-titiud) *s* multidão; chusma; legião.
Multitudinous (mâltitiu-dinâss) *adj* numeroso; em grande quantidade.
Mum (mâmm) *s* cerveja doce e forte.
Mum (mâmm) *adj* silencioso; calado.
Mum (mâmm) *interj* silêncio! caluda!
Mumble (mâmbl) *v* resmungar; murmurar.
Mumbler (mâm-blâr) *s* murmurador.
Mumbling (mâm-blinn) *s* murmuração; resmungação.
Mummification (mâmifikêi-shânn) *s* mumificação.
Mummify (mâ-mifái) *v* mumificar.
Mummy (mâ-mi) *s* múmia.
Mump (mâmp) *v* mendigar; enganar; lograr; comer vagarosamente.
Mumper (mâm-pâr) *s* mendigo; impostor; resmungador.

MUMPISH — MYTHOLOGY

Mumpish (mâm-pish) *adj* arisco; pensativo; irritável; intratável.
Mumps (mâmps) *s* caxumba, inflamação infecciosa das parótidas.
Munch (mântsh) *v* mastigar; mascar.
Munificence (miuni-fissénss) *s* liberalidade; munificência; generosidade.
Munificency (miuni-fissénsi) *vide* MUNIFICENCE.
Munificent (miuni-fissént) *adj* munificente; generoso; liberal.
Muniment (miu-nimént) *s* documento cuidadosamente guardado; título de posse; escritura; fortificação; praça forte.
Munition (miuni-shânn) *s* munição.
Munition (miuni-shânn) *v* municiar; equipar.
Murder (mâr-dâr) *s* assassínio; assassinato; homicídio.
Murder (mâr-dâr) *v* assassinar.
Murderer (mâr-dârâr) *s* assassino; homicida; criminoso.
Murdering (mâr-dârinn) *s* assassínio; homicídio; assassinato.
Murdering (mâr-dârinn) *adj* mortífero.
Murderous (mâr-dârâss) *adj* cruel; homicida; sanguinário.
Murderousness (mârdâ-râsnéss) *s* instinto homicida.
Murkiness (mâr-kinéss) *s* trevas; escuridão.
Murmur (mâr-mâr) *s* murmúrio; lamento; rumor; queixa.
Murmur (mâr-mâr) *v* murmurar; queixar-se.
Murmurer (mâr-mârâr) *s* murmurador.
Murmuring (mâr-mârinn) *s* murmúrio; sussurro.
Murmuring (mâr-mârinn) *adj* murmurante.
Muscle (mâs-l) *s* músculo; força muscular.
Muscular (mâs-kiulâr) *adj* muscular; vigoroso.
Muse (miuz) *s* musa; inspiração.
Muse (miuz) *v* meditar; cismar; absorver-se.
Museum (miuzi-âmm) *s* museu; coleção de peças de arte e históricas.
Mush (mâsh) *s* pirão; POP guarda-sol; USA mingau.
Mushroom (mâsh-rumm) *s* cogumelo.
Mushroom (mâsh-rumm) *v* espalhar-se.
Mushy (mâshi) *s* piegas; sentimental.
Music (miu-zik) *s* música; melodia; harmonia.
Musical (miu-zikâl) *adj* musical; melodioso.
Musicalness (miu-zikâlnéss) *s* melodia; harmonia.
Musician (miuzi-shânn) *s* músico.
Musing (miu-zinn) *s* meditação; êxtase; abstração.
Musing (miu-zinn) *adj* contemplativo; meditativo.
Musk (mâsk) *s* almíscar, substância aromática; almiscareiro.
Musk (mâsk) *v* perfumar com almíscar.
Musket (mâs-két) *s* mosquete.
Musketeer (mâsketi-r) *s* mosqueteiro.
Musketry (mâs-ketri) *s* grupo ou companhia de mosqueteiros.
Musky (mâs-ki) *adj* almiscarado.
Muslim (mâs-linn) *s* islamita; muçulmano (*vide* MOSLEM); musselina (tecido).
Muss (mâss) *s* desordem; confusão.
Muss (mâss) *v* desordenar; pôr em desordem.
Mussel (mâss-l) *s* mexilhão.
Mussulman (mâ-sâlmân) *s* Muçulmano.
Mussulman (mâ-sâlmân) *adj* Muçulmano (que pertence à religião de Maomé).
Must (mâst) *s* sumo de uva; mofo; bolor; obrigação; imposição.
Must (mâst) *v* dever; ser obrigado a; ter de; embolorar; mofar; *they MUST have gone out, otherwise they would have answered*: eles sairam, caso contrário teriam respondido (atendido).
Mustache (masta-sh) *s* bigode.
Mustard (mâs-târd) *s* mostarda (condimento).
Muster (mâs-târ) *s* MIL revista; rol; lista; chamada.
Muster (mâs-târ) *v* MIL passar em revista; reunir; fazer a chamada.
Mustiness (mâs-tinéss) *s* mofo; bolor.
Musty (mâs-ti) *adj* rançoso; mofado; bolorento; lento; vagaroso.
Mutable (miu-tâbl) *adj* mutável; variável.
Mutate (miu-têit) *v* mudar; alterar; transformar.
Mutation (miutêi-shânn) *s* mutação; mudança; variação.
Mute (miut) *s* mudo; letra muda; MÚS surdina.
Mute (miut) *adj* mudo; silencioso.
Muteness (miut-néss) *s* mudez, privação da fala.
Mutilate (miu-tilêit) *v* mutilar; cortar; truncar.
Mutilated (miu-tilêitid) *s* mutilado; truncado.
Mutilation (miutilêi-shânn) *s* mutilação.
Mutineer (miutini-r) *s* revoltoso; amotinado.
Mutinous (miu-tináss) *adj* amotinador; sedicioso; rebelde.
Mutiny (miu-tini) *s* motim; insurreição; sedição.
Mutiny (miu-tini) *v* amotinar-se; revoltar-se.
Mutism (miu-tizm) *s* mutismo; mudez.
Mutter (mâ-târ) *s* murmúrio; resmungo.
Mutter (mâ-târ) *v* murmurar; resmungar.
Mutterer (mâ-târâr) *s* murmurador; resmungador.
Mutton (mât-n) *s* carne de carneiro.
Mutual (miu-tshuâl) *adj* mútuo; recíproco; comum; em conjunto.
Mutuality (miutshué-liti) *s* mutualidade; reciprocidade.
Muzzle (mâz-l) *s* focinho; focinheira.
Muzzle (mâz-l) *v* fazer calar; farejar; cheirar.
Muzzy (mâ-zi) *adj* confuso; distraído; embriagado.
My (mái) *pron* meu; minha; meus; minhas.
Myope (mái-ôup) *s* MED míope.
Myopia (mâiôu-piâ) *s* MED miopia.
Myopy (mái-opi) *vide* MYOPIA.
Myrrh (môr) *s* mirra (planta).
Myself (máissélf-) *pron* eu próprio; eu mesmo; a mim mesmo.
Mysterious (misti-riâss) *adj* misterioso; enigmático; obscuro.
Mysteriousness (misti-riâsnéss) *s* mistério; caráter misterioso.
Mystery (mis-târi) *s* mistério; enigma; mister.
Mystic (mis-tik) *adj* místico; enigmático; secreto; misterioso.
Mysticism (mis-tissizm) *s* misticismo, contemplação espiritual.
Mystification (mistifikêi-shânn) *s* mistificação; logro; confusão; perplexidade.
Mystify (mis-tifái) *v* mistificar; ofuscar; confundir; tornar misterioso.
Mystifying (misti-fáinn) *adj* mistificador; mistificante.
Myth (mith) *s* mito (fábula); utopia.
Mythic (mi-thik) *adj* mítico; lendário; fabuloso.
Mythical (mi-thikâl) *vide* MYTHIC.
Mythicism (miti-ssizm) *s* mitismo.
Mythologic (mitholó-djik) *adj* mitológico.
Mythological (mitholó-djikâl) *vide* MYTHOLOGIC.
Mythologist (mithó-lódjist) *s* mitologista; mitólogo.
Mythology (mithó-lodji) *s* mitologia; mito; lenda.

nN

N (énn) *s* décima terceira letra do alfabeto Português e décima quarta letra do alfabeto Inglês.
Nab (néb) *v* apanhar rápida e subitamente.
Nabob (nêi-bób) *s* nababo; ricaço; rico.
Nacre (nêi-kår) *s* nácar; madrepérola.
Nacreous (nêi-kriåss) *adj* nacarado.
Nadir (nêi-dir) *s* ponto oposto ao Zênite (no céu); o ponto mais baixo.
Nag (nég) *s* garrano (cavalo); sendeiro.
Nag (nég) *v* importunar; ralhar; atormentar.
Nail (nêil) *s* unha; prego; cravo; tacha; décima parte da jarda (= 2 1/2 pol).
Nail (nêil) *v* pregar; cravejar; encravar.
Nailer (nêi-lår) *s* fabricante de pregos.
Nailery (nêi-låri) *s* fábrica de pregos.
Naive (nai-v) *adj* crédulo; ingênuo; natural.
Naked (nêik-t) *adj* nu; despido; descoberto; puro; simples; indefeso.
Nakedness (nêikt-néss) *s* nudez; evidência; simplicidade.
Name (nêimm) *s* nome; título; fama; crédito; reputação.
Name (nêimm) *v* nomear; mencionar; dar nome a.
Nameless (nêim-léss) *adj* sem nome; anônimo; desconhecido.
Namesake (nêim-sêik) *s* homônimo; GRAM palavra que tem a mesma pronúncia de outra.
Naming (nêim-minn) *s* nomeação, ação de nomear-se.
Nanny (nê-ni) *s* ama-seca; babá.
Nap (nép) *s* sono rápido; soneca; pelo do pano.
Nap (nép) *v* dormir a sesta; cochilar.
Nape (nêip) *s* ANAT nuca.
Napkin (nép-kinn) *s* guardanapo.
Napless (nép-léss) *adj* liso; sem pelo.
Nappy (nê-pi) *adj* felpudo; peludo; embriagado; bebida espumante (cerveja, vinho etc.).
Narcotize (nár-kotáiz) *v* narcotizar; anestesiar.
Nard (nárd) *s* nardo (planta); bálsamo.
Nares (nêi-riz) *s* narinas; fossas nasais.
Narrate (nérrêit) *v* narrar; relatar; contar.
Narration (nérrêi-shånn) *s* narração; relatório; resenha.
Narrative (né-râtiv) *s* narrativa; narração; relato.
Narrative (né-râtiv) *adj* narrativo.
Narrator (nérrêi-târ) *s* narrador.
Narrow (né-rôu) *v* desfiladeiro.
Narrow (né-rôu) *v* estreitar; encolher; diminuir.
Narrow (né-rôu) *adj* estreito; apertado; escasso; curto; mesquinho; avarento.
Narrowing (né-rôuinn) *s* estreitamento; limitação; contração.
Nasal (nêi-zål) *s* som nasal; letra nasal.
Nasal (nêi-zål) *adj* nasal.
Nasalize (nêi-zåláiz) *v* nasalar; nasalizar.
Nascent (né-sent) *adj* nascente; origem de um rio.
Nastiness (nés-tinéss) *s* imundície; indecência; obscenidade; sujeira.
Nasty (nés-ti) *adj* sujo; imundo; indecente; desonesto.
Natal (nêi-tål) *adj* natal; RELIG Natal (nascimento do Messias, Jesus).
Natation (nâtêi-shånn) *s* ESP natação.

Nates (nêi-tiz) *s* nádegas.
Nation (nêi-shånn) *s* nação; país; povo.
National (né-shånål) *adj* nacional; patriótico; público.
Nationalism (né-shånålizm) *s* nacionalismo.
Nationality (néshåné-liti) *s* nacionalidade; nação; patriotismo.
Nationalization (néshånålizêi-shånn) *s* nacionalização.
Nationalize (né-shånåláiz) *v* nacionalizar; naturalizar; tornar nacional.
Native (nêi-tiv) *s* nativo; indígena.
Native (nêi-tiv) *adj* nativo; natalício; natural; original; pátrio.
Nativeness (nêi-tivnéss) *s* estado natural.
Nativity (nâti-viti) *s* nascimento; RELIG nascimento (do Messias, Santos, da Virgem etc.).
Natty (né-ti) *adj* elegante; garboso; fino.
Natural (né-tshuräl) *adj* natural; verdadeiro; genuíno; comum.
Naturalism (né-tshurâlizm) *s* FIL naturalismo.
Naturalization (nétiurélizêi-shånn) *s* naturalização; adaptação; aclimatação.
Naturalize (né-tiurâláiz) *v* naturalizar; aclimatar; aclimarar; habituar.
Naturalness (né-tshurâlnéss) *s* naturalidade; estado natural; ingenuidade.
Nature (nêi-tshur) *s* natureza; caráter; gênero; classe; espécie.
Naught (nót) *s* nada; zero.
Naught (nót) *adj* sem valor; inútil.
Naughtiness (nó-tinéss) *s* desobediência; travessura.
Naughty (nó-ti) *adj* mau; malcriado; desobediente; perverso; travesso.
Nauseous (nó-shâss) *adj* repugnante; nauseabundo; asqueroso.
Naval (nêi-vål) *adj* naval; da marinha; do mar.
Nave (nêiv) *s* parte do Templo entre o átrio e o santuário.
Navel (nêivl) *s* centro; parte de dentro; ANAT umbigo.
Navigable (né-vigâbl) *adj* navegável.
Navigate (né-vighêit) *v* navegar.
Navigation (névighêi-shånn) *s* navegação; pilotagem; marinha.
Navigator (né-vighêitâr) *s* navegador; navegante; piloto.
Navy (nêi-vi) *s* marinha; esquadra; frota de guerra.
Nay (nêi) *s* desmentido; voto contrário.
Nay (nêi) *adv* não; pelo contrário.
Nazarene (nézâri-nn) *s* o nazareno.
Nazarene (nézâri-nn) *adj* nazareno.
Naze (nêi-z) *s* cabo no extremo sul da Noruega.
Neap (nip) *s* águas mortas.
Neap (nip) *adj* baixo; ínfimo; maré vazante.
Near (niâr) *v* aproximar-se de.
Near (niâr) *adj* próximo; contíguo; íntimo.
Near (niâr) *adv* cerca; perto; quase.
Near (niâr) *prep* perto de; próximo a; junto a.
Nearby (niâr-bái) *adj* próximo; vizinho; contíguo; adjacente.
Nearly (niâr-li) *adv* quase; perto; intimamente; proximamente.
Neat (nir) *s* gado.
Neat (nir) *adj* limpo; asseado; esmerado; relativo ao gado.
Neatly (ni-tli) *adv* asseadamente; com esmero.
Neatness (nit-néss) *s* limpeza; asseio; elegância; esmero; delicadeza.
Neb (néb) *s* bico; ponta de pena; extremidade.

NEBULOSITY — NIGGLE

Nebulosity (nèbiuló-siti) s nebulosidade, estado nebuloso.
Necessary (né-sesséri) s o necessário; o essencial.
Necessary (né-sesséri) adj necessário.
Necessitate (nessé-sitêit) v tornar necessário; constranger.
Necessitous (nessé-sitâss) adj necessitado; pobre.
Necessity (nessé-siti) s necessidade; precisão; exigência; carência.
Neck (nék) s pescoço; colo; gargalo; colarinho; istmo; MÚS braço de instrumento.
Necklace (nék-lêiss) s colar.
Necklet (nék-lét) s colar pequeno.
Necrology (nekró-lodji) s necrologia; obituário.
Need (nid) s necessidade; falta; carência; urgência; miséria.
Need (nid) v necessitar; precisar.
Needful (nid-ful) adj necessário; indispensável; preciso.
Needle (nidl) s agulha; bússola; obelisco.
Needless (nid-léss) adj desnecessário; imprestável; inútil.
Needlessness (nid-lésnéss) s inutilidade; superfluidade.
Needlework (nidl-uârk) s trabalho de agulha; costura.
Needs (nids) adv necessariamente; indispensavelmente.
Needy (ni-di) adj necessitado; indigente; pobre.
Nefarious (nefêi-riâss) adj nefando; abominável; malvado.
Nefariousness (nefêi-riâsnéss) s abominação; infâmia; vileza; iniquidade.
Negation (neghêi-shânn) s negação; negativa.
Negative (né-gâtiv) s negativa; denegação.
Negative (né-gâtiv) v negar; desaprovar; opor-se; votar contra.
Negative (né-gâtiv) adj negativo.
Neglect (neglék-t) s negligência; descuido; desprezo; indiferença; desdém.
Neglect (neglék-t) v negligenciar; descuidar de; esquecer.
Neglecter (neglék-târ) s negligente; descuidado; indiferente.
Neglectful (neglék-ful) adj negligente; preguiçoso; descuidado.
Negligence (né-glidjénss) s negligência; descuido; abandono.
Negligent (né-glidjént) adj negligente; descuidado.
Negotiable (negôu-shiêit) adj negociável.
Negotiate (negôu-shiêit) v tratar; parlamentar.
Negotiation (negôushiêi-shânn) s negociação; transação.
Negotiator (negôu-shiêitâr) s negociador; negociante.
Negress (ni-gréss) s negra.
Negro (ni-grôu) s negro.
Neigh (nêi) s relincho; rincho.
Neigh (nêi) v relinchar; rinchar.
Neighbor (nêi-bâr) s vizinho; amigo.
Neighbor (nêi-bâr) v aproximar; avizinhar; ser vizinho de.
Neighbor (nêi-bâr) adj vizinho; próximo.
Neighborhood (nêi-bâr-hud) s bairro, vizinhança; proximidade; arredores.
Neighboring (nêi-bârinn) adj próximo; adjacente; vizinho.
Neighborly (nêi-bârli) adj cortês; atencioso.
Neighbour (nêi-bâr) vide NEIGHBOR.
Neighbourhood (nêi-bâr-hud) vide NEIGHBORHOOD.
Neighbouring (nêi-bârinn) vide NEIGHBORING.
Neighbourly (nêi-bârli) vide NEIGHBORLY.
Neither (ni-dhâr) adj nenhum dos dois.
Neither (ni-dhâr) conj nem; também não.
Neologism (nio-lodjizm) s neologismo.
Nephew (né-viu) s USA sobrinho.
Neptune (nep-tiun) s Netuno.
Nerve (nârv) s nervosismo; coragem; sangue-frio; ANAT nervo; tendão;.
Nerve (nârv) v revigorizar; animar.
Nerveless (nârv-léss) adj abatido; sem força; inerte.
Nervous (nâr-vâss) adj nervoso; excitado; vigoroso.
Nervousness (nâr-vâsnéss) s nervosidade; força; vigor.
Nervure (nâr-viur) s nervura; veia.
Nest (nêst) s ninho; ninhada; covil; jogo; série.
Nest (nêst) v aninhar; alojar-se; colocar objetos uns dentro dos outros.
Nestle (nést-l) v aninhar-se; abrigar; acariciar; afagar; engaiolar-se.
Nestling (nés-tlinn) s pintainho; filhote; pinto.
Net (nét) s rede; malha.
Net (nét) v prender na rede; lançar a rede.
Net (nét) adj limpo; puro; líquido; livre de toda despesa.
Nether (né-dhâr) adj inferior.
Nethermost (né-dhârmôust) adj o mais baixo; o mais profundo.
Netted (né-tid) adj coberto com rede; apanhado com rede.
Netting (né-tinn) s rede; renda; malha.
Nettle (nét-l) s urtiga (planta).
Nettle (nét-l) v irritar alguém passando folhas de urtiga; exasperar.
Nettling (né-tlinn) s irritação; provocação.
Neuralgic (niurél-djik) adj nevrálgico.
Neuter (niu-târ) adj neutro; sem sexo.
Neutral (niu-trâl) s neutro; indiferente; AUT ponto morto.
Neutral (niu-trâl) adj neutro; indiferente.
Neutralism (niu-trâlizm) s neutralidade.
Never (név-âr) adv nunca; jamais; em tempo algum.
Nevermore (né-vârmôur) adv jamais: nunca mais.
Nevertheless (névârthlé-ss) adv contudo; não obstante; todavia.
New (niu) adj novo; moderno; fresco; outro; diferente.
Newcomer (niu-kâmar) s recém-chegado; recém-aparecido; recém-vindo.
Newly (niuli) adv recentemente; novamente; há pouco.
Newness (niu-néss) s novidade; inovação; início; falta de prática.
News (niuz) s notícia; novidade; informação; *what's the NEWS?*: que há de novo?
Newsboy (niuz-bói) s jornaleiro; USA NEWSY.
Newspaper (niuz-pêipâr) s jornal; diário; gazeta; periódico.
Newspaperman (niuz—peipâr-maen) s USA jornalista; ENGL PRESSMAN, JOURNALIST.
Newsstand (nius-stand) s banca de jornal.
Newsy (niu-zi) s USA jornaleiro.
Newsy (niu-zi) adj noticioso.
Next (nékst) adj seguinte; próximo; vizinho.
Next (nékst) adv logo; imediatamente depois.
Next (nékst) prep junto a; ao lado de.
Nexus (nék-sâss) s nexo; vínculo; união.
Nib (nib) s bico; ponta; bico de ave.
Nib (nib) v aguçar; fazer ponta; aparar.
Nibble (nibl) s mordedura; dentada.
Nibble (nibl) v morder, roer; mordiscar.
Nice (náiss) adj bom; ótimo; fino; elegante; simpático; *It's NICE to see you again*: é bom vê-la novamente.
Niceness (náis-néss) s finura; gentileza; delicadeza.
Nicety (nái-siti) s finura; gentileza; delicadeza, argúcia.
Niche (nitsh) s nicho.
Nick (nik) s talho; corte; entalhe; ponto crítico; *old NICK*: demônio.
Nick (nik) v entalhar; acertar no alvo; recortar; fazer uma boa jogada.
Nickel (ni-kel) s níquel; USA cinco cents (moeda).
Nickname (nik-nêimm) s apelido; alcunha.
Nickname (nik-nêimm) v apelidar; alcunhar.
Nictate (nik-têit) v pestanejar.
Nictation (niktêi-shânn) s pestanejo.
Nictitate (nik-têit) vide NICTATE.
Niece (niss) s sobrinha.
Nig (nig) s pedaço.
Nig (nig) v lavrar (pedra, madeira etc.); cortar.
Niggard (ni-gârd) s mesquinho; sórdido; avaro; avarento.
Niggard (ni-gârd) adj mesquinho; sórdido; avaro; avarento.
Niggle (nig-l) v zombar; escarnecer; esbanjar tempo com tolices.

NIGH — NOTE

Nigh (nái) *adj* próximo; vizinho.
Nigh (nái) *prep* perto de; junto a.
Night (náit) *s* noite; cegueira; obscuridade; trevas; aflição; morte.
Nightgown (náit-gáunn) *s* camisola de dormir.
Nightingale (nái-tinghêil) *s* rouxinol (pássaro).
Nightly (nái-tli) *adj* noturno.
Nightly (nái-tli) *adv* de noite.
Nightmare (náit-mér) *s* pesadelo, sensação que oprime e sufoca durante o sono.
Nightward (náit-uârd) *adj* próximo da noite.
Nil (nil) *s* nulo; nada; nenhum; niihil.
Nimble (nimb-l) *adj* ágil; leve; ligeiro.
Nimbly (nim-bli) *adj* ativo; veloz.
Nimbly (nim-bli) *adv* velozmente; ativamente.
Nine (náinn) *s* o número nove.
Nine (náinn) *adj* nove.
Ninny (ni-ni) *s* tolo; palerma; basbaque.
Ninny (ni-ni) *adj* tolo; palerma; basbaque.
Ninth (náin-th) *s* nono; a nona parte.
Ninth (náin-th) *adj* nono.
Ninthly (náin-thli) *adv* em nono lugar.
Nip (nip) *s* dentada; pedaço; bocado; trago.
Nip (nip) *v* beliscar; picar; morder.
Nipper (ni-pâr) *s* pinça; dente incisivo de cavalo; crítico mordaz.
Nipping (ni-pinn) *s* arranhão; unhada; mordedura.
Nipping (ni-pinn) *adj* penetrante; mordaz; satírico.
Nipple (nip-l) *s* mamilo; bico de mamadeira.
Nippy (ni-pi) *adj* picante; ácido; mordaz; ágil.
Nit (nit) *s* lêndea, ovo de piolho.
Nitrate (nái-trêit) *s* nitrato; azotado.
Nitrogen (nái-trodjénn) *s* QUÍM nitrogênio; azoto.
Nitrous (nái-trâss) *adj* nitroso; salitroso.
Nix (niks) *s* GÍR nada; ninguém.
Nix (niks) *adj* rejeitado; recusado.
No (nôu) *s* voto negativo; não.
No (nôu) *adj* nenhum; nenhuma.
Nob (nób) *s* cabeça; protuberância; nobre.
Nob (nób) *v* dar socos na cabeça; coletar dinheiro.
Nobble (nóbl) *v* enganar; lograr; amarrar cavalo de corrida.
Nobby (nó-bi) *v* ostentoso; elegante; distinto.
Nobility (nôubi-liti) *s* nobreza; grandeza; aristocracia.
Noble (nôub-l) *s* nobre; aristocrata.
Noble (nôub-l) *adj* nobre; ilustre; fidalgo.
Nobleman (nôubl-maen) *s* nobre; fidalgo.
Nobleness (nôubl-néss) *s* nobreza; dignidade; fidalguia.
Noblewoman (nôubl-umaen) *s* mulher nobre; fidalga.
Nobody (nôu-bódi) *s* "o" ninguém.
Nobody (nôu-bódi) *pron* ninguém.
Noctambulist (nóktém-biulist) *s* sonâmbulo.
Nocturne (nók-târn) *s* noturno.
Nod (nód) *s* sinal; saudação; aceno.
Nod (nód) *v* a acenar consentindo (com a cabeça); cochilar.
Nodding (nó-dinn) *s* aceno; cumprimento inclinando a cabeça.
Noddy (nó-di) *s* estúpido; cabeçudo.
Node (nôud) *s* nódulo; nó; tumor; protuberância; TEATR enredo.
Noggin (nó-ghinn) *s* cuba; jarro; bilha.
Nohow (nôu-háu) *adv* de modo algum; de nenhum modo.
Noise (nóiz) *s* barulho; ruído; fama; *please, don't make so MUCH noise*: por favor, não faça tanto barulho.
Noise (nóiz) *v* fazer barulho; propalar boato.
Noiseful (nóiz-ful) *adj* ruidoso; estrondoso.
Noiseless (noiz-léss) *adj* silencioso; sossegado; tranquilo.
Noiselessness (nóiz-lésnéss) *s* silêncio; tranquilidade.
Noisiness (nói-zinéss) *s* barulho; ruído; estrépito.
Noisy (nói-zi) *adj* ruidoso; clamoroso; estrepitoso.

Nominate (nó-minêit) *v* nomear; designar; propor como candidato.
Nomination (nóminêi-shânn) *s* nomeação; designação como candidato.
Nominee (nómini-) *s* o nomeado; candidato lançado.
Non (nónn) *adv* não.
Nonage (nó-nidj) *s* JUR menoridade.
Nonce (nónss) *s* tempo presente; ocasião; desígnio; fim.
Nonchalance (nónshâlén-ss) *s* descuido; relaxamento; indolência.
Nonchalant (nónshâlén-t) *adj* indiferente; desleixado; indolente.
None (nânn) *adv* não, de modo algum; de nenhum modo.
None (nânn) *pron* nenhum; ninguém; nada.
Nonentity (nónén-titi) *s* o nada; coisa, pessoa sem importância.
Nonpareil (nónnpârê-l) *s* pessoa ou coisa de grande mérito.
Nonpareil (nónnpârê-l) *adj* incomparável; sem par; sem rival.
Nonplus (nónn-plâss) *s* confusão; perplexidade.
Nonplus (nónn-plâss) *v* confundir; embaraçar.
Nonsense (nónn-sénss) *s* contrassenso; tolice; absurdo.
Nonsensical (nónsén-sikâl) *adj* absurdo; disparatado; ridículo.
Nonsensicalness (nónsén-sikâlnéss) *s* absurdo; disparate; insensatez.
Nonsuit (nónn-siut) *s* abandono; revelia.
Nonsuit (nónn-siut) *adj* abandonado.
Noodle (niud-l) *s* simplório; tolo; bobo.
Nook (nuk) *s* canto; recanto; ângulo; esconderijo.
Noon (nunn) *s* meio dia; apogeu.
Noonday (nun-dêi) *s* meio dia.
Noonday (nun-dêi) *adj* meridional.
Nooning (nu-ninn) *s* sesta; almoço (do meio dia).
Noontide (nun-táid) *s* meio dia; apogeu.
Noontide (nun-táid) *adj* meridional.
Noose (nuss) *s* nó corrediço; armadilha; laço.
Noose (nuss) *v* apanhar em laço.
Nop (nôup) *interj* não!
Nor (nór) *conj* nem; tampouco.
Norm (nórmm) *s* norma; regra; lei.
Normal (nór-mâl) *adj* normal; regular; exemplar.
Normality (nórmé-liti) *s* normalidade; regularidade.
Normalization (nórmâlizêi-shânn) *s* normalização; regularização.
Normalize (nór-mâláiz) *v* normalizar; regularizar.
Normally (nór-mâli) *adv* normalmente.
North (nórth) *s* norte; setentrião.
North (nórth) *v* rumar para o norte.
North (nórth) *adj* setentrional; boreal.
Norther (nór-dhâr) *s* vento (do norte).
Northern (nór-dhârn) *adj* setentrional; do norte.
Northward (nórth-uârd) *adv* para o setentrião; rumo ao norte.
Nose (nôuz) *s* nariz; focinho; olfato; sagacidade; NÁUT bico de proa; bico de bule, de caneta etc.
Nose (nôuz) *v* cheirar; defrontar-se.
Noseband (nôuz-bénd) *s* focinheira (de animal).
Nostril (nós-tril) *s* narina; venta.
Nosy (nôu-zi) *adj* narigudo; curioso; fedorento.
Not (nót) *adv* não.
Notability (nôutâbi-liti) *s* notabilidade; importância; valor.
Notable (nôu-tábl) *adj* notável; atento; vigilante; cuidadoso.
Notableness (nó-táblnéss) *s* vigilância; atividade; parcimônia; prudência.
Notary (nôu-târi) *s* notário; tabelião.
Notation (notêi-shânn) *s* notação; significação; numeração.
Notch (nótsh) *s* entalhe; encaixe; corte.
Notch (nótsh) *v* entalhar; fazer cortes.
Note (nôut) *s* nota; marca; sinal; conhecimento; observação; vale; ordem de pagamento; tom; nota musical.
Note (nôut) *v* notar; observar; reparar.

Notebook (nôut-buk) s caderno; agenda.
Notecase (nôut-kêiss) s carteira porta-notas.
Noted (nôu-tid) adj notável; insigne; ilustre; conhecido.
Noteless (nôut-léss) adj obscuro; desconhecido; pouco notável.
Nothing (nâ-thinn) s nada; coisa nenhuma; zero.
Nothing (nâ-thinn) adv de modo algum; nada.
Nothingness (nâ-thinnéss) s nada; ninharia; insignificância.
Notice (nôu-tis) s observação; comunicação; cortesia; nota.
Notice (nôu-tis) v notar; olhar.
Noticeable (nôu-tissâbl) adj digno de atenção; perceptível; conspícuo.
Notification (nôutifikêi-shânn) s notificação; aviso; advertência.
Notify (nôu-tifái) v notificar; avisar; participar.
Notion (nôu-shânn) s noção; ideia; opinião; voto; parecer.
Notional (nôu-shânâl) adj imaginário; ideal; quimérico.
Notoriety (nôutorái-iti) s notoriedade; evidência; publicidade.
Notorious (nôtôu-riáss) adj notório.
Notoriousness (nôtôu-riâsnéss) s notoriedade; publicidade.
Nought (nót) s POES nada; MAT zero.
Noun (náunn) s GRAM nome; substantivo.
Nourish (nâ-rish) v nutrir; alimentar; sustentar; alentar.
Nourishable (nâ-rishâbl) adj fomentável; nutrir.
Nourisher (ná-rishâr) v nutridor; alimentador.
Nourishment (nâ-rishment) s alimento; alimentação; nutrição.
Nous (náuss) s inteligência; valor; senso comum; intelecto.
Novation (novêi-shânn) s JUR renovação de contrato; renovação de obrigação.
Novel (nóv-l) s romance; ficção.
Novel (nóv-l) adj novo; moderno; original.
Novelist (nó-velist) s novelista; romancista.
Novelize (nó-veláiz) v romantizar; romancear.
Novelty (nó-velti) s novidade; inovação.
November (novém-bâr) s novembro (11° mês do ano).
Novice (nó-viss) s noviço; novato; principiante; neófito.
Novitiate (novi-shiêit) s noviciado; noviço; neófito.
Now (náu) s o presente; o momento atual.
Now (náu) adv agora; ora; já; imediatamente; daqui a pouco.
Nowadays (náu-adêiz) adv hoje em dia; presentemente; atualmente.
Noway (nôu-uêi) adv de nenhum modo.
Nowhere (nôu-huér) adv em nenhum lugar; em parte alguma.
Nowise (nôu-uáiss) adv de forma alguma; de maneira nenhuma.
Noxious (nók-shâss) adj nocivo; pernicioso; insalubre.
Noxiousness (nók-shâsnéss) s nocividade; insalubridade.
Nozzle (nózl) s embocadura; bico; agulheta de mangueira.
Nubble (nâb-l) s protuberância; nó.
Nucleus (niu-kliâss) s núcleo; centro; cerne; caroço.
Nude (niud) adj nu; despido; nulo; desnudar.
Nudge (nâdj) s cotovelada.
Nudge (nâdj) v tocar de leve.
Nudity (niu-diti) s nudez; nudeza.
Nugatory (niu-gâtôuri) adj ineficaz; inútil; vão; nulo.

Nugget (ná-ghet) s pepita.
Nuisance (niu-sânss) s incômodo; dano; moléstia; indecência.
Null (nâl) adj nulo; inválido; inútil; vão.
Nullification (nâlifikêi-shânn) s anulação; invalidação.
Nullify (nâ-lifái) v anular; nulificar; invalidar.
Nullity (nâ-liti) s nulidade; JUR anulação (de ato).
Numb (nâmm) adj entorpecido; paralisado; tolhido.
Numb (nâmm) v amortecer; entorpecer.
Number (nâm-bâr) s número; número (de jornal, de revista etc.).
Number (nâm-bâr) v numerar; contar; importar em.
Numberer (nâm-bârâr) s numerador.
Numberless (nâm-barléss) adj inumerável; inúmero.
Numbfish (nâm-fish) s peixe-elétrico.
Numbness (nâm-néss) s torpor; adormecimento; entorpecimento.
Numerable (niu-mârâbl) adj numerável.
Numeral (niu-mârâl) s número; algarismo.
Numeral (niu-mârâl) adj numeral; numérico.
Numeration (niumârêi-shânn) s numeração.
Numerator (niu-mârêitâr) s numerador; contador.
Numerous (niu-mârâss) adj numeroso; copioso; abundante.
Numismatics (niumismé-tiks) s numismática.
Numskull (nâm-skâl) s parvo; néscio; tolo; bobo.
Numskulled (nâm-skâld) adj parvo; lerdo; bobo.
Nun (nânn) s monja; religiosa; freira.
Nunnery (nâ-nâri) s convento de freiras.
Nuptial (nâp-shâl) s casamento; núpcias; bodas.
Nuptial (nâp-shâl) adj nupcial; conjugal.
Nurse (nârss) s ama; aia; enfermeira; enfermeiro; protetor.
Nurse (nârss) v cuidar de; pajear; servir de enfermeira a; criar; embalar.
Nursemaid (nârss-mêid) s ama-seca; pajem; aia.
Nursery (nârs-ri) s creche; quarto de crianças; viveiro.
Nursing (nâr-sinn) s criação; amamentação; alimentação.
Nurture (nâr-tshur) s alimentação; criação.
Nurture (nâr-tshur) v nutrir; educar.
Nut (nât) s noz; avelã; botão; porca de parafuso; GÍR cachola.
Nutation (niutêi-shânn) s aceno (de cabeça); mudança (de posição); ASTR nutação.
Nutcracker (nât-kré-kâr) s quebra-nozes.
Nutmeg (nât-még) s noz-moscada.
Nutrient (nui-trient) s alimento nutritivo; nutrição.
Nutrient (nui-trient) adj nutriente.
Nutriment (nui-triment) s alimento; sustento; nutrimento.
Nutrition (niutri-shânn) s nutrição; alimentação; alimento.
Nutritious (niutri-shâss) adj alimentício; nutritivo; substancioso.
Nutritiousness (niutri-shâsnéss) s nutrição.
Nutshell (nât-shél) s casa de noz ou avelã.
Nutshell (nât-shél) v sumariar; resumir.
Nutty (nâ-ti) adj com sabor de nozes; abundante em nozes; GÍR amalucado.
Nuzzle (naz-l) v fossar; focinhar.
Nymph (ninf) s ninfa.

O

O (ôu) s décima quarta letra do alfabeto Português e décima quinta letra do alfabeto Inglês.
Oaf (ôuf) s criança deformada; criança substituída por outra ao nascer.
Oafish (ôu-fish) adj tolo; aparvalhado.
Oafishness (ôu-fishnéss) s tolice; estupidez.
Oak (ôuk) s carvalho; madeira de carvalho.
Oaken (ôu-kenn) adj de carvalho (madeira).
Oar (ôur) s remo.
Oar (ôur) v remar.
Oared (ôurd) adj a remos; com remos.
Oarsman (ôurz-maen) s remador.
Oat (ôut) s aveia (planta).
Oaten (out-n) adj de aveia.
Oath (ôuth) s juramento; anátema; praga.
Oatmeal (ôut-mil) s mingau; farinha (de aveia).
Obduracy (ób-diurâssi) s inflexibilidade; obstinação; perversidade.
Obdurate (ób-diurêit) adj endurecido, obstinado; impenitente.
Obedience (óbi-diénss) s obediência; sujeição; submissão.
Obedient (obi-diént) adj obediente; submisso; dócil.
Obelisk (ó-belisk) s obelisco.
Obese (obi-ss) adj obeso; gordo.
Obesity (ou-bísiti) s obesidade; gordura.
Obey (obêi) v obedecer; sujeitar-se a; acatar.
Obeyer (obêi-âr) s acatador.
Obfuscate (óbfâs-kêit) v ofuscar; cegar; obscurecer.
Obfuscation (óbfâskêi-shânn) s ofuscação; obscurecimento.
Obit (ôu-bit) s óbito.
Obituary (obi-tshuéri) s obituário; nota necrológica.
Object (ó-békt) s objeto; coisa; assunto; matéria; desígnio; intento; GRAM objeto.
Object (ó-békt) v objetar; opor-se a; visar.
Objection (óbdjék-shânn) s objeção; oposição; reparo.
Objective (óbdjék-tiv) s lente de objetiva; destino; acusativo.
Objective (óbdjék-tiv) adj objetivo.
Objectivity (óbdjékti-viti) s objetividade.
Objurgate (ó-bdjârghêit) v objurgar; censurar; repreender.
Objurgation (óbdjurêi-shânn) s objurgação; censura; repreensão.
Oblate (óblê-t) s oblata; oferenda.
Oblate (óblê-t) adj achatado nos pólos; consagrado ao culto.
Oblation (oblêi-shânn) s oblação; oferenda.
Obligant (ó-bligânt) s JUR devedor.
Obligate (ó-blighêit) v obrigar; forçar; constranger.
Obligation (óblighêi-shânn) s obrigação; dever; obséquio; favor.
Obligatory (ó-bligâtôuri) adj obrigatório; compulsório; USA **MANDATORY**.
Oblige (oblâidj) v obrigar; obsequiar; constranger; forçar.
Obligee (óblidji-) s JUR credor.
Obliging (oblái-djinn) adj serviçal; prestativo; cortês.
Obligingness (oblái-djinnéss) s delicadeza; polidez; bondade.
Oblique (oblik) adj oblíquo; inclinado; indireto; evasivo; insidioso.
Obliquity (óbli-kuiti) s obliquidade; inclinação.
Obliterate (óbli-târêit) v obliterar; suprimir; apagar.
Obliteration (óblitârêi-shânn) s obliteração; extinção.
Oblong (ó-blónn) adj oblongo.
Obloquy (ó-blokui) s infâmia; censura; difamação.
Oboe (ou-bôu) s MÚS oboé.
Oboist (ou-bóist) s MÚS tocador de oboé.
Obol (ó-bol) s óbolo.
Obscene (óbsi-nn) adj obsceno; imoral; indecente.
Obscenity (óbsi-niti) s obscenidade; torpeza; indescência.
Obscuration (óbskiurêi-shânn) s obscurecimento; escuridão; trevas.
Obscure (óbskiu-r) adj obscuro; confuso; tenebroso; enigmático.
Obscure (óbskiu-r) v obscurecer; ofuscar; ocultar-se.
Obscurity (óbskiu-riti) s obscuridade; escuridão; sombras; baixeza.
Obsecration (óbsikrêi-shânn) s obsecração; súplica; rogo.
Obsequious (óbsi-kaiâss) adj obsequioso; servil; adulador.
Obsequiousness (óbsi-kuiâsnéss) s obsequiosidade; servilidade.
Observable (óbzâr-vâbl) adj observável; perceptível; usual.
Observance (óbzâr-vânss) s observância; cumprimento; hábito.
Observant (óbzâr-vânt) adj observador; submisso; acatador.
Observation (óbzârvêi-shânn) s observação; experiência; reflexão.
Observatory (óbzâr-vâtôuri) s observatório.
Observe (óbzâr-v) v observar; notar; cumprir; reparar.
Observer (óbzâr-vâr) s observador; vigia.
Observing (óbzâr-vinn) adj observador; atento; cumpridor.
Obsession (óbsé-shânn) s obsessão; assédio; sítio.
Obsolete (ó-bsolit) adj obsoleto; antiquado.
Obstacle (ó-bstâkl) s obstáculo; dificuldade; contrariedade.
Obstetrician (óbstetri-shânn) s obstetriz; parteiro; parteira.
Obstetrics (óbstê-triks) s obstetrícia.
Obstinacy (ó-bs tinâssi) s obstinação; teima; insistência.
Obstinate (ó-bs tinit) adj obstinado; teimoso; tenaz.
Obstruct (óbstrâkt) v obstruir; estorvar; dificultar; USA **FILIBUSTER**.
Obstruction (óbstrâk-shânn) s obstrução; impedimento; obstáculo.
Obstructor (óbstrâk-târ) s estrutor.
Obtain (óbtêi-nn) v obter; alcançar; prevalecer.
Obtainable (óbtêi-nâbl) adj que se pode obter.
Obtainment (óbtêin-ment) s obtenção; consecução.
Obtrude (óbtru-d) v impor; ser importuno; apresentar à força.
Obtruder (óbtru-dâr) s intrometido; intruso.
Obtrusion (óbtru-jânn) s intrometimento; intromissão; intrusão.
Obturate (óbtiurêi-t) v obturar; tapar; obturar.
Obtuse (óbtiu-ss) adj obtuso; bronco; lerdo; embotado.
Obvert (óbvâr-t) v voltar; dirigir para.
Obverting (óbvâr-tinn) adj que se dá ao avesso.
Obviate (ó-b vièit) v obviar; evitar; prevenir; precaver.
Obvious (ó-b viâss) adj óbvio; manifesto; evidente.
Obviousness (ó-b viâsnéss) s evidência; clareza.

OCCASION — OPENLY

Occasion (okêi-jânn) s ocasião; oportunidade.
Occasion (okêi-jânn) v ocasionar; causar.
Occasional (okêi-jânâl) adj ocasional; casual; acidental.
Occident (ók-sidént) s ocidente; oeste; poente; civilização ocidental.
Occidental (óksidén-tâl) adj ocidental.
Occlude (óklud) v absorver; tapar; fechar.
Occlusion (óklu-jân) s oclusão; obstrução.
Occlusive (óklu-siv) adj oclusivo.
Occult (ókâlt) adj oculto; secreto; místico.
Occultation (ókâltêi-shânn) s ocultação; desaparecimento.
Occultism (ókâl-tizm) s ocultismo.
Occupancy (ó-kiupânsi) s ocupação: posse.
Occupant (ó-kiupânt) s ocupante; inquilino; morador.
Occupation (ókiupê-shânn) s ocupação; trabalho; emprego; destino.
Occupy (ó-kiupái) v ocupar; empregar; habitar.
Occur (ôkâ-r) v ocorrer; acontecer; suceder.
Occurrence (ókâ-renss) s ocorrência; acontecimento; incidente.
Occurrent (ókâ-rent) adj ocorrente; casual; acidental.
Ocean (ôu-shânn) s oceano; mar; imensidade.
Oceanian (ôushiêi-niânn) s oceânico.
Oceanian (ôushiêi-niânn) adj oceânico.
Oceanic (ôushié-nik) adj oceânico; imenso.
October (óktôu-bâr) s outubro (10º mês do ano).
Ocular (ó-kiulâr) adj ocular; visual.
Oculist (ó-kiulist) s oculista; oftalmologista.
Odd (ód) adj singular; excêntrico; curioso; estranho; extraordinário.
Oddity (ó-diti) s singularidade; originalidade.
Oddment (ód-ment) s coisa supérflua; sobras.
Oddness (ód-néss) s disparidade; singularidade; extravagância.
Odds (ódss) s diferença; vantagem; desigualdade; rixa.
Ode (ôud) s ode.
Odious (ôu-diâss) adj odioso; detestável; desagradável.
Odontology (odontó-lodji) s odontologia.
Odor (ôu-dâr) s odor; aroma; perfume.
Odoriferous (ôudâri-fârâss) adj odorífero; aromático; cheiroso.
Of (óv) prep de.
Off (óf) adj desocupado; livre; desligado.
Off (óf) adv longe; fora; ao largo.
Off (óf) prep de; fora de.
Offal (ó-fâl) s sobra; refugo; sobejo.
Offence (ófens) s ofensa; ultraje; pecado; USA OFFENSE.
Offend (ofénd) v ofender; magoar; desagradar; pecar.
Offender (ofén-dâr) s ofensor; transgressor; delinquente.
Offensive (ofén-siv) s ataque; ofensiva.
Offensive (ofén-siv) adj ofensivo; ultrajante.
Offer (ó-fâr) s oferta; convite.
Offer (ó-fâr) v oferecer; oferecer-se; sacrificar; intentar.
Offering (ó-fârinn) s oferta; oferenda; tributo.
Offhand (óf-hând) adj improvisado; seco; bruto; negligente.
Offhand (óf-hénd) adv de improviso.
Office (ó-fiss) s escritório; repartição; ofício.
Officer (ó-fissâr) s sargento; agente policial; MIL. oficial.
Officer (ó-fissâr) v comandar; nomear oficiais.
Official (ófi-shâl) s Juiz eclesiástico; servidor público.
Official (ófi-shâl) adj oficial; autorizado.
Officiate (ófi-shiêit) v oficiar; exercer.
Officiating (ófi-shiêitinn) adj substituto interino.
Officious (ófi-shâss) adj oficioso; não oficial; intrometido.
Offish (ó-fish) adj intratável; arisco.
Offprint (óf-print) s separata; excerto.
Offprint (óf-print) v publicar em separata.
Offside (ófsáid) s FUT fora de jogo (impedimento).
Offside (ófsáid) adj fora do lugar próprio; FUT jogador impedido.
Offspring (óf-sprinn) s geração; descendência; produto; prole.

Often (óf-n) adj frequente.
Often (óf-n) adv frequentemente.
Ogive (ôu-djiv) s ogiva; MIL parte frontal de um míssil, foguete espacial.
Oil (óil) s óleo; azeite; petróleo.
Oil (óil) v azeitar; olear; untar; alisar.
Oily (ói-li) adj oleoso; gorduroso; escorregadio.
Ok. (óukai) adv vide ALL RIGHT.
Old (ôuld) adj velho; idoso; antigo.
Olden (ôuld-n) adj velho; antigo.
Oligarchy (ó-ligárki) s oligarquia.
Olive (óliv) s azeitona.
Olive (óliv) adj azeitonado; esverdeado.
Omen (ôu-ménn) s presságio; agouro; prognóstico.
Omened (ôu-mennd) adj fatídico; trágico; funesto.
Ominous (ôu-minâss) adj ominoso; sinistro; nefasto.
Omissible (omi-sibl) adj omissível.
Omission (omi-shânn) s omissão; olvido; descuido.
Omissive (omi-siv) adj omissivo.
Omit (omi-t) v omitir; desprezar; descuidar; excluir.
Omnipotent (ómni-potént) adj onipotente, que pode tudo; Deus.
On (ónn) prep em; sobre; a; na; no.
On (ónn) adv em cima; progressivamente; adiante; sucessivamente.
Once (uânss) adv uma vez; um dia; outrora; antigamente; uma só vez.
One (uânn) s um; uma; o número um; uma pessoa.
One (uânn) adj um; uma; um tal; um certo.
One (uânn) pron um; algum; alguém; aquele; aquela; se; qualquer.
Oneness (uân-néss) s unidade; indivisão; singularidade.
Oner (uâ-nâr) s pessoa habilidosa.
Onerous (ó-nârâss) adj oneroso; pesado; opressivo.
Oneself (uânsélf) pron si mesmo; si próprio; se; a si mesmo.
Onesided (uânsái-did) adj parcial; desigual; unilateral.
Ongoing (óngôui-nn) s avanço; progresso.
Ongoing (óngôui-nn) adj progressivo; avançado.
Onion (â-niânn) s cebola.
Only (ôun-li) adj único; só; raro.
Only (ôun-li) adv só; somente.
Only (ôun-li) conj mas; apenas; exceto.
Onrush (ón-râsh) s investida; arremetida; acesso.
Onset (ón-sét) s ataque; investida; começo; princípio.
Onslaught (ón-slót) s ataque violento; assalto furioso.
Ontology (óntó-lodji) s ontologia.
Onward (ón-uârd) adj avante; avançado; progressivo.
Onwards (ón-uârdz) adv progressivamente; para diante.
Oof (uf) s GÍR dinheiro.
Oofy (uf) adj GÍR endinheirado.
Ooze (uz) s exsudação; lodo; lama.
Ooze (uz) v vasar; exsudar; destilar; fluir.
Ooziness (u-zinéss) s lama; lodo.
Oozy (u-zi) adj lodoso; lamacento.
Opacity (opé-siti) s opacidade.
Opal (ôu-pál) s opala (pedra preciosa).
Opaline (ôu-pálinn) adj opalino; cintilante.
Opaque (opêi-k) adj opaco; sem brilho; obscuro.
Open (ôupen) s lugar descoberto.
Open (ôupen) v abrir; revelar; encetar; começar; inaugurar; expor; *can you OPEN your bag, please?*: pode abrir sua mala, por favor?
Open (ôupen) adj aberto; patente; exposto; sincero; franco; suave.
Opener (ôup-nâr) s abridor; intérprete.
Opening (ôup-ninn) s abertura; orifício; inauguração; meio; expediente; campo aberto.
Opening (ôup-ninn) adj que se abre; introdutório.
Openly (ôu-penli) adv claramente; abertamente.

OPENNESS — OSCULATE

Openness (ôu-pennéss) s nudez; clareza; franqueza; sinceridade.
Opera (âperâ) s opera; *horse OPERA*: filme do velho oeste (cowboy); *OPERA house*: novela.
Operate (ó-pâreit) v operar; mover; acionar; funcionar.
Operating (ó-pâreiting) adj operante; em serviço.
Operation (ópârêi-shânn) s operação; efeito; ofício; manipulação.
Operative (ó-pârêitiv) s operário; artífice.
Operative (ó-pârêitiv) adj operativo.
Operator (ó-pârêitâr) s operador; maquinista; datilógrafo; telegrafista.
Opine (opáinn) v opinar; julgar.
Opinion (opi-niânn) s parecer; julgamento; fama; reputação.
Opium (ôu-piâmm) s ópio (narcótico).
Opponent (ópôu-nent) adj oponente; adversário.
Opportune (ópârtiu-nn) adj oportuno; favorável; exato.
Opportunity (ópârtiu-niti) s oportunidade; ocasião.
Oppose (ópôu-z) v opor; objetar; impugnar.
Opposed (ópôuz-d) adj oposto; contrário.
Opposer (ópôu-zâr) s opositor; rival.
Opposite (ó-pozit) s antagonista.
Opposite (ó-pozit) adj oposto; fronteiro; contrário.
Opposition (ópozi-shânn) s oposição; aversão; resistência.
Oppress (ópré-ss) v oprimir; tiranizar; comprimir.
Oppression (ópré-shânn) s opressão; calamidade; fadiga.
Oppressive (ópré-siv) adj opressivo; cruel; desumano.
Oppressor (ópré-sâr) s opressor; tirano; cruel.
Opprobrious (ópróu-briâss) adj ignominioso; infamante; ultrajante.
Oppugn (ópiu-nn) v opor-se; resistir; combater.
Oppugnancy (ópâg-nânsi) s oposição; resistência.
Oppugnant (ópâg-nânt) adj opositor; adversário.
Oppugner (ópâg-nâr) s opugnador; adversário.
Optic (óp-tik) s próprio da visão; vista.
Optic (óp-tik) adj óptico.
Optical (óp-tikâl) adj óptico.
Optician (ópti-shânn) s óptico; oculista.
Optics (óp-tiks) s óptica.
Optimism (óp-timizm) s otimismo.
Optimist (óp-timist) s otimista.
Option (óp-shânn) s opção; alternativa; escolha.
Optional (óp-shânâl) adj facultativo; USA ELECTIVE.
Opulence (ó-piulénss) s opulência; fartura; abundância.
Opulency (ó-piulénsi) *vide* OPULENCE.
Opulent (ó-piulént) adj opulento; rico; abundante.
Opus (oupus) s obra; obra musical; obra literária.
Opuscule (ópâs-kiul) s opúsculo; pequena obra.
Or (ór) s ouro.
Or (ór) conj ou; ou então; do contrário; quer; seja.
Oracle (ó-râkl) s oráculo.
Oracular (oré-kiulâr) adj oracular; dogmático; magistral.
Orange (ó-rendj) s laranja.
Orange (ó-rendj) adj alaranjado.
Orangeade (órendjêid) s laranjada.
Orangery (ó-rendjeri) s laranjal; abrigo de plantas.
Orate (ôurêit) v discursar; tagarelar.
Oration (ôurêi-shânn) s oração; discurso; aranga.
Orator (ó-râtâr) s orador.
Oratory (ó-râtôuri) s oratória; eloquência; oratório de igreja.
Orb (órb) s orbe; globo; esfera.
Orb (órb) v cercar; arredondar; rodear.
Orbit (ór-bit) s órbita; ANAT cavidade ocular.
Orchard (ór-tshârd) s pomar.
Orchardist (ór-tshârdist) s horticultor; pomicultor.
Orchestra (ór-kestrâ) s orquestra.
Orchestrate (ór-kestrêit) v orquestrar.
Orchestration (órkestrêi-shânn) s orquestração; instrumentação.
Orchid (ór-kid) s orquídea (flor).
Ordain (órdêi-nn) v ordenar; decretar; nomear um ministério.
Ordainer (órdêi-nâr) s ordenador; instituidor.
Ordeal (ór-diâl) s prova; exame; ensaio.
Order (ór-dâr) s ordem; regra; classe; mandato; condecoração; COM encomenda; sociedade.
Order (ór-dâr) v ordenar; arrumar; requisitar.
Ordering (ór-dârinn) s ordem; disposição.
Orderless (ór-dârléss) adj desordenador; fora de disposição.
Orderliness (ór-dârlinéss) s ordem; método; regularidade.
Orderly (ór-dârli) s MIL sentinela.
Orderly (ór-dârli) adj ordenado; metódico; tranquilo.
Ordinance (ór-dinânss) s ordenança; mandato; lei; estatuto.
Ordinary (ór-dinéri) adj ordinário; habitual; comum; vulgar; corrente.
Ordinate (ór-dinit) s GEOM ordenada.
Ordinate (ór-dinit) adj metódico; regulado.
Ordination (órdinêi-shânn) s arranjo; ordenação.
Ordure (ór-djur) s imundície; excremento.
Ore (ôur) s minério.
Organ (ór-gânn) s órgão do corpo; MÚS órgão.
Organic (órghé-nik) adj orgânico; constitutivo; fundamental.
Organical (órghé-nikâl) *vide* ORGANIC.
Organism (ór-gânizm) s organismo; estrutura orgânica.
Organization (órgânizêi-shânn) s organização; organismo; sociedade.
Organize (ór-gânáiz) v organizar; dispor; constituir.
Organizer (ór-gânáizâr) s organizador.
Orgasm (ór-gâzm) s orgasmo.
Orgy (ór-dji) s orgia; bacana; festim licencioso; tumulto.
Orient (ôu-riént) s oriente; leste; este.
Orient (ôu-riént) adj nascente; oriental.
Oriental (ôu-riéntâl) s oriental.
Oriental (ôu-riéntâl) adj oriental.
Orientalize (ôurién-tâláiz) v orientar.
Orientate (ôu-rientêit) *vide* ORIENTALIZE.
Orientation (ôurientêi-shânn) s orientação; direção.
Orifice (ó-rifiss) s orifício; buraco; boca.
Origan (ó-rigânn) s orégano; orégão (planta).
Origin (ó-ridjinn) s origem; causa; raiz; nascimento; descendência.
Original (ó-ridjinnâl) s original; protótipo.
Original (ó-ridjinnâl) adj original; primitivo; radical.
Originality (oridjiné-liti) s originalidade.
Originate (ori-djinêit) v originar; produzir; inventar; originar-se.
Origination (oridjinêi-shânn) s origem; princípio; causa.
Originator (ori-djinêitâr) s originador; causador.
Orison (ó-rizânn) s oração; prece; rogo.
Ornament (ór-nâmént) s ornamento; enfeite; adorno; decoração; insígnia.
Ornament (ór-nâmént) v ornamentar; embelezar.
Ornamental (órnâmén-tâl) adj ornamental.
Ornate (órnêi-t) adj ornado; adornado; embelezar.
Orphan (ór-fânn) s órfão; órfã.
Orphan (ór-fânn) adj órfão; órfã.
Orphanage (ór-fânidj) s orfandade; orfanato.
Orthodox (ór-thodóks) adj ortodoxo; correto.
Orthodoxy (ór-thodóksi) s ortodoxia.
Orthographic (órthogré-fik) adj ortográfico.
Orthographical (órthogré-fikâl) *vide* ORTHOGRAPHIC.
Orthography (órthó-grâfi) s ortografia.
Orthopedic (órthopi-dik) adj ortopédico.
Orthopedics (órthopi-diks) s ortopedia.
Oscillate (ó-silêit) v oscilar; vibrar; flutuar.
Oscillating (ó-silêitnn) adj oscilante.
Oscillation (óssilêi-shânn) s oscilação; balanço; vibração.
Oscillator (ó-silêitâr) s oscilador.
Osculate (ós-kiulêit) v oscular; beijar.

OSCULATION — OVATE

Osculation (óskiulêi-shânn) s osculação; ósculo.
Osier (ôu-jâr) s vime; vimeiro.
Osier (ôu-jâr) adj de vime.
Osmanli (ózmén-li) s otomano.
Osmanli (ózmén-li) adj otomano (da Turquia); turco.
Osseous (ó-siâss) adj ósseo.
Ossify (ó-sifái) v ossificar; ossificar-se; past or pp OSSIFIED.
Ossuary (ossié-ri) s ossuário; ossário.
Ostensibility (óstênsíbi-liti) s ostensibilidade.
Ostensible (ostén-sibl) adj ostensível; manifesto.
Ostentation (óstentêi-shânn) s ostentação; pompa; alarde.
Ostentatious (óstentêi-shâss) adj ostentoso; faustoso; magnificente.
Ostracism (ós-trâssizm) s ostracismo; degredo; banimento.
Ostrich (ós-tritsh) s avestruz; ema.
Other (â-dhâr) adj outro; outra; outros; outras.
Other (â-dhâr) pron o outro; a outra.
Other (â-dhâr) adv de outra forma.
Otherwise (á-dhâr-uáiz) adj outro; diferente.
Otherwise (á-dhâr-uáiz) adv de outro modo; aliás.
Otiose (ôu-shîouss) adj negligente; ocioso; malandro; vadio.
Otiosity (ôushió-siti) s ociosidade; desocupação.
Otter (ó-târ) s lontra (animal); pele de lontra; larva.
Ottoman (ó-tomânn) s otomano; turco.
Ottoman (ó-tomânn) adj otomano.
Ought (ót) s zero; nada.
Ought (ót) v dever, ter obrigação de.
Ought (ót) adv algo; alguma coisa; past or pp OUGHT.
Ounce (áunss) s onça (animal); peso (1 oz = 28,349 gramas).
Our (áur) adj nosso; nossa; nossos; nossas.
Ours (áurs) pron nosso; nossa (os, as).
Ourself (áursél-f) pron nós mesmos.
Oust (áust) v tirar; deslojar; despedir; jogar fora.
Ouster (áus-târ) s desapropriação; despojo; expulsão.
Out (áut) s exterior; oposição; salto.
Out (áut) v expulsar; deslojar; desabrigar.
Out (áut) adv fora; fora de.
Out (áut) prep fora de; além de.
Out (áut) interj fora!
Outbalance (áutbê-lânss) v preponderar; imperar; mandar.
Outbid (áutbid) v cobrir lance (de leilão).
Outboard (áut-bôurd) adj NÁUT na parte externa (de navio).
Outboard (áut-bôurd) adv NÁUT fora do centro; distante do centro.
Outbrave (áutbrêi-v) v atemorizar.
Outbreak (áutbrêi-k) s erupção; distúrbio; paixão.
Outbuilding (áutbil-dinn) s construção exterior; dependência exterior.
Outburst (áut-bârst) s erupção; explosão; aceso.
Outcast (áut-kést) s pária; desterrado.
Outcast (áut-kést) v banir; exilar; expulsar.
Outcast (áut-kést) adj expulso; banido; exilado; past or pp OUTCAST.
Outclass (áutklé-ss) v exceder; sobrepujar.
Outcome (áut-kâmm) s consequência; resultado; êxito; efeito.
Outcrop (áutkró-p) v aparecer; aflorar.
Outcry (áut-krái) s clamor; algazarra; gritaria.
Outdare (áutdé-r) v afrontar; ousar; atrever-se.
Outdo (áutdu-) v exceder; ultrapassar; past OUTDID; pp OUTDONE.
Outdone (áutdâ-nn) adj excedido; vencido; sobrepujado.
Outdoor (áut-dôur) adj sob o ar livre; de fora; exterior; em ambiente aberto; BR tapume publicitário.
Outdoors (áut-dourz) s o campo; o ar livre.
Outdoors (áut-dourz) adv ao ar livre; fora de casa.
Outer (áu-târ) adj exterior; externo.
Outermost (áu-târmôust) adj extremo; o mais externo.
Outfall (aut-fól) s saída; desembocadura.

Outfit (áut-fit) s despesas de instalações; armamentos; vestuário.
Outfitter (áut-fitâr) s abastecedor; habilitador; armador.
Outflow (áut-flôu) s efusão; fluxo; jorro.
Outflow (áut-flôu) v correr; fluir; verter.
Outgo (áut-gôu) s gasto; despesa.
Outgo (áut-gôu) v exceder; sobrepujar; adiantar.
Outgoing (áut-gouinn) s ida; partida; saída.
Outgoing (áut-gouinn) adj saliente.
Outgrow (áut-grôu) v já estar velho para; passar da idade; crescer em demasia.
Outgrowth (áut-grôuth) s crescimento excessivo; resultado; consequência.
Outhouse (áut-haus) s alpendre; anexo; dependência externa.
Outing (áu-tinn) s passeio; excursão; saída.
Outlandish (áutlén-dish) adj grotesco; estrangeiro; ridículo.
Outlast (áutlés-t) v exceder em duração; sobreviver.
Outlaw (áut-ló) s proscrito; banido.
Outlaw (áut-ló) v banir; culpar; incriminar.
Outlawry (áut-lóri) s incriminação; acusação.
Outlay (áut-léi) v despender; gastar; past or pp OUTLAID.
Outlet (áu-tlét) s passagem; saída; mercado.
Outlie (áut-lái) v exceder em mentiras; past and pp OUTLIED.
Outline (áu-tláinn) s esboço; perfil; desenho; contorno.
Outline (áu-tláinn) v esboçar; delinear.
Outlive (áutli-v) v sobreviver; escapar; resistir.
Outlook (áut-luk) s vista; perspectiva; vigilância; panorama.
Outlook (áut-luk) v fixar os olhos em.
Outlying (áut-láinn) adj afastado; exterior; remoto.
Outmost (áut-môust) adj extremo; mais exterior; mais saliente.
Outpace (áutpêi-ss) v ganhar a dianteira; ultrapassar.
Outpost (áut-pôust) s posto avançado.
Outpour (áutpôu-r) v jorrar; esguichar.
Outpouring (áutpôu-rinn) s emanação; expansão; jorro.
Output (áut-put) s produção; rendimento.
Outrage (áu-trêidj) s ultraje; violência; transgressão.
Outrage (áu-trêidj) v ultrajar; injuriar.
Outrageous (áutrêi-djâss) adj ultrajante; injurioso; excessivo.
Outreach (áut-ri-tsh) v ir além de; ultrapassar.
Outride (áut-rái-d) v ultrapassar a cavalo; past OUTRODE and pp OUTRIDDEN.
Outright (áut-ráit) adv imediatamente; logo; francamente.
Outrival (áut-rái-vâl) v exceder; sobrepujar.
Outrun (áut-rânn) v correr mais que; ganhar; past OUTRAN and pp OUTRUN.
Outside (áut-sáid) s fora; lado de fora; aparência.
Outside (áut-sáid) adj externo; exterior; do lado de fora.
Outside (áut-sáid) adv exteriormente.
Outside (áut-sáid) prep fora de; além de.
Outsider (áut-sáidâr) s estranho; forasteiro; profano.
Outskirt (áut-skârt) s bordo; orla; limite.
Outspeak (áut-spik) v falar alto; ousar falar; past OUTSPOKE and pp OUTSPOKEN.
Outspoken (áut-spôukn) adj franco; sincero; leal.
Outstand (áutstén-d) v demorar-se em excesso; sair do alinhamento; resistir; past or pp OUTSTOOD.
Outstanding (áutstén-dinn) adj saliência. s.a: saliente; pendente; não pago.
Outstretch (áutstre-tsh) v estender; alargar; esticar; distender.
Outstrip (áutstri-p) v avançar; passar à frente; exceder.
Outtop (áut-tóp) v exceder; ultrapassar.
Outward (áut-uârd) s exterior; aparência.
Outward (áut-uârd) adj exterior; externo; visível.
Outward (áut-uârd) adv exteriormente; para o exterior.
Outwit (áutui-t) v exceder em astúcia; ser mais esperto que.
Outworn (áutuôur-nn) adj gasto pelo uso; desgastado.
Ouzel (uz-l) s melro (pássaro).
Ovary (ôu-vâri) s ANAT ovário.
Ovate (ou-vêit) adj oval.

Ovation (ovêi-shánn) *s* ovação.
Ovenbird (â-vennbârd) *s* joão-de--barro (ave); forneiro.
Over (ôu-vâr) *s* sobra; excesso.
Over (ôu-vâr) *adj* superior; excessivo.
Over (ôu-vâr) *adv* sobre; em cima; defronte.
Over (ôu-vâr) *prep* em cima de; além de; durante.
Overact (ôuvârék-t) *v* exagerar.
Overall (óu-vâról) *adj* que abrange tudo; completo.
Overall (ôu-vâról) *adv* por toda parte; completamente; também.
Overalls (ôu-var-óls) *s* macacão de operário; aventais.
Overanxious (ôuvárénk-shâss) *adj* ansioso; angustiado; extremamente aflito.
Overbalance (ôuvárbé-lânss) *s* excesso de peso; superioridade.
Overbalance (ôuvárbé-lânss) *v* exceder; preponderar; sobrepujar.
Overbalancing (ôuvárbé-lânss) *s* excesso; preponderância.
Overbear (ôuvárbé-r) *v* vencer; sujeitar; deprimir.
Overbearing (ôuvárbé-rinn) *adj* despótico; altivo; dominante.
Overboil (ôuvárbóil) *v* ferver; cozer (em demasia).
Overbold (ôuvárbôuld) *adj* temerário; presunçoso; audacioso.
Overburden (ôuvárbârd-nn) *adj* sobrecarga.
Overburden (ôuvárbârd-nn) *v* sobrecarregar; oprimir.
Overcare (ôu-várkér) *s* solicitude; desvelo; carinho excessivo.
Overcast (ôuvárkes-t) *adj* enuviado; tempo encoberto.
Overcast (ôuvárkes-t) *v* escurecer; obscurecer; enevoar; cobrir de nuvens.
Overcharge (ôuvârtshár-dj) *s* sobrecarga; imposto excessivo.
Overcharge (ôuvârtshár-dj) *v* imposto com excesso; extorsão; carregar no preço.
Overcloud (ôuvârkláud) *v* obscurecer; nublar; entristecer.
Overcoat (ôu-várkôut) *s* sobretudo; capote.
Overcome (ôuvârká-mm) *v* tornar-se superior a; vencer obstáculos; conquistar; superar; *past* OVERCAME; *pp* OVERCOME.
Overcooked (ôuvârkukt) *adj* cozido em excesso.
Overcrowd (ôuvârkráu-d) *v* encher em extremo; superlotar; abarrotar.
Overdo (ôuvârdu-) *v* exceder; exagerar; *past* OVERDID; *pp* OVERDONE.
Overdress (ôuvârdré-ss) *v* vestir-se elegantemente.
Overdue (ôuvârdiu) *adj* COM letra vencida e não paga; NÁUT navio em atraso.
Overflow (ôuvârflô-u) *s* inundação; cheia.
Overflow (ôuvârflô-u) *v* transbordar; inundar.
Overflowing (ôuvârflôu-inn) *s* derramamento; superabundância; inundação.
Overground (ôu-vârgráund) *adj* sobre o solo.
Overgrow (ôuvârgrô-u) *v* crescer em excesso; *past* OVERGREW *and pp* OVERGROWN.
Overgrowth (ôuvârgrou-th) *s* vegetação abundante; crescimento em excesso.
Overhand (ôu-vâr-hénd) *s* superioridade.
Overhang (ôuvâr-hé-nn) *s* saliência; aba (de telhado).
Overhang (ôuvâr-hé-nn) *v* sobressair; pender sobre; *past or pp* OVERHUNG.
Overhaul (ôuvár-hól) *v* rever; examinar; visitar; beneficiar.
Overhauling (ôuvár-hó-linn) *s* exame; vistoria; MEC o ato de resfriamento de um aparelho.
Overhead (ôu-vâr-héd) *adj* elevado; aéreo.
Overhead (ôu-vâr-héd) *adv* em cima; no alto; por cima.
Overheat (ôuvár-hi-t) *s* ato de requentar.
Overheat (ôuvár-hit) *v* superaquecer.
Overjoy (ôuvârdjó-i) *v* arrebatar; enlevar-se.
Overjoyed (ôuvârdjóid) *adj* contentíssimo; pleno de alegria.
Overland (ôu-vârlénd) *adv* por terra; em terra.
Overlap (ôu-vârlép) *s* envoltório.
Overlap (ôu-vârlép) *v* sobrepor; encobrir; envolver.
Overlay (ôuvârlê-i) *s* capar.

Overlay (ôuvârlê-i) *v* deitar; sobrepor; oprimir.
Overload (ôuvârlôu-d) *s* sobrecarga.
Overload (ôuvârlôu-d) *v* sobrecarregar; abarrotar.
Overlook (ôuvârluk) *s* ato de olhar do alto.
Overlook (ôuvârluk) *v* ver de lugar mais alto; vigiar; descurar; deixar passar.
Overlooker (ôuvârlu-kâr) *s* mestre; chefe; inspetor; superintendente.
Overlooking (ôuvârlu-kinn) *s* inspeção; vigilância; superintendência.
Overmany (ou-varmé-ni) *adj* excessivos; demasiados.
Overmaster (ôuvârmaes-târ) *v* dominar; exercer o controle sobre.
Overmatch (ôuvârmé-tsh) *s* adversário superior.
Overmatch (ôuvârmé-tsh) *v* superar.
Overmuch (ôuvârmá-tsh) *adj* excessivo.
Overmuch (ôuvârmá-tsh) *adv* excessivo; demasiado; muito; demais.
Overnight (ôuvârnáit) *adj* da véspera; noturno.
Overnight (ôuvârnáit) *adv* durante a noite.
Overpass (ôuvârpé-ss) *v* atravessar; transpor; menosprezar.
Overpower (ôuvârpáu-âr) *v* domar; vencer; subjugar; acabrunhar.
Overpress (ôuvârpré-ss) *v* oprimir; instar vivamente; apertar demasiado.
Overproduction (ôuvârprodâk-shânn) *s* superprodução.
Overrule (ôuvârrul) *v* rejeitar; ganhar; predominar.
Overruler (ôuvârru-lâr) *s* dominador; senhor; governador.
Overrun (ôuvârrâ-nn) *v* invadir; infestar; espezinhar; *past* OVERRAN *or pp* OVERRUN.
Overrunning (ôuvârrâ-ninn) *s* invasão.
Oversea (ôuvârsi-) *adj* ultramarino; de além-mar.
Oversee (ôuvârsi-) *v* vigiar; inspecionar; descuidar; *past* OVERSAW *and pp* OVERSEEN.
Overseer (ôuvârsi-r) *s* inspetor; capataz; superintendente.
Overset (ôuvârsé-t) *v* derrubar; emborcar; estragar; arruinar; *past or pp* OVERSET.
Overshadow (ôuvârshé-dôu) *v* sombrear; sobrepujar; ultrapassar.
Overshoot (ôuvârshu-t) *v* exceder o alvo; ultrapassar os limites.
Oversight (ôu-vârsáit) *s* descuido; inadvertência; vigilância.
Overstate (ôuvârstêit) *v* exagerar; ampliar; aumentar.
Overstatement (ôuvârstêit-ment) *s* exagero.
Overstep (ôuvârstép) *v* exceder; exceder-se; ultrapassar.
Overstock (ôuvârstók) *s* estoque excessivo.
Overstock (ôuvârstók) *v* abarrotar; armazenar em excesso.
Overstrain (ôuvârstrêi-nn) *s* tensão.
Overstrain (ôuvârstrêi-nn) *v* estender; apertar demasiadamente.
Oversupply (ôuvârsâplá-i) *s* excesso; superabundância.
Overtake (ôuvârtêi-k) *v* alcançar; apanhar, surpreender em flagrante; *past* OVERTOOK *and pp* OVERTAKEN.
Overthrow (ôuvârthô-u) *s* derrota; ruína.
Overthrow (ôuvârthô-u) *v* demolir; derrubar; derrotar; *past* OVERTHREW *and pp* OVERTHROWN.
Overtime (ôu-vârtáimm) *s* hora extra.
Overtire (ôuvârtáir) *v* fatigar excessivamente.
Overtop (ôuvârtóp) *v* exceder; sobressair; superar.
Overvalue (ôuvârvé-liu) *s* supervalia.
Overvalue (ôuvârvé-liu) *v* superestimar.
Overweight (ôuvár-uêit) *s* excesso de peso; superioridade.
Overweight (ôuvár-uêit) *v* exceder em peso; preponderar.
Overworn (ôuvâr-uôur-nn) *adj* usado demais; gasto; esgotado.
Oviform (ô-vifórm) *adj* oviforme; oval.
Ovine (ôu-váinn) *s* ovino.
Ovine (ôu-váinn) *adj* ovino (de ovelhas).
Oviparous (ovi-pârâss) *adj* ovíparo.
Ovule (ôu-viul) *s* óvulo.
Owe (ôu) *v* ser devedor de; dever dinheiro; dever favores.

OWING — OYSTER

Owing (ôu-inn) *adj* devido.
Owl (ául) *s* coruja; mocho; pessoa que fica acordada até tarde da noite.
Owler (áu-lâr) *s* contrabandista.
Own (ôunn) *adj* próprio; particular; real; individual.
Own (ôunn) *v* possuir; acusar a recepção de; admitir; reconhecer.
Owner (áu-nâr) *s* dono; proprietário, amo; patrão.
Ownership (ôu-narship) *s* propriedade; domínio; JUR direito de posse.

Ox (óks) *s* boi; gado.
Oxtail (óks-têil) *s* rabo (de gado).
Oxygen (ók-sidjénn) *s* oxigênio (símbolo O).
Oxygenate (óksi-djinêit) *v* oxigenar; oxidar.
Oxygenation (óksidjinêi-shânn) *s* oxigenação.
Oxytone (ók-sitónn) *s* vocábulo oxítono.
Oxytone (ók-sitónn) *adj* GRAM oxítono.
Oyster (óis-târ) *s* ostra (molusco).

P

P (pi) *s* décima quinta letra do alfabeto português e décima sexta letra do alfabeto Inglês.
Pace (pêiss) *s* passo; andadura; passada; estrado; tablado.
Pace (pêiss) *v* andar compassadamente; medir os passos.
Pachyderm (pé-kidármm) *s* paquiderme.
Pacific (pâss-fik) *s* o oceano Pacífico.
Pacific (pâss-fik) *adj* pacífico; quieto; tranquilo.
Pacification (pâssifikêi-shânn) *s* pacificação; apaziguamento.
Pacifier (pé-sifáiâr) *s* pacificador.
Pacifist (pé-sifist) *s* pacifista.
Pacify (pé-ifái) *v* pacificar; acalmar; apaziguar.
Pacing (pêi-sinn) *s* passo; andadura; andar.
Pack (pék) *s* pacote; embrulho; saco; matilha de cães; bando.
Pack (pék) *v* empacotar; embrulhar; acondicionar.
Package (pé-kidj) *s* enfardamento; embalagem; pacote; fardo.
Packer (pé-kâr) *s* enfardador.
Packet (pé-ket) *s* pacote; embrulho; mala; correio.
Packet (pé-ket) *v* enfardar; embrulhar; empacotar.
Pact (pékt) *s* pacto; ajuste; acordo; tratado.
Pad (péd) *s* almofada; qualquer sustentáculo amofadado; estrada; ladrão de estradas; talão de cheques.
Pad (péd) *v* acolchoar; almofadar; saltear nas estradas.
Padding (pé-dinn) *s* chumaço.
Paddle (péd-l) *s* pá de remo.
Paddle (péd-l) *v* remar; brincar na água; patinhar.
Paddler (pé-dlâr) *s* remador.
Paddock (pé-dók) *s* cercado; lugar para guardar cavalos; pastagem para cavalos; espécie de sapo; lugar para pesagem.
Padlock (pé-dlók) *s* cadeado.
Padlock (pé-dlók) *v* fechar a cadeado.
Pagan (pêi-gânn) *s* pagão; infiel; profano.
Pagan (pêi-gânn) *adj* pagão; infiel; profano.
Paganism (péi-gânizm) *s* paganismo.
Page (pêidj) *s* página; pajem; ajudante; criado.
Page (pêidj) *v* paginar; folhear; servir de pajem.
Pageant (pé-djânt) *s* espetáculo; pompa; cortejo cívico.
Pageant (pé-djânt) *adj* pomposo; suntuoso; triunfal.
Pageantry (pé-djântri) *s* pompa; aparato; fausto; ostentação.
Paginate (pé-djinêit) *v* paginar.
Pail (pêil) *s* balde.
Pain (pêinn) *s* pena; dor; tormento.
Pain (pêinn) *v* afligir; causar pena a; atormentar.
Pained (pêin-d) *adj* dolorido; doloroso; aflitivo.
Painful (pêin-ful) *adj* doloroso; aflitivo; penoso; trabalhoso; árduo.
Painfulness (pêin-fulnéss) *s* aflição; fadiga; trabalho.
Painless (pêin-léss) *adj* sem dor; sem trabalho; fácil.
Painstaking (pêinz-têiking) *adj* laborioso; diligente; cuidadoso.
Paint (pêint) *s* tinta; pintura.
Paint (pêint) *v* pintar; descrever; colorir; *have you painted it?*: você o pintou?
Pair (pér) *s* par; parelha; dupla.
Pair (pér) *v* emparelhar; igualar; casar.
Pajamas (pâdjá-máss) *s* pijama.
Pal (pél) *s* companheiro; camarada; sócio.

Palace (pé-liss) *s* palácio.
Palatable (pé-litábl) *adj* gostoso; saboroso; de apurado sabor.
Palate (pé-lit) *s* paladar; palato; céu da boca.
Palatial (pâlêi-shâl) *adj* majestoso; suntuoso; magnífico.
Palaver (pálê-vâr) *s* lisonja; conferência; conversação.
Palaver (pálê-vâr) *v* adular; lisonjear; palavrear.
Pale (pêil) *s* estaca; paliçada; sociedade; grêmio.
Pale (pêil) *v* encerrar; cercar; empalidecer.
Pale (pêil) *adj* pálido; amarelado; lívido; claro; descorado.
Paleness (pêil-néss) *s* palidez.
Paleontology (pêiliióntó-lodji) *s* paleontologia.
Paling (pêi-linn) *s* paliçada; cerca; estacada para defesa.
Palish (pêi-lish) *adj* um pouco pálido; um tanto amarelado.
Pall (pól) *s* pano mortuário; mortalha.
Pall (pól) *v* tornar insípido; enjoar; enfastiar.
Pallet (pé-let) *s* cama para viagem; paleta de pintura; TIP para dourar (instrumento).
Palliate (pé-liêit) *v* paliar; encobrir; disfarçar; desculpar; suavizar.
Palliation (pêliêi-shânn) *s* dissimulação; disfarce; alívio.
Pallid (pé-lid) *adj* pálido; lívido; descorado.
Pallor (pé-lâr) *s* palidez.
Palm (pá-mm) *s* palma da mão; palmo, medida.
Palm (pá-mm) *v* empalmar; esconder na palma da mão; manejar.
Palmate (pêl-mit) *adj* espalmado.
Palmy (pá-mi) *adj* florescente; próspero; repleto de palmeiras.
Palpability (pélpábi-liti) *s* evidência; palpabilidade.
Palpable (pél-pâbl) *adj* palpável; claro; óbvio; evidente.
Palpate (pél-pêit) *v* apalpar; examinar pelo tato.
Palpitate (pél-pitêit) *v* palpitar; pulsar; latejar.
Palpitation (pélpitêi-shânn) *s* palpitação; pulsação irregular.
Palsied (pól-zid) *adj* paralítico.
Palsy (pól-zi) *s* paralisia; apatia; marasmo.
Palsy (pól-zi) *v* paralisar.
Palter (pól-târ) *v* tergiversar; esquivar-se; chicanear.
Palterer (pól-târâr) *s* velhaco; enganador; fraudulento.
Paltriness (pól-trinéss) *s* vileza; mesquinhez; sovinice.
Paltry (pól-tri) *adj* vil; miserável; mesquinho.
Pamper (pém-pâr) *v* nutrir em excesso; engordar; deleitar; acariciar.
Pampered (pém-pârd) *adj* regalado; farto; saciado.
Pamphlet (pén-flit) *s* panfleto; folheto; impresso de publicidade.
Pamphleteer (pénfliti-âr) *s* panfletário.
Pan (paenn) *s* panela; chocolateira; caçarola; chaleira; crânio.
Pan (paenn) *v* cozinhar em caçarola; ferver em panela; criticar; FIG demolir.
Pancake (pén-kêik) *s* panqueca.
Pandemic (péndé-mik) *s* MED pandêmico, epidemia geral localizada.
Pandemic (péndé-mik) *adj* MED epidêmico.
Pander (pén-dâr) *s* alcoviteiro; mexeriqueiro.
Pander (pén-dâr) *v* intrometer-se; mediar malevolamente.
Pane (pêinn) *s* vidro de janela, vidraça; lado; faceta.

PANEGYRIC — PARTNER

Panegyric (péndji-rik) s panegírico; apologia.
Panegyrist (pénidji-rist) s panegirista.
Panel (pé-nel) s caixilho; almofada de porta; lista oficial de jurados; júri.
Panel (pé-nel) v almofadar portas.
Pang (pénn) s dor; agonia.
Panic (pé-nik) s pânico; consternação; terror.
Panicky (pé-niki) adj apavorante; que provoca medo.
Pansy (pén-zi) s amor-perfeito (flor).
Pant (pént) s palpitação; ânsia.
Pant (pént) v palpitar; suspirar; ofegar; arquejar.
Pantaloon (péntálu-nn) s arlequim; bobo; calça comprida; calção.
Pantheist (pén-thiist) s panteísta.
Panther (pén-thâr) s pantera (animal).
Panties (pén-tiss) s calcinha feminina; calcinha de criança.
Panting (pén-tinn) s palpitação; trepidação; ânsia.
Pantomime (pén-tomáimm) s pantomima.
Pantry (pén-tri) s despensa.
Pants (pénts) s ceroulas; USA calças; ENGL TROUSERS.
Pap (pép) s teta; mama; peito; papa; mingau; polpa dos frutos.
Papa (pá-pâ) s papai; paizinho; painho.
Papacy (pêi-pássi) s papado; pontificado papal.
Papal (pêi-pâl) adj papal; pontifical.
Paper (pêi-pâr) s papel; jornal; ensaio; escrito; COM ordem de pagamento.
Paper (pêi-pâr) v cobrir de papel; empapelar.
Papilla (pápi-lâ) s papila; glândula; teta.
Papyrus (pé-páss) s papiro.
Par (pár) s igualdade; paridade.
Parable (pé-râbl) s parábola.
Parabola (peré-bâla) s GEOM parábola.
Parachute (pá-râshut) s paraquedas.
Parade (pârêi-d) s parada; desfile; alarde; MIL revista.
Parade (pârêi-d) v alardear; desfilar; MIL passar em revista.
Paradigm (pé-râdimm) s paradigma; modelo; cânone.
Paradise (pé-râdáis) adj paraíso; céu; éden.
Paradox (pé-râdóks) s paradoxo; contradição.
Paraffin (pé-râfinn) s parafina, substância extraída do petróleo.
Paragraph (pé-râgráf) s parágrafo; alínea.
Paragraph (pé-râgráf) v dividir em parágrafos.
Parakeet (pé-râkit) s periquito (ave).
Parallel (pé-râlél) s linha paralela; comparação.
Parallel (pé-râlél) v ser paralelo; confrontar.
Parallel (pé-râlél) adj paralelo; igual; semelhante.
Paralysis (pâré-lississ) s paralisia; paralisação.
Paralyze (pé-râláiz) v paralisar.
Paramount (pé-râmáunt) adj soberano; principal; superior; supremo.
Paramour (pé-ramur) s amante.
Parapet (pé-râpét) s parapeito; muro fortificado; varanda.
Parasite (pé-râsssáit) s parasita.
Parasol (pe-râssól) s sombrinha; guarda-sol.
Parcel (pár-sel) s parcela; porção; pacote; COM embarque; remessa.
Parcel (pár-sel) v parcelar; repartir; dividir em partes; acondicionar em pacotes.
Parcener (pár-sinâr) s JUR coerdeiro; coproprietário.
Parch (pártsh) v sapecar; ressecar; tostar; queimar.
Parching (pár-tshinn) adj ardente; abrasador; tórrido.
Parchment (pár-tshment) s pergaminho.
Pardon (párd-n) s perdão; graça; absolvição.
Pardon (párd-n) v perdoar; agraciar; remir.
Pardonable (pâr-dnâbl) adj perdoável.
Pardoning (pâr-dninn) adj clemente; indulgente.
Pare (pér) v aparar; cortar; descascar.
Parent (pé-rent) s pai; mãe; genitor; autor; gerador; origem.
Parent (pé-rent) adj paterno ou materno.
Parentage (pé-rentidj) s parentesco; ascendência; família.

Parental (pârén-tâl) adj paternal; maternal.
Parenthood (pérán-tehuud) s paternidade; maternidade.
Parentless (párént-léss) adj órfão; órfã.
Parer (pé-rár) s aparador; tosquiador; raspadeira.
Parietal (pârái-itâl) s ANAT osso parietal.
Parietal (pârái-itâl) adj parietal.
Paring (pé-rinn) s aparas; raspas; refugo.
Parish (pé-rish) s paróquia; freguesia.
Parish (pé-rish) adj paroquial.
Parishioner (pé-rishnâr) s paroquiano.
Parity (pé-riti) s paridade; semelhança; igualdade.
Park (párk) s parque; campina; ponto de estacionamento; USA campo para esportes.
Park (párk) v estacionar um carro; parquear.
Parker (pár-kâr) s guarda de parque.
Parking (párkinn) s estacionamento de veículos.
Parlance (pár-lânss) s conversação; linguagem; debate.
Parley (pár-li) s conferência; USA discussão.
Parley (pár-li) v parlamentar; falar; conferenciar.
Parliament (pár-limént) s parlamento; corte; câmara.
Parliamentary (párlimén-târi) adj parlamentar; do parlamento.
Parlour (pár-lâr) s sala de visitas; parlatório; USA reunião de políticos (secreta).
Parody (pé-rodi) s paródia; caricatura.
Parody (pé-rodi) v parodiar; arremedar.
Paroxysm (pé-roksizm) s paroxismo.
Paroxytone (péró-ksitoune) s GRAM paroxítono.
Parr (pár) s salmão filhote (peixe).
Parricide (pé-rissáid) s parricida; parricídio.
Parrot (pé-rât) s papagaio (ave).
Parry (pé-ri) s movimento defensivo; defesa.
Parse (párss) v GRAM analisar (palavra ou sentença).
Parsimonious (pársimôu-niâss) adj parcimonioso; econômico; escasso.
Parsimony (pár-simôuni) s parcimônia; economia; moderação.
Parsing (pár-sinn) s análise gramatical.
Parsley (párs-li) s salsa (planta).
Parson (pár-sânn) s pastor; clérigo; sacerdote; pároco.
Parsonage (pâr-sânidj) s presbitério.
Part (párt) s parte; quota; fração; componente; partido.
Part (párt) v dividir; separar; apartar; partir; morrer.
Partake (pártêi-k) s participante; cúmplice.
Partake (pártêi-k) v participar; compartilhar de; past PARTOOK and pp PARTAKEN.
Partaking (pártêi-kinn) s participação; conluio; conspiração.
Partial (pár-shâl) adj parcial.
Partiality (párshié-liti) s parcialidade; gosto; predileção.
Participant (párti-sipânt) s participante.
Participant (párti-sipânt) adj participante, que participa.
Participate (párti-sipêit) v participar; compartilhar de.
Participation (pártissipêi-shânn) s participação; porção; quinhão; parte.
Participator (párti-sipêitâr) s participador; participante.
Participle (pár-tissipl) s GRAM particípio.
Particle (pár-tikl) s partícula; porção; pequena quantidade.
Particular (párti-kiulâr) s particularidade; circunstância; pormenor.
Particular (párti-kiulâr) adj particular; privado; individual.
Particularity (pártikiulé-riti) s particularidade.
Particularize (párti-kiuláráiz) v particularizar; pormenorizar; detalhar.
Parting (pár-tinn) s separação; adeus; despedida; bifurcação.
Partisan (pár-tizânn) s partidário; sequaz; prosélito.
Partition (párti-shânn) s separação; divisão; partilha; MÚS partitura.
Partition (párti-shânn) v separar; dividir; repartir.
Partner (pár-tnâr) s sócio; par numa dança; parceiro no jogo; companheiro.

PARTNER — PEANUT

Partner (pár-tnâr) *v* associar-se com.
Partnership (párt-nârship) *s* parceria; companherismo; associação.
Partridge (pár-tridj) *s* perdiz (ave).
Parturition (pártiuri-shânn) *s* parto.
Party (pár-ti) *s* partido político; festa; facção; parte litigante; reunião festiva; *let's have a party*: vamos fazer uma festa.
Pass (paess) *s* passagem; caminho; desfiladeiro; salvo-conduto; estado; condição.
Pass (paess) *v* passar; entregar; dar; mover-se; passar por um lugar; passar uma temporada; decretar; ser aprovado; desistir de jogar.
Passable (pae-sâbl) *adj* passável; tolerável, aceitável.
Passage (pae-sidj) *s* passagem; passo; travessia; navegação; incidente; acontecimento; desafio; migração das aves.
Passer (pae-sâr) *s* pedestre; transeunte.
Passible (pae-sibl) *adj* passível.
Passing (pae-sinn) *s* passo; passagem; passamento; morte.
Passing (pae-sinn) *adj* passageiro; transitório; momentâneo.
Passion (pae-shânn) *s* paixão; ira; cólera; paixão.
Passionate (pé-shânit) *adj* apaixonado; arrebatado; vivo; intenso.
Passionateness (pé-shânitnéss) *s* impetuosidade; arrebatamento.
Passive (pé-siv) *s* GRAM voz passiva.
Passive (pé-siv) *adj* passivo; inerte; quieto.
Passivity (péssi-viti) *s* passividade; calma.
Passman (paes-maen) *s* o que é aprovado (em exame).
Passport (paes-póurt) *s* passaporte.
Password (paes-uârd) *s* palavra de passe.
Past (paest) *s* o passado; GRAM tempo pretérito.
Past (paest) *adj* passado; decorrido; último.
Paste (péist) *s* pasta; massa; cola; goma.
Paste (péist) *v* pregar; colar.
Pasteurization (pastârizêi-shânn) *s* pasteurização.
Pasteurize (pastâ-ráiz) *v* pasteurizar; esterilizar.
Pastry (pêis-tri) *s* pastelaria; massas; pastéis.
Pastrycook (pêis-trikuk) *s* pasteleiro.
Pasturage (pás-shurêidj) *s* pasto; pastagem.
Pasture (pás-tshur) *s* pasto.
Pasture (pás-tshur) *v* pastar; apascentar.
Pasty (pêis-ti) *s* pastel.
Pasty (pêis-ti) *adj* pastoso.
Pat (paet) *s* pancadinha; carícia; afago.
Pat (paet) *v* bater de leve; afagar.
Pat (paet) *adj* exato; próprio; oportuno.
Pat (paet) *adv* oportunamente; de modo conveniente.
Patch (pétsh) *s* remendo; emplastro; esparadrapo; terreno minúsculo.
Patch (pétsh) *v* remendar; consertar.
Patchable (pé-tshâbl) *adj* remendável.
Patchwork (pétsh-uârk) *s* obra de remendos; peça de retalhos.
Pate (pêit) *s* GÍR cabeça; cachola; crânio.
Patent (pé-ten) *s* patente; privilégio; diploma; título.
Patent (pé-ten) *v* patentear; privilegiar.
Patent (pé-ten) *adj* patente; manifesto; privilegiado.
Patented (pé-tentd) *adj* patenteado; concedido por alvará.
Pater (pêi-târ) *s* pai; papa.
Paternity (pâtâr-niti) *s* paternidade.
Path (péth) *s* caminho; vereda; senda; passo; conduta.
Pathetic (pâthé-tik) *adj* patético; sentimental; enternecedor.
Pathfinder (peth-fáindâr) *s* explorador; pioneiro.
Pathless (péth-léss) *adj* intransitável.
Pathologic (pétholó-djik) *adj* patológico.
Pathology (pâthó-lodji) *s* patologia.
Pathos (pêi-thóss) *s* sensibilidade; patético; sentimento; compaixão.
Pathway (péth-uêi) *s* caminho; atalho; vereda; senda.
Patience (pêi-shenss) *s* paciência; conformidade; resignação.
Patient (pêi-shent) *s* paciente; doente; enfermo.
Patient (pêi-shent) *adj* paciente; tolerante.
Patriarch (pêi-triárk) *s* patriarca.
Patriarchate (pêi-triárkit) *s* patriarcado.
Patrician (pâtri-shânn) *adj* patrício; nobre; aristocrático.
Patrimony (pé-trimôuni) *s* patrimônio.
Patriot (pêi-triât) *s* patriota.
Patriotic (pêitrió-tik) *adj* patriótico.
Patriotism (pê-triótizm) *s* patriotismo.
Patrol (pâtrôul) *s* patrulha; ronda; vigilância.
Patrol (pâtrôul) *v* patrulhar; rondar.
Patrolman (pêitrôul-maen) *s* vigilante.
Patron (pêi-trânn) *s* patrono; protetor; benfeitor; padroeiro.
Patronage (pé-trânidj) *s* patrocínio; proteção; amparo.
Patronize (pé-trânáiz) *v* patrocinar; favorecer; apadrinhar.
Patten (pétn) *s* tamanco; coturno; pedestal de coluna.
Patter (pé-târ) *s* murmuração; tagarelice.
Patter (pé-târ) *v* bater como a chuva; gotejar, patear.
Pattern (pé-târn) *s* modelo; norma; espécime; padrão; molde.
Pattern (pé-târn) *v* imitar; copiar; modelar.
Patty (pé-ti) *s* torta; pastel; empada.
Paucity (pó-síti) *s* exiguidade; escassez; insuficiência.
Paunch (pántsh) *s* ANAT pança; abdome; barriga; abdômen.
Paunchy (pán-tshi) *adj* barrigudo; pançudo.
Pauper (pó-pâr) *s* pobre; indigente.
Pauperism (pó-pârizm) *s* pauperismo; indigência; pobreza.
Pauperize (pó-páráiz) *v* depauperar.
Pause (póz) *s* pausa; interrupção; hesitação.
Pause (póz) *v* pausar; deter-se.
Pausing (pó-zinn) *s* pausa; meditação.
Pave (péiv) *v* calçar ruas; pavimentar.
Pavement (pêiv-ment) *s* pavimento; piso; calçada; USA SIDEWALK.
Pavillion (pâvi-liânn) *s* pavilhão; barraca; tenda; estandarte.
Paving (pêi-vinn) *s* pavimento; piso.
Paw (pó) *s* garra; pata.
Paw (pó) *v* patadas de cavalo; patear.
Pawkiness (pó-kinéss) *s* astúcia; perspicácia; manha.
Pawky (pó-ki) *adj* astuto; manhoso; hábil; sagaz.
Pawn (pónn) *s* penhor; peão (jogo de xadrez).
Pawn (pónn) *v* penhorar; empenhar.
Pawnbroker (pón-brôukâr) *s* agiota; corretor de penhores; prestamista.
Pawnshop (pón-shóp) *s* casa de penhores; GÍR prego; USA LOAN-OFFICE.
Pay (pêi) *s* soldo; salário; recompensa.
Pay (pêi) *v* pagar; prestar homenagem ou atenção; *past and pp* PAID.
Payable (pei-âbl) *adj* pagável; descontável; amortizável.
Payee (pêi-i) *s* COM sacador.
Payer (pêi-âr) *s* COM sacado.
Payment (pêi-ment) *s* pagamento; prêmio.
Pea (pi) *s* ervilha.
Peace (piss) *s* paz; calma; tranquilidade; concórdia.
Peaceable (pi-sâbl) *adj* pacífico; tranquilo; sossegado.
Peaceful (pis-ful) *adj* pacífico; sossegado; calmo.
Peacefulness (pis-fulnéss) *s* paz; sossego; quietude.
Peacemaker (pis-mêikâr) *s* pacificador.
Peach (pitsh) *s* pêssego; GÍR mulher (jovem e bonita).
Peacher (pi-tshâr) *s* delator; acusador.
Peacock (pi-kók) *s* pagão (ave).
Peacockish (pi-kókish) *adj* pavonesco; vaidoso.
Peahen (pi-hénn) *s* pavoa.
Peak (pik) *s* pico; cume; ponta.
Peaked (pikt) *adj* pontiagudo; GÍR magrelo; enfermiço.
Peal (pil) *s* bulha; repique intenso de sinos.
Peal (pil) *v* ressoar; retinir.
Pean (pi-ânn) *s* hino divino; pele.
Peanut (pi-nât) *s* amendoim; ENGL MONKEYNUT.

Pear (pér) *s* pera, fruta.
Pearl (pârl) *s* pérola; aljôfar, pérola miúda.
Pearled (pârld) *adj* ornado de pérolas.
Peasant (pé-zânt) *s* aldeão; campônio.
Peasant (pé-zânt) *adj* rústico; campestre.
Peasantry (pé-zântri) *s* gente do campo; camponeses.
Peat (pit) *s* MIN turfa (carvão fóssil).
Pebble (péb-l) *s* seixo; cascalho; pedregulho; pólvora grossa.
Pebble (péb-l) *v* lavrar (couro).
Peccancy (pé-kânsi) *s* vício; defeito; imperfeição; falha.
Peccant (pé-kânt) *adj* pecador; faltoso; MED mórbido; doentio; insalubre.
Peck (pék) *s* medida; quantidade.
Peck (pék) *v* picar; espicaçar; bicar.
Pecking (pé-kinn) *s* picada; bicada.
Peckish (pé-kish) *adj* esfomeado; faminto; irritadiço.
Peculation (pékiulêi-shânn) *s* JUR peculato (roubo praticado por quem administra dinheiro).
Peculiar (pikiu-lâr) *s* aquilo que é peculiar; privilégio.
Peculiar (pikiu-lâr) *adj* peculiar; privativo; específico; singular; distinto.
Peculiarity (pikiulié-riti) *s* peculiaridade; particularidade; singularidade.
Pecuniary (pikiu-niâri) *adj* pecuniário; monetário.
Pedagogic (pédâgó-djik) *adj* pedagógico.
Pedagogue (pé-dâgóg) *s* pedagogo; mestre.
Pedagogy (pédâgó-dji) *s* pedagogia.
Pedal (pé-dâl) *s* pedal.
Pedal (pé-dâl) *adj* relativo ao pé ou aos pedais.
Pedal (pé-dâl) *v* pedalar.
Pedant (pé-dânt) *adj* pedante.
Pedantry (pé-dântri) *s* pedantismo.
Peddle (pédl) *v* vender pelas ruas; mascatear; preocupar-se com vulgaridades.
Pedestrian (pidé-striânn) *s* pedestre; transeunte.
Pedestrian (pidé-striânn) *adj* pedestre; vulgar.
Pedigree (pé-digri) *s* árvore genealógica; casta; linhagem de animais.
Peek (pik) *v* espiar; espreitar; espionar.
Peel (pil) *s* casca; pele; pá de remo; pá.
Peel (pil) *v* descascar.
Peeler (pi-lâr) *s* descascador; ENGL GÍR policial.
Peeling (pi-linn) *s* descascamento.
Peep (pip) *s* indício; relance; olhadela; pio (de pássaro).
Peep (pip) *v* piar; surgir; aparecer; olhar de esguelha.
Peeper (pi-pâr) *s* espreitador; GÍR olho.
Peer (pir) *s* par; companheiro; amigo da mesma idade.
Peer (pir) *v* espiar; espreitar; olhar atentamente.
Peerage (pi-ridj) *s* grandeza; nobreza; fidalguia.
Peerless (pir-léss) *adj* incomparável; sem igual.
Peevish (pi-vish) *adj* impertinente; rabujento; mal-humorado.
Peevishness (pi-vishnéss) *s* impertinência; mau humor; rabugice.
Peg (pég) *s* cavilha; estaca; pretexto; prendedor de roupa.
Peg (pég) *v* fixar com pregos.
Pejorative (pédjó-râtiv) *adj* pejorativo; depreciativo; que tem sentido torpe.
Pelf (pélf) *s* riqueza obtida fraudulentamente.
Pelican (pé-likânn) *s* pelicano (ave).
Pellet (pé-let) *s* bolinha; pelota; bala.
Pellicle (pé-likl) *s* película.
Pellucid (peliu-sid) *adj* transparente; claro; translúcido.
Pellucidity (peliusi-diti) *s* transparência; cristalinidade.
Pelt (pélt) *s* pele; couro não curtido; cacetada.
Pelure (pâliu-r) *s* casca; pele.
Pelvic (pél-vik) *adj* ANAT pélvico.
Pelvis (pél-vis) *s* ANAT pelve.
Pen (pénn) *s* pena de escrever; caneta de pena; caligrafia; escritor; curral; GÍR penitenciária.
Pen (pénn) *v* encurralar; *past* PENNED *or* PENT *and pp* PENNED *or* PENT.
Penalize (pi-nâláiz) *v* penalizar; punir; declarar culpado.
Penalty (pé-nâlti) *s* pena; penalidade; multa; ESP punição.
Penance (pé-nânss) *s* penitência; mortificação; RELIG confissão.
Pencil (pén-sil) *s* lápis; pincel; pintura.
Pencil (pén-sil) *v* pintar; desenhar, riscar.
Pendant (pén-dânt) *s* pendente; pingente; brinco; flâmula.
Pendency (pén-densi) *s* pendência; indecisão.
Pendent (pén-dent) *adj* pendente; inclinado; suspenso.
Pendulous (pén-djulâss) *adj* pendente; pendurado.
Penetrable (pé-netrâbl) *adj* penetrável.
Penetrate (pé-netrêit) *v* penetrar em; introduzir-se; perceber; comover.
Penetration (pénetrêi-shânn) *s* penetração; perspicácia; discernimento.
Penguin (pén-guinn) *s* pinguim (ave).
Penholder (pén-hôul-dâr) *s* caneta.
Peninsula (penin-siula) *s* península.
Peninsular (penin-siulâr) *s* peninsular.
Peninsular (penin-siulâr) *adj* peninsular.
Penitentiary (pénitén-shâri) *s* penitenciária; presídio.
Penitentiary (pénitén-shâri) *adj* penitenciário; penal.
Penknife (pén-náif) *s* canivete.
Penman (pén-maen) *s* calígrafo; escritor; autor.
Penmanship (pén-maenship) *s* caligrafia; escrita.
Pennant (pé-nânt) *s* bandeirola; flâmula; estandarte; bandeira.
Penny (pé-ni) *s* pêni (moeda inglesa).
Pension (pén-shânn) *s* pensão; renda; mesada; aposentadoria.
Pension (pén-shânn) *v* reformar; aposentar; jubilar.
Pensioner (pén-shânâr) *s* aquele que recebe pensão; reformado; inválido.
Pensive (pén-siv) *adj* pensativo; reflexivo; meditabundo.
Pensiveness (pén-sivnéss) *s* meditação; melancolia; tristeza.
Penthouse (pént-háuss) *adj* sótão; alpendre.
Penury (pé-niuri) *s* penúria; pobreza.
People (pip-l) *s* povo; gente; pessoas; o mundo.
Pepper (pé-pâr) *s* pimenta; pimenteira.
Pepper (pé-pâr) *v* apimentar.
Peppering (pé-pârinn) *s* surra; sova.
Peppering (pé-pârinn) *adj* picante; fogoso; colérico.
Peppery (pé-pâri) *adj* apimentado; irascível; colérico.
Peptic (pép-tik) *adj* digestivo.
Perambulate (pârém-biulêit) *v* perambular; percorrer a pé; andar; passear.
Perambulation (pârémbiulêi-shânn) *s* perambulação; jornada.
Perceivable (pârs-vâbl) *adj* visível; perceptível.
Perceive (pârsi-v) *v* perceber; notar.
Perceiver (pârsi-vâr) *s* percebedor.
Percentage (pârsén-tidj) *s* percentagem; porcentagem.
Perceptible (pârsép-tibl) *adj* percepítvel; palpável; visível.
Perception (pârsép-shânn) *s* percepção; noção; ideia.
Perceptive (pârsép-tiv) *adj* perceptivo.
Perch (pârtsh) *s* perca, peixe; poleiro; vara.
Perch (pârtsh) *v* empoleirar; pousar.
Percipient (pârsi-piént) *s* que tem percepção.
Percipient (pârsi-piént) *adj* sensitivo; perceptivo.
Percolate (pâr-kolêit) *v* coar; filtrar; peneirar.
Percolation (pârkolêi-shânn) *s* filtração; percolação.
Percolator (pâr-kolêitâr) *s* filtro; coador; passador.
Percussion (pârká-shânn) *s* percussão; colisão; choque.
Perdition (pârdi-shânn) *s* perdição; ruína.
Peregrinate (pé-rigrinêit) *v* peregrinar; migrar, viajar.
Peregrination (périgrinêi-shânn) *s* peregrinação.
Peregrine (pé-rigrinn) *s* falcão peregrino.
Peregrine (pé-rigrinn) *adj* peregrino; estrangeiro.
Peremptory (pé-remptôuri) *adj* peremptório; decisivo; dogmático.
Perennial (pârê-niâl) *adj* perene; incessante; contínuo.

PERFECT — PESTER

Perfect (pârfek-t) v aperfeiçoar.
Perfect (pârfek-t) adj perfeito; acabado; completo.
Perfectible (pârfék-tibl) v aperfeiçoar.
Perfectible (pârfék-tibl) adj suscetível de aperfeiçoamento.
Perfection (pârfék-shânn) s perfeição.
Perfidious (pârfi-diâss) adj pérfido; falso; desleal.
Perfidy (pâr-fidi) s perfídia; deslealdade.
Perforate (pâr-forêit) v perfurar; brocar; furar.
Perforate (pâr-forêit) adj perfurado.
Perforce (pârfôur-ss) adv por força; necessariamente.
Perform (pârfór-m) v fazer; executar; cumprir; interpretar; representar.
Performable (pârfór-mábl) adj executável; realizável.
Performance (pârfór-mânss) s execução; desempenho; composição.
Performer (pârfór-mâr) s executante; ator; músico; acrobata.
Performing (pârfór-minn) adj executante.
Perfume (pârfiu-mm) s perfume; fragrância; aroma; perfumista.
Perfume (pârfiu-mm) v perfumar, aromatizar.
Perhaps (pâr-hé-ps) adv talvez; porventura.
Peril (pé-ril) s perigo; risco.
Peril (pé-ril) v expor-se (ao perigo); arriscar; arriscar-se; past and pp **PERILED** or **PERILLED**.
Perilous (pé-rilâss) adj perigoso; arriscado.
Perilousness (pé-rilâsnéss) s perigo; risco; situação perigosa.
Perimeter (piri-mitâr) s perímetro.
Period (pi-riâd) s período; era; termo; circuito, fim.
Periodic (pirió-dik) adj periódico.
Periphrasis (piri-frâssiss) s perífrase.
Perish (pé-rish) v perecer; acabar; sucumbir.
Perishable (pé-rishâbl) adj perecível; frágil.
Periwig (pé-riuig) s peruca; cabeleira falsa.
Perjure (pâr-djur) v perjurar, jurar falso.
Perjurer (pâr-djurâr) s perjuro.
Perjury (pâr-djuri) s perjúrio.
Perk (pârk) adj vivo; alegre; altivo.
Perk (pârk) v ataviar; ornar; apavonar-se.
Perkiness (pâr-kinéss) s apruno; galhardia, garbo.
Perky (pâr-ki) adj vivo; alegre.
Permanence (pâr-mânénss) s permanência; constância; perseverança.
Permanent (pâr-mânént) adj permanente; firme; imutável.
Permeable (pâr-miábl) adj permeável.
Permeate (pâr-miêit) v permear; passar; atravessar.
Permissible (pârmi-sibl) adj permissível; admissível.
Permission (pârmi-shânn) s permissão; licença; aquiescência.
Permissive (pârmi-siv) adj permissivo; tolerado; permitido.
Permit (pârmi-t) s permissão; licença.
Permit (pârmi-t) v permitir; consentir; autorizar.
Permutable (pârmiu-tábl) adj permutável.
Permutation (pârmiutêi-shânn) s permuta; permutação; troca.
Permute (pârmiu-t) v permutar; trocar.
Pernicious (pârni-shâss) adj pernicioso; perigoso; funesto; fatal.
Perniciousness (pârni-shâsnéss) s malignidade; qualidade perniciosa.
Peroration (pérorêi-shânn) s peroração.
Perpendicular (pârpéndi-kiulâr) s perpendicular; retidão moral.
Perpendicular (pârpéndi-kiulâr) adj perpendicular; a prumo.
Perpendicularity (pârpéndikiulé-riti) s perpendicularidade.
Perpetrate (pâr-pétrêit) v perpetrar; perfazer; realizar.
Perpetration (pârpétrêi-shânn) s perpetração.
Perpetrator (pâr-pétrêi-târ) s perpetrador.
Perpetual (pârpé-tshuâl) adj perpétuo; perene; permanente.
Perpetuate (pârpé-tshuêit) v perpetuar; eternização.
Perpetuate (pârpé-tshuêit) v perpetuar; eternizar.
Perpetuity (pârpétshu-iti) s perpetuidade.

Perplex (pârplék-s) adj embaraçado; enredado.
Perplex (pârplék-s) v embaraçar.
Perplexed (pârpléks-t) adj perplexo; duvidoso; confuso.
Perplexing (pârplék-sinn) adj complicado; embaraçoso; intrincado.
Perplexity (pârplék-siti) s perplexidade; embaraço; irresolução.
Perquisite (pâr-kuizit) s gratificação.
Persecute (pâr-sikiut) v perseguir; atormentar.
Persecution (pârsikiu-shânn) s perseguição; opressão.
Persecutor (pâr-sikiutâr) s perseguidor; opressor.
Perseverance (pârsivi-rânss) s perseverança; persistência.
Persevere (pârsivi-r) v perseverar; manter-se firme.
Persevering (pârsivi-rinn) adj perseverante; constante.
Persiflage (pérsiflâ-j) s troça; zombaria; caçoada.
Persist (pârsis-t) v persistir; insistir; continuar.
Persistence (pârsis-ténss) s persistência; constância; obstinação.
Persistent (pârsis-tént) adj persistente; perseverante.
Persisting (pârsis-tinn) adj persistente; perseverante; firme.
Person (pâr-sânn) s pessoa; indivíduo; personagem.
Personage (pâr-sânidj) s personagem.
Personal (pâr-sânál) adj pessoal; particular; privado.
Personality (pârsâné-liti) s personalidade.
Personalty (pâr-sânâlti) s JUR bens móveis.
Personate (pâr-sânêit) v fingir; representar.
Personification (pârsânifikéi-shânn) s personificação.
Personify (pârsâ-nifái) v personificar; personalizar.
Perspective (pârspék-tiv) s perspectiva.
Perspicacious (pârspiké-shâss) adj perspicaz; sagaz; esclarecido.
Perspicaciousness (pârspikéi-shâsnéss) s perspicácia; sagacidade; penetração.
Perspiration (pârspirêi-shânn) s transpiração; suor.
Perspire (pârspái-r) v transpirar; suar.
Persuade (pârsuêi-d) v persuadir; convencer.
Persuasion (pârsuêi-jânn) s persuasão; crença; credo.
Persuasive (pârsuêi-siv) adj persuasivo.
Pert (pârt) adj atrevido; petulante; audaz.
Pertain (pârtêi-nn) v pertencer; referir-se.
Pertinacious (pârtinéi-shâss) adj pertinaz; obstinado; constante; decidido.
Pertinaciousness (pârtinêi-shâsnéss) s pertinácia; obstinação; tenacidade; firmeza.
Pertinence (pâr-tinénss) s pertinência; relação; conexão.
Pertinent (pâr-tinént) adj pertinente; pertencente a.
Pertness (pârt-néss) s insolência; petulância; ousadia.
Perturb (pârtâr-b) v perturbar; inquietar; irritar.
Perturbable (pârtâr-bâbl) adj perturbável.
Perturbation (pârtârbéi-shânn) s perturbação; desordem; desvio; confusão.
Peruke (peru-k) s peruca; cabeleira postiça.
Peruse (peru-z) v ler atentamente.
Peruser (peru-zâr) s leitor atento.
Pervade (pârvéi-d) v penetrar; espalhar em; impregnar.
Pervading (pârvéi-dinn) adj dominante; impregnante.
Pervasive (pârvêi-siv) adj penetrante.
Perverse (pârvâr-ss) adj perverso; cruel; injusto; atrevido.
Perverseness (pârvârs-néss) s perversidade; crueldade; atrevimento.
Perversion (pârvâr-shânn) s perversão; corrupção.
Perversity (pârvâr-siti) s perversidade.
Pervert (pâr-vârt) s apóstata; corruptor.
Pervert (pâr-vârt) v perverter; corromper; depravar.
Perverter (pârvâr-târ) s pervertedor; corruptor.
Pervious (pâr-viâss) adj permeável; penetrável.
Pessimism (pé-simizm) s pessimismo.
Pessimistic (pé-simistik) adj pessimista.
Pest (pést) s peste; epidemia; praga.
Pester (pés-târ) v atormentar; irritar; confundir.

Pesterer (pés-târâr) s importuno; inoportuno.
Pestering (pés-tàrinn) adj incômodo; desagradável; importuno.
Pestilence (pés-tilénss) s pestilência; praga; peste.
Pestilent (pes-tilént) adj pestilento; pernicioso; importuno; contagioso.
Pestle (péstl) s mão de pilão.
Pestle (péstl) v triturar.
Pet (pét) s animal de estimação; enfado.
Pet (pét) adj mimado.
Pet (pét) v animar; acariciar.
Petal (pé-tâl) s pétala.
Petition (peti-shânn) s petição; requerimento.
Petition (peti-shânn) v solicitar; requerer.
Petitionary (peti-shânéri) adj requerente; suplicante.
Petitioner (peti-shânâr) s peticionário; suplicante.
Petrifaction (petrifék-shânn) s petrificação.
Petrify (pé-trifái) v petrificar; fossilizar.
Petrol (pé-trâl) s gasolina; petróleo.
Petrology (pétrâ-lódji) s petrologia.
Petticoat (pé-tikôut) s anágua.
Pettifog (pé-tifóg) v chicanear.
Pettifogger (pé-tifógâr) s chicaneiro.
Pettifogging (pé-tifóghinn) adj chicaneiro; velhaco.
Pettifogging (pé-tifóghinn) s chicana.
Pettish (pé-tish) adj rabugento; áspero; impertinente; irascível.
Pettishness (pé-tishnéss) s rabugice; impertinência; insignificância.
Petty (pé-ti) adj pequeno; mesquinho; insignificante; inferior.
Petulance (pé-tiulânss) s petulância; irritação; insolência.
Petulant (pé-tiulânt) adj petulante; insolente; de mau humor.
Petunia (pitiu-niâ) s petúnia (planta).
Pew (piu) s banco comprido de igreja.
Phalange (fálén-dj) s falange; ANAT ossos da mão e do pé; FIG multidão.
Phantasm (fén-tézm) s fantasma; espectro.
Phantastic (féntés-tik) adj fantástico; fantasia.
Phantom (fén-tâmm) s fantasma; espectro; ilusão.
Pharmaceutic (farmâssiu-tik) adj farmacêutico; boticário.
Pharmaceutics (farmâssiu-tiks) s farmácia.
Pharmacist (far-mâssist) s farmacêutico.
Pharmacology (farmâkó-lodji) s farmacologia.
Pharynx (fé-rinks) s ANAT faringe.
Phase (féiz) s fase; aspecto; época; momento.
Pheasant (fé-sânt) s faisão (ave).
Phenomenal (fénó-minâl) adj fenomenal; admirável; espantoso.
Phenomenon (fenó-minónn) s fenômeno.
Phial (fái-âl) s frasco; redoma.
Philander (filén-dâr) s galanteador; cortejador.
Philander (filén-dâr) v galantear; cortejar.
Philanderer (filén-dârâr) s galanteador.
Philanthrope (fi-lénthroup) s filantropo; humanista.
Philanthropic (filénthró-pik) adj filantrópico.
Philanthropy (filén-thropi) s filantropia; altruísmo.
Philologic (filoló-djik) adj filológico.
Philologist (filó-lodjst) s filólogo.
Philology (filó-lodji) s filologia.
Philomel (fi-lomél) s filomela; rouxinol (pássaro).
Philosopher (filó-sofâr) s filósofo.
Philosophic (filossó-fik) adj filosófico.
Philosophize (filó-sofáiz) v filosofar.
Philosophy (filó-sofi) s filosofia.
Philter (fil-târ) s filtro; feitiço.
Philter (fil-târ) v enfeitiçar; apaixonar.
Phlegm (flémm) s fleuma; impassibilidade.
Phlegmatic (flégmé-tik) adj fleumático; frio; indiferente.
Phone (fôunn) s telefone; fone.
Phone (fôunn) v telefonar.
Phonetic (foné-tik) adj fonético.

Phonetics (foné-tiks) s fonética.
Phonograph (fôu-nogréf) s gramofone; vitrola; fonógrafo.
Phonograph (fôu-nogréf) v fonografar.
Phonology (fonó-lodji) s fonologia.
Phosphorescence (fósfâré-senss) s fosforescência.
Phosphorescent (fósfâré-sent) adj fosforescente.
Photo (fôu-to) s fotografia.
Photograph (fôu-togréf) s fotografia.
Photograph (fôu-togréf) v fotografar.
Photographer (fotó-grâfâr) s fotógrafo.
Photographic (fotogré-fik) adj fotográfico.
Photography (fotó-grâfi) s fotografia; arte fotográfica.
Phrase (fréiz) s frase, sentença; dito; estilo.
Phrase (fréiz) v exprimir; expressar.
Phraseology (frêizió-lodji) s fraseologia.
Phrasing (fréi-zinn) s fraseologia; fraseado.
Phrenetic (frené-tik) adj frenético; impaciente.
Phthisis (thái-siss) s MED tísica; tuberculose.
Physic (fi-zik) s medicina; remédio; purgante.
Physic (fi-zik) v medicar; purgar.
Physical (fi-zikâl) adj físico; material; corpóreo.
Physician (fizi-shânn) s médico.
Physics (fi-ziks) s física.
Physiognomic (fiziognó-mik) adj fisionômico.
Physiologic (fizioló-djik) adj fisiológico.
Physiology (fizió-lodji) s fisiologia.
Pianist (pié-nist) s MÚS pianista.
Piano (pié-nôu) s piano.
Piano (pié-nôu) adj MÚS piano; lento.
Piano (pié-nôu) adv lentamente; vagarosamente.
Picaroon (pikâru-nn) s pirata; ladrão; salteador.
Pick (pik) s picareta; picão; nata.
Pick (pik) v pegar; colher; apanhar; escolher; bicar; roer; mascar; palitar; esvaziar os bolsos; procurar luta; abrir com chave falsa.
Pickaxe (pik-éks) s picareta com dupla ponta.
Picked (pikt) adj escolhido; selecionado; pontiagudo.
Picker (pi-kâr) s apanhador; colhedor; ancinho.
Picket (pi-ket) s estaca; piquete.
Picket (pi-ket) v rodear COM estacas; fazer greve.
Picking (pi-kinn) s escolha; roubo; colheita; resíduos.
Pickle (pikl) s conserva; salmoura; enredo.
Pickle (pikl) v pôr em salmoura.
Picklock (pik-lók) s ladrão; gatuno.
Pickpocket (pik-pó-kit) s batedor de carteiras; punguista; ladrão.
Pickpocket (pik-pó-kit) v bater carteiras.
Picnic (pik-nik) s piquenique; convescote.
Picnic (pik-nik) v fazer piquenique.
Picture (pik-tshur) s pintura; imagem; quadro; descrição; filme; foto.
Picture (pik-tshur) v pintar; representar; descrever.
Picturesque (piktshurés-k) adj pitoresco.
Pie (pái) s torta; pastelão; pastel; empada.
Piece (piss) s pedaço; peça; composição; TEATR peça.
Piece (piss) v remendar; acrescentar; unir; juntar; ajustar-se.
Piecemeal (pis-mil) s fragmento; retalho.
Piecemeal (pis-mil) adj retalhado; remendado.
Piecemeal (pis-mil) adv em pedaços; gradualmente; pouco a pouco.
Pied (páid) adj variegado; pintado com diversas cores.
Pier (pir) s pilar; cais; embarcadouro.
Pierce (pirss) v furar; transpassar; abrir passagem; internar-se.
Pierceable (pir-sâbl) adj penetrável.
Piercing (pir-sinn) adj agudo; cortante; comovente.
Piercingness (pir-sinnéss) s agudeza; penetração.
Piety (pái-iti) s piedade; religiosidade; devoção.
Piffle (pifl) s tolice; futilidade.
Piffle (pifl) v dizer tolices.

Pig (pig) *s* leitão; porco; barra de ferro; barra de metal; avarento.
Pig (pig) *v* parir (a porca); proceder ou viver como os porcos.
Pigeon (pi-djânn) *s* pombo; ingênuo; simplório.
Pigeonry (pi-djânri) *s* pombal.
Piggery (pi-gâri) *s* chiqueiro; lugar imundo.
Piggish (pi-ghish) *adj* voraz; sujo; imundo.
Piggy (pi-ghi) *s* leitão.
Piggy (pi-ghi) *adj* semelhante a leitão.
Pigheaded (pig-hé-did) *s* teimoso; obstinado.
Pigment (pig-ment) *s* pigmento; coloração; cor.
Pike (páik) *s* pique; caminho; pico de montanha.
Piked (páikt) *adj* pontiagudo; pontudo.
Pilaster (pilés-târ) *s* ARQT pilastra; coluna.
Pilch (piltsh) *s* cueiro.
Pilchard (pil-tshârd) *s* sardinha (peixe).
Pile (páil) *s* pilha; estaca; pira; edifício; pelo.
Pile (páil) *v* empilhar; pôr estacas.
Piles (páils) *s* MED hemorroidas; MIL paliçada.
Pilfer (pil-fâr) *v* furtar; surripiar; enganar.
Pilferage (pil-fâridj) *s* gatunice; roubo.
Pilferer (pil-fârâr) *s* gatuno; ladrão; larápio.
Pilgrim (pil-grimm) *s* peregrino; romeiro.
Pilgrim (pil-grimm) *v* peregrinar.
Pilgrimage (pil-grimidj) *s* peregrinação; romaria.
Piling (pái-linn) *s* acumulação; empilhamento.
Pill (pil) *s* pílula; coisa aborrecida; GÍR médico.
Pillage (pi-lidj) *s* pilhagem; saque; roubo.
Pillage (pi-lidj) *v* pilhar; saquear.
Pillager (pi-lidjâr) *s* saqueador.
Pillar (pi-lâr) *s* pilar; coluna; monumento; GÍR sustentáculo.
Pillory (pi-lori) *s* pelourinho.
Pillow (pi-lôu) *s* travesseiro; almofada.
Pilot (pái-lât) *s* piloto; prático; guia.
Pimping (pim-pinn) *adj* mesquinho; pequeno; insignificante.
Pimple (pimpl) *s* empola; borbulha.
Pimpled (pimpld) *adj* empolado; cheio de borbulhas.
Pin (pinn) *s* alfinete; broche; prego; eixo; coisa sem valor.
Pin (pinn) *v* prender COM alfinetes.
Pincers (pin-sârz) *s* pinça; tenaz; torquês.
Pinch (pintsh) *s* beliscão; aperto; dor; dificuldade; apuro; quina; esquina.
Pinch (pintsh) *v* beliscar; agarrar; apertar; privar; atormentar; USA GÍR furtar.
Pinchbeck (pintsh-bék) *s* ouropel; ouro falso; FIG falso brilho; aparência enganosa.
Pincher (pin-tshâr) *s* pinça; beliscador.
Pinching (pin-tshinn) *s* beliscadura; opressão; tormento.
Pinching (pin-tshinn) *adj* penetrante.
Pine (páinn) *s* pinheiro; pinho.
Pine (páinn) *v* consumir-se; anelar.
Pineapple (páin-aepl) *s* abacaxi; MIL GÍR granada de mão.
Ping (pinn) *s* silvo; sibilo.
Ping (pinn) *v* sibilar.
Pining (pái-ninn) *s* tristeza; languidez; nostalgia.
Pinion (pi-niânn) *s* asa; AUT pinhão.
Pink (pink) *s* cravo, flor; modelo; perfeição.
Pink (pink) *v* furar; picotar; pestanejar.
Pink (pink) *adj* rosa, cor.
Pinker (pin-kâr) *s* recortador.
Pinkish (pin-kish) *adj* cor-de-rosa claro.
Pinky (pin-ki) *adj* rosado; róseo.
Pinnacle (pi-nâkl) *s* auge; apogeu; torre.
Pinnacle (pi-nâkl) *v* elevar; guarnecer de torres.
Pinner (pi-nâr) *s* almofada de alfinetes; touca de mulher.
Pioneer (páionir) *s* pioneiro; descobridor; explorador.
Pioneer (páionir) *v* explorar.
Pious (pái-âss) *adj* pio; piedoso; religioso.
Piousness (pái-âsnéss) *s* piedade; devoção.
Pip (pip) *s* semente; ponto nas cartas de jogar.
Pip (pip) *v* piar.
Pipe (páip) *s* cachimbo; tubo; cano; garganta; gaita de foles; pipa; barril.
Pipe (páip) *v* tocar flauta.
Piper (pái-pâr) *s* flautista; tocador gaita.
Pipette (páipé-t) *s* pipeta.
Piping (pái-pinn) *s* tubulação; canalização; gemido; som de flauta.
Piping (pái-pinn) *adj* sibilante; ardente; adoentado; pastoril.
Piquancy (pi-kânsi) *s* mordacidade; aspereza, dureza.
Piquant (pi-kânt) *adj* picante; mordaz; áspero; satírico.
Pique (pik) *s* melindre; má vontade.
Pique (pik) *v* irritar; ferir o orgulho de.
Piracy (pái-râssi) *s* pirataria.
Pirate (pái-rit) *s* pirata; corsário.
Pirate (pái-rit) *v* piratear; pilhar; furtar.
Piss (piss) *s* urina.
Piss (piss) *v* urinar.
Pistol (pis-tál) *s* pistola; disparador; revólver.
Piston (pis-tânn) *s* pistão; êmbolo; MÚS instrumento de sopro.
Pit (pit) *s* buraco; fosso; túmulo; mina.
Pit (pit) *v* encerrar num buraco; marcar com furinhos; opor; competir.
Pitch (pitsh) *s* piche; alcatrão; resina; declive; ponto; extremo.
Pitch (pitsh) *v* pôr piche; lançar; atirar; precipitar-se; mergulhar; fixar.
Pitcher (pi-tshâr) *s* bilha; cântaro; picareta; espécie de pé de cabra.
Pitchfork (pi-tshfórk) *s* forcado de lavrador; forquilha.
Pitchy (pi-tshi) *adj* triste; melancólico; tenebroso.
Piteous (pi-tiâss) *adj* compassivo; terno; lastimoso.
Pitfall (pit-fól) *s* armadilha; engodo; buraco aberto.
Pith (pith) *s* seiva; medula; energia; vigor.
Pithiness (pith-néss) *s* energia; vigor.
Pithy (pi-thi) *adj* enérgico; eficaz; que tem seiva.
Pitiable (pi-tiâbl) *adj* lastimável.
Pitiful (pi-tiful) *adj* lastimável; lamentável; detestável.
Pitiless (pi-tiléss) *adj* desapiedado; cruel; desumano.
Pittance (pi-tânss) *s* porção; pequeno rendimento.
Pitting (pi-tinn) *s* corrosão.
Pity (pi-ti) *s* piedade; compaixão; dor; lástima; infortúnio.
Pity (pi-ti) *v* compadecer-se de; ter pena.
Pitying (pi-tiinn) *adj* lamentável; lastimável.
Pivot (pi-vât) *s* pivô; espiga.
Pivot (pi-vât) *v* girar sobre um eixo.
Pixie (pik-si) *s* fada; duende.
Pizza (pítzá) *s* pizza.
Placability (plêikâbi-liti) *s* aplacabilidade; doçura; clemência.
Placable (plêi-kâbl) *adj* aplacável; plácido.
Placard (plâkár-d) *s* cartaz; anúncio.
Placard (plâkár-d) *v* anunciar por cartazes; afixar cartazes.
Placate (plêi-kêit) *v* aplacar; pacificar; acalmar.
Place (plêiss) *s* lugar; sítio; espaço; praça de guerra; fortaleza; emprego.
Place (plêiss) *v* pôr; colocar.
Placer (plêi-sâr) *s* agente; garimpo.
Placet (plêi-set) *s* permissão; autorização por escrito.
Placid (plé-sid) *adj* plácido; sereno; sossegado; calmo.
Placidity (plâssi-diti) *s* placidez; calma; serenidade.
Plagiarism (plêi-djârizm) *s* plágio.
Plagiarist (plêi-djârist) *s* plagiário.
Plagiarize (plêi-djâráiz) *v* plagiar.
Plagiary (plêi-djâri) *s* plagiário.
Plague (plêig) *s* praga; peste; flagelo.
Plague (plêig) *v* infectar; flagelar; atormentar.
Plaguer (plêi-gâr) *s* atormentador; flagelador.
Plaguy (plêi-ghi) *adj* molesto; importuno; maligno.
Plaid (pléd) *s* manta xadrez (escocesa).

PLAIDED — PLUS

Plaided (plé-did) *adj* enxadrezado; em quadrados.
Plain (plêinn) *s* campina; plano; planície.
Plain (plêinn) *v* chorar; lamentar; queixar-se.
Plain (plêinn) *adj* liso; plano; singelo; sincero; evidente; grosseiro.
Plainness (plêin-néss) *s* superfície plana; simplicidade; evidência.
Plaint (plêint) *s* queixa; lamento; queixume.
Plait (plêit) *s* prega; dobra.
Plait (plêit) *v* fazer pregas; dobrar; trançar.
Plan (plénn) *s* plano; projeto; esboço.
Plan (plénn) *v* projetar; desenhar (plantas); elaborar (plantas).
Plane (plêinn) *s* plano; superfície plana; nível; aeroplano.
Plane (plêinn) *v* aplainar.
Planer (plêi-nâr) *s* plaina mecânica; aplanador; alisador.
Planet (plé-net) *s* planeta.
Planish (plé-nish) *v* aplainar; alisar; polir.
Planisher (plé-nishâr) *s* aplainador; polidor.
Plank (plénk) *s* prancha; tábua.
Plank (plénk) *v* assoalhar.
Planking (plén-kinn) *s* tabuado; forro.
Plant (plént) *s* planta vegetal; maquinaria; policial infiltrado.
Plant (plént) *v* plantar; fundar; fixar; instalar.
Plantation (pléntêi-shânn) *s* plantação; latifúndio.
Planter (plén-târ) *s* plantador; colono; lavrador.
Planting (plén-tinn) *s* plantação.
Plash (plésh) *s* atoleiro; charco; lamaçal.
Plash (plésh) *v* enlamear; salpicar.
Plashy (plé-shi) *adj* pantanoso; lamacento.
Plaster (plés-târ) *s* emplastro; estuque; reboco.
Plaster (plés-târ) *v* emplastrar; rebocar (parede).
Plastic (plés-tik) *adj* plástico.
Plat (plét) *s* pedaço de terra; mapa de loteamento.
Plat (plét) *adj* plano; liso.
Plat (plét) *v* trançar; dividir em lotes; fazer uma planta.
Plate (plêit) *s* chapa; lâmina; folha de metal; prataria.
Plate (plêit) *v* chapear; blindar.
Plated (plêi-tid) *adj* prateado; niquelado; chapeado.
Plating (plêi-tinn) *s* chapeado; conjunto de chapas.
Platitude (plé-titiud) *s* vulgaridade; baixeza.
Platonic (plâtô-nik) *adj* platônico; casto.
Platonism (plêi-tonizm) *s* platonismo.
Platoon (plâtu-nn) *s* MIL pelotão.
Platter (plé-târ) *s* travessa; disco de gravação.
Plausible (pló-zibl) *adj* plausível; louvável.
Play (plêi) *s* jogo; brinquedo; comédia; divertimento.
Play (plêi) *v* jogar; brincar; tocar instrumentos; representar; bancar.
Player (plêi-âr) *s* jogador; ator; músico.
Playful (plêi-ful) *adj* brincalhão; travesso.
Playfulness (plêi-fulnéss) *s* jovialidade; brincadeira.
Playground (plêi-gráund) *s* pátio de diversão; espaço para recreio.
Playhouse (plêi-háuss) *s* teatro; sala de espetáculos.
Playwright (plêi-ráit) *s* dramaturgo; autor.
Plea (pli) *s* processo; demanda.
Pleach (plitsh) *v* entrelaçar; trançar.
Plead (plid) *v* pleitear; demandar; sustentar; justificar.
Pleader (pli-dâr) *s* defensor; advogado; litigante.
Pleading (pli-dinn) *s* alegação; defesa; demanda.
Pleasant (plé-zânt) *adj* agradável; ameno; grato.
Please (pliz) *v* agradar; satisfazer; gostar; apetecer; dignar-se; *could you repeat what you said, PLEASE?*: pode repetir o que você disse, por favor?
Pleasing (pli-zinn) *adj* agradável; amável; grato; alegre.
Pleasurable (plé-jurâbl) *adj* agradável; divertido; alegre.
Pleasure (plé-jur) *s* prazer; encanto; agrado; satisfação; gozo.
Pledge (plédj) *s* penhor; caução; fiança; brinde à saúde de.

Pledge (plédj) *v* penhorar; prometer; empenhar; beber à saúde de.
Pledgee (plédji-) *s* caucionário.
Plenary (pli-nâri) *adj* pleno; completo; inteiro.
Plenitude (plé-nitiud) *s* plenitude; totalidade.
Plentiful (plén-tiful) *adj* copioso; abundante; fértil.
Plentifulness (plén-tifulnéss) *s* abundância; fertilidade.
Plenty (plén-ti) *s* abundância; fartura.
Plenty (plén-ti) *adj* abundante.
Plenty (plén-ti) *adv* bastante.
Plethora (plé-thorâ) *s* excesso; superabundância de seiva; ANAT pletora.
Pliability (pláiâbi-liti) *s* flexibilidade; docilidade; brandura.
Pliable (plái-âbl) *adj* dobradiço; flexível; brando.
Pliancy (plái-ânsi) *s* flexibilidade; docilidade.
Plier (pláir) *s* alicate; tenaz.
Plight (pláit) *s* penhor; promessa; dobra; aperto.
Plight (pláit) *v* penhorar; empenhar.
Plod (plód) *v* labutar; andar com dificuldade.
Plodder (pló-dâr) *s* trabalhador; labutador.
Plodding (pló-dinn) *s* labuta.
Plodding (pló-dinn) *adj* laborioso; trabalhador.
Plop (plóp) *adv* repentinamente; subitamente.
Plot (plót) *s* conluio; trama; enredo.
Plot (plót) *v* tramar; conspirar.
Plotter (pló-târ) *s* conspirador; maquinador.
Plotting (pló-tinn) *s* traçado de plano; conspiração; loteamento de terras.
Plough (pláu) *s* arado; charrua.
Plough (pláu) *v* lavrar; arar.
Plougher (pláu-âr) *s* lavrador.
Ploughing (pláu-inn) *s* lavra; lavoura.
Ploughman (pláu-maen) *s* lavrador; campônio.
Pluck (plák) *s* valor; ânimo; coragem; resolução.
Pluck (plák) *v* arrancar; depenar.
Plucky (plâ-ki) *adj* valente; corajoso; valoroso.
Plug (plág) *s* rolha; registro; tabaco torcido; tomada.
Plug (plág) *v* arrolhar; tapar.
Plum (plâmm) *s* ameixa; GÍR sorte: cem mil libras esterlinas; riqueza; fortuna.
Plumage (plu-midj) *s* plumagem; adorno; enfeite.
Plumb (plâmm) *s* prumo; fio de prumo.
Plumb (plâmm) *v* chumbar; soldar; sondar; pôr a prumo.
Plumb (plâmm) *adj* completo; acabado; perfeito.
Plumb (plâmm) *adv* perpendicularmente.
Plumber (plâ-mâr) *s* chumbador; bombeiro.
Plumbing (plâ-minn) *s* serviço de bombeiro.
Plume (plumm) *s* pluma; orgulho; jactância.
Plume (plumm) *v* jactar-se; depenar.
Plumed (plum-d) *adj* plumoso; emplumado.
Plummet (plâ-met) *s* prumo; sonda; contrapeso.
Plump (plâmp) *s* bando; grupo; aglomerado.
Plump (plâmp) *v* engordar; cair pesadamente.
Plump (plâmp) *adj* gordo; brusco; rude.
Plump (plâmp) *adv* repentinamente.
Plumpness (plâmp-néss) *s* gordura; descortesia.
Plumpy (plâm-pi) *adj* gordo; roliço; corpulento.
Plunder (plân-dâr) *s* saque; pilhagem; roubo.
Plunder (plân-dâr) *v* saquear; pilhar; mergulhar; arremessar-se.
Plunderer (plân-dârâr) *s* pirata; saqueador.
Plundering (plân-dârinn) *s* saque; pilhagem.
Plunderous (plân-dârâss) *adj* espoliador; pilhador.
Plunge (plândj) *s* mergulho; imersão; salto; arremesso; aperto.
Plunge (plândj) *v* mergulhar; submergir.
Plunger (plân-djâr) *s* mergulhador; pescador de pérolas.
Plural (plu-râl) *adj* GRAM plural.
Plurality (pluré-liti) *s* pluralidade; USA maior número (votos).
Plus (plâss) *s* quantidade positiva; MAT sinal de mais.

PLUS — PORRINGER

Plus (plâss) *adj* mais; adicional; MAT positivo.
Plush (plâsh) *s* pelúcia; tecido macio.
Plushy (plâ-shi) *adj* felpudo.
Pluto (plutu) *s* Plutão (9º planeta do sistema solar).
Plutocracy (plutó-krássi) *s* plutocracia.
Plutocratic (plutokré-tik) *adj* plutocrático.
Pluvial (plu-viál) *adj* pluvial; chuvoso.
Ply (plâi) *s* prega; dobra; hábito; costume.
Ply (plâi) *v* trabalhar ativamente; insistir; dobrar.
Pneumatic (pniumé-tik) *adj* pneumático.
Pneumonia (niumôu-niâ) *s* pneumonia.
Poach (pôutsh) *v* magoar; pisar; contundir; cozer em água quente; caçar onde é proibido.
Poacher (pôu-tshâr) *s* caçador ilegal; ladrão de caça.
Pock (pók) *s* pústula; varíola.
Pocket (pó-kit) *s* bolso; receptáculo; cavidade.
Pocket (pó-kit) *v* pôr no bolso; embolsar.
Pod (pód) *s* casca; vagem.
Pod (pód) *v* inchar; encher-se.
Podgy (pó-dji) *adj* gordo; graxo; atarracado.
Poem (pôu-emm) *s* poema; poesia.
Poet (pôu-et) *s* poeta.
Poetry (pôu-etri) *s* poesia.
Pogrom (pogró-mm) *s* massacre; morticínio; devastação.
Poignancy (pói-nânsi) *s* violência; aspereza.
Poignant (pói-nânt) *adj* pungente; doloroso; comovente.
Point (póint) *s* ponta; ponto; bico; cabo; promontório; sinal de pontuação; intento; pormenor; ponto de vista.
Point (póint) *v* apontar; aguçar; dirigir; indicar; fazer sentir; salientar.
Pointed (póin-tid) *adj* pontiagudo; aguçado; satírico.
Pointedness (póin-tidnéss) *s* azedume; aspereza; sutileza.
Pointer (póin-târ) *s* indicador; ponteiro; buril; perdigueiro.
Pointing (póin-tinn) *s* pontuação; pontaria; apontamento.
Pointless (póin-tléss) *adj* obtuso; sem ponta.
Poise (póiz) *s* peso; equilíbrio.
Poise (póiz) *v* equilibrar; pesar.
Poison (póiz-n) *s* veneno; tóxico.
Poison (póiz-n) *v* intoxicar; envenenar.
Poisoner (póiz-nâr) *s* envenenador; sedutor; corruptor.
Poisoning (póiz-ninn) *s* envenenamento; intoxicação.
Poisonous (póiz-nâss) *adj* venenoso; tóxico.
Poke (pôuk) *s* impulso; jugo; bolsa; saco.
Poke (pôuk) *v* empurrar; atiçar; andar às apalpadelas.
Poker (pôu-kâr) *s* pôquer (jogo); atiçador de fogo.
Poky (pôu-ki) *adj* lento; estúpido; pequeno; acanhado.
Pole (pôul) *s* polo; estaca; vara de medir; mastro.
Poleaxe (pôul-éks) *s* machadinha.
Polecat (pôul-két) *s* doninha (animal).
Polemic (polé-mik) *adj* polêmico; controverso.
Polemics (polé-miks) *s* polêmica, debate oral.
Police (pôli-ss) *s* polícia.
Police (pôli-ss) *v* policiar; vigiar.
Policeman (pôlis-maen) *s* policial.
Policy (pó-lissi) *s* política; prudência; astúcia.
Polish (pó-lish) *s* polimento; cortesia.
Polish (pó-lish) *v* polir; lustrar; engraxar.
Polite (pólái-t) *adj* polido; cortês; fino; elegante.
Politely (pólái-tli) *adv* delicadamente; cortesmente.
Politeness (poláit-néss) *s* urbanidade; cortesia; delicadeza.
Politic (pó-litik) *adj* político; sagaz; ladino.
Politician (políti-shânn) *s* político; estadista.
Politics (pó-litiks) *s* política; artifício eleitoral.
Polity (pó-liti) *s* política; sociedade política.
Poll (pôul) *s* cabeça; lista; rol; nomeação; eleição; escrutínio; matrícula.
Poll (pôul) *v* tosquiar; desramar; votar.
Pollard (pó-lârd) *s* árvore podada.
Pollard (pó-lârd) *v* podar árvores.

Polling (pôu-linn) *s* votação; escrutínio.
Pollute (póliu-t) *v* poluir; manchar; desonrar.
Polluter (póliu-târ) *s* corruptor; profanador; contaminador.
Pollution (póliu-shânn) *s* poluição; corrupção; profanação.
Poltroon (pól-trunn) *s* poltrão; covarde.
Poltroonery (póltru-nâri) *s* covardia.
Polygamous (pol-gâmâss) *adj* polígamo.
Polygamy (poli-gâmi) *s* poligamia.
Polyglot (pó-liglót) *s* poliglota.
Polyglot (pó-liglót) *adj* poliglota.
Pomace (pâ-miss) *s* polpa (maçã, de frutas).
Pomade (pomêi-d) *s* pomada; brilhantina.
Pomegranate (póm-grénit) *s* romã.
Pommel (pâm-mél) *s* pomo; punho de espada.
Pommel (pâm-mél) *v* bater; surrar.
Pomp (pómp) *s* pompa; esplendor; fausto.
Pomposity (pómpó-siti) *s* pompa; ostentação.
Pompous (póm-pâss) *adj* pomposo; aparatoso.
Pond (pómp) *s* tanque; bacia; reservatório (água).
Ponder (pón-dâr) *v* ponderar; meditar; refletir.
Ponderable (pón-dârâbl) *adj* ponderável.
Ponderous (pón-dârâss) *adj* grave; ponderado; veemente.
Ponderousness (pón-dârâsnéss) *s* peso; gravidade.
Poniard (pó-niârd) *s* punhal pequeno.
Poniard (pó-niârd) *v* apunhalar.
Pontiff (pón-tif) *s* pontífice; Papa.
Pontificate (pónti-fikit) *s* pontificado.
Pontoon (póntu-nn) *s* chata; barcaça; doca que flutua; barca.
Pony (pôu-ni) *s* pônei, pequeno cavalo; GÍR dinheiro.
Poodle (pud-l) *s* cachorro.
Pool (pul) *s* lago; piscina; jogo de bilhar; COM fusão de interesses.
Pool (pul) *v* COM conciliar interesses.
Poop (pup) *s* NÁUT popa (posterior à proa).
Poor (pur) *adj* pobre; necessitado; infeliz.
Poorness (pur-néss) *s* pobreza; necessidade; miséria.
Pop (póp) *s* estalo; detonação; estouro; ruído; MÚS concerto popular.
Pop (póp) *v* estalar; sobrevir de repente; atirar; soltar; disparar.
Popcorn (póp-kórnn) *s* milho de pipoca; pipoca estourada.
Pope (pôup) *s* Papa.
Popedom (pôup-dâmm) *s* papado.
Popery (pôu-pâri) *s* papismo; catolicismo.
Popinjay (pó-pindjêi) *s* cafajeste; malandro.
Popish (pôu-pish) *adj* papista; católico.
Poplin (pó-plinn) *s* popelina (tecido).
Popple (póp-l) *v* mexer-se; deslizar; agitar-se.
Poppy (pó-pi) *s* papoula.
Populace (pó-piuliss) *s* populaça; plebe; povo.
Popular (pó-piulâr) *adj* popular; do povo.
Popularity (pópiulé-riti) *s* popularidade.
Popularize (pó-piuláráiz) *v* popularizar; vulgarizar.
Populate (pó-piulêit) *v* povoar; propagar-se.
Population (pópiulêi-shânn) *s* população.
Populous (pó-piulâss) *adj* populoso.
Porcelain (pórs-linn) *s* porcelana; louça refinada.
Porcelain (pórs-linn) *adj* de porcelana.
Porch (pórtsh) *s* pórtico; átrio; vestíbulo.
Porcupine (pór-kiupáinn) *s* porco-espinho; ouriço.
Pore (pôur) *s* poro.
Pore (pôur) *v* ter os olhos fixos em; estudar atentamente.
Pork (pórk) *s* carne de porco; USA negociata.
Porker (pór-kâr) *s* porco; marrão; capado.
Porkling (pór-klinn) *s* leitão.
Porky (pór-ki) *adj* porcino; gordo; USA porco-espinho.
Porosity (póró-siti) *s* porosidade.
Porous (pôu-râss) *adj* poroso.
Porridge (pó-ridj) *s* cozido; mingau; papa de aveia.
Porringer (pó-rindjâr) *s* tigela.

Port (pórt) *s* porto; baía; porta; portal.
Port (pórt) *v* levar; conduzir; passar a bombordo.
Portable (pór-tábl) *adj* portátil; desmontável; manual.
Portage (pór-tidj) *s* porte; espaço entre dois rios ou canais.
Portal (pór-tâl) *s* portal; fachada.
Portative (pór-tátiv) *adj* portátil.
Portend (pórtén-d) *v* prognosticar; pressagiar; vaticinar.
Portent (pórtén-t) *s* presságio; vaticínio.
Portentous (pórtén-tâss) *adj* nefasto; prodigioso; portentoso.
Porter (pór-târ) *s* porteiro; carregador.
Porterage (pór-târidj) *s* transporte; ofício de porteiro.
Portion (pór-shânn) *s* porção; quinhão.
Portion (pór-shânn) *v* dotar; repartir.
Portioner (pór-shânâr) *s* dividador; distribuidor.
Portliness (pór-tlinéss) *s* ar solene; porte majestoso.
Portly (pór-tli) *adj* majestoso; nobre; grosso.
Portrait (pór-trit) *s* retrato; pintura.
Portray (pórtré-i) *v* retratar; descrever; pintar.
Portrayal (pórtré-âl) *s* retrato; pintura; descrição; desenho.
Portrayer (pórtré-âr) *s* pintor; desenhista; retratista.
Portuguese (pórtiughi-z) *s* o português; a língua portuguesa.
Portuguese (pórtiughi-z) *adj* português.
Pose (pôuz) *s* postura; pose estudada.
Pose (pôuz) *v* posar; embaraçar.
Poser (pôu-zâr) *s* pergunta embaraçosa; examinador.
Position (pozi-shânn) *s* posição social; colocação; categoria.
Positive (pó-zitiv) *adj* positivo; formal; categórico; imperativo; teimoso.
Positiveness (pó-zitivnéss) *s* positividade; certeza; segurança; obstinação.
Positivism (pó-zitivism) *s* certeza; positivismo.
Positivist (pó-zitivist) *s* positivista.
Possess (pózé-ss) *v* possuir; ter; apoderar-se de.
Possession (pózé-shânn) *s* possesso; domínio; posse.
Possessive (pózé-siv) *s* GRAM o caso possessivo.
Possessive (pózé-siv) *adj* possessivo.
Possessor (pózé-sâr) *s* possuidor; dominador.
Possibility (póssibi-liti) *s* possibilidade.
Possible (pó-sibl) *adj* possível.
Possibly (pó-sibli) *adv* possivelmente; provavelmente.
Post (pôust) *s* poste; pilar; correio; posto; emprego; mensageiro; cargo.
Post (pôust) *v* lançar; registrar; informar; colocar no correio.
Post (pôust) *adv* rapidamente.
Postage (pôs-tidj) *s* porte; franquia postal; tarifa.
Postal (pôus-tâl) *adj* postal.
Poster (pôus-târ) *s* cartaz; afixador de cartazes.
Posterity (posté-riti) *s* posteridade; as gerações futuras.
Postern (pôus-târn) *s* porta traseira; portinhola.
Posthumous (pós-tiumâss) *adj* póstumo.
Postman (pôust-maen) *s* carteiro; USA MAILMAN.
Postmark (pôust-márk) *s* carimbo do correio.
Postmark (pôust-márk) *v* carimbar.
Postmaster (pôust-maestâr) *s* agente do correio.
Postpone (pôust-pôunn) *v* pospor; adiar; transferir.
Postponement (pôst-pôunment) *s* transferência; adiamento.
Postscript (pousscript) *s* pós escrito (postscriptum).
Postulate (pós-tiulit) *s* postulado.
Postulate (pós-tiulit) *v* solicitar.
Posture (pós-tshur) *s* postura; posição; atitude; situação; condição.
Posture (pós-tshur) *v* colocar em posição.
Posy (pôu-zi) *s* divisa; conceito; pensamento; flor.
Pot (pót) *s* panela; pote; aposta conjunta; taça prêmio.
Potable (pôu-tâbl) *s* qualquer bebida.
Potable (pôu-tâbl) *adj* potável.
Potash (pó-tésh) *s* potassa; carbonato de potássio.
Potation (pôutêi-shânn) *s* bebida; gole; trago.
Potato (potêi-tôu) *s* batata.

Potency (pôu-tensi) *s* potência; força; autoridade.
Potent (pôu-tent) *adj* potente; forte; poderoso.
Potentate (pôu-tentêit) *s* potentado; soberano.
Potential (potén-shâl) *s* potencial; potência.
Potential (potén-shâl) *adj* potencial; possível; virtual; eficaz.
Potentiality (poténshiê-liti) *s* potencialidade; força; virtualidade; possibilidade.
Pother (pó-dhâr) *s* bulha; confusão; motim.
Pother (pó-dhâr) *v* atormentar; alvoroçar; importunar; esforçar-se em vão.
Potion (pôu-shânn) *s* poção.
Potsherd (pót-shârd) *s* caco.
Pottage (pó-tidj) *s* sopa; mingau; caldo.
Potter (pó-târ) *s* oleiro.
Potter (pó-târ) *v* trabalhar vagarosamente.
Potterer (pó-tarâr) *s* preguiçoso.
Pottery (pó-târi) *s* olaria; cerâmica.
Pottle (pót-l) *s* jarro; vaso; pote; cesta de fruta.
Pouch (páutsh) *s* saco; bolso; bolsa; cartucheira.
Pouch (páutsh) *v* embolsar; engolir; tragar; dar gorjeta.
Poult (pôult) *s* pinto; frango.
Poulterer (pôul-târâr) *s* galinheiro; vendedor de galinha.
Poultice (pôul-tiss) *s* emplastro; cataplasma.
Poultice (pôul-tiss) *v* aplicar um cataplasma.
Poultry (pôul-tri) *s* aves domésticas.
Pounce (páunss) *s* garra; unha; pó de carvão.
Pounce (páunss) *v* lançar-se sobre; precipitar-se.
Pound (páund) *s* libra esterlina; curral.
Pound (páund) *v* moer; pilar.
Poundage (páun-didj) *s* porcentagem por libra.
Pounding (páun-dinn) *s* martelamento; pancadaria.
Pour (pôur) *s* temporal; chuvarada.
Pour (pôur) *v* derramar; espalhar; chover a cântaros.
Pourboire (purboâ-r) *s* propina; gorjeta.
Pouring (pôu-rinn) *adj* torrencial; de aguaceiro.
Pout (páut) *s* amuo; peru pequeno; enfado; mau humor.
Pout (páut) *v* embirrar; olhar raivoso.
Pouter (páu-târ) *s* pessoa amuada, mal-humorada.
Pouting (páu-tinn) *adj* mal-humorado; carrancudo.
Poverty (pó-vârti) *s* pobreza; indigência.
Powder (páu-dâr) *s* pó; polvilho; talco; pólvora.
Powder (páu-dâr) *v* pulverizar; empoar.
Power (páu-âr) *s* poder; força; energia; potência; força motriz.
Powerful (páu-ârful) *adj* poderoso; potente; forte.
Powerhouse (páu-ârhâuss) *s* usina elétrica; casa das máquinas.
Pox (póks) *s* pústula; doença venérea.
Practicable (prék-tikábl) *adj* praticável; viável.
Practical (prék-tikâl) *adj* prático; claro; fácil; útil.
Practically (prék-tikâli) *adv* praticamente; virtualmente.
Practice (prék-tiss) *s* prática; experiência; praxe; uso; clientela.
Practice (prék-tiss) *v* praticar; exercer.
Practicer (prék-tissâr) *s* prático; praticante; hábil.
Practitioner (prékti-shânâr) *s* profissional; médico; advogado.
Pragmatic (prég-mé-tik) *adj* pragmático; prático; filosófico.
Pragmatical (prégmé-tikâl) *adj* importuno; intrometido; pragmático.
Pragmatism (prég-mâtizm) *s* pragmatismo.
Pragmatist (prég-mâtist) *s* intrometido; importuno; impertinente.
Prairie (pré-ri) *s* pradaria; campina; planície.
Praise (prêi-z) *s* louvor; elogio; mérito; abono.
Praise (prêi-z) *v* louvar; elogiar; rezar.
Praiser (prêi-zâr) *s* admirador; louvador.
Praiseworthiness (prêiz-uârthinéss) *s* valor; merecimento.
Praiseworthy (prêiz-uârthi) *adj* louvável; meritório; encomiástico.
Pram (prámm) *s* carrinho de criança.
Prance (prénss) *v* empinar-se; saracotear.
Prank (prénk) *s* logro; burla.

PRANK — PREPONDERANCE

Prank (prénk) v ornar; enfeitar; adornar.
Pranking (prén-kinn) s adorno; enfeite.
Prankish (prén-kish) adj travesso; brincalhão.
Prate (prêit) s tagarelice; loquacidade.
Prate (prêit) v tagarelar.
Prater (prêi-tár) s palrador, charlatão.
Prattle (prét-l) s murmúrio; tagarelice.
Prattle (prét-l) v tagarelar; murmurar.
Prattler (prét-lár) s tagarela; murmurador.
Prawn (prónn) s lagostim.
Pray (prêi) v rezar; rogar; orar.
Prayer (prêi-ár) s aquele que reza; oração; prece; reza.
Prayer (prêi-ár) v rezar.
Prayerful (prér-ful ou prêi-árful) adj devoto; piedoso.
Preach (pritsh) v pregar; fazer sermões.
Preacher (pri-tshár) s pregador; que faz sermão.
Preachify (pri-tshifái) v arengar; discursar de modo maçante.
Preaching (pri-tshinn) s pregação; prédica.
Preamble (pri-émbl) s preâmbulo; exórdio; introdução.
Prearrange (priárêin-dj) v predispor, dispor com antecedência.
Precarious (prikéi-riáss) adj precário; incerto; duvidoso; perigoso.
Precatory (pré-kâtóuri) adj precatório; suplicante.
Precaution (prikó-shánn) s precaução; reserva; cuidado.
Precede (prissi-d) v preceder; antepor.
Precedence (prissi-dénss) s precedência; prioridade; superioridade.
Precedent (prissi-dént) s precedente; antecedente; exemplo.
Precedent (prissi-dént) adj precedente; antecedente; anterior.
Precept (pri-sépt) s preceito; regra; mandamento; máxima.
Preceptor (prissép-tár) s preceptor; mestre.
Precession (prissé-shánn) s precedência; ASTR precessão.
Preciosity (préshió-siti) s preciosismo.
Precious (pré-shâss) adj precioso; estimado; valioso; querido; amado.
Preciousness (pré-shásnéss) s preciosidade; alto preço; valia.
Precipice (pré-sipiss) s precipício; despenhadeiro.
Precipitance (prissi-pitánss) s precipitação.
Precipitate (prissi-pitêit) s QUÍM precipitado.
Precipitate (prissi-pitêit) v precipitar; precipitar-se; apressar-se.
Precipitate (prissi-pitêit) adj precipitado; imprudente.
Precipitation (prissipitêi-shánn) s precipitação; antecipação.
Precipitous (prissi-pitáss) adj precipitado; arrojado; violento.
Precise (prissái-ss) adj preciso; exato; definitivo; justo; formal.
Preciseness (prissáis-néss) s precisão; exatidão; pontualidade.
Precision (prissi-jánn) s precisão; exatidão; justeza.
Preclude (priklud) v impedir; excluir.
Preclusion (priklu-jánn) s exclusão.
Preclusive (priklu-siv) adj exclusivo; preventivo.
Precocious (prikó-shâss) adj precoce; prematuro; adiantado.
Precognition (pricóg-níshan) s precognição, pré-conhecimento.
Preconceive (prikónsi-v) v preconceber.
Preconception (prikónsép-shánn) s preconceito; opinião antecipada.
Precursor (prikár-sár) s precursor.
Predatory (pré-dâtóuri) adj predatório; voraz, depredatório.
Predecessor (prédissé-sár) s predecessor; antecessor.
Predestinate (pridés-tinêit) v predestinar, destinar de antemão.
Predestinate (pridés-tinêit) adj predestinado.
Predestination (pridéstinêi-shánn) s predestinação.
Predetermination (priditârminêi-shánn) s predeterminação.
Predetermine (priditár-minn) v predeterminar.
Predicament (pridi-kâment) s predicamento; categoria; condição; apuro.
Predicant (pré-diként) s afirmador; frade; dominicano.
Predicate (pré-dikêit) s GRAM predicado.

Predicate (pré-dikêit) v afirmar; basear.
Predictor (pridik-tár) s profetizador; profeta.
Predilection (pridilék-shánn) s predileção; preferência.
Predispose (pridispôuz) v predispor.
Predisposition (pridispôuzi-shánn) s predisposição.
Predominance (pridó-minánss) s predominância; supremacia.
Predominant (pridó-minánt) adj predominante; prepotente; influente.
Predominate (pridó-minêit) v predominar; prevalecer; influir.
Preeminence (prié-minénss) s preeminência; superioridade.
Preeminent (prié-minént) adj preeminente; supremo.
Preempt (priémpt) v JUR adquirir o direito de propriedade; apropriar de antemão.
Preemption (priémp-shánn) s JUR preempção.
Preemptor (priémp-tár) s JUR o que adquire direito de propriedade (de preempção).
Preface (pré-fiss) s prefácio; introdução.
Preface (pré-fiss) v prefaciar.
Prefatory (pré-fâtóuri) adj preliminar; preambular.
Prefect (pri-fékt) s prefeito.
Prefecture (prifék-tshur) s prefeitura.
Prefer (prifâ-r) v preferir; escolher; eleger; apresentar.
Preferable (pré-fârâbl) adj preferível.
Preference (pré-fârénss) s preferência; predileção; primazia.
Preferential (préfârén-shâl) adj preferencial.
Preferment (prifâr-ment) s promoção; elevação; cargo.
Prefix (prifik-ss) v prefixar.
Prefix (pri-fikiss) s prefixo.
Pregnable (prég-nâbl) adj expugnável; vencível; superável.
Pregnancy (prég-nánsi) s gravidez.
Pregnant (prég-nánt) adj grávida; prenhe; fértil.
Prehensile (pri-hén-sil) adj capaz de agarrar; tenaz.
Prehistoric (pri-histó-rik) adj pré-histórico.
Prejudge (pridjâ-dj) v prejulgar; conjeturar.
Prejudgement (pridjâdj-ment) s julgamento antecipado.
Prejudice (pré-djudiss) s preconceito; dano; prejuízo.
Prejudice (pré-djudiss) v predispor; prejudicar; causar dano.
Prejudicial (prédjudi-shâl) adj prejudicial; daninho; nocivo.
Prelate (pré-lit) s prelado.
Preliminary (prili-minéri) s preliminar; prelúdio; exórdio.
Preliminary (prili-minéri) adj preliminar; preparatório; introdutório.
Prelude (priliu-d) s prelúdio; prólogo; prefácio; v preceder.
Premeditate (primé-ditêit) v premeditar.
Premeditation (priméditêi-shánn) s premeditação.
Premise (primái-z) s premissa; instalação.
Premise (primái-z) v explicar; expor antecipadamente.
Premonition (primoni-shánn) s premonição; presságio; pressentimento.
Preoccupation (prióikupêi-shánn) s preocupação; prevenção; posse anterior.
Preoccupied (prió-kiupáid) adj preocupado.
Preoccupy (prió-kiupái) v preocupar; inquietar; ocupar primeiro.
Preparation (prépârêi-shánn) s preparação; preparativo; disposição; fabricação.
Preparative (pripé-râtiv) s preparativo.
Preparative (pripé-râtiv) adj preparatório.
Preparatory (pripé-râtôuri) s preparação.
Preparatory (pripé-râtôuri) adj preparatório; prévio.
Prepare (pripé-r) v preparar; aprontar.
Preparer (pripé-rár) s preparador.
Prepay (pripê-i) v pagar adiantadamente; franquear uma carta.
Prepayment (pripêi-ment) s pagamento com antecipação; franquia postal.
Prepense (pripén-ss) adj premeditado; preparado com antecipação.
Preponderance (pripón-dârânss) s preponderância; predomínio; prepotência.

Preponderant (pripón-dârânt) *adj* preponderante.
Preponderate (pripón-dârêit) *v* sobrepujar; predominar; prevalecer.
Preponderation (pripón-dârêi-shânn) *s* predomínio; preponderância.
Preposition (prepózi-shânn) *s* GRAM preposição.
Prepositive (pripó-zitiv) *adj* prepositivo; prefixo; que vai adiante.
Prepossess (pripózé-ss) *v* causar boa impressão; ter a posse anterior.
Prepossession (pripózé-shânn) *s* impressão a favor; ocupação prévia.
Preposterous (pripós-târâss) *adj* absurdo; ridículo; importuno.
Prerogative (priro-gâtiv) *s* prerrogativa; privilégio.
Prerogative (priro-gâtiv) *adj* privilegiado.
Presage (prissêi-dj) *s* presságio; pressentimento; prognóstico.
Presage (prissêi-dj) *v* pressagiar; profetizar; predizer.
Presbyter (prés-bitâr) *s* presbítero; padre; sacerdote; dirigente da Igreja Presbiteriana (Ancião).
Presbyterian (présbiti-riânn) *s* presbiteriano; *adj* presbiteriano.
Presbytery (prés-bitâri) *s* presbitério; RELIG assembleia de pastores e anciãos (Igreja Presbiteriana).
Preschool (priskul) *s* jardim de infância.
Preschool (priskul) *adj* pré-escolar.
Prescience (pri-shiénss) *s* presciência; previsão.
Prescribe (priskrái-b) *v* prescrever; receitar.
Prescript (pris-kript) *s* prescrição; regra; preceito.
Prescription (priskrip-shânn) *s* prescrição; receita médica.
Prescriptive (priskrip-tiv) *adj* prescritivo; sancionado; prescrito.
Presence (pré-zenss) *s* presença; porte; aparição; auditório.
Present (pré-zent) *s* o presente; o tempo atual; GRAM tempo presente; dádiva.
Present (pré-zent) *v* apresentar; presentear.
Present (pré-zent) *adj* presente; vigente; corrente; GRAM presente.
Presentation (prézentêi-shânn) *s* apresentação; exibição; oferecimento.
Presentiment (prissén-timént) *s* pressentimento; prenúncio.
Presently (pré-zentli) *adv* presentemente; daqui a pouco; logo.
Presentment (prézént-ment) *s* apresentação; semelhança; conduta; representação; denúncia; acusação.
Preservation (prézârvêi-shânn) *s* preservação; resguardo.
Preservative (prizâr-vâtiv) *s* preservativo; profilático; preventivo.
Preservative (prizâr-vâtiv) *adj* preservativo; profilático; preventivo.
Preserve (prizâr-v) *s* conserva; compota.
Preserve (prizâr-v) *v* preservar; proteger; conservar.
Preserver (prizâr-vâr) *s* preservador; conservador.
Preside (prizáid) *v* presidir; dirigir; superintender.
Presidency (pré-zidénsi) *s* presidência; governo.
President (pré-zidént) *s* presidente.
Presidential (prézidén-shâl) *adj* presidencial.
Press (préss) *s* prensa; imprensa; multidão; opressão.
Press (préss) *v* apertar; exigir pressa.
Presser (pré-sâr) *s* prensador; impressor.
Pressing (pré-sinn) *s* pressa; diligência.
Pressing (pré-sinn) *adj* urgente; importante.
Pression (pré-shânn) *s* pressão; opressão; urgência.
Pressman (prés-maen) *s* impressor; jornalista.
Pressure (pré-shâr) *s* pressão; aperto; urgência; impulso; impressão.
Prestidigitation (préstididjitêi-shânn) *s* prestidigitação; ilusionismo.
Prestidigitator (préstidi-djitêitâr) *s* prestidigitador.
Prestige (prés-tidj) *s* prestígio; reputação; influência.
Presumable (priziu-mâbl) *adj* presumível; provável.

Presume (priziu-mm) *v* presumir; abusar da bondade de; ousar; atrever-se.
Presumption (prizâmp-shânn) *s* presunção; conjetura; suspeita; arrogância.
Presumptive (prizâmp-tiv) *adj* presuntivo; suposto; presumido; vaidoso.
Presumptuous (prizâmp-tiuáss) *adj* presunçoso; vaidoso; arrogante; insolente.
Presuppose (prissâpôu-z) *v* pressupor; presumir.
Presupposition (prissâpôuzi-shânn) *s* pressuposição; conjetura.
Pretend (pritén-d) *v* pretextar; fingir; simular.
Pretender (pritén-dâr) *s* impostor; embusteiro.
Pretense (pritén-ss) *s* pretexto; pretensão; máscara; simulação.
Pretension (pritén-shânn) *s* pretexto; simulação; pretensão.
Pretentious (pritén-shâss) *adj* pretensioso; afetado.
Preterite (pré-târite) *s* pretérito; passado.
Preterite (pré-târite) *adj* pretérito.
Preternatural (pritârné-tshurâl) *adj* sobrenatural; extraordinário.
Pretext (pritéks-t) *s* pretexto; fingimento; dissimulação.
Prettiness (pri-tinéss) *s* beleza; graça; formosura; elegância.
Pretty (pri-ti) *adj* bonito; mimoso; elegante; garboso; muito.
Prevail (privêi-il) *v* prevalecer; sobrepujar.
Prevailing (privêi-linn) *adj* predominante; eficaz; salutar.
Prevalence (pré-vâlénss) *s* predomínio; preponderância; domínio.
Prevalent (pré-vâlént) *adj* predominante; eficaz; preponderante.
Prevaricate (privé-rikêit) *v* prevaricar; tergiversar; mentir.
Prevarication (privérikêi-shânn) *s* falsidade; prevaricação; engano.
Prevaricator (privé-rikêi-târ) *s* prevaricador; embusteiro.
Prevent (privén-t) *v* prevenir; evitar; impedir.
Preventable (privén-tâbl) *adj* evitável.
Prevention (privén-shânn) *s* prevenção; impedimento; estorvo.
Preventive (privén-tiv) *adj* preventivo; profilático.
Preview (pri-viu) *s* pré-estreia.
Previous (pri-viâss) *adj* prévio; antecipado; anterior.
Previousness (pri-viâsnéss) *s* anterioridade; prioridade.
Prevision (privi-jânn) *s* previsão; profecia.
Prexy (préchi) *s* GÍR USA presidente (no jornalismo).
Prey (préi) *s* presa; depredação; pilhagem.
Prey (préi) *v* pilhar; devorar; FIG remoer.
Price (práiss) *s* preço; valor; prêmio.
Price (práiss) *v* avaliar; fixar.
Priceless (práis-léss) *adj* inestimável; GÍR bizarro; absurdo.
Prick (prik) *s* instrumento agudo; mira; alfinetada; remorso.
Prick (prik) *v* picar; ferroar; encravar um cavalo; levantar as orelhas; ataviar-se.
Pricker (pri-kâr) *s* ponta; bico; espinho; picador.
Pricking (pri-kinn) *s* picada; comichão.
Prickle (prik-l) *s* bico; pua; espinho.
Pride (práid) *s* orgulho; vaidade; jactância; insolência.
Pride (práid) *v* orgulhar-se; jactar-se; vangloriar-se.
Priest (prist) *s* padre; sacerdote.
Priesthood (prist-hud) *s* sacerdócio; clero.
Priestly (pris-tli) *adj* sacerdotal; clerical; eclesiástico.
Prig (prig) *s* tolo; estúpido; pedante.
Prig (prig) *v* furtar; surrupiar.
Priggish (pri-ghish) *adj* presunçoso; afetado.
Priggishness (pri-ghishnéss) *s* presunção; afetação.
Prim (primm) *adj* afetado; presumido.
Prim (primm) *v* afetar; requebrar-se.
Primacy (prái-mâssi) *s* primazia; superioridade; precedência.
Primal (prái-mâl) *adj* original; primeiro; principal.
Primariness (prái-mârinéss) *s* primazia; superioridade.
Primary (prái-mâri) *adj* primário; primeiro; primitivo; original; elementar.

Primate (prái-mit) *s* primaz; zoo primata.
Prime (práimm) *s* manhã; alvor; prima.
Prime (práimm) *adj* primeiro; primitivo; principal; seleto; escolhido; MAT número primo.
Prime (práimm) *v* estar preparado; aparelhar; esclarecer.
Primer (prái-mâr) *s* cápsula de cartucho; espoleta; cartilha; livro.
Primeval (práimi-vâl) *adj* primitivo; original; primário; primeiro.
Priming (prái-minn) *s* primeira mão em pintura; preparação; fermentação.
Primitive (pri-mitiv) *adj* primitivo; primordial; originário.
Primness (prim-néss) *s* afetação; pedantismo; melindre.
Primordial (práimór-diâl) *s* primórdio; origem.
Primordial (práimór-diâl) *adj* primordial; primitivo.
Primrose (prim-rôuz) *s* primavera (flor).
Primrose (prim-rôuz) *adj* de cor amarela.
Prince (prinss) *s* príncipe, primogênito do rei.
Princedom (prins-dâmm) *s* principado.
Princelike (prins-láik) *adj* principesco.
Princess (prin-séss) *s* princesa.
Principal (prin-sipâl) *s* chefe; gerente; capital; JUR constituinte; registro de órgão.
Principal (prin-sipâl) *adj* principal; capital; fundamental; essencial.
Principality (prinsipé-liti) *s* superioridade; primazia; soberania.
Principle (prin-sipl) *s* princípio; causa; origem; fundamento; motivo.
Principle (prin-sipl) *v* instruir; incutir; principiar; formar o espírito de alguém.
Prink (prink) *v* enfeitar-se; pavonear-se.
Print (print) *s* impressão; estampa; tipo de imprensa; jornal.
Print (print) *v* imprimir; desenhar letras de forma; moldar a pena.
Printed (prin-tid) *adj* impresso; estampado.
Printer (prin-târ) *s* impressor; tipógrafo.
Printery (prin-târi) *s* tipografia; USA estamparia.
Printing (prin-tinn) *s* impressão; tipografia; imprensa; impresso.
Printworks (print-uórks) *s* estamparia; USA PRINTERY.
Prior (prái-âr) *s* prior.
Prior (prái-âr) *adj* anterior; prévio.
Priority (práió-riti) *s* prioridade; precedência.
Prism (prizm) *s* prisma.
Prismatic (prizmé-tik) *adj* prismático.
Prison (priz-n) *s* prisão; cárcere.
Prison (priz-n) *v* prender; encarcerar.
Prisoner (priz-nâr) *s* prisioneiro; preso.
Pristine (pris-tinn) *adj* pristino; primitivo; original.
Privacy (prái-vâssi) *s* retiro; privacidade; solidão.
Private (prái-viti) *adj* privado; secreto; particular; solitário; reservado.
Privateness (prai-vitness) *s* segredo; retiro; recolhimento.
Privation (práivêi-shânn) *s* privação; escassez; carência.
Privative (pri-vâtiv) *s* negação.
Privative (pri-vâtiv) *adj* privativo; negativo.
Privilege (pri-vilidj) *s* privilégio; graça; imunidade.
Privilege (pri-vilidj) *v* privilegiar; eximir.
Privity (pri-viti) *s* confidência; segredo; informe.
Privy (pri-vi) *s* JUR interessados.
Privy (pri-vi) *adj* privado; secreto; íntimo.
Prize (prái-z) *s* prêmio; recompensa; vantagem inesperada.
Prize (prái-z) *v* premiar; avaliar.
Prizer (prái-zâr) *s* avaliador; apreciador.
Pro (prôu) *s* voto a favor.
Pro (prôu) *adv* por; a favor de; para.
Pro (prôu) *prep* por; a favor de; para.
Probability (próbâbi-liti) *s* probabilidade; possibilidade.
Probable (pró-bâbl) *adj* provável; plausível; possível.

Probate (prôu-bêit) *s* JUR determinação do valor das joias deixadas em testamento; comprovação de testamento.
Probation (prôubêi-shânn) *s* prova; exame; provação; noviciado.
Probationer (prôubêi-shânâr) *s* candidato; noviço; aprendiz; aspirante.
Probative (prôu-bâtiv) *adj* probatório.
Probe (prôub) *s* sonda; prova; sindicância.
Probe (prôub) *v* sondar; explorar; provar.
Probity (pró-biti) *s* probidade; honradez; honestidade.
Problem (pró-blémm) *s* problema; questão.
Problematic (próblemé-tik) *adj* duvidoso; problemático.
Procedure (prossi-djur) *s* procedimento; processo; funcionamento.
Proceed (prossi-d) *v* proceder; encaminhar; aviar; provir; prosseguir; processar.
Proceeding (prossi-dinn) *s* procedimento; processo; conduta.
Proceeds (prôu-sidz) *s* produtos; ganhos; rendas.
Process (pró-séss) *s* procedimento; tratamento; curso; processo.
Process (pró-séss) *v* processar.
Procession (prossé-shânn) *s* marcha; andamento; procissão; cavalgada.
Proclaim (proklêi-mm) *v* proclamar; professar.
Proclaimer (proklêi-mâr) *s* proclamador; aclamador.
Proclamation (proklâmêi-shânn) *s* proclamação; edital; édito; edito; decreto.
Proclivity (prokli-viti) *s* propensão; tendência; predisposição.
Procrastinate (prokrés-tinêit) *v* procrastinar; adiar; pospor.
Procrastination (prokréstinêi-shânn) *s* procrastinação; delonga; demora; adiamento.
Procreate (prôu-kriêit) *v* procriar; gerar; ocasionar.
Procreation (prôkriêi-shânn) *s* procriação; germinação; geração.
Procreator (prôu-kriêitâr) *s* procriador; genitor; pai.
Proctor (prók-târ) *s* procurador; censor; inspetor de colégio.
Procuration (prókiurêi-shânn) *s* JUR procuração.
Procurator (pró-kiurêitâr) *s* JUR procurador.
Procure (prokiu-r) *v* achar; obter; encontrar; conseguir.
Prod (pród) *s* objeto de ponta; picada.
Prod (pród) *v* picar; agulhar.
Prodigal (pró-digâl) *adj* pródigo; perdulário; abundante.
Prodigality (pródighé-liti) *s* prodigalidade.
Prodigious (prodi-djâss) *s* prodigioso; maravilhoso; extraordinário.
Prodigy (pró-didji) *s* prodígio; maravilha.
Produce (prodiu-ss) *s* produto; produção; rendimento; provisões.
Produce (prodiu-ss) *v* produzir; render; prolongar; exibir; mostrar.
Producer (prodiu-sâr) *s* produtor; autor; diretor, empresário (de teatro).
Producible (prodiu-sibl) *adj* produtível.
Product (pró-dâkt) *s* produto; resultado; rendimento.
Production (prodâk-shânn) *s* produção; composição; apresentação; produto.
Productive (prodâk-tiv) *adj* produtivo; fértil; lucrativo.
Profanation (profânêi-shânn) *s* profanação.
Profane (profêi-nn) *adj* profano; não sagrado; leigo; secular.
Profane (profêi-nn) *v* profanar; violar.
Profaner (profêi-nâr) *s* profanador; sacrílego; violador.
Profess (profé-ss) *v* professar; exercer; reconhecer; declarar; proclamar.
Professed (profés-t) *adj* professo; manifesto; declarado.
Profession (profé-shânn) *s* profissão; mister; ofício; arte; declaração.
Professional (profé-shânâl) *s* profissional; que tem conhecimento de algum tipo de ofício ou arte.
Professional (profé-shânâl) *adj* de profissão.

Professor (profé-sår) s professor.
Professorate (profé-sårit) s professorado; magistério.
Proffer (pró-får) s oferecimento; proposta.
Proffer (pró-får) v oferecer; propor.
Profferer (pró-fårår) s ofertante; proponente.
Proficiency (profi-shênsi) s proficiência; talento; capacidade.
Proficient (profi-shent) adj proficiente; perito; hábil.
Profile (prôu-fáil) s perfil; recorte; contorno; recorte.
Profile (prôu-fáil) v desenhar o perfil de.
Profit (pró-fit) s lucro; proveito; utilidade.
Profit (pró-fit) v aproveitar; lucrar.
Profitable (pró-fitåbl) adj proveitoso; produtivo; vantajoso.
Profitableness (pró-fitåblnéss) s proveito; utilidade; vantagem.
Profiteer (prófitir-) s explorador (do povo).
Profitless (pró-fitléss) adj desvantajoso; que não tem proveito.
Profligacy (pró-fligássi) s desregramento; libertinagem; depravação.
Profligate (pró-flighêit) s desregrado; libertino; imoral.
Profligate (pró-flighêit) adj desregrado; libertino; imoral.
Profound (profáund) s profundidade.
Profound (profáund) adj profundo; fundo; extremo; intenso.
Profuse (profiu-ss) adj profuso; copioso; intenso.
Profusion (profiu-jånn) s profusão; abundância; prodigalidade; desperdício.
Progenitor (prodjé-nitår) s progenitor.
Progeny (pró-djini) s progênie; prole; descendência.
Prognostic (prógnóus-tik) s prognóstico.
Prognosticate (prógnóus-tikêit) v prognosticar; vaticinar.
Program (prôu-grémm) s programa; plano; projeto.
Progress (progré-ss) s progresso; avanço; melhoramento.
Progress (progré-ss) v melhorar; progredir; avançar; continuar.
Progression (progré-shånn) s progressão; marcha; sequência.
Progressist (progré-sist) s progressista.
Progressive (progré-siv) adj progressivo.
Prohibit (pro-hi-bit) v proibir; tolher; obstar.
Prohibition (pro-hibi-shånn) s proibição; interdição; impedimento.
Prohibitive (pro-hibi-bitiv) adj proibitivo.
Prohibitor (pro-hi-bitår) s proibidor.
Project (pró-djékt) s projeto; plano; traçado.
Project (pró-djékt) v projetar; inventar; lançar-se; arremessar; atirar.
Projection (prodjék-shånn) s projeção; ação de projetar-se; efeito de projetar-se.
Proletarian (prôulitêi-riânn) s proletário; operário.
Prolific (proli-fik) adj prolífico; produtivo; fecundo.
Prolificness (proli-fiknéss) s fecundidade; fertilidade.
Prolix (prôu-liks) adj prolixo; superabundante.
Prolixity (prolik-siti) s prolixidade; superabundância.
Prolog (prôu-lóg) s prólogo; introdução; prefácio.
Prolong (proló-nn) v prolongar; alongar; dilatar.
Prolongation (prolonghêi-shånn) s prolongamento; prorrogação; continuação.
Promenade (prómená-d) s passeio; USA baile; v passear; dar um passeio.
Prominence (pró-minénss) s eminência; importância; distinção.
Prominent (pró-minént) adj proeminente; eminente; conspícuo; saliente.
Promiscuity (promiskiu-iti) s promiscuidade; mistura; confusão.
Promiscuous (promis-kiuåss) adj promíscuo; confuso; misturado.
Promise (pró-miss) s promessa; compromisso.
Promise (pró-miss) v prometer; dar esperança; *he promised he wouldn't be late*: ele prometeu que não chegaria atrasado.
Promiser (pró-missår) s prometedor.
Promote (promôut) v promover; elevar; favorecer; animar; patrocinar.

Promoter (promôu-tår) s promotor; agente; autor.
Promotion (promôu-shånn) s promoção; adiantamento; incentivo.
Promotive (promôu-tiv) adj aquele que está propenso a promover algo.
Prompt (prómp-t) s termo; dia de vencimento.
Prompt (prómp-t) v impelir; soprar; cochichar; TEATR ponto (aquele que antecipa as falas da peça aos artistas).
Prompt (prómp-t) adj pronto; rápido; vivo; exato; ativo.
Prompter (prómp-tår) s incitador; instigador; TEATR ponto (aquele que fica escondido antecipando as falas aos atores).
Prompting (prómp-tinn) s insinuação; persuasão; sugestão.
Promptitude (prómp-titiud) s prontidão; pontualidade; exatidão.
Promulgate (promâl-ghêit) v promulgar; tornar público; anunciar.
Promulgation (promâlghêi-shånn) s promulgação.
Promulgator (pro-mâlghêitår) s promulgador.
Prone (prônn) adj deitado; debruçado; propenso; inclinado.
Prong (prónn) s instrumento pontiagudo; enxadão.
Pronoun (prôu-náunn) s GRAM pronome.
Pronounce (pronáun-ss) v pronunciar; declarar; JUR dar sentença.
Pronounced (pronáuns-t) adj pronunciado; acentuado; marcado.
Pronouncement (pronáuns-ment) s declaração ou proclamação formal.
Proof (pruf) s prova; experiência; evidência.
Proof (pruf) adj impenetrável; comprovante.
Proofless (pruf-léss) adj infundado; sem fundamento.
Prop (próp) s apoio; suporte; coluna.
Prop (próp) v apoiar; suportar; suster; manter; sustentar.
Propagate (pró-pâghêit) v propagar; espalhar; propagar-se; reproduzir-se.
Propagation (própâghêi-shånn) s propagação; transmissão; multiplicação.
Propel (propél) v impelir; propelir; propulsar.
Propeller (propé-lår) s motor; propulsor.
Propensity (propén-siti) s propensão; inclinação; vocação.
Proper (pró-pår) adj próprio; devido; justo; adequado; correto.
Properly (pró-pårli) adv propriamente; exatamente; adequadamente.
Property (pró-pårti) s propriedade; coisa possuída; bens; tendência.
Prophecy (pró-fissi) s profecia; presságio; vaticínio.
Prophesier (pró-fissáiår) s profetizador; profeta; vaticinador.
Prophesy (pró-fissái) v profetizar.
Prophet (pró-fit) s profeta.
Propitiate (propi-shiêit) v propiciar; conciliar; favorecer.
Propitious (propi-shåss) adj propício; oportuno; benéfico; auspicioso.
Proportion (propôr-shånn) s proporção; relação; regra; medida; analogia.
Proportion (propôr-shånn) v proporcionar; ajustar; comparar.
Proportionate (propôr-shånêit) adj simétrico; harmônico; proporcionado.
Propose (propôu-z) v propor; pedir em casamento.
Proposer (propôu-zår) s proponente.
Proposition (própozi-shånn) s proposição; oferta; proposta; USA caso.
Propound (propáun-d) v propor; expor; sustentar uma opinião.
Proprietary (proprái-itéri) s proprietário; dono.
Proprietary (proprái-itéri) adj de propriedade.
Propriety (proprái-iti) s propriedade; conveniência; decoro; decência.
Propulsion (propâl-shånn) s propulsão.
Prorogation (prôuroghêi-shånn) s prorrogação; adiamento; prolongação.

Prorogue (prorôu-g) *v* prorrogar; diferir; prolongar.
Prosaic (prozêi-k) *adj* prosaico; trivial; vulgar.
Proscribe (proskrái-b) *v* proscrever; interdizer; denunciar.
Proscription (proskrip-shánn) *s* proscrição; proibição; condenação.
Prose (prôuz) *s* prosa; conversa; palestra.
Prosecute (pró-sikiut) *v* prosseguir; executar; processar; continuar; prosseguir.
Prosecution (próssikiu-shánn) *s* prossecução; prosseguimento.
Proselyte (pró-siláit) *s* prosélito; neófito; adepto.
Proser (prôu-zár) *s* prosador; narrador enfadonho.
Prosodic (prossó-dik) *adj* prosódico.
Prosody (pró-sodi) *s* prosódia.
Prospect (prós-pékt) *s* perspectiva; aspecto; pretendente; vista.
Prospect (prós-pékt) *v* garimpar; aguardar; pôr-se de expectativa.
Prospective (prospék-tiv) *adj* previdente; antecipado; prospectivo.
Prosper (prós-pâr) *v* medrar; prosperar; progredir.
Prosperity (prospé-riti) *s* prosperidade; ventura; felicidade.
Prosperous (prós-pâràss) *adj* próspero; feliz; propício.
Prostate (prós-têit) *s* ANAT próstata (glândula).
Prostitution (próstitiu-shánn) *s* prostituição; desonra; corrupção.
Prostrate (prós-trêit) *adj* prostrado; abatido; humilhado.
Prostrate (prós-trêit) *v* prostrar; derrubar; debilitar.
Prostration (próstrêi-shánn) *s* prostração; abatimento; fraqueza.
Prosy (prôu-zi) *adj* prosaico; sem graça; insípido.
Protect (protékt) *v* proteger; defender; favorecer.
Protection (proték-shánn) *s* proteção; amparo; apoio; auxílio.
Protective (proték-tiv) *s* abrigo.
Protective (proték-tiv) *adj* protetor; defensor.
Protector (proték-târ) *s* protetor; defensor; patrono; tutor.
Protein (prôu-tiinn) *s* proteína.
Protest (prôu-tést) *s* protesto; JUR protesto em cartório de título não pago no vencimento.
Protest (prôu-tést) *v* protestar.
Protestation (protestêi-shánn) *s* protesto; juramento; declaração solene.
Proton (prôu-ton) *s* FÍS próton.
Protoplasm (prôu-toplaesm) *s* protoplasma.
Prototype (prôu-totáip) *s* protótipo.
Protuberance (protiu-bâránss) *s* protuberância; inchação; proeminência.
Protuberant (protiu-bârânt) *adj* protuberante; intumescido; inchado.
Proud (práud) *adj* orgulhoso; soberbo; grande; maravilhoso.
Provable (pru-vâbl) *adj* provável; demonstrável.
Prove (pruv) *v* provar; demonstrar; evidenciar; justificar.
Prover (pru-vâr) *s* provador; demonstrador; argumentador.
Proverb (pró-vârb) *s* provérbio; adágio; sentença.
Provide (provái-d) *v* prover; munir; fornecer; providenciar; estipular.
Provided (provái-did) *adj* provido; abastecido.
Provided (provái-did) *conj* contanto que; com a condição de.
Providence (pró-vidénss) *s* providência; economia; prudência.
Provident (pró-vidént) *adj* previdente; econômico; prudente.
Provider (provái-dâr) *s* provisor; provedor; abastecedor.
Province (pró-vinss) *s* província; cargo; obrigação; competência.
Provision (provi-jânn) *s* provisão; abastecimento; cláusula.
Provision (provi-jânn) *v* prover; abastecer.
Provisional (provi-jânâl) *adj* provisional; temporário; provisório.
Proviso (provái-zôu) *s* condição; item; cláusula.
Provocation (próvokêi-shânn) *s* provocação; estímulo; causa.

Provocative (provó-kâtiv) *adj* provocante; excitante; provocativo.
Provoke (provôu-k) *v* provocar; excitar; irritar; exasperar.
Provoker (provôu-kár) *s* provocador.
Provoking (provôu-kinn) *adj* provocante; enervante; provocador.
Provost (pró-vâst ou provô-u) *s* preboste; reitor; superintendente.
Prow (práu) *s* NÁUT proa.
Prowess (práu-éss) *s* proeza; ânimo; façanha.
Prowl (prául) *v* rondar; vagabundear.
Prowler (práu-lâr) *s* gatuno; larápio; ladrão; vagabundo.
Proximate (prók-simit) *adj* próximo; imediato; seguinte.
Proximity (prók-simit) *s* proximidade.
Proxy (prók-si) *s* mandatário; delegado; procurador; substituto.
Prudence (pru-dénss) *s* prudência; cautela; ponderação.
Prudent (pru-dént) *adj* prudente; precavido; prevenido.
Prudery (pru-dâri) *s* afetação; falsa modéstia.
Prudish (pru-dish) *adj* com ares de virtude; melindroso.
Prune (prumn) *s* ameixa preta.
Prune (prumn) *v* podar; desramar; aparar.
Pruner (pru-nâr) *s* podador.
Pruning (pru-ninn) *s* poda; desbaste; corte nas árvores.
Prurience (pru-riénss) *s* prurido; comichão; desejo ardente.
Prurient (pru-riént) *adj* pruriente; impuro; sensual.
Pry (prái) *s* bisbilhotice; pesquisa; reconhecimento.
Pry (prái) *v* esquadrinhar; pesquisar; alçar.
Prying (prái-inn) *adj* bisbilhoteiro; reparador; curioso.
Psalm (sámm) *s* RELIG salmo.
Psalmist (sá-mist) *s* RELIG salmista.
Psaltery (sól-târi) *s* RELIG parte da Bíblia que contém os Salmos MÚS instrumento de cordas.
Pseudonym (siu-donimm) *s* pseudônimo.
Psychic (sái-kik) *adj* psíquico.
Psychologic (sáikoló-djik) *adj* psicológico.
Psychologist (saikó-lodjist) *s* psicólogo.
Psychology (sáikó-lodji) *s* psicologia.
Puberty (piu-bârti) *s* puberdade.
Pubescence (piubé-senss) *s* pubescência.
Pubescent (piubé-sent) *adj* pubescente.
Public (pâ-blik) *s* o público; o povo.
Public (pâ-blik) *adj* público; comum; geral; conhecido.
Publican (pâ-blikânn) *s* publicano; USA **SALOON-KEEPER**.
Publication (pâblikêi-shânn) *s* publicação; promulgação; jornal; revista.
Publicity (pâbli-siti) *s* publicidade.
Publicize (pâbli-saiss) *v* dar publicidade a; divulgar.
Publish (pâ-blish) *v* publicar; editar; promulgar.
Publisher (pâ-blishâr) *s* publicador; editor; divulgador.
Puck (pâk) *s* duende; fada; fantasma; gênio.
Pucker (pâ-kâr) *v* enrugar; franzir.
Pudding (pu-dinn) *s* pudim.
Puddle (pâd-l) *s* lamaçal; poça; pântano.
Puddle (pâd-l) *v* cimentar; enlamear.
Pudgy (pâ-dji) *adj* GÍR gorducho; atarracado; rechonchudo.
Puerile (piu-ârâl) *adj* pueril; infantil; ingênuo.
Puerility (piuâri-liti) *s* puerilidade.
Puff (pâf) *s* sopro; aragem; elogio exagerado; baforada.
Puff (pâf) *v* bafejar; soltar baforadas; inchar; gabar-se.
Puffer (pâ-fâr) *s* adulador; assoprador; que faz anúncios grandiosos.
Puffiness (pâ-fínéss) *s* inchação; inchaço; intumescência.
Puffy (pâ-fi) *adj* intumescido; inchado; presumido; orgulhoso.
Pug (pág) *s* argamassa; cãozinho; criança esperta. *v* cimentar.
Pugilism (piu-djilizm) *s* ESP pugilismo; boxe; pugilato.
Pugilist (piu-djilist) *s* pugilista.
Puke (piuk) *s* vômito; vomitivo.
Puke (piuk) *v* vomitar.
Pule (piul) *v* piar; choramingar; chorar.

Puling (piu-linn) *s* pio; lamúria; choro; gemido.
Pull (pul) *s* puxão; sacudidela; influxo; remada.
Pull (pul) *v* puxar; arrancar; remar; despedaçar; içar; dar um puxão.
Pullback (pul-baek) *s* estorvo; obstáculo; impedimento.
Puller (pu-lâr) *s* puxador; arrancador de pregos.
Pulley (pu-li) *s* polia; roldana; ESP joelheira de jogador.
Pullman (pul-mânn) *s* poltrona de dormir; carro-dormitório; carro-salão.
Pullulate (pâ-liulêit) *v* pulular; germinar; brotar.
Pullulation (pâliulê-shânn) *s* pululação; germinação.
Pulp (pâlp) *s* polpa; medula; pasta; massa.
Pulp (pâlp) *v* descascar; tornar pasta.
Pulpit (pul-pit) *s* púlpito; palanque; tribuna.
Pulpy (pâl-pi) *adj* polposo; carnudo; polpudo.
Pulsate (pâl-sêit) *v* pulsar; bater; palpitar.
Pulsation (pâlsêi-shânn) *s* pulsação; batimento cardíaco; palpitação.
Pulse (pâlss) *s* pulso; pulsação; grãos leguminosos.
Pulse (pâlss) *v* pulsar; bater; palpitar.
Pulverization (pâlvârizêi-shânn) *s* pulverização.
Pulverize (pâl-vâráiz) *v* pulverizar.
Pumice (pâ-miss) *s* pedra-pomes.
Pumice (pâ-miss) *v* alisar (com pedra-pomes).
Pump (pâmp) *s* bomba de puxar água, ar etc.
Pump (pâmp) *v* sondar; tatear.
Pumpkin (pâmp-kinn) *s* abóbora; jerimum.
Pun (pânn) *s* trocadilho.
Pun (pânn) *v* fazer trocadilhos.
Punch (pântsh) *s* punção; furador; palhaço; murro; ponche.
Punch (pântsh) *v* furar; perfurar; ferroar; bater; golpear; esmurrar; empurrar.
Puncheon (pân-tshânn) *s* buril; escora; barril; furador.
Punctilio (pânkti-lio) *s* exatidão; escrúpulo; meticulosidade.
Punctilious (pânkti-liâss) *adj* pontual; exato; escrupuloso.
Punctiliousness (pânkti-liâssnéss) *s* pontualidade rigorosa; exatidão.
Punctual (pânk-tshuâl) *adj* pontual; exato; rigoroso; justo; preciso; certo.
Punctuality (pânktshué-liti) *s* pontualidade; exatidão; presteza.
Punctuation (pânktshuêi-shânn) *s* pontuação.
Puncture (pânk-tshur) *s* picada; punção.
Puncture (pânk-tshur) *v* furar; perfurar.
Pungence (pân-djénss) *s* pungência; acidez; acrimônia; mordacidade.
Pungent (pân-djént) *adj* pungente; mordaz; ferino; acrimonioso; cáustico.
Punish (pâ-nish) *v* punir; corrigir; surrar; castigar.
Punisher (pâ-nishâr) *s* castigador.
Punishment (pâ-nishment) *s* castigo; pena; correção; punição.
Punk (pânk) *s* madeira para isca (com fungos); madeira usada como absorvente; vagabundo (jovem).
Punk (pânk) *adj* GÍR à toa.
Punster (pâns-târ) *s* trocadilhista.
Punt (pânt) *s* barcaça; barca; chata.
Punt (pânt) *v* conduzir (balsa ou catraia).
Punter (pân-târ) *s* apostador (contra a banca); pontos (em jogo); aquele que empurra balsa.
Puny (piu-ni) *adj* pequeno; débil; fraco; insignificante.
Pup (pâp) *s* cachorro pequeno; filhote.
Pup (pâp) *v* ZOO dar cria, parir.
Pupil (piu-pil) *s* aluno; pupila; menina dos olhos; JUR pupilo; tutelado.
Puppet (pâ-pét) *s* boneco; fantoche; manequim.
Puppy (pâ-pi) *s* cachorrinho; fedelho; GÍR velhaco; malandro.
Purchasable (pâr-tshisâbl) *adj* comprável; adquirível.
Purchase (pâr-tshiss) *s* compra; aquisição; USA compra a prestação.
Purchase (pâr-tshiss) *v* comprar; adquirir; ganhar; obter.

Purchaser (pâr-tshisâr) *s* comprador; cliente; freguês.
Pure (piur) *adj* puro; genuíno; legítimo; inocente; simples.
Pureness (piur-néss) *s* pureza; castidade; ingenuidade.
Purgation (pârghêi-shânn) *s* purgação; purga; limpeza; purificação.
Purgative (pâr-gâtiv) *s* purgante.
Purgative (pâr-gâtiv) *adj* purgativo.
Purgatory (pâr-gâtôuri) *s* purgatório.
Purgatory (pâr-gâtôuri) *adj* purgatório; purificador.
Purge (pârdj) *s* purga; purgação; purgante.
Purge (pârdj) *v* purgar; purificar; desobstruir.
Purging (pâr-djinn) *s* purgação; purificação.
Purging (pâr-djinn) *adj* purgativo; purificativo.
Purifier (piu-rifáiâr) *s* purificador.
Purify (piu-rifái) *v* purificar; clarificar; limpar.
Purism (piu-rizm) *s* purismo.
Puritan (piu-ritânn) *s* puritano.
Puritanism (piu-ritânizm) *s* RELIG Puritanismo.
Purity (piu-riti) *s* pureza; castidade; inocência; integridade.
Purl (pârl) *s* murmúrio; ondulação; sussurro.
Purl (pârl) *v* sussurrar; murmurar.
Purloin (pârlói-nn) *v* furtar; plagiar; ocultar; subtrair de.
Purloiner (pârlói-nâr) *s* plagiário; ladrão.
Purple (pârp-l) *s* púrpura; dignidade real.
Purple (pârp-l) *v* purpurar; tornar-se vermelho; ruborizar.
Purple (pârp-l) *adj* purpúreo; régio; sangrento.
Purport (pâr-pôurt) *s* significado; conteúdo; teor; escopo; alvo.
Purport (pâr-pôurt) *v* dar a entender; propor-se a.
Purpose (pâr-pâss) *s* propósito; razão; finalidade.
Purpose (pâr-pâss) *v* tencionar; propor-se.
Purposely (pâr-pâsli) *adv* de propósito; expressamente; resolutamente.
Purr (pâr) *s* som que imita o ronronar do gato.
Purse (pârss) *s* bolsa; tesouro; coleta; prêmio em dinheiro.
Purse (pârss) *v* embolsar; franzir.
Purseful (pârss-ful) *adj* rico; abastado; endinheirado.
Pursuance (pârsiu-ânss) *s* prosseguimento; seguimento; continuação.
Pursuant (pârsiu-ânt) *adv* em consequência de.
Pursue (pârsiu) *v* perseguir; seguir; continuar.
Pursuer (pârsiu-âr) *s* perseguidor.
Pursuit (pârsiut) *s* perseguição; caça; ocupação; pretensão.
Pursy (pâr-si) *adj* gordo; obeso; que respira com dificuldade.
Purvey (pârvê-i) *v* prover; abastecer; fornecer.
Purveyance (pârvê-ânss) *s* abastecimento; provisão; víveres.
Purveyor (pârvê-âr) *s* abastecedor; fornecedor.
Purview (pâr-viu) *s* JUR esfera.
Push (push) *s* empurrão; arremetida; ataque; encontrão.
Push (push) *v* empurrar; impelir; ativar; acelerar; apressar-se.
Pusher (pu-shâr) *s* impulso; pessoa ativa; diligente; GÍR vendedor de drogas.
Pushing (pu-shinn) *adj* empreendedor; ativo; vigoroso; operoso.
Pusillanimous (piussilé-nimâss) *adj* pusilânime; covarde; medroso.
Puss (puss) *s* bichano; gatinho; menina; mocinha.
Pustule (pâs-tiul) *s* pústula.
Pustulous (pâs-tiulâss) *adj* pustuloso.
Put (put) *s* lançamento; ocorrência; emergência; nome de um jogo de cartas.
Put (put) *v* pôr; colocar; depositar; adiar; propor; inserir; escalar um porto; vestir; calçar.
Putrefaction (piutrifék-shânn) *s* putrefação; decomposição; corrupção.
Putrefy (piu-trifái) *v* putrefazer; putrificar; apodrecer; decompor-se.
Putrescence (piutré-senss) *s* putrescência; corrupção; decomposição.
Putrid (piu-trid) *adj* pútrido; apodrecido.

Puttee (pâ-ti) s polaina; perneira.
Putting (pu-tinn) s colocação; ato de pôr.
Puzzle (pâz-l) s adivinhação; enigma; quebra-cabeça; confusão.
Puzzle (pâz-l) v confundir; embaraçar; deixar perplexo; deixar intrigado.
Puzzler (pâz-lâr) s embaraçador; intrincador; complicador.
Puzzling (pâz-linn) s perplexidade.
Puzzling (pâz-linn) adj enigmático; embaraçador.

Pygmy (pig-mi) s pigmeu; anão.
Pygmy (pig-mi) adj pigmeu; anão.
Pyramid (pi-râmid) s pirâmide; monumento.
Pyrotechnic (páirôuték-nik) s pirotécnico.
Pyrotechnic (páirôuték-nik) adj pirotécnico.
Pyrotechnics (páirôuték-niks) s pirotécnica.
Python (pái-thónn) s píton; adivinho.

q Q

Q (kiu) *s* décima sexta letra do alfabeto português e décima sétima letra do alfabeto Inglês.
Quack (kuék) *s* grasnido; charlatão; curandeiro.
Quack (kuék) *v* grasnar; charlatanear.
Quackery (kué-kâri) *s* charlatanismo; impostura.
Quackish (kué-kish) *adj* charlatanesco.
Quadragesima (kuódrâdjé-simâ) *s* quadragésima; quaresma.
Quadrangle (kuó-drêngl) *s* quadrilátero; pátio; recinto quadrangular.
Quadrant (kuó-drânt) *s* GEOM quadrante.
Quadrate (kuó-drêit) *s* quadrado; MÚS bequadro.
Quadrate (kuó-drêit) *v* quadrar-se; ir bem com; assentar.
Quadrate (kuó-drêit) *adj* quadrado; quadrangular; conveniente; próprio.
Quadrature (kuó-drâtshur) *s* quadratura; esquadro.
Quadrille (kwé-dril) *s* MÚS quadrilha (dança e música).
Quadroon (kuódru-nn) *s* quarteirão; grupo de habitações formando um quadrilátero (casas, edifícios etc.).
Quadruped (kuó-drupéd) *s* quadrúpede.
Quadruped (kuó-drupéd) *s* quadrúpede.
Quadruple (kuó-drupl) *s* quádruplo.
Quadruple (kuó-drupl) *v* quadruplicar.
Quadruple (kuó-drupl) *adj* quádruplo.
Quadruplicate (kuódru-plikéit) *v* quadruplicar; quadruplicar-se.; *adj* quadruplicado.
Quadruplication (kuódruplikêi-shânn) *s* quadruplicação.
Quaff (kuéf) *s* trago; gole; copo.
Quaff (kuéf) *v* esvaziar; sorver; tragar.
Quaffer (kué-fâr) *s* beberrão; ébrio.
Quaggy (kué-ghi) *adj* pantanoso; alagadiço.
Quail (kuêil) *s* codorniz.
Quail (kuêil) *v* desanimar; coalhar; acovardar-se.
Quaint (kuêint) *adj* belo; bonito; singular; curioso.
Quaintness (kuêint-néss) *s* elegância; singularidade; curiosidade.
Quake (kuêik) *s* tremor; estremecimento; tremer.
Quake (kuêik) *v* tremer; abalar.
Quaker (kuêi-kár) *s* o que treme; RELIG pertencente a uma seita religiosa (Quaquers).
Quaking (kuêi-kinn) *s* tremor.
Quaking (kuêi-kinn) *adj* tremente.
Qualification (kuólifikêi-shânn) *s* qualificação; habilitação; idoneidade; reserva.
Qualified (kuó-lifáid) *adj* apto; capaz; modificado; idôneo.
Qualifier (kuó-lifáir) *s* qualificador; GRAM qualificativo.
Qualify (kuó-lifái) *v* qualificar; limitar; particularizar; habilitar; USA prestar juramento.
Qualifying (kuó-lifáiinn) *adj* qualificativo.
Quality (kuó-liti) *s* qualidade; humor; estilo; temperamento; cargo; agilidade; membro de classe social elevada.
Qualm (kuámm) *s* enjoo; náusea; desfalecimento; desmaio; escrúpulo.
Qualmish (kuá-mish) *adj* desfalecido; que tem remorso; desmaiado; enjoado.
Qualmishness (kuá-mishnéss) *s* náuseas; enjoo.

Quandary (kuón-dâr) *s* dúvida; incerteza; embaraço; dificuldade.
Quantity (kuón-titi) *s* quantidade; soma; número; volume.
Quarantine (kuóránti-nn) *s* quarentena.
Quarantine (kuóránti-nn) *v* pôr em quarentena; determinar quarentena.
Quarrel (kuó-rel) *s* querela; questão; altercação; contenda; diamante de vidraceiro.
Quarrel (kuó-rel) *v* altercar; querelar; disputar; contender.
Quarreller (kuó-relâr) *s* altercador; brigão; disputador; querelador.
Quarrelling (kuó-relinn) *s* disputas; questões; querelas.
Quarrelsome (kuó-relsâmm) *adj* bulhento; brigão.
Quarry (kuó-ri) *s* quadrado; caça; pedra de calçamento; pedreira.
Quarryman (kuó-rimaen) *s* canteiro.
Quart (kuórt) *s* quarto; MÚS quarta.
Quarter (kuór-târ) *s* quarto; quarta parte; bairro; trimestre; MÚS semínima; USA SECTION.
Quarter (kuór-târ) *v* alojar; hospedar; dividir em quartos; esquartejar.
Quarterage (kuór-târidj) *s* pagamento trimestral.
Quartered (kuór-târd) *adj* esquartejado; alojado; aquartelado.
Quarterly (kuór-târli) *s* publicação trimestral; *adj* trimestral.
Quarterly (kuór-târli) *adv* trimestralmente.
Quarter-master (kuór-târmaestâr) *s* NÁUT contramestre; timoneiro.
Quartet (kuórté-t) *s* MÚS quarteto.
Quartz (kwártz) *s* quartzo (mineral).
Quash (kuósh) *v* esmagar; achatar; invalidar; sufocar; anular.
Quashee (kwétchi) *s* GÍR negro.
Quassia (kwétchia) *s* quássia (planta).
Quaternary (kuâtâr-nâri) *s* período quaternário.
Quaternary (kuâtâr-nâri) *adj* quaternário.
Quatrain (kuó-trêinn) *s* quarteto; quadra.
Quaver (kuêi-vâr) *s* trilo; gorjeio; MÚS colcheia; USA EIGHTH NOTE.
Quaver (kuêi-vâr) *v* trilar; gorjear; tremer; vibrar; tremular.
Quavering (kuêi-vârinn) *s* trinado; gorjeio; trino.
Quavering (kuêi-vârinn) *adj* trêmulo.
Quay (ki) *s* cais; doca; muralha; molhe; desembarcadouro.
Quean (kwin) *s* meretriz; rameira.
Queasiness (kui-zinéss) *s* enjoo; náusea.
Queasy (kui-zi) *adj* alimento que enjoa; nojento; escrupuloso; delicado; estomago embrulhado.
Queen (kuinn) *s* soberana; rainha; ESP dama (cartas, xadrez etc.).
Queen (kuinn) *v* fazer o papel de rainha; ESP formar rainha (xadrez etc.).
Queenly (kuin-li) *adj* de rainha; próprio de rainha.
Queenship (kuinn-tship) *s* dignidade de rainha.
Queer (kui-r) *s* moeda falsa.
Queer (kui-r) *v* embaraçar; ridicularizar.
Queer (kui-r) *adj* original; excêntrico; raro.
Queerish (kui-rish) *adj* um tanto estranho; bizarro.

Queerness (kuir-néss) *s* excentricidade; singularidade; originalidade.
Quell (kuél) *v* esmagar; dominar; morrer; aliviar; aplacar.
Queller (kué-lâr) *s* opressor; domador; subjugador.
Quench (kuéntsh) *v* saciar; extinguir; debelar; abafar; esfriar o ferro.
Quenchable (kuén-tshábl) *adj* saciável; extinguível.
Quencher (kuên-tshâr) *s* extintor; apagador.
Querist (kui-rist) *s* interrogador; curioso; investigador.
Querulous (kué-rulâss) *adj* queixoso; lamuriante; rabujento.
Querulousness (kué-rulâsnéss) *s* lamúria; queixume.
Query (kui-ri) *s* quesito; pergunta; dúvida; o ponto de interrogação.
Query (kui-ri) *v* interrogar; indagar; inquirir; duvidar de; pôr ponto de interrogação.
Quest (kuést) *s* busca; pesquisa; procura; investigação.
Quest (kuést) *v* investigar; buscar; indagar; pesquisar.
Question (kués-tshânn) *s* pergunta; questão; problema; controvérsia; debate.
Question (kués-tshânn) *v* interrogar; perguntar; examinar; duvidar; desconfiar de; opor-se a.
Questionable (kués-tshânábl) *adj* duvidoso; questionável; contestável.
Questionary (kwést-enéri) *s* questionário.
Questioner (kués-tshânâr) *s* inquiridor; perguntador; interrogador.
Questioning (kués-tshâninn) *s* exame; ato de examinar; interrogatório.
Queue (kiu-) *s* cauda; rabicho; apêndice; fila de pessoas; taco de bilhar.
Quibble (kuib-l) *s* trocadilho; jogo de palavras; argúcia; sofisma.
Quibble (kuib-l) *v* sofismar; chicanar.
Quick (kuik) *adj* rápido; veloz; ligeiro; vivo; esperto; sutil; sagaz; penetrante.
Quick (kuik) *adv* velozmente; agilmente; vivamente.
Quicken (kuik-n) *v* vivificar; apressar-se; animar-se; acelerar.
Quickening (kuik-ninn) *s* vivificação; a primeira movimentação de um feto; aceleração.
Quickly (kuik-li) *adv* rapidamente; vivamente; prontamente.
Quickmarch (kuik-mártch) *s* marcha rápida, acelerada.
Quickmatch (kuik-mátch) *s* estopim (fio de bomba para pôr fogo).
Quickness (kuik-néss) *s* ligeireza; presteza; vivacidade; penetração; prontidão.
Quicksand (kuik-sénd) *s* areia movediça.
Quickset (kuiksét) *s* planta de cercas.
Quickset (kuiksét) *v* prover de cerca viva.
Quicksilver (kuik-silvâr) *s* mercúrio; azougue; *v* azougar.
Quickstep (kuik-stép) *s* MÚS passo dobrado; MIL passo acelerado.
Quid (kuid) *s* fumo (de mascar); remoedura; GÍR libra esterlina.
Quiescence (kuiáé-senss) *s* quietude; repouso; imobilidade; descanso.
Quiescency (kuiáé-sensi) *vide* QUIESCENCE.
Quiescent (kuiáé-sent) *adj* inativo; mudo; imóvel.
Quiet (kuái-et) *s* quietude; sossego; descanso; calma.
Quiet (kuái-et) *v* acalmar; fazer calar; tranquilizar.
Quiet (kuái-et) *adj* calado; sossegado; calmo; pacífico; sereno.
Quietly (kuái-etli) *adv* calmamente; serenamente; tranquilamente.

Quill (kuil) *s* pena de ave; espinho; pena para escrever; torneira; lançadeira.
Quill (kuil) *v* franzir; enrugar; depenar.
Quilling (kui-linn) *s* franzimento; franzido.
Quilt (kuilt) *s* colcha; cobertor; acolchoado; USA comfort.
Quilt (kuilt) *v* pespontar acolchoados; fazer fustão.
Quilter (kuil-târ) *s* estofador; colchoeiro.
Quilting (kuil-tinn) *s* acolchoamento; ação de estofar.
Quince (kuinss) *s* marmelo.
Quinquagenarian (kuinkuâdjiné-riânn) *s* quinquagenário.
Quinquagenarian (kuinkuâdjiné-riânn) *adj* quinquagenário.
Quinquennial (kuinkué-niál) *s* quinto aniversário.
Quinquennial (kuinkué-niál) *adj* quinquinal.
Quinsy (quin-zi) *s* MED tonsilite.
Quint (kuint) *s* MÚS um quinteto; um conjunto de cinco; registro de órgão.
Quintessence (kuinté-senss) *s* FIL quintessência.
Quintet (kuinté-t) *s* MÚS quinteto.
Quintuple (kuin-tiupl) *v* quintuplicar.
Quintuple (kuin-tiupl) *adj* quíntuplo; quintuplicado.
Quip (kuip) *s* troça; sarcasmo; zombaria; ironia.
Quip (kuip) *v* ironizar; censurar; replicar.
Quipster (kuipster) *adj* escarnecedor; sarcástico.
Quire (kuáir) *s* coro de igreja; caderno de muitas folhas.
Quirk (kuârk) *s* desvio; volta ou curva fechada; evasiva; rodeio; subterfúgio.
Quirk (kuârk) *v* estriar; acanalar; moldar.
Quisling (kwiz-linn) *s* colaboracionista; traidor.
Quit (kuit) *v* deixar de; abandonar; parar; demitir-se; soltar; dar quitação; desistir; *Eunice QUIT her last job*: Eunice abandonou o seu último emprego.
Quite (kuáit) *adv* completamente; totalmente; inteiramente.
Quittance (kui-tânss) *s* quitação; pagamento; recibo; recompensa; desforra.
Quitter (kuí-ter) *s* USA desertor; covarde.
Quiver (kui-vâr) *s* coldre.
Quiver (kui-vâr) *v* tremer; arrepiar; estremecer; palpitar.
Quivering (kui-vârinn) *s* estremecimento.
Quivering (kui-vârinn) *adj* tremido.
Quixotic (kwick-shótic) *adj* quixotesco; aventureiro.
Quiz (kuiz) *s* enigma; logro; mistificação; USA arguição.
Quiz (kuiz) *v* zombar de; mistificar; olhar de través ou soslaio; USA arguir.
Quizmaster (kwiz-másster) *s* animador de programa de perguntas.
Quizzical (kui-zikâl) *adj* zombador; motejador; excêntrico; estranho.
Quizzing (kui-zinn) *s* escárnio; chacota.
Quod (kuód) *s* GÍR cadeia; prisão.
Quodlibet (kuó-dlibét) *s* MÚS fantasia; FIG sutileza.
Quoin (kóinn) *s* pedra angular; canto; ângulo; cunha; esquina.
Quoin (kóinn) *v* acunhar, pôr cunhas.
Quoit (kwóit) *s* malha, no jogo de malha.
Quota (kuôu-tâ) *s* cota; contingente; contribuição.
Quotable (kuôu-tâbl) *adj* citável.
Quotation (kuôutéi-shânn) *adj* cotização.
Quotation (kuôutéi-shânn) *s* citação; COM cotação de preços; orçamento.
Quote (kuôut) *v* citar; COM cotar preços.
Quotidian (kuoti-diânn) *adj* cotidiano; diário.
Quotient (kuôu-shent) *s* MAT quociente.
Quoting (kuôu-tinn) *s* cotação; citação.

rR

R (áer) s décima sétima letra do alfabeto Português e décima oitava letra do alfabeto Inglês.
Rabbet (ré-bét) s malhete; estria.
Rabbet (ré-bét) v encaixar; entalhar.
Rabbi (ráebai) s RELIG rabino; mestre.
Rabbit (ré-bit) s coelho.
Rabble (réb-l) s multidão; ralé; turba; gentalha.
Rabid (ré-bid) adj rábido; furioso; feroz; fanático.
Rabidness (ré-bidnéss) s raiva; violência; fúria.
Rabies (rêi-biiz) s raiva; hidrofobia.
Race (rêiss) s raça humana; geração; corrida; descendência; regata; canal.
Race (rêiss) v correr velozmente; acelerar; disputar, participar de uma corrida.
Racer (rêi-sâr) s cavalo de corridas; carro de corridas.
Racing (rêi-sinn) s ESP corridas.
Racing (rêi-sinn) adj de corridas.
Rack (rék) s tortura; suplício; instrumento própria para torturar; pena; dor; angústia; nuvem.
Rack (rék) v torturar; puxar atrozmente; torturar.
Racket (ré-két) s raqueta; algazarra; sapatos de neve.
Racket (ré-két) v jogar com uma raqueta; perturbar fazendo alarido.
Racy (rêi-si) adj espirituoso; aromático; picante.
Radiance (rêi-diânss) s brilho; fulgor; resplendor.
Radiant (rêi-diânt) s foco irradiador; objeto radiante; MAT linha radial.
Radiant (rêi-diânt) adj radiante; fulgurante; brilhante.
Radiate (rêi-diêit) v irradiar; cintilar; radiar.
Radiation (rêidiêi-shânn) s radiação; irradiação.
Radiator (rêi-diêitâr) s MEC radiador (que esfria água nos motores a explosão).
Radical (ré-dikâl) s radical.
Radical (ré-dikâl) adj radical; essencial; fundamental; original.
Radicate (ré-dikêit) adj arraigado.
Radicate (ré-dikêit) v enraizar; arraigar-se.
Radish (ré-dish) s rábano; rabanete.
Radix (rêi-diks) s raiz; origem; fonte.
Raffle (réf-l) s rifa; sorteio; loteria.
Raffle (réf-l) v rifar; sortear.
Raft (ráft) s jangada; balsa.
Raft (ráft) v transportar jangada; construir jangada.
Rafter (ráf-târ) s viga; barrote.
Rag (rég) s trapo; farrapo; pessoa esfarrapada; cortina; pendão; bandeira.
Rag (rég) v escarnecer de; censurar; incomodar.
Ragamuffin (ré-gâmâfinn) s malandro; moleque; velhaco.
Rage (rêidj) s raiva; fúria; entusiasmo; despeito; paixão.
Rage (rêidj) v enfurecer-se; assolar; devastar.
Rageful (rêidj-ful) adj furioso; raivoso; colérico.
Ragged (ré-ghid) adj esfarrapado; roto; áspero.
Ragging (rêi-djinn) s raiva; ira; furor.
Ragging (rêi-djinn) adj violento; furioso.
Ragman (rég-maen) s trapeiro.
Ragstone (rég-stôunn) s pedra de amolar.
Ragtag (rég-tég) s gentalha; ralé; plebe.

Ragtime (rég-táimm) s USA dança e música.
Raid (rêid) s ataque; invasão; surpresa.
Raid (rêid) v invadir.
Raider (rêi-dâr) s invasor; corsário.
Rail (rêil) s trilho de ferrovia; barra; grade; corrimão; balaústre; ferrovia.
Rail (rêil) v fechar com uma grade; zombar.
Railer (rêi-lâr) s insultador; zombador.
Railing (rêi-linn) s parapeito; injúria; balaustrada; maledicência.
Raillery (rêi-lâri) s caçoada; mofa.
Railroad (rêil-rôud) s USA via férrea.
Railway (rêi-luêi) s via férrea.
Rain (rêinn) s chuva.
Rain (rêinn) v chover; derramar copiosamente; *I think it's going to rain*: penso que vai chover.
Rainbow (rêin-bôu) s arco-íris.
Raincoat (rêin-kôut) s USA casaco próprio para chuva.
Rainfall (rêin-fól) s aguaceiro.
Rainproof (rêin-pruf) v impermeabilizar.
Rainproof (rêin-pruf) adj impermeável.
Rainy (rêi-ni) adj chuvoso.
Raise (rêi-z) s aumento; aquisição; USA aumento de salário.
Raise (rêi-z) v levantar; sublevar; edificar; criar; acumular; suscitar; evocar; cultivar; COM levantar empréstimo.
Raised (rêiz-d) adj levantado; em relevo.
Raiser (rêi-sâr) s levantador; fundador; autor; cultivador; criador.
Raisin (rêiz-n) s uva-passa; uva seca.
Raising (rêi-zinn) s levantamento; revolta; sedição; produção; cultivo.
Rake (rêik) s ancinho; rodo; NÁUT caimento de mastro.
Rake (rêik) v raspar; limpar com ancinho; levar vida pervertida, dissoluta.
Rakeoff (rêik-óf) s GÍR lucro ilícito; propina; comissão ilegítima.
Raker (rêi-kâr) s raspadeira; trabalhador (com o ancinho).
Raking (rêi-kinn) s limpador que usa ancinho; exame meticuloso; censura.
Rakish (rêi-kish) adj devasso; libertino.
Rakishness (rêi-kishnéss) s devassidão; libertinagem.
Rally (ré-li) s reunião; comício; zombaria; recuperação.
Rally (ré-li) v reunir; zombar de; reanimar-se.
Ram (rémm) s carneiro; martelo; bate-estacas; ASTR constelação de Áries.
Ram (rémm) v calcar; enterrar.
Ramble (rémb-l) s curiosidade; passeio.
Ramble (rémb-l) v passear (de auto); percorrer; vagar; fazer excursões.
Rambler (rém-blâr) s passeante; vadio; peregrinador.
Rambling (rém-blinn) s passeio; excursão.
Rambling (rém-blinn) adj errante; sem nexo.
Ramification (rémifikêi-shânn) s ramificação.
Ramify (ré-mifái) v ramificar-se.
Rammer (ré-mâr) s maço; martelo (bate-estacas).
Rammish (ré-mish) adj fétido; libidinoso; lascivo.

Ramp (rémp) *s* rampa; declive; salto.
Ramp (rémp) *v* pular; dar cambalhotas.
Rampage (rémpêi-dj) *s* barulho; agitação; alvoroço.
Rampage (rémpêi-dj) *v* fazer alvoroço.
Rampageous (rémpê-djâss) *adj* turbulento, agitado.
Rampancy (rém-pânsi) *s* exuberância; extravagância.
Rampant (rém-pânt) *adj* exuberante; excessivo.
Rampart (rém-párt) *s* baluarte; muro; muralha.
Rampart (rém-párt) *v* fortificar.
Ranch (réntsh) *s* fazenda; rancho.
Ranch (réntsh) *v* rasgar; criar gado.
Rancher (rént-shár) *s* rancheiro, estancieiro; vaqueiro.
Rancid (rén-sid) *adj* rançoso; desagradável; repugnante.
Rancidity (rénsi-diti) *s* ranço.
Rancor (rén-kâr) *s* rancor; ódio.
Rancorous (rén-kârâss) *adj* rancoroso; vingativo.
Random (rén-dâmm) *s* acaso; aleatório.
Random (rén-dâmm) *adj* fortuito; feito ao acaso.
Range (rêindj) *s* fila; fileira; série; classe; extensão; cadeia.
Range (rêindj) *v* alinhar; dispor; classificar; percorrer; costear.
Ranger (rêin-djâr) *s* batedor; cão de caça; guarda florestal.
Rank (rénk) *s* fila; fileira; classe; ordem; classe social; grau; dignidade.
Rank (rénk) *v* ordenar, dispor em ordem; classificar; enfileirar.
Rankle (rénkl) *v* ulcerar; inchar; irritar-se.
Rankness (rénk-néss) *s* superabundância; fertilidade; enormidade.
Ransack (rén-sék) *v* saquear; esquadrinhar; revistar com minúcias.
Ransom (rén-sâmm) *s* resgate; preço dum resgate.
Ransom (rén-sâmm) *v* resgatar.
Ransomer (rén-sâmâr) *s* resgatador; redentor.
Rant (rént) *s* linguagem extravagante.
Rant (rént) *v* falar com extravagância.
Rap (rép) *s* pancada; batida na porta; ninharia.
Rap (rép) *v* bater; arrebatar; extasiar; *past or pp* RAPT.
Rapacious (râpêi-shâss) *adj* rapace; ávido; voraz.
Rapaciousness (râpêi-shâsness) *s* rapacidade; avidez.
Rape (rêip) *s* roubo; rapto; violação; rapazinho.
Rape (rêip) *v* violar; violentar.
Rapid (ré-pid) *adj* rápido; veloz; ligeiro.
Rapidity (rápi-diti) *s* rapidez; velocidade.
Rapier (rêi-piâr) *s* florete; espadim.
Rapine (ré-pinn) *s* rapina; roubo; saque.
Rapscallion (répské-liânn) *s* patife; malandro.
Rapt (répt) *adj* extasiado; enlevado.
Rapture (rép-tshâr) *s* arroubo; enlevo; êxtase.
Rapturous (rép-tshârâss) *adj* arrebatador; sedutor; encantador.
Rare (rér) *adj* raro; escasso; notável; USA mal passado; mal cozido.
Rarefy (ré-rifái) *v* rarefazer-se.
Rareness (ré-rinéss) *s* superioridade; raridade; preciosidade.
Rascal (rés-kâl) *s* tratante; velhaco; patife.
Rascality (réské-liti) *s* patifaria; plebe; ralé.
Rascally (rés-káli) *adj* ignóbil; vil; velhaco.
Rash (résh) *s* erupção; borbulha.
Rash (résh) *adj* arrojado; ousado; irrefletido.
Rasher (ré-shár) *s* pedaço de toucinho (fatia).
Rashness (résh-néss) *s* temeridade; imprudência; precipitação.
Rasp (résp) *s* grosa; lima.
Rasp (résp) *v* raspar (com grosa).
Rasping (rés-pinn) *s* raspagem; limalha.
Rasping (rés-pinn) *adj* irritante; áspero.
Rat (rét) *s* rato; traidor; fura-greve.
Rat (rét) *v* mudar (de partido); virar casaca; *to smeel a* RAT: suspeitar; pressentir.
Ratable (rêi-tâbl) *adj* avaliável; tributável.
Ratch (rétsh) *s* cremalheira; tambor de relógio.
Rate (rêit) *s* preço; taxa; índice; valor; imposto.
Rate (rêit) *v* avaliar; classificar; repreender.
Rater (rêi-târ) *s* avaliador.
Rather (ra-dhâr) *adv* antes; bastante; um tanto; ao contrário.
Ratification (rétifikêi-shânn) *s* ratificação.
Ratify (ré-tifái) *v* ratificar; aprovar; confirmar.
Rating (rêi-tinn) *s* classe; avaliação; USA grau; nota.
Ratiocinate (réshió-sinêit) *v* raciocinar.
Ratiocination (réshiósinêi-shânn) *s* raciocínio.
Ration (rêi-shânn) *s* ração.
Ration (rêi-shânn) *v* racionar.
Rational (ré-shânâl) *s* ente racional.
Rational (ré-shânâl) *adj* racional; judicioso.
Rationality (réshâné-liti) *s* racionalidade; raciocínio.
Rationalize (ré-shânâláiz) *v* raciocinar; ponderar; refletir.
Ratten (rét-n) *v* ameaçar (quem não adere a uma greve).
Rattle (rétl) *s* estrondo; barulho; tagarelice.
Rattle (rétl) *v* ressoar; agitar com estampidos; atordoar; repreender.
Rattler (ré-tlâr) *s* falador; tagarela.
Rattlesnake (rét-snêik) *s* cascavel (cobra).
Rattletrap (ré-l-trép) *s* calhambeque.
Rattling (ré-tlinn) *adj* alegre; vivo; retumbante.
Raucity (ró-siti) *s* rouquidão.
Raucous (ró-kâss) *adj* rouco.
Ravage (ré-vidj) *s* destruição; devastação; ruína.
Ravage (ré-vidj) *v* assolar; devastar.
Ravager (ré-vidjâr) *s* assolador; devastador.
Ravaging (ré-vidjinn) *s* devastação; ruína.
Ravaging (ré-vidjinn) *adj* devastador; assolador.
Rave (rêiv) *v* delirar; divagar.
Ravel (révl) *v* desfiar; emaranhar; revelar.
Raven (rêiv-n) *s* rapina; restos; presa.
Raven (rêiv-n) *v* apresar; rapinar; devorar.
Ravening (rév-ninn) *s* voracidade.
Ravening (rév-ninn) *adj* rapace; voraz.
Ravenous (rév-nâss) *adj* voraz; ávido.
Ravin (ré-vin) *s* pilhagem; rapacidade; presa.
Ravin (ré-vin) *v* apresar; rapinar; ser voraz.
Raving (rêi-vinn) *s* delírio; alucinação.
Raving (rêi-vinn) *adj* alucinado; delirante.
Ravish (ré-vish) *v* arrebatar; raptar; transportar; encantar.
Ravisher (ré-vishâr) *s* arrebatador; violador.
Ravishing (ré-vishinn) *adj* encantador; arrebatador.
Ravishment (ré-vishment) *s* arrebatamento; êxtase; rapto; violação.
Raw (ró) *adj* cru; verde; fresco.
Rawhide (ró-hái-d) *s* couro cru; chicote (feito de couro cru).
Rawness (ró-néss) *s* crueza; inexperiência; umidade.
Ray (rêi) *s* raio de luz (radiação ou calor); fila; linha reta.
Ray (rêi) *v* irradiar; cintilar; listrar.
Raze (rêiz) *v* arrasar; derrubar; raspar; limar.
Razor (rêi-zâr) *s* navalha (para raspar a barba).
Reach (ritsh) *s* extensão; alcance; desígnio.
Reach (ritsh) *v* estender; tocar; alcançar; atingir.
React (riek-t) *v* reapresentar; reagir; refletir.
Reaction (riék-shânn) *s* reação.
Read (rid) *v* ler; decifrar; interpretar; compreender; *I am* READING *an interesting book at the moment*: atualmente estou lendo um livro interessante; *past or pp* READ.
Readable (ri-dâbl) *adj* legível; aprazível.
Reading (ri-dinn) *s* leitura; comentário; estudo.
Reading (ri-dinn) *adj* de leitura.
Readjust (riédjâs-t) *v* reajustar; compor; consertar.
Readjustment (riédjást-ment) *s* reajustamento.
Readmission (riédmi-shânn) *s* readmissão.
Readmit (riédmi-t) *v* readmitir.
Ready (ré-di) *adj* pronto; disposto; rápido; vivo; diligente; hábil; breve.

Real (riâl) *adj* real; autêntico; positivo; sincero; JUR imóvel; FIN BR moeda.
Realism (ri-âlizm) *s* realismo.
Realist (ri-âlist) *s* realista.
Reality (rié-liti) *s* realidade.
Realize (ri-âláiz) *v* compreender; imaginar.
Really (ri-âli) *adv* realmente; na verdade; deveras?
Realm (rélmm) *s* reino; região; domínio.
Reap (rip) *v* ceifar; colher.
Reaper (ri-pâr) *s* ceifeiro; ceifeira (máquina).
Reaping (ri-pinn) *s* ceifa; colheita.
Rear (rir) *s* retaguarda; traseira.
Rear (rir) *v* elevar; educar; discutir; raciocinar; empinar-se.
Rear (rir) *adj* traseiro; posterior; último.
Rearrange (riérén-dj) *v* reajustar; recompor; reorganizar.
Reason (riz-n) *s* razão; motivo; causa; prova; argumento; princípio.
Reason (riz-n) *v* raciocinar; discutir.
Reasonable (riz-nâbl) *adj* razoável; módico; moderado.
Reasonableness (riz-nâblnéss) *s* justiça; moderação; equidade.
Reasoner (riz-nâr) *s* raciocinador; pensador.
Reasoning (riz-ninn) *s* raciocínio; argumento.
Reassemble (riéssémbl) *v* reunir novamente; tornar a juntar.
Rebate (ri-bêit) *s* rebate; desconto; dedução.
Rebate (ri-bêit) *v* abater; diminuir; deduzir.
Rebel (réb-l) *s* rebelde; revoltoso.
Rebel (réb-l) *v* revoltar-se; rebelar-se.
Rebel (réb-l) *adj* rebelde.
Rebellion (ribé-liânn) *s* rebelião; motim.
Rebellious (ribé-liâss) *adj* rebelde; insubordinado.
Rebound (ribáun-d) *s* repercussão.
Rebound (ribáun-d) *v* repercutir.
Rebound (ribáun-d) *adj* reencadernado.
Rebuff (ribâ-f) *s* recusa; resistência.
Rebuff (ribâ-f) *v* repelir; rejeitar.
Rebuke (ribiu-k) *s* repreensão.
Rebuke (ribiu-k) *v* repreender; censurar.
Rebut (ribâ-t) *v* replicar; repelir.
Rebuttable (ribâ-tâbl) *adj* refutável.
Rebuttal (ribâ-tâl) *s* refutação; réplica.
Rebutter (ribâ-târ) *s* refutação; tréplica.
Recalcitrant (rikél-sitrânt) *adj* recalcitrante; teimoso; obstinado.
Recall (rikó-l) *s* revocação; chamada; recordação; MIL toque de reunir.
Recall (rikó-l) *v* retratar-se; anular; lembrar-se.
Recant (rikén-t) *v* retratar-se.
Recantation (rikéntêi-shânn) *s* retratação.
Recapitulate (riképi-tshulêit) *v* recapitular.
Recapitulation (riképitshulêi-shânn) *s* recapitulação; resumo.
Recapture (rikép-shur) *s* recaptura; retomada.
Recapture (rikép-shur) *v* recapturar.
Recast (rikés-t) *v* reformar; refundir.
Recede (rissi-d) *v* retirar-se; desistir.
Receipt (rissi-t) *s* recibo; recebimento.
Receipt (rissi-t) *v* passar recibo.
Receivable (rissi-vâbl) *adj* aceitável.
Receive (rissi-v) *v* receber; permitir; conter.
Receiver (rissi-vâr) *s* recebedor; destinatário.
Recent (ri-sent) *adj* recente; novo.
Receptacle (rissép-tâkl) *s* receptáculo; recipiente.
Reception (rissép-shânn) *s* recepção; recebimento; acolhimento.
Receptive (rissép-tiv) *adj* receptivo.
Recess (rissé-ss) *s* retirada; partida; retiro; férias; suspensão.
Recession (rissé-shânn) *s* recesso; retirada; restituição.
Recipe (récipi) *s* receita (médica, de culinária etc.).
Recipient (rissi-pient) *s* recipiente; receptor; recebedor.
Reciprocal (rissi-prokâl) *adj* recíproco; mútuo.
Reciprocate (rissi-prokêit) *v* reciprocar; retribuir.
Recital (rissái-tâl) *s* exposição; narração; MÚS concerto; recital.
Recitation (réssitêi-shânn) *s* recitação; declamação.
Recite (rissái-t) *v* recitar; narrar.
Reciter (rissái-târ) *s* recitador; declamador; narrador.
Reck (rék) *v* importar-se; ter cuidado.
Reckless (rék-léss) *adj* negligente; descuidado; atrevido.
Recklessness (rék-lésnéss) *s* descuido; negligência; atrevimento.
Reckon (rék-n) *v* contar; calcular; FIG pensar; julgar.
Reckoner (rék-nâr) *s* contador; calculista.
Reckoning (rék-ninn) *s* conta; cálculo; FIG ajuste de contas.
Reclaim (riklêi-mm) *v* reformar; recuperar; amansar; regenerar.
Reclaimable (riklêi-mâbl) *adj* reclamável.
Reclamation (réklâmêi-shânn) *s* reclamação; reforma; emenda.
Recline (riklái-nn) *v* pender; reclinar-se.
Recluse (riklu-ss) *s* recluso; eremita.
Recluse (riklu-ss) *adj* recluso; solitário.
Reclusion (riklu-jânn) *s* reclusão; retiro.
Recognition (rékógni-shânn) *s* reconhecimento; JUR confissão.
Recognizable (ré-kógnaízábl) *adj* reconhecível.
Recognizance (rikóg-nizânss) *s* reconhecimento; JUR obrigação sob fiança.
Recognize (récâgnaiz) *v* reconhecer; admitir.
Recoil (rikói-l) *s* recuo; coice de arma de fogo; temor; repugnância.
Recoil (rikói-l) *v* recuar; retirar-se.
Recollect (rékóle-k-t) *v* lembrar; recordar-se.
Recollection (rékólék-shânn) *s* recordação; memória; reminiscência.
Recommence (rikómén-ss) *v* recomeçar; reiniciar.
Recommend (rékómén-d) *v* recomendar; aconselhar.
Recommendable (rékómén-dâbl) *adj* recomendável.
Recompense (ré-kómpénss) *s* recompensa; remuneração; indenização.
Recompense (ré-kómpénss) *v* recompensar; indenizar.
Reconcilable (ré-konsáilâbl) *adj* reconciliável.
Reconcile (ré-kónsáil) *v* reconciliar; conciliar; concordar.
Reconciler (ré-kónsáilâr) *s* reconciliador; pacificador.
Recondite (ré-kóndáit) *adj* recôndito; secreto; profundo.
Reconsider (rikónsi-dâr) *v* rever; reconsiderar.
Reconstitute (rikóns-tituit) *v* reconstituir; reorganizar.
Reconstruct (rikónstrâk-t) *v* reconstruir; restabelecer.
Record (rikór-d) *s* registro; disco (de vitrola); crônica; história; testemunho; memória; ESP recorde; MÚS gravação.
Record (rikór-d) *v* registrar; anotar; recordar-se; arquivar; gravar.
Recorder (rikór-dâr) *s* registrador; arquivista; juiz municipal; gravador (som).
Recount (rikáun-t) *v* recontar.
Recourse (rikôur-ss) *s* recurso; auxílio; refúgio; JUR apelação judicial.
Recover (rikâ-vâr) *v* recobrir; recuperar; recobrar; convalescer; restabelecer-se.
Recoverable (rikâ-vârâbl) *adj* recuperável; curável.
Recovery (rikâ-vâri) *s* restabelecimento; recuperação.
Recreate (ré-kriêit) *v* recrear; divertir-se.
Recreation (rékriêi-shânn) *s* recreação; recreio.
Re-creation (rékriêi-shânn) *s* recriação.
Recriminate (rikri-minêit) *v* recriminar; acusar; censurar.
Recrudescence (rikrudé-senss) *s* recrudescência.
Recrudescent (rikrudé-sent) *adj* recrudescente.
Recruit (rikru-t) *s* novato; recruta; suprimento.
Recruit (rikru-t) *v* recrutar; refazer-se; restabelecer-se.
Recruitment (rekrut-ment) *s* recrutamento; alistamento.
Rectification (réktifikêi-shânn) *s* retificação; correção.
Rectify (rék-tifái) *v* retificar; corrigir; destilar.

Rectitude (rék-titiud) *s* retidão; equidade; integridade.
Rector (rék-târ) *s* reitor; pároco; cura; USA pastor.
Rectorate (rék-târit) *s* reitoria; reitorado.
Rectory (rék-târi) *s* reitoria; presbitério.
Recumbent (rikâm-bént) *adj* reclinado; deitado.
Recuperate (rikiu-pârêit) *v* recuperar a saúde; convalescer.
Recuperation (rikiupârêi-shânn) *s* recuperação; restabelecimento.
Recur (rikâ-r) *v* ocorrer novamente; recorrer.
Recurrence (rikâ-rânss) *s* volta; retorno; repetição.
Recurrent (rikâ-rânt) *adj* periódico.
Red (réd) *s* cor vermelha (de sangue).
Red (réd) *v* avermelhar.
Red (réd) *adj* vermelho; rubro; FIG comunista.
Redact (ridék-t) *v* redigir; editar.
Redaction (ridék-shânn) *s* redação.
Redactor (ridék-târ) *s* redator.
Redden (réd-n) *v* corar; incandescer; enrubecer.
Reddish (ré-dish) *adj* avermelhado.
Redeem (ridi-mm) *v* remir; redimir; resgatar; compensar; cumprir uma promessa.
Redeemable (ridi-mâbl) *adj* remível; resgatável.
Redeemer (ridi-mâr) *s* resgatador; redentor.
Redemption (ridémp-shânn) *s* redenção; resgate; amortização (de dívida).
Redistribute (ridistri-biut) *v* redistribuir.
Redistribution (ridistribiu-shânn) *s* redistribuição.
Redness (réd-néss) *s* vermelhidão; rubor.
Redolence (ré-dolénss) *s* aroma; perfume; odor.
Redolent (ré-dolént) *adj* fragrante; cheiroso.
Redouble (ridâ-bl) *v* redobrar; repetir.
Redoubt (ridúa-t) *s* reduto; refúgio.
Redoubtable (ridâu-tâbl) *adj* formidável; terrível; respeitável.
Redound (ridáund) *v* redundar; resultar.
Redraft (ridráft) *s* novo projeto; nova redação.
Redraw (ridró) *v* redesenhar; fazer novo projeto; *past* REDREW *and pp* REDRAWN.
Redress (ridré-ss) *s* reparação; correção; alívio.
Redress (ridré-ss) *v* reparar; consolar; aliviar; desagravar.
Reduce (ridiu-ss) *v* diminuir; degradar; reduzir; transformar; subjugar; emagrecer.
Reducer (ridiu-sâr) *s* tubo de redução.
Reducible (ridiu-sibl) *adj* redutível.
Reduction (ridâk-shânn) *s* redução; diminuição; abatimento.
Redundance (ridân-dânss) *s* redundância; pleonasmo.
Redundant (ridân-dânt) *adj* redundante; pleonástico; superabundante.
Reduplicate (ridiu-plikêt) *v* reduplicar; repetir; multiplicar.
Reduplication (ridiuplikêi-shânn) *s* reduplicação; multiplicação; repetição.
Reed (rid) *s* cana; caniço; flecha; MÚS palheta (para instrumento de sopro); gaita; flauta.
Reedy (ri-di) *adj* coberto de colmo; cheio (de canas); feito de junco; fino como um caniço.
Reef (rif) *s* recife; sarna; erupção; filão.
Reek (rik) *s* fumo; vapor; exalação.
Reek (rik) *v* exalar; lançar vapores; fumegar; cheirar forte.
Reel (ril) *s* torniquete; carretel; bobina.
Reel (ril) *v* cambalear; vacilar; enrolar.
Reelect (rilék-t) *v* reeleger.
Reelection (rilék-shânn) *s* reeleição.
Reembark (riémbár-k) *v* reembarcar.
Reembarkation (riémbárkêi-shânn) *s* reembarque.
Reenact (rinék-t) *v* reinterpretar; reconstituir; restabelecer.
Reenactment (rinékt-ment) *s* restabelecimento; reposição.
Reenforce (riénfôur-ss) *v* reforçar.
Reenforce (riénfôur-ss) *v* reforçar; fortificar.
Reengage (rienghêi-dj) *v* recontratar; realistar; readmitir; MIL encetar novo combate.

Reenter (rien-târ) *v* reentrar.
Reestablish (riesté-blish) *v* restabelecer.
Reestablishment (riesté-blishment) *s* restabelecimento; restauração.
Refectory (rifék-tôuri) *s* refeitório; restaurante.
Refer (rifâ-r) *v* referir; referir-se; transmitir.
Referee (réfâri) *s* árbitro; juiz; ESP árbitro.
Reference (ré-fârénss) *s* referência; alusão; menção; observação.
Refill (rifíl) *v* reencher; tornar a encher.
Refine (rifái-nn) *v* refinar; polir; educar.
Refined (rifáind) *adj* refinado; purificado; cortês; distinto.
Refinement (rifáin-ment) *s* refinamento; cultura.
Refinery (rifái-nâri) *s* refinaria.
Refining (rifái-ninn) *s* refinação; refinamento; purificação.
Refit (rifi-t) *v* consertar; aparelhar; armar.
Reflect (riflék-t) *v* refletir; ponderar; censurar; projetar; criticar.
Reflection (riflék-shânn) *s* reflexão; reflexo; meditação; consideração.
Reflective (riflék-tiv) *adj* refletivo; mediativo; GRAM reflexivo.
Reflex (ri-flékss) *s* reflexo.
Reflex (ri-flékss) *adj* reflexo; revérbero; reflexivo.
Reflux (riflák-ss) *s* refluxo; vazante.
Reform (rifór-mm) *s* reforma.
Reform (rifór-mm) *v* reformar; modernizar; emendar.
Reformable (rifór-mâbl) *adj* reformável; corrigível.
Reformation (réfórmêi-shânn) *s* reforma; reformação.
Reformatory (rifór-mâtôuri) *s* reformatório; casa de correção.
Reformatory (rifór-mâtôuri) *adj* reformatório.
Reformer (rifór-mâr) *s* reformador.
Refract (rifrék-t) *v* refratar; refranger.
Refraction (rifrék-shânn) *s* refração.
Refractoriness (rifrék-tôurinéss) *s* teimosia; indocilidade; rebeldia.
Refractory (rifrék-tôuri) *adj* refratário; obstinado; teimoso; indócil.
Refrain (rifrêi-nn) *s* refrão; estribilho.
Refrain (rifrêi-nn) *v* refrear; abster-se; reter.
Refresh (rifré-sh) *v* restaurar; reparar as forças; recrear; divertir-se.
Refresher (rifré-shâr) *s* refresco; que alivia.
Refreshing (rifré-shinn) *adj* refrigerante; reanimador; restabelecedor.
Refreshment (rifrésh-ment) *s* refresco; alívio; refrigério; consolação.
Refrigerate (rifri-djârêit) *v* refrigerar; refrescar.
Refrigerator (rifri-djârêitâr) *s* refrigerador; geladeira.
Refuge (ré-fiudj) *s* refúgio; abrigo; subterfúgio.
Refuge (ré-fiudj) *v* abrigar; proteger.
Refugee (réfiudji) *s* refugiado; asilado.
Refulgence (rifâl-djénss) *s* refulgência; brilho; esplendor.
Refulgent (rifâl-djént) *adj* refulgente; brilhante.
Refund (rifân-d) *v* reembolsar; restituir.
Refusable (rifiu-zâbl) *adj* recusável.
Refusal (rifiu-zâl) *s* recusa; repulsa; JUR direito de opção.
Refuse (rifiu-z) *s* refugo; sobra; resíduo.
Refuse (rifiu-z) *v* recusar; rejeitar.
Refuse (rifiu-z) *adj* rejeitado; de refugo; imprestável.
Refutability (réfiutâbi-liti) *s* refutabilidade.
Refutable (rifiu-tâbl) *adj* refutável.
Refutation (rifiutêi-shânn) *s* refutação.
Refute (rifiu-t) *v* refutar; contestar; rebater.
Regain (righêi-nn) *v* reganhar; recobrar.
Regal (ri-gâl) *adj* real; régio.
Regale (righêi-l) *v* banquetear; recrear; alegrar; lisonjear.
Regard (rigár-d) *s* consideração; respeito; estima.
Regard (rigár-d) *v* considerar; olhar.
Regardless (rigár-dléss) *adj* desatento; indiferente; descuidado.
Regency (ri-djensi) *s* regência.

REGENERATE — REMONSTRATE 213

Regenerate (ridjé-nârêit) *v* regenerar-se; reproduzir.
Regenerate (ridjé-nârêit) *adj* regenerado; renascido; renovado.
Regeneration (ridjénârêi-shânn) *s* regeneração; restauração; reprodução.
Regent (ri-djent) *s* regente; governador.
Regent (ri-djent) *adj* regente; reinante.
Regentship (ri-djentship) *s* regência.
Region (ri-djânn) *s* região; território; distrito.
Register (ré-djistâr) *s* registro; arquivo.
Register (ré-djistar) *v* registrar; indicar; anotar.
Registration (rédjistrêi-shânn) *s* registro; inscrição.
Registry (ré-djistri) *s* registro; arquivo; protocolo.
Regnant (ré-gnânt) *adj* reinante; dominante.
Regress (rigré-ss) *s* regresso; volta.
Regress (rigré-ss) *v* regressar; retornar.
Regression (rigré-shânn) *s* regressão; regresso.
Regret (rigré-t) *s* pesar; sentimento; pena; dor.
Regret (rigré-t) *v* lamentar; sentir; arrepender.
Regretful (rigrét-ful) *adj* arrependido; pesaroso.
Regrettable (rigré-tâbl) *adj* lastimável; sensível; deplorável.
Regular (ré-ghiulâr) *s* MIL regular; soldado de linha.
Regular (ré-ghiulâr) *adj* regular; pontual; metódico; uniforme; natural.
Regularity (réghiulé-riti) *s* regularidade; ordem.
Regularize (ré-ghiuláráiz) *v* regularizar.
Regulate (ré-ghiulêit) *v* regular; ordenar; dirigir.
Regulating (ré-ghiulêitinn) *adj* regulador.
Regulation (réghiulêi-shânn) *s* regulamento; método; ordem.
Rehabilitate (ri-hâbi-litêit) *v* JUR reabilitar.
Rehabilitation (ri-hâbilitêi-shânn) *s* reabilitação.
Rehearsal (ri-hâr-sâl) *s* narração; ensaio; repetição.
Rehearse (ri-hâr-ss) *v* narrar; repetir; recitar; ensaiar.
Reign (rêinn) *s* reino; reinado; soberania.
Reign (rêinn) *v* reinar; imperar.
Reigning (rêi-ninn) *adj* reinante; predominante; prevalecente.
Reimburse (riimbâr-ss) *v* reembolsar; indenizar.
Reimbursement (riimbârs-ment) *s* reembolso; indenização.
Reimpression (riimpré-shânn) *s* reimpressão.
Rein (rêinn) *s* rédea; governo.
Rein (rêinn) *v* governar; guiar por rédeas.
Reinforce (riinfôur-ss) *v* fortificar; reforçar.
Reinforcement (riinfôurs-ment) *s* reforço.
Reinstall (riinstô-l) *v* reinstalar; reorganizar.
Reinstallment (riinstôl-ment) *s* reinstalação; reorganização.
Reinstate (riinstêi-t) *v* reintegrar; restabelecer; repor.
Reiterate (rii-târêit) *v* reiterar; repetir.
Reiteration (riitârêi-shânn) *s* reiteração; repetição.
Reject (ridjék-t) *v* rejeitar; recusar; repudiar.
Rejection (ridjék-shânn) *s* rejeição; recusa; exclusão.
Rejoice (ridjói-ss) *v* regozijar-se; alegrar-se; divertir.
Rejoicing (ridjói-sinn) *s* alegria; júbilo; regozijo.
Rejoicing (ridjói-sinn) *adj* deleitável; alegre.
Rejoin (ridjói-nn) *v* reajuntar; reunir; JUR replicar.
Rejuvenate (ridju-venêit) *v* remoçar; rejuvenescer.
Rejuvenation (ridjuvenêi-shânn) *s* rejuvenescimento.
Relapse (rilép-ss) *s* recaída; reincidência.
Relapse (rilép-ss) *v* recair; reincidir.
Relate (rilêi-t) *v* relatar; referir-se; narrar; ter parentesco.
Related (rilêi-tid) *adj* relativo a; aparentado; aliado; conexo.
Relater (rilêi-târ) *s* relator; historiador; narrador.
Relation (rilêi-shânn) *s* relação; afinidade; parentesco.
Relationship (rilêi-shânship) *s* parentesco; relacionamento.
Relative (ré-lâtiv) *s* parente; GRAM pronome relativo.
Relative (ré-lâtiv) *adj* relativo; referente; concernente.
Relax (rilék-ss) *v* relaxar; afrouxar; soltar; largar; expandir-se; desabrochar.
Relaxation (riléksêi-shânn) *s* afrouxamento; relaxamento; recreio.
Relay (ri-lêi) *s* muda (de cavalos); substituição; ELET relé.

Relay (ri-lêi) *v* repor; mudar animais; substituir; RÁD transmitir em cadeia.
Release (rili-ss) *s* liberação; desobrigação; quitação.
Release (rili-ss) *v* soltar; liberar; livrar; CIN exibir um filme.
Relent (rilén-t) *v* abrandar-se; enternecer-se.
Relenting (rilén-tinn) *s* enternecimento; amolecimento.
Relentless (rilén-tléss) *adj* empedernido; implacável.
Relevance (ré-livânss) *s* relação; pertinência; importância.
Relevant (ré-livânt) *adj* relativo; aplicável; apropriado.
Reliability (riláiábi-liti) *s* confiança; segurança.
Reliable (rilái-âbl) *adj* de confiança; seguro.
Relic (ré-lik) *s* relíquia; ruína.
Relief (rili-f) *s* alívio; reparação; realce; relevo; JUR recurso.
Relievable (rili-vâbl) *adj* remediável; reparável.
Relieve (rili-v) *v* aliviar; realçar; ressaltar.
Relieving (rili-vinn) *adj* mitigador, consolador.
Religion (rili-djânn) *s* religião.
Religiosity (rilidjió-siti) *s* religiosidade.
Religious (rili-djâss) *adj* religioso; devoto; consciencioso; escrupuloso.
Religiousness (rili-djâsnéss) *s* piedade; religião; sentimento religioso.
Relinquish (rilin-kuish) *v* abandonar; renunciar.
Relinquishment (rilin-kuishment) *s* abandono; cedência; desistência.
Relish (ré-lish) *s* gosto; sabor; gulodice.
Relish (ré-lish) *v* saborear; ter bom gosto.
Relishable (ré-lishâbl) *adj* apetitoso; saboroso.
Reluctance (rilâk-tânss) *s* relutância; objeção; resistência.
Reluctant (rilâk-tânt) *adj* relutante; hesitante; renitente.
Rely (rilái) *v* confiar em; contar com.
Remain (rimêi-nn) *v* ficar; permanecer.
Remainder (rimêin-dâr) *s* resto; restante; saldo.
Remaining (rimêi-ninn) *adj* remanescente; restante.
Remains (rimêins) *s* restos; sobras; restos mortais.
Remake (rimêi-k) *v* refazer; *past ou pp* REMADE.
Remand (rimén-d) *v* reenviar; retornar.
Remark (rimár-k) *s* observação; anotação; advertência; nota.
Remark (rimárk) *v* observar; notar; comentar.
Remarkable (rimár-kâbl) *adj* notável; invulgar; extraordinário.
Remarriage (ri-méridj) *s* segundo casamento.
Remarry (rimé-ri) *v* tornar a casar-se.
Remediable (rimi-diâbl) *adj* remediável.
Remedy (ré-midi) *s* remédio; medicamento; JUR recurso.
Remedy (ré-midi) *v* remediar; reparar.
Remember (rimém-bâr) *v* lembrar-se; recordar; ter em mente.
Remembrance (rimém-brânss) *s* lembrança; recordação; memória.
Remind (rimáind) *v* lembrar; avisar.
Reminder (rimáin-dâr) *s* lembrança; sinal; advertência.
Reminiscence (rimíni-senss) *s* reminiscência; memória.
Reminiscent (rémini-sent) *adj* recordativo, rememorativo.
Remise (rimáiz) *s* repetição de golpe (esgrima) JUR renúncia; cessão.
Remise (rimáiz) *v* repetir golpe (esgrima) JUR ceder (direito).
Remiss (rimi-ss) *adj* remisso; lento; negligente; despreocupado.
Remission (rimi-shânn) *s* remissão; indulto; perdão.
Remit (rimit) *v* remeter; largar; perdoar; soltar; abandonar; reduzir.
Remittance (rimi-tânss) *s* remessa (de dinheiro etc.); letra de câmbio.
Remitter (rimi-târ) *s* remetente; JUR transferência de instância; restituição; o que absolve.
Remnant (rém-nânt) *s* remanescente; resto; retalho.
Remodel (rimó-del) *v* remodelar; refazer.
Remodelling (rimó-delinn) *s* remodelação.
Remonstrance (rimóns-trânss) *s* queixa; protesto; censura; objeção.
Remonstrate (rimóns-trêit) *v* censurar; exprobrar.

REMORSE — REPUBLIC

Remorse (rimórss) *s* remorso; arrependimento.
Remorseful (rimórs-ful) *adj* com remorsos; arrependido; contrito.
Remorseless (rimórs-léss) *adj* sem remorsos; impenitente; cruel; desumano.
Remoselessness (rimórs-lésnéss) *s* impenitência; desumanidade.
Remote (rimôut) *adj* remoto; afastado; retirado; isolado; alheio.
Remoteness (rimôut-néss) *s* afastamento; distância considerável.
Removable (rimu-vâbl) *adj* removível; transportável.
Removal (rimu-vâl) *s* remoção; demissão; retirada; afastamento.
Remove (rimu-v) *s* remoção; mudança; grau de parentesco.
Remove (rimu-v) *v* remover; retirar; transferir-se; mudar-se.
Remunerate (rimiu-nârêit) *v* remunerar; recompensar.
Remuneration (rimiunârêi-shânn) *s* remuneração; recompensa.
Remunerative (rimiu-nârâtiv) *adj* remunerativo; lucrativo.
Renascence (riné-senss) *s* Renascença; renascimento.
Rend (rénd) *v* rasgar; despedaçar; arrancar; *past or pp* RENT.
Render (rén-dâr) *v* prestar favor; restituir; tornar difícil; tornar possível; dispensar atenção; traduzir; executar.
Rendering (rén-dârinn) *s* tradução; versão; interpretação, reboco.
Renegade (ré-nighêid) *s* renegado; desertor.
Renew (riniu) *v* renovar; reiterar; refazer.
Renewal (riniu-âl) *s* renovação; renovo; reforma.
Renounce (rináun-ss) *v* renunciar; rejeitar (em público).
Renouncement (rináuns-mént) *s* renúncia.
Renovate (ré-novêit) *v* renovar; restaurar; reformar.
Renovation (rénovêi-shânn) *s* renovação; purificação; reforma.
Renown (rináu-nn) *s* renome; fama; celebridade.
Renown (rináu-nn) *v* afamar; celebrizar.
Renowned (rináun-d) *adj* famoso; célebre; insigne.
Rent (rént) *s* aluguel; arrendamento; fenda.
Rent (rént) *v* alugar; arrendar.
Renter (rén-târ) *s* arrendatário; locatário; inquilino.
Renunciation (rinânsiêi-shânn) *s* renunciação; renúncia; repúdio.
Reoccupy (rió-kiupái) *v* tornar a ocupar.
Reopen (riôup-n) *v* reabrir.
Reopening (riôup-ninn) *s* reabertura; reinício.
Reorganization (riórgânizêi-shânn) *s* reorganização.
Reorganize (riór-gânáiz) *v* reorganizar; melhorar; reformar.
Repair (ripér) *s* reparo; restauração; guarida.
Repair (ripér) *v* reparar; consertar; transportar-se; dirigir-se; indenizar.
Repairer (ripé-râr) *s* reparador; restabelecedor; restaurador.
Repairing (ripé-rinn) *s* reparação; restauração; remendo.
Reparation (répârêi-shânn) *s* reparação; restauração; reforma; indenização.
Repartee (répârti-) *s* réplica; resposta.
Repartee (répârti-) *v* replicar.
Repass (ripé-ss) *v* repassar.
Repast (ripés-t) *s* refeição; alimento.
Repatriate (ripé-triêit) *v* repatriar.
Repay (ripé-i) *v* repagar; reembolsar indenizar; efetuar um pagamento; *past or pp* **REPAID**.
Repayable (ripéi-âbl) *adj* reembolsável.
Repayment (ripéi-ment) *s* reembolso; novo pagamento; devolução.
Repeal (ripil) *s* revogação; ab-rogação; anulação.
Repeal (ripil) *v* revogar; ab-rogar; expulsar.
Repealing (ripi-linn) *adj* revogatório.
Repeat (ripit) *s* repetição. *MÚS* estribilho.
Repeat (ripit) *v* repetir; recitar.
Repeater (ripi-târ) *s* repetidor; recitador; de repetição (arma).
Repeating (ripi-tinn) *s* repetição.
Repeating (ripi-tinn) *adj* repetidor; repetente.
Repel (ripél) *v* repelir; rechaçar.
Repellent (ripé-lent) *s* tecido impermeável.
Repellent (ripé-lent) *adj* repelente; repulsivo.
Repent (ripén-t) *v* arrepender-se; mudar de parecer.
Repentance (ripén-tânss) *s* arrependimento; contrição.
Repentant (ripén-tânt) *adj* arrependido; contrito; pesaroso.
Repenting (ripén-tinn) *s* arrependimento.
Repenting (ripén-tinn) *adj* penitente.
Repeople (ripip-l) *v* repovoar.
Repercuss (ripârkâ-ss) *v* repercutir; ressoar.
Repercussion (ripârkâ-shânn) *s* repercussão.
Repetition (répiti-shânn) *s* repetição; recitação.
Repine (ripái-nn) *v* lamentar-se; queixar-se; murmurar.
Repiner (ripái-nâr) *s* murmurador.
Repining (ripái-ninn) *s* queixa; lamentação; pesar; desgosto.
Repining (ripái-ninn) *adj* descontente; magoado.
Replace (riplêi-ss) *v* repor; restabelecer; substituir.
Replacement (riplêis-ment) *s* reposição; reembolso; substituição.
Replenish (riplé-nish) *v* reabastecer; encher.
Replete (riplit) *adj* repleto; cheio; recheado.
Repletion (ripli-shânn) *s* plenitude; exuberância.
Replevin (riplé-vinn) *s* JUR reivindicação; desembargo.
Replication (riplikêi-shânn) *s* JUR réplica; objeção.
Reply (riplá-i) *s* resposta; réplica.
Reply (riplá-i) *v* responder.
Report (ripôur-t) *s* relatório; relação; descrição; boato; rumor.
Report (ripôur-t) *v* referir; relatar; apresentar queixa.
Reporter (ripôur-târ) *s* repórter; noticiarista.
Reporting (ripôur-tinn) *s* relação; reportagem.
Repose (ripôu-z) *s* repouso; descanso; tranquilidade.
Repose (ripôu-z) *v* repousar; confiar em.
Reprehend (répri-hén-d) *v* repreender; ralhar; censurar.
Reprehensible (répri-hén-sibl) *adj* censurável; repreensível.
Represent (réprizén-t) *v* representar; descrever; interpretar.
Representation (réprizentêi-shânn) *s* imagem; representação.
Representative (réprizén-tâtiv) *s* representante; delegado; símbolo.
Representative (réprizén-tâtiv) *adj* representativo.
Repress (ripré-ss) *v* reprimir; dominar; conter.
Repressible (ripré-sibl) *adj* reprimível; dominável.
Repression (ripré-shânn) *s* repressão.
Reprieve (ripri-v) *s* JUR suspensão de pena (temporária).
Reprieve (ripri-v) *v* JUR suspender0 sentença criminal (temporariamente).
Reprimand (réprimén-d) *s* reprimenda; repreensão.
Reprimand (réprimén-d) *v* repreender; reprovar severamente.
Reprint (riprin-t) *s* reimpressão; reedição.
Reprint (riprin-t) *v* reimprimir; reeditar.
Reprisal (riprái-zâl) *s* represália; vingança; desforra.
Reproach (riprôu-tsh) *s* censura; vitupério; opróbrio.
Reproach (riprôu-tsh) *v* exprobrar; censurar; vituperar.
Reproachful (riprôu-tshfâl) *adj* injurioso; ultrajante; condenatório.
Reprobate (ré-probêit) *v* reprovar; condenar; rejeitar.
Reprobation (réprobêi-shânn) *s* condenação; reprovação.
Reproduce (ripprodiu-ss) *v* reproduzir.
Reproduction (riprodâk-shânn) *s* cópia; reprodução; traslado.
Reproof (ripru-f) *s* reprovação; censura.
Reprovable (ripru-vâbl) *adj* reprovável; censurável.
Reprove (ripru-v) *v* censurar.
Reprover (ripru-vâr) *s* reprovador; censurador.
Reptile (rép-til) *s* réptil; vil; abjeto.
Reptile (rép-til) *adj* réptil; vil; abjeto.
Reptilian (répti-liânn) *s* réptil.
Reptilian (répti-liânn) *adj* de réptil.
Republic (ripâ-blik) *s* república.

Republican (ripâ-blikânn) *s* republicano.
Republication (ripâblikêi-shânn) *s* reimpressão; reedição.
Repudiate (ripiu-diêit) *v* repudiar; repelir; rejeitar.
Repudiation (ripiudiêi-shânn) *s* repúdio; rejeição; renúncia.
Repugnance (ripág-nânss) *s* aversão; oposição; repugnância.
Repugnant (ripág-nânt) *adj* oposto; contrário; repugnante.
Repulse (ripâl-ss) *s* repulsa; rejeição; recusa.
Repulse (ripâl-ss) *v* repelir; recusar.
Repulsion (ripâl-shânn) *s* repulsão; repugnância.
Repulsive (ripâl-siv) *adj* repulsivo; abjeto; vil.
Repulsiveness (ripâl-sivnéss) *s* repelência; aversão.
Reputable (ré-piutâbl) *adj* honrado; estimável; honroso.
Reputation (répiutêi-shânn) *s* reputação; crédito; fama; notoriedade.
Repute (ripiut) *s* fama; crédito.
Repute (ripiut) *v* reputar; considerar; estimar.
Request (rikuést) *s* pedido; requisição; reclamação.
Request (rikuést) *v* pedir; solicitar.
Require (rikuáir) *v* precisar; requerer; exigir; desejar; necessitar.
Requirement (rikuáir-ment) *s* requerimento; petição; exigência.
Requisite (ré-kuizit) *s* coisa indispensável; requisito.
Requisite (ré-kuizit) *adj* necessário; indispensável.
Requisiteness (ré-kuizitnéss) *s* necessidade; exigência; precisão.
Requisition (rékuizi-shânn) *s* requisição; requisito; pedido; solicitação.
Requisition (rékuizi-shânn) *v* requisitar.
Requital (rikuái-tâl) *s* recompensa; paga; revide.
Requite (rikuái-t) *v* recompensar; devolver.
Rescind (rissin-d) *v* rescindir; anular.
Rescission (rissi-jânn) *s* rescisão; anulação.
Rescue (rés-kiu) *s* socorro; libertação; livramento.
Rescue (rés-kiu) *v* livrar; socorrer.
Research (rissâr-tsh) *s* pesquisa; busca; investigação.
Research (rissâr-tsh) *v* pesquisar; investigar; procurar.
Researcher (rissâr-tshâr) *s* investigador; pesquisador.
Resell (rissél) *v* revendedor; *past or pp* RESOLD.
Resemblance (rizém-blânss) *s* semelhança; parecença; analogia.
Resemble (rizémbl) *v* assemelhar-se; parecer-se.
Resembling (rizém-blinn) *adj* semelhante; parecido.
Resent (rizén-t) *v* ressentir-se; indignar-se com.
Resentful (rizén-ful) *adj* ressentido; vingativo; rancoroso.
Resentment (rizént-ment) *s* ressentimento; enfado; queixa.
Reservation (rézârvêi-shânn) *s* reserva; restrição; dissimulação.
Reserve (rizâr-v) *s* reserva; cautela; circunspecção.
Reserve (rizâr-v) *v* reservar; conservar.
Reserved (rizârv-d) *adj* reservado; calado; discreto.
Reset (rissé-t) *s* nova disposição; recolocação.
Reset (rissé-t) *v* recompor; recolocar; retomar.
Reside (rizái-d) *v* residir; habitar; morar.
Residence (rá-zidénss) *s* residência; morada; habitação.
Resident (ré-zidént) *s* residente; morador.
Resident (ré-zidént) *adj* residente; morador.
Residue (ré-zidiu) *s* resíduo; resto; sobra; remanescente.
Resign (rizái-nn) *v* resignar-se; demitir-se.
Resignation (rézignêi-shânn) *s* resignação; demissão; renúncia.
Resigned (rizáin-d) *adj* resignado; conformado; demitido.
Resist (rizis-t) *v* resistir; opor-se; suportar; aguentar.
Resistance (rizis-tânss) *s* resistência; oposição; obstáculo; impedimento.
Resistant (rizis-tânt) *adj* resistente.
Resistible (rizis-tibl) *adj* resistível.
Resoluble (ré-zoliubl) *adj* resolúvel.
Resolute (ré-zoliut) *adj* resoluto; decidido; firme.
Resoluteness (ré-zoliutnéss) *s* resolução; firmeza; constância.
Resolution (rézoliu-shânn) *s* resolução; solução; firmeza.
Resolve (rizólv) *s* resolução; acordo; determinação.
Resolve (rizólv) *v* resolver; dissolver; analisar.
Resonance (ré-zonânss) *s* ressonância.
Resonant (ré-zonânt) *adj* ressonante; retumbante.
Resort (rizórt) *s* lugar de reunião; concurso; concorrência; estação de veraneio.
Resort (rizórt) *v* dirigir-se a; recorrer.
Resound (rizáund) *v* ressoar; retinir; ter fama; ecoar.
Resource (rissôur-ss) *s* recurso; meio; expediente.
Respect (rispékt) *s* respeito; veneração; observância; motivo; cumprimentos; homenagens.
Respect (rispékt) *v* respeitar; referir-se.
Respectable (rispék-tâbl) *adj* respeitável; honroso; venerável.
Respecter (rispék-târ) *s* respeitador.
Respectful (rispékt-ful) *adj* respeitoso.
Respecting (rispék-tinn) *prep* quanto a; com respeito a; relativamente a.
Respective (rispék-tiv) *adj* respectivo; particular; individual.
Respiration (réspirêi-shânn) *s* respiração.
Respirator (rés-pirêitâr) *s* respirador.
Respire (rispáir) *v* respirar; viver.
Respite (rés-pit) *s* descanso; pausa; folga; prorrogação.
Respite (rés-pit) *v* prorrogar; JUR adiar a execução de uma sentença.
Resplendence (risplén-dénss) *s* resplendor; brilho; fulgor.
Resplendent (risplên-dént) *adj* resplendente; brilhante.
Respond (rispónd) *s* resposta; solução.
Respond (rispónd) *v* responder; corresponder.
Response (rispón-ss) *s* resposta; reação; réplica; responsório.
Responsibility (rispónsibi-liti) *s* responsabilidade; dever; obrigação.
Responsible (rispón-sibl) *adj* responsável.
Responsive (rispón-siv) *adj* compreensivo.
Responsiveness (rispón-sivnéss) *s* correspondência; conformidade.
Responsory (rispón-sôuri) *s* responsório; responso.
Responsory (rispón-sôuri) *adj* responsório.
Rest (rést) *s* repouso; tranquilidade; sustentáculo; resto; os outros (pessoas); *MÚS* pausa.
Rest (rést) *v* descansar; repousar; apoiar.
Restaurant (rés-torânt) *s* restaurante.
Restful (rést-ful) *adj* sossegado; tranquilo; quieto.
Restfulness (rést-fulnéss) *s* tranquilidade; repouso; quietude.
Resting (rés-tinn) *s* descanso; folga; sossego.
Resting (rés-tinn) *adj* de descanso.
Restitution (réstitiu-shânn) *s* restituição; devolução; indenização.
Restive (rés-tiv) *adj* obstinado; teimoso; impaciente.
Restiveness (rés-tivnéss) *s* impaciência; teimosia; obstinação; indocilidade.
Restless (rés-tléss) *adj* inquieto; incessante; insaciável; inquieto.
Restlessness (rés-tlésnéss) *s* inquietação; impaciência.
Restorable (ristôu-râbl) *adj* restituível; restaurável.
Restoration (ristorêi-shânn) *s* restituição; restauração; reintegração.
Restore (ristôur) *v* restaurar; reconstruir; devolver.
Restorer (ristôu-rár) *s* restituidor; restaurador.
Restrain (ristrêi-nn) *v* refrear; restringir; limitar.
Restrainable (ristrêi-nâbl) *adj* restringível; restringente.
Restraint (ristrêin-t) *s* sujeição; coerção; restrição; constrangimento.
Restrict (ristrikt) *v* restringir; limitar.
Restriction (ristrik-shânn) *s* restrição; limitação.
Restrictive (ristrik-tiv) *adj* restritivo; limitativo.
Result (rizâlt) *s* resultado; efeito; consequência.
Result (rizâlt) *v* resultar; inferir-se.
Resultant (rizál-tânt) *s* resultado; consequência.
Resultant (rizâl-tânt) *adj* resultante.

Resume (riziu-mm) v retomar; renovar; reiniciar; reassumir.
Resumption (rizǎmp-shǎnn) s reinício; recobro.
Resurrect (rézǎrékt) v ressuscitar.
Resurrection (rézárék-shǎnn) s ressurreição; restabelecimento.
Resuscitate (rissǎ-sitêit) v ressuscitar; reviver; renascer; restaurar.
Resuscitation (rissássitêi-shǎnn) s ressurreição; ressurgimento; renascimento.
Retail (rité-il) s retalho.
Retail (rité-il) v vender a retalho.
Retailer (ritêi-lâr) s retalhista; varejista.
Retain (ritêi-nn) v reter; assalariar; contratar; conservar.
Retainer (ritêi-nâr) s aderente; partidário; pagamento adiantado (para advogado); dependente; assistente.
Retake (ritêi-k) v retomar; recobrar; past RETOOK and pp RETAKEN.
Retaliate (rité-liêit) v vingar-se; retaliar; desagravar.
Retaliation (ritéliêi-shǎnn) s represália; desforra; vingança; desagravo.
Retard (ritâr-d) s demora; atraso; delonga.
Retard (ritâr-d) v retardar; protelar; demorar.
Retardation (ritárdêi-shǎnn) s retardação; demora.
Retch (rétsh) v vomitar.
Retention (ritén-shǎnn) s retenção; limitação; conservação.
Reticence (ré-tissénss) s reticência.
Reticulate (riti-kiulêit) adj reticulado; reticular.
Retinue (ré-tiniu) s comitiva; séquito; cortejo.
Retire (ritái-r) v retirar-se; recolher-se ao leito; aposentar-se.
Retired (ritáird) adj retirado; ermo; aposentado.
Retirement (ritáir-ment) s retiro; retraimento; reforma; aposentadoria.
Retiring (ritái-rinn) adj modesto; retraído; referente ao aposentado.
Retort (ritórt) s retorta; destilador; recriminação.
Retort (ritórt) v retorquir; replicar; repelir.
Retouch (ritá-tsh) s retoque; última demão.
Retouch (ritá-tsh) v retocar; corrigir.
Retrace (ritrêi-ss) v retraçar; narrar; remontar; retroceder.
Retract (ritrékt) v retratar; recuar; voltar.
Retractation (ritréktêi-shǎnn) s retratação.
Retraction (ritrék-shǎnn) s retração; contração; retraimento.
Retreat (ritrit) s retiro; retirada; retraimento.
Retreat (ritrit) v retirar-se; fugir; recuar.
Retrench (ritrén-tsh) v entrincheirar; poupar; economizar.
Retrenchment (ritrén-tshment) s diminuição; redução; cerceamento; economia; MIL entrincheiramento; trincheira.
Retribution (rétribiu-shǎnn) s retribuição; desforra.
Retrievable (ritri-vâbl) adj reparável; restaurável; recuperável.
Retrieve (ritriv) v reaver; recobrar; restabelecer.
Retriever (ritri-vâr) s cão ensinado (de caça).
Retroact (ritróuék-t) v retroagir; ter efeito retroativo.
Retrocede (retrou-sidi) v retroceder.
Retrocession (ritrossé-shǎnn) s retrocessão; retrocesso.
Retrograde (ré-trogrêid) adj retrógrado.
Retrograde (ré-trogrêid) v retrogradar; retroceder.
Retrospect (ré-trospékt) s retrospecto.
Retrospective (rétropsék-tiv) adj retrospectivo.
Return (ritâr-nn) s volta; regresso; reposição; relação; lista; reembolso.
Return (ritâr-nn) v restituir; voltar; responder.
Returnable (ritâr-nâbl) adj restituível; reversível.
Reunion (riu-niânn) s reunião; reconciliação.
Reunite (riunáit) v reunir; juntar; reconciliar.
Reveal (rivíl) v revelar; descobrir; publicar.
Revealable (rivi-lábl) adj revelável; divulgável.
Revealer (rivi-lâr) s revelador.
Revel (ré-vel) s prazer; brincadeira; folia.

Revel (ré-vel) v divertir-se; festejar.
Revelation (révelêi-shǎnn) s revelação; publicação; BÍBL Apocalipse.
Reveller (ré-velâr) s amigo de orgias; pândego.
Revelry (ré-velri) s festança; folia; orgia.
Revenge (rivén-dj) s vingança; desforra.
Revenge (rivén-dj) v vingar-se; desforrar-se.
Revengeful (rivén-djful) adj vingativo.
Revenue (ré-viniu) s renda; fisco; benefício; JUR direitos aduaneiros.
Reverberate (rivâr-bârêit) v reverberar; repercutir; retinir; ecoar.
Reverberation (rivârbârêi-shǎnn) s eco; reflexão; reverberação; repercussão.
Revere (rivir) v reverenciar; venerar; respeitar.
Reverence (ré-vârênss) s reverência; respeito; veneração.
Reverence (ré-vârênss) v reverenciar; respeitar; honrar; saudar (com respeito).
Reverend (ré-vârénd) s reverendo; pastor; padre.
Reverend (ré-vârénd) adj reverendo.
Reverent (ré-várént) adj reverente; submisso.
Reverential (révárén-shâl) adj reverencial; respeitoso.
Reverie (ré-vâri) s devaneio; sonho; arroubo; MÚS fantasia.
Reverse (rivâr-ss) s reverso; inverso; verso; contrário; vicissitude; mudança; contratempo.
Reverse (rivâr-ss) v inverter (sentido etc.).
Reversible (rivâr-sâbl) adj reversível.
Reversion (rivâr-shǎnn) s reversão.
Revert (rivârt) v reverter; retroceder; volver.
Review (riviu) s revista; exame; análise; TIP revista.
Review (riviu) v rever; revisar; passar em revista; criticar.
Reviewer (riviu-âr) s inspetor; examinador; revisor; redator de revista.
Revile (riváil) s injúria; ultraje.
Revile (riváil) v injuriar; caluniar.
Reviler (rivái-lâr) s insultador.
Reviling (rivái-linn) adj injurioso; ofensivo; insultuoso.
Revise (riváiz) s revisão; TIP 2ª prova.
Revise (riváiz) v rever; revisar.
Revision (rivi-jânn) s revisão; edição; revista; correção.
Revival (rivái-vâl) s revivificação; restauração; renovação.
Revive (rivái-v) v ressuscitar; reviver.
Reviver (rivái-vâr) s revigorador; restaurador; reanimador.
Revivify (rivi-vifái) v revivificar; reviver.
Revocable (ré-vokâbl) adj revogável.
Revocation (révokêi-shǎnn) s revogação; anulação.
Revoke (rivóu-k) v revogar; anular; renunciar.
Revolt (rivôult) s sedição; rebelião; revolta.
Revolt (rivôult) v revoltar-se.
Revolting (rivôul-tinn) adj revoltante; repugnante.
Revolution (révoliu-shǎnn) s revolução; giro; volta; ciclo.
Revolutionary (révoliu-shânéri) s revolucionário.
Revolutionary (révoliu-shânéri) adj revolucionário.
Revolutionist (révoliu-shânist) s revolucionário.
Revolutionize (révoliu-shânáiz) v revolucionar; amotinar.
Revolve (rivól-v) v virar; girar; relembrar; pensar em.
Revolver (rivól-vâr) s revólver (arma); USA GUN.
Revolving (rivól-vinn) adj giratório; rotativo.
Revulsion (rivâl-shǎnn) s revulsão; retrocesso; repugnância.
Reward (riuórd) s recompensa; prêmio; remuneração.
Reward (riuórd) v recompensar; premiar.
Rewardable (riuór-dâbl) adj recompensável; premiável.
Rhapsody (rép-sódi) s rapsódia.
Rhetoric (ré-torik) s retórica.
Rheum (rumm) s MED reuma; catarro; expectoração.
Rheumatism (ru-mâtizm) s reumatismo.
Rhinoceros (ráinó-seráss) s rinoceronte.
Rhyme (ráim) s rima.
Rhyme (ráim) v rimar; versejar.

Rhythm (ri-thmm) s ritmo; cadência; harmonia; compasso.
Rhythmic (rith-mik) adj rítmico; ritmado; cadenciado; harmônico.
Rib (rib) s costela; carne (porção de costela); faixa; friso; nervura das folhas; vareta (de guarda-chuva).
Rib (rib) v estriar; listrar; USA caçoar; past or pp RIBBED.
Ribald (ri-bóld) adj devasso; obsceno; libertino.
Ribaldry (ri-bóldri) s libertinagem; cinismo; obscenidade.
Ribbon (ri-bânn) s fita; laço; cinta; banda; faixa; freio.
Ribbon (ri-bânn) v ornar; enfeitar.
Rice (ráiss) s arroz.
Rich (ritsh) adj rico; suntuoso; valioso; fértil; saboroso; espirituoso; divertido.
Riches (ri-tshiz) s riquezas; bens.
Richness (ri-tshnéss) s riqueza; fertilidade; opulência.
Rick (rik) s pilha; monte.
Rick (rik) v amontoar.
Rickets (ri-kits) s raquitismo.
Rickety (ri-keti) adj raquítico.
Rid (rid) adj livre; desembaraçado.
Rid (rid) v livrar; desembaraçar; past or pp RID.
Riddance (ri-dânss) s livramento; desembaraço.
Riddle (ridl) s enigma; adivinhação; crivo; mistério.
Riddle (ridl) v falar enigmaticamente.
Riddler (ri-dlâr) s aquele que fala de forma obscura; enigmático.
Riddling (ri-dlinn) adj enigmático; intrincado; complicado.
Ride (ráid) s passeio (de carro, de bicicleta, cavalo etc.); viagem; trajeto; percurso.
Ride (ráid) v cavalgar; montar; pedalar; viajar (nalgum tipo de veículo); past RODE and pp RIDDEN.
Rider (rái-dâr) s cavaleiro; jóquei; ciclista; viajante; passageiro; peão.
Ridge (ridji) s espinhaço; cume; recife; rego; cordilheira.
Ridge (ridji) v sulcar.
Ridicule (ri-dikiul) s ridículo; zombaria; mofa.
Ridicule (ri-dikiul) v ridicularizar; zombar de.
Ridiculous (ridi-kiulâss) adj ridículo; cômico; burlesco.
Rife (rái-f) adj corrente; comum; numeroso; abundante.
Rifeness (ráif-néss) s abundância; frequência; grande número.
Rifle (ráifl) s carabina; fuzil; rifle.
Rifle (ráifl) v pilhar; roubar.
Rift (rift) s fenda; racha; brecha.
Rift (rift) v fender-se; rachar; rachar-se.
Rig (rig) v guarnecer navios; vestir; armar; enfeitar.
Right (ráit) s lado direito; prerrogativa; razão; privilégio; equidade; propriedade; domínio; justiça.
Right (ráit) v endireitar; fazer justiça a.
Right (ráit) adj direito; certo; reto; correto; honesto; conveniente; adequado; verdadeiro; legal; direito.
Right (ráit) adv de acordo; neste instante; justamente; diretamente; fielmente.
Righteous (rái-tshâss) adj direito; justo; reto; probo; virtuoso.
Righteousness (rái-tshásnéss) s retidão; honestidade; justiça; probidade.
Rightful (raít-ful) adj legítimo; justo; reto; equitativo.
Rigid (ri-djid) adj rígido; rigoroso.
Rigidity (ridji-diti) s rigidez; rigor; aspereza; inflexibilidade.
Rigor (ri-gâr) s rigor; calafrio; severidade; dureza; inflexibilidade.
Rigorous (ri-gârâss) adj rigoroso; severo; duro; inflexível.
Rill (ril) s ribeiro; regato; riacho.
Rill (ril) v jorrar; fluir.
Rim (rimm) s borda; extremidade; aro; rebordo; pestana.
Rime (ráimm) s rima; degrau; fenda; geada.
Rime (ráimm) v gelar; gear.
Rind (ráind) s casca; vagem; crosta.
Rind (ráind) v descascar; pelar.
Rinderpest (rin-dârpést) s morrinha; sarna.

Ring (rinn) s anel; argola; aro; cerne.
Ring (rinn) v cercar; circundar; pôr um anel; encaracolar; mover-se em círculo; past or pp RINGED.
Ring (rinn) v tocar, repicar (sinos, campainhas, telefone etc.); soar; zumbir os ouvidos; telefonar; past RANG or RUNG and pp RUNG.
Ringworm (rin-uârmm) s impingem.
Rink (rink) s pista de patinação.
Rinse (rinss) v lavar; enxaguar.
Rinsing (rin-sinn) s ação de enxaguar; lavagem.
Riot (rái-ât) s tumulto; confusão; motim; revolta.
Riot (rái-ât) v fazer distúrbios; meter-se em orgias.
Rioter (rái-âtâr) s amotinador; libertino; devasso.
Riotous (rái-âtâss) adj turbulento; amotinador; devasso.
Riotousness (rái-âtâsness) s desordem; devassidão; libertinagem.
Rip (rip) s ruptura; rasgão; instrumento de raspar.
Rip (rip) v fender; dilacerar; despedaçar.
Ripe (ráip) adj sazonado; acabado; oportuno; preparado.
Ripen (ráip-n) v amadurecer; tornar-se oportuno.
Ripeness (ráip-néss) s maturidade; maturação; amadurecimento.
Ripple (ripl) s ondulação; onda; ruído das águas.
Ripple (ripl) v ondular; agitar (ondas de um lago etc.); ondear.
Rise (ráiz) s levantamento; elevação; subida; grau de ascensão; alta; encarecimento; adiantamento; acesso; cheia.
Rise (ráiz) v levantar-se; subir; elevar-se; erguer-se; aumentar; past ROSE and pp RISEN.
Risen (rizn) adj levantado; nascido; surgido.
Riser (rái-zâr) s aquele que se levanta (de queda); degrau de escada.
Risible (ri-zibl) adj irrisório; ridículo.
Rising (rái-zinn) s ato de levantar; ascensão; subida; ressurreição; encerramento de sessão.
Rising (rái-zinn) adj que se eleva; que sobe; nascente; levante; crescente; saliente; próspero.
Risk (risk) s risco; perigo; acaso.
Risk (risk) v arriscar; aventurar.
Riskiness (ris-kinéss) s imprudência; temeridade.
Risky (ris-ki) adj arriscado; perigoso; imprudente; temerário.
Rite (ráit) s rito; cerimônia.
Ritual (ri-tshual) s cerimonial; praxe; ritual.
Ritual (ri-tshuâl) adj ritual.
Rival (rái-vâl) s rival; antagonista.
Rival (rái-vâl) v rivalizar; competir.
Rivalry (rai-vâlri) s rivalidade; emulação.
Rive (ráiv) s fenda; racha.
Rive (ráiv) v fender; despedaçar; past RIVED and pp RIVEN.
River (rái-vâr) s rio; cópia; abundância.
Riverside (ri-vârsáid) s margem de rio; comprimento marginal de um rio (extensão).
Rivet (ri-vet) s rebite; arrebite; prego rebitado.
Rivet (ri-vet) v rebitar; fixar com rebites; pregar.
Rivulet (ri-viulit) s regato; arroio; riacho.
Roach (róutsh) s barata (inseto); USA COCK-ROACH.
Road (róud) s estrada.
Roadhouse (rôud-háuss) s estalagem; hospedaria.
Roadside (rôud-sáid) s margem da estrada; acostamento.
Roadstead (rôud-stéd) s enseada; ancoradouro.
Roadway (rôud-uêi) s rodovia; estrada; o leito da rua; USA PAVEMENT.
Roam (rôumm) v vagar; percorrer.
Roamer (rôu-mâr) s vadio; vagabundo.
Roar (rôur) s rugido; estrondo; grito.
Roar (rôur) v rugir; vociferar; mugir.
Roaring (rôu-rinn) s rugido; bramido.
Roaring (rôu-rinn) adj que ruge; que ronca.
Roast (rôust) s carne assada; assado.
Roast (rôust) v assar (carnes, com óleo); tostar.

ROAST — RUBBER

Roast (rôust) *adj* assado; tostado.
Roaster (rôus-târ) *s* assador.
Roasting (rôus-tinn) *s* ação de assar; torrefação; troça; zombaria.
Rob (rób) *v* assaltar; saquear; pilhar.
Robber (ró-bâr) *s* ladrão; salteador; assaltante.
Robbery (ró-bâri) *s* roubo; saque; pilhagem.
Robe (rôub) *s* veste; túnica; roupão.
Robe (rôub) *v* vestir; revestir; enfeitar.
Robot (roubôut) *s* autômato; máquina eletrônica automática (para montagem industrial etc.).
Robust (robâst) *adj* robusto; vigoroso; forte; duro; rude.
Robustness (robâst-néss) *s* robustez; força.
Rock (rók) *s* rocha; rochedo; amparo; penhasco; proteção; ESP roque (movimento simultâneo de proteção do rei feito com a torre); MÚS roque.
Rock (rók) *v* balançar; agitar; embalar.
Rockery (ró-kâri) *s* gruta artificial; pedras.
Rocket (ró-ket) *s* foguete; foguetão.
Rocking (ró-kinn) *s* ação de embalar; balanço.
Rocky (ró-ki) *adj* pedregoso; empedrado; endurecido.
Rod (ród) *s* vareta; vara (de pescar, de castigo); linhagem.
Roe (rôu) *s* cabrito (montês).
Rogation (roghêi-shânn) *s* rogações; súplicas; preces.
Rogue (rôug) *s* vadio; velhaco.
Roguery (rôu-gâri) *s* velhacaria; vadiagem; malícia.
Roguish (rôu-guish) *adj* velhaco; maldoso; folgazão; travesso.
Roguishness (rôu-ghishnéss) *s* velhacaria; jocosidade, maldade.
Roister (róis-târ) *s* fanfarrão; prosa.
Roister (róis-târ) *v* fazer escarcéu; fazer barulho.
Roisting (róis-tinn) *s* bravata; fanfarronada.
Role (rôul) *s* TEATR papel; função; parte.
Roll (rôul) *s* rolo; cilindro; lista; rol; rufo do tambor, pau de vassoura.
Roll (rôul) *v* rolar; rodar; enrolar; revolver; envolver; rufar o tambor.
Roller (rôu-lâr) *s* rolo; cilindro; vaga; maresia.
Rolling (rôu-linn) *s* rotação; giro; ato de enfaixar; laminação.
Rolling (rôu-linn) *adj* que roda; ondulado.
Roman (rôu-mânn) *adj* romano; severo; austero; nobre.
Romance (romén-ss) *s* romance; conto; namoro.
Romance (romén-ss) *v* fantasiar; romancear.
Romance (romén-ss) *adj* romântico.
Romancer (romén-sâr) *s* romancista; visionário; novelista.
Romantic (romén-tik) *adj* romântico; fabuloso; sentimental; imaginário.
Romany (ró-mâni) *s* cigano; gitano.
Romany (ró-mâni) *adj* dos ciganos.
Romp (rómp) *s* garota desembaraçada.
Romp (rómp) *v* brincar ruidosamente.
Rompish (róm-pish) *adj* brincalhão; gracejador.
Rood (rud) *s* cruz; crucifixo.
Roof (ruf) *s* telhado; abóbada; teto; habitação; abrigo.
Roof (ruf) *v* abrigar; telhar.
Rook (ruk) *s* gralha; torre (xadrez).
Rook (ruk) *v* lograr; trapacear.
Rookery (ru-kâri) *s* antro; casa muito povoada (cortiço); viveiro de gralhas; espelunca.
Room (rumm) *s* quarto; sala; causa; motivo; oportunidade; alojamento; razão.
Room (rumm) *v* alojar.
Roomy (ru-mi) *adj* espaçoso; amplo; vasto.
Roost (rust) *s* poleiro; lugar de descanso.
Roost (rust) *v* empoleirar.
Rooster (rustâr) *s* USA galo; ENGL cock; *to ROOSTER the roost:* ditar as regras.
Root (rut) *s* raiz; origem; base; MÚS nota tônica.
Root (rut) *v* arraigar-se.

Rooted (ru-tid) *adj* enraizado; fundamental; arraigado.
Rope (rôup) *s* corda; cabo; réstia; enfiada.
Rope (rôup) *v* amarrar; seduzir; enganar; USA laçar.
Rosary (rôu-zâri) *s* rosário; coroa de rosas.
Rose (rôuz) *s* rosa; roseira; cor-de-rosa; rubor.
Rose (rôuz) *adj* cor-de-rosa.
Roseate (rôu-ziêit) *adj* rosado; róseo; ornado de rosas.
Rose-cross (rôuz-cross) *s* a Rosacruz, símbolo do Rosacrucianismo (uma Rosa e uma Cruz unidas); aquele que é membro da *AMORC*, moderna denominação da **Ordem Rosacruz** (Antiga e Mística Ordem Rosacruz), Sublime Instituição que objetiva servir a humanidade, minimizando a ignorância e buscando a verdade Divina.
Roster (rós-târ) *s* MIL lista (de oficiais e soldados); rol de plantão.
Rosy (rôu-zi) *adj* rosado; róseo; agradável; lisonjeiro; otimista.
Rot (rót) *s* podridão; putrefação; cárie.
Rot (rót) *v* apodrecer; decompor.
Rotary (rôu-târi) *adj* giratório; rotativo.
Rotate (rôu-têit) *adj* em forma de roda.
Rotate (rôu-têit) *v* girar; dar voltas.
Rotation (rotêi-shânn) *s* rotação; volta; revolução; alternativa.
Rote (rôut) *s* rotina; som (de ondas).
Rotten (rót-n) *adj* podre; corrompido; avariado.
Rottenness (rótn-néss) *s* putrefação; podridão; cárie.
Rotund (rotând) *adj* redondo; rotundo; esférico.
Rouble (rubl) *s* rublo (moeda).
Rough (râf) *s* estado tosco; grosseiro; desordeiro.
Rough (râf) *v* tornar; tornar rude; encapelar (o mar).
Rough (râf) *adj* rude; áspero; tosco; duro; mal acabado; severo; ríspido; insolente; aproximado.
Roughness (râf-néss) *s* aspereza; tormenta; tempestade.
Round (ráund) *s* círculo; roda; degrau de escada; giro; orbe; globo; rota; caminho; rodada.
Round (ráund) *adj* redondo; esférico; circular; cilíndrico; sonoro; positivo; veloz; fluente; honrado; íntegro; ingênuo.
Round (ráund) *v* arredondar; andar em torno de; completar.
Round (ráund) *adv* em roda de; ao redor de.
Rounded (ráun-did) *adj* curvo; arredondado.
Rounder (ráun-dâr) *s* para arredondar (dispositivo); circunferência.
Rouse (ráuz) *v* acordar; despertar; excitar.
Rouser (ráu-zâr) *s* despertador; excitador; embuste; mentira.
Rousing (ráu-zinn) *adj* forte; violento; grande; despertador.
Rout (ráut) *s* derrota; tumulto; confusão.
Rout (ráut) *v* derrotar; pôr em fuga.
Route (rut) *s* caminho; rumo; rota.
Routine (ruti-nn) *s* rotina; prática; hábito.
Rove (rôuv) *v* correria; passeio.
Rove (rôuv) *v* percorrer; vagar.
Rover (rôu-vâr) *s* vagabundo; pessoa indecisa; ladrão.
Roving (rôu-vinn) *adj* errante; vagabundo.
Row (rôu) *s* fila; fileira; passeio de barco; contenda; tumulto; algazarra.
Row (rôu) *v* conduzir remando; armar tumulto; repreender.
Rowdiness (ráu-dinéss) *s* turbulência; bulha.
Rowdyism (ráu-diizm) *s* tumulto; desordem; turbulência.
Rowel (ráu-âl) *s* roseta de espora.
Rowel (ráu-âl) *v* meter (a espora).
Royal (rói-âl) *adj* real; régio; excelente; superior.
Royalism (rói-âlizm) *s* realismo; monarquia.
Royalist (rói-âlist) *s* realista.
Royalty (rói-âlti) *s* realeza; dignidade real; JUR direitos de patente.
Rub (râb) *s* fricção; atrito; polimento; sarcasmo; vaia.
Rub (râb) *v* friccionar; lustrar; tirar com borracha.
Rubber (râ-bâr) *s* borracha; caucho; polidor; pedra de amolar; lima; melhor de três (negra).
Rubber (râ-bâr) *adj* de borracha.

Rubbing (râ-binn) s polimento; fricção; massagem.
Rubbish (râ-bish) s lixo; refugo; insignificância.
Rubble (râbl) s cascalho; seixo.
Ruby (ru-bi) s rubi.
Ruby (ru-bi) v tornar rubro; tornar da cor do rubi.
Ruck (râk) s prega; vinco.
Ruck (râk) v vincar.
Ruction (râk-shânn) s GÍR algazarra; tumulto.
Rudder (râ-dâr) s governo; direção; leme.
Ruddy (râ-di) adj vermelho; rubro; rosado.
Rude (rud) adj rude; imperfeito; turbulento.
Rudeness (rud-néss) s rudeza; grosseria; rigor; insolência.
Rudiment (ru-diménŧ) s rudimento; embrião.
Rudimental (rudimén-tâl) adj rudimentar; elementar; primário.
Rudimentary (rudimén-târi) adj rudimentar; elementar.
Rue (ru) s arrependimento; pesar; arruda.
Rue (ru) v lastimar; pesar; sentir; arrepender-se.
Rueful (ru-ful) adj triste; pesaroso; lúgubre; lamentável.
Ruefulness (ru-fulnéss) s pena; tristeza; pesar.
Ruff (râf) s rufo; prega; franzido; rufo de tambor.
Ruff (râf) v rufar (tambor); pôr em desordem.
Ruffian (râ-fiânn) s rufião; alcoviteiro.
Ruffian (râ-fiânn) adj brutal; desalmado.
Ruffianism (râ-fiânizm) s rufianismo; barbaridade.
Ruffle (râfl-l) s confusão; desordem; rufar (tambor).
Ruffle (râf-l) v franzir; amarrotar; arrepiar-se; perturbar; contrariar.
Rug (râg) s tapete; coberta; manta de viagem.
Rugged (râgd) adj rude; carrancudo; robusto.
Ruggedness (râgd-néss) s rudeza; severidade.
Ruin (ru-inn) s ruína; queda; perdição.
Ruin (ru-inn) v arruinar; reduzir à míngua.
Ruination (ruinêi-shânn) s ruína; perdição; destruição.
Ruinous (rui-nâss) adj ruinoso; pernicioso; prejudicial.
Rule (rul) s regra; estatuto; preceito; risco; linha traçada; mando; governo; autoridade; régua; norma; regularidade; modelo; JUR decisão de um tribunal; parecer de um tribunal.
Rule (rul) v governar; pautar; regular; prevalecer; disciplinar; persuadir; reinar; estar em voga; reprimir.
Ruled (rul-d) adj regido; guiado; governado; norteado.
Ruler (ru-lâr) s soberano; régua; governador.
Ruling (ru-linn) s decisão; parecer.
Ruling (ru-linn) adj predominante; dominante.
Rum (râmm) s rum; aguardente; USA bebida alcoólica.
Rum (râmm) adj estranho; singular; ótimo.
Rumble (râmbl) s rumor; ruído; estrondo; tumulto.
Rumble (râmbl) v retumbar; ralhar; repreender.
Ruminant (ru-minânŧ) s ruminante.
Ruminant (ru-minânŧ) adj ruminante; pensativo.
Ruminate (ru-minêit) v ruminar; meditar; refletir.
Rumination (ruminêi-shânn) s ruminação; reflexão; meditação.
Rummage (râm-midj) s busca minuciosa; procura; revolta.
Rummage (râm-midj) v remexer; esquadrinhar.
Rummer (rum-mâr) s copázio; taça; copo.
Rumor (ru-mâr) s rumor; boato.
Rumor (ru-mâr) v divulgar; espalhar boatos.

Rump (râmp) s anca; garupa; traseiro; nádegas.
Rumple (râmpl) s prega; dobra; vinco.
Rumple (râmpl) v amarrotar; enrugar.
Rumpus (râm-pâss) s rebuliço; motim; distúrbio.
Run (rânn) s corrida; viagem; movimento; gosto; vontade; aceitação; continuação.
Run (rânn) v correr; fugir; controlar; passar; atravessar; exibir filme; administrar; espalhar boatos; estar na moda; publicar; inserir; começar de; colocar em funcionamento; *to RUN at*: correr sobre; *to RUN away*: fugir; *to RUN back*: voltar depressa; *to RUN down*: descer depressa; *to RUN into*: entrar precipitadamente; chocar-se com; *to RUN on*: continuar a correr; *to RUN out*: sair precipitadamente; *to RUN out of*: esgotar; *to RUN over*: atropelar; *to RUN up*: subir correndo; acumular; *to RUN upon*: versar sobre; past RAN and pp RUN.
Runaway (râ-nâuêi) s fugitivo; desertor; sequestro.
Runaway (râ-nâuêi) adj fugitivo; desertor.
Rung (rânn) s degrau (escada); vareta; caverna.
Runner (rân-nâr) s corredor; peão; mensageiro; fugitivo; corretor.
Running (rân-ninn) s carreira; corrimento; cio (de animais); curso; escoamento; supuração.
Running (rân-ninn) adj corredor; corredio; corrente; COM em vigor; a vencer.
Rupture (râp-tshur) s ruptura; rompimento; desinteligência; MED ruptura; hérnia.
Rupture (râp-tshur) v quebrar-se; romper-se.
Rural (ru-râl) adj rural; campestre.
Ruse (ruz) s ardil; astúcia; artimanha.
Rush (râsh) s ímpeto; carga; choque; arremetida; fúria; precipitação; grande movimentação.
Rush (râsh) v fazer com muita urgência; acelerar; lançar-se; arremessar-se.
Rusher (râ-shâr) s pessoa que se precipita; pessoa que se arremessa.
Rushing (râ-shinn) s corrida; ímpeto; investida; arremetida.
Rusk (râsk) s rosca; biscoito; torrada; bolacha.
Russet (râ-set) s cor avermelhada; traje.
Russet (râ-set) adj avermelhado; rústico; grosseiro.
Rust (râst) s ferrugem; bolor.
Rust (râst) v enferrujar.
Rustic (râs-tik) s campônio; sertanejo.
Rustic (râs-tik) adj rústico; grosseiro; bucólico; campestre.
Rusticity (râsti-siti) s rusticidade; grosseria.
Rustle (râs-l) s murmúrio; sussurro; ruído.
Rustle (râs-l) v sussurrar; roçar.
Rustling (râs-linn) s sussurro; murmúrio.
Rustling (râs-linn) adj sussurrante; murmurante.
Rusty (râs-ti) adj inutizável por falta de uso; enferrujado; rude; áspero.
Rut (râŧ) s sulco; rotina; praxe; ruído; mugido.
Rut (râŧ) v fazer sulcos; enrugar; animal no cio.
Rutilate (ru-tilêiŧ) v rutilar; brilhar; luzir.
Rye (rái) s centeio.
Ryot (rái-âŧ) s lavrador; campesino; inquilino; locatário (na Índia).

S

S (éss) *s* décima oitava letra do alfabeto Português e décima nona letra do alfabeto Inglês.
Sable (séibl) *s* zibelina ou marta; pele (de marta); luto.
Sable (séibl) *adj* negro; sombrio.
Sabotage (sabotá-j) *s* sabotagem.
Sabotage (sabotáj) *v* sabotar.
Sabre (sei-br) *s* sabre (espada).
Sabulous (sé-biulâss) *adj* arenoso; areento.
Sac (sék) *s* saco; bolsa; BIO cavidade.
Sacchariferous (sékâri-fârâss) *adj* sacarífero; sacarino.
Saccharify (séké-rifái) *v* sacarificar.
Saccharine (sé-kârinn) *s* sacarina.
Saccharine (sé-kârinn) *adj* sacarino.
Sacerdotal (séssârdôu-tál) *adj* sacerdotal.
Sack (sék) *s* saco; saca; bata de mulher; saque.
Sack (sék) *v* ensacar; saquear; pilhar; USA despedir.
Sacker (sé-kâr) *s* ensacador; saqueador.
Sacking (sé-kinn) *s* aniagem (tecido).
Sacrament (sé-krâmént) *s* sacramento.
Sacramental (sékrâmén-tâl) *adj* sacramental.
Sacred (sei-krid) *adj* sagrado; sacro; inviolável.
Sacredness (séi-kridnéss) *s* santidade.
Sacrifice (sé-krifáiss) *s* sacrifício; holocausto; vítima.
Sacrifice (sé-krifáiss) *v* sacrificar; imolar.
Sacrilege (sé-krilidj) *s* sacrilégio; profanação.
Sacrilegious (sékrili-djáss) *adj* sacrílego; profano.
Sacristan (sé-kristânn) *s* sacristão.
Sacristy (sé-kristi) *s* sacristia.
Sad (séd) *adj* circunspecto; triste; pesaroso; melancólico; sombrio.
Sadden (séd-n) *v* entristecer-se.
Saddle (sédl) *s* sela; selim.
Saddle (sédl) *v* selar; pôr carga (na sela).
Saddlebag (sédl-bég) *s* alforje.
Saddlery (sé-dlri) *s* selaria.
Sadness (séd-néss) *s* tristeza; melancolia; abatimento.
Safe (séif) *s* cofre-forte.
Safe (séif) *adj* salvo; ileso; intacto; leal; digno de confiança.
Safeguard (séif-gárd) *s* salvaguarda; proteção.
Safekeeping (séif-ki-pinn) *s* custódia; proteção; guarda.
Safeness (séif-néss) *s* segurança; confiança.
Safety (séif-ti) *s* segurança; abrigo; lugar seguro; custódia.
Safron (séi-frânn) *s* açafrão.
Safron (séi-frânn) *v* açafroar.
Safron (séi-frânn) *adj* cor (de açafrão).
Sag (ség) *s* inclinação; dobra; curvatura.
Sag (ség) *v* vergar; curvar; pender.
Sagacious (sâghêi-shâss) *adj* sagaz; perspicaz; astuto.
Sage (séidj) *s* sábio; salva (planta).
Sage (séidj) *adj* sábio; prudente.
Sageness (séidj-néss) *s* sabedoria; prudência.
Sail (séil) *s* NÁUT vela de navio; barco (vela); passeio de barco.
Sail (séil) *v* navegar; velejar; viajar por mar.
Sailboat (séil-bôut) *s* veleiro (barco a vela rápido).
Sailcloth (séil-klóth) *s* lona.
Sailing (séi-linn) *s* navegação; mareação; partida; largada.
Sailor (séi-lâr) *s* marinheiro; navegante.
Saint (sêint) *s* santo; santa.
Saintship (sêint-ship) *s* caráter de santidade.
Sake (séik) *s* atenção; causa; consideração; fim; motivo; propósito; respeito.
Salacious (sâlêi-sháss) *adj* impudico; lascivo; obsceno.
Salaciousness (sâlêi-shâsness) *s* lascívia; luxúria; obscenidade.
Salad (sé-lâd) *s* salada.
Salamander (sé-lámêndár) *s* salamandra (anfíbio); ESOT gênio que governa o fogo e nele vive (cabala).
Salaried (sé-lârid) *adj* assalariado.
Salary (sé-lâri) *s* salário; ordenado.
Sale (séil) *s* ação de vender; liquidação; leilão; mercado.
Saleable (sé-lâbl) *adj* vendável.
Salesman (séilz-maen) *s* vendedor.
Salience (sêi-liénss) *s* saliência; projeção; proeminência.
Salient (sêi-liént) *s* ângulo saliente (em fortificação).
Salient (sêi-liént) *adj* saliente.
Saline (sêi-láinn) *s* salina.
Saline (sêi-láinn) *adj* salino.
Saliva (sâlái-vâ) *s* saliva.
Salivation (sélivêi-shânn) *s* salivação.
Sallow (sé-lóu) *adj* amarelado; descorado; pálido.
Sallowness (sé-lôunéss) *s* lividez; palidez.
Sallowy (sé-lôui) *adj* cheio de salgueiros; lívido; pálido.
Sally (sé-li) *s* excursão; saída; sortida.
Sally (sé-li) *v* sair às pressas (com ímpeto).
Salmon (sé-mânn) *s* salmão (peixe); salmão (cor).
Saloon (sâlu-nn) *s* salão; carro-salão (nos trens); taverna.
Salsify (sé-sifi) *s* barba-de-bode (planta).
Salt (sólt) *s* sal; sabor; gosto; graça; espírito; marujo.
Salt (sólt) *v* salgar.
Salt (sólt) *adj* salgado; picante.
Saltation (séltêi-shânn) *s* palpitação; pulo; pulsação; salto.
Saltern (sól-târn) *s* salina (mina).
Saltless (sól-tléss) *adj* insípido; insosso.
Salubrious (sâliu-briâss) *adj* salubre; saudável.
Salutary (sé-liutéri) *adj* salutar; saudável.
Salutation (séliutêi-shânn) *s* saudação; estímulo.
Salute (séliut) *s* saudação; MIL continência; salva.
Salute (séliut) *v* saudar.
Salvable (sél-vâbl) *adj* salvável.
Salvage (sél-vidj) *s* salvamento; os salvados.
Salvation (sélvêi-shânn) *s* salvação; redenção.
Salve (sáv) *s* unguento; pomada; emplastro.
Salve (sáv) *v* aplicar unguento; curar com unguento.
Salver (sél-vâr) *s* salva; bandeja de prata.
Same (sêinm) *adj* mesmo (a, os, as); idêntico.
Sameness (sêim-néss) *s* identidade; semelhança.
Sample (sémp-l) *s* amostra; modelo; exemplo.
Sample (sémp-l) *v* dar amostra; experimentar.
Sampler (sém-plâr) *s* que dá amostras; amostra.
Sanctification (sénkitifikêi-shânn) *s* santificação; canonização.
Sanctify (sénk-tifái) *v* santificar.
Sanctifying (sénk-tifáiinn) *adj* santificante.

Sanction (sénk-shànn) s sanção; confirmação.
Sanction (sénk-shànn) v sancionar.
Sanctity (sénk-titi) s santidade.
Sanctuary (sénk-tshuéri) s santuário; abrigo; altar; templo.
Sanctum (sénk-tâmm) s lugar sagrado.
Sand (saend) s areia; areal; praia; momentos de vida.
Sand (saend) v arcar; cobrir de areia.
Sandal (saendl) s sandália; alparcata.
Sandwich (sén-duitsh) s sanduíche.
Sandy (saen-di) s alcunha dos escoceses.
Sandy (saen-di) adj arenoso; areento; ruivo.
Sane (sêinn) adj de mente sã; sensato; sadio.
Saneness (sêin-néss) s sanidade; higidez.
Sanguinary (sén-güinéri) adj sanguinário; cruel.
Sanguine (sén-güinn) adj sanguíneo; vivo; esperançoso.
Sanguineness (sén-güinnéss) s ardor; confiança; segurança.
Sanguineous (séngüi-niáss) adj sanguíneo.
Sanitary (sé-nitéri) adj sanitário.
Sanitation (sénitéi-shânn) s higiene; asseio; saneamento.
Sanity (sé-niti) s sanidade; razão.
Santa claus (sén-tâklóss) s Papai Noel.
Sap (sép) s seiva; fluido vital; MIL sapa.
Sap (sép) v solapar; escavar.
Sapajou (sé-pâju) s macaquinho; mico.
Sapid (sé-pid) adj sápido; saboroso; gostoso.
Sapidity (sâpi-diti) s sabor; gosto; graça.
Sapience (sêi-piénss) s sapiência; sabedoria.
Sapient (sêi-piént) adj sapiente; sábio.
Sapling (sé-plinn) s árvore nova; um jovem.
Saponaceous (séponêi-shâss) adj saponáceo.
Saponification (sâponifikêi-shânn) s saponificação.
Saponify (sâpô-nifái) v saponificar; past and pp SAPONIFIED.
Sapphire (sé-fáir) s safira (pedra).
Sappy (sé-pi) adj imaturo; sentimental; suculento; tolo; viçoso.
Sarcasm (sár-kézm) s sarcasmo; ironia.
Sarcastic (sárkés-tik) adj sarcástico.
Sarcenet (sárs-net) s tafetá (tecido).
Sarcophagus (sárkó-fâgâss) s sarcófago; túmulo.
Sardine (sárdi-nn) s sardinha (peixe do mar).
Sark (sárk) s camisa; mortalha.
Sash (sésh) s cinto; caixilho de janela; faixa; vidraça corrediça.
Satanic (sâtê-nik) adj satânico; diabólico.
Sate (sêit) v saciar; fartar.
Satellite (sé-teláit) s satélite (corpo celeste).
Satiate (sêi-shiêit) v saciar; satisfazer.
Satiation (sêishiêi-shânn) s fartura; saciedade.
Satiety (sâtái-iti) s saciedade.
Satin (sé-tinn) s cetim.
Satin (sé-tinn) adj de cetim; acetinado.
Satire (sé-táir) s sátira (composição literária); censura jocosa.
Satiric (sâti-rik) adj satírico; picante; mordaz.
Satirist (sé-tirist) s escritor satírico.
Satirize (sé-tiráiz) v satirizar.
Satisfaction (sétisfék-shânn) s satisfação; compensação; confirmação.
Satisfactory (sétisfék-tôuri) adj satisfatório.
Satisfy (sé-tisfái) v satisfazer; bastar; contentar; convencer; pagar.
Saturate (sé-tshurêit) v saturar.
Saturation (sétshurêi-shânn) s saturação.
Saturday (sé-târdêi) s sábado (7° dia da semana).
Saturnine (sé-târninn) adj taciturno; triste; moroso.
Satyr (sé-târ) s MIT sátiro.
Sauce (sóss) s molho; atrevimento.
Sauce (sóss) v temperar (com molho); dizer insolências.
Saucepan (sós-pânn) s caçarola (panela).
Saucer (só-sâr) s pires.
Saucy (só-si) adj insolente; petulante.
Saunter (són-târ) v perambular; vaguear; vadiar.
Saunterer (són-târâr) s vadio; saracoteador.
Sausage (só-sidj) s salsicha; linguiça; chouriço.
Savage (sé-vidj) s selvagem.
Savage (sé-vidj) v tornar selvagem.
Savage (sé-vidj) adj selvagem; feroz; bárbaro; inculto.
Savageness (sé-vidjnéss) s selvageria; crueldade; ferocidade.
Savant (savánn-) s sábio; erudito.
Save (sêiv) v salvar; poupar; socorrer; economizar.
Save (sêiv) prep exceto; salvo.
Save (sêiv) conj a não ser que.
Saver (sêi-vâr) s libertador; pessoa econômica; salvador.
Saving (sêi-vinn) s salvação; salvamento; economia.
Saving (sêi-vinn) adj econômico; salutar; excepcional.
Saviour (sêi-viâr) s salvador.
Savour (sêi-vâr) s sabor; gosto.
Savour (sêi-vâr) v provar; saborear; sentir.
Savouriness (sêi-vârinéss) s aroma; sabor; paladar.
Savoury (sêi-vâri) s prato saboroso (servido após a refeição principal).
Savoury (sêi-vâri) adj interessante; saboroso; gostoso.
Savoy (sâvô-i) s repolho crespo.
Savvy (saevi) s habilidade; conhecimento.
Saw (só) s serra; provérbio.
Saw (só) v serrar; past SAWED and pp SAWN.
Sawder (sód) s adulação; lisonja; bajulação.
Sawer (só-dâr) s serrador.
Saxophone (sék-sfôunn) s MÚS saxofone (instrumento de sopro).
Say (sêi) s fala; palavra; discurso; tecido (lã ou seda).
Say (sêi) v dizer; falar; recitar; contar; past or pp SAID.
Saying (sêi-inn) s ditado; expressão; provérbio; termo.
Scab (skéb) s crosta de ferida; ronha; sarna; operário (não participante de sindicato).
Scabbed (skébd) adj ranhoso; sarnento; tinhoso; vil.
Scabbiness (ské-binéss) s estado sarnento; mesquinhez; vileza.
Scabious (ské-biâss) adj casposo; sarnoso; tinhoso.
Scabrous (skêi-brâss) adj áspero; escabroso; obsceno; pedregoso.
Scaffold (ské-fáld) s estrado; andaime; tablado; cadafalso.
Scaffold (ské-fáld) v fazer andaimes (tablados, cadafalsos etc.).
Scaffolding (ské-fáldinn) s andaime; armação; tablado.
Scald (skóld) v escaldadura; queimadura; tinta.
Scald (skóld) v escaldar; limpar (com água quente).
Scald (skóld) adj tinhoso; miserável.
Scalding (skól-dinn) s escaldadura; coisa escaldada.
Scale (skêil) s balança; caspa; escama; escala; prato (de balança); proporção.
Scaled (skêild) adj escamado; escamoso.
Scaling (skêi-linn) s escalada.
Scalp (skélp) s couro cabeludo.
Scalp (skélp) v escalpar.
Scalper (skél-pâr) s esfolador; máquina (de cortar, de desbastar, de nivelar); corretor de bilhetes.
Scaly (skê-li) adj avaro; escamoso; mesquinho; revestido (com escamas); ruim; sórdido.
Scam (skêim) s golpe ("armação").
Scamp (skémp) s velhaco; patife.
Scamp (skémp) v trabalhar negligentemente.
Scamper (ském-pâr) s fuga precipitada.
Scamper (ském-pâr) v fugir.
Scan (sknn) v examinar; esquadrinhar; metrificar um verso.
Scandal (skén-dâl) s escândalo; calúnia; maledicência.
Scandal (skén-dâl) v difamar; injuriar.
Scandalize (skén-dâláiz) v escandalizar; aviltar; desonrar; difamar.
Scandalous (skén-dâlâss) adj escandaloso; difamatório; vergonhoso.
Scant (sként) v restringir; limitar.
Scant (sként) adj escasso; raro; limitado; deficiente.

SCANT — SCRAPE

Scant (sként) *adv* escassamente.
Scantiness (skén-tinéss) *s* escassez; pequenez; mediocridade.
Scantle (skéntl) *v* despedaçar; picar; cortar em blocos.
Scanty (skén-ti) *adj* avarento; escasso; exíguo; mesquinho; restrito.
Scape (skêip) *s* BOT escapo; haste; pedúnculo.
Scapula (ské-piulá) *s* MED omoplata; espádua.
Scar (skár) *s* cicatriz; escoriação.
Scar (skár) *v* marcar com cicatrizes.
Scarab (ské-ráb) *s* escaravelho; escarabeu (inseto).
Scarce (skérss) *adj* raro; escasso; incomum.
Scarcely (skérs-li) *adv* escassamente; apenas; mal; dificilmente.
Scare (skér) *s* susto; sobressalto; terror.
Scare (skér) *v* assustar; aterrorizar; amendrontar.
Scarecrow (skér-krôu) *s* espantalho; pessoa mal vestida.
Scarf (skárf) *s* mantilha; lenço para pescoço; tapete para toucador.
Scarlet (skár-let) *s* escarlate.
Scarlet (skár-let) *adj* escarlate; avermelhado.
Scathe (skêidh) *s* prejuízo; dano.
Scathe (skêidh) *v* prejudicar; criticar severamente.
Scatter (ské-târ) *v* espalhar; dispersar.
Scattered (ské-târd) *adj* espalhado; disseminado.
Scattering (ské-târinn) *adj* ato de espalhar; ato de dispersar; ato de dissipar; espalhado.
Scavenge (ské-vendj) *v* varrer; limpar (rua).
Scavenger (ské-vendjâr) *s* varredor de ruas; animal que come carniça.
Scene (sinn) *s* cena; cenário; paisagem.
Scenery (si-nâri) *s* cenário; paisagem; decoração.
Scenography (sinó-gráfi) *s* cenografia; cenário.
Scent (sént) *s* cheiro; perfume; indício; pista; rastro.
Scent (sént) *v* perfumar; cheirar.
Scentless (sén-tléss) *adj* inodoro.
Scepter (sép-târ) *s* cetro; FIG realeza.
Scepter (sép-târ) *v* dar cetro a; investir de poderes reais.
Scepticism (skép-tissizm) *s* FIL ceticismo.
Schedule (ské-djul) *s* catálogo; horário; inventário; lista.
Schedule (ské-djul) *v* inventariar; incluir numa lista; discriminar; arrolar.
Scheme (skimm) *s* esquema; projeto; esboço; traçado; trama.
Scheme (skimm) *v* projetar; planejar.
Schemer (ski-mâr) *s* projetista; planejador; maquinador; intrigante.
Scheming (ski-minn) *adj* que faz planos.
Schism (sizmm) *s* cisma.
Scholar (sko-lâr) *s* aluno; estudante; sábio; erudito.
Scholarship (skó-lârship) *s* saber; erudição; bolsa de estudos.
Scholastic (skóles-tik) *adj* escolástico; formal; sutil.
Scholiast (skôu-liést) *s* escoliasta; comentador; crítico.
School (skul) *s* escola; classe; aula; cardume de peixes.
Schooling (sku-linn) *s* ensino; instrução; mensalidade escolar.
Schoolmaster (skulmaes-târ) *s* mestre-escola; professor.
Schoolmate (skulmêi-t) *s* condiscípulo; colega de escola.
Schooner (sku-nâr) *s* escuna; galeota; copo (para cerveja).
Science (sái-enss) *s* ciência; saber; erudição.
Scientific (sáient-fik) *adj* científico.
Scientist (sái-entist) *s* cientista; sábio; conhecedor.
Scintilla (sinti-lâ) *s* centelha; chispa; partícula.
Scintillant (sin-tilânt) *adj* cintilante; luminoso.
Scintillate (sin-tilêt) *v* cintilar; faiscar.
Scintillation (sintilêi-shânn) *s* cintilação; fulguração.
Scion (sái-ânn) *s* enxerto; renovo; broto; descendente.
Scission (si-jânn) *s* cisão; corte; divisão.
Scissors (si-zârss) *s* tesoura.
Scissure (si-jur) *s* cissura; fenda; racha; cisão.
Scoff (skóf) *s* escárnio; zombaria.
Scoff (skóf) *v* escarnecer; zombar de.
Scoffer (skó-fâr) *s* escarnecedor; zombador.

Scoffing (skó-finn) *s* zombaria; escárnio.
Scoffing (skó-finn) *adj* motejador.
Scold (skôuld) *s* pessoa faladora; pessoa rabugenta.
Scold (skôuld) *v* repreender; ralhar.
Scolder (skôul-dâr) *s* ralhador; rabugento.
Scolding (skôul-dinn) *s* repreensão; ralhos.
Scolding (skôul-dinn) *adj* gritador; ralhador; crítico.
Sconce (skónss) *s* arandela (de castiçal); baluarte; fortificação; lanterna; multa; FAM bom senso; cabeça; cachola.
Sconce (skónss) *v* fortificar; abrigar.
Scoop (skup) *s* pá; colher grande; cratera; lucro; furo jornalístico.
Scoop (skup) *v* vazar; despejar com colherão; escavar.
Scoot (skut) *v* fugir (rapidamente); safar-se.
Scooter (sku-ter) *s* motoneta (motocicleta).
Scope (skôup) *s* escopo; esfera; extensão; fim; liberdade de ação.
Scorch (skórtsh) *s* queimadura.
Scorch (skórtsh) *v* crestar; chamuscar; magoar (com palavras).
Scorcher (skór-tshâr) *s* pessoa arrojada; que chamusca; o que irrita.
Scorching (skór-tshinn) *s* vulcanização.
Scorching (skór-tshinn) *adj* abrasador; ardente; causticante.
Score (skôur) *s* incisão; risco; conta; pontos (num jogo); partitura.
Score (skôur) *v* marcar pontos; orquestrar; lançar em conta.
Scorer (skôu-rár) *s* marcador; contador de pontos (em jogo).
Scorn (skórn) *s* desdém; escárnio.
Scorn (skórn) *v* desprezar; escarnecer.
Scorner (skór-nâr) *s* desprezador; escarnecedor.
Scornful (skórn-ful) *adj* desdenhoso; escarnecedor.
Scornfulness (skórn-fulnéss) *s* desprezo; pouco caso; riso de zombaria.
Scorpion (skór-piânn) *s* escorpião; lacrau; ASTR constelação de Escorpião.
Scot (skót) *s* o dialeto escocês; escocês.
Scotch (skótsh) *s* escocês; aguardente escocesa; uísque escocês.
Scotch (skótsh) *adj* escocês.
Scoundrel (skáun-drel) *s* velhaco; biltre; tratante.
Scour (skáur) *s* ação de desentupir; ação de uma corrente.
Scour (skáur) *v* branquear; esfregar; polir.
Scourer (skáu-râr) *s* limpador; esfregador.
Scourge (skârdj) *s* chicote; açoite; castigo.
Scourge (skârdj) *v* flagelar; chicotear; castigar.
Scourging (skâr-djinn) *s* açoite; castigo; flagelação.
Scout (skáut) *s* escoteiro; explorador; batedor.
Scout (skáut) *v* fazer reconhecimento (como o feito no escotismo).
Scow (skáu) *s* barcaça de fundo chato.
Scowl (skául) *s* carranca; olhar ameaçador.
Scowl (skául) *v* fazer carranca.
Scrabble (skrébl) *s* garatuja; arranhão.
Scrabble (skrébl) *v* escrever mal; garatujar; lutar; trepar.
Scrag (skrég) *s* coisa delgada (fina); pessoa magra.
Scrag (skrég) *v* matar (enforcando).
Scragged (skrég-d) *adj* áspero; descarnado; escabroso; magro; rude.
Scragginess (skré-ghinéss) *s* aspereza; escabrosidade; magreza.
Scraggy (skré-ghi) *adj* áspero; escabroso; magro.
Scramble (skrémbl) *s* esforço; diligência; competição renhida.
Scramble (skrémbl) *v* esforçar-se para alcançar um objeto.
Scrambling (skrém-blinn) *s* ato de rastejar; luta para alcançar alguma coisa.
Scrap (skrép) *s* bocado; fragmento; resto; migalha; luta; discussão.
Scrap (skrép) *v* despojar material velho; lutar; discutir.
Scrape (skrêip) *s* embaraço; dificuldade; raspadura; ruído de raspar; cortesia desajeitada.

Scrape (skrêip) v raspar; arranhar; apagar; desbastar; desbarbar; fazer reverências desajeitadas; fazer cortesias desajeitadas; MÚS tocar mal (instrumento).
Scraper (skrêi-pâr) s raspador; raspadeira; MÚS que toca mal (instrumento).
Scratch (skrétsh) s arranhadura; raspadura; risca; unhada; ESP equipe.
Scratch (skrétsh) v arranhar; coçar; riscar; ciscar; esgaravatar.
Scratchman (skrétsh-maen) s jogador de futebol.
Scratchy (skré-tshi) adj esfarrapado; rasgado; roto.
Scrawl (skró) s escrita ilegível; rabiscos.
Scrawl (skró) v rabiscar; escrever mal.
Screak (skrik) s grito agudo.
Screak (skrik) v ranger; chiar; gritar.
Scream (skrimm) s guincho; pio; grito.
Scream (skrimm) v dar gritos agudos; gritar.
Screamer (skri-mâr) s o que grita.
Screaming (skri-minn) s rangido; gritaria; alarido.
Screaming (skri-minn) adj agudo; estridente.
Screech (skri-tsh) s guincho; grito agudo.
Screech (skri-tsh) v guinchar; soltar gritos agudos.
Screechy (skri-tshi) adj agudo; áspero; estridente.
Screed (skrid) s fragmento; pedaço; tira; retalho.
Screen (skrinn) s biombo; grade; tela de cinema.
Screen (skrinn) v abrigar; defender; proteger; esconder; peneirar; CIN exibir um filme.
Screw (skru) s parafuso; rosca; hélice; torcedura; avarento; salário.
Screw (skru) v parafusar; atarraxar; apertar; oprimir; torcer.
Screwed (skrud) adj parafusado; atarraxado; FIG embriagado; ébrio.
Scribble (skribl) s garatuja; rabisco.
Scribble (skribl) v rabiscar; escrever apressadamente.
Scribbler (skri-blâr) s escrevinhador; mau escritor.
Scribe (skráib) s escrevente; escritor; escrivão.
Scribe (skráib) v escrever; riscar.
Scrimmage (skri-midj) s escaramuça; contenda; luta corpo a corpo.
Scrimp (skrimp) s USA GÍR pão-duro, pessoa econômica.
Scrimp (skrimp) v encurtar; estreitar; restringir; economizar.
Scrip (skrip) s bolsa; aljorje; certificado provisório.
Script (skript) s escrita; manuscrito; JUR documento original; TEATR manuscrito de uma peça (novela etc.).
Scripture (skrip-tshur) s escritura; documento; a Sagrada Escritura.
Scrive (skráiv) v registrar; inscrever.
Scrivener (skriv-nâr) s notário (escrivão).
Scroll (skrôul) s rolo de papel; rolo de pergaminho; espiral.
Scrotum (skrôu-tâmm) s escroto.
Scrub (skráb) s pobre-coitado; mato; ninharia; cavalo velho.
Scrub (skráb) v esfregar; lavar com uma escova; dar-se ao trabalho; labutar.
Scrub (skráb) adj desprezível; abjeto.
Scrubber (skrâ-bâr) s esfregão; vassoura rija; encerador.
Scrubby (skrâ-bi) adj mau; sem préstimo; indigente; coberto de mato.
Scruff (skráf) s nuca.
Scrunch (skrântsh) v trincar; mascar; esmagar.
Scruple (skrupl) s escrúpulo; pequena quantidade; escrópulo (peso antigo = 1,296 grama).
Scruple (skrupl) v ter escrúpulos; hesitar; duvidar.
Scrupulous (skru-piulâs) adj escrupuloso; delicado; consciencioso.
Scrutinize (skru-tiráiz) v examinar; observar cuidadosamente; investigar.
Scrutiny (skru-tini) s investigação; exame; pesquisa.
Scud (skâd) s fuga precipitada; nuvens soltas impelidas pelo vento.
Scud (skâd) v fugir, deslizar, correr apressadamente.

Scuffle (skâfl) s briga; rixa; tumulto; luta corpo a corpo.
Scuffle (skâfl) v bater-se; lutar contra.
Scuffler (skâ-flâr) s altercador; brigão.
Scull (skâl) s barquinho; remo (pequeno e leve).
Scull (skâl) v remar; impelir barco (com remo).
Sculler (skâ-lâr) s barqueiro; barco (movimentado por um único homem).
Scullery (skâ-lâri) s copa.
Scullion (skâ-liân) s lavador (de pratos); ajudante do cozinha; pessoa vil (sem valor).
Sculp (skâlp) s gravura.
Sculp (skâlp) v esculpir; gravar.
Sculptor (skâlp-târ) s escultor.
Sculpture (skâlp-tshur) s escultura.
Sculpture (skâlp-tshur) v cinzelar; esculpir; entalhar; gravar.
Scum (skâmm) s escória dos metais; espuma; escuma; pessoa mesquinha; ralé.
Scummer (skâ-mâr) s escumadeira; espumadeira.
Scurf (skârf) s caspa; crosta; tinha.
Scurrility (skâri-liti) s linguagem pesada; insolência; obscenidade; imoralidade.
Scurrilous (skâ-rilâs) adj grosseiro; vil; indecente; insolente; injurioso.
Scurry (skâ-ri) s fuga apressada.
Scurry (skâ-ri) v fugir apressadamente.
Scurviness (skâr-vinéss) s vileza; que está afetada por escorbuto.
Scurvy (skâr-vi) adj desprezível; vil; miserável; atacado de escorbuto.
Scut (skât) s cauda; rabinho.
Scut (skât) v cortar (cauda de animal).
Scut (skât) adj curto (rabo, cauda).
Scutch (skâtsh) s estopa.
Scuttle (skât-l) s escotilha; cesto; corrida acelerada; passo apressado.
Scuttle (skât-l) v fazer rombos (para afundar navio); apressar-se.
Scythe (sáidh) s foice.
Scythe (sáidh) v ceifar; segar.
Sea (si) s mar; oceano; colosso.
Sea (si) adj marítimo; naval.
Seafarer (si-férâr) s navegante; marinheiro; homem do mar.
Seafaring (si-férinn) s navegação (mar).
Seafaring (si-férinn) adj marítimo; de profissão marítima.
Seagoing (si-gôuinn) adj de alto-mar; marítimo.
Seal (sil) s selo, sinete; carimbo; sigilo; foca; pele de foca.
Seal (sil) v lacrar; chancelar; afixar sobre (selo ou rubrica); fechar (lacrando); estabelecer; selar; capturar focas (pescar).
Seam (simm) s costura; junta; ruga; MED cicatriz; veio.
Seam (simm) v costurar; coser; cerzir; juntar; marcar com cicatriz.
Seaman (si-maen) s marinheiro.
Seamstress (sims-tréss) s costureira.
Seaplane (si-plêinn) s hidroavião.
Sear (sir) s marca; sinal de queimadura.
Sear (sir) v murchar; secar; chamuscar; tostar.
Sear (sir) adj murcho; seco; árido.
Search (sârtsh) s busca; procura; pesquisa; exame.
Search (sârtsh) v procurar; pesquisar; dar busca; investigar.
Searcher (sâr-tshâr) s investigador; fiscal de alfândega; pesquisador.
Searching (sâr-tshinn) s pesquisa; inquirição; procura.
Searching (sâr-tshinn) adj investigador; curioso; olhar penetrante, agudo.
Seashore (si-shôur) s litoral; costa; praia.
Seasickness (si-sik-néss) s enjoo do mar.
Season (siz-n) s estação do ano; época; momento propício.
Season (siz-n) v amadurecer; acostumar; aclimatar; endurecer; secar; temperar; adubar.

SEASONABLE — SENSIBLE

Seasonable (siz-nâbl) *adj* oportuno; favorável; conveniente.
Seasoning (siz-ninn) *s* condimento; tempero.
Seat (sit) *s* assento; banco de veículo; lugar em veículo; cadeira; fundo; posição; domicílio.
Seat (sit) *v* assentar; sentar; estabelecer o lugar; providenciar assentos.
Seaward (si-uârd) *adj* NÁUT ao largo; voltado ao mar.
Seaward (si-uârd) *adv* em direção do mar.
Secede (sissi-d) *v* fazer corte; ir embora; separar.
Seceding (sissi-dinn) *s* separação.
Seceding (sissi-dinn) *adj* dissidente.
Secession (sissé-shânn) *s* cisão; secessão; separação.
Seclude (siklud) *v* excluir; separar; segregar.
Seclusion (siklu-jânn) *s* afastamento; separação; segregação.
Second (sé-kând) *s* auxiliar; segundo; instante; padrinho (no boxe); testemunha (em duelo); mercadoria (com defeito).
Second (sé-kând) *v* apoiar; secundar; ajudar.
Second (sé-kând) *adj* segundo; inferior.
Secondary (sé-kândéri) *adj* secundário; subordinado.
Secrecy (si-cressi) *s* segredo; retiro; sigilo; reserva.
Secret (si-kret) *s* segredo.
Secret (si-kret) *adj* secreto; oculto; recôndito.
Secretary (sé-kritéri) *s* secretário; escrivaninha.
Secretaryship (sé-kritériship) *s* secretariado.
Secrete (sikri-t) *v* guardar um segredo; ocultar; segregar.
Secretive (sikri-tiv) *adj* reservado; calado.
Sect (sékt) *s* seita; doutrina; partido.
Sectarian (séktéi-riânn) *s* sectário; partidário.
Sectarian (séktéi-riânn) *adj* partidário.
Sectary (sék-târi) *s* sectário; fanático.
Section (sék-shânn) *s* artigo; secção; divisão; parte; parágrafo.
Sectional (sék-shânâl) *adj* local; regional; relacionado a secção.
Secular (sé-kiulâr) *s* secular; temporal; mundano; leigo.
Secular (sé-kiulâr) *adj* secular; temporal; mundano; leigo.
Secularity (sékiulé-riti) *s* secularidade; apego às coisas materiais do mundo.
Securable (sikiu-râbl) *adj* que se pode segurar; que se pode obter.
Secure (sikiu-r) *v* pôr em segurança; resguardar; garantir; obter a posse; trancar.
Secure (sikiu-r) *adj* seguro; em segurança; salvo; sossegado; crente; confiante.
Secureness (sikiur-néss) *s* segurança; confiança.
Security (sikiu-riti) *s* segurança; proteção; garantia; penhor.
Sedate (sidéi-t) *adj* calmo; sossegado; tranquilo.
Sedateness (sidéit-néss) *s* serenidade; calma.
Sedentary (sé-dentéri) *adj* sedentário; inativo, acomodado.
Sediment (sé-dimént) *s* sedimento; terras de aluvião.
Sedimentation (sédimentêi-shânn) *s* sedimentação; solidificação.
Sedition (sidi-shânn) *s* sedição; tumulto; revolta.
Seditious (sidi-shâss) *adj* insurreto; rebelde.
Seduce (sidiu-ss) *v* seduzir; corromper.
Seducement (sidius-ment) *s* corrupção; sedução.
Sedulous (sé-diulâss) *adj* assíduo; ativo; aplicado; diligente.
See (si) *s* sé; catedral.
See (si) *v* compreender; considerar; discernir; enxergar; examinar; frequentar; imaginar; indagar; notar; pensar; perquirir; refletir; visitar; ver; *past* SAW *and pp* SEEN.
Seed (sid) *s* semente; origem; geração; fonte.
Seed (sid) *v* semear; espigar; brotar.
Seeder (si-dâr) *s* semeador.
Seedsman (si-dzmaen) *s* negociante (de semente).
Seedy (si-di) *adj* cheio de sementes; gasto; usado; miserável.
Seeing (si-inn) *s* vista; visão.
Seeing (si-inn) *conj* uma vez que.
Seek (sik) *v* aspirar; ambicionar; buscar; lidar; procurar; pesquisar; tentar; *past or pp* SOUGHT.
Seeker (si-kâr) *s* investigador.

Seem (simm) *v* parecer; aparentar.
Seeming (si-minn) *s* aparência; parecer; semblante.
Seemingness (si-minnéss) *s* aparência; pretensão.
Seemliness (sim-linéss) *s* decoro; decência; graça.
Seemly (sim-li) *adj* decoroso; conveniente.
Seemly (sim-li) *adv* convenientemente; decentemente.
Seer (sir) *s* vidente; profeta.
Seesaw (si-só) *s* gangorra; balanço.
Seesaw (si-só) *v* balançar em gangorra.
Seesaw (si-só) *adj* de balanço; alternado.
Seethe (sidh) *v* ferver, FIG estar furioso; estar agitado; *past* SOD *and pp* SODDEN.
Seether (si-dhâr) *s* caldeira.
Seething (si-dhinn) *s* fervura.
Seething (si-dhinn) *adj* fervente.
Segment (ség-mént) *s* segmento; secção.
Segregate (sé-grighéit) *v* segregar; isolar, separar.
Segregation (ségrighêi-shânn) *s* segregação; separação.
Seismograph (sáis-mogréf) *s* sismógrafo.
Seismology (sáismó-lodji) *s* sismologia.
Seizable (sí-zâbl) *adj* agarrável; penhorável.
Seize (siz) *v* agarrar; apoderar-se de; confiscar; embargar; penhorar; prender; sequestrar.
Seizing (si-zinn) *s* tomada de posse; penhora; embargo.
Seizure (si-jur) *s* apreensão; captura; embargo; prisão; tomada.
Seldom (sél-dâmm) *adj* raro.
Seldom (sél-dâmm) *adv* raramente.
Select (silék-t) *v* escolher; selecionar.
Select (silék-t) *adj* seleto; escolhido.
Selection (silék-shânn) *s* seleção; escolha.
Self (sélf) *s* eu; indivíduo; pessoa.
Self (sélf) *adj* se; mesmo; próprio; em pessoa; individual; pessoal.
Self (sélf) *pron* se; mesmo; próprio; em pessoa; individual; pessoal.
Selfish (sél-fish) *adj* egoísta; vaidoso; interesseiro.
Selfishness (sél-fishnéss) *s* egoísmo.
Selfsame (sélf-sêimm) *adj* mesmo; idêntico.
Sell (sél) *v* vender; *past or pp* SOLD.
Seller (sé-lâr) *s* vendedor.
Selling (sé-linn) *s* venda; vendagem.
Selvage (sél-vidj) *s* orla (de tecido); ourela.
Semantics (simén-tiks) *s* semântica.
Semaphore (sé-mâfôur) *s* semáforo.
Semblance (sém-blânss) *s* semelhante; aspecto; aparência.
Semester (simés-târ) *s* semestre.
Semicolon (sé-mi-kôu-lânn) *s* ponto e vírgula.
Seminar (séminá-r) *s* estudante que faz curso especial.
Seminary (sé-minéri) *s* seminário; grupo de estudos.
Semivowel (sé-mi-váu-âl) *s* semivogal.
Senate (sé-nit) *s* Senado.
Senator (sé-nâtâr) *s* senador.
Send (sénd) *v* mandar; enviar; mandar buscar; expedir; transmitir; arrojar; *past and pp* SENT.
Sender (sén-dâr) *s* remetente; expedidor; despachante.
Senile (si-náil) *adj* senil; tonto; caduco.
Senility (sini-liti) *s* senilidade; velhice.
Senior (si-niâr) *s* sênior; ancião; decano.
Seniority (sinió-riti) *s* antiguidade; ancianidade.
Sensation (sénsêi-shânn) *s* sensação; comoção; excitação.
Sensational (sênsêi-shânâl) *adj* sensacional.
Sensationalism (sénsêi-shánâlizm) *s* sensacionalismo.
Sense (sénss) *s* espírito; face; inteligência; razão; sentimento; significado; senso; sentido.
Sense (sénss) *v* perceber.
Senseless (séns-léss) *adj* insensato; néscio; algo sem sentido.
Senselessness (séns-lésnéss) *s* insensatez; tolice; absurdo.
Sensibility (sénsibi-liti) *s* sensibilidade; susceptibilidade.
Sensible (sén-sibl) *adj* sensível; razoável; sensato.

Sensitive (sén-sitiv) *adj* sensitivo; sensível; impressionável.
Sensual (sén-shuâl) *adj* sensual; lascivo; carnal.
Sensuality (sénshué-liti) *s* sensualidade; volúpia.
Sensuous (sén-shuâss) *adj* sensual; sensitivo; terno.
Sentence (sén-tenss) *s* sentença; decisão; opinião; máxima; GRAM sentença; frase.
Sentence (sén-tenss) *v* sentenciar.
Sentencious (sentén-shâss) *adj* breve; conciso; lacônico; sentencioso.
Sententiousness (sentén-shâsnéss) *s* laconismo; concisão.
Sentiment (sén-timént) *s* sentimento; afeto; juízo; opinião; parecer.
Sentimental (séntimén-tâl) *adj* sentimental; sensível; terno.
Sentimentalism (séntimén-tâlizm) *s* sentimentalismo; sensibilidade.
Sentinel (sén-tinél) *s* sentinela.
Sentry (sén-tri) *s* sentinela; guarda; vigia.
Separability (sépârâbi-liti) *s* separabilidade; divisibilidade.
Separable (sé-pârâbl) *adj* separável; divisível.
Separate (sé-pârêit) *v* separar; distinguir; dividir.
Separate (sé-pârêit) *adj* separado; desunido; distinto.
Separation (sépârêi-shânn) *s* separação; desunião; divisão.
Separatist (sé-pârâtist) *s* separatista.
Separator (sé-pârêitâr) *s* separador.
September (séptém-bâr) *s* setembro (9º mês do ano).
Septic (sép-tik) *adj* séptico; relativo à putrefação (tecido orgânico).
Sepulchral (sipâl-krâl) *adj* sepulcral; sombrio.
Sepulchre (sé-pâlkâr) *s* sepulcro; túmulo.
Sepulchre (sé-pâlkâr) *v* sepultar; enterrar.
Sepulture (sé-pâltshur) *s* túmulo; jazigo; sepultura.
Sequacious (sikuêi-shâss) *adj* sequaz; servil.
Sequel (si-kuél) *s* sequela; resultado; consequência; continuação.
Sequence (si-kuénss) *s* sequência; continuação; série.
Sequential (sikuén-shâl) *adj* seguinte; sequencial.
Sequester (sikués-târ) *v* sequestrar; apoderar-se de algo (confiscando-o); ocultar; separar; pôr em reclusão.
Sequestrate (sikués-trêit) *v* sequestrar; apoderar-se de; confiscar.
Sequestration (sékuéstrêi-shânn) *s* sequestro; embargo; confisco.
Seraphic (seré-fik) *adj* seráfico; angélico; sublime.
Serenade (sérenêi-d) *s* MÚS serenata; seresta.
Serene (siri-nn) *adj* sereno; calmo; plácido; tranquilo.
Serenity (siré-niti) *s* serenidade; sossego; paz.
Serf (sârf) *s* servo; escravo; empregado.
Serfage (sâr-fidj) *s* servidão; sujeição; escravidão.
Serge (sârdj) *s* sarja; tecido (lã ou seda).
Sergeant (sár-djânt) *s* sargento.
Serial (si-riâl) *s* publicação periódica; folhetim.
Serial (si-riâl) *adj* disposto em série; publicado em série; sucessivo.
Series (si-riss) *s* série; sucessão de coisas ou fatos da mesma natureza.
Serious (si-riâss) *adj* sério; grave; circunspecto; solene; importante.
Seriousness (si-riâsnéss) *s* seriedade; gravidade; sinceridade.
Sermon (sâr-mânn) *s* sermão; admoestação.
Serpent (sâr-pént) *s* serpente (répteis ofídeos); ASTR Serpentário (Constelação Boreal).
Serpentine (sâr-pentáinn) *s* serpentina de alambique.
Serpentine (sâr-pentáinn) *adj* serpentino; sinuoso; tortuoso.
Serrate (sé-rit) *adj* dentado; como uma serra.
Serration (serrêi-shânn) *s* recorte dentado.
Servant (sâr-vâl) *s* criado, criada; servo; servidor.
Serve (sârv) *v* servir; servir (à mesa); permanecer no serviço; ser suficiente; exercer (cargo); pagar; compensar; fornecer.
Server (sâr-vâr) *s* servidor; criado de mesa; bandeja.

Service (sâr-viss) *s* serviço; préstimo; utilidade; obséquio; ajuda; baixela.
Serviceable (sâr-vissâbl) *adj* útil; serviçal; proveitoso.
Servile (sâr-vil) *adj* servil; adulador; humilde.
Servility (sârvi-liti) *s* servilidade; servilismo; servidão.
Serving (sâr-vinn) *adj* servente; que serve.
Servitude (sâr-vitiud) *s* servidão; escravidão.
Sesame (sé-sâmi) *s* palavra que expressava poderes mágicos (na antiguidade); BOT sésamo; gergelim.
Session (sé-shânn) *s* sessão; audiência; ENGL sala de Tribunal.
Set (sét) *s* aparelho; classe; coleção; decoração de teatro; direção; grupo; lugar de filmagem; ocaso de astro; postura; série; tendência; ESP partida.
Set (sét) *v* acertar relógio; adaptar-se; amadurecer; causar; colocar; conformar; congelar-se; coagular-se; começar a desenvolver; desfraldar; endireitar; engomar; embutir; embaraçar; enguiçar; ficar preso; fixar; montar; mover-se em certa direção; obrigar; plantar; pôr; pôr em movimento; resolver; repassar; tornar perplexo; TIP Mús compor; *to SET about*: começar; *to SET at*: avaliar; *to SET aside*: pôr de parte; anular; *to SET back*: recuar; *to SET before*: apresentar; dar para escolha; *to SET down*: citar; censurar; imputar; mencionar; registrar; *to SET fast*: consolidar; adiantar (relógio); *to SET forward*: animar; avançar; dirigir; *to SET from*: sair de; *to SET in*: principiar; *to SET off*: embelezar; *to SET on*: excitar; incitar; acometer; *to SET on foot*: fundar; *to SET oneself*: aplicar-se; *to SET out*: publicar; divulgar; *to SET right*: corrigir; *to SET up*: erigir; ocasionar; *past* and *pp* SET.
Set (sét) *adj* resolvido; determinado; fixo; regulado; estabelecido; formal; sólido; firme; fixo; montado; meditado; equipado; pronto.
Setter (sé-târ) *s* cão (de caça).
Setting (sé-tinn) *s* colocação; direção (do vento); disposição; estabelecimento; montagem; música (escrita para poema etc.); ocaso de astro; regulagem.
Settle (sétl) *v* acalmar; colocar; colonizar; casar-se; decidir; deter; dispor; esclarecer; fixar; regular; parar; saldar.
Settlement (sé-tlment) *s* ajuste; depósito; dote; estabelecimento; fixação; sedimento; saldo.
Settler (sé-tlâr) *s* colonizador; colono; fazendeiro.
Settling (sé-tlinn) *s* assentamento; acordo estabelecimento; instalação.
Sever (sé-vâr) *v* cortar; desfazer; dividir; romper.
Several (sé-vârâl) *adj* alguns; distinto; diversos; diferente; vários.
Severance (sé-vârânss) *s* separação.
Severe (sivir) *adj* austero; difícil; rigoroso; sério; severo.
Severity (sivé-riti) *s* austeridade; rigor; severidade.
Sew (sôu) *v* costurar; cerzir; coser; *past* SEWED *and pp* SEWED *or* SEWN.
Sewage (siu-idj) *s* imundície; esgotos.
Sewer (siu-âr) *s* alfaiate; costureiro.
Sewer (siu-âr) *s* cano (de esgoto).
Sewing (sôu-inn) *s* costura.
Sex (séks) *s* sexo.
Sexless (séks-léss) *adj* assexual; neutro.
Sextet (séks-tét) *s* MÚS sexteto.
Sexual (sék-shuâl) *adj* sexual.
Sexuality (sékshué-liti) *s* sexualidade.
Shabbiness (shé-binéss) *s* baixeza; desalinho; mesquinhez; vileza.
Shabby (shé-bi) *adj* gasto; mesquinho; sujo; sórdido; vil.
Shackle (shékl) *s* algemas; trava; impedimento.
Shackle (shékl) *v* algemar; estorvar; embaraçar.
Shade (shêid) *s* cortina transparente (de janela); gradação de cor; imagem; ilusão; sombra; visão.
Shade (shêid) *v* escurecer; esconder; proteger da luz; proteger dos raios solares; matizar; sombrear (em pintura).

SHADINESS — SHINGLE

Shadiness (shêi-dinéss) s escuridão; opacidade; sombra; sombreado.
Shading (shêi-dinn) s sombreado; quebra-luz; ação de matizar.
Shadow (shé-dôu) s abrigo; fantasma; proteção; reflexo (de espelho; etc.); sombra; traço; vestígio.
Shadow (shé-dôu) v escurecer; nublar; sombrear; ter mudança de cor (gradual).
Shadowy (shé-dôui) adj alegórico; escuro; irreal; simbólico; sombrio; vago.
Shady (shêi-di) adj sombrio; opaco; escuro.
Shaft (sháft) s cano (de chaminé); eixo; fuso; fuste; haste.
Shag (shég) s felpa; pelúcia; pelo áspero.
Shaggy (shé-ghi) adj áspero; felpudo; peludo.
Shah (shá) s xá, título (soberano persa).
Shake (shêik) s sacudidela; meneio; aperto de mão.
Shake (shêik) v abalar; agitar; arremessar; apertar (mão); sacudir; titubear; tremer; USA desembaraçar-se; past SHOOK and pp SHAKEN.
Shaking (shêi-kinn) s estremecimento; sacudidela; tremura.
Shaky (shêi-ki) adj débil; vacilante.
Shall (shael) v GRAM formador do futuro nas primeiras pessoas (como auxiliar); past SHOULD.
Shallow (shé-lóu) s lugar baixo.
Shallow (shé-lóu) adj baixo; superficial; pouco profundo.
Sham (shémm) s falsa aparência; fingimento; fraude; pretexto.
Sham (shémm) v simular; fingir; enganar.
Sham (shémm) adj dissimulado; postiço; suposto.
Shamble (shémb-l) s passo vacilante.
Shamble (shémb-l) v caminhar com dificuldade (arrastando os pés).
Shambles (shém-bls) s matadouro; lugar de destruição; açougue.
Shame (shêimm) s vergonha; pudor; desonra.
Shame (shêimm) v desonrar; envergonhar-se.
Shameful (shêim-ful) adj indecente; indecoroso; vergonhoso.
Shameless (shêim-léss) adj descarado; sem vergonha; impudico.
Shammer (shêi-mâr) s enganador; trapaceiro.
Shammy (shé-mi) s camurça (animal).
Shank (shénk) s cabo; haste; perna; tíbia; tubo.
Shanty (shén-ti) s barracão; cabana; choça.
Shape (shêip) s aspecto; contorno; condição; estado; figura; forma; fantasma; molde; padrão.
Shape (shêip) v adaptar; formar; moldar; modelar; regular; past and pp SHAPED.
Shapeless (shêip-léss) adj informe; disforme.
Shapely (shêi-pili) adj bem feito ou modelado; estético; gracioso; simétrico.
Shaping (shêi-pili) adj feito para moldar (gravar, estampar).
Share (shêir) s ação; parte; quota; participação; relha do arado.
Share (shér) v compartilhar; distribuir; dividir; repartir; ter parte em.
Shareholder (shér-hôul-dâr) s acionista.
Sharer (shé-râr) s acionista; partícipe; repartidor.
Sharing (shé-rinn) s partilha; divisão.
Shark (shárk) s tubarão; FIG tratante; velhaco; gatuno.
Shark (shárk) v lograr; roubar.
Sharp (shárp) s agulha comprida; MÚS sustenido; som agudo.
Sharp (shárp) v afiar; aguçar; enganar; irritar; MÚS elevar meio tom.
Sharp (shárp) adj afiado; fino; vivo; mordaz; pontiagudo; perspicaz; severo.
Sharp (shárp) adv pontualmente; exatamente.
Sharpen (shárpn) v amolar; afiar; aguçar; abrir o apetite; azedar; exasperar; estimular.
Sharper (shár-pâr) s vigarista; caloteiro.
Shatter (shá-târ) v destruir; despedaçar; esmigalhar; frustrar; quebrar.
Shatters (shá-târz) s pedaços; fragmentos; cavacos; lascas.

Shave (shéiv) s ato de barbear; ação de aparar; ação de escapar (por um triz).
Shave (shêiv) v roçar; extorquir; aplainar; raspar; levar a melhor parte; barbear-se; past SHAVED and pp SHAVEN.
Shaver (shêi-vâr) s aparelho de fazer a barba; barbeiro; espertalhão; garoto; interesseiro.
Shaving (shêi-vinn) s ato de barbear; ação de raspar.
Shawl (shól) s xale; manta.
Shawl (shól) v colocar xale.
Shawm (shóm) s MÚS oboé (instrumento de sopro).
She (shi) pron ela.
Sheaf (shif) s feixe; molho; gavela.
Sheaf (shif) v fazer feixes; enfeixar.
Shear (shir) s tosquiadela; tosquia.
Shear (shir) v tosquiar; tosar; podar; ceifar (o trigo); FIG despojar; past SHORE and pp SHORN.
Shears (shirz) s tesouras (próprias para tosquiar, podar, cortar metais, de alfaiate).
Sheath (shith) s bainha; estojo; vagem.
Sheathe (shidh) v embainhar a espada; revestir; ocultar.
Shed (shéd) s telheiro; alpendre; cabana; barraca.
Shed (shéd) v espalhar; derramar; entornar; past and pp SHED.
Sheeny (shi-ni) adj lustroso; brilhante.
Sheep (ship) s carneiro; ovelha; tolo; pele de carneiro.
Sheepish (shi-pish) adj tímido; acanhado; envergonhado.
Sheer (shir) v desviar-se; afastar-se.
Sheer (shir) adj puro; completo; fino; escarpado, perpendicular.
Sheer (shir) adv duma vez.
Sheet (shit) s lençol; folha de papel; lâmina de metal.
Sheet (shit) v envolver em lençóis; estender em folhas.
Shelf (shélf) s prateleira; estante; baixio; banco de areia.
Shell (shél) s casco; casca (noz, ovo etc.); concha; vagem; carcaça; espécie de barco para regatas.
Shell (shél) v descascar; bombardear; mudar de pele; lascar.
Shelter (shél-târ) s abrigo; asilo; proteção; amparo.
Shelter (shél-târ) v abrigar; proteger.
Shelve (shélv) v desprezar; pôr em prateleira; inclinar-se.
Shelving (shél-vinn) s ato de pôr em prateleira; ação de equipar com prateleira; ato de pôr de lado; material para prateleiras; prateleiras.
Shelving (shél-vinn) adj inclinado.
Shelvy (shél-vi) adj inclinado; ressaltado; saliente; protuberante.
Shenn (shin) s brilho; luz; reflexo; resplendor.
Shepherd (shé-pârd) s pastor; FIG pastor; guia.
Shepherd (shé-pârd) v cuidar; guiar; proteger.
Sherbet (shâr-bet) s refresco gelado; sorvete.
Sheriff (shé-rif) s USA xerife (juiz principal, corregedor e delegado de condado).
Sherry (shé-ri) s xerez.
Shield (shild) s escudo; proteção; blindagem; amparo.
Shield (shild) v escudar; defender; proteger.
Shift (shift) s meio; expediente; mudança; revezamento (de operários).
Shift (shift) v mudar; mover; esguiar-se; desviar; alterar.
Shiftable (shif-tâbl) adj mutável; variável.
Shiftless (shif-tléss) adj desamparado; desvalido; negligente.
Shifty (shif-ti) adj astuto; velhaco.
Shilling (shi-linn) s xélim (antiga moeda inglesa).
Shim (shimm) s calço; enchimento.
Shin (shinn) s canela; tíbia.
Shin (shinn) v escalar; subir; trepar.
Shindy (shin-di) s tumulto; barulho, algazarra.
Shine (sháinn) s brilho; resplendor; claridade.
Shine (sháinn) v brilhar; luzir; distinguir-se; lustrar; past or pp SHONE.
Shiner (shái-nâr) s aquilo que brilha; moeda de ouro.
Shingle (shing-l) s ripa; sarrafo; letreiro de escritório.
Shingle (shing-l) v cobrir de ripas; cortar o cabelo.

SHA / SHI

SHINING — SIDE

Shining (shái-ninn) *s* brilho; lustre; resplendor.
Shining (shái-ninn) *adj* brilhante; lustroso; ilustre.
Shiny (shái-ni) *adj* lustroso.
Ship (ship) *s* avião; barco; navio.
Ship (ship) *v* embarcar; despachar; expedir; receber a bordo.
Shipmaster (ship-maes-târ) *s* capitão de navio.
Shipmate (ship-mêit) *s* camarada.
Shipment (ship-ment) *s* ato de embarcar (mercadorias); carregamento; embarque.
Shipping (shi;pinn) *s* marinha mercante; esquadra; navios.
Shipwreck (ship-rék) *s* naufrágio marítimo; infortúnio; ruína.
Shipwreck (ship-rék) *v* naufragar.
Shipyard (shi-piârd) *s* estaleiro.
Shire (sháir) *s* divisão territorial na Inglaterra; USA condado.
Shirk (shârk) *v* esquivar-se; evitar; fazer-se de preguiçoso.
Shirt (shârt) *s* camisa (para homem).
Shiver (shi-vâr) *s* pedaço; tremor de frio; fragmento.
Shiver (shi-vâr) *v* quebrar; lascar; tremer.
Shivering (shi-vârinn) *s* arrepio; calafrio.
Shivering (shi-vârinn) *adj* que treme.
Shivery (shi-vâri) *adj* friorento; febril.
Shoal (shôul) *s* baixio; banco de areia; cardume; bando; multidão.
Shoal (shôul) *v* juntar-se; encher-se de bancos de areia.
Shoal (shôul) *adj* pouco fundo.
Shock (shók) *s* choque; colisão; impacto; golpe; comoção; acervo; choque elétrico; paralisia.
Shock (shók) *v* chocar; abalar; colidir; ofender; escandalizar; amontoar feixes de trigo.
Shocking (shó-kinn) *adj* chocante; repulsivo; repugnante; ofensivo.
Shoddy (shó-di) *s* imitação de lã; coisa inferior.
Shoddy (shó-di) *adj* aparente; falso; de lã artificial.
Shoe (shu) *s* sapato; ferradura.
Shoe (shu) *v* calçar; ferrar; *past or pp* SHOD.
Shoeing (shu-inn) *s* ato de calçar animal; ação de ferrar animal.
Shoemaker (shu-mêi-kâr) *s* sapateiro.
Shoer (shu-âr) *s* fornecedor de calçados.
Shoot (shut) *s* tiro; rebento; renovo; coador.
Shoot (shut) *v* atirar; filmar; brotar; caçar; lançar. *past or pp* SHOT.
Shooter (shu-târ) *s* atirador de arma de fogo.
Shooting (shu-tinn) *s* ato de atirar (em caça ou em alguém).
Shop (shóp) *s* estabelecimento; loja; oficina.
Shop (shóp) *v* fazer compras (em lojas etc.).
Shopkeeper (shóp-ki-pâr) *s* lojista.
Shopman (shóp-maen) *s* lojista; caixeiro; balconista.
Shopping (shó-pinn) *s* compras; ato de fazer compras.
Shore (shôur) *s* praia; litoral; costa; escora; pontão.
Shore (shôur) *v* escorar; suster.
Shoring (shôu-rinn) *s* escoramento.
Short (shórt) *adj* breve; curto; escasso; insuficiente; limitado; próximo; perto.
Short (shórt) *adv* brevemente.
Shortage (shór-tidj) *s* deficiência; escassez; falta.
Shortcoming (shórtkâ-minn) *s* negligência; deficiência; falta.
Shorten (shórt-n) *v* encurtar; diminuir; abreviar.
Shortening (shórt-ninn) *s* encurtamento; abreviação.
Shorthand (shórt-haend) *s* taquigrafia; estenografia.
Shot (shót) *s* tiro de arma; flecha; alcance de uma arma; atirador; parte.
Shot (shót) *v* carregar uma arma.
Shoulder (shôul-dâr) *s* ombro; espádua; parte saliente.
Shoulder (shôul-dâr) *v* levar ao ombro (a arma); empurrar com o ombro; assumir a responsabilidade de.
Shout (sháut) *s* brado; grito; berro.
Shout (sháut) *v* gritar; berrar; aclamar.
Shouting (sháu-tinn) *s* gritaria; ovação; aclamação.

Shouting (sháu-tinn) *adj* que grita.
Shove (shâv) *s* empurrão; impulso.
Shove (shâv) *v* empurrar.
Shovel (shâv-l) *s* pá; escavadeira.
Shovel (shâv-l) *v* juntar com a pá; escavar.
Show (shôu) *s* exibição; exposição; mostra.
Show (shôu) *v* aparecer; demonstrar; exibir; explicar; guiar; indicar; mostrar; *past* showed *and pp* SHOWN.
Shower (shôu-âr) *s* aguaceiro; abundância; chuveiro.
Shower (shôu-âr) *v* tomar ducha ou banho; chover a cântaros; conferir.
Showy (shôu-i) *adj* pomposo; alegre; vistoso.
Shred (shréd) *s* pedaço; tira estreita; fragmento.
Shred (shréd) *v* cortar em tiras; retalhar; picar; *past or pp* SHRED.
Shrew (shru) *s* megera; mulher de mau gênio.
Shrewd (shrud) *adj* inteligente; perspicaz.
Shrewdness (shrud-néss) *s* astúcia; perspicácia; sagacidade.
Shrewish (shru-ish) *adj* mal-humorado; impertinente; rabugento.
Shriek (shrik) *s* grito agudo; guincho.
Shriek (shrik) *v* gritar; emitir som agudo.
Shrift (shrift) *s* confissão; desabafo; confidência.
Shrimp (shrimp) *s* camarão; anão; homem sem valor.
Shrine (shráinn) *s* relicário; santuário; túmulo de santo.
Shrink (shrink) *s* contração; encolhimento.
Shrink (shrink) *v* encolher; recuar; diminuir; sucumbir; contrair-se; *past* SHRANK *or* SHRUNK *and pp* SHRUNK *or* SHRUNKEN.
Shrive (shráiv) *v* ouvir confissão de; confessar; *past* SHRIVED *or* SHROVE *and pp* SHRIVED *or* SHRIVEN.
Shroud (shráud) *s* mortalha (para falecido); abrigo.
Shroud (shráud) *v* abrigar-se; refugiar-se.
Shrub (shráb) *s* arbusto; árvore pequena.
Shrug (shrâg) *s* encolhimento de ombros.
Shrug (shrâg) *v* sacudir os ombros; levantar os ombros; dar de ombros.
Shudder (shâ-dâr) *s* tremor; frêmito; arrepio de medo; aversão.
Shudder (shâ-dâr) *v* estremecer; tremer de medo.
Shuffle (shâf-l) *s* confusão; mistura; trapaça; arrastar os pés.
Shuffle (shâf-l) *v* baralhar; misturar; enganar; trapacear; esquivar-se a; andar mancando.
Shun (shânn) *v* evitar; desviar-se de.
Shunt (shânt) *s* desvio; derivação.
Shunt (shânt) *v* desviar-se; mudar de linha.
Shut (shât) *adj* fechado; pouco sonoro.
Shut (shât) *v* fechar; excluir; cerrar; fechar-se; *to* SHUT down *on*: suprimir; *to* SHUT from: excluir; *to* SHUT in: encerrar; impedir a saída; *to* SHUT off: excluir; impedir a entrada; *to* SHUT up: calar-se; aprisionar; encurralar; SHUT up!: cale-se!; *past or pp* SHUT.
Shutter (shâ-târ) *s* postigo, pequena porta; buraco em porta (para observação).
Shutting (shâ-tinn) *s* fechamento.
Shy (shái) *adj* tímido; acanhado; reservado.
Shy (shái) *v* recuar; desviar-se; assustar-se.
Shyness (shái-néss) *s* acanhamento; timidez.
Sibilation (sibilêi-shânn) *s* assobio; silvo.
Sick (sik) *adj* doente; adoentado; enjoado; com náuseas.
Sicken (sik-n) *v* adoecer; cansar-se; aborrecer.
Sickish (si-kish) *adj* adoentado.
Sickle (sikl) *s* segadeira, foice.
Sickly (si-kli) *adj* adoentado; fraco; débil.
Sickly (si-kli) *adv* debilmente.
Sickness (sik-néss) *s* doença; enfermidade; aborrecimento; enjoo.
Side (saíd) *s* lado; ilharga; flanco; declive; facção; partido.
Side (saíd) *v* tomar partido de alguém; estar ao lado de.
Side (saíd) *adj* lateral; secundário.

Sideboard (sáid-bôurd) s aparador.
Sideface (sáid-fêiss) s perfil.
Sidelong (sáid-lónn) adj lateral.
Sidelong (sáid-lónn) adv lateralmente.
Sidereal (sáidi-riàl) adj sideral; astral; estelar.
Sidewalk (sáid-uólk) s calçada; SIDEWALK-superintendent: USA superintendente de calçada (buraco no tapume das construções, criado por J. D. Rockefeller, a fim de que todos pudessem espiar os trabalhos).
Sideways (sáid-uêiz) adv obliquamente; de lado.
Siding (sái-dinn) s desvio.
Sidle (sáid-l) v mover-se de lado; caminhar de lado.
Siege (sidj) s sítio; cerco; assédio.
Sieve (siv) s peneira; crivo.
Sift (sift) v peneirar; examinar com detalhe.
Sigh (sái) v suspirar; lamentar.
Sight (sáit) s vista; visão; cena; mira de arma de fogo; opinião; julgamento.
Sight (sáit) v ver; avistar; fazer pontaria.
Sighted (sái-tid) adj assinalado; de vista.
Sign (sáinn) s sinal; aviso; indício; símbolo; vestígio; sintoma.
Sign (sáinn) v assinar; rubricar; significar; fazer sinais.
Signal (sig-nâl) s sinal; aviso.
Signal (sig-nâl) v fazer sinais a; indicar.
Signal (sig-nâl) adj notável; memorável.
Signalize (sig-nâlàiz) v assinalar; particularizar; distinguir.
Signaller (sig-nâlâr) s sinaleiro.
Signatory (sig-nâtôuri) s signatário; assinante.
Signatory (sig-nâtôuri) adj signatário; assinante.
Signature (sig-nâtshur) s assinatura; firma; sinal.
Signet (sig-nit) s carimbo; sinete; selo.
Significance (signi-fikânsi) s ênfase; importância; significação.
Significant (signi-fikânt) adj significativo; decisivo; importante.
Signification (signifikêi-shânn) s significação; sentido.
Signify (sig-nifái) v significar; querer dizer; importar; indicar; assinalar.
Silence (sái-lenss) s silêncio.
Silence (sái-lenss) v impor silêncio; acalmar.
Silent (sái-lent) adj calado; letra muda; silencioso; tranquilo.
Silk (silk) s seda.
Silk (silk) adj de seda.
Silken (silk-n) adj de seda; macio; sedoso.
Silkworm (silk-uârmm) s bicho-da-seda.
Silky (sil-ki) adj de seda; sedoso; macio.
Sill (sil) s peitoril de janela.
Silly (si-li) s louco; néscio.
Silt (silt) s lama; lodo; depósito sedimentar.
Silt (silt) v obstruir com lodo.
Silty (sil-ti) adj lodoso; sedimentoso.
Silver (sil-vâr) s prata; moeda de prata; cor de prata.
Silver (sil-vâr) v pratear; estanhar um espelho; branquear.
Silver (sil-vâr) adj argênteo.
Silverware (sil-vâr-uér) s prataria; artigos de prata.
Silvery (sil-vâri) adj como prata; prateado; argênteo.
Simian (si-miânn) s mono; bugio; macaco.
Simian (si-miânn) adj de mono; simiesco.
Similar (si-milâr) adj similar; semelhante.
Similarity (similé-riti) s semelhança; conformidade.
Simper (sim-pâr) s sorriso afetado.
Simper (sim-pâr) v sorrir tolamente.
Simple (simpl) s pessoa estúpida, simplória.
Simple (simpl) adj simples; cândido; inocente; tolo.
Simpleness (simpl-néss) s simplicidade.
Simpleton (simpl-tânn) s simplório; pateta.
Simplicity (simpli-siti) s simplicidade; clareza; singeleza; sinceridade.
Simplification (simplifikêi-shânn) s simplificação.
Simplify (sim-plifái) v simplificar.
Simply (sim-pli) adv simplesmente; meramente.

Simulacre (si-miulêikâr) s simulacro; representação.
Simulate (si-miulêit) v simular; fingir; falsificar.
Simulation (simiulêi-shânn) s simulação; fingimento.
Simultaneous (simâltêi-niâss) adj simultâneo, ao mesmo tempo.
Sin (sinn) s pecado; culpa; maldade.
Sin (sinn) v pecar; errar.
Since (sinss) adv desde; desde então.
Since (sinss) prep desde; desde então.
Since (sinss) conj desde que; uma vez que.
Sincere (sinsi-r) adj sincero; leal; franco; verdadeiro.
Sincerity (sinsé-riti) s sinceridade; franqueza.
Sinecure (sái-nikiur) s sinecura.
Sinew (si-niu) s tendão; fibra; nervo; energia.
Sinew (si-niu) v fortalecer; ligar com tendões.
Sinewy (si-niui) adj com tendões fortes; duro; vigoroso; resistente como tendão.
Sinful (sin-ful) adj pecador; pecaminoso.
Sinful (sin-ful) adv pecaminosamente.
Sing (sinn) v cantar; celebrar em canto; celebrar em verso; zumbir; exaltar; louvar; past SANG or SUNG and pp SUNG.
Singer (sin-gâr) s cantor; cantora.
Singing (sinninn) s canto; música vocal.
Singing (sinninn) adj de canto; que canta.
Single (singl) adj simples; individual; só; singelo; solteiro; único.
Single (singl) v distinguir; destacar; escolher; separar.
Singleness (singl-néss) s simplicidade; singeleza; singularidade; solidão.
Singlet (sinn-lit) s camiseta.
Singular (sin-ghiulâr) s singular; único; extraordinário.
Singular (sin-ghiulâr) adj singular; único; extraordinário.
Singularity (singhiulé-riti) s singularidade; particularidade.
Sinister (si-nistâr) adj sinistro; funesto; pernicioso.
Sink (sink) s cano de esgoto; fundo do porão; pia; latrina.
Sink (sink) v afundar; soçobrar; sucumbir; diminuir; baixar; escavar um poço; deprimir; humilhar; past SANK or SUNK and pp SUNK or SUNKEN.
Sinkage (sin-kidj) s imersão.
Sinker (sin-kâr) s o que afunda; perfurador de poços.
Sinking (sin-kinn) s afundamento; escavação.
Sinless (sin-léss) adj impecável; puro; santo.
Sinner (sin-nâr) s pecador; pecadora.
Sinuous (si-niuâss) adj sinuoso; curvo; tortuoso.
Sinus (sái-nâss) s MED seio; cavidade; abscesso; fístula.
Sip (sip) s sorvo; gole.
Sip (sip) v beberricar.
Siphon (sái-fânn) s sifão.
Sir (sâr) s senhor; título de respeito.
Sire (sáir) s genitor; pai; progenitor.
Sire (sáir) v procriar cavalos.
Siren (sái-renn) s sereia.
Sister (sis-târ) s irmã; freira.
Sisterhood (sis-târ-hud) s RELIG irmãs religiosas; irmandade.
Sit (sit) v sentar; empoleirar; posar; velar; assentar um vestido; reunir-se em sessão; ajustar; past and pp SAT or SATE.
Site (sáit) s sítio; local; lugar; situação.
Sitting (si-tinn) s ato de sentar; assento; sessão; audiência; ninhada; pose para fotografia.
Sitting (si-tinn) adj sentado; em sessão; em conselho; ave empoleirada.
Situate (si-tshuêit) v situar; colocar.
Situation (sitshuêi-shânn) s situação; ocupação; emprego.
Size (sáiz) s tamanho; medida; estatura; calibre; número de sapato.
Size (sáiz) v medir; calibrar; classificar; colar.
Sized (sáiz-d) adj de tal tamanho ou dimensão; grossura; estatura; calibrado; adaptado.
Sizzle (siz-l) s chiado; sibilo.

Sizzle (siz-l) *v* chiar.
Skate (skêit) *s* patim; arraia.
Skate (skêit) *v* patinar.
Skater (skêi-târ) *s* patinador.
Skating (skêi-tinn) *s* ESP ação de patinar.
Skeleton (ské-letânn) *s* esqueleto.
Skeleton (ské-letânn) *v* esboçar; delinear.
Skeleton (ské-letânn) *adj* esquelético.
Sketch (skétsh) *s* croqui; esboço; desenho gráfico; traçado; rascunho.
Sketch (skétsh) *v* esboçar; desenhar; traçar.
Sketchy (ské-tshi) *adj* esboçado; incompleto.
Skew (skiu) *s* engano; desvio; olhar estrábico.
Skew (skiu) *adj* oblíquo; torcido; esguelhado (olhar).
Ski (ski) *s* esqui.
Skid (skid) *s* calço de roda; travão; sapata; trem de aterrizagem.
Skid (skid) *v* calçar a roda; travar; derrapar.
Skiff (skif) *s* esquife (barco de remos).
Skilful (skil-ful) *adj* hábil; destro; habilidoso.
Skill (skil) *s* perícia; habilidade; destreza.
Skilled (skil-d) *adj* perito; destro; hábil.
Skillet (ski-lit) *s* caçarola; frigideira.
Skim (skimm) *s* escuma; escumadeira.
Skim (skiu) *v* escumar; escorregar; desnatar; folhear (um livro); roçar.
Skimmer (skim-mâr) *s* escumadeira.
Skimp (skimp) *v* descuidar; cercear; restringir.
Skimpiness (skim-pinéss) *s* feito sem cuidado.
Skimpy (skim-pi) *adj* imperfeito.
Skin (skinn) *s* pele; couro; forro; pergaminho.
Skin (skinn) *v* tirar a pele a; esfolar; cicatrizar.
Skinflint (skin-flint) *s* sovina; avarento.
Skinniness (ski-ninéss) *s* magreza excessiva.
Skinny (ski-ni) *adj* magro; definhado; descarnado.
Skip (skip) *s* salto; pulo; omissão.
Skip (skip) *v* pular; omitir; saltar (página etc.); saltar uma linha (etc.).
Skipper (ski-pâr) *s* capitão (de barco de pesca); patrão; bicho do queijo; líder de equipe esportiva.
Skipping (ski-pinn) *s* salto.
Skirmish (skâr-mish) *s* escaramuça; rixa; conflito.
Skirt (skârt) *s* aba; fronteira; limite; orla; saia.
Skirt (skârt) *v* orlar; ladear; costear.
Skit (skit) *s* mofa; panfleto; peça humorística.
Skittish (ski-tish) *adj* leviano; volúvel; caprichoso; excitável.
Skittishness (ski-tishnéss) *s* capricho; leviandade; manha.
Skulk (skâlk) *s* covarde; medroso.
Skulk (skâlk) *v* fugir sorrateiramente; ocultar-se; desviar-se do dever; sair de fininho.
Skull (skâl) *s* crânio; caveira.
Sky (skái) *s* céu; firmamento.
Skylight (skái-láit) *s* clarabóia; escotilha vidrada nos navios.
Skyscraper (skái-skrêi-pâr) *s* arranha-céu.
Slab (sléb) *s* folha; prancha; laje.
Slab (sléb) *v* cortar (em pranchas, em tábuas).
Slack (slék) *s* parte bamba de uma corda; carvão miúdo; pausa.
Slack (slék) *v* abrandar; estancar; apagar.
Slack (slék) *adj* bambo; fraco; lento.
Slackness (slék-néss) *s* frouxidão; indolência.
Slacks (sléks) *s* calças.
Slag (slég) *s* escumalha; escória.
Slake (slêik) *v* apaziguar; afrouxar; diminuir; estancar; extinguir.
Slam (slémm) *s* ação de bater porta (com força); estrondo.
Slam (slémm) *v* fechar porta com violência.
Slander (slén-dâr) *s* calúnia; difamação.
Slander (slén-dâr) *v* caluniar; maldizer.
Slanderer (slén-dârâr) *s* difamador; caluniador.
Slandering (slén-dârinn) *s* difamação; calúnia.

Slanderous (slén-dârâss) *adj* caluniador; difamatório.
Slang (slénn) *s* gíria; calão; jargão.
Slanginess (slénninéss) *s* linguagem vulgar; linguagem ofensiva.
Slant (slént) *s* obliquidade; ladeira; inclinação.
Slant (slént) *v* enviesar; inclinar.
Slanting (slén-tinn) *adj* inclinado para o lado.
Slanting (slén-tinn) *adv* obliquamente.
Slap (slép) *s* bofetada; palmada; tapa.
Slap (slép) *v* esbofetear.
Slash (slésh) *s* corte; talho; entalhe; golpe ao acaso; ferida; cicatriz.
Slash (slésh) *v* cortar bastante; esmagar; retalhar; criticar severamente; dar cutiladas a torto e a direito.
Slat (slét) *s* lasca; fragmento de madeira; ripa; pessoa alta e magra.
Slate (slêit) *s* ardósia; lousa; USA chapa eleitoral.
Slate (slêit) *v* cobrir com ardósia; USA pôr o nome na chapa eleitoral.
Slattern (slé-târn) *s* mulher negligente; mulher devassa.
Slaty (slêi-ti) *adj* como ardósia; como lousa.
Slaughter (slâ-târ) *s* matança; carnificina.
Slaughter (slâ-târ) *v* trucidar; matar.
Slave (slêiv) *s* escravo; servo.
Slave (slêiv) *v* trabalhar como escravo; labutar.
Slaver (slêi-vâr) *s* traficante de escravos; negreiro; navio negreiro; baba.
Slaver (slêi-vâr) *v* babar; babar-se.
Slavery (slêi-vâri) *s* escravidão; escravatura.
Slavish (slêi-vish) *adj* de escravo; servil; cativo.
Slavishness (slêi-vishnéss) *s* escravidão; servidão; servilismo.
Slay (slêi) *v* matar; assassinar; *past* SLEW *and pp* SLAIN.
Slayer (slêi-âr) *s* matador; assassino.
Sleave (sliv) *s* seda crua.
Sleave (sliv) *v* desenredar; desembaraçar; destrinçar.
Sled (sled) *s* trenó; ENGL SLEDGE.
Sledge (slédj) *s* malho; marreta.
Sleek (slik) *v* alisar; amaciar; polir.
Sleek (slik) *adj* liso; macio; polido.
Sleeky (sli-ki) *adj* suave; macio; liso.
Sleep (slip) *s* sono; repouso.
Sleep (slip) *v* dormir; adormecer; *past or pp* SLEPT.
Sleeping (sli-pinn) *s* sono; descanso.
Sleeping (sli-pinn) *adj* adormecido.
Sleeplessness (slip-lénéss) *s* insônia.
Sleepy (sli-pi) *adj* sonolento; com sono; preguiçoso.
Sleet (slit) *s* granizo; chuva; neve.
Sleet (slit) *v* chover; nevar.
Sleeve (sliv) *s* manga de camisa.
Slender (slén-dâr) *adj* esbelto; elegante.
Slenderness (slén-dârnéss) *s* delgadeza; elegância; sobriedade.
Slice (sláiss) *s* fatia; posta.
Slice (sláiss) *v* retalhar; cortar em fatias.
Slide (sláid) *s* ato de deslizar; superfície escorregadia; CIN chapa de projeção.
Slide (sláid) *v* resvalar; escorregar; deslizar; escorregar; *past* SLID *and pp* SLIDDEN.
Sliding (slái-dinn) *s* deslizamento; escorregadela; lapso.
Sliding (slái-dinn) *adj* corrediço; inconstante.
Slight (sláit) *s* desprezo; desfeita.
Slight (sláit) *v* desleixar; desprezar; desconsiderar.
Slight (sláit) *adj* ligeiro; leve; fraco; medíocre.
Slighting (slái-tinn) *s* desdém; desprezo.
Slighting (slái-tinn) *adj* desdenhoso.
Slightness (sláit-néss) *s* insignificância; fraqueza; irreverência.
Slim (slimm) *adj* esbelto; esguio; garboso; delgado.
Slime (sláimm) *s* lodo; limo; substância viscosa.
Slimy (slái-mi) *adj* coberto com lodo; trapaceiro.
Sling (slinn) *s* funda; estilingue; bodoque.

Sling (slinn) v alçar; lançar com estilingue; *past or pp* SLUNG.
Slink (slink) s animal nascido prematuramente.
Slink (slink) v escapulir-se; esquivar-se; *past or pp* SLUNK.
Slip (slip) s escorregadela.
Slip (slip) v escorregar; escapulir; errar; largar; tirar; despir; pôr (roupa), omitir; fugir da memória.
Slipper (sli-pâr) s chinelo.
Slipperiness (sli-pârinéss) s incerteza; escorregadio.
Slippery (sli-pári) *adj* escorregadio; incerto; obsceno.
Slit (slit) s fenda; racha.
Slit (slit) v rachar; fazer incisão; *past or pp* SLIT.
Slobber (sló-bâr) s baba.
Slobber (sló-bâr) v babar; dizer baboseiras.
Slogan (slôu-gânn) s grito de guerra; frase para propaganda; lema.
Sloop (slup) s NÁUT chalupa.
Slop (slóp) s líquido derramado; roupas de confecção.
Slop (slóp) v derramar; verter; entornar.
Slope (slôup) s declive; inclinação.
Slope (slôup) v inclinar; enviesar.
Sloppy (sló-pi) *adj* lamacento; molhado; sujo.
Slosh (slósh) s lama; neve derretida.
Slosh (slósh) v enlamear.
Slot (slót) s fenda; ranhura; pista.
Sloth (slóth) s indolência; preguiça; bicho-preguiça.
Slouch (sláutsh) s inclinação do corpo; andar desajeitado.
Slouch (sláutsh) v abaixar a cabeça acanhadamente.
Slough (sláutsh) s lamaçal; brejo; pântano; pele de cobra.
Slough (sláutsh) v mudar (pele de cobra).
Slow (slóu) *adj* vagaroso; demorado; indolente; relógio atrasado.
Slow (slóu) v diminuir a velocidade.
Slowly (slôu-li) *adv* vagarosamente; lentamente.
Slowness (slôu-néss) s lentidão; morosidade.
Slug (slâg) s bloco de chumbo; preguiçoso; lesma; bala (arma de fogo).
Sluggard (slâ-gârd) s mandrião; indolente; preguiçoso.
Sluggish (slâghish) *adj* indolente; inerte.
Sluggishness (slâ-ghishnéss) s indolência; preguiça; lentidão.
Sluice (sluss) s comporta; dique; eclusa; represa.
Slum (slâmm) s bairro pobre; favela.
Slum (slâmm) v visitar (bairro pobre).
Slumber (slâm-bâr) s soneca; cochilo.
Slumber (slâm-bâr) v adormecer; cochilar.
Slump (slâmp) s fracasso; baixa repentina no preço das mercadorias.
Slump (slâmp) v afundar (repentinamente); cair de repente.
Slur (slâr) s pronúncia não compreensível; estigma; MÚS modulação.
Slur (slâr) v manchar; macular; modular; censurar.
Slush (slâsh) s neve derretida; lama; lodo; graxa lubrificante.
Slushy (slâ-shi) *adj* lamacento; lodoso; molhado.
Sly (slái) *adj* manhoso; astuto; dissimulado.
Slyness (slái-néss) s manha; astúcia.
Smack (smék) s sabor; gosto; aroma; beijoca com estalo; palmada.
Smack (smék) v fazer estalo (com beijo).
Small (smól) *adj* tamanho pequeno; baixo; pobre.
Smallness (smól-néss) s pequenez; insignificância.
Smalt (smólt) s esmalte de pigmento azul.
Smart (smárt) s dor aguda; aflição.
Smart (smárt) v sofrer; pungir; arder; doer.
Smart (smárt) *adj* vivo; esperto; sagaz; elegante.
Smarten (smárt-n) v tornar garboso; embelezar.
Smash (smésh) s quebra; estrondo; falência.
Smash (smésh) v despedaçar; quebrar; falir.
Smasher (smé-shâr) s o que despedaça; que esmaga; que achata.
Smatter (smé-târ) s leve noção.
Smatter (smé-târ) v falar sem conhecimento.
Smear (smir) s borrão; sujeira de gordura.
Smear (smir) v lambuzar; sujar.
Smell (smél) s cheiro; aroma; perfume; mau cheiro; olfato.
Smell (smél) v cheirar; descobrir; *to* SMELL *a rat*: suspeitar de alguma coisa; *past or pp* SMELT.
Smelt (smélt) v fundir; refinar por fusão.
Smile (smáil) s sorriso; olhar alegre.
Smile (smáil) v sorrir.
Smirch (smârtsh) s sujeira; mancha; degradação.
Smirch (smârtsh) v sujar; manchar; desacreditar.
Smirk (smârk) s sorriso afetado ou forçado.
Smirk (smârk) v sorrir com afetação.
Smite (smáit) s golpe; soco.
Smite (smáit) v atingir; afetar; golpear; castigar *past* SMOTE *or* SMIT *and pp* SMIT *or* SMITTEN.
Smith (smith) s ferreiro; forjador.
Smithery (smi-dhâr) s forja; ferraria.
Smog (smóg) s fumaça (+) nevoeiro (smoke+fog).
Smoke (smôuk) s fumaça.
Smoke (smôuk) v fumar; defumar; fumegar.
Smoker (smôu-kâr) s fumante; defumador.
Smoking (smôu-kinn) s ato de fumar.
Smoky (smôu-ki) *adj* fumegante; cheio de fumaça; defumado.
Smooth (smudh) s ato de alisar ou polir.
Smooth (smudh) v alisar; aplainar; suavizar; abrandar; lisonjear.
Smooth (smudh) *adj* liso; macio; suave; polido.
Smother (smâ-dhâr) s nuvem (de fumaça, de poeira).
Smother (smâ-dhâr) v abafar; extinguir.
Smoulder (smôul-dâr) v queimar lentamente; estar latente.
Smudge (smâdj) s mancha; fogo com fumaça para espantar os insetos; nódoa.
Smudge (smâdj) v lambuzar; sujar.
Smug (smâg) s elegante; presumido.
Smug (smâg) *adj* elegante; presumido.
Smuggler (smâ-glâr) s contrabandista; navio de contrabando.
Smuggling (smâ-glinn) s contrabando; fraude.
Smut (smât) s negror que resulta da fuligem; obscenidade.
Smutty (smâ-ti) *adj* manchado; enegrecido; obsceno.
Snack (snék) s refeição leve; merenda; quinhão.
Snag (snég) s árvore submersa; nó; laço; saliência; empecilho.
Snag (snég) v bater em tronco de árvore.
Snail (snêil) s caracol; caramujo; lesma.
Snake (snêik) s cobra; serpente; pessoa falsa.
Snap (snép) s ruptura; estalo; estrépito; dentada; resposta rude; foto instantânea.
Snap (snép) v quebrar subitamente; estalar; rachar; agarrar; fotografar; segurar.
Snapper (sné-pâr) s o que morde; o que estala; cão bravo.
Snare (snér) s laço; armadilha; cilada; ardil.
Snarl (snárl) s rosnadura; confusão.
Snarl (snárl) v rosnar; ralhar; resmungar.
Snarling (snár-linn) *adj* rabugento; rosnador; impertinente.
Snatch (snétsh) s agarramento; breve período.
Snatch (snétsh) v agarrar.
Snatcher (sné-tshâr) s agarrador; arrebatador.
Sneak (snik) s homem vil; dissimulação.
Sneak (snik) v introduzir-se furtivamente; agir servilmente.
Sneaker (sniker) s USA tênis; alpargatas.
Sneakiness (sni-kinéss) s baixeza; mesquinhez.
Sneaky (sni-ki) *adj* baixo; vil; furtivo; servil.
Sneer (snir) s olhar de escárnio; riso zombeteiro.
Sneer (snir) v zombar.
Sneeze (sniz) s espirro.
Sneeze (sniz) v espirrar.
Snell (snél) *adj* ativo; agudo; severo.
Snick (snik) s corte; entalhe.
Snick (snik) v cortar; entalhar.

Sniff (snif) *s* aspiração; fungada.
Sniff (snif) *v* aspirar; fungar; cheirar.
Snigger (sni-gâr) *s* riso abafado.
Snigger (sni-gâr) *v* rir sorrateiramente; rir sem motivo.
Snip (snip) *s* ato de cortar; apara; retalho.
Snip (snip) *v* cortar; aparar.
Snipe (snáip) *s* tiro de tocaia.
Snipe (snáip) *v* atirar em caça (às escondidas).
Snippet (sni-pit) *s* recorte; retalho pequeno.
Snippety (sni-peti) *adj* pessoa arrogante.
Snippy (sni-pi) *adj* mesquinho; mal-humorado; rabugento.
Snivel (snivl) *s* muco nasal; fala hipócrita.
Snivel (snivl) *v* choramingar; pingar do nariz.
Sniveller (sniv-lâr) *s* ranhento; choramingas.
Snob (snób) *s* snob (LAT "Sine Nobilitas" = sem nobreza); pretensioso; presumido.
Snobbism (snó-bizm) *s* esnobismo; altivez tola e presunçosa.
Snooze (snuz) *s* sesta; soneca.
Snooze (snuz) *v* dormir; cochilar.
Snore (snôur) *s* ronco.
Snore (snôur) *v* roncar durante o sono.
Snout (snáut) *s* focinho; tromba de animal.
Snow (snôu) *s* neve.
Snow (snôu) *v* nevar; *past* SNOWED *and pp* SNOW.
Snowfall (snôu-fól) *s* nevada; queda brusca de neve.
Snowflake (snôu-flêik) *s* floco de neve.
Snowslide (snôu-slái-d) *s* alude de neve; avalanche.
Snowstorm (snôu-stórm) *s* nevasca; tempestade de neve.
Snowy (snôui) *adj* imaculado; puro; branco.
Snub (snâb) *s* menosprezo; injúria; afronta; nariz chato; nariz arrebitado.
Snub (snâb) *v* censurar; repreender.
Snuff (snâf) *s* rapé; coto de vela; tabaco em pó.
Snuff (snâf) *v* aspirar; cheirar; fungar.
Snuffle (snâf-l) *s* som fanhoso.
Snuffle (snâf-l) *v* falar fanhoso.
Snuffler (snâ-flâr) *s* pessoa fanhosa.
Snug (snâg) *adj* abrigado; agasalhado; cômodo; bem espaçoso; em boa ordem.
Snuggle (snâg-l) *v* aninhar-se; aconchegar-se.
Snugness (snâg-néss) *s* comodidade; conforto.
So (sôu) *adv* assim; bem; da mesma forma; deste modo; dessa maneira; portanto; por conseguinte; também.
Soak (sôuk) *s* encharcado, orgia; bebedeira; beberrão.
Soak (sôuk) *v* beber demais; embeber; ensopar; mergulhar; molhar; saturar.
Soaker (sôu-kâr) *s* beberrão.
Soaky (sôu-ki) *adj* encharcado; ensopado; impregnado; molhado até os ossos.
Soap (sôup) *s* sabão; sabonete.
Soap (sôup) *v* ensaboar; *SOAP opera*: novela (TV ou Rádio).
Soapy (sôu-pi) *adj* coberto de sabão; FIG adulador.
Soar (sôur) *s* voo.
Soar (sôur) *v* esvoaçar; elevar-se; planar.
Sob (sób) *s* soluço; sussurro.
Sob (sób) *v* soluçar; suspirar; sussurrar.
Sober (sóu-bâr) *adj* sóbrio; moderado; sensato; prudente modesto.
Sober (sôu-bâr) *v* sossegar; tornar-se moderado; sensato.
Soccer (sócker) *s* USA futebol de campo (As**SOC**iation Football and foot**ER**).
Sociability (soshâbi-liti) *s* sociabilidade.
Sociable (sôu-shâbl) *adj* afável; comunicativo; sociável.
Social (sôu-shâl) *adj* social; amável; gregário.
Society (sossái-iti) *s* sociedade; comunidade.
Sociology (soshió-lodji) *s* sociologia.
Sock (sók) *s* meia curta; soco; golpe.
Sock (sók) *v* dar socos; esmurrar.

Socket (só-ket) *s* bocal; soquete de lâmpada; órb... do olho; alvéolo do dente.
Sod (sód) *s* gramado; turfa; torrão.
Sod (sód) *v* cobrir com relva.
Sodality (sodé-liti) *s* confraria; irmandade.
Sodden (sódn) *v* encharcar; embriagar.
Sodden (sódn) *adj* molhado; empapado; encharcado.
Sofa (sôu-fâ) *s* sofá, assento estofado.
Soft (sóft) *s* pessoa simplória.
Soft (sóft) *adj* mole; amolecido; brando; suave; maleável; ameno.
Soften (sóft-n) *v* amolecer; abrandar; suavizar.
Softening (sóft-ninn) *s* amolecimento; brandura.
Softhead (sóft-héd) *s* simplório; pessoa simples.
Softhearted (sófthâr-tid) *adj* bondoso; compassivo.
Softy (sóf-ti) *s* indivíduo muito sentimental.
Soggy (só-ghi) *adj* encharcado; ensopado.
Soil (sóil) *s* solo; terra; região; país; mancha; sujeira.
Soil (sóil) *v* manchar; sujar; alimentar com mato (gado).
Sojourn (sôu-djârnn) *s* residência temporária; estada.
Sojourn (sôu-djârnn) *v* residir temporariamente.
Solace (só-liss) *s* conforto; alívio; doçura; brandura.
Solace (só-liss) *v* confortar; consolar.
Sold (sôuld) *adj* liquidado; totalmente vendido.
Solder (sôu-dâr) *s* solda.
Solder (sôu-dâr) *v* soldar.
Solderer (só-dârâr) *s* soldador.
Soldier (sôul-djâr) *s* soldado; militar; guerreiro.
Soldier (sôul-djâr) *v* assentar praça.
Soldiery (sôul-djâri) *s* soldadesca.
Sole (sôul) *s* planta do pé; sola do sapato; linguado.
Sole (sôul) *v* pôr solas; solar.
Sole (sôul) *a* só; único; exclusivo.
Solemn (só-lemn) *adj* solene; majestoso; sério.
Solemnity (sólem-niti) *s* solenidade; seriedade.
Solemnization (sólémnizêi-shânn) *s* celebração; comemoração; solenização.
Solemnize (só-lemnáiz) *v* celebrar solenemente.
Solicit (soli-sit) *v* solicitar; pedir; apelar.
Solicitation (solissitêi-shânn) *s* solicitação; pedido; requerimento.
Solicitous (soli-sitâss) *adj* solícito; ansioso; cuidadoso.
Solicitude (soli-sitiud) *s* solicitude; apreensão; ansiedade.
Solid (só-lid) *adj* sólido; firme; seguro; compacto.
Solidarity (sólidé-riti) *s* solidariedade; fraternidade.
Solidification (solidifikêi-shânn) *s* solidificação; tornar sólido.
Solidify (soli-difái) *v* solidificar; unir de fato.
Soliloquize (sôuli-okuáiz) *v* monologar.
Soliloquy (sôuli-lokui) *s* solilóquio; monólogo.
Solitaire (sólité-r) *s* solitário (joia).
Solitary (só-litâri) *s* solitário; recluso; ermitão.
Solitary (só-litâri) *adj* solitário; retirado.
Solitude (só-litiud) *s* lugar sem habitantes; solidão.
Solubility (sóliubi-liti) *s* solubilidade.
Soluble (só-liubl) *adj* solúvel.
Solution (soliu-shânn) *s* solução; explicação.
Solvable (sól-vâbl) *adj* solúvel; solvente; pagável.
Solve (sólv) *v* resolver; esclarecer; decifrar.
Solvency (sól-vensi) *s* solvência; solvabilidade.
Solvent (sól-vent) *s* dissolvente.
Solvent (sól-vent) *adj* solvente; que dissolve.
Somber (sóm-bâr) *adj* sombrio; obscuro; melancólico.
Somberness (sóm-bârnéss) *s* escuridão; obscuridade; melancolia.
Some (sâmm) *pron* algum (a); alguns (as); uns; umas; um pouco; uma parte de.
Somebody (sâm-bódi) *s* alguém.
Somehow (sâm-háu) *adv* de alguma forma; seja como for.
Someone (sâm-uan) *pron* alguém.

Somersault (sâ-mârsólt) *s* salto mortal; cambalhota.
Something (sâm-thinn) *s* alguma coisa; qualquer coisa.
Something (sâm-thinn) *adv* algo; um tanto.
Sometime (sâm-táimm) *adv* antigamente; noutra ocasião; outrora.
Sometimes (sâm-táimz) *adv* às vezes; de vez em quando.
Somewhat (sâm-uót) *s* alguma coisa.
Somewhat (sâm-uót) *adv* um tanto; algo.
Somewhere (sâm-uér) *adv* algures; em algum lugar.
Somnolence (sóm-nólénss) *s* sonolência.
Somnolent (sóm-nolênt) *adj* sonolento.
Son (sânn) *s* filho.
Song (sônn) *s* canto; canção; cantiga; poesia; verso; FIG ninharia.
Songster (sóns-târ) *s* ave canora; cantor.
Sonnet (són-net) *s* soneto.
Sonny (sân-ni) *s* filhinho; meu filho.
Sonority (sonó-riti) *s* sonoridade.
Sonorous (sonôu-râss) *adj* sonoro; harmonioso.
Sonship (sân-ship) *s* filiação.
Soon (sunn) *adv* cedo; em breve; de boa vontade; depressa; prontamente.
Soot (sut) *s* fuligem.
Soot (sut) *v* cobrir de fuligem.
Soothe (sudh) *v* acalmar; afagar; aliviar.
Soothing (su-dhiun) *s* mitigação.
Soothing (su-dhiun) *adj* calmante.
Soothsay (sutssei) *v* profetizar; predizer; adivinhar.
Sop (sóp) *s* pão embebido em sopa; sopa; suborno.
Sop (sóp) *v* umedecer; ensopar.
Sophism (só-fizm) *s* sofisma.
Sophist (só-fist) *s* sofista.
Sophistic (sofis-tik) *adj* sofístico; capcioso.
Sophisticate (sofis-tikêit) *v* sofismar; falsificar; adulterar.
Sorcerer (sór-sârâr) *s* feiticeiro; mágico.
Sorcery (sór-sâri) *s* feitiçaria; bruxaria; magia.
Sordid (sór-did) *adj* sórdido; vil; mesquinho; nojento.
Sore (sôur) *s* chaga; desgosto; pena.
Sore (sôur) *adj* dorido; doloroso; sensível; triste.
Sore (sôur) *adv* dolorosamente.
Soreness (sôur-néss) *s* dor; parte doente; sensibilidade; inflamação.
Sorrow (só-rôu) *s* pena; tristeza; infortúnio.
Sorrow (só-rôu) *v* entristecer-se; afligir-se.
Sorrowful (só-rôuful) *adj* pesaroso; aflito; lastimoso.
Sorry (só-ri) *adj* triste; pesaroso; miserável.
Sort (sórt) *s* espécie; sorte; maneira; classe; forma.
Sort (sórt) *v* classificar; sortir; combinar com; associar-se a.
Sorter (sór-târ) *s* classificador.
Sorting (sór-tinn) *s* distribuição correta; escolha.
Sot (sót) *adj* tolo; ébrio, estúpido.
Sottish (só-tish) *adj* bêbedo.
Sottishness (só-tishnéss) *s* estupidez; embriaguez.
Sough (sáu ou sâf) *s* zunido; murmúrio; sussurro.
Soul (sôul) *s* alma; espírito.
Soulless (sou-léss) *adj* desalmado.
Sound (sáund) *s* som; ruído; sonda; estreito; braço de mar; bexiga natatória do peixe.
Sound (sáund) *v* soar; ecoar; sondar; parecer.
Sound (sáund) *adj* são; sadio; forte; legítimo.
Sound (sáund) *adv* profundamente.
Sounding (sáun-dinn) *s* sonda.
Sounding (sáun-dinn) *adj* sonoro; soante; retumbante.
Soundness (sáund-néss) *s* sanidade; solidez; firmeza; higidez.
Soup (sup) *s* sopa; caldo.
Sour (sâur) *v* azedar; ficar de mau humor; irritar.
Sour (sâur) *adj* azedo; ácido; mal-humorado.
Source (sôurss) *s* fonte; manancial; origem.
Sourness (sáur-néss) *s* acidez; azedume.

Souse (sáuss) *s* salmoura; conserva em vinagre.
Souse (sáuss) *v* salgar; ensopar.
South (sáuth) *s* sul.
South (sáuth) *adj* meridional; austral.
Southern (sâ-dhârn) *adj* meridional; sulino; do sul.
Southwards (sáu-thuârdz) *adv* para o sul.
Southwest (sáu-thuést) *s* sudoeste.
Southwest (sáu-thuést) *adj* de sudoeste.
Southwest (sáu-thuést) *adv* para sudoeste.
Southwestern (sáuth-uestârn) *adj* do sudoeste.
Sovereign (só-vrinn) *s* monarca; rei; soberano.
Sovereign (só-vrinn) *adj* soberano; vão; muito eficaz.
Sovereignty (só-vrinti) *s* soberania.
Sow (sôu) *s* porca; lingote de chumbo.
Sow (sôu) *v* semear; disseminar; espalhar; fazer a sementeira; *past* SOWED *and pp* SOWN.
Sower (sôu-âr) *s* semeador; máquina de semear.
Soy (sói) *s* soja; feijão-soja (leguminosa).
Space (spêiss) *s* espaço; área; distância; extensão; intervalo.
Space (spêiss) *v* espaçar.
Spacecraft (spêis-cráaft) *s* espaçonave; foguete.
Spacious (spêi-shâss) *adj* espaçoso; vasto; amplo.
Spade (spêid) *s* pá; enxada; naipe de espada.
Span (spénn) *s* palmo; vão; pequeno intervalo.
Span (spénn) *v* medir aos palmos; atravessar.
Spangle (spéngl) *s* lantejoula.
Spangle (spéngl) *v* brilhar; cintilar; ornamentar (com lantejoulas).
Spaniard (spé-niárd) *s* espanhol.
Spanish (spé-nish) *s* espanhol; língua espanhola.
Spank (spénk) *s* palmada.
Spank (spénk) *v* dar palmadas.
Spanker (spén-kâr) *s* que anda apressadamente.
Spanking (spén-kinn) *s* surra; sova.
Spanner (spé-nâr) *s* chave inglesa.
Spar (spár) *s* espato; pugilato; raio de roda.
Spar (spár) *v* altercar; treinar box; esmurrar.
Spare (spér) *adj* econômico; vago; livre; magro; de sobra; sobressalente; *what do you do in your time SPARE*: o que você faz no seu tempo livre (horas vagas).
Spare (spér) *v* economizar; poupar; dispensar; conceder.
Sparing (spé-rinn) *adj* econômico.
Spark (spárk) *s* faísca; chispa; centelha; vislumbre.
Spark (spárk) *v* lançar faísca.
Sparkle (spárkl) *s* centelha; fagulha pequena.
Sparkle (spárk-l) *v* cintilar; luzir, brilhar; faiscar.
Sparkling (spár-klinn) *s* vinho espumante.
Sparkling (spár-klinn) *adj* cintilante; rutilante.
Sparrow (spé-rôu) *s* pardal.
Sparse (spárss) *adj* disperso; espalhado.
Sparseness (spárs-néss) *s* raridade; pouca densidade; estado do que se acha disperso.
Spasm (spézm) *s* espasmo.
Spat (spét) *s* palmada; disputa; polaina curta.
Spat (spét) *v* dar palmada; questionar.
Spatial (spêi-shâl) *adj* espacial.
Spatter (spé-târ) *s* salpico.
Spatter (spé-târ) *v* salpicar; enlamear; manchar; difamar.
Spawn (spónn) *s* ovas; fruto; prole.
Spawn (spónn) *v* gerar; dar origem a; desovar.
Speak (spík) *v* falar; dizer; pronunciar; revelar; indicar; declarar; *past* SPOKE *and pp* SPOKEN.
Speaker (spi-kâr) *s* orador; RÁD locutor.
Speaking (spi-kinn) *s* ato de falar; oração; discurso.
Speaking (spi-kinn) *adj* falante.
Spear (spir) *s* lança; arpão; folha de erva.
Spear (spir) *v* matar com a lança.
Spearhead (spir-héd) *s* ponta de lança.

SPECIAL — SPOOL

Special (spé-shâl) *adj* distinto; de primeira plana; especial; privativo.
Specialism (spé-shâlizm) *s* especialidade.
Specialist (spé-shâlist) *s* especialista.
Specialization (spéshiélizéi-shânn) *s* especialização.
Specialize (spé-shâláiz) *v* especializar-se.
Specific (spissi-fik) *adj* específico; exclusivo; preciso.
Specification (spissifikêi-shânn) *s* especificação.
Specify (spé-sifái) *v* especificar; descrever.
Specious (spi-shâss) *adj* plausível; razoável.
Speck (spék) *s* nódoa; mácula; pinta.
Speck (spék) *v* mosquear; manchar; salpicar.
Spectacle (spék-tâkl) *s* espetáculo; exibição.
Spectacles (spék-tâkls) *s* óculos.
Spectacular (spékté-kiulâr) *adj* espetacular; espetaculoso; observador; sensacional.
Spectator (spéktêi-târ) *s* espectador; assistente; testemunha.
Specter (spék-târ) *s* espectro; aparição.
Spectroscope (spék-troskôup) *s* espectroscópio.
Spectroscopy (spéktros-kôupi) *s* espectroscopia.
Spectrum (spék-trâmm) *s* espectro.
Speculate (spé-kiulêit) *v* analisar; refletir; meditar; especular.
Speculation (spékiulêi-shânn) *s* especulação; suposição; meditação.
Speculative (spé-kiulâtiv) *adj* especulativo; teórico.
Speculator (spé-kiulêitâr) *s* negociador.
Speech (spitsh) *s* palavra; fala; conversação; linguagem; discurso.
Speechless (spi-tshléss) *adj* mudo; sem fala; interdito.
Speed (spid) *s* velocidade; rapidez; pressa.
Speed (spid) *v* apressar; acelerar; apressar-se; *past* or *pp* SPED.
Speediness (spi-dinéss) *s* velocidade; prontidão.
Speedy (spi-di) *adj* rápido; ligeiro; apressado.
Spell (spél) *s* turno; vez; encanto.
Spell (spél) *v* soletrar; escrever; encantar; significar.
Spellbind (spél-báind) *v* fascinar; enfeitiçar; encantar.
Spellbound (spél-báund) *adj* encantado; enfeitiçado; fascinado.
Speller (spé-lâr) *s* livro de ensino (para escrita); soletrador.
Spelling (spé-linn) *s* soletração; ortografia.
Spencer (spén-sâr) *s* jaqueta curta; jaleco.
Spend (spénd) *v* gastar; despender; passar o tempo; passar uma temporada; empregar. *past or pp* SPENT.
Spender (spén-dâr) *s* gastador; perdulário.
Spent (spént) *adj* gasto; exausto; sem força; bala perdida.
Spew (spiu) *s* vômito.
Spew (spiu) *v* vomitar; lançar.
Sphere (sfir) *s* esfera; globo; astro; posição social.
Spheric (sfé-rik) *adj* esférico; redondo; celeste.
Spice (spáiss) *s* especiaria; condimento; sabor.
Spice (spáiss) *v* temperar; dar sabor a comida.
Spicy (spái-si) *adj* aromático; de especiarias.
Spider (spái-dâr) *s* aranha; usa frigideira.
Spike (spáik) *s* espiga; prego forte; espigão; ponta.
Spike (spáik) *v* encravar; pregar.
Spiky (spái-ki) *adj* agressivo; pontiagudo.
Spill (spil) *s* tombo; queda; derramamento de algo.
Spill (spil) *v* derramar; entornar; *past or pp* SPILT.
Spin (spinn) *s* giro; volta; rodopio; passeio (de automóvel, bicicleta etc.).
Spin (spinn) *v* fiar; entrançar; girar; rodar como pião; *past* SPAN or SPUN; *pp* SPUN.
Spinach (spi-nitsh) *s* espinafre (planta).
Spindle (spind-l) *s* fuso; rosca sem fim.
Spine (spáinn) *s* espinha; coluna vertebral.
Spinner (spi-nâr) *s* fiandeiro; tecelão.
Spinning (spi-ninn) *s* fiação; tecido; manobra arrojada de aviões (parafuso).
Spinous (spái-nâss) *adj* espinhoso.

Spinster (spins-târ) *s* solteirona; donzela.
Spire (spáir) *s* espiral; ápice; agulha de torre; ponta de igreja.
Spirit (spi-rit) *s* espírito; alma; gênio; talento; lealdade; bebida alcoólica.
Spirit (spi-rit) *v* animar; arrebatar em segredo.
Spirited (spi-ritid) *adj* animado; vivo; ardente.
Spiritual (spi-ritshuâl) *adj* espiritual; religioso; eclesiástico.
Spirituality (spiritshué-liti) *s* espiritualidade.
Spirituous (spi-ritshuâss) *adj* alcoólico; destilado.
Spit (spit) *s* cuspe; saliva; espeto para assar; restinga; semelhança.
Spit (spit) *v* espetar; cuspir; *past or pp* SPIT.
Spite (spáit) *s* despeito; rancor; malevolência.
Spite (spáit) *v* mostrar despeito; perseguir; irritar; contrariar.
Spiteful (spáit-ful) *adj* malvado; rancoroso; despeitado.
Spitefulness (spáit-fulnéss) *s* rancor; despeito; malignidade.
Spittle (spit-l) *s* cuspe; saliva.
Spittoon (spitu-nn) *s* escarradeira.
Splash (splésh) *s* salpico de lama.
Splash (splésh) *v* salpicar; enlamear.
Splashy (splé-shi) *adj* enlameado.
Splatter (splé-târ) *s* salpico.
Splatter (splé-târ) *v* esparramar líquidos; espargir; salpicar.
Splay (splêi) *s* inclinação; abertura; alargamento.
Splay (splêi) *v* abrir; alargar; inclinar.
Spleen (splinn) *s* baço; desânimo; rancor; hipocondria.
Spleenful (splin-ful) *adj* rabugento; colérico; impertinente.
Spleenish (splin-nish) *adj* de mau humor.
Spleeny (spli-ni) *adj* rabugento; colérico.
Splendid (splén-did) *adj* esplêndido; brilhante; magnífico; excelente.
Splendor (splén-dâr) *s* esplendor; magnificência; brilho; fulgor.
Splice (spláiss) *s* união de dois cabos ou pontas de corda.
Splice (spláiss) *v* justar; unir; juntar.
Splicing (splái-sinn) *s* enlaçamento; ajuste.
Splint (splint) *s* lasca; fragmento de objeto duro.
Splint (splint) *v* lascar; pôr em talas.
Splinter (splin-târ) *s* lasca; fragmento; estilhaço.
Splinter (splin-târ) *v* lascar; estilhaçar-se.
Split (split) *s* fenda; racha; separação; rompimento.
Split (split) *v* fender; rachar; *past or pp* SPLIT.
Splotch (splótsh) *s* mancha; nódoa; borrão.
Splotch (splótsh) *v* manchar; borrar.
Splotchy (spló-tshi) *adj* manchado; sujo.
Splutter (splâ-târ) *s* azáfama; confusão; barulho.
Splutter (splâ-târ) *v* balbuciar; gaguejar; crepitar; cuspir.
Spoil (spóil) *s* despojos; presa; roubo; saque; dano.
Spoil (spóil) *v* roubar; pilhar; estragar; *past and pp* SPOILED or SPOILT.
Spoiler (spói-lâr) *s* espoliador; saqueador.
Spoiling (spói-linn) *s* espoliação; saque; roubo.
Spoke (spôuk) *s* raio de roda; raio de leme; degrau de escada.
Spoliation (spôuk-n) *s* espoliação; saque; roubo.
Spoliator (spôu-liêitâr) *s* espoliador; ladrão.
Sponge (spândj) *s* esponja; parasita; que vive à custa de outrem.
Sponge (spândj) *v* limpar; embeber; enxugar com esponja; viver à custa alheia.
Sponsor (spón-sâr) *s* padrinho de batismo; madrinha de batismo.
Sponsor (spón-sâr) *v* apadrinhar.
Spontaneity (spóntâni-iti) *s* espontaneidade; naturalidade.
Spontaneous (spóntêi-niâss) *adj* espontâneo; voluntário.
Spoof (spuf) *s* burla; imitação; logro.
Spoof (spuf) *v* lograr; enganar; burlar.
Spoof (spuf) *adj* falso; falsificado.
Spook (spuk) *s* fantasma; assombração.
Spookish (spu-kish) *adj* fantástico.
Spool (spul) *s* carretel.

SPOOL — STABLE

Spool (spul) *v* dobar; enrolar em novelos.
Spoon (spunn) *s* colher; simplório.
Spoon (spunn) *v* apanhar com uma colher; entregar-se a namoro ostensivo.
Spoonful (spun-ful) *s* colherada; colher cheia.
Spoony (spu-ni) *s* simplório; tolo.
Spoony (spu-ni) *adj* sentimental; apaixonado.
Spoor (spur) *s* rasto de animal; trilha de animal.
Spoor (spur) *v* seguir o rastro.
Sporadic (sporé-dik) *adj* esporádico; ocasional; isolado.
Sport (spórt) *s* desporto; esporte; atletismo; passatempo; diversão.
Sport (spórt) *v* ostentar; divertir-se.
Sporting (spór-tinn) *s* desporto; caça.
Sportsman (spór-tzmaen) *s* desportista; esportista; atleta.
Sportswear (spór-tzuér) *s* roupas esportivas.
Spot (spót) *s* mancha; nódoa; salpico; lugar; sítio; *v* manchar; descobrir; notar.
Spotty (spó-ti) *adj* manchado; maculado; sujo; borrado.
Spout (spáut) *s* cano; tubo; bica; jacto; repuxo.
Spout (spáut) *v* esguichar; jorrar; declamar; correr.
Spouting (spáu-tinn) *s* esguicho; declamação fastidiosa.
Sprain (sprẽinn) *s* torcedura; mau jeito.
Sprain (sprẽinn) *v* torcer; machucar; deslocar.
Sprawl (spról) *s* espreguiçamento.
Sprawl (spról) *v* espichar; espreguiçar-se.
Spray (sprẽi) *s* ramo de flores; borrifo; pulverizador.
Spray (sprẽi) *v* borrifar.
Spread (spréd) *s* extensão; expansão; propagação; difusão.
Spread (spréd) *v* estender; espalhar; difundir; divulgar; *past or pp* SPREAD.
Spreading (spré-dinn) *adj* expansivo; extensivo.
Sprig (sprig) *s* vergôntea; renovo; broto.
Sprig (sprig) *v* enfeitar com ramos; bordar ramos.
Spring (sprinn) *s* salto; pulo; lance; elasticidade; fonte; nascente; primavera; mola.
Spring (sprinn) *v* saltar; brotar; nascer; *past* SPRANG or SPRUNG *and pp* SPRUNG.
Springer (sprin-nâr) *s* saltador; cão que faz a caça levantar.
Springy (sprin-ni) *adj* elástico; ágil.
Sprinkle (sprink-l) *s* borrifo; chuvisco.
Sprinkle (sprink-l) *v* borrifar; aspergir; chuviscar.
Sprinkler (sprin-klâr) *s* hissope; regador de jardim.
Sprint (sprint) *s* corrida para pedestre (curta).
Sprint (sprint) *v* correr a toda velocidade.
Sprinter (sprin-târ) *s* ESP corredor para curtas distâncias; atleta.
Sprinting (sprin-tinn) *s* ESP corrida pedestre em distâncias curtas.
Sprite (spráit) *s* espírito; duende; fada.
Sprocket (spró-ket) *s* MEC dente de roda.
Sprout (spráut) *s* renovo; rebento.
Sprout (spráut) *v* germinar; brotar.
Spry (sprái) *adj* ligeiro; leve; ativo.
Spryness (sprái-néss) *s* lveza; ligeireza.
Spud (spâd) *s* pá de jardineiro; faca pequena; GÍR batata.
Spume (spiumm) *s* espuma; efervescência.
Spume (spiumm) *v* espumar.
Spunk (spânk) *s* coragem; brio; isca; madeira podre.
Spunky (spân-ki) *adj* brioso; corajoso.
Spur (spâr) *s* espora; estímulo.
Spur (spâr) *v* esporear; estimular; andar a cavalo (depressa); apressar-se.
Spurious (spiu-riâss) *adj* espúrio; ilegítimo; adulterado.
Spurn (spârn) *s* desdém; desprezo.
Spurn (spârn) *v* desprezar; rejeitar com desdém.
Spurt (spârt) *s* jorro; esguicho; repente; esforço repentino.
Spurt (spârt) *v* esguichar; fazer esforço repentino.
Sputter (spâ-târ) *s* baba; perdigoto; falar espirrando saliva.
Sputter (spâ-târ) *v* cuspir falando; balbuciar.

Sputterer (spâ-târâr) *s* aquele que fala com rapidez; aquele que cospe ao falar.
Spy (spái) *s* espião.
Spy (spái) *v* espiar; avistar; enxergar; espreitar.
Squab (skuób) *s* pessoa gorda e atarracada; almofada; ave pequena.
Squab (skuób) *v* estofar; cair pesadamente.
Squab (skuób) *adj* atarracado; implume.
Squab (skuób) *adv* pesadamente.
Squabble (skuób-l) *s* questão; rixa; altercação.
Squabble (skuób-l) *v* discutir; altercar.
Squadron (skuó-drânn) *s* esquadrão; uma parte da esquadra; batalhão.
Squalid (skuó-lid) *adj* esquálido; miserável; imundo.
Squalidness (skuó-lidnéss) *s* esqualidez; sordidez; imundície; miséria.
Squall (skuól) *s* tempestade (pé de vento, neve, chuva); borrasca; aguaceiro.
Squall (skuól) *v* gritar agudamente; soltar gritos agudos.
Squalor (skuó-lâr) *s* esqualidez; sujidade; sordidez.
Squander (skuón-dâr) *v* dissipar; esbanjar.
Squanderer (skuón-dârâr) *s* dissipador; esbanjador.
Square (skuér) *s* quadrado; largo; praça; conformidade.
Square (skuér) *v* quadrar; ajustar; equilibrar; elevar ao quadrado.
Square (skuér) *adj* quadrado; perfeito; justo; completo; em nível; forte.
Squash (skuósh) *s* abóbora; coisa mole; polpa; aperto.
Squash (skuósh) *v* esmagar; achatar.
Squashy (skuó-shi) *adj* lamacento; mole como massa; mole polpa.
Squat (skuót) *v* acocorar-se; ocupar terras ilegalmente.
Squat (skuót) *adj* acocorado; agachado.
Squeak (skuik) *s* grito agudo; chiado.
Squeak (skuik) *v* gritar; chiar.
Squeaking (skui-kinn) *adj* agudo; estridente.
Squeal (skuil) *s* grito agudo e intenso.
Squeal (skuil) *v* gritar agudamente; GÍR trair; denunciar.
Squealer (skui-lâr) *s* pássaro novo; POP delator.
Squeeze (skuiz) *s* aperto; abraço; pressão.
Squeeze (skuiz) *v* apertar; abraçar fortemente; comprimir; espremer; extorquir; entrar ou sair (apertando, comprimindo, empurrando).
Squeezer (skui-zâr) *s* espremedor; apertador.
Squelch (skuél-tsh) *s* queda pesada; ruído de esmagamento.
Squelch (skuél-tsh) *v* esmagar; ficar esmagado.
Squemish (skui-mish) *adj* delicado; melindroso; esquisito.
Squib (skuib) *s* busca-pé; pasquinada; sátira.
Squib (skuib) *v* lançar busca-pés; satirizar; escrever em pasquins.
Squiggle (skuig-l) *s* curva pequena e irregular; letra ilegível.
Squiggle (skuig-l) *v* rabiscar.
Squint (skuint) *s* ato de olhar de soslaio; estrabismo.
Squint (skuint) *v* olhar vesgo.
Squint (skuint) *adj* vesgo; estrábico.
Squinting (skuin-tinn) *s* estrabismo.
Squire (skuáir) *s* escudeiro; cavalheiro; proprietário rural; nobre rural; USA juiz de paz.
Squirm (skuârmm) *s* torcedura; torção.
Squirm (skuârmm) *v* torcer; retorcer.
Squirrel (skui-rel) *s* esquilo; pele de esquilo.
Squirt (skuârt) *s* seringa; esguichadela.
Squirt (skuârt) *v* esguichar.
Stab (stéb) *s* golpe; punhalada.
Stab (stéb) *v* apunhalar; ferir; injuriar; ofender.
Stability (stâbi-liti) *s* estabilidade; firmeza; solidez.
Stable (stêibl) *s* estábulo; cavalariça.
Stable (stêibl) *v* ocupar um estábulo; viver em cavalariça.
Stable (stêibl) *adj* estável; firme.

STACK — STATURE

Stack (sték) s pilha de trigo; pilha de feno; cano de chaminé; estante de livros.
Stack (sték) v empilhar; amontoar.
Staff (stáf) s Estado Maior; corpo administrativo; bastão; pau de bandeira; cajado; báculo.
Stag (stég) s veado adulto; macho de vários animais.
Stage (stêidj) s estrado; tablado; palco; grau; pousada; carruagem; fase; etapa; cenário; cena.
Stage (stêidj) v pôr em cena; exibir no palco.
Stagger (sté-ghâr) s vacilação; cambaleio.
Stagger (sté-ghâr) v cambalear; vacilar; hesitar.
Staging (stêi-djinn) s encenação; andaime; tablado.
Stagnancy (stég-nânsi) s estagnação; paralisação.
Stagnant (stég-nânt) adj que produz estagnação; paralisado.
Stagnation (stégnêi-shânn) s estagnação.
Stagy (stêi-dji) adj teatral; pomposo.
Staid (stêid) adj grave; sério; sóbrio; sereno; sossegado.
Staidness (stêid-néss) s sobriedade; gravidade.
Stain (stêinn) s mácula; nódoa.
Stain (stêinn) v manchar; macular; enodoar; tingir; infamar.
Stainer (stêi-nâr) s que mancha; que polui; tintureiro; difamador; caluniador.
Stainless (stêin-léss) adj imaculado; limpo; sem manchas.
Stair (stér) s degrau; escada no plural.
Staircase (stér-kêiss) s escada.
Stake (stêik) s estaca; poste; parada; aposta.
Stake (stêik) v apoiar com estacas; escorar; arriscar no jogo; apostar.
Stale (stêil) adj velho; antigo; passado; gasto.
Stale (stêil) v tornar deteriorado.
Stalemate (stêil-mêit) s ESP posição no jogo de xadrez que provoca empate forçado.
Staleness (stêil-néss) s ranço; velhice.
Stalk (stók) s talo; cano; andar afetadamente.
Stalk (stók) v caçar à espreita; perseguir; marcha a passos largos e vagarosos.
Stall (stól) s estábulo; lugar no coro da igreja.
Stall (stól) v encurralar; sentar-se; enguiçar.
Stallage (stó-lidj) s licença para feirantes.
Stallion (sté-liânn) s garanhão.
Stalwart (stól-uârt) s robusto.
Stalwart (stól-uârt) adj forte; rijo; robusto; valente; destemido.
Stalwartness (stól-uârtnéss) s valentia; coragem.
Stammer (sté-mâr) s gaguez; gagueira.
Stammer (sté-mâr) v gaguejar.
Stammerer (sté-mârâr) s gago; pessoa gaga.
Stamp (stémp) s selo; cunho; impressão; marca; carimbo; prensa.
Stamp (stémp) v estampar; cunhar; selar; carimbar; bater com os pés no piso.
Stampede (stémpi-d) s estouro; corrida por pânico.
Stampede (stémpi-d) v debandar em pânico.
Stance (sténss) s lugar; postura; posição.
Stanch (sténtsh) adj constante; fiel; são; resoluto; sólido; zeloso.
Stanch (sténtsh) v estancar o sangue; vedar.
Stanchion (stén-shânn) s escora; suporte; pau de toldo.
Stanchion (stén-shânn) v escorar.
Stand (sténd) s lugar; local; posto; pedestal; estante; oposição; mesinha; resistência; barraca.
Stand (sténd) v achar-se; apresentar-se; canditar-se; consistir; estar em pé; manter-se; permanecer; resistir; suportar; sobressair; significar; past or pp STOOD.
Standard (stén-dârd) s modelo; norma; padrão; poste; critério; estandarte.
Standard (stén-dârd) adj clássico; normal; oficial; típico.
Standardization (sténdârdzêi-shânn) s padronização; uniformização.
Standardize (stén-dârdáiz) v estandardizar; padronizar; uniformizar.
Standing (stén-dinn) s lugar; posição social ou moral; reputação; duração.
Standing (stén-dinn) adj em pé; ereto; erguido.
Standish (stén-dish) s escrivaninha; porta-canetas.
Standoff (stén-dof) s impasse; afastamento; reserva.
Standoff (stén-dof) adj frio; afastado; reservado.
Standstill (stén-dstil) s pausa; parada; paralisação.
Staple (stêip-l) s mercado; empório; produto de uma região (principal); elemento fundamental (vital); matéria bruta; grampo de metal (em U).
Star (stár) s astro; asterisco; destino; estrela; insígnia; TV CIN astro e atores (consagrados).
Star (stár) v estrear; brilhar.
Starboard (stár-bôurd) s NÁUT estibordo.
Starboard (stár-bôurd) v dirigir para estibordo.
Starboard (stár-bôurd) adj de estibordo.
Starch (stártsh) s amido; fecula; goma.
Starch (stártsh) v engomar.
Starched (stár-tshd) adj engomado; duro; formal.
Starchy (stár-tshi) adj afetado; engomado; formal; meticuloso.
Stare (stér) s olhar fixo.
Stare (stér) v fitar os olhos; encarar.
Stark (stárk) adj forte; rígido; completo; absoluto; contrastante.
Starlight (stár-láit) s luz ou brilho das estrelas.
Starlight (stár-láit) adj estrelado.
Starling (stár-linn) s estorninho (pássaro); ARQT espigão.
Starred (stárd) adj estrelado.
Starry (stá-ri) adj estrelado; rutilante, brilhante (como estrela).
Start (stárt) s arremesso; arrancada; começo; impulso; partida; sobressalto.
Start (stárt) v começar; dar início; dar nova direção; evocar; ir em busca de; pôr-se em marcha; pôr-se em movimento; partir; principiar.
Starter (stár-târ) s autor; iniciador; que sinaliza o início de algo; aparelho que avisa o começo ou o movimento de algo.
Starting (stár-tinn) s sobressalto; partida; deslocação; ato de movimentar.
Starting (stár-tinn) adj de saída; assustadiço.
Startle (stárt-l) v espantar; estremecer.
Startling (stár-tlinn) adj assustador; surpreendente; aterrador.
Starvation (starvêi-shânn) s estado de aguda desnutrição; definhamento; fome.
Starve (stárv) s miséria; fome.
Starve (stárv) v definhar; morrer de fome.
Starveling (stárv-linn) s esfaimado (pessoa ou animal).
Starveling (stárv-linn) adj esfaimado; estiolado.
State (stêit) s aparato; classe; o povo; condição; dignidade; estado; gala; modo de ser; modo de estar; pompa; poder civil; situação.
State (stêit) v afirmar; declarar; expor; fixar; relatar.
Stated (stêi-tid) adj fixo; estabelecido; exposto; declarado.
Statement (stêit-ment) s declaração; resumo; relato; COM balanço.
Statesman (stêi-tzmaen) s homem de estado; político; estadista.
Static (sté-tik) s estática.
Static (sté-tik) adj estático; parado; imóvel.
Station (stêi-shânn) s classe; condição social; estação; posto; posição social; pouso.
Stationary (stêi-shâneri) adj estacionário; imutável; imóvel.
Stationer (stêi-shânâr) s dono de papelaria.
Stationery (stêi-shânéri) s papelaria; artigos de escritório.
Statistics (státis-tiks) s estatística.
Statuary (sté-tiuéri) s estatuária; estatuário; escultura.
Statue (sté-tiu) s estátua; imagem.
Stature (sté-tshur) s estatura; tamanho.

STATUTORY — STOLE

Statutory (sté-tshutôuri) *adj* legal; estatutário legalmente; obrigatório.
Stave (stêiv) *s* bastão; MÚS pentagrama; POES estrofe; estância.
Stave (stêiv) *v* prover de aduelas; guarnecer de aduelas; quebrar; despedaçar.
Stay (stêi) *s* apoio; demora; escora; estada; obstáculo; parada; residência; suspensão.
Stay (stêi) *v* esperar; deter; ficar; hospedar-se; parar; permanecer; *past or pp* STAID.
Staying (stêi-inn) *s* escoramento; travamento; reforço.
Stead (stéd) *s* lugar; local.
Steadfast (stéd-fést) *adj* estável; constante; firme.
Steady (sté-di) *adj* firme; seguro; sólido; resistente.
Steady (sté-di) *v* firmar; fixar.
Steak (stêik) *s* bife, fatia de carne.
Steal (stil) *s* roubo; furto.
Steal (stil) *v* furtar; roubar; plagiar; entrar furtivamente; sair furtivamente; *past* STOLE *and pp* STOLEN.
Stealer (sti-lâr) *s* ladrão; larápio.
Stealthy (stél-thi) *adj* clandestino; oculto; secreto.
Steam (stimm) *s* vapor; fumaça; exalação; energia.
Steam (stimm) *v* evaporar; mover a vapor; FIG tornar-se enérgico.
Steamboat (stimm-bôut) *s* barco a vapor.
Steamer (sti-mâr) *s* barco ou navio a vapor; dispositivo para colocar água (que se evapora).
Steamship (stimm-ship) *s* navio a vapor.
Steed (stid) *s* cavalo de batalha; ginete; corcel.
Steel (stil) *s* aço (lâmina, folha etc.).
Steel (stil) *adj* de aço; insensível; duro.
Steep (stip) *s* abismo; precipício.
Steep (stip) *v* mergulhar; imergir; ensopar.
Steep (stip) *adj* escarpado; excessivo; difícil.
Steeple (stipl) *s* campanário; torre (de igreja).
Steepness (stip-néss) *s* declividade; ladeira íngreme.
Steer (stir) *s* USA bezerro; novilho.
Steer (stir) *v* dirigir leme.
Steerage (sti-ridj) *s* direção; governo de barco; alojamento inferior.
Steerer (sti-râr) *s* timoneiro; piloto.
Steering (sti-rinn) *s* direção; governo.
Stellar (sté-lâr) *adj* astral; estelar.
Stem (stémm) *s* haste; pedúnculo; proa; talo; GRAM raiz.
Stem (stémm) *v* opor-se; repelir; deter; resistir.
Stench (sténtsh) *s* mau cheiro; fedentina; fedor.
Stencil (stén-sil) *s* estêncil (papel para gravar, servindo como matriz para cópias); modelo; molde; chapa de metal (para gravação).
Stencil (stén-sil) *v* pintar (via moldes); gravar.
Stenographer (stenó-gráfâr) *s* estenógrafo; taquígrafo.
Stenography (stenó-gráfi) *s* estenografia; taquigrafia.
Step (stép) *s* degrau; marcha; passo; passada; passo de dança.
Step (stép) *v* andar; caminhar; dar passos; marchar.
Stepbrother (stép-brádhâr) *s* meio-irmão.
Stepchild (stép-tsháild) *s* enteado; enteada.
Stepdaughter (stép-dótâr) *s* enteada.
Stepfather (stép-fádhâr) *s* padrasto.
Stepmother (stép-mádhâr) *s* madrasta.
Stepsister (stép-sistâr) *s* filha do padrasto; filha da madrasta.
Stepson (stép-sânn) *s* enteado.
Stereotype (sti-riotáip) *s* estereótipa.
Sterility (stéri-liti) *s* esterilidade.
Sterilization (stérilizéi-shánn) *s* esterilização.
Sterilize (sté-riláiz) *v* esterilizar; desinfetar.
Sterling (stâr-linn) *s* libra esterlina.
Sterling (stâr-linn) *adj* pura; genuína; de bom quilate.
Stern (stârn) *s* rabo de animal; NÁUT popa; ré.
Stern (stârn) *adj* severo; duro; rígido; inflexível.
Sternness (stârn-néss) *s* severidade; rigor; austeridade.
Stevedore (sti-vidôur) *s* estivador.
Stew (stiu) *s* guisado; ensopado; agitação mental; ansiedade.
Stew (stiu) *v* estufar; cozer (com fogo lento).
Steward (stiu-ârd) *s* mordomo; intendente; comissário de bordo; administrador de terras.
Stick (stik) *s* pau; bastão; bengala; cavaco.
Stick (stik) *v* furar; apunhalar; afixar; colar; afeiçoar-se; hesitar; enguiçar; *past or pp* STUCK.
Sticky (sti-ki) *adj* viscoso; adesivo; aderente.
Stiff (stif) *s* cadáver; pessoa formal.
Stiff (stif) *adj* duro; teso; firme; afetado; obstinado.
Stiffen (stif-n) *v* entesar; endurecer; obstinar-se.
Stiffness (stif-néss) *s* rigidez; dureza; consistência.
Stifle (stáifl) *v* sufocar; abafar.
Stifling (stái-flinn) *adj* sufocante.
Stigmatic (stigmé-tik) *adj* estigmatizado.
Stigmatization (stigmátizéi-shánn) *s* estigmatização.
Stigmatize (stig-mátáiz) *v* estigmatizar; marcar.
Stile (stáil) *s* degrau sobre cercados; barreira.
Still (stil) *s* silêncio; sossego; destilaria de bebidas; alambique.
Still (stil) *v* acalmar; abrandar; apaziguar; destilar; satisfazer.
Still (stil) *adj* calmo; tranquilo; morto.
Still (stil) *adv* ainda; sempre; até agora.
Still (stil) *conj* todavia; entretanto; contudo.
Stillness (stil-néss) *s* silêncio; sossego; calma.
Stilly (stil-i) *adj* calmo; silencioso.
Stilly (sti-li) *adv* silenciosamente; sossegadamente.
Stimulant (sti-miulânt) *adj* estimulante; excitante.
Stimulate (sti-miulêit) *v* estimular; excitar.
Stimulation (stimiulêi-shánn) *s* estímulo; excitação; instigação.
Sting (stinn) *s* ferrão; picada; remorso; dor aguda.
Sting (stinn) *v* picar; aferroar; afligir; sentir remorsos; *past or pp* STUNG.
Stinginess (stin-djiness) *s* avareza; sovinice; mesquinhez.
Stingy (stin-dji) *adj* mesquinho; sovina; avaro.
Stink (stink) *s* fedentina; fedor; mau cheiro.
Stink (stink) *v* ter mau cheiro; *past* STANK *and pp* STUNK.
Stint (stint) *s* restrição; limite; quantidade.
Stint (stint) *v* restringir; limitar; economizar.
Stipend (stái-pend) *s* estipêndio; salário; paga; soldo.
Stipple (stip-l) *s* gravura ponteado; desenho ponteado.
Stipple (stip-l) *v* enfeitar com pontos; pontuar.
Stipulate (sti-piulêit) *v* estipular; fazer estipulações.
Stipulation (stipiulêi-shánn) *s* estipulação; ajuste; contrato.
Stir (stâr) *s* agitação; atividade; excitação; rebuliço; tumulto.
Stir (stâr) *v* agitar; comover; mexer.
Stirabout (stâr-âbáut) *s* mingau de aveia; pessoa ativa; pessoa muito diligente.
Stirrup (stir-râp) *s* estribo; degrau.
Stitch (stitsh) *s* ponto de costura; ponteada; malha.
Stitch (stitsh) *v* coser; dar pontos.
Stithy (sti-thi) *s* bigorna; forja.
Stoat (stóut) *s* arminho.
Stock (stók) *s* tronco; cepo; estirpe; cabo de ferramenta; COM capital; provisão; estoque; gêneros existentes no armazém.
Stock (stók) *v* armazenar; fornecer; prover; sortir.
Stockade (stókéi-d) *s* estacada; paliçada.
Stockade (stókéi-d) *v* cercar (para fortificação); fortificar com paliçada.
Stockings (stó-kinss) *s* meias; meias longas.
Stodge (stódj) *s* massa confusa; mingau.
Stodge (stódj) *v* comer excessivamente.
Stodgy (stó-dji) *adj* enfadonho.
Stoic (stôu-ik) *adj* estoico; impassível.
Stoicism (stôu-issizm) *s* estoicismo, doutrina de Zenão (3º século a. C.).
Stoker (stôu-kâr) *s* foguista.
Stole (stôul) *s* estola.

STOLID — STUBBORN

Stolid (stó-lid) *adj* parvo; impassível.
Stolidity (stoli-diti) *s* indiferença; impassibilidade.
Stomach (stâ-mâk) *s* ANAT estômago.
Stomach (stâ-mâk) *v* tolerar; suportar.
Stone (stôunn) *s* pedra; pedra preciosa; caroço de frutas; cálculo biliar.
Stone (stôunn) *v* apedrejar; lapidar; endurecer.
Stony (stôu-ni) *adj* pedregoso; cheio de pedras; insensível; duro.
Stool (stul) *s* banco; evacuação; privada; sanitário.
Stoop (stup) *s* condescendência; inclinação; pendor; submissão.
Stoop (stup) *v* abaixar-se; inclinar-se; submeter-se.
Stop (stóp) *s* suspensão; parada; pausa; espera; alojamento; GRAM ponto.
Stop (stóp) *v* deter; fechar; ficar; hospedar-se; impedir; obturar; parar; residir; tapar.
Stoppage (stó-pidj) *s* impedimento; obstáculo; parada.
Stopping (stó-pinn) *s* parada; estacionamento; estancamento.
Storage (stôu-ridj) *s* armazenagem; preço de armazenamento.
Store (stôur) *s* armazém; depósito.
Store (stôur) *v* fornecer; abastecer; armazenar.
Stork (stórk) *s* cegonha.
Storm (stórmm) *s* tempestade; tumulto; assalto.
Storm (stórmm) *v* assaltar; enraivecer-se.
Stormy (stór-mi) *adj* tempestuoso; violento; turbulento.
Story (stôu-ri) *s* história; conto; narrativa; anedota; andar de construção; pavimento de casa.
Stout (stáut) *s* cerveja preta.
Stout (stáut) *adj* forte; vigoroso; intrépido.
Stoutness (stáut-néss) *s* robustez; corpulência.
Stove (stôuv) *s* fogão; fogareiro; estufa.
Stow (stôu) *v* arrumar; armazenar; pôr em ordem.
Stowage (stôu-idj) *s* armazenamento; armazenagem.
Strabismus (strâbis-mâss) *s* MED estrabismo, distúrbio óptico.
Straddle (stréd-l) *s* postura de pernas bem abertas (escarranchado).
Straddle (stréd-l) *v* andar com as pernas abertas.
Straggle (strég-l) *v* afastar-se; perambular; vagar.
Straight (strêit) *s* pista direita em corridas; reta; curso;linha.
Straight (strêit) *adj* direito; reto; franco.
Straight (strêit) *adv* diretamente; imediatamente.
Straighten (strêit-néss) *v* endireitar; pôr em ordem.
Straightway (strêit-uêi) *adv* logo; já; imediatamente.
Strain (strêinn) *s* esforço; tensão; raça; linhagem; condição.
Strain (strêinn) *v* forçar; exagerar; esticar; filtrar; coar; deslocar; ultrapassar a normalidade.
Strainer (strêi-nâr) *s* coador; filtro.
Strait (strêit) *s* desfiladeiro; garganta; dificuldade; apuro.
Strait (strêit) *adj* estreito; rigoroso; estrito.
Straiten (strêi-nâr) *v* estreitar; pôr em apuros; limitar.
Strange (strêin-dj) *adj* estranho; singular; raro; inexperiente.
Strangeness (strêindj-néss) *s* estranheza; reserva; acanhamento.
Stranger (strêin-djâr) *s* estranho; estrangeiro; intruso.
Strangle (stréng-l) *v* estrangular; sufocar.
Strap (strép) *s* correia; tira; alça; presilha.
Strap (strép) *v* apertar com correia.
Strategic (strâté-djik) *adj* estratégico.
Strategy (stré-tidji) *s* estratégia.
Stratification (strétifikêi-shânn) *s* estratificação.
Stratify (stré-tifái) *v* estratificar; *past or pp* STRATIFIED.
Straw (stró) *s* palha; canudo para beber refrescos; ninharia.
Strawberry (stró-béri) *s* morango; morangueiro.
Stray (strêi) *s* animal perdido; extravio.
Stray (strêi) *v* vagar; extraviar-se.
Stray (strêi) *adj* extraviado; desgarrado.
Streak (strik) *s* risca; listra; indício; vestígio; raio de luz.
Streak (strik) *v* listrar; riscar; raiar.

Stream (strimm) *s* corrente; arroio.
Stream (strimm) *v* correr; fluir.
Streamer (stri-már) *s* flâmula; fita; aurora Boreal.
Street (strit) *s* rua.
Strength (strén-th) *s* força; vigor físico; energia; eficácia.
Strengthen (strén-thn) *v* fortificar; fortalecer; robustecer.
Strenuous (stré-niuáss) *adj* corajoso; enérgico; tenaz.
Stress (stréss) *s* força; tensão; importância; GRAM acento tônico.
Stress (stréss) *v* insistir em; dar ênfase a; acentuar.
Stretch (strétsh) *s* tensão; dilatação; trecho; pedaço; ato de esticar; esforço.
Stretch (strétsh) *v* estender; estirar; esticar; exagerar.
Stretcher (stré-tshâr) *s* estirador; esticador; padiola; maca para feridos.
Strew (stru) *v* espalhar; derramar; polvilhar; *past* STREWED *and pp* STROWN.
Stricken (strik-n) *adj* acometido; atacado; ferido.
Stricker (strái-kâr) *s* grevista; pessoa que bate.
Strict (strikt) *adj* estrito; exato; estreito; restrito; rigoroso; severo.
Strictness (strikt-néss) *s* exatidão; pontualidade; rigor.
Stride (stráid) *v* cavalgar; galopar; montar; andar apressadamente (a passos largos); *past* STRODE *and pp* STRIDDEN.
Strife (stráif) *s* luta; contenda; discussão.
Strike (stráik) *s* pancada; golpe; greve.
Strike (stráik) *v* bater; achar; cunhar; fazer greve; topar com; *past* STRUCK *and pp* STRICKEN.
Striking (strái-kinn) *adj* espantoso; extraordinário; notável.
String (strinn) *s* cordão; fio; barbante; nervo; tendão; série; fila; MÚS corda.
String (strinn) *v* afinar; amarrar com barbante; esticar; MÚS encordoar; *past or pp* STRUNG.
Stringency (strin-djensi) *s* rigor; severidade; pressão; escassez.
Stringent (strin-djent) *adj* rigoroso; severo; meticuloso.
Strip (strip) *v* despojar; despir; saquear; descascar.
Stripe (stráip) *s* listra; gênero; tipo; chicotada.
Stripe (stráip) *v* riscar; açoitar.
Stripy (strái-pi) *adj* listrado; raiado.
Strive (stráiv) *v* esforçar-se; disputar; competir; *past* STROVE *and pp* STRIVEN.
Striver (strái-vâr) *s* competidor; porfiador.
Striving (strái-vinn) *s* porfia; empenho.
Stroke (strôuk) *s* golpe; pincelada; MED ataque cerebral (hemorragia); ESP tacada (no bilhar).
Stroke (strôuk) *v* acariciar; friccionar.
Stroll (strôul) *s* excursão; giro; volta.
Stroll (strôul) *v* passear; vaguear.
Strong (strónn) *adj* forte; vigoroso; capaz; violento; COM que indica tendência para a alta.
Stronghold (strón-hôuld) *s* praça forte; fortaleza.
Structural (strâk-tshurâl) *adj* estrutural.
Structure (strâk-tshur) *s* estrutura; disposição; organização; constituição.
Struggle (strâg-l) *s* luta; esforço; disputa.
Struggle (strâg-l) *v* lutar; debater; brigar.
Struggler (strâ-glâr) *s* lutador; contendor.
Strum (strâmm) *v* MÚS tocar mal instrumento de corda (desafinando).
Strumpet (strâmp-t) *s* prostituta.
Strumpet (strâmp-t) *v* prostituir.
Strumpet (strâmp-t) *adj* lascivo; inconstante.
Strut (strât) *s* andar altivo; escora; suporte.
Strut (strât) *v* emproar-se; empertigar-se.
Stub (stâb) *s* toco; cepo; fragmento; resto; ponta; talão de cheques.
Stubborn (stâ-bârn) *adj* obstinado; teimoso; intratável; persistente.

STUBBY — SUCK

Stubby (stâ-bi) *adj* atarracado; curto e grosso.
Stud (stâd) *s* viga; prego de cabeça larga; botão.
Stud (stâd) *v* prover de pregos; semear.
Student (stiu-dent) *s* estudante; aluno.
Studied (stâ-did) *adj* estudado; calculado; premeditado.
Studious (stiu-diâss) *adj* estudioso; aplicado; estudado.
Study (stâ-di) *s* estudo; meditação; atenção.
Study (stâ-di) *v* estudar; meditar; imaginar; projetar.
Stuff (stâf) *s* matéria; material; tecido; tolice; ninharia.
Stuff (stâf) *v* encher; estofar; apertar.
Stuffing (stâ-finn) *s* enchimento; recheio; matéria para estofos.
Stuffy (stâ-fi) *adj* mal ventilado; abafado.
Stultification (stâltifikêi-shânn) *s* embrutecimento de uma pessoa.
Stultify (stâl-tifái) *v* ensandecer; embasbacar; desacreditar.
Stumble (stâmb-l) *s* tropeção; cabeçada; erro.
Stumble (stâmb-l) *v* tropeçar; encontrar por acaso.
Stump (stâmp) *s* cepo; toro; talo de couve; estrado; plataforma.
Stump (stâmp) *v* discursar em praça pública (política); confundir; embaraçar.
Stun (stânn) *s* golpe que atordoa.
Stun (stânn) *v* estontear; aturdir.
Stunning (stâ-ninn) *adj* notável; estonteante; surpreendente; assombroso.
Stunt (stânt) *s* impedimento no progresso de; ocupação; GÍR pirueta.
Stunt (stânt) *v* tolher; atrofiar; feito notável; fazer piruetas.
Stupefaction (stiupifék-shânn) *s* estupefação; estupor; espanto.
Stupefy (stiu-pifái) *v* pasmar; entorpecer; espantar.
Stupendous (stiupén-dâss) *adj* enorme; colossal; prodigioso.
Stupid (stiu-pid) *adj* estúpido; néscio; imbecil; enfadonho.
Sturdy (stâr-di) *adj* forte; sadio; robusto; vigoroso; resoluto.
Sturgeon (stâr-djânn) *s* esturjão (peixe que dá ovas do caviar).
Stutter (stâ-târ) *s* gaguez.
Stutter (stâ-târ) *v* gaguejar; titubear.
Sty (stái) *s* chiqueiro; pocilga; terçol.
Style (stáil) *s* estilo; modo; linguagem; gosto; estilete.
Style (stáil) *v* nomear; chamar; apelidar; intitular.
Stylet (stái-lit) *s* estilete; sonda.
Stylish (stái-lish) *adj* elegante; moderno; na moda.
Stylist (stái-list) *s* estilista.
Suasion (suêi-jânn) *s* persuasão; conselho.
Subconscious (sâbkón-shâss) *adj* subconsciente.
Subdue (sâbdiu-) *v* subjugar; submeter; amansar.
Subduer (sâbdiu-âr) *s* dominador; vencedor.
Subject (sâbjék-t) *s* assunto; texto; tese.
Subject (sâbjék-t) *v* sujeitar; submeter; expor.
Subject (sâbjék-t) *adj* sujeito; subordinado.
Subjection (sâbdjék-shânn) *s* sujeição; obediência; dependência; submissão.
Subjoin (sâbdjó-inn) *v* ajuntar; anexar; acrescentar.
Subjugate (sâbdjughêit) *v* subjugar; submeter; dominar.
Subjugation (sâbdjughêi-shânn) *s* subjugação; domínio; jugo.
Subjunctive (sâbdjânk-tiv) *s* GRAM modo subjuntivo.
Subjunctive (sâbdjânk-tiv) *adj* subjuntivo.
Sublease (sâbli-ss) *s* sublocação.
Sublease (sâbli-ss) *v* sublocar..
Sublessee (sâblessi) *s* sublocatário.
Sublessor (sâblé-sâr) *s* sublocador.
Sublet (sâblé-t) *v* sublocar; *past or pp* SUBLET.
Sublimate (sâ-blimit) *v* sublimando; elevado.
Sublimate (sâ-blimit) *v* sublimar; elevar.
Sublimate (sâ-blimit) *adj* sublimado.
Sublimation (sâblimêi-shânn) *s* sublimação.
Sublime (sâblái-mm) *s* o sublime.
Sublime (sâblái-mm) *v* sublimar; exaltar.
Sublime (sâblái-mm) *adj* sublime.
Submerge (sâbmâr-dj) *v* submergir; imergir; afundar.

Submersion (sâbmâr-shânn) *s* submersão; imersão.
Submission (sâbmi-shânn) *s* submissão; obediência.
Submit (sâbmit) *v* submeter; sujeitar.
Subordinate (sâbór-dinêit) *s* subordinado; subalterno.
Subordinate (sâbór-dinêit) *adj* subordinado; subalterno.
Subordinate (sâbór-dinêit) *v* subordinar.
Subscribe (sâbskrái-b) *v* subscrever; endossar; assinar.
Subscriber (sâbskrái-bâr) *s* subscritor; assinante.
Subscript (sâbs-kript) *s* subscrição.
Subscript (sâbs-kript) *adj* subscrito; escrito; firmado.
Subscription (sâbskrip-shânn) *s* subscrição; assinatura.
Subsequence (sâb-sikuénss) *s* subsequência.
Subsequent (sâb-sikuént) *adj* subsequente.
Subserve (sâbsâr-v) *v* servir; estar na dependência de; ser útil; favorecer.
Subservience (sâbsâr-viénss) *s* subserviência.
Subside (sâb-sáid) *v* acalmar-se; assentar; baixar ao fundo.
Subsidence (sâbsái-dénss) *s* calma; apaziguamento; colapso; QUÍM precipitação.
Subsidy (sâb-sidi) *s* subsídio; ajuda; subvenção.
Subsist (sâbssis-t) *v* sustentar-se; subsistir; viver.
Subsistence (sâbssis-ténss) *s* subsistência; sustento; manutenção.
Subsoil (sâb-sóil) *s* subsolo.
Substance (sâbs-tânss) *s* substância; matéria.
Substantial (sâbstân-shâl) *adj* substancial; verdadeiro; real; nutritivo.
Substantive (sâ-bstântiv) *s* GRAM substantivo; nome.
Substitute (sâ-bstituti) *s* substituto; suplente.
Substitute (sâ-bstituti) *adj* substituto; suplente.
Substitute (sâ-bstituti) *v* substituir.
Substitution (sâbstitiu-shânn) *s* substituição; intercâmbio; troca.
Substructure (sâbstrak-tshâr) *s* substrutura; base; alicerce.
Subtenancy (sâbté-nânsi) *s* sublocação.
Subtenant (sâbté-nânt) *s* sublocatário.
Subterfuge (sâb-târfiudj) *s* subterfúgio; pretexto.
Subterranean (sâbtérêi-niânn) *adj* subterrâneo.
Subtile (sâb-l) *adj* sutil; tênue; astuto.
Subtilize (sâb-tiláiz) *v* requintar; refinar.
Subtle (sâtl) *adj* sutil; delicado; fino; astuto; engenhoso.
Subtract (sâbtrékt) *v* subtrair; tirar; deduzir; diminuir.
Subtraction (sâbtrék-shânn) *s* subtração.
Subtrahend (sâb-trâ-hend) *s* MAT subtraendo.
Suburb (sâ-bârb) *s* subúrbio; arrabalde.
Subvention (sâbvén-shânn) *s* subvenção; subsídio; auxílio pecuniário.
Subvert (sâbvâr-t) *v* subverter; corromper; arruinar.
Subway (sâ-buêi) *s* caminho subterrâneo; metrô; INGL UNDERGROUND.
Succedaneous (sâkssidêi-niâss) *adj* sucedâneo.
Succeed (sâksi-d) *v* suceder; conseguir; sair-se bem.
Succeeding (sâksi-dinn) *adj* seguinte; sucessivo.
Success (sâksé-ss) *s* êxito; triunfo; sucesso.
Successful (sâksés-ful) *adj* feliz; auspicioso.
Succession (sâksé-shânn) *s* sucessão; seguimento; linhagem; sequência.
Successive (sâksé-siv) *adj* sucessivo.
Successor (sâksé-sâr) *s* sucessor; herdeiro.
Succinct (sâksink-t) *adj* sucinto; conciso; resumido.
Succory (sâ-kori) *s* chicória.
Succulence (sâ-kiulénss) *s* suculência.
Succulent (sâ-kiulênt) *adj* suculento.
Succumb (sâkâ-mm) *v* sucumbir; submeter-se.
Such (sâtsh) *adj* tal; tais; semelhante; aquele; aquela.
Such (sâtsh) *pron* tal; tais; o (os) mesmo; aquele (as); o; a; os; as.
Suck (sâk) *s* sucção; mamada; chupada.
Suck (sâk) *v* sugar; chupar; mamar.

Sucker (să-kâr) *s* chupador; pessoa ingênua; bacorinho (animal).
Sucking (să-klinn) *s* sucção; ato de mamar.
Sucking (să-klinn) *adj* que chupa; que suga; que mama.
Suckle (sák-l) *v* amamentar; criar; nutrir; mamar.
Suckling (să-klinn) *s* criança de peito; cria de leite.
Suction (săk-shânn) *s* sucção; absorção; aspiração.
Sudden (sâd-n) *adj* repentino; súbito; inesperado.
Suddenness (sâdn-néss) *s* precipitação; imprevisto; rapidez.
Suds (sâds) *s* água de sabão e espuma.
Sue (siu) *v* demandar; processar; pleitear; acionar em Juízo.
Suet (siu-et) *s* gordura; sebo.
Suety (siu-eti) *adj* seboso; gorduroso.
Suffer (să-fâr) *v* sofrer; tolerar; aguentar; padecer.
Sufferable (să-fârâbl) *adj* suportável; tolerável.
Sufferance (să-fârânss) *s* sofrimento; dor; paciência; tolerância.
Sufferer (să-fârâr) *s* sofredor.
Suffering (să-fârinn) *s* sofrimento; dor; padecimento.
Suffering (să-fârinn) *adj* sofredor.
Suffice (să-fáiss) *v* bastar; satisfazer a; ser suficiente.
Sufficiency (săfi-shênsi) *s* suficiência; competência; aptidão.
Sufficiency (săfi-shênsi) *adj* suficiente; competente.
Suffocate (să-fokêit) *v* sufocar; asfixiar.
Suffocation (săfokêi-shânn) *s* sufocação; asfixia.
Suffrage (să-fridj) *s* sufrágio; voto; direito de voto.
Suffuse (săfiu-z) *v* estender; difundir; espalhar sobre.
Sugar (shu-gâr) *s* açúcar; FIG doçura; querido; querida; amorzinho.
Sugar (shu-gâr) *v* açucarar; adoçar.
Sugared (shu-gârd) *adj* açucarado; cristalizado.
Suggest (sâdjés-t) *v* sugerir; insinuar; indicar.
Suggestion (sâdjés-tshânn) *s* sugestão; alvitre; instigação.
Suggestive (sâdjés-tiv) *adj* sugestivo.
Suicidal (siu-issáidâl) *adj* suicida; de suicídio.
Suicide (siu-issáid) *s* suicídio; suicida.
Suit (siut) *s* sortimento; série; traje; terno de roupa; petição; demanda; ação; galanteio; naipe.
Suit (siut) *v* adaptar; ajustar-se; agradar a.
Suitable (siu-tâbl) *adj* conveniente; adequado; apropriado.
Suite (sui-t) *s* suíte; MÚS suíte.
Suitor (siu-târ) *s* noivo.
Sulk (sâlk) *s* mau humor; zanga.
Sulk (sâlk) *v* estar de mau humor; zangar.
Sulky (sâl-ki) *s* carro para uma pessoa.
Sulky (sâl-ki) *adj* rabugento; amuado; zangado.
Sullen (să-lenn) *s* mau humor.
Sullen (să-lenn) *adj* mal humorado; rabugento; sombrio.
Sullenness (să-lennéss) *s* aborrecimento; zanga; birra.
Sully (sâ-li) *s* mancha de sujeira, mácula.
Sully (sâ-li) *v* sujar; manchar; violar.
Sulphur (sâl-fâr) *s* enxofre.
Sultan (sâl-tânn) *s* sultão.
Sultry (sâl-tri) *adj* muito abafado; muito sufocante.
Sum (sâmm) *s* soma; total; quantia.
Sum (sâmm) *v* somar; adicionar; resumir.
Summariness (sâ-mârinéss) *s* brevidade; ação sumária.
Summarize (sâ-mâráiz) *v* resumir; compendiar.
Summary (sâ-mâri) *s* sumário; resumo.
Summary (sâ-mâri) *adj* sumário; curto; resumido.
Summer (să-mâr) *s* verão; estio.
Summer (să-mâr) *v* veranear.
Summit (sâ-mit) *s* cume; ápice; topo.
Summon (să-mânn) *v* apelar; citar; notificar; convocar.
Summons (să-mânz) *s* convocação; intimação; citação.
Sump (sâmp) *s* reservatório; tanque; depósito; recipiente.
Sumptuous (sâm-tshuâss) *adj* suntuoso; luxuoso; magnífico.
Sun (sânn) *s* sol; luz do sol; brilho.
Sun (sânn) *v* aquecer, expor ao sol.

Sunbeam (sân-bimm) *s* raio de sol.
Sunbow (sân-bôu) *s* arco-íris.
Sunburn (sân-bârn) *s* queimadura feita pelos raios solares.
Sunday (sân-dêi) *s* domingo.
Sunday (sân-dêi) *adj* domingueiro; dominical.
Sunder (sân-dâr) *v* separar; dividir.
Sundry (sân-dri) *adj* vários; diversos; variados.
Sunflower (sân-flâuâr) *s* girassol.
Sunlight (sân-láit) *s* luz do sol.
Sunny (sân-ni) *adj* ensolarado; brilhante; alegre; risonho; feliz.
Sunrise (sân-ráiz) *s* o nascer do Sol.
Sunshade (sân-shêid) *s* sombrinha; para-sol.
Sunshine (sân-sháinn) *s* brilho do sol; calor.
Sunstroke (sân-strôuk) *s* insolação.
Sup (sâp) *s* gole; trago.
Sup (sâp) *v* cear.
Superable (siu-pârâbl) *adj* superável.
Superabundance (siupârâbân-dânss) *s* superabundância.
Superabundant (siupârâbân-dânt) *adj* superabundante.
Superannuate (siupâré-niuêit) *v* aposentar por idade.
Superannuation (sipâréniuêi-shânn) *s* inabilitação; aposentadoria por idade; reforma.
Superb (siupâr-b) *adj* soberbo; elegante; majestoso.
Supercargo (siupârkár-gôu) *s* NÁUT comissário de bordo; sobrecarga.
Supercilious (siupârsi-liáss) *adj* altivo; arrogante; desdenhoso; orgulhoso.
Superficial (siupârfi-shâl) *adj* superficial.
Superficiality (siupârfishê-liti) *s* superficialidade.
Superficies (siupârfi-shiiss) *s* superfície; área superficial.
Superfluous (siupâr-fluâss) *adj* supérfluo.
Superimpose (siupârimpôu-z) *v* sobrepor.
Superimposition (siupârimpôuzi-shânn) *s* sobreposição.
Superintend (siupârintén-d) *v* superintender; dirigir; controlar; fiscalizar.
Superintendence (siupârintén-dénss) *s* superintendência; direção.
Superintendent (siupârintén-dént) *s* superintendente; diretor.
Superior (siupi-riâr) *s* superior; chefe.
Superior (siupi-riâr) *adj* superior; melhor.
Superiority (siupirió-riti) *s* superioridade; vantagem.
Superlative (siupâr-lâtiv) *adj* superlativo; supremo.
Superman (siu-pârmaen) *s* super-homem.
Superpose (siupârpôu-z) *v* sobrepor.
Superposition (siupârpôuzi-shânn) *s* sobreposição.
Superscribe (siupârskrái-b) *v* sobrescrever; endereçar; sobrescritar.
Superscription (siupârskrip-shânn) *s* sobrescrito; endereço; direção.
Supersede (siupârsid) *v* substituir o lugar de outrem; inutilizar.
Superstition (siupârsti-shânn) *s* superstição; crendice.
Superstitious (siupârsti-shâss) *adj* supersticioso.
Superstructure (siupârstrâk-tshur) *s* superestrutura.
Supervision (siupârvi-jânn) *s* supervisão; inspeção; fiscalização.
Supine (siupái-nn) *adj* supino; deitado de costas; recostado.
Supineness (siupáin-néss) *s* supinação; inércia.
Supper (să-pâr) *s* ceia; jantar.
Supplant (săplén-t) *v* suplantar; substituir; minar; derrubar.
Supple (săpl) *v* fazer flexível.
Supple (săpl) *adj* brando; maleável; flexível.
Supplement (să-plimént) *s* suplemento; acréscimo.
Supplement (să-plimént) *v* acrescentar; suprir.
Suppleness (să-plinéss) *s* flexibilidade; bajulação.
Suppliant (să-pliânt) *s* suplicante; requerente; impetrante.
Suppliant (să-pliânt) *adj* suplicante; requerente; impetrante.
Supplicate (să-plikêit) *v* suplicar.
Supplication (săplikêi-shânn) *s* súplica; rogo.
Supply (săplái) *s* suprimento; provisão; abastecimento.

SUPPLY — SWEETISH

Supply (sâplái) v suprir; fornecer; completar.
Support (sâpôur-t) s sustento; apoio; sustentáculo.
Support (sâpôur-t) v sustentar; suportar; desempenhar.
Supportable (sâpôur-tâbl) adj suportável; tolerável; sustentável.
Supporter (sápôur-târ) s o que suporta; sustentáculo; defensor; partidário.
Suppose (sâpôu-z) v supor; imaginar; conjeturar.
Supposition (sâpôuzi-shânn) s suposição; conjetura.
Suppress (sâpré-ss) v suprimir; reprimir; dissimular.
Suppression (sâpré-shânn) s supressão; repressão.
Suppressor (sâpré-sâr) s supressor.
Suppuration (sâpiurêi-shânn) s supuração.
Supremacy (siupré-mássi) s supremacia; domínio.
Supreme (siupri-mn) adj supremo.
Surcharge (sârtshár-dj) s sobrecarga; sobretaxa.
Surcharge (sârtshár-dj) v sobrecarregar.
Surcoat (sâr-kôut) s sobretudo; capote.
Sure (shur) adj certo; seguro; positivo; infalível.
Sure (shur) adv naturalmente; certamente.
Sureness (shur-néss) s segurança; confiança; certeza.
Surety (shur-ti) s segurança; confiança; fiança; certeza.
Suretyship (shur-tiship) s caução; fiança.
Surf (sârf) s ressaca; rebentação; onda.
Surface (sâr-fiss) s superfície; aparência exterior.
Surface (sâr-fiss) v nivelar; alisar.
Surfaced (sâr-fist) adj nivelado; alisado.
Surfeit (sâr-fit) s fartura; excesso; indigestão.
Surfeit (sâr-fit) v fartar; saciar.
Surfeiting (sâr-fitinn) s glutonaria.
Surge (sârdj) s onda; vaga; maré.
Surge (sârdj) v encrespar-se; encapelar-se.
Surgeon (sâr-djânn) s cirurgião.
Surgery (sâr-djâri) s cirurgia; a sala de cirurgia; consultório médico.
Surgical (sâr-djikâl) adj cirúrgico.
Surliness (sâr-linéss) s mau humor; grosseria.
Surly (sâr-li) adj áspero; grosseiro; impertinente; mal humorado.
Surmise (sâr-máiz) s desconfiança; suspeita; conjetura.
Surmise (sâr-máiz) v conjeturar; supor; pressentir.
Surmount (sârmáun-t) v superar; vencer; sobrepujar.
Surmountable (sârmáun-tâbl) adj superável.
Surname (sâr-nêimm) s sobrenome; apelido.
Surname (sâr-nêimm) v apelidar.
Surpass (sârpé-ss) v exceder; superar.
Surpassing (sârpé-sinn) adj superior; transcendente.
Surplice (sâr-pliss) s RELIG sobrepeliz (vestimenta).
Surplus (sâr-plâss) s excesso; sobra.
Surprise (sârprái-z) s surpresa; admiração.
Surprise (sârprái-z) v surpreender; admirar.
Surprising (sârprái-zinn) adj surpreendente; inesperado.
Surrender (sârrén-dâr) s rendição; entrega; renúncia.
Surrender (sârrén-dâr) v entregar-se; render-se; entregar; ceder.
Surrogate (sâ-roghêit) s JUR sub-rogado; delegado; substituto.
Surround (sârráun-d) v rodear; circundar; cercar.
Surroundings (sârráun-dinns) s arredores; cercanias.
Survey (sârvê-i) s agrimensura; levantamento de uma planta; exame; vista; perspectiva; inspeção.
Survey (sârvê-i) v medir e avaliar terras; inspecionar; examinar.
Surveyor (sârvê-âr) s agrimensor; superintendente; inspetor.
Survival (sâr-váivâl) s sobrevivência; resto.
Survive (sârvái-v) v sobreviver; permanecer vivo.
Survivor (suit-n) s sobrevivente.
Susceptibility (sâsséptibi-liti) s suscetibilidade; sensibilidade.
Susceptible (sâssép-tibl) adj suscetível; sensível; melindroso.
Suspect (sâspék-t) s pessoa suspeita.

Suspect (sâspék-t) v suspeitar; desconfiar.
Suspend (sâspén-d) v suspender; enforcar; pendurar.
Suspender (sâspén-dâr) s o que suspende; suspensórios.
Suspense (sâspén-ss) s dúvida; indecisão; incerteza; suspensão.
Suspension (sâspén-shânn) s suspensão; o objeto suspenso.
Suspensive (sâspén-siv) adj suspensivo; duvidoso.
Suspicion (sâspi-shânn) s suspeita; desconfiança; porção de um ingrediente.
Suspicious (sâspi-shâss) adj suspeito; receoso; desconfiado.
Sustain (sâstêi-nn) v experimentar; manter; prolongar; sustentar; sofrer.
Sustainer (sâstêi-nâr) v sustentador; mantenedor; sustentáculo.
Sustenance (sâs-tinânss) s sustento; sustentação; sustentáculo; subsistência.
Sustentation (sâstentêi-shânn) s sustentação; manutenção.
Swab (suób) s esfregão; pessoa desajeitada.
Swab (suób) v esfregar; limpar.
Swagger (sué-gâr) s maneiras insolentes; bravata.
Swagger (sué-gâr) v mostrar-se insolente; bazofiar; jactar-se.
Swaggerer (sué-gârâr) s fanfarrão; gabola.
Swaggering (sué-gârinn) s fanfarronada.
Swain (suêinn) s jovem camponês; jovem namorado.
Swallow (suó-lóu) s andorinha; trago; bocado.
Swallow (suó-lóu) v engolir; tragar.
Swamp (suómp) s pântano; brejo.
Swamp (suómp) v submergir; inundar.
Swan (suónn) s cisne.
Swank (suénk) adj ágil; exibicionista; arrogante.
Swap (suóp) s troca; permuta; barganha.
Swap (suóp) v trocar; permutar.
Sward (suórd) s erva (fina e rasteira); campo recoberto de relva.
Swarm (suórmm) s multidão.
Swarm (suórmm) v aglomerar-se; atropelar-se.
Swarthy (suór-thi) adj trigueiro; moreno; escuro.
Swash (suósh) v agitar; gabar-se; esparramar água.
Swath (suóth) s fileira; fiada; tira.
Sway (suêi) s agitação; balanço; preponderância; influência.
Sway (suêi) v governar; dominar; influir.
Swear (suér) v jurar; blasfemar; prometer; past SWORE and pp SWORN.
Swearer (sué-râr) s o que jura; pessoa que blasfema; praguejador.
Swearing (sué-rinn) s juramento; blasfêmia.
Sweat (suét) s suor; fadiga; cansaço.
Sweat (suét) v suar; fatigar-se; cansar-se; past or pp SWEAT.
Sweater (sué-târ) s que transpira em demasia; patrão explorador de empregado; suéter (blusa de lã).
Sweatiness (sué-tinéss) s transpiração; suor.
Sweating (sué-tinn) s suor.
Swede (suid) s sueco; sueca; espécie de nabo.
Swedish (sui-dish) s a língua Sueca.
Swedish (sui-dish) adj sueco.
Sweep (suip) s varredura; movimento circular; limpeza; carreira rápida; limpador de chaminés; alcance.
Sweep (suip) v varrer; arrebatar; dragar; limpar; marchar majestosamente; past or pp SWEPT.
Sweepstake (sui-pstêik) s jogador que ganha todo o prêmio; BR corrida de cavalo com sorteio de número de loteria simultâneo.
Sweet (suit) s doçura; doce; queido; deleite; caro.
Sweet (suit) adj belo; doce; suave; melodioso; fresco; agradável; delicado.
Sweeten (suit-n) v adoçar; açucarar.
Sweetheart (suit-hárt) s namorado; amada; namorada; querido; querida; amante.
Sweetish (sui-tish) adj adocicado.

SWEETNESS — SYSTOLIC

Sweetness (suit-néss) *s* doçura; suavidade; fragrância; delicadeza.
Swell (suél) *s* bojo; intumescer; aumento de volume; inchaço.
Swell (suél) *v* inchar; intumescer; aumentar; engrossar; envaidecer-se.
Swell (suél) *adj* elegante; magnífico; *past* SWELLED and *pp* SWOLLEN.
Swelling (sué-linn) *s* inchaço; tumor; protuberância.
Swelling (sué-linn) *adj* inchado.
Swelter (suél-târ) *v* sufocar; abafar de calor; suar.
Swerve (suârv) *s* desvio; mudança súbita de direção.
Swerve (suârv) *v* afastar-se; desviar.
Swift (suift) *s* gavião; corrente de rio.
Swift (suift) *adj* veloz; ágil; rápido.
Swiftness (suift-néss) *s* ligeireza; rapidez; presteza.
Swig (suig) *s* gole; trago; bêbedo.
Swig (suig) *v* beber demasiadamente.
Swill (suil) *s* trago, excesso de bebida; lavagem de louça.
Swill (suil) *v* beber excessivamente; enxaguar; lavar; banhar.
Swim (suimm) *s* natação; nado; tendência.
Swim (suimm) *v* nadar; boiar; transbordar; ter vertigens; *past* SWAM and *pp* SWUM.
Swimmer (sui-mâr) *s* nadador.
Swimming (sui-minn) *s* natação.
Swimming (sui-minn) *adj* natatório.
Swindle (suindl) *s* logro; trapaça.
Swindle (suindl) *v* enganar; trapacear; defraudar.
Swindler (suin-dlâr) *s* trapaceiro; caloteiro.
Swindling (suin-dlinn) *s* fraude; burla; logro.
Swindling (suin-dlinn) *adj* fraudulento.
Swine (suáinn) *s* porco; suíno.
Swineherd (suáin-hârd) *s* porqueiro (tratador de porco).
Swing (suinn) *s* balanço; livre curso; espaço percorrido; andar desembaraçado; USA dança e música; ESP dança do boxeador.
Swing (suinn) *v* balançar; oscilar; vibrar; *past and pp* SWUNG.
Swinging (suin-ninn) *s* balanço; oscilação.
Swinging (suin-ninn) *adj* desembaraçado.
Swinish (suái-nish) *s* imundície.
Swipe (suáip) *s* golpe; pancada forte.
Swipe (suáip) *v* dar pancada violenta.
Swirl (suârl) *s* redemoinho; friso; movimento giratório.
Swirl (suârl) *v* rodar; girar; dar voltas.
Swiss (suiss) *s* suíço.
Swiss (suiss) *adj* suíço.
Switch (suitsh) *s* vara flexível; chibata; chave de caminho de ferro; comutador; interruptor elétrico.
Switch (suitsh) *v* chicotear; ligar ou desligar.
Swivel (suivl) *s* elo, argola (móvel).
Swivel (suivl) *v* girar sobre um eixo.
Swoon (suunn) *s* desmaio; síncope.
Swoon (suunn) *v* desmaiar; desfalecer.
Swooning (suu-ninn) *s* desmaio.
Swoop (suup) *s* golpe repentino; descida da ave sobre a presa.
Swoop (suup) *v* agarrar; apanhar; colher; cair sobre; abater; arrebatar.

Sword (sôurd) *s* espada; sabre; arma branca.
Swordfish (sôurd-fish) *s* peixe-espada.
Swordsman (sôurdz-maen) *s* esgrimista.
Sycamine (si-kâmáinn) *s* amoreira preta.
Syce (sáiss) *s* criado.
Syllabic (silé-bik) *adj* silábico.
Syllable (si-lâbl) *s* sílaba.
Syllable (si-lâbl) *v* silabar; articular.
Syllabus (si-lâbâss) *s* sílabo; resumo; sumário.
Sylvan (sil-vânn) *adj* silvestre; rústico.
Symbol (sim-bâl) *s* símbolo; figura; emblema.
Symbolic (simbó-lik) *adj* simbólico; figurativo.
Symbolism (sim-bolizm) *s* simbolismo.
Symbolization (simbolizéi-shânn) *s* simbolização.
Symbolize (sim-boláiz) *v* simbolizar.
Symmetric (simé-trik) *adj* simétrico.
Symmetry (sim-metri) *s* simetria; harmonia; proporção.
Sympathetic (simpâthé-tik) *adj* simpático; solidário; harmonioso.
Sympathize (sim-pâtháiz) *v* compadecer-se; condoer-se de.
Sympathy (sim-pâthi) *s* simpatia; compaixão; solidariedade.
Symphonic (simfó-nik) *adj* sinfônico.
Symphony (sim-foni) *s* sinfonia; harmonia; melodia.
Symptom (simp-tâmm) *s* sintoma; sinal; indício.
Synchronization (sinkronizéi-shânn) *s* sincronização.
Synchronize (sin-kronáiz) *v* sincronizar; ter analogia; conservar analogia; ser simultâneo; regular relógio.
Synchronous (sin-kronâss) *adj* síncrono; sincrônico; simultâneo.
Syncopate (sin-kopêit) *v* sincopar.
Syncretism (sin-kritizm) *s* sincretismo.
Syncretize (sin-kritáiz) *v* sincretizar.
Syndic (sin-dik) *adj* síndico.
Syndicate (sin-dikit) *s* sindicato.
Syndicate (sin-dikit) *v* sindicar.
Synod (si-nâd) *s* sínodo (reunião em assembleia de sacerdotes).
Synonym (si-nonimm) *s* sinônimo.
Synoptic (sinóp-tik) *adj* sinótico; resumido.
Syntax (sin-téks) *s* sintaxe.
Synthesis (sin-thississ) *s* síntese.
Synthesize (sin-thissáiz) *v* sintetizar.
Synthetic (sinthé-tik) *adj* sintético; resumido.
Syphilis (si-filiss) *s* MED sífilis.
Syphilitic (sífili-tik) *adj* sifilítico.
Syringa (sirin-gâ) *s* BOT lilás; flor.
Syringe (si-rindj) *s* seringa.
Syrup (si-râp) *s* xarope; melado.
System (sis-témm) *s* sistema; processo; método.
Systematic (sistemé-tik) *adj* sistemático.
Systematize (sis-temâtáiz) *v* sistematizar; reduzir a sistema.
Systematizer (sis-temâtáizâr) *s* sistematizador; autor lógico de um sistema.
Systole (sis-toli) *s* sístole.
Systolic (sistó-lik) *adj* sistólico.

T

T (ti) s décima nona letra do alfabeto Português e vigésima letra do alfabeto Inglês.
Tab (téb) s aba; apêndice; chapa; projeção.
Tabby (té-bi) s seda ondeada.
Tabby (té-bi) adj malhado; mosqueado.
Tabefaction (tébifék-shânn) s emaciação; depauperamento.
Tabernacle (té-bârnékl) s RELIG tabernáculo (templo móvel).
Tabes (téi-biss) s MED tabe; atrofia.
Table (téib-l) s mesa; tabela; índice; palma da mão.
Table (téib-l) v pôr na mesa; comer à mesa de alguém; exibir; mostrar.
Tableland (téibl-lénd) s tabuleiro; planalto.
Tablet (té-blet) s tabuleta gravada; painel; comprimido.
Tabloid (tâblói-d) s pastilha; comprimido; USA jornal sem expressão, jornaleco.
Taboo (tâbu) s tabu; proibição.
Taboo (tâbu) v proibir; vedar; interdizer.
Tabor (téi-bâr) s tamboril; tamborim.
Tabor (téi-bâr) v tamborilar; tocar tamboril.
Tabulate (té-biulêit) v pôr em quadros sinóticos; aplanar; alisar.
Tabulation (tébiulêi-shânn) s arranjo em forma de tabela; USA apuração de votos.
Tachygrapher (táki-gráfâr) s taquígrafo.
Tachygraphy (tâki-gráfi) s taquigrafia.
Tacit (té-sit) adj tácito; implícito.
Taciturn (té-sitârnn) adj taciturno; calado; silencioso.
Tack (ték) s tacha; preguinho; adesão.
Tack (ték) v pregar com tachas; ligar.
Tackle (ték-l) s roldana; guindaste; flecha; equipamento; USA ESP jogador de linha média.
Tackle (tékl) v amarrar; agarrar; atacar; ligar; prover de cordagem.
Tackling (té-klinn) s aprestos; equipamento.
Tact (tékt) s tato; jeito; tino; capacidade; discernimento.
Tactic (ték-tik) adj tático; estratégico.
Tactician (tékti-shânn) s tático; estrategista.
Tactics (ték-tiks) s tática; estratégia.
Tadpole (téd-pôul) s sapinho; girino.
Taffy (té-fi) s puxa-puxa; USA caramelo.
Tag (tég) s chapa de metal; atacador; plebe; ponta de cauda de animal; marca; sinal.
Tag (tég) v ligar; fixar presilha; fixar etiqueta; seguir de perto; tocar (brinquedo de criança "pega-pega").
Tagger (té-gâr) s metal laminado.
Tail (téil) s rabo; cauda; cabo; aba de paletó; cortejo; acompanhamento.
Tail (téil) v prender à cauda; pender como cauda; puxar pela cauda.
Tailor (téi-lâr) s alfaiate.
Taint (téint) s mancha; infecção; corrupção.
Taint (téint) v infecionar; corromper-se; infectar; poluir; estragar-se.
Taintless (téin-tléss) adj imaculado; puro; sem mancha.
Take (têik) s ação de tomar.

Take (têik) v tomar; pegar; segurar; conceber; apanhar; entender; admitir; simpatizar-se com; levar; *to TAKE aback*: embaraçar; *to TAKE away*: levar; roubar; *to TAKE care*: tomar conta de; cuidar; *to TAKE the lead*: tomar a liderança; *to TAKE out*: levar para fora; *to TAKE part*: participar, tomar parte; *to TAKE place*: suceder; *to TAKE pride*: andar orgulhoso; *to TAKE to*: afeiçoar-se por alguém. past TOOK and pp TAKEN.
Taking (têi-kinn) s tomada; captura; atrativo; simpatia; temor; aflição; sobressalto.
Taking (têi-kinn) adj fascinante; atraente; contagioso.
Talc (télk) s talco (mineral).
Tale (téil) s conto; fábula; narrativa; história.
Talebearer (têil-bérâr) s mexeriqueiro.
Talent (té-lent) s talento; gênio; engenho; talento (moeda).
Talented (té-lentid) adj talentoso, hábil.
Talentless (té-lentléss) adj sem talento.
Talk (tók) s conversa; conversação; boato; discurso.
Talk (tók) v falar; conversar; dizer; narrar.
Talkative (tók-âtiv) adj falador; conversador; tagarela.
Talker (tó-kâr) s falador; palrador.
Talking (tó-kinn) s conversação; tagarelice.
Talking (tó-kinn) adj falante; sonoro.
Tall (tól) adj alto; elevado; excessivo.
Tallness (tól-néss) s altura; estatura.
Tallow (té-lôu) s sebo.
Tallow (té-lôu) v ensebar; engordurar.
Tally (té-li) s contagem; marcação.
Tally (té-li) v corresponder; condizer; adaptar-se.
Talon (té-lânn) s garra; unha.
Tamable (têi-mâbl) adj domesticável; domável.
Tambour (têm-bur) s tambor; tamborim; caixilho para bordar (de madeira); tímpano.
Tambourine (témburi-nn) s pandeiro; tamboril; tamborim.
Tame (téimm) adj dócil; manso; doméstico; desanimado; abatido.
Tame (téimm) v amansar; cativar; domar; submeter.
Tamer (têi-mâr) s domesticador de animais.
Tamper (têm-pâr) v intrometer-se; experimentar; ocupar-se de.
Tan (ténn) s casca de árvore que possui tanino; cor parda.
Tan (ténn) v curtir; tornar trigueiro.
Tan (ténn) adj crestado; trigueiro.
Tandem (tén-demm) s carro de dois cavalos; bicicleta com dois selins.
Tandem (tén-demm) adv um atrás do outro.
Tang (ténn) s espigão; ponta de ferramenta que entra no cabo; som agudo; mau gosto.
Tang (ténn) v retinir.
Tangibility (téndjibi-liti) s tangibilidade; palpabilidade.
Tangible (tén-djibl) adj tangível; palpável.
Tangle (téngl) s enredo; confusão; complicação; alga comestível.
Tangle (téngl) v emaranhar; entrelaçar; misturar; surpreender.
Tank (ténk) s tanque; cisterna; MIL tanque; carro de assalto.
Tanner (té-nâr) s curtidor.
Tannery (té-nâri) s curtume.

TANTAMOUNT — TEMPER

Tantamount (tén-tâmáunt) *adj* equivalente; igual.
Tap (tép) *s* punção; cânula (tubo para fins cirúrgicos); torneira; pancada leve.
Tap (tép) *v* bater de leve; dar tapas; furar um tonel.
Tape (têip) *s* trena; fita de medição; cadarço; liga; fita (filme, gravação).
Taper (têi-pâr) *s* círio (vela grande); facho; luz; pavio; afilamento.
Taper (têi-pâr) *v* afilar-se; terminar em ponta; iluminar com círios.
Taper (têi-pâr) *adj* cônico; afilado.
Tapestry (té-pestri) *s* tapete bordado; tapeçaria.
Tapster (tép-stâr) *s* taberneiro.
Tar (tár) *s* QUÍM alcatrão; breu; marujo.
Tardy (tár-di) *adj* vagaroso; moroso; lento.
Tare (tér) *s* COM tara (peso líquido).
Target (tár-djét) *s* alvo; mira; meta; pontaria.
Tariff (táerif) *s* tarifa.
Tarn (tárnn) *s* lago entre montanhas.
Tarnish (tár-nish) *s* mancha; nódoa; deslustre; desdouro.
Tarnish (tár-nish) *v* embaçar; descorar.
Tarrier (te-riâr) *s* retardatário.
Tarry (té-ri) *v* retardar; tardar; deter-se; permanecer no mesmo lugar.
Tart (tárt) *s* torta; pastelão (doce ou salgado).
Tart (tárt) *adj* ácido; picante; azedo; mordaz.
Tartar (tár-târ) *s* tártaro (depósito salino); calcário nos dentes; sarro.
Tartness (tárt-néss) *s* azedume; acidez, coisa ácida.
Task (tésk) *s* tarefa; empreitada; emprego; empresa.
Task (tésk) *v* dar uma tarefa a; sobrecarregar de trabalho; acusar.
Tasker (tés-kâr) *s* empreiteiro.
Tasking (tés-kinn) *s* empreitada; empresa; serviço.
Tassel (tés-l) *s* borla; barrete doutoral.
Taste (têist) *s* gosto; sabor; paladar; prova; amostra.
Taste (têist) *v* provar alimento ou bebida; saborear.
Tasteful (têist-ful) *adj* gostoso; saboroso; de bom gosto.
Tasteless (têist-léss) *adj* insípido; insosso; sem gosto.
Tastiness (têis-tinéss) *s* gosto; sabor; graça; elegância.
Tasty (têis-ti) *adj* gostoso; saboroso; gracioso.
Tatter (té-târ) *s* farrapo; trapo.
Tatter (té-târ) *v* estraçalhar; reduzir a farrapos.
Tattered (té-târd) *adj* esfarrapado; andrajoso.
Tattle (tétl) *v* tagarelar; mexericar.
Tattler (té-târ) *s* tagarela; palrador.
Tattoo (té-tu) *s* tatuagem; toque de recolher.
Tattoo (té-tu) *v* tatuar; dar o toque de recolher.
Tattooing (tétu-inn) *s* tatuagem.
Taunt (tónt) *s* mofa; zombaria.
Taunt (tónt) *v* insultar; verberar; exprobar.
Taunt (tónt) *adj* elevado; alto.
Taunter (tón-târ) *s* escarnecedor; insultante; zombador.
Tavern (té-vârn) *s* taberna; estalagem; botequim.
Tawdry (tó-dri) *adj* extravagante; espalhafatoso.
Tawny (tó-ni) *adj* trigueiro; tostado; moreno.
Tax (téks) *s* taxa; encargo; imposto; obrigação.
Tax (téks) *v* taxar; sobrecarregar; acusar.
Taxation (téksêi-shânn) *s* taxação; tributação.
Taxi (ték-si) *s* táxi (carro de aluguel).
Taxidermist (ték-sidârmist) *s* taxidermista.
Taxidermy (ték-sidârmi) *s* taxidermia.
Taximeter (téksi-mitâr) *s* taxímetro.
Tea (ti) *s* chá (bebida estimulante).
Tea (ti) *adj* de chá.
Teach (titsh) *v* ensinar; treinar; instruir; *past or pp* **TAUGHT**.
Teacher (ti-tshâr) *s* professor; instrutor; mestre.
Teaching (ti-tshinn) *s* ensino; instrução; magistério.
Team (timm) *s* parelha; junta; bando; equipe.
Team (timm) *v* transportar em carro de parelha; juntar numa manada.
Teapoy (ti-pói) *s* mesinha de chá.
Tear (tér) *s* lágrima; choro; pranto.
Tear (tér) *v* rasgar; despedaçar; dilacerar; arrancar; *past* **TORE** *and pp* **TORN**.
Tearful (tér-ful) *adj* lacrimoso; choroso; dilacerante.
Tearfulness (tér-fulnéss) *s* lacrimação; choro.
Tearing (té-rinn) *s* dilaceração.
Tearing (té-rinn) *adj* violento; furioso; dilacerante.
Tease (tiz) *s* arrelia; enfado; aborrecimento.
Tease (tiz) *v* atormentar; importunar; cardar; ripar o cânhamo.
Teasel (tiz-l) *s* BOT cardo (planta).
Teasel (tiz-l) *v* cardar.
Teaser (ti-zâr) *s* importuno; aborrecedor.
Teasing (ti-zinn) *s* enfado; importunação.
Teasing (ti-zinn) *adj* atormentador; maçante.
Teat (tit) *s* teta; úbere; bico de seio.
Technical (ték-nikâl) *adj* técnico.
Technician (tékni-shânn) *s* técnico; prático; perito.
Technics (ték-niks) *s* ciências técnicas.
Technology (téknó-lodji) *s* tecnologia.
Techy (té-tshi) *adj* rabugento; colérico.
Ted (téd) *v* espalhar o feno; virar o feno.
Tedious (ti-diâss) *adj* tedioso; enfadonho; maçante; monótono.
Tee (ti) *s* meta; qualquer configuração em forma de "T"; ESP base de certos jogos (elevada).
Teem (timm) *v* gerar; abundar em.
Teeming (ti-minn) *adj* abundante; prolífico; fértil.
Teenager (tin-êidjâr) *s* adolescente ("teen" refere-se ao sufixo dos numerais em inglês, de onze até dezenove).
Teeth (tith) *s* dentes.
Teeth (tith) *v* endentecer; nascer os dentes.
Teething (ti-thinn) *s* dentição; primeira ou segunda dentição.
Teetotal (titôu-tâl) *adj* completo; total; abstêmio.
Teetotalism (titôu-tâlizm) *s* abstinência total de alcool (bebida).
Teetotaller (titôu-tâlâr) *s* abstêmio.
Tegument (té-ghiumént) *s* tegumento; BOT invólucro da semente.
Telegram (té-legrémm) *s* telegrama.
Telegraph (té-legréf) *s* telégrafo.
Telegraph (té-legréf) *v* telegrafar.
Telegraphic (télegré-fik) *adj* telegráfico; resumido; lacônico.
Telegraphy (télé-gráfi) *s* telegrafia.
Telepathy (télé-pâthi) *s* telepatia.
Telephone (té-lefôunn) *s* telefone.
Telephone (té-lefôunn) *v* telefonar.
Telephony (té-lefoni) *s* telefonia.
Telescope (té-leskôup) *s* telescópio (instrumento óptico).
Telescope (té-leskôup) *v* FIG encaixar; engavetar-se.
Teletubbies (téle-tâbs) *s* TV teletubes (bonecos animados); *TELETUBBIES, they look like a cross between teddy bears and TV sets*: teletubes, parecem cruzamento entre televisores e ursinhos de pelúcia.
Television (televisiânn) *s* televisão.
Tell (tél) *v* dizer; contar; informar; explicar; revelar; distinguir; discernir; ordenar; assegurar; afetar; *past or pp* **TOLD**.
Teller (té-lâr) *s* narrador; relator; contador de histórias.
Telling (té-linn) *s* narração.
Telling (té-linn) *adj* eficaz.
Telltale (tél-têil) *s* mexeriqueiro; caluniador; indicador.
Telltale (tél-têil) *adj* falador; mexeriqueiro; intrigante.
Temerity (timé-riti) *s* temeridade; ousadia.
Temper (tém-pâr) *s* têmpera; temperamento; gênio; calma; sangue frio.
Temper (tém-pâr) *v* temperar; modelar; misturar; ajustar; acomodar; animar.

TEMPERAMENT — THEME

Temperament (tém-pârâmént) *s* temperamento; compleição; moderação.
Temperamental (témpârâmén-tâl) *adj* genioso; impetuoso; temperamental.
Temperance (tém-pârânss) *s* temperança; moderado nas paixões; sobriedade.
Temperate (tém-pârit) *adj* temperado; moderado; sóbrio; brando; ameno.
Temperature (tém-pârâtshur) *s* temperatura.
Tempered (tém-pârd) *adj* temperado; moderado; disposto; inclinado.
Tempest (tém-pést) *s* tempestade; tormenta; tumulto.
Tempestuous (témpés-tshuâss) *adj* tempestuoso.
Temple (témp-l) *s* templo; basílica; igreja; MED fonte.
Temporary (tém-poréri) *adj* temporário; transitório; provisório.
Temporize (tém-poráiz) *v* aceder; acomodar-se a; render-se; capitular.
Tempt (témp-t) *v* tentar; atrair; seduzir.
Temptable (témp-tâbl) *adj* exposto à tentação.
Temptation (témptêi-shânn) *s* tentação.
Tempter (témp-târ) *s* tentador.
Tempting (témp-tinn) *adj* tentador; atraente; sedutor.
Tenable (té-nâbl) *adj* defensável; sustentável.
Tenacious (tenêi-shâss) *adj* tenaz; firme; persistente.
Tenancy (té-nânsi) *s* locação; inquilinato; arrendamento.
Tenant (té-nânt) *s* inquilino; locatário.
Tenantless (té-nântléss) *adj* desocupado; devoluto; vago.
Tend (ténd) *v* cuidar de; tratar de; estar atento; acompanhar; contribuir para; servir a.
Tendency (tén-densi) *s* tendência; propensão; inclinação.
Tender (tén-dâr) *s* oferta; proposta; tênder; terna; carinhosa.
Tender (tén-dâr) *v* oferecer; propor; dispensar atenções.
Tender (tén-dâr) *adj* tenro; mole.
Tenderly (tén-dârli) *adv* ternamente, delicadamente.
Tenderness (tén-dârnéss) *s* ternura; suavidade; brandura; escrúpulo.
Tendon (tén-dânn) *s* ANAT tendão.
Tenebrous (té-nibrâss) *adj* tenebroso; escuro.
Tenement (té-nemént) *s* cortiço; habitação coletiva; JUR prazo judicial.
Tenfold (tén-fôuld) *adj* décuplo.
Tennis (tén-niss) *s* tênis (lawn tennis); *do you want to play TENNIS?*: você quer jogar tênis?
Tense (ténss) *s* GRAM tempo (flexão verbal).
Tense (ténss) *adj* tenso; esticado.
Tenseness (téns-néss) *s* tensão; esforço; rigidez.
Tensity (tén-siti) *s* tensão; rigidez.
Tent (tént) *s* tenda; barraca; atenção.
Tent (tént) *v* sondar; acampar.
Tentacle (tén-tâkl) *s* tentáculo.
Tenter (tén-târ) *s* escápula; gancho.
Tenuity (téniu-iti) *s* tenuidade; rarefação.
Tenuous (té-niuâss) *adj* tênue; delgado; frágil.
Tepid (té-pid) *adj* tépido (morno).
Tergiversate (târ-djivârsêit) *v* tergiversar; buscar evasivas.
Tergiversation (târdjivârsêi-shânn) *s* tergiversação; rodeios; evasivas.
Term (târmm) *s* termo; palavra; limite; prazo.
Term (târmm) *v* nomear; designar.
Termagant (târ-mâgânt) *s* mulher colérica.
Termagant (târ-mâgânt) *adj* turbulento; inquieto.
Terminate (târ-minéit) *v* terminar; concluir.
Termination (târminêi-shânn) *s* terminação; término; conclusão; remate.
Terminative (târ-minâtiv) *adj* terminativo; definitivo; terminante; decisivo.
Terminology (târminó-lodji) *s* terminologia.
Termite (târ-mait) *s* térmita; cupim; formiga branca.

Ternary (târ-nâri) *s* um terno; um grupo de três.
Ternary (târ-nâri) *adj* ternário.
Terrace (té-riss) *s* terraço; balcão; varanda larga.
Terrestrial (terés-triâl) *s* terrestre; habitante da terra; mundano.
Terrestrial (terés-triâl) *adj* terrestre; habitante da terra; mundano.
Terrible (té-ribl) *adj* terrível; horrível; espantoso; tremendo; grave.
Terrier (te-riâr) *s* cão rateiro.
Terrific (téri-fik) *adj* terrível; impressionante; ótimo.
Terrify (té-rifái) *v* terrificar; apavorar; amedrontar.
Terrifying (té-rifáiinn) *adj* terrificante.
Territory (té-ritôuri) *s* território; COM praça; zona.
Terrorize (té-roráiz) *v* aterrorizar; horrorizar.
Terse (târss) *adj* terso; polido; conciso.
Tertian (târ-shânn) *s* sezão; febre intermitente.
Tertian (târ-shânn) *adj* MED terçã.
Test (tést) *s* teste; exame; prova; ensaio; experiência; análise; critério; padrão; distinção.
Test (tést) *v* examinar; experimentar.
Testable (tés-tâbl) *adj* o que se pode legar.
Testament (tés-tâmént) *s* JUR testamento.
Testamentary (téstâmén-târi) *adj* testamentário.
Testator (téstêi-târ) *s* testador.
Tester (tés-târ) *s* testador; examinador; analisador; ensaiador.
Testification (téstifikêi-shânn) *s* atestação; testificação.
Testifier (tés-tifáiâr) *s* depoente; certificante; testemunha.
Testify (tés-tifái) *v* depor; testemunhar; atestar; declarar; *past or pp* TESTIFIED.
Testimonial (téstimôu-niâl) *s* certidão; certificado; atestado.
Testimonial (téstimôu-niâl) *adj* de testemunho; comprovável; testemunhável.
Testimony (tés-timôuni) *s* testemunho; depoimento.
Testiness (tés-tinéss) *s* impertinência; rabugice.
Testing (tés-tinn) *s* ensaio; prova.
Testy (tés-ti) *adj* colérico; irritável; teimoso.
Tetanus (té-tânâss) *s* MED tétano.
Tether (té-dhâr) *s* cabresto; peia; sujeição.
Tether (té-dhâr) *v* pear; travar.
Tetrarch (té-trârk) *s* tetrarca.
Tetrarchy (té-trárki) *s* tetrarquia.
Tetter (té-târ) *s* MED impingem (afecção cutânea).
Text (tékst) *s* texto; tópico; tema.
Texture (té-kstshur) *s* textura; contextura; tecido.
Than (dhenn) *conj* do que; que.
Thank (thénk) *s* agradecimentos; graças.
Thank (thénk) *v* agradecer.
Thankful (thénk-ful) *adj* agradecido; grato.
Thankfulness (thénk-fulnéss) *s* gratidão; reconhecimento.
Thankless (thénk-léss) *adj* ingrato; mal-agradecido.
Thanksgiving (thénksghi-vinn) *s* Ação de Graças.
That (dhét) *pron* esse (a); isso; aquele (a); aquilo.
That (dhét) *conj* que; para que; a fim de que.
That (dhét) *adv* tão; de tal modo; em tal proporção.
Thaw (thó) *s* degelo.
Thaw (thó) *v* degelar; derreter.
The (dhâ) *art* o; a; os; as.
Theater (thi-âtâr) *s* teatro.
Theatre (thi-âtr) *vide* THEATER.
Theatrical (thi-trikâl) *adj* teatral.
Thee (dhi) *pron* POES te; ti; tigo.
Theft (théft) *s* furto; roubo.
Their (dhér) *pron* seu (s); sua (s); deles (as).
Theirs (dhérz) *pron* (o, a) seu, sua; (os, as) seus, suas.
Theism (thi-izm) *s* teísmo.
Theist (thi-ist) *s* teísta.
Them (dhémm) *pron* os; as; lhes; eles (as).
Theme (thimm) *s* tema; tese; assunto; matéria.

Themselves (dhémsélv-z) *pron* se; a si mesmos; eles, elas mesmas.
Then (dhénn) *adj* daquele tempo; daquela época; que existia.
Then (dhénn) *adv* então; naquele tempo; doutra feita; em seguida; portanto.
Thence (dhénss) *adv* daí; dali; de lá; portanto; por essa razão.
Thenceforth (dhéns-fórth) *adv* desde então.
Thenceforward (dhéns-fóruârd) *adv* dali em diante; desde então.
Theocracy (thió-krâssi) *s* teocracia.
Theocratic (thiokré-tik) *adj* teocrático.
Theologic (thioló-djik) *adj* teológico.
Theology (thió-lodji) *s* teologia.
Theorem (thi-orémm) *s* teorema.
Theoretic (thioré-tik) *adj* teórico; teorético; especulativo.
Theorist (thi-orist) *s* teorista; autor de teorias.
Theory (thi-ori) *s* teoria.
Theosophic (thiossó-fik) *adj* teosófico.
Theosophist (thió-sofist) *s* teosofista; teósofo.
Theosophy (thió-sofi) *s* teosofia.
Therapeutic (thérâpiu-tik) *adj* terapêutico.
Therapeutics (thérâpiu-tiks) *s* terapêutica; terapia.
There (dhér) *adv* aí; ali; lá; acolá.
There (dhér) *interj* eis! olha!
Thereabout (dhér-âbâut) *adv* por aí; perto; aproximadamente.
Thereafter (dhér-áfter) *adv* depois disso; desde então.
Thereat (dhér-át) *adv* naquele lugar; nisso; por isso; com isso.
Thereby (dhér-bái) *adv* por aí; com referência a isso; desse modo.
Therefore (dhér-fôur) *adv* por isso; por conseguinte; por essa razão.
Therefrom (dhér-frômm) *adv* disso; dali; daí.
Therein (dhér-inn) *adv* ali; lá; então; nisso; nisto.
Thereof (dhér-óv) *adv* disto; disso; daquilo.
Thereon (dhér-ónn) *adv* nisto; nisso; naquilo.
Therewithal (dhér-uidál) *adv* com isso; além disso; ademais.
Thermal (thâr-mâl) *adj* térmico.
Thermometer (thârmó-mitâr) *s* termômetro.
Thesaurus (thessó-râss) *s* tesouro; léxico; dicionário; enciclopédia.
These (dhiz) *adj* estes; estas.
These (dhiz) *pron* estes; estas.
They (dhêi) *pron* eles; elas.
Thick (thik) *s* espessura; grossura; densidade.
Thick (thik) *adj* grosso; denso; espesso; compacto; apinhado; abundante; íntimo; familiar.
Thick (thik) *adv* densamente; continuamente; abundantemente.
Thicken (thiken) *v* engrossar; densificar; aumentar.
Thicket (thi-ket) *s* bosque; moita; mato.
Thickish (thi-kish) *adj* um tanto espesso.
Thickness (thik-néss) *s* espessura; grossura; grosseria; estupidez.
Thief (thif) *s* ladrão; ladra; gatuno.
Thieve (thiv) *v* roubar; furtar.
Thievery (thi-vâri) *s* roubo; furto; gatunagem.
Thievish (thi-vish) *adj* inclinado ao roubo; furtivo; secreto; matreiro.
Thievishness (thi-vishnéss) *s* hábito de roubar; cleptomania.
Thigh (thái) *s* coxa.
Thill (thil) *s* lança; varal.
Thimble (thimbl) *s* dedal.
Thin (thinn) *adj* magro; fino; franzino; leve; transparente; superficial.
Thin (thinn) *v* emagrecer; afinar; definhar.
Thine (dháinn) *pron* o, os teu; teus; a, as tua; tuas.
Thing (thinn) *s* coisa; objeto; matéria; negócio; coisa.
Think (think) *v* pensar; julgar; achar; imaginar; crer; *past or pp* **THOUGHT**.

Thinker (thin-kâr) *s* pensador; filósofo.
Thinking (thin-kinn) *s* pensamento; meditação.
Thinness (thin-néss) *s* tenuidade; magreza; falta; escassez.
Thirst (thârst) *s* sede; ânsia; desejo.
Thirst (thârst) *v* ter sede; ambicionar.
Thirsty (thârs-ti) *adj* sequioso; sedento; com sede.
This (dhis) *adj* este; esta; isto.
This (dhis) *pron* este; esta; isto.
Thistle (thisl) *s* cardo (planta).
Thither (dhi-dhâr) *adv* para lá; naquela direção.
Thitherward (dhi-dhâr-uârd) *adv* para ali; para lá; nessa direção.
Thong (thónn) *s* correia; tira.
Thorax (thó-réks) *s* tórax; peito.
Thorn (thórn) *s* espinho; pico; espinheiro; FIG tormento.
Thornbush (thórn-bâsh) *s* espinheiro (planta).
Thorny (thór-ni) *adj* espinhoso; penoso; incômodo.
Thorough (thâ-ro) *adj* inteiro; completo; meticuloso.
Thoroughbred (thâ-robréd) *s* animal de puro sangue.
Thoroughbred (thâ-robréd) *adj* de puro sangue.
Thoroughfare (thâ-rofér) *s* via pública; estrada; entrada principal.
Thoroughgoing (thâ-rogôuinn) *adj* completo; cabal; extremo.
Those (dhôuz) *adj* esses (as); aqueles (as); os; as.
Those (dhôuz) *pron* esses (as); aqueles (as); os; as.
Though (dhôu) *conj* contudo; não obstante; conquanto; posto que.
Thought (thót) *s* pensamento; meditação; opinião; juízo.
Thoughtful (thót-ful) *adj* pensativo; atencioso; cuidadoso.
Thoughtfulness (thót-fulnéss) *s* meditação; inquietação; ansiedade.
Thoughtless (thót-léss) *adj* irrefletido; descuidado; imprevidente.
Thraldom (thról-dâmm) *s* cativeiro; escravidão; servidão.
Thrall (thról) *s* escravo; cativo; servo.
Thrall (thról) *v* escravizar.
Thrash (thrésh) *v* debulhar; sovar; espancar; labutar; trabalhar.
Thrashing (thré-shinn) *s* debulha de trigo; malha; batedura; sova.
Thread (thréd) *s* linha; fio; rosca.
Thread (thréd) *v* enfiar a linha na agulha; atravessar; traspassar.
Threat (thrét) *s* ameaça; promessa de castigo.
Threaten (thrét-n) *v* ameaçar; assustar.
Threefold (thri-fóuld) *adj* triplo; triplicado.
Threshold (thré-shâld) *s* limiar; soleira; estreia.
Thrice (thráiss) *adv* três vezes.
Thrift (thrift) *s* economia; parcimônia; ganho; lucro; prosperidade.
Thrifty (thrif-ti) *adj* econômico; sóbrio; próspero.
Thrill (thril) *s* estremecimento.
Thrill (thril) *v* furar; palpitar; emocionar.
Thrilling (thri-linn) *adj* comovente; vibrante; emocionante.
Thrive (thráiv) *v* medrar; prosperar; enriquecer-se; crescer forte; ser bem sucedido; *past* **THROVE** *and pp* **THRIVEN**.
Thriving (thrái-vinn) *adj* próspero; desenvolvido.
Throat (thróut) *s* garganta; goela; gargalo; orifício.
Throb (thrób) *s* pulsação; palpitação.
Throb (thrób) *v* bater; pulsar; palpitar.
Throbbing (thró-binn) *adj* palpitante.
Throe (thróu) *s* angústia; agonia.
Throe (thróu) *v* agonizar.
Throne (thróunn) *s* trono.
Throne (thróunn) *v* entronar; entronizar; exaltar; enaltecer.
Throng (thrónn) *s* multidão; aglomerado.
Throng (thrónn) *v* acorrer em multidão; atropelar-se.
Throttle (thrót-l) *s* garganta; traqueia.
Throttle (thrót-l) *v* estrangular; asfixiar-se.
Throttling (thró-tlinn) *s* estrangulamento.

THROUGH — TIRED

Through (thru) *adj* completo; contínuo; direto.
Through (thru) *prep* através de; devido a; por causa de.
Through (thru) *adv* cabalmente; completamente.
Throughout (thru-áut) *prep* duma à outra extremidade; através de.
Throughout (thru-áut) *adv* por toda a parte; inteiramente.
Throw (thrôu) *s* lanço; arremesso; movimento brusco; impulso; risco.
Throw (thrôu) *v* atirar; lançar; arremessar; *past* THREW *and pp* THROWN.
Thrum (trâmm) *v* MÚS arranhar, tocar mal um instrumento.
Thrush (thrâsh) *s* tordo; pássaro canoro; MED afta; "sapinho".
Thrust (thrâst) *s* golpe de esgrima; ataque; bote; arremetida; empurrão.
Thrust (thrâst) *v* empurrar; arrombar; forçar; apunhalar; *past or pp* THRUST.
Thud (thâd) *s* baque; pancada; ruído surdo.
Thud (thâd) *v* baquear.
Thug (thâg) *s* assassino; matador.
Thumb (thâmm) *s* dedo polegar.
Thumb (thâmm) *v* manusear; folhear.
Thump (thâmp) *s* murro; soco.
Thump (thâmp) *v* dar um murro; golpear surdo.
Thunder (thân-dâr) *s* trovão; estrondo; gritaria.
Thunder (thân-dâr) *v* trovejar; retumbar; reboar.
Thunderbolt (thân-dârbôult) *s* raio; faísca elétrica.
Thundering (thân-dârinn) *adj* estrondoso; excessivo.
Thunderstrike (thân-dârstráik) *v* fulminar; eletrocutar; estupefar; *past* THUNDERSTRUCK *and pp* THUNDERSTRUCKED.
Thursday (thârs-dêi) *s* quinta-feira; *Maundy Thursday*: Quinta-Feira Santa.
Thus (dhâs) *adv* assim; desta forma; por conseguinte.
Thwart (thuórt) *s* banco de remador.
Thwart (thuórt) *v* atravessar; contrariar.
Thwart (thuórt) *adj* transversal; atravessado.
Thwarting (thuór-tinn) *adj* contrário; oposto; perverso.
Thy (dhái) *pron* POES teu (us); tua (as).
Thyroid (thái-roid) *s* ANAT tireoide; tireoide.
Thyroid (thái-roid) *adj* ANAT tireoide; da glândula tireoide.
Thyself (dháissél-f) *pron* POES tu mesmo; a ti mesmo.
Tick (tik) *s* toque leve; crédito; conta; empréstimo; carrapato.
Tick (tik) *v* fiar; comprar a crédito; vender a crédito; bater (como relógio); fazer conferência grafando o sinal em v.
Ticket (ti-ket) *s* bilhete, etiqueta; rótulo; passagem; letreiro; cédula.
Ticket (ti-ket) *v* marcar; etiquetar; rotular.
Tickle (tikl) *s* cócega.
Tickle (tikl) *v* fazer cócegas; lisonjear; divertir.
Tickle (tikl) *adj* inconstante.
Ticklish (ti-klish) *adj* coceguento; instável; melindroso.
Tickly (ti-kli) *adj* coceguento; difícil; crítico.
Tick-tack (tik-ték) *s* tique-taque; pulsação.
Tide (táid) *s* maré; corrente; curso; estação.
Tide (táid) *v* ir com a maré.
Tidiness (tái-dinéss) *s* asseio; elegância; ordem.
Tidy (tái-di) *v* arrumar; assear; arranjar.
Tidy (tái-di) *adj* asseado; limpo; elegante.
Tie (tái) *s* laço; nó; gravata; obrigação moral; obrigação legal.
Tie (tái) *v* atar; ligar; amarrar; sujeitar; empatar; constranger.
Tiff (tif) *s* gole; trago de bebida; discórdia; aborrecimento.
Tiff (tif) *v* disputar; zangar-se; enfeitar; ornar.
Tige (tidj) *s* ARQT haste; fuste de coluna.
Tiger (tái-gâr) *s* tigre; jaguar; lacaio; fanfarrão.
Tigerish (tái-gârish) *adj* feroz; sanguinário.
Tight (táit) *adj* apertado; avarento; embriagado.
Tighten (táit-n) *v* apertar; estreitar; tornar rijo.
Tightness (táit-néss) *s* impermeabilidade; tensão.
Tigress (tái-gréss) *s* fêmea do tigre.

Tilbury (til-bâri) *s* tíburi (carro de duas rodas).
Tile (táil) *s* telha; ladrilho; azulejo.
Tile (táil) *v* entelhar; ladrilhar; segregar.
Tiling (tái-linn) *s* telhado; azulejo; ladrilho.
Till (til) *s* caixa (de guardar dinheiro).
Till (til) *v* cultivar; lavrar.
Till (til) *conj* até; até que.
Tillage (ti-lidj) *s* lavoura; cultivo da terra.
Tiller (ti-lâr) *s* broto; rebento; lavrador; cultivador.
Tilt (tilt) *s* toldo; coberta de lona; torneio; justa; estocada; inclinação.
Tilt (tilt) *v* cobrir com toldo; cobrir com lona; inclinar; pender; empurrar.
Tilth (til-th) *s* lavoura.
Timbal (tim-bâl) *s* ANAT timbale; tímpano.
Timber (tim-bâr) *s* madeira para construção; vigamento.
Timber (tim-bâr) *v* guarnecer de madeira.
Timbering (tim-bârinn) *s* madeiramento; vigamento; escoramento.
Time (táimm) *s* tempo; época; hora; momento; vez.
Time (táimm) *v* adaptar ao tempo; observar a hora exata; servir de cronometrista; MÚS medir.
Timekeeper (táim-kipâr) *s* cronômetro; cronometrista.
Timeliness (táim-linéss) *s* oportunidade; momento propício; ocasião.
Timely (táim-li) *adj* oportuno; conveniente; a propósito.
Timepiece (táim-piss) *s* relógio de mesa.
Timer (tái-mâr) *s* cronometrista; cronômetro.
Timid (ti-mid) *adj* tímido; acanhado; medroso.
Timidity (timi-diti) *s* timidez; acanhamento.
Timing (tái-minn) *s* adaptação; ajustamento.
Timorous (ti-mârâss) *adj* medroso; tímido.
Tin (tinn) *s* estanho; folha-de-flandres; latinha; USA can.
Tin (tinn) *v* enlatar.
Tincture (tink-tshur) *s* tintura; cor; essência; gosto; aparência.
Tinder (tin-dâr) *s* mecha para isqueiro.
Tinderbox (tin-dârbôks) *s* isqueiro.
Ting (tinn) *s* tinido.
Ting (tinn) *v* tinir; tilintar.
Tinge (tindj) *s* cor; matiz; gosto; sabor.
Tinge (tindj) *v* tingir; colorir.
Tingle (tingl) *s* dor; formigueiro; formigamento.
Tingle (ting-l) *v* tinir; formigar; arder; estremecer.
Tinker (tin-kâr) *s* caldeireiro; latoeiro; funileiro.
Tinker (tin-kâr) *v* consertar.
Tinkle (tink-l) *v* zunir; tinir; soar.
Tinman (tin-maen) *s* funileiro; lanterneiro; latoeiro.
Tint (tint) *s* tinta; cor.
Tint (tint) *v* tingir; matizar.
Tiny (tái-ni) *adj* minúsculo; pequenino; ínfimo.
Tip (tip) *s* ponta; ponteira; pancada leve; gorjeta; aviso secreto; palpite.
Tip (tip) *v* dar gorjetas; formar uma extremidade; guarnecer uma extremidade; dar conselho; pender; cair; bater de leve.
Tipping (ti-pinn) *s* ação de dar gorjetas; remoção de entulho; informação sobre apostas nas corridas.
Tipple (tip-l) *s* bebida; licor; bebedeira; USA jazida; mina.
Tipple (tip-l) *v* beber com frequência; embebedar-se.
Tippling (ti-plinn) *s* embriaguez; bebedeira.
Tipster (ti-pstâr) *s* informante de apostas (corrida de cavalo, bolsa etc.).
Tipsy (ti-psi) *adj* ébrio; embriagado.
Tiptoe (tip-tôu) *s* ponta do pé.
Tiptoe (tip-tôu) *v* andar na ponta dos pés.
Tiptop (tip-tóp) *s* auge; cume; topo.
Tiptop (tip-tóp) *adj* supremo; excelente.
Tire (táir) *s* pneumático; adorno; fileira.
Tire (táir) *v* cansar; fatigar; aborrecer-se; colocar um pneu.
Tired (táir-d) *adj* cansado; fatigado; USA aborrecido.

TIREDNESS — TOUCH

Tiredness (táird-néss) *s* cansaço; fadiga; aborrecimento.
Tireless (táir-léss) *adj* incansável; infatigável.
Tiresome (táir-sâmm) *adj* fatigante; aborrecido; cansativo.
Tiring (tái-rinn) *adj* fatigante; maçante.
Tissue (ti-shu) *s* tecido fino; encadeamento; ANAT tecido.
Tit (tit) *s* cavalinho; naco; mulherzinha ordinária; passarinho; teta.
Titanic (táitâ-nik) *adj* titânico; hercúleo; gigantesco.
Titbit (tit-bit) *s* gulodice; migalha; bocado.
Titillation (titilêi-shânn) *s* titilação; excitação agradável.
Title (táit-l) *s* título; documento.
Title (táit-l) *v* intitular; qualificar.
Titled (táitl-d) *adj* titulado; intitulado.
Titter (ti-târ) *s* riso abafado.
Titter (ti-târ) *v* rir à surdina.
Tittle (tit-l) *s* ponto; pingo; nada; ninharia.
To (tu) *prep* a; para; em; até; para com; por; em comparação com; ao som de.
To (tu) *adv* em direção a; para diante.
Toad (tôud) *s* sapo; USA HOPTOAD.
Toady (tôu-di) *s* adulador; bajulador.
Toady (tôu-di) *v* adular; bajular.
Toadyism (tôu-diizm) *s* bajulação; servilismo; adulação.
Toast (tôust) *s* brinde; torrada.
Toast (tôust) *v* brindar à mesa; torrar ao fogo.
Toaster (tôus-târ) *s* torrador; brindador.
Tobacco (tobé-kôu) *s* tabaco; fumo.
Toboggan (tobó-gânn) *s* tobogã, espécie de trenó; rampa de deslizar.
Toboggan (tobó-gânn) *v* deslizar em tobogã.
Today (tudêi) *s* hoje; *you haven't seen Irani today, have you?*: você por acaso não viu a Irani hoje, viu?
Today (tudêi) *adv* hoje; na época atual.
Toddle (tód-l) *s* andar vacilante.
Toddle (tód-l) *v* andar como um bebê.
Toe (tôu) *s* dedo do pé.
Toe (tôu) *v* tocar com a ponta do pé; pisar.
Toffee (tó-fi) *s* caramelo; bala de caramelo; USA TAFFY.
Tog (tóg) *s* peça de vestuário.
Together (tughé-dhâr) *adv* juntamente; em companhia de; simultaneamente.
Toil (tóil) *s* trabalho; fadiga; laço; cilada.
Toil (tóil) *v* trabalhar; mourejar.
Toiler (tói-lâr) *s* trabalhador; o que moureja.
Toilful (tóil-ful) *adj* árduo; penoso; trabalhoso.
Token (tôuk-n) *s* sinal; marca; lembrança.
Token (tôuk-n) *v* marcar; fazer saber.
Tolerable (tó-lârâbl) *adj* tolerável; suportável; aceitável.
Tolerance (tó-lârânss) *s* tolerância; complacência.
Tolerant (tó-lârânt) *adj* tolerante; paciente.
Tolerate (tó-lârêit) *v* tolerar; suportar.
Toleration (tólârêi-shânn) *s* tolerância, qualidade de tolerante.
Toll (tôul) *s* dobre de sinos em dia de Finados.
Toll (tôul) *v* tocar os sinos; badalar.
Tom (tómm) *s* macho de alguns animais.
Tomato (tomêi-tôu) *s* tomate, vegetal.
Tomb (tumm) *s* túmulo; sepultura.
Tomb (tumm) *v* sepultar; enterrar.
Tomcat (tóm-két) *s* gato; felídeo.
Tome (tôumm) *s* tomo; volume; livro.
Tomfool (tóm-ful) *s* tolo, pessoa tola; palerma.
Tommy (tó-mi) *s* gato; comida dada como ordenado.
Tomorrow (tumó-rôu) *s* amanhã; o dia de amanhã.
Tomorrow (tumó-rôu) *adv* amanhã.
Ton (tânn) *s* tonelada, ton. (**1.000** quilos); USA **907,2** quilos; INGL **1.016, 06**.
Tonality (toné-liti) *s* tonalidade.
Tone (tôunn) *s* tom; som; entonação; timbre; acento; inflexão.
Tone (tôunn) *v* entoar; mudar o tom; falar afetadamente.

Tongue (tânn) *s* língua; idioma; lingueta; fiel de balança.
Tongueless (tân-léss) *adj* sem língua; mudo.
Tonic (tónik) *s* tônico, revigorante.
Tonic (tónik) *adj* tônico.
Tonight (tunáit) *adv* hoje à noite.
Toning (tôu-ninn) *s* tonalidade.
Tonnage (tân-nidj) *s* tonelada; porte.
Tonsil (tôn-sil) *s* tonsila (amídalas).
Tonsillitis (tónsilái-tiss) *s* MED tonsilite.
Too (tu) *adv* demais; demasiado; também; igualmente.
Tool (tul) *s* ferramenta; instrumento.
Tool (tul) *v* talhar; modelar.
Tooth (tuth) *s* dente; sabor; gosto; paladar.
Tooth (tuth) *v* dentear; colocar dentes.
Toothache (tuth-êik) *s* dor de dente.
Toothbrush (tuth-brâsh) *s* escova de dente.
Toothless (tuth-léss) *adj* desdentado.
Toothpast (tuth-pêist) *s* pasta de dente; dentifrício.
Toothpick (tuth-pík) *s* palito.
Toothsome (tuth-sâmm) *adj* gostoso; saboroso.
Toothy (tu-thi) *adj* dentado; saboroso; gostoso.
Top (tóp) *s* cume; alto; cimo; topo; pico; remate; copa da árvore; cabeceira de mesa; chefe.
Top (tóp) *v* dominar; primar; elevar-se; encimar; encabeçar; coroar.
Top (tóp) *adj* superior; mais elevado.
Topaz (tôu-pés) *s* topázio.
Tope (tôup) *s* tubarão; túmulo budista.
Tope (tôup) *v* bebericar.
Toper (tôu-pâr) *s* beberrão; bêbado.
Topic (tó-pik) *s* tópico; assunto; ponto; matéria.
Topmost (tóp-môust) *adj* o mais alto; superior.
Topographer (topó-gráfâr) *s* topógrafo.
Topography (topó-grâfi) *s* topografia.
Topple (tópl) *v* desabar; cair.
Topsyturvy (tópsitâr-vi) *s* confusão; bagunça.
Topsyturvy (tópsitâr-vi) *v* pôr de pernas para o ar.
Topsyturvy (tópsitâr-vi) *adj* virado de cima para baixo.
Topsyturvy (tópsitâr-vi) *adv* de pernas para o ar; às avessas.
Torch (tórtsh) *s* tocha; archote.
Torment (tórmén-t) *s* tormento; suplício; sofrimento.
Torment (tórmén-t) *v* atormentar; torturar; irritar.
Tormenting (tór-mentinn) *adj* atormentador; perturbador.
Torpid (tór-pid) *adj* adormecido; dormente; entorpecido; apático.
Torpidity (tórpi-diti) *s* torpor; entorpecimento.
Torrent (tó-rent) *s* torrente; corrente.
Torrid (tó-rid) *adj* tórrido; torrado.
Torsion (tór-shânn) *s* torção; torcedura.
Tortuous (tór-shâss) *adj* tortuoso; sinuoso.
Torture (tór-tshur) *s* tortura; tormento.
Torture (tór-tshur) *v* torturar; atormentar; irritar.
Torturer (tór-tshurâr) *s* atormentador; algoz.
Toss (tóss) *s* lance; arremesso.
Toss (tóss) *v* lançar; atirar para o ar; jogar; lograr; arremessar; sacudir.
Tossing (tó-sinn) *s* sacudidela; agitação.
Tossing (tó-sinn) *adj* agitado; que sacode.
Tot (tót) *s* criança; soma de uma coluna; gole de bebida alcoólica.
Total (tôu-tâl) *s* total; soma.
Total (tôu-tâl) *v* somar; totalizar.
Total (tôu-tâl) *adj* total; cabal.
Totality (tôuté-liti) *s* soma; totalidade.
Totalize (tôu-tâláiz) *v* totalizar; somar; completar.
Totter (tó-târ) *v* vacilar; cambalear; oscilar.
Tottery (tó-târi) *adj* cambaleante; vacilante; hesitante.
Toucan (tu-kânn) *s* ZOO tucano (ave).
Touch (tâtsh) *s* toque; tato; contato; tintura; dor; apalpadela.

TOUCH — TRANSPARENCY

Touch (tâtsh) *v* tocar em; apalpar; comover; atracar em; escalar; referir-se a; GÍR morder, pedir dinheiro; *to TOUCH off*: bosquejar; traçar; *to TOUCH on*: aludir a; *to TOUCH up*: retocar; aprimorar.
Touchable (tâ-tshâbl) *adj* palpável; que pode ser tocado; tangível.
Touching (tâ-tshinn) *s* toque; escala; toque.
Touching (tâ-tshinn) *adj* tocante; comovente.
Touching (tâ-tshtôunn) *prep* tocante a; relativo a; concernente a.
Touchstone (tâ-tshtôunn) *s* pedra de toque; exame.
Touchy (tâ-tshi) *adj* irascível; melindroso.
Tough (tâf) *s* durão; violento.
Tough (tâf) *adj* duro; rijo; resistente.
Toughen (tâf-n) *v* enrijecer.
Toughness (tâf-néss) *s* dureza; rijeza; tenacidade.
Tour (tur) *s* jornada; passeio; giro.
Tour (tur) *v* viajar; dar um giro.
Tourism (tu-rizm) *s* turismo.
Tourist (tu-rist) *s* turista.
Tourmalin (tur-mâlinn) *s* turmalina (pedra preciosa).
Tourney (tur-ni) *s* torneio; competição.
Touse (táuss) *v* puxar; sacudir; amarrotar.
Tousle (táuzl) *v* desarranjar; desordenar.
Tout (táut) *s* angariador; agenciador.
Tout (táut) *v* procurar freguesia.
Tow (tôu) *s* reboque; cabo de reboque; USA rebocador.
Tow (tôu) *v* rebocar.
Towage (tôu-idj) *s* reboque; custo do reboque.
Toward (tôu-ârd) *adj* dócil; favorável; propício.
Towards (tôu-ârdz) *prep* para; voltado para; acerca de; com respeito a.
Towel (táu-el) *s* toalha.
Tower (táu-âr) *s* torre; fortaleza; cidadela; rebocador.
Tower (táu-âr) *v* elevar-se.
Towering (táu-ârinn) *adj* elevado; alto; sublime; violento.
Town (táun) *s* cidade; povoação; aldeira; burgo; vila.
Toxic (tók-sik) *adj* tóxico, prejudicial à saúde.
Toxicology (tóksikó-lodji) *s* toxicologia.
Toy (tói) *s* brinquedo; berloque; ninharia; galanteio.
Toy (tói) *v* brincar; divertir-se; galantear.
Trace (trêiss) *s* sinal; pista; vestígio; trilha.
Trace (trêiss) *v* traçar; esboçar; içar; andar; viajar; dançar.
Trachea (trêi-kiâ) *s* ANAT traqueia.
Tracheotomy (trêikió-tomi) *s* MED traqueotomia.
Track (trék) *s* pegada; rasto; pista; trilha; via férrea; estrada; rumo; curso; leito de rio.
Track (trék) *v* seguir a rastro de; rebocar.
Tracking (tré-kinn) *s* reboque.
Tract (trékt) *s* região; área; extensão; curso; série; tratado; panfleto.
Tractable (trék-tâbl) *adj* tratável; dócil; meigo.
Traction (trék-shânn) *s* tração.
Trade (trêid) *s* comércio; tráfico; ocupação; arte; navegação.
Trade (trêid) *v* negociar; traficar; permutar.
Trader (trêi-dâr) *s* negociante; comerciante; navio mercante.
Trading (trêi-dinn) *s* comércio; negócio.
Trading (trêi-dinn) *adj* comercial.
Tradition (trâdi-shânn) *s* tradição.
Traduce (trâdiu-ss) *v* caluniar; difamar; detratar; censurar; vituperar.
Traducer (trâdiu-sâr) *s* difamador; caluniador.
Traffic (tré-fik) *s* tráfico; comércio; transporte.
Traffic (tré-fik) *v* comerciar; traficar.
Trafficker (tré-fikâr) *s* comerciante; traficante.
Tragedy (tré-djidi) *s* tragédia.
Tragic (tré-djik) *adj* trágico.
Trail (trêil) *s* pista; rasto; atalho.
Trail (trêil) *v* arrastar; baixar; rastejar.
Trailer (trêi-lâr) *s* rastejador; reboque; trecho de um filme.

Train (trêinn) *s* trem; comboio; séquito; cortejo; cauda; rabo; cilada.
Train (trêinn) *v* treinar; puxar; educar; disciplinar.
Trainer (trêi-nâr) *s* instrutor; domesticador; disciplinador.
Training (trêi-ninn) *s* treino; exercício; instrução.
Trait (trêit) *s* ação; característica pessoal; feição; gesto.
Traitorous (trêi-târâss) *adj* traidor; pérfido.
Trajectory (trâdjék-tôuri) *s* trajetória; itinerário.
Tram (trémm) *s* bonde.
Trammel (tré-mel) *s* rede; impedimento.
Trammel (tré-mel) *v* algemar; limitar; impedir.
Tramp (trémp) *s* caminhada; ruído feito com os pés; vadio.
Tramp (trémp) *v* vagar; caminhar; perambular; pisar.
Tramper (trém-pâr) *s* caminhante; pedestre; vagabundo.
Trample (trémp-l) *v* pisar; calcar; insultar.
Trampler (trém-plâr) *s* que atropela; que pisa.
Trance (trénss) *s* êxtase; enlevo; letargia; arrebatamento.
Transact (trénsék-t) *v* realizar um negócio; manejar; dispor.
Transaction (trénsék-shânn) *s* transação; operação; negócio.
Transactor (trénsék-târ) *s* negociador; comerciante.
Transcend (trénsén-d) *v* transcender; sobrepujar; exceder.
Transcendence (trénsén-denss) *s* transcendência; qualidade do que é transcendente.
Transcendent (trénsén-dent) *adj* transcendente; excelente.
Transcendental (trénsendén-tâl) *adj* FIL transcendental.
Transcribe (trénskrái-b) *v* transcrever; copiar; transladar.
Transcript (tréns-kript) *s* transcrição; cópia.
Transcription (trénskrip-shânn) *s* transcrição.
Transfer (trénsfâ-r) *s* transferência.
Transfer (trénsfâ-r) *v* transferir; transmitir; remover; vender; ceder; reproduzir.
Transferee (trénsfâri-) *s* cessionário.
Transference (trénsfâ-renss) *s* transferência; transmissão.
Transfiguration (trénsfighiurêi-shânn) *s* transfiguração.
Transfigure (trénsfi-ghiur) *v* transfigurar; transformar.
Transfix (trénsif-ks) *v* perfurar; trespassar.
Transform (trénsfór-mm) *v* transformar; transformar-se; modificar.
Transformation (trénsformêi-shânn) *s* transformação; modificação.
Transformer (trénsfór-mâr) *s* transformador.
Transfuse (trénsfiu-z) *v* transfundir; transvasar.
Transfusion (trénsfiu-jânn) *s* transfusão.
Transgress (trénsgré-ss) *v* transgredir; infringir; exceder; pecar.
Transgression (trénsgré-shânn) *s* transgressão; violação; ofensa; pecado.
Transgressor (trénsgré-sâr) *s* transgressor; violador; pecador.
Transient (trén-shent) *adj* transitório; passageiro; breve; de pouca duração.
Transit (trén-sit) *s* trânsito.
Transition (trénsi-shânn) *s* transição; mudança; passagem.
Transitive (trén-sitiv) *adj* transitório; GRAM transitivo.
Transitory (trén-sitôuri) *adj* transitório; provisório; passageiro.
Translate (trénslêi-t) *v* traduzir; transferir; remover.
Translation (trénslêi-shânn) *s* tradução; interpretação; transferência.
Translator (trénslêi-târ) *s* tradutor.
Translucent (trénsliu-sent) *adj* translúcido; diáfano; transparente.
Transmigration (trénsmigrêi-shânn) *s* transmigração.
Transmissible (trénsmi-sibl) *adj* transferível; transmissível.
Transmission (trénsmi-shânn) *s* transmissão.
Transmit (traenz-mit) *v* transmitir; propagar.
Transmitter (trénsmi-târ) *s* transmissor.
Transmutation (trénsmiutêi-shânn) *s* transmutação; conversão.
Transmute (trénsmiu-t) *v* transmutar; alterar; transformar.
Transom (trén-sâmm) *s* trave; viga; pranchão.
Transparency (trénspé-rensi) *s* transparência.

TRANSPARENT — TRIVIAL

Transparent (trénspé-rent) *adj* transparente.
Transparentness (trénspé-rentnéss) *s* transparência.
Transpiration (trénspirêi-shânn) *s* transpiração.
Transpire (trénspái-r) *v* transpirar; exalar; divulgar-se; propalar-se; acontecer.
Transplantation (trénsplântêi-shânn) *s* transplantação.
Transport (trénspór-t) *s* transporte; arrebatamento; êxtase.
Transport (trénspór-t) *v* transportar; exilar.
Transportation (trénspórtêi-shânn) *s* transporte; transportação; deportação; exílio.
Transporter (trénspór-târ) *s* transportador.
Transporting (trénspór-tinn) *s* transporte; entusiasmo; êxtase.
Transposal (trénspôu-zâl) *s* transposição.
Transpose (trénspôu-z) *v* transpor; mudar de lugar.
Transposition (trénspozi-shânn) *s* transposição.
Transverse (trénsvâr-ss) *adj* transversal; atravessado; oblíquo.
Trap (trép) *s* laço; armadilha; ratoeira.
Trap (trép) *v* apanhar no laço.
Trapeze (trâpi-z) *s* MAT trapézio.
Trappings (tré-pinz) *s* arreios; enfeites; adornos.
Trash (trésh) *s* refugo; lixo; imundície; gente vil.
Trash (trésh) *v* impedir.
Trashy (tré-shi) *adj* desprezível; vil; inútil.
Travel (trévl) *s* viagem; peregrinação; jornada.
Travel (trévl) *v* viajar; andar.
Traveler (tré-vlâr) *s* viajante; caminhante; viandante.
Traverse (tré-vârss) *s* contratempo; aborrecimento.
Traverse (tré-vârss) *v* atravessar; obstruir; examinar.
Traverse (tré-vârss) *adj* atravessado; oblíquo.
Travesty (tré-vesti) *s* dissimulado; mascarado.
Travesty (tré-vesti) *v* disfarçar; fingir.
Trawl (tról) *s* rede de arrasto.
Trawl (tról) *v* pescar com rede de arrasto.
Tray (tréi) *s* tabuleiro; bandeja; salva.
Treacherous (tré-tshârâss) *adj* pérfido; insidioso; traiçoeiro.
Treachery (tré-tshâri) *s* traição; perfídia; insídia.
Treacly (tri-kli) *adj* meloso; melado.
Tread (tréd) *s* passo; passada; pegada; trilha.
Tread (tréd) *v* pisar; andar por; *past* **TROD** *and pp* **TRODDEN**.
Treadle (trédl) *s* pedal.
Treadle (trédl) *v* pedalar.
Treason (trizn) *s* traição; deslealdade; perfídia.
Treasure (tré-jur) *s* tesouro; riqueza.
Treasure (tré-jur) *v* entesourar; acumular riqueza; dar grande valia a.
Treasurer (tré-jurâr) *s* tesoureiro.
Treasury (tré-juri) *s* tesouraria; erário; fazenda; tesouro.
Treat (trit) *s* convite; festim; gosto.
Treat (trit) *v* tratar; pagar para; entreter; obsequiar; regalar.
Treatise (tri-tiss) *s* tratado; discurso; exposição.
Treatment (trit-ment) *s* tratamento; trato.
Treaty (tri-ti) *s* negociação; convênio; ajuste.
Treble (trébl) *s* MÚS soprano; triple.
Treble (trébl) *v* triplicar; desdobrar.
Treble (trébl) *adj* triplo; triplicado.
Tree (tri) *s* árvore; madeiro; lenho.
Tree (tri) *v* abrigar-se numa árvore.
Trefoil (tri-fóil) *s* trevo (planta); trifólio.
Tremble (trémbl) *s* tremor.
Tremble (trémbl) *v* tremer; estremecer.
Trembling (trém-blinn) *adj* trêmulo; bamboleante.
Tremendous (trimén-dâss) *adj* tremendo; formidável; terrível.
Tremulous (tré-miulâss) *adj* trêmulo; vacilante.
Tremulousness (tré-miulâsnéss) *s* tremor; tremura; tremedeira.
Trench (tréntsh) *s* trincheira; vala.
Trench (tréntsh) *v* abrir valetas; cavar; fazer trincheiras; invadir; intrometer-se.
Trenchancy (trén-tshânsi) *s* causticidade; mordacidade; malícia.

Trenchant (trén-tshânt) *adj* trinchante; cortante; agudo.
Trend (trénd) *s* inclinação; tendência.
Trend (trénd) *v* tender; dirigir-se; inclinar-se.
Trepan (tripé-nn) *s* MED trépano.
Trepan (tripé-nn) *v* trepanar; emboscar; enganar.
Trepanning (tripé-ninn) *s* MED trepanação.
Trespass (trés-pâss) *s* violação; ofensa.
Trespass (trés-pâss) *v* usurpar; invadir; pecar.
Tress (tréss) *s* trança; cacho de cabelo.
Tressed (trést) *adj* entrançado; cacheado.
Trestle (trésl) *s* tripeça; cavalete.
Triad (trái-éd) *s* tríade; trio; trindade.
Trial (trái-âl) *s* julgamento; exame; sofrimento; provação; expiação.
Triangle (trái-éngl) *s* triângulo.
Triangular (tráien-ghiulâr) *adj* triangular.
Tribe (tráib) *s* tribo.
Tribulation (tribiulêi-shânn) *s* tribulação; aflição; infortúnio.
Tribute (tri-biut) *s* tributo; imposto; taxa.
Trice (tráiss) *s* instante; momento.
Trice (tráiss) *v* içar; guindar.
Trick (trik) *s* artifício; farsa; astúcia; fraude; engano; manha.
Trick (trik) *v* lograr; pregar uma peça; trapacear no jogo; enfeitar.
Tricker (tri-kâr) *s* enganador; trapaceiro; defraudador.
Trickery (tri-kâri) *s* trapaça; velhacaria; fraude.
Trickiness (tri-kinéss) *s* astúcia; manha; maldade.
Trickish (tri-kish) *adj* trapaceiro; velhaco.
Trickle (trikl) *s* gota; pingo d'água; respingo; FIG número pequeno.
Trickle (trikl) *v* escoar; pingar.
Tricycle (trái-sikl) *s* triciclo.
Tricycle (trái-sikl) *v* andar de triciclo.
Tried (tráid) *adj* experimentado; ensaiado; JUR julgado.
Trier (trái-âr) *s* experimentador; ensaiador; provador.
Trifle (tráifl) *s* ninharia; bagatela; frioleira.
Trifle (tráifl) *v* divertir-se frivolamente; vadiar; dissipar.
Trifler (trái-flâr) *s* leviano; frívolo; zombador.
Trifling (trái-flinn) *adj* frívolo; insignificante.
Trig (trig) *adj* forte; são; bonito.
Trig (trig) *v* travar; calçar.
Trigger (tri-gâr) *s* gatilho de arma de fogo; gancho; calço; início, desencadeador.
Trigonometry (trigonó-mitri) *s* MAT trigonometria.
Trill (tril) *s* trinado; vibração; gorjeio.
Trill (tril) *v* trinar; vibrar a voz.
Trilling (tri-linn) *s* gargantejo; trigêmeos; MED nervo trifacial.
Trilogy (tri-lodji) *s* trilogia.
Trim (trimm) *s* enfeite; arrumação; garbo; NÁUT estiva; calado; navegabilidade.
Trim (trimm) *v* endireitar; arranjar; equipar; ornar; enfeitar; podar; censurar.
Trim (trimm) *adj* enfeitado; composto.
Trimmer (tri-mâr) *s* estivador; viga mestra; arrumador.
Trimness (trim-néss) *s* asseio; elegância; limpeza.
Trinket (trin-kit) *s* ninharia; bugiganga; berloque.
Trip (trip) *s* excursão; pequena viagem; tropeção; topada; passo.
Trip (trip) *v* dar rasteiras em; tropeçar e cair; errar; enganar-se; correr de leve; dançar; NÁUT levantar âncoras.
Triple (trip-l) *v* triplicar.
Triple (tripl) *adj* triplo.
Tripper (tri-pâr) *s* turista; viajante.
Tripping (tri-pinn) *s* o andar ligeiro; dança (espécie).
Trite (tráit) *adj* trivial; comum; vulgar.
Triteness (tráit-néss) *s* trivialidade; banalidade; coisa estragada.
Triumph (trái-âmf) *s* triunfo; vitória.
Triumph (trái-âmf) *v* triunfar; vencer.
Triumpher (trái-âmfâr) *s* triunfador.
Trivial (tri-viâl) *adj* trivial; banal; vulgar; comum.

TRIVIALITY — TUSSLE

Triviality (trivié-liti) *s* trivialidade; banalidade.
Troll (tról) *s* canção que tem diversas estrofes; repetição; rotina.
Troll (tról) *v* cantar em grupo; virar; rodar; pescar com anzol.
Troop (trup) *s* tropa; companhia militar; bando; companhia.
Troop (trup) *v* correr aos bandos; marchar em tropa.
Trophy (trôu-fi) *s* troféu.
Tropic (tró-pik) *s* trópico.
Tropical (tró-pikál) *adj* tropical.
Trot (trót) *s* trote; USA burro.
Trot (trót) *v* trotar.
Troth (tróth) *s* verdade; fé; fidelidade.
Trotting (tró-tinn) *s* trote.
Trouble (trâbl) *s* perturbação; aflição; dissabor; calamidade.
Trouble (trâbl) *v* importunar; perturbar.
Troubler (trâ-blâr) *s* aborrecedor; desordeiro; perturbador.
Troublesome (trâb-l-sâmm) *adj* importuno, aflitivo; aborrecido.
Troublous (trâ-blâss) *adj* tumultuoso; turbulento; impaciente.
Trough (tróf) *s* tina; gamela; cadinho.
Trousers (tráu-zârss) *s* calças.
Trousseau (truçou) *s* enxoval de noiva.
Trout (tráut) *s* truta, peixe; BR *GÍR* logro; trapaça.
Trowel (tráu-el) *s* trolha; colher de pedreiro.
Trowel (tráu-el) *v* rebocar; estucar.
Truancy (tru-ânsi) *s* vadiagem; malandragem.
Truant (tru-ânt) *s* vadio; gazeador.
Truant (tru-ânt) *adj* vadio; gazeador.
Truce (truss) *s* armistício; pausa; trégua.
Truck (trâk) *s* troca; permuta; carrinho de mão; vagão ferroviário; USA caminhão.
Truck (trâk) *v* transportar (em caminhão); trocar.
Truckage (trâ-kidj) *s* transporte em vagão; transporte em caminhão; permuta.
Truckling (trâ-klinn) *s* submissão; servilismo; sujeição.
Truculence (tru-kiulénss) *s* truculência; atrocidade.
Truculent (tru-kiulént) *adj* truculento; cruel; atroz.
Trudge (trâdj) *v* caminhar com esforço.
True (tru) *adj* verdadeiro; autêntico; genuíno; puro; fiel; sincero; constante; leal.
True (tru) *adv* verdadeiramente.
Trueness (tru-néss) *s* verdade; veracidade; lealdade; sinceridade.
Truffle (trâ-fl) *s* trufa, túbera (cogumelo).
Truism (tru-izm) *s* truísmo; evidência; verdade clara.
Truly (tru-li) *adv* verdadeiramente; sinceramente; exatamente.
Trump (trâmp) *s* trombeta; clarim; jogo de trunfo.
Trump (trâmp) *v* jogar trunfo; inventar; forjar; MÚS tocar trombeta.
Trumpery (trâm-pâri) *s* resto; sobra; ninharia.
Trumpery (trâm-pâri) *adj* vistoso.
Trumpet (trâm-pet) *s* trombeta; trompa; clarim.
Trumpet (trâm-pet) *v* proclamar; tocar trombeta; exaltar as virtudes de.
Truncate (trân-kêit) *adj* truncado.
Truncate (trân-kêit) *v* truncar.
Truncation (trânkêi-shânn) *s* truncamento; mutilação.
Truncheon (trân-tshânn) *s* clava; bastão; cassetete.
Trunk (trânk) *s* tronco; baú; cofre; mala; tromba de elefante.
Truss (trâss) *s* suporte de teto; suporte de ponte; molho.
Truss (trâss) *v* embrulhar; enfeixar.
Trust (trâst) *s* confiança; cuidado; fé; COM crédito; privilégio.
Trust (trâst) *v* confiar em; dar crédito.
Truster (trâs-târ) *s* fiador.
Trustful (trâst-ful) *adj* confiante; honesto; leal.
Trustfulness (trâst-fulnéss) *s* confiança.
Trusty (trâs-ti) *adj* fiel; leal; seguro; firme; resoluto.
Truth (truth) *s* verdade; verdadeiro; verídico; realidade.
Truthless (truth-léss) *adj* falso; inverídico; fingido.
Try (trái) *s* prova; ensaio; experiência.
Try (trái) *v* tentar; julgar; experimentar.
Tub (tâb) *s* tina; cuba; pote; GÍR púlpito.
Tub (tâb) *v* pôr numa tina; banhar.
Tubby (tâ-bi) *adj* corpulento; gordo.
Tuck (tâk) *s* dobra; prega.
Tuck (tâk) *v* arregaçar; acomodar; fazer pregas em.
Tuesday (tius-dêi) *s* terça-feira.
Tuft (tâft) *s* penacho; borla; ramalhete.
Tuft (tâft) *v* empenachar; enfeitar.
Tufty (tâf-ti) *adj* espesso; copado; enfeitado.
Tug (tâg) *s* ato de puxar com força; custo; esforço.
Tug (tâg) *v* puxar, arrastar com esforço.
Tuition (tiui-shânn) *s* instrução; ensino; educação.
Tulip (tiu-lip) *s* tulipa (planta).
Tumble (tâmbl) *s* tombo; confusão; desordem.
Tumble (tâmbl) *v* cair; dar cambalhotas; derrubar; amarrotar; rolar.
Tumbler (tâm-blâr) *s* saltador; acrobata; copo.
Tumbrel (tâm-blâr) *s* carroça; carreta.
Tumescent (tiumé-sent) *adj* intumescente; túmido; inchado.
Tumid (tiu-mid) *adj* túmido; inchado; intumescido.
Tumidity (tiumi-diti) *s* intumescência; turgescência; inchação.
Tumult (tiu-mâlt) *s* tumulto; motim; desordem.
Tun (tânn) *s* tonel; pipa; barril; tina.
Tun (tânn) *v* pôr, guardar em pipa.
Tune (tiunn) *s* melodia; cantiga; toada; consonância.
Tune (tiunn) *v* MÚS afinar instrumento; cantar.
Tuneful (tiun-ful) *adj* melodioso; afinado.
Tuneless (tiun-léss) *adj* dissonante; desarmônico; discordante.
Tuner (tiu-nâr) *s* afinador; MÚS tornar harmônico.
Tunic (tiu-nik) *s* túnica.
Tunnel (tân-nel) *s* túnel; cano de chaminé; funil.
Tunnel (tân-nel) *v* construir em túnel.
Tunny (tân-ni) *s* atum (peixe).
Turban (târ-bân) *s* turbante.
Turbid (târ-bid) *adj* lodoso; turvo; turvado.
Turbidity (târ-biditi) *s* confusão; desordem; perturbação.
Turbulence (târ-biulênss) *s* turbulência; confusão; perturbação.
Turbulent (târ-biulént) *adj* turbulento; desordeiro; confuso.
Turd (târd) *s* GÍR USA um merda.
Tureen (tiuri-nn) *s* terrina.
Turf (târf) *s* turfa; gramado; gleba.
Turf (târf) *v* cobrir com relva.
Turfman (târf-maen) *s* turfista.
Turfy (târ-fi) *adj* relvoso; relativo ao turfe; corrida de cavalos.
Turgescence (târdjé-senss) *s* turgescência; tumidez; intumescência.
Turgescent (târdjé-sent) *adj* turgescente; inchado.
Turgid (târ-djid) *adj* túrgido; inchado.
Turgidity (târdji-diti) *s* inchação; turgescência.
Turk (târk) *s* turco.
Turkey (târ-ki) *s* peru (ave).
Turkish (târ-kish) *adj* turco; a língua turca.
Turmoil (târ-móil) *s* tumulto; perturbação.
Turmoil (târ-móil) *v* perturbar; enfraquecer.
Turn (târnn) *s* favor; forma; giro; inclinação; mudança; pender; procedimento; passeio; volta; vez.
Turn (târnn) *v* adaptar; aproveitar; converter; desviar-se; girar; virar.
Turncoat (târn-kôut) *s* desertor; vira-casaca.
Turning (târ-ninn) *s* esquina; rodeio; sinuosidade; volta.
Turnip (târ-nip) *s* nabo; relógio de bolso.
Turnkey (târn-ki) *s* carcereiro.
Turret (tâ-ret) *s* torre; torre blindada.
Turtle (târt-l) *s* tartaruga (réptil).
Tusk (tâsk) *s* presa de animais.
Tussle (tâs-l) *s* briga; contenda; luta.
Tussle (tâs-l) *v* lutar; briga.

TUSSOCK — TYRO

Tussock (tâ-såk) s tufo de ramos; tufo de cabelos.
Tutelage (tiu-telidj) s tutela; tutoria; proteção.
Tutelar (tiu-telâr) adj tutelar.
Tutor (tiu-târ) s professor particular; mestre; instrutor; JUR tutor.
Tutor (tiu-târ) v instruir; educar; treinar; JUR tutelar; proteger como tutor.
Twaddle (tuódl) s bisbilhotice; disparates.
Twaddle (tuód-l) v tagarelar; mexericar.
Twaddler (tuó-dlâr) s tagarela; bisbilhoteiro; palrador.
Twang (tuénn) s som agudo; som fanhoso.
Twang (tuénn) v ressoar; zunir.
Tweed (tuid) s pano de duas cores.
Tweed (tuid) adj feito com pano de duas cores.
Tweedle (tiudl) s o som do violino.
Tweezers (tui-zârss) s pinças; tenazes.
Twice (tuáiss) adv duas vezes; dupladamente.
Twiddle (tuid-l) s giro; volta.
Twiddle (tuid-l) v fazer girar.
Twig (tuig) s rebento; broto; ramal.
Twig (tuig) v observar; castigar; compreender; avistar.
Twilight (tuái-láit) s crepúsculo; noitinha; sombra.
Twilight (tuái-láit) adj crepuscular; obscuro; sombrio.
Twin (tuinn) s gêmeo.
Twine (tuáinn) s fio; barbante.
Twine (tuáinn) v torcer; enroscar; entrelaçar; serpear.
Twinge (tuindj) s dor aguda; aflição; beliscão.
Twinge (tuindj) v arder; picar; latejar.
Twinkle (tuinkl) s cintilação; brilho; piscar os olhos; momento; instante.
Twinkle (tuinkl) v brilhar; cintilar; piscar.
Twinkling (tuin-klinn) s volver de olhos; instante; vislumbre.
Twirl (tuârl) s volta; giro; rotação.
Twirl (tuârl) v girar; voltear.
Twist (tuist) s trança; cordão; fio; torcedura.
Twist (tuist) v torcer; girar; entrelaçar.
Twit (tuit) v censurar; acusar.
Twitch (tuitsh) s puxão; espasmo; beliscão.
Twitch (tuitsh) v puxar; beliscar; pungir; contorcer.
Twitter (tui-târ) s chilro; trinado.
Twitter (tui-târ) v chilrear; pipilar; tagarelar.
Twofold (tu-fôuld) adj duplo; duplicado.
Twofold (tu-fôuld) adv duplamente.
Type (táip) s tipo; modelo; padrão; cunha; gênero; emblema; TIP tipo.
Type (táip) v datilografar; imprimir.
Typewrite (táip-ráit) v datilografar; past TYPEWROTE and pp TYPEWRITTEN.
Typewriter (táip-ráitâr) s datilógrafo; máquina de escrever.
Typewriting (táip-ráitinn) s datilografia.
Typhoon (táifu-nn) s tufão; furacão.
Typhus (tái-fâss) s MED tifo.
Typical (ti-pikâl) adj típico; simbólico; característico.
Typify (ti-pifái) v tipificar; representar; simbolizar; past or pp TYPIFIED.
Typing (tái-pinn) s datilografia.
Typist (tái-pist) s datilógrafo.
Typographer (táipó-gráfâr) s TIP tipógrafo.
Typographic (táipogré-fik) adj tipográfico.
Typography (táipó-grâfi) s tipografia.
Tyrannical (táire-nikâl) adj tirânico; despótico; bárbaro.
Tyrannize (ti-rânáiz) s tirania; despotismo.
Tyrannize (ti-rânáiz) v tiranizar.
Tyrant (tái-rânt) s tirano; déspota.
Tyro (tái-rôu) s principiante; novato.

u U

U (in) *s* vigésima letra do alfabeto Português e vigésima primeira letra do alfabeto Inglês.
Ubiquitous (iubi-kuitás) *adj* ubíquo; onipresente.
Ubiquity (iubi-kuiti) *s* ubiquidade; onipresença.
Udder (â-dâr) *s* úbere; teta.
Ugliness (á-glinéss) *s* fealdade; torpeza; vileza.
Ugly (â-gli) *adj* feio; mal encarado; torpe; vil.
Ulcer (âl-sâr) *s* chaga; ferida; úlcera.
Ulcerate (âl-sârêit) *v* ulcerar.
Ulceration (âlsârêi-shânn) *s* chaga; ferida; ulceração.
Ultimate (âl-timit) *adj* derradeiro; definitivo; fundamental; último.
Ululate (â-liulêit) *v* ulular; uivar.
Ululate (â-liulêit) *adj* ululante.
Ululation (âliulêi-shânn) *s* uivo; berro; latido.
Umbilicus (âmbilái-kâss) *s* umbigo.
Umbilicus (âmbilái-kâss) *adj* umbilical.
Umbrage (âm-bridj) *s* sombra; ressentimento.
Umbrella (âmbré-lâ) *s* guarda-chuva.
Umpire (âm-pâir) *s* árbitro.
Umpire (âm-pâir) *v* arbitrar.
Unable (ânêib-l) *adj* incapaz; fraco; impotente.
Unabridged (ânâbri-djd) *adj* não abreviado; completo.
Unaccented (ânéksén-tid) *adj* GRAM átono.
Unacceptable (ânéksép-tâbl) *adj* inaceitável; inadmissível.
Unaccountable (ânékáun-tâbl) *adj* inexplicável; irresponsável.
Unacknowledged (ânéknó-ledj) *adj* desconhecido.
Unacquainted (ânékuêin-tid) *adj* estranho; desconhecido.
Unadvised (ânédváiz-d) *adj* indiscreto; imprudente.
Unaffected (ânéfék-tid) *adj* franco; ingênuo.
Unaffectedness (ânéfék-tidnéss) *s* simplicidade; naturalidade; franqueza.
Unafraid (ânâfrêi-d) *adj* intimorato; sem medo.
Unallowable (ânéláu-âbl) *adj* inadmissível.
Unalterable (ânól-târâbl) *adj* inalterável; imutável.
Unambiguous (ânémbi-ghiuáss) *adj* claro; evidente.
Unanimity (iunâni-miti) *s* unanimidade.
Unanimous (iuné-nimâss) *adj* unânime; geral.
Unanswerable (ânân-sârâbl) *adj* irrespondível; irrefutável; incontestável.
Unappeasable (ânépi-zâbl) *adj* implacável.
Unapproachable (ânéprôu-tshâbl) *adj* inacessível; inabordável.
Unappropriate (ânéprôu-priêit) *adj* inapropriado.
Unapproved (ânépruv-d) *adj* desaprovado.
Unapt (ânép-t) *adj* inapto; incapaz.
Unargued (ânâr-ghiud) *adj* não debatido; não contestado.
Unarmed (ânárm-d) *adj* desarmado; inerme.
Unartful (ânâr-tful) *adj* sem artifício; ingênuo.
Unashamed (ânashêim-d) *adj* desavergonhado; descarado.
Unassailable (ânéssêi-râbl) *adj* inexpugnável; inatacável.
Unassuming (ânéssiu-minn) *adj* modesto; despretensioso.
Unattached (ânété-tsht) *adj* desligado; solto; separado.
Unattainable (ânétêi-nâbl) *adj* inacessível; inatingível.
Unattended (ânétén-did) *adj* negligenciado; só; desacompanhado.
Unavailable (ânâvêi-linn) *adj* inalcançável.

Unaware (ânâué-r) *adj* despercebido; desatento; desprevenido.
Unbaked (âmbêi-kt) *adj* não cozido.
Unbearable (ambé-râbl) *adj* insuportável; intolerável.
Unbecoming (ânbikâ-minn) *adj* indecente; impróprio; indecoroso.
Unbelieff (ânbilif) *s* descrença; incredulidade.
Unbelievable (ânbili-vâbl) *adj* incrível; inacreditável.
Unbend (ânbénd) *v* endireitar; afrouxar-se; descurvar; descansar; *past or pp* UNBENT.
Unbending (ânbén-dinn) *adj* intransigente; firme.
Unbent (ânbént) *adj* direito; não arqueado.
Unbidden (ânbidn) *adj* espontâneo; inesperado.
Unbind (ânbáind) *v* desatar; soltar; desligar; *past or pp* UNBOUND.
Unblushing (ânblâ-shinn) *adj* sem-vergonha.
Unboiled (ânbóild) *adj* cru; que não está cozido.
Unbolt (âmboult) *v* destrancar; abrir; explicar.
Unborn (ânbórn) *adj* futuro; nascituro.
Unbosom (ânbu-zâmm) *v* revelar; confessar; confiar.
Unburied (ânbé-râd) *adj* insepulto.
Unbutton (ânbât-n) *v* desabotoar.
Uncandid (ânkén-did) *adj* falso; insincero; traidor.
Uncanny (ânké-ni) *adj* imprudente; perigoso; inábil; sobrenatural.
Uncared (ânkérd) *adj* desamparado; abandonado.
Unceasing (ânsi-sinn) *adj* incessante; ininterrupto.
Uncertain (ânsâr-tinn) *adj* incerto; duvidoso; indeciso.
Uncertainty (ânsâr-tinti) *s* incerteza; dúvida; risco; irresolução.
Unchain (ântshêi-nn) *v* desencadear; liberar; desacorrentar.
Unchangeable (ântshén-djâbl) *adj* imutável; inalterável; constante.
Unchaste (ântshêist) *adj* impudico; lascivo; desonesto.
Unchastity (ântshêis-titi) *s* impudicícia; lascívia; desonestidade.
Unchecked (ântshék-t) *adj* desenfreado; desembaraçado.
Unchristian (ânkris-tshânn) *adj* anticristão; pagão.
Uncivil (ânsi-vil) *adj* incivil; rude; descortês.
Unclasp (ânklésp) *v* desabotoar; desprender; soltar.
Uncle (ânkl) *s* tio.
Unclean (ânkli-nm) *adj* sujo; imundo; obsceno.
Unclose (ânklôu-z) *v* abrir; desabrochar; revelar.
Unclothed (ânklôu-thd) *adj* nu; despido; despojado.
Unclouded (ânkláu-did) *adj* claro; sereno; sem nuvens.
Uncoil (ânkóil) *v* desenrolar; desdobrar; estender.
Uncollected (ânkolék-tid) *adj* esparso.
Uncomfortable (ânkâm-fârtâbl) *adj* penoso; incômodo; desagradável; aborrecido.
Uncommon (ânkô-mânn) *adj* incomum; extraordinário.
Uncomplaining (ânkómpléi-ninn) *adj* paciente.
Uncompromising (ânkôm-promáizinn) *adj* incondicional; intransigente; irreconciliável.
Unconcern (ânkón-sârn) *s* indiferença; apatia; frieza; desleixo; negligência.
Unconcerned (ânkón-sârnd) *adj* negligente; apático; insensível.
Unconditional (ânkóndi-shânâl) *adj* incondicional; absoluto.

UNCONFINED — UNEASINESS

Unconfined (ânkónfáind) *adj* ilimitado; desimpedido.
Unconfirmed (ánkónfârmd) *adj* não confirmado; indeciso.
Unconquerable (ânkón-kârâbl) *adj* inconquistável; invencível.
Unconscionable (ânkón-shânâbl) *adj* injusto; irracional; exorbitante.
Unconscious (ânkón-shâss) *adj* inconsciente; ignorante.
Unconsidered (ânkónsi-dârd) *adj* irrefletido; insignificante.
Unconstitutional (ânkónstitiu-shânâl) *adj* JUR inconstitucional.
Uncontestable (ânkóntés-tâbl) *adj* incontestável.
Unconventional (ânkónvén-shânâl) *adj* despreocupado.
Uncooked (ânku-kt) *adj* cru.
Uncork (ân-kêrk) *v* desarrolhar.
Uncorrected (ânkórék-tid) *adj* incorreto.
Uncorrupt (ânkórâp-t) *adj* incorrupto; probo.
Uncouth (ânku-th) *adj* tosco; rude; inculto.
Uncouthness (ânku-thnéss) *s* estranheza; grosseria; singularidade.
Uncover (ânkâ-vâr) *v* descobrir; destampar.
Unction (ânk-shânn) *s* unção; fervor; unguento.
Uncultured (ânkâl-tâhurd) *adj* inculto; rude; grosseiro.
Uncut (ânkâ-t) *adj* inteiriço.
Undamaged (ândé-midjd) *adj* indene; ileso; NÁUT sem dano; sem avaria.
Undated (ândêi-tid) *adj* sem data; ondulado.
Undaunted (ândôn-tid) *adj* ousado; intrépido.
Undauntedness (ândíssáidi-dnéss) *s* intrepidez; ousadia.
Undecided (ândíssái-did) *adj* indeciso; indeterminado.
Undecked (ândé-kt) *adj* sem ornamentos; sem decorações.
Undefiled (ândifáild) *adj* sem mancha; puro.
Undefined (ândifáind) *adj* indefinido.
Undeniable (ândinái-âbl) *adj* inegável; incontestável.
Under (ân-dâr) *adj* inferior; subordinado.
Under (ân-dâr) *adv* debaixo; embaixo; por baixo.
Under (ân-dâr) *prep* debaixo; embaixo; por baixo.
Underaged (ân-dâridjd) *adj* JUR menoridade.
Underbred (ân-dârbred) *adj* malcriado; rude; mal educado.
Undercoat (ân-dârkôut) *s* roupa usada sob o paletó ou o casaco.
Undercroft (ân-dârkróft) *s* câmara subterrânea; cripta (de igreja).
Underdone (ân-dârdânn) *adj* mal passado (mal cozido ou assado); meio cru.
Underfoot (ân-dârfut) *adj* abjeto; vil.
Underfoot (ân-dârfut) *v* escorar.
Underfoot (ân-dârfut) *adv* sob os pés.
Undergarment (ân-dâr-gar-ment) *s* roupa íntima (de baixo).
Undergo (ân-dârgóu) *v* sofrer; sujeitar-se; passar por; *past* UNDERWENT; *pp* UNDERGONE.
Underground (ân-dârgráund) *s* subterrâneo; masmorra; USA SUBWAY.
Underground (ân-dârgráund) *adj* subterrâneo.
Underhand (ân-dâr-hénd) *adj* secreto; clandestino.
Underhand (ân-dâr-hénd) *adv* clandestinamente.
Underhanded (ân-dâr-hén-did) *adj* secreto; dissimulado; clandestino.
Underlease (ân-dârliss) *s* sublocação.
Underlease (ân-dârliss) *v* sublocar.
Underline (ân-dârláinn) *s* sublinha.
Underline (ân-dârláinn) *v* sublinhar.
Underlying (ân-dârláinn) *adj* subjacente; FIG fundamental; principal.
Undermentioned (ân-dâr-mén-shând) *adj* abaixo-mencionado.
Undermost (ân-dârmôust) *adj* o mais baixo; ínfimo.
Underneath (ândârni-th) *adv* debaixo; por baixo; abaixo.
Underplot (ân-dârplót) *s* maquinação; trama; intriga; cilada.
Underprize (ân-dârpráiz) *v* menosprezar.
Underprop (ân-dârpróp) *v* escorar; sustentar.
Underscore (ân-dêrs-kâr) *v* sublinhar.

Undersecretary (ân-dâr-sé-kritéri) *s* subsecretário.
Underset (ân-dârsét) *v* reforçar; suportar; escorar.
Undershirt (ân-dârshârt) *s* camiseta.
Underside (ân-dârsáid) *s* lado de baixo; face inferior.
Undersign (ân-dârsáinn) *v* subscrever; assinar; firmar.
Underskirt (ân-dâr-skârt) *s* saia de baixo; combinação.
Understand (ândârstân-d) *v* entender; supor; compreender; saber; *past or pp* UNDERSTOOD.
Understandable (ândârstén-dâbl) *adj* compreensível; inteligível.
Understanding (ândârstén-dinn) *s* compreensão; entendimento.
Undertake (ândârtêi-k) *v* empreender; prometer; contratar; *past* UNDERTOOK and *pp* UNDERTAKEN.
Undertaker (ândârtêi-kr) *s* dono de empresa funerária (ou funcionário).
Undertaking (ândârtêi-kinn) *s* empreendimento; empreitada.
Undertenancy (ândârté-nânsi) *s* sublocação.
Undertone (ân-dârtóunn) *adj* meia tinta; a meia voz.
Undertow (ân-dârtôu) *s* ressaca; fluxo e refluxo; cansaço (por embriaguês ou por não dormir).
Underwear (ân-dâr-uér) *s* roupa de baixo.
Underwood (ân-dâr-uud) *s* arbusto; mato (rasteiro).
Underwork (ân-dâr-uârk) *s* trabalho subordinado; rotina.
Underwork (ân-dâr-uârk) *v* trabalhar pouco (menos do que o necessário).
Underworld (ân-dâr-uârld) *s* gente vil; gente má.
Underwrite (ân-dâráit) *v* subscrever; garantir; tomar um seguro; *past* UNDERWROTE and *pp* UNDERWRITTEN.
Underwriter (ân-dâráitâr) *s* agente de seguro (vendedor); segurador.
Underwriting (ân-dâráitinnn) *s* seguro.
Undescribable (ândiskrâ-bâbl) *adj* indescritível.
Undeserved (ândizârv-d) *adj* injusto; imerecido.
Undesigned (ândizáin-d) *adj* involuntário.
Undesirable (ândizái-râbl) *adj* indesejável; inconveniente.
Undetermination (ânditârninêi-shânn) *s* indecisão.
Undetermined (ânditâr-mind) *adj* incerto; indeterminado; indeciso.
Undigested (ândijés-tid) *adj* indigesto.
Undiscovered (ândiskâ-vard) *adj* oculto; encoberto; desconhecido; inexplorado.
Undisguised (ândisgáiz-d) *adj* franco; simples; sem disfarce.
Undismayed (ândismêi-d) *adj* firme; animoso; corajoso; destemido.
Undisputed (ândispiu-tid) *adj* incontestável; evidente; incontroverso.
Undistinctive (ândistink-tiv) *adv* imparcial.
Undistinguished (ândistin-güisht) *adj* indistinto.
Undisturbed (ândistârb-d) *adj* impassível; tranquilo; sereno.
Undivided (ândiváí-did) *adj* indiviso.
Undo (ându-) *v* desfazer; desmanchar; desatar; empobrecer; arruinar; *past* UNDID *and pp* UNDONE.
Undoing (ându-inn) *s* ruína; destruição; arrasamento.
Undone (ândâ-nn) *adj* desfeito; invalidado; arruinado.
Undoubted (ândáu-tid) *adj* indubitável; certo; evidente.
Undress (ândré-ss) *s* roupa caseira.
Undress (ândré-ss) *v* despir.
Undue (ândiu-) *adj* indevido; ilegal; excessivo.
Undulate (ân-diulêit) *v* ondular; ondear.
Undulation (ândiulêi-shânn) *s* ondulação.
Unduly (ândiu-li) *adv* ilegalmente; indevidamente; irregularmente.
Undutiful (ândiu-tiful) *adj* desobediente.
Undying (ândái-in) *adj* imortal; perene; eterno.
Unearth (ânâr-th) *v* desenterrar; descobrir; revelar.
Uneasiness (âni-zinéss) *s* desassossego; abalo; mal-estar.

UNEASY — UNLACE

Uneasy (âni-zi) *adj* penoso; desassossegado; inquieto; enfadonho.
Uneducated (âné-diukêitid) *adj* inculto; rude.
Unembarrassed (ânimbé-râst) *adj* desembaraçado; livre; altivo; esperto.
Unemployed (ânimplói-d) *adj* desempregado; ocioso; desocupado.
Unemployment (ânimplói-ment) *s* desemprego; inatividade.
Unending (ânén-dinn) *adj* infinito; eterno.
Unendurable (ânêndiu-râbl) *adj* insuportável.
Unequal (âni-kuâl) *adj* desigual; irregular.
Unequalness (âni-kuâlnéss) *s* irregularidade; desigualdade.
Unequitable (âné-kuitâbl) *adj* parcial; injusto.
Unequivocal (ânikui-vokâl) *adj* inequívoco; claro.
Unerring (ânâ-rinn) *adj* infalível.
Uneven (ânivn) *adj* desigual.
Unevenness (ânivn-néss) *s* desigual; irregular; acidentado.
Uneventful (ânivén-tiful) *adj* calmo; tranquilo; sossegado.
Unexceptionable (ânéksép-shânâbl) *adj* irrepreensível; irrecusável; perfeito.
Unexceptional (âniksép-shânâl) *adj* usual; corrente; banal; trivial.
Unexcusable (ânekskiu-sâbl) *adj* indesculpável.
Unexpected (ânékspék-tid) *adj* inesperado; imprevisto.
Unexperienced (ânekspi-rienst) *adj* ingênuo; inexperiente; bisonho.
Unexplored (âneksplô-rd) *adj* inexplorado; desconhecido; ignorado.
Unexpressed (ânéksprés-t) *adj* tácito; subentendido.
Unfading (ânfêi-dinn) *adj* perpétuo; eterno; imorredouro.
Unfair (ânfé-r) *adj* injusto; desleal; infiel; falso.
Unfairness (ânfér-néss) *s* deslealdade; infidelidade; deslealdade.
Unfashionable (ânfé-shânâbl) *adj* desusado; raro.
Unfasten (ânfés-n) *v* desparafusar; desabotoar; soltar; desligar.
Unfavorable (ânfêi-vârâbl) *adj* desfavorável; adverso; desvantajoso.
Unfeeling (ânfi-linn) *adj* insensível; cruel.
Unfeigned (ânfêin-d) *adj* verdadeiro.
Unfetter (ânfé-târ) *v* soltar; libertar.
Unfinished (ânfi-nisht) *adj* não acabado; incompleto; imperfeito.
Unfit (ânfi-t) *adj* incapaz; inadequado.
Unfit (ânfi-t) *v* inabilitar; incapacitar.
Unfitness (ânfit-néss) *s* incapacidade; impropriedade.
Unfitting (ânfi-tinn) *adj* impróprio; inconveniente.
Unfix (ânfi-ks) *v* destacar; desfazer.
Unflagging (ânflé-ghinn) *adj* constante; persistente.
Unfledged (ânflé-djid) *adj* implume; imaturo.
Unflinching (ânflin-tshinn) *adj* firme; resoluto.
Unfold (ânfôul-d) *v* revelar-se; desenvolver-se; realizar-se; esclarecer; denunciar.
Unfolding (ânfôul-dinn) *s* desdobramento; expansão; solução.
Unforeseen (ânfôr-siinn) *adj* imprevisto; inesperado.
Unforgivable (ânfórghi-vâbl) *adj* imperdoável.
Unforgiving (ânfórghi-vinn) *adj* implacável; inflexível; inexorável.
Unformed (ânfórm-d) *adj* informe; disforme.
Unfortunate (ânfór-tshânit) *adj* infortunado; infeliz.
Unfounded (ânfáun-did) *adj* infundado; falso.
Unfriendly (ânfrén-dli) *adj* inamistoso; hostil.
Unfriendly (ânfrén-dli) *adv* hostilmente.
Unfruitful (ânfru-tiful) *adj* estéril; infrutífero.
Ungear (ânghir-) *v* AUT desengrenar; desembrear.
Ungenerous (ândjé-nârâss) *adj* mesquinho; egoísta.
Ungenial (ândji-niâl) *adj* insalubre; rude; áspero.
Ungentle (ândjént-l) *adj* rude; grosseiro; descortês.
Unglorious (ânglô-riâss) *adj* inglório.
Unglue (ânglu) *v* descolar; desgrudar.

Ungovernable (ângâ-vârnâbl) *adj* ingovernável.
Ungoverned (ângâ-vârnd) *adj* insubordinado; desregrado.
Ungracious (ângrêi-shâss) *adj* desagradável.
Ungrateful (ângrêit-ful) *adj* ingrato; desagradável.
Ungratefulness (ângrêit-fulnéss) *s* ingratidão; desagrado.
Unguarded (ângár-did) *adj* sem proteção; desguarnecido; descuidado.
Ungula (ân-ghiulâ) *s* unha; garra; casco.
Unhand (ân-hénd) *v* largar; soltar.
Unhandy (ânhén-di) *adj* desajeitado; incômodo; inconveniente.
Unhappiness (ân-hé-pinéss) *s* infelicidade; infortúnio.
Unhappy (ân-hé-pi) *adj* infeliz.
Unharmed (ân-hárm-d) *adj* incólume; são e salvo.
Unhealthy (ân-hél-thi) *adj* insalubre; doentio.
Unheeding (ân-hi-dinn) *adj* descuidado; negligente.
Unhesitating (ân-hé-zitêitinn) *adj* resoluto; decidido.
Unhinge (ân-hindz) *v* desmontar; confundir; desarranjar.
Unholiness (ân-hôu-linéss) *s* impiedade; descrença; profanação.
Unholy (ân-hôu-li) *adj* ímpio; profano; hereje.
Unhook (ân-hu-k) *v* desenganchar; desprender.
Unhorse (ân-hór-ss) *v* desmontar (do cavalo).
Unhospitable (ân-hós-pitâbl) *adj* inóspito.
Unhouse (ân-háu-ss) *v* desalojar; despejar.
Unhuman (ân-hiu-mânn) *adj* desumano.
Unicorn (iu-nikórn) *s* unicórnio; MIT cavalo (com um chifre na testa).
Unification (iunifikêi-shânn) *s* unificação.
Uniform (iu-nifórmm) *adj* uniforme; igual.
Uniformity (iu-nifór-miti) *s* uniformidade.
Unify (iu-nifái) *v* unificar; uniformizar.
Unimpaired (ânimpérd) *adj* intacto; ileso; inteiro.
Unimpeachable (ânimpi-tshâbl) *adj* impecável; irrepreensível.
Uninhabitable (ânin-hé-bitâbl) *adj* inabitável.
Uninhabited (ânin-hé-bitid) *adj* inabitado; deserto; desabitado.
Uninjured (ânin-djurd) *adj* ileso; intacto.
Unintelligent (âninté-lidjént) *adj* estúpido; ignorante.
Unintelligible (ânintê-lidjibl) *adj* ininteligível; incompreensível.
Uninterested (ânin-târéstid) *adj* indiferente; desinteressado.
Uninteresting (ânin-târéstinn) *adj* desinteressante; insípido.
Uninterrupted (ânintârâp-tid) *adj* ininterrupto.
Union (iu-niân) *s* união; aliança; sindicato de empregados; UNION Jack: pavilhão do Reino Unido.
Unique (iuni-k) *adj* único; singular.
Unison (iu-nissânn) *s* unissonância; harmonia.
Unison (iu-nissânn) *adj* uníssono.
Unit (iu-nit) *s* unidade.
Unitary (iu-nitâri) *adj* unitário; integral.
Unite (iunái-t) *v* unir; aliar-se; reunir.
United (iunái-tid) *adj* unido; reunido; junto.
Unity (iu-niti) *s* unidade; união; concórdia.
Universal (iunivâr-sâl) *adj* universal.
Universe (iu-nivârss) *s* universo.
University (iu-nivârsiti) *s* universidade.
Unjust (ândjâst) *adj* injusto.
Unjustifiable (ândjâs-tifáiâbl) *adj* injustificável.
Unjustness (ândjâst-néss) *s* injustiça; iniquidade.
Unkempt (ânkémpt) *adj* despenteado; inculto; áspero.
Unkind (ânkáind) *adj* indelicado; descortês; grosseiro.
Unkindness (ânkáind-néss) *s* indelicadeza; grosseria; maldade.
Unknot (ân-nót) *v* desatar; desenlaçar; abrir.
Unknowing (ânôu-inn) *adj* ignorante.
Unknowingness (ânôu-innéss) *s* ignorância.
Unknown (ânôu-nn) *adj* ignorado; incógnito; desconhecido; estranho.
Unlace (ânlêi-ss) *s* indivíduo desconhecido.
Unlace (ânlêi-ss) *v* desapertar; desatar.

UNLADE — UNSETTLED

Unlade (ânlêi-d) *v* descarregar mercadorias; desembaraçar.
Unlading (ânlêi-dinn) *s* descarregamento; desembarque.
Unlawful (ânló-ful) *adj* ilegal; bastardo; ilegítimo.
Unlearned (ânlârnd) *adj* iletrado; ignorante.
Unleavened (ânlévnd) *adj* ázimo.
Unless (ânlé-ss) *conj* salvo se; a não ser que; a menos que.
Unlettered (ânlé-târd) *adj* iletrado; ignorante.
Unlike (ânláik) *adj* diferente; desigual.
Unlimber (ânlim-bâr) *adj* rígido; pouco flexível.
Unlimited (ânli-mitd) *adj* ilimitado; irrestrito.
Unlink (ânlink) *v* desfazer; desenrolar; desunir; desacorrentar; desligar.
Unload (ânlôud) *v* descarregar; aliviar; exonerar.
Unloading (ânlôu-dinn) *s* descarregamento; descarga.
Unlock (ânló-k) *v* destrancar; desferrolhar; abrir.
Unlooked (ânlukt) *adj* inesperado; imprevisto.
Unloose (ânlu-ss) *v* desatar; afrouxar.
Unlovely (ânlâ-vli) *adj* desagradável; não amado.
Unluckiness (ânlâ-kinéss) *s* infelicidade; desventura; infortúnio.
Unlucky (ânlâ-ki) *adj* infeliz; funesto; que dá azar.
Unman (ânmaen) *v* desanimar; efeminar; castrar.
Unmanliness (ânmaen-linéss) *s* efeminação; desumanidade.
Unmanly (ânmaen-li) *adj* efeminado; afemindado; inumano.
Unmarried (ânmé-rid) *adj* não casado.
Unmeasurable (ânmé-járábl) *adj* ilimitado; imensurável.
Unmerciful (ânmâr-siful) *adj* impiedoso; cruel; inexorável.
Unmercifulness (ânmâr-sifulnéss) *s* crueldade; inclemência.
Unmindful (ânmáind-ful) *adj* descuidado; esquecido; negligente.
Unmistakable (ânmistêi-kâbl) *adj* manifesto; claro; evidente; óbvio.
Unmixed (âmi-kst) *adj* sem mistura; puro.
Unmoor (ânmu-r) *v* NÁUT desamarrar; levantar ferros.
Unmovable (ânmu-vábl) *adj* imóvel; firme; inabalável.
Unmoved (ânmu-vd) *adj* fixo; imóvel; impassível.
Unnamed (ânêim-d) *adj* anônimo; sem nome.
Unnatural (ânê-tshurâl) *adj* artificial; forçado; inatural.
Unnecessary (âné-sesséri) *adj* desnecessário; dispensável; supérfluo.
Unnerve (ânârv) *v* enervar; tirar a coragem; enfraquecer.
Unnumbered (ânâm-bârd) *adj* inumerável.
Unobservance (ânâbzâr-vânss) *s* inobservância.
Unobservant (ânâbzâr-vânt) *adj* inobservante; negligente.
Unobserved (ânâbzâr-vd) *adj* despercebido.
Unobtrusive (ânâbtru-siv) *adj* discreto; modesto; recatado.
Unoffensive (ânofén-siv) *adj* inofensivo.
Unopened (ânôu-pând) *adj* fechado.
Unorganized (ânór-gânáizd) *adj* inorgânico; inorganizado.
Unostentatious (ânóstentêi-shâss) *adj* simples; modesto; sem ostentação.
Unowned (ânóund) *adj* sem dono.
Unpack (ânpék) *v* desenfardar; desembrulhar; desabafar.
Unpeople (ânpipl) *v* despovoar; devastar.
Unperceivable (ânpârsi-vábl) *adj* imperceptível.
Unperceived (âmpârsi-vd) *adj* despercebido; inobservado.
Unperturbed (ânpârtâr-bd) *adj* impassível; calmo.
Unpick (ânpi-k) *v* desatar; desfazer; descoser.
Unpitied (âmpi-tid) *adj* despiedado; cruel.
Unpitying (ânpi-tiinn) *adj* cruel; inexorável.
Unpleasant (ânpléznat) *adj* desagradável; enfadonho; aborrecido.
Unpleasantness (ânplézan-tnéss) *s* desagrado; enfado; aborrecimento.
Unpleasing (ânpli-zinn) *adj* desagradável; indelicado.
Unpolished (ânpó-lisht) *adj* incivil; bruto; áspero; indelicado.
Unpolite (ânpoláit) *adj* descortês.
Unpoliteness (ânpoláit-néss) *s* descortesia; indelicadeza.

Unpolluted (ânpoliu-tid) *adj* impoluto; sem mancha; imaculado.
Unpractical (ânprék-tikâl) *adj* impraticável.
Unprejudiced (ânpré-djudist) *adj* imparcial; sem preconceitos.
Unpretending (ânpritén-dinn) *adj* modesto; sem pretensão.
Unpretentious (ânpritén-shâss) *adj* modesto; despretensioso.
Unpreventable (ânprivén-tábl) *adj* inevitável.
Unproductive (ânprâdâk-tiv) *adj* estéril; improdutivo.
Unproductiveness (ânprâdâk-tivnéss) *s* esterilidade; infecundidade.
Unprofitable (ânpró-fitâbl) *adj* inútil; inaproveitável.
Unpropitious (ânpropi-shâss) *adj* impróprio; desfavorável; não favorável.
Unprotected (ânproték-tid) *adj* desprotegido; desamparado.
Unprovided (ânprovái-did) *adj* desprovido; desprevenido.
Unpublished (ân-páblisht) *adj* não publicado; inédito.
Unpunished (ânpâ-nisht) *adj* impune.
Unqualified (ânkuó-lifáid) *adj* inábil; incompetente.
Unquestionable (ânkués-tshânâbl) *adj* indiscutível; inquestionável.
Unravel (ânré-vál) *v* desenredar; desfiar; desemaranhar; esclarecer.
Unread (ânré-d) *adj* não lido; ignorante.
Unready (ânré-di) *adj* desprevenido; não preparado.
Unreal (ânri-ál) *adj* irreal; fantasioso; falso.
Unreality (ânriê-liti) *s* irrealidade.
Unreason (ânriz-n) *s* tolice; absurdo.
Unreasonable (ânriz-nábl) *adj* desarrazoado; exorbitante.
Unrecognizable (ânré-kognáizábl) *adj* irreconhecível.
Unreconcilable (ânré-kânsáiábl) *adj* irreconciliável.
Unrefined (ânrifáin-d) *adj* não refinado; inculto; impolido.
Unrelenting (ânrilén-tinn) *adj* implacável; duro; inflexível.
Unreliable (ânrilái-âbl) *adj* inexato; duvidoso.
Unremitting (ânrimi-tinn) *adj* persistente; contínuo; incessante.
Unremovable (ânrimu-vâbl) *adj* imóvel; inamovível.
Unrepairable (ânripé-rábl) *adj* irreparável.
Unrepentant (ânripén-tânt) *adj* impenitente.
Unrest (ânrést) *s* inquietação; desassossego; inquietude.
Unrestful (ânrést-ful) *adj* desassossegado; inquieto; agitado.
Unrestrained (ânristrêind) *adj* desenfreado; livre; imoderado; impedido.
Unrighteous (ânrái-tshâss) *adj* perverso; cruel; mau.
Unrightful (ânráit-ful) *adj* injusto; perverso.
Unripe (ânrái-p) *adj* não maduro (verde).
Unripeness (ânráip-néss) *s* estado imaturo; falta de amadurecimento.
Unrobe (ânrôub) *v* desnudar-se; despir-se.
Unrope (ânrôup) *v* desatar; desmanchar um nó.
Unruly (ânru-li) *adj* indômito; desenfreado; turbulento.
Unsafe (ânséif) *adj* perigoso; arriscado.
Unsatisfied (ânsé-tisfáid) *adj* insatisfeito; descontente.
Unsavory (ânsêi-vâri) *adj* insípido; sem sabor; desagradável.
Unsay (ânsé-i) *v* desdizer; retratar-se; *past or pp* UNSAID.
Unscrew (âns-kru) *v* desparafusar; despertar; desenroscar; desatarrachar.
Unscrupulous (ânskrup-piulâss) *adj* inescrupuloso.
Unsearchable (ânsâr-tshâbl) *adj* inescrutável; insondável.
Unseasonable (ânsâr-tshâbl) *adj* extemporâneo; inoportuno; intempestivo.
Unseat (ânsit) *v* derrubar; remover do cargo; tirar do lugar.
Unseemly (ânsim-li) *adj* indecoroso; indecente; feio.
Unseen (ânsi-nn) *adj* invisível; oculto; despercebido.
Unselfish (ânsélf-fish) *adj* altruísta; que faz caridade; desinteressado.
Unserviceable (ânsâr-visâbl) *adj* inútil; imprestável.
Unsettle (ânsétl) *v* deslocar; remover; alterar; perturbar.
Unsettled (ânsé-tld) *adj* variável; inconstante; indeciso.

UNSEVERED — UPSTART

Unsevered (ânsé-vârd) *adj* indiviso; pertencente a diversas pessoas (ao mesmo tempo).
Unshaken (ânshêikn) *adj* imóvel; firme.
Unshapen (ânshêipn) *adj* disforme; informe.
Unship (ânshi-p) *v* NÁUT descarregar; desembarcar.
Unshipment (ânship-ment) *s* descarregamento; desembarque.
Unshod (ânshód) *adj* descalço; desferrado.
Unskilful (ânskil-ful) *adj* inábil; inexperiente.
Unskilfulness (ânskil-fulnéss) *s* imperícia; falta de habilidade.
Unsociable (ânsôu-shâbl) *adj* insociável; intratável.
Unsought (ânsót) *adj* inexplorado; involuntário.
Unsound (ânsáund) *adj* doente; corrompido; pouco firme.
Unsoundness (ânsáund-néss) *s* falta de força; corrupção; fraqueza.
Unspeakable (ânspi-kâbl) *adj* inexprimível; inefável.
Unspoiled (ânspóilt) *adj* intacto; livre de dano; não defeituoso.
Unspoilt (âns-pêilt) *adj* preservado; indene.
Unstability (ânstâbi-liti) *s* instabilidade.
Unstable (ânstêibl) *adj* instável; variável.
Unsteady (ânsté-di) *adj* inconstante; irresoluto.
Unstitch (ânsti-tsh) *v* descoser; descosturar.
Unstressed (ânstrést) *adj* átono; não acentuado.
Unstudied (ânstâ-did) *adj* não estudado; improvisado.
Unsubduable (ânsâbdiu-âbl) *adj* indomável; inconquistável.
Unsubdued (ânsâbdiu-d) *adj* indomado.
Unsubmissive (ânsâbmi-siv) *adj* insubmisso.
Unsubstantial (ânsâbstén-shâl) *adj* imaterial; impalpável.
Unsuccessful (ânsâksés-ful) *adj* infeliz.
Unsuitable (ânsiu-tâbl) *adj* impróprio; desproporcionado.
Unsurmountable (ânsârmáun-tâbl) *adj* insuperável.
Unsuspected (ânsâspék-tid) *adj* insuspeito.
Unsuspecting (ânsâspék-tinn) *adj* confiante; ingênuo.
Unsuspicious (ânsâspi-shâss) *adj* sem suspeita.
Unsymmetric (ânsimé-trik) *adj* assimétrico.
Unsympathetic (ânsimpâthé-tik) *adj* pouco simpático.
Untainted (ântêin-tid) *adj* não corrompido; imaculado.
Untamable (ântêi-mâbl) *adj* indomável.
Untangle (ânténgl) *v* desembaraçar; desenredar.
Untaught (ântót) *adj* analfabeto; ignorante; natural; espontâneo.
Unteachable (ânti-tshâbl) *adj* indócil; que não aprende.
Untenable (ânti-nâbl) *adj* indefensável; insustentável.
Unthankful (ânthénk-ful) *adj* ingrato.
Unthinking (ânthin-kinn) *adj* irrefletido; indiscreto.
Unthriftiness (ânthrif-tinéss) *s* desperdício; prodigalidade.
Unthrifty (ânthrif-ti) *adj* pródigo; esbanjador; improfícuo.
Untidiness (ântái-dinéss) *s* falta de asseio; negligência.
Untidy (ântái-di) *adj* desarranjado; sujo; negligente.
Untie (ântá-i) *v* desatar; desamarrar; soltar; afrouxar.
Until (ântil) *prep* até.
Until (ântil) *conj* até que.
Unto (ân-tu) *prep* a; ao; aos; em; para; dentro.
Untouchable (ântâ-tshâbl) *adj* intocável; inatacável.
Untouched (ântâ-tsht) *adj* intacto; ileso.
Untoward (ântôu-ârd) *adj* perverso; desagradável.
Untowardness (ântôu-ârdnéss) *s* teima; perversidade.
Untraceable (ântrêi-sâbl) *adj* impenetrável; inexplicável.
Untransferable (ântrénsfâ-râbl) *adj* intransferível.
Untranslatable (ântrânslêi-tâbl) *adj* intraduzível.
Untroubled (ântrâ-bld) *adj* quieto; calmo; sossegado.
Untrue (ântru) *adj* não verídico; inverossímil; falso.
Untruth (ântru-th) *s* falsidade; mentira.
Untruthful (ântru-thful) *adj* falso; inverídico; desleal.
Untwist (ântúist) *v* destorcer; desentrançar; desenrolar.
Unusual (âniu-juâl) *adj* raro; incomum; desusado; estranho.
Unutterable (ânâ-târâbl) *adj* inexprimível; inenarrável.
Unvariable (ânvé-riâbl) *adj* invariável; constante.
Unwarrantable (ânuó-rântâbl) *adj* injustificável; indefensável.
Unwarranted (ânuó-rântid) *adj* incerto; não garantido; não autorizado.
Unwary (ânué-ri) *adj* incauto.
Unwell (ânuel) *adj* indisposto; adoentado.
Unwholesome (ân-hôul-sâmm) *adj* insalubre; doentio.
Unwise (ânuái-z) *adj* imprudente; ignorante; insensato.
Unwitting (ânui-tinn) *adj* inconsciente; despercebido.
Unwitting (ânui-tinn) *adv* sem perceber.
Unwonted (ânuôun-tid) *adj* invulgar.
Unwontedness (ânuôun-tidnéss) *s* raridade.
Unworthiness (ânuâr-thinéss) *s* indignidade.
Unworthy (ânuâr-thi) *adj* indigno; desonroso; vil.
Unwrap (ânré-p) *v* desembrulhar; desenrolar; abrir.
Unwritten (ânrit-n) *adj* verbal; não escrito.
Unyielding (âni-ildinn) *adj* inflexível; tenaz; inabalável.
Up (âp) *s* o alto; subida; prosperidade.
Up (âp) *v* levantar-se.
Up (âp) *adj* ascendente.
Up (âp) *adv* em cima; em posição vertical; com segurança.
Up (âp) *prep* em cima; acima; para cima; sobre; em.
Up (âp) *interj* de pé!.
Upbear (âp-bêr) *v* elevar; sustentar; sublevar; *past* UPBORE *or pp* UPBORNE.
Upbraid (âpbrêid) *v* censurar; repreender; afrontar; ultrajar.
Upcast (âp-kást) *s* arremesso para o alto.
Upcast (âp-kást) *adj* levantado.
Update (âp-dêit) *v* atualizar; tornar moderno.
Upgrade (âp-grêid) *s* elevação; subida; aclive; elevar a qualidade.
Upheave (âp-hi-v) *v* levantar; sublevar; soerguer; alçar.
Uphold (âp-hôuld) *v* levantar; elevar; sustentar; proteger; *past or pp* UPHELD.
Upholder (âp-hôul-dâr) *s* apoio; sustentáculo.
Upholster (âp-hôuls-târ) *v* acolchoar; estofar.
Upland (âp-lénd) *s* terreno elevado; região montanhosa.
Upland (âp-lénd) *adj* montanhoso; elevado.
Uplander (âp-léndâr) *s* montanhês.
Uplift (âp-lift) *s* elevação; melhoria.
Uplift (âp-lift) *v* levantar; elevar.
Upon (âpó-nn) *prep* sobre; em cima de; próximo de.
Upper (â-pâr) *s* parte superior dum calçado.
Upper (â-pâr) *adj* superior; mais alto ou elevado; de cima.
Uppercase (á-pâr-keiz) *s* TIP maiúscula.
Uppermost (â-pârmôust) *adj* o mais alto; o mais elevado.
Uppish (â-pish) *adj* altivo; soberbo; orgulhoso.
Uppishness (â-pishnéss) *s* soberba; arrogância.
Upraise (âprêi-z) *v* levantar; erguer; excitar; exaltar.
Upright (âp-ráit) *adj* direito; ereto; vertical; de pé.
Upright (âp-ráit) *adv* verticalmente.
Uprightness (âp-ráitnéss) *s* prumo; retidão; justiça; honradez.
Uprise (âprái-ss) *s* subida; ladeira.
Uprise (âprái-ss) *v* levantar; subir; surgir.
Uprising (âprái-zinn) *s* ato de levantar-se; revolta motim.
Uproar (â-prôur) *s* tumulto; algazarra; barulho.
Uproarious (âprôu-riâss) *adj* ruidoso; tumultuoso.
Upset (âpsét) *s* transtorno; desarranjo.
Upset (âpsét) *v* derrubar; entornar; chatear; entristecer; desapontar; *past or pp* UPSET.
Upset (âpsé-t) *adj* contrariado; aborrecido.
Upshot (âp-shót) *s* fim; remate; conclusão.
Upside (âp-sáid) *s* a parte superior.
Upstairs (âp-stérz) *s* o andar superior.
Upstairs (âp-stérz) *adj* pertencente a um pavimento ou andar superior.
Upstairs (âp-stérz) *adv* no andar superior.
Upstart (âp-stárt) *s* pessoa de classe inferior que chegou ao sucesso; novo-rico.
Upstart (âp-stárt) *v* elevar-se subitamente; levantar-se.

UPTAKE — UXORIOUS

Uptake (âp-têik) *s* ato de levantar; tubo de caldeira; FIG apreensão mental.
Upthrust (âp-thrâst) *s* impulso para cima.
Upward (âp-uârd) *adj* dirigido para cima; levantado.
Upward (âp-uârd) *adv* para cima; subindo; mais; além.
Uranus (jue-rêinês) *s* Urano (7º planeta do nosso sistema solar).
Urban (âr-bânn) *adj* urbano; da cidade.
Urbanity (ârbé-niti) *s* urbanidade; cortesia.
Urchin (âr-tshinn) *s* ouriço; moleque; menino travesso.
Urge (ârdj) *v* urgir; insistir com; apressar; empurrar.
Urgency (âr-djensi) *s* urgir; insistir; instar; provocar.
Urgent (âr-djent) *adj* urgente; insistente.
Urinal (iu-rinâl) *s* urinol.
Urine (iu-rinn) *v* urinar.
Urn (ârn) *s* urna; vaso; cântaro.
Ursine (âr-sáinn) *adj* ursino; de urso; peludo.
Us (âs) *pron* nós; nos.
Usage (iu-zidj) *s* uso; prática; costume; hábito; procedimento.
Use (iuz) *s* uso; costume; hábito.
Use (iuz) *v* usar; utilizar; acostumar-se; habituar; *my parents USED to work in a circus*: meus pais trabalhavam num circo.
Used (iuzt) *adj* acostumado; habituado.
Useful (iuz-ful) *adj* útil; proveitoso; lucrativo.
Usefulness (iuz-fulnéss) *s* utilidade; vantagem; lucro.
Usher (â-shâr) *s* porteiro; escudeiro.
Usher (â-shâr) *v* introduzir; anunciar.
Usual (iu-juâl) *adj* usual; frequente; habitual.
Usually (iu-juâli) *adv* usualmente.
Usurious (iujiu-riâss) *adj* usuário.
Usurp (iuzâr-p) *v* usurpar; apoderar-se de.
Usurpation (iuzârpêi-shânn) *s* usurpação.
Utensil (iutén-sil) *s* utensílio; instrumento; vasilha.
Utilitarian (iutilitêi-riânn) *s* utilitário.
Utilitarian (iutilitêi-riânn) *adj* utilitário.
Utility (iuti-liti) *s* utilidade; proveito.
Utilization (iutilizêi-shânn) *s* utilização.
Utilize (iu-tiláiz) *v* utilizar; aproveitar; tirar proveito de.
Utmost (ât-môust) *adj* extremo; derradeiro; máximo.
Utter (â-târ) *adj* exterior; total; completo.
Utter (â-târ) *v* proferir; pronunciar; revelar.
Utterance (â-târânss) *s* elocução; articulação.
Uvula (iu-viulâ) *s* ANAT úvula; campainha.
Uxorious (âksôu-riâss) *adj* uxório; muito carinhoso; terno para com a mulher.

V

V (vi) *s* vigésima primeira letra do alfabeto Português e vigésima segunda letra do alfabeto Inglês.
Vacancy (vêi-kânsi) *s* vaga; lacuna; vácuo.
Vacant (vêi-kânt) *adj* vago; livre; desocupado.
Vacate (vé-kêit) *v* vagar; anular.
Vacation (vêikêi-shânn) *s* férias; descanso; anulação; tranquilidade; sossego.
Vacation (vêikêi-shânn) *v* tirar férias; gozar férias.
Vaccinate (vaéksinêit) *v* vacinar.
Vaccination (véksinêi-shânn) *s* vacinação.
Vaccine (vé-ksinn) *s* vacina.
Vacillate (vé-silêit) *v* vacilar; hesitar.
Vacillation (véssilêi-shânn) *s* vacilação; hesitação.
Vacuity (vâkiu-iti) *s* vacuidade; estupidez; vão; vácuo.
Vacuous (vé-kiuâss) *adj* vazio; estúpido.
Vagabond (vé-gâbónd) *s* vagabundo; vadio.
Vagabond (vé-gâbónd) *adj* vagabundo; vadio.
Vagary (vâghêi-ri) *s* excentricidade; capricho.
Vagina (vâ-dejain) *s* ANAT vagina.
Vagrancy (vêi-grânsi) *s* vadiagem; ociosidade.
Vagrant (vêi-grânt) *s* vagabundo; vadio; errante.
Vagrant (vêi-grânt) *adj* vagabundo; vadio; errante.
Vague (vêig) *adj* vago; incerto; impreciso.
Vagueness (vêig-néss) *s* incerteza; imprecisão.
Vain (vêinn) *adj* vão; vaidoso; fútil.
Vainglory (vêin-glôuri) *s* vanglória; vaidade; frivolidade.
Valediction (véledik-shânn) *s* adeus; despedida.
Valedictory (véledik-tôuri) *s* USA discurso de formatura.
Valedictory (véledik-tôuri) *adj* relativo a despedida.
Valentine (váelentainn) *s* galã; namorado.
Valet (vé-let) *s* valete; servo; criado; pajem.
Valet (vé-let) *v* pajear.
Valiant (vé-liânt) *adj* valente; corajoso.
Valid (vé-lid) *adj* válido; poderoso; eficaz.
Validate (vé-lidêit) *v* validar, tornar válido.
Validation (vélidêi-shânn) *s* validação.
Validity (váli-diti) *s* validade.
Valor (vé-lâr) *s* valor; brio; coragem.
Valorous (vé-lârâss) *adj* valoroso.
Valuable (vé-liuâbl) *adj* valioso; precioso; útil.
Valuation (véliuê-shânn) *s* avaliação; apreciação.
Value (vé-liu) *s* valor; preço; mérito.
Value (vé-liu) *v* avaliar; estimar; taxar.
Valuer (vé-liuâr) *s* avaliador; apreciador; perito.
Vamoose (vâmôu-ss) *v* USA GÍR sair na surdina; sair secretamente (rapidamente).
Vamose (vâmôu-ss) *vide* VAMOOSE.
Vamp (vém-p) *s* remendo.
Vamp (vém-p) *v* recolocar couro no cano de uma botina; TEATR interpretar um vampiro.
Vampire (vémpáir) *s* vampiro.
Van (vénn) *s* vanguarda; carroça; crivo; joeira; caminhão.
Vandal (vén-dâl) *s* bárbaro; vândalo.
Vandal (vén-dâl) *adj* destruidor.
Vandalism (vén-dâlizm) *s* vandalismo; destruição.
Vanguard (vén-gárd) *s* que está à frente; MIL vanguarda.

Vanilla (vâni-lâ) *s* baunilha (planta).
Vanish (vé-nish) *v* desaparecer; dissipar-se; desfalecer.
Vanity (vé-niti) *s* vaidade; orgulho; arrogância; USA penteadeira.
Vanquish (vén-küish) *v* vencer; conquistar; domar.
Vanquisher (vén-küishâr) *s* vencedor; conquistador.
Vantage (vén-tidj) *s* vantagem; proveito; lucro.
Vapid (vé-pid) *adj* evaporado; insípido.
Vapidity (vépi-diti) *s* insipidez; sem gosto.
Vapor (véi-pâr) *s* vapor; fumo; sonho; quimera; presunção.
Vapor (véi-pâr) *v* evaporar; gabar-se.
Vaporize (vêi-pâráiz) *v* vaporizar; evaporizar-se.
Vaporous (vêi-pârâss) *adj* vaporoso; etéreo; quimérico.
Variable (vêi-riâbl) *s* quantidade variável.
Variable (vêi-riâbl) *adj* variável; inconstante.
Variance (vêi-riânss) *s* variação; discórdia; desinteligência.
Variation (váriêi-shânn) *s* variação; diferença; mudança; alteração.
Variegate (vêi-righêit) *v* matizar; variar; diversificar.
Variegation (vêirighêi-shânn) *s* variegação; matiz.
Variety (várái-iti) *s* variedade; diversidade; sortimento.
Various (vêi-riâss) *adj* vário; variado; diverso, variável.
Variousness (vêi-riâsnéss) *s* diversidade; variedade.
Varnish (vár-nish) *s* verniz.
Varnish (vár-nish) *v* envernizar; lustrar.
Varsity (vár-siti) *s* universidade; ESP representação universitária.
Varsity (vár-siti) *adj* universitário.
Vary (vé-ri) *v* variar; diferir; discordar; desviar.
Vast (vést) *s* vastidão; imensidade.
Vast (vést) *adj* vasto.
Vat (vét) *s* tina; tanque; tonel.
Vat (vét) *v* pôr em tinas.
Vault (vólt) *s* abóbada; catacumba; adega.
Vault (vólt) *v* abobadar; arquear; saltar.
Vaunt (vánt) *v* gabar-se; exibir ostentação.
Veal (vil) *s* carne de vitela.
Vegetable (vé-djitábl) *s* vegetal; planta.
Vegetable (vé-djitábl) *adj* vegetal; planta.
Vegetation (védjitêi-shânn) *s* vegetação.
Vehemence (vi-himénss) *s* veemência; ímpeto.
Vehement (vi-himént) *adj* veemente; impetuoso.
Vehicle (vi-ikl) *s* veículo; carro.
Veil (vêil) *s* véu; faixa; capa.
Veil (vêil) *v* velar; cobrir; disfarçar; ocultar.
Vein (vêinn) *s* veia; veio; filão; talento.
Velocity (viló-siti) *s* velocidade; celeridade; rapidez.
Velvet (vé-lvet) *s* veludo.
Velvet (vé-lvet) *adj* de veludo; aveludado.
Velvety (vél-veti) *adj* aveludado; macio.
Venal (vi-nâl) *adj* venal; mercenário.
Venality (viné-liti) *s* venalidade.
Vend (vénd) *v* vender; oferecer para vender.
Veneer (veni-r) *s* embutido.
Veneer (veni-r) *v* embutir; chapear.
Venerable (vé-nârâbl) *adj* venerável; respeitável.

VENERATE — VIOLENCE

Venerate (vé-nârêit) *v* venerar; respeitar.
Veneration (vénârêi-shânn) *s* veneração; respeito.
Venerator (vé-nârêitâr) *s* venerador; reverenciador.
Venetian (veni-shânn) *s* veneziano.
Venetian (veni-shânn) *adj* veneziano (de Veneza, na Itália).
Vengeance (vén-djânss) *s* vingança; desforra.
Vengeful (véndj-ful) *adj* vingativo.
Venial (vi-niâl) *adj* venial; perdoável.
Venison (vé-nizânn) *s* carne de veado.
Venom (vénâmm) *s* veneno, rancor; maldade; peçonha.
Venomous (vé-nâmâss) *adj* venenoso; peçonhento; odiento.
Vent (vént) *s* saída; passagem; vento.
Vent (vént) *v* dar saída a; desafogar; divulgar.
Ventilate (vén-tilêit) *v* ventilar; elucidar; arejar; discutir; examinar.
Ventilation (véntilêi-shânn) *s* ventilação; arejamento.
Ventilator (vén-tilêitâr) *s* ventilador.
Ventriloquism (ventri-lokûizm) *s* ventriloquismo; ventriloquia.
Ventriloquist (véntri-lokûist) *s* ventríloquo.
Venture (vén-tshur) *s* aventura; risco; COM especulação.
Venture (vén-tshur) *v* expor-se; aventurar-se; arriscar-se.
Venturer (vén-tshurâr) *s* aventureiro.
Venturesome (vén-tshursâmm) *adj* aventureiro; ousado; atrevido; arriscado.
Venturesomeness (vén-tshursâmnéss) *s* ousadia; temeridade.
Venturous (vén-tshurâss) *adj* atrevido; corajoso; audaz.
Venturousness (vén-tshurâsnéss) *s* ousadia; atrevimento; coragem.
Venue (vêniu) *s* local; lugar onde foi cometido um crime (jurisdição).
Venus (vínâs) *s* Vênus (2° planeta do nosso sistema solar).
Veracious (verêi-shâss) *adj* verídico; verdadeiro.
Veracity (veré-siti) *s* veracidade; verdade.
Verb (vârb) *s* GRAM verbo.
Verbose (vârbôu-ss) *adj* verboso; loquaz.
Verbosity (vârbó-siti) *s* verbosidade; prolixidade.
Verdancy (vâr-dânsi) *s* inexperiência; imaturidade.
Verdant (vâr-dânt) *adj* verde; verdejante; inexperiente.
Verdict (vâr-dikt) *s* veredicto; juízo; opinião.
Verge (vârdj) *s* borda; margem; limite; extremidade.
Verge (vârdj) *v* tender; pender a; inclinar-se a; aproximar-se.
Verger (vâr-djâr) *s* porteiro (para auditório); bedel; oficial de justiça.
Verifiable (vé-rifáiâbl) *adj* verificável; confirmável.
Verification (verifikêi-shânn) *s* verificação; confirmação.
Verify (vé-rifái) *v* verificar; autenticar; provar.
Veritable (vé-ritâbl) *adj* verdadeiro; real; autêntico.
Verity (vé-riti) *s* verdade; realidade.
Verjuice (vâr-djuss) *s* acidez (de frutos); mordacidade.
Vermicide (vâr-missáid) *s* vermicida.
Vernacular (vârné-kiulâr) *adj* vernáculo; nacional; pátrio.
Versatile (vâr-sâtiâl) *adj* versátil; mutável.
Verse (vârss) *s* verso; estrofe; poesia.
Verse (vârss) *v* versificar.
Versed (vârst) *adj* versado; experimentado; perito.
Versicle (vâr-sikl) *s* versículo; verso bíblico; verseto.
Versification (vârsifikêi-shânn) *s* versificação; metrificação.
Versify (vâr-sifái) *v* versificar; versejar.
Version (vâr-shânn) *s* versão; tradução.
Vertebrate (vâr-tibrêit) *adj* vertebrado.
Vertiginous (vârti-djinâss) *adj* vertiginoso; estonteante.
Very (vé-ri) *adj* verdadeiro; mesmo; próprio.
Very (vé-ri) *adv* muito; bastante; perfeitamente.
Vesper (véspâr) *s* Vésper, estrela da tarde; véspera; tarde.
Vessel (vésl) *s* vaso; navio; embarcação; vaso; canal.
Vest (vést) *s* camiseta; USA colete.
Vest (vést) *v* vestir; empossar; incumbir a; caber a.
Vestment (vést-ment) *s* vestimenta; vestuário.

Vestry (vés-tri) *s* sacristia.
Vesture (vés-tshur) *s* veste; cobertura; investidura.
Vesture (vés-tshur) *v* vestir; envolver.
Veteran (vé-târânn) *adj* veterano.
Veterinary (vé-târinéri) *s* veterinário.
Veterinary (vé-târinéri) *adj* concernente a veterinária ou veterinário.
Vex (véks) *v* atormentar; irritar-se; disputar.
Vexation (véksêi-shânn) *s* opressão; tormento; irritação.
Vexatious (véksêi-shâss) *adj* irritante; penoso; incômodo.
Vexed (vékst) *adj* irritado; molestado.
Vexing (vék-sinn) *adj* aflitivo; atormentador.
Viable (vái-âbl) *adj* viável; hábil para viver.
Viaduct (vái-âdâkt) *s* viaduto.
Vial (vái-âl) *s* frasco; ampulheta; pequena garrafa.
Viand (vái-ând) *s* provisão; abundância.
Vibrant (vái-brânt) *adj* vibrante; trêmulo.
Vibrate (vái-brêit) *v* vibrar; oscilar; agitar; balançar.
Vibration (vâibrêi-shânn) *s* vibração; oscilação.
Vibratory (vái-brâtôuri) *adj* vibratório; vibrante.
Vicar (vi-kâr) *s* vigário; cura.
Vicarious (váikêi-riâss) *adj* de vigário; vicário; substituto.
Vice (váiss) *s* vício; defeito; mácula; maldade; substituto; vice.
Vice (váiss) *prep* em lugar de.
Vicinity (vissi-niti) *s* vizinhança; adjacência; proximidade.
Vicious (vi-shâss) *adj* vicioso; corrompido; viciado.
Victim (vik-timm) *s* vítima.
Victimize (vik-timáiz) *v* vitimar; enganar.
Victorious (vik-tôu-riâss) *adj* vitorioso; triunfante.
Victoriousness (viktôu-riâsnéss) *s* caráter vitorioso.
Victory (vik-tôuri) *s* vitória; triunfo.
Victual (vit-l) *v* fornecer víveres; abastecer.
Victualling (vi-tlinn) *s* víveres; mantimentos.
Video (vídiou) *s* vídeo.
Vie (vái) *v* disputar; rivalizar; competir; desafiar.
View (viu) *s* vista; paisagem; modo de ver.
View (viu) *v* ver; observar; investigar; contemplar; considerar.
Viewer (viu-âr) *s* observador; espectador; inspetor.
Viewless (viu-léss) *adj* invisível.
Vigil (vi-djil) *s* vigília; velório.
Vigilance (vi-djilânss) *s* vigilância; prevenção; sentinela.
Vigilant (vi-djilânt) *adj* vigilante; atento; cauteloso.
Vigor (vi-gâr) *s* vigor; força; poder; energia; vitalidade espiritual.
Vigorous (vi-gârâss) *adj* vigoroso; enérgico; forte.
Vigorousness (vi-gârâsnéss) *s* vigor; força; robustez.
Vile (váil) *adj* vil; desprezível; indigno.
Vileness (váil-néss) *s* vileza; aviltamento; baixeza.
Vilifier (vi-lifáiâr) *s* difamador; caluniador.
Vilify (vi-lifái) *v* aviltar; difamar; vilipendiar; *past or pp* VILIFIED.
Village (vi-lidj) *s* vila; aldeia; povoação.
Village (vi-lidj) *adj* de aldeia.
Villager (vi-lidjâr) *s* aldeão; aldeã; burguês.
Villain (vi-linn) *s* vilão; pessoa vil; bandido.
Villainous (vi-linâss) *adj* vil; infame; abjeto.
Vim (vimm) *s* energia; força; vigor.
Vincible (vin-sibl) *adj* vencível; conquistável.
Vindicate (vin-dikêit) *v* justificar; defender; sustentar; punir; vingar.
Vindication (vindikêi-shânn) *s* justificação; defesa.
Vindicative (vindikâ-tiv) *adj* vingativo.
Vine (váinn) *s* videira; vinha; trepadeira.
Vinegar (vi-nigâr) *s* vinagre.
Vineyard (vi-niârd) *s* vinha (plantação de videiras).
Violate (vái-olêit) *v* violar; ultrajar; profanar; transgredir; desonrar.
Violation (váiolêi-shânn) *s* violação; transgressão; desonra.
Violence (vái-olénss) *s* violência; fúria; tirania.

VIOLENT — VOYAGE

Violent (vái-olént) *adj* veemente; impetuoso; violento.
Violet (vái-olét) *s* a cor violeta; violeta (flor).
Violet (vái-olét) *adj* violeta; de cor violeta.
Violin (váioli-nn) *s* violino.
Violinist (váiolio-nist) *s* MÚS violinista.
Violoncello (váiolóntshé-lôu) *s* violoncelo.
Viper (vái-pâr) *s* víbora (réptil); pessoa de mau gênio.
Virgin (vár-djinn) *s* virgem; donzela.
Virgin (vár-djinn) *adj* virginal; puro.
Virginity (vârdji-niti) *s* virgindade; pureza.
Viridity (viri-diti) *s* verdura; verdor.
Virile (vi-ril) *adj* viril; varonil; másculo.
Virility (viri-liti) *s* virilidade; masculinidade.
Virosis (váirôu-siss) *s* infecção (por vírus).
Virosis (váirôu-siss) *adj* virulento; peçonhento.
Virtue (vâr-tshu) *s* virtude; mérito; valor.
Virtuous (vârt-shuáss) *adj* virtuoso; casto; puro.
Virulence (vi-rulénss) *s* virulência; rancor; malignidade.
Virulent (vi-rulént) *adj* virulento; venenoso.
Virus (vái-râss) *s* vírus (germe patogénico).
Visage (vi-zidj) *s* semblante; aspecto; rosto.
Viscera (vi-sâra) *s* entranha; vísceras.
Viscid (vi-sid) *adj* viscoso; pegajoso.
Viscidity (visi-diti) *s* viscosidade.
Viscosity (viskó-siti) *vide* VISCIDITY.
Viscount (vái-káunt) *s* visconde.
Viscous (vis-kâss) *adj* viscoso; pegajoso.
Vise (váiss) *s* USA torno mecânico; ENGL VICE.
Visibility (vizibi-liti) *s* visibilidade.
Visible (vi-zibl) *adj* visível; claro; evidente.
Vision (vi-jânn) *s* visão; fantasma.
Vision (vi-jânn) *v* visionar; imaginar.
Visionary (vi-jânéri) *s* visionário; utopista.
Visionary (vi-jânéri) *adj* visionário; imaginativo.
Visit (vi-zit) *s* visita; reconhecimento.
Visit (vi-zit) *v* visitar; inflingir; frequentar.
Visitant (vi-zitânt) *s* visitante; visita.
Visitation (vizitêi-shânn) *s* visita; inspeção; recompensa.
Visiting (vi-zitinn) *s* visitação.
Visiting (vi-zitinn) *adj* visitante; que visita.
Visitor (vi-zitâr) *s* visitador; visita; hóspede.
Visor (vái-zâr) *s* viseira; máscara.
Visual (vi-juál) *adj* visual; aparência.
Visualization (vijuélizêi-shânn) *s* visualização.
Visualize (vi-juéláiz) *v* visualizar; imaginar.
Vital (vái-tâl) *adj* vital; essencial; capital; fundamental.
Vitality (váité-liti) *s* vitalidade; vigor; ânimo.
Vitalize (vái-tâláiz) *v* vitalizar; animar; reanimar.
Vitamin (vái-tâminn) *s* vitamina.
Vitiable (vi-shiâbl) *adj* corruptível.
Vitiate (vi-shiêit) *v* viciar; arruinar; JUR invalidar um documento.
Vitiator (vi-shiêitâr) *s* viciador; corruptor.
Viticulture (vi-tikâltshur) *s* viticultura.
Vitreous (vi-triâss) *adj* vítreo; vidroso.
Vitrify (vi-trifái) *v* vitrificar; vidrar.
Vituperate (váitiu-pârêit) *v* vituperar; ralhar; censurar; injuriar.
Vituperation (váitiupârêi-shânn) *s* vituperação; censura; exprobração.
Vituperator (váitiu-pârêitâr) *s* vituperador.
Vivacious (vivêi-shâss) *adj* vivaz; vivo; animado.
Vivacity (vivé-siti) *s* vivacidade; perspicácia.
Vivid (vi-vid) *adj* vívido; esperto; intenso.
Vivification (vivifikêi-shânn) *s* vivificação.
Vivify (vi-vifái) *v* avivar; vivificar.
Viviparous (váivi-pârâss) *adj* vivíparo.
Vivisect (vivisék-t) *v* dissecar (animal vivo).
Vixen (vi-ksn) *s* raposa fêmea; mulher alcoviteira, megera.

Vocable (vôu-kâbl) *s* vocábulo; palavra.
Vocabulary (voké-biuléri) *s* vocabulário; glossário.
Vocal (vôu-kâl) *adj* vocal; oral.
Vocalic (vôuké-lik) *adj* GRAM vocálico.
Vocalist (vôu-kâlist) *s* vocalista; cantor.
Vocalize (vôu-kâláiz) *v* vocalizar; pronunciar.
Vocation (vokêi-shânn) *s* vocação; posto; ofício; tendência.
Vociferate (vôussi-fârêit) *v* vociferar; bramar; berrar.
Vociferation (vôussifârêi-shânn) *s* vociferação; vozerio.
Vociferous (vôussi-fârâss) *adj* vociferante; barulhento.
Vogue (vôug) *s* voga; moda.
Voice (vóiss) *s* voz; palavra; tom; sufrágio; voto; GRAM voz do verbal.
Voice (vóiss) *v* divulgar; proclamar; vociferar.
Voiceful (vóiss-ful) *adj* dotado de voz; sonoro.
Voiceless (vóis-léss) *adj* sem voz; mudo.
Void (vóid) *s* vácuo; vacuidade.
Void (vóid) *v* tornar vago; evacuar; anular; esvaziar; invalidar.
Void (vóid) *adj* vazio; desocupado.
Voidable (vói-dâbl) *adj* anulável; invalidável; cancelável.
Voidance (vói-dânss) *s* vocatura; invalidação; expulsão.
Volatile (vó-lâtil) *adj* volátil; inconstante.
Volatileness (vó-lâtilnéss) *s* volatilidade; mutabilidade; inconstância.
Volatilization (vólâtilizêi-shânn) *s* volatilização.
Volatilize (vó-lâtiláiz) *v* volatilizar-se.
Volcano (vólkêi-nôu) *s* vulcão.
Volition (vôuli-shânn) *s* volição; vontade.
Volley (vó-li) *s* descarga; aclamação; salva de artilharia; aclamação.
Volley (vó-li) *v* MIL dar salva com descarga.
Voltage (vól-tidj) *s* voltagem; potencial.
Voluble (vó-liubl) *adj* volúvel; tagarela; prolixo.
Volume (vó-liubl) *s* volume; tamanho; tomo; livro.
Volumetric (vóliumé-trik) *adj* volumétrico.
Voluminous (vôliu-minâss) *adj* volumoso; extenso; grosso.
Voluminousness (vôliu-minâsnéss) *s* volume; grossura.
Voluntary (vó-lântéri) *s* teima; arbítrio.
Voluntary (vó-lântéri) *adj* voluntário; espontâneo.
Volunteer (vólânti-r) *s* voluntário.
Volunteer (vólânti-r) *adj* voluntário.
Volunteer (vólânti-r) *v* alistar-se; oferecer-se.
Voluptuous (volâp-tshuâss) *adj* voluptuoso; sensual.
Voluptuousness (volâp-tshuâsnéss) *s* voluptuosidade; sensualidade.
Volution (voliu-shânn) *s* volta; giro; revolução.
Vomit (vó-mit) *s* vômito.
Vomit (vó-mit) *v* vomitar.
Voracious (vorêi-shâss) *adj* voraz; ávido; devorador.
Voraciousness (vorêi-shâsnéss) *s* voracidade.
Voracity (voré-siti) *s* voracidade; avidez.
Vote (vôut) *s* voto; escrutínio; *to put to the VOTE*: colocar em votação.
Vote (vôut) *v* votar em; eleger; deliberar.
Voter (vôu-târ) *s* votante; eleitor.
Voting (vôu-tinn) *s* votação; escrutínio.
Votive (vôu-tiv) *adj* comemorativo.
Vouch (váutsh) *s* garantia; testemunho.
Vouch (váutsh) *v* atestar; certificar; *VOUCH for*: responder por; garantir.
Voucher (váu-tshâr) *s* fiador; prova; testemunho.
Vouchsafe (váutshsêi-f) *v* conceder; outorgar, permitir; dignar-se; desprezar.
Vow (váu) *s* voto; promessa.
Vow (váu) *v* jurar; fazer um voto a Deus.
Vowel (váu-âl) *s* GRAM vogal.
Vowel (váu-âl) *adj* de vogal.
Voyage (vói-idj) *s* viagem; travessia (por mar).
Voyage (vói-idj) *v* viajar (por mar); navegar.

Voyager (vói-idjâr) *s* viajante.
Vulcanization (vâlkanizêi-shânn) *s* vulcanização (borracha).
Vulcanize (vâl-kánaiz) *v* vulcanizar; calcinar; IND provocar vulcanização (borracha).
Vulgar (vâl-gâr) *s* o povo; a plebe.
Vulgar (vâl-gâr) *adj* vulgar; comum; grosseiro.
Vulgarity (vâlghé-riti) *s* vulgaridade; banalidade.
Vulgarization (vâlgârizêi-shânn) *s* vulgarização.
Vulgarize (vâl-gâráiz) *v* vulgarizar; popularizar; generalizar.

Vulnerability (vâlnârâbi-liti) *s* vulnerabilidade.
Vulnerable (vâl-nârâbl) *adj* vulnerável.
Vulnerary (vâl-nâréri) *s* remédio vulnerário.
Vulnerary (vâl-nâréri) *adj* vulnerário.
Vulture (vâl-tshur) *s* abutre (ave).
Vulturine (vâl-tshurinn) *adj* de abutre; FIG voraz; covarde.
Vulva (vâl-vâ) *s* ANAT vulva.
Vying (vái-nn) *adj* rival; desafiante; concorrente.

W

W (dâ-bliu) *s* vigésima terceira letra do alfabeto Inglês (esta letra é utilizada na língua Portuguesa para representar símbolos, abreviações científicas e de informática).
Wad (uód) *s* estopa; molho; monte de palha.
Wad (uód) *v* acolchoar; encher; fartar.
Wadding (uó-dinn) *s* bucha; chumaço; enchimento.
Waddle (uódl) *s* bamboleio.
Waddle (uódl) *v* balançar; bambolear; gingar.
Wade (uêid) *s* vau.
Wader (uêi-dâr) *s* o que anda com dificuldade; o que anda em água rasa; vadeador.
Waffle (uófl) *s* bolo; panqueca.
Waft (uáft) *s* ato de flutuar.
Waft (uáft) *v* acenar (com as mãos); boiar; flutuar.
Waftage (uáf-tidj) *s* condução (por água ou ar); transporte.
Wag (uég) *s* balanço; sacudidela.
Wag (uég) *v* agitar; oscilar; remexer; sacudir.
Wage (uêidj) *s* paga (para mão de obra); salário.
Wage (uêidj) *v* apostar; empreender; empenhar-se; levar avante.
Wager (uêi-djâr) *s* aposta.
Wager (uêi-djâr) *v* apostar; arriscar (no jogo).
Wagerer (uêi-djârâr) *s* apostador.
Waggery (uêi-djârâr) *s* brincadeira; esperteza; jocosidade.
Waggish (ué-ghish) *adj* brincalhão; divertido; jocoso; malicioso.
Waggishness (ué-ghishnéss) *s* brincadeira; esperteza; gracejo.
Waggon (ué-gânn) *vide* WAGON.
Wagon (ué-gânn) *s* carroça; caminhão; vagão.
Wagon (ué-gânn) *v* transportar (em vagão).
Wagonette (uégâné-t) *s* carro pequeno; vagoneta.
Wail (uêil) *s* lamento; queixume.
Wail (uêil) *v* lamentar; lastimar; prantear.
Wailing (uêi-linn) *s* lamento; queixume.
Wailing (uêi-linn) *adj* lamentoso; lamurioso.
Wain (uêinn) *s* carro; carroça; carreta rural.
Wainscoat (uêin-skât) *s* estuque; rodapé de madeira das paredes internas.
Wainscoat (uêin-skât) *v* emadeirar; forrar de madeira as paredes.
Waist (uêist) *s* cintura; cinta; meio; talhe.
Waistcoat (uêist-kôut) *s* colete masculino; USA VEST.
Wait (uêit) *s* demora; espera.
Wait (uêit) *v* atender; esperar; servir.
Waiter (uêi-târ) *s* bandeja; garçom; garção; servidor.
Waiting (uêi-tinn) *s* ato de esperar; serviço.
Waitress (uêi-tréss) *s* copeira; garçonete.
Waive (uêlv) *s* desistência; renúncia.
Waive (uêlv) *v* desistir de; renunciar a.
Wake (uêik) *s* insônia; vigília.
Wake (uêik) *v* acordar; despertar; velar; *past* WOKE or WAKED *and pp* WOKEN or WAKED.
Wakeful (uêik-ful) *adj* alerta; desperto; vigilante.
Wakefulness (uêik-fulnéss) *s* insônia; vigília.
Wale (uêil) *s* marca (de pancada); vinco; vergão.
Wale (uêil) *v* açoitar; vincar; vergastar.

Walk (uók) *s* carreira; giro; o andar; passeio.
Walk (uók) *v* andar; ir-se embora; passear a pé.
Walking (uó-kinn) *s* caminhada; passeio.
Wall (uól) *s* muro; parede.
Wall (uól) *v* murar; emparedar.
Wallet (uó-let) *s* carteira (para bolso); mochila; sacola.
Wallop (uó-lâp) *s* golpe; pancada.
Wallop (uó-lâp) *v* bater; ferver; surrar.
Wallow (uó-lôu) *s* chafurdice; lamaçal.
Wallow (uó-lôu) *v* gabar-se; rolar.
Walnut (uól-nât) *s* noz; nogueira.
Walrus (uól-râss) *s* morsa (mamífero).
Walrus (uól-râss) *adj* relativo ao animal Morsa.
Waltz (uól-ts) *s* valsa.
Waltz (uól-ts) *v* valsar.
Wamble (uómbl) *s* barulho que faz o intestino; enjoo; náusea.
Wamble (uómb-l) *v* palpitar.
Wan (uónn) *adj* descorado; doentio; lívido; pálido.
Wand (uónd) *s* batuta; bastão; vara.
Wander (uón-dâr) *s* excursão; viagem.
Wander (uón-dâr) *v* delirar; desviar-se; errar; peregrinar.
Wanderer (uón-dârâr) *s* caminhante; peregrino; viajor.
Wandering (uón-dârinn) *s* erro; peregrinação; viagem; vadiagem.
Wandering (uón-dârinn) *adj* errante; inconstante; vadio.
Wane (uêinn) *s* decadência; míngua; quarto minguante (Lua).
Wane (uêinn) *v* declinar; diminuir; enfraquecer.
Wanness (uón-néss) *s* lividez; languidez; palidez.
Want (uónt) *s* carência; escassez.
Want (uónt) *v* desejar; necessitar; querer; *I WANT to go away for a holiday but I don't know where to go*:quero "tirar" umas férias mas não sei onde ir.
Wantage (uón-tidj) *s* carência; deficiência; falta.
Wanting (uón-tinn) *adj* que falta; que escasseia.
Wanton (uón-tânn) *s* pessoa libertina.
Wanton (uón-tânn) *v* praticar libertinagem.
Wanton (uón-tânn) *adj* libertino; petulante.
War (uór) *s* ciência de operações bélicas; arte de operações bélicas; guerra; luta.
War (uór) *v* guerrear; combater.
Warble (uórbol) *s* gorjeio; trinado.
Warble (uórbol) *v* chilrear; gorjear; trinar.
Warbling (uór-blinn) *s* trinado.
Warbling (uór-blinn) *adj* canoro; melodioso.
Ward (uórd) *s* guarda; proteção; quarteirão.
Ward (uórd) *v* enfeitar; ornar; proteger.
Warden (uór-dn) *s* diretor de colégio; guarda; USA diretor de presídio.
Wardrobe (uór-drôub) *s* guarda-roupa; vestuário.
Wardship (uór-dship) *s* custódia; tutela; tutoria.
Ware (uér) *s* artigos de comércio; mercadoria.
Ware (uér) *adj* acautelado.
Ware (uér) *v* ter cuidado com.
Warehouse (uér-háuss) *s* armazém; depósito.
Warehouse (uér-háuss) *v* armazenar; abastecer.

WAREHOUSING — WEDNESDAY

Warehousing (uér-háu-sinn) *s* armazenamento; lugar para armazenamento.
Warfare (uór-fér) *s* conflito; guerra.
Wariness (ué-rinéss) *s* cuidado; cautela; prudência.
Warlike (uór-láik) *adj* belicoso; hostil; marcial.
Warm (uórmm) *adj* apaixonado; quente; tépido.
Warm (uórmm) *v* aquecer; irritar-se.
Warming (uór-minn) *s* aquecimento; surra.
Warming (uór-minn) *adj* aquecedor.
Warmish (uér-mish) *adj* esquentado.
Warmness (uórm-néss) *s* calor moderado; entusiasmo; seriedade.
Warn (uórnn) *v* avisar; advertir; admoestar; prevenir.
Warning (uór-ninn) *s* admoestação; advertência; aviso.
Warp (uórp) *s* urdidura; trama (de tecido).
Warp (uórp) *v* corromper; empenar (madeira); perverter; rebocar (barco); tecer.
Warrant (uó-rânt) *s* autorização; fiança; garantia; poder.
Warrant (uó-rânnt) *v* afiançar; autorizar; garantir; justificar.
Warrantee (uórânntii) *s* JUR afiançado; abonado.
Warranter (uó-rânntâr) *s* JUR abonador; fiador; responsável.
Warranty (uó-rânnti) *s* JUR fiança; garantia; penhor.
Warrior (uó-riâr) *s* guerreiro; soldado experimentado.
Wart (uórt) *s* cravo; excrescência; verruga.
Wary (uêi-ri) *adj* cauteloso; prudente; previdente.
Wash (uósh) *s* camada de tinta; lavagem; roupa lavada.
Wash (uósh) *v* dar uma demão de tinta; lavar; transbordar.
Washboard (uósh-bôurd) *s* rodapé; tábua (de lavar roupa).
Washer (uó-shâr) *s* lavadeira; máquina (para lavar); rodela de couro.
Washerwoman (uó-shâr-uu-men) *s* lavadeira.
Washing (uó-shinn) *s* lavagem; roupa lavada.
Washing (uó-shinn) *adj* lavável.
Washy (uó-shi) *adj* aguado; fraco; molhado.
Wasp (uósp) *s* vespa; FIG pessoa intratável.
Waspish (uó-pish) *adj* impertinente; intratável; rabugento.
Waspishness (uó-pishnéss) *s* impertinência; irritabilidade; mau humor.
Wassail (uós-sil) *s* brinde; banquete; festim; orgia.
Wassail (uós-sil) *v* brindar; beber à saúde de; festejar.
Wastage (uêis-tijj) *s* desperdício; desgaste; quebra.
Waste (uêist) *s* desgaste; detrito; desperdício.
Waste (uêist) *v* desperdiçar; dissipar; esbanjar.
Waste (uêist) *adj* arruinado; supérfluo.
Wasteful (uêist-ful) *adj* devastador; gastador; pródigo.
Wastefulness (uêist-fulnéss) *s* esbanjamento; desperdício; prodigalidade.
Waster (uêis-târ) *s* cinzel; arruinador; artigo estragado; gastador.
Wasting (uêis-tinn) *s* desperdício; perdulário; refugo.
Wasting (uêis-tinn) *adj* debilitante; que gasta; que consome.
Watch (uótsh) *s* guarda; relógio de pulso; vigília.
Watch (uótsh) *v* espreitar; observar; velar; vigiar.
Watcher (uó-tshâr) *s* guarda; sentinela; vigia.
Watchful (uó-tshful) *adj* atento; cauteloso; vigilante.
Watchfulness (uó-tshfulnéss) *s* atenção; guarda; vigilância.
Water (uó-târ) *s* água; chuva; excelência; maré.
Water (uó-târ) *v* banhar; molhar; regar.
Water (uó-târ) *adj* aquático; de água.
Waterage (uó-târidj) *s* frete; transporte por água.
Waterer (uó-târâr) *s* aguador; regador.
Watering (uó-târinn) *s* abastecimento (de água); irrigação; rega.
Waterish (uó-târléss) *adj* aguado; molhado; úmido.
Waterless (uó-târléss) *adj* árido; sem água; seco.
Waterlogged (uó-târlóghid) *adj* encharcado de água; alagado; ensopado.
Waterman (uó-tarmaen) *s* barqueiro; remador.
Watermelon (uó-târ-mé-lon) *s* melancia (fruta).

Waterproof (uó-târpruf) *s* impermeável.
Waterproof (uó-târpruf) *v* impermeabilizar.
Waterproof (uó-târpruf) *adj* impermeável.
Watery (uó-târi) *adj* aquoso; líquido.
Wave (uêiv) *s* aceno; onda; vaga.
Wave (uêiv) *v* acenar; ondular; vibrar.
Waved (uêivd) *adj* ondulado; ondeado; recortado.
Waver (uêi-vâr) *v* ondear; ondular; oscilar.
Waverer (uêi-vârâr) *s* hesitante; pessoa indecisa.
Wavering (uêi-vârinn) *s* indeciso; irresoluto.
Wavering (uêi-vârinn) *adj* de modo oscilante.
Waviness (uêi-vinéss) *s* flutuação; indecisão; ondulação.
Wavy (uêi-vi) *adj* flutuante; ondulatório; ondulado.
Wax (uéks) *s* cera; cerume.
Wax (uéks) *v* crescer; encerar; engrandecer.
Waxen (uék-sân) *adj* feito com cera; revestido com cera.
Waxing (uék-sinn) *s* aumento.
Waxing (uék-sinn) *adj* crescente.
Waxy (uó-ksi) *adj* de cera; ceroso; ceráceo.
Way (uêi) *s* canal; caminho; modo; passagem; via.
Wayfarer (uêi-férâr) *s* caminhante; pedestre; transeunte.
Waylay (uêi-lêi) *v* emboscar-se; surpreender; *past or pp* WAYLAID.
Wayless (uêi-léss) *adj* ínvio; intransitável; sem caminho.
Wayward (uêi-uârd) *adj* caprichoso; impertinente; instável; travesso.
Waywardness (uêiúârdnéss) *s* capricho; instabilidade; mau humor.
W.c. (dâ-bliu-si) *s* privada (WATER-CLOSET).
We (ui) *pron* nós.
Weak (uik) *adj* débil; fraco; frágil; inábil; tolerante.
Weaken (uik-nn) *v* atenuar; debilitar; enfraquecer.
Weakly (ui-kli) *adj* doentio; enfermo; fraco.
Weakly (ui-kli) *adv* debilmente; fracamente.
Weakness (uik-néss) *s* debilidade; fraqueza.
Weal (uil) *s* bem-estar; felicidade; prosperidade.
Weald (uild) *s* descampado; extensão de mata.
Wealth (uélth) *s* bens de fortuna; prosperidade; riqueza.
Wealthiness (uél-thinéss) *s* fortuna; opulência; prosperidade.
Wealthy (uél-thi) *adj* abastado; opulento; rico.
Wean (uinn) *v* desmamar; desacostumar; separar.
Weapon (ué-pânn) *s* arma; armamento; FIG defesa (com chifre, dente, garra etc.).
Wear (uér) *s* gasto; moda; uso.
Wear (uér) *v* passar o tempo; trajar; usar; vestir; *past* WORE *and pp* WORN.
Wearing (ué-rinn) *s* desgaste; roupa; uso; vestimenta.
Wearing (ué-rinn) *adj* de uso; exaustivo; fatigante.
Weary (ui-ri) *adj* aborrecido; cansado.
Weary (ui-ri) *v* aborrecer; cansar.
Weasel (uiz-l) *s* doninha; fuinha.
Weather (ué-dhâr) *s* clima; estado atmosférico; tempo.
Weather (ué-dhâr) *v* dobrar um cabo; navegar ao vento; resistir a.
Weave (uiv) *s* ato de tecer; tecido; trama.
Weave (uiv) *v* entrelaçar; tecer; trançar; *past* WOVE *and pp* WOVEN.
Weaver (ui-vâr) *s* fiandeiro; tecelão.
Weaving (ui-vinn) *s* tecelagem.
Web (uéb) *s* enredo; rolo de papel contínuo; tecido fino; teia.
Webster (ué-bstâr) *s* tecelão.
Wed (uéd) *v* casar com; desposar; contrair matrimônio.
Wed (uéd) *s* quarta-feira (**Wednesday**).
Wedding (ué-dinn) *s* bodas; casamento; núpcias.
Wedge (uédj) *s* calço; cunha.
Wedge (uédj) *v* apertar; encravar; fender; talhar.
Wedlock (uéd-lok) *s* matrimônio; vida matrimonial.
Wedlock (uéd-lok) *v* casar.
Wednesday (uenz-dêi) *s* quarta-feira.

WEE — WHISKEY

Wee (ui) *s* espaço (de tempo ou distância).
Wee (ui) *adj* pequenino; pequerrucho.
Weed (uid) *s* erva daninha; joio; sinal de luto.
Weed (uid) *v* capinar; limpar.
Weedy (ui-di) *adj* coberto (de ervas); sem préstimo.
Week (uik) *s* semana.
Weekly (ui-kli) *s* semanário.
Weekly (ui-kli) *adj* semanal.
Weekly (ui-kli) *adv* semanalmente.
Weening (ui-ninn) *s* imaginação; pensamento.
Weep (uip) *s* choro.
Weep (uip) *v* chorar; lamentar; *past or pp* WEPT.
Weeper (ui-pâr) *s* aquele que chora; aquele que lamenta; sinal de luto.
Weeping (ui-pinn) *s* choro; lamento; lágrimas.
Weeping (ui-pinn) *adj* que pranteia.
Weft (uéft) *s* urdidura; trama; tecido.
Weigh (uêi) *v* calcular a importância de; considerar; pesar.
Weighing (uêi-inn) *s* ato de calcular; ato de avaliar; pesagem.
Weight (uêit) *s* importância; lastro; peso; *gross WEIGHT*: peso bruto; *net WEIGHT*: peso líquido.
Weightiness (uêi-tinéss) *s* gravidade; importância; peso.
Weighty (uêi-ti) *adj* eficaz; grave pesado.
Weir (uir) *s* açude; dique; represa.
Weird (uird) *s* destino; sorte, sina.
Weird (uird) *adj* misterioso; sobrenatural.
Welcome (uél-kâmm) *s* boas-vindas; saudação.
Welcome (uél-kâmm) *v* acolher; bendizer; dar boas-vindas.
Welcome (uél-kâmm) *adj* agradável; bem-vindo.
Welcome (uél-kâmm) *interj* seja bem-vindo!
Welcoming (uél-kâmmin) *s* ser bem acolhido.
Weld (uéld) *s* solda; soldadura.
Weld (uéld) *v* caldear; soldar.
Welfare (uél-fér) *s* bem-estar; saúde; ventura.
Well (uél) *s* fonte; nascente; poço; NÁUT porão de navio.
Well (uél) *v* brotar; esguichar; emanar; nascer.
Well (uél) *adj* bem; confortável; de boa saúde; feliz.
Well (uél) *adv* bem; devidamente; felizmente; muito.
Well (uél) *interj* ora, oral!
Welt (uélt) *s* debrum; margem; orla; vinco.
Welt (uélt) *v* debruar; orlar.
Wen (uénn) *s* lobinho; quisto sebáceo.
Wend (uénd) *v* ir; passar.
Werewolf (ué-ruulf) *s* lobisomem.
West (uést) *s* oeste; ocidente; poente.
West (uést) *adj* do oeste; ocidental.
West (uést) *adv* para o oeste.
Westerly (ués-târli) *adj* ocidental.
Westerly (ués-târli) *adv* em direção do ocidente.
Western (ués-târn) *s* ocidental; CIN fita de "mocinho".
Western (ués-târn) *adj* do oeste.
Wet (uét) *s* água; chuva; umidade.
Wet (uét) *v* umedecer; molhar.
Wet (uét) *adj* molhado; úmido.
Wetness (uét-néss) *s* umidade; umedecimento.
Whale (huêil) *s* baleia (mamífero).
Whalebone (huêil-bôunn) *s* barba de baleia; barbatana.
Whalecalf (huêil-káf) *s* baleoto; filhote de baleia.
Whaler (huêi-lâr) *s* NÁUT baleeiro (navio de pesca).
Whaling (huêi-linn) *s* pesca (de baleia); USA surra; sova.
Whang (huénn) *s* pancada; surra.
Whang (huénn) *v* cortar em fatias; espancar.
Whap (huáp) *s* pancada.
Whap (huáp) *v* bater fortemente; espancar; surrar.
Wharf (huórf) *s* cais; desembarcadouro; molhe.
What (huót) *adj* aquilo; aquele (a) que; aqueles (as) que; o que; que.
What (huót) *pron* aquilo; aquele (a) que; aqueles (as) que; o que; que.

What (huót) *conj* que.
What (huót) *adv* de que maneira; em que.
Whatever (huót-évâr) *adj* seja o que for; tudo aquilo que; todo que.
Whatever (huót-évâr) *pron* seja o que for; tudo aquilo que; todo que.
Whatsoever (huót-sôué-vâr) *pron* por mais que; seja qual for; tudo quanto.
Wheal (huil) *s* mina de estanho; pústula; vinco.
Wheat (huit) *s* trigo, trigo (para uso no pão).
Wheaten (huit-n) *adj* de trigo.
Wheedle (huid-l) *s* engodo; lisonja; sedução.
Wheedle (huid-l) *v* acariciar; afagar; seduzir.
Wheedler (hui-dlâr) *s* adulador, lisonjeiro.
Wheedling (hui-dlinn) *s* afago; lisonja; sedução.
Wheedling (hui-dlinn) *adj* sedutor.
Wheel (huil) *s* bicicleta; circuito; polia; rotação; roda; POP dólar; leme.
Wheel (huil) *v* girar; passear de bicicleta; rodar.
Wheeze (huiz) *s* respiração ofegante.
Wheeze (huiz) *v* resfolegar; respirar com esforço.
Whelp (huélp) *s* filhote (de animal).
Whelp (huélp) *v* dar cria.
When (huénn) *adv* logo; no tempo; no momento em que; quando.
When (huénn) *conj* logo; no tempo; no momento em que; quando.
Whence (huénss) *adv* consequentemente; donde; por essa razão.
Whenever (huéné-vâr) *adv* quando; sempre que; todas as vezes que.
Whenever (huéné-vâr) *conj* quando; sempre que; todas as vezes que.
Where (huér) *adv* em que lugar; para onde; onde.
Whereabout (huér-âbáut) *adv* perto; próximo.
Whereabout (huér-âbáut) *conj* perto; próximo.
Whereby (huér-bái) *adv* como; por que meio; por onde.
Wherefore (huér-fóur) *adv* causa; motivo.
Wherefore (huér-fóur) *adv* para que; por que.
Wherefore (huér-fóur) *conj* para que; por que.
Wheresoever (huérsoé-vâr) *adv* em qualquer parte; sempre que.
Whet (huét) *s* estimulante; excitante.
Whet (huét) *v* afiar; excitar; estimular.
Whether (hué-dhâr) *conj* ou; quer seja; se.
Whether (hué-dhâr) *pron* qual dos dois.
Which (huitsh) *pron* a (o) qual; as (os) quais; cujo (os); cuja (as); que.
Whichever (huitshé-vâr) *adj* qualquer; um ou outro.
Whichever (huitshé-vâr) *pron* qualquer; um ou outro.
Whiff (huif) *s* baforada; bafejo; brisa; cheiro; sopro.
Whiffler (hui-flâr) *s* assobio; pessoa inconstante; pessoa frívola.
Whiffler (hui-flâr) *v* mudar; prevaricar; ser inconstante; variar.
Whiffling (hui-flinn) *s* evasiva; rodeio.
Whiffling (hui-flinn) *adj* frívolo; inconstante; volúvel.
Whig (huig) *adj* liberal.
While (huáil) *s* espaço de tempo; momento; vez.
While (huáil) *v* distrair; entreter; passar; retardar.
Whimper (huim-pâr) *s* lamúria; queixume.
Whimper (huim-pâr) *v* choramingar; lamuriar.
Whip (huip) *s* açoite; chicote; chibata; cocheiro.
Whip (huip) *v* açoitar; alinhavar costura; chicotear; mover com rapidez.
Whipping (hui-pinn) *s* açoite; flagelação.
Whir (huâr) *s* silvo; zunido; zumbido.
Whir (huâr) *v* girar zunindo; voar.
Whirl (huârl) *s* giro, remoinho; turbilhão; volta.
Whirl (huârl) *v* girar rapidamente; rodopiar; voltear.
Whiskey (huis-ki) *s* uísque.

WHISKY — WIRE

Whisky (huis-ki) *vide* WHISKEY.
Whisper (huis-pâr) *s* murmúrio; sussurro.
Whisper (huis-pâr) *v* cochichar; sussurrar.
Whispering (huis-pârinn) *s* insinuação; maledicência; murmúrio.
Whispering (huis-pârinn) *adj* murmurante; sussurrante.
Whistle (huistl) *s* assobio; silvo; sibilo; FUT apito.
Whistle (huistl) *v* assobiar; apitar; sibilar; silvar.
Whistler (huis-lâr) *s* assobiador; apitador.
Whistling (huis-linn) *s* assobio; apito.
Whit (huit) *s* porção mínima.
White (huáit) *s* branco; brancura; branco do olho; clara (ovo); pessoa branca.
White (huáit) *v* branquear; caiar.
White (huáit) *adj* branco; inocente; puro.
Whiten (huáit-n) *v* alvejar; branquear; tornar branco.
Whiteness (huáit-néss) *s* alvura; brancura; inocência; pureza.
Whitening (huáit-ninn) *s* alvejamento; branqueamento.
Whitish (huái-tish) *adj* esbranquiçado.
Whitsun (huitsn) *adj* RELIG relativo a Pentecostes.
Whitsunday (huit-sândêi) *s* RELIG domingo de Pentecostes (festa Cristã comemorando a descida do Espírito Santo, feita no sétimo domingo após a Páscoa).
Whittle (huitl) *s* canivete; faca.
Whittle (huit-l) *v* aparar; modelar (com faca).
Who (hu) *pron* a (o) qual; as (os) quais; aquele (s) que; aquela (s) que; que; quem.
Whoever (hué-vâr) *pron* quem quer que; qualquer; seja quem for.
Whole (hôul) *s* a totalidade; o todo.
Whole (hôul) *adj* inteiro; todo; total.
Wholeness (hôul-néss) *s* integridade; o todo; totalidade.
Wholesale (hôul-sêil) *s* venda por atacado.
Wholesale (hôul-sêil) *adj* por atacado.
Wholesome (hôul-sâmm) *adj* benéfico; saudável; são; salutar.
Whom (humm) *pron* a quem; quem; que; o (a) qual.
Whoop (hup) *s* algazarra; grito de guerra; pio da coruja.
Whoop (hup) *v* apupar; berrar; piar (como coruja); vaiar.
Whose (huz) *pron* cujo (os); cuja (as); de quem.
Why (huái) *adv* por quê; por que razão.
Why (huái) *interj* caramba!
Wick (uik) *s* mecha; pavio; torcida.
Wicked (ui-kid) *adj* perverso; nocivo; ruim.
Wickedness (ui-kidnés) *s* iniquidade; imoralidade; maldade.
Wicker (ui-kâr) *s* vime; trabalho (de vime).
Wicket (ui-ket) *s* postigo; portinhola; cancela.
Wide (uáid) *s* amplidão; largura.
Wide (uáid) *adj* amplo; largo; vasto; FIG inteligente; liberal.
Wide (uáid) *adv* ao longe; extensamente; longe.
Widen (uáid-n) *v* alargar; dilatar; estender.
Widespread (uáids-prid) *adj* amplo; muito difundido.
Widow (ui-dôu) *s* viúva.
Widow (ui-dôu) *v* despojar; enviuvar.
Widower (ui-dôuâr) *s* viúvo.
Widowhood (ui-dôu-hud) *s* viuvez.
Width (uidth) *s* amplitude; extensão; largura.
Wield (uild) *v* dirigir; manejar.
Wife (uáif) *s* dona de casa; esposa; mulher.
Wifehood (uáif-hud) *s* condição de mulher casada; estado de mulher casada.
Wifeless (uáif-léss) *adj* sem esposa; solteiro; viúvo.
Wig (uig) *s* cabeleira postiça; peruca.
Wig (uig) *v* repreender; ralhar.
Wiggery (ui-ghâri) *s* cabelo postiço; peruca.
Wigging (ui-ghinn) *s* censura; descompostura; repreensão.
Wild (uáild) *s* deserto; ermo.
Wild (uáild) *adj* bravo; feroz; inculto; selvagem.
Wildboar (uáild-bór) *s* javali, porco selvagem.
Wildcat (uáld-két) *s* gato selvagem; lince.

Wildcat (uáld-két) *adj* arriscado; insensato.
Wildness (uáild-néss) *s* ferocidade; loucura; selvageria.
Wile (uáil) *s* ardil; engano; logro.
Wile (uáil) *v* lograr; usar de astúcia.
Will (uil) *s* escolha; inclinação; vontade; GRAM auxiliar que forma o futuro dos verbos.
Will (uil) *v* desejar; legar; querer; *past or pp* WOULD.
Willful (uil-ful) *adj* obstinado; teimoso; voluntarioso.
Willing (ui-linn) *adj* desejoso; disposto; inclinado; pronto.
Willow (ui-lôu) *s* salgueiro.
Wilt (uilt) *v* definhar; esmorecer; murchar.
Wily (uái-li) *adj* astuto; manhoso.
Wimble (uimbl) *s* broca; furador; pua.
Wimble (uimbl) *adj* ágil; ativo.
Wimple (uimpl) *s* flâmula; touca de freira.
Wimple (uimpl) *v* cobrir com véu; velar.
Win (uinn) *v* cativar; ganhar; induzir; vencer; *past or pp* WON.
Wince (uinss) *s* retraimento.
Wince (uinss) *v* escoicear; retrair-se; pestanejar.
Winch (uintsh) *s* guincho; manivela.
Wind (uind) *s* aragem; brisa; faro, cheiro (de caça); gases (flatulência); instrumento (de sopro); vento.
Wind (uind) *v* arejar; abanar; tomar alento; ventar.
Wind (uaind) *s* enroscamento; curvatura; torcedura; volta.
Wind (uaind) *v* enroscar; enlaçar-se; girar; serpentear; *past or pp* WOUND.
Wind (uaind) *v* buzinar; tocar instrumento de sopro; *past or pp* WOUND *or* WINDED.
Winder (uin-dâr) *s* pessoa que enrola corda em relógio; BOT manivela; planta trepadeira.
Windiness (uin-dinéss) *s* flatulência; inchação; presunção; vento; vaidade.
Winding (uáin-dinn) *s* ângulo; curva; dobagem; enrolamento; inflexão; modulação de sons; rodeio; sinuosidade.
Winding (uáin-dinn) *adj* em espiral; retorcido; sinuoso.
Windlass (uind-lâss) *s* molinete.
Windlass (uind-lâss) *v* fazer rodeios; içar com molinete.
Windmill (uind-mil) *s* moinho de vento.
Window (uin-dôu) *s* janela; postigo; coberta; tampa; vitrina; abertura.
Window (uin-dôu) *v* expor em vitrina; munir de janelas.
Windscreen (uins-crinn) *s* AUT para-brisa; USA WINDSHIELD.
Windward (uind-uârd) *s* barlavento.
Windward (uind-uârd) *adj* de barlavento.
Windward (uind-uârd) *adv* a barlavento.
Windy (uin-di) *adj* oco; pomposo; ventoso.
Wine (uáinn) *s* vinho.
Wing (uinn) *s* asa; ala; bastidor; voo; FUT ponta; MIL flanco.
Wing (uinn) *v* dar asas a; levar sobre as asas; pôr asas; voar.
Winged (uinnd) *adj* alado; ferido na asa (pássaro); rápido; veloz.
Wink (uink) *s* cochilo; piscadela; soneca.
Wink (uink) *v* disfarçar; fazer sinal (piscando); fingir não ver; pestanejar; piscar.
Winker (uin-kâr) *s* pestanejador.
Winking (uin-kinn) *s* ato de pestanejar.
Winking (uin-kinn) *adj* hesitante; que pestaneja.
Winner (uin-nâr) *s* ganhador; vencedor.
Winning (uin-ninn) *s* ganho; lucro; triunfo.
Winning (uin-ninn) *adj* atraente; sedutor; vitorioso.
Winnow (ui-nôu) *v* bater de asas; examinar; joeirar; peneirar.
Winter (uin-târ) *s* inverno.
Winter (uin-târ) *v* invernar.
Winter (uin-târ) *adj* hibernal.
Wintry (uin-tri) *adj* de inverno; frio; gélido; hibernal.
Wipe (uáip) *s* ato de limpar; bofetada; gracejo.
Wipe (uáip) *v* enxugar; limpar.
Wire (uáir) *s* arame; fio elétrico; telégrafo; MÚS corda.

Wire (uáir) v cercar (com arame); instalar fios elétricos; ligar; telegrafar.
Wireless (uáir-léss) s radiotelegrafia; radiotelefonia.
Wisdom (uis-dâmm) s discernimento; juízo; sabedoria.
Wise (uáiz) s maneira de agir; modo.
Wise (Ouáiz) adj discreto; douto; prudente; sábio; sensato.
Wiseacre (uái-zêikâr) s pedante; sabichão; tolo.
Wish (uish) s desejo; vontade; voto; *I wish it would stop raining*: gostaria que parasse de chover.
Wish (uish) v desejar; querer.
Wishful (uish-ful) adj ansioso; ávido; desejoso.
Wisp (uisp) s bando (de pássaros); escova; feixe; punhado.
Wisp (uisp) v esfregar; enfeixar; escovar.
Wistful (uist-ful) adj ansioso; anelante; atento; pensativo.
Wistfulness (uist-fulnéss) s anseio; desejo ardente.
Wit (uit) s aptidão; destreza; engenho; imaginação.
Wit (uit) v cientificar-se; saber.
Witch (uitsh) s bruxa; feiticeira.
Witch (uitsh) v encantar; enfeitiçar; fascinar.
Witching (uit-shinn) s feitiçaria.
Witching (uit-shinn) adj encantador; sedutor.
With (uídh) prep com; contra; em; entre; por.
Withal (uidhól) adv além disso; demais; por outra parte.
Withdraw (uidhdró) v desviar; desdizer-se; retirar; separar; tirar; past WITHDREW and pp WITHDRAWN.
Wither (ui-dhâr) v definhar; murchar; mirrar; secar.
Withered (ui-dhârd) adj murcho; mirrado; ressequido; seco.
Witheredness (ui-dhârdnéss) s aquilo que se acha murcho; definhamento.
Withhold (uidh-hôuld) v deter; impedir; negar; reter; recusar; past or pp WITHHELD or WITHHOLDEN.
Within (uidhi-nn) adv dentro; em; no interior; na parte de dentro.
Within (uidhi-nn) prep dentro; em; no interior; na parte de dentro.
Without (uidháu-t) adv destituído; exteriormente; fora de; sem.
Without (uidháu-t) prep destituído; exteriormente; fora de; sem.
Witless (ui-tléss) adj imbecil; néscio; sem graça.
Witness (uit-néss) s testemunha; JUR declarante; indício; testemunho.
Witness (uit-néss) v JUR atestar; depor; presenciar; testemunhar.
Witticism (ui-tissizm) s chiste; dito espirituoso.
Witty (ui-ti) adj chistoso; divertido; engenhoso; mordaz.
Wive (uáiv) v casar-se com; contrair matrimônio.
Wizard (ui-zârd) s adivinho; feiticeiro; mago; sábio.
Wizard (ui-zârd) adj encantador; mágico.
Wizardry (ui-zârdri) s feitiçaria; magia; prestidigitação.
Wizen (uizn) adj murcho; seco.
Wizen (uizn) v murchar; secar.
Woe (uôu) s calamidade; dor; desgraça.
Woe (uôu) interj êh!, ô!
Woefulness (uôu-fulnéss) s aflição; desgraça; miséria; tristeza.
Wold (uôuld) s descampado; duna; planície.
Wolf (uulf) s conquistador; lobo.
Wolfish (uul-fish) adj carniceiro; feroz; voraz.
Wolfishness (uul-fishnéss) s crueldade; ferocidade; voracidade.
Woman (uu-men) s mulher.
Woman (uu-men) adj feminino.
Womanhood (uu-maen-hud) s estado de mulher; condição de mulher; sexo feminino.
Womanish (uu-maenish) adj efeminado; fraco; gracioso.
Womanly (uu-maenli) adj adamado; feminil; gracioso.
Womanly (uu-maenli) adv do modo feminino.
Womb (uumm) s cavidade; entranhas; útero; ventre.
Wonder (uân-dâr) s admiração; espanto; prodígio; maravilha.
Wonder (uân-dâr) v admirar-se; estranhar.

Wonderful (uân-dârful) adj admirável; estupendo; magnífico; prodigioso.
Wonderfulness (uân-dârfulnéss) s beleza; esplendor; maravilha; prodígio.
Wonderment (uân-dârment) s admiração; pasmo; prodígio.
Wondrous (uân-drâss) adj extraordinário; maravilhoso; notável.
Wont (uónt) s costume; hábito; uso.
Wont (uónt) v acostumar; estar acostumado.
Woo (uu) v cortejar; solicitar; suplicar amor.
Wood (uud) s bosque; floresta; lenha; madeira; pau; selva.
Wood (uud) v fornecer lenha; fornecer madeira.
Woodcut (uud-kât) s xilografia.
Woodcutter (uud-kâ-târ) s lenhador.
Wooded (uu-did) adj arborizado; coberto de mato.
Wooden (uud-n) adj desastrado; estúpido; feito de madeira; grosseiro; rude.
Woodland (uud-lénd) s habitante da floresta; lenhador; madeireiro.
Woodpecker (uud-pékâr) s pica-pau (ave).
Woody (uu-di) adj de madeira; silvestre; terreno cheio de árvores.
Woof (uuf) s trama (em tecido).
Wool (uul) s cabelo; lã; lanugem; pelo.
Woolen (uuln) s tecido de lã.
Woolen (uu-ln) adj de lã; lanoso.
Word (uârd) s dito; expressão; linguagem; ordem; sinal; termo; vocábulo.
Word (uârd) v exprimir; enunciar; escrever; frasear; redigir.
Wording (uâr-dinn) s dicção; expressão; enunciação; redação.
Wordless (uâr-dléss) adj calado; silencioso.
Wordy (uâr-di) adj falador; prolixo; verbal.
Work (uârk) s emprego; ocupação; obra; trabalho; tarefa.
Work (uârk) v bordar; explorar; funcionar; operar; lavrar; produzir; trabalhar; *to be at WORK*: estar ocupado; *to set to WORK*: entregar-se ao trabalho; *to WORK at*: ocupar-se; *to WORK down*: fazer descer; *to WORK off*: produzir; *to WORK on*; influenciar; *to WORK out*: completar; *to WORK up*: elaborar; past or pp WORKED or WROUGHT.
Workable (uâr-kâbl) adj em condições de funcionar; em condições trabalhar; viável.
Workaday (uâr-kâdèi) adj de todos os dias; laborioso; rotineiro.
Worker (uâr-kâr) s artífice; operário; trabalhador.
Workhouse (uârk-háuss) s asilo; reformatório.
Working (uâr-kinn) s funcionamento; jogo; movimento; obra; trabalho.
Working (uâr-kinn) adj trabalhador.
Workman (uârk-maen) s artífice; operário; trabalhador.
Workmanly (uârk-maenli) adj bem acabado; primoroso.
Workmanship (uârk-maenship) s feitio; habilidade; mão de obra; trabalho.
Workshop (uórk-shóp) s fábrica; oficina.
Workwoman (uârk-uumaen) s costureira; operária.
World (uârld) s gente; mundo; sociedade; terra.
Worm (uârmm) s larva de inseto; pessoa vil; remorso; rosca de parafuso; saca-trapo; verme.
Worm (uârmm) v arrastar-se; insinuar-se; escorregar; introduzir-se; minar.
Wormy (uâr-mi) adj bichento; caruncoso; rastejante.
Worn (uórn) adj gasto.
Worried (uâ-rid) adj apreensivo; aflito; inquieto; incomodado.
Worry (uâ-ri) s incômodo; inquietação; tormento.
Worry (uâ-ri) v afligir-se; aborrecer; despedaçar (com os dentes); preocupar-se; past or pp WORRIED.
Worse (uârss) s o pior; prejuízo.
Worse (uârss) adj pior.
Worse (uârss) adv pior.
Worship (uâr-ship) s adoração; culto; veneração.
Worship (uâr-ship) v adorar; venerar.

WORSHIPFUL — WRYNESS

Worshipful (uâr-shipful) *adj* adorável; respeitável; venerável.
Worst (uârst) *adj* o pior; o mais doente; péssimo.
Worst (uârst) *v* derrotar; vencer.
Worst (uârst) *adv* o pior possível; pessimamente.
Worsted (uârs-tâd) *s* lã fiada.
Worsted (uârs-tâd) *adj* feito de lã fiada.
Wort (uârt) *s* cerveja (sem fermento); erva; planta.
Worth (uârth) *s* custo; importância; mérito; preço; valor.
Worth (uârth) *adj* digno; que vale; que merece.
Worthiness (uâr-dhinéss) *s* dignidade; mérito; merecimento.
Worthless (uâr-dhléss) *adj* desprezível; indigno.
Worthy (uâr-dhi) *adj* digno; merecedor.
Wound (uáund) *s* ferida; ferimento; ofensa; úlcera.
Wound (uáund) *v* ferir; lastimar.
Wounder (uun-dâr) *s* coisa que fere; ofensor.
Wrack (rék) *s* alga; naufrágio; ruína.
Wrangle (réngol) *s* altercação; contenda; disputa.
Wrangle (réngol) *v* altercar-se; contender; discutir.
Wrangler (rén-glâr) *s* altercador; disputador.
Wranglesome (rén-glsâmm) *adj* bulhento; desordeiro.
Wrangling (rén-glinn) *s* altercação; disputa; rixa.
Wrap (rép) *s* agasalho.
Wrap (rép) *v* cobrir; dobrar; envolver; embrulhar; encerrar; *past or pp* **WRAPPED or WRAPT**.
Wrapper (ré-pâr) *s* capa; envoltório; faixa de criança; papel de embrulho; papel de cigarro; pano.
Wrath (rath) *s* ira; indignação; raiva.
Wrathful (réth-ful) *adj* furioso; irado; raivoso.
Wreak (rik) *v* desafogar; infligir; saciar; satisfazer; vingar.
Wreaker (uri-kâr) *s* vingador.
Wreath (rith) *s* espiral; grinalda; nuvem.
Wreathe (ridh) *v* coroar; entrelaçar; enroscar-se; engrinaldar.
Wreck (urék) *s* alga marinha; destroços de um naufrágio; naufrágio; ruína.
Wreck (urék) *v* destruir; naufragar; arruinar.
Wreckage (ré-kidj) *s* NÁUT destroços; naufrágio; resgatador de naufrágio.
Wrecker (ré-kâr) *s* que provoca naufrágio; saqueador.
Wrench (réntsh) *s* arranco; chave de parafuso; puxão.
Wrench (réntsh) *v* arrancar; arrebatar; forçar; torcer.
Wrest (rést) *s* deslocação; impulso; perversão.
Wrest (rést) *v* arrancar à força; falsear a verdade.
Wrested (rés-tid) *adj* forçado; torcido.
Wrester (rés-târ) *s* infrator; que arrebata; que arranca; violador.
Wrestle (rés-l) *v* brigar; combater.
Wrestler (rés-lâr) *s* lutador; competidor.
Wretch (rétsh) *s* desgraçado; infeliz; miserável.
Wretched (ré-tshd) *adj* abjeto; indigno; infeliz; desditoso; vil.
Wretchedness (ré-tshdnéss) *s* desdita; desgraça; infelicidade; miséria.
Wriggle (rigl) *s* mòvimento em ziguezague.
Wriggle (rigl) *v* enroscar; remexer-se; torcer.
Wriggler (ri-glâr) *s* insinuador; que se move (em ziguezague).
Wright (ráit) *s* artífice; operário; obreiro.
Wring (rinn) *v* aperto; espremedura; torcedura.
Wring (rinn) *v* arrancar; torcer; torturar; *past or pp* **WRUNG**.
Wringing (rinn-ninn) *s* que espreme a roupa (para secá-la); torcedura.
Wringing (rinn-ninn) *adj* que exerce pressão.
Wrinkle (rinkol) *s* prega; ruga; vinco.
Wrinkle (rinkol) *v* enrugar; dobrar; franzir.
Wrinkled (rinkld) *adj* enrugado; franzido.
Wrinkling (rin-klinn) *s* ato de enrugar; encolhimento.
Wrist (rist) *s* munheca; pulso; punho.
Writ (rit) *s* JUR citação; mandado; ordem; *Holy* WRIT: a Sagrada Escritura (Bíblia).
Write (ráit) *v* compor; escrever; redigir; *to* WRITE *after*: copiar; *to* WRITE *back*: responder carta; *to* WRITE *oneself*: assinar; qualificar-se; *to* WRITE *up*: exaltar; *past* **WROTE** *and pp* **WRITTEN**.
Writer (rái-târ) *s* escritor; escrevente; escrivão.
Writing (rái-tinn) *s* artigo; composição; escrito; manuscrito; obra.
Wrong (rónn) *s* crime; delito; dano; injustiça; mal.
Wrong (rónn) *v* fazer mal; lesar; prejudicar; tratar com injustiça.
Wrong (rónn) *adj* errôneo; injusto; irregular; inoportuno.
Wrong (rónn) *adv* às avessas; injustamente; mal.
Wronged (rónnd) *adj* injuriado; lesado; ofendido.
Wrongful (rón-ful) *adj* falso; injusto; iníquo.
Wrongfulness (rón-fulnéss) *s* falsidade; injustiça.
Wrongheaded (rón-hé-did) *adj* disparatado; estouvado; obstinado; teimoso.
Wronging (rón-ninn) *s* ação de lesar; ato de prejudicar; injustiça.
Wrongness (rón-néss) *s* desacerto; erro; iniquidade; injustiça; inexatidão.
Wroth (rôuth) *adj* aborrecido; furioso; irado.
Wrought (rót) *adj* batido; forjado; lavrado; manufaturado.
Wry (rái) *adj* forçado; torto; torcido; pervertido.
Wry (rái) *v* desviar-se; retorcer; torcer.
Wryneck (rái-nék) *s* aquele que tem pescoço torto; dor reumática no pescoço.
Wryness (rái-néss) *s* contorção; posição de esguelha.

X (éks) *s* vigésima segunda letra do alfabeto Português e vigésima quarta letra do alfabeto Inglês.

X (éks) *s* MAT símbolo em álgebra (incógnita); símbolo da abscissa (X-axis), no sistema de coordenadas Cartesiano.

X (éks) *s* número romano equivalente a dez.

Xantho (zén-thôu) *s* MIN xanto (pedra preciosa); BOT planta.

Xebec (zi-béck) *s* NÁUT xaveco (barco de três mastros).

Xenon (ze-nân) *s* xenônio (gás).

Xenophobia (zenâ-foubjâ) *s* xenofobia (aversão ao que é estrangeiro).

X-eyed (éks-aid) *adj* GÍR estrábico; zarolho.

X-legged (éks-legid) *adj* que tem pernas tortas.

Xmas (kris-mâss) *s* Natal, ABREV de **Christmas**; *merry XMAS*: feliz Natal.

X-rays (éks-rêis) *s* raios X; *to have an X-RAY*: tirar uma radiografia.

X-rays (éks-rêis) *adj* radiográfico; radiológico.

X-rays (éks-rêis) *v* fotografar por meio de raios X; examinar por meio de raios X; tratar por meio de raios X.

Xylograph (zái-lograf) *s* xilogravura; xilografia (gravura obtida por meio da xilografia).

Xylographer (záiló-gráfâr) *s* xilógrafo (aparelho que serve para gravar em madeira).

Xylography (záiló-gráfi) *adj* xilografia (impressão feita com tipos de madeira).

Xylonite (zái-lonáit) *s* celuloide.

Xylophone (zái-lofôunn) *s* MÚS xilofone; marimba (instrumento de teclas).

Xylotile (zái-lotáil) *s* celuloide (nome antigo).

y Y

Y (uái) *s* vigésima quinta letra do alfabeto Inglês e é usada no alfabeto Português muitas vezes para representar símbolos químicos, nomes estrangeiros etc.
Y (uái) MAT símbolo que representa uma das incógnitas em álgebra.
Yacht (iót) *s* iate; barco (de recreio).
Yacht (iót) *v* dirigir, governar, viajar (um iate).
Yachting (ió-tinn) *s* ESP iatismo.
Yah (iá) *interj* bolas! pílulas! (exclamação de desagrado).
Yahoo (iá-hu) *s* brutamonte; pessoa vil; selvagem; USA caipira (do interior).
Yak (iék) *s* iaque (animal).
Yankee (iénk) *s* ianque (cidadão norte-americano do sul).
Yankee (ién-k) *adj* ianque.
Yap (iép) *s* GÍR conversa; caipira; latido; prosa; prosador.
Yap (iép) *v* falar; ganir; ladrar; palrar.
Yard (iárd) *s* pátio; jarda (= 914,4 mm); vara de medir.
Yard (iárd) *v* encurralar.
Yarn (iárnn) *s* conto; fio (de lã, algodão etc.); história.
Yarrow (ié-rôu) *s* milefólio; milfolheada; mil-em-ramas (planta).
Yawl (iól) *s* gritaria; iole (embarcação a vela); lamento.
Yawl (iól) *v* berrar.
Yawn (iónn) *s* bocejo; hiato; precipício; voragem.
Yawn (iónn) *v* ansiar; bocejar; desejar; suspirar.
Yawner (ión-nâr) *s* bocejador.
Yea (iê) *s* afirmação; o sim.
Yea (iê) *adv* certamente; sim.
Yeanling (iin-linn) *s* cordeirinho; ovelhinha.
Yeanling (iin-linn) *adj* novo; recém-nascido.
Year (iâr) *s* ano; *leap YEAR*: ano bissexto; *happy new YEAR*: feliz (próspero) ano novo.
Yearly (iâr-li) *adj* anual.
Yearly (iâr-li) *adv* anualmente; todos os anos; uma vez por ano.
Yearn (iârnn) *s* ânsia; anelo; ansiedade; saudade.
Yearn (iârnn) *v* aspirar; compadecer; almejar; sentir saudades; suspirar.
Yearning (iâr-ninn) *s* aspiração; ânsia; ansiedade; anelo; saudade.
Yeast (iist) *s* espuma; fermento; levedura.
Yeast (iist) *v* fermentar.
Yegg (jég) *s* USA ladrão de cofres (arrombador).
Yell (iél) *s* brado; grito; uivo.
Yell (iél) *v* berrar; gritar; urrar.
Yellow (ié-lôu) *s* cor amarela; gema.

Yellow (ié-lôu) *adj* amarelo; *YELLOW boy*: USA mulato.
Yellowback (ié-loubéck) *s* novela (popular, grosseira, reles).
Yellowish (ié-lôuish) *adj* amarelado.
Yellowness (ié-lôunéss) *s* amarelidão; covardia; ciúme; inveja.
Yellowy (ié-lôui) *adj* amarelado.
Yelp (iélp) *s* latido; uivo.
Yelp (iélp) *v* ladrar; latir; uivar.
Yeoman (iôu-maen) *s* burguês; guarda da Torre (Londres); lavrador; membro (da Guarda Nacional, do corpo de guardas); proprietário.
Yep (iéss) *interj* USA sim!
Yes (iéss) *adv* certamente; sim; *to say YES*: dizer que sim.
Yesterday (iés-târdêi) *adv* ontem; *the day before YESTERDAY*: anteontem.
Yet (iét) *adv* ainda; até agora; ao mesmo tempo; até; já; todavia; *not YET*: ainda não; *as YET*: até agora.
Yet (iét) *conj* contudo; mas.
Yiddish (éidich) *s* iídiche (língua dos guetos Judeus).
Yield (iild) *s* AGRIC colheita; COM produção.
Yield (iild) *v* assentir; conceder; dar; produzir; render; restituir; sujeitar-se.
Yielding (iil-dinn) *s* consentimento; rendição; submissão.
Yielding (iil-dinn) *adj* dócil; fácil; indulgente.
Yoke (iôuk) *s* canga; escravidão; jugo; opressão; submissão.
Yoke (iôuk) *v* conter; escravizar; ligar; unir.
Yokel (iôuk-l) *s* caipira; camponês; campônio.
Yolk (iôuk) *s* gema (de ovo); gordura.
Yon (iónn) *adj* aquele (a); aqueles (as).
Yon (iónn) *adv* além; acolá.
Yonder (ión-dâr) *vide* YON.
Yore (iôur) *adv* outrora; antigamente.
You (iu-) *pron* ti; tu; você; vós.
Young (iânn) *s* juventude; mocidade.
Young (iânn) *adj* jovem; moço; novo.
Youngish (iân-nish) *adj* pouco jovem; um tanto jovem.
Youngling (iân-linn) *s* animal (pequeno); cria.
Youngster (iâns-târ) *s* adolescente; jovem; rapaz; rapazola.
Your (iur ou iôur) *adj* seu (s); sua (as); teu (ua); teus (uas); vosso (a); vossos (as).
Yourself (iôursélf) *pron* você mesmo; vós mesmo.
Youth (iuth) *s* adolescência; jovem; juventude; mocidade.
Youthful (iuth-ful) *adj* alegre; juvenil; vigoroso.
Youthfulness (iuth-fulnéss) *s* juventude; mocidade; vigor.
Yttrium (i-triam) *s* QUÍM ítrio (símbolo Y).
Yule (iul) *s* Natal; festejos natalinos.

z Z

Z (zed) *s* vigésima terceira letra do alfabeto Português e vigésima sexta letra do alfabeto Inglês.
Z (zi) *s* MAT símbolo que representa uma terceira quantidade (incógnita).
Zany (zê-ni) *s* artista de circo; cômico; palhaço.
Zany (zê-ni) *v* imitar; macaquear.
Zeal (zil) *s* cuidado; escrúpulo; paixão; zelo.
Zealot (zé-lát) *s* afetado; entusiasta; fanático.
Zealotry (zé-látri) *s* fanatismo; paixão política (extrema); paixão religiosa (extrema); superstição.
Zealous (zé-láss) *adj* cuidadoso; escrupuloso; entusiasta.
Zealousness (zé-lásnéss) *s* desvelo; entusiasmo; zelo.
Zebra (zi-brá) *s* zebra (mamífero).
Zebu (zi-biu) *s* zebu (bovino).
Zenith (zi-nith) *s* ASTR zênite (ponto onde a vertical de um lugar encontra a esfera celeste, acima do horizonte).
Zephyr (zé-fâr) *s* zéfiro (briza, aragem).
Zeppelin (zi-pêlin) *s* zepelin (aeronave-balão inventada pelo conde Zeppelin – 1838/1917).
Zero (zi-rôu) *s* zero; começo.
Zest (zést) *s* casquinha (de limão, laranja etc.); gosto; sabor.
Zest (zést) *v* dar gosto; saborear; temperar.
Zestful (zést-fâl) *adj* agradável; gostoso; saboroso.
Zinc (zink) *s* folha de zinco; QUÍM zinco (símbolo Zn, número atômico 30).
Zincographer (zinkó-gráfâr) *s* zincógrafo, aparelho que serve para zincografar (gravar no zinco).
Zincography (zinkó-gráfi) *s* zincografia, método de gravação no zinco.
Zingaro (zin-garou) *s* zíngaro; cigano.
Zipper (zi-pâr) *s* fecho dentado (para roupas, bolsas etc.).
Zippy (zi-pi) *adj* alegre; animado; ativo; vivo.
Zither (zi-thâr) *s* MÚS cítara; guitarra.

Zodiac (zôu-diék) *s* ASTR zodíaco (zona da esfera celeste, dividida em doze signos, que o Sol aparentemente percorre, no espaço de doze meses).
Zombie (zâmbi) *s* zumbi, pessoa não inteligente (tonta, sem objetividade); fantasma (que vagueia à noite); bebida (forte); Zumbi (chefe do Quilombo dos Palmares).
Zone (zôunn) *s* cinta; lugar; ponto; região; zona;.
Zoned (zôun-d) *adj* delimitado; demarcado.
Zoo (zu) *s* zoológico (parque de animais); jardim zoológico; (ABREV de **ZOOLOGICAL**).
Zoographer (zôuó-gráfâr) *s* zoógrafo (desenho de animais; pinturas de animais).
Zoolatry (zôuó-látri) *s* zoolatria (adoração de animais).
Zoological (zôuó-djikâl) *s* zoológico (jardim zoológico).
Zoological (zôuó-djikâl) *adj* zoológico (relativo à zoologia).
Zoologist (zôuó-lodjist) *s* zoólogo; zoologista.
Zoology (zôuó-lodjist) *s* zoologia, ciência que trata dos animais.
Zoom (zum) *s* aumento (rápido e repentino); subida (rápida e vertical).
Zoom (zum) *v* vibrar, zumbir, zunir.
Zoomorphy (zôuó-morfi) *s* MIT zoomorfia, zoomorfismo (culto que dá forma animal à divindade ou ao ser humano).
Zooscopy (zoós-kopi) *s* zooscopia (observação científica dos animais).
Zoot suit (zut-sut) *s* traje masculino (largo e comprido).
Zygoma (zái-gôu-má) *s* ANAT zigoma, osso do rosto (maçã do rosto).
Zyme (záimm) *s* QUÍM fermentação.
Zymology (záimó-lodji) *s* QUÍM zimologia (estudo dos processos da fermentação).
Zymotic (záimó-tik) *adj* QUÍM zimótico (próprio ou inerente à fermentação).

Minidicionário Escolar

Português – Inglês

a A

A *s* the first letter of the Portuguese and of the English alphabets.
A *s* MÚS symbol of lah or la (cipher).
A *pron* her; it; the one; *eu a perdi*: I lost her.
A *prep* to; at; on; by; of.
A *art def*, the; *A Bíblia que está em cima da mesa pertence a mim*: the Bible wich on the table belongs to me.
À *art plus prep* (a+a) at the; for the; to the; *quando o Gregório retornou À festa, o David Jr. não estava lá*: when Gregório arrived at the party, David Jr. wasn't there.
Aba *s* brim of hats; flap of a coat; edge; ledge; rim.
Abacate *s* alligator pear; avocado.
Abacaxi *s* pine-apple; GÍR mess; difficult affair; difficult situation; mix-up.
Abade *s* abbot; FIG fat man.
Abafado *adj* muggy; airless; stuffy; oppresed.
Abafar *v* to suffocate; to smother; to cover; GÍR to steal.
Abaixar *v* to lower; to turn down; to bring down; to drop.
Abaixo *adv* below; under; down.
Abajur *s* lampshade; shade for lamp.
Abalado *adj* shaken; upset; loose; FIG disturbed.
Abalar *v* to upset; to shake; to stir.
Abalizado *adj* marked out; distinguished.
Abalizar *v* to survey; to estimate; to demarcate; to mark.
Abalo *s* shake; trouble; commotion; shakiness; trembling; shock; alarm.
Abalroamento *s* crash; collision; collide with.
Abalroar *v* to crash; to collide with.
Abanar *v* to fan; to flutter.
Abanar-se *v* to fan oneself.
Abandonado *adj* abandoned; left behind; left; forsaken; unaided.
Abandonar *v* to give up; to cast off or aside; to quit; to desert; *eu ABANDONEI as oportunidades que tinha*: I gave up the opportunities I had; *Mary ABANDONOU seu último emprego*: Mary quit her last job.
Abandono *s* desertion; abandonment; desolation.
Abano *s* fly-flap; fan; fire-fan.
Abarcar *v* to embrace; to contain; to monopolize; to enclose; to include.
Abarrotado *adj* full; crammed; filled-up; crowded.
Abarrotar *v* to stuff; to cram; to crowd.
Abastado *adj* rich; wealthy; well off; well-to-do.
Abastecer *v* to supply; to fill up; *alguém vai ao posto de gasolina para ABASTECER o tanque*: one goes to the gas station in order to fill up his tank.
Abastecimento *s* stock; provisions; supplying; fueling.
Abater *v* to reduce; to abate; to slaughter (cattle).
Abatimento *s* depression; abatement; reduction.
Abdicação *s* abdication; renunciation.
Abdicar *v* to renounce; to give up; to abdicate.
Abdome *s* abdomen; belly.
Abdômem *vide* ABDOME.
Abdução *s* abduction.
Abecedário *s* the alphabet; abecedary; spelling-book.
Abecedário *adj* abecedarian; alphabetical.

Abelha *s* bee; honey bee.
Abelhudo *adj* FIG indiscreet; curious.
Abençoado *adj* blessed; holy; hallowed.
Abençoar *v* to bless; to praise; to give blessing.
Aberração *s* aberrance; aberration; anomaly.
Abertamente *adv* frankly; openly.
Aberto *adj* open; exposed.
Abertura *s* aperture; opening; gape; openess.
Abiscoitar *v* to bake like a biscuit; to gain from; to steal.
Abismado *adj* be upset; greatly surprised; amazed.
Abismar *v* to amaze; to astonish; to astound.
Abismo *s* chasm; abyss; abysm.
Abjeto *adj* vile; abject; mean; base.
Abjuração *s* abjuration; repudiation.
Abjurar *v* to forsake an error; to abjure; to forswear.
Ablação *s* cutting off; removal; ablation.
Ablativo *s* GRAM ablative, Latin declination (sixth case).
Ablativo *adj* ablative; removing; depriving; extractive; pertaining to a grammatical case expressing separation or instrumentality.
Ablução *s* ablution; cerimonial purification; to purify with water.
Abnegação *s* abnegation; selfdenial; renunciation.
Abnegar *v* to renounce; to abnegate; to sacrifice oneself.
Abóbada *s* vault; cupola; arched roof; dome.
Abobado *adj* stupid; dull; silly; foolish; imbecile.
Abobalhado *adj* silly; foolish; dazzled; simple.
Abobar-se *v* to become stupid.
Abóbora *s* pumpkin; GÍR a fat person.
Abobrinha *s* summer squash; BR GÍR chitchat.
Abocanhar *v* to bite; to snap with his teeth; to seize with the mouth.
Abolição *s* extinction; abolition; abolishment.
Abolir *v* to suppress; to abolish; to ban; to revoke.
Abominação *s* hatred; abomination; abhorrence.
Abominar *v* to hate; to abominate; can't stand; *eu ABOMINO pessoas que jogam fumaça no meu rosto*: I can't stand people who blow smoke in my face.
Abonado *adj* creditable; warranted; rich; wealthy; full of cash (money).
Abonar *v* to guarantee; to warrant; to assure.
Abono *s* advance-money; bonus; allowance; warranty.
Abordagem *s* abordage; boarding.
Abordar *v* to attack; NÁUT to approach; to board.
Aborrecer *v* to bore; to annoy; to bother; *crianças gritando ABORRECEM-me muito*: children screaming bother me a lot.
Aborrecido *adj* annoyed; bored; weary; tedious.
Aborrecimento *s* boredom; trouble; bother.
Abortar *v* to fail; to abort; to miscarry; to balk.
Aborto *s* miscarriage; abortion; GÍR monster; *ele é um "ABORTO" da natureza*: he is a monster.
Abotoadura *s* cuff-link; set of buttons; stud.
Abotoar *v* to button; to fasten.
Abraçar *v* to embrace; to hug; to clasp.
Abraço *s* embrace; hug; clasp.

ABRANDAR — ACIDENTADO

Abrandar v to soften; to make tender; to quiet.
Abranger v to encompass; to contain; to comprise; to cover.
Abrasado adj burning; inflamed.
Abrasar v to set on fire; to inflame; to burn down; to be excited; to blaze.
Abrasileirar v to brazilianize.
Abre-lata s can-opener; tin opener.
Abreviação s shortening; abbreviation.
Abreviar v to shorten; to abbreviate; to condense.
Abreviatura s abbreviation.
Abridor s opener; can-opener.
Abrigar v to shelter; to protect; to cover; to shield.
Abrigar-se v to take cover.
Abrigo s shelter; protection; cover; asylum; home for helpless people.
Abril s April, the 4th month of the year; *no 1° de ABRIL, às vezes as pessoas "pregam trote" em seus amigos*: April fool's day, people sometimes play tricks on their friends on this day.
Abrilhantar v to brighten; to embellish; FIG to enliven.
Abrir v to open; to unfold; to unlock; to cut; *devo ABRIR a janela?*: shall I open the window?
Abrupto adj rugged; sudden; abrupt.
Abrutalhado adj rude; coarse; rought.
Absolutamente adv absolutely; Completely.
Absolutismo s POL absolutism, the government system or the doctrine of unlimited authority or control; despotism.
Absoluto adj complete; absolute; despotic.
Absolver v to acquit; to absolve; to pardon; USA to set free.
Absolvição s acquital; absolution; pardon.
Absorto adj absorbed in thought; ecstatic.
Absorver v to consume; to exhaust; to absorb; QUÍM to occlude.
Abstêmio s abstainer; teetotaller.
Abstêmio adj abstemious; teetotal.
Abster v to restrain; to keep back.
Abster-se v to abstain; to refrain from.
Abstinência s fast; temperance; abstinence.
Abstração s abstraction; concentration; revery.
Abstrair v to separate; to abstract; to isolate.
Abstrair-se v to collect one's thoughts; abstracted.
Absurdo adj nonsensical; absurd; foolish.
Abundância s plenty; abundance; affluence.
Abundante adj plentiful; abundant; ample.
Abundar v to abound; to be rich in; to teem.
Abusar v to annoy; to abuse; to revile; to violate.
Abusivo adj abusivo; improper.
Abuso s misuse; abuse; excess.
Abutre s vulture.
Acabado adj complete; finished; perfect.
Acabar v to end; to finish; to complete; to accomplish.
Acabrunhado adj downcast; dejected; prostrate; broken.
Acabrunhar v to opress; to distress; to crush.
Acácia s BOT acacia; flowering tree; arabic-gum.
Academia s academy; a intermediate school; HIST the garden near Athens where Plato thought (428-347 a.C.).
Acadêmico s academic.
Acadêmico adj academic; academical.
Acalentador adj warming; lulling.
Acalentar v to lull; to rock gently; to pamper.
Acalento s lullaby; lulling; rocking.
Acalmar v to calm; to becalm; to pacify.
Acalmar-se v to grow quiet; to lull.
Acalorado adj heated; angry; vehement.
Acalorar v to stir up; to excite; to warm.
Acamado adj lying in bed; bedridden; USA bedfast.
Acambarcar v to buy up; to engross; to monopolize.
Acampamento s camp; camping; encampment.
Acampar v to camp; to go camping; to encamp.
Acanhado adj timid; too tight; bashful; shy; narrow.

Acanhamento s shyness; timidity.
Acanhar v to depress; to dwarf.
Ação s action; activity; COM share; MIL battle.
Ação de graças s thanksgiving; USA *dia de AÇÃO DE GRAÇAS, normalmente a última terça-feira do mês de Novembro*: Thanksgiving Day; usually the last Thursday in November.
Acariciar v to fondle; to caress; to cherish; to touch; *ACARICIAR alguém com ternura*: to touch somebody tenderly.
Ácaro s acarus; mite; tick.
Acarretar v to cause; to cart; to bring about.
Acasalar v to mate; to pair; to couple (animals).
Acaso s luck; sort; chance; fortuity; hazard; accident.
Acaso adv by the way; by chance.
Acastelar v to fortify with castles; to protect.
Acastelar-se v to take shelter.
Acatamento s respect; esteem; duty.
Acatar v to fulfil; to respect; to accept.
Acautelado adj prudent; cautious; astute.
Acautelar v to take care; to caution; to beware of; to warn.
Acautelar-se v to be on one's guard.
Aceder v to agree to; to accede; to add.
Acéfalo adj without head; acephalous; headless.
Aceiro s backfire; firebreak.
Aceitar v to agree; to admit; to accept.
Aceite s COM acceptance; an agreement to pay a bill of exchange, draft, order, etc., according to its terms.
Aceito adj accepted.
Aceleração s haste; acceleration; pickup.
Acelerar v to quicken; to accelerate; to move fast.
Acém s foreribs (beef); loin.
Acenar v to beckon; to make a sign; to wave; *ACENAR para o ônibus ou táxi*: wave to the bus or taxi.
Acendedor s lamp-lighter; igniter; stimulator.
Acender v to set on fire; to light; to light up; ELET to switch on; *venha ACENDER o meu fogo garota*: come on baby light my fire.
Aceno s beckon; nod; sign; gesture.
Acento s stress; tone; accent.
Acentuação s accent; accentuation; emphasis; stress.
Acepção s meaning; sense; acceptance; *na ACEPÇÃO da palavra*: in the fullest sense of the word.
Acerca adv about; near; nearly.
Acerca de prep about; as regards; concerning.
Acercar v to draw near; to approach; to surround.
Acercar-se v to bring near; to draw near.
Acertado adj proper; right.
Acertar v to hit the mark; to guess right; to set right.
Acervo s pile; heap; patrimony; lot.
Aceso adj alight; lighted; lit; FIG excited.
Acessibilidade s accessibility.
Acessível adj approachable; accessible; affable.
Acesso s admittance; approach; access.
Acessório adj attachment; accessory; additional.
Acetinado adj satin-like; glossy; satiny.
Acetinar v to soften; to gloss; to make satin-like.
Acetona s remover; acetone.
Achacar v to assault; to rob; to vex.
Achaque s chronic ailment; habitual pain; imputation.
Achar v to find; to hit upon; to come across; to discover; to think; *ACHEI o meu caminho*: I found my way.
Achatado adj flat.
Achatar v to make flat; to flatten; to overcome; FIG to crush.
Achegar v to bring near; to approach.
Achegar-se v to draw near; to seek help; to approach.
Achincalhação s act of scoffing; degradation; mockery.
Achincalhamento *vide* ACHINCALHAÇÃO.
Achincalhar v to mock at; to degrade; to ridicule.
Acidentado s victim of an accident; an injured person.

ACIDENTADO — ADEQUADAMENTE

Acidentado *adj* rough; irregular; uneven.
Acidental *adj* casual; accidental; unexpected.
Acidentalmente *adv* accidentally.
Acidentar *v* to produce irregularities in; to modify; to vary.
Acidentar-se *v* to injure oneself accidentally.
Acidente *s* accident; *ACIDENTES podem ser evitados*: accidents can be prevented.
Ácido *s* acid.
Ácido *adj* acid; sour; tart.
Acima *adv* above; besides; *somente o sol ACIMA de nós*: above us only sky.
Acima de *prep* on top of.
Acinte *s* spite, something done intentionally to offend.
Acintoso *adj* malevolent, done to offend; provocative.
Acinzentado *adj* grayish.
Acionar *v* to bring into action; to operate; to move; JUR to sue at law.
Acionista *s* COM shareholder; stockholder.
Acirrado *adj* stired up; stubborn; obstinate.
Acirrar *v* to irritate; to stir up; to incite; to provoke.
Aclamação *s* applause; acclamation; acclaim.
Aclamar *v* to applaud; to acclaim; to hail; to proclaim.
Aclarar *v* to clarify; to explain; to make clear.
Aclimar *v* to acclimate; to acclimatize.
Aclimatação *s* acclimatization; acclimation.
Aclimatar *v* to acclimate; to acclimatize.
Aclive *s* acclivity; steep hillside; upward slope.
Aclive *adj* steep; acclivous; sloping upward.
Aço *s* steel; *AÇO forjado*: steel forging.
Acobertar *v* to disguise; to cover; to conceal.
Acobertar-se *v* to cover oneself.
Acocorado *adj* squatted; crouching.
Acocorar-se *v* to crouch; to squat.
Açodado *adj* hasty; hurried.
Açodamento *s* incitement; hurry; hastiness.
Açodar *v* to incite; to hurry; to hasten; to instigate.
Açoitar *v* to whip; to scourge; to chastise; to lash.
Açoite *s* scourge; whip; lash; lashing; whipping.
Acolá *adv* over there; there.
Acolchoado *s* bedquilt; quilt; USA comfort; comforter.
Acolchoado *adj* quilted; padded.
Acolchoar *v* to quilt; to upholster; to pad.
Acolhedor *adj* hospitable; welcoming.
Acolher *v* to welcome; to shelter; to protect.
Acolhida *s* shelter; reception; welcome.
Acolhimento *s* shelter; reception; welcome.
Acólito *s* an assistant; an attendant; acolyte.
Acometer *v* to attack; to charge; to undertake; to assault.
Acometimento *s* attack; assault; sudden attack; attempt; fit.
Acomodação *s* settlement; accommodation; arrangement; position.
Acomodar *v* to lodge; to arrange; to accommodate; to adapt.
Acomodar-se *v* to adapt oneself to; to adjust oneself.
Acompanhamento *s* accompaniment; attendance; retinue; MÚS accompaniment; vamp.
Acompanhar *v* to escort; to keep company; MÚS to accompany.
Aconchegado *adj* comfortable; cosy; tucked in.
Aconchegar *v* to shelter; to bring near; to cuddle.
Aconchegar-se *v* to snuggle up to.
Acondicionamento *s* conditioning; wrapping; packing (of goods).
Acondicionar *v* to arrange; to pack (goods); to wrap up.
Aconselhar *v* to consult; to advise; to counsel.
Acontecer *v* to happen; to come about; to take place; GÍR *o que ACONTECE?*: what's up? - what's going on?
Acontecimento *s* happening; incident; event; occurrence.
Acoplamento *s* connection; coupling; union.
Acoplar *v* to join; to connect; to couple.
Acordado *adj* awaked; agreed; settled.

Acórdão *s* JUR superior sentence; judgement.
Acordar *v* to awake; to wake up; to awaken; to agree with; to come to an agreement.
Acorde *s* MÚS chord; accord; harmony.
Acorde *adj* MÚS harmonious; agreed.
Acordeão *s* MÚS accordion.
Acordo *s* accord; deal; bond; agreement; *quebrar um acordo*: break a bond.
Acordoar *adv* MÚS to put strings in a musical instrument; NÁUT to put ropes in a ship.
Acorrentar *v* to put in fetters; to chain; to fetter.
Acorrer *v* to run to help; to run to aid; to seek aid.
Acossar *v* to vex; to hunt; to pursue; to chase.
Acostamento *s* place alongside in a high-way or road.
Acostumado *adj* used; accustomed; used to; usual.
Acostumar *v* to accustom; to inure.
Acostumar-se *v* to get accustomed; to get used to; to become accustomed.
Acotovelar *v* to jostle; to elbow; to nudge.
Açougue *s* butcher shop; butchery.
Açougueiro *s* butcher; slaughterer.
Acovardado *adj* cowardly; GÍR coward.
Acovardar *v* to intimidate; to fright; to frighten.
Acre *adj* bitter; tart; acrid; sharp.
Acreditar *v* to believe; to warrant; to trust; *nós ACREDITAMOS em Deus,*: In God we trust.
Acreditável *adj* believable; credible.
Acrescentar *v* to add; to increase; to augment; to append.
Acrescer *v* to grow; to add; to augment; to increase.
Acréscimo *s* increment; increase; augmentation.
Acromático *adj* achromatic; without colour.
Acróstico *s* acrostic; *um poema ou composição em que a inicial ou algumas letras, colocadas em ordem, formam uma frase ou palavra especial*: a poem or other composition in which inicial or other letters, taken in order, form a special phrase or word.
Acuar *v* to drive against a wall or into a corner; to corner.
Açúcar *s* sugar; *AÇÚCAR em tabletes*: lump, cube loaf.
Açucarar *v* to sweeten; to sugar.
Açucareiro *s* sugar-basin; USA sugar-bowl.
Açude *s* dam.
Acudir *v* to go to help; to run for aid; to give first aid.
Acuidade *s* sharpness; perspicacity; acuteness.
Açulamento *s* sicking; provocation; instigation.
Açular *v* to instigate; to provoke; to set on (a dog).
Acumulação *s* accumulation; hoarding.
Acumulador *s* battery; accumulator; USA storage battery.
Acumular *v* to heap up; to accumulate; to pile up.
Acurado *adj* painstaking; accurate; careful.
Acurar *v* to make precise or accurate.
Acusação *s* charge acknowledgment; accusation.
Acusado *s* defendant; accused.
Acusado *adj* accused; charged; blamed; acknowledge.
Acusador *s* accuser; plaintiff.
Acusar *v* to accuse; to acknowledge; to blame.
Adaga *s* dagger.
Adágio *s* adage; proverb; MÚS adage; slowly movement.
Adaptabilidade *s* adaptability.
Adaptação *s* adjustment; adaptation; accommodation.
Adaptar *v* to fit; to adjust; to adapt.
Adaptar-se *v* to adapt oneself; to adjust oneself to.
Adega *s* wine-cellar; cellar.
Ademais *adv* beside; also; in addition; as well as; further; moreover.
Adendo *s* appendix; addition; addend.
Adentro *adv* inward; indoors; inside.
Adepto *s* admirer; follower; partisan; supporter.
Adequação *s* fitness; adequacy; adequateness.
Adequadamente *adv* properly; adequately.

ADEQUADO — AFETAÇÃO

Adequado *adj* appropriate; suitable; fit; fitting; adequate.
Adequar *v* to adapt; to fit; to adjust.
Adereçar *v* to trim up; to adorn; to bejewel.
Adereço *s* adornment; set of jewels; ornament; finery.
Aderência *s* adhesion; adherence; adhesiveness.
Aderente *adj* adhering; adherent; adhesive; attached.
Aderir *v* to join; to adhere; to unite.
Adesão *s* support; adhesion; following.
Adesivo *s* sticking plaster.
Adesivo *adj* adhesive.
Adestrado *adj* skilled; trained; skilful; drilled.
Adestramento *s* training; drilling.
Adestrar *v* to instruct; to train; to teach.
Adeus *interj* so long; bye-bye; good-bye (contracted form of God be with you); farewell.
Adiantado *adj* advanced; in advance; fast; ahead.
Adiantamento *s* advancement; progress; improvement.
Adiantar *v* to progress; to pay in advance; to forward.
Adiante *adv* forward; ahead; farther on; along.
Adiar *v* to delay; to adjourn; to postpone; to hold off.
Adição *s* increase; addition; sum; accretion.
Adicionar *v* to add; to join; to attach.
Adido *s* attaché.
Adido *adj* adjoined.
Aditamento *s* supplement; addition; addendum.
Adivinhação *s* guessing; fortune-telling; puzzle.
Adivinhar *v* to guess; to foretell; to divine.
Adivinho *s* guesser; fortune-teller; soothsayer.
Adjacência *s* adjacency; proximity; adjacence.
Adjacente *adj* adjacent; next; adjoining.
Adjetivo *s* GRAM adjective.
Adjetivo *adj* JUR additional.
Adjudicação *s* JUR adjudgment; adjudication.
Adjudicar *v* to adjudicate; to award; to adjudge; to allot.
Adjunto *s* assistant; adjunct; accessory.
Adjunto *adj* adjoined; united; connected.
Adjurar *v* to adjure; to invoke.
Administração *s* direction; management; administration.
Administrador *s* boss; manager; ***ADMINISTRADOR de bancos***: bank manager; ***ADMINISTRADOR de empresas***: company manager.
Administrar *v* to govern; to administer; to conduct; to run.
Admiração *s* wonder; astonishment; admiration.
Admirado *adj* astonished; surprised.
Admirador *s* admirer.
Admirador *adj* admiring.
Admirar *v* to admire; to be astonished or amaze at.
Admirável *adj* admirable; astonishing; wonderful.
Admissão *s* admittance; admission; entrance.
Admitir *v* to receive; to admit; to hire; ***ADMITIR alguém num emprego***: to hire someone in a job.
Admoestação *s* warning; admonition; advice.
Admoestador *s* admonisher; cautioner.
Admoestar *v* to caution; to admonish; to warn.
Adoçante *adj* sweetening.
Adoçar *v* to soften; to sweeten.
Adocicado *adj* sweetish.
Adoecer *v* to fall ill; to become ill; to get sick.
Adoidado *adj* mad; haywire; crazy.
Adoidar *v* to madden; to make or become mad.
Adolescência *s* youth; young people; adolescence; teens (young people with the age from thirteen to nineteen); ***na minha ADOLESCÊNCIA***: in my teens.
Adolescente *s* youth; adolescent; teenager.
Adolescente *adj* adolescent.
Adoração *s* worship; adoration; idolatry.
Adorar *v* to adore; to love excessively; to worship.
Adormecedor *s* sleeper.
Adormecedor *adj* sleepy; inducing sleep.
Adormecer *v* to lull; to fall asleep; to numb.
Adormecimento *s* sleepiness; drowsiness; torpor.
Adornar *v* to ornament; to adorn; to embellish.
Adorno *s* ornament; ornamentation; adornment.
Adotado *adj* adopted; ***ele é ADOTADO***: he is adopted.
Adotar *v* to adopt; to affiliate.
Adquirir *v* to obtain; to get; to acquire; to buy.
Adrede *adv* purposely; deliberately; intentionally.
Adstringente *adj* astringent; astrictive.
Adstrito *adj* astricted; astringed; tight.
Aduaneiro *s* custom-house employee.
Adubação *s* fertilization; manuring.
Adubar *v* to manure; to season; to fertilize; to spice.
Adubo *s* manure; fertilizer.
Adulação *s* flattery; adulation; cajolery.
Adulador *s* fawner; flatterer; toady.
Adular *v* to toady; to flatter; to fawn upon.
Adúltera *s* adulteress.
Adulterado *adj* adultered; spurious; debased.
Adulterar *v* to commit adultery; to adulterate; to forge.
Adúltero *s* adulterer.
Adulto *adj* grown-up; adult; mature; full-grown; ***fase ADULTA***: adulthood.
Adutor *s* MED abductor (muscle).
Aduzir *v* to bring forward; to adduce.
Adventício *s* a foreigner; a newcomer.
Advento *s* advent; coming; arrival.
Adversário *s* opponent; adversary; enemy; antagonist.
Adverso *adj* contrary; adverse; untoward.
Advertência *s* warning; advertence; foreword.
Advertir *v* to admonish; to warn; to advise.
Advir *v* to come or follow upon; to result from.
Advocacia *s* advocateship; advocacy; law; legal profession; ***eu estudo ADVOCACIA***: I study law.
Advogado *s* lawyer; attorney; counsellor; advocate.
Aéreo *adj* aerial; ***espaço AÉREO***: aerial space.
Aerodinâmico *adj* aerodynamic.
Aeródromo *s* airport; airfield.
Aeromoça *s* air-girl; flight stewardess; air hostess; USA flight attendant.
Aeromoço *s* flight steward; air steward.
Aeronave *s* airship; aircraft.
Aeroplano *s* aeroplane; USA airplane.
Aeroporto *s* airport.
Aerovia *s* airway; air lane.
Afã *s* eagerness; diligence; anxiety; toil; care.
Afabilidade *s* affability; friendliness; graciousness.
Afagar *v* to caress; to pet; to fondle; to cherisch.
Afago *s* caress.
Afamado *adj* famous; notable; famed.
Afamar *v* to make famous.
Afanar *v* to steal; to tire; to toil.
Afastado *adj* far away; remote; distant; long ago.
Afastamento *s* removal; separation; deviation.
Afastar *v* to drive away; to remove; to push.
Afastar-se *v* to go away; to move away.
Afável *adj* courteous; affable; amiable.
Afazer *v* to accustom; to habituate.
Afazeres *s* affairs; business; duties; chores; household chores.
Afecção *s* MED disease; affection.
Afeição *s* fondness; affection; liking; ***jamais perderei minha AFEIÇÃO por você***: I'll never lose my affection for you.
Afeiçoado *adj* fond of; addicted.
Afeiçoar *v* to shape; to fashion; to mold.
Afeito *adj* used to; accustomed to; habituated.
Aferição *s* checking; comparing; gauging.
Aferido *adj* gauged; compared; checked.
Aferir *v* to compare; to gauge; to check.
Afetação *s* affectation; mannerism; pretension.

AFETADO — AGUAR

Afetado *adj* affected; exaggerated; grandiose.
Afetar *v* to affect; to feign; to simulate.
Afetivo *adj* affective; devoted; dedicated.
Afeto *s* love; affection; fondness.
Afiação *s* sharpening; grind; whetting.
Afiado *adj* sharp; sharpened; whetted.
Afiador *s* grinder; whetstone; sharpener.
Afiançado *adj* warranted; bonded; vouched.
Afiançar *v* to assure; to bail; to guarantee.
Afiar *v* to sharpen; to grind; to edge.
Aficionado *s* amateur; enthusiast; fan.
Afigurar *v* to shape; to figure; to picture.
Afigurar-se *v* to fancy; to appear; to seem.
Afilado *adj* thin; slender; slim; fine.
Afilar *v* to sharpen; to gauge; to incite.
Afilhada *s* goddaughter; godchild.
Afilhado *s* godson; godchild.
Afiliação *s* affiliation; association.
Afiliar *v* to join; to admit; to affiliate.
Afim *s* relative; relation by affinity; affine.
Afim *adj* similar; related; akin; kin.
A fim de *conj* so as to; so that; in order to.
Afinação *s* refinement; *MÚS* tuning.
Afinal *adv* after all; at last.
Afinar *v* to adjust; *MÚS* to tune.
Afinco *s* perseverance; tenacity.
Afinidade *s* relationship; affinity; rapport.
Afirmação *s* assertion; affirmation; protestation.
Afirmar *v* to assert; to confirm; to affirm.
Afirmativa *s* affirmative; affirmation.
Afirmativo *adj* affirmative; positive; affirmatory.
Afixar *v* to stick; to affix; to post.
Aflição *s* distress; sorrow; affliction.
Afligir *v* to cause pain; to afflict; to trouble; to worry; to grieve; to distress.
Afligir-se *v* to worry.
Aflitivo *adj* distressing; afflictive.
Aflito *adj* distressed; afflicted; *estar AFLITO*: to be on the rack.
Aflorar *v* to appear on the surface; *GEOL* to crop; to outcrop.
Afluência *s* plenty; abundance; crowd; affluence.
Afluente *s* tributary; affluent.
Afluente *adj* affluent; abundant.
Afluir *v* to flow into; to run into; to flock together.
Afluxo *s* affluxion; afflux; flowing.
Afobação *s* bustle; hurry; excited activity.
Afobar *v* to hurry; to upset; to bustle.
Afobar-se *v* to become flustered.
Afofar *v* to make fluffy; to fluff.
Afogadilho *s* hurry; haste.
Afogar *v* to drown; to suffocate; to choke.
Afogar-se *v* to be drowned.
Afoito *adj* daring; bold; audacious.
Afora *adv* outside.
Afora *prep* except; apart from; excepting.
Afortunado *adj* lucky; happy; fortunate.
Afrodisíaco *s* aphrodite; anything that tends to increases sexual passion or power.
Afrodite *s* aphrodite; the Greek godeness of love; identified with the Roman Venus and the Phenecian Astarte.
Afronta *s* outrage; affront; dishonor.
Afrontar *v* to insult; to affront; to face.
Afrouxamento *s* slackening; loosening.
Afrouxar *v* to loosen; to slacken; to loose.
Afta *s MED* thrush; aphtha.
Afugentar *v* to chase; to banish; to drive away.
Afundamento *s* sinking.
Afundar *v* to send to the bottom; to deepen; to sink; *o Titanic AFUNDOU*: The Titanic ship sank.
Afunilado *adj* funnel-shaped; funnelled.
Afunilar *v* to make like funnel; to narrow.
Agachar-se *v* to squat; to crouch.
Ágape *s* agape, The Love Feast of the primitive Christians; ceremonial dinner.
Agarrado *adj* held fast; caught.
Agarrar *v* to seize; to grasp; to catch.
Agasalhado *adj* well sheltered; covered; snug.
Agasalhar *v* to receive and treat kindly; to shelter; to protect.
Agasalhar-se *v* to cover oneself up; to keep warm.
Agasalho *s* hospitality; shelter; warm clothes; wrap.
Agastar-se *v* to become irritated; to tiff; to rile.
Agência *s* agency; office; branch office; *AGÊNCIA de turismo*: tourism agency.
Agenciar *v* to manage; to solicit; to negotiate.
Agenda *s* notebook; agenda; appointment book.
Agente *s* agent; broker.
Agigantado *adj* gigantic. giant.
Agigantar-se *v* to grow much higher; to excel; *FIG* to loom.
Ágil *adj* active; limber; agile; nimble.
Ágio *s COM* agiotage; interest; usury.
Agiota *s* usurer; speculator; money-lender; loan shark (a person lending money at very high rates of interest).
Agiotagem *s* usury; agiotage; stockjobbing.
Agiotar *v* to practice usury; to speculate.
Agir *v* to work; to proceed; to act; to operate.
Agitação *s* excitement; agitation; emotion.
Agitado *adj* agitated; excited; disturbed.
Agitar *v* to perturb; to agitate; to disturb; to wave.
Aglomeração *s* mass; crowd; agglomeration.
Aglomerar *v* to heap up; to agglomerate; to pile up.
Aglutinar *v* to glue together; to agglutinate.
Agonia *s* anguish; agony; affliction.
Agoniado *adj* distressed; anxious; lineasy.
Agonizar *v* to be dying; to agonize; to be at the point of death.
Agora *adv* at this moment; the present time; just now; now; at present.
Agosto *s* August; the eigth month of the year.
Agouro *s* omen; augury; presage.
Agraciar *v* to grace; to decorate with; to reward with a medal; title; etc.
Agradar *v* to please; to gratify; to delight.
Agradável *adj* agreeable; pleasant; enjoyable; delightful.
Agradecer *v* to give tanks; to be grateful for; to thank for; to acknowledge.
Agradecido *adj* thankful; grateful.
Agrado *s* liking; pleasure; courtesy.
Agravar *v* to aggravate; to vex; to aggrieve.
Agravo *s* offence; injury; *JUR* appeal.
Agredir *v* to assault; to attack; to provoke.
Agregar *v* to join; to associate; to add; to amass; to aggregate.
Agremiação *s* fraternity; club; association; society.
Agressão *s* attack; aggression; offense.
Agreste *s BR* arid zone in northeastern.
Agreste *adj* rough; rustic; rural; agrestic; agrestical.
Agrião *s* water cress.
Agricultor *s* farmer; agriculturist.
Agricultura *s* farming; agriculture.
Agropecuária *s* art and science of agriculture.
Agrupamento *s* cluster; gathering; grouping.
Agrupar *v* to group; to cluster; to assort.
Agrupar-se *v* to form a team; to form a group.
Agrura *s* sourness; roughness; severity.
Água *s* water; *ÁGUA doce*: fresh water; *você entende que é seguro beber dessa ÁGUA?*: do you think this water is safe to drink?
Aguaceiro *s* squall; cloudburst; downpour; shower.
Aguado *adj* watery; watered.
Aguar *v* to dilute; to water; *você deve AGUAR as plantas todos os dias*: you should water the plants everyday.

AGUARDAR — ALHEIO

Aguardar v to expect; to wait for; to await.
Aguardente s any alcoholic liquor; brandy; firewater.
Açuçado adj sharpened; sharp.
Açuçar v to excite; to sharpen; to luff.
Agudez s acuteness; sharpness; perspicacity; smartness.
Agudeza s acuteness; sharpness; perspicacity; smartness.
Agudo adj acute; sharp.
Aguentar v to support; to sustain; to stand firm.
Aguerrido adj warlike; bellicose; valiant.
Aguerrir v to be warlike; to accustom to war.
Águia s eagle; aquilla; FIG a person very smart; a clever person.
Agulha s needle; withers; USA switch.
Ai interj oh! ah! alas! ouch! dear me!; *Ai de mim!*: whoe is me!
Aí adv there; in this place; in that place; over there; there upon.
Ainda adv yet; still; even; some day; *AINDA não estive nos USA*: I haven't been to USA, yet.
Ajeitar v to arrange; to adapt; to adjust; to fix up.
Ajoelhado adj falled on the knees; kneeling.
Ajoelhar v to fall on the knees; to kneel down; to make kneel.
Ajuda s assistance; help; aid; COM *AJUDA de custos*: expense allowance.
Ajudante s assistant; helper.
Ajuizado adj discreet; wise; sensible; judicious.
Ajuizar v to estimate; to judge; to consider.
Ajuntar v to join; to assemble; to lay up; to mass.
Ajustar v to adjust; to settle; to fit.
Ajuste s settlement; pact; adjustment.
Ala s row; rank; tier; wing.
Alado adj winged; alated.
Alagadiço adj swampy; marshy.
Alagar v to flood; to inundate; to overflow.
Alambique s alembic; still.
Alambrado s an enclosing structure of wires or the like; a defense.
Alambrar v to fence with wire.
Alameda s a row of trees; park; tree-lined street.
Alar v NÁUT to haul.
Alar-se v to take flight; to rise; to fly; to soar.
Alaranjado adj orange-shaped.
Alarde s ostentation; parade; show.
Alargamento s enlargement; widening; dilation; dilatation.
Alargar v to widen; to extend; to enlarge.
Alarido s out-cry; shout; din.
Alarma s alert; alarm.
Alarmante s alarming; scary.
Alarmar v to alert; to alarm.
Alarme s alert; alarm.
Alarmista s alarmist.
Alastramento s spreading; diffusion.
Alastrar v to scatter; to spread; to strew.
Alaúde s MÚS lute.
Alavanca s lever; crowbar; crank.
Alazão s said about lineage of horses; sorrel (a reddish or yellowish-brown horse).
Albergue s shelter; hospice; lodging-house; hostel inn.
Albinismo s MED albinism, lack of pigment (skin).
Álbum s scrapbook; snaps-book.
Alça s handle; grip; loop.
Alcachofra s artichoke.
Alcaçuz s liquorice plant; licorice.
Alçada s competence; jurisdiction; power.
Alçamento s elevation; lifting; hoisting.
Alcançado adj caught; reached; achieved.
Alcançar v to reach; to arrive at; to attain; to achieve.
Alcance s competence; reach; range; scope.
Alçar v to lift up; to raise; to rise up.
Alcateia s gang; pack of wolves.
Alcorão s Koran, Islamic Divine Book; Alcoran; *vide* CORÃO.
Alcova s alcove; bedroom; hiding-place.

Alcovitar v to pander; to gossip.
Alcoviteiro s panderer; pander; pimp.
Alcunha s nickname; sobriquet.
Alcunhar v to give a nickname to; to nickname; to dub.
Aldeão s villager; peasant.
Aldeia s borough; village; hamlet.
Aldeola s hamlet; small village.
Aldeota s hamlet; small village.
Aleatório adj aleatory.
Alecrim s rosemary.
Alegação s argument; allegation; claim.
Alegar v to quote; to allege; to claim; *ele pode ALEGAR que você está simplesmente maluca*: he may claim you're just mad.
Alegoria s GRAM allegory, figurative or symbolic language.
Alegrar v to cheer up; to gladden; to make happy; to please.
Alegre adj cheerful; lively; merry; joyful; happy.
Alegrete s flower-bed.
Alegria s cheerfulness; merriment; joy.
Alegro s MÚS allegro; musical moviment in quick time.
Aleijado s cripple.
Aleijado adj lame; crippled.
Aleijar v to disable; to maim; to cripple.
Aleitamento s nursing; suckling; lactation.
Aleitar v to feed on milk; to suckle; to nurse.
Aleluia s halleluiah.
Além adv beyond; further.
Além disso prep besides; plus; moreover.
Alemão s german.
Alemão adj german.
Alentado adj brave; bold; encouraged.
Alentar v to comfort; to encourage; to cheer.
Alerta s alert; alarm.
Alerta adj alert; alive.
Alerta adv vigilantly; on the alert.
Alerta interj attention!
Alertar v to put on guard.
Alfabeto s alphabet; abc's.
Alface s lettuce.
Alfacinha s native of Lisbon; small head of lettuce.
Alfaia s ornament; household equipment; jewelry.
Alfaiataria s tailor's shop.
Alfândega s custom-house.
Alfarrábio s old book; dull book; manuscript.
Alfazema s perfumed water; lavender.
Alferes s second lieutenant; ancient official in brazilian arm; standard-bearer.
Alfinete s pin.
Alforjar v to bag; to pocket.
Alforje s bag; saddlebag; knapsack.
Alforria s freedom's letter; emancipation.
Algaravia s arabic; gibberish.
Algarismo s symbol for a number; numeral; figure.
Algazarra s tumult; hubbub; outcry; clamour; clamor.
Algema s manacle; handcuff.
Algemar v to hundcuff; to fetter.
Algibeira s pocket; back-pocket.
Algodão s cotton.
Algodoal s cotton plantation; cotton field.
Algodoeiro s cotton plant.
Algoz s executioner; hangman.
Alguém pron someone; somebody; anybody; anyone; one; *uma pessoa (ALGUÉM) muito importante (VIP)*: very important person (VIP); *magoar ALGUÉM*: to break someone's heart.
Algum adj something; some; any; *preciso de ALGUM papel para escrever*: I need some paper to write on.
Algum pron some; any.
Algures adv somewhere.
Alheio s strange; another's.
Alheio adj strange; another's; someone else's.

ALHO — AMANHÃ

Alho s garlic.
Alhures adv elsewhere.
Ali adv there; over there; in this place; in that place; yonder.
Aliado s ally.
Aliado adj allied.
Aliança s wedding-ring; alliance; covenant.
Aliar v to join; to ally; to associate.
Aliás adv on the other hand; as a matter of fact; besides; moreover; otherwise.
Álibi s alibi; justification.
Alicate s pliers.
Alicerçar v to build foundation of; base; to cement.
Alicerce s foundation; base; bottom.
Aliciamento s enticement; allurement; bribery.
Aliciar v to entice; to seduce; to allure.
Alienação s JUR e PSIC, alienation; insanity; transfer.
Alienado adj insane; alienated; transferred; outminded.
Alienígena s foreigner; alien; E.T (extra terrestrian).
Aligátor s cayman; aligator.
Alijar v to throw overboard; to jettison; to trow off (goods or cargo; especially from a ship in danger of foundering).
Alimentação s nutrition; alimentation; food.
Alimentar v to feed; to nourish; *ALIMENTE o seu animal de estimação*: feed your pet.
Alimento s food; nourishment; aliment.
Alínea s sub-paragraph; subheading.
Alinhamento s alignment; ranging.
Alinhar v to line up; alignment; to align.
Alinhavar v to tack; to baste.
Alisado adj polished; smoothed; leveled.
Alisar v to level; to plane; to smooth; to polish.
Alísios adj wind from tropical zone; pertaining to trade winds.
Alistamento s enlistment; enrolment; register.
Alistar v to enlist; to recruit; to join up; to enrol.
Aliviar v to lighten; to alleviate; to soften.
Alívio s relief; alleviation; respite.
Alma s soul; spirit; essence.
Almaço s foolscap (paper).
Almanaque s almanac, a yearly calendar.
Almeirão s chicory.
Almejar v to long for; to crave; to hanker.
Almirante s admiral; red admiral.
Almíscar s musk.
Almoçar v to have lunch; to eat for lunch.
Almoço s lunch; luncheon; brunch.
Almofada s pad; pillow; cushion.
Almofariz s basin; mortar.
Almôndega s croquette; meat ball.
Almoxarifado s stock room; warehouse.
Almoxarife s stockman; stock clerk; bailiff.
Alô interj hi! hello!
Alocução s allocution; address.
Alojamento s accommodation; lodging; USA dormitory.
Alojar v to lodge; to billet; to shelter.
Alongamento s lengthening; prolongation; enlogation.
Alongar v to prolongate; to lengthen; to extend.
Alpendre s porch; shed; USA piazza.
Alpestre adj alpine; subalpine.
Alpinismo s mountaineering; mountain climbing.
Alpinista s alpinist; mountaineer.
Alpiste s birdseed; alpist.
Alquebrado adj weakened; worn-out; exhausted.
Alquebrar v to weaken; to stoop; to become bent.
Alquimia s alchemy, the speculative chemistry of middle ages.
Alta s rise; increase; discharge.
Altaneiro adj haughty; arrogant; towering.
Altar s altar.
Alta-roda s high life society.
Alteração s alteration; change; tumult.

Alterado adj altered; disturbed; someone who is out of his usual way of being.
Alterar v to alter; to change; to modify; to disturb; to falsify.
Altercação s quarrel; altercation.
Altercar v to quarrel; to altercate; to wrangle.
Alternar v to take turns; to alternate.
Alternativa s option; alternative; choice.
Alteza s highness; elevation; excellence.
Altibaixos s ups and downs; uneven places.
Altíssimo s very high; God; The Almighty.
Altissonante adj high-sounding; high-flown.
Altivo adj haughty; arrogant; elevated.
Alto s stop; height. halt.
Alto adj high; tall.
Alto adv loudly.
Alto interj halt.
Alto-falante s loudspeaker.
Alto-relevo s high relief.
Altura s height; stature; altitude.
Aluado s foolish; monstruck; lunatic.
Alucinação s hallucination.
Alucinado adj crazy; hallucinated; foolish.
Alucinar v to hallucinate; to crazy; to madden.
Alude s avalanche.
Aludir v to refer; to allude; to mention.
Alugar v to hire; to rent; to let; to lease; *ALUGA-SE*: for rent.
Aluguel s rental; hire; rent.
Aluir v to shake; to collapse; to ruin; to wreck.
Alumiar v to give light to; to illuminate; to light; to enlighten.
Aluno s student; apprentice; pupil.
Alusão s reference; allusion; hint.
Alusivo adj referring to; allusive; alluding.
Alvaiade s lead-paint; white lead; ceruse.
Alvará s license; warrant; certificate; charter.
Alvejante adj whitening; bleaching.
Alvejar v to whiten; to blanch.
Alvenaria s masonry; brickwork; bricklaying.
Álveo s river bed; furrow.
Alvissareiro adj favorable; good news.
Alvitrar v to suggest; to propose; to counsel.
Alvitre s advice; suggestion; pointer.
Alvo s target; objective; aim.
Alvo adj white.
Alvorada s dawn; day-break; aurora.
Alvoroçado adj stired up; anxious; upset.
Alvoroçar v to stir up; to excite; to agitate; to disturb.
Alvoroço s riot; disturbance; commotion.
Alvura s purity; whiteness; limpidity.
Ama s nurse; governess; nanny; nursemaid.
Amabilidade s affability; kindness; amiability.
Amacacado adj monkeyish; monkeylike.
Amaciar v to soften; to smooth; to soothe.
Amada s darling; lover; sweetheart.
Amado adj beloved; dear; sweetheart.
Amador s amateur; lover; fancier; *rádio AMADOR*: amateur radio.
Amadorismo s amateurism.
Amadrinhar v to be godmother to; to serve as godmother.
Amadurecer v to age; to mature; to ripen.
Âmago s core; soul; heart; pith.
Amainar v to furl; to relax; to calm; to lessen.
Amaldiçoado adj damned; cursed; accursed.
Amaldiçoar v to execrate; to curse; to damn.
Amalucado adj giddy; mad; shaky; daft.
Amalucar v to go mad; to become crazy.
Amamentar v to suckle; to feed; *AMAMENTAR no peito*: to breast-feed.
Amancebar-se v to take a mistress; to cohabit.
Amanhã s tomorrow.

AMANHÃ — ANIMOSIDADE

Amanhã *adv* tomorrow; *a que horas você viaja AMANHÃ?*: what time are you leaving tomorrow?
Amanhecer *v* to dawn; to break.
Amansador *s* tamer; trainer.
Amansar *v* to train; to pacify; to tame.
Amante *s* lover; admirer; paramour.
Amar *v* to love; to like.
Amarelado *adj* yellowish; sallow.
Amarelo *adj* yellow.
Amargar *v* to embitter; to make bitter.
Amargo *s* bitterness.
Amargo *adj* bitter.
Amargor *s* bitterness.
Amargura *s* affliction; grief; bitterness.
Amargurado *adj* painful; afflicted; sorrowful.
Amarra *s* hawser; cord; cable.
Amarração *s* hawse; anchorage.
Amarrado *adj* chained; moored.
Amarrar *v* to fasten; to tie up.
Amarrotar *v* to crease; to wrinkle; to crumple.
Ama-seca *s* nurse maid; nanny; dry-nurse.
Amásia *s* concubine; mistress.
Amassadeira *s* mixer; mixing bowl.
Amassar *v* to knead; to mix.
Amável *adj* kind; amiable; pleasant; likeable.
Ambição *s* aspiration; ambition.
Ambicionar *v* to covet; to desire; to crave.
Ambicioso *adj* eager; greedy; aspiring; ambitious.
Ambiente *s* surroundings; atmosphere; environment.
Ambiguidade *s* ambiguity; double meaning.
Ambíguo *adj* ambiguous; equivocal; doubtful.
Âmbito *s* circuit; ambit; field; sphere of action.
Ambos *pron* both.
Ambulância *s* field hospital; ambulance.
Ambulante *adj* itinerant; shifting; ambulant.
Ameaça *s* menace; threat; threatening.
Ameaçar *v* to threaten; to menace.
Ameaço *s* threat; menace; MED sympton.
Amealhar *v* to economize; to save money.
Amedrontado *adj* afraid; scared; frightened.
Amedrontar *v* to scare; to frighten; to intimidate.
Ameigar *v* to fondle; to coax; to pamper.
Ameixa *s* prune; plum.
Ameixeira *s* plum-tree.
Amém *s* so be it! amen!
Amém *interj* amen! so be it!.
Amêndoa *s* almond.
Amendoim *s* goober; monkey-nut; peanut.
Amenidade *s* pleasantness; amenity.
Ameninado *adj* childish; boyish.
Amenizar *v* to make pleasant; to sooth.
Ameno *adj* agreeable; pleasing; delightful.
Americano *adj* American.
Amesquinhar *v* to disparage; to degrade.
Amestrar *v* to instruct; to train; to teach.
Amídala *s* tonsil; amygdala.
Amiga *s* mistress; concubine.
Amigar-se *v* to live in concubinage.
Amigável *adj* amiable; friendly; amicable.
Amigo *s* friend; friendly.
Amigo *adj* friend; friendly.
Amistoso *adj* affable; friendly; cordial.
Amiúde *adv* often; frequently.
Amizade *s* amity; friendship.
Amo *s* landlord; master.
Amofinar *v* to harass; to vex.
Amolação *s* grinding; annoying; worry.
Amolado *adj* sharp; cutting; keen.

Amolador *s* sharpener; honer; grinder.
Amolar *v* to sharpen; to grind.
Amoldar *v* to mould; to adapt; to fashion.
Amolecer *v* to weaken; to melt; to soften.
Amontoar *v* to accumulate; to heap up; to pile up.
Amor *s* love; fondness; affection; love affair.
Amora *s* mulberry.
Amordaçar *v* to muzzle; to gag; to silence.
Amornado *adj* tepid; warm.
Amornar *v* to warm; to make warm.
Amor-perfeito *s* pansy (flower).
Amortização *s* amortizement; payment off; amortization.
Amostra *s* model; specimen; sample.
Amotinar *v* to incite to rebellion.
Amotinar-se *v* to mutiny.
Amparado *adj* supported; sheltered.
Amparar *v* to take care; to protect; to support.
Ampliação *s* enlargement; amplification.
Ampliar *v* to augment; to enlarge.
Amplidão *s* vastness; range.
Amplo *adj* ample; extensive; wide.
Ampulheta *s* hourglass; sandglass.
Amputado *adj* multilated; amputated.
Amuado *adj* sulky; sullen.
Amuleto *s* charm; talisman; amulet.
Amuralhar *v* to bulwark; aboard; to haul.
Amurar *v* to wall; to aboard; to haul.
Anã *s* woman dwarf.
Anágua *s* slip; petticoat.
Anais *s* chronicles; annals.
Analfabetismo *s* illiteracy.
Analfabeto *s* illiterate.
Analisar *v* to examine; to parse; to analyse.
Análogo *adj* alike; similar; analogous.
Anão *s* man dwarf; dwarf; midget.
Anarquia *s* lawlessness; anarchy.
Anatematizar *v* to exclude; to excommunicate; to anathematize.
Anatômico *adj* anatomical; anatomic.
Anciã *s* old woman; elderly woman.
Ancião *s* old man; patriarch; ancient.
Ancinho *s* rake.
Âncora *s* anchor; lever.
Ancoradouro *s* harbour; harbor; anchorage.
Andador *s* walker; fast walking.
Andador *adj* pacing.
Andaime *s* scaffold; stage.
Andamento *s* walking; running; course.
Andar *v* to pace; to walk; to go; to move; *eles ANDAVAM ao longo do caminho de gelo com muito cuidado*: they walked very carefully along the icy path.
Andorinha *s* swallow; martin.
Anelar *v* to pine; to long for; to desire.
Anelo *s* craving; desire; longing.
Anexar *v* to annex; to join.
Anexo *adj* joined; annexed.
Angariação *s* recruiting; allurement.
Angariar *v* to attract; to entice; to solicit; to angle for.
Angra *s* cove; small bay; inlet.
Angular *adj* angular.
Ângulo *s* corner; edge; angle.
Angústia *s* anxiety; affliction.
Angustiar *v* to worry; to afflict; to anguish.
Anil *s* anil; bluing; indigo.
Animação *s* bustle; liveliness; animation.
Animador *adj* animating; cheering.
Animar *v* to comfort; to enliven; to put somebody up.
Anímico *adj* spiritual, concerning to the soul.
Animosidade *s* animosity; enmity; rancor.

Aniquilar v to destroy; to annihilate.
Anistiar v to amnesty.
Aniversariante s person's birthday.
Anjo s angel.
Ano s year; *dizem que ela tem 144 ANOS*: people say that she is 144 years old; *a véspera de ANO novo (31 de dezembro)*: new year's eve (December 31).
Anoitecer v dusk; evening; eventide.
Anomalia s anomaly; irregularity.
Anotação s note; annotation; notation.
Anseio s ardent desire; longing.
Antanho adv long ago; in the past.
Antebraço s forearm.
Antecedência s antecedence; precedence.
Antecipado adj in advance.
Antegozar v to foretaste.
Antemão adv beforehand; previously; first of all.
Antena s antenna; spar.
Antenome s forename; first name; title before a proper name.
Anteontem adv the day before yesterday.
Antepassado s forefather; ancestor.
Antepassado adj past; bygone.
Antepasto s appetizer; dish that comes before a principal meal.
Antepor v to place before; to set before; to prefer.
Anterior adj former; previous; front.
Anterioridade s anteriority; priority; precedence.
Anteriormente adv previously; before.
Antes adv before; formerly; ago.
Antessala s ante-chamber.
Antever v to forsee; to foreknow.
Antiaéreo adj anti-aircraft.
Anticorpo s antibody.
Antídoto s antidote.
Antigamente adv anciently.
Antigo adj ancient; old; former; antique.
Antiguidade s antiquity; ancient times; seniority.
Antipatia s aversion; dislike; antiphaty.
Antipático adj disagreeable; unpleasant.
Antiquado adj archaic; out of date; antiquated.
Antítese s contraposition; antithesis; oposition side.
Antro s cavern; cave; hangout.
Anual s yearly; annual.
Anuência s consent; approval; assent.
Anuir v to approve; to assent; to agree.
Anulação s cassation; cancellation; annulment.
Anunciador s announcer; advertiser.
Anunciar v to advertise; to announce.
Anúncio s advertisement; notice.
Anverso s obverse; the front as oposed to the back.
Anzol s hook; fishhook.
Ao prep + art (a+o) at the; to the one; to the.
Aonde adv whence; to what place; whiter; where.
Apadrinhar v to act as a godfather; to sponsor.
Apagado adj dim; put out; extinguished; erased.
Apagador s eraser.
Apagar v to put out; to switch off; to erase; *posso APAGAR a lousa?*: may I erase the board?
Apaixonado adj glowing passionate; in love; falled in love.
Apaixonar v to fall in love; to exalt; to inspire passion.
Apalpar v to touch; to feel.
Apanágio s attribute; appanage.
Apanhado adj caught; taken.
Apanhar v to pick up; to catch; to seize.
Aparar v to plane; to pare; to clip.
Aparato s array; display; pageantry; pomp.
Aparecer v to turn up; to appear; to show up; to come round; *APAREÇA em casa amanhã*: show up in my house tomorow.
Aparelhagem s gear; equipment; apparatus.
Aparelho s set; equipment; gear.
Aparência s garb; aspect; appearance.
Aparentado adj related; *bem APARENTADO*: well connected.
Aparentar v to appear; to affect; to feign.
Aparente adj pretended; apparent; feigned.
Aparição s vision; apparition; ghost; appearance.
Apartamento s wall seclusion; separation; suit of rooms; apartment; ENGL flat; *sempre que estiver em São Paulo, pode vir e ficar em meu apartamento*: you can come and stay at my flat if you are ever in São Paulo.
Aparte adv yield; interruption; remark.
Apartear v asides; to heckle.
Apascentar v to heard; to pasture; to feed; to shepherd.
Apátrida s stateless person.
Apavorar v to scare; to make somebody frightened.
Apaziguar v to pacify; to appease; to calm.
Apear v to drop; to set down; to dismount.
Apedrejar v to pelt; to throw stones on somebody.
Apegar-se v to sink; to attach oneself; to cling to.
Apego s tenacity; fondness; affection.
Apelar v to apply; to appeal; to have recourse to.
Apelidar v to dub; to name; to nickname.
Apelo s appeal; call.
Apenas adv just; only.
Apenso adj added; attached; appendant.
Aperceber v to perceive; to supply.
Aperfeiçoar v to polish; to improve; to perfect.
Aperitivo s appetizer; aperitif.
Apertão s pressure; tight squeeze.
Apertar v to tie; to compress; to clasp.
Aperto s pressing; jam; oppression.
Apiedar-se v to have compassion for; to take pity on.
Apinhar v to jam; to heap up; to crowd.
Apito s whistle; hooter.
Aplacar v to pacify; to calm; to appease.
Aplainado adj planed; levelling; planing.
Aplainar v to plane; to level.
Aplanar v to smooth; to remove.
Aplaudir v to cheer; to clap; to applaud.
Aplauso s clap; applause.
Aplicado adj applied; hard-working.
Aplicar v to affix; to apply; to put on; to lay on.
Apocalipse s apocalypse; the book of revelation.
Apoderar-se v to invade; to lay hold of; to gain possession of.
Apodrecer v to rot; to make rotten; to corrupt.
Apoiar v to support; to back up.
Apólice s share; bond; policy.
Apologia s eulogy; defence; apology.
Apontar v to sight; to point out; to aim.
Apoquentar v to worry; to vex; to importune.
Apor v to add; to appose; to apply.
Após prep after; afterwards; then; behind; since.
Após adv after; afterward; afterthat.
Aposentado adj retired; pensioned off.
Aposentar v to retire; to lodge; to pension off.
Aposento s room; home; apartment.
Apossar v to master; to take possession of.
Aposta s bet; stake; wager.
Apostar v to stake.
Apóstolo s apostle; disciple; adept.
Aprazar v to summon; to arrange; to appoint.
Aprazível adj agreeable; leasant; charming; pleasing.
Apreciar v to value; to appreciate; to estimate.
Apreço s account; estimation; consideration.
Apreender v to fear; to apprehend; to seize.
Apregoar v to herald; to proclaim; to cry.
Aprender v to learn; *crianças APRENDEM muito brincando*: children learn a lot from playing.
Aprendiz s novice; apprentice.
Apresentar v to introduce; to present; to show.

APRESENTAR-SE — ARRUINAR

Apresentar-se v to come forward.
Apressado adj rash; hurried; hasty; in a hurry.
Aprimorado adj nice; perfect; excellent.
Aprimorar v to perfect; to improve; to excel in.
Aprisionar v to jail; to capture; to imprison; to rest.
Aprontar v to equip; to prepare; to get ready.
Apropriação s taking; appropriation.
Apropriado adj fit; suitable; appropriate.
Apropriar v to adopt; to appropriate.
Aprovação s approbation; approval.
Aprovar v to approve; to pass.
Aproveitar v to profit by; to make use of; to enjoy.
Aproximação s approach; approximation.
Aproximar v to draw near; to approach; to approximate.
Aprumar v to place upright; to plumb; to put upright.
Aptidão s ability; aptness; aptitude; fitness; capacity.
Apto adj able; capable; apt.
Apunhalar v to stabto dirk.
Apupar v to hoot; to boo; to hiss at.
Apurar v to prove; to clear up; to purify.
Apuro s refinement; style; elegance.
Apuro s danger; **estar em APURO**: to be in danger; to be in trouble.
Aquário s aquarium; fish bowl.
Aquário s ASTR a constellation of zodiac; the eleventh sign of the zodiac.
Aquecedor s heater; **O AQUECEDOR central**: central heating.
Aquecer v to irritate; to warm; to heat.
Aquele adj that; that one; **AQUELES**: those ones.
Aquele pron that; that one.
Aquém adv beneath; on this side; below; less than.
Aqui adv here; herein; in this place.
Aquiescência s consent; compliance; agreement.
Aquiescer v to consent; to agree; to comply with.
Aquisição s purchase; acquisition; loanword.
Ar s air; weather; wind; atmosphere.
Árabe s the arabic language; *há quanto tempo você está aprendendo a língua ÁRABE?*: how long have you been learning Arabic?
Árabe adj Arabian; Arabic; Arab.
Arado s plow; plough.
Arame s wire; GÍR money; cash.
Aranha s spider; candelabra; arained.
Arar v to plow; to plough.
Arbitragem s mediation; opinion; arbitration.
Arbítrio s opinion; decision; will.
Arbusto s bush; shrub.
Arca s ark; coffer; chest.
Arcada s arcade; archway.
Arcebispo s archbishop.
Arco s arch; bow.
Arco-íris s rainbow.
Arder v to flam; to burn; to blaze.
Ardil s stratagem; trick.
Árduo adj hard; arduous.
Areia s sand.
Arejar v to air; to get some fresh air.
Aresta s awn; edge; corner.
Argamassa s cement; mortar.
Argila s adobe; clay; argil.
Argola s ring; hoop; rig.
Argúcia s astuteness; acuteness; acumen.
Arguir v to argue; to accuse; to reprehend.
Argumentação s argument; debate.
Argumentar v to argue; to discuss; to infer.
Arlequim s harlequin; buffoon.
Arma s arm; weapon; gun.
Armação s arming; preparation; framework.

Armada s army; fleet.
Armadilha s snare; trap; pitfall.
Armadura s armour; armor; frame.
Armamento s arming; armament; arsenal.
Armário s chest; closet; wardrobe.
Armazém s store; shop; warehouse.
Armistício s truce; armistice.
Aro s ring; hoop; felly.
Aroma s scent; balm; fragrance.
Arpão s drag; gig; harpoon.
Arquiteto s architect; *meu irmão é um ARQUITETO*: my brother is an architect.
Arquivar v to file; to shelve; to defer.
Arquivo s file; folder; register; record.
Arrabaldes s outskirts; suburbs; environs.
Arraial s camp; small village; encampment; hamlet.
Arraigado adj fixed; rooted; ingrained; deep-rooted.
Arraigar v to take root; to fix; to root; to settle down.
Arrancada s sudden pull; impulse; dash.
Arrancar v to drag; to pull out; to draw out.
Arranha-céu s skyscraper.
Arranhar v to scratch; scrape; MÚS to thrum (a instrument).
Arranjar v to tidy up; to set in order; to dispose.
Arrasar v to ruin; to demolish; to raze.
Arrastado adj dragged; drawling.
Arrastar v to trail; to drag; to haul.
Arrebatar v to grab; to carry off; to snatch.
Arrebitado adj pert; turned-up.
Arrecadar v to collect; to take possession of.
Arredio adj strayed; solitary.
Arredondar v to round out; to round off.
Arredores s outskirts; surroundings.
Arredores adv around; about.
Arrefecer v to chill; to cool; to lose energy.
Arregaçar v to turn up; to tuck up; to roll up.
Arreganhar v to grin; to slip; to burst open.
Arreganhar-se v to grin; to slip; to burst open; to provoke to sneer.
Arreio s harness; adornment.
Arrelia s worry; trouble.
Arrematar v to hoe; to conclud; to buy at auction.
Arremedo s mockery; imitation; mimicry.
Arremessar v to hurl; to throw; to cast away.
Arremessar-se v to hurtle; to hurl.
Arremesso s attack; throwing; impetus; flinging.
Arrendamento s lease; renting; letting.
Arrendar v to lease; to let; to rent.
Arrepender-se v to rue; to repent; to regret.
Arrependimento s sorrow; regret; repentance.
Arrepiar v to horrify; to cause horror.
Arrepiar-se v to shiver.
Arrepio s gooseflesh; chill; shiver.
Arresto s JUR distraint; confiscation; arrest.
Arrimo s support; aid; protection.
Arriscar v to chance; to risk; to hazard.
Arriscar-se v to gamble; to dare.
Arrogância s pride; haughtiness; arrogance.
Arrogar v to arrogate; to usurp; to seize.
Arroio s brook; rill; streamlet.
Arrojado adj daring; fearless.
Arrojar v to hurl; to drag.
Arrombamento s break; act of breaking down.
Arrombar v to break down; to burst.
Arrostar v to face; to brave; to dare.
Arrotar v to brag; to belch; to boast.
Arroz s rice; *eu como ARROZ todo dia*: I eat rice every day.
Arruaça s tumult; mess; riot.
Arruela s washer.
Arruinar v to destroy; ruin; to demolish.

ARRULHO — AUTENTICAR

Arrulho s cooing; lullaby.
Arrumar v to tidy; to put in order; to arrange.
Arrumar-se v to manage; to make out.
Arte s art; skill; craft; *a conversação é uma ARTE*: the conversation is an art.
Artelho s ankle; anklebone.
Articular v to articulate; to put together.
Artífice s artisan; craftsman.
Artificial adj artificial; forced.
Artifício s skill; trick; device; artifice; craft.
Artimanha s fraud; stratagem; trick; snare.
Arvorar v to lift up; to set oneself up as; to hoist.
Arvorar-se v to run away; to escape.
Árvore s tree; shaft; axle; spindle.
Ás s ace; the first card in the pack of cards; crack.
Asa s wing; lug; handle.
Ascendência s origin; ascendance.
Ascensorista s elevator operator; liftman.
Asco s aversion; gorge; loathing.
Asilado adj given asylum; cared for.
Asneira s nonsense; folly; stupid remark.
Aspas s inverted commas.
Aspecto s expression; air; aspect.
Áspero adj rough; severe; harsh.
Aspirador s suction pump.
Aspirar v to inhale; to suck; to aspirate.
Assado s roasted; baked.
Assalariar v to hire; to pay salary to.
Assaltar v to assault; to rob.
Assanhar v to irritate; to incite.
Assar v to burn; to roast; to bake; **batata assada**: baked potato.
Assassinar v to murder; to kill.
Assassinato s murder; killing.
Assaz adv enough; sufficiently.
Asseado adj clean; tidy; neat.
Assediar v to harass; to importune.
Assegurar v to assure; to assert; to make sure.
Asseio s cleanliness; neatness.
Assembleia s congress; meeting; assembly.
Assemelhar v to make similar; to resemble.
Assentar v to seat; to place; to fix.
Assentimento s accord; consent; assent.
Assento s rump; seat; site.
Assessor s adviser; aide; assessor.
Asseverar v to asseverate; to affirm; to declare solemnly.
Assiduidade s perseverance; diligence.
Assíduo adj frequent; constant.
Assim adv thus; so; therefore; *ASSIM, faça questão de incluí-la em seus projetos*: so, make a point to include her in your plans.
Assimilar v to absorb; to assimilate.
Assinado adj signed; to subscribe.
Assinalar v to mark; to signalize.
Assinar v to sign; subscribe; to appoint; to assign.
Assinatura s signing; signature.
Assistência s audience; attendance; aid.
Assistir v to stand by; to be present; to attend.
Assobiar v to hoot at; to whistle; to boo.
Associação s company; society; association.
Assumir v to assume; to take on.
Assunto s matter.
Assustar v to scare; to frighten.
Assustar-se v to alarm.
Astro s star.
Astúcia s slyness; sagacity; cunning.
Ata s minute; record of a meeting.
Atacar v to charge; to attack; to lace up.
Atalho s short cut; bypath; byway.
Ataque s assault; insult; attack.

Atar v to tie; to fasten.
Atarefado adj occupied; busy.
Atarefar v to overwork.
Ataúde s coffin; casket.
Ataviar v to dress out; to trim; to adorn.
Até prep till; until; up to; *estou morando com alguns amigos em Santos, ATÉ que encontre um apartamento*: I'm living with some friends in Santos, until I find a flat.
Atear v to light; to inflame; to stir up.
Atenção s attention; kindness; *ele realmente está querendo um pouco mais de ATENÇÃO*: he is really looking for a little extra attention.
Atender v to notice; to pay attention.
Atentado s criminal attack; outrage; offence.
Atentar v to mind; to consider; to attack.
Atenuação s diminution; attenuation.
Atenuar v to attenuate; to lessen.
Aterrar v to frigten; to terrify; to land.
Aterrissagem veja ATERRIZAGEM.
Aterrissar veja Aterrizar.
Aterrizagem s landing; landfall.
Aterrizar v to land an airplane; to touch down.
Atestado s certificate; testimonial.
Atestar v to attest; declare; to certify.
Atinar v to hit on; to guess.
Atingir v to reach; to attain.
Atirado adj bold; saucy; daring.
Atirar v to shoot; to fire; to throw.
Atirar-se v to venture.
Atitude s posture; position; attitude.
Atleta s athlete.
Atoleiro s swamp; deep miry place.
Atônito adj amazed; aghast; astonished.
Atordoamento s daze; stupefaction.
Atormentar v to torture; to torment; to tease.
Atrabiliário adj atrabilious; bad-tempered.
Atração s magnetism; appeal; attraction.
Atracar v to moor; to land; to dock.
Atraente adj charming; attractive.
Atraiçoar v to betray; to double-cross.
Atrair v to allure; to attract.
Atrapalhar v to confound; to disturb; to bother.
Atrás adv behind; before; back; ago.
Atrasado adj backward; late; delayed.
Através adv across; transversally.
Através de prep across; through.
Atravessar v to pass through; to cross.
Atrevimento s boldness; daring; pertness.
Atribuição s privilege; competence; attribution.
Átrio s atrium; hall; vestibule.
Atrito s friction; chafing; attrition.
Atrocidade s cruelty; outrage; atrocity.
Atropelar v to trample on; to knock down; to push.
Atroz adj atrocious; grievous.
Atual adj present; current; present day.
Aturar v to support; to bear; to endure.
Aturdir v to make dizzy; to amaze.
Audácia s audacity; courage.
Audição s hearing.
Audiência s chamber; audience; session.
Auge s pinnacle; summit; apogee.
Augurar v to presage; to augur; to divine.
Aula s class; lecture-room; classroom.
Aumentar v to add to; to enlarge; to increase.
Aura s gale; aura; gentle breeze.
Ausência s absence; lack of.
Auspício s patronage; auspice; omen.
Austero adj stern; rigid; severe.
Autenticar v to certify; to attest; to notarize.

Auto *s* document; official report.
Automóvel *s* car; automobile; private vehicle.
Autônomo *adj* free; autonomous; self employed.
Autor *s* author; creator; discoverer; JUR plaintiff.
Autorizar *v* to empower; to authorize.
Auxiliar *v* to assist; to help out; to aid.
Ave *s* bird; fowl.
Aventurar *v* to risk; to dare; to hazard; to venture.
Averiguação *s* inquiry; inquest; investigation.
Averiguar *v* to check; to inquire into; to investigate.
Aversão *s* dislike; aversion.
Avesso *adj* adverse; averse; contrary.
Avestruz *s* ostrich; big-bird.
Aviamento *s* preparation; execution; shipping.
Avião *s* aircraft; aeroplane; airplane; *Santos Dumont construiu o 14 Bis, no século 19, fazendo-o girar em volta da torre Eifell*: in the 19th century Santos Dumont built the first airplane, the 14 Bis, and flew around the Eifell tower.
Avidez *s* voracity; greediness.
Aviltar *v* to vilify; to debase; to degrade.
Avisar *v* to inform; to advice; to warn.
Aviso *s* notice; warning; advice.
Avistar *v* to catch sight of; to have an interview with.
Avô *s* grandfather; grandpapa; USA grandpa.
Avó *s* grandmother; grandmamma; USA grandmom.
Avocar *v* to draw; to call; to evoke.
Avultado *adj* large; bulky.
Avultar *v* to enlarge; to spread.
Axila *s* armpit; axilla; axil.
Azar *s* adversity; bad luck; disgrace.
Azedo *adj* sour; acid; tart.
Azeite *s* oil; olive-oil; salad oil.
Azia *s* heartburn; pyrosis; stomach acidity.
Ázimo *adj* azymic; unleavened.
Azul *adj* blue.
Azular *v* to flee; to colour with indigo blue; to blue.
Azulejo *s* ornamental tile; glazed tile.

b B

B s second letter of the Portuguese and of the English alphabets.
B s MÚS symbol of the key si or ti.
B s MÚS symbol of the flat (b).
B s QUÍM symbol of the element Boro.
Bá vide BABÁ.
Baba s slaver; slime; drool; dropping spittle.
Babá s nurse; nanny; maid.
Babaca adj a foolish person.
Babaçu s babassu palm; babassu nut.
Babaçual s grove of babassu palms.
Babado s flounce; frill.
Babado adj slobbery; drooling; slavered.
Babador s drooler; slobberer.
Babão s driveller; drooler.
Babão adj slavering; slobbering; foolish.
Babar v to drivel; to slaver; USA to drool.
Babau! interj gone!; no more!
Babel s babel tower; FIG tumult; bedlam.
Babilônico adj babylonian; confused.
Baboseira s silliness; slobber; nonsense.
Bacalhau s codfish; cod.
Bacalhoada s dish made with codfish, potatoes, etc.
Bacana adj GÍR smart person; a handsome boy; first rate.
Bacanal s orgy; bacchanal.
Bacante s bacchante, a dissolute woman; priestess of bacchus.
Bacará s baccarat; bacara; (cardgame).
Bacharel s bachelor; law school degree; graduate of law.
Bacharelado s bachelor's degree; bachelorship.
Bacharelar v to receive the degree of bachelor.
Bacia s basin; MED the pelvic cavity.
Bacilo s baccillus, name of a great number of bacterias.
Baço s MED spleen.
Baço adj dull; lusterless.
Bacorinho s little pig; sucking-pig.
Bactéria s germ; microbe; bacterium, micro-organism with only one cell.
Báculo s staff; RELIG crosier or crozier.
Badalada s clang; stroke of a bell.
Badalar v to ring; to blab; to set bells clanging; to tinkle.
Badalo s bell clapper; tongue.
Badejo s several kinds of fish.
Baderna s revelry; tumult; NÁUT plat.
Badulaque s trash; cosmetic; junk.
Bafafá s dispute; uproar; tumult; riot.
Bafejador s inspirer; exhaler; puffer.
Bafejar v to breath gently; to exhale.
Bafejo s puff; waft.
Bafo s breath; exhalation; GÍR BR lie.
Baforada s puff; breath.
Bagaceira s brandy; BR trash; junk.
Bagaço s bagasse; pomace; husks of fruits.
Bagageiro s luggage-man; luggage-car; USA striker.
Bagagem s luggage; USA baggage.
Bagatela s bauble; bagatelle; trifle.
Bago s grain; grape; grapelike fruit; GÍR BR testicle.
Bagre s catfish; bagre.
Bagulho s trash; GÍR BR ugly woman.

Bagunça s disorder; mess.
Bagunceiro s jumbler; troublesome; messer.
Bagunceiro adj messy.
Baia s bail; stall in a stable; for horses.
Baía s bay; harbor; harbour; inlet.
Baiano s native of Bahia; born in Bahia.
Baiano adj native of Bahia.
Baiano s native of Bahia; born in Bahia; pertaining to Bahia state.
Baião s MÚS BR popular folk music and dance.
Bailado s dance; ballet; ball.
Bailar v to dance.
Bailarino s dancer; ballet dancer.
Baile s dance; ball.
Bainha s sheath; case; scabbard of a sword.
Baio s chest nut horse; bay horse.
Baio adj bay.
Baioneta s bayonet.
Baionetada s a touch; a stab with a bayonet.
Bairrismo s local pride; localism.
Bairrista s sectionalist; parochialist.
Bairro s district of a city; USA neighborhood; section.
Baita adj GÍR big; large; enormous; huge.
Baixa s decrease; drop; fall of price; low area.
Baixada s swale; botton land; lowland.
Baixa-mar s low water of the sea; ebb tide; neap tide.
Baixar v to come down; to lower; to take down.
Baixela s tableware; silver plate; table service.
Baixeza s vileness, meanness lowness, baseness.
Baixinho adv softly; in low voice; secretly.
Baixio s shoal; sandbank.
Baixo s low; short; small.
Bajulação s adulation; flattery; toadyism.
Bajulador s fawner; flatterer.
Bajulador adj fawning; flattering.
Bajular v to toady; to curry favour with; to flatter; to fawn.
Bala s bullet; candy; sweet.
Balaço s gunshot; large ball.
Balada s ballad; ballade; pop song.
Balaio s large basket; hamper.
Balalaica s MÚS balalaika (guitar).
Balança s balance; scale.
Balançar v to swing; to rock; to balance.
Balanceamento s swinging; oscillation; balancing.
Balancete s COM financial statement; trial balance.
Balanço s swinging; COM balance sheet; take stock; stock taking.
Balandrau s overcoat; mantle; large cape.
Balangandã s trinket; knick-knack.
Balão s balloon; globe.
Balastro s ballast.
Balaustrada s banister, balustrade.
Balaústre s baluster; stanchion.
Balbuciação s stammering; faltering.
Balbuciante adj stammering; stuttering.
Balbuciar s to stutter; to babble.
Balbúrdia s disorder; noise.

Balcão s balcony; counter.
Balconista s sale clerk; saleswoman; shop assistent.
Baldar v to frustrate; to foil.
Balde s pail; USA bucket.
Baldeação s transshipment; USA transfer.
Baldear v to decant; to bail water; USA to transfer from one subway to another (train).
Baldio s fallow ground; fallow land.
Baldio adj fallow; barren.
Balear v to shoot; hiting with a bullet.
Baleia s whale; baleen.
Balela v lie; false report; fib.
Balido s bleat; baa.
Balir v to bleat; to baa.
Balística s ballistics.
Baliza s landmark; belize; seamark.
Balizar v to set up a landmark; to demarcate.
Balneário s bathing place; balneary.
Balofo adj puffy; fat; fluffy.
Balsa s ferry boat; raft; float.
Bálsamo s balsam; balm; FIG fragance.
Baluarte s bastion; defence.
Bamba adj GÍR expert rowdy; USA cracker jack; sharp.
Bambear v to weaken; to become slack.
Bambo adj slack; lax; indolent.
Bamboleio s waddling; swinging.
Bambu s bamboo; cane; reed.
Bambual s bamboo plantation; canebrake.
Banal adj banal; commonplace; trivial.
Banalidade s banality; triteness; triviality.
Banana s banana.
Bananada s sweet of bananas and sugar.
Bananeira s banana tree; banana plant.
Banca s lawyer's office; game of chance; USA newsstand; newspaper stand.
Bancada s delegation; congressional bloc.
Bancar v to play; to bank.
Bancário s bank clerk; bank teller.
Bancário adj banking.
Bancarrota s bankruptcy; failure; insolvency.
Banco s bench; bank.
Banda s side; ribbon.
Bandagem s bandage; compress.
Bandalheira s vileness; lowness.
Bandalho s a depraved fellow; scoundrel.
Bandear v to rat; to desert one's party; USA to flop.
Bandeira s banner; flag; standard.
Bandeirante s BR girl scout; native of state of São Paulo; member of exploratory expeditions in the 16th, 17th and 18th centuries.
Bandeirinha s little flag; ESP FUT line referee.
Bandeja s tray; salver.
Bandido s gangster; robber; bandit.
Banditismo s banditry; robbery; brigandage.
Bando s group; crew; gang; band.
Bandoleiro s robber; highwayman.
Bandolim s MÚS mandolim (instrument).
Bangalô s bungalow.
Banha s pig's fat; grease.
Banhado s swamp land; marsh.
Banhado adj watered; wet.
Banhar v to bathe; to steep.
Banheira s bathtub; bath attendant.
Banheiro s bathroom.
Banhista s bather.
Banho s bath.
Banimento s deportation; exile; banishment.
Banir v to expatriate; to deport; to banish.
Banqueiro s banker; bookie.

Banqueta s small bench.
Banquete s banquet.
Banzé s disturbance; disorder; riot.
Baque s disaster; fall; trud.
Baquear v to tumble down.
Bar s bar; saloon; tavern; public house.
Barafunda s confusion; mob; trong.
Baralhar v to shuffle; to jumble.
Baralho s pack of cards; USA deck of cards.
Barão s baron.
Barata s cockroach; coupe.
Barateamento s reduction in price; cheapening.
Baratear v to reduce price; to sell cutrate.
Barateiro adj cheap; cheapinexpensive.
Barato adj inexpensive; cheap.
Báratro s abyss; pit; hell.
Barba s beard.
Barbada s GÍR sure thing; push-over.
Barbante s string; packingthread.
Barbaridade s barbarity; cruelty; absurdity; blunder.
Barbárie s barbarism.
Bárbaro adj barbarous; savage; cruel.
Barbatana s fin of a fish; whalebone; collar stay.
Barbear v to shave.
Barbearia s barbershop; barber's trade.
Barbeiragem s bad driving of an automobil; sunday driving.
Barbeiro s barber; GÍR reckless driver.
Barbicha s goatee; bearded man; sparse beard.
Barbudo s full-bearded.
Barca s ferryboat; barge.
Barcaça s large barge.
Barco s boat; vessel; ship.
Bardo s bard; poet; hedge.
Barganha s exchange; trade; USA dicker.
Barganhar v to bargain; to exchange; to swap.
Barítono s baritone.
Barlavento s windward; weatherboard; luff.
Baronato s baronage; barony.
Barqueiro s boatman; ferryman.
Barqueta s little boat; small boat.
Barra s bar; beam; rod; steering bar; hem line.
Barraca s barraks; hut; shanty; stall.
Barracão s shack; bunkhouse; shed.
Barraco s shanty; hut; shack.
Barracuda s barracuda (sphyraena barracuda), a fish of two metres long.
Barrado adj deceived; barred; striped.
Barragem s dam; weir; barrage.
Barranco s ravine; gully; steep bank.
Barrancoso adj full of ravines; gullied.
Barrar v to frustrate; to bar; to obstruct.
Barreira s barrier; obstacle; stockade.
Barreiro s claypit; muddy land.
Barrento adj muddy; mud-colored.
Barrete s nightcap; bastion.
Barrica s cask; keg.
Barricada s barricade.
Barricar v to barricade; to entrench.
Barriga s belly; pregnancy.
Barrigada s bellyful.
Barrigudo adj potbellied; paunchy.
Barrigueira s saddle girth; cinch.
Barril s barrel; cask.
Barro s mud; clay.
Barroco adj baroque.
Barulho s uproar; din; noise.
Basbaque s idiot; gaper; rubberneck.
Basculante s bascule.

BASE — BENZINA

Base s base; support; foundation; *BASE aérea*: air base; *BASE do pescoço*: root of the neck.
Basear v to base; to establish.
Basebol s baseball.
Básico adj basic; fundamental.
Basificar v QUÍM to basify.
Basilar adj fundamental; basilar.
Basílica s basilica: main church; principal temple.
Basquetebol s basketball.
Basta! interj stop it! it's enough! shut up!
Bastante adj enough.
Bastante adv enough; sufficiently; fairly; quite.
Bastão s slapstick; cane; baton; staff.
Bastar v to suffice; to be enough.
Bastardo s bastard.
Bastardo adj bastard; degenerate.
Bastidor s embroidery frame; wing.
Bastonete s stick; MED rod.
Batalha s battle; combat; fight.
Batalhador s battler; fighter.
Batalhão s battalion; crowd.
Batata s potato.
Bate-boca s altercation; dispute; quarrel.
Batedeira s mixer.
Batedor s beater; scout; *BATEDOR de carteira*: pickpocket.
Bate-estaca s pile-driver; ram.
Batel s little boat; canoe.
Batelada s boatload; load; lot.
Batente s doorpost; leaf.
Bate-papo s chitchat; chat; small talk.
Bater v to beat; to streak; to knock.
Bateria s battery.
Baterista s drum player; drum; drummer.
Batida s beating; crash; collision.
Batido adj beaten; trite; stale.
Batimento s beat; beatting; clash.
Batina s cassock; soutane.
Batismo s baptism; christening.
Batizado s baptism; the act of being baptized.
Batizar v to baptize; to name.
Batom s lipstick.
Batoque s stopper; bung; plug; bunghole.
Batucada s BR dance and rhythm.
Batucar v hammer; pound; beat.
Batuque s generic name of Afro-Brazilian rhythm and dance.
Batuta s expert; past master; MÚS baton.
Baú s locker; trunk chest.
Baunilha s vanilla.
Bazar s bazaar; bazar.
Bazófia s brag; boast; swank.
Bazuca s bazooka.
Be-a-bá s basic knowledge; spelling exercise.
Beatice s bigotry; sanctimony.
Beatitude s blessedness.
Beato s beatified person; pious man; hypocrite.
Bêbado s drunken.
Bebê s baby; infant.
Bebedeira s drunkenness; intoxication.
Bêbedo vide BÊBADO.
Bebedor s drunk; toper; guzzler.
Bebedouro s drinking fountain; watering trough.
Beber v to drink; to swallow.
Bebericar v to sip; to nip; to tipple.
Beberrão s drunkard; guzzler.
Bebida s beverage; USA hard liquor.
Bebível adj drinkable; potable.
Beca s academic gown.
Beça s used in a large way; meaning too much; a lot; a great deal.

Beco s alley; lane; court.
Bedel s beadle; servant.
Bedelho s latch; lad; boy.
Beduíno s bedouin.
Bege adj beige.
Beiço s lip; bad bill; edge; rim.
Beiçudo adj thick-lipped; blubber-lipped.
Beija-flor s humming-bird; hummer.
Beijar v to kiss.
Beijo s kiss; touching closely.
Beijoca s smack; kiss.
Beijoqueiro adj fond of kissing; kisser.
Beiju s a sweet made of tapioca.
Beira s vicinity; border; bank; brink; brim; edge.
Beirada s border; eaves; margin; edge.
Beiral s edge of roof; eaves.
Beira-mar s seashore; coast; beach.
Beirar v to follow the edge; to approach.
Belas-artes s arts; the fine arts.
Belchior s junkman; secondhand store; secondhand dealer.
Beldade s beauty; belle.
Beleza s loveliness; beauty.
Belga s Belgian.
Beliche s bunk; cabin; NÁUT berth.
Bélico adj warlike; martial.
Belicoso adj bellicose; hostile; warlike.
Beligerância s belligerence.
Beligerante adj belligerent.
Beliscão s nip; pinch; tweak.
Beliscar v to pinch; to nip; to twitch; to nibble; to peck.
Belo s beauty; beautiful; belle.
Belonave s warship; battleship.
Bel-prazer s choice; pleasure.
Beltrano s so-and-so.
Bem s a good; happiness; *BEM-vindo*: welcome; RELIG *BEM-aventurado*: beatified; blissful.
Bemol s MÚS flat.
Bênção s benediction; blessing.
Bendito adj blessed; praised.
Bendizer v to consecrate; to praise; to bless.
Beneditino s benedictine.
Beneditino adj benedictine.
Beneficência s beneficence; charity.
Beneficente adj charitable; beneficent.
Beneficiamento s processing; improvement.
Beneficiar v to better; to improve; to process.
Benefício s benefit; kindness; gift.
Benéfico adj advantageous; beneficial.
Benemérito adj benefactor; worthy.
Beneplácito s sanction; approval.
Benevolência s benevolence; goodness.
Benevolente adj kind; benign.
Benévolo vide BENEVOLENTE.
Benfazejo adj beneficent; salutary.
Benfeitor s benefactor.
Benfeitoria s improvement.
Bengala s bengaline; walking-stick; USA cane.
Benigno adj mild; indulgent; benign.
Benjamim s the youngest child; electrical socket; branch socket.
Benquerença s affection; fondness.
Benquisto adj well-liked; loved.
Bens s property.
Bentinho s scapular; scapulary.
Bento adj blessed; holy; sacred.
Benzedor s healer; curer.
Benzedura s magic blessing; conjuration.
Benzer v to bless; to consecrate.
Benzido adj blessed.
Benzina s QUÍM benzine: petrol product.

Beque vide ZAGUEIRO.
Berçário s nursery.
Berço s cradle; ARQT dome; cupola.
Bergamota s bergamot; tangerine.
Berinjela s aubergine; eggplant.
Berloque s watch-trinket; charm; trinket.
Berrador s bellower; screamer.
Berrar v to bellow; to bawl; to scream.
Berreiro s screaming; wailing; bawling.
Berro s bawl; scream; shout.
Besouro s horn-beetle; beetle.
Besta s beast; blockhead; insolent.
Bestalhão s dull-witted person; fool; nit wit; idiot.
Besteira s foolishness; nonsense.
Besteiro s crossbowman; arbalester; archer.
Bestial adj bestial; brutal.
Bestialidade s bestiality; stupidity.
Bestializar v to bestialize; to stupefy.
Bestificar v to make stupid.
Beterraba s beetroot; USA beet.
Betoneira s cement mixer.
Betume s asphalt; tar; pitch.
Betuminoso s bituminous.
Bexiga s MED bladder; smallpox (plural).
Bexiguento s pock-marked.
Bezerra s young cow; calf.
Bezerro s yearling-calf; calf; calfskin.
Bibe s bib; child's pinafore; child's smock.
Bibelô s bibelot; knick-knack.
Bíblia s Bible.
Bíblico adj biblical.
Biblioteca s library; book case.
Bibliotecário s librarian.
Biboca s straw hut; shanty.
Bica s water-pipe; stream of liquid.
Bicada s peck; swallow.
Bicanca s GÍR big-nosed person; beak.
Bicar v to peck; to get tipsy.
Bíceps s MED biceps.
Bicha s worm; leech; queue.
Bichado adj wormy; maggoty.
Bichano s pussy; kitty; young cat.
Bichar v to become wormy; to ge wormy.
Bicharada s a lot of animals.
Bicheira s sore cause by a blow-fly.
Bichento adj wormy; MED infested with chigoes.
Bicho s worm; animal; bug.
Bicicleta s bicycle; bike; cycle.
Bico s beak; bill; GÍR an odd job.
Bicolor adj bicoloured; bicolored.
Bicudo adj beaked; sharp; pointed.
Bidê s bidet; washtub.
Biela s MEC connecting-rod.
Bienal s biennial.
Bienal adj biennial.
Biênio s bienium (two years).
Bifar v to steal; to pilfer.
Bife s beefsteak; steak.
Bifurcação s bifurcation; branch.
Bifurcar v to bifurcate; to fork; to branch.
Bigamia s bigamy.
Bígamo s bigamist.
Bígamo adj bigamous.
Bigode s moustache; mustache.
Bigorna s anvil; incus.
Bijuteria s trinkets; brummagem; jewelry.
Bilha s earthen-pot; pitcher.
Bilhão s milliard; USA billion.
Bilhar s billiards; billiard table.

Bilharista s billiard player.
Bilhete s note; ticket; USA one-way ticket; *BILHETE de ida e volta*: return ticket; USA, round-trip ticked.
Bilheteria s booking-office; box office.
Bilião vide BILHÃO.
Biliar adj MED biliary.
Bilíngue adj bilingual.
Bilionário s billionaire.
Bilionário adj billionaire.
Bilioso adj bilious.
Bílis s bile; gall.
Biltre s rascal; cheat; scoundrel.
Bimensal adj twice a month; monthly.
Bimestral adj bimonthly; every two months.
Bimotor s AER two-motor; bimotor.
Binário adj binary; binomial.
Binóculo s binocular; binnocle.
Binômio s MAT binomial.
Bínubo adj married twice.
Biodinâmica s biodynamics.
Biografar v to write a biography.
Biografia s biography.
Biográfico adj biographical; biographic.
Biombo s screen; partition.
Biópsia s MED biopsy.
Bioquímica s biochemistry.
Bioquímico s biochemist.
Bípede adj two-footed; biped.
Biplano s biplane.
Bipolaridade s bipolarity.
Biqueira s extremity; toe-cap; cleat.
Birmanês s Burmese.
Birmanês adj Burmese.
Birra s freak; whim; anger.
Birrento adj obstinate; mulish.
Biruta s AER windvane; weather cock; GÍR crazy; mad.
Bis adv bis twice; MÚS repeat.
Bis interj encore! again!
Bisão s bison.
Bisar v to repeat; to encore.
Bisavô s great-grandfather.
Bisavó s great-grandmother.
Bisbilhotar v to intrigue; to snoop; to peer.
Bisbilhoteiro s intriguer; meddler; snooper.
Biscate s odd job; chore.
Biscateiro s odd-jobber; odd-jobman.
Biscoiteiro s biscuit-maker; crackers.
Biscoito s biscuit; USA cracker.
Bisnaga s tube for holding paste.
Bisneta s great-granddaughter.
Bisneto s great-grandson.
Bisonho adj inexperienced; shy.
Bispado s bishopric; diocese.
Bispo s bishop.
Bissemanal adj biweekly; semiweekly.
Bissetriz s MAT bisector.
Bissexto s bissext.
Bissexto adj bissextile; *ano BISSEXTO*: leap year.
Bissexual s bisexual; hermaphroditic.
Bisturi s scalpel; bistoury.
Bitola s standard measure; gauge.
Bizarria s bravery; gallantry.
Bizarro adj gallant; brave; bizarre.
Blague s joke; gag.
Blasfemador s blasphemer.
Blasfemar v to blaspheme.
Blasfêmia s blasphemy.
Blefar v to bluff.
Blefe s bluff.

BLINDAGEM — BOTICA

Blindagem s armour plating; armor; blindage; iron plating.
Blindar v to armour; to armor; to cover.
Bloco s block; writing pad.
Bloquear v to blockade; to bar.
Bloqueio s blockade; blockage.
Blusa s blouse; USA shirtwaist.
Blusão s field jacket; overblouse.
Boa s serpente.
Boa-noite s good-night; good-evening.
Boas-festas *interj* season's greetings!; merry christmas!
Boas-vindas s welcome.
Boataria s false reports; gossip; rumors.
Boato s hearsay; rumour; rumor.
Bobagem s nonsense; foolishness.
Bobalhão s great fool; silly; idiot.
Bobear v to behave like a foul; to miss out; to miss the boat.
Bobina s bobbin; spool; reel; coil.
Bobinador s coil-winder.
Bobinar v to coil; to spool.
Bobo s jester; buffoon; jerk.
Boca s mouth; *BOCA do estômago*: pit of the stomach.
Bocado s mouthful; morsel; bite.
Bocal s socket; nozzle; MÚS mouthpiece.
Boçal *adj* stupid; unrefined; rude.
Bocejador s yawner; gaper.
Bocejar v to yawn; to gap.
Bocejo s yawn; gape.
Bochecha s cheek.
Bochechar v to wash the mouth; to rinse the mouth; to gargle.
Bochecho s mouth-wash; mouthful of liquid; wash moutful.
Bochechudo s round-cheeked.
Bócio s MED goiter; bronchocele; struma.
Bocó s fool; simpleton.
Bocó *adj* foolish.
Bodas s wedding.
Bode s he goat; goat.
Bodega s tavern; bar; dirty house.
Boemia s loose life; unconventional living.
Boêmia s bohemia; bohemianism.
Boêmio s bohemian; playboy; unconventional person.
Bofar v to gush; to throw out of the lungs; to vomit.
Bofetada s slap in the face; clout.
Bofetão s strong slap in the face.
Bofete s slap; buffet; facer; clout.
Boi s ox.
Boia s buoy; GÍR grub; USA chow.
Boiada s herd of cattle; drove.
Boiadeiro s hedsman; cowboy; cattleman.
Boiar v to float; GÍR to eat.
Boicotar v to boycott.
Boicote s boycott.
Boina s beret; cap.
Bojo s belly of a bottle; bulge.
Bojudo s big bellied; bulging.
Bola s ball; sphere; globe; *BOLA DE GUDE*: marble.
Bolacha s biscuit; USA cooky; cracker; cookie.
Bolada s a great deal of money; pile of money.
Bolar v to tip; to perceive; to hit; to plan.
Bolbo s bulb.
Bolear v to drive a carriage; to round; to turn.
Boleia s driver's seat on a carriage.
Bolero s bolero, a musical rithm for dancing.
Boletim s bulletin; periodic publication.
Bolha s blister; bubble.
Boliche s bowling.
Bólido s bolide; flaming meteor.
Bolinho s little cake.
Bolo s cake; cupcake.
Bolor s mould; mold.

Bolorento *adj* mouldy; moldy.
Bolsa s handbag; pouch.
Bolsista s scholarship holder.
Bolso s pocket; wrinkle.
Bom *adj* good; kind; *BOM-dia*: good morning.
Bomba s bomb; shell; *BOMBA de combustível*: petrol pump.
Bombachas s wide breeches; galligaskins.
Bombardão s MÚS bombardon; bass horn.
Bombardeio s bombing; bombardment.
Bombardeiro s bomber; bombardier.
Bombardino s MÚS baritone horn.
Bombástico *adj* bombastic; pompous.
Bombeiro s fireman; plumber.
Bombordo s NÁUT larboard, the left side of a ship.
Bonança s fair weather; calm; peacefulness.
Bondade s goodness; benevolence.
Bonde s tram-car; trolley car; USA streetcar.
Bondoso *adj* good; kind; benevolent.
Boné s cap; hat with a visor.
Boneca s doll; puppet.
Boneco s puppet; dandy.
Bonificação s bonus allowance.
Bonificar v to give a bonus; to reward.
Boniteza s prettiness; beauty.
Bonito *adj* fine; pretty; handsome.
Bonomia s good nature; goodness; kindness.
Bônus s bonus; bond.
Boquiaberto *adj* astonished; open-mouthed.
Boquinha s little mouth.
Borboleta s butterfly.
Borbulha s pimple on the skin.
Borda s edge; border.
Bordadeira s embroideress; embroiderer.
Bordado s embroidery.
Bordão s staff; crook.
Bordar v to embroider; to edge.
Bordel s brothel; bordel.
Bordo s board; border.
Bordoada s knock.
Boreal *adj* boreal; northern.
Boreste s starboard.
Bornal s feed-bag; nose bag.
Borocoxô *adj* GÍR weak; discouraged.
Borra s trash; dregs; lees; sediment.
Borracha s rubber; india rubber; USA eraser.
Borracheiro s tire repair man; one who repairs tires.
Borracho s drunkard; baby pigeon.
Borracho *adj* drunk; borracho.
Borrachudo s blackfly; turkey gnat; BR mosquito.
Borrado *adj* dirty; smeabed.
Borralho s embers; cinders.
Borrão s blot; stain; sketch.
Borrasca s storm; gale.
Borrego s male lamb; lamb.
Borrifar v to spray; to sprinkle.
Borrifo s sprinkling; drizzle.
Bosque s woods; forest; grove.
Bosquejo s outline; draft; sketch.
Bossa s bump; GÍR talent; *BOSSA nova*: new style of doing things); MÚS new pop brazilian rithm and song.
Bota s high boot; boot; cask.
Botânica s botany.
Botão s button.
Botar v to put; to set; to place.
Bote s boat; thrust; lunge.
Boteco s cheap bar; dive; public house.
Botelha s bottle; flask.
Botequim *vide* BOTECO.
Botica s drugstore; pharmacy.

Boticão s toth extractor.
Botina s boot; high shoes.
Boto s bouto (fish).
Bovino adj bovine.
Boxe s boxing; pugilism.
Boxeador s boxer; pugilist.
Braça s NÁUT fathom.
Braçada s armful; stroke.
Braçadeira s armstrap; tieback.
Braçal adj made by strength of arms; manual.
Bracejar v to move the arms; to strentch.
Bracelete s bracelet; bangle.
Braço s arm; hand worker; foreleg.
Bradar v to cry out; to shout.
Brado s cry; shout; roar.
Braguilha s fly of trouser.
Bramir v to bluster; to roar; to bellow.
Branca s white hair; white woman.
Branco s white.
Brancura s whiteness; hoariness.
Brando s gentle; soft; mild.
Brânquia s gill of a fish; gill; branchia.
Brasa s live coal; glow; ember.
Brasão s coat of arms; seal; blazon.
Braseiro s brazier; live coals.
Brasil s Brazil.
Brasileirismo s Brazilian expression; Brazilianism.
Brasileiro s Brazilian.
Brasileiro adj Brazilian.
Brasilidade s patriotism for Brazil.
Brasiliense adj inhabitant or native of Brasilian.
Bravata s brag-boast; bluster.
Braveza s fury; ferocity; savagery.
Bravio adj untamed; savage; wild; fierce.
Bravo adj courageous.
Bravo interj bravo! well done!
Brecar v to brake.
Brecha s gap; breach; rift.
Brejeiro s waggish; wicked; saucy.
Brejo s swamp; bog; marsh.
Breque s brake; break.
Bretão s breton.
Bretão adj breton.
Breu s tar; bitumen; pitch.
Breve adj short; rapid.
Breve adv soon; shortly.
Brevemente adv briefly; soon; shortly.
Breviário s breviary; brevier.
Brevidade s briefness; terseness.
Brigadeiro s brigadier.
Brigão s quarrelsome; contentious.
Brigar v to fight; to argue.
Brilhante s bright; shining; diamond; brilliant.
Brilhar v to shine; to glitter.
Brim s duck (cloth); drill.
Brincadeira s joke; fun; jest.
Brincalhão adj playful; jesting.
Brincar v to play; to joke.
Brinco s earring; jewel.
Brinde s present; gift.
Brinquedo s toy; game; play.
Brio s honour; pride.
Brioso adj brave; dignified; proud.
Brisa s breeze; gentle wind.
Britador s stone-breaker; rock crusher.
Britânico s british; britisher.
Britânico adj british; britannic.
Broa s baking-powder biscuit; corn bread; cake; *BROA de milho:* johnny cake.

Broca s drill; burr; auger.
Brocado s brocade; maxim; axium.
Brocar v to drill; to bore; to perforate.
Brochura s paper-bound book; paperback; brochure.
Brócolis s broccoli.
Bronco adj dull; stupid; rough.
Brônquio s bronchus brochial tube.
Bronquite s bronchitis.
Bronze s bronze; bearing.
Broquel s shield; buckler; protection.
Brotar v to germinate; to sprout; to bud.
Broto s bud; sprouting; a teenager.
Brotoeja s rash blotches; prickly heat.
Bruma s fog; brume; mist.
Brunir v to polish; to shine.
Brusco adj rude; sudden; rough.
Brutalidade s brutality; violence.
Brutamontes s stupid fellow; savage; brute.
Bruxa s witch; hag; sorceress.
Bruxaria s sorcery; witchcraft.
Bruxo s wizard; sorcerer.
Bruxuleante adj flickering; lambent.
Bruxulear v to gleam; to waver; to flicker.
Bucal adj buccal; oral.
Bucha s wad; tampion; bushing; bung.
Buço s down moustache; fuzz.
Bucólico adj bucolic; simple; pastoral.
Budismo s Buddhism.
Bueiro s drain-trap; flue; culvert.
Búfalo s buffalo.
Bufão s buffoon; boaster; clown.
Bufê s buffet.
Bugiganga s trinket; bauble.
Bugio s howling monkey.
Bujarrona s baloon jib; NÁUT jib sail.
Bula s bulla seal; MED bulla; bull, instructions for use medicine.
Bulbo s bulb.
Bule s teapot; coffeepot.
Bulevar s boulevard.
Búlgaro s Bulgarian.
Búlgaro adj Bulgar; Bulgarian.
Bulha s noise; confusion.
Buliçoso adj turbulent; agitation; lively.
Bumbo s bass drum.
Buraca s marbles.
Buraco s hole; gap; cavity.
Burburinho s murmur; buzz; tumult.
Burgo s small town; burg; village; borough.
Burgomestre s burgomaster.
Burguês s citizen; burgher; bourgeois.
Buril s burin; graver; stone chisel.
Burilador s engraver.
Burilar v to engrave with a burin; to cute; to incise.
Burla s trick; fraud.
Burlar v to trick; to mock; to cheat.
Burlesco adj burlesque; ludicrous; mocking.
Burocracia s bureaucracy.
Burocrata s bureaucrat.
Burrada s drove of asses; idiocy; stupidity.
Burrice s nonsense; sulleness.
Burrinho s little ass; donkey engine; feed pump.
Burro s donkey; ass.
Burro adj silly; stupid.
Busca s search; quest; *BUSCA-pé:* fireworks.
Buscar v to search; to seek; to look for.
Bússola s compass; magnetic needle.
Busto s bust; torso; woman's breasts.
Buzina s horn; trumpet; automobile horn.
Buzinar v to honk; to blow a horn.

C

C *s* the third letter of the Portuguese and of the English alphabets.
C *s* MÚS symbol (cipher) of the key dó.
Cá *adv* here; hither.
Caatinga *s* yellow elder.
Cabaça *s* bottle-gourd; calabash.
Cabal *adj* complete; just; perfect; full; thorough.
Cabalá *s* cabal; cabala; canvass; intrigue.
Cabalar *v* to intrigue; to electioneer; to cabal; to canvass; to ask for vote.
Cabalista *s* cabalist.
Cabalístico *adj* cabalistic; cabalistical.
Cabana *s* cottage; cot; hut; cabin.
Cabaré *s* night club; cabaret.
Cabeça *s* head; mind; talent; brain; chief; leader.
Cabeçada *s* to bang one's head; nod; nonsense.
Cabeçalho *s* headline; pole; preface; letter head.
Cabeção *s* headpiece; cape of a cloak; large collar.
Cabecear *v* to head; to nod; to sway.
Cabeceira *s* top of a table.
Cabeçote *s* headstock; tailstock.
Cabeçudo *adj* having a large head; a big head; obstinate.
Cabedal *s* funds; capital; fortune; leather.
Cabeleira *s* peruke; wig; POP tail of a comet.
Cabeleireiro *s* coiffeur; hairdresser.
Cabelo *s* hair; hairspring.
Caber *v* to be contained; to suit; to fit; to be fix; to be becoming.
Cabide *s* rack; peg; coat hanger; bracket; hat-tree.
Cabido *s* cathedral chapter.
Cabido *adj* opportune; proper.
Cabimento *s* acceptance; fitness; opportunity.
Cabina *s* cabin; cockpit.
Cabisbaixo *adj* downcast; FIG ashamed.
Cabo *s* extremity; cape; limit; headland.
Caboclo *s* backwoodsman; frontiersman.
Cabografar *v* to cable.
Cabograma *s* cablegram.
Cabotagem *s* cabotage; coastal trade; coastwise navigation.
Cabotinismo *s* brag; buffoonery; barnstorming.
Cabotino *s* bad actor; barnstormer; strolling comedian.
Cabra *s* goat; she-goat; *CABRA cega*: man's-buff.
Cabresto *s* halter; headstall; NÁUT bobstay.
Cabriola *s* capriole; skip; leap.
Cabriolar *v* to caper; to gambol; to skip; to leap; USA to cavort.
Cabriolé *s* cabriolet; gig; curricle.
Cabrito *s* kid; suckling goat.
Cábula *s* truant; idler; slacker.
Cábula *adj* astute; wily; truant.
Cabuloso *adj* unlucky; pesky; truant.
Caça *s* hunting; hunt; pursuit; investigation; chase.
Caçada *s* hunt; hunting; chase.
Caçador *s* hunter; jager; huntsman.
Cação *s* squaloid fish; shark; dogfish.
Caçar *v* to hunt; to chase; to pursue.
Cacarecos *s* junk; trash.
Cacarejar *v* to cluck; to chuck; to cackle.
Caçarola *s* casserole; saucepan.
Cacatua *s* cockatoo (bird).
Cacau *s* cocoa; cacao bean.
Cacaual *s* cocoa plantation.
Cacaueiro *s* cocoa palm; cocoa tree; cacoa tree.
Cacetada *s* beating; stroke with a stick.
Cacete *s* stick; bludgeon; club; cudgel.
Cacete *adj* boring; bored job; bothersome.
Cachaça *s* BR drink; white rum.
Cachaceiro *s* sot; tippler; drunkard.
Cachaço *s* nape; boar; scruff.
Cachalote *s* cachalot; sperm whale.
Cachimbada *s* pipeful of smoke; tobacco smoke; puff.
Cachimbar *v* to scorn; to smoke a pipe.
Cachimbo *s* pipe; socket; tobacco-pipe.
Cacho *s* bunch; cluster; lock.
Cachoeira *s* waterfall; falls; cataract.
Cachola *s* noddle; socket; nut; head.
Cachopa *s* girl; maiden; lass.
Cachopo *s* lad; boy; sandbar; rock.
Cachorra *s* bitch.
Cachorrada *s* dog pack; FIG dirty trick.
Cachorrinho *s* puppy; whelp; pup.
Cachorro *s* dog; canine; cur; pooch; *CACHORRO quente*: hot dog.
Cachucha *s* cachucha (Spanish dance).
Cacique *s* cacique; sachem; boss.
Caco *s* shard; shiver; TEATR act; potsherd.
Caçoada *s* mockery; chaff; jest.
Caçoador *s* jester.
Caçoador *adj* jeering; jesting; joking.
Caçoar *v* to jest; to jeer; to josh; to tease; to banter.
Cacoete *s* cacoethes; bad habit; nervous tic.
Cacofonia *s* GRAM cacophony.
Cacto *s* BOT cactus (plant).
Caçula *s* youngest child.
Cada *adj* every; each.
Cadafalso *s* scaffold; gibbet; gallows.
Cadarço *s* tape; silk braid; braid.
Cadastro *s* cadaster; cadastre; dossier.
Cadáver *s* cadaver; corpse.
Cadavérico *adj* cadaverous; pale.
Cadeado *s* padlock.
Cadeia *s* chain; series; gaol; penitentiary; USA jail.
Cadeira *s* chair; seat; FIG subject taught; *pl* hips.
Cadeirinha *s* sedan chair; small chair; rumble seat.
Cadela *vide* CACHORRA.
Cadência *s* cadence; beat; cadency.
Cadenciado *adj* cadenced; measured; rhythmical.
Cadenciar *v* to cadence; to render rhythmical.
Cadente *adj* cadent; shooting; falling.
Caderneta *s* chainwork; passbook of a bank; notebook.
Caderno *s* exercise-book; copybook; notebook.
Cadete *s* MIL cadet (student).
Cádi *s* cadi, a judge or magistrate among Turks, Arabs, etc.
Cadinho *s* crucible; melting pot.
Caducante *adj* decrepit; senile; weakening.

CADUCAR — CAMAROTE

Caducar *v* to become decrepit; to grow old; to be mentally decrepit.
Caduceu *s* caduceus, symbol of Mercury (ancient divinity).
Caducidade *s* caducity; lapse; decrepitude; craziness.
Caduco *adj* caducous; decrepit; senile.
Caduquice *s* craziness; dotage; madness.
Cafajeste *s* a shrimp; vulgar person; boor.
Cafajeste *adj* good-for-nothing fellow.
Café *s* coffee; coffee house; café.
Cafeína *s* caffein; caffeine.
Cafeteira *s* coffee pot.
Cafezal *s* coffee plantation.
Cafezinho *s* small cup of black coffee.
Cáfila *s* caravan; gang; drove of camels.
Cafuá *s* cave; cavern; hiding-place.
Cágado *s* tortoise; turtle.
Caiação *s* whitewash; whitewashing.
Caiador *s* whitewasher.
Caiaque *s* kayak (boat).
Caiar *v* to whitewash; to calcimine.
Cãibra *s* cramp; kink; crick.
Caiçara *s* fence of poles; corral; palisade; hayseed; a rustic.
Caída *s* decay; fall; decline; decadence.
Caído *adj* fallen; dejected; sad; gloomy.
Caídos *s pl* caresses; arrears; kind feelings; fondness.
Caimento *s* fall; downfall; discouragement; depression.
Caipira *s* backwoodsman; hick; countryman; bumpkin; yokel; USA hayseed; yahoo.
Caipora *s* unlucky person.
Caipora *adj* boorish; unfortunate; unlucky.
Caiporismo *s* misfortune; run of bad luck; unhappiness; voodoo.
Cair *v* to fall; to relapse; drop; to tumble down.
Cais *s* quay; pier; USA dock.
Caixa *s* box; chest; case; cashier.
Caixão *s* coffin; USA bin; box; doorframe; case; large box; caisson.
Caixeiro *s* boxmaker; shop-assistant; salesman; USA clerk; salesclerk.
Caixilho *s* window frame; sash; molding; casement; doorcase.
Caixinha *s* pork-barrel; pool.
Caixote *s* package; small rough box; packing case.
Cajadada *s* blow; rap; *matar dois pássaros com uma só CAJADADA*: to kill two birds with one stroke.
Cajado *s* shepherd's staff; crook.
Caju *s* cashew nut; cashew; acasou.
Cajueiro *s* cashew tree; acasou.
Cal *s* lime; whitewash; lump lime.
Calaboca *s* blackjack; GÍR hush-money; rake-off.
Calabouço *s* dungeon; gaol; lockup; prison; USA calaboose; jail.
Calada *s* silence; hush; quietness.
Calado *s* NÁUT draught; draft.
Calado *adj* silent; quiet; reserved.
Calafrio *s* shiver; shakes; chill.
Calamidade *s* calamity; affliction.
Calamitoso *adj* calamitous; disastrous.
Cálamo *s* calamus; quill; stem.
Calandra *s* calender; lark; mangle.
Calão *s* jargon; argot; slang.
Calar *v* to conceal; to hush; to omit; to silence; to impose silence.
Calçada *s* walkway; pavement; USA sidewalk; *superintendente de CALÇADA*: sidewalk superintendent.
Calçadeira *s* shoehorn; rammer.
Calçado *s* footwear; footgear; shoe.
Calçamento *s* pavement; paving.
Calcanhar *s* heel; heelpiece.
Calção *s* breeches; shorts; trunks; *CALÇÃO de banho*: swimming suit; bathing trunks.

Calçar *s* to shoes; to put on shoes (boots, slippers, trousers, gloves, etc).
Calcar *v* to tread; to trace; to trample on; to crush; to pound.
Calcário *adj* calcareous; limy.
Calças *s* trousers; pants; panties.
Calcinar *v* to calcine; to burn to ashes; to cauterize.
Cálcio *s* calcium; white-yellow metal.
Calço *s* wedge; chock; shim.
Calcular *v* to calculate; to compute; to reckon; to conjecture.
Calculável *adj* calculable; computable; ratable.
Cálculo *s* calculation; computation; estimate.
Calda *s* sauce; melted sugar; syrup; welding of iron.
Caldeação *s* blending; fusing; welding.
Caldeira *s* sump; kettle; boiler.
Caldeirada *s* kettleful; fish stew.
Caldeirão *s* cauldron; boiler; pothole.
Caldo *s* soup; gravy; broth; a ducking.
Calefação *s* calefaction; heating.
Calejado *adj* hardened; indurate; callous.
Calejar *v* to be callous; to harden; to develop calluses.
Calendário *s* calendar; almanac.
Calendas *s* calends.
Calha *s* trough; gutter; trench.
Calhambeque *s* junk-heap; trash; USA jalopy.
Calhar *v* to tally; to fit in; to square.
Calibrador *s* gauge; caliper.
Calibrar *v* to calibrate; to gauge.
Calibre *s* calibre; caliber; capacity; bore.
Cálice *s* chalice; cup; wine-glass; BOT calyx.
Cálido *adj* hot; ardent; fiery; warm.
Califa *s* caliph.
Caligrafia *s* calligraphy; handwriting; penmanship.
Calista *s* chiropodist; pedicure; pediatrist.
Calma *s* calm; calmness; tranquility; quiet.
Calmante *s* calmative; sedative.
Calmante *adj* soothing; calming; anodyne.
Calmaria *s* calm; still; FIG serenity.
Calmo *adj* calm; quiet; cool; serene.
Calo *s* corn; callus; callosity.
Calor *s* heat; warmth; hotness.
Caloria *s* calory; calorie.
Caloroso *adj* warm; hot; ardent; enthusiastic.
Calota *s* hub cap; skull cap.
Calote *s* swindle; bad debt.
Calotear *v* to swindle; to bilk; to evade payment; to cheat.
Caloteiro *s* swindler; bilker; GÍR dead beat.
Calouro *s* neophyte; novice; freshman.
Calúnia *s* calumny; defamation; slander.
Caluniador *s* slanderer; maligner.
Caluniador *adj* slandering; slanderous.
Caluniar *v* to calumniate; to slander; to backbite.
Calva *s* baldness; bald-headed person.
Calvário *s* Calvary; Golgotha.
Calvinismo *s* RELIG calvinism (John Calvin - 16th and 17th centuries).
Calvo *vide* CALVA.
Cama *s* bed; sack; bunk.
Camada *s* layer; stratum; coat.
Camaleão *s* chameleon; iguana.
Câmara *s* chamber; cabin; room in a house; stateroom.
Camarada *s* fellow; comrade; pal; companion; USA hired man; guy.
Camaradagem *s* society; comradeship; companionship; intimacy.
Camarão *s* shrimp; hook; prawn.
Camareira *s* chambermaid; maid of honour; waiting-maid.
Camareiro *s* chamberlain; valet.
Camarim *s* cabinet; dressing room; greenroom.
Camarote *s* cabin; ship's cabine; stateroom; box.

CAMBADA — CAPOTE

Cambada s GÍR band; gang; rabble.
Cambalacho s barter; bargaining; fraud; logrolling.
Cambaleante adj tottering; staggering; reeling.
Cambalear v to totter; to dodder; to stagger; to reel.
Cambalhota s gambol; flip-flop; USA monkeyshine.
Cambeta adj bow-legged; lame.
Cambial s bill; bill of exchange.
Cambial adj money-exchange.
Cambiar v to change; to exchange money; to convert.
Cambraia s chambray; cotton cloths; cambric.
Caminhada s walk; hike; jaunt.
Caminhão s lorry; camion; van; USA truck.
Caminho s way; route; road; path.
Camisa s shirt; chemise; jacket.
Camisaria s shirt factory.
Camiseta s undershirt; vest; singlet.
Camisola s camisole; nightdress.
Campainha s bell; buzzer; electric bell; MED uvula.
Campanário s steeple; belfry.
Campanha s campaign; fields; plains.
Campeão s champion; champ; defender.
Campeonato s championship.
Campestre adj rustic; bucolic; rural.
Campo s camp; field; outdoors.
Camuflagem s camouflage; disguise.
Camundongo s mouse.
Camurça s chamois; shammy; deer skin.
Cana s cane; stem; reed.
Canal s channel; groove; duct.
Canalha s rabble; heel.
Canalização s canalization; piping.
Canário s canary (bird).
Canavial s a cane plantation; canebrake.
Canção s song; air.
Cancela s barred gate; gate.
Cancelamento s cancel; cancellation.
Cancelar v to cancel; to call off; to repeal; to recall; to erase.
Câncer s ASTRL cancer (fourth sign of the zodiac); MED cellule's disease.
Cancioneiro s songbook; collection of songs (or poems).
Canconeta s canzonet; air; ditty.
Canconetista s ditty singer; canzonet composer.
Candelabro s chandelier; candelabrum.
Candidato s candidate.
Candidatura s candidacy; candidature.
Cândido adj candid; white; pure; sincere.
Candura s candour; candor candidness; innocence; purity.
Caneca s cannikin; tin cup; beaker; mug.
Caneco s mug.
Canela s cinnamon; shin; shinbone.
Canelada s a blow on the shin.
Canelado adj grooved; striated.
Canelar v to groove; to furrow; to flute.
Caneleira s cinnamon tree; greave.
Caneta s pen; penholder.
Canga s yoke; cangue.
Cangaceiro s bandit; outlaw; highwayman.
Cangote s occipital region; back of the neck; GÍR nape.
Canguru s ZOO kangaroo (animal).
Cânhamo s hemp (tree).
Canhão s cannon; gun.
Canhonaço s cannon shot.
Canhota s the left hand.
Canhoto s USA stub.
Canhoto adj left handed.
Canibal s cannibal; man-eater.
Caniço s reed; fishing rod.
Canícula s great hotness; ASTR Dog Star; Sirius.
Canil s kennel.

Canino s canine tooth; doglike.
Canivete s penknife; jackknife; pocketknife.
Canja s chicken broth; chicken soup; GÍR cinch.
Canjica s grits; hominy; BR special food.
Cano s pipe; barrel; tube; conduit.
Canoa s canoe (boat).
Canonizar v to canonize; to saint.
Cansaço s tiredness; fatigue; weariness.
Cansado adj tired; beaten; weary; wearied.
Cansar v to tire; to weary; to fatigue; to irk.
Canseira s fatigue; weariness; toil.
Cantador s popular singer.
Cantante adj singing; swinging.
Cantão s canton.
Cantar v to sing; to croon; to chant.
Cântaro s water-pot; jar; jug; USA pitcher; *chover a* CÂNTAROS: to rain cats and dogs.
Cantarolar v to hum; to croon; to sing out of tune.
Canteiro s quarryman; patch; stonecutter; flower bed.
Cântico s canticle; chant; hymn.
Cantiga s song; lay; ditty.
Cantil s canteen; flask; pottle.
Cantochão s plain chant; Gregorian song.
Cantor s singer; crooner; vocalist.
Canudo s slender tube; pipe; ringlet.
Cão s dog; cock or hammer of a gun; canine.
Caolho adj one-eyed; cross-eyed; cockeyed.
Caos s chaos; anarchy; FIG big confusion; in disorder.
Caótico adj chaotic; to be in very confusion state; anarchical; anarchic.
Capa s cloak; mantle; cape; cover.
Capacete s helmet; headpiece; casque.
Capacho s mat; door mat; FIG a servile person; fawner.
Capacidade s capacity; content; ability.
Capacitar v to enable; to qualify; to capacitate.
Capado s barrow; gelding.
Capado adj castrated; spayed.
Capanga s BR bodyguard; gangster; hired murder.
Capataz s foreman; boss; gang boss.
Capaz adj capable; able; capacious; competent.
Capcioso adj captious; crafty; insidious; artful.
Capela s chapel; shrine; garland.
Capelão s chaplain.
Capenga s a lame person; cripple.
Capenga adj lame; footsore; halt.
Capengar v to stump; to limp; to hobble; to halt.
Capilar s capillary (hair).
Capilar adj capillary; concerning about hair.
Capim s grass; dought.
Capinar v to cut the grass; to scram; to weed; to hoe.
Capital s capital; money; stock.
Capital adj capital; leading.
Capitalismo s ECON capitalism.
Capitalista s capitalist; wealthy person; GÍR gold-bug.
Capitalista adj capitalistic.
Capitania s captaincy; captainship.
Capitânia s flagship.
Capitão s captain.
Capitel s ARQT capital; upper part of a column.
Capitulação s capitulation; surrender.
Capitular v to capitulate; to surrender; to come to terms.
Capitular adj capitulary.
Capítulo s chapter; book's division; capitulum.
Capivara s ZOO capybara (mammiferous).
Capô s bonnet; cowling; hood.
Capoeira s brush; coop; BR corporal fight.
Capota s hood; bonnet; USA top.
Capotar v to turn over; to turn over a car; to capsize.
Capote s cloak; capote; overcoat.

CAPRICHAR — CARVOEIRO

Caprichar *v* to perfect; to perform carefully.
Capricho *s* care; whim; fancy; caprice.
Caprichoso *adj* capricious; USA choosy.
Capricórnio *s* goat; ASTR Capricorn; the tenth sign of the zodiac.
Caprino *adj* goatlike; he-goat.
Cápsula *s* capsule; little pack; cartridge; cachet; boll.
Captar *v* to catch; to receive; to entrap.
Captura *s* capture; seizure; arrest.
Capturar *v* to capture; to arrest; to prize; to nab.
Capuchinho *s* capuchin (chocolate drink).
Capuchinho *adj* RELIG capuchin.
Capuz *s* hood; calash; cowl.
Caqui *s* kaki; persimmon.
Cáqui *adj* khaki (colour of cloth).
Cara *s* face; countenance; visage; look; aspect; GÍR fellow; chap; USA man; guy.
Carabina *s* rifle; carbine.
Caracol *s* caracole; curl; snail.
Caráter *s* character.
Caracteres *s pl* characters; charactery.
Característica *s* feature; rank; characteristic.
Característico *s* characteristic.
Característico *adj* distinctive; characteristic; individual.
Caracterizar *v* to define; to characterize; to disnguish.
Caradura *s* barefaced; flare; sparkler.
Caramanchão *s* bower; USA arbor.
Carambola *s* billiard; carom; cannon; FIG trick; BOT carambola (fruit).
Carambolar *v* to cannon; FIG to deceive.
Caramelo *s* caramel; toffee; frost; USA taffy.
Cara-metade *s* wife; better half; rib.
Caramujo *s* periwinkle; figurehead.
Caranguejo *s* crab; ASTR cancer.
Carapuça *s* conical cap; cap; phrygian.
Caravana *s* caravan.
Caravela *s* caravel (ship).
Carbonário *s* carbonaro, a member of a political Neapolitan anti-French secret society of the 19th century.
Carbonizar *v* to carbonize; to char; to coal.
Carbono *s* carbon; carbon paper.
Carburador *s* carburettor.
Carcaça *s* carcass; body; skeleton.
Cárcere *s* gaol; jail; prison.
Carcereiro *s* gaoler; jailer; jailor; USA warden.
Carcomido *adj* worm-eaten; rotten.
Cardápio *s* bill of fare; menu.
Cardar *v* to card; to comb.
Cardeal *s* cardinal; redbird.
Cardeal *adj* fundamental; principal; cardinal.
Cardíaco *adj* MED cardiac (heart).
Cardinal *adj* cardinal; principal.
Cardume *s* shoal (fish).
Careca *s* baldy; baldness.
Careca *adj* bald; balding.
Carecer *v* to lack; to need; to want.
Carência *s* lack; need; want.
Carestia *s* costliness; scarcity; high cost of living.
Careta *s* grimace; mask.
Carga *s* load; burden; freight; cargo; loading.
Cargo *s* function; office; charge; employment.
Cargueiro *adj* freight-carrying; freighter ship.
Cariado *adj* carious; decayed.
Caricato *adj* grotesque; burlesque; ridiculous.
Caricatura *s* cartoon; caricature.
Carícia *s* caress; fondness.
Caridade *s* charity; pity; mercy.
Caridoso *adj* charitable; kind; gracious.
Cárie *s* caries; decay.
Carimbar *v* to seal; to stamp.

Carimbo *s* seal; stamp.
Carinho *s* love; fondness; affection; caress.
Carioca *s* BR native of the city of Rio de Janeiro.
Carisma *s* charism; leader quality.
Carlinga *s* carlingue; cockpit; mast step.
Carmesim *adj* crimson; carmine.
Carmim *s* carmine; crimson; rouge.
Carnal *adj* sensual; carnal.
Carnaúba *s* carnauba (tree).
Carnaval *s* carnival.
Carnavalesco *adj* ridiculous; grotesque.
Carne *s* flesh; meat.
Carnegão *s* core; hardened.
Carneiro *s* sheep; ram.
Carniça *s* decayed meat; carrion; prey.
Carniceiro *s* butcher.
Carniceiro *adj* carnivorous; bloodthirsty.
Caro *adj* dear; beloved; expensive.
Caro *adv* dearly; expensively.
Caroço *s* seed; stone of a fruit; USA pit.
Carola *adj* fanatical; sanctimonious.
Carona *s* panel; a saddle pad; lift; free ride.
Carpa *s* carp; a fish.
Carpido *s* weeping; cry; sob.
Carpintaria *s* carpentry; carpenter's shop.
Carpir *v* to complain; to tear one's hair.
Carrancudo *adj* sullen; grim; stern.
Carrapato *s* tick; jigger.
Carrapicho *s* bur; knot; BOT cocklebur.
Carrasco *s* hangman; executioner; FIG a cruel person.
Carrear *v* to cart; to drive; to drag.
Carregação *s* load; cargo; lading.
Carregado *adj* charged; loaded; heavy; sad; oppressed.
Carregador *s* loader; packer; shipper; porter; USA redcap.
Carregamento *s* cargo; shipment; loading.
Carregar *v* to load; to charge; to carry.
Carreira *s* run; race; career; row.
Carreta *s* cart; handcart; wagon.
Carreteiro *s* cartman; wagoner; driver.
Carretel *s* bobbin; coil; reel; USA spool.
Carretilha *s* small wheel; wagon; bow drill.
Carreto *s* freight charge; cartage; portage.
Carrilhão *s* carillon; peal; chimes; set of bells.
Carrinho *s* little cart; toy cart.
Carro *s* cart; van; wagon; motor-car; car; USA automobile.
Carroça *s* smart cart; wagon.
Carrossel *s* merry-go-round; roundabout; USA carroussel.
Carruagem *s* carriage; coach.
Carta *s* letter; card; charter.
Cartão *s* card; pasteboard.
Cartaz *s* bill; poster; placard; hoarding; USA billboard.
Cartear *v* to play cards; to plot; to determine.
Carteira *s* desk; pocket book; notebook; wallet; USA pocketbook; driver's licence.
Carteiro *s* postman; USA mailman.
Cartilha *s* spelling-book; hornbook; primer; first reader.
Cartografia *s* cartography; mapping.
Cartola *s* top hat; silk hat; USA plug hat.
Cartolina *s* board paper; bristol board; light cardboard.
Cartomancia *s* cartomancy; fortunetelling with cards.
Cartomante *s* fortune-teller; fortuneteller.
Cartonar *v* to board; to bind in books.
Cartório *s* notary's office; register office; registry.
Cartucheira *s* cartridge-belt.
Cartucho *s* cartridge; roll; horn-shaped packet.
Carunchoso *adj* worm-eaten; wormy; rotten.
Carvalho *s* oak (tree).
Carvão *s* coal; charcoal.
Carvoeiro *s* coal-man; coal-seller.

CÃS — CELERIDADE

Cãs s white hair.
Casa s house; dwelling; home.
Casaca s dress-coat; dresscoat; swallow-tailed coat; swallow-tail.
Casacão s overcoat; top coat.
Casaco s coat; jacket; suit coat; USA topper.
Casado adj married; wedded; matched.
Casal s couple; creel; married couple.
Casamenteiro s match-maker; matchmaker.
Casamento s marriage; wedding.
Casar v to marry; to match; to join.
Casca s peel; skin; rind; husk; pod; shell; bark.
Cascalho s gravel; pebble-stones; broken stone.
Cascata s cascade; waterfall.
Cascavel s ZOO rattle-snake; rattlesnake; viper; poison snake.
Casco s cask; scalp; hoof.
Caseiro s house-keeper; housekeeper.
Caseiro adj homeloving; homely; homespun.
Caserna s MIL caserns; barracks.
Casimira s cashmere; soft; cassimere.
Caso s case; tale; event; occurrence.
Caspa s scurf; furfur; dandruff.
Casquinha s a thin bark; a bit; lath; veneer; USA ICE-CREAM; *CASQUINHA de sorvete*: cornet.
Cassar v to annul; to repeal; to quash.
Cassetete s truncheon; club; USA billy; night stick; billy club.
Cassino s casino; gambling house.
Casta s caste; race; lineage; generation.
Castanha s chestnut; chignon.
Castanhal s chestnut-grove; chestnut grove.
Castanholas s castanets; snappers.
Castelo s castle; fort; fortification.
Castiçal s candlestick; taperstand.
Castiço adj pure; well-bred; correct; good lineage.
Castidade s chastity; continence.
Castigar v to chastise; to punish; to chasten.
Castigo s chastisement; punishment; penalty.
Casto adj chaste; pure.
Castor s castor; beaver.
Castração s castration; gelding.
Castrado s eunuch; barrow.
Castrado adj castrated; spayed.
Castrador s castrator; gelder.
Castrar v to geld; to castrate.
Casual adj accidental; casual; fortuitous.
Casualidade s hazard; accident; fortuity; accidental; casualty.
Casuísta s casuist.
Casula s chasuble.
Casulo s cocoon; husk; cod; chrysalis; boll.
Cataclisma s cataclysm.
Catacumba s catacomb.
Catálogo s catalogue; index; file; *CATÁLOGO telefônico*: telephone directory; USA telephone book.
Catapulta s catapult.
Catar v to look for; to search; to catch.
Catarata s cataract; waterfall.
Catarro s catarrh; sputum.
Catástrofe s catastrophe; disaster.
Catavento s weather-cock; weathercock; vane.
Catecismo s catechism.
Cátedra s cathedra; professorship; chair.
Catedral s cathedral.
Catedral adj cathedral.
Catedrático s a university teacher; full professor.
Categoria s category; class; condition; rank.
Categórico adj categorical; absolute.
Catequizar v to catechize; to instruct.
Catinga s stink; avarice; rankness.
Cativante adj fetching; winsome; captivating.
Cativar v to captivate; to charm; to attract.
Cativeiro s captivity; prison; bondage.
Católico s catholic.
Católico adj catholic; belonging to the Catholic Church; universal.
Catorze adj fourteen.
Catraca s ratchet.
Caução s bail; security; guarantee.
Cauda s tail end; train of dress; extremity.
Caudilho s commander; chief; leader; boss.
Caule s BOT caulis; stem; stalk; axis.
Causa s cause; ground; lawsuit; case.
Causalidade s causality.
Causar v to cause; to induce; to occasion.
Causídico s lawyer; barrister.
Cáustico adj caustic; burning; biting.
Cautela s caution; prudence; care.
Cauteloso adj wary; discreet; cautious; prudent.
Cauterizar v to cauterize; to burn; to fire.
Cavaco s sliver; chat; chip.
Cavado adj hollowed; dug out; cleft; excavated.
Cavalaria s cavalry; horsemanship.
Cavalariça s stable.
Cavalariço s hostler; groom.
Cavaleiro s knight; horseman; rider.
Cavalete s easel; rack; trestle; frame.
Cavalgada s cavalcade.
Cavalgadura s mount; FIG a rude person; stupid.
Cavalgar v to ride; to jump.
Cavalheirismo s nobility; knightliness; knighthood; chivalry.
Cavalheiro s gentleman.
Cavalheiro adj noble; cultured; gentlemanly; gallant.
Cavalo s horse; knight (chess).
Cavanhaque s goatee.
Cavaquinho s small guitar.
Cavar v to dig; to excavate; to hoe.
Caveira s skull.
Caverna s cavern; cave; large cave; den.
Cavidade s cavity; hole; hollow.
Caxumba s mumps; paratitis.
Cear v to supper; to have one's supper.
Cearense s BR native of Ceará.
Cebola s onion (plant).
Cebolinha s shallot; onion set.
Cebolinho s onion set; chive.
Cedência s cession; yielding; grant.
Cedente adj yielding; ceding; granting.
Ceder v to yield; to give in; to cede.
Cedilha s cedilla.
Cedinho adv very early; quite soon.
Cedo adv early; soon.
Cédula s bank note; USA bill.
Cegar v to blind; to dazzle.
Cego s blind man; blindman.
Cego adj blind.
Cegonha s stork; well sweep.
Cegueira s blindness; FIG ignorance; fanaticism.
Ceia s supper.
Ceifar s to reap; to harvest; to crop.
Ceifeira s woman reaper; harvest woman.
Celebérrimo adj most celebrated; most famous.
Celebração s celebration.
Celebrar v to celebrate; to solemnize; to commemorate.
Celebrável adj praiseworthy.
Célebre adj celebrated; renowned; famous.
Celebridade s celebrity; fame; renown.
Celebrizar v to render famous; to become famous.
Celeiro s granary; storehouse.
Celeridade s haste; celerity; quickness.

Celeste *adj* celestial; heavenly.
Celestial *vide* CELESTE.
Celeuma *s* alarm; uproar; row.
Celibatário *s* bachelor; celibate.
Celibatário *adj* unmarried; celibate.
Celibato *s* celibacy; single state; bachelorhood.
Célula *s* cell; cellule.
Celular *adj* cellular.
Cem *adj* hundred.
Cementar *v* to cement; to caseharden.
Cemitério *s* cemetery; graveyard; churchyard; God's acre.
Cena *s* scene; sight; stage scenery.
Cenário *s* scenery; decor; setting.
Cenografia *s* sets; scenography.
Cenógrafo *s* scene painter; scenographer; scenario writer.
Cenoura *s* carrot.
Censo *s* census; quitrent.
Censor *s* censor; critic.
Censual *adj* censual; lascivo.
Censura *s* censure; reaproach; censorship.
Censurar *v* to censure; to blame; USA to knock; to criticize.
Censurável *adj* censurable; blamable.
Centavo *s* cent; penny; centavo.
Centeio *s* rye.
Centelha *s* spark; sparkle; flash of fire.
Centelhar *v* to sparkle; to gleam.
Centena *s* a hundred.
Centenário *s* century; centennial; centenarian.
Centenário *adj* centenary; a hundred years old.
Centesimal *adj* centesimal; hundredth.
Centésimo *s* centesimal; hundredth.
Centésimo *adj* hundredth.
Centígrado *adj* centigrade.
Centigrama *s* centigram; centigramme.
Centilitro *s* centilitre; centiliter.
Centímetro *s* centimetre; centimeter.
Cento *s* a hundred.
Centopeia *s* centipede; millipede.
Central *adj* central; centrical.
Centralização *s* centralization.
Centralizar *v* to center; to centralize.
Centro *s* centre; center; core.
Cêntuplo *s* hundredfold.
Cêntuplo *adj* centuple.
Centúria *s* century; centenary.
Céptico *adj* sceptical; cynic; incredulous.
Cera *s* wax; cerumen.
Cerâmica *s* ceramics.
Cerâmico *adj* ceramic.
Cerca *s* fence; hedge.
Cerca *adv* nearly; about.
Cercado *s* pound; enclosure.
Cercado *adj* fenced; surrounded.
Cercadura *s* border; garniture; belt.
Cercania *s* surroundings; vicinity; neighbourhood; neighborhood.
Cercar *v* to enclose; to surround; to fence in; to wall.
Cerceamento *s* clipping; retrenchment.
Cercear *v* to pare; to clip; to curtail; to cut down.
Cerco *s* siege; circle; ring.
Cerda *s* bristle.
Cereal *s* cereal; grain.
Cereal *adj* cereal; grain.
Cerebelo *s* cerebellum.
Cérebro *s* brain; cerebrum; FIG intellegence.
Cereja *s* cherry; cerise.
Cerejeira *s* cherry tree.
Cerimônia *s* formality; ceremony; form.
Cerimonioso *adj* cerimonious; formal.

Cerne *s* heart; core of trees; chark.
Ceroulas *s* drawers; USA long drawers; long johns.
Cerração *s* mist; fog; haze; gloom.
Cerrado *adj* shut; gloomy; cloudy.
Cerrar *v* to close; to shut; to join.
Certame *s* contest; competition; struggle.
Certamente *adv* sure; certainly; surely; by all means.
Certeiro *adj* sure; well-aimed; exact.
Certeza *s* certainty; assurance.
Certidão *s* certificate; affidavit; voucher; copy.
Certificado *s* warranty; certificate.
Certificar *v* to certify; to attest; to assure.
Certo *adj* certain; right; sure; assured.
Cerveja *s* malt; beer; ale.
Cervejaria *s* brewery; alehouse; beer-house; pub; USA joint; saloon.
Cervejeiro *s* brewer; beer seller; beer dealer.
Cervo *s* stag; hart; deer.
Cerzideira *s* female finedrawer; mender; darner.
Cerzidor *s* darner; patcher.
Cerzidura *s* darning; finedrawing; patching.
Cerzir *v* to darn; to fine-draw; to patch.
Cessação *s* cessation; discontinuance; surcease.
Cessão *s* cession; transfer; given up; JUR remise; release.
Cessar *v* to cease; to come to an end; to bring to the end; to stop.
Cesta *s* basket; pannier; hamper.
Cesto *s* basket; pannier; creel.
Cetim *s* satin.
Cetro *s* scepter; sceptre.
Céu *s* heaven; sky; firmament.
Cevada *s* barley; barleycorn.
Cevado *s* pig; fatling.
Cevado *adj* fattened; fat.
Cevar *v* to fatten; to glut; to lure.
Chá *s* tea; tea plant.
Chacal *s* jackal.
Chácara *s* country-house; country-place.
Chacina *s* slaughter; smoked-meat; slaughtering.
Chacota *s* jest; fun; jeer; mock.
Chafariz *s* fountain; public fountain.
Chafurdar *v* to wallow; to mire; to bemire.
Chaga *s* ulcer; wound; sore.
Chalé *s* chalet; cottage.
Chaleira *s* tea-kettle; pot.
Chalupa *s* sloop; long boat; cutter.
Chama *s* flame; blaze; fire; FIG ardour; ardor.
Chamada *s* call; catchword; roll call.
Chamamento *s* call; calling; convocation.
Chamar *v* to call; to convoke; to name.
Chamariz *s* bird-call; allurement; bait; lure.
Chamejante *adj* flashy; burning; sparkling.
Chaminé *s* chimney; funnel.
Champanha *s* champagne (France wine).
Chamuscar *v* to singe; to scorch.
Chancela *s* oficcial seal; seal; rubber stamp.
Chancelaria *s* chancery; chancellery.
Chanceler *s* chancellor; secretary.
Chanfrado *adj* canted; beveled; fluted.
Chantagem *s* blackmail; extortion.
Chão *s* ground; soil; floor.
Chão *adj* level; smooth; plane; simple.
Chapa *s* metal sheet; plate; slate; sheet.
Chapada *s* plateau; glade.
Chapar *v* to plate; to coin; to stamp.
Chapelaria *s* hattery; hatter's shop; hat-trade.
Chapéu *s* hat; bonnet.
Charadista *s* guesser of charades.
Charco *s* puddle; muddy swamp; marsh; bog.

CHARLATANICE — CIRCUNCISÃO

Charlatanice s charlatanry; charlatanism; quackery; quackism.
Charlatanismo *vide* CHARLATANICE.
Charlatão s charlatan; quack; cheat.
Charrete s buggy.
Charutaria s cigar-shop; cigar store.
Charuto s cigar; cheroot.
Chateado adj upset; bored; weary.
Chateza s flatness; lowness; wearisomeness.
Chato s crablouse.
Chato adj flat; plain; level; tiresome.
Chave s key; brace.
Chaveiro s key-keeper; key rack; turnkey.
Chávena s cup; teacup; tea-cup.
Chefão s big-boss; bigwig.
Chefe s chief; leader; master.
Chefia s leadership; chiefdom.
Chegado adj arrived; close; adjacent; near.
Chegar v to arrive; to approach; to come.
Cheia s rise; full; flood; increase; inundation.
Cheio adj full; filled; occupied; plenty; complete.
Cheirar v to smell; to scent; to snuff.
Cheiro s smell; odor; scent.
Cheque s check; cheque.
Chiar v to creack; to squeak.
Chibata s wicker; rod; quirt; slender cane.
Chicana s chicanery; chicane.
Chiclete s chewing gum; gum.
Chicória s endive; chicory.
Chicotada s lash; whiplash; stroke with a whip.
Chicote s whip; horsewhip; quirt.
Chifre s horn; antler.
Chimarrão s unsweetened mate tea; unsweetened mate.
Chimpanzé s ape; chimpanzee.
Chinelo s slipper; carpet slipper.
Chique adj chic; stylish; smart.
Chiqueiro s pigpen; pigsty.
Chistoso adj facetious; funny; witty.
Chita s chintz.
Chitão s cheap printed cotton fabric.
Choça s hut; hovel; shack.
Chocadeira s incubator; brooder.
Chocalho s cowbell; rattle; jingle.
Chocar v to hatch; to offend; to shock; to hit; to brood.
Choco adj brooding; hatching; addled.
Chocolate s chocolate; cocoa.
Chofer s motorist; driver; chauffer.
Chope s draft beer; fresh beer from barrels.
Choque s shock; clash; collision.
Choradeira s lament; wailing; complaint.
Choramingar v to cry; to whimper; to whine.
Chorar v to weep for; to deplore; to mourn; to lament.
Choro s weeping; tears; sobbing; complaint.
Choupana s hut; shack.
Chouriço s smoked sausage.
Chover v to rain; to pour.
Chuchar v to suck; to draw; to suckle.
Chuchu s edible fruit of a plant; chayote.
Chulé s stink from unclean feet; cheesy-feet.
Chumaço s wadding; padding.
Chumbada s wound made by small shots; lead shot.
Chumbar v to lead; to solder.
Chumbo s lead; shot; sinker.
Chupada s sucking; suck.
Chupar v to suck; to absorb; to draw.
Chupeta s pipette; sucker; tube for liquids; BR rubber nipple.
Churrasco s a steak grilled on live coals; barbecued beef.
Chutar v to kick a ball in the soccer or another games; POP to tell lies.
Chute s kick.

Chuva s rain; shower; rainfall.
Chuveiro s shower; shower-bath.
Chuviscar v to mizzle; to drizzle; to sprinkle.
Chuvoso adj rainy; showery; wet.
Cibernética s cybernetics.
Cicatriz s scar; cicatrice; cicatrix.
Cicatrizar v to heal; to scar.
Cicerone s cicerone; guide.
Cíclico adj cyclical; cyclic.
Ciclismo s cycling; cyclism; bicycle riding.
Ciclista s cyclist; USA cycler.
Ciclo s cycle.
Ciclone s cyclone; hurricane; whirlwind.
Cicuta s hemlock; cicuta (poison).
Cidadão s citizen; city-dweller.
Cidade s city; town.
Ciência s science; knowledge.
Ciente adj aware; notified; conscious; knowing.
Cientificar v to advise; to notify.
Científico adj scientific.
Cifrar v to cipher; to abridge.
Cigano s gypsy.
Cigarra s cicada; locust; buzzer.
Cigarreira s cigarette-case; cigarette case.
Cigarro s cigarette.
Cilada s snare; trap; ambush.
Ciliar adj ciliary.
Cilindro s cylinder; beam; roller.
Cimentação s cementing; cementation.
Cimentar v to cement; to unite.
Cimento s cement; groundmass.
Cimo s top; apex; summit.
Cinco s five.
Cindir v to divide; to cut apart; to separate.
Cineasta s film maker; cinematographer.
Cinema s cinema; motion picture; cinematograph; movie.
Cinematográfico adj cinematographic; motion picture.
Cingido adj belted; girdled; limited.
Cingir v to belt; to gird; to limit.
Cínico adj cynical; cynic.
Cinquenta s fifty.
Cinta s girdle; waist; cementationband; belt.
Cintilação s gleam; scintillation.
Cintilante adj scintillant; scintillating; sparkling.
Cintilar v to scintillate; to sparkle.
Cinto s belt; sash.
Cintura s waist; waist line; belt.
Cinza s ash; cinder; gray; grey.
Cinzeiro s ash-tray; ash bin; ashtray.
Cinzel s chisel; chaser; burin.
Cinzento adj grey; ashen; gray.
Cio s rut; rutting; heat.
Cioso adj jealous; zealous.
Cipó s liana; liane; vine.
Cipreste s cypress.
Ciranda s screen; a popular child dance.
Cirandar v to winnow; to screen.
Circence s circus acts.
Circence adj circus.
Circo s circus; cirque; ring.
Circuito s circuit; circle.
Circulação s circulation; currency.
Circular s circular notice; circular letter.
Circular v to circle; to move round; to circulate; to go round.
Circular adj circular.
Circulatório adj circulatory.
Círculo s circle; club; society.
Circuncisão s RELIG circumcision, Jews cerimony (a cut in the foreskin of penis, prepuce, soon as the child is borne.

CIRCUNDAR — COIBIÇÃO

Circundar v to surround; to encircle.
Circunferência s circumference; circuit.
Circunflexo adj GRAM circumflex symbol (^).
Circunscrever v to circumscribe; to encircle; to bound; to limit.
Circunspecto adj cautious; circumspect; prudent.
Circunstância s event; circumstance; motive.
Círio s taper; torch; wax-torch; large candle.
Cirurgia s surgery.
Cisalhas s pl small metal fragments.
Cisão s scission; divergence; split.
Cisco s dust; filth; trash; culm.
Cisma s schism; mania; fancy.
Cismar v to dream; to fancy; to muse; USA to mull.
Cisne s swan.
Cisterna s cistern; well; water tank.
Cistite s MED cystitis (bladder infection).
Citação s citation; quotation.
Citar v to cite; to quote; to mention.
Cítara s MÚS cithara; cither; zither.
Citável adj quotable; citable.
Ciúme s jealousy; envy.
Cível adj civil.
Cívico adj civic; patriotic.
Civil s civilian.
Civil adj civil; gentle; polite; urbane.
Civilização s civilization.
Civilizar v to civilize.
Civismo s civism; patriotism.
Cizânia s darnel; dissent; discord.
Clã s clan; tribe.
Clamar v to cry out; to clamor for; to want.
Clamor s clamor; uproar; outcry.
Clamoroso adj noisy; clamant; clamorous.
Clandestino adj clandestine; secret; underhand.
Clara s egg white; albumen.
Caraboia s skylight; pithead; glass-roof.
Clarão s bright light; glade; gleam of light; flash.
Clarear v to make clear; to explain; to give light to.
Clareira s glade; clearing.
Clareza s clearness; intelligibility.
Claridade s clarity; clearness; brightness.
Clarificação s clarification.
Clarificar s to clarify; to make clear; to purify.
Clarim s clarion; bugle.
Clarineta s clarinet; clarionet; clarinetist.
Clarividência s clear-sightedness; insight.
Claro adj clear; bright; light; plain.
Classe s class; rank; order; kind; class-room.
Clássico adj classical; classic; usual.
Classificação s classification.
Classificar v to classify; to group in classes; to organize.
Claudicante adj lame; crippled; halting.
Claudicar v to be lame; to limp; to hobble.
Claustral adj monastical; cloistral.
Claustro s cloister; convent.
Cláusula s clause; article; condition.
Clausura s reclusion; closure; cloister.
Clava s club; cudgel; bludgeon.
Clave s MÚS clef; key.
Clavícula s clavicle; collar-bone; collarbone.
Clemência s clemency; mercy.
Clepsidra s clepsydra; water-clock.
Cleptomania s cleptomania; kleptomania.
Clérigo s priest; cleric; clergyman.
Clero s clergy; ministry.
Cliché s cliché; plate; cut; newspaper cut.
Cliente s client; customer.
Clima s clime; climate.
Clímax s climax; culmination; the upper point.

Clínica s clinic; hospital.
Clínico s physician; medical doctor.
Clínico adj clinical.
Clitóris s clitoris.
Cloaca s cloaca; water-closet; cesspool.
Clorofila s chlorophyll.
Clorofórmio s chloroform.
Clube s club; clubhouse.
Coabitação s cohabitation.
Coação s coaction; compulsion; duress.
Coadjuvar v to help; to aid; to assist.
Coado adj strained; percolated.
Coador s strainer; filter bag; colander.
Coadunar v to join; to conciliate; to combine.
Coagir s to coerce; to restrain; to constrain.
Coagulação s coagulation.
Coagulador s coagulator.
Coágulo s coagulum; clot; curd.
Coalhada s curdled-milk; clabber; yogurt.
Coalhar v to curdle; to curd; to clot.
Coalizão s coalition; union; fusion.
Coar v to strain; to distill; to filter.
Coativo adj coercive; coactive.
Cobaia s cavy; guinea pig.
Coberta s covering; cover; blanket; coverlet.
Coberto adj covered; sheltered; overcast.
Cobertura s covering; coverage.
Cobiça s covetousness; greediness; greed.
Cobra s snake.
Cobrador s receiver; collector; USA bill-collector.
Cobrança s receiving; collecting.
Cobrar v to receive payment of debt; to collect; to bill; to charge.
Cobre s copper; cuprum; FIG money.
Cobrir v to cover; to envelop; to clothe.
Cocada s coconut candy; FIG butt (with the head).
Coçar v to scratch; to rub; to spank.
Cócegas s tickling sensation; tickle.
Coceira s itch; itchiness; itching.
Coche s coach; carriage.
Cocheira s coach-house; USA barn.
Cochichar v to whisper; to murmur.
Cochilar v to doze; to slumber; to nod.
Cocho s hod; trough.
Coco s coconut; cocoanut; coco-palm.
Códice s codex, an ancient code book.
Codificador s codifier.
Codificar v to codify.
Código s code.
Codorniz s quail; tinamou.
Coeficiente s factor; coefficient.
Coelho s rabbit; coney; cony; bunny.
Coentro s coriander (medicinal tree).
Coerção s coercion; repression.
Coercível adj coercible.
Coercivo adj coercive; coercitive.
Coerência s coherence; connexion; logical way.
Coesão s cohesion; cohering.
Coesivo adj cohesive; sticking.
Coeso adj united; combined.
Coevo s contemporary; coeval.
Coevo adj contemporary; coeval.
Coexistência s coexistence.
Coexistir v to coexist.
Cofre s coffer; chest; safe.
Cogitar v to cogitate; to ponder.
Cognome s cognomen; surname; nickname.
Cognoscível adj cognoscible; knowable.
Cogumelo s mold; fungus; mushroom.
Coibição s repression; cohibition.

Coibir v to repress; to restrain; to cohibit.
Coice s kick; spurn; rear; heel.
Coifa s coif; caul; root cap.
Coincidência s coincidence.
Coincidir v to coincide; to correspond exactly; to conciliate.
Coisa s thing; matter; affair.
Coitado s poor devil.
Coitado adj poor; miserable.
Coitado interj poor man!
Cola s glue; gum; paste.
Colaboração s collaboration.
Colaborar v to be a contributor; to collaborate.
Colação s graduation; bestowal; collation.
Colado adj glued; pasted.
Colagem s gluing; collage; pasting.
Colar s necklace.
Colar v to paste; to glue; to graduate.
Colarinho s shirt collar.
Colateral adj collateral; parallel.
Colcha s bedspread; counterpane; coverlet.
Colchão s mattress.
Colchete s clasp; clasp-book; hook.
Coldre s holster.
Coleção s collection; gathering.
Colecionador s collector.
Colecionar v to collect; to assemble.
Colega s fellow; classmate; colleague; schoolmate.
Colegial s collegian; student; school boy.
Colegial adj collegial; collegiate.
Colégio s college; school.
Coleguismo s group spirit; solidarity.
Coleira s collar (for animals).
Cólera s choler; anger; passion; MED cholera.
Colérico adj choleric; angry; passionate.
Coleta s collect; collection at mass.
Coletânea s collectanea; collection; anthology.
Coletar v to collect; to tax; to assess.
Colete s waistcoat; corset; USA VEST.
Coletividade s collectivity; community.
Coletivo s collective noum; street-car.
Coletivo adj collective.
Coletoria s tax office; tax bureau.
Colheita s crop; harvest; picking.
Colher s spoon.
Colher v to catch; to gather; to crop; to cut off; to get.
Colhimento s gathering; picking.
Colibri s humming bird; colibri.
Cólica s colic (any pain in abdominal region).
Colidir v to collide; to clash.
Coligação s union; alliance; coalition; USA fusion.
Coligar v to ally; to bind together; to bloc.
Coligir v to collect; to gather; to glean.
Colina s hill; choline.
Colisão s collision; crash; chock.
Coliseu s colosseum; coliseum.
Colite s colitis; colon inflamation.
Colmeia s beehive; swarm.
Colo s lap; neck.
Colocação s collocation; post; place.
Colocar s to collocate; to set; to place; to put.
Colônia s colony; settlement.
Colonização s colonization.
Colonizar v to colonize; to settle.
Colono s colonist; settler.
Coloquial adj colloquial; to join in conversation.
Coloração s colouring; coloration.
Colorante s dye; colouring.
Colorante adj colorable.
Colorido adj colorful; vivid; bright.

Colorir v to color; to paint; to brighten; to blush.
Colossal adj colossal; monumental; huge.
Coluna s column; pillar; line.
Colunista s columnist.
Com prep with.
Comando s command; order; control.
Comarca s bailiwick; district (judicial division of a state).
Combalido adj weak; decayed; sickly.
Combalir v to weaken; to impair; to shake.
Combate s combat; battle; FIG contest.
Combatente adj warrior; combatant; fighting; combative.
Combater v to combat; to fight; to battle.
Combinação s accord; combination; combine; agreement.
Combinado adj combined; settled; joint.
Combinar v to combine; to settle; to agree.
Comboio s convoy; train.
Combustão s combustion; burning; FIG disorder.
Combustível s fuel.
Combustível adj combustible.
Começar v to begin; to commence; to start.
Começo s beginning; start; origin.
Comédia s comedy; play.
Comediante s player; comedian; comedienne.
Comedido adj moderate; prudent; reserved.
Comedir v to temper; to moderate; to restrain.
Comemorar s to commemorate; to celebrate.
Comemorativo adj commemorative; memorial.
Comenda s insignia; badge; commendam.
Comendador s knight commander; commendator.
Comensal s commensal; messmate; fellow-boarder.
Comentar v to comment; to explain.
Comentário s commentary; comment.
Comentarista s commentator.
Comer v to eat; FIG to consume; to destroy; to dissipate; to swallow.
Comercial adj commercial; businesslike.
Comerciante s merchant; businessman; trader.
Comerciante adj business; trade.
Comércio s trade; commerce; business.
Comestível s food.
Comestível adj comestible; eatable.
Cometa s comet.
Cometer v to perpetrate; to perform; to entrust; to commit.
Cometimento s undertaking; enterprise; perpetration.
Comichão s itch; itching.
Comício s meeting; assembly.
Cômico s comedian.
Cômico adj comical; comic; funny.
Comida s food; meals; board.
Comigo pron with me; to me.
Comilão s glutton.
Comilão adj gluttonous.
Cominar v to comminate; to threaten; to menace.
Comiseração s pity; commiseration; sorrow.
Comissão s commission; committee.
Comitê s committee.
Comitiva s train; retinue; entourage; escort.
Como conj as; like; since.
Como adv how; what; how much.
Comoção s commotion; shock; tumult.
Cômoda s dresser; chest of drawers.
Comodidade s comfort; well-being; ease.
Comodismo s selfishness; selfindulgence.
Cômodo s room; comfort.
Cômodo adj commodious; ample; spacious; comfortable.
Comovente adj moving; touching.
Comover v to move; to touch.
Compacto adj compact; dense; close; solid.
Compadecer v to pity; to commiserate.

Compadecimento s compassion; sympathy; condolence.
Compadre s godfather.
Compaixão s compassion; pity.
Companheiro s partner; companion; fellow.
Companhia s company; society; fellowship; association.
Comparação s comparison; estimate.
Comparar v to compare; to balance; to liken.
Comparativo adj comparative.
Comparecer v to appear; to turn up; to show up.
Comparecimento s appearance; presentation; coming into court.
Comparsa s dumb actor; figurant; FIG partner, copartner.
Compartilhar v to partake; to share; to participate.
Compartimento s room; compartment; section; division.
Compassado adj measured; moderate; slow; rhythmic.
Compassar v to slow; MÚS to beat time; to arrange properly.
Compassivo adj compassionate; merciful.
Compasso s compasses; MÚS compass; cadence; rhythm.
Compatibilidade s compatibility.
Compatível adj compatible; suitable.
Compatriota s compatriot.
Compatriota adj compatriot; people born in the same country.
Compelir v to compel; to oblige.
Compêndio s compendium; abridgment; synopsis; summary.
Compenetração s compenetration; grave; conviction.
Compenetrar v to convince; to penetrate deeply; to be fully convinced.
Compensação s amends; balance; compensation.
Compensador s compensator.
Compensador adj compensating.
Compensar v to compensate; to be equivalent to; to pay to remunerate.
Competência s compentence; ability; province.
Competente adj competent; capable; fit; proper; qualified; able.
Competição s competition; match; contest; USA game.
Competir v to compete; to strive; to behoove.
Compilação s compilation; collection.
Compilar v to compile; to collect.
Complacência s complacency; pleasure.
Compleição s constitution; complexion.
Complementar adj complementary; completing.
Complemento s complement.
Completamente adv completely.
Completar v to complete; to perfect; to conclude.
Complexidade s complexity; intricacy.
Complexo s complex.
Complexo adj complex; composed of several parts; complicated.
Complicação s complication; complexity.
Complicado adj complicated; complex.
Complicar v to complicate; to difficult; to snarl.
Componente s ingredient.
Componente adj component; constituent.
Compor v to compose; to compound; to adjust.
Comporta s gate; dam; floodgate.
Comportado adj well-behaved; behaved.
Comportar v to bear; to stand; to allow.
Comportar-se v to behave; to comport.
Composição s composition; USA typesetting.
Compositor s composer; TIP typesetter.
Composto s compound.
Composto adj composed.
Compostura s composure; structure.
Compota s compote; stewed fruit.
Compra s purchase; buying; shopping.
Comprar v to buy; to purchase; to shop.
Comprazer v to pleasure; to take pleasure in; to rejoice.
Compreender v to understand; to comprise.
Compreensão s comprehension; understanding.
Compreensível adj comprehensible; intelligible.

Compressa s compress.
Compressão s compression; pressure.
Compressivo adj compressive; repressive.
Comprido adj long; extended; lengthy.
Comprimento s lenght.
Comprimido s tablet.
Comprimido adj compressed; pressed.
Comprimir v to compress; to jam.
Comprometedor adj compromising; imperiling.
Comprometer v to compromise; to pledge; to risk; to promise.
Comprometido adj engaged; pledged; obliged.
Compromisso s compromise; obligation; appointment.
Comprovação s confirmation.
Comprovar v to confirm; to ratify; to prove.
Compulsão s compulsion; coercion.
Compulsar v to examine; to con; to thumb.
Compulsório adj compulsory.
Compunção s qualm; compunction; remorse.
Compungido adj compunctious; contrite; penitent.
Compungir v to touch; to move.
Computação s computation.
Computador s computer.
Computador adj computing.
Computar v to compute; to determine by calculation; to estimate; to calculate.
Cômputo s computation; estimate; tally.
Comum s majority; vulgarity.
Comum adj common; public; ordinary; vulgar; plain.
Comuna s commune.
Comungante s communicant.
Comungar v to communicate; to partake of; to commune.
Comunhão s communion; holy communion.
Comunicabilidade s communicability.
Comunicação s communication; intercourse; message; report.
Comunicado adj communicated.
Comunicar v to communicate; to impart; to tell; to transmit.
Comunicativo adj comnnicative; frank; sociable.
Comunidade s community.
Comunismo s communism.
Comunista adj communist.
Comutação s commutation; change.
Comutador s commutator; switch.
Comutar v to commute; to exchange.
Concatenação s concatenation.
Concatenar v to concatenate; to connect; to join; to link.
Côncavo s concavity.
Côncavo adj concave; hollow.
Conceber v to conceive; to realize; to think; to become pregnant.
Concebível adj conceivable.
Conceder v to concede; to accord; to yield.
Conceito s concept; idea; thought.
Conceituado adj esteemed; deemed; regarded.
Conceituar v to judge; to esteem; to deem.
Concentração s concentration; focusing.
Concentrar v to concentrate; to centralize; to absorb; to gather; to mass; to meditate.
Concepção s conception; idea.
Concernência s concern; relation; regard.
Concernente adj concerning; regarding.
Concernir v to concern; to regard.
Concertado adj concerted; calm.
Concertar v to concert; to settle; to dispose; to put in order; to conciliate.
Concertista s MÚS soloist; concert artist.
Concessão s grant; concession; right.
Concessionário s concessionaire.
Concessionário adj concessionary.
Concha s shell; conch; ladle.

CONCHAVAR — CONGRATULAR

Conchavar v to unite; to adjust; to agree.
Concidadão s fellow-citizen.
Conciliação s conciliation; reconcilement.
Conciliar v to conciliate; to reconcile; to gain; to agree.
Conciliar adj conciliar.
Concílio s council; covenant.
Concisão s conciseness; concision; precision.
Conciso adj concise; terse; brief.
Concitar v to incite; to stir up; to instigate.
Conclamar v to acclaim together; to clamor.
Concludente adj conclusive.
Concluir v to conclude; to finish.
Conclusão s conclusion; inference.
Conclusivo adj conclusive; decisive; final.
Concomitância s concomitance; concurrence.
Concomitante adj concomitant; simultaneous; attendant.
Concordância s concordance; agreement; accord.
Concordar v to accord; to conciliate; to agree; to harmonize; to combine; to concur.
Concordata s COM concordat; covenant.
Concorde adj concordant; unanimous; agreeing.
Concórdia s concord; harmony; peace.
Concorrência s competition; concurrence.
Concorrente s competitor; rival.
Concorrente adj concurrent; competitive; competing.
Concorrer v to concur; to compete.
Concretização s concreting; concretizing.
Concretizar v to concrete; to make true.
Concreto s concrete object.
Concreto adj concrete; solid; real; not abstract.
Concubina s concubine; mistress.
Concupiscência s concupiscence; lust.
Concurso s concourse; competition; contest.
Condado s county; shire; earldom.
Condão s gift; supernatural power.
Conde s count; earl.
Condecoração s badge; honorary insignia; medal.
Condecorar v to decorate; to grand a badge.
Condenação s doom; condemnation; censure.
Condenado s convict; damned.
Condenado adj condemned; sentenced.
Condenar v to damn; to condemn; to convict.
Condensação s condensation.
Condensar s to condense; to make more compact; to become more dense; to concentrate.
Condescender v to condescend; to comply; to acquiesce.
Condição s condition; restriction.
Condicionado adj conditioned; dependent.
Condicional adj conditional; contingent.
Condigno adj condign; merited; adequate; deserved.
Condimentar v to season; to flavor; to spice.
Condimento s condiment; spice.
Condiscípulo s school-fellow; classmate; schoolmate.
Condizente adj suitable; fitting; fit.
Condizer v to suit; to fit; to match; to accord.
Condoer v to arouse pity; to arouse compassion.
Condoer-se v to condole with; to pity; to commiserate.
Condoído adj compassionate; touched.
Condolência s condolence; compassion.
Condor s condor.
Condução s carriage; transportation; GÍR vehicle.
Conduta s conduct; levy; guidance.
Conduto s conduit; pipe.
Condutor s conductor; leader; guide.
Condutor adj leading; conducting.
Conduzir v to conduct; to direct; to lead; to guide; to drive; to convey; to carry.
Cônego s canon.
Conexão s connection; relationship.

Conexo adj connected; united; coherent.
Confabulação s chat; chit-chat.
Confabular v to chat; to confabulate; to converse.
Confecção s conclusion; confection; executing; making.
Confeccionar v to make; to prepare.
Confederação s confederation; alliance.
Confeitar v to make comfit; to coat with sugar; to make a color cake.
Confeito s comfit; sugarplum; sweets.
Conferência s conference; lecture.
Conferenciar v to lecture; to consult.
Conferir v to confer; to check; to grant.
Confessar v to confess; to acknowledge; to admit.
Confiado adj confident; bold; impudent; trusting.
Confiança s confidence; trust; reliance; intimacy; boldness.
Confiante adj sure; confident; trusty.
Confiar v to confide; to hope; to trust.
Confidência s confidence; secret.
Configuração s outline; configuration; aspect; figure; shape.
Configurar v to configure; to shape; to form.
Confinar v to border upon; to limit; to confine.
Confirmação s confirmation; seal.
Confirmar v to confirm; to ratify; to verify; to corroborate.
Confiscar v to confiscate; to seize.
Confisco s arrest; confiscation; seizure.
Confissão s confession; avowal.
Conflagração s conflagration; fire; FIG revolution; war.
Conflagrar v to burn; to rouse; to inflame.
Conflito s conflict; contest; struggle.
Confluência s confluence; conflux; concourse.
Confluente s confluent.
Confluente adj confluent.
Confluir v to run into; to flow into; to flock together.
Conformação s conformation; structure; shape; form; resignation.
Conformado adj shapely; patient.
Conformar v to conform; to accommodate; to adapt; to harmonize.
Conforme adj conformable; resigned; similar; alike.
Conforme conj as; according to.
Conforme prep according to.
Conforme adv in conformably; accordingly.
Conformista s conformist.
Confortador adj comforting; consoling.
Confortar v to comfort; to console; to encourage; to fortify.
Conforto s comfort; solace; welfare; consolation; encouragement.
Confrade s colleague; fellow member; associate.
Confraria s confraternity; brotherhood.
Confraternizar v to fraternize.
Confrontação s confrontation; comparison; collation.
Confrontar v to confront; to face.
Confundir v to mix; to confound; to confuse.
Confusão s confusion; tumult; agitation; shame.
Confuso adj confused; perplexed; snarly.
Congelação s freezing; congelation.
Congelador s freezer.
Congelar v to congeal; to freeze.
Congênere s congener.
Congênere adj congenial; congenerous; identical; congeneric.
Congestão s MED congestion, great accumulation of blood in vessels.
Congestionamento s congestion; FIG traffic; big congestion.
Congestionar v to congest.
Conglobar v to conglobate; to accumulate; to heap up.
Conglomerar v to conglomerate; to gather.
Congraçar v to reconcile; to harmonize.
Congratulação s congratulation.
Congratular v to congratulate; to felicitate.

Congregação s congregation; assembly; brotherhood.
Congregar v to congregate; to assemble; to convoke.
Congressista s delegate; congressman; congresswoman.
Congresso s congress; convention; conference.
Congruência adj congruence; coherence.
Congruente adj congruent; suitable; congruous.
Conhaque s cognac; brandy.
Conhecedor s connoisseur; expert.
Conhecedor adj expert; knowing; experienced.
Conhecer v to know; to recognize; to understand; to acknowledge.
Conhecido s acquaintance.
Conhecido adj well-known; public; famous.
Conhecimento s knowledge; understanding; skill.
Cónico adj conic; conical.
Conivência s connivance; collusion.
Conivente s accomplice.
Conivente adj conniving; collusive.
Conjetural adj conjectural.
Conjeturar v to conjecture; to guess.
Conjugação s conjugation; GRAM inflexion of a verb.
Conjugal adj conjugal; matrimonial; connubial.
Conjugar v to conjugate; to unite; to conjoin.
Cônjuge s consort; husband; wife.
Conjunção s conjunction; union; opportunity.
Conjuntivo adj conjunctive; connective.
Conjunto s assemblage; group; collection; mass.
Conjunto adj conjoint; conjunct; joint.
Conjuntura s conjuncture; occasion.
Conjuração s conjuration; plot.
Conjurar v to conjure; to exorcise; to implore; to conspire.
Conluiar v to collude; to connive; to cabal.
Conluio s collusion; conspiracy; plot.
Conosco pron with us; concerning us.
Conotação s connotation.
Conquanto conj although; though.
Conquista s conquest; conquering.
Conquistador s conqueror; victor; lady-killer.
Conquistar v to conquer; to subdue; to win.
Consagração s consecration; renown.
Consagrar v to consecrate; to authorize; to devote.
Consanguíneo adj consanguineous; akin; kin.
Consciência s conscience; perception; awareness.
Consciente adj conscious; aware; mentally awake; sentient.
Cônscio adj conscious; aware.
Conscrito s conscript; person forced into militar service; recruit.
Conscrito adj conscript; drafted.
Consecução s consecution; attainment.
Consecutivo adj consecutive; successive.
Conseguinte adj consequent; consecutive; successive.
Conseguir v to obtain; to get; to acquire.
Conselheiro s counsellor; adviser.
Conselho s advice; counsel; council.
Consenso s consensus; approval; assent.
Consentimento s consent; approval; pemission.
Consentir v to consent; to assent; to accede; to agree; to approve; to allow; to admit.
Consequência s consequence; result.
Consertar v to mend; to repair; to fix.
Conserto s mend; mending; repair.
Conserva s conserve; preserve; tinned food.
Conservação s conservation; conserving; preserving; upkeep.
Conservador s conservator; conserver.
Conservador adj conservative; conserving.
Conservar v to conserve; to preserve; to keep; to hold.
Consideração s consideration; respect; esteem; regard; concern.
Considerado adj esteemed; considered.
Considerar v to consider; to regard; to esteem; to think over.

Consignação s consignment; appropriation.
Consignar v to consign; to entrust; to assign.
Consigo pron with himself; to himself; with him; with herself; with her; with themselves.
Consistência s consistency; consistence; FIG firmness; solidity.
Consistente adj consistent; consisting; FIG solid.
Consistir v to consist; to be included in; to be composed.
Consoante s consonant.
Consoante adj consonant.
Consoante prep according to.
Consolação s consolation; relief; comfort.
Consolador s consoler; comforter.
Consolador adj consoling.
Consolar v to console; to comfort; to solace; to soothe.
Consolar-se v to be consoled.
Consolidar v to consolidate; to fund.
Consonância s consonance; harmony.
Consonante adj consonant; consonantal; concordant.
Consórcio s marriage; fellow-ship; partnership.
Consorte s consort; partner; companion; husband; wife; spouse.
Conspícuo adj conspicuous; notable.
Conspiração s conspiracy; plot.
Conspirador s plotter; conspirator.
Conspirar v to collude; to conspire; to plot.
Conspurcar v to soil; to stain; to corrupt; to dirty; to spot.
Constância s persistence; constancy; stability.
Constar v to be said; to be clair; to evident.
Constar de v to consist of.
Constatar v to verify; to confirm; to discover.
Constelação s constellation (great group of stars).
Consternação s consternation; distress; dismay; affliction.
Consternar v to consternate; to distress; to dismay.
Constipação s constipation; GÍR cold; common cold.
Constipar v to constipate.
Constipar-se v to catch a cold.
Constitucional adj constitutional.
Constituição s constitution; establishment; appointment; temperament; disposition.
Constituinte s constituent.
Constituinte adj constituent.
Constituir v to constitute; to form; to appoint.
Constrangedor adj constraining.
Constranger v to constrain; to compel; to force; to confine; to restrain.
Constringir v to compress; to constrict; to contract.
Construção s construction; structure; building.
Construir v to construct; to build; to construe.
Consubstanciar v to consubstanciate; to consubstantiate.
Cônsul s consul; diplomat.
Consular adj consular.
Consulente s consulter; consultant.
Consulente adj consulting.
Consulesa s consul's wife; woman consul.
Consulta s consultation.
Consultar v to consult; to ask advice of; to advise.
Consultor s consulter; adviser; advisor; consultee.
Consultório s medical office.
Consumação s trade; cover; consummation; completion; termination.
Consumado adj all round; consummate; accomplished.
Consumar v to consummate; to complete; to achieve; to perform; to finish.
Consumido adj gone; spent; exhausted.
Consumidor s consumer; waster.
Consumidor adj consumptive; consuming.
Consumir s to consume; to distress; to fret.
Consumo s consumption; use; expenditure.

Conta s account; bill; reckoning; score; value; bead; amount; computation.
Contábil adj pertaining to accounting; pertaining to bookkeeping.
Contabilidade s accounting; book-keeping; bookkeeping.
Contagiar v to contaminate; to transmit something contagious; to infect.
Contaminação s contamination; corruption.
Contaminar v to contaminate; to defile; to corrupt; to pullute; to soil.
Contar v to count; to reckon; to number; to tell; to relate; to expect.
Contato s contact; touch; proximity.
Contemplação s contemplation.
Contemplar v to contemplate; to ponder; to meditate.
Contemplativo adj contemplative.
Contemporâneo s contemporary.
Contemporâneo adj contemporaneous; contemporary.
Contemporização s compliance; condescension; temporization.
Contemporizar v to comply with; to temporize; to time.
Contenção s contention; contest; restraint.
Contencioso adj contentious; quarrelsome; litigious.
Contenda s contention; altercation; quarrel.
Contentamento s contentment; joy; pleasure.
Contentar v to content; to please; to be satisfied.
Contente adj contented; content; satisfied; agreeing.
Contento s satisfaction; contentment.
Conter v to contain; to include; to hold.
Conterrâneo s compatriot; fellow countryman.
Conterrâneo adj of the same country; compatriot.
Contestação s contestation; dispute; debate.
Contestar v to contest; to reply; to dispute.
Conteúdo s content; contents; matter.
Contexto s context; contexture.
Contextura s contexture.
Contido adj contained; included; enclosed.
Contigo pron with you.
Contiguidade s contiguity; proximity; closeness.
Continência s continence; continency; military salute.
Continental adj continental.
Continente s continent; mainland.
Continente adj continent.
Contingente s contingent.
Contingente adj contingent.
Continuação s continuation; extension; prolongation.
Continuar v to continue; to persist in; to keep; to go on; to persevere.
Contínuo adj continual; continuous; uninterrupted.
Conto s tale; conte; fable story; narrative.
Contorcer v to contort; to distort; to twist.
Contornar v to contour; to border; to turn round.
Contorno s circuit; contour; outline.
Contra s reply; answer; objection; obstacle; hindrance.
Contra adv counter.
Contra prep against; contrary to; opposite to.
Contrabaixo s contrabass; double bass.
Contrabalançar v to counterbalance; to countervail.
Contrabandear v to smuggle; to run.
Contrabandista s contrabandist; runner.
Contrabando s contraband; illegal trade; smuggling.
Contração s contraction; reduction in length; abbreviation.
Contradição s contradiction.
Contraditar v to contradict; to oppose in words; to deny.
Contradizer v to contradict; to deny; to refute.
Contrafeito adj constrained; forced; upset.
Contraforte s counterfort; buttress.
Contragolpe s counterblow; counterstroke; recoil.
Contragosto s aversion; dislike; distaste.

Contrair v to contract; to shorten; to shrink; to acquire.
Contralto s MÚS contralto (women's grave voice).
Contramarcha s countermarch.
Contramaré s ebb tide; countertide.
Contramestre s foreman; overseer.
Contrapeso s counterpoise; counterbalance; counterweight.
Contraponto s counterpoint.
Contrapor v to confront; to oppose; to compare.
Contraproducente adj giving the opposite result.
Contraproposta s counterproposal.
Contraprova s counterproof; second proof.
Contrariante adj contradicting.
Contrariar v to contradict; to oppose.
Contrariedade s contrariety; annoyance.
Contrário adj contrary; adverse; unfavorable.
Contrastante adj contrasting.
Contratar v to make a contract; to deal; to business transaction.
Contratempo s reverse; accident; drawback.
Contrato s contract; covenant; agreement.
Contratorpedeiro s destroyer.
Contravenção s contravention; violation; transgression.
Contraveneno s antidote.
Contribuição s contribution; tax; tribute.
Contrição s contrition; repentance.
Contrito adj sorrowful; grievous; penitent.
Controlar v to control; to run.
Controle s control; reins.
Controvérsia s controversy; disputation; discussion.
Controverso adj controverted; controversial; questionable.
Contudo conj nevertheless; however; yet; none the less.
Contumácia s default; obstinacy; contumacy; stubbornness.
Contumaz adj contumacious; obstinate.
Contundente adj contusing; bruising.
Contundir v to contuse; to bruise.
Conturbar v to trouble; to agitate; to disturb.
Convalescença s convalescence.
Convalescer s to convalesce; to recover.
Convenção s pact; convention; agreement.
Convencer v to convince; to persuade.
Convencido adj convinced; sure; certain; BR presumptuous.
Convencimento s certainty; conviction; vanity.
Convencional s member of a convention.
Convencionar v to agree; to stipulate; to covenant.
Conveniência s convenience; fitness; advisability.
Conveniente adj convenient; suitable; agreeable.
Convênio s convention; pact; covenant.
Convento s convent; cloister; nunnery.
Convergência s convergence; convergency.
Conversa s chatter; conversation; talk; chat; causerie.
Conversação vide CONVERSA.
Conversão s conversion; change.
Conversar v to talk; to chat; to chatter.
Conversível adj convertible; conversional.
Converso s lay-brother; convert.
Converso adj converted.
Converter v to convert; to change.
Convertido s convert.
Convertido adj converted.
Convés s deck; weather deck.
Convexo adj convex; rounded; bulgy.
Convicção s conviction; persuasion.
Convicto adj convinced; convicted.
Convidado s guest.
Convidado adj invited.
Convidar v to invite; to bid; to tempt.
Convincente adj convincing; cogent.
Convir v to agree; to correspond; to coincide.
Convite s invitation; bidding.
Conviva s guest; commensal; banqueter.

Convivência s household; sociability; familiarity.
Conviver v to live together; to be sociable.
Convívio s banquet; sociability; society.
Convocação s convocation; meeting; calling.
Convocar v to convoke; to call together.
Convosco pron with you.
Convulsão s convulsion; spasm.
Convulsionar v to convulse; to excite; to agitate.
Convulso adj tremulous; convulsed; convulsive.
Cooperação s co-operation; cooperation.
Cooperar v to co-operate; to cooperate.
Cooperativa s co-operative society; cooperative society.
Cooperativismo s co-operative system; cooperative system.
Coordenação s co-ordination; coordination.
Coordenadas s MAT co-ordinates; coordinates.
Coordenar v co-ordinate; coordinate.
Copa s cupboard; buffet; pantry; hat crown; top; clump of a tree.
Copado s bushy.
Cópia s copy; abundance; imitation.
Copiador s copyst; copier; copybook.
Copiar v to copy; to transcribe; to ape; to imitate.
Copioso adj copious; plentiful; profuse.
Copista s copyst; FIG plagiarist.
Copo s glass; glassful.
Coproprietário s fellow-proprietor; co-owner.
Cópula s copula; copulation.
Copular s to copulate; to couple.
Coque s coke; chignon.
Coqueiral s coco-palm plantation; coconut plantation.
Coqueiro s coco-palm; cocoa.
Coqueluche s fad; whooping-cough.
Cor s colors; tint; color; rosiness.
Coração s heart; core; FIG courage; breast.
Corado adj red; rosy; blushing; FIG ashamed.
Coragem s courage; valor; boldness; bravery.
Corajoso adj courageous; brave.
Coral s coral; BR a small snake.
Corante s dye.
Corante adj colouring; coloring.
Corar v to color; to dye; to bleach.
Corbelha s basket; small basket.
Corça s doe; hind; roe.
Corcel s steed; charger; courser.
Corço s roebuck.
Corcova s hump; hunch.
Corcovado adj humpbacked; humped.
Corcunda s hunch; hump; hunchback.
Corda s rope; cord.
Cordame s cordage; ropes; NÁUT rigging.
Cordão s twist; string; fillet; cordon of troops.
Cordato adj sage; wise; prudent.
Cordeiro s lamb.
Cordel s string; cord; twine.
Cordial adj cordial; sincere; hearty.
Cordialidade s cordiality; heartiness.
Cordilheira s chain; ridge of mountains; cordillera.
Coreografia s choreography.
Coreto s bandstand; gazebo.
Coríntio s corinthian.
Coríntio adj corinthian.
Coriscar v to coruscate; to lighten; to shine; to glitter; to scintillate.
Corisco s flash of lightning; spark.
Corista s chorister; show girl; chorus girl.
Corja s rabble; multitude; mob.
Córneo adj corneous; horny.
Corneta s cornet; bugler; trumpet.
Cornija s cornice; mold.

Corno s horn; antler; cornu.
Cornucópia s cornucopia; abundance.
Cornudo adj horned; cornuted.
Coro s choir; chorus; choristers; chancel.
Coroa s crown; clerical tonsure; glory; crownwork.
Coroação s coronation; crowning; deer's antlers.
Coroar v to crown; to wreathe; to dignify; to adorn.
Corolário s corollary; consequence.
Coronha s gunstock; butt.
Corpo s body; person; corps; corporation; substancy; part of a bulding.
Corpóreo adj material; corporeous; corporeal.
Corpulento adj corpulent; USA hefty.
Corpúsculo s corpuscle; corpuscule.
Correção s correction; accuracy; editing.
Correcional adj correctional.
Corredeira s rapids; dalles.
Corredor s runner; racer; corridor; gallery.
Corredor adj running.
Córrego s ravine; stream; streamlet; brook.
Correia s leather strap; thong; rein; belt.
Correio s postman; mail; messenger; post-office; USA mailman.
Correlacionar v to correlate; to interrelate.
Correligionário s coreligionist.
Corrente adj current; instant; fluent; present; chain; trend.
Correnteza s row of houses; stream; current; flow.
Correr v to run; to flow; to hurry.
Correria s incursion in road; raid; scamper; foray.
Correspondência s letters; correspondence; tally; USA mail.
Corresponder v to correspond; to fit; to tally; to match.
Corretagem s brokerage; agency.
Corretivo s corrective; amendatory.
Corretivo adj corrective.
Correto adj correct; decorous; accurate; proper; honest; elegant.
Corretor s broker; amender; chastener.
Corrida s run; race; course; coursing.
Corrido adj confused; ashamed; degraded.
Corrigir v to correct; to set right; to emend; to chastise.
Corrigir-se v to amend.
Corrigível s corrigible.
Corrigível adj emendable.
Corrimão s banister; rail; hand-rail; handrail.
Corrimento s flowing; vexation; running sore.
Corriqueiro adj vulgar; trivial; commonplace; usual.
Corroboração s corroboration; confirmation.
Corroborar v to corroborate; to confirm.
Corroer v to corrode; to eat into; to waste.
Corromper v to corrupt; to debase; to taint; to pervert; to falsify.
Corrompido adj corrupt; putrid; degenerate.
Corrosão s corrosion; wasting; erosion.
Corrosivo s corrosive.
Corrosivo adj caustic; corrosive; FIG fretting; biting; destructive.
Corrupção s depravity; subornation; corruption.
Corruptível adj corruptible.
Corrupto adj corrupt; dissolute; depraved.
Corsário s corsair; pirate.
Cortado adj cut; banged; cleft.
Cortador s cutter; butcher; slicer.
Cortar v to cut; to intercept; to interrupt; to divide.
Corte s edge; cut; gash; incision; section; oxen-stall; court.
Cortejador s courtier; galantman; adulator; wooer.
Cortejar v to court; to woo; to allure; to attract.
Cortejo s attendance; procession; following; cortege.
Cortês adj courteous; civil; polite; gracious.
Cortesão s courtier.
Cortesão adj courtly.
Cortesia s courtesy; civility; gallantry.
Cortiça s cork; bark.

Cortiço s hive; beehive; flophouse.
Cortina s curtain; screen.
Coruja s screech; owl; owl butterfly.
Coruscar v to coruscate; to sparkle; to flash.
Corvina s corvine; croaker.
Corvo s raven; crow.
Cosedura s sewing; lashing; seizing.
Cosseno s cosine.
Coser v to sew; to stitch.
Cosmético s cosmetic.
Cosmético adj cosmetic.
Cósmico adj cosmical; cosmic.
Cosmo s cosmos; the universe.
Cosmogonia s cosmogony.
Cosmopolita s cosmopolite.
Cosmopolita adj cosmopolitan.
Cosmos vide COSMO.
Costa s coast; shore; bank; beach; pl back; shoulders.
Costear v to coast; to skirt.
Costeiro adj coasting; coastal.
Costela s rib; wife.
Costeleta s cutlet; chop; sparerib; USA sideburns.
Costumado adj usual; accustomed; habitual.
Costumar v to accustom; to habituate.
Costume s custom; manner; practice; usage; fashion; costume; suit of clothes; habit.
Costumeiro adj usual; habitual; customary.
Costura s seam; scar; sewing; needlework.
Costurar v to sew; to seam.
Cota s coat of mail; quota.
Cotação s quotation; FIG credit; steem.
Cotangente s co-tangent; cotangent.
Cotar v to quote; to estimate; to value; to classify.
Cotejar v to compare; to collate; to confront.
Cotejo s comparing; comparison; collation.
Cotidiano adj quotidian; daily.
Cotovelo vide CÚBITO.
Cotovia s lark; crested-lark; skylark.
Coturno s sock; half boot; buskin.
Couraça s cuirass; armour plate; armor plate.
Couraçado s armoured vessel; dreadnought; battleship.
Couraçado adj armoured; armored; cuirassed.
Couro s hide; leather; FIG skin.
Couve s colewort; kale; cole.
Couve-flor s cauliflower.
Cova s hole; ditch; pit; cave; grave.
Covarde adj coward; craven; chicken-hearted.
Covardia s cowardice; cravenness.
Coveiro s grave-digger; gravedigger.
Covil s den; lair; burrow; USA hangout.
Coxa s thigh; haunch.
Coxear v to limp; to halt; to hobble.
Coxim s cushion; divan; pad.
Coxo adj lame; limping.
Cozedura s cooking; baking; boiling.
Cozer v to cook; to boil.
Cozimento s baking; boiling.
Cozinha s kitchen; cookery.
Cozinhar v to cook; to boil.
Crânio s skull; cranium.
Crápula s debauchery; scoundrel.
Craque s crash; USA crackerjack; winner race horse.
Craque adj first-rate; crack.
Crase s crasis.
Crasso adj crass; thick; dense; coarse.
Cratera s crater; cup.
Cravação s setting of stones; studwork.
Cravar v to rivet; to nail; to fix; to set precious stones.
Cravejar v to nail; to rivet; to set precious stones.

Cravista s MÚS harpsichord player; harpsichordist.
Cravo s nail; spike; MÚS harpsichord; pink flower.
Creche s day nursery; nursery.
Credencial s letter of credence; pl credentials.
Credencial adj credential.
Credibilidade s credibility.
Creditar v to credit; to believe; to chalk up.
Crédito s credit; trust; faith; credence.
Credo s creed; rule.
Credo interj God forbid! gosh!
Credulidade s credulity; gullibility.
Crédulo adj credulous; ready to believe; gullible.
Cremação s cremation; burning; incineration.
Cremalheira s rack-rail; rack rod.
Cremar v to cremate; to incinerate.
Creme s cream; custard.
Crença s belief; faith; conviction.
Crendice s absurd belief; superstition.
Crente s sectarian; believer.
Crente adj sectarian; believing.
Crepe s crepe; crape; a crapelike paper; mourning crape.
Crepitação s crackle; crepitation.
Crepitante adj crackling; crepitant.
Crepitar v to crepitate; to crackle.
Crepúsculo s crepuscule; twilight; dusk.
Crer v to believe; to presume; to trust.
Crescente adj crescent; growing.
Crescer v to grow; to increase.
Crescimento s growth; progress; increase.
Crespar v to curl; to wave; to wrinkle.
Crespo adj curled; curly; wavy.
Crestar v to toast; to burn; to singe.
Cretino s cretin; idiot; imbecile.
Cria s young horse; colt; brood of animals; suckling.
Criação s creation; invention; livestock cattle; breed.
Criada s maid; servant.
Criadagem s servants.
Criado s servant; waiter; groom.
Criador s creator; cattle raiser.
Criança s child; brat; kiddie.
Criancice s childish manners; baby act.
Criar v to create; to raise; to invent; to produce; to nurse; to breed.
Criatura s creature; human being; person.
Crime s crime; felony; misdeed.
Criminalidade s criminality.
Criminalista s criminalist.
Criminoso adj criminal; guilty; felonious.
Crina s horse hair; crest; mane.
Cripta s crypt.
Crisântemo s chrysanthemun.
Crise s crisis; emergency.
Crisma s RELIG chrism (baptism confirmation).
Crismar v RELIG to confirm the Christian baptism.
Crista s comb of a cock; crest of a helmet; ridge of a mountain.
Cristal s crystal; flint glass.
Cristalino s MED lens; crystalline lens.
Cristalino adj crystalline; glassy; pellucid.
Cristalizar v to crystallize; to candy.
Cristandade s christendom; christianity.
Cristão s christian.
Cristão adj christian.
Cristianismo s christianism; christianity.
Cristo s Christ.
Critério s criterion; wisdom; judgment.
Criterioso adj sensible; judicious; wise.
Crítica s criticism; critique; censure.
Criticar v to criticize; to censure; to blame; USA to knock.
Crítico adj critical; critic.

Crivar v to sift; to riddle.
Crível adj credible; believable.
Crivo s sieve; riddle; sifter.
Crochê s crochet.
Crocodilo s crocodile.
Cromado adj chromium-plated; chrome-plated.
Cromático adj chromatic.
Crônica s chronicle; history.
Crônico adj chronic; inveterate.
Cronologia s chronology.
Cronômetro s chronometer; stop watch.
Croquete s croquette.
Croqui s sketch; rough design; outline.
Crosta s crust; scab.
Cru adj raw; crude; uncooked.
Crucial adj crucial; critical.
Cruciante adj mortifying; tormenting; excruciating.
Crucificação s crucifixion.
Crucificar v to crucify; to torture.
Crucifixo s crucifix.
Cruel adj cruel; ruthless; inhuman.
Crueldade s cruelty; devilry; USA delvitry.
Cruento adj bloody; pungent.
Crueza s crudity; cruelty.
Crustáceo adj crustaceous.
Cruz s cross; rood; FIG affliction.
Cruzada s crusade.
Cruzado adj crossed.
Cruzador s cruiser; panhandler.
Cruzamento s crossing; interception; USA intersection.
Cruzar v to cross; to pass across; to cruise; to intersect.
Cruzeiro s cross-aisle of a church; crossing; crucifix; cruise.
Cuba s vat; hogshead used in making wine; tub.
Cubagem s cubage; cubing; cubature.
Cubar v to make the cubage of; to cube.
Cúbico adj cubic; cubical.
Cubículo s cubicle; cell.
Cubismo s cubism (painter style).
Cúbito s elbow.
Cubo s cube; bucket of watermill; nave of a wheel.
Cuco s cuckoo; cuckold.
Cueca s breeches; short under pants; drawer.
Cueiro s swaddle; pl swaddling clothes.
Cuidado s care; diligence; attention; anxiety.
Cuidado interj take care!; careful!; watch out!
Cuidadoso adj careful; diligent.
Cuidar v to think; to reflect; to take care.
Cujo pron whose; of whom; of which.
Culatra s breech of a firegum.
Culinária s cookery; cooking; cuisine.
Culminação s culmination; apogee.
Culminância s culmination; climax.
Culminante adj culminating.
Culminar v to culminate; to rise to a peak; to reach the highest point.
Culpa s fault; offense; sin; guilt.
Culpado s guilty person; felon.
Culpar v to accuse; to blame; to charge; to incriminate; to indict.
Culpável adj culpable; guilty; blameable.
Culposo adj culpatory; guilty.
Cultivado adj cultivated; tilled; cultured.
Cultivador s cultivator; tiller; grower.
Cultivar v to cultivate; to till; to grow; USA to raise.
Cultivo s cultivation.
Culto s cult; worship; homage; respects; religion; adoration.
Culto adj cultured; educated; learned.
Cultor s cultivador; follower.
Cultuar v to worship; to adore.
Cultura s culture; tillage; growth; polish.
Cultural adj cultural.
Cume s top; summit; apex; apogee.
Cúmplice s accomplice; conniver; abettor.
Cumplicidade s complicity; abetment.
Cumpridor s accomplisher; executor.
Cumprimentar v to compliment; to greet; to congratulate.
Cumprimento s salutation; greeting; accomplishment; performance.
Cumprir v to fulfill; to accomplish; to execute; to perform.
Cumular v to heap; to accumulate; to gather.
Cúmulo s cumulus; highest point.
Cuneiforme adj cuneiform; cuneated.
Cunha s wedge; quoin.
Cunhada s sister-in-law.
Cunhado s brother-in-law.
Cunhador s coiner.
Cunhar v to coin; to turn out; to mint; to stamp.
Cunho s incuse; FIG mark; type; coin; stamp.
Cupão s coupon; stub.
Cupidez s cupidity; greed; avarice.
Cupido s cupid.
Cúpido s covetous; greed.
Cupim s termite; white-ant.
Cúpula s cupola; cupule; dome.
Cura s cure; healing; curate.
Curado adj cured; hardened; healed.
Curador s trustee; guardian; tutor.
Curadoria s guardianship; trusteeship.
Curandeiro s quack; charlatan.
Curar v to cure; to restore; to heal; to bleach.
Curativo s dressing.
Curativo adj curative.
Curável adj curable; medicable.
Cúria s curia; papal court.
Curiosidade s curiosity; oddity; pl rarity.
Curioso adj curious; strange; rare; odd.
Curral s cow-house; ox-stall; USA corral.
Currículo s run; path; curriculum; running; course.
Cursar v to frequent; to follow; to blow; to travel.
Curso s course; lectures; direction; path.
Curteza s shortness; scarcity.
Curtidor s tanner; currier.
Curtir v to tan; to inure; to harden; to prepare.
Curto adj short; brief; concise.
Curtume s tanning; tannery.
Curva s curve; bend; hough of the leg.
Curvar v to curve; to droop; to bend; to bow; to stoop.
Curvatura s curvature; bend; sag.
Curvilíneo adj curvilinear; curvilineal.
Curvo adj curved; crooked; bent.
Cúspide s ANAT cusp; apex; sharp.
Cuspidela s spitting; spit.
Cuspir v to spit; to dart; to fling; to scorn; to spew.
Cuspo s spittle; saliva; spit.
Custar v to cost; to stand in; to tarry.
Custear v to defray; to disburse; to pay.
Custeio s expense; defrayal.
Custo s cost; price.
Custódia s custody; keeping; care.
Custoso adj dearly; dear; costly; hard; difficult.
Cutâneo adj dermal; cutaneous.
Cutela s large meat-knife.
Cutelaria s cutlery; cutler's shop.
Cutelo s cutlass; chopping knife; chopper.
Cutícula s cuticle.
Cuticular adj cuticular.
Cútis s cutis; skin; epidermis; complexion.
Cutucar v to nudge; to jog; to poke.

d D

D s the fourth letter of the Portuguese and of the English alphabets.
D s MÚS symbol (cipher) of the second musical note.
D s Roman numeral for five hundred.
Dádiva s gift; keepsake; boon.
Dado s die; datum; basic fact; ESP dice.
Dado adj given; free; fond of; affable.
Dado conj in view of; considering that.
Daí prep plus adv (**de+aí**) thence; from there; for that reason; therefore; *DAÍ em diante*: thenceforth.
Dali prep plus adv (**de+ali**) thence; therefrom; from there.
Dálmata s dalmatian; dog.
Daltônico s one who is color-blind.
Daltônico adj daltonian; colour-blind.
Daltonismo s daltonism; colour-blindness; color-blindness.
Dama s lady; maid; queen; in the game of chess; at cards; etc.; USA maid of honour.
Damasco s damascus; damson; apricot; damask fabric; an ancient city; capital of Siria.
Danação s damnation; fury; rabies; anger; rage; hydrophobia.
Danado adj damned; wicked; angry; smart.
Danar v to harm; to hurt; to injure; to damage.
Dança s dance; dancing; ball.
Dançante adj dancing.
Dançar v to dance.
Dançarino s dancer.
Danificação s injury; harm; damage.
Danificar v to damage; to harm; to hurt.
Daninho adj hurtful; damaging; harmful.
Dano s damage; hurt; harm; injury.
Danoso adj damaging; injurious; harmful.
Dantes adv formerly; before; heretofore.
Dantesco adj dantesque; dantean; horrible; fightful; (allusive to the poet Dante Alighiere, 1265-1321).
Daquele prep plus pron (**de+aquele**) from that; from yon (yonder); of that; from the one; of the one.
Daqui prep plus adv (**de+aqui**) from here; from now; hence.
Daquilo prep plus pron (**de+aquilo**) from that; of that.
Dar v to give; to concede; to present; to beat; to grant.
Dardo s dart; spear; javelin.
Darwinismo s darwinism, the doctrine of natural selection (Charles Robert Darwin, 1809-1882).
Data s date.
Datar v to date.
Datilografar v to typewrite; to type; to take down; *ele está DATILOGRAFANDO algumas cartas*: he's typing some letters.
Datilografia s typewriting.
Datilógrafo s typist; typewriter.
De prep of; from; at; for; by; to; on; in.
Debaixo adv under; underneath; beneath; below; *de cabo a rabo, de alto a baixo*: from top to bottom.
Debalde adv in vain; vainly.
Debandar v MIL to disperse; to scatter; to rout; to disband.
Debate s debate; discussion; argument.
Debater v to debate; to discuss; to contest; to argue.
Debater-se v to strive; to struggle.
Debelação s conquering; opposition; suppression.
Debelar v to conquer; to combat; to subdue.
Débil adj weak; feeble.
Debilitar v to debilitate; to enfeeble; to weaken.
Debitar v to debit; to charge.
Débito s debt; debit; charge.
Debochar v to debauch; to mock; to poke fun at; to scoff at.
Deboche s mockery; debauchery.
Debruçar-se v to stoop; to lean over; to bend oneself.
Debulhar v to thrash; to shell; to hull.
Década s decade; decennium.
Decadência s decadence; decay; decline.
Decadente adj decadent; declining; decaying.
Decaído adj decrepit; decayed; fallen.
Decair v to decay; to decline; to fade; to go down; to fail.
Decalque s decal; tracing; transference of a drawing; FIG copy; plagiarism.
Decano s decano; dean; senior; elder.
Decapitar v to decapitate; to behead.
Decência s decency; decorum; seemliness.
Decente adj decent; honest; fair; becoming.
Decepar v to mutilate; to sever; to cut off; to amputate.
Decepção s disappointment; fraud; disillusionment; deception.
Decepcionar v to disappoint; to trick; to deceive.
Decibel s decibel; power unity of sound wave.
Decidido adj resolute; decided; bold; determined.
Decidir v to decide; to settle; to determine.
Decifrar v to decipher; to solve; to decode.
Decifrável adj decipherable.
Decimal adj decimal; denary.
Decímetro s decimeter; decimetre.
Décimo s tenth; the tenth part.
Décimo adj tenth.
Decisão s decision; resolution.
Decisivo adj decisive; conclusive; final.
Declamar v to declaim; to recite.
Declaração s declaration; assertion; statement.
Declarar v to declare; to assert; to announce; to proclaim.
Declinar v to decline; to lower; to decrease; to refuse.
Declinável adj declinable.
Declínio s decline; decay; decadence.
Declive s descending; declivity; slope.
Decolagem s take-off.
Decolar v to take off; to hop off.
Decompor v to decompose; to analyze; to break down.
Decompor-se v to rot; to decay.
Decomposição s decomposition; FIG analysis; rottenness.
Decoração s decoration; ornamentation; ornament.
Decorador s decorator; memorizer.
Decorar v to decorate; to adorn; to ornament; to learn by heart.
Decorativo adj decorative; ornamental.
Decoro s decency; decorum; honesty; seemliness.
Decoroso adj decent; seemly; decorous.
Decorrente adj decurrent; passing; elapsing.
Decorrer v to elapse; to pass; to happen; to occur.

DECOTADO — DEMOCRACIA

Decotado *adj* low-necked; décolleté; bare-necked.
Decotar *v* to cut a dress low; to cut low; to excise.
Decote *s* low neckline; cutting out of dresses; décolletage.
Decrépito *adj* decrepit; feeble; decayed with age; worn-out.
Decrescer *v* to diminish; to abate; to wane; to decrease; to drop off; to decline.
Decretar *v* to decree; to rule; to determine.
Decreto *s* decree; order; mandate.
Decurso *s* lapse of time; succession; duration; passing; course.
Dedicação *s* devotion; dedication.
Dedicado *adj* dedicated; devoted; hard-working; *ela é muito dedicada*: she's very hard-working.
Dedicar *v* to dedicate; to offer; to inscribe.
Dedicar-se *v* to devote oneself to.
Dedicatória *s* dedication; inscription.
Dedilhar *v* to finger; to strum; to pluck.
Dedo *s* finger; toe; *DEDO polegar* (mata-piolho): thumb; *DEDO indicador* (fura-bolo): forefinger; index finger; *DEDO médio* (pai-de-todos): middle finger; *DEDO anular* (seu vizinho): ring finger; *DEDO mínimo* (mindinho): little finger.
Dedução *s* deduction; discount.
Dedutivo *adj* deductive; discursive.
Deduzir *v* to deduce; to deduct; to subtract; to draw.
Defecar *v* to defecate; to evacuate.
Defeito *s* defect; fault; shortcoming.
Defeituoso *adj* defective; imperfect; faulty; incomplete.
Defender *v* to defend; to uphold; to shield; to vindicate; to support.
Defender-se *v* to defend oneself.
Defensiva *s* defensive.
Defensivo *adj* defensive; justificatory.
Defensor *s* defender; advocate.
Deferência *s* deference; respect; regard.
Deferido *adj* granted; conceded; approved.
Deferimento *s* granting; approval; compliance.
Deferir *v* to grant; to approve; to yeld.
Defesa *s* defence; USA defense.
Deficiência *s* deficiency; fault; imperfection; disability.
Deficiente *adj* deficient; defective; imperfect.
Déficit *s* deficit; shortage; especially of revenue; negative balance between expense and income.
Deficitário *adj* in deficit; in negative income; sowing a deficit.
Definhar *v* to dwindle; to droop; to weaken; to sink; to waste away; to pine away.
Definição *s* definition; decision; explanation.
Definir *v* to define; to determine; to explain.
Definir-se *v* to be defined; to become defined.
Definitivamente *adv* for good; definitily.
Definitivo *adj* definitive; conclusive.
Deflação *s* ECON deflation; a decrease in the amount of currency in a coutry.
Deflagrar *v* to deflagrate; to break out.
Deformação *s* deformation; distorted; defacement.
Deformar *v* to deform; to deface; to disfigure; to distort; to misshape.
Deformidade *s* deformity; alteration; defacement.
Defraudar *v* to defraud; to cheat; to bilk.
Defrontação *s* facing; confrontation.
Defrontar *v* to confront; to face; to affront.
Defronte *adv* in opposition to; face to face; confronting; facing.
Defronte de *adv* in face of; opposing.
Defumação *s* smoking; curing.
Defumar *v* to smoke; to cure.
Defunto *s* corpse; dead person; deceased.
Degelar *v* to defrost; to melt.
Degelo *s* defrosting; melting; thaw.
Degenerar *v* to degenerate; to deteriorate.
Degolador *s* headsman; executioner; swage.
Degolar *v* to behead; to decapitate.
Degradação *s* degradation; degeneration; debasement.
Degradar *v* to degrade; to debase.
Degradar-se *v* to degrade oneself.
Degrau *s* degree; stair; step; doorstep; *cuidado com o DEGRAU!*: mind the steps!
Degredado *s* exile; expatriate.
Degredado *adj* banished; exiled.
Degredar *v* to banish; to exile.
Degustação *s* tasting.
Degustar *v* to taste; to degust.
Deidade *s* deity; divinity; goddess.
Deitar *v* to cast; to throw; to lay; to sleep.
Deitar-se *v* to lie down; to bed down.
Deixar *v* to leave; to quit; to abandon; to let.
Dejeção *s* dejection; defecation.
Dejejuar *v* to breakfast.
Dela *s contr prep*, plus *pron*, (de+ela) her; hers; of her; from her.
Delação *s* denunciation; accusation; delation.
Delatar *v* to accuse; to squeal; to denounce; to delate.
Delator *s* informer; snitch; denouncer.
Dele *prep* plus *pron* (de+ele) his; of him; from them.
Delegação *s* deputation; USA delegation.
Delegacia *s* police precinct; delegacy.
Delegado *s* delegate; representative; commissioner.
Delegar *v* to delegate; to commission; to intrust; to entrust.
Deleitar *v* to delight; to please; to charm.
Deleite *s* pleasure; relish; delight; enjoyment.
Deletar *v* to delete.
Deletério *adj* deleterious; harmful; desmoralizing.
Delével *adj* erasable; effaceable.
Delgado *adj* thin; slim; delicate.
Deliberação *s* deliberation; decision.
Deliberar *v* to deliberate; to consider; to decide.
Delicadeza *s* delicacy; politeness; courtesy.
Delicado *adj* delicate; gentle; fine; courteous; polite.
Delícia *s* delight; satisfaction; joy.
Deliciar *v* to delight; to entrance; to please.
Delicioso *adj* delicious; delightful; enjoyable.
Delimitar *v* to delimit; to bound.
Delinear *v* to delineate; to sketch; to outline; to trace.
Delinquente *adj* guilty; delinquent; offender; criminal; outlaw; felon.
Delinquir *v* to transgress; to be guilty; to be delinquent.
Delirante *adj* delirious; exuberant; insane.
Delirar *v* to be delirious; to rage; to rave.
Delírio *s* delirium; insanity; rapture.
Delito *s* delict; offense; crime.
Delonga *s* delay; procrastination.
Delongar *v* to delay; to defer; to postpone.
Delta *s* delta; the fourth letter of the Greek alphabet.
Demagogia *s* demagogy; demagoguery.
Demagogo *s* demagogue; agitator; revolutionist.
Demais *adv* too much; moreover; more than enough; besides.
Demanda *s* demand; lawsuit; claim; action.
Demandar *v* to ask; to require; to call for; to demand; to claim; to request.
Demarcar *v* to demarcate; to bound; to delimit; to landmark.
Demasia *s* surplus; excess; abuse.
Demasiado *adj* excessive; too much; to many.
Demasiado *adv* too much; to many; excessively.
Demente *adj* demented; insane; mad; crazy.
Demissão *s* discharge; removal; dismissal.
Demissionário *adj* resigning.
Demitir *v* to dismiss; to lay off; to discharge; to give someone the sack.
Demitir-se *v* to resign.
Democracia *s* democracy.

DEMOCRATA — DESACATO

Democrata s democrat.
Democrático adj democratic; democratical.
Democratizar v to democratize.
Demolição s demolition; destruction; demolishment.
Demolir v to demolish; to destroy; to pull down; to tear down; to throw down.
Demoníaco adj demoniac; demoniacal; devilish.
Demônio s demon; devil; old nick.
Demonstração s demonstration; proof; manifestation; exhibition; show.
Demonstrar v to demonstrate; to prove; to explain; to display; to show; to evince.
Demonstrativo adj demonstrative.
Demora s delay; detention; tardiness.
Demorar v to delay; to tarry; to retard; to loiter.
Demorar-se v to loiter.
Demover v to dissuade.
Denegação s denial; refusal; denegation.
Denegar v to deny; to refuse; to disallow.
Denegrir v to blacken; to soil; to smut; FIG to stain; to revile.
Dengoso adj affected; finicky; conceited.
Dengue s affectation; ostentation; MED affectation; infectious and eruptive disease with fever, sick-headache, muscular pain etc., transmitted by the mosquito "aëdes aegypti".
Dengue adj finicky; effeminate.
Denguice s affectation; coquetry; coyness.
Denodo s daring; courage; boldness.
Denominação s denomination; designation.
Denominador s denominator.
Denominar v to denominate; to designate; to name; to call.
Denominar-se v to call oneself.
Denotar v to denote; to express; to signify; to indicate.
Densidade s density; heaviness.
Denso adj dense; thick; compact; close.
Dentada s bite; nibble.
Dentado adj toothed; dentated; cogged.
Dentadura s denture; set of teeth; DENTADURA postiça: false teeth.
Dentário adj dental; aparelho DENTÁRIO: brace.
Dente s tooth; dent; fang; cog; tusk.
Dentição s dentition; teething.
Dentifrício s dentifrice; toothpaste; dental cream.
Dentista s dentist.
Dentre prep plus prep, (de+entre) among; in the midst of.
Dentro adv inside; within; in; into; indoors.
Denúncia s denunciation; accusation.
Denunciante s denouncer; denunciator.
Denunciante adj denunciatory.
Denunciar v to denounce; to accuse; to disclose.
Denunciável adj impeachable.
Deparar v to find; to present; to fall in with; to meet.
Departamental adj departmental.
Departamento s departament; USA bureau.
Depauperar v to weaken; to deplete; to impoverish.
Depenado adj plucked; picked clean; deplumed.
Depenar v to deplume; to pluck; GÍR strip of money.
Dependência s dependence; dependency; outhouse; subordination.
Dependente adj dependent; appendant.
Depender v to depend on: to be under; to rely on.
Dependurado adj hanging; suspended; dangling.
Dependurar v to hang; to suspend; to hock.
Depilar v to depilate; to strip off hair.
Depleção s depletion; decrease of liquids in the human body.
Deplorar v to deplore; to lament; to regret.
Deplorável adj deplorable; pitiful; lamentable; pitiable.
Depoimento s testimony; evidence; deposition.
Depois adv after; next; afterwards; then; besides; moreover.
Depor v to lay down; to depose; to testify; to bear witness to; to dethrone.
Deportação s banishment; exile; deportation.
Deportado adj exiled; deported.
Deportar v to deport; to exile; to banish.
Deposição s deposition; overthrow.
Depositar v to deposit; to lay; to place; to intrust.
Depósito s deposit; depot; store; sediment; settlings; storage yard.
Deposto adj deposed; ousted; overthrow.
Depravado adj depraved; corrupt; degenerate; lewd.
Depravar v to corrupt; to deprave; to pervert.
Deprecar v to entreat; to invoke; to beseech; to implore.
Depreciação s depreciation; disdain; disparagement.
Depreciar v to depreciate; to lessen; to cheapen; to disparage.
Depreciativo adj depreciative; disdainful; derogatory.
Depreciável adj depreciable.
Depredar v to depredate; to plunder; to destroy; to spoil.
Depreender v to infer; to deduce; to gather.
Depressa adv fast; quick; quickly; swiftly.
Depressão s depression; melancholy.
Deprimente adj depressing; depressive.
Deprimido adj downcast; dejected; glum.
Deprimir v to depress; to weaken; to humiliate.
Depuração s depuration; purification.
Depurar v to purify; to clean; to depurate.
Depurativo s depurative.
Depurativo adj purifying; depurative.
Deputado s deputy; representative; delegate.
Deputar v to depute; to deputize; to empower.
Deriva s drift; leeway.
Derivação s GRAM derivation; NÁUT sag; drift.
Derivar v to derive; to proceed; to originate.
Derme s derme; skin; dermis.
Derradeiro adj last; final; hindmost.
Derramamento s spilling; flowing; pouring.
Derramar v to shed; to spill; to pour.
Derrame s scattering; shedding; overflow; hemorrhage.
Derrapagem s skidding; skid.
Derrapar v to skid.
Derreter v to melt; to dissolve; to soften; to thaw; FIG to fall in love easily.
Derretido adj molten; melted; FIG deeply in love.
Derretimento s melting; fusion.
Derrocada s ruin; demolition; destruction; overthrow; fall; decline.
Derrocar v to demolish; to pull down; to destroy; to ruin; to overthrow.
Derrogação s derogation; repeal.
Derrogar v to derogate; to annul; to repeal.
Derrota s defeat; rout; licking; balk.
Derrotar v to defeat; to beat; to rout; to destroy.
Derrotismo s defeatism.
Derrubada s the felling of trees; defeat; downfall.
Derrubar v to throw down; to drop; to blow down; to knock down; to fell.
Desabafar v to uncover; to expose; to air.
Desabafo s relief; opening of one's heart; redress; release.
Desabar v to crumble; to fall down; to tumble; to cave in.
Desabitado adj uninhabited; deserted; vacated.
Desabitar v to depopulate; to vacate; to desert.
Desabituar v to disaccustom; to break off a habit; to out of habit.
Desabonar v to discredit; to depreciate.
Desabotoar v to unbutton; to unclasp; to unsnap.
Desabrigar v to deprive of shelter; to abandon.
Desabrochar v to bloom; to blossom; to unbutton.
Desacatar v to disrespect; to insult.
Desacato s disrespect; discourtesy; offense.

DESACERTADO — DESCALÇAR

Desacertado *adj* mistaken; crazy; wrong.
Desacerto *s* mistake; error; blunder.
Desacompanhado *adj* alone; unattended; unaccompanied.
Desaconselhável *adj* inadvisable; inexpedient.
Desacoplar *v* to disunite; to uncouple; to disconnect.
Desacordo *s* disagreement; dissension; disaccord.
Desacostumar *v* disaccustom.
Desacostumar-se *v* to lose a habit.
Desacreditado *adj* discredited; disreputable.
Desacreditar *v* to discredit; to disrepute; to stop believing.
Desafeto *s* adversary; opponent; enemy; rival.
Desafiante *s* challenger.
Desafiante *adj* defying; challenging.
Desafiar *v* to challenge; to call out to; to set at defiance; to defy; to incite.
Desafinado *adj* out of tune; dissonant; flat; tuneless.
Desafinar *v* to sing out of tune; to get out of tune.
Desafio *s* challenge; defiance; match.
Desafogar *v* to relieve; to ease.
Desafogar-se *v* to relieve oneself; to set oneself at ease.
Desafogo *s* ease; relief; firmness.
Desaforado *adj* insolent; abusive; forward.
Desaforo *s* insolence; impudence; abuse.
Desafortunado *adj* unlucky; hapless; unfortunate.
Desagasalhado *adj* lightly clothed; dressed; poor; homeless.
Desagradar *v* to displease; to dislike; to offend; to disfavor.
Desagradável *adj* disagreeable; uglly; unpleasant.
Desagrado *s* discontent; unpleasantness; displeasure; disfavor.
Desagravo *s* relief; revenge; separation; retaliation; redress.
Desagregar *v* to disintegrate; to separate; to disjoin; to desaggregate.
Desajeitado *adj* unskillful; uncouth; awkward; clumsy.
Desajuizado *adj* unwise; irrational; thoughtless; foolish.
Desajustado *adj* maladjusted.
Desajustar *v* to disagree; to disorder; to disjoin; to disadjust.
Desajuste *s* disagreement; maladjustment; separation.
Desalentador *adj* discouraging; dismaying; dispiriting.
Desalentar *v* to discourage; to dismay; to dishearten; to dispirit.
Desalento *s* discouragement; despair; prostration; dismay.
Desalinhado *adj* sluttish; disorderly; slovenly.
Desalinhar *v* to disarrange; to disorder; to put out of line.
Desalinho *s* disorder; disarray; dishevelment; slovenliness.
Desalmado *adj* soulless; merciless; inhuman.
Desalojamento *s* dislodging; dislodgment; displacement; displacing.
Desalojar *v* to dislodge; to remove; to displace.
Desamarrar *v* to untie; to cast off; to unbind; to unmoor.
Desamarrar-se *v* to free oneself.
Desamarrotar *v* to unwrinkle; to smooth out.
Desamor *s* dislike; disaffection; disdain.
Desamparado *adj* forlorn; helpless; forsaken; abandoned.
Desamparar *v* to abandon; to forsake; to desert.
Desamparo *s* abandonment; distress; helplessness.
Desandar *v* to spoil; to turn back; to strike.
Desanimado *adj* discouraged; depressed; downhearted.
Desanimar *v* to deject; to cast down; to discourage; to depress; to dishearten.
Desanimar-se *v* to lose heart.
Desânimo *s* discouragement; prostration; depression.
Desanuviar *v* to cloudless.
Desapaixonado *adj* dispassionate; impartial; disinterested.
Desaparecer *v* to disappear; to vanish; to die; to be lost; to die away; to wear off; to get out of sight.
Desaparecido *adj* missing; absent; lost; gone.
Desaparecimento *s* disappearance.
Desapegado *adj* detached; separated.
Desapego *s* indifference; detachment; unconcern.
Desapertar *v* to loosen; to untie; to unlace.
Desaperto *s* looseness; loosening; FIG relief; easing.

Desapiedado *adj* inhuman; pitiless; merciless.
Desapoiar *v* to withdraw support off.
Desapontado *adj* disappointed.
Desapontamento *s* disappointment.
Desapontar *v* to disappoint; to disconcert; to fail; to frustrate.
Desapreciar *v* to undervalue; to disparage; to belittle.
Desapreço *s* lack of appreciation; depreciation.
Desaprender *v* to unlearn; to forget.
Desapropriação *s* transfer of ownership; dispossesion.
Desapropriar *v* to expropriate; to alienate; to dispossess.
Desaprovação *s* disapproval; censure; reprehension.
Desaprovador *s* disapprover; critic; censurer.
Desaprovar *v* to disprove; to refute; to disapprove; to dislike; to censure.
Desarborizar *v* to cut down trees; to clear of trees.
Desarmamento *s* disarmament.
Desarmar *v* to disarm; to unarm; to disband.
Desarmonia *s* discord; disharmony; disagreement.
Desarmônico *adj* disharmonious; discordant; inharmonious.
Desarmonizar *v* to put out of harmony; to discompose; to upset.
Desarraigamento *s* rooting out; extirpation; eradication.
Desarraigar *v* to root out; to eradicate; to uproot.
Desarranjar *v* to derange; to put out of order; to disarrange; to upset.
Desarranjo *s* disarrangement; disorder; breakdown.
Desarrolhar *v* to uncork; to unstop.
Desarrumação *s* untidiness; disarray; confusion.
Desarrumado *adj* disordered; disorderly; untidy.
Desarrumar *v* to disarrange; to displace; to mess; to disorder.
Desarticular *v* to disjoint; to disconnect; to disarticulate.
Desarvorado *adj* dismasted; dismantled.
Desarvoramento *s* dismasting; dismantling.
Desarvorar *v* to dismast; to dismantle.
Desasseio *s* dirtiness; untidiness; uncleanliness.
Desassossegar *v* to disquiet; to trouble; to disturb.
Desassossego *s* restlessness; unquietness; uneasiness; unrest.
Desastrado *adj* unfortunate; awkward; disastrous; clumsy.
Desastre *s* disaster; accident; misfortune.
Desastroso *adj* disastrous; calamitous; hazardous.
Desatar *v* to unfasten; to untie; to unbind; to unloose.
Desatento *adj* heedless; careless; negligent; inattentive.
Desatinado *adj* inconsiderate; mad; crazy; insane.
Desatinar *v* to rattle; to madden; to act foolishly.
Desatino *s* madness; folly; nonsense.
Desatolar *v* to pull out of mud; to draw out of mud.
Desautorização *s* discredit.
Desautorizar *v* to discredit; to deprave of authority.
Desavença *s* discord; disagreement; dissension.
Desavergonhado *adj* insolent; brazen; shameless.
Desavisado *adj* imprudent; ill-advised; foolish; rash.
Desavisar *v* to countermand; to rescind.
Desbancar *v* to beat; to outclass; to supplant; to break the bank.
Desbaratar *v* to waste; to scatter; to disorder; to rout; to destroy; to smash; to ruin.
Desbastar *v* to cut off; to chop; to pare; to trim; DESBASTAR *a pedra bruta*: to pare the rough ashlar.
Desbocado *adj* big-mouth; hard-mouthed of a horse; unrestrained.
Desbotamento *s* discolouring; discoloration; fading.
Desbotar *v* to discolour; to discolor; to wash off.
Desbotar-se *v* to fade.
Desbravar *s* to tame; to domesticate; AGRIC to grub up.
Descabelado *adj* bald; balding; disheveled.
Descabido *adj* improper; inadequate; irrelevant.
Descair *v* to decay; to decline; to droop.
Descalabro *s* calamity; great; holocaust; defeat; loss.
Descalçadeira *s* bootjack.
Descalçar *v* to remove; to take off shoes; gloves; etc.

DESCALÇO — DESENROLAR

Descalço *adj* barefooted; barefoot; shoeless.
Descambar *v* to slide down; to backfire; to degenerate into.
Descamisado *adj* shirtless; poor.
Descampado *s* desert; open field; open country.
Descansado *adj* quiet; undisturbed; calm; rested; tranquil.
Descansar *v* to rest; to relax; *DESCANSAR em paz*: to rest in peace.
Descanso *s* rest; resting; quiet; refreshment; relaxation; repose; pause; *você precisa de um DESCANSO*: you need a break.
Descarado *adj* shameless; saucy; cheeky; impudent; barefaced.
Descaramento *s* shamelessness; boldness; sauciness.
Descarga *s* discharge; delivery; unloading.
Descarnar *v* to pit; to make lean; to recede.
Descaroçar *v* to remove the seeds of; to core or seed.
Descarregador *s* unloader; steve; lighterman.
Descarregar *v* to discharge; to unload; to unburden; to unpack.
Descarrilamento *s* derailment.
Descarrilar *v* to derail; to throw off the rail; to go astray; to run off the rails.
Descartar *v* to discard; to reject; to dismiss.
Descartar-se de *v* get rid of; put off.
Descarte *s* discard; excuse; act of discarding. FIG evasion.
Descascar *v* to peel; to husk; to hull; to skin; to shell.
Descaso *s* negligence; disregard; neglect.
Descendência *s* descent; lineage; progeny.
Descendente *s* descendant; offspring.
Descendente *adj* descending; proceeding.
Descender *v* to descend; to come off; to proceed from; to be derived from.
Descentralizar *v* to decentralize; to separate.
Descer *v* to descend; to get down; to incline; to go down; to come down; to step down; to get off.
Descerrar *v* to open; to disclose; to reveal.
Descida *s* descent; going down; descension; down grade.
Desclassificar *v* to disqualify; to disable; to dishonor.
Descoberta *s* discovery; gold strike; *DESCOBERTA chocante*: startling finding.
Descobrimento *s* discovery; finding; disclosure.
Descobrir *v* to detect; to discover; to uncover; to disclose; to expose; to make visible; to find out.
Desconcertante *adj* disconcerting; baffling; upsetting.
Desconcertar *v* to disconcert; to disturb; to upset; to puzzle.
Desconexão *s* disconnection; incoherence.
Desconexo *adj* disconnected; abrupt.
Desconfiado *adj* suspicious; wary; diffident.
Desconfiança *s* suspicion; distrust; fear.
Desconfiar *v* to suspect; to distrust; to suppose.
Desconforto *s* discomfort; distress.
Descongelar *v* to thaw; to melt; to defreeze; deice.
Desconhecer *v* to ignore; to be unaware.
Desconhecido *s* stranger.
Desconhecido *adj* unknown; unfamiliar; strange.
Desconhecimento *s* ignorance; ingratitude.
Desconjuntar *v* to disjoint; to disarticulate; to disconnect; to separate.
Desconsideração *s* disrespect; disregard; discourtesy.
Desconsiderar *v* to disrespect; to ignore.
Desconsolo *s* desolation; disconsolation.
Descontar *v* to discount; to deduct; to diminish.
Descontentamento *s* discontentment; displeasure.
Descontentar *v* to discontent; to displease; to dissatisfy.
Descontente *adj* discontented; unsatisfied; annoyed.
Descontinuar *v* to discontinue; to interrupt; to cease.
Descontínuo *adj* discontinuous; interrupted; intermittent.
Desconto *s* discount; abatement; deduction; allowance.
Descontrolar *v* to get out of control.
Descontrolar *v* to lose control.
Desconversar *v* to break off a conversation; to dissimulate.
Desconvir *v* to disagree; to be inappropriate; to be unlike.

Descorado *adj* discoloured; discolored; pale.
Descorar *v* to discolour; to discolor; to fade.
Descortês *adj* discourteous; unkind; ill-mannered; impolite.
Descortesia *s* discourtesy; impoliteness; incivility.
Descortinar *v* to reveal; to unveil; to find out; to disclose; to lay open; to expose to view.
Descrédito *s* discredit; disrepute.
Descrença *s* disbelief; doubt.
Descrente *s* unbeliever.
Descrente *adj* unbelieving; infidel; incredulous.
Descrever *v* to describe; to portray; to explain; to trace out; to relate; to narrate.
Descrição *s* description; outline.
Descruzar *v* to uncross.
Descuidado *adj* careless; sloppy; thoughtless; unkempt.
Descuidar *v* to neglect; to despise; to disdain; to disregard.
Descuido *s* carelessness; lack; slip.
Desculpa *s* excuse; apology; pardon.
Desculpar *v* to make an excuse; to excuse; to forgive.
Desde *prep* since; from; after.
Desdém *s* disdain; disregard; scorn.
Desdenhar *v* to disregard; to neglect; to disdain; to scorn; to despise; to ignore.
Desdenhoso *adj* disdainful; scornful; contemptuous.
Desejar *v* to wish for; to want; to will; to desire.
Desejável *adj* desirable.
Desejo *s* desire; wish; will.
Desejoso *adj* desirous; wishful.
Desemaranhar *v* to disentangle; to unravel; to extricate.
Desembainhar *v* to unsheathe; to release; to draw a sword.
Desembaraçado *adj* disengaged; unembarrassed; free.
Desembaraçar *v* to disembarrass; to disentangle; to extricate; to disengage.
Desembaraço *s* freedom; alertness; disembarrassment.
Desembarcar *v* to debark; to land; to get ashore; to disembark.
Desembargo *s* JUR raising of an embargo; dispatching.
Desembarque *s* landing; debarkation.
Desembocar *v* to run into; to empty; to lead to.
Desembolsar *v* to disburse; to pay out; to spend.
Desembolso *s* disbursement.
Desembrulhar *v* to unpack; to uncover; to unwrap.
Desempatar *v* to decide; to resolve; to break a tie.
Desempate *s* act of deciding a tie vote; resolution; decision.
Desempenhar *v* to perform; to practice; to accomplish; to carry out.
Desempenho *s* performance; discharge.
Desempregado *adj* unemployed; jobless; out of job; unoccupied.
Desencadear *v* to unchain; to set off; to loosen; to break out.
Desencaixar *v* to disjoint; to fire; to throw out of gear.
Desencaixe *s* disjointing; dislocating.
Desencaixotar *v* to unpack; to unbox; to uncrate.
Desencaminhamento *s* misconduct; misguidance.
Desencaminhar *v* to misguide; to mislead; to lead astray.
Desencaminhar-se *v* to go astray; to be corrupted.
Desencantar *v* to decharm; to disenchant; to disillusion.
Desencontrar *v* to go different way; to fail to meet one another.
Desencontro *s* failure to meet; disagreement; dissent.
Desencorajar *v* to discourage; to deter.
Desenferrujar *v* to take off the rust of; to polish; to cheer up.
Desenfreado *adj* unruled; unbridled; rampant.
Desenfrear *v* to let loose; to grow unruly; to unbridle.
Desengano *s* disillusion; undeceiving.
Desengrenar *v* to put out of gear; to disengage; to uncouple.
Desenhar *v* to design; to draw; to sketch; to outline; to trace.
Desenhista *s* drawer; limner; draftsman; designer.
Desenho *s* design; sketch; drawing.
Desenlace *s* end; outcome; upshot.
Desenrolar *v* to deploy; to unroll; to spread out.

Desenrolar-se v to develop; to unfold itself.
Desenroscar v to untwist; to untwine; to unscrew.
Desenrugar v to unwrinkle; to unline.
Desentendimento s stupidity; quarrel; disagreement; misunderstanding.
Desenterrar v to dig up; to disinter.
Desentortar v to unbend; to make straight.
Desentupir v to free; to clear; to unstop.
Desenvencilhar v to disentangle; to disengage; to loosen; unfasten; to untie.
Desenvolto adj agile; nimble; brisk; forward.
Desenvoltura s agility; nimbleness; michief.
Desenvolver v to unroll; to develop; to expand; to explain; to unfold.
Desenvolver-se v to grow.
Desenvolvido adj grown-up; advanced; developed.
Desenvolvimento s development; growth; unfolding.
Desequilibrar v to unbalance.
Desequilibrar-se v to lose one's balance.
Desequilíbrio s unbalance; lack of equilibrium; instability.
Deserção s desertion; forsaking.
Deserdar v to disinherit; to deprive of heritage; to cutt off.
Desertar v to desert; to abandon; to forsake.
Deserto s desert; wasteland.
Deserto adj deserted; barren; uninhabited; wild.
Desertor s deserter; runaway.
Desesperado adj hopeless; reckless; desperate.
Desesperança s despair; desperation; hopelessness.
Desesperançar v to deprive of hope; to depress; to discourage.
Desesperançar-se v to lose hope.
Desesperar v to despair; to despond; to discourage; to dishearten; to fret.
Desespero s despair; desperation; rage.
Desfaçatez s impudence; insolence; shamelessness.
Desfalcar v to diminish; to embezzle; to reduce; to defalcate.
Desfalecer v to faint; to weaken; to droop; to sink.
Desfalecido adj unconscious; weak; weary.
Desfalecimento s swoon; weakness; faint.
Desfalque s defalcation; peculation; embezzlement.
Desfavorável adj unfavourable; unfavorable; unfriendly; adverse.
Desfavorecer v to disfavor; to disgrace; to oppose; to discountenance.
Desfazer v to undo; to unmake; to unpack; to demolish; to break; to destroy.
Desfazer-se v to get rid of; to get off.
Desfecho s outcome; upshot; ending.
Desfeita s affront; insult; affront; outrage.
Desfeitear v to insult; to offend; to affront.
Desfeito adj undone; melted; dissolved.
Desfiar v to unthread; to ravel; to shred.
Desfiguração s deformation; defacement; disfigurement.
Desfigurar v to disfigure; to mangle; to deface; to deform.
Desfiladeiro s defile; botteneck; pass.
Desfilar v to march; to parade; to procession.
Desfile s parade; review.
Desfolhar v to defoliate; to strip of the leaves of.
Desforra s revenge; redress.
Desforrar v to avenge; to revenge.
Desfraldar v to unfurl; to flutter; to ruffle.
Desfrutar v to usufruct; to enjoy; to relish.
Desfrute s usufruct; enjoyment; profit.
Desgarrar-se v to lose one's way; to stray.
Desgastar v to consume; to wear away; to wear down.
Desgastar-se v wear oneself out.
Desgaste s wear; consuming; erosion; abrasion.
Desgostar v to displease; to disgust; to worry; to grieve; to dislike.
Desgosto s disgust; displeasure; sorrow; grief.

Desgostoso adj displeased; dissatisfied; unhappy.
Desgovernado adj misgoverned; ungoverned.
Desgovernar v to squander; to waste; to misgovern.
Desgraça s misfortune; distress; misery.
Desgraçado adj unhappy; piteous; unlucky.
Desgraçar v to ruin; to deflower; to make unhappy.
Desgrudar v to unglue.
Desguarnecer v to strip; to disarm.
Desguarnecido adj unprotected; dismantled; unrigged.
Desiderato s desideratum; a wish; a desire.
Designação s designation; indication; nomination;.
Designar v to designate; to indicate; to denominate; to appoint; to express.
Desígnio s design; intention; purpose.
Desigual adj unequal; unlike; different; uneven.
Desigualar v to be unequal; to differentiate.
Desiludido adj disillusioned; disappointed.
Desiludir v to disillusion; to disenchant.
Desilusão s disillusionment; disillusion.
Desimpedir v to free; to disencumber.
Desinchar v to reduce; to humble; to deflate.
Desincorporar v to disembody; to disincorporate.
Desincumbir-se v to discharge.
Desinfetante s disinfectant; antiseptic.
Desinfetante adj disinfectant.
Desinfetar v to disinfect; to deodorize; to purify.
Desintegração s decay; disintegration.
Desintegrar v to disintegrate; to decompose.
Desintegrar-se v to dissolve; to be divided.
Desinteresse s disinterestedness; indifference; apathy.
Desistência s cancellation; abdication; abandonment.
Desistir v to give up; to put off; to relinquish; to renounce; to cease; to desist; to drop out.
Desjejuar vide DEJEJUAR.
Deslavado adj discoloured; discolored; FIG impudent; barefaced.
Desleal adj disloyal; false; treacherous.
Desleixado adj careless; sloppy; negligent.
Desleixar v to be negligent; to be careless with.
Desleixo s negligence; carelessness; neglect; sloppiness.
Desligado adj off; turned off; sepatate; unattached.
Desligamento s detachment; severance.
Desligar v to turn off; to switch off; to disconnect; to loosen; to unbind.
Deslindar v to clear up; to explain; to solve.
Deslizamento s sliding; skid; slide.
Deslizar v to slide; to skid; to slip; to glide.
Deslize s slip; sliding; skid; false step.
Deslocado adj dislocated; displaced.
Deslocar v to dislocate; to disjoint; to displace; to put out of place; to put out of joint.
Deslocar-se v shift one's place.
Deslumbrante adj dazzling; glaring flaring.
Deslumbrar v to dazzle; to fascinate; to seduce.
Desmaiar v to faint; to pass out; to swoon; to fade.
Desmaio s faint; a fainting fit; swoon; syncope.
Desmamar v to wean.
Desmanchado adj upset; broken; undone.
Desmanchar v to undo; to smash; to unmake; to break up; to break off a match.
Desmanchar-se v to get out of joint.
Desmando s excess; immoderation; exorbitance.
Desmantelado adj ruined; disarranged.
Desmantelar v to dismantle; to demolish; to ruin.
Desmantelar-se v to fall in; to tumble down.
Desmarcar v to remove; to cancel.
Desmascarar v to unmask; to debunk; to show up; to expose.
Desmascarar-se v take off one's mask.
Desmatamento s deforestation; jungle clearing.

Desmazelo s negligence; carelessness; disarray; slovenliness.
Desmedido adj excessive; disproportionate; immense; undue.
Desmembrar v to dismember; to divide; to separate.
Desmemoriado adj amnesic; devoid of memory; deprived of memory; forgetful.
Desmentido s denial; contradiction.
Desmentir v to contradict; to deny.
Desmentir-se v to contradict oneself.
Desmerecer v to demerit; to deprive of merit; to belittle.
Desmiolado adj silly; crack-brained; brainless; forgetful.
Desmobilizar v to demobilize; to disarm; to demob.
Desmontagem s dismounting; dismantlement.
Desmontar v to dismount; to alight; to unhorse; to disjoint; to pull down; to get off; to take apart.
Desmoralizar v to demoralize; to pervert; to discredit; to deprave; to abase; to mar.
Desmoronamento s tumbling; falling in; crumbling.
Desmoronar v to pull down; to destroy; to demolish; to crumble; to fall in.
Desnatado adj skimmed; skim milk.
Desnaturado adj unnatural; monstruous; inhuman; cruel.
Desnecessário adj unnecessary; inessential; needless.
Desnível s unevenness; fall; drop.
Desnortear v to misguide; to mislead; to bewilder; to puzzle.
Desnudar v to denude; to bare; to strip.
Desnudo adj nude; naked; bared.
Desnutrição s malnutrition; undernourishment.
Desobedecer v to disobey; to transgress; to refuse to obey.
Desobediência s disobedience; contumacy; insubordination.
Desobediente adj disobedient; contumacious.
Desobrigar v to exempt; to release; to dispense.
Desobrigar-se v to discharge; to perform one's duty.
Desobstruir v to remove obstructions from; to unstop; to clear.
Desocupado adj disengaged; idle; vacant; unoccupied.
Desocupar v to vacate; to rid; to empty.
Desodorante s deodorizer; deodorant.
Desodorizar v to deodorize; to disinfect.
Desolação s desolation; harshness; affliction.
Desolado adj desolate; lonely; bleak.
Desolar v to lay waste; to desolate; to distress; to ravage.
Desonerar v to exonerate; to dispense.
Desonestidade s dishonesty; crookedness.
Desonesto adj dishonest; knavery; crooked.
Desonra s dishonour; disgrace.
Desonrar v to dishonor; to discredit; to disgrace; to defame.
Desonroso adj disgraceful; dishonourable; dishonorable.
Desordeiro s hooligan; rowdy.
Desordeiro adj rowdy; USA GÍR roughneck.
Desordem s disorder; confusion; disturbance; riot; tumult; turmoil.
Desordenar v to disorder; to disorganize; to disarrange; to disarray; to disturb.
Desorganizar v to disorganize; to disarrange; to break up; to disorder.
Desorientado adj disoriented; puzzled.
Desorientar v to bewilder; to disconcert.
Desorientar-se v to lose one's way.
Desova s spawning; laying of eggs.
Desovar v to spawn; to lay eggs; to spill.
Despachado adj dispatched; quick; expeditious.
Despachante s dispatcher; forwarder; forwarding agent; shipping clerk.
Despachar v to forward; to dispatch; to send away; to ship; to clear away.
Despacho s dispatch; decision; expedition; resolution.
Despedaçar v to cut into pieces; to break; to crumble; to crash; to destroy.
Despedida s farewell; departure; dismissal; leave-taking.
Despedir v to discharge; to lay off; to go off; to dismiss; USA POP to fire.
Despejar v to spill; to empty; to remove.
Despejo s clearing; expulsion; rubbish.
Despencar v to fall down; to slump.
Despender v to spend; to expend; to waste.
Despenhadeiro s cliff; precipice; crag.
Despentear v to dishevel; to mess up; to undress the hair.
Desperdiçar v to waste; to fritter away; to squander; to misspend.
Desperdício s waste; loss; squandering.
Despertador s alarm-clock.
Despertar v to awaken; to rouse; to awake; to raise; to wake.
Despesa s disbursement; cost; expense; expenditure; *livre de DESPESAS a bordo, posto a bordo (FOB)*: free on board (FOB).
Despir v to disrobe; to put off; to undress; to strip; to bare; to divest.
Despir-se v pull off one's clothes; undress.
Despistar v to mislead; to misguide; to lead astray; to turn from the right trail.
Despojar v to despoil; to put off; to strip; to deprive; to dispossess.
Despojar-se v divest oneself of; renounce to; to relinquish.
Despojo s booty; spoil.
Despontar v to blunt; to cropping up; to break; to peep.
Desportista s athlete; sportsman; sportswoman.
Desportivo adj athletic; sporting; sportive.
Desporto s sport; play; game.
Desposar v to marry; to wed; to husband.
Déspota s despot; autocrat; tyrant; oppressor.
Despótico adj despotic; imperious; tyrannical.
Despotismo s despotism; autocracy.
Despovoado adj deserted; uninhabited; wilderness.
Despovoamento s depopulation.
Despovoar v to depopulate; to depeople; to unpeople.
Desprazer s displeasure; disgust.
Despregar v to loosen; to unnail; to detach.
Desprender v to loose; to unfasten; to untie.
Desprendimento s act of loosening; altruism; detachment.
Despreocupado adj carefree; light-hearted; concerned.
Desprestigiar v to depreciate; to discredit.
Desprestígio s disrepute; discredit.
Desprevenido adj unready; unwary; unprepared.
Desprezar v to despise; to scorn; to disdain; to neglect; to reject; to ignore.
Desprezível adj despicable; base; vile; sordid.
Desprezo s scorn; neglect; disregard.
Desproporção s disproportion; unbalance; without proportion.
Despropósito s absurdity; overdose; nonsense.
Desprovido adj unprovided; unfurnished; devoid of; lacking.
Desqualificar v to disqualify; to unfit; to disable.
Desquitar v to divorce; to separate; to free.
Desquitar-se v to get a divorce; to separate legally.
Desquite s divorce; legal separation of a married couple.
Desregrado adj disorderly; put out of order; immoderate; intemperate.
Desrespeitar v to disrespect; to belittle; to afront.
Desrespeito s disrespect; affront; disregard.
Desse prep plus pron (de+esse) from that; of that.
Desta prep plus pron (de+esta) from this; of this.
Destacar v to detach; to unfasten; to emphasize; to point out.
Destacar-se v to show off; to stand out.
Destampar v to take off the lid of; to uncover; to open.
Destaque s prominence; eminence; projection.
Deste prep plus pron (de+este) of this; from this.
Destemido adj fearless; dauntless; bold.
Destilar v to distil; to extract; to strain; to filter.
Destilaria s distillery.

DESTINADO — DIFERENCIAR-SE

Destinado *adj* destined; reserved; fated.
Destinar *v* to mean; to destine; to appoint; to allot.
Destinar-se *v* to dedicate to oneself; to be destined to.
Destinatário *s* addressee; receiver.
Destino *s* destiny; fate; fortune.
Destituir *v* to dismiss; to displace; to fire; to deprive.
Destoar *v* to be dissonant; to jar; to discord; to diverge.
Destra *s* right hand.
Destrancar *v* to unlock; to open.
Destratar *v* to affront; to mistreat; to insult.
Destreza *s* dexterity; skill; craft.
Destrinçar *v* to disentangle; to extricate; to resolve; to explain.
Destrinchar *vide* DESTRINÇAR.
Destro *adj* right-handed; skilled.
Destroçar *v* to break into pieces; to devaste; to destroy; to mangle.
Destroço *s* destruction; rout; havoc.
Destronar *v* to dethrone; to depose; to discrown.
Destruir *v* to destroy; to tear; to rend; to demolish; to pull down; to crush; to ruin.
Desumano *adj* inhuman; savage; brutal.
Desunião *s* dissension; disjunction; disunion.
Desunir *v* to disconnect; to disunite; to disjoint; to separate.
Desusado *adj* obsolete; unused; out of date; archaic.
Desvairado *adj* delirious; varied; frenzied.
Desvalor *s* depreciation; discredit.
Desvalorização *s* depreciation; devaluation.
Desvalorizar *v* to devaluate; to depreciate; to undervalue; to debase.
Desvanecedor *adj* something that makes a person very proud.
Desvantagem *s* disadvantage; handicap; draw-back.
Desventura *s* misadventure; mishap; misfortune; unhappiness.
Desvantajoso *adj* disadvantageous; harmful; prejudicial.
Desvario *s* extravagance; delirium; madness; raving.
Desvelado *adj* careful; watchful.
Desvelar-se *v* to be watchful; to be careful.
Desvelo *s* care; diligence; zeal.
Desvencilhar *vide* DESENVENCILHAR.
Desvendar *v* to unmask; to unveil; to disclose; to resolve.
Desviar *v* to deviate from; to divert; to deflect; to shunt; to turn aside; to bend.
Desviar-se *v* to go out of the way; to miss one's way; to go astray; lose one's head; to turn off.
Desvio *s* deviation; deflection; turning away; USA switch; by-pass; side track.
Desvirtuar *v* to depreciate; to pervert; to distort.
Detalhar *v* to detail; to specify; to particularize.
Detalhe *s* detail; particularity.
Detenção *s* detention; confinement; arrest.
Deter *v* to detain; to arrest; to hold back; to retard; to retain; to keep back.
Deter-se *v* to linger; to pause; to stop.
Detergente *adj* detergent; detersive.
Deterioração *s* deterioration; decay.
Deteriorar *v* to deteriorate; to waste; to rot; to spoil; to degenerate.
Deteriorar-se *v* to go bad; to rotten.
Determinação *s* determination; purpose; resolution; decision.
Determinar *v* to determine; to settle; to order; to define; to fix.
Detestar *v* to detest; to dislike; to abhor; to abominate; to hate; to loathe.
Detestável *adj* hateful; detestable.
Detetive *s* detective; GÍR dick; sleuth; cop.
Detetor *s* detector; *DETETOR de mentira*: lying detector.
Detido *adj* detained; held back; in custody.
Detonar *v* to detonate; to blast; to fire with a gun; to explode.
Detrás *adv* after; behind; aback; in back.
Detrimento *s* detriment; damage; harm; loss; disadvantage.
Detrito *s* detritus; dregs; remains.

Deturpar *v* to disfigure; to distort; to falsify; to mangle; to corrupt.
Deus *s* God; Lord; *DEUS todo poderoso*: The Almighty God; *graças a DEUS*: thank to God; thank Goodness.
Deusa *s* goddess.
Devagar *adv* slowly; easy.
Devanear *v* to muse; to daydream.
Devaneio *s* fancy; musing; daydream.
Devassa *s* inquiry; probe; inquest.
Devassado *adj* open to view; exposed; unprotected.
Devassar *v* to trespass; to probe; to invade; to lay open to the public.
Devasso *s* libertine; rake.
Devasso *adj* dissolute; licentious.
Devastar *v* to devastade; to desolate; to destroy; to ruin; to ravage.
Devedor *s* debtor; defaulter.
Dever *s* obligation; duty; task; business; burden.
Dever *v* to owe; to must; to ought to.
Deveras *adv* indeed; truly; really; in fact.
Devidamente *adv* duly; justly.
Devido *adj* due; just; owing.
Devoção *s* devotion; dedication; affection.
Devolução *s* devolution; refund; return.
Devolver *v* to return; to refund; to give back; to restore.
Devorar *v* to devour; to consume; to eat up.
Devotar *v* to devote; to dedicate.
Devoto *s* devotee; churchgoer; votary.
Devoto *adj* devoted; religious; devout.
Dez *adj* ten.
Dezembro *s* December; the last month of the (Gregorian) year.
Dezena *s* ten; a set of ten; a tenth; group of ten.
Dezenove *adj* nineteen.
Dezesseis *adj* sixteen.
Dezessete *adj* seventeen.
Dezoito *adj* eighteen.
Dia *s* day; *DIA de Natal*: Christmas Day (25 de dezembro); *DIA de Ano Bom*: new year's day (1º de janeiro); *DIA das Mães*: Mother day; *DIA de Finados*: all Soul's day; *DIA do Trabalho*: Labor Day; *DIA Santo*: holiday; *DIA de São João*: Midsummer Day.
Diabo *s* devil; demon; satan.
Diabrura *s* deviltry; mischief; devilishness.
Diafragma *s* MED diaphragm; midriff.
Diagnosticar *v* to make a diagnosis; to diagnose.
Diagnóstico *s* diagnosis.
Diagonalmente *adv* cornerwise.
Diagrama *s* diagram; chart; scheme.
Dialeto *s* dialect; idiom; jargon.
Dialogar *v* to dialogue.
Diálogo *s* dialogue; talk; conversation; USA dialog.
Diamante *s* diamond.
Diante *adv* before; in front.
Dianteira *s* forepart; front; forefront; lead.
Diapasão *s* MÚS diapason; pitch; tuning fork.
Diária *s* daily wages; daily income; daily expenses; daily rate at a hotel.
Diário *s* diary; journal; newspaper.
Diário *adj* daily; diurnal; everyday; quotidian.
Dicas *s* GÍR tips.
Dicção *s* diction; accent; good vocal expression.
Dicionário *s* dictionary; wordbook.
Dieta *s* diet; regimen.
Difamar *v* to detract; to defame; to blemish; to slander; to malign.
Diferença *s* difference; divergence.
Diferenciação *s* differentiation.
Diferenciar *v* to differentiate; to distinguish.
Diferenciar-se *v* to differ; to vary.

Diferente *adj* different; unequal; unlike; sundry.
Diferir *v* to differ; to disagree; to delay; to vary.
Difícil *adj* difficult; queasy; hard; uneasy; FIG *senhor* DIFÍCIL: Mr. awkward.
Dificílimo *adj* most difficult; very difficult.
Dificilmente *adv* with difficulty.
Dificuldade *s* difficulty; hardness; trouble.
Dificultar *v* to make difficult; to hamper; to raise difficulties.
Difundir *v* to diffuse; to outspread; to disseminate; to divulge; to propagate.
Difusão *s* diffusion; spread.
Digerir *v* to digest; to assimilate.
Digerível *adj* digestible.
Digestão *s* digestion.
Digital *adj* digital; *impressão* DIGITAL: fingerprint.
Dignar-se *v* to condescend; to deign.
Dignidade *s* dignity; honour; honor; nobleness.
Dignificar *s* to dignify; to exalt.
Digno *adj* worthy; deserving; dignified.
Digressão *s* digression; diversion; deviation.
Dilacerar *v* to dilacerate; to tear asunder; to distress.
Dilapidar *v* to dilapidate; to ruin; to demolish; to waste; to squander.
Dilatação *s* dilatation; expansion; enlargement.
Dilatar *v* to distend; to swell; to dilate; to lengthen.
Dilema *s* dilemma; crux; doubt.
Dileto *adj* dear; favorite. beloved.
Diligência *s* stagecoach; diligence; care; attention.
Diligenciar *v* to do one's best; to endeavor; to strive.
Diligente *adj* diligent; quick; assiduous; active.
Diluir *v* to dilute; to dissolve.
Dilúvio *s* deluge; overflow; flood.
Dimensão *s* dimension; measure; extent; size.
Diminuição *s* diminution; decrease.
Diminuir *v* to decrease; to lower; to dwindle; to lessen; to diminish.
Dinamarquês *adj* Danish.
Dinâmico *adj* dynamic; dynamical; a smart person.
Dinamitar *v* to dynamite; to blast; to blow up.
Dinamite *s* dynamite; blasting powder.
Dínamo *s* dynamo; USA generator.
Dinastia *s* dynasty.
Dinheiro *s* money; coin; cash; GÍR dibs; USA dough.
Dinossauro *s* dinosaur.
Diocese *s* diocese.
Dionisíaco *adj* MIT dionysiac, allusive to the Greek god of wine, Dionysus or Bacchus.
Diploma *s* diploma; charter; sheepskin.
Diplomacia *s* diplomacy; tact.
Diplomado *adj* graduate; diplomate; BR a person who has a superior course.
Diplomar *v* to graduate; to confer.
Diplomata *s* diplomatist; diplomat.
Dique *s* dike; dam; levee; check.
Direção *s* direction; course; USA operation.
Direita *s* right side; right hand; right.
Direito *s* right; law.
Direito *adj* straight; direct; just; right; upright.
Direito *adv* straight; directly; DIREITOS *autorais*: author's copyright; DIREITO *civil*: civil law; DIREITO *consuetudinário*: commom law; unwritten law; DIREITO *hereditário*: right of succession; DIREITO *público*: the law of the land.
Diretamente *adv* directly.
Direto *s* direct; straight.
Direto *adj* direct; plain; straight.
Diretor *s* director; manager; USA director; DIRETOR *de escola*: principal.
Diretor *adj* directing.

Diretoria *s* directory; the director's office; USA directory; board of directors.
Diretriz *s* MAT directrix; directive.
Dirigente *s* manager; director; leader.
Dirigente *adj* leading; directing.
Dirigir *v* to lead; to direct; to manage; USA to address; to operate.
Dirigível *s* airship; dirigible.
Dirigível *adj* dirigible.
Dirimir *v* to settle; to annul; to break off.
Discernimento *s* discernment; judgment.
Discernir *v* to discern; to distinguish; to discriminate.
Disciplina *s* discipline.
Disciplinar *v* to discipline; to school.
Discípulo *s* disciple; follower; pupil.
Disco *s* disk; dial; platter; record; DISCO *compacto* (CD): compact disc (CD); DISCO *de longa duração* (LP): long play (LP); DISCO *voador*: flying saucer.
Discordância *s* disagreement; disharmony; discordance.
Discordante *adj* dissonant; incompatible; discordant.
Discordar *v* to differ; to diverge; to dissent from; to discord; to disagree.
Discórdia *s* discord; disagreement; dissension.
Discorrer *v* to expatiate; to run over; to discourse.
Discoteca *s* record collection; phonograph record collection.
Discrepância *s* discrepancy.
Discrepar *v* to disagree; to differ.
Discreto *adj* discreet; circumspect.
Discrição *s* discretion; reserve.
Discricionário *adj* discretionary; discretional.
Discriminar *v* to discriminate.
Discursar *v* to make a speech; to discourse.
Discussão *s* discussion; debate; quarrel; USA parley.
Discutir *v* to argue; to discuss; to debate.
Disfarçado *adj* disguised; dissembled.
Disfarçar *v* to disguise; to conceal; to dissemble; to cloak.
Díspar *adj* unmatched; disparate; unequal.
Disparador *s* shutter release; trigger; tripper of snap machine.
Disparar *v* to shoot; to go off; to fire; to discharge.
Disparate *s* nonsense; absurdity; USA boner; *USA*, GÍR poppycock.
Disparo *s* shot; discharge; detonation.
Dispender *v* to spend.
Dispêndio *s* expense; loss; cost.
Dispendioso *adj* dear; costly; expensive.
Dispensa *s* dispensation; license; permission.
Dispensar *v* to dispense with; to bestow; to do without.
Dispensável *adj* dispensable; nonessential.
Dispersão *s* dispersion; scatter; scattering.
Dispersar *v* to disperse; to scatter; to strew; to break up.
Disperso *adj* dispersed; scattered.
Displicência *s* displeasure; negligence; unconcern.
Displicente *adj* disagreeable; indifferent; displeasing.
Disponível *adj* available; spare; disposable; disengaged.
Dispor *v* to arrange; to sell; to dispose; to provide; to resolve; to lay out; to order.
Dispor-se *v* to be inclined.
Disposição *s* arrangement; provision; disposition.
Dispositivo *s* device; contrivance.
Disposto *adj* disposed; ready; willing.
Disputa *s* dispute; controversy; debate.
Disputar *v* to contend; to dispute; to fight for; to contest.
Disputável *adj* disputable; debatable.
Dissabor *s* displeasure; chagrin; annoyance.
Dissecar *v* to dissect; to anatomize; to cut asunder.
Disseminação *s* dissemination; spreading; scattering.
Disseminar *v* to divulge; to propagate; to dissiminate; to spread; to scatter.
Dissentir *v* to dissent; to differ; to disagree.
Dissertação *s* dissertation; disquisition; essay.

Dissertar v to discourse at length; to dissertate.
Dissidência s dissidence; schism; nonconformity.
Dissidente s dissenter; dissentient; dissident.
Dissidente adj dissident; dissentient.
Dissimulação s dissimulation; cunning.
Dissimulado adj dissimulated; sly; cunning.
Dissimular v to disguise; to dissimulate; to dissemble; to feign.
Dissipação s dissipation; dispersion; waste.
Dissipado adj raffish; disreputable; dissolute; wasteful.
Dissipar v to dispel; to squander; to dissipate; to scatter.
Dissociar v to dissociate; to separate.
Dissolução s dissolution; dissoluteness.
Dissoluto adj dissolute; licentious.
Dissolver v to dilute; to melt; to dissolve; to break up.
Dissonância s discord; discordance; dissonance.
Dissuadir v to dissuade; to deter; to talk out of; to call off.
Distância s distance; space; farness.
Distanciar v to distance; to surpass; to separate.
Distante adj far; distant; remote.
Distar v to be distant.
Dístico s distich; couplet.
Distinção s distinction; difference; honour; honor; eminence.
Distinguir v to discriminate; to discern; to tell apart; to distinguish.
Distintivo s badge; plaque; emblem.
Distinto adj different; distinct.
Distração s heedlessness; absent-mindedness; absence; amusement.
Distraído adj absent-minded; heedless; inattentive.
Distrair v to amuse; to divert; to entertain.
Distratar v to annul; to nullify; to cancel.
Distribuição s distribution; deal; disposal.
Distribuidor s distributer; dealer; distributor; MEC slide valve; valve gear.
Distribuir v to distribute; to dispose of; to share; to portion out; to deal; to dispense; to hand out.
Distrital adj relative to a district.
Distrito s district; region; section.
Distúrbio s riot; disturbance.
Ditado s dictation; saying.
Ditadura s dictatorship.
Ditame s dictate; direction; rule.
Ditar v to dictate; to indite; *DITAR as regras*: to rule the roost.
Dito s saying; dictum; gossip.
Dito adj aforesaid; above; said.
Ditoso adj happy; fortunate.
Diurno adj diurnal; quotidian.
Diva s diva; goddess.
Divã s divan; settee; USA davenport.
Divagação s wandering; ramble; digression.
Divagar v to roam; to wander; to digress.
Divergência s divergence; discord.
Divergente adj divergent; discrepant.
Divergir v to disagree; to diverge; to dissent; to differ.
Diversão s entertainment; amusement.
Diversidade s diversity; variety.
Diversificar v to diversify; to vary.
Diverso adj diverse; different.
Divertido adj amusing; funny.
Divertimento s amusement; pastime; entertainment; POP *muito trabalho sem DIVERTIMENTO faz com que uma pessoa fique desinteressante e "chata"*: all work and no play makes Jack a dull boy.
Divertir v to amuse; to entertain; to put down; to divert; to play; to disport.
Dívida s debt; due; debit; indebtedness.
Dividendo s dividend; bonus.
Dividir v to divide into; to allot; to share; to split.
Divindade s divinity; deity.

Divinizar v to deify; to divinize.
Divino adj divine; heavenly; supernal.
Divisa s badge; emblem; motto.
Divisão s division; cleavage.
Divisar v to descry; to espy; to notice.
Divisível adj divisible.
Divisor s divider; divisor.
Divisória s mark; landmark; demarcation line.
Divorciar v to separate; to divorce; to sever.
Divulgação s divulgation; publication.
Divulgar v to disseminate; to spread; to scatter; to set abroad; to divulge; to disclose.
Dizer s saying; expression.
Dizer v to tell; to say; to speak.
Dízima s tax; tenth; tithe.
Dizimar v to decimate; to mow.
Dízimo s tithe; tax.
Do prep plus art (de+o) of that; from that; from the one; of the one.
Dó s pity; compassion; MÚS first note of the scale (C).
Doação s donation; grant; gift; endowment.
Doador s donor; giver; bestower.
Doar v to give; to donate; to bestow.
Dobra s fold; plait.
Dobrada s triple fried in fat.
Dobradiça s hinge; joint.
Dobradiço adj flexible; collapsible; pliabe.
Dobradinha vide DOBRADA.
Dobrado s military band.
Dobrado adj folded; doubled.
Dobrar v to double; to duplicate; to fold; to bend; to toll.
Doce s comfit; sugar-plum; sweetmeat.
Doce adj sweet; pleasant; mild; USA candy.
Docente s professor.
Docente adj teaching.
Dócil adj docile; meek; tractable.
Docilidade s docility; compliance; pliancy.
Documentação s documentation; documents.
Documentar v to document.
Documento s document; paper.
Doçura s sweetness; meekness; gentleness.
Doença s sickness; illness; disease.
Doente s sick person; patient.
Doente adj sick; ill.
Doer v to pain; to ache; to hurt.
Dogma s RELIG dogma; fundamental points that can not be changed.
Dogmático adj dogmatic; dogmatical.
Dogmatismo s dogmatism; positivism.
Doideira s madness; silliness; foolishness.
Doidice vide DOIDEIRA.
Doidivana s madcap.
Doido adj insane; crazy; mad.
Doído adj hurt; pained; sore; aching; painful.
Dois adj two; FIG a worthless person; *DOIS de paus*: the deuce of clubs; *DOIS pontos*: colon.
Dólar s dollar; USA GÍR buck; smasher; simoleon.
Dolente adj doleful; sorrowful; mournful.
Dólmã s dolman; a long Turkish outer garment.
Dólmen s dolmen; cromlech.
Dolo s fraud; deceit; guile; JUR malice.
Dolorido adj aching; painful; sore.
Doloroso adj painful; sorrowful.
Doloso adj deceitful; fraudulent.
Dom s gift; present; ability; knack; sir.
Domador s tamer; animal trainer.
Domar v to tame; to subdue; to domesticate; to conquer.
Domesticação s domestication; taming.
Domesticar v to tame; to break in; to domesticate.

DOMESTICÁVEL — DÚZIA

Domesticável *adj* tamable; domesticable.
Doméstico *s* servant; manservant.
Doméstico *adj* domestic; household.
Domiciliar *v* to domicile; to domiciliate.
Domiciliar-se *v* to settle in a place.
Dominação *s* domination; command.
Dominador *s* dominator; master; ruler.
Dominar *v* to govern; to dominate; to rule arbitrarily; to prevail over.
Domingo *s* sunday; *DOMINGO de Páscoa*: Easter Sunday; *DOMINGO de Ramos*: Palma sunday.
Dominicano *adj* Dominican.
Domínio *s* dominion; domination; power; domain.
Dominó *s* domino; game of dominoes.
Dom juan *s* lady-killer; masher.
Dona *s* name given to a lady; like Mrs or Miss in English; owner.
Donatário *s* grantee; donee.
Donativo *s* donation; gift; grant.
Donde *prep* plus *adv* (de+onde) from where; whence.
Dono *s* owner; proprietor; master.
Donzela *s* maid; lass; damsel; maiden.
Dor *s* pain; ache; affliction; grief.
Dórico *adj* doric, allusive to the people that invaded the ancient Greece.
Dormência *s* dormancy; numbness; restfulness; pins and needles.
Dormente *s* sleeper; USA crosstie.
Dormente *adj* sleeping; dormant; benumbed.
Dorminhoco *s* sleepyhead; dozer.
Dorminhoco *adj* sleepy; drowsy.
Dormir *v* to sleep; to slumber.
Dormitório *s* bedroom; dormitory.
Dorso *s* back; FIG reverse.
Dosar *v* to dose; to gause.
Dossel *s* dossal; tester; valance; canopy.
Dotação *s* dotation; endowing; allotment.
Dotado *adj* portioned; gifted; endowed with.
Dotar *v* to portion; to endow; to dower.
Dote *s* dowry; dot; endowment.
Douração *s* gilding.
Dourado *adj* gilt; golden.
Dourador *s* gilder.
Dourar *v* to gild; to brighten.
Douto *adj* learned; erudite; scholarly.
Doutor *s* doctor.
Doutoramento *s* act of taking the degree of doctor.
Doutorar *v* to confer the degree of doctor; to confer a doctor's degree upon.
Doutrina *s* doctrine; dogma; tenet.
Doutrinar *v* to indoctrinate.
Doutrinário *adj* doctrinal; doctrinaire.
Doze *adj* twelve; twelfth.
Dracma *s* drachma (Greek coin).
Draconiano *adj* Draconian; stern.
Draga *s* dredge; dredger.
Dragagem *s* dredging.
Dragão *s* dragon; dragoon.
Dragar *v* to dredge; to drag; to exhaust.
Drama *s* drama.
Dramático *adj* dramatic.
Dramaturgo *s* dramatist; dramaturge; playwright.
Drástico *adj* drastic.
Drenagem *s* drainage.
Drenar *v* to drain; to sap; to bleed.
Droga *s* drug; rubbish; medicine; trash.
Drogaria *s* drug-store; pharmacy; USA chemist-shop.
Droguista *s* chemist; USA druggist.
Druida *s* druid, allusive to the ancient sacerdotal celts.
Dualidade *s* duality.
Dualismo *s* dualism.
Dualista *s* dualist.
Dualista *adj* dualistic.
Duas *s* two.
Dúbio *adj* dubious; hesitant; doubtful.
Ducado *s* duchy; ducat; dukedom.
Ducentésimo *s* two hundredth.
Ducha *s* douche; damper; shower-bath.
Duelo *s* duel; contest.
Duende *s* hobgobling; fairy; pixy; pixie.
Dueto *s* duet; dud.
Duna *s* dune; sand dune.
Dundum *s* dumdum; bullet (explosive).
Duo *s* duet; duo.
Duodecimal *s* duodecimal.
Duplicação *s* duplication; doubling.
Duplicar *v* to duplicate; to ditto; to double.
Duplicata *s* duplicate; copy.
Dúplice *adj* double.
Duplicidade *s* duplicity; duplexity; double-dealing.
Duplo *adj* double; twofold.
Duque *s* duke; deuce.
Duquesa *s* duchess.
Durabilidade *s* durability; serviceability.
Duração *s* duration; lenght.
Duradouro *adj* lasting; durable; longlived.
Durante *prep* during.
Durar *v* to last; to endure; to live.
Durável *adj* durable; lasting.
Dureza *s* hardness; obduracy; cruelty.
Duro *adj* hard; solid; tough; unkind.
Dúvida *s* doubt; uncertainty; hesitancy.
Duvidar *v* to doubt; to be uncertain of; to question.
Duvidoso *adj* doubtful; insecure; dubious; hazardous.
Duzentos *s* two hundred.
Dúzia *s* dozen.

E

E s the fifth letter of the Portuguese and the English alphabets.
E s MÚS the symbol of Mi note.
E conj and; *E assim por diante*: and so on.
Ébano s ebony; a hard black wood tree.
Ebriedade s ebriety; intoxication; drunkenness.
Ébrio adj ebrious; drunk; boozy; intoxicated.
Ebulição s boiling; ebullition; effervescence; FIG agitation; excitement.
Eclesiástico s clergyman, ecclesiastic.
Eclesiástico adj ecclesiastical.
Ecletismo s eclecticism (a system of philosophy composed of doctrines selected from different sources).
Eclipsar v to eclipse; to obscure; to disappear.
Eco s echo.
Ecoar v to echo; to send back a sound; to repeat a noise; to give an echo; to reverberate.
Economia s economy; economics; thriftiness.
Econômico adj economic; economical; thrifty.
Economista s economist; bachelor in economy.
Economizar v to economize; to retrench; to save.
Ecumênico adj ecumenical; universal; ecumenic.
Éden s Eden; Paradise.
Edição s edition; issue.
Edificação s edification; building; construction.
Edificador s builder; edifier.
Edificador adj edifying.
Edificante adj edifying.
Edificar v to build; to raise; to construct; to set up; to edify.
Edifício s building; edifice; USA APARTMENT HOUSE.
Edital s placard; proclamation; edict.
Editar v to publish; to edit; to print.
Edito s edict; regulation.
Édito s edict; writ; judicial order.
Editor s publisher; editor.
Editora s publishing house.
Editorial s leading article; USA editorial.
Editorial adj editorial.
Edredão s eider-down; quilt; USA coverlet; comfort.
Educação s education; instruction; breeding; background.
Educadamente adv politely.
Educado adj well-bred; polite; educated.
Educador s educator; instructor; teacher.
Educandário s educational school; institution.
Educando s student; pupil.
Educar v to educate; to bring up; to nurture; to refine; to train; to rear; to teach.
Efeito s effect; purpose; result; ESP spin; in the billiards game.
Efemérides s ephemerides.
Efêmero adj ephemeral; short-lived.
Efeminado adj effeminate; unmanly; womanish.
Efeminar v to effeminate; to sissify.
Efervescente adj effervescent; restless.
Efetivar v to accomplish; to realize; to effect.
Efetivo s MIL a exact number of military components.
Efetivo adj effective; real; permanent; actual.
Efetuação s effectuation; achievement; accomplishment.
Efetuar v to effect; to accomplish; to fulfill; to carry out.
Eficácia s efficacy; thoroughness; efficiency.
Eficaz adj efficacious; competent; capable.
Eficiência s efficiency; effectiveness.
Eficiente adj efficient; effective.
Efígie s effigy; a figure representing a person.
Eflorescência s efflorescence; the time of flowering.
Eflorescente adj efflorescent.
Eflorescer v to effloresce; to blossom; to flower.
Efluência s irradiation; emanation; effluence.
Efluente adj emanating; effluent.
Eflúvio s effluvium, a volatile fluid that emanates from the person's body.
Efusão s effusion; gushing.
Efusivo adj effusive; pouring forth; expansive; gushing.
Égide s aegis; egis; shield; defence; protection.
Egípcio adj Egyptian.
Egiptologia s Egyptology; study of the antiquities of Egypt.
Egiptólogo s egyptologist; a person versed in Egyptology.
Ego s FIL ego; the entire man; body and mind; PSIC ego; the individual self.
Egocêntrico adj egocentric; self centered.
Egoísmo s egoism; selfishness; self-interest.
Egoísta s selfseeker.
Egoísta adj selfish; egoistic.
Egrégio adj illustrious; egregious; eminent; distinguished.
Egressão s egression.
Égua s mare; horse female.
Eis adv here is; here are.
Eivado adj cracked; cleft; contaminated.
Eivar v to contaminate; to infect; to stain; to begin deteriorate.
Eixo s axle; axis; arbor; spindle.
Ejaculação s ejaculation; strong emission; ejection.
Ejacular v to ejaculate; to eject fluids from the body; to throw out.
Ela pron she; it; her.
Elaboração s elaboration; digestion.
Elaborar v to elaborate; to produce with labor; to work out; to think up.
Elação s elation; high spirits; haughtiness.
Elasticidade s elasticity.
Elástico s elastic band; rubber band.
Elástico adj elastic; flexible.
Ele pron he; it; him.
Elefante s elephant.
Elegância s elegance; gracefulness; grace; chic.
Elegante adj elegant; smart; stylish; ritzy.
Eleger v to elect; to choose; to ballot.
Elegia s elegy; lament.
Elegível adj eligible.
Eleição s election; choice; a choosing; selection.
Eleito s elect.
Eleito adj elected; chosen; selected.
Eleitor s elector; constituent; voter.
Elementar adj elementary; primary; USA *escola ELEMENTAR*: elementary school.

ELEMENTO — EMOLDURAR

Elemento s element; principle; rudiments; part.
Elenco s list; cast; BR group of actors; troupe.
Eletricidade s electricity.
Eletricista s electrician.
Eletrificar v to electrify.
Eletródio vide ELETRÓDO.
Elétrodo s electrode.
Eletrodoméstico s electrical goods.
Eletromagnético adj electromagnetic; electromagnetical.
Eletromagnetismo s electromagnetism.
Eletrônica s electronics.
Eletrônico adj electronic.
Elevação s elevation; height; a raised place; exaltation.
Elevado adj elevated; high; noble; sublime.
Elevador s lift; USA elevator.
Elevar v to elevate; to lift; to rear; to enhance; to rise; to exalt.
Elidir v to elide; to supress; to strike out.
Eliminação s elimination; exclusion.
Eliminar v to eliminate; to kill; to expel; to exclude.
Eliminatório adj eliminatory.
Elipse s GRAM ellipsis; GEOM ellipse.
Elíptico adj eliptic.
Elite s élite; the choice.
Elmo s helmet.
Elo s link in a chain; BOT tendril.
Elocução s elocution.
Elogiar v to praise; to eulogize; to exalt; to extol.
Elogio s praise; eulogy; encomium.
Eloquência s eloquence.
Eloquente adj eloquent.
Elucidação s elucidation; exposition; explanation.
Elucidar v to elucidate; to clarify; to make clear; to explain.
Elucidativo adj elucidative; elucidatory.
Elucubração s lucubration; close meditation.
Em prep in; at; into; upon; on; by; *EM vez de*: instead of.
Emagrecer v to emaciate; to reduce; to become thin.
Emagrecimento s weakening; emaciation.
Emanação s emanation; vapor; issue.
Emanar v to emanate; to issue; to arise.
Emancipação s emancipation; liberation.
Emancipado adj emancipated; freed.
Emancipar v to emancipate; to liberate.
Emaranhar v to entangle; to tangle.
Embaçar v to shade; to cheat; to dull.
Embainhar v to hem; to sheathe.
Embaixada s embassy; ambassador ship.
Embaixador s ambassador; emissary.
Embaixatriz s ambassadress; intermediary.
Embaixo adv below; under; down.
Embalagem s packing; boxing; wrapping.
Embalar v to pack; to dandle; to lull; to cradle.
Embalo s rocking; swinging; lulling.
Embalsamador s embalmer.
Embalsamamento s embalmment; embalming.
Embalsamar v to embalm; to perfume.
Embandeirar v to flag; to deck; to adorn with flags.
Embaraçado adj embarrassed; disturbed; perplexed.
Embaraçar v to embarrass; to encumber; to entangle; to perplex.
Embaraço s embarrassment; difficulty; hesitation.
Embaraçoso adj embarrassing; puzzling; awkward.
Embarcação s craft; ship; vessel; boat.
Embarcadouro s harbour; harbor; wharf; dock; pier.
Embarcar v to embark; to ship; to board; to load.
Embargado adj embargoed; paralyzed; stopped.
Embargar v to suspend; to restrain; JUR to embargo.
Embargo s embargo; attachment; seizure.
Embarque s shipping; shipment; embarkment; embarkation of persons.
Embasbacar v to be stupefied; to amaze; to stupefy; to gape.
Embate s collision; bang; shock; clash.
Embater v to dash; to shock; to collide; to clash.
Embeber v to imbibe; to drink in; to soak in; to drench.
Embebido adj soaked; FIG absorbed in thoughts.
Embelezamento s embellishment; adornment.
Embelezar v to embellish; to beautify; to adorn.
Embevecer v to charm; to ravish; to enrapture.
Embevecimento s rapture; ecstasy.
Embirrar v to stubborn; to be obstinate; to have an aversion to.
Emblema s emblem; symbol.
Embocadura s mouth of a river; embouchure; MÚS mouthpiece.
Embocar v to put into the mouth; to lip.
Êmbolo s piston; sucker; embolus.
Embolsar v to pocket; to pouch; to pay; to reimburse.
Embora conj in spite of; even; although; though.
Embornal s bag; feed-bag; nose-bag; embornal.
Emborrascar v to make stormy; to agitate.
Emboscada s ambush; ambuscade; snare; trap.
Emboscar v to ambush; to ambuscade.
Embotamento s dullness; bluntness.
Embotar v to blunt; do dull.
Embranquecer v to whiten; to bleach.
Embravecer v to enrage; to irritate; to get angry; to infuriate.
Embravecimento s enragement; anger; fury.
Embreagem s AUT clutch.
Embrenhar v to penetrate into woods; to penetrate into wild forests.
Embriagado adj drunk; intoxicated; inebriated.
Embriagar v to intoxicate; to fuddle; to inebriate; to get drunk.
Embriaguez s drunkeness; intoxication; inebriation; FIG rapture.
Embrulhada s confusion; disorder; jumble; mess.
Embrulhar v to pack up; to wrap up; to cheat; to embroil.
Embrulho s packet; bundle; package; jumble; confusion.
Embrutecer v to brutify; to brutalize.
Embrutecimento s brutishness; brutification; bestiality; brutalization.
Embuste s artifice; fraud; stratagem; trick; trickery.
Embusteiro s liar; tale-teller; USA four-flusher.
Embutido s inlaid work; mosaic; marquetry.
Embutido adj built in; inlaid.
Embutidor s inlayer; worker; mosaicist.
Embutir v to inlay; to insert; to enchase.
Emenda s emendation; mend; correction.
Emendar v to amend; to emend; to correct.
Emendável adj reparable; amendable.
Emergência s emergency; emergence.
Emergente adj emergent; arising.
Emergir v to emerge; to appear; to erupt.
Emérito adj emeritus; remarkable.
Emersão s emersion.
Emigração s emigration; migration.
Emigrado s emigrant; emigré.
Emigrado adj emigrant.
Emigrante s emigrant.
Emigrante adj emigrant.
Emigrar v to emigrate.
Eminência s eminence; elevation; height.
Eminente adj eminent; high; lofty; distinguished.
Emissão s emission; discharge; issue.
Emissário s emissary; messenger; envoy.
Emissor s sender; transmitter.
Emissor adj issuing; emitting; RÁD broadcasting.
Emitir v to emit; to announce; to divulge; to issue.
Emoção s emotion; a human feeling.
Emocional adj emotional; soulful; emotive.
Emocionante adj stirring; exciting; touching.
Emoldurar v to frame; to surround.

EMOLUMENTO — ENCARNAR

Emolumento s emolument; fees.
Emotividade s emotiveness; emotivity.
Emotivo adj emotive; emotional.
Empacotamento s packing; binding; baling.
Empacotar v to pack; to bale; to bind.
Empada s small pie of meat or fish.
Empalhação s packing with straw; stuffing of animals.
Empalhar v to surround with straw; to stuff with straw.
Empalidecer v to pale; to make pale; to bleach.
Empanar v to tarnish; to dull; to dim; to obscure.
Empanzinar v to glut; to cram.
Empapar v to soak; to imbibe; to steep.
Empapelar v to wrap up in paper; to paper; to caress.
Emparelhado adj matched; paired; linked.
Emparelhar v to match; to couple; to pair; to unite.
Empastar v to paste up; to make clammy; to impaste.
Empatar v to tie; to equal; to check.
Empate s tie; stalemate; indecision.
Empecilho s impediment; hindrance; obstacle.
Empedernido adj hard-hearted; petrified; callous.
Empedernir v to harden; to petrify; to cruel.
Empedrado s stone-pavement.
Empedrado adj paved.
Empedramento s pavement; paving; petrification.
Empedrar v to pave with stones; to petrify; to gravel.
Empenado adj warped; crooked; buckled.
Empenamento s warping; buckling.
Empenar v to warp; to twist; to distort.
Empenhado adj indebted; being in debt; engaged.
Empenhar v to pawn; to commit; to bind; to engage; to pledge.
Empenho s pawn; pledge; guaranty; protection.
Emperrado adj hard; jammed; stiff; stuck.
Emperrar v to harden; to stick; to jam.
Emperrar-se v to be obstinate.
Empertigar v to strut; to firm; to stiffen.
Empestar v to infect; to deprave; to blight.
Empilhamento s heaping up; piling up; pile.
Empilhar v to pile; to stack; to heap up.
Empinar v to tip up; to empty; to raise.
Empinar-se v to prance.
Empíreo s empyrean.
Empíreo adj empyreal; celestial; divine.
Empírico s quack; empiric.
Empírico adj empirical; experimental.
Empirismo s FIL empiricism, the doctrine that all knowledge is derived from experience through the senses.
Emplastar v to plaster.
Emplasto s plaster; poultice.
Emplastro vide EMPLASTO.
Emplumar v to feather.
Empoado adj powdery powdered.
Empoar v to powder; to dust.
Empobrecer v to impoverish; to sap; to deplete.
Empobrecimento s impoverishment; depletion.
Empoçar v to form a puddle; to make a puddle.
Empoeirado adj dusty.
Empoeirar v to dust; to cover with dust; to fill with dust.
Empolado adj swollen; bombastic; hilly; whitecapped.
Empolar v to blister; to puff up; to bubble.
Empoleirar-se v to perch; to raise.
Empolgante adj breath-taking; overpowering; thrilling.
Empolgar v to grasp; to seize; to thrill; to grip.
Emporcalhar v to dirty; to soil; to befoul.
Empório s emporium; stores; mart.
Empossar v to put in posession; to empower.
Emprazamento s summons; convocation.
Emprazar v to summon; to provoke; to challenge.
Empreendedor s undertaker; enterpriser.
Empreendedor adj enterprising; bold.

Empreender v to undertake; to enterprise.
Empreendimento s to endeavour; endeavour; enterprise.
Empregado s employee; servant; clerk.
Empregado adj employed; busy.
Empregador s employer.
Empregar v to employ; to hire; to make use of; to bestow.
Emprego s use; occupation; job; employ; employment.
Empreitada s contract work; job; piecework.
Empreiteiro s contractor.
Empresa s enterprise; firm; undertaking; company.
Empresário s contractor; undertaker; USA producer.
Emprestado adj lent; borrowed.
Emprestar v to lend; to loan; to impart.
Empréstimo s lending; loan; borrowing.
Empunhar v to grasp; to gripe; to grip.
Empurrão s push; shove; jostle; thrust.
Empurrar v to push; to jog; to jostle; to poke; to shove; to thrust.
Emudecer v to become dumb; to silent; to silence; to hush.
Emulação s emulation; competition; rivalry.
Emular v to emulate; to compete; to rival.
Emulsão s emulsion.
Enaltecer v to exalt; to laud; to elevate; to extol; to praise.
Enamorar v to charm; to captivate.
Enamorar v to fall in love with someone.
Encabeçar v to lead; to conduct; to head.
Encabrestar v to halter; to subdue.
Encadeamento s link; connection; series.
Encadear v to enchain; to link; to connect.
Encadernação s binding; cover; apparel.
Encadernador s bookbinder.
Encadernar v to bind.
Encaixar v to pack up; to encase; to insert.
Encaixe s socket; groove; notch.
Encaixotamento s packing up; boxing.
Encaixotar v to box; to crate; to pack.
Encalço s track; footprint; pursuit.
Encalhar v to ground; to strand; to beach.
Encalhe s grounding; stranding; to hindrance.
Encaminhar v to lead; to direct; to guide.
Encanamento s conduit; canalization; piping.
Encanar v to canalize; to pipe; MED to splint; to set a bone.
Encantado adj enchanted; magical; fairy.
Encantador s enchanter; magician; charmer.
Encantador adj charming; lovely.
Encantamento s enchantment; charm; fascination.
Encantar v to enchant; to delight; to charm.
Encanto s enchantment; appeal; grace.
Encantoar v to drive into a corner; to isolate.
Encapar v to wrap up; to cloak; to bind a copybook; to cover (a book).
Encapelado adj rough; choppy.
Encapelar v to roughen; to ruffle.
Encapotado adj cloaked; disguised; hidden.
Encapotar v to cloak; to disguise; to conceal.
Encaracolado adj curly.
Encaracolar v to curl; to twist; to spiral.
Encarapinhado adj curly; concerning to the hair.
Encarapinhar v to curl; to frizz; to kink.
Encarar v to face; to gaze at; to glare; to look.
Encarceramento s incarceration; durance; imprisonment.
Encarcerar v to incarcerate; to imprison; to confine.
Encarecer v to raise the price of; to enhance.
Encarecimento s the raising of prices; entreaty; enhancement.
Encargo s charge; office; duty; commision.
Encarnação s incarnation; embodiment.
Encarnado s red color; reddening.
Encarnado adj incarnate; red; rosy; blood-red.
Encarnar v to redden; to incarnadine; to embody.

ENCARNIÇADO — ENGANADO

Encarniçado *adj* eager; fierce; furious; savage.
Encarniçar *v* to grow cruel; to sic (a dog); to irritate.
Encarregado *s* manager; agent; representative; commissioner.
Encarregar *v* to put in charge; to entrust with.
Encasquetar *v* to persuade; to influence; to cover with a cap.
Encastelado *adj* hoofbound; castellated.
Encastelar *v* to fortify; to pile; to confine oneself in a castel.
Encefálico *adj* encephalic, allusive to the encephalon, situated within the cranial cavity.
Encéfalo *s* encephalon; part of the brain.
Encenação *s* staging.
Encenar *v* to stage; to display; to show.
Encerado *s* oilcloth; oilskin; NÁUT tarpaulin.
Encerado *adj* waxed; wax-colored.
Encerar *v* to wax; to polish.
Encerramento *s* closing; close; confinement.
Encerrar *v* to enclose; to close; to confine; to lock up.
Encharcar *v* to inundate; to soak; to flood; to swamp.
Enchente *s* flood; inundation; overflow; abundance.
Encher *v* to fill up; to occupy; to crowd.
Enchimento *s* filling up; filler; stuffing.
Enchumaçar *v* to wad; to pad; to stuff.
Encíclica *s* encyclic.
Enciclopédia *s* encyclopedia.
Encimar *v* to top; to surmount; to crown.
Enclausurar *v* to cloister; to seclude; to immure.
Encobertar *v* to cover; to defend; to conceal; to disguise; to cloak.
Encoberto *adj* hidden; disguised; cloaked; covered; shrouded.
Encobrir *v* to hide; to conceal; to disguise.
Encolerizar *v* to anger; to incense; to irritate; to exasperate.
Encolher *v* to shrink; to shorten; FIG to be timid; to be bashful.
Encolhido *adj* shrunken; contracted; timid.
Encolhimento *s* shrinkage; contraction; bashfulness; timidity.
Encomenda *s* order; commission; package.
Encomendação *s* ordering; commendation.
Encomendar *v* to commend; to order; to charge; to entrust.
Encomiar *v* to praise; to laud; to panegyrize; to eulogize.
Encômio *s* encomium; panegyric; praise; eulogy.
Encontrão *s* shock; push; collision.
Encontrar *v* to meet; to find; to come across; to encounter; to discover.
Encontrar-se *v* to find oneself.
Encontro *s* meeting; date; encounter; collision; clash; *marcar um ENCONTRO com alguém*: to make a date with someone.
Encorpado *adj* thick; strong; corpulent; bulky.
Encorpar *v* to thicken; to grow corpulent; to fatten.
Encosta *s* slope; hillside; declivity.
Encostar *v* to support; to prop; to pull over.
Encosto *s* stay; prop; support; backboard.
Encovado *adj* sunken; hollow.
Encovar *v* to shut up in a cave; to bury; to sink.
Encravado *adj* nailed; toenail.
Encravamento *s* nailing; cheat; fixing.
Encravar *v* to prick a horse; to spike; to nail.
Encrenca *s* trouble; snare; snag; row.
Encruado *adj* half cooked; raw.
Encruamento *s* crudity; bad digestion; indigestion; rawness.
Encruar *v* to make crude; to become crude; to irritate.
Encruzamento *s* crossing.
Encruzilhada *s* crossroads; intersection.
Encubar *v* to put into a tub; to vat; to barrel.
Encurralar *v* to corral; to confine; to pen; to corner.
Encurtar *v* to shorten; to curtail; to abridge.
Encurvadura *s* incurvation; bending; buckling.
Encurvamento *vide* ENCURVADURA.
Encurvar *v* to incurvate; to bend; to incurve.
Endemoninhado *adj* devilish; naughty; demoniac.
Endentar *v* to indent; to dent; to engage; to mesh.

Endereçar *v* to address; to guide; to direct.
Endereço *s* address.
Endeusamento *s* deification; transport.
Endeusar *v* to deify.
Endiabrado *adj* devilish; naughty.
Endinheirado *adj* rich; moneyed; wealthy.
Endireitar *v* to straighten; to correct; to set right; to right. ENDIREITAR-SE *v*, to right.
Endividar *v* to run into debts; to contract debts; to obligate.
Endoenças *s* sufferings; afflictions; RELIG *quinta-feira de ENDOENÇAS*: Maundy Thursday; Holy Thursday Services.
Endoidecer *v* to madden; to crazy; to make insane; to go mad.
Endossado *s* ECON endorse; to write upon the back of.
Endossante *s* endorser.
Endossar *v* to back; to endorse.
Endurecer *v* to harden; toughen; to stiffen.
Endurecimento *s* hardness; induration.
Enegrecer *v* to blacken; to become dark; to defame.
Enegrecimento *s* blackening; darkening.
Energia *s* energy; strength; vigour; vigor.
Enérgico *adj* energetic; vigorous; eager.
Enervação *s* enervation; nervation.
Enervar *v* to enervate; to weaken; to aggravate.
Enevoar *v* to sully; to grow misty; to dim.
Enfadar *v* to bore; to irk; to annoy.
Enfado *s* weariness; boredom; displeasure.
Enfadonho *adj* tiresome; dull; troublesome; boring.
Enfaixar *v* to swaddle; to bind; to band; to bandage.
Enfardamento *s* packing up; package; baling.
Enfarinhado *adj* covered with flour; powdered; floured.
Enfarinhar *v* to cover with flour; to powder.
Ênfase *s* emphasis; accentuation.
Enfastiar *v* to cause loathing; to loathe; to tire.
Enfático *adj* emphatic.
Enfeitar *v* to adorn; to flourish; to beautify; to ornament; to deck.
Enfeite *s* ornament; frippery; attire.
Enfeitiçar *v* to bewitch; to enchant; USA to hoodoo.
Enfeixar *v* to bundle up; to truss; to fagot.
Enfermar *v* to make sick; to become sick; to fall ill.
Enfermaria *s* ward; infirmary.
Enfermeira *s* nurse.
Enfermeiro *s* male-nurse; nurse.
Enfermiço *adj* sickly; unhealthy.
Enfermidade *s* sickness; illness; feebleness; weakness.
Enfermo *s* sick person; patient. ENFERMO *adj* sick; ill.
Enferrujar *v* to rust; to corrode.
Enfestar *v* to fold lengthwise.
Enfezado *adj* dwarfish; angry; upset.
Enfezar *v* to stunt; to dwarf; to be upset; to annoy.
Enfiar *v* to thread; to string; to enfilade; to put on.
Enfileirar *v* to place in a file; to range; to rank; to line up.
Enfim *adv* at last; after all; finally.
Enfolhar *v* to leaf; to cover with leaves.
Enforcamento *s* hanging.
Enforcar *v* to hang; to renounce.
Enforcar-se *v* to hang oneself.
Enfraquecer *v* to enfeeble; to droop; to faint; to weaken.
Enfraquecimento *s* weakness; debility.
Enfrentar *v* to face; to defy; to oppose; to come to grips.
Enfunar *v* to swell out; to fill; to puff up.
Enfurecer *v* to enrage; to rage; to madden.
Enfurecer-se *v* to become furious.
Enfurecido *adj* furious; enraged; rough.
Engaiolar *v* to cage; to encage; to imprison.
Engajamento *s* engagement; employment.
Engajar *v* to engage; to hire; MIL to enlist.
Engalanar *v* to adorn; to decorate; to embellish; to deck.
Enganado *adj* mistaken; deceived; wrong.

Enganador s deceiver; delusive; bluffer.
Enganar v to deceive; to trick; to fool; to beguile; to delude; to cheat.
Engano s deceit; mistake; error; cheat.
Enganoso adj deceitful; false; catchy.
Engarrafamento s bottling; bottleneck.
Engarrafar v to bottle.
Engasgar v to stifle; to gag; to choke.
Engasgo s choking; gagging; suffocation.
Engasgue vide ENGASGO.
Engatar v to cramp; to couple a railway carriage; to join; to clamp.
Engate s clamp; link; hook.
Engatilhar v to cock a gun; to prepare.
Engatinhar v to crawl on all fours; to creep.
Engendrar v to engender; to create; to beget; to cook up.
Engenhar v to invent; to conceive; to engineer.
Engenharia s engineering.
Engenheiro s engineer.
Engenho s talent; skill; wit; machine; engine.
Engenhoso adj ingenious; clever; inventive.
Englobar v to join; to globe; to add; to englobe.
Engodar v to angle; to grease; to lure.
Engodo s lure; decoy; bait.
Engolir v to swallow; to gobble; to gulp.
Engomadeira s ironer; starcher.
Engomar v to starch; to clarify; to iron.
Engorda s fattening.
Engordar v to fatten; to fat.
Engordurar v to grease; to smear.
Engraçado adj funny; pleasant; merry.
Engradamento s railing; crating.
Engradar v to crate; to rail.
Engrandecer v to enlarge; to augment; to increase; to aggrandize.
Engrandecimento s increase; enlargement; exaltation.
Engraxar v to black; to grease; to clean a shoe; to shine boot; USA to shine.
Engraxate s shoeshiner; shoeblack; USA boot black.
Engrenagem s gear; cogwheel; gearing.
Engrenar v to mesh.
Engrossar v to enlarge; to swell; to thicken.
Enguia s eel.
Enguiçar v to break down; to hex; to conk.
Enguiço s breakdown; hex; jinx.
Enigma s enigma; puzzle; riddle.
Enigmático adj enigmatic; enigmatical; obscure.
Enjaular v to cage; to jail; to arrest.
Enjeitado s foundling; waif.
Enjeitado adj rejected; abandoned.
Enjeitar v to reject; to abandon; to refuse.
Enjoado adj nauseated; seasick; tiresome.
Enjoar v to nauseate; to repel; to pall; to get seasick.
Enjoativo adj nauseous; sickish.
Enjoo s seasickness; nausea.
Enlaçar v to bind; to knot; to lace; to connect; to tie.
Enlace s union; enlacement; marriage.
Enlamear v to muddy; to puddle; to daggle; to mire.
Enlatado adj tinned; trellised; USA canned.
Enlatar v to tin; to trellis; USA to can.
Enlevação s rapture; dream; ecstasy.
Enlevado adj taken; enraptured.
Enlevar v to ravish; to charm; to exalt; to enrapture.
Enlevo s rapture; dream; ecstasy.
Enlouquecer v to madden; to craze; to run mad; to go mad.
Enlouquecimento s madness; lunacy; insanity.
Enlutar v to mourn; to darken; to grieve.
Enodoar v to stain; to blotch; to soil.
Enorme adj enormous; vast; bulky; big; huge.

Enormidade s enormity; hugeness; huge size; atrocity.
Enquadrar v to frame; to discipline.
Enquanto adv while; meanwhile.
Enraivecer v to enrage; to foam; to rage; to anger.
Enraizar v to root; to radicate; to cling.
Enrascada s jam; mess; complication.
Enrascar v to net; to frame; to cheat; to get into trouble.
Enredar v to entangle; to intrigue; to plot.
Enredo s intrigue; entanglement; plot of a play.
Enregelar v to freeze; to congeal; to cool.
Enrijar v to harden; to strengthen; to toughen.
Enriquecer v to enrich; to exalt; to glorify.
Enriquecimento s enrichment.
Enrolar v to roll; to coil; to wrap up.
Enroscado adj curled up; spiraled.
Enroscar v to twine; to curl; to wind.
Enrubescer v to redden; to flush; to blush.
Enrugado adj wrinkled; creased; furrowing.
Enrugamento s wrinkling; purl; crimp.
Enrugar v to wrinkle; to crease; to pucker.
Ensaboar v to soap; to lather.
Ensacar v to bag; to sack; to pack.
Ensaiador s rehearser; director; tester.
Ensaiar v to assay; to essay; to experiment; to try; to attempt; to rehearse.
Ensaio s essay; USA rehersal; assay; attempt.
Ensaísta s essayist; a person who writes essays.
Ensandecer v to make mad; to become mad; to crazy; to mad.
Ensanguentado adj bloody; gory; bloodstained.
Ensanguentar v to make bloody; to stain with blood; to blemish.
Enseada s inlet; bay; cove.
Ensejar v to try; to attempt.
Ensejo s opportunity; occasion; chance.
Ensinamento s teaching; education; lesson.
Ensinar v to teach; to instruct; to educate.
Ensino s teaching; instructions; education.
Ensolarado adj sunny; sun-filled.
Ensopado adj wet; sopping; soaked.
Ensopar v to soak; to drench; to stew.
Ensurdecedor adj earsplitting; deafening.
Ensurdecer v to deafen; to dull; to become deaf.
Entalhador s wood-engraver; sculptor; carver.
Entalhar v to engrave; to nick; to rabbet; to carve in wood.
Entalhe s carving; engraving; notch.
Entanto adv meanwhile; meantime; no ENTANTO: nevertheless; yet.
Então adv then; so; at that time. ENTÃO interj what!; how!
Ente s being; existence; person.
Enteada s stepdaughter.
Enteado s stepson; stepchild.
Entediar v to annoy; to weary; to bore.
Entendedor s connoisseur; critic.
Entender v to understand; to comprehend; to mean; to know.
Entendido adj understood; skilled; agreed.
Entendimento s understanding; intellect; mind.
Enternecer v to touch; to move; to pity; to mellow.
Enterramento vide ENTERRO.
Enterrar v to bury; to inter; to plunge.
Enterro s funeral; burial; interment.
Entidade s entity; existence; being.
Entoação s intonation; modulation; pitch.
Entoar v to intone; to pitch; to tone.
Entontecer v to stun; to become mad; to dizzy; to dazzle.
Entornar v to pour; to spill; to upset.
Entorpecer v to benumb; to grow benumbed; to swoon.
Entorpecimento s torpor; numbness; drowsiness.
Entortar v to crook; to bend; to twist.
Entrada s entry; entrance; orifice; access.

ENTRANHADO — EQUINÓCIO

Entranhado *adj* penetrated; deep; profound.
Entranhar *v* to drive in; to pierce; to embed.
Entranhas *s* entrails; bowels; insides.
Entrar *v* to enter; to come in; to come into; to go in.
Entravar *v* to encumber; to hamper; to clog; to block.
Entrave *s* encumbrance; pullback; clog.
Entre *prep* between; among; amidst.
Entreaberto *adj* ajar; half-opened.
Entreabrir *v* to set ajar; to bloom; to half-open.
Entrechocar-se *v* to collide; to clash.
Entrecortar *v* to intersect; to interrupt; to punctuate.
Entrega *s* delivery; surrender; cession.
Entregador *s* deliverer; roundsman.
Entregar *v* to deliver; to hand; to give up to; to surrender.
Entregar-se *v* to addict.
Entregue *adj* delivered; addicted.
Entrelaçar *v* to interlace; to entwine.
Entrelinha *s* interlineation; space between two lines; slug.
Entreluzir *v* to glimmer; to perceive.
Entremeado *adj* interposed; intermittence.
Entremear *v* to intermingle; to intermix.
Entrementes *adv* meanwhile; however.
Entreposto *s* storehouse; emporium; warehouse.
Entretanto *adv* meanwhile.
Entretanto *conj* however; nevertheless.
Entretenimento *s* amusement; entertainment; distraction.
Entreter *v* to amuse; to entertain.
Entrevado *s* paralytic.
Entrevado *adj* paralyzed.
Entrevar *v* to paralyze; to become paralytic; to hamper; to hinder.
Entrever *v* to get a glimpse of; to see imperfectly; to glance; to glimpse.
Entrevista *s* interview; appointment; USA date.
Entrevistar *v* to interview.
Entrincheiramento *s* entrenchment; recourse; refuge.
Entrincheirar *v* to entrench; to barricade.
Entristecer *v* to sadden; to upset; to become sad; to grieve.
Entristecimento *s* sadness; gloom; melancholy.
Entroncamento *s* junction; joining.
Entroncar *v* to join; to make a junction; to stocky.
Entronização *s* enthronization; enthronement.
Entronizar *v* to enthrone; to exalt.
Entulhar *v* to fill up; to heap up; to cram.
Entulho *s* debris; rubbish; trash; rubble.
Entupimento *s* obstruction; stopping up; stoppage.
Entupir *v* to stop up; to jam; to obstruct; to choke; to block up.
Entusiasmar *v* to become enthusiastic; to enrapture; to enthuse.
Entusiasmo *s* enthusiasm; zeal; fervor.
Entusiasta *s* enthusiast; fan.
Entusiasta *adj* enthusiast.
Entusiástico *adj* enthusiastic; keen; eager.
Enumeração *s* enumeration; reckoning.
Enumerar *v* to enumerate; to count over; to recite.
Enunciação *s* enunciation; thesis; assertion.
Enunciado *s* enunciation; proposition; wording; declaration.
Enunciador *s* enunciator.
Enunciador *adj* enunciative.
Enunciar *v* to enunciate; to express; to state; to announce.
Enunciativo *adj* enunciative.
Envaidecer *v* to make proud; to make vain; to become vain.
Envasilhar *v* to barrel; to cask; to vat; to bottle.
Envelhecer *v* to make old; to hoar; to grow old; to age.
Envelhecido *adj* old-looking; old; aged.
Envenenamento *s* poisoning; intoxication.
Envenenar *v* to poison; to intoxicate; to envenom.
Enveredar *v* to follow; to be on the way to; to proceed.
Envergadura *s* capacity; span; breadth of the sails; wingspread.
Envergar *v* to bend the yacht's sails; to dress; to lath; to curve.
Envergonhar *v* to shame; to embarrass; to abash.
Envergonhar-se *v* to be ashamed.
Envernizar *v* to varnish; to japan; to gloss.
Enviado *s* envoy; messenger.
Enviar *v* to send; to dispatch; to forward.
Envidraçado *adj* glazed; glassed.
Envidraçar *v* to glaze; to glass.
Enviesado *adj* sloping; slanting; aslant; askew.
Enviesar *v* to slope; to bevel; to slant.
Envilecer *v* to vilify; to debase; to grow vile.
Enviuvar *v* to become a widow or a widower.
Envolto *adj* wrapped up; involved; enveloped.
Envoltório *s* wrapper; cover.
Envolver *v* to wrap; to entail; to entangle; to involve; to cover; to envelop.
Envolver-se *v* to get involved.
Enxada *s* hoe.
Enxadada *s* stroke with a hoe.
Enxadão *s* mattock.
Enxadrezar *v* to checker.
Enxaguar *v* to rinse.
Enxame *s* swarm of bees.
Enxaqueca *s* megrim; headache.
Enxerga *s* pallet; straw bed.
Enxergar *v* to see; to deserv; to distinguish.
Enxertar *v* to graft; to foist; to insert.
Enxerto *s* graft; licking.
Enxofre *s* sulphur; sulfur; brimstone.
Enxotar *v* to scare; to drive away; to throw away.
Enxoval *s* outfit; trousseau.
Enxugar *v* to dry; to wipe.
Enxurrada *s* torrent; abundance.
Enxuto *adj* dry; free from moisture; svelte.
Épico *adj* epic; heroic; epical.
Epicurismo *s* epicureanism, the doctrine of the Greek philosopher Epicurus (342-270 b.C).
Epidemia *s* epidemic.
Epidêmico *adj* epidemic.
Epiderme *s* epidermis (exterior skin).
Epiglote *s* epiglottis.
Epígrafe *s* epigraph.
Epigrama *s* epigram, little poem.
Epilepsia *s* epilepsy.
Episcopado *s* episcopacy; episcopate.
Episcopal *adj* episcopal; episcopalian.
Episódio *s* episode.
Epístola *s* epistle.
Epistolar *adj* epistolary.
Epitáfio *s* epitaph.
Epíteto *s* epithet; nickname.
Época *s* epoch; era; cycle.
Epopeia *s* epic; epopee; an epic poem; epic poetry.
Equador *s* equator; ecuador.
Equanimidade *s* equanimity; calm temper; calmness.
Equestre *adj* equestrian; concerning to a horse.
Equidade *s* equity; justness; fairness.
Equidistância *s* equidistance.
Equidistante *adj* equidistant; halfway.
Equidistar *v* to be equidistant.
Equilibrar *v* to equilibrate; to poise; to counterbalance; to balance.
Equilíbrio *s* equilibrium; balance; *perder o EQUILÍBRIO*: to lose one's balance.
Equilibrista *s* equilibrist; acrobat; rope walker; balancer.
Equimose *s* ecchymosis; buise.
Equino *adj* equine; concerning to a horse.
Equinocial *adj* equinoctial; concerning to the equinox.
Equinócio *s* equinox.

EQUIPAGEM — ESCORREITO

Equipagem s equipage; equipment; furnishing.
Equipamento s equipment; gear; supply.
Equipar v to equip; to appoint; to fit out.
Equiparar v to mention; to match; to even.
Equiparável adj comparable; matchable.
Equipe adj team; gang; staff; ESP *EQUIPE fora da liga*: non-league side.
Equitação s horsemanship; riding; equitation.
Equitativo adj equitable; just; fair-minded.
Equivalência s equivalence; equality of value; correspondence.
Equivalente adj equivalent; counterpart; identical.
Equivaler v to be equivalent; to countervail; correspond.
Equivocado adj wrong; mistaken.
Equivocar v to equivocate; to mistake.
Equívoco s mistake; pun.
Equívoco adj equivocal; dubious.
Era s era; epoch; age.
Erário s exchequer; treasury.
Ereção s erection; erectness.
Eremita s hermit; eremite; recluse.
Erétil adj erectile.
Ereto adj erect; upright.
Erguer v to raise; to stand up; to rise up; to build; to rear.
Eriçado adj bristiling; on end; bristly; shaggy.
Erigir v to erect; to raise; to set up; to build.
Erisipela s erysipelas (skin disease).
Ermida s hermitage; little church.
Ermo s desert; solitary place.
Ermo adj solitary; lonely.
Erótico s erotic poetry.
Erótico adj erotic; erotical.
Erotismo s erotism; eroticism; sensual passion.
Erradicar v to eradicate; to uproot.
Errado adj wrong; mistaken; erroneous.
Errante adj errant; vagrant; lost.
Errar v to mistake; to err; to miss; to gad.
Erro s error; mistake; slip.
Erudição s erudition; learning; culture.
Erudito adj erudite; learned; scholar.
Erupção s eruption; rash.
Erva s herb; grass; herbage.
Ervilha »pea.
Esbaforido adj out of breath; tired; hurried.
Esbanjador s spendthrift; waster.
Esbanjador adj prodigal; squandering.
Esbanjar v to lavish; to waste; to squander.
Esbarrar v to knock against; to hurtle; to hurl; to throw.
Esbelto adj slender; elegant.
Esboçar v to sketch; to delineate; to draft; to outline.
Esboço s sketch; drawing.
Esbofetear v to buffet; to slap.
Esbordoar v to cudgel; to baste.
Esborrachar v to crush; to squash; to flatten; to overwhelm.
Esbranquiçado adj whitish; whity; hoar.
Esburacar v to bore; to make holes in; to hole.
Escabrosidade s roughness; coarseness.
Escabroso adj rough; coarse; churlish.
Escada s staircase; stairs; ladder; USA stairway.
Escadaria s staircase; stairway.
Escafandrista s diver.
Escala s scale; gauge.
Escalada s escalade; scaling.
Escalão s step; echelon.
Escalar v to escalade; to scale; to ravage; to climb.
Escaldante adj burning; scalding.
Escaldar v to scald; to burn.
Escalpelar v to scalp.
Escalpo s scalp.
Escama s squama; scale.

Escamoso adj scaly; squamate; flaky.
Escancarar v to set wide open; to fling open.
Escandalizar v scandalize; to be scandalized; to offend.
Escândalo s scandal; disgrace.
Escandaloso adj scandalous; outrageous.
Escangalhar v to break up; to break into pieces; to ruin.
Escanhoar v to shave.
Escanteio s ESP corner kick.
Escapamentos s escapement; exhaust piping.
Escapar v to escape; to slip out; to get away; to evade.
Escapulir v to escape; to sneak away; to run away; to slip.
Escaramuça s skirmish; quarrel; scuffle.
Escaramuçar v to skirmish; to scuffle.
Escaravelho s scarab; beetle; USA lady-bug.
Escarcéu s billow; big noise; surge.
Escarlate s scarlet; with the red color.
Escarlate adj scarlet; with the red color.
Escarlatina s MED scarlet fever; scarlatina; infectious disease.
Escarnecedor s mocker; scoffer; jeerer.
Escarnecer v to mock; to scoff; to jest; to make fun of.
Escárnio s mockery; mock; jeer; scoff.
Escarpa s scarp.
Escarpado adj steep; abrupt.
Escarradeira s spittoon; USA cuspidor.
Escarrar v to spit; to expectorate.
Escarro s spittle; phlegm; spit.
Escassear v to become scarce; to skimp; to stint.
Escassez s scarcity; want; shortage; lack.
Escasso adj scanty; stingy; limited; scarce.
Escavação s dig; digging; excavation.
Escavar v to dig; to excavate; to wash out.
Esclarecer v to clear up; to illuminate; to elucidate; to enlighten.
Esclarecido adj cleared; famous; enlightened.
Esclarecimento s clearing up; explanation; elucidation.
Esclerótica s sclerotic, (eye membrane).
Escoadouro s drain; trench; sewer.
Escoamento s drainage; outflow; flow.
Escoar v to drain; to glide; to flow; to drop.
Escol s choice; elite.
Escola s school; college.
Escolar s student; pupil; scholar.
Escolar adj school.
Escolha s choice; selection.
Escolher v to choose; to elect; to single; to select.
Escolhido adj chosen; select.
Escolta s escort; convoy.
Escoltar v to escort; to accompany; to guard.
Escombros s trash; refuse; remains; ruins.
Esconder v to hide; to lurk; to conceal.
Esconderijo s hiding place; cover.
Escondido adj hidden; masked.
Esconjurar v to exorcise; to conjure; to adjure.
Esconjuro s exorcism; conjuration.
Escora s prop; stay; support.
Escorar v to prop; to brace; to shore; to bear up; to rest on; to lean on.
Escorbuto s scurvy, human disease originated by the absence of C vitamin.
Escorchar v to skin; to peel; to strip.
Escória s scoria; slag; dross.
Escoriação s excoriation; chafing.
Escoriar v to excoriate; to chafe.
Escorraçar v to expel; to expulse; to drive away.
Escorregadio adj slippery; slithery.
Escorregadouro s slippery place.
Escorregão s a slide; slip; slipping.
Escorregar v to slide; to slip.
Escorreito adj perfect; with good aspect; immaculate.

ESCORRER — ESPANTALHO

Escorrer v to run; to drain off a vessel; to droop.
Escoteiro s boy scout.
Escotilha s hatch; scuttle.
Escotismo s scouting; scotism.
Escova s brush; ESCOVA *de dentes*: tooth brush; ESCOVA *de cabelos*: hair brush; ESCOVA *de roupa*: clothes brush.
Escovar v to brush; to scrub.
Escravatura s slavery; slave trade.
Escravidão s slavery; enslavement.
Escravizar v to enslave; to enthrall; enthral.
Escravo s slave; vassal.
Escravo *adj* slave; vassal.
Escrevente s clerk; scribe.
Escrever v to write; to scribe; to produce books.
Escriba s scribe; copyist.
Escrita s writing; handwriting.
Escrito s bill; note; memo.
Escrito *adj* written.
Escritor s writer; author.
Escritório s office; study.
Escritura s scripture; deed; writ; Sagrada ESCRITURA: Holy Scripture.
Escrituração s bookkeeping; accounting.
Escriturar v COM to keep books; to register.
Escriturário s clerk; amanuensis.
Escrivaninha s desk; bureau; USA writingdesk.
Escrivão s notary; court clerk.
Escrúpulo s scruple; hesitation; hesitancy.
Escrupuloso *adj* scrupulous; conscientious; punctilious.
Escrutinar v to scrutinize; to poll; to count votes.
Escrutínio s scrutiny; ballot box.
Escudar v to shield.
Escudeiro s shield-bearer; page; squire.
Escudo s shield; escutcheon; the Portuguese Coin.
Esculpir v to sculpture; to carve; to grave.
Escultor s sculptor; carver.
Escultura s sculpture; carving.
Escultural *adj* sculptural; sculpturesque.
Escuma s foam; scum; froth.
Escumadeira s skimmer.
Escumar v to skim; to foam.
Escuna s schooner.
Escurecer v to darken; to gloom; to get dark; to obscure.
Escuridão s darkness; obscurity; ignorance; blindness.
Escuro s obscurity; darkness.
Escuro *adj* dark; gloomy; dim.
Escusa s excuse; exemption.
Escusado *adj* useless; needless.
Escusar v to excuse; to justify; to apologize.
Escusável *adj* excusable.
Escuso *adj* hidden; secret; excused.
Escuta s listening; hearing.
Escutar v to listen to; to harken; to heed to.
Esfacelamento s damage; ruin; collapse; destruction.
Esfacelar v to ruin; to collapse; to break.
Esfaimado *adj* starved; hungry; famished.
Esfaimar v to famish; to starve.
Esfarelar v to crumble; to crumb; to reduce to bran.
Esfarrapado *adj* ragged; torn.
Esfarrapar v to tear; to rend; to rag; to lacerate.
Esfera s sphere; globe.
Esférico *adj* spheric; spherical.
Esfinge s sphinx, monster with human's head and lion's body.
Esfolar v to flay; to fret; to gall; to skin.
Esfolhar v to husk; to strip; to shuck.
Esforçado *adj* bold; brave; strong; hard-working.
Esforçar v to strengthen; to exert; to endeavor.
Esforço s effort.
Esfregação s scrubbing; rubbing.
Esfregão s rubbing-cloth; dishcloth; mop.
Esfregar v to rub; to scour; to clean; to scrub.
Esfriamento s cooling; chilling.
Esfriar v to cool; to make cool; to cool down; to chill.
Esgalhado *adj* antlered; concerning to a stag; branched.
Esgalhar v to cut branches of; to branch out; to lop.
Esganar v to strangle; to throttle; to choke.
Esganiçar v to yelp; to bark; to screech.
Esgarçar v to tear; to rend; to open.
Esgotado *adj* exhausted; worn out; out of print.
Esgotamento s exhaustion; breakdown.
Esgotar v to exhaust; to tire out; to use up; to drain.
Esgotar-se v to peter out.
Esgotável *adj* exhaustible; drainable.
Esgoto s drainage; drain; drainpipe; gutter; sewer.
Esgrima s fencing; concerning to this art.
Esgrimir v to fence; to wield.
Esgrimista s fencer.
Esguichadela s spout; squirt; spurt.
Esguichar v to spirt; to flush; to gush; to spout; to squirt.
Esguicho s spout; squirt; jet of water spout; hose.
Esguio *adj* slender; slim; thin.
Esmaecer v to faint; to swoon; to lose color; to lade.
Esmagador s crusher.
Esmagador *adj* crushing; overwhelming.
Esmagamento s crushing; crush.
Esmagar v to crush; to smash; to overwhelm.
Esmaltar v to enamel; to glaze.
Esmalte s enamel; smalt; USA, ESMATE *de unha*: nail polish.
Esmeralda s emerald; precious gem.
Esmerar v to perfect.
Esmerar-se v to do one's best.
Esmeril s emery; gritrock.
Esmerilhar v to polish; to grind; to burnish.
Esmero s care; accuracy.
Esmigalhar v to crumble; to crush.
Esmiuçar v to analyse; to analyze; to search; to examine closely.
Esmo s estimate; roughguess.
Esmola s alms; beating.
Esmolar v to give alms; to ask for alms; to beg.
Esmoler s almoner.
Esmoler *adj* charitable; generous.
Esmorecer v to lose heart; to discourage; to dismay.
Esmorecido *adj* discouraged; feeble.
Esmorecimento s discouragement; weakness.
Esmurrar v to box; to buffet; to cuff.
Esnobe s snob.
Esnobe s snobbish.
Espaçado *adj* spaced; slow.
Espaçar v to space; to adjourn; to delay.
Espaço s space; room; interval.
Espaçoso *adj* spacious; ample; vast in extent.
Espada s sword.
Espadas s spades (card playing).
Espadaúdo *adj* broad-shouldered.
Espadim s small sword; rapier.
Espádua s shoulder; blade bone.
Espairecer v to amuse; to relax; to divert.
Espairecimento s amusement; diversion.
Espalhador s spreader; one who spreads; scatterer.
Espalhafato s confusion; fuss.
Espalhafatoso *adj* noisy; exaggerated; garish; showy.
Espalhar v to scatter; to dispel.
Espalhar-se v to spread.
Espalmar v to flatten; to level; to smooth.
Espanador s duster.
Espanar v to dust; to clean.
Espancar v to beat; to strike; to thrash; to bang; to maul.
Espantalho s scarecrow.

Espantar v to frighten; to scare; to astonish; to amaze.
Espanto s fright; scare; astonishment.
Espantoso adj dreadful; frightful.
Esparadrapo s adhesive bandage; adhesive tape.
Espargimento s scattering; dissemination.
Espargir v to scatter; to spread; to spill.
Esparrela s snare; noose; cheat.
Esparso adj scattered; spilled.
Espartilho s stays; corset.
Espasmo s spasm; fit; rapture.
Espasmódico adj spasmodic; convulsive.
Espatifar v to crash; to break into pieces; to shatter.
Espátula s spatula; palette knife; spoonbill.
Espavorir v to frighten; to terrify; to alarm.
Especial adj special; private; particular.
Especialidade s specialty; COM particular line.
Especialista s specialist; expert.
Especializar v to specialize; to make speciality of.
Especialmente adv especially.
Especiaria s spicery.
Especiarias s spices.
Espécie s species; kind; sort; *ESPÉCIE humana*: mankind.
Especificar v to specify; to name; to detail.
Específico adj specific; particular.
Espécime s specimen; sample; pattern.
Espectador s spectator; onlooker; viewer.
Espectral adj spectral; ghostly; relating to a specter.
Espectro s spectrum; specter; ghost.
Especulação s speculation; venture.
Especular v to speculate; to explore.
Especulativo adj speculative; theoretical.
Espelhar v to reflect; to mirror; to shine.
Espelho s mirror; looking-glass.
Espelunca s cave; den; honky-tonk; joint.
Espera s expectation; waiting; hope; delay; ambush.
Esperança s hope; promise; expectation.
Esperançar v to give hope to; to animate.
Esperançoso adj hopeful; promising.
Esperanto s Esperanto, a universal language created by Luís Lázaro Zamenhof (1859-1917).
Esperar v to wait; to hope; to expect; to await; to suppose.
Esperma s sperm; masculine semen.
Espermatozoide s spermatozoon; sperm.
Espernear v to kick; to revolt.
Esperteza s vivacity; smartness; sagacity; cunning.
Esperto adj smart; sharp; clever; artful.
Espesso adj thick; gross; close; dense.
Espessura s thickness; density.
Espetacular adj spectacular.
Espetáculo s spectacle; show.
Espetar v to spit; to skewer; to pierce.
Espeto s spit; spike; broach.
Espezinhar v to tread on; to trample.
Espia s spy; lookout; sentinel.
Espião s spy.
Espiar v to spy; to watch; to observe; USA to peek.
Espiga s spike; ear of corn; grain head.
Espigar v to ear; to grow up.
Espinafre s spinach.
Espinal adj spinal; dorsal.
Espingarda s rifle; gun.
Espinha s spine; fishbone; thorn; *ESPINHA dorsal*: backbone; fish bone.
Espinhaço s spinal column; backbone; chine.
Espinhal adj spinal.
Espinho s thorn; prickle; aculeus.
Espinhoso adj thorny; troublesome; difficult.
Espionagem s spying; espionage.
Espionar v to spy; to snoop.

Espira s spire; spiral; coil.
Espirar v to breathe out; to expire; to end; to exhale.
Espírita s spiritist.
Espiritismo s spiritism (Alan Kardec doctrine).
Espírito s spirit; soul; a specter; ghost; mind; any distilled alcoholic liquor.
Espiritualista s spiritualist.
Espiritualizar v to spiritualize; to distill.
Espirituoso adj witty; spirituous.
Espirrar v to sneeze; to spout out.
Espirro s sneeze; sneezing.
Esplêndido adj splendid; very fine; magnificent.
Esplendor s splendour; splendor; magnificence.
Espoleta s blasting cap; quick-match; cape; fuse.
Espoliação s plunder; spoliation.
Espoliar v to spoil; to plunder; to rob.
Espólio s spoils; loot.
Esponja s powder puff; souse; sponge.
Esponjoso adj porous; spongy.
Esponsais s betrothal; the act of betrothing; engagement or contract to marry; marriage.
Espontaneidade s spontaneity.
Espontâneo adj spontaneous; automatic.
Espora s spur; crampon.
Esporada s stroke with a spur; rebuke.
Esporádico adj sporadic; scatered.
Esporte s sport; sportmanship; *ESPORTE wear*: roupa esportiva.
Esposa s wife; spouse.
Esposar v to marry; to spouse; to espouse; to wed.
Esposo s husband; spouse.
Espraiar v to spread; to scatter.
Espreguiçadeira s couch; deck chair; easy chair.
Espreguiçar-se s to stretch oneself; to spread out.
Espreita s peep; look.
Espreitar v to peep; to spy; to lurk; USA to peek.
Espremedor s squeezer; presser.
Espremedura s pressing; squeezing.
Espremer v to press out; to crush; to jam; to squeeze.
Espuma s foam; froth.
Espumadeira s skimmer.
Espumar v to foam; to froth; to skim.
Espumoso adj foamy; frothy.
Espúrio adj spurious; bogus; illegitimate.
Esquadra s fleet; squad.
Esquadrão s squadron; mob.
Esquadria s square; sash.
Esquadrilha s squadron of airplanes; flotilla.
Esquadro s square; T-square.
Esqualidez s squalidness; squalor; gauntness.
Esquálido adj squalid; pale; weak.
Esquartejamento s quartering; dilaceration.
Esquartejar v to quarter; to tear.
Esquecer v to forget; to neglect; to omit; to slip from memory.
Esquecido adj forgotten; slept from memory; forgetful.
Esquecimento s forgetfulness.
Esqueleto s skeleton.
Esquema s scheme; sketch; outline; plan.
Esquentador s heater.
Esquentamento s warming; heating.
Esquentar v to heat; to warm; to grow angry.
Esquerda s left hand; left side; the left.
Esquerdo adj left; awkward.
Esquife s skiff; coffin.
Esquilo s squirrel.
Esquina s angle; corner.
Esquisitice s whim; quip; extravagance.
Esquisito adj strange; odd; whimsical.
Esquivar v to avoid; to dodge; to slink; to duck; to shun.

ESQUIVO — ESTRANGEIRO

Esquivo *adj* disdainful; rude; coy.
Esquizofrênico *adj* PSIQ schizophrenic.
Esse *adj* that; that one.
Esse *pron* that; that one.
Essência *s* essence; core.
Essencial *adj* essential; vital.
Esta *adj* this; this one.
Esta *pron* this; this one.
Estabelecer *v* to establish; to set up; to settle.
Estabelecimento *s* establishment; settlement; shop.
Estabilidade *s* stability; tenure.
Estabilizar *v* to stabilize.
Estábulo *s* stable; cowshed; USA barn.
Estaca *s* stake; prop; pale.
Estação *s* station; season; *ESTAÇÃO de trem*: railway station.
Estacar *v* to stake; to shore; to stop short; to prop.
Estacionamento *s* parking; standing; *ESTACIONAMENTO proibido*: no parking.
Estacionar *v* to park; to stop; to stand.
Estacionário *adj* stationary; fixed; stopped.
Estada *s* stay; permanence; sojourn.
Estádio *s* stadium; coliseum.
Estadista *s* statesman.
Estado *s* state; condition; nation.
Estafado *adj* tired; jaded.
Estafar *v* to tire; to weary.
Estafeta *s* estafet; courier.
Estagiário *s* trainer apprentice; probationer.
Estágio *s* stage; phase.
Estagnação *s* stagnation; inertia.
Estagnar-se *v* to stagnate; to be inert.
Estalagem *s* inn; hotel; hostelry; USA flophouse.
Estalar *v* to crack; to break; to crackle; to break out.
Estaleiro *s* shipyard; dockyard; USA navy yard.
Estalido *s* clap; crackling; snap click.
Estalo *s* noise; crack; clap.
Estampa *s* stamp; print; engraving.
Estampador *s* printer; stamper.
Estampagem *s* stamping; engraving cloth; printing; impression.
Estampar *v* to print; to stamp; to goffer; to press.
Estamparia *s* printery; print shop.
Estampido *s* clap; noise; report.
Estancar *v* to stanch; to stop; to check.
Estância *s* sojourn; stay; station; farm; stanza.
Estandarte *s* standard; guidon; emblem; banner.
Estanhagem *s* tinning; tin-plating.
Estanhar *v* to tin; to cover with tin; to tin-coat.
Estanho *s* tin.
Estante *s* bookshelf; rack; bookcase.
Estar *v* to be; to stand.
Estarrecer *v* to frighten; to be struck with terror.
Estátua *s* statue.
Estatueta *s* statuette; a little statue.
Estatuir *v* to establish; to decree; to settle.
Estatura *s* stature; height.
Estatuto *s* statute; rule; a legislative act; law.
Estável *adj* stable; firmly established; fixed; steady.
Este *adj* this; this one.
Este *pron* this; this one.
Este *s* east; sunrise.
Esteio *s* support; prop; stay.
Esteira *s* mat; the wake of a ship.
Esteirar *v* to mat; to sail.
Estelar *adj* stellar.
Estender *v* to extend; to reach; to stretch out; to spread.
Estendido *adj* outspread; stretched-out.
Estenógrafo *s* stenographer.
Estercar *v* to dung; to manure.

Esterco *s* dung; manure; animal excrement; muck.
Estéril *adj* sterile; barren.
Esterilidade *s* sterility; barrenness.
Esterilização *s* sterilization.
Esterilizar *v* to sterilize; to act to destroy germs by process of disinfection.
Esterno *s* sternum; breastbone.
Estética *s* esthetics; aesthetics.
Estetoscópio *s* stethoscope, medical equipment for sound's auscultation of the human body and heart.
Estiagem *s* good weather after storm; dry weather.
Estiar *v* to stop raining.
Estibordo *s* starboard.
Esticar *v* to stretch; to make tense.
Estigmatizar *v* to stigmatize; to brand; to blot; to taint.
Estilete *s* stiletto; stylet; BOT style.
Estilhaçar *v* to splinter; to spall.
Estilhaço *s* splinter; chip.
Estilo *s* style; diction.
Estima *s* esteem; consideration; regard.
Estimação *s* esteem; estimate; *animal de ESTIMAÇÃO*: pet.
Estimar *v* to esteem; to estimate; to value; to respect.
Estimativa *s* estimation; calculation.
Estimativo *adj* estimative; forecasting.
Estimulante *s* stimulant; stimulative.
Estimular *v* to stimulate; to act as a stimulant.
Estímulo *s* stimulus; encouragement; pride.
Estio *s* summer.
Estipulação *s* stipulation; provision; agreement.
Estipular *v* to stipulate; to settle; to contract.
Estirar *v* to stretch; to pull; to extend.
Estirpe *s* origin; lineage; pedigree.
Estiva *s* stowage; ballast.
Estivador *s* stevedore; docker; longshoreman.
Estocada *s* thrust; jab; stab.
Estofador *s* upholsterer.
Estofar *v* to upholster; to pad; to stuff.
Estofo *s* stuff; padding; cloth.
Estoicismo *s* stoicism.
Estoico *adj* stoic; stoical; a person that keeps calm in face of the pain and misfortune.
Estojo *s* case; set; box.
Estola *s* stole; part of sacerdotal clothes; scarf.
Estomacal *adj* stomachic; stomachical.
Estômago *s* stomach; belly.
Estonteante *adj* stunning; heady.
Estontear *v* to stun; to astound; to daze.
Estopa *s* tow; cotton waste; flock.
Estopim *s* match-rope; quick-match; blasting fuse.
Estoque *s* rapier; supply; stock; goods stored in a shop.
Estornar *v* to transfer; to offset; to rescind.
Estorno *s* cross entry; offsetting.
Estorvar *v* to embarrass; to hinder; to cumber; to hamper.
Estorvo *s* hindrance; nuisance; obstacle.
Estourar *v* to burst; to explode; to break up; to blow up.
Estouro *s* detonation; burst; bursting.
Estouvado *adj* hattle-brained; heedless; harebrained.
Estouvamento *s* heedlessness; frivolity; giddiness.
Estrábico *adj* squint-eyed; cross-eyed; strabismic.
Estrabismo *s* strabismus; squint.
Estrada *s* road; way; *ESTRADA de ferro*: railroad; *ESTRADA de rodagem*: roadway; highway.
Estrado *s* platform; estrade; stand.
Estragado *adj* spoiled; damaged; rotten.
Estragar *v* to damage; to corrupt; to waste; to spoil.
Estragar-se *v* to deteriorate.
Estrago *s* deterioration; degeneration; damage; waste.
Estrambótico *adj* extravagant; odd; queer.
Estrangeiro *s* foreigner.

Estrangeiro *adj* foreign.
Estrangulação *s* strangulation; choking.
Estrangulador *s* strangler; choker.
Estrangular *v* to strangle; to choke; to throttle.
Estranhar *v* to find strange something; to wonder at.
Estranhável *adj* strange; odd; peculiar.
Estranheza *s* strangeness; wonderment.
Estranho *adj* foreign; strange; outlandish; odd; queer.
Estratagema *s* stratagem; device.
Estratégia *s* strategy; organization and planning of war operation.
Estratificar *v* to stratify; to form deposit or arrange in strata.
Estrato *s* stratus; stratum.
Estreante *s* début; débutante.
Estrear *v* to handsel; to début; to inaugurate.
Estrebaria *s* stable.
Estreia *s* beginning; début; first appearance; first performance.
Estreitar *v* to narrow; to contract; to tighten.
Estreiteza *s* narrowness; tightness; want.
Estreito *s* strait.
Estreito *adj* narrow; tight.
Estrela *s* star; FIG destiny.
Estrelado *adj* starry; starlit.
Estrelar *v* to star; to shine.
Estrelinha *s* asterisk; starlet.
Estrema *s* demarcation; landmark.
Estremar *v* to demarcate; to distinguish.
Estremecer *v* to shake; to love deeply; to tremble.
Estremecido *adj* well-beloved; jolted; shaken.
Estremecimento *s* shock; commotion; shake; jolt; quiver.
Estrepar *v* to provide with a caltrop; to palisade.
Estrepe *s* thorn; caltrop.
Estrepitar *v* to make noise; to clash; to bang.
Estrépito *s* noise; clash.
Estrepitoso *adj* noisy; loud.
Estria *s* stria; groove.
Estriado *adj* striated; grooved.
Estriamento *s* grooving; fluting; striation; rifling.
Estriar *v* to striate; to flute; to channel; to groove.
Estribeira *s* step; stirrup.
Estribilho *s* refrain; chorus.
Estribo *s* stirrup; support; side-step of any vehicle.
Estridente *adj* stridulous; harsh; shrill.
Estrito *adj* strict; exact; proper.
Estrofe *s* strophe; stanza.
Estroina *s* profligate; bohemian.
Estroina *adj* hare-brained; wild; extravagant.
Estrondoso *adj* tumultuous; noisy; clamorous.
Estropiar *v* to maim; to cripple; to gravel.
Estrume *s* manure; dung.
Estrutura *s* framework; structure.
Estuário *s* estuary; inlet.
Estudantada *s* a group of students; students.
Estudante *s* schoolboy or schoolgirl; learner; scholar; USA student.
Estudar *v* to study; to examine; to observe.
Estúdio *s* studio; atelier.
Estudioso *adj* studious; scholarly.
Estudo *s* study; learning.
Estufa *s* stove; heater; greenhouse; USA hothouse.
Estufado *s* stew; pan roast.
Estufado *adj* hothouse; heater.
Estufar *v* to stew; to bulge out; to heat; to sterilize.
Estupefato *adj* stupefied; astonished.
Estupendo *adj* stupendous; overwhelming.
Estupidez *s* stupidity; boorishness; silliness.
Estúpido *adj* stupid; dull; coarse.
Estupor *s* stupor; amazement.
Estuprador *s* violator; ravisher.
Estuprar *v* to rape; to violate; to ravish; to deflower.
Estupro *s* rape; ravishment.
Estuque *s* stucco; plaster.
Esvaído *adj* faint; exhausted.
Esvair-se *v* to vanish; to disappear; to faint away.
Esvaziamento *s* emptying.
Esvaziar *v* to empty; to pick; to deflate.
Esverdeado *adj* greenish.
Esvoaçar *v* to flutter; to flit.
Etapa *s* stage; halting place; GÍR leg.
Etéreo *adj* ethereal; concerning to the ether; sublime; high.
Eternidade *s* eternity.
Eternizar *v* to eternize; to immortalize; to perpetuate; to eternalize.
Eterno *adj* eternal; everlasting; *Deus é ETERNO*: God is eternal.
Ética *s* ethic; ethical.
Ético *adj* ethical, allusive to the ETHICS.
Etiqueta *s* etiquette; label.
Etiquetar *v* to label; to ticket.
Étnico *adj* ethnic; ethnical.
Eu *pron* I; first personal pronoun; *EU também*: so do I.
Eucaristia *s* RELIG Eucharist, the communion of the body and bloof of Jesus Christ.
Euforia *s* euphory; euphoria.
Eunuco *s* eunuch; castred slave.
Eureca *interj* eureka! (interjection said by Archimedes, 287? - 212? b.C., famous Greek mathematician, meaning "I discovered!").
Europeu *adj* European.
Eurritmia *s* eurhythmics.
Evacuação *s* evacuation.
Evacuar *v* to evacuate; to eject; to defecate; to excrete.
Evadir *v* to evade; to escape.
Evangelho *s* the Gospel; Evangel.
Evangelizar *v* to evangelize.
Evaporação *s* evaporation.
Evaporar *v* to evaporate; to emit; to vapor.
Evaporar-se *v* to vanish; to disappear.
Evasão *s* evasion; subterfuge; escape.
Evasiva *s* evasion; USA pretense.
Evasivo *adj* evasive.
Evento *s* event; occurrence; circumstance.
Eventual *adj* eventual; fortuitous.
Eventualidade *s* eventuality; fortuity.
Evidência *s* obviousness; evidence; sign; patency.
Evidenciar *v* to evidence; to prove; to attest.
Evidente *adj* evident; plain; obvious.
Evitar *v* to avoid; to evade; to help; to shirk; to prevent; to shun.
Evitável *adj* avoidable; preventable.
Evocação *s* evoking; evocation.
Evocar *v* to evoke; to conjure up; to summon; to call out.
Evolução *s* evolution.
Evolucionar *v* to evolve; to develop.
Evolucionismo *s* evolutionism; theory of evolution.
Evoluir *v* to progress; to evolve; to develop.
Evolutivo *adj* evolutionary; evolutional.
Exacerbação *s* exacerbation.
Exacerbar *v* to exasperate; to exacerbate; to become irritated.
Exagerar *v* to exaggerate; to overdo.
Exalação *s* exhalation; a breathe emanation.
Exalar *v* to exhale; to breathe out; to emit.
Exaltação *s* exaltation; excitement; elevation.
Exaltar *v* to praise; to irritate; to exalt; to extol.
Exame *s* examination; exam; inquiry; research; *EXAME de direção*: driving-test.
Examinado *s* examiner.
Examinador *adj* examining.
Examinar *v* to examine; to investigate; to scan; to inspect; to look into; COM to audit.

EXASPERAÇÃO — EXPLORADOR

Exasperação s exasperation; irritation.
Exasperar v to exasperate; to exacerbate; to enrage.
Exatamente adv exactly; just; *EXATAMENTE como você disse*: just as you said.
Exatidão s exactness; accuracy.
Exato adj exact; precise; accurate.
Exaurir v to drain; to exhaust.
Exaustão s exhaustion; concerning to the human limit of tireness.
Exausto adj exhausted; tired out; toilworn.
Exceção s exception; everything that is out of natural way.
Excedente s overplus; excess; surplus.
Excedente adj exceeding.
Exceder v to excel; to surpass; to exceed.
Excedível adj surpassable; exceedable.
Excelência s excellence; excellency; superiority.
Excelente adj excellent.
Excentricidade s eccentricity; oddity.
Excêntrico adj eccentric; odd; USA choosy.
Excepcional adj exceptional; unusual.
Excerto s excerpt; offprint; extract.
Excessivo adj excessive; exteme.
Excesso s excess; great abundance; surplus; *EXCESSO de velocidade*: speeding.
Exceto prep except; with the exception of; save.
Excetuar v to except; to omit; to exclude; to bar.
Excitação s excitement; excitation.
Excitante s excitant; stimulant.
Excitante adj exciting.
Excitar v to excite; to edge; to ferment; to stimulate; to arouse.
Excitável adj excitable; irritable.
Exclamação s outcry; exclamation.
Exclamar v to exclaim; to cry out; to shout.
Excluir v to exclude; to debar; to preclude; to discard.
Exclusão s exclusion; omission.
Exclusivo adj exclusive; excluded; unique.
Excomungado adj RELIG excommunicated; damned.
Excomungar v to excommunicate; expel from communion; to conjure.
Excreção s excretion; excreta. *EXCREÇÃO adj excreted*.
Excremento s excrement; fecal matter.
Excursão s excursion; expedition; trip; tour.
Excursionista s excursionist.
Execração s execration; curse; horror.
Execrar v to execrate; to curse; to detest; to abhor; to hate.
Execrável adj execrable; damnable; detestable; abominable.
Execução s execution; capital punishment; performance.
Executante s executor; performer; player; executant.
Executar v to execute; to fulfil; to fulfill; to perform; to put to death; to carry out.
Executável adj executable; practicable; performable.
Executivo s executive.
Executivo adj executive.
Executor s executor; performer; executioner.
Exegese s exegesis.
Exemplar s exemplar; specimen; model; pattern; copy; type.
Exemplar adj exemplary.
Exemplificação s illustration; exemplification.
Exemplificar v to exemplify; to illustrate.
Exemplo s example; pattern; *por EXEMPLO*: for instance.
Exéquias s obsequies; exequies; funeral rites; burial cerimonies.
Exequibilidade s execution; practicability; performance.
Exequível adj executable; feasible; practicable.
Exercer v to exercise; to exert; to perform; to practise; to carry out.
Exercício s exercise; practice; drill; train.
Exercitar v to exercise; to train; to practise; MIL to drill.
Exército s army; host; legion.
Exibição s exhibition; show; exhibit; display.

Exibicionismo s exhibitionism.
Exibidor s exhibitor; displayer; exhibiter.
Exibir v to exihibit; to produce; to release; to show; to display; *EXIBIR um filme*: to screen.
Exigência s exigence; requirement; demand; exigency.
Exigente adj exigent; urgent.
Exigir v to require; to exact; to claim; to demand.
Exigível adj exigible.
Exíguo adj exiguous; scant; small; scanty; meager.
Exilado s exile.
Exilado adj exiled.
Exilar v to exile; to banish from one's native country.
Exílio s exile; banishment.
Exímio adj excellent; eminent; accomplished; distinguished.
Eximir v to exempt; to release; to exonerate.
Existência s existence; being; life.
Existente adj existent; existing; living.
Existir v to exist; to be; to live.
Êxito s result; success.
Êxodo s exodus; emigration; RELIG one of the Old Testament Book.
Exoneração s exoneration; dismissal.
Exonerar v to exonerate; to dismiss.
Exorbitância s exorbitance; extravagance.
Exorbitante adj exorbitant; excessive; extravagant.
Exorbitar v to exorbitate; to go beyond the limits; to overstep.
Exorcisar v to exorcise; to swear; to curse.
Exorcista s exorcist; person who is able to practice the exorcism.
Exórdio s RET exordium; first part of the speech.
Exortação s admonition; exhortation.
Exortar v to exhort.
Exotérico adj exoteric.
Exótico adj exotic; extravagant; foreign; queer; odd.
Expandir v to expand; to spread out.
Expandir-se v to boorn.
Expansivo adj expansive; outgoing; communicative; sociable.
Expatriação s expatriation; banishment; exile.
Expatriar v to expatriate; to exile; to banish.
Expectador s expectant; assistant.
Expectativa s expectation; expectancy; hope.
Expectorar v to expectorate; to cough out.
Expedição s expedition; journey; COM forwarding.
Expedicionário adj expeditionary.
Expediente s expedient; shift; resource.
Expedir v to expedite; to dispatch; to forward.
Expedito adj expeditious; speedy; quick; prompt.
Expelir v to expel; to throw out; to dispel; to protude; to eject.
Expensas s expense; cost.
Experiência s experience; experiment; trial; test.
Experiente adj skilled; experienced.
Experimentado adj experienced; tried; expert.
Experimentar v to experiment; to sample; to try; to test.
Experimento s experiment; experience; test.
Experto s expert.
Expiação s atonement; expiation.
Expiar v to expiate; to make amends for; to atone for.
Expiração s expiration; emission of air from the lungs; end.
Expirar v to expire; to end; to breathe out; to exhale; to die.
Explanação s explanation; elucidation.
Explanar v to explain; to expound.
Explicação s explication; apology.
Explicar v to explain; to expound; to illustrate by explanation.
Explicativo adj explanatory; explicative.
Explicável adj explicable; explainable.
Explícito adj clear; explicit.
Explodir v to explode; to blow up; to blast; to fulminate.
Exploração s exploration; exploitation.
Explorador s explorer; exploiter.

Explorar v to explore; to exploit; USA to sting.
Explorável adj workable; explorable.
Explosão s explosion; bang.
Explosivo s explosive.
Explosivo adj explosive.
Expoente s exponent.
Expor v to expose; to endanger; to display; to set forth; to show.
Exportação s exportation; export.
Exportador s exporter.
Exportar v to export; to carry or send abroad.
Exportável adj exportable.
Exposição s exposition; exhibition; exhibit; exposure; report.
Exposto s foundling.
Exposto adj exposed.
Expressão s expresion; utterance.
Expressar v to express; to represent in words; to utter.
Expressivo adj expressive.
Expresso s express; a very rapid tram; special delivery; a service post that deliver letters very fast.
Expresso adj express; clear; formal.
Exprimir v to express; to enuncitate.
Exprobração s reproach; upbraiding; censure; invective.
Exprobrar v to reproach; to upbraid; to censure.
Expropriação s JUR expropriation.
Expropriar v JUR to expropriate.
Expulsão s expulsion; driving out; expelling; ejection.
Expulsar v to expel; to banish; to eject; to oust.
Exsudação s sweating; exudation.
Exsudar v to sweat out; to exude.
Êxtase s rapture; ecstasy.
Extasiar v to delight; to enrapture.
Extemporâneo adj untimely; extemporaneous; inopportune.
Extensão s extension; extending.
Extensível adj extensible; extensile.
Extensivo adj extensive; far-reaching; comprehensive.
Extenso adj extensive; ample; wide; spacious.
Extenuação s enfeeblement; feebleness.
Extenuante adj extenuating; exhausting.
Extenuar v to exenuate; to tire out; to enfeeble.
Exterior s exterior; outside.
Exterior adj exterior; external; foreign.
Exterior adv abroad.

Exterioridade s exteriority.
Exteriorização s exteriorization; externalization.
Exteriorizar v to exteriorize; to manifest.
Exterminar v to exterminate; to annihilate.
Externato s day school.
Externo adj external; outward.
Extinção s suppression; extinction; abolition.
Extinguir v to extinguish; to quench; to slake; to suppress; to put out.
Extinto s dead person; deceased.
Extinto adj extinct; extinguished.
Extintor s fire extinguisher.
Extirpar v to extirpate; to eradicate; to extract; to excise; to root up.
Extorquir v to extort; to black-mail; to extract.
Extorsão s extortion; USA racket.
Extração s extraction; drawing of a lotery; lineage.
Extradição s extradiction; extradition.
Extraditar v to deliver up; to extradite.
Extrair v to extract; to remove.
Extraordinário adj extraordinary; remarkable; notable.
Extraterrestre s alien; foreign; (E.T.).
Extrato s extract; summary.
Extravagância s extravagance; excess; fancy.
Extravagante adj extravagant; wasteful; freakish; whimsical.
Extravasar v to extravasate; to overflow; to flow out.
Extraviado adj astray; lost; missing.
Extraviar v to lead astray; to mislead; to embezzle; to go astray.
Extravio s deviation; embezzlement.
Extremado adj distinguished; extreme.
Extremar v to extol; to exalt.
Extremidade s extremity; end; border; edge.
Extremo s extreme; extremity. **EXTREMO** adj extreme; utmost.
Extrovertido s extrovert.
Extrovertido adj extroversive; extroverted.
Exuberância s exuberance; exuberancy; rankness.
Exuberante adj exuberant; plentiful; luxuriant.
Exuberar v to exuberate; to superabound; to be exuberant.
Exultante adj exultant; elated.
Exultar v to exult; to joy; to rejoice; to delight.
Exumação s exhumation; disinterment.
Exumar v to unbury; to exhume; to disinter.

f F

F *s* the sixth letter of the Portuguese and English alphabets.
F *s* MÚS symbol of the key fá.
Fã *s* fan; admirer.
Fábrica *s* factory; mill; manufactory; plant; fabric.
Fabricação *s* manufacture; making; fabrication.
Fabricante *s* maker; manufacturer, fabricator.
Fabricar *v* to fabricate; to built; to till; to manufacture.
Fabricável *adj* makable; constructed.
Fabril *adj* manufacturing.
Fábula *s* fable; lie; legend; tale.
Fabulação *s* fable; fiction; narrative; moral.
Fabular *v* to fable; to compose fable.
Fabulário *s* fable-book, collection of fables.
Fabulista *s* fabulist; lier; cheater.
Fabuloso *adj* fabulous; marvellous.
Faca *s* knife.
Facada *s* stab; knifing.
Façanha *s* exploit; achievement; feat.
Facão *s* large knife; sword; saber.
Facção *s* faction; party spirit.
Faccionar *v* to divide into factions; to incite.
Face *s* face; cheek; visage.
Faceiro *adj* elegant; coquettish; foppish.
Faceta *s* facet; side; pane.
Facetado *adj* faceted.
Facetar *v* to facet; to work facets on; to polish; to refine.
Fachada *s* façade; cover; front; GÍR face; air; figure.
Facho *s* torch; beam.
Facial *adj* facial.
Fácil *adj* easy; simple; facile.
Facilidade *s* facility; ease; readiness.
Facilitar *v* to facilitate; to make easier.
Facilmente *adv* easily.
Facínora *s* gangster; criminal.
Facínora *adj* criminal; wicked.
Fac-símile *s* facsimile; replica.
Factício *adj* factitious; artificial; unnatural.
Factível *adj* feasible; practicable.
Factótum *s* factotum; man friday.
Faculdade *s* faculty; power; ability; college.
Facultar *v* to permit; to facilitate; to allow.
Facultativo *adj* facultative; optional; USA elective, concerning to a course of study.
Fada *s* fairy; pixy; pixie; FIG a charming woman.
Fadado *adj* fated; predestined; doomed; bound.
Fadar *v* to fate; to destine; to doom; to endow.
Fadiga *s* fatigue; toil; weariness.
Fado *s* fate; destiny; MÚS Portuguese folk song.
Fagulha *s* spark; flake; flash.
Faina *s* toil; chore; board job; the working in a ship.
Faisão *s* pheasant.
Faísca *s* spark; flash; flake.
Faiscante *adj* sparkling; flashing; scintillating.
Faiscar *v* to spark; to sparkle; to flash; to glisten.
Faixa *s* band; belt; bandage.
Fala *s* speech; language; talk; voice.
Falácia *s* fallacy; hubbub; deceit.
Falado *adj* famous; talked about.
Falador *s* talker; talkative; babbler; chatterer.
Falange *s* phalanx; phalange; knuck lebone.
Falangeta *s* terminal phalanx of a finger or toe; third phalanx.
Falanginha *s* middle phalanx of a finger or toe; seconde phalanx.
Falar *v* to speak; to talk; to tell; to say; to address; to discourse.
Falatório *s* chit-chat; babbling; prattle.
Falaz *adj* fallacious; deceitful.
Falcão *s* falcon; hawk.
Falcatrua *s* cheat; knavery; trick.
Falecer *v* to die; to pass away; to fail.
Falecido *s* deceased.
Falecido *adj* deceased; late; wanting.
Falecimento *s* death; demise.
Falência *s* failure; bankruptcy; insolvency.
Falha *s* mistake; error; fault; flaw; blemish; failure.
Falhado *adj* cracket; faulty; split.
Falhar *v* to crack; to misfire; to fail; to split.
Falho *adj* lacking; faulty; wanting.
Falido *adj* failed; bankrupt.
Falir *v* to fail; to go bankrupt; to go up; to break.
Falível *adj* fallible.
Falsário *s* falsifier; forger; perjurer.
Falsear *v* to misrepresent; to betray.
Falsete *s* MÚS falsetto.
Falsidade *s* falseness; untruth; falsehood.
Falsificação *s* falsification; forgery; sham.
Falsificador *s* falsifier; folger.
Falsificar *v* to falsify; to forge; to counterfeit; to simulate.
Falso *adj* false; untrue; sham; wrong.
Falta *s* flaw; failing; mistake; foul; lack; fault; defect; misdeed.
Faltar *v* to be missing; to miss; to be absent; to lack; to fail.
Fama *s* fame; reputation; renown.
Famigerado *adj* renowned; notorious; famous.
Família *s* family; parents; parentage; folks.
Familiar *adj* familiar; homelike; USA homey.
Familiaridade *s* familiarity; intimacy.
Familiarizado *adj* acquainted; familiarized.
Familiarizar *v* to familiarize; to become familiar; to acquaint.
Faminto *adj* hungry; starveling; famished; starving.
Famoso *adj* famous; well-known; renowned.
Fanático *s* fanatic; zealot.
Fanático *adj* rabid; fanatical.
Fanatismo *s* fanaticism; overzealousness.
Fanatizar *v* to fanatize; to become fanatical.
Fanfarra *s* fanfare; brass band.
Fanfarrão *s* braggart; bluster; bully.
Fanfarrão *adj* blustery.
Fanhoso *adj* snuffling; nasal; twangy.
Fantasia *s* fantasy; freak; fancy; whim.
Fantasiar *v* to fantasy; to fancy; to imagine.
Fantasioso *adj* fanciful; fictitious; imaginative.
Fantasma *s* phantom; ghost.
Fantasmagórico *adj* phantasmagoric; phantasmagorial.

Fantasticamente *adv* exhilaratingly.
Fantástico *adj* fantastic; terrific; fantastical; unreal; fanciful.
Fantoche *s* puppet.
Faqueiro *s* knife-case; silver chest; cutler.
Faquir *s* fakir; fakeer.
Farad *s* farad, unity of electrical capacity.
Faraó *s* pharaoh, ancient kings of Egypt.
Faraônico *adj* pharaonic.
Farda *s* uniform; livery.
Fardado *adj* in uniform.
Fardamento *s* military uniform; soldier's clothe; livery.
Fardar *v* to dress in uniform.
Fardo *s* load; bale; parcel; baggage; burden (weight).
Farejar *v* to scent; to smell.
Farelo *s* bran; chaff.
Farináceo *adj* farinaceous; mealy.
Farinha *s* meal; flour.
Fariseu *s* pharisee; hypocrite.
Farmacêutico *s* chemist; USA druggist.
Farmacêutico *adj* pharmaceutic; pharmaceutical.
Farmácia *s* pharmacy; chemist's store; USA drugstore.
Farnel *s* provision for a trip; knapsack.
Faro *s* scent; flair; smell.
Farol *s* lighthouse; street lamp; beacon; lantern; ship's light; FIG ostentation.
Faroleiro *s* light-houseman; lighthouse keeper; braggart.
Faroleiro *adj* boastful.
Farpa *s* barb; splinter; banderilla; little dart.
Farpado *adj* barbed; scraggy.
Farpão *vide* FISGA.
Farpear *v* to barb; to strike with a dart; to injure.
Farrapo *s* rag; frazzle.
Farsa *s* farce; dodge; trickery.
Farsante *s* buffoon; fake; impostor; mime.
Fartar *v* to satiate; to overfeed; to cram with food; to satisfy.
Farto *adj* satiate; fed up; ample; irked.
Fartura *s* plenty; abundance.
Fasciculado *adj* fasciculate, composed of or growing in bundles.
Fascicular *adj* fascicular, of or pertaining to a fascicle; fasciculate.
Fascículo *s* fascicle, a number of sheets of printed work bound together.
Fascinação *s* fascination; glamor.
Fascinante *adj* fascinating; glamorous; charming.
Fascinar *v* to fascinate; to captivate; to enchant; to bewitch.
Fascínio *s* enchantment; fascination.
Fase *s* phase; stage.
Fastidioso *adj* wearisome; boring; tiresome; USA pesky.
Fastígio *s* summit; top; pinacle.
Fastio *s* weariness; want of appetite.
Fatal *adj* fatal, mortal; deadly.
Fatalidade *s* fatality; disaster; destiny; a fatal event.
Fatalismo *s* fatalism.
Fatalista *s* fatalist.
Fatia *s* slice; piece; cut.
Fatiar *s* to slice; to wedges; to pieces.
Fatídico *adj* fatidical; tragic; fateful.
Fatigado *adj* tired; weary; fatigued.
Fatigante *adj* laborious; wearisome; tiresome.
Fatigar *v* to tire; to fatigue; to weary.
Fato *s* suit; fact; event.
Fator *s* factor; coefficient.
Fatuidade *s* fatuity; vanity.
Fátuo *adj* fatuous; vain; foppish.
Fatura *s* invoice; bill of parcels.
Faturar *v* to invoice; to bill.
Fauno *s* MIT faun.
Fausto *s* pomp; ostentation.

Fava *s* broad bean; cocoon.
Favela *s* shantytown; slum.
Favo *s* honeycomb; favus.
Favor *s* favor; favour; protection; help.
Favorável *adj* favorable; favoring.
Favorecer *v* to favor; to further; to befriend; to smile on; to support.
Favorito *s* favorite.
Favorito *adj* favorite; darling.
Fax *vide* FAC-SIMILE.
Faxina *s* fascine; fagot; cleanup.
Faxinar *v* to clean something.
Faxineiro *s* janitor; cleaner.
Fazenda *s* farm; plantation.
Fazendeiro *s* farmer; planter; rancher.
Fazer *v* to do; to make; to perform; to create; to carry out; *FAZER o melhor que se pode*: to do one's best.
Fé *s* faith; trust; faithfulness; testimony.
Fealdade *s* ugliness; outrage.
Febre *s* fever.
Febrífugo *s* febrifuge.
Febrífugo *adj* febrifuge; antifebrile.
Febril *adj* febrile; hectic.
Fechado *adj* closed; shut.
Fechadura *s* lock.
Fechamento *s* closure; closing.
Fechar *v* to shut; to fasten; to close; to lock.
Fecho *s* bolt; conclusion; close; latch.
Fécula *s* starch; farina.
Fecundação *s* fecundation; impregnation.
Fecundante *adj* fecundative; fertilizing.
Fecundar *v* to fecundate; to fertilize.
Fecundidade *s* fecundity; fruitfulness.
Fecundo *adj* fecund; fruitful; fertile.
Feder *v* to stink.
Federação *s* federation.
Federalismo *s* federalism.
Fedor *s* stink; fetidness.
Fedorento *adj* stinking; fetid.
Feição *s* figure; feature; form; aspect.
Feijão *s* bean; bean plant.
Feio *adj* ugly; improper.
Feira *s* fair; market; *segunda-FEIRA*: monday; *terça-FEIRA*: tuesday; *quarta-FEIRA*: wednesday; *quinta-FEIRA*: thursday; *sexta-FEIRA*: friday.
Feirante *s* trader at fairs; hawker.
Feitiçaria *s* sorcery; witchcraft.
Feiticeira *s* witch; hag; sorceress.
Feiticeiro *s* sorcerer; wizard.
Feiticeiro *adj* bewitching.
Feitiço *s* sorcery; witchcraft; charm; fetish.
Feitio *s* fashion; sort; shape; workmanship.
Feito *s* fact; deed; exploit.
Feito *adj* done; grown; made.
Feitor *s* boss; manager; foreman.
Feitoria *s* administration; factorship.
Feitura *s* making; work.
Feixe *s* sheaf; bundle of sticks; faggot.
Fel *s* bile; gall; FIG bitterness; hatred.
Felicidade *s* felicity; happiness; bliss.
Felicitação *s* felicitation; congratulation.
Felicitar *v* to felicitate; to congratulate.
Feliz *adj* happy; fortunate; merry; glad; *FELIZ aniversário*: happy anniversary, happy birthday.
Felizardo *s* a happy man; a lucky fellow.
Felizmente *adv* fortunately.
Felonia *s* felony.
Felpa *s* shag; nap of a cloth.
Felpado *adj* shaggy; nappy of a cloth; fuzzy.

Felpudo vide FELPADO.
Fêmea s female; woman.
Feminidade s feminity; women collectively; feminist.
Feminilidade vide FEMINIDADE.
Feminino adj feminine; female; womanish.
Feminismo s feminism.
Feminista s feminist, one who advocates feminism.
Femoral adj femoral, pertaining to the femur; also the femoral artery.
Fêmur s femur; thighbone.
Fenda s chap; chink; crack; crevasse; fissure; gap.
Fender v to slit; to cleave; to crack; to chap; to split; to chink.
Fenecer v to end; to fade; to wither; to die.
Fênico vide FENOL.
Feno s hay; vernal grass.
Fenol s QUÍM phenol, a composite and a powerfull caustic poison.
Fenomenal adj phenomenal; unusual; admirable.
Fenômeno s phenomenon.
Fera s wild beast, beast of prey.
Feracidade s feracity; fruitful.
Féretro s coffin; bier.
Feriado s holiday; USA legal holiday.
Feriado adj holiday.
Ferida s wound.
Ferimento s injury; wound.
Ferino adj ferine; wild; savage.
Ferir v to wound; to hurt; to hit; to knock; to offend; to strike; to injure.
Fermentação s fermentation; ferment.
Fermentar v to ferment; to leaven.
Fermento s ferment; yeast.
Ferocidade s ferocity; fierceness.
Feroz adj ferocious; fierce.
Ferrador s farrier; horseshoer.
Ferradura s horseshoe.
Ferragem s ironmongery; ironwork; ironware; USA HARDWARE.
Ferramenta s tool; utensil.
Ferrão s stick; prick; spike; stinger.
Ferrar v to iron; to shoe; to mark a cattle; to nail.
Ferraria s farriery; smith's store; ironworks.
Ferreiro s blacksmith; forger; smith.
Ferrenho adj hard; inflexible; iron-like; hard as iron.
Férreo adj ferreous; hard; stern.
Ferrete s stigma; marking iron.
Ferro s iron; fetters.
Ferroada s sting; prick.
Ferrolho s bolt; latch; catch.
Ferroso adj ferrous.
Ferrovia s rail; railway; railroad.
Ferroviário s railway workman; railroader.
Ferrugem s rust.
Ferruginoso adj ferruginous.
Fértil adj fertile; fruitful.
Fertilidade s fertility; fecundity; fruitfulness.
Fertilização s fertilization.
Fertilizante s fertilizer; manure.
Fertilizar v to fertilize.
Férula s ferule; ferula.
Fervedouro s boiling; ebullition; agitation; bubbling.
Ferver v to boil; to effervesce; to seethe.
Férvido adj fervid; ardent; hot.
Fervilhar v to boil; to swarm.
Fervor s fervor; zeal; fervour.
Fervoroso adj ardent; fervent; fervid.
Fervura s ebullition; effervescence; seething.
Festa s feast; festival; festivity; party.
Festança s merrymaking; feast; frolic.

Festão s festoon; big party.
Festeiro s feaster; merrymaker.
Festejar v to celebrate; to wassail; to make marry.
Festejo s festivity; celebration.
Festim s little feast; small part; banquet.
Festival s festival; feast.
Festival s merry, festive.
Festividade s festivity.
Festivo adj festive; joyous.
Fetiche s fetish.
Fétido adj fetid; stinking.
Feto s fetus; foetus.
Feudal adj feudal.
Feudalismo s feudalism.
Feudo s feud; fief.
Fevereiro s February (the second month of the year, having twenty-eight days or, in bissextiles years, twenty-nine days).
Fez s fez.
Fezes s faeces; feces; dregs.
Fiação s spinning; spinnery.
Fiada s file; row; line.
Fiadeira s spinner.
Fiado adj spun; on trust; trustful.
Fiador s bondsman; bail.
Fiança s bail; surety; security.
Fiar v to spin; to sell on trust; to confide; to wiredraw.
Fiasco s fiasco; failure; USA flop; fizzle.
Fibra s fibre; staple; fiber; FIBRA óptica: fiber optic.
Ficar v to remain; to hold out; to stay; to abide.
Ficção s fiction.
Ficha s file card; index card; chip.
Fictício adj fictitious; imaginary.
Fidalgo s nobleman; lord; aristocrat.
Fidalgo adj noble; generous.
Fidedigno adj credible; reliable; creditable.
Fidelidade s fidelity; faithfulness; loyalty.
Fiduciário s fiduciary.
Fiduciário adj fiduciary.
Fiel s warden; churchgoer.
Fiel adj faithful; loyal.
Figa s amulet; mockery.
Fígado s liver; guts.
Figo s fig.
Figueira s fig tree.
Figura s figure; looks; shape; appearance.
Figurado adj figurative; figured.
Figurante s figurant; extra; super.
Figurão s big shot; big boss; bigwig.
Figurar v to imagine; to draw; to figure.
Figurativo adj figurative.
Figurino s model; fashion magazine; pattern.
Fila s file; rank; row; tier; USA line.
Filamento s thread; filament.
Filamentoso adj fibrous; filamentous.
Filantropia s philanthropy.
Filantrópico adj philantropic; philantropical.
Filantropo s philanthropist; humanitarian.
Filão s lode; vein; loaf of bread.
Filar v to catch; to mooch; to cheat.
Filarmônica s orchestra; musical society.
Filarmônico adj philarmonic.
Filatelia s stamp-collecting; philately.
Filatélico adj philatelic.
Filatelista s philatelist.
Filé s steak; fillet, a strip of lean meat.
Fileira s file; row; rank.
Filete s narrow hem; fillet; filament.
Filha s daughter.
Filharada s a great number of children; brood.

Filho s son.
Filhote s native; nestling; litter of any animal.
Filiação s filiation; relationship.
Filial s branch.
Filial adj filial.
Filigrana s filigree; filigrane.
Filmar v to film; to make motion pictures.
Filme s film; USA movie; moving picture; motion picture.
Filó s net-lace; nat; tulle.
Filologia s philology.
Filologista s philologist.
Filosofal adj philosophical.
Filosofar v to philosophize; to imagine.
Filosofia s philosophy.
Filosófico adj philosophic; philosophical.
Filosofismo s philosophism, unsound or pretended philosophy.
Filósofo s philosopher.
Filtração s filtration.
Filtrar v to filter; to strain; to percolate.
Filtro s sieve; philter.
Fim s end; close; downfall; aim; purpose.
Finado adj deceased; dead; *dia de FINADOS*: all soul's day.
Final s finale; conclusion; end.
Final adj final; conclusive.
Finalidade s finality; end; aim.
Finalista s finalist.
Finalização s finish; conclusion; end.
Finalizar v to finish; to end; to conclude; to complete.
Finalmente adv finally; at last; lastly.
Finanças s finances; public funds; treasury.
Financeiro s financier.
Financeiro adj financial.
Financiar v to finance.
Fincar v to fix; to drive; to root.
Findar v to finish; to end; to conclude.
Findo adj finished; consummate; ended.
Fineza s kindness; favor; goodness.
Fingido adj feigned; simulate; false.
Fingimento s feigning; false pretence; fraud.
Fingir v to feign; to pretend; to act; to sham; to make believe.
Fino adj thin; fine; polite; courteous; sharp; shrewd; cunning.
Finura s cunning; subtlety; finesse.
Fio s thread; yarn; wire; edge.
Firma s firm; signet; signature.
Firmamento s firmament; foundation; sky.
Firmar v to firm; to fix; to establish.
Firme adj firm; steady; constant, unswerving.
Firmeza s firmness; constancy; steadiness.
Fiscal s ticket-inspector; shop-walker; controller; USA floorwalker.
Fiscal adj fiscal.
Fiscalização s inspection; control.
Fiscalizar v to inspect; to survey; to examine; to control.
Fisco s the exchequer; fisc.
Fisga s harpoon; slit; gig.
Fisgar v to harpoon; to hook; to fish with a harpoon.
Física s physics.
Físico s physicist; build, form.
Físico adj physical.
Fisiologia s physiology.
Fisiológico adj physiological.
Fisiologista s physiologist.
Fisionômico adj physiognomic.
Fissura s fissure; cleft; cleavage.
Fita s ribbon; band; lie; film; USA movie; moving picture.
Fitar v to look at; to gaze; to stare; to prick up the ears.
Fivela s buckle; clasp.
Fixação s fixation; fixing.
Fixador s fixer; fixing liquid to revelation.

Fixar v to fix; to assign; to state; to settle; to establish; to fasten.
Fixidez s fixity; fixedness.
Fixo adj fixed; firm; steady; settled.
Flacidez s laxity; flaccidity.
Flagelação s flagellation; whipping.
Flagelar v to flagellate; to beat.
Flagelo s flagellum; calamity; scourge.
Flagrante adj flagrant; notorious.
Flagrar v to burn; to inflame.
Flama s flame; ardor; blaze.
Flamejante adj flaming; blazing.
Flamejar v to flame; to blaze; to burn; to shine.
Flamingo s flamingo (long-necked and long legs bird).
Flâmula s pennant; streamer.
Flanco s flank; side.
Flanela s flannel, a woven woolen stuff with soft nap-like surface.
Flanquear v to flank; to attack the flank of.
Flauta s flute; scorn.
Flautim s small flute; piccolo.
Flautista s flutist; flautist.
Flecha s dart; arrow; bolt.
Flechada s arrow-shot; arrow wound; bowshot.
Flechar v to arrow; to wound with an arrow; FIG to offend.
Flecheiro s archer; bowman.
Flertar s to flirt; to dally.
Fleuma s phlegm; impassibility.
Fleumático adj phlegmatic; impassible.
Flexão s flexion; flexure.
Flexibilidade s flexibility; pliancy.
Flexível adj flexible; pliant.
Flibusteiro s filibuster; buccaneer.
Floco s flock; wool-dust; flake.
Flor s flower; blossom; bloom.
Flora s flora.
Floração s blooming; florescence; flowering.
Floral adj floral.
Florear v to flower; to blossom; to brandish.
Florescente adj florescent.
Florescer v to bloom; to flower; to flourish.
Floresta s forest; wood.
Florete s fencing foil.
Floricultor s floriculturist.
Floricultura s floriculture.
Florido adj flowered; flowery.
Florim s florin, coin of several countries.
Florir v to bloom; to blossom; to flower; to flourish.
Flotilha s flotilla.
Fluência s fluency; abundance.
Fluente adj fluent; flowing; fluency.
Fluidez s fluidity; fluidness.
Fluido s fluid; gas; liquid.
Fluido adj fluid; soft; loose.
Fluir v to flow; to run out; to ooze; to issue; to flux.
Flúor s fluorine; fluor.
Fluorescência s fluorescence.
Flutuação s fluctuation; wavering.
Flutuador s floater.
Flutuante adj floating; wavering.
Flutuar v to float; to waver; to fluctuate.
Fluvial adj fluvial.
Fluxo s flux; tide; abundance.
Fobia s phobia; fear; aversion.
Foca s phoca; seal; sea dog; calf; POP a cub reporter.
Focalizar v to focalize; to focus; CIN to feature.
Focar v to focus; to focalize; to adjust the focus of.
Focinho s muzzle; snout; nose.
Foco s focus; center; centre; focal point; MED source.
Fofo adj cute; soft; smooth; fluffy.

FOGÃO — FRAGRÂNCIA

Fogão s stove; cooker; USA cookstove.
Fogareiro s little stove; brazier.
Fogaréu s bonfire; fire.
Fogo s fire; flame; hearth.
Fogo-fátuo s fatuous fire; will-o'-the-wisp.
Fogosidade s heat; impetuosity; fieriness.
Fogoso adj fiery; spirited.
Fogueira s bonfire; stake.
Foguete s rocket; spacecraft; missile.
Foguista s fireman; stoker.
Folclore s folkore.
Fole s bellows; blower.
Fôlego s breath.
Folga s rest; recreation; day off.
Folgado adj loose; easy; wide; not tight; free; ample; GÍR lazy; loafer.
Folgar v to rest; to laze; to dawdle; to rejoice; to be glad.
Folguedo s amusement; pastime; merrymaking.
Folha s leaf; sheet; blade; newspaper; USA pay-roll.
Folhado adj leafy, having leaves; full of leaves; plated.
Folhagem s foliage; leafage.
Folhear v to turn over pages of; to foliate; USA to leaf.
Folheto s pamphlet; booklet.
Folhinha s leaflet; calendar; small calendar.
Folia s merrymaking; gay time; riot; frolic.
Folião s merrymaker; buffoon; jester.
Folículo s follicle; leaflet; small cavity.
Fome s hunger; famine.
Fomentação s fomentation.
Fomentador s fomenter; promoter.
Fomentar v to foment; to encourage; to further.
Fomento s fomentation; encouragement.
Fonação s phonation.
Fone s phone; telephone.
Fonética s phonetics.
Fonográfico adj phonographic; phonographical.
Fonte s fountain; spring; source.
Fora adv outside.
Fora prep except; besides.
Fora interj out! begone!
Foragido s fugitive; outlaw; wandering; fugitive; outlaw.
Foragido adj fugitive; emigrant; expatriated; USA wanted.
Forasteiro s foreigner; stranger; alien.
Forca s gallows; noose; gibbet.
Força s strenght; power; force.
Forçado s convict.
Forçado adj forced; compulsory.
Forçar v to force; to drive; to ravish; to strain; to prize; USA to pry.
Forcejar v to endeavour; to struggle.
Fórceps s MED forceps.
Forçoso adj unavoidable; necessary.
Forense adj forensic.
Forja s forge; smithy.
Forjado adj put-up; wrought; forged.
Forjador s forger; smith.
Forjar v to forge; to coin; to invent; to concoct.
Forma s form; way; manner; order; USA shape.
Forma s mould; mold; pattern.
Formação s formation; background; forming; array.
Formal adj formal; regular; plain; evident; genuine.
Formalidade s formality; tradition.
Formalismo s formalism.
Formalizar v to formalize.
Formão s chisel; carpenter's chisel; wood chisel.
Formar v to form; to fashion; to shape; to frame; to take a degree.
Formatura s graduation; formation.
Formidável adj formidable; immense; huge.

Formiga s ant; termite; pismire.
Formigamento s itching; itch; formication.
Formigão s large ant.
Formigar v to itch; to tingle; to swarm.
Formigueiro s anthill; crowd.
Formoso adj beautiful; handsome.
Formosura s beauty; fairness.
Fórmula s medical prescription; formula; USA blank.
Formular v to formulate; to express; to conceive.
Fornalha s furnace; firebox.
Fornecedor s furnisher; supplier.
Fornecer v to furnish; to accomodate; to cater for; to stock; to provide; to supply.
Fornecimento s supply; furnishing.
Fornicação s fornication; copulation.
Fornicador s fornicator.
Fornicar v to fornicate.
Forno s oven; furnace; forge.
Foro s court of Justice; jurisdiction; grant; right.
Forquilha s pitchfork; crotch.
Forragem s forage, food suitable for horses or cattle; feed; fodder.
Forrar v to line; to cover; to pad.
Forro s lining; ceiling; padding.
Forro adj free; liberated.
Fortalecer v to strengthen; to invigorate; to fortify; to encourage.
Fortaleza s fortress; strength; fort.
Forte s fort; fortress.
Forte adj strong; powerful; robust; vigorous.
Fortificação s fortification; fortress.
Fortificante s tonic.
Fortificante adj fortifying.
Fortificar v to fortify; to strengthen.
Fortim s small fort; fortin; sconce.
Fortuito adj fortuitous; accidental.
Fortuna s fortune; wealth; fate; chance.
Foscar v to tarnish; to dim.
Fosco adj dim; dull.
Fósforo s phosphorus; match.
Fossa s dimple; cesspool.
Fóssil s fossil.
Fóssil adj fossil.
Fosso s ditch; moat; trench.
Fotogênico adj photogenic.
Fotografar v to photograph; to shoot.
Fotografia s photograph; picture; photo.
Fotógrafo s photographer.
Fotosfera s photosphere.
Foz s mouth of a river.
Fração s fraction.
Fracassar v to fail; to break down; to go wrong; to ruin; to shatter.
Fracasso s failure; misfortune; disaster.
Fracionar v to divide into fractions; to fractionize.
Fracionário adj fractional.
Fraco adj feeble; weak; poor.
Frade s friar; monk.
Fraga s bluff; crag.
Fragata s frigate.
Frágil adj fragile; frail; brittle.
Fragilidade s fragility; brittleness.
Fragmentação s desintegration; fragmentation; breaking up.
Fragmentar v to break up; to fragmentize.
Fragmentário adj fragmentary; snippy.
Fragmento s fragment; nip; pl scrap.
Fragor s noise; roar; crash.
Fragoroso adj noisy; clamorous.
Fragrância s fragrance; odor; aroma.

Fragrante *adj* fragrant; balmy.
Fralda *s* skirt; nappies; diaper; swaddling-clothes; napkin.
Framboesa *s* raspberry.
Franciscano *s* franciscan.
Franco *s* frank; franc, coin of several countries.
Franco *adj* frank; free; outspoken; *FRANCO-MAÇONARIA*: Freemasonry.
Franga *s* pullet.
Frangalho *s* rag; tatter.
Frango *s* chinken; cockerel.
Franja *s* fringe; bangs.
Franquear *v* to free; to enfranchise; to exempt.
Franqueza *s* frankness; sincerity.
Franquia *s* franchise; grant; exemption from taxes.
Franzido *s* plait; fold.
Franzido *adj* gathered; ruffled.
Franzimento *s* frowning; gathering.
Franzino *adj* thin; feeble; slender; USA pindling.
Franzir *v* to wrinkle; to quill.
Fraque *s* cutaway-coat; morning coat.
Fraquejar *v* to flag; to become weak; to weaken.
Fraqueza *s* weakness; debility.
Frascaria *s* great number of flasks; dishes; debauchery.
Frasco *s* bottle; flask.
Frase *s* phrase; expression.
Frasear *v* to phrase, to express in words.
Fraseologia *s* phraseology.
Fraternal *adj* fraternal; brotherly.
Fraternidade *s* fraternity; brotherhood.
Fraternizar *v* to fraternize; to associate as brother.
Fraterno *adj* fraternal; brotherly.
Fratricida *s* fratricide.
Fratricida *adj* fratricidal.
Fratricídio *s* fratricide.
Fratura *s* fracture; rupture; breaking; break.
Fraturar *v* to fracture; to break; to crack.
Fraudação *s* defraudation.
Fraudador *s* defrauder.
Fraudar *v* to defraud; to cozen.
Fraude *s* fraud; deceit; trickery; cheat; USA shenanigan.
Fraudulento *adj* fraudulent; deceitful.
Freguês *s* customer; shopper; parishioner.
Freguesia *s* clientele; customers; parish; goodwill.
Frei *s* friar; fra.
Freio *s* bit; curb; brake; restraint; check; stop; obstacle.
Freira *s* nun; sister.
Freixo *s* ash-tree; ash.
Fremir *v* to roar; to quiver; to moan; to rustle.
Frêmito *s* roaring; roar; quivering; quiver; trembling; tremble.
Frenesi *s* frenzy; madness; fury.
Frenético *adj* frantic; mad; frenetic; frenzied.
Frente *s* face; front; façade.
Frequência *s* frequency.
Frequentar *v* to attend; to frequent.
Frequente *adj* frequent; constant.
Frequentemente *adv* frequently; often; constantly.
Fresca *s* evening breeze.
Fresco *s* fresh air.
Fresco *adj* fresh; cool; new.
Frescor *s* bloom; coolness; freshness.
Frescura *s* freshness; coolness; bloom; newness.
Fresta *s* gap window; cleft.
Fretagem *s* freightage; chartering.
Fretamento *s* freighting; freightage.
Fretar *v* to freight; to charter; to load.
Frete *s* carriage; USA freight.
Friagem *s* cold; coldness.
Fricativo *adj* GRAM fricative.
Fricção *s* rubbing; friction; chafe.

Friccionar *v* to rub; to stroke; to make friction.
Frieira *s* chilblain.
Frieza *s* coldness; frigidity.
Frigideira *s* frying-pan; USA skillet.
Frigidez *s* frigidity; neglect.
Frigir *v* to fry.
Frigorífico *s* cooler; cold-storage room; coolant.
Frigorífico *adj* frigorific.
Frio *s* cold; chill; freezing.
Frio *adj* cold; cool; dull; freezing.
Friorento *adj* chilly; cold-blooded.
Frisar *v* to frizzle; to curl; to frizz; to emphasize.
Friso *s* frieze; molding.
Fritar *v* to fry; to frit.
Frivolidade *s* frivolity; levity.
Frívolo *adj* trifling; frivolous.
Frondoso *adj* leafy; dense.
Fronha *s* pillowcase; cover.
Frontal *s* frontal; frontlet.
Frontal *adj* frontal; front.
Fronte *s* forehead; front; brow.
Fronteira *s* frontier; boundary; border.
Fronteiro *adj* opposite; facing; borderline.
Frontispício *s* frontispiece; front-page; title of page.
Frota *s* fleet; air-force; armada.
Frouxo *adj* slack; flabby; lax; loose.
Frugal *adj* thrift; frugal; thrifty.
Frugalidade *s* frugality; thrift.
Fruição *s* fruition; gratification; enjoyment.
Fruir *v* to enjoy; to derive.
Frustração *s* frustration, to fail in attainment; defeat.
Frustrar *v* to frustrate; to baffle; to fall through.
Fruta *s* fruit.
Fruteira *s* fruit-plate; fruit-basket; fruit tree; fruit basket.
Fruteiro *s* fruiterer; USA pushcart man.
Fruticultor *s* fruit grower; fruiter.
Fruticultura *s* fruit growing; fruit culture.
Frutificação *s* fructification; fruitfulness.
Frutificar *v* to fructify; to bear fruit.
Fruto *s* fruit; profit; product; effect.
Fuga *s* flight; elopement; escape; MÚS fugue.
Fugacidade *s* fugacity.
Fugaz *adj* fugacious; fugitive; transitory.
Fugida *s* escape; flight.
Fugidio *adj* fleeting; shy.
Fugido *adj* fugitive; runaway.
Fugir *v* to flee; to fly; to run away; to give in; to bolt; to elude.
Fugitivo *s* fugitive.
Fugitivo *adj* fugitive; runaway.
Fulano *s* fellow; "*seu FULANO*": "mister so-and-so".
Fulcro *s* fulcrum.
Fulgor *s* splendor; brilliancy; radiance.
Fulguração *s* fulguration; flashing; coruscation.
Fulgurante *adj* fulgurant; shining; fulgurous.
Fulgurar *v* to shine; to flash.
Fuligem *s* soot; grime.
Fulminante *adj* fulminating; thundering.
Fulminar *v* to fulminate; to thunderstrike; to destroy.
Fumaça *s* smoke; puff; *nevoeiro com FUMAÇA*: smog (smoke+fog).
Fumante *s* smoker.
Fumar *v* to smoke.
Fumegante *adj* smoking; fuming.
Fumegar *v* to smoke; to reek.
Fumigar *v* to fumigate; to smoke.
Fumigatório *adj* fumigatory; fumigating.
Fumo *s* smoke; crape; tobacco.
Função *s* function; performance; employment.
Funcho *s* fennel, medicinal herb.

FUNCIONAR — FUZILEIRO

Funcionar *v* to work; to run; to function; to fulfill.
Funcionário *s* functionary; official; employee.
Funda *s* sling; truss.
Fundação *s* foundation; founding; base; bottom.
Fundador *s* founder; establisher.
Fundamental *adj* fundamental; essential.
Fundamentar *v* to found; to ground.
Fundamento *s* fundament; fundamental; basis; foundation; reason.
Fundar *v* to found; to establish; to base.
Fundição *s* foundry; melting; iron-works; ironwork; smelter.
Fundilho *s* seat of trousers; path for a seat; patch.
Fundir *v* to melt; to cast; to smelt; to fuse.
Fundo *s* bottom; depth; end; fund; background; capital.
Fundo *adj* deep; hollow.
Fúnebre *adj* funeral; mournful.
Funeral *s* funeral; burial.
Funerário *adj* funerary; mortuary.
Funesto *adj* fatal; dismal; untoward; dire.
Fungar *v* to sniff; to whine.
Fungo *s* fungus; mushroom.
Funil *s* funnel, a conical vessel for filling liquids; filler.
Funileiro *s* tinsmith; tinker; tinman.
Furacão *s* hurricane; whirlwind.
Furado *adj* bored; holey.
Furador *s* borer; awl; bodkin; piercer.
Furar *v* to bore; to puncture; to drill; to pierce.
Furgão *s* luggage-van; van; baggage car.
Fúria *s* fury; rage.

Furibundo *adj* furious; frenzied.
Furioso *adj* furious; frantic; enraged; strong.
Furo *s* hole; bore; orifice.
Furor *s* fury; furor; rage; madness.
Furta-cor *adj* dove-colored; changeable; shot.
Furtar *v* to steal; to finger; to lift; to hook; to rob; to thieve.
Furtivo *adj* furtive; clandestine; secret.
Furto *s* robbery; booty.
Furúnculo *s* furuncle; boil.
Fusa *s* MÚS demisemiquaver.
Fusão *s* fusion; melting.
Fusco *adj* dusky; brown; dark.
Fusibilidade *s* fusibility.
Fusiforme *adj* fusiform.
Fúsil *vide* FUSÍVEL.
Fusível *adj* fusible.
Fuso *s* spindle; spool.
Fustigação *s* fustigation; flogging; whipping; beating; harassment.
Fustigar *v* to whip; to harass; to beat; to flog.
Futebol *s* soccer; football.
Fútil *adj* futile; frivolous; flimsy.
Futilidade *s* futility; frivolity; trifle.
Futuro *s* future.
Futuro *adj* future.
Fuzil *s* rifle; gun.
Fuzilamento *s* shooting; execution.
Fuzilar *v* to shoot; to sparkle; to execute by shooting.
Fuzileiro *s* fusileer; fusilier; marine.

g G

G *s* the seventh letter of the Portuguese and of the English alphabets.
G *s* MÚS the symbol (cipher) of note sol.
Gabar *v* to praise; to bounce; to crack; to swash; to vaunt; to boast; to brag.
Gabardina *s* gabardine; wool's tissue.
Gabo *s* praise; praising; boast; brag.
Gado *s* cattle; livestock; oxen.
Gafanhoto *s* grasshopper; locust.
Gago *s* stutterer; stammerer.
Gago *adj* stammering.
Gagueira *s* stuttering; stammering.
Gaguejar *v* to stutter; to drawl; to falter; to stammer.
Gaiatice *s* prank; mischief.
Gaiola *s* cage; frame work of any structure; FIG jail.
Gaita *s* pipe; reed; harmonica; BR POP money.
Gaiteiro *s* bagpiper.
Gaiteiro *adj* playful; frolicsome.
Gaivota *s* sea-gull; mew.
Gajo *s* guy; fellow; ruffian.
Gala *s* gala; pomp; festivity.
Gala *adj* festive.
Galã *s* galant; lover.
Galante *s* gallant.
Galante *adj* gallant; smart.
Galanteador *s* gallant.
Galantear *v* to court; to woo; to gallant.
Galanteio *s* gallantry; courtliness; courtship.
Galanteria *s* gallantry.
Galão *s* gallon (ENGL gallon = 4.55 liters *and* USA gallon = 3.79 liters).
Galardão *s* reward; guerdon; prize; meed.
Galardoar *v* to reward; to pay; to recompense.
Galáxia *s* galaxy.
Galé *s* galley (ship).
Galeão *s* galleon (warship).
Galera *s* galley (ship).
Galeria *s* gallery; arcade.
Galgar *v* to jump over; leap.
Galgo *s* greyhound (dog).
Galhardete *s* pennant; signal flag; banneret.
Galhardia *s* bravery; gallantry; gracefulness.
Galho *s* branch; horn; quarrel.
Galhofa *s* mirth; jest; frolic; joke.
Galhofar *v* to jest; to make fun of; to frolic.
Galinha *s* hen; chicken.
Galinheiro *s* poultry yard; chicken yard; hen-house; chicken-run.
Galo *s* cock; USA rooster.
Galocha *s* galoshes; overshoes; USA gumshoes; rubbers.
Galopada *s* gallopade; gallop.
Galopador *s* galloper.
Galopante *adj* galloping.
Galopar *v* to ride hard; to gallop; to lope.
Galope *s* gallop; lope; galop.

Galvanizar *v* to galvanize; to stimulate; to reanimate.
Gama *s* MÚS range; gamut.
Gamão *s* gammon; backgammon; hazard's game.
Gambiarra *s* foot-lights; stage lights.
Gambito *s* trick; trip; toothpick; ESP gambit (chess).
Gamboa *s* quince (fruit).
Gamboeiro *s* quince-tree.
Gamela *s* trough; wooden manger.
Gamo *s* buck; stag; fallow deer.
Gana *s* desire; wish; hunger.
Ganância *s* greed; covetousness; rapacity.
Ganancioso *adj* covetous; greedy.
Gancho *s* crook; hook; gaff.
Gandaia *s* vagrancy; loafing; ragpicking.
Gangrena *s* gangrene; demoralization.
Gangrenar *v* to gangrene; to mortify; FIG to corrupt.
Ganhar *v* to win; to attach; to conciliate; to gain; to reach.
Ganho *s* gain; profit; cleanup.
Ganido *s* howl; yelp; yowl.
Ganir *v* to bark; to howl; to yelp.
Ganso *s* goose; gander.
Garagem *s* garage.
Garanhão *s* stallion; studhorse.
Garante *s* guarantor; warranter.
Garantia *s* guarantee; warrant; guaranty.
Garantir *v* to guarantee; to assure; to warrant.
Garatujar *v* to scrabble; to scrawl.
Garbo *s* gracefulness; gentility; distinction.
Garboso *adj* gallantry; graceful.
Garça *s* heron.
Garçom *s* waiter.
Gardênia *s* gardenia (flower).
Garfada *s* forkful.
Garfeira *s* fork-case; fork-box.
Garfo *s* fork; graft.
Gargalhada *s* loud laughter; laughter; belly laughter.
Gargalhar *v* to laugh loudly.
Gargalo *s* neck of a bottle; bottleneck.
Garganta *s* throat; gullet; gorge; canyon.
Gargantear *v* to warble; to quaver; to trill.
Garganteio *s* quavering; warble; quaver.
Gargantilha *s* necklace; collar.
Gargarejar *v* to gargle.
Gargarejo *s* gargling; gargle.
Garimpar *v* to prospect; to pan.
Garimpeiro *s* gravel washer; prospector.
Garimpo *s* mining claim.
Garoto *s* urchin; child; boy.
Garra *s* claw; clutch; talon.
Garrafa *s* bottle.
Garrafão *s* flagon; demijohn; large bottle.
Garrancho *s* scrawl; scribble.
Garrote *s* garrote.
Garupa *s* croup of a horse; buttocks.
Gás *s* gas; *fogão a GÁS*: gas-stove.

GASEIFICAÇÃO — GIRO

Gaseificação s gasification; act of gasifying.
Gaseificar v to gasify; to make gaseous.
Gasolina s gas; gasoline; petrol; *posto de GASOLINA*: gas station.
Gasômetro s gasometer; USA gas tank; gasworks.
Gasosa s soda; soda-water; soda pop.
Gasoso adj gaseous; gassy.
Gastador s spendtrift.
Gastador adj wasting; prodigal; squandering.
Gastar v to spend; to use up; to wear out; to wear down; to expend.
Gasto s expense; use; waste.
Gasto adj worn; spent; marfim.
Gastronomia s gastronomy.
Gastronômico adj gastronomic; gastronomical.
Gastrônomo s gastronomer; gastronome; gourmet.
Gatilho s trigger.
Gatinho s kitten; kitty; little cat.
Gato s cat; metal cramp; mistake; thief.
Gatunagem s theft; robbery.
Gatuno s thief; pilferer.
Gáudio s pleasure; joy; fun.
Gaulês s Gaul.
Gaulês adj Gaulish.
Gávea s topsail; lookout.
Gaveta s drawer; stir.
Gavião s hawk; sparrow; falcon.
Gaze s gauze; cheesecloth.
Gazeta s gazette; truancy.
Gazeteiro s truant; newsboy; hack.
Geada s hoar-frost; frost; rime.
Gear v to frost; to freeze; to rime.
Geladeira s a fridge; icebox; refrigerator.
Gelado adj icy; frozen.
Gelar v to freeze; to congeal; to ice; to cool.
Gelatina s jelly; gelatine.
Gelatinoso adj gelatinous; jellied.
Geleia s jelly; jam.
Geleira s glacier; freezer.
Gélido adj frozen; gelid; bleak.
Gelo s ice; FIG coldness; indifference.
Gema s yolk of an egg; gemma; bud; gem.
Gemada s egg-flip; egg-nog.
Gemar v to germinate; to graft with buds; to bud.
Gêmeo s twin.
Gêmeo adj twin.
Gemer v to moan; to wail; to groan; to lament.
Gemido s moan; groan; wail.
Geminação s doubling; gemination.
Geminado adj geminate; doubled.
Geminar v to geminate; to double.
Genealogia s genealogy.
Genealógico adj genealogical.
Genebra s gin; a kind of spirit; a beverage; geneva.
Generalato s generalship.
Generalidade s generality.
Generalizar v to generalize.
Genérico adj generic; generical.
Gênero s kind; sort; class; genus; GRAM gender.
Generosidade s generosity; benevolence; bounty.
Generoso adj generous; openhanded; noble.
Gênese s genesis; origin; beginning; RELIG the Old Testament or Torá.
Genética s genetics.
Gengibre s ginger (plant).
Gengiva s gum.
Genial adj genius-like; talented.
Genialidade s geniality; talent.
Gênio s genius; spirit; temperament; temper.
Genioso adj ill-natured; temperamental.
Genitor s procreator; father; begetter.
Genro s son-in-law.
Gentalha s mob; the rabble; populace.
Gente s people; folks; humanity.
Gentil adj elegant; sweet; graceful; well-bred.
Gentileza s kindness; gentility; courtesy; politeness.
Gentílico adj heathen; pagan.
Gentio s gentile; savage; pagan.
Gentio adj gentile; savage; pagan.
Genuflexório s kneeling-desk; prie-dieu.
Genuinidade s genuineness; authenticity.
Genuíno adj genuine; authentic.
Geodésia s geodesy; geodetics.
Geografia s geography.
Geográfico adj geographical.
Geógrafo s geographer.
Geologia s geology.
Geológico adj geological.
Geólogo s geologist.
Geômetra s geometrician.
Geometria s geometry.
Geométrico adj geometric; geometrical.
Geração s procreation; generation.
Gerador s generator.
Gerador adj generative.
Geral s generality; RELIG superior.
Geral adj general; common.
Gerânio s crane's bill; geranium (flour).
Gerar v to beget; to breed; to generate; to produce.
Gerência s management; administration.
Gerente s manager; chief; administrator.
Gergelim s sesame; hedge-mustard; gama grass; gingili.
Geringonça s gibberish; strange-machine; gadget.
Gerir v to manage; to govern; to conduct; to administer; to run.
Germânico adj Germanic; German.
Germe s germ; source.
Germinação s germination.
Germinar v to germinate; to grow from earth; to bud.
Gesso s gypsum; pipe clay; plaster.
Gesta s gest; broom; adventure.
Gestação s gestation; pregnancy.
Gestante s pregnant.
Gestão s administration; management.
Gesticulação s gesticulation.
Gesticulador s gesticulator.
Gesticulador adj gesticulator.
Gesticular v to gesticulate.
Gesto s gesture; countenance; deed; act.
Gigante s giant.
Gigante adj giant; gigantic.
Gigantesco adj gigantic; gigantesque; colossal.
Ginasial adj gymnasial.
Ginásio s gymnasium; grammar school; high school.
Ginasta s gymnast.
Ginástica s gymnastics; calisthenics.
Ginecologia s gynecology.
Ginecologista s gynecologist.
Ginete s a small horse; genet; jennet.
Ginga s scull.
Gingar v to scull a boat; to waddle; to jiggle.
Girafa s giraffe.
Girândola s girandole; pinwheel.
Girar v to gyrate; to wind; to slue; to twirl; to go round; to spin round; to turn.
Girassol s sunflower; helianthus.
Giratório adj gyratory; turning.
Gíria s slang; slanguage; argot; jargon.
Giro s rotation; turnover; turn; *dar um GIRO*: to go for a stroll.

Giz s chalk.
Gizar v to chalk; to outline; to sketch.
Glacial adj glacial; icy.
Gladiador s gladiator.
Gládio s sword; glaive.
Glande s acorn; the penis' head; glans.
Glândula s gland; glandule.
Glaucoma s MED glaucoma (disease).
Gleba s glebe; clod; land; soil.
Glicerina s glycerine; glycerol.
Glicose s glucose.
Glifo s notch; glyph.
Global adj global; overall.
Globo s globe; sphere; ball.
Globular adj globular.
Glóbulo s globule; small globe.
Glória s glory; fame; praise.
Glorificação s glorification; beatification.
Glorificar v to glorify; to worship; to extol; to honor.
Glorioso adj glorious; famous.
Glosa s comment; gloss.
Glosador s commentator; glosser.
Glosar v to gloss; to explain; to comment.
Glossário s glossary; a small dictionary.
Glote s glottis.
Glutão s glutton.
Glutão adj gluttonous; greedy.
Glutinoso adj viscous; glutinous.
Gnomo s gnome; kobold.
Gnômon s gnomon; solar clock.
Gnose s gnosis.
Gnosticismo s FIL gnosticism.
Gnóstico adj gnostic.
Goela s throat; gullet; gorge.
Goiaba s guava.
Goiabada s guava-jam; guava past.
Goiabeira s guava-tree; guava.
Gol s ESP goal; *defender o GOL*: to keep goal.
Gola s collar; neckband of a shirt; dress; etc.
Gole s gulp; swallow.
Goleiro s ESP goal-keeper; goalkeeper.
Golfada s gush; vomit.
Golfe s ESP golf.
Golfo s gulf.
Golpe s blow; hit; stroke; knock; slash; scam; *de um GOLPE*: at a go; at one dash.
Golpear v to slash; to beat; to strike; to knock.
Goma s gum; glue; starch; USA mucilage; *GOMA de mascar*: chewing gum.
Gomado adj gummy.
Gomo s bud; shoot; sprout; gore.
Gomoso adj gummy.
Gôndola s gondola; gondola car.
Gondoleiro s gondolier.
Gongorismo s gongorism; euphuism; cultism.
Gonococo s gonococcus; gonorrhea microbe.
Gonorreia s gonorrhea (venereal contagious disease).
Gorar v to frustrate; to miscarry; to fail.
Gordo adj fat; stout; fatty.
Gordura s fat; fatness; obesity; grease.
Gorduroso adj greasy; oily; fatty.
Gorgear v to warble.
Gorgolejar v to gurgle; flow noisily.
Gorgolhar vide GORGOLEJAR.
Gorgonzola s gorgonzola (cheese).
Gorila s gorilla.
Gorjear v to warble; to cheep; to chirp; to trill.
Gorjeio s warble; trilling.
Gorjeta s tip; gratuity.

Gorro s coif; beret; cap.
Gosma s strangles of horses; pip of fowl; gape; mucus; phlegm.
Gostar v to enjoy; to taste; to please; to like; to be fond of.
Gosto s taste; flavor; savor.
Gostoso adj appetizing; palatable; savoury; savory.
Gota s drop; bead; MED gout.
Goteira s gutter; leak.
Gotejar v to drop; to ooze; to leak; to drip.
Gótico adj gothic (architecture); kind of typewriting.
Governador s governor.
Governamental adj governmental.
Governanta s governess; housekeeper.
Governante s governor; ruler.
Governar v to govern; to rule; to sway; to rein; to head; to run it.
Governativo adj governmental; administrative.
Governo s government; control; management; guidance; NÁUT steerage.
Gozar v to enjoy; to amuse.
Gozo s pleasure; enjoyment; orgasm.
Graal s grail; chalice.
Grã-bretanha s Great Britain; Britannia.
Graça s grace; joke; favour; jest; gracefulness; pardon; kindness; mercy; charm.
Gracejador s jester; joker witcraker.
Gracejador adj jesting; joking.
Gracejar v to jest; to joke.
Gracejo s joke; quip; jest.
Graciosidade s graciousness; gracefulness.
Gracioso adj graceful; charming; gracious; USA cute; cunning.
Grã-cruz s gran cross; grand cross.
Gradação s gradation; shade.
Gradar v to harrow; to level; to grade.
Grade s rail; AUT grille.
Gradear v to rail; to grate.
Gradil s picket fence; low fence; railing; USA iron fence.
Grado s will.
Grado adj illustrious; important.
Graduação s graduation; scale.
Graduado s graduate.
Graduado adj graduated; graded; classified.
Gradual s gradual.
Gradual adj gradual; progressive.
Gradualmente adv gradually; seamlessly.
Graduar v to graduate; to gauge.
Grafar v to spell; to write down.
Grafia s spelling.
Gráfico s printer; graph.
Gráfico adj graphic; graphical; spelling.
Grafite s black lead; graphite.
Grafólogo s graphologer; graphologist.
Grafômetro s graphometer.
Gralha s rook; jackdaw.
Gralhar v to croak; to caw; FIG to chatter.
Grama s grama; grass.
Gramática s grammar; grammar book.
Gramatical adj grammatical.
Gramático s grammarian.
Gramíneo adj grassy; gramineous.
Gramofone s gramophone USA phonograph.
Grampeador s stapling machine.
Grampo s cramp; iron dog; hairpin; agraffe; staple.
Grana s GÍR BR money; dibs; USA dough; corn; pony; sand.
Granada s grenade; garnet.
Granadeiro s grenadier.
Grandalhão adj huge; very large; USA gangling.
Grande adj big; grand; large; great.
Grandeza s greatness; size; grandeur; magnitude.
Grandíloquo adj grandiloquent.

GRANDIOSIDADE — GUTURALIZAR

Grandiosidade s grandiosity; greatness; magnificence; grandeur.
Grandioso adj grand; grandiose; magnificent.
Granel s granary; bin; barn.
Granito s granite; a sort of stone.
Granizo s graupel; hail.
Granja s grange; farm.
Granjeiro s farmer; tiller; granger.
Granulação s granulation; grit.
Granulado adj granulated; granular.
Grão s grain; seed; corn; particle; grain (weight).
Grasnar v to caw; to croak; to quack.
Grassar v to become widespread; to rage.
Gratidão s gratitude; thank-fulness; gratefulness.
Gratificação s bonus; gratuity; reward; tip.
Gratificador s tipper; rewarder; remunerator.
Gratificar v to reward; to tip.
Grátis adv gratis; free; without charge.
Grato adj pleasant; grateful; thankful.
Gratuidade s gratuitousness.
Gratuito adj free; gratuitous.
Grau s degree; grade; mark.
Graúdo s nob; big shot.
Graúdo adj big; great; important; large.
Gravação s engraving; record.
Gravador s engraver; recorder.
Gravar v to engrave; to stamp; to record.
Gravata s cravat; neck-tie; necktie.
Gravataria s neck-tie shop; neck tie shop.
Grave adj heavy; weighty; grave; serious; MÚS not acute.
Graveto s brushwood; stick.
Grávida adj pregnant; full.
Gravidade s gravity; seriousness; graveness; MÚS lowness of sound; FÍS gravitation.
Gravidez s pregnancy; gestation.
Gravitação s gravitation; gravitating.
Gravitar v to gravitate.
Gravura s picture; engraving; illustration.
Graxa s grease; blacking of shoes.
Gregário adj gregarious.
Gregoriano adj gregorian.
Grei s flock; party; herd; society.
Grelar v to sprout; to bud; to spring.
Grelha s grill; grate; gridiron.
Grelhar v to broil; to cook on gridiron; to grill.
Grelo s sprout; shoot of plant; bud.
Grêmio s guild; association.
Greta s cleft; rift; crack; crevice.
Gretado adj cracked; choppy.
Gretar v to crack; to rift; to chap.
Greve s walk-out; walkout; strike.
Grevista s striker.
Grifado adj underlined.
Grifar v to underline; to italicize.
Grifo s griffin; griffon; underline.
Grilhão s chain; shackle.
Grilo s cricket; grig.
Grinalda s wreath; garland; chaplet.
Gripe s MED influenza; grippe; cold; flu.
Gris adj grey.
Grisalho adj grayish; greyish; hoary.
Gritar v to cry out; to shout; to call out; to scream; to screech.
Gritaria s shouting; outcry.
Grito s cry; shout; scream; shriek; *GRITO de guerra*: battle cry; rallyng cry.
Grogue s grog.
Grogue adj groggy.
Grosa s gross (twelve times twelve); rasp.

Groselha s currant; gooseberry.
Grosseirão adj rude; impolite; unmannerly.
Grosseiro adj coarse; rough; rude.
Grosseria s rudeness; coarseness.
Grosso adj thick; swollen; bulky; big.
Grossura s thickness; bulk.
Grotesco adj grotesque; farcical.
Grudar v to glue; to gum; to paste; to stick; to cling.
Grude s glue; paste; USA chow.
Grumete s ship-boy; cabin-boy; cabin boy.
Grunhido s grunt; grumble.
Grunhir v to grunt; to growl.
Grupamento s grouping.
Grupar v to group.
Grupo s group; gang; cluster.
Gruta s grotto; cavern; den.
Guapo adj brave; handsome; bold.
Guarda s guard; care; watch; defence; care; protetion; *GUARDA-comida*: cupboard; *GUARDA-chuva*: umbrella; pantry closet; *GUARDA-louças*: cupboard; *GUARDA-roupa*: wardrobe.
Guardador s keeper; warden; guardian.
Guardanapo s serviette; USA napkin.
Guardar v to keep; to defend; to protect; to shield; to watch; to guard.
Guardião s keeper; warden; guardian.
Guarida s cave; den; shelter.
Guarita s sentry box; lookout.
Guarnecer v to furnish; to provide with; to adorn.
Guarnição s garrison; garniture; ornament; furnishing.
Guelras s branchias; gills of a fish.
Guerra s war; warfare.
Guerrear v to fight; to war; to contend.
Guerreiro s warrior.
Guerreiro adj warlike.
Guerrilha s guerilla warfare.
Guerrilhar v to engage in guerilla or warfare.
Guerrilheiro s a guerilla; partisan; partizan.
Guia s guide; leader; guide-book; adviser; guideline.
Guiado adj manned.
Guiador s guide; leader.
Guiar v to guide; to drive; to conduct; to head; to lead.
Guilhotina s guillotine; beheading instrument; intrument to cut paper.
Guilhotinar v to guillotine; to cut.
Guinada s NÁUT twinge; veer; yaw.
Guinar v NÁUT to sheer; to yaw; to veer.
Guinchar v to screech; to yell; to squeak.
Guincho s screeching; crab; squealing.
Guindar v to crane; to lift; to crane up; to hoist.
Guindaste s crane; hoist.
Guinéu s guinea; a former coin.
Guisa s manner; way; fashion.
Guisado s stew; shepherd's pie; USA hash.
Guisar v to stew.
Guitarra s guitar.
Guitarrista s guitarist; guitar's player.
Guizo s rattle; little bell.
Gula s gluttony.
Gulodice s delicacy; greed; tasty bit.
Guloseima s dainty; titbit.
Guloso adj gluttonous; greedy.
Gume s bezel; edge; acumen.
Guri s kiddy; buster; little boy; child.
Gusa s pig-iron; pig iron; MET non-purified iron.
Gustação s tasting; gustation.
Gutural adj guttural.
Guturalizar v to gutturalize.

h H

H *s* the eighth letter of the Portuguese and of the English alphabets.
H *s* QUÍM symbol of hydrogen.
Hábil *adj* capable; skilled; able; clever; skilful.
Habilidade *s* ability; skill; talent.
Habilidoso *adj* skilful; skilled; expert; clever; *uma pessoa HABILITOSA*: handy person.
Habilitação *s* capacity; ability; competence.
Habilitar *v* to qualify; to fit up; to enable; to fit out.
Habitação *s* residence; dwelling; habitation.
Habitante *s* inhabitant; citizen; dweller.
Habitar *v* to inhabit; to bower; to abide; to live; to dwell in.
Habitat *s* habitat.
Habitável *adj* habitable; livable; fit to be inhabited.
Hábito *s* habit; way; custom; dress; *mau HÁBITO*: bad habit.
Habitual *adj* habitual; ordinary; customary; usual.
Habituar *v* to habituate; to accustom.
Hagiografia *s* hagiography (list of saints).
Hagiógrafo *s* hagiographer.
Hagiologia *s* hagiology.
Hagiólogo *s* hagiologist.
Hálito *s* breath; respiration.
Halo *s* halo; aureole; aureola.
Haltere *s* dumb-bell; dumbbell; USA GÍR a stupid person.
Hangar *s* hangar; shelter; shed.
Hansa *s* corporation; league.
Hanseático *adj* hanseatic.
Haraquiri *s* hara-kiri; self-murder.
Harém *s* harem.
Harmonia *s* harmony; agreement; peace; order.
Harmônica *s* harmonica (musical instruments).
Harmônico *adj* harmonic; overtone.
Harmônico *adj* harmonic; harmonious.
Harmônio *s* harmonium; reed-organ.
Harmonioso *adj* harmonious; dulcet; well proportioned; symmetrical.
Harmonista *s* harmonist; harmonium player.
Harmonização *s* harmonization; conciliation.
Harmonizar *v* to harmonize; to reconcile.
Harpa *s* MÚS harp.
Harpista *s* MÚS harpist.
Hasta *s* lance; auction.
Haste *s* staff; rod; spindle; shaft; stem; trunk.
Hastear *v* to hoist; to raise.
Haurir *v* to exhaust; to drain; to suck in.
Haurível *adj* exhaustible; absorbable.
Hausto *s* draught; gulp.
Haver *v* to have; to possess.
Haveres *s* wealth; richness; possessions; property; estate.
Haxixe *s* hashish (narcotic).
Hebraico *adj* Hebraic.
Hebraísmo *s* Hebraism.
Hebreu *s* Hebrew.
Hecatombe *s* hecatomb; slaughter; butchery.
Hectare *s* hectare (= 10;000 square meters).
Hectolitro *s* hectoliter; hectolitre (= 100 liters).

Hediondez *s* hideousness; horror; abjection.
Hediondo *adj* repugnant; hideous; sordid.
Hegemonia *s* hegemony, supreme command or leadership.
Hégira *s* hegira (Muslim period).
Helênico *adj* hellenic.
Helenismo *s* hellenism.
Helenista *s* hellenist.
Helenizar *v* to hellenize.
Hélice *s* helix; airscrew; propeller.
Helicoidal *adj* helical; helicoid; helicoidal.
Helicóptero *s* helicopter.
Hélio *s* QUÍM helium (symbol **He**).
Heliocêntrico *adj* heliocentric; heliocentrical.
Hematita *s* hematite; haematite; bloodstone.
Hematologia *s* BIO hematology.
Hematologista *s* hematologist.
Hematose *s* BIO hematosis.
Hemisférico *adj* hemispherical; hemispheric.
Hemoglobina *s* BIO hemoglobin.
Hemorragia *s* MED hemorrhage.
Hemorrágico *adj* MED hemorrhagic.
Hepático *adj* hepatic.
Hepatite *s* MED hepatitis.
Heptágono *s* heptagon; septangle.
Heptassílabo *adj* heptasyllabic.
Heráldica *s* heraldry; blazonry.
Heráldico *adj* heraldic; armorial.
Herança *s* inheritance; heritage.
Hercúleo *adj* herculean.
Herdade *s* estate; inheritance; grange.
Herdar *v* to inherit; to get by inheritance.
Herdeiro *s* heir; inheritor.
Hereditariedade *s* heredity; succesion.
Hereditário *adj* hereditary; lineal; heritable.
Herege *s* heretic.
Herege *adj* heretical.
Heresia *s* heresy.
Heresiarca *s* heresiarch.
Herético *s* heretic.
Herético *adj* heretical.
Hermafrodita *s* hermaphrodite (two sexes).
Hermafrodita *adj* hermaphrodite.
Hermenêutica *s* hermeneutics.
Hermético *adj* hermetic; airproof; airtight.
Hérnia *s* hernia; rupture.
Herói *s* hero.
Heroico *adj* heroic; heroical; epic.
Heroína *s* heroine (powerful toxic).
Heroísmo *s* heroism.
Herpes *s* MED herpes.
Hertziano *adj* hertzian.
Hesitação *s* hesitation; hesitancy; indecision.
Hesitante *adj* hesitant; hesitating; diffident.
Hesitar *v* to hesitate; to vacillate; to boggle at; to shudder; to falter; to waver; USA to teeter.
Heterodoxia *s* heterodoxy.

Heterodoxo adj heterodox; unorthodox.
Heterogeneidade s heterogeneity.
Heterogêneo adj heterogeneous.
Hexagonal adj hexagonal (six angles).
Hexágono s hexagon.
Hiato s hiatus; gap.
Hibernação s hibernation.
Hibernal adj hibernal; wintry.
Hibernar v to hibernate; to winter.
Hibridismo s hybridism.
Híbrido s hybrid.
Híbrido adj hybrid.
Hidrácido adj hydracid.
Hidratação s hydration.
Hidratar v to hydrate.
Hidrato s hydrate.
Hidráulica s hydraulics.
Hidráulico adj hydraulic.
Hidroavião s seaplane; hydroplane; hydroairplane.
Hidrodinâmica s hydrodynamics.
Hidrodinâmico adj hydrodynamic.
Hidrófilo s hydrophilous.
Hidrofobia s hydrophobia; rabies.
Hidrófobo adj hydrophobic.
Hidrogenação s hydrogenation.
Hidrogenar v to hydrogenate.
Hidrogênio s QUÍM hydrogen (symbol H).
Hidrografia s hydrography.
Hidrográfico adj hydrographic; hydrographical.
Hidromancia s hydromancy.
Hidromecânica s hydromechanics.
Hidrômetro s hydrometer; densimeter.
Hidroplano vide HIDROAVIÃO.
Hidrosfera s hydrosphere.
Hidrostática s hydrostatics.
Hidroterapia s hydrotherapy.
Hidróxido s hydroxide.
Hiena s hyena.
Hierarquia s hierarchy; hierarchal.
Hierárquico adj hierarchic.
Hieróglifo s hieroglyph.
Hífen s hyphen.
Higiene s hygiene; FIG cleanliness.
Higiênico adj hygienic; hygienical.
Higienista s hygienist; sanitarian.
Hilariante adj exhilarating; laughing; exhilarant.
Hilariedade s hilarity; mirth; cheerfulness.
Hímen s hymen.
Himeneu s marriage; wedding.
Hino s hymn; anthem.
Hinterlândia s hinterland; back country.
Hiper s hyper; over; beyond; above the ordinary.
Hipérbole s hyperbole; hyperbola; exaggeration.
Hiperbólico adj hyperbolic; hyperbolical.
Hipertensão s MED hypertension.
Hipertrofia s hypertrophy.
Hipertrofiar v to hypertrophy.
Hipismo s riding; horse-racing; horse racing.
Hipnose s hypnosis.
Hipnótico adj hypnotic.
Hipnotismo s hypnotism.
Hipnotizador s hypnotizer; hypnotist; mesmerist.
Hipnotizar v to hypnotize.
Hipocondria s hypochondria.
Hipocondríaco s hypochondriac.
Hipocondríaco adj hypochondriac.
Hipocrisia s hypocrisy; simulation; pretence.
Hipócrita s hypocrite; deceiver; dissembler.
Hipócrita adj hypocritical; two-faced.

Hipodérmico s adj hypodermic.
Hipodérmico s hypodermic.
Hipódromo s hippodrome; a horse racecourse; race track.
Hipogástrico s hypogastrium.
Hipopótamo s hippopotamus; hippo.
Hipoteca s hypothec; mortgage.
Hipotecar v to mortgage; to bond; to pledge as security; to hypothecate.
Hipotecário adj hypothecary.
Hipotenusa s MAT hypotenuse; *o quadrado da HIPOTENUSA é igual à soma dos quadrados dos catetos*: the square on the hypotenuse is equal to the sum of the squares on the other two sides.
Hipótese s hypothesis; theory.
Hipotético adj hypothetic; hypothetical; conjectural.
Hispânico adj Hispanic.
Histeria s hysteria; hysterics.
Histérico adj hysteric; hysterical.
Histerismo s hysterism; hysteria; hysterics.
História s history; story; tale.
Historiador s historian; a chronicler.
Historiar v to narrate; to record; to tell.
Histórico adj historical.
Historiografia s historiography.
Hodierno adj hodiernal; up-to-date; modern.
Hoje adv today; nowadays; now; at present time.
Holanda s holland (fabric).
Holandês s the Dutch language; hollander.
Holandês adj Dutch.
Holocausto s holocaust; genocide.
Holofote s holophote; spotlight; limelight; projector; searchlight.
Hombridade s manliness.
Homem s man; human being; male person.
Homenagear v to honor.
Homenagem s homage; respect; reverence.
Homeopata s MED homeopath.
Homeopatia s MED homeopathy.
Homeopático adj homeopathic; extremely small in quantity.
Homérico adj homeric.
Homicida s homicide; murderer; slayer.
Homicida adj homicidal.
Homicídio s homicide; assassination; manslaughter.
Homilia s homily.
Hominal adj mannish.
Homiziado s refugee; fugitive.
Homiziado adj absconder; concealed; hidden.
Homiziar v to shelter; to hide oneself; to refuge; to conceal.
Homogeneidade s homogeneity.
Homogeneizar v to make homogeneous; to homogenize.
Homogêneo adj homogeneous; uniform.
Homologação s homologation; agreement.
Homologar v to homologate; to ratify; to confirm; to approve.
Homonímia s homonymy.
Homônimo s homonym; namesake.
Homônimo adj homonymous.
Homossexual adj homosexual.
Homúnculo s homunculus; midget; dwarf; manikin.
Honestidade s honesty; chastity; integrity.
Honesto adj honest; chaste; virtuous; decent; *será que ela é HONESTA*: is she honest?
Honorabilidade s honorableness; honorability.
Honorário s honorarium.
Honorário adj honorary.
Honorífico adj honorary; honorific; honorable.
Honra s honour; honor; reputation; reverence; respect; probity.
Honradez s probity; integrity.
Honrado adj upright; honourable; honorable; honest.
Honrar v to honor; to grace.

Honraria *s* honours; honor; distinction.
Honroso *adj* honorable; creditable.
Hóquei *s* hockey.
Hora *s* time; o'clock; hour.
Horário *s* timetable; USA schedule.
Horda *s* horde; gang.
Horizontal *adj* horizontal; line or surface.
Horizonte *s* sky-line; horizon; skyline.
Horoscópio *s* horoscopic.
Horóscopo *s* horoscope.
Horrendo *adj* horrible; fearful; hideous; dreadful.
Horripilante *adj* horripilant; horrifying; ghoulish.
Horripilar *v* to horrify; to produce horripilation.
Horrível *adj* horrible; terrible; hideous.
Horroroso *adj* horrible; frightful; dreadful.
Horta *s* kitchen garden; vegetable garden.
Hortaliça *s* green stuff; potherb; vegetables.
Hortelã *s* mint.
Hortelão *s* market-gardener; gardener.
Hortênsia *s* hydrangea.
Horticultor *s* plantsman; horticulturist; planter.
Horticultura *s* horticulture.
Horto *s* garden; small vegetable garden.
Hospedagem *s* lodging; hospitality.
Hospedar *v* to lodge; to shelter; to house.
Hospedaria *s* inn; lodging house; USA rooming house.
Hóspede *s* paying guest; guest; boarder.
Hospedeira *s* hostess.
Hospedeiro *s* host; innkeeper.
Hospício *s* hospice; asylum; madhouse.
Hospital *s* clinic; hospital.
Hospitaleiro *adj* hospitable.
Hospitalidade *s* entertainment; hospitality.
Hospitalização *s* hospitalization.
Hospitalizar *v* to hospitalize.
Hoste *s* host; crowd; arm; band; group.
Hóstia *s* Host; Holy; Bread; Eucharist.
Hostil *adj* hostile; unfriendly.
Hostilidade *s* enmity; hostility.
Hostilizar *v* to antagonize; to be hostile.
Hotel *s* hotel; inn; lodge house.
Hoteleiro *s* hotel keeper; hotel owner.
Huguenote *s* RELIG huguenot.
Hulha *s* pit-coal; mineral coal; stone-coal.
Hulheira *s* coal mine; colliery; coal pit.
Humanidade *s* humanity; mankind; humaneness.
Humanismo *s* FIL humanism.
Humanista *s* humanist.
Humanitário *s* humanitarian; philanthropist.
Humanitarismo *s* humanitarianism.
Humanizar *v* to humanize; to refine.
Humanizar-se *v* to become human.
Humano *adj* human; humane.
Humildade *s* humility; humbleness; modesty.
Humilde *adj* humble; modest; submissive.
Humilhação *s* disgrace; humiliation.
Humilhante *adj* humiliating.
Humilhar *v* to humiliate; to humble; to abase.
Humo *s* vegetable mould; humus.
Humor *s* humor; temper; disposition; *de bom HUMOR:* in a good mood.
Humorado *adj* humorous; humoured; humored.
Humorismo *s* humorism.
Humorista *s* humorist.
Húmus *vide* HUMO.
Hurra *interj* hurrah! (rejoice expression).

i I

I s the ninth letter of the Portuguese and of the English alphabets.
Ianque s USA yankee (American nickname).
Ianque adj USA yankee.
Iate s yacht.
Ibérico s Iberian, languages and inhabitants of Spain and Portugal (ancient).
Ibérico adj iberian.
Ibero vide IBÉRICO.
Íbis s ibis (bird).
Içar v to lift up; to hoist; to heave.
Ícone s icon.
Icterícia s MED jaundice; icterus.
Ida s departure; going; *bilhete de IDA*: single ticket.
Idade s age; *certidão de IDADE*: birth certificate; *IDADE média*: Middle Age.
Ideal s ideal; perfection.
Ideal adj ideal.
Idealidade s ideality.
Idealista s idealist.
Idealista adj idealistic; idealistical.
Idealização s idealization.
Idealizar v to idealize, to form ideas.
Idear v to conceive; to fancy.
Ideia s idea.
Idem adv idem.
Idêntico adj identic; identical.
Identidade s identity.
Identificação s identification.
Identificar v to identify.
Identificar-se v to identify oneself with.
Ideologia s ideology.
Ideológico adj ideologic; ideological.
Ideólogo s ideologist.
Idílico adj idyllic; idyllical.
Idílio s idyll (poem); mind love affair; MÚS song (with sentimental character).
Idioma s idiom; language.
Idiomático adj idiomatic; idiomatical.
Idiossincrasia s idiosyncrasy.
Idiota s idiot; fool; simpleton.
Idiota adj idiotic.
Idiotice s silliness; foolishness.
Idólatra s idolater.
Idólatra adj idolatrous.
Idolatrar v to worship; to idolize.
Idolatria s idolatry; idolism; paganism.
Ídolo s idol; icon.
Idoneidade s aptness; fitness.
Idôneo adj competent; fit.
Idoso adj aged; old.
Ignaro adj ignorant; unlearned.
Ignóbil adj ignoble; dishonourable.
Ignobilidade s ignobleness; baseness.
Ignomínia s ignominy; dishonor; dishonour.
Ignominioso adj ignominous; humiliating.

Ignorado adj ignored; unknown; obscure.
Ignorância s ignorance; illiteracy.
Ignorante s ignoramus.
Ignorante adj ignorant.
Ignorar v to ignore; to be ignorant of; not to know.
Ignoto adj unknown; incognito.
Igreja s church; temple.
Igual s equal.
Igual adj equal; equable.
Igualador s equalizer.
Igualar v to equalize; to even.
Igualável adj matchable.
Igualdade s equality; evenness.
Igualitarismo s equalitarianism.
Iguaria s dish; dainty.
Ilação s illation; dedution.
Ilegal adj illegal; unlawful.
Ilegalidade s illegality; lawlessness.
Ilegibilidade s illegibility.
Ilegitimidade s illegitimacy; illegality.
Ilegítimo adj illegitimate; illegal.
Ilegível adj illegible; unreadable.
Ileso adj unhurt; uninjured.
Iletrado adj illiterate; unlearned.
Ilha s island; isle.
Ilhar v to isolate; to separate; to insulate.
Ilhéu s islander; islet.
Ilhéu adj insular.
Ilhó s eylet; lace-hole.
Ilhota s islet; reef; cay.
Ilíaco s ANAT iliac bone.
Ilíaco adj ANAT iliac.
Ilibar v to pronounce not guilty of.
Iliberalidade s illiberality; parcimony.
Ilícito adj illicit; under-the-table; unlawful.
Ilídimo adj illegitimate; unlawful.
Ilimitado adj illimited; boundless; huge.
Iliterato adj illiterate; unlearned.
Ilógico adj illogical; absurd.
Ilogismo s illogicalness; illogicality.
Iludir v to illude; to deceive; to delude.
Iluminação s illumination; lighting.
Iluminado adj illuminated; enlightened; highlighted.
Iluminar v to illuminate; to illustrate.
Iluminismo s RELIG and FIL illuminism (doctrine from 17th and 18th century).
Iluminista s illuminist.
Ilusão s illusion; delusion.
Ilusionismo s illusionism; prestidigitation.
Ilusionista s illusionist; prestidigitador.
Ilusório adj illusory; deceptive; false.
Ilustração s illustration; learning; eruditicon.
Ilustrado adj illustrated; enlightened; erudite.
Ilustrador s engraver; illustrator.
Ilustrar v to illustrate; to dignify; to elucidate.

Ilustrativo adj illustrative; elucidative.
Ilustre adj illustrious; distinguished.
Ímã s magnet; loadstone.
Imaculado adj immaculate.
Imaculável adj blameless.
Imagem s image; likeness; picture.
Imaginação s imagination.
Imaginar v to imagine; to fancy; to figure out.
Imaginário adj imaginary; fantastic; illusory.
Imaginativo adj imaginative.
Imaginável adj imaginable; contrivable.
Imaginoso adj imaginative; fantastic.
Imanência s immanence; immanency.
Imanente adj immanent; inherent.
Imantar v to magnetize.
Imarcescível adj unfading; unwithering.
Imaterial adj immaterial; spiritual.
Imaterialidade s immateriality.
Imaterializar v to immaterialize.
Imaturidade s immaturity; unripeness.
Imaturo adj immature.
Imbecil s imbecile; simpleton.
Imbecil adj idiotic; stupid; USA dumb.
Imbecilidade s imbecility; silliness.
Imberbe adj beardless; unbearded.
Imbuir v to imbue; to soak; to infuse.
Imediação s immediacy; proximity.
Imediatamente adv at once; immediately; right away.
Imediato s mate; NÁUT officer.
Imediato adj immediate; next.
Imemorável adj immemorial; extending.
Imensidade s immensity; infinity.
Imenso adj immense; vast; huge.
Imensurável adj immeasurable; boundless.
Imerecido adj unmeritorious; undeserved.
Imergente adj immersing; immergent.
Imergir v to immerse; to plunge; to dip.
Imersão s immersion.
Imerso adj immersed; plunged; sunk.
Imigração s immigration.
Imigrado adj immigrant.
Imigrante s immigrant.
Imigrante adj immigrant.
Imigrar v to immigrate.
Imigratório adj immigratory.
Iminência s imminence; impendence.
Iminente adj imminent; impending.
Imiscível adj immiscible.
Imiscuir-se v to interfere; to meddle.
Imitação s imitation; copy; likeness.
Imitador s imitator.
Imitador adj imitation.
Imitar v to imitate; to copy; to follow.
Imitativo adj imitative; mimic; imitational.
Imitável adj imitable.
Imo adj inmost; deepest.
Imobiliário adj immovable; landed.
Imobilidade s immobility; stillness.
Imobilização s immobilization.
Imobilizar v to immobilize; to fix.
Imoderação s immoderation; immoderacy.
Imoderado adj immoderate; excessive.
Imodesto adj immodest; forward; indecent.
Imódico adj immoderate; excessive.
Imolação s immolation; sacrifice.
Imolador s immolator.
Imolador adj immolating.
Imolar v to immolate; to offer sacrifice.
Imoral adj immoral; indecent.

Imoralidade s immorality; vice.
Imorredouro adj imperishable; immortal.
Imortal adj immortal; undying; eternal.
Imortalidade s immortality.
Imortalizar v to immortalize; to perpetuate.
Imóvel s JUR immovable.
Imóvel adj JUR immovable; fixed; motionless.
Impaciência s impatience; eagerness.
Impacientar v to irritate; to vex.
Impacientar-se v to become impatient.
Impaciente adj impatient; anxious.
Impacto s impact; smash.
Impagável adj priceless; funny.
Impalpável adj impalpable; intangible.
Impaludismo s MED malaria; paludism.
Impar v to sob; to pant; FIG to brag.
Ímpar adj unmatched; MAT odd.
Imparcial adj impartial; even-handed.
Imparcialidade s impartiality; fairness.
Impasse s standoffy.
Impassibilidade s impassibility.
Impassível adj impassible; insensitive.
Impatriótico adj unpatriotic.
Impavidez s intrepidity; fearlessness.
Impávido adj intrepid; fearless.
Impecável adj impeccable; faultless.
Impedido adj hindered; impeded; ESP FUT off-side.
Impedimento s encumbrace; impediment; obstacle; ESP off-side.
Impedir v to delay; to prevent; to bar.
Impelir v to impel; to drive; to force on.
Impenetrabilidade s impenetrability.
Impenetrável adj impenetrable.
Impenitência s impenitence; obduracy.
Impenitente adj impenitent; obdurate.
Impensado adj thoughtless; unexpected.
Imperador s emperor; kaiser.
Imperante s sovereign; ruler.
Imperante adj regning; ruling.
Imperar v to rule; to reign.
Imperativo s GRAM imperative (mood).
Imperativo adj imperative; commanding.
Imperatriz s empress.
Imperceptível adj imperceptible; imperceivable.
Imperdível adj unlosable.
Imperdoável adj unpardonable; unforgivable.
Imperecível adj imperishable; undying.
Imperfeição s imperfection; imperfectness; flaw; blemish.
Imperfeito s GRAM imperfect (tense).
Imperfeito adj imperfect; faulty; defective.
Imperial adj imperial; imperious.
Imperialismo s imperialism.
Imperialista s imperialist.
Imperialista adj imperialistic.
Imperícia s unskilfulness; inadequacy.
Império s empire; sway.
Imperioso adj imperious; overbearing.
Imperito adj unskilful; inexpert.
Impermeabilidade s impermeability.
Impermeabilizar v to impermeabilize; to waterproof.
Impermeável s waterproof; USA raincoat.
Impermeável adj impermeable; impervious.
Impermutável adj unchangeable; impermutable.
Imperscrutável adj inscrutable; imperscrutable.
Impertinência s impertinence; peevishness.
Impertinente adj impertinent; fretful.
Imperturbabilidade s imperturbility; impertur-bableness.
Imperturbável adj imperturbable; calm; unemotional.
Impessoal adj impersonal.

Ímpeto s impetus; impulse.
Impetração s impetration; request; petition.
Impetrante adj supplicant; suppplictory.
Impetrar v to impetrate; to request.
Impetuosidade s impetuosity.
Impetuoso adj impetuous; violent.
Impiedade s wickedness; impiety.
Impiedoso adj pitiless; unmerciful.
Impigem s dermatosis; tetter; eczema.
Impingir v to force; to palm off; to impose on.
Ímpio adj impious; wicked; godless.
Implacável adj implacable; inexorable.
Implantação s implantation.
Implantar v to implant; to plant.
Implemento s implement; instrument; tool.
Implicação s implication; implicating.
Implicância s implication; dislike; aversion.
Implicante adj implicating; complaining.
Implicar v to implicate; to involve; to imply.
Implícito adj implicit; tacit.
Imploração s imploration; supplication.
Implorar v to implore; to entreat; to beseech.
Implorável adj implorable.
Implume adj unfeathered; bald.
Impolido adj impolite; rude.
Impoluto adj stainless; spotless.
Imponderável adj imponderable.
Imponência s splendor; majesty; pomp.
Imponente adj imposing; magnificent.
Impopular adj unpopular.
Impopularidade s unpopularity.
Impor v to impose; to demand; to entail.
Importação s importation; import.
Importância s importance; consequence; significance.
Importante adj important; significant.
Importar v to import; to bring from abroad; to order from abroad; to care.
Importunação s importunity; to bore.
Importuno adj importune; annoying; boring; USA pesky.
Imposição s imposition; order; assessment.
Impossibilidade s impossibility.
Impossibilitar v to impossibilitate.
Impossível adj impossible; impracticable; USA impractical.
Imposto s tax; impost; duty.
Impostor s impostor; pretender; deceiver.
Impostura s imposture; fraud; deceit.
Impotável adj undrinkable; impotable.
Impotência s impotence.
Impotente adj impotent; powerless.
Impraticabilidade s impracticability.
Impraticável adj impracticable; out of the question.
Imprecação s imprecation; curse.
Imprecar v to imprecate; to swer; to curse.
Imprecatório adj imprecatory; maledictory.
Imprecaução s unawariness; imprudence.
Impreciso adj inaccurate; indeterminate.
Impregnação s impregnation; infusion; fecundation.
Impregnar v to imbue; to infuse; to impregnate.
Imprensa s press; printing-press; printing.
Imprensar v to press; to squeeze.
Imprescindível adj indispensable; essential.
Imprescritível adj imprescriptible.
Impressão s impression; printing.
Impressionante adj touching; impressing.
Impressionar v to impress; to affect deeply.
Impressionável adj impresssionable; impressible.
Impressionismo s impressionism; impressionability.
Impressionista s impressionist.

Impressionista adj impressionistic.
Impresso s printed work; pamphlet; print.
Impresso adj printed.
Impressor s pressman; printer.
Imprestável s useless; good-for-nothing.
Impreterível adj undelayable; unavoidable.
Imprevidência s improvidence.
Imprevidente adj improvident; careless.
Imprevisão s improvidence; unexpectedness.
Imprevisto adj unforeseen; unexpected.
Imprimir v to stamp; to print; to imprint on.
Improbabilidade s improbability; improbableness.
Improbidade s improbity; dishonesty.
Ímprobo adj arduos; dishonest.
Improcedência s groundlessness; unfoundedness.
Improdutivo adj unfruitful; unproductive.
Improfícuo adj unprofitable; gainless.
Impropério s affront; outrage.
Impropriedade s impropriety; unfitness.
Impróprio adj unsuitable; inappropriate; improper.
Improvável adj unlikely; improbable.
Improvidência s improvidence; thoughtlessness.
Improvidente adj improvident; inconsiderate; improvident.
Improvisação s improvisation.
Improvisador s improvisator; improviser.
Improvisar v to improvise; to extemporize.
Improviso s improvisation.
Improviso adj off-hand.
Imprudência s imprudence; rashness; indiscretion.
Imprudente adj imprudent; unwise.
Impuberdade s impuberty.
Impúbere adj impuberal; teen.
Impudência s impudence; brazeness; lewdness.
Impudente adj impudent; shameless.
Impudico adj lewd; obscene.
Impudor s impudence; impudency; insolence.
Impugnação s impugnation; opposition.
Impugnador s impugner; objector.
Impugnar v to impugn; to attack; to oppose.
Impulsão s impulsion; impelling.
Impulsionar v to impel; to drive.
Impulsivo adj impulsive; impetuous.
Impulso s impulse; vim; impulsion; USA pep; zip.
Impune adj unpunished.
Impunidade s impunity.
Impureza s unchastity; impurity.
Impuro adj impure; defiled; adulterated.
Imputabilidade s imputableness; imputability.
Imputação s imputation; accusation; attribution.
Imputar v to impute; to charge; to attribute.
Imputável adj imputative; imputable; attributable.
Imundície s dirt; filth.
Imundo adj dirty; unclean; filthy.
Imune adj immune; exempt.
Imunidade s immunity; exemption.
Imunização s immunization.
Imunizar v to immunize.
Imutabilidade s immutability; immutableness.
Imutável adj immutable; unchangeable.
Inabalável adj unshakable; steadfast.
Inábil adj inapt; incompetent; unskilful.
Inabilidade s inability; unskilfulness.
Inabilitação s inability; disablement; incapacitation.
Inabilitar v to disable; to disqualify; to debar.
Inabitável adj uninhabitable.
Inação s inaction; indecision.
Inacessibilidade s inaccessibility.
Inacessível adj inaccessible; unaccessible.
Inadaptável adj inadaptable; unaccusable.

Inadequado *adj* inadequate; improper; unqualified.
Inadiável *adj* urgent; pressing.
Inadmissível *adj* inadmissible; unpermissible.
Inadvertência *s* inadvertence; oversight.
Inadvertido *adj* inadvertent; thoughtless; heedless.
Inalação *s* MED inhalation.
Inalador *s* inhaler.
Inalante *adj* MED inhalant.
Inalar *v* to inhale; to inspire; to breathe in.
Inalienável *adj* inalienable; indefeasible.
Inalterado *adj* unaltered; unchanged.
Inane *adj* inane; empty.
Inanição *s* inanition; inanity; emptiness.
Inanimado *adj* inanimate; lifeless.
Inapelável *adj* unappealable.
Inapetência *s* inappetence; inappetency.
Inapetente *adj* inappetent.
Inaplicabilidade *s* inapplicability.
Inaplicação *s* inapplication.
Inaplicável *adj* inapplicable; unsuitable.
Inapreciável *adj* inappreciable.
Inaptidão *s* inaptitude; inaptness; incapacity.
Inapto *adj* inapt; unfit; inept.
Inarrável *adj* unrelatable; indescribable; inexpressible.
Inarticulado *adj* inarticulate; unable to articulate.
Inatacável *adj* unassailable; unimpeachable.
Inatendível *adj* unworthy of attention.
Inatingível *adj* unattainable; inaccessible.
Inatividade *s* inactivity; inertness; passiveness.
Inativo *adj* inactive; idle.
Inato *adj* innate; inborn.
Inaudito *adj* unheard of; untold; strange.
Inaudível *adj* inaudible.
Inauguração *s* inauguration.
Inaugural *adj* inaugural; initial; inauguratory.
Inaugurar *v* to inaugurate; to open; to begin.
Inautêntico *adj* not authentic; unauthentic.
Inavegável *adj* unnavigable.
Incalculável *adj* incalculable; incommensurable.
Incandescência *s* incandescence; incandescency.
Incandescente *adj* incandescent; shining.
Incandescer *v* to incandesce.
Incansável *adj* indefatigable; untiring; tireless.
Incapacidade *s* incapacity; inability.
Incapacitar *v* to incapacitate; to disable; to disqualify.
Incapaz *adj* incapable; incompetent.
Incauto *adj* incautious; heedless; rash.
Incendiar *v* to set on fire; to inflame; to set fire to.
Incendiário *s* incendiary; firer; USA fire-bug.
Incendiário *adj* incendiary.
Incendiar-se *v* to catch fire; to take fire.
Incêndio *s* fire; conflagration.
Incensação *s* incensation; incensement.
Incensar *v* to incense; to perfume; to fawn on; to flatter.
Incenso *s* incense; flattery.
Incentivo *s* incentive; stimulus.
Incerteza *s* uncertainty; indecision.
Incerto *adj* uncertain; doubtful.
Incessante *adj* incessant; uninterrupted.
Incesto *s* incest; incestuousness.
Incesto *adj* infamous.
Incestuoso *adj* incestuous.
Inchação *s* swelling; tumefaction.
Inchaço *s* tumour; swelling.
Inchado *adj* swollen; puffed up.
Inchar *v* to swell; to puffy up; to inflate.
Incidência *s* incidence; incidency.
Incidente *s* incident; occurence; episode.
Incidente *adj* incidental.

Incidir *v* to incise; to occur; to happen.
Incineração *s* incineration; cremation.
Incinerar *v* to incinerate; to burn to ashes.
Incipiente *adj* incipient; initial; beginning.
Incisão *s* incision; cut; gash.
Incisivo *adj* incisive; cutting; sharp.
Inciso *adj* incised; cutting; incisive.
Incitação *s* incitation; incitement.
Incitamento *vide* INCITAÇÃO.
Incitar *v* to urge; to incite.
Incivil *adj* uncivil; discourteous.
Incivilidade *s* incivility; rudeness.
Inclassificável *adj* unclassifiable; censurable.
Inclemência *s* inclemency; severity.
Inclemente *adj* inclement; harsh; severe.
Inclinação *s* inclination; bending; slope.
Inclinado *adj* inclined; slanting; biased.
Inclinar *v* to tilt; to lean; to bent.
Inclinável *adj* inclinable.
Incluir *v* to include; to enclose; to inclose.
Inclusão *s* inclusion.
Incluso *adj* included; enclosed.
Incobrável *adj* uncollectable; uncoverable.
Incoercível *adj* incoercible; irrepressible.
Incoerência *s* incoherence; incoherency.
Incoerente *adj* incoherent; nonsensical.
Incógnita *s* unknown quantity.
Incógnito *s adj* incognito.
Incognoscível *adj* incognoscible; unknowable.
Incolor *adj* colourless; blank.
Incólume *adj* safe and sound; unharmed.
Incombustível *adj* fireproof; incombustible.
Incomensurável *adj* incommensurable; unmeasurable.
Incomodar *v* to incommode; to trouble.
Incomodativo *adj* troublesome; cumbersome.
Incômodo *s* inconvenience; trouble.
Incômodo *adj* troublesome.
Incomparável *adj* incomparable; peerless.
Incompatibilidade *s* incompatibility; unconformity.
Incompatibilizar *v* to grow incompatible.
Incompatível *adj* incompatible; contradictory.
Incompetência *s* incompetency; inability.
Incompetente *s* incompetent; inapt.
Incompetente *adj* incompetent; inapt.
Incompleto *adj* incomplete; unfinished.
Incomplexo *adj* incomplex; artless; simple.
Incompreensão *s* incomprehension; misunderstanding.
Incompreensível *adj* incomprehensible.
Incomunicabilidade *s* incommunicability.
Incomunicável *adj* incommunicable; noncommunicable.
Inconcebível *adj* unconceivable; unbelievable.
Inconciliável *adj* irreconcilable; incompatible.
Inconcludente *adj* unconclusive; indeterminate.
Incondicionalidade *s* unconditionalness; unconditionality.
Inconfesso *adj* unconfessed; unacknowledged.
Inconfidência *s* unfaithfulness.
Inconfidente *adj* unfaithful; treacherous.
Inconfortável *adj* uncomfortable; uneasy.
Inconfundível *adj* unmistakable.
Incongruência *s* incongruence; incongruity; incompatibility.
Incongruente *adj* incongruent; incogruous.
Inconsciência *s* unconsciousness; inconsiderateness.
Inconsequência *s* inconsequence; inconclusiveness.
Inconsistência *s* inconsistency; inconsistence.
Inconsistente *adj* inconsistent; incoherent.
Inconsolável *adj* inconsolable; disconsolately.
Inconstância *s* inconstancy; fickleness.
Inconstante *adj* inconstant; changeable; fickle.
Inconstitucional *adj* unconstitutional; unstatutable.

Inconstitucionalidade s unconstitutionality.
Inconsumível adj inconsumable; inconsumptible.
Incontestável adj incontestable; unanswerable.
Incontinência s incontinence; incontinency.
Incontinente adj incontinent; unrestrained.
Incontrastável adj insuperable; unanswerable.
Inconveniência s inconvenience; trouble.
Inconveniente adj inconvenient; improper.
Inconversível adj inconvertible.
Incorporação s incorporation; merger.
Incorporar v to incorporate; to hold.
Incorporar-se v to join; to mingle.
Incorpóreo adj incorporeal.
Incorreção s incorrectness; mistake; impropriety.
Incorrer v to incur; to bring upon oneself.
Incorreto adj incorrect; improper.
Incorrigível adj incorrigible; unruly.
Incorruptibilidade s incorruptibility.
Incorruptível adj incorruptible; unalterable; unchangeable.
Incorrupto adj incorrupt; unspoiled.
Incredulidade s incredulity; distrust; ungodliness.
Incrédulo adj incredulous; unbeliever; skeptic.
Incrementar v to increase; to add.
Incremento s increase; increment; augment.
Incriminação s incrimination; accusation.
Incriminar v to incriminate; to inculpate; to accuse.
Incrível adj incredible; unbelievable.
Incrustação s incrustation; incrusting.
Incrustar v to incrust; to inlay; to encase.
Incubação s incubation; brooding.
Incubadora s incubator; hatching.
Incubar v to incubate; to hatch; to brood.
Inculcar v to inculcate; to impress; to instill.
Inculpabilidade s inculpability.
Inculpação s inculpation; imputation.
Inculpar v to inculpate; to incriminate; to accuse.
Inculpável adj inculpable; blameless.
Incultivável adj incultivable; unproductive.
Inculto adj uncultivated; uncultured; wild.
Incumbência s incumbency; obligation; USA assignment.
Incumbir v to charge; to confide; to concern.
Incumbir-se v to take charge of.
Incurabilidade s incurability; incurableness.
Incurável adj past recovery; incurable.
Incúria s carelessness; negligence.
Incursão s incursion; raid.
Incurso adj liable to; incurred.
Incutir v to suggest; to impress; to infuse.
Indagação s investigation; search; inquiry.
Indagador s investigator; inquirer.
Indagador adj investigating.
Indagar v to investigate; to inquire; to ask.
Indecência s indecency; obscenity.
Indecente adj indecent; improper; foul.
Indecifrável adj indecipherable.
Indecisão s indecision; vacilation.
Indeciso adj undecided; indecisive.
Indeclarável adj unutterable; unspeakable.
Indeclinável adj unavoilable; GRAM indeclinable.
Indecoro s indecorum; indecency.
Indecoroso adj indecorous; unbecoming.
Indefectível adj indefectible; unfailing.
Indefensável adj indefensible; fenceless.
Indefeso adj defenceless; undefended.
Indeferimento s denial; refusal.
Indeferir v to deny; to refuse; to reject.
Indefeso adj undefended; defenceless.
Indefinível adj undefinable; indefinable.
Indelével adj indelible; ineffaceable.

Indelicadeza s indelicacy; rudeness.
Indene adj unhurt; safe.
Indenidade s indemnity.
Indenização s indemnification; indemnity.
Indenizar v to indemnify; to compensate.
Independência s independence; self-support.
Independente adj independent; self-supporting.
Indescritível adj indescribable.
Indesculpável adj inexcusable; unexcusable.
Indesejável adj undesirable; undesired.
Indestrutível adj indestructible.
Indeterminação s indetermination.
Indeterminado adj indeterminate; undetermined.
Indeterminável adj indeterminable; undefinable.
Indevido adj unjust; undue.
Índex s index; forefinger.
Indicação s indication; direction.
Indicador s indicator; directory.
Indicador adj indicating.
Indicar v to indicate; to denote; to express.
Indicativo s GRAM indicative (mood of verb).
Índice s index; rate.
Indiciar v to accuse; to denounce.
Indício s signal; mark; trace.
Indiferença s unconcern; indifference.
Indiferente adj indifferent; neutral.
Indígena s indigene; native.
Indígena adj native; indigenous.
Indigência s indigence; poverty.
Indigente adj indigent; needy.
Indigestão s indigestion; dyspepsia.
Indigesto adj indigestible; indigested.
Indignação s indignation; repulsion.
Indignar v to be indignant.
Indignidade s indignity.
Indigno adj unworthy; despicable.
Índigo s indigo; anil.
Índio adj indian; inhabitant of India.
Indireto adj indirect; mediate; disguised.
Indisciplina s indiscipline; disorder.
Indisciplinado adj undisciplined; disobedient.
Indisciplinar v to render undisciplined.
Indiscreto adj indiscret; rash.
Indiscrição s indiscretion; imprudence.
Indiscriminado adj indiscriminate.
Indiscutível adj incontestable; unquestionable.
Indispensável adj indispensable.
Indisponibilidade s inalienability.
Indisponível adj inalienable; untransferable.
Indispor v to indispose; to make sick.
Indisposição s indisposition.
Indisposto adj indisposed; seedy; USA mean.
Indissolubilidade s indissolubility.
Indissolúvel adj indissoluble.
Indistinção s indistinctness; indiscrimination.
Indistinguível adj undistinguishable; indistinctive.
Indistinto adj indistinct; vague.
Individual adj individual; single.
Individualidade s individuality; personality.
Individualismo s individualism; egoism.
Individualista s individualist.
Individualista adj individualist.
Individualização s individualization.
Individualizar v to individualize; to particularize.
Indivíduo s individual; fellow; person.
Indivisão s undivision.
Indivisibilidade s indivisibility; indivisibleness.
Indivisível adj indivisible.
Indizível adj unspeakable; inexpressible.

Indócil *adj* indocile; unruly.
Índole *s* character; temper; disposition.
Indolência *s* indolence; habitual idleness.
Indolente *adj* indolent; lazy; idle.
Indolor *adj* painless; free from pain.
Indomável *adj* indomitable; unconquerable.
Indomesticável *adj* untamable; savage; wild.
Indômito *adj* untamable; indomitable.
Indubitável *adj* indubitable; unquestionable.
Indução *s* induction.
Indulgência *s* indulgence; forbearance.
Indulgente *adj* indulgent; indulging; clement.
Indultar *v* to pardon.
Indulto *s* indult; pardon.
Indumentária *s* clothes; vestiments.
Indústria *s* industry; manufacture; application.
Industrializar *v* to industrialize.
Industriar *v* to teach; to instruct; to train.
Indutivo *adj* inductive; persuasive; ELET produced by induction.
Indutor *s* inductor; ELET inductor.
Induzir *v* to induce; to head; to prevail on.
Inebriante *adj* inebriating; inebriant.
Inebriar *v* to inebriate; to fall into ecstasy.
Inédito *adj* inedited; FIG unusual.
Inefabilidade *s* ineffableness; ineffability.
Inefável *adj* ineffable; unspeakable.
Ineficácia *s* inefficacy; inefficiency.
Ineficaz *adj* inefficacious; ineffective.
Inegável *adj* incontestable; undeniable.
Inelegibilidade *s* ineligibility; ineligibleness.
Inelegível *adj* ineligible; unworthy.
Inelutável *adj* ineluctable; unavoidable.
Inépcia *s* ineptitude; silliness.
Inepto *adj* inept; foolish; incompetent.
Inequívoco *adj* unmistakable; unequivocal.
Inércia *s* inertia; inertness.
Inerente *adj* inherent; intrinsical; ingrained.
Inerte *adj* inert; sluggish.
Inescrutável *adj* unfathomable; inscrutable.
Inesgotável *adj* inexhaustible; unfailing.
Inesperado *adj* unforeseen; unexpected.
Inesquecível *adj* unforgettable.
Inestimável *adj* inestimable; inappreciable.
Inevitável *adj* unavoidable; inevitable.
Inexatidão *s* inexactitude; inaccuracy.
Inexato *adj* inexact; inaccurate.
Inexaurível *adj* inexhaustible.
Inexecutável *adj* inexecutable; unworkable.
Inexequível *adj* unworkable; unworkable.
Inexistência *s* inexistence.
Inexorabilidade *s* inexorability.
Inexorável *adj* inexorable; relentless.
Inexperiência *s* inexperience.
Inexperiente *adj* inexperienced.
Inexplicável *adj* inexplicable; obscure.
Inexplorado *adj* inexplored; untravelled.
Inexplorável *adj* inexplorable; unwokable.
Inexpressivo *adj* inexpressive; inexpressible.
Inexprimível *adj* inexpressible; indescribable.
Inexpugnável *adj* inexpugnable; invulnerable.
Inextinguível *adj* unquenchable; inextinguishable.
Inextricável *adj* inextricable; entangled.
Infalibilidade *s* infallibility; infallibleness.
Infalível *adj* infallible; USA POP surefire.
Infalsificável *adj* unfalsifiable.
Infamante *adj* defaming; opprobrious.
Infamar *v* to defame; to disgrace.
Infame *adj* infamous.
Infâmia *s* baseness; infamy.

Infância *s* infancy; babyhood; childhood.
Infantaria *s* infantry.
Infante *s* infante.
Infanticida *s* infanticide.
Infantil *adj* infantile; childish; childlike.
Infatigável *adj* untiring; indefatigable.
Infecção *s* infection; contagion.
Infeccionar *v* to infect; to taint.
Infectar *v* to infect; to taint.
Infecundidade *s* infecundity; sterility.
Infecundo *adj* infecund; barren.
Infelicidade *s* infelicity; unhappiness; misfortune.
Infeliz *adj* unhappy; unfortunate; unlucky.
Infelizmente *adv* unfortunately.
Infenso *adj* unfriendly; adversary.
Inferência *s* inference; inferring.
Inferior *s* inferior.
Inferior *adj* inferior; lower.
Inferiorizar *v* to render inferior.
Inferir *v* to infer; to deduce; to conclude.
Infernal *adj* infernal; hellish.
Inferno *s* hell.
Infértil *adj* infertile; sterile.
Infestação *s* molestation; infestation.
Infestar *v* to infest; to harass; to ravage.
Infidelidade *s* infidelity; unfaithfulness.
Infiel *s* unbeliever; infidel.
Infiel *adj* unfaithful; infidel.
Infiltração *s* percolate; infiltration.
Infiltrar *v* to infiltrate; to penetrate.
Ínfimo *adj* lowermost; meanest.
Infindável *adj* endless; unending.
Infindo *adj* endless; infinite; unending.
Infinidade *s* infinity.
Infinito *s* GRAM infinitive (mood).
Infinito *adj* infinite; endless.
Inflação *s* inflation; swelling.
Inflamação *s* inflammation; enthusiasm.
Inflamado *adj* excited; inflamed.
Inflamar *v* to inflame; to flame up; to set on fire; MED to become inflamed.
Inflamar-se *v* to catch fire; to become fiery.
Inflamável *adj* inflammable; combustible.
Inflar *v* to inflate; to swell; to elate.
Inflável *adj* inflatable.
Inflexão *s* inflection; bending.
Inflexibilidade *s* inflexibility.
Inflexível *adj* inflexible; unalterable.
Infligir *v* to inflict on; to impose.
Influência *s* influence; power.
Influenciar *v* to influence.
Influenza *s* grippe; influenza; flu.
Influir *v* to influence on; to affect.
Influxo *s* influx; influence.
Informação *s* information; data; inquiry.
Informante *s* informant; informer.
Informar *v* to inform; to advice; to acquaint.
Informe *s* information; advice.
Informe *adj* shapeless; formeless.
Informidade *s* shapelessness; deformity.
Infortúnio *s* misfortune; bad luck.
Infra *adv* bellow; infra.
Infração *s* infraction; transgression; violation.
Infrator *s* transgressor; infringer.
Infringir *v* to infringe; to contravene.
Infrutífero *adj* unfruitful; fruitless.
Infundado *adj* unfounded; groundless.
Infundir *v* to infuse; to imbue.
Infusão *s* infusion; instilling; imbuing.

INFUSÍVEL — INSPETORIA

Infusível *adj* infusible.
Ingênito *adj* inborn; innate.
Ingente *adj* large; huge; enormous.
Ingenuidade *s* ingenuousness; ingenuity.
Ingênuo *adj* ingenuous; artless.
Ingerência *s* interference; intermeddling.
Ingerir *v* to ingest; to put in.
Ingestão *s* ingestion; degluticion; swallowing.
Inglês *s* English (language); Englishman.
Inglês *adj* English.
Inglório *adj* inglorious; modest.
Ingratidão *s* ingratitude.
Ingrato *adj* ungrateful; thankless.
Ingrediente *s* ingredient.
Íngreme *adj* steep; sheer; acclivitous.
Ingresso *s* ingress; entrance; access.
Ingurgitar *v* to ingurgitate; to swell.
Inibição *s* inhibition; inhibiting.
Inibir *v* to inhibit; to forbid; to hinder.
Inibitivo *adj* inhibitive; inhibitory.
Iniciação *s* initiation; beginning; starting.
Iniciado *s* initiate; novice.
Iniciador *s* initiator; starter.
Iniciador *adj* initiation.
Inicial *s* initial.
Inicial *adj* initial.
Iniciar *v* to initiate; to start; to begin.
Iniciativa *s* initiative; enterprise; activity.
Início *s* start; trigger; outset; beginning.
Inigualável *adj* matchless; incomparable.
Iniludível *adj* unmistakable; undeceivable; undoubtful.
Inimaginável *adj* unimaginable; unthoughtful.
Inimigo *s* enemy.
Inimigo *adj* inimical; hostile; adverse.
Inimitável *adj* inimitable; unmatchable.
Inimizade *s* enmity; hostility.
Inimizar *v* to make enemies.
Ininteligível *adj* unintelligible.
Iniquidade *s* iniquity; wickedness.
Iníquo *adj* unrighteous; iniquitous.
Injeção *s* injection; USA POP shot.
Injetar *v* to inject; to throw into.
Injunção *s* injunction; enjoinment.
Injúria *s* injury; offence; insult.
Injuriar *v* to injure; to offend.
Injurioso *adj* injurious; offensive.
Injustiça *s* injustice; wrong.
Injustificável *adj* unjustifiable.
Injusto *adj* unfair; unjust.
Inobservância *s* non observance.
Inobservante *adj* unobservant; inobservant.
Inocência *s* innocence; innocency; guiltlessness.
Inocentar *v* to free from guilt.
Inocente *adj* innocent; guiltless; harmless.
Inocuidade *s* innocuity; innocuousness.
Inoculação *s* inoculation; vaccination.
Inocular *v* to inoculate; to insert.
Inócuo *adj* innocuous; harmless.
Inodoro *adj* inodorous; odourless.
Inofensivo *adj* harmless; inoffensive.
Inolvidável *adj* unforgettable.
Inominável *adj* unspeakable.
Inoportuno *adj* inopportune; untimely.
Inorgânico *adj* inorganic.
Inóspito *adj* inhospitable; wild; barren.
Inovação *s* innovation.
Inovar *v* to innovate; to change.
Inoxidável *adj* stainless; inoxidable.
Inqualificável *adj* unqualifiable; ambiguos.

Inquebrantável *adj* inflexible; indefatigable.
Inquebrável *adj* shatterproof; unbreakable.
Inquérito *s* inquest; inquiry.
Inquestionável *adj* unquestionable; doubteless; indisputable.
Inquietação *s* restlessness; uneasiness.
Inquietar *v* to trouble; to worry.
Inquietar-se *v* to become uneasy; to fret.
Inquieto *adj* unquiet; restless; apprehensive.
Inquilinato *s* lodgment; lease.
Inquilino *s* lodger; USA renter; roomer.
Inquinação *s* pollution; infection.
Inquirição *s* inquiry; cross-examination.
Inquirir *v* to inquire; to investigate.
Inquisição *s* inquisition; inquiry; Holy Office.
Inquisidor *s* inquisitor; member of Holy Office.
Inquisitorial *adj* inquisitorial; inhuman; cruel.
Insaciabilidade *s* insatiability.
Insaciável *adj* insatiable; greedy; insatiate.
Insalubre *adj* insalubrious; unhealthy.
Insanável *adj* incurable; irremediable.
Insânia *s* insanity; mental disorder; madness.
Insano *adj* insane; mad.
Insatisfeito *adj* unsatisfied; discontented; dissatisfied.
Inscrever *v* to register; to inscribe; to enter.
Inscrição *s* inscription; inscribing.
Inscrito *adj* inscribed; registered.
Insculpir *v* to engrave; to inscribe; to carve.
Insegurança *s* insecurity.
Inseguro *adj* insecure.
Inseminação *s* insemination.
Insensatez *s* insensateness; foolishness.
Insensato *adj* insensate; without sense; foolish.
Insensibilidade *s* insensibility; consciousness.
Insensibilizar *v* to render insensitive.
Insensível *adj* insensible; unconscious.
Inseparável *adj* inseparable; undisjoinable.
Insepulto *adj* unburied.
Inserção *s* insertion; implantation.
Inserir *v* to insert; to put in; to set in.
Inseticida *s* insecticide.
Inseto *s* bug.
Insídia *s* insidousness; snare; ambush.
Insidioso *adj* insidious; sly; treacherous.
Insigne *adj* notable; remarkable; ilustrious.
Insígnia *s* insignia; badge; emblem.
Insignificância *s* trifle; triviality.
Insignificante *adj* insignificant; unimportant.
Insinuação *s* insinuation; hint.
Insinuar *v* to insinuate; to hint; to suggest.
Insipidez *s* insipidness; insipidity.
Insípido *adj* insipid; unsavoury; tasteless.
Insistência *s* insistence; persistence.
Insistente *adj* insistent; persistent.
Insistir *v* to insist; to persist; to dwell.
Insociabilidade *s* unsociability.
Insolação *s* sunstroke; insolation.
Insolência *s* insolence; cheek; USA gall.
Insólito *adj* uncommon; unusual.
Insolubilidade *s* insolubility; insolubleness.
Insolúvel *adj* insoluble.
Insolvência *s* insolvency.
Insolvente *adj* insolvent.
Insondável *adj* fathomless; unfathomable.
Insônia *s* insomnia; sleeplessness.
Insosso *adj* insipid; unsalted.
Inspeção *s* survey; inspection.
Inspecionar *v* to inspect; to survey.
Inspetor *s* inspector; overseer.
Inspetoria *s* inspectorate; investigation bureau.

INSPIRAÇÃO — INTERNADO

Inspiração s inspiration; inhalation.
Inspirador s inspirer; animator; stimulator.
Inspirar v to inspire; to instill; to influence.
Inspirável adj inspirable.
Instabilidade s instability.
Instalação s installation; installment; plant.
Instalar v to install; to establish; to lodge.
Instância s instance; request.
Instantâneo s snapshot; USA POP a candid picture.
Instantâneo adj instantaneous.
Instante s instant; moment; a very short time.
Instante adj instant; pressing.
Instar v to insist on; to urge; to press.
Instauração s establishment; instauration.
Instaurar v to repair; to establish; to found.
Instável adj unstable; unsetled; changeable.
Instigar v to instigate; to stimulate; to incite.
Instilação s instillation; instillment.
Instilar v to instill; to infuse.
Instintivo adj instinctive; spontaneous.
Instinto s instinct.
Instituição s institution; establishment.
Instituir v to institute; to establish; to set up.
Instituto s institute; school; established law.
Instrução s instruction; education; learning.
Instruir v to instruct; to educate; to bring up.
Instrumentação s instrumentation.
Instrumental s instruments.
Instrumental adj instrumental.
Instrumentar v to instrument; MÚS to orchestrate.
Instrumentista s MÚS instrumentist.
Instrumento s instrument; tool; utensil; implement.
Instrutivo adj instructive; educative; didatic; instructional.
Instrutor s instructor; instructer.
Insubmissão s insubmission; unruliness.
Insubmisso adj unsubmissive; insubordinate.
Insubordinação s insubordination.
Insubordinado adj insubordinate; disorderly.
Insubordinar v to make insubordinate; to mutiny.
Insubstituível adj irreplaceable.
Insucesso s unsuccess; failure.
Insuficiência s insufficiency; inadequacy; deficiency.
Insuficiente adj insufficient; deficient.
Insuflação s insuflation.
Insuflar v to insufflate; FIG to inspire.
Insular v to insulate; to isolate.
Insular adj insular.
Insulina s MED insulin.
Insultar v to insult; to abuse; to outrage.
Insulto s insult; affront.
Insuperável adj insuperable; insurmountable; USA top-notch.
Insuportável adj insupportable; intolerable.
Insurgir v to revolt; to rebel.
Insurrecional adj insurrectional; insurrectionary.
Insurrecionar v to excite insurrection.
Insurreição s insurrection; rebellion.
Insurreto s insurgent; rebel.
Insurreto adj insurgent; rebel; insurrectionist.
Insuspeito adj unsuspected; unsuspecting.
Insustentável adj untenable; unsustainable.
Intangibilidade s intangibility.
Intangível adj intangible; untoutchable.
Intato adj untouched; intact.
Íntegra s complete text; totality.
Integração s integration.
Integral adj integral; entire; whole; complete.
Integrante adj integrant; constituent; integral.
Integrar v to integrate; to make entire.
Integridade s integrity; uprightness.

Íntegro adj entire; complet; upright.
Inteirar v to complete; to inform.
Inteireza s integrity; honesty; wholeness.
Inteiro adj entire; whole; complete.
Intelecto s intellect; understanding.
Intelectual s brain-worker.
Intelectual adj intellectual mental.
Intelectualidade s intellectuality.
Inteligência s intelligence; mind; intellect.
Inteligente adj intelligent; smart; clever.
Inteligibilidade s intelligibility.
Inteligível adj intelligible; comprehensible.
Intemerato adj intemerate; undefiled.
Intempérie s inclemency.
Intempestivo adj untimely; unseasonable.
Intenção s intention; purpose.
Intencionado adj minded.
Intencional adj intentional.
Intendência s intendancy.
Intendente s intendant; USA councilman.
Intensidade s intensity; intenseness.
Intensificar v to intensify; to accelerate; to augment.
Intensivo adj intensive; adding force.
Intenso adj intense; vehement; ardent.
Intentar v to intend; to endeavour; to attempt.
Intento s intent; purpose.
Intentona s rebellion; conspiration.
Intercalação s insertion; intercalation.
Intercalar v to intercalate; to interpose.
Interceder v to intercede; to plead.
Intercepção s interception; interruption; obstruction; intervention.
Interceptação vide INTERCEPÇÃO.
Interceptar v to intercept; to cut off.
Intercessão s intercession; interceding; mediation.
Intercessor s intercessor; mediator.
Intercontinental adj intercontinental, between continents.
Intercorrência s intercurrence; incident; modification.
Intercorrente adj intercurrent; intervening.
Interdição s interdiction; prohibition; forbidding.
Interditar v to interdict; to prohibit.
Interdito s interdict; prohibition.
Interdito adj interdicted; prohibited.
Interessado adj interested; attentive.
Interessante adj interesting; savoury.
Interessar v to interest; to affect; to concern.
Interesse s interest; advantage; profit.
Interesseiro adj self-seeking; selfish.
Interestadual adj interestate.
Interferência s interference; interfering.
Interferir v to intefere; RÁD to jam.
Ínterim s interim; meanwhile.
Interino adj provisional; temporary.
Interior s interior; inside; indoor; upcountry.
Interior adj interior; inside; inner.
Interjeição s interjection; exclamation.
Interlocutor s interlocutor; speaker.
Intermediar v to intermediate; to mediate; to intervene.
Intermediário s intermediary; mediator.
Intermediário adj intermediary; intermediate.
Interminável adj interminable; endless.
Intermissão s intermittence; interposition.
Intermitência vide INTERMISSÃO.
Intermitente adj remittent; intermittent.
Internação s internment.
Internacional adj international.
Internacionalizar v to internationalize.
Internado s intern; interne.

Internamento s internation.
Internar v to intern; to inclose; to confine.
Internato s boarding-school.
Interno s boarder; USA interne.
Interno adj internal.
Interpelação s interpellation.
Interpelar v to interpellate; to question formally.
Interpor v to interpose; to place between; to intervene.
Interposição s mediation; interposition.
Interposto s entrepot; emporium; store; trading lodge.
Interpretação s construction; interpretation.
Interpretador s interpreter.
Interpretador adj interpreting.
Interpretar v to interpret; to construe; to represent.
Interpretativo adj interpretative.
Interpretável adj interpretable; definable.
Intérprete s interpreter; explainer.
Interregno s interval; interregnum.
Interrogação s interrogation; question; inquiry.
Interrogador s interrogator; inquirer.
Interrogar v to interrogate; to inquire of; to question; to examine.
Interrogativo adj interrogative; interrogatory.
Interrogatório s interrogatory; inquiry.
Interromper v to interrupt; to break in; to stop.
Interrupção s interruption; cessation; discontenuance.
Interruptor s interrupter; switch.
Interseção s intersection.
Interstício s interstice; crevice; interval.
Interurbano adj trunk (telephone call); USA long-distance.
Intervalo s interval; break; ESP FUT half-time; USA intermission.
Intervenção s intervention; interference; intermediation.
Intervir v to intervene; to meddle with; to interfere with.
Intestinal adj intestinal; enteric.
Intestino s intestine.
Intestino adj intestine; internal; domestic.
Intimação s intimation; notification; summons.
Intimador s summoner; intimater.
Intimar v to notify; to summon; to enjoin.
Intimidação s intimidation; threat.
Intimidade s intimacy; intimity; privacy.
Intimidar v to intimidate; to cause; to daunt; USA to bulldoze.
Íntimo s intimate; a crony.
Intitular v to entitle; to head; to call.
Intolerância s intolerance; narrow-mindedness.
Intolerante adj intolerant; narrow-minded.
Intolerável adj intolerable; unbearable.
Intonação s intonation; modulation; tone.
Intoxicação s intoxication; poisoning.
Intoxicado adj intoxicated.
Intoxicar v to intoxicate; to poison.
Intraduzível adj untranslatable; inexpressible.
Intranquilidade s agitation; disturbance; restless.
Intranquilo adj agitated; quietless; disturbed.
Intransferível adj untransferable.
Intransigência s intransigence; intransigency.
Intransigente adj intransigent; irreconciliable.
Intransitável adj impassable; untransitable; invious.
Intransitivo adj GRAM intransitive (verb).
Intransmissível adj intransmissible.
Intratável adj intractable; rude.
Intravenoso adj intravenous.
Intrepidez s intrepidity; fearlessness.
Intrépido adj intrepid; fearless; dauntless.
Intriga s intrigue; plot.
Intrigante s intriguer; telltale.
Intrigante adj intriguing.
Intrigar v to intrigue; to puzzle; to plot.
Intrincado adj intricate; knotty.
Intrínseco adj intrinsic; inherent.

Introdução s introduction; preface.
Introdutivo adj introductive; introductory; initiative.
Introduzir v to introduce; to put in; to usher in; to insert.
Introito s preface; introit.
Intrometer v to intrud on; to meddle with; to trespass.
Intrometido s meddler; busybody.
Intrometido adj meddlesome; bold.
Intromissão s intromission; meddlesomeness.
Introspecção s introspection; self-examination.
Introspectivo adj introspective; self-concentration.
Intrujão s deceiver; cheat; humbug.
Intrujar v to deceive; to delude; to cheat.
Intrusão s intrusion; trespass; encroachment.
Intuição s intuition; insight.
Intuitivo adj intuitive.
Intumescência s intumescence; swelling.
Intumescer v to become tumid; to swell.
Inumação s interment; inhumation.
Inumanidade s inhumanity; barbarity; cruelty.
Inumano adj inhuman; brutal; cruel.
Inumar v to inhume; to inter; to bury.
Inúmero adj numberless; countless; innumerable.
Inundação s inundation; flood.
Inundar v to inundate; to flood; to overflow.
Inusitado adj out of use; unusual; unwonted.
Inútil adj inutile; vain; useless; needless.
Inutilidade s inutility; uselessness; needlessness.
Inutilizar v to make useless; to frustrate.
Invadir v to invade; to trespass; to encroach.
Invalidação s invalidation; annulment; cancellation.
Invalidar v to invalidate; to annul; to nullify.
Invalidez s invalidity; disability.
Inválido s invalid; USA shut-in.
Inválido adj invalid; null; void.
Invariabilidade s invariableness; invariability.
Invariável adj unchangeable; invariable.
Invasão s invasion; raid; incursion; inroad.
Invasor s forayer; invader.
Invasor adj invading.
Invectiva s invective.
Invectivar v to rail; to inveigh against.
Inveja s envy; jealousy; enviousness; rivalry.
Invejar v to envy; to grudge; to long for.
Invejável adj enviable; covetable; desirable.
Invejoso adj envious; feeling envy.
Invenção s invention; contrivance.
Invencibilidade s invincibility; invincibleness.
Invencionice s lie; falsehood; story.
Invencível adj invincible; unconquerable.
Invendável adj unsaleable; unmarketable.
Inventar v to invent; to create; to produce.
Inventariar v to inventory; to schedule; to list; stocktaking.
Inventário s stock-taking; inventory.
Inventiva s inventiveness.
Inventivo adj inventive; imaginative; ingenious; creative.
Invento s invention; contrivance; witcraft.
Inventor s inventor; author.
Invernada s winter season; feedlot.
Invernar v to hibernate; to winter.
Inverno s winter.
Inverossimilhança s inveracity; unlikelihood.
Inversamente adv inversely, inverted condition.
Inversão s inversion; inverting.
Inverso s e adj inverse; contrary; reverse.
Invertebrado s invertebrate.
Invertebrado adj invertebrate.
Inverter v to invert; to reverse.
Invertido adj inverted; reverse; inverse.
Investida s investing; assault; charge.

Investidura s investiture; vesture.
Investigação s investigation; inquiry; research.
Investigar v to investigate; to look; to examine.
Investigável adj investigable.
Investir v to invest; to attack; to assault.
Inveterado adj inveterate; deep-roted; habitual.
Inviabilidade s impracticableness; impracticability.
Inviável adj impracticable; impractical.
Invicto adj unvanquished; invincible; undefeated.
Inviolabilidade s inviolability; inviolableness.
Inviolado adj inviolate; unviolated; unhurt.
Inviolável adj inviolable.
Invisibilidade s invisibility; invisibiliness.
Invisível adj invisible.
Invocação s invocation; invoking.
Invocar v to invoke; to appeal; to implore.
Involtório s coverning; wrapper.
Invólucro s involucre; wrapper; packing.
Involuntário adj involuntary; unintentional.
Invulgar adj exceptional; uncommon.
Invulnerabilidade s invulnerability.
Invulnerável adj invulnerable.
Ioga s yogi.
Íon s ion.
Iota s iota.
Ir v to go; to move; to depart; to walk; to die; to go away.
Ira s ire; rage; anger.
Irado adj irate; angry; enraged.
Irar v to make angry; to anger; to enrage.
Irascibilidade s irascibility; irascibleness; choleric character.
Irascível adj irascible; choleric; irritable.
Íris s MED iris; MIT goddess of the rainbow.
Irmã s sister.
Irmanar v to match; to pair; to mate.
Irmandade s brotherhood; sisterhood; fraternity.
Irmão s brother.
Ironia s irony; sarcasm; mordacity.
Irônico adj ironical; ironic; sarcastic; sarcastical.
Irracional adj irrational; unreasonable; absurd.
Irracionalidade s irrationality; unreasonableness.
Irradiação s irradiation; broadcasting.
Irradiador s irradiator.
Irradiador adj irradiative.
Irradiar v to irradiate; to shine; to broadcast.
Irreal adj unreal; illusive; chimeric.
Irrealizável adj irrealizable; impraticable.
Irreconciliável adj irreconcilable; incompatible.
Irrecuperável adj irrecoverable; irretrievable; irreclaimable.
Irrecuperavelmente adv irretrievably.
Irrecusável adj irrecusable; unobjectionable; unimpeachable.
Irredimível adj irredeemable; irreclaimable.
Irredutível adj irreducible; not reducible.
Irreduzível vide IRREDUTÍVEL.
Irrefletido adj thoughtless; unthinking; inconsiderate.
Irreflexão s irreflection; rashness.
Irrefutável adj irrefutable; indisputable; unanswerable.
Irregular adj irregular; unnormal; unnatural.
Irregularidade s irregularity; laxity; unevenness.
Irreligião s irreligion; impiety.
Irreligiosidade s irreligiousness; without religion; impiety.
Irreligioso adj irreligious.

Irremediável adj irremediable; incurable.
Irremissível adj unpardonable; irremissible.
Irremovível adj irremovable; unremovable.
Irreparável adj irreparable; irretrievable.
Irrepreensibilidade s irreprehensibility; irreproachability.
Irrepreensível adj irreprehensible; irreproachable; blameless.
Irreprimível adj irrepressible.
Irrequieto adj restless; turbulent; fidgety.
Irresistível adj irresistible; resistless; charming.
Irresolução s irresolution; irresolutioness; indecision.
Irresoluto adj irresolute.
Irrespirável adj unbreathable; irrespirable.
Irresponsabilidade s irresponsibility.
Irresponsável adj irresponsible.
Irrestrito adj unrestrict; unrestricted.
Irretorquível adj unanswerable; irrefutable.
Irreverência s irreverence; insolence; disrepect.
Irreverente adj irreverent; insolent; disrespectful.
Irrevogabilidade s irrevocability; irrevocableness.
Irrevogável adj irrevocable; indefeasible.
Irrigação s irrigation; irrigating.
Irrigador s irrigator.
Irrigador adj irrigating; watering.
Irrigar v to irrigate; to water.
Irrigável adj irrigable.
Irrisório adj derisive; derisory.
Irritabilidade s irritability; irritableness; excitableness.
Irritação s irritation; annoyance.
Irritado adj excited; angry.
Irritante adj irritant; irritating.
Irritar v to irritate; to grate; to chafe; to gall.
Irromper v to burst; to break forth; to erupt.
Irrupção s irruption; outburst.
Isca s bait; tinder; FIG enticement; allurement.
Iscar v to bait; FIG to allure; to entice.
Isenção s exemption; impartiality.
Isentar v to exempt from; to free.
Islâmico adj islamic; islamitic.
Islamismo s Islamism.
Islamita s islamite; mussulman.
Islão s Islam.
Ismaelita s ishmaelite.
Isolado adj stranded.
Isolamento s isolation; separation; lonesomeness.
Isolar v to isolate; to insulate; to detach.
Isósceles adj GEOM isosceles.
Isqueiro s lighter; tinder-lighter; USA match.
Israelita s Israelite; Jew; Hebrew.
Isso pron that; it.
Isto pron this.
Itálico s TIP italics; italic.
Itálico adj italic.
Italizar v to italicize.
Item s item; an article.
Item adv item; also.
Iterativo adj iterative; reiteration.
Itinerante adj itinerant; tramp.
Itinerante adj itinerant; peripatetic.
Itinerário s itinerary; route.
Itinerário adj itinerary; route; regular way.

j J

J *s* the tenth letter of the Portuguese and of the English alphabets.
Já *adv* already; in this moment; now; at present; at once.
Jaça *s* spot in precious stones; stain blemish; flaw; defect.
Jacaré *s* alligator; cayman.
Jacente *adj* situated; recumbent; lying.
Jacinto *s* hyacinth, jacinth.
Jacobinismo *s* jacobinism.
Jacobino *s* jacobin; nationalist.
Jacobita *s* jacobite.
Jactância *s* boasting; vanity; pride.
Jactancioso *adj* boastful; bragging; proud; arrogant.
Jactar-se *v* to boast; to brag.
Jacto *vide* JATO.
Jaculatória *s* short prayer; ejaculation; ejaculatory prayer.
Jade *s* GEOL jade, white or green little stone.
Jaez *s* harness; ilk; FIG kind; quality; sort.
Jaezar *v* to harness; to caparison; to cover with trappings.
Jaguar *s* jaguar.
Jalapa *s* jalap; jalapa, medicinal plant.
Jaleco *s* jacket, a profissional cloth.
Jamais *adv* never; ever; not at any time.
Jambo *s* jamb; iamb (fruit).
Janeiro *s* January (the first month of the year).
Janela *s* window.
Jangada *s* raft; float, ocean boat.
Jangadeiro *s* raftsman.
Janota *s* dandy; fop.
Janota *adj* foppish; dandyish.
Janotismo *s* dandyism; foppery; foppishness.
Jansenismo *s* RELIG jansenism.
Jansenista *s* jansenist.
Janta *s* dinner, to eat at night.
Jantar *s* dinner.
Jantar *v* to dine.
Japonês *s* Japanese; Jap; Japanese language.
Japonês *adj* Japanese; Jap.
Japonizar *v* to japanize; to become like a Japanese.
Jaqueta *s* jacket; short coat.
Jaquetão *s* coat, double-breasted jacket.
Jarda *s* yard (yd), English measure lenght (914 mm = 36 polegadas).
Jardim *s* garden; flower-garden.
Jardinagem *s* gardening.
Jardinar *v* to garden.
Jardineira *s* flower-stand; jumper; pinafore (clothes); BR small bus.
Jardineiro *s* gardener.
Jarra *s* jar; vase; flowerpot; pitcher.
Jarrão *s* large jar; large vase.
Jarrete *s* hamstring; hock.
Jarreteira *s* garter.
Jarro *s* pot; jug; jar; USA pitcher.
Jasmim *s* jasmine; jasmin; jessamine.
Jaspe *s* GEOL jasper, a quartz stone.

Jato *s* throw; cast; hurl; jet; stream; impulse; *motor a JATO*: jet engine; *avião a JATO*: jet plane.
Jaula *s* cage; jail; *elas adorarão colocá-lo na JAULA*: they'll love to throw your ass in jail.
Javali *s* wild boar; wild pig.
Jazer *v* to lie; to rest; to be in the grave; to be buried.
Jazida *s* mine; mineral vein; large deposit of ore.
Jazigo *s* grave; charnel; tomb; GEOL bed; deposit; field of minerals.
Jeans *s* youth trousers.
Jeito *s* mode; manner; skill; knack; *ter JEITO para*: to have a talet for.
Jeitoso *adj* apt; handy; skilful.
Jejuador *s* faster; abstinent.
Jejuar *v* to fast, to abstain from food.
Jejum *s* fast; fasting.
Jerico *s* ass; donkey.
Jesuíta *s* RELIG jesuit.
Jesuítico *adj* jesuitic; jesuitical; GÍR fanatic; hipocritical.
Jesus *s* Jesus.
Jesus *interj* Jeez! Gee! (Jesus!; puxa vida!).
Jiboia *s* boa constrictor; python.
Jipe *s* jeep; blitz buggy.
Joalheiro *s* jeweller; jeweler.
Joalheria *s* jewellery; jewelry; jewelry shop.
Joanete *s* knuckle bone; bunion; NÁUT topsail; topgallant sail.
Joaninha *s* ladybug; ladybird.
João-ninguém *s* nobody; unimportant person; no merit man; a shrimp.
Jocosidade *s* jocosity; jocoseness; waggery.
Jocoso *adj* jocose; waggish; humorous.
Joeira *s* fan; sieve; winnowing fan.
Joeirar *v* to fan; to winnow; to sift.
Joelheira *s* knee-piece; kneepad; knee cap.
Joelho *s* knee.
Jogada *s* throw; hit; stroke; cast.
Jogador *s* gambler; gamester; player; *JOGADOR de futebol*: soccer player.
Jogar *v* to play; to throw; to risk; to stake; to gamble.
Jogo *s* play; game; gambling.
Jogral *s* jester; buffoon; scoffer.
Joguete *s* mockery; toy; plaything.
Joia *s* jewel; a precious stone; gem; piece of jewelry; USA entrance fee.
Joio *s* darnel.
Jônico *adj* jonic; ionic; ionian; ARQT jonic column.
Jornada *s* journey; tour; trip; one-day-march; MIL expedition.
Jornal *s* journal; newspaper; papers; day wages; day's journey.
Jornaleco *s* a shabby newspaper; rag; cheap newspaper.
Jornaleiro *s* news boy; day labourer; day laborer; news-agent; USA newsdealer; BR newspaper's seller.
Jornalismo *s* journalism, the profession of journalist.
Jornalista *s* journalist; news reporter; pressman; USA newspaperman.
Jorrar *v* to spout; to spurt out; to gush.

JORRO — JUVENTUDE

Jorro s jet; waterspout; gush; outpouring.
Jota s the letter "J"; jot.
Jovem s youth; young man or woman; adolescent.
Jovem adj young; youthful.
Jovial adj jovial; merry; gay; jolly; cheerful.
Jovialidade s joviality; gaiety; jollity.
Jovializar v to jovialize; to make jovial; to be jovial.
Juba s lion's mane.
Jubado adj maned.
Jubilação s jubilation; retirement; exultation; rejoicing.
Jubilante adj jubilant; happy; exulting; joyful.
Jubilar v to jubilate; to exult; to pension off; to retire.
Jubileu s jubilee (fiftieth anniversary).
Júbilo s jubilation; exultation; joy; glee; rejoicing.
Jubiloso adj joyful; jubilant; merry; elated; gay.
Judaico adj judaic; judaical; jewish.
Judaísmo s judaism, the Judaic Religion.
Judeu s Jew; judean; judaean.
Judeu adj Jewish; judean; judaean.
Judiar v to mock; to scorn; to afflict; to ridicule; to torture.
Judicativo adj judicative; judicial.
Judicatório adj judicatory.
Judicatura s judicature; a Court of Justice; judicial authority.
Judicial adj judicial.
Judiciário adj judiciary; judicial.
Judicioso adj judicious; wise; well-advised; sensible.
Jugo s yoke; submission; servitude; oppression.
Jugular s jugular.
Jugular adj neck vein; throat vein.
Jugular v to crush; to subdue; to hang; to suppress.
Juiz s judge; umpire; ESP referee.
Juízo s judgment; court of justice; wisdom.
Julgado s judicature; the office of a judge; judgeship.
Julgado adj judged; sentenced.
Julgador s judge; critic; judger; arbiter.
Julgador adj judging.
Julgamento s judgement; judgment; trial; sentence; decision.
Julgar v to judge; to adjudge; to deem; to estimate; to think; USA to grade.
Julho s July, the seventh month of the year.
Jumento s jackass; ass; donkey.
Junção s junction; joining; union; connection.
Juncar v to strew; to bestrew; to spread.
Junco s junk; rush; bulrush; reed.
Jungir v to yoke; to join; to link; to couple.
Junho s June, the sixth month of the year.
Júnior adj junior; younger.

Junta s joint; junta; council; committee.
Juntar v to adjoin; to join; to put together; to connect.
Junto adj near; joined; close.
Junto adv together; near; jointly; close.
Juntura s juncture; junction; joint; union.
Jura s oath; vow; curse; swearing.
Jurado s juryman; juror; USA venireman.
Jurado adj sworn.
Juramentado adj sworn in; authenticated.
Juramento s oath, act of swear; vow.
Jurar v to swear; to promise; to take oath; to make swear; to curse.
Jurássico adj Jurassic (second Mesozoic era).
Júri s jury.
Jurídico adj juridical.
Jurisconsulto s jurisconsult; jurist.
Jurisdição s jurisdiction.
Jurisperito s jurisprudent.
Jurisprudência s jurisprudence; a body of law; a system of law; the science of law.
Jurista s jurist; lawyer; jurisconsult.
Juro s interest; monetary compensation.
Jus s right; legal right.
Jusante s ebb; ebb tide; low tide.
Justa s joust; tilt; tournament.
Justalinear adj in parallel columns; line by line.
Justapor v to juxtapose; to place side by side.
Justaposição s juxtaposition; contiguity.
Justar v to joust; to engage in a joust.
Justeza s justness; accuracy; exactness.
Justiça s justice; rightness; fairness.
Justiçar v to punish; to chastise; to execute.
Justiceiro adj impartial; fair; severe; rigorous; BR murder.
Justificação s justification; warrant; vindication; excuse.
Justificador s justificator; justifier.
Justificador adj justifying.
Justificante adj justifying.
Justificar v to justify; to vindicate; account for.
Justificativo adj justificative; justifying; justificatory.
Justificável adj justifiable; accountable.
Justo adj just; fair; true; accurate; equitable; righteous; tight; close; *o juiz tenta ser JUSTO*: the judge tries to be just.
Juta s jute; a glossy fiber.
Juvenil adj juvenile; young; youthful.
Juventude s youth; youthfulness; adolescence; teenage; teen age.

kK

K *s* eleventh letter of the English alphabet (this letter is no longer included in the official Portuguese alphabet).
K *s* QUÍM potassium symbol.
Kaiser *s* kaiser; emperor; emperator.
Kantismo *s* FIL kantism; kantianism (doctrine by Immanuel Kant - 1724/1804).
Kantista *s* kantian.
Kantista *adj* kantian.
Kart *s* AUT kart.

Kepleriano *adj* ASTR keplerian (from Johann Kepler - 1571/1638).
Kg *s* kilogram (abbreviature).
Kibutz *s* kibuttz (Jewish inhabitation - popular in Israel).
Kilowatt *s* kilowatt.
Kl *s* kiloliter (abbreviation).
Km *s* kilometer (abbreviation).
Krypton *s* CIN krypton (supposed Superman's planet).

L

L *s* the eleventh letter of the Portuguese alphabet and the twelfth of the English alphabet.
L *s* Roman numeral for fifty.
Lá *s* MÚS la, the sixth note of the scale.
Lá *adv* there; younder; in that place.
Lã *s* wool; fuzz; fleece.
Labareda *s* flame; blaze; FIG vivacity; ardor; excitement.
Lábaro *s* labarum; flag.
Lábia *s* astuteness; cunning; guile.
Labiado *adj* labiate; labiated; lip-shaped.
Labial *adj* labial.
Lábio *s* lip; border; labium.
Labirinto *s* labyrinth; maze; ANAT labyrinth; the internal ear.
Labor *s* labor; labour; toil; work; task.
Laboração *s* working; activity; laboring.
Laborar [] *v* to labor; to toil; to work.
Laboratório *s* laboratory.
Laborioso *adj* laborious; toilsome; tiring; industrious.
Labuta *s* toil; labor; drudgery.
Labutar *v* to work hard; to toil; to drudge; to plug.
Laçada *s* slipknot; bowknot; loop.
Lacaio *s* lackey; footman; valet.
Laçar *v* to lace; to lasso; to rope.
Laceração *s* laceration.
Lacerar *v* to lacerate; to mangle; to tear.
Laço *s* knot; snare; trap; noose; lasso.
Lacônico *adj* laconic; brief; concise.
Laconismo *s* laconism; laconicism.
Lacrar *v* to seal with wax; to seal.
Lacrau *s* scorpion.
Lacre *s* sealing-wax.
Lacrimação *s* lachrymation; tearing.
Lacrimejante *adj* tearful; teary; whimpering.
Lacrimejar *v* to whine; to whimper; to cry.
Lactação *s* lactation.
Lactante *adj* lactant; giving suck; suckling.
Lactar *v* to lactate; to suckle; to nurse; to suck.
Lactário *s* milk dispensary.
Lactário *adj* lacteous.
Lácteo *adj* lacteous; lacteal; milky white.
Lacticínio *s* milk-food; dairy product.
Láctico *s* acid lactic.
Láctico *adj* lactic.
Lacuna *s* lacuna; gap; omission.
Lacustre *adj* lacustrine; lacustrian.
Ladainha *s* litany; FIG rigmarole.
Ladear *v* to flank; to evade.
Ladeira *s* slope; acclivity; hill; upgrade.
Ladino *s* GRAM Ladin (language from Latin).
Ladino *adj* sly; cunning; astute.
Lado *s* side; face; flank.
Ladra *s* woman thief.
Ladrão *s* thief; burglar; robber; crook.
Ladrar *v* to bark; to bay; to yelp.
Ladrilhado *adj* tiled.
Ladrilhar *v* to pave with tile; to tile.

Ladrilho *s* tile; brick.
Ladroeira [] *s* theft; extortion; robbery.
Lagarta *s* caterpillar; palmer-worm.
Lagartixa *s* small lizard.
Lagarto *s* lizard.
Lago *s* lake; pond; pool.
Lagoa *s* lagoon.
Lagosta *s* lobster.
Lagostim *s* norway-lobster; crawfish; small lobster.
Lágrima *s* tear; drop; *pl* weeping.
Laia *s* gang; kind; sort.
Laical *adj* laical; leic; lay; secular.
Laico *adj* laic; secular.
Laivo *s* spot; stain; blemish; FIG slight knowledge.
Laje *s* flagstone; slab.
Lajeado *adj* paved; flagging; slab covering.
Lajeamento *s* paving; paving with slabs.
Lajear *v* to pave with flagstones.
Lama *s* mud; mire; RELIG Lama.
Lamaçal *s* muddy place; slough; puddle.
Lamaceiro *vide* LAMAÇAL.
Lamacento *adj* miry; muddy.
Lamaísmo *s* RELIG lamaism.
Lambada *s* lash; stroke; blow.
Lambão *s* glutton; fool.
Lambão *adj* gluttonous; silly.
Lamber *v* to lick; to polish.
Lambida *s* licking; FIG flattery.
Lambiscar *v* to nibble; to have a snack.
Lambujem *s* dainty; dainties; tidbits.
Lambuzar *v* to dirty; to soil; to besmear.
Lameiro *s* slough; bog.
Lamentação *s* lamentation; wail.
Lamentar *v* to lament; to weep; to mourn; to grieve; to regret.
Lamentável *adj* lamentable; pitiable; sorrowful; pitiful.
Lamento *s* lament; complaint; moan.
Lâmina *s* lamina; axe; blade; sheet.
Laminação *s* lamination; rolling.
Laminado *adj* laminated; rolled; laminate.
Laminar *v* to laminate.
Lâmpada *s* lamp; electric light-bulb; lantern.
Lampadário *s* candelabrum; candlestick; chandelier.
Lamparina *s* night lamp; night candle; oil lamp.
Lampejante *adj* sparkling; shining; glittering; gleaming.
Lampejar *v* to shine; to glitter; to flash; to sparkle; to gleam.
Lampejo *s* spark; sparkle; flash; glimmer.
Lampião *s* lampion; a street lamp.
Lamúria *s* lamenting; lament; complaint.
Lamuriante *adj* lamenting; complaining; crying.
Lamuriar *v* to lament; to moan; to complain.
Lança *s* lance; spear; pole of a carriage.
Lançador *s* bidder; thrower.
Lançar *v* to throw; to cast; to vomit; to throw up.
Lançar-se *v* to rush.
Lance *s* cast; throw; event; risk; danger.
Lancetar *v* to lance; to open with a lancet.

LANCHA — LEGUME

Lancha s launch; motor boat.
Lanchão s large barge.
Lanchar v to snack; to lunch; to eat a snack.
Lanche s snack; sandwich; coffee break.
Lancinante adj piercing; lancinating.
Lancinar v to lancinate; to lacerate; to torment.
Languidez s languidness; languishment; languor.
Lânguido adj languid; weak; faint.
Lanhar v to cut; to slash; to wound.
Lanho s gash; slash.
Lanífero adj laniferous, producing wool; fleecy; woolly.
Lanifício s woollen manufacture; woollen goods.
Lanterna s lantern; spotlight; flashlight.
Lanterneiro s lanter maker; lamplighter.
Lapela s lapel.
Lapidação s lapidation; stoning; FIG improvement.
Lapidar v to polish stones; to cut stones; to lapidate.
Lapidário s lapidary; stone-cutter; jeweler.
Lapidário adj lapidary.
Lápide s gravestone; tombstone; memorial stone.
Lapidificação s lapidification.
Lapidificar v to lapidify; to petrify.
Lápis s pencil.
Lapiseira s pencil box; pencil holder; pencil case.
Lapso s lapse; slip; space of time.
Laqueação s MED ligature of arteries; lacquering.
Laquear v MED to tie of arteries; to enamel; to lacquer.
Lar s home; household; fireside; house.
Laranja s orange.
Laranjada s orangeade; orange juice plus water.
Laranjal s orange grove.
Laranjeira s orange tree.
Larápio s filcher; thief; pilferer.
Lardear v to lard; to interlard.
Lareira s fireplace; fireside.
Largar v to let go; to loosen; to leave; to abandon.
Largo s square; small public square.
Largo adj wide; broad; ample; spacious; extensive.
Largueza s width; breadth; FIG generosity; liberality.
Largura s width; breadth.
Laringe s ANAT larynx.
Laríngeo adj laryngeal; laryingical.
Laringite s MED laryngitis.
Larva s larva; worm.
Lasca s scrap; chip; splinter; fragment.
Lascar v to splinter; to sliver; to split; to slap.
Lascívia s lasciviousness; lewdness.
Lascivo adj lascivious; lewd.
Lassidão s lassitude; languor; weariness; slackness.
Lasso adj weary; exhausted; tired.
Lástima s pity; lament; compassion.
Lastimar v to regret; to feel sorrow; to express sorrow; to be sorry for.
Lastimável adj deplorable; pitiable.
Lastro s ballast.
Lata s tin; tin-plate; USA can; POP face.
Latão s brass.
Látego s scourge; whip.
Latejante adj throbbing; beating.
Latejar v to beat; to throb.
Latente adj latent.
Lateral adj sidelong; lateral; ESP *LATERAL direito*: right back (futebol).
Látex s latex (fluid from the rubber tree).
Laticínio vide LACTICÍNIO.
Latido s barking; yelping; bark; yelp.
Latifúndio s large landed estate; latifundium; large landowner.
Latim s Latin.
Latir v to bark; to bay; to yelp.

Latitude s latitude.
Lato adj vast; ample; extensive; wide.
Latrina s water closet; privy; latrine.
Latrocínio s larceny; robbery; holdup.
Lauda s page.
Laudo s certificate; award; finding.
Láurea s laurel; prize.
Laureado adj laureate; distinguished.
Laurear v to laureate; to honor; to distinguish.
Lauto adj sumptuous; opulent; abundant.
Lavabo s lavabo; washbasin.
Lavadeira s washerwoman; laundress; USA washwoman.
Lavadouro s washing-place; washboard; washtub.
Lavagem s washing; wash; hog-wash; panning.
Lavandaria s laundry; laundromat.
Lavanderia vide LAVANDARIA.
Lava-pés s foot washing; foot bath.
Lavar v to wash; to wash out; to launder; to flush.
Lavar-se v to lave.
Lavatório s lavatory; washhandstand; USA wash-stand.
Lavável adj washable.
Lavoura s farming; tillage; husbandry.
Lavra s tillage; mining.
Lavradio adj arable.
Lavrado s tillage.
Lavrado adj tilled.
Lavrador s tiller; farmer; countryman; husbandman.
Lavrar v to plough; to till; to carve; to rage.
Laxação s laxity; slackness; laxation.
Laxante s laxative.
Laxante adj laxative; purgative.
Lazer s leisure.
Leal adj loyal; leal; faithful; frank.
Lealdade s loyalty; fair play; fidelity.
Leão s lion; ASTR Leo.
Lebre s hare.
Lecionar v to teach; to give private lessons; to lecture.
Ledo adj joyful; gay; merry; cheerful.
Ledor s reader.
Legação s legation; embassy.
Legado s legate; ambassador.
Legal adj legal; lawful.
Legal interj GÍR terrific! cool!
Legalidade s legality.
Legalista s legalist.
Legalização s legalization.
Legalizar v to legalize; to legitimize; to authenticate.
Legar v to bequeath; to leave.
Legatário s legatee; devisee.
Legenda s legend; inscription; caption.
Legendário adj legendary.
Legião s legion.
Legionário s legionary; legionnaire.
Legionário adj legionary.
Legislação s legislation.
Legislador s legislator; lawgiver; lawmaker.
Legislar v to legislate; to make laws.
Legislativo adj legislative.
Legislatura s legislature.
Legista s legist; coroner.
Legítima s legitim.
Legitimação s legitimation.
Legitimar v to legalize; to authenticate; to legitimize; to legitimate.
Legitimidade s legitimacy.
Legítimo adj legitimate; genuine.
Legível adj legible.
Légua s league.
Legume s legume; vegetable; cereal.

LEGUMINOSO — LIMÃO

Leguminoso *adj* leguminous.
Lei *s* law; an edict; an act; rule; norm.
Leigo *s* layman.
Leigo *adj* lay; secular; laic.
Leilão *s* auction.
Leiloar *v* to auction.
Leiloeiro *s* auctioneer.
Leitão *s* sucking pig; piggy; piggie.
Leite *s* milk; latex.
Leiteira *s* milkmaid; milk pot; dairymaid.
Leiteiro *s* milkman.
Leiteiro *adj* milky.
Leiteria *s* dairy; creamery.
Leito *s* bed; bedsteady; berth; bedrock.
Leitor *s* reader; lector.
Leitura *s* reading; literature.
Lema *s* lemma; proposition; motto; slogan.
Lembrança *s* remembrance; memory; souvenir; keepsake.
Lembrar *v* to remind; to recollect; to recall; to remember.
Lembrete *s* note; reminder; memorandum.
Leme *s* helm; rudder.
Lenço *s* handkerchief; neckerchief; neckcloth.
Lençol *s* sheet.
Lenda *s* legend; fable.
Lendário *adj* legendary; fabled.
Lêndea *s* nit (egg of a louse).
Lengalenga *s* chit-chat; rigmarole.
Lenha *s* wood; firewood; lumber.
Lenhador *s* woodcutter; woodman; lumberjack.
Lenimento *s* lenitive; liniment.
Lenitivo *s* lenitive; emollient.
Lenitivo *adj* lenitive; assuaging.
Lenocínio *s* JUR the act of promoting prostitution.
Lente *s* lens; professor; teacher.
Lentejoula *s* spangle; sequin.
Lentidão *s* slowness; sluggishness.
Lentilha *s* lentil.
Lento *adj* slow; lazy; idle; low; sluggish.
Leopardo *s* leopard.
Lépido *adj* merry; swift; quick.
Leproso *s* leper.
Leproso *adj* leprous.
Leque *s* fan.
Ler *v* to read; to interpret.
Lerdo *adj* heavy; lazy; dull.
Lesão *s* lesion; damage; injury.
Lesar *v* to hurt; to damage; to injure.
Lesivo *adj* injuring; offensive; damaging.
Lesma *s* slug; FIG sluggard.
Leso *adj* hurt; offended.
Leste *s* east; orient.
Letal *adj* lethal; deadly; mortal.
Letargia *s* lethargy; drowsiness; torpor.
Letárgico *adj* lethargic; lethargical.
Letra *s* letter; handwriting; character of the alphabet; *LETRA maiúscula*: capital letter.
Letrado *s* man of letters; doctor.
Letrado *adj* erudite; learned.
Letreiro *s* label; title; inscription.
Leucemia *s* leukemia.
Leucócito *s* leucocyte.
Levantado *adj* lifted; raised; rebellious.
Levantamento *s* raising; statistics; lift; uprising.
Levantar *v* to lift; to raise; to build; to rise.
Levante *s* levant; orient; east; riot.
Levar *v* to carry; to convey; to take away; to bring; to lead; to take (time).
Leve *adj* slight; light; quick.
Levedura *s* leaven; yeast.
Leveza *s* lightness; levity.
Leviandade *s* frivolousness; imprudence.
Leviano *adj* frivolous; giddy; unstable.
Levitação *s* levitation.
Levítico *s* leviticus (3° book of the Pentateuch).
Léxico *s* lexicon; dictionary.
Lhama *s* llama.
Lhaneza *s* sincerity; candor; affability.
Lhano *adj* sincere; frank; amiable.
Lhe *pron* him; her; it; to him; to her; to it; to you.
Liame *s* bond; link; tie.
Libação *s* libation.
Libar *v* to drink; to suck; to taste.
Libelo *s* libel, lampoon; bill of indictment.
Libélula *s* dragonfly; libellula.
Liberação *s* liberation; release; discharge; quittance.
Liberal *adj* liberal; broad-minded; generous.
Liberalidade *s* liberality; broad-mindedness; generosity.
Liberalismo *s* liberalism.
Liberar *v* to liberate; to free; to release; to discharge.
Liberdade *s* liberty; freedom.
Libertação *s* liberation; freedom.
Libertador *s* liberator; deliverer.
Libertar *v* to free; to set free; to liberate; to discharge.
Libertinagem *s* libertinism; licentiousness; debauchery.
Libertino *s* libertine.
Libertino *adj* libertine; lascivious.
Libidinagem *s* lewdness.
Libido *s* libido (sex instinct).
Libra *s* pound; ASTR Libra; *LIBRA esterlina*: pound sterling.
Libração *s* libration.
Librar *v* to poise; to balance.
Librar-se *v* to librate.
Lição *s* lesson; lecture; reading.
Licença *s* license; licence; permit; permission.
Licenciado *s* licentiate.
Licenciado *adj* discharged; exempt.
Licenciamento *s* licentiate; MIL discharge (of soldiers).
Licenciar *v* to license; to authorize; to allow.
Licenciosidade *s* licentiousness.
Licencioso *adj* licentious; lascivious.
Liceu *s* secondary school; lyceum; high school.
Licitação *s* bidding; auction; bid.
Licitante *s* bidder.
Licitante *adj* bidder.
Licitar *v* to bid; to auction.
Lícito *adj* licit; lawful.
Licor *s* liqueur; liquor.
Licoroso *adj* like liquor; sweet.
Lida *s* work; toil; drudgery; fag.
Lidar *v* to cope; to work; to deal; to labor; to toil.
Líder *s* leader; chief; conductor.
Liderança *s* leadership; command.
Liderar *v* to lead.
Lídimo *adj* legitimate; genuine; authentic.
Lido *adj* well-read; read.
Liga *s* league; union; junction; alloy (of metals); USA garter.
Ligação *s* binding; connection; junction; union; FIG friendship.
Ligadura *s* ligature; tie; bandage.
Ligamento *s* band; tie; binding; MED ligament.
Ligar *v* to bind; to tap; to tap into; to append; to attach; to alloy metals; to annex; to join; to fasten; to fasten on; to connect; to connect with.
Ligeireza *s* lightness; agility; quickness.
Lilás *s* lilac (flor).
Lima *s* file; sweet lime.
Limado *adj* filed.
Limalha *s* filings; filing; file dust; rasping.
Limão *s* lemon.

LIMAR — LONGEVO

Limar v to file; to rasp; to polish.
Limbo s limb; border; edge; leaf blade.
Limeira s lime-tree.
Limiar s threshold; doorstep; doorsill.
Liminar s JUR threshold; granted at the beggining of a lawsuit (by a judge).
Limitação s limitation; restriction.
Limitar v to limit; to stint; to confine.
Limitar-se v to adhere; to confine to.
Limite s limit; boundary; border.
Limítrofe adj frontier; limitrophe; borderline.
Limo s mud; slime.
Limoeiro s lemon tree.
Limonada s lemonade.
Limosine s limousine.
Limoso adj muddy; slimy.
Limpa-chaminés s chimmey-sweeper; chimmey sweep.
Limpador s cleaner.
Limpar v to clean; to cleanse; to sweep; to do up; to dust (sacudir o pó).
Limpeza s cleanliness; neatness; cleaning.
Limpo adj clean; neat; cleanly.
Lince s lynx; bobcat.
Linchamento s lynching; lynch law.
Linchar v to lynch; to punish by lynch-law.
Lindeza s beauty; elegance; prettiness.
Lindo adj fine; nice; pretty; beautiful.
Linear adj linear; liny.
Linfático adj lymphatic.
Língua s tongue; language; speech.
Linguagem s language; speech.
Linguarudo s taleteller; telltale.
Linguarudo adj loquacious; talkative.
Lingueta s little tongue; bolt; latch.
Linguiça s kind of sausage.
Linguista s linguist.
Linha s line; thread; string; boundary; FUT, *LINHA da grande área*: penalty area marking; *LINHA de meio campo*: halfway line; *LINHA lateral*: touchline.
Linhaça s linseed; flaxseed.
Linhagem s lineage; pedigree; ancestry.
Linho s linen; flax.
Linifício s industry of linen; linen work.
Linimento s liniment.
Linotipista s linotypist; linotyper.
Linotipo s linotype.
Liquefação s liquefaction; melt.
Liquefazer v to liquefy; to melt.
Liquefeito adj liquefied; melted.
Liquidação s settlement; bargain sale; liquidation.
Liquidificar v to liquefy; to melt; to dissolve.
Líquido s liquid; fluid.
Líquido adj liquid; fluid; COM net.
Lira s lira (Italian coin); MÚS lyre (instrument).
Lírico adj lyric; lyrical.
Lirismo s lyricism.
Liso s flat.
Liso adj smooth; even; plain; GÍR broke (without money).
Lisonja s soft soap; flattery.
Lisonjeador s flatterer.
Lisonjear v to flatter; to praise; to blandish.
Lisonjeiro s flatterer; wheedler.
Lisonjeiro adj flattering; pleasing.
Lista s list; roll; catalogue; stripe; schedule.
Listra s stripe; band; streak.
Listrar v to stripe.
Lisura s smoothness; sincerity; honesty.
Liteira s sedan chair; litter.
Literal adj literal.
Literário adj literary.
Literato s literate; writer; man of letters.
Literatura s literature; letters.
Litigante s litigant; litigator.
Litigante adj litigant.
Litigar v to litigate; to contest in law.
Litígio s litigation; dispute; lawsuit.
Litigioso adj litigious; contentious; quarrelsome.
Litoral s coastland; seashore; coast line; littoral.
Litosfera s lithosphere.
Litro s litre; liter.
Liturgia s liturgy; ritual; ceremony.
Litúrgico adj liturgical; liturgic.
Lívido adj livid; discolored; wan; pale.
Livramento s deliverance; setting free; liberation; release.
Livrar v to deliver; to rescue; to free; to release.
Livraria s book-shop; bookstore; library; bookshop.
Livrar-se v to get rid of; to be rid of; to escape.
Livre adj free; duty; loose; licentious.
Livreiro s bookseller; bookman.
Livro s book.
Lixa s sandpaper; dogfish; glass-paper.
Lixar v to sandpaper; to rub with sandpaper.
Lixeiro s rubbish collector; USA ashman; garbage man.
Lixo s rubbish; garbage; waste; trash; FIG mob.
Loba s she-wolf.
Lobinho s a little wolf; wen; wolf cub; cyst.
Lobisomen s werewolf.
Lobo s wolf; *LOBO-do-mar*: sea-wolf; sea dog *LOBO-marinho*: seal; sea lion.
Lôbrego adj gloomy; murky; lugubrious.
Lóbulo s lobule; lobe.
Locação s location; rental; lease.
Locador s locator; landbord; lessor.
Local s place; site; locality; setting.
Local adj local; sectional.
Localidade s locality; place; village.
Localização s localization.
Localizar v to localize; to situate.
Loção s lotion; hair lotion; wash.
Locar v to let; to hire; to lease.
Locatário s lodger; renter; tenant.
Locomoção s locomotion.
Locomotiva s locomotive; engine.
Locomover-se v to move.
Locução s locution; phrase; speech.
Locupletar v to enrich; to fill.
Locupletar-se v to become rich; to grow rich.
Locutor s speaker.
Lodo s mud; mire; ooze.
Lodoso adj muddy; miry.
Lógica s logic; smartness.
Lógico s logician.
Lógico adj logical; logic; sound.
Logo adv pretty soon; immediately; without delay; soon.
Logo conj therefore; then.
Logração s deceit; trap; trick; cheat.
Logradouro s common ground; park; plaza.
Lograr v to obtain; to get; to cheat.
Logro s gain; cheat; trick.
Loja s shop; USA store; lodge.
Lojista s shopkeeper; storekeeper.
Lombada s table-land; rump; spine back of a book.
Lombo s loin; loins; back.
Lombriga s worm.
Lona s canvas; sail-duck; sailcloth.
Longe adv far; far away; far off.
Longevidade s longevity.
Longevo adj long-lived; longevous.

LONGÍNQUO — LUZIR

Longínquo *adj* distant; remote.
Longitude *s* longitude.
Longitudinal *adj* longitudinal; lengthwise.
Longo *adj* long; not short; not brief; drawn-out.
Lontra *s* otter.
Loquacidade *s* loquacity; talkativeness.
Loquaz *adj* loquacious; garrulous; talkative.
Lotação *s* budget; capacity.
Lotado *adj* crowded; full; *ônibus LOTADOS*: coachloads.
Lote *s* slot; portion; share; parcel.
Lotear *v* to lot; to allot; to share; to parcel.
Loteria *s* lottery; USA policy.
Loto *s* lotus; lotos; lotto.
Louça *s* tableware; china; plate; dish.
Louco *s* madman; lunatic; fool.
Louco *adj* mad; crazy; insane.
Loucura *s* madness; folly; insanity.
Loura *s* blonde.
Louro *s* poll; laurel; parrot.
Louro *adj* blond; fair; bright; golden.
Lousa *s* blackboard; slate; paving stone; flagstone.
Louva-a-deus *s* mantis; praying mantis.
Louvação *s* appraisement; praise; appraisal.
Louvado *s* valuer; appraiser.
Louvado *adj* praised.
Louvador *s* eulogizer; glorifier; praiser.
Louvador *adj* lauding.
Louvar *v* to praise; to laud; to eulogize; to appraise; to set forth.
Louvável *adj* laudable; praiseworthy.
Louvor *s* praise; commendation; eulogy; honor.
Lua *s* moon; mood.
Luar *s* mooshine; moonlight.
Lúbrico *adj* lubricous; slippery; lascivious; lustful.
Lubrificação *s* greasing; lubricate; lubrication.
Lubrificante *s* lubricant.
Lubrificante *adj* lubricant.
Lubrificar *v* to grease; to oil; to lubricate.
Lucidez *s* lucidity; clearness; brilliance.
Lúcido *adj* lucid; clear; bright.
Lúcifer *s* lucifer; satan.
Luciférico *adj* luciferian; devilish; diabolic.
Lucrar *v* to gain; to profit; to drow; to clear; to acquire.
Lucrativo *adj* lucrative; profitable; advantageous.
Lucro *s* profit; gain; lucre; advantage.
Lucubração *s* lucubration.
Lucubrar *v* to lucubrate.
Ludibriar *v* to deceive; to delude; to mock.
Ludíbrio *s* deceit; mockery; scorn.
Lufada *s* puff; gust; blast.
Lufar *v* to puff; to pant.
Lugar *s* place; space; room; spot; site.
Lugarejo *s* hamlet; small village; village.

Lúgubre *adj* lugubrious; mournful; gloomy; dismal.
Lugubridade *s* lugubriousness; gloom; lugubrity; sadness.
Lula *s* calamary; squid; cuttlefish.
Lumbago *s* MED lumbago; backache.
Lume *s* fire; flame; light; FIG perspicacity.
Luminar *s* luminary.
Luminosidade *s* luminosity; brilliance.
Luminoso *adj* luminous; shining; bright.
Lunar *adj* lunar; moony.
Lunático *s* lunatic; madman; an insane person.
Lunático *adj* lunatic; insane; crazy.
Luneta *s* lunette; spectacles lens; eyeglass; lens.
Lupa *s* magnifying glass; bloom.
Lúpulo *s* hop.
Lusco-fusco *s* nightfall; twilight; dusk.
Lusitânico *vide* LUSITANO.
Lusitanismo *s* portuguese manner; portuguese expression.
Lusitano *s* lusitanian; portuguese.
Lusitano *adj* lusitanian; portuguese.
Luso *s* lusitanian; portuguese.
Luso *adj* lusitanian; portuguese.
Lustração *s* lustrum; lustration; polish.
Lustral *adj* lustral; purifying.
Lustrar *v* to gloss; to glaze; to polish.
Lustre *s* luster; gloss; chandelier.
Lustro *s* luster; lustrum; a period of five years; quinquennium.
Lustroso *adj* lustrous; glossy; shining.
Luta *s* struggle; combat; contest; fight; *LUTA livre*: catch-as-cath-can.
Lutador *s* wrestler; fighter.
Lutar *v* to fight; to contend; to struggle; to wrestle.
Luteranismo *s* lutheranism.
Luterano *s* lutheran.
Luterano *adj* lutheran.
Luto *s* mourning; lute; grief.
Luva *s* glove; sleeve.
Luvaria *s* glover shop.
Luveiro *s* glover.
Luxação *s* wrench; luxation; dislocating.
Luxar *v* to luxate; to dress showily; MED to dislocate.
Luxo *s* luxe; luxury; sumptuous quality; fleshpots.
Luxuoso *adj* luxurious showy; sumptuous; ritzy.
Luxúria *s* lewdness; lust; lasciviousness; lascivity.
Luxuriar *v* to luxuriate; to grow profusely; to live luxuriously; to be lascivious.
Luxurioso *adj* luxurious; lustful; lewd; lascivious.
Luz *s* light; knowledge; enlightenment.
Luzeiro *s* luminary; light; brightness.
Luzente *adj* bright; brilliant; luminous.
Luzidio *adj* glittering; glistening; shining.
Luzido *adj* sumptuous; splendid; showy.
Luzir *v* to shine; to gleam; to glow; to flash; to glance.

m M

M s the twelfth letter of the Portuguese alphabet and the thirteenth of the English alphabet and of several alphabets.
Má adj bad.
Maca s hammock; stretcher.
Maça s club; bat; mace.
Maçã s apple.
Macabro adj macabre; ghastly.
Macaco s monkey; ape; MEC jack machine for lifting heavy weights.
Maçada s blow with a club; tiresome work; boring conversation.
Maçador s bore.
Maçador adj tiresome; bother-some; USA pesky.
Macambúzio adj sad; melancholic; sullen; surly.
Maçaneta s knob; door handle; pommel.
Maçante adj boring.
Macaquear v to ape; to imitate; to mimic.
Maçar v to beat; to flail; to tire; to bore; to annoy.
Maçarico s blow-pipe; blow torch; soldering pipe.
Macarrão s macaroni (dish).
Macedônico s Macedonian.
Macedônico adj Macedonian.
Maceração s maceration; mortification.
Macerar v to macerate; to bruise; to mortify.
Machadada s cut or blow with an axe.
Machadinha s hatchet.
Machado s ax; axe; hatched.
Macho s male.
Macho adj male; robust; virile.
Machucar v to crush; to bruise; to hurt; to pound.
Maciço s massif.
Maciço adj massive; solid.
Macieira s aple tree.
Maciez s softness; smoothness.
Macio adj smooth; soft; pleasant.
Maço s mallet; package; packet.
Maçom s Mason; Freemason.
Maçonaria s Mansory.
Maçônico adj masonic.
Macrobiótica s macrobiotics.
Macrocosmo s macrocosm.
Mácula s spot; stain; blemish.
Macular v to stain, to tarnish, to maculate.
Madeira s wood; timber; USA lumber.
Madeiramento s framework; timberwork.
Madeirar v to timber; to furnish with timber.
Madeireiro s lumber-man; timber-dealer.
Madona s madonna; RELIG the Virgin Mary.
Madrasta s stepmother; step-mother.
Madre s num; superior mother.
Madrepérola s mother-of-pearl.
Madrigal s MÚS madrigal.
Madrileno s inhabitant of Madrid (or borned).
Madrinha s god-mother, witness at a marriage; patroness.
Madrugada s dawn; dawning; daybreak.
Madrugador s early-riserb.
Madrugador adj early-rising.
Madrugar v to dawn; to rise early.
Madurar v to mature; to ripen.
Madureza s maturity; ripeness.
Maduro adj mature; ripe.
Mãe s mother; mom.
Maestria s mastership; mastery.
Maestro s maestro; master in music; master.
Magia s fascination; enchantment; magic.
Mágica s sorceress; sorcery; witch; magic.
Mágico s magician; sorcerer.
Mágico adj magic; magical.
Magister s magister; teacher; master.
Magistério s magistery, mastership; professorship.
Magistrado s magistrato.
Magistral adj masterly; excellent; magisterial.
Magnanimidade s magnanimity; magnanimousness.
Magnânimo adj magnanimous.
Magnata s magnate; big-shot; USA tycoon; a powerful financier.
Magnético adj magnetic.
Magnetismo s magnetism; personal charm; mesmerism.
Magnetizador s magnetizer; mesmerist.
Magnetizador adj magnetizing.
Magnetizar v to magnetize; to charm; to hypnotize; to mesmerize.
Magneto s magneto; spark-coil.
Magnificar v to magnify; to extol; to exalt.
Magnificência s magnificence; stateliness.
Magnífico adj magnificent; splendid; excellent.
Magniloquência s magniloquence.
Magnitude s magnitude; greatness; importance.
Magno adj great; important; grand.
Mago s magnus; magician; sorcerer.
Mágoa s grief; sadness; sorrow; envy.
Magoar v to offend; to disfavor; to displease.
Magreza s meagerness; thinness; leaness.
Magricela s skinny person.
Magricela adj skinny.
Magro adj lean; thin; meager; *manter-se MAGRO e em forma*: to keep lean and fit.
Maio s May (the fifth month of the year).
Maiô s bathing suit.
Maior adj greater; larger.
Maioral s chief; head; big shot.
Maioria s the greater number; majority; USA plurarity.
Maioridade s majority; full legal age.
Mais adj more; most; further.
Mais adv more; most; over; *MAIS ou menos*: so and so; more or less; *não aguento MAIS isto*: I don't hack this any more.
Maisena s maizena.
Maiúsculo adj upper-case; capital letter; majuscule.
Majestade s majesty; grandeur; stateliness.
Majestoso adj majestic; grand.
Major s major.
Mal s evil; ill; barely; injury; disease; trouble; pain; ache.
Mal adv ill; badly; hardly.
Mala s suitcase; case; bag; trunk; mail; handbag.

Malabarismo s jugglery.
Malagueta s indian pepper (condiment).
Malandragem s loafness; vagrancy.
Malandro s loafer; vagabond; vagrand; USA bum; scamp.
Malária s malaria; ague; jungle fever.
Malbaratador s squanderer; spendthrift.
Malbaratar v to waste; to squander; to lavish.
Malbarato s squandering; underselling.
Malcriado adj rude; ill-bred; unmannerly; impolite.
Maldade s iniquity; mischief; wickedness; USA devilty.
Maldição s malediction; a curse.
Maldito adj cursed; wicked; damned.
Maldizente s slanderer; gossiper.
Maldizente adj slanderous.
Maldizer v to slander; to curse; to damn.
Maldoso adj bad; malicious; wicked; mischievous.
Malear v to malleate; to hammer; FIG to soften.
Maleável adj malleable; pliant; pliable.
Maledicência s ill-report; slander; backbiting.
Maledicente s slanderer.
Maledicente adj slanderous.
Maleficente adj maleficent; harmful; hurtful.
Maleficiar v to harm; to hurt; to bewitch.
Malefício s witchcraft; damage; misdeed.
Maléfico adj harmful; maleficent.
Maleiro s trunkmaker; trunk-seller.
Maleta s hand-bag; suit-case; USA valise.
Malevolência s malevolence; malice; ill will.
Malevolente adj malevolent; malicious.
Malévolo adj malevolent; malicious; malignant.
Malfadado adj unlucky; unfortunate; ill-fated.
Malfadar v to curse; to make unhappy.
Malfazejo adj maleficent; harmful.
Malfeito adj ill-done; ill-shaped; badly done.
Malfeitor s malefactor; criminal; evil-doer.
Malgrado prep in spite of.
Malha s mail of a colt; mesh of a net; spot.
Malhado adj spotted; speckled; piebald.
Malhar v to thresh; to beat; to hammer.
Malhete s dovetail; mallet.
Malho s mallet; sledge hammer; flail.
Malícia s maliciousness; smartness.
Malicioso adj malicious; sly; mischievous.
Maligna s malignant fever; BR malaria.
Maligno adj malignant; malign.
Malogrado adj frustrated; failed; unsuccessful.
Malograr v to frustrate; to fail; to disappoint.
Malogro s frustration; failure.
Malquerença s ill will; aversion.
Malquisto adj hated; disliked.
Malsoante adj lacking symphony; unpleasant to ear.
Malta s gang; mob.
Malte s malt, barley to make beer.
Maltrapilho s beggar.
Maltrapilho adj ragged.
Maltratar v to maltreat; to treat ill; to abuse.
Maltusiano s ECON malthusian (doctrine of Thomas Robert Malthus -1766 - 1834).
Maluco s insane person; mad-man.
Maluco adj mad; insane; crazy.
Maluquice s madness; foolishness; USA GÍR wackiness.
Malva s mallow (plant).
Malvadeza s perversity; wickedness; cruelty.
Malvado adj cruel; bad; wicked.
Malversação s malversation; embezzlement.
Malvisto adj suspect; disliked; hated.
Mama s teat; breast; mamma.
Mamadeira s nursing-bottle; baby's bottle.
Mamaluco s mameluke.

Mamão s papaya; sucker.
Mamão adj suckling.
Mamar v to suck; to nurse.
Mamário adj mammary.
Mamata s theft; GÍR shady transaction.
Mameluco vide MAMALUCO.
Mamífero s mammal.
Mamífero adj mammiferous.
Mamilo s mammilla; nipple.
Mamoeiro s papaya-tree; papaw tree.
Mamona s castor oilbean; castorbean.
Mamoneiro s castor-oil plant.
Mamute s mammoth (prehistoric animal).
Mana s sister.
Maná s RELIG manna.
Manada s herd of cattle; drove; herd.
Manancial s spring; fountain; origin.
Mancal s bearing; pillow.
Mancar v to limp; to hobble; to walk lamely; to stump.
Manceba s mistress; concubine.
Mancebo s youth; young man.
Mancha s spot; stain; blemish.
Manchar v to stain; to spot; to blemish.
Manco s cripple; a lame person.
Manco adj crippled; lame.
Mancomunação s collusion; conspiracy; plot.
Mancomunar-se v to plot; to make common cause with.
Mandachuva s big shot; magnate; USA boss; big shot.
Mandado s command; order; mandate; writ.
Mandamento s commandment; divine command.
Mandante s commander; mandator; instigator.
Mandar v to command; to order; to direct; to send.
Mandarim s mandarin.
Mandatário s mandatary; delegate.
Mandato s tenure of office; mandate.
Mandíbula s mandible; jaw; jawbone.
Mandinga s witchcraft; sorcery.
Mandioca s manioc (plant).
Mando s command; authority; power; rule.
Mandrágora s mandragora; mandrake.
Mandrião s idler; sluggard; loafer.
Mandrião adj idle; lazy.
Mandriar v to idle; to loiter; to loaf.
Mandril s MEC mandrel; ZOO mandrill.
Maneira s manner; fashion; mode; a way; style; placket.
Maneirismo s mannerism; affection.
Maneirista s mannerist.
Manejar v to handle; to manage; to deal with.
Manejo s handling; management.
Manequim s manikin; tailor's dummy.
Maneta s one-handed person.
Manga s sleeve; waterspout; cattle chute; mango.
Mangação s mockery; derision; taunt.
Manganês s QUÍM manganese.
Mangar v to mock; to deride; to ridicule.
Mangue s marshy ground; mangrove.
Mangueira s hose; mango (tree).
Manha s astuteness; trick; whimper.
Manhã s morning; forenoon; morrow.
Manhoso adj crafty; skilful; cunning.
Mania s mania (hobby).
Maníaco s maniac.
Maníaco adj maniac; maniacal.
Manicômio s madhouse; lunatic-asylum.
Manicure s manicure.
Manietar v to manacle; to handcuff; to fetter.
Manifestação s manifestation.
Manifestante adj manifestant; demonstrator.
Manifestar v to manifest; to show plainly; to evince.

Manifesto *adj* manifest; plain; obvious.
Manilha *s* bracelet; shackle; a card game.
Manipulação *s* manipulation; handling.
Manipulador *s* manipulator.
Manipular *v* to manipulate; to handle; to deal with.
Manivela *s* crank; lever; handle.
Manjar *s* food; delicacy.
Manjedoura *s* manger; crib.
Manjericão *s* sweet basil.
Mano *s* FAM brother; friend.
Mano *adj* very friedly.
Manobra *s* MIL manoeuvre; stratagem; rigging; shunting of railway cars.
Manobrar *v* to handle; to manage; to direct.
Manômetro *s* MEC manometer; air gauge; pressure gauge.
Manopla *s* gauntlet; armour iron glove.
Manquitola *adj* lame; limping; halt.
Mansão *s* mansion; countryseat; dwelling; stately home.
Manso *adj* mild; meek; gentle; tame.
Manta *s* blanket; coverlet; cloak.
Manteiga *s* butter; *pão com MANTEIGA*: bread and butter.
Manteigueira *s* butter-dish.
Mantenedor *s* maintainer; champion; defender.
Manter *v* to maintain; to keep up; to carry on; to hold.
Manto *s* mantle; veil; cloak.
Manual *s* manual; handbook.
Manual *adj* manual; handy.
Manufatura *s* manufacture.
Manufaturar *v* to manufacture; to fabricate; to produce.
Manuscrever *v* to write by hand.
Manuscrito *s* manuscript.
Manuscrito *adj* handwritten.
Manuseação *s* handling.
Manusear *v* to handle.
Manuseio *s* handling.
Manutenção *s* maintenance; support; upkeep.
Mão *s* hand; coat of paint (varnish, etc).
Maometano *s* RELIG Mohammedan; Mahometan.
Maometano *adj* RELIG Mohammedan; Mahometan.
Maometismo *s* RELIG Mohammedanism; Mahometanism.
Mapa *s* map; chart; catalogue.
Maquiavélico *adj* machiavellian; FIG astute; shrewd.
Maquiavelismo *s* POL machiavellism; FIG astuteness.
Maquiavelista *s* POL machiavellian (from the name of Niccolò Machiavelli - 1469/1527).
Maquilagem *s* make-up.
Máquina *s* machine; engine; USA gadget.
Maquinação *s* machination; plot; contrivance.
Maquinador *s* machinator; intriguer; plotter.
Maquinal *adj* machinal; mechanical; automatic.
Maquinar *v* to adjust; to plot; to plan.
Maquinaria *s* machinery.
Maquinista *s* machinist; engine-driver of a locomotive; USA engineer.
Mar *s* sea.
Maracujá *s* maracock (fruit).
Marasmo *s* marasmus; inactivity.
Maratona *s* ESP marathon; FIG hard work.
Maravilha *s* marvel; wonder.
Maravilhado *adj* astonished; marvelled; wonder-struck.
Maravilhar *v* to wonder; to marvel; to astonish.
Maravilhoso *adj* marvellous; wonderful.
Marca *s* mark; sign; make; brand.
Marcação *s* demarcation; marking.
Marcante *adj* leading; striking.
Marcar *v* to mark; to stigmatize; to brand.
Marcenaria *s* joinery.
Marceneiro *s* joiner; cabinet maker.
Marcha *s* march; advance; progress.

Marchante *s* cattle dealer; merchant.
Marchar *v* to march; to advance; to stalk.
Marchetar *v* to inlay; to adorn; to shade.
Marcial *adj* martial; warlike.
Marciano *s* Martian.
Marciano *adj* Martian.
Marco *s* stake; landmark; boundary; mark (German coin).
Março *s* March (third month of the year).
Maré *s* tide.
Marear *v* to steer; to sail; to be seasick.
Marechal *s* MIL marshal.
Marejar *v* to drop; to spot out; to trickle.
Maremoto *s* seaquake.
Maresia *s* sea-smell.
Marfim *s* ivory.
Margarida *s* daisy; marguerite (flor).
Margarina *s* margarine; butterin.
Margear *v* to border.
Margem *s* margin; border; bank.
Marginal *s* marginal.
Marginal *adj* marginal; criminal.
Marginar *v* to make marginal notes on.
Maricas *s* milksop; USA sissy.
Marido *s* husband.
Marimba *s* MÚS marimba.
Marinha *s* navy; marine.
Marinhar *v* to sail; to navigate; to climb.
Marinheiro *s* sailor; seaman.
Marinho *adj* marine.
Mariposa *s* moth; butterfly.
Mariscar *v* to gather shellfish; to fish.
Marisco *s* shellfish (mollusc).
Marital *adj* marital; matrimonial.
Marítimo *adj* maritime; nautic; marine.
Marmanjo *s* a grown up person.
Marmelada *s* marmalade (jam); BR quince marmalade.
Marmelo *s* quince (fruit).
Marmita *s* kettle; pot; USA dinner pail.
Marmorário *s* marble-cutter.
Mármore *s* marble.
Marmorear *v* to marble, to make products with marble.
Marmoreiro *s* marble-cutter.
Marmota *s* ZOO marmot.
Maroteira *s* knavery; roguishness.
Maroto *s* scoundrel; rogue.
Maroto *adj* malicious; lewd.
Marquês *s* marquis.
Marquesa *s* marchioness; marquise.
Marreco *s* duck.
Marreta *s* stone-hammer; spalling hammer.
Marretada *s* a blow with a stone-hammer.
Marrom *s* maroon; chestnut; brown.
Marrom *adj* maroon; chestnut; brown.
Marroquino *s* Moor.
Marroquino *adj* Moorish; Moroccan.
Marta *s* ZOO marten.
Marte *s* ASTR Mars.
Martelada *s* hammer-blow.
Martelar *v* to hammer.
Martelo *s* hammer; mallet.
Mártir *s* martyr.
Martírio *s* martyrdom; torture.
Marujo *s* sailor; seaman.
Marxismo *s* ECON marxism (doctrine by Karl Marx -1818/1883).
Marxista *s* marxist.
Marxista *adj* marxian.
Mas *s* defect; difficulty; obstacle.
Mas *conj* but; however; yet.

MASCAR — MEIO

Mascar v to chew; to masticate; to munch.
Máscara s mask; false face.
Mascarado s mask; masquerader.
Mascarado adj disguised.
Mascarar v to mask; to disguise.
Mascate s pedlar; hawker; cheap-jack.
Mascatear v to peddle; to hawk.
Mascote s mascot.
Masculinidade s masculinity; manhood.
Masculinizar v to render masculine.
Masculino adj masculine; male.
Másculo adj mannish; vigorous; virile; masculine.
Masmorra s dungeon; prison; jail.
Masoquismo s masochism.
Massa s dough; bulk; mass.
Massacrar v to massacre; to slaughter; to slay.
Massacre s massacre; carnage.
Massagem s massage.
Massagista s massagist; masseur; masseuse.
Mastigação s mastication; chewing.
Mastigador s masticator; chewer.
Mastigador adj chewing.
Mastigar v to masticate; to chew; to munch.
Mastodonte s mastodon.
Mastoide adj ANAT mastoid.
Mastrear v to mast; to furnish with masts.
Mastro s mast; flag pole.
Masturbação s masturbation; onanism.
Mata s wood; forest.
Matador s murderer; killer; assassin.
Matadouro s slaughterhouse; abattoir.
Matagal s thicket; jungle.
Matança s killing; slaughter; butchery.
Matar v to kill; to slay; to bump out; to murder.
Mate s mate; Paraguay tea; ESP checkmate (end of the game in chess).
Matemática s mathematics; maths.
Matemático s mathematician.
Matemático adj mathematical.
Matéria s matter; material; subject matter.
Material s material; equipment.
Materialismo s FIL materialism.
Materialista s materialist.
Materializar v to materialize.
Maternal adj maternal; mother like; motherly.
Maternidade s maternity; motherhood; maternity hospital.
Materno adj maternal; motherly.
Matilha s pack of hounds or dogs.
Matinal adj morning; early.
Matinê s matinée.
Matiz s shade; tint; hue.
Matizar v to shade; to variegate; to adorn.
Mato s brushwood; bush; wood.
Matraca s wooden rattle; FIG talkative person.
Matraquear v to rattle; to hoot at.
Matreiro adj sagacious; crafty.
Matriarcado s matriarchy.
Matricida s matricide.
Matrícula s matriculation; registration; enrolment; list.
Matricular v to matriculate.
Matrimonial adj matrimonial; nupcial.
Matrimônio s matrimony; marriage; wedlock.
Matriz s matrix; womb; mother church.
Matrona s matron.
Maturação s maturation; ripening.
Maturar v to mature; to ripen.
Maturidade s maturity; ripeness; full age.
Matutino adj matutinal; morning; early.
Matuto s bumpkin; yokel; fieldworker; USA hayseed.

Mau adj bad; ill; evil.
Mausoléu s mausoleum; magnificent tomb.
Maviosidade s suavity; sonority; harmony.
Mavioso adj tender; gentle; harmonious; sweet.
Maxila s maxilla; jawbone; jaw.
Maxilar s ANAT maxillary.
Máxima s maxim; axiom; precept.
Máximo adj maximum; greatest; USA top-notch.
Mazela s wound; sore; stain on the reputation.
Mazurca s MÚS mazurka (Polish dance and music).
Me pron me; to me; myself.
Meada s skein; quantity of yarn.
Mealheiro s savings; money box.
Meandro s meander; a labyrinth.
Mear v to divide into two equal parts.
Meca s RELIG Mecca.
Mecânica s mechanics.
Mecânico s mechanician; mechanic.
Mecânico adj mechanical.
Mecanizar v to mechanize; to reduce to a mechanical routine.
Mecha s lamp-wick; linstock.
Medalha s medal; locket.
Medalheiro s medal maker; a set of medals.
Média s mean; average; mean rate.
Mediação s mediation; intervention; intercession.
Mediador s mediator; interposer.
Mediano adj median; being in the middle; intermediate.
Mediante s meantime.
Mediante prep by means of.
Mediar v to mediate; to intervene; to meddle with.
Mediato adj mediate; not direct.
Medicação s medication; medical treatment.
Medicamentar v to medicate.
Medicamento s medicament; medicine; drug.
Medição s measurement; measuring.
Medicar v to medicate; to prescribe; to treat with medicine.
Medicina s medicine.
Médico s physician; practitioner; doctor.
Medida s measure; measurement; extent; length.
Medieval adj medieval.
Medievo vide MEDIEVAL.
Médio adj medium; middle; average.
Medíocre s mediocre (without merit or value).
Medíocre adj mediocre; average.
Mediocridade s mediocrity.
Medir v to measure; to gauge.
Meditação s meditation; cogitation; thoughtful.
Meditar v to meditate; to cogitate; to muse; USA to mull.
Meditativo adj meditative.
Mediterrâneo s Mediterranean.
Mediterrâneo adj Mediterranean.
Médium s RELIG psychic; medium.
Medível adj measurable.
Medo s fear; fright; dread.
Medonho s a bird known as mandrião.
Medonho adj awful; horrible; fearful.
Medrar v to thrive; to prosper; to increase.
Medroso adj fearful; timorous.
Medula s medulla; marrow; pith; essence.
Medular adj medullary; pithy.
Medusa s ZOO medusa; jellyfish.
Meeiro s share-cropper.
Megalítico adj megalithic.
Megalomaníaco adj megalomaniac.
Megera s shrew; cruel woman.
Meia s stocking; sock.
Meigo adj mild; gentle; kind.
Meiguice s mildness; gentleness; tenderness.
Meio s middle; midst; way; means.

Meio *adj* middle; half.
Mel *s* honey.
Melado *s* sugar-cane syrup.
Melancia *s* watermelon.
Melancolia *s* melancholy; depression of spirit; blues.
Melancólico *adj* melancholy; gloomy; out of spirit.
Melanina *s* melanin.
Melanismo *s* melanism.
Melão *s* melon; muskmelon.
Melar *v* to sweeten with honey; to become sweet as honey.
Melhor *adj* better; best.
Melhor *adv* better; best.
Melhora *s* improvement; upswing.
Melhorado *adj* improved; ameliorated; amender.
Melhoramento *s* improvement; melioration.
Melhorar *v* to ameliorate; to improve; to better.
Melhoria *s* improvement; betterment.
Melindre *s* susceptibility; prudery.
Melindroso *adj* delicate; touchy; fastidious.
Melodia *s* melody; tune; air.
Melódico *adj* melodious; melodic.
Melodioso *adj* melodious; gentle; tuneful.
Melodrama *s* TEATR melodrama.
Meloeiro *s* melon plant.
Meloso *adj* honeylike; syrupy; sweet like honey.
Melro *s* blackbird.
Membro *s* member.
Memorando *s* memorandum; memo.
Memorando *adj* memorable.
Memorável *adj* memorable; remarkable.
Memória *s* memory; remembrance; recollection.
Menção *s* mention; citation.
Mencionar *v* to mention; to cite; to name.
Mendicante *s* beggar.
Mendicante *adj* mendicant.
Mendigar *v* to beg.
Mendigo *s* beggar; mendicant.
Menear *v* to shake; to wag; to manage.
Meneio *s* wriggling; shake; wagging.
Menestrel *s* minstrel; bard.
Menina *s* girl.
Meningite *s* MED meningitis.
Menino *s* boy; lad; infant.
Menisco *s* MED meniscus.
Menor *s* minor.
Menor *adj* younger; smallest; less.
Menoridade *s* minority; underage; JUR minor.
Menos *adj* less; least; fewer.
Menos *adv* less; least; fewer.
Menos *prep* except; but; save.
Menoscabo *s* disdain; scorn; depreciation.
Menosprezar *v* to undervalue; to disdain; to scorn.
Menosprezo *s* scorn; disdain; contempt.
Mensageiro *s* messenger; courier; USA expressman.
Mensagem *s* message; a little communication.
Mensal *adj* monthly; every month.
Mensalidade *s* monthly pay; monthly instalment.
Mensalmente *adv* monthly.
Menstruação *s* MED menses; the flowing of the menstrual flux.
Mênstruo *s* menses; courses.
Mensurável *adj* mensurable; measurable.
Mental *adj* mental; intellectual.
Mentalmente *adv* mentally.
Mente *s* the mind; understanding.
Mentecapto *adj* insane; mad; crazy; foolish.
Mentir *v* to lie; to falsify; to deceive; to delude.
Mentira *s* a lie; a falsehood; fib.
Mentiroso *s* liar.
Mentiroso *adj* deceitful; false.

Mentor *s* mentor; guide; counsellor.
Menu *s* menu; list; a bill of fare.
Mequetrefe *s* busybody; rascal.
Mercadejar *v* to trade; to traffic; to deal.
Mercado *s* market; outlet.
Mercador *s* merchant; tradesman.
Mercadoria *s* merchandise; commodity; goods.
Mercante *adj* merchant.
Mercantil *adj* mercantile; commercial.
Mercê *s* grace; mercy; reward.
Mercearia *s* grocer's shop; USA grocery.
Merceeiro *s* grocer.
Mercenário *adj* mercenary; self-interested.
Mercúrio *s* mercury, quicksilver; ASTR Mercury (planet).
Merda *s* excrement; feccal matter.
Merecedor *adj* worthy; deserving.
Merecer *v* to deserve; to merit; to be worthy of.
Merecimento *s* worth; merit; valor.
Merenda *s* lunch; light meal; snack.
Merendar *v* to have lunch; to eat a light lunch.
Meretrício *s* prostitution.
Meretrício *adj* meretricious; lewd.
Meretriz *s* prostitute; harlot; strumpet.
Mergulhador *s* diver; plunger.
Mergulhão *s* diver (bird).
Mergulhar *v* to cast into water; to plunge; to dive.
Mergulho *s* dive; plunge.
Mérito *s* merit; worth; deserving.
Meritório *adj* meritorious; deserving.
Mero *adj* plain; mere; simple.
Mês *s* month.
Mesa *s* table; board; *mesinha de cabeceira*: bedside table.
Mesada *s* allowance; monthly.
Mescla *s* mixture; variety of colors.
Mesclar *v* to mix; to join; to add.
Mesmo *adj* same; like.
Mesmo *adv* even.
Mesquinharia *s* meanness; paltrines.
Mesquinhez *vide* MESQUINHARIA.
Mesquinho *adj* mean; closefisted; USA tightwad.
Mesquita *s* mosque (temple).
Messe *s* harvest; crop.
Messiânico *adj* messianic.
Messias *s* Messiah; Messias; Christ.
Mestiçagem *s* crossbreeding; hybridism.
Mestiço *s* hybrid; mestizo; half-breed.
Mestiço *adj* hybrid; mestizo; half-breed.
Mestra *s* schoolmistress; teacher.
Mestrado *s* mastership.
Mestre *s* master; school-master; teacher.
Mesura *s* courtesy; a bow; reverence.
Mesurar *v* to make courtesies; to bow; to court.
Meta *s* goal; limit; boundary.
Metabolismo *s* metabolism.
Metacarpo *s* ANAT metacarpus.
Metade *s* half; halves.
Metafísica *s* metaphysics.
Metafísico *adj* metaphysic; supernatural.
Metáfora *s* metaphor.
Metal *s* metal; FIG money.
Metálico *adj* metallic.
Metalizar *v* to metallize.
Metalurgia *s* metallurgy, science of metals.
Metalúrgico *s* metallurgist.
Metalúrgico *adj* metallurgic; metallurgical.
Metamorfose *s* matamorphosis; transformation.
Metamorfosear *v* to matamorphose.
Metatarso *s* ANAT metatarsus.
Metediço *adj* meddlesome; intrusive; inquisitive.

Meteorito s fallen meteor; meteorite.
Meteorologia s metereology.
Meter v to introduce; to place in; to put in; to lay.
Meticulosidade s meticulosity; punctiliousness.
Meticuloso adj meticulous; punctilious; scrupulous.
Metido adj meddling; acquainted; bold; dare.
Metódico adj methodical; methodic; cautious.
Metodismo s RELIG Methodism.
Metodista s RELIG Methodist.
Metodizar v to methodize; to systematize; to regularize.
Metodologia s methodology.
Metonímia s metonymy.
Metragem s BR length in meters.
Metralha s grapeshot; barrelshot.
Metralhar v to shoot with a machine-gun.
Métrico adj metrical; metric.
Metrificação s versification.
Metro s meter; metre (1 meter = 39.37 inches).
Metrônomo s metronome.
Metrópole s metropolis.
Metropolitano s subway, underground railway.
Metropolitano adj metropolitan.
Meu adj my.
Meu pron mine.
Mexer v to mix; to agitate; to budge.
Mexericar v to gossip; to chatter; to blab; to twaddle.
Mexerico s intrigue; whispering; chit-chat.
Mexeriqueiro s talebearer; telltale; whisperer.
Mexeriqueiro adj gossipy.
Mexida s confusion; fuss; disorder.
Mexilhão s busybody; mussel; clam.
Miado s mew; mewing.
Miar v to mew; to caterwaul.
Micagem s grimace.
Miçanga s bead glass pearl; trifles.
Micção s urination; piss.
Mico s a small monkey.
Micro s micro.
Microbial adj microbial.
Microcéfalo s one who has a small head.
Microcéfalo adj microcephalous.
Microcosmo s microcosm.
Microfone s microphone; mike.
Mícrom s micron.
Micro-organismo s microorganism.
Microscopia s microscopy.
Microscópio s microscope.
Migalha s crumb; a little bit; nip.
Migalhar v to crumble; to break into small pieces.
Mijar v to piss; to make water; to urinate.
Mil adj one thousand.
Milagre s miracle; wonder.
Milagroso adj miraculous; astonishing; performed supernaturally wonderful.
Milha s mile (=1,609.35 meters).
Milhão s million.
Milheiro s maize plant.
Milhar s thousand.
Milho s indian corn; maize; USA corn.
Milícia s militia; military; warfare.
Miliciano s militiaman.
Miligrama s milligram.
Mililitro s milliliter.
Milímetro s millimeter.
Milionário s millionaire.
Milionário adj very rich.
Milionésimo s millionth.
Milionésimo adj millionth.
Militante adj military.

Mimar v to fondle; to pet; to mimie.
Mímica s mimicry; pantomime; imitation.
Mímico adj mimic; mimical.
Mimo s gift; caress; delicacy.
Mimosear v to caress; to give a gift to.
Mimoso adj delicate; tender; soft.
Mina s mine; spring; source.
Minar v to mine; to demolish; to excavate.
Mindinho s the little finger.
Mineiro s a miner.
Mineiro adj miner; BR born in the state of Minas Gerais.
Mineração s mining; purification of ores.
Mineral s mineral, inorganic body.
Mineral adj mineral, inorganic body.
Mineralogia s mineralogy.
Mingau s mush; gruel; pap; USA cereal; BR wheat or manioc pap.
Míngua s wane; need; lack.
Minguado adj needy; scanty; scarce.
Minguante adj decreasing; diminishing.
Minguar v to decrease; to diminish.
Minha adj my.
Minha pron mine.
Minhoca s earthworm; angleworm.
Miniatura s miniature.
Mínimo s minimum.
Mínimo adj minimum; the least.
Ministerial adj ministerial; USA departmental.
Ministério s ministry; USA department.
Ministrar v to provide; to dispense; to administer.
Ministro s minister.
Minoração s lessening; diminution.
Minorar v to lessen; to diminish.
Minoria s minority.
Minúcia s minute; detail; trifle.
Minucioso adj minute; precise.
Minúsculo adj minute; very small; tiny.
Minuta s minute; the first draught; memo.
Minuto s minute.
Miolo s brain; crumb; pith; marrow.
Míope s myope.
Míope adj short-sighted; myopic.
Miopia s myopia; short-sightedness.
Miosótis s myosotis; forget-me-not.
Mira s sight of a gun; aim; intention.
Miraculoso adj miraculous.
Miragem s mirage; FIG illusion; deception.
Mirar v to aim at; to stare at; to look at.
Miríade s myriad.
Mirificar v to render wonderful.
Mirra s myrrh.
Mirrado adj lean; shrivelled; dry.
Mirrar v to wither; to dry; to grow lean.
Misantropia s misanthropy.
Misantrópico adj misanthropical; misanthropic.
Miscelânea s miscellany; mixture; medley.
Miscibilidade s miscibility.
Miscível adj miscible.
Miseração s compassion; pity.
Miserável s miser; skinflint.
Miserável adj miserable; wretched; stingy.
Miséria s misery; destitution; trifle.
Misericórdia s compassion; mercy; pity.
Misericordioso adj compassionate; merciful.
Mísero adj miserable; wretched; FIG mean.
Missa s Mass.
Missal s the mass-book; missal.
Missão s mission.
Missionário s missionary.
Missiva s missive; letter; message.

Mister s employment; need; want.
Mistério s mystery.
Misterioso adj mysterious.
Misticismo s mysticism.
Místico adj mystic; mystical.
Mistificação s mistification; cheat; dodge.
Mistificar v to mystify; to hoodwink; to hoax.
Misto adj mixed; confused.
Mistura s mixture; blend.
Misturar v to mix; to blend; to jumble.
Mitigação s mitigation; soothing.
Mitigar v to mitigate; to allay; to soften.
Mito s myth.
Mitologia s mythology.
Mitológico adj mythological.
Mitra s mitre.
Miudeza s minuteness; smallness.
Miúdo adj little; small; minute.
Mixórdia s mess; confusion; medley.
Mnemônico adj mneumonic; mneumonical.
Mó s millstone; grindstone.
Moagem s grinding; grist; milling.
Mobília s furniture.
Mobiliar v to furnish; to provide with furniture.
Mobilidade s inconstancy; mobility.
Mobilização s mobilization.
Mobilizar v mobilize.
Moca s mocha.
Moça s a girl; young woman.
Moção s motion; proposition.
Mochila s knapsack; haversack.
Mocidade s youth; youngthfulness.
Moço s young man; youth.
Moço adj young; youthful.
Moda s mode; fashion; manner.
Modalidade s modality; way; manner.
Modelagem s modelling; moulding.
Modelar v to model; to mould; to shape.
Modelar adj model.
Modelo s model; pattern; standard.
Moderação s moderation; restriction.
Moderado adj moderate.
Moderador s moderator.
Moderador adj moderating.
Moderar v to moderate; to temperate; to restrain.
Modernidade s modernity; modernness; something modern.
Modernismo s modernism.
Modernista s modernist.
Modernização s modernization.
Modernizar v to modernize; to fashion.
Moderno adj modern; up-to-date; update.
Modéstia s modesty; shyness; chastity.
Modesto adj modest; moderate; umpretentious; shy; chaste.
Módico adj small; moderate; reasonable.
Modificação s modification; alteration; change.
Modificador s modifier.
Modificador adj modifying.
Modificar v to modify; to chante; to vary.
Modificável adj modifiable.
Modinha s popular song.
Modista s dressmaker; modiste.
Modo s mode; manner; way; GRAM mood.
Modulação s MÚS modulation.
Modulador s modulator.
Modulador adj modulating.
Modular v to modulate; to inflect; to slur.
Módulo s module, unit of any measure.
Moeda s coin; hard cash; USA hard money.
Moedeiro s coiner; mintman.

Moedor s grinder; miller; pounder.
Moedura s grinding; milling.
Moela s gizzard; second stomach of birds.
Moenda s millstone; grinding.
Moer v to grind; to mill; to pound.
Mofar v to mock; to hoar; to mould.
Mofo s mold; mustiness.
Mogno s mahogany.
Moído adj ground; tainted; tired.
Moinho s mill.
Moita s thicket; coppice.
Mola s spring.
Molar adj molar; molar tooth.
Molar adj molar; grinding.
Moldagem s moulding; casting.
Moldar v to cast; to mould; to model.
Molde s mould; pattern.
Moldura s moulding; picture-frame.
Mole adj soft; weak; indolent.
Molécula s molecule.
Moleiro s miller; owner of a mill.
Molenga s lazy-bones.
Molenga adj sluggish; indolent.
Moleque s street-urchin; gamin; little boy.
Molestador s teaser; molester; annoyer.
Molestar v to molest; to bother; to annoy.
Moléstia s MED disease; illness.
Moleza s softness; laziness; idleness.
Molhado adj wet; damp.
Molhar v to wet; to soak; to drench.
Molhe s mole; sea-wall; pier.
Molho s a bundle; faggot; sheaf; handful.
Molificar v to mollify; to mitigate; to soften.
Molinete s windlass; turnpike; crab.
Molusco s ZOO mollusc; shellfish.
Momentâneo adj momentary; instantaneous.
Momento s moment; an instant.
Momices s monkey-shine; grimaces.
Momo s momus; mimic; mome.
Monarca s monarch.
Monarca adj monarchal.
Monarquia s monarchy.
Monarquista s monarchist.
Monástico adj monastical; monasterial.
Monazita s monazite.
Monção s monsoon.
Mondar v to weed; to clear.
Monetário s collection of coins.
Monetário adj monetary; financial.
Monge s monk; friar.
Mongol s Mongol; Mongolian.
Mongol adj Mongol; Mongolian.
Mongólico adj Mongolian.
Monismo s FIL monism.
Monista s monist.
Monitor s monitor; adviser.
Monociclo s monocycle.
Monocórdio s monochord.
Monocromático adj monochromatic; monochromatical.
Monóculo s monocle.
Monogamia s monogamy.
Monografia s monograph.
Monograma s monogram.
Monolítico adj monolithic.
Monólito s monolith.
Monologar v to monologize.
Monólogo s monologue; soliloquy.
Monômio s MAT monomial.
Monoplano s monoplane.

MONOPÓLIO — MUITO

Monopólio s monopoly.
Monopolizar v to monopolize; to embrace; to forestall.
Monossílabo s monosyllable.
Monossílabo adj monosyllabic.
Monoteísmo s monotheism.
Monotonia s monotony; monotonousness.
Monótono adj monotone; wearisomeness.
Monsenhor s Monsignor; Monseigneur.
Monstro s monster.
Monstruosidade s monstrosity; cruelty; malformation.
Monstruoso adj monstrous; abnormal; huge; enormous.
Monta s amount; total; cost.
Montagem s setting up; mounting; assembly.
Montanha s mountain.
Montanhês s mountaineer; highlander.
Montanhês adj of the mountain.
Montanhoso adj mountainous.
Montante s amount; sum.
Montar v to ride; to get on; to climb; to mount; to back.
Montaria s hunting; saddle horse.
Monte s mount; heap; pile.
Montepio s a pension society.
Montículo s monticle; little hill.
Monumental adj monumental; colossal; huge.
Monumento s monument; majestic building.
Mor adj chief; principal.
Mora s delay; extension of time; mora; respite.
Morada s dwelling; habitation; house; abode.
Moradia s residence; housing; house; pension of the noble-men.
Morador s dweller; resident.
Morador adj dwelling.
Moral s morality; ethics.
Moral adj moral.
Moralidade s morality.
Moralização s moralization.
Moralizador s moralizer.
Moralizador adj moralizing.
Moralizar v to moralize; to apply to a moral purpose.
Morangal s strawberry plantation.
Morango s strawberry.
Morangueiro s strawberry plant.
Morar v to reside; to live; to dwell.
Moratória s moratorium; reprieve.
Morbidez s morbidity; morbidness.
Mórbido adj morbid; soft; delicate.
Morcego s bat; flittermouse.
Mordaça s gag; muzzle.
Mordacidade s sarcastic language; mordacity.
Mordaz adj mordacious; bitting; mordant.
Mordedor s biter.
Mordedor adj bitting.
Mordente s mordent; fixative.
Mordente adj biting; caustic.
Morder v to bite; to sting; to nibble.
Mordiscar v to munch; to nibble.
Mordomia s stewardship.
Mordomo s major-domo; steward.
Moreno adj brown; tawny.
Morféia s leprosy.
Morfético s leper.
Morfético adj leprous.
Morfina s morphina; morphia.
Morfologia s morphology.
Moribundo adj moribund; dying; near death.
Moringa s water-pot; monkey-jar.
Mormaço s warm; dull weather; haze.
Morno adj lukewarm; tepid; warm.
Morosidade s slowness; tardiness; moroseness.

Moroso adj slow; tardy.
Morrer v to die; to depart; to pass away.
Morro s hill; low mountain.
Mortal s mortal.
Mortal adj mortal; deadly.
Mortalha s shroud; winding sheet.
Mortalidade s mortality; death rate.
Mortandade s mortality; slaughter; butchery.
Morte s death; extinction; end.
Morteiro s MIL mortar.
Morticínio s slaughter; massacre; butchery.
Mortiço adj dead; pale; dying; not bright.
Mortífero adj mortiferous; deadly.
Mortificação s mortification; torment; grief.
Mortificar v to mortify; to humble; to torment; to torture.
Morto s a dead man; corpse.
Morto adj dead; lifeless; insensible.
Mosaico s mosaic, miscellany.
Mosaico adj mosaic, miscellany.
Mosca s fly; house fly.
Moscado adj musky; aromatic.
Moscatel s muscatel.
Moscatel adj muscatel.
Mosquear v to spot; to speckle.
Mosquetão s large musket.
Mosquete s musket, a type of gun.
Mosqueteiro s musketeer, ancient soldiers.
Mostarda s mustard.
Mosteiro s cloister; monastic house; monastery.
Mosto s must; new wine.
Mostra s exhibition; act of showing.
Mostrador s dial; face (clock).
Mostrar v to show; to exhibit; to display.
Mostruário s shop-window; show-case.
Motejar v to scoff; to jest; to jeer; to mock.
Motim s mutiny; revolt; riot; insurrection.
Motivação s motivation; inducement.
Motivar v to motivate; to cause; to bring about.
Motivo s motive; reason; cause; purpose; MÚS theme.
Moto s motto; motion.
Motocicleta s motorcycle.
Motor s engine; motor.
Motorista s motorist; chauffeur; driver.
Motriz adj motive; moving.
Mouro s moor.
Mouro adj moorish.
Movediço adj movable; shifting; moving; quick.
Móvel s motive; piece of furniture.
Móvel adj movable; mobile.
Mover v to move; to budge; to set in motion.
Movimentação s moving; motion.
Movimentar v to move; to set in motion.
Movimento s motion; movement; moving.
Muco s mucus; slime.
Mucosa s mucous membrane.
Mucosidade s mucosity; mucousness.
Muçulmano s Mussulman.
Muçulmano adj Moslem; Mohammedan.
Muda s change; transplanting; alteration; USA molt.
Mudança s change; moving; removal.
Mudar v to change; to shift; to exchange; to trade.
Mudável adj changeable; inconstant; unstable.
Mudez s dumbness; muteness.
Mudo s deaf person.
Mudo adj dumb; mute; silent.
Mugido s mooing; lowing.
Mugir v to bellow; to low.
Mui adv most; very; too.
Muito adj much; many; a great deal of.

Muito *adv* very; much; too; plus; a lot.
Mula *s* she-mule.
Mulato *s* mulatto, dark-coloured.
Muleta *s* crutch; support; prop.
Mulher *s* woman; wife; female.
Mulherengo *adj* womanish; fond of women.
Mulheril *adj* womanish; womanly.
Mulo *s* mule; mu.
Multa *s* mulct; fine; penalty.
Multar *v* to mulct; to fine.
Multicor *adj* many-coloured.
Multidão *s* multitude; crowd; mob.
Multiforme *adj* multiform; variform.
Multinacional *s* ECON multiples.
Multiplicação *s* multiplication; increasing.
Multiplicador *s* multiplier.
Multiplicador *adj* multiplying.
Multiplicando *s* multiplicand.
Multiplicar *v* to multiply; to increase; to augment.
Multiplicativo *adj* multiplicative.
Multiplice *s* multiple.
Multiplice *adj* multiple; manifold.
Múmia *s* mummy.
Mumificar *v* to mummify.
Mundanismo *s* mundanism; mundaneness.
Mundano *adj* mundane; worldly.
Mundial *adj* world-wide.
Mundo *s* world; the universe.
Mungir *v* to milk.
Munheca *s* wrist.
Munhequeira *s* ESP wristlet.
Munição *s* ammunition; munition.
Municionar *v* to provide with munitions.
Municipal *adj* municipal.
Munícipe *s* citizen.
Município *s* municipality; a county.
Munificência *s* munificency; munificence; liberality.
Munificente *adj* munificent; liberal.
Munir *v* to provide; to furnish; to supply.
Muralha *s* wall; rampart.
Muralhar *v* to wall; to mure; to immure.
Murar *v* to inwall; to immure; to block up.
Murchar *v* to wither; to blight; to fade.
Murcho *adj* withered; faded; FIG sad.
Muriático *adj* muriatic; chloride.
Murmuração *s* whisper; gossip; backbiting.
Murmurador *s* murmurer; whisperer.
Murmurador *adj* murmuring.
Murmurar *v* to murmur; to whisper; to bable.
Murmurejar *v* to murmur; to produce mumur.
Murmúrio *s* murmur; humming; muttering.
Muro *s* wall; defense.
Murro *s* punch; buffet; sock.
Musa *s* muse.
Musculação *s* musculation.
Muscular *adj* muscular.
Musculatura *s* musculature.
Músculo *s* muscle.
Musculoso *adj* brawny; muscular.
Museu *s* museum.
Musgo *s* moss.
Musgoso *adj* mossy.
Música *s* music.
Musical *adj* musical.
Musicar *v* to music; to set to music.
Músico *s* musician.
Músico *adj* musical; music.
Musselina *s* muslin.
Mutabilidade *s* mutability.
Mutação *s* mutation; change.
Mutável *adj* mutable; changeful.
Mutilação *s* mutilation; maiming.
Mutilar *v* to mutilate; to mangle; to haggle.
Mutismo *s* mutism; dumbness; muteness.
Mutual *adj* mutual; reciprocal.
Mutualidade *s* mutuality; reciprocity.
Mutuar *v* to exchange; to borrow; to lend.
Mutuário *s* mutuary; borrower.
Mútuo *s* loan.
Mútuo *adj* mutual; reciprocal.

N

N s the thirteenth letter of the Portuguese alphabet and the fourteenth of the English alphabet.
Na contr (*prep* + *art*) (**em+a**) in; on; at.
Nababo s nabob.
Nabo s turnip.
Nação s nation; country.
Nacional s native.
Nacional adj national.
Nacional adj national.
Nacionalidade s nationality; citizenship.
Nacionalismo s nationalism.
Nacionalista s nationalist.
Nacionalizar v to nationalize; to make national.
Naco s slice; piece; bit.
Nada s nothing; non-existence; trifle.
Nada adv not; nothing; not at all.
Nadador s swimmer.
Nadador adj swimming.
Nadar v to swim.
Nádega s buttock; rump; bum.
Nado s ESP swimming.
Nafta s QUÍM naphtha.
Naipe s suit of cards; MÚS groups of instruments.
Namorada s sweetheart; girlfriend.
Namoradeira s flirt; coquette.
Namoradeira adj coquettish.
Namorado s lover; boyfriend; sweetheart.
Namorar v to make love; to coquet; to flirt.
Namorico s flirtation; calf-love.
Namoro s love-making; courtship; lover.
Nanar v to sleep.
Nanismo s nanism; dwarfishness.
Nanquim s nankeen; Indian ink.
Não s a refusal; a no.
Não adv no; not.
Napolitano s Neapolitan.
Napolitano adj Neapolitan.
Naquele contr (*prep+pron*) (**em+aquele**) in that; on that.
Naquilo contr (*prep+pron*) (**em+aquilo**) in that; on that.
Narcisismo s narcissism.
Narciso s narcissus (flower).
Narcose s narcosis; narcotism.
Narcótico s narcotic; drug; GÍR dope; USA stuff.
Narcótico adj narcotic.
Narcotizar v to narcotize.
Narigão s large nose; conk.
Narigudo adj long-nosed; conky.
Narina s nostril.
Nariz s nose.
Narração s narrative; narration.
Narrador s narrator; chronicler.
Narrar v to narrate; to tell; to relate.
Narrativa s narrative; narration.
Nasal adj nasal.
Nasalação s nasalization.
Nasalar v to nasalize; to change to a nasal sound.

Nascença s birth; nascency; origin.
Nascente s East; Orient.
Nascente adj nascent; rising.
Nascer v to be born; to rise.
Nascido adj born; native; natural.
Nascimento s birth; origin.
Nascituro adj begotten.
Nata s cream.
Natação s swimming; natation.
Natal s Christmas (Xmas); Christmas Day.
Natal adj native; natal.
Natalício s birthday.
Natalício adj natal.
Natividade s nativity.
Nativismo s nativism.
Nativista s nativist.
Nativo s home-born; native.
Nativo adj indigenous; national; native.
Nato adj born; innate; natural; native.
Natural s native; nature; disposition.
Natural adj natural.
Naturalidade s naturalness; naturality; simplicity.
Naturalismo s naturalism; realism; materialism.
Naturalista s naturalist.
Naturalização s naturalization.
Naturalizar v to naturalize.
Naturalmente adv of course.
Natureza s nature; kind; sort.
Nau s vessel; ship.
Naufragar v to shipwreck; to founder; to sink.
Naufrágio s shipwreck; sinking; disaster.
Náufrago s wrecked person; shipwrecked person.
Náusea s nausea; loathing; seasickness.
Nauseabundo adj nauseous; loathsome.
Nausear v to cause nausea; to loathe; to nauseate.
Náutica s nautical science; seamanship.
Náutico adj nautical; marine; naval.
Naval adj naval; maritime; marine.
Navalha s razor.
Navalhada s cut with a razor.
Nave s nave; vessel; ship.
Navegabilidade s navigability; navigableness.
Navegação s navigation; shipping.
Navegador s navigator.
Navegador adj navigant.
Navegante s navigator; seafarer.
Navegar v to navigate; to sail; to voyage.
Navegável adj navigable; floatable; voyageable.
Navio s vessel; ship.
Nazi s nazi.
Nazismo s POL nazismo.
Neblina s mist; fog.
Nebulosa s ASTR nebula.
Nebulosidade s nebulosity; nebulousness.
Nebuloso adj nebulous; cloudy; hazy.
Necessário adj necessary; needful; indispensable.

NECESSIDADE — NÔMADE

Necessidade s necessity; need; want.
Necessitado s an indigent person; an indigent man.
Necessitado adj necessitous; needy.
Necessitar v to need; to require; to demand.
Necrologia s necrology; a death-roll.
Necrológico adj necrologic; necrological; obituary.
Necrológio s necrology.
Necromancia s necromancy; gramarye; conjuration.
Necrópole s necropolis; cemetery.
Necropsia s autopsy; necropsy.
Necroscopia vide NECROPSIA.
Necrose s necrosis; sphacelation.
Necrotério s morgue; dead-house.
Néctar s nectar; MIT drink of the gods.
Nefando adj nefandous; infamous; execrable; hateful.
Nefasto adj inauspicious; ill-omened; funest; doleful.
Nefrite s nephritis.
Negaça s lure; allurement; cheat; trick.
Negação s negation; negativity; denial.
Negar v to disown; to deny; to negate.
Negativa s negative; refusal.
Negativismo s negativism; negative philosophy.
Negativo adj negative; denying.
Negável adj deniable.
Negligência s negligence; neglect; inattention; inadvertence.
Negligente adj negligent; caressless.
Negociação s negotiation; trading.
Negociador s negotiator; merchant; a trader.
Negociante s negotiator; merchant; trader.
Negociar v to negotiate; to trade in; to deal.
Negociata s a dishonest transaction; a shady trade.
Negociável adj negotiable; sellable; marketable.
Negócio s business; trade; commerce; affair; transaction.
Negreiro s slaver.
Negrejar v to become black; to look black.
Negro s negro.
Negro adj black; dark.
Negrume s blackness; darkness; mist.
Negrura s blackness; darkness.
Nem adv not.
Nem conj nor; neither.
Nenê s baby; little child.
Nenhum adj no; any.
Nenhum pron none; no one; any.
Neófito s neophyte; beginner; novice.
Neolatino adj Neo-latin.
Neolítico adj neolithic.
Neologismo s neologism.
Neologista s neologist.
Néon s neon.
Nepotismo s nepotism.
Nervo s nerve; sinew; plunck.
Nervosidade s nervosity; nervousness.
Nervosismo s nervousness; nerves; nervous energy.
Nervoso adj nervous; excitable.
Nervura s BOT nervure; rib; vein.
Néscio s fool; mug; USA nitwit; sucker.
Néscio adj silly; foolish.
Neta s granddaughter; grandchild.
Neto s grandson; grandchild.
Netuno s Neptune.
Neurastenia s MED neurasthenia; irritability; ill humour.
Neurastênico adj MED neurasthenic.
Neurologia s MED neurology.
Neurologista s MED neurologist.
Neurose s MED neurosis.
Neutralidade s neutrality; indifference.
Neutralização s neutralization, action to neutralize.
Neutralizar v to neutralize; to render neutral.

Neutro adj neutral; neuter.
Nevada s downfall; snowfall.
Nevado adj snowy; snow-white.
Nevar v to snow.
Nevasca s snow storm; blizzard.
Neve s snow.
Névoa s fog; mist.
Nevoeiro s a thick fog.
Nevoento adj foggy; obscure.
Nevralgia s MED neuralgia.
Nevrálgico adj MED neuralgic.
Newtoniano adj newtonian (from Sir Isaac Newton -1642/1727).
Nexo s nexus; coherence; link; connection.
Nicho s niche; small home; alcove.
Nicotina s nicotine; nicotin.
Nigérrimo adj very black.
Nigromancia s necromancy; vide NECROMANCIA.
Nigromante s necromancer.
Niilismo s nihilism, cabal disbelief.
Niilista s nihilist.
Nimbo s nimbus; halo.
Nimboso adj stormy; rainy.
Ninfa s nymph.
Ninguém pron no-one; nobody; anyone; anybody.
Ninhada s brood; nestful.
Ninharia s bagatelle; trifle; insignificance.
Ninho s nest; lair; hole.
Nipônico adj Japanese; Nipponese.
Níquel s nickel; nickel coin.
Niquelagem s nickel-plating.
Niquelar v to nickel-plate.
Nirvana s RELIG Nirvana.
Nisso contr (prep+pron) (em+isso) in that; on that; at that.
Nitidez s clearness; neatness; brightness.
Nítido adj nitid; neat; clear; bright.
Nitroglicerina s nitroglycerine or nitroglycerin.
Nível s level; plummet; rate.
Nivelador s leveller.
Nivelamento s levelness; levelling.
Nivelar v to level; to grade.
No contr (prep + art) (em+o) in the.
Nó s knot; tie; joint; node; snag; FIG hitch.
Nobiliário adj nobiliary.
Nobilitante adj ennobling; dignifying.
Nobilitar v to ennoble; to make noble; to exalt.
Nobre s nobleman.
Nobre adj noble; honorable.
Nobreza s nobleness; nobility; noblesse.
Noção s notion; idea; conception.
Nocividade s noxiousness; hurtfulness; harmfulness.
Nocivo adj noxious; harmful; pernicious; insalubrious.
Nódoa s spot; stain.
Nodosidade s nodosity, knottiness.
Nódulo s nodule.
Noduloso adj nodulous; noduled.
Nogueira s walnut-tree.
Noitada s the whole night; night out.
Noite s night; evening.
Noitinha s nightfall; twilight.
Noiva s bride; fiancée.
Noivado s betrothal; engagement.
Noivar v to court.
Noivo s bridegroom; USA groom.
Noivo adj engaged.
Nojento adj nauseous; disgusting; loathsome.
Nojo s nausea; loathing; aversion; repugnance.
Nômade s nomad; wanderer.
Nômade adj nomadic; wandering.

Nomadismo s nomadism, wandering people.
Nome s name; fame; title.
Nomeação s appointment; designation.
Nomeada s reputation; fame.
Nomear v to appoint; to ordain.
Nomenclatura s nomenclature.
Nominação s nomination.
Nominal s normal.
Nominal adj nominal.
Nominalismo s nominalism.
Nominativo s nominative.
Nominativo adj nominative; nominated.
Nonagenário s nonagenarian.
Nonagenário adj nonagenarian.
Nonagésimo adj nonagesimal; ninetieth.
Nono adj ninth.
Nora s daughter-in-law, noria; scoop-wheel.
Nordeste s North-East.
Nórdico adj Nordic.
Norma s norm; model; pattern; standard.
Normal s normal.
Normal adj normal; ordinary; regular; usual.
Normalidade s normality; USA normalcy.
Normalizar v to normalize; to make normal.
Noroeste s North-West.
Norte s North; guide; direction.
Nortear v to guide; to lead.
Norueguês s Norwegian.
Norueguês adj Norwegian.
Nós pron we; us; ourselves.
Nos pron us.
Nossa adj our.
Nossa pron our, ours; of us.
Nostalgia s nostalgia; homesickness.
Nostálgico adj nostalgic; nostalgical; homesick.
Nota s note; a money paper; communication; mark; MÚS note.
Notabilidade s notability; USA crackerjack, shark.
Notabilizar v to become notable; to excel.
Notação s notation.
Notar v to note; to observe; to notice.
Notário s notary.
Notável adj notable; remarkable; noteworthy.
Notícia s news; information; knowledge.
Noticiar v to notice; to inform; to communicate news.
Noticiário s news section; news bulletin.
Noticiarista s columnist; reporter.
Notificação s notification; summons; JUR garnishment.
Notificar v to notify; to report; to relate; to state; to announce.
Notoriedade s notoriety; notoriousness.
Notório adj notorious; generally known.
Nova s news; novelty.
Novação s novation, change; innovation.
Novamente adv again.
Novato s novice; beginner; USA freshman.
Nove adj nine.
Novel adj new; inexperienced.
Novela s tale; story; soap-opera.
Novelesco adj novel-like; novelistic.
Novelista s noveslit.
Novelo s ball of thread.
Novembro s November (the eleventh month of the year).
Novena RELIG novena, nine-days of devotian and prayer.
Noviciado s novitiate; novice.
Noviço s novice; beginner; apprentice.
Novidade s novelty; newness; news.
Novilha s helfer; young cow.
Novilhada s herd of steers, group of bullocks.
Novilho s steer; bullock; bullcalf.
Novilúnio s new moon.
Novíssimo adj very new; newest; latest.
Novo adj new; modern; young.
Noz s nut; walnut a dried fruit.
Nu s nude.
Nu adj naked; nude; bare.
Nubente s betrothed.
Nubente adj betrothed.
Núbil adj nubile; marriageable.
Nublado adj cloudy; overcast.
Nublar v to cloud; become cloudy.
Nuca s nape; back of the neck.
Nuclear adj nuclear; nucleal.
Núcleo s nucleous; kernel; centre; core.
Nudez s nudness; nudity; nakedness; bareness.
Nudismo s nudism.
Nudista s nudist.
Nulidade s nullity; a nobody.
Nulo adj null; void; invalid; of no account.
Numeração s numeration; numbering.
Numerador s numerator; numberer.
Numeral s numeral.
Numeral adj numeral.
Numerar v to number; to amount to; to count; to mark.
Numerário s money; cash; coin.
Numerário adj numerary.
Numerável adj numerable.
Numérico adj numeric; numerical.
Número s number; a sum; figure.
Numeroso adj numerous; abundant; multitudinous.
Numismata s numismatist.
Numismática s numismatics.
Numismático adj numismatical.
Nunca adv never.
Nunciatura s nunciature.
Núncio s nuncio; messenger; legate.
Nupcial adj nuptial; matrimonial.
Núpcias s nuptial; marriage; wedding.
Nutrição s nutrition; nourishment; nutriment.
Nutricionista s nutricionist.
Nutrido adj nourished; well-fed.
Nutriente adj nutritive; alimentative; nutrient.
Nutrimento s nutriment; food; aliment.
Nutrir v to nourish; to feed; nurture.
Nutritivo adj nutritive; nourishing.
Nuvem s cloud; haze.
Nuvioso adj cloudy; overcast.

O

O *s* the fourteeth letter of the Portuguese alphabeth and the fifteenth letter of the English alphabet.
O *art* the.
O *pron* he; him; that; the one; it.
Oásis *s* oasis.
Obcecação *s* obduracy; obstinacy.
Obcecar *v* to blind; to obsess.
Obedecer *v* to obey; to yield; to conform to.
Obediência *s* obedience; compliance; obediency.
Obediente *adj* obedient; biddable; submissive.
Obelisco *s* obelisk.
Obesidade *s* obesity; fatness; corpulence.
Obeso *adj* obese; fat.
Óbice *s* hindrance; impediment; obstacle.
Obituário *s* obituary.
Obituário *adj* obituary.
Objeção *s* objection; protest; complaint; USA exception.
Objetar *v* to object; to oppose.
Objetiva *s* FOT objective; lens; object-glass.
Objetivar *v* to objectify; to aim at; to intend.
Objetividade *s* objectivity.
Objetivo *s* objective; end; goal; purpose; GRAM objective case.
Objetivo *adj* objective.
Objeto *s* object; aim; purpose.
Objurgação *s* objurgation; reproof; censure; reproach.
Objurgatório *adj* objurgatory, reprehensive; reproachful; rebuking.
Oblação *s* oblation offering.
Oblíqua *s* GEOM oblique line.
Obliquidade *s* obliquity.
Oblíquo *adj* oblique; slanting.
Obliteração *s* obliteration.
Obliterar *v* to obliterate; to blot out; to efface.
Oblongo *adj* oblong; oval; elliptic.
Oboé *s* MÚS oboe; hautboy.
Oboísta *s* oboist; hautboyist.
Óbolo *s* obolus; alms.
Obra *s* work; labor; production; task; book.
Obrar *v* to work; to act; to perform.
Obreira *s* workwoman; bee.
Obreiro *s* worker; workman.
Obrigação *s* obligation; duty; debenture; bound.
Obrigado *adj* obliged; grateful.
Obrigado *interj* thank you; thanks.
Obrigar *v* to oblige; to obligate; to bind; to compel.
Obrigatório *adj* compulsory; obligatory; statutory; USA mandatory.
Obscenidade *s* obscenity.
Obsceno *adj* obscene; indecent; ribald.
Obscurantismo *s* obscurantism.
Obscurecer *v* to obscure; to lower; to darken.
Obscurecimento *s* obscuration; darkness.
Obscuridade *s* obscurity; FIG darkness of meaning.
Obscuro *adj* obscure; dark; dim; intricate.
Obsequiador *adj* obliging.
Obsequiar *v* to favor; to entertain; to please; to oblige.
Obséquio *s* kindness; favour.
Obsequioso *adj* serviceable; attentive; kind.
Observação *s* observation; notation; remark.
Observador *s* observer.
Observância *s* observance.
Observar *v* to observe; to look; to watch; to mind.
Observatório *s* observatory.
Observável *adj* observable.
Obsessão *s* obsession.
Obsessivo *adj* obsessing; obsessive.
Obsesso *adj* beset; obsessed.
Obstáculo *s* obstacle; hindrance; obstruction.
Obstante *adj* hindering.
Obstar *v* to impede; to avoid; to obviate.
Obstetrícia *s* MED obstetrics.
Obstinação *s* obstinacy; selfwill; stubbornness.
Obstinado *adj* obstinate; stubborn; headstrong.
Obstinar *v* to obstinate; to make obstinate.
Obstrução *s* obstruction.
Obstrucionismo *s* obstructionism.
Obstrucionista *s* obstructionist; USA filibuster.
Obstrucionista *adj* obstructionist.
Obstruir *v* to obstruct; to block; to retard; USA to filibuster.
Obstrutivo *adj* obstructive.
Obtenção *s* obtainment; obtention.
Obter *v* to obtain; to get; to secure.
Obturação *s* obturation; USA filling a tooth.
Obturador *s* plugger; MED obturator; FOT a camera shutter.
Obturar *v* MED to obturate; to stop; USA to fill; to close.
Obtuso *adj* obtuse; blunt; dull.
Obus *s* MIL howitzer.
Obviar *v* to obviate; to prevent; to surmount.
Óbvio *adj* obvious; evident.
Ocar *v* to hollow; to excavate.
Ocasião *s* occasion; opportunity; chance.
Ocasional *adj* occasional; casual; incidental.
Ocasionar *v* to cause; to bring about; to give rise.
Ocaso *s* sunset; end; death.
Occipital *s* ANAT occipital.
Occipital *adj* ANAT occipital.
Oceânico *adj* oceanic; marine.
Oceano *s* ocean; the sea.
Oceanografia *s* oceanography.
Oceanográfico *adj* oceanographic; oceanographical.
Ocidental *adj* occidental; western.
Ocidentalizar *v* to occidentalize; to render occidental.
Ocidente *s* occident; west.
Ócio *s* leisure; idleness; laziness.
Ociosidade *s* laziness; idleness; leisure.
Ocioso *s* a lazy person; lazybones.
Ocioso *adj* idle; lazy; useless.
Oclusão *s* occlusion.
Oclusivo *adj* occlusive.
Ocluso *adj* occluded; closed.
Oco *adj* hollow; empty; vain; futile.
Ocorrência *s* occurrence; incident; happening.

OCORRENTE — OPERATÓRIO

Ocorrente adj occurrent; happening; occuring.
Ocorrer v to occur; to come round; to take place.
Octaedro s octahedron.
Octogenário s octogenarian; octogenary.
Octogenário adj octogenarian; octogenary.
Ocular adj ocular.
Oculista s oculist; eye doctor; ophthalmologist.
Óculo s eye-glass.
Ocultação s occultation; hiding; concealment.
Ocultante adj concealing; hiding.
Ocultar v to occult; to hide; to cover.
Ocultismo s occultism.
Ocultista s occultist.
Oculto adj occult; hidden; concealed.
Ocupação s occupation; job; task; employment.
Ocupado adj busy; occupied.
Ocupante s occupant, tenant; inmate.
Ocupar v to occupy; to hold; to employ; to engage; to keep.
Ode s ode.
Odiar v to hate; to detest; to abhor.
Odiável adj odious; hateful.
Ódio s hate; hatred; odium.
Odioso adj odious; hateful.
Odômetro s odometer.
Odontologia s odontology.
Odor s odour; scent; smell.
Odre s wine-skin; leather-bottle; FIG drunkard.
Oeste s west.
Oeste adj western.
Ofegante adj out of breath; panting; gasping.
Ofegar v to pant; to breathe convulsively; to gasp.
Ofego s difficult breathing; panting.
Ofender v to offend; to hurt.
Ofendido adj offended; hurted.
Ofensa s offense; grievance; insult; transgression.
Ofensiva s offensive; attack.
Ofensivo adj offensive; attacking; aggressive.
Ofensor s offender.
Oferecer v to offer; to propose; to bid; to tender.
Oferecimento s offering; offer.
Oferenda s offering; gift; offer; oblation; proffer.
Oferta s offering; offer.
Ofertar v to offer; to make an offering.
Ofertório s offertory.
Oficiador s officiator.
Oficial s officer; craftsman; clerk.
Oficial adj official; **OFICIAL de justiça**: catchpole.
Oficiante s officiator; officiant; celebrant.
Oficiar v to officiate; to perform official duties; to serve at Mass.
Oficina s workshop; works.
Ofício s occupation; official letter; trade.
Oficioso adj officious; obliging; semiofficial.
Oftálmico s MED ophthalmic.
Oftálmico adj ophthalmic.
Oftalmologia s MED ophthalmology.
Oftalmologista s MED ophthalmologist.
Ofuscação s dazzling; offuscation.
Ofuscar v to offuscate; to dim; to dazzle; to overshadow.
Ogiva s ARQT ogive.
Ogival adj ogival.
Oitavado adj eight-sided; octogonal.
Oitavar v to make eight-sided.
Ojeriza s antipathy; aversion; dislike.
Ojerizar v to dislike.
Olaria s pottery; brick-field.
Oleado s oil-cloth; linoleum.
Olear v to oil.
Óleo s oil.
Oleômetro s oleometer.

Oleoso adj oily; greasy.
Olfação s olfaction.
Olfativo adj olfactory; olfactive.
Olfato s olfact; smell.
Olhada s glance; glimpse.
Olhar s look; glance.
Olhar v to look; to observe; to behold.
Olho s eye; sight; view.
Oligarquia s oligarchy.
Oligárquico adj oligarchical.
Olimpíada s olympiad.
Olímpico adj olympic.
Olimpo s olympus.
Oliva s olive.
Olival s olive-yard.
Oliveira s olive tree.
Olmeiro s elm tree.
Olmo vide OLMEIRO.
Olor s odor; perfume; fragrance.
Olvidar v to forget, to lose the remembrance.
Olvido s forgetfulness; oblivion.
Ombrear v to rival; to vie with another.
Ombreira s shoulder-strap; jamb; door.
Ombro s shoulder.
Omelete s omelet.
Omissão s omission; oversight; USA out.
Omisso adj omitted; neglectful; remiss.
Omitir v to omit; to miss; to skip; to give forth.
Omoplata s omoplate; shoulder-blade.
Onça s ounce (= 28. 349 gramas); ZOO ounce (animal).
Onda s wave; ripple; billow.
Onde adv where; in which.
Ondeado adj wavy; undulated.
Ondear v to wave; to undulate; to flutter.
Ondulação s undulation; waving.
Ondular v to undulate; to wave.
Onerar v to burden with; to encumber; to charge.
Onerosidade s onerousness; burdensomeness.
Oneroso adj onerous; burdensome.
Ônibus s omnibus; bus.
Onipotente adj omnipotent; almighty.
Onipresença s omnipresence; ubiquity.
Onipresente adj omnipresent; ubiquitous.
Onisciência s omniscience, infinitive knowledge.
Onisciente adj omniscient; all-knowing.
Onívoro adj omnivorous, all-devouring.
Ônix s MIN onyx.
Onomatopaico adj onomatopoeic.
Onomatopeia s FIL onomatopoeia.
Ontem adv yesterday.
Ontogenia s ontogeny; embryology.
Ontogênico adj ontogenic; embryological.
Ontologia s ontology.
Ontológico adj ontological.
Ônus s onus; burden; load; obligation.
Opacidade s opacity; opaqueness; gloominess.
Opaco adj opaque; dull; obscure.
Opala s MIN opal.
Opalescência s opalescence.
Opção s option; choise; selection.
Ópera s MÚS opera.
Operação s operation; working; action.
Operador s operator; surgeon.
Operante adj operating.
Operar v to operate; to handle; to perform; to act.
Operariado s workmen; the working class.
Operário s workman; labourer; worker.
Operativo adj operative.
Operatório adj operatory.

OPERETA — OTIMISMO

Opereta s MÚS operetta.
Operoso adj laborious; diligent; productive.
Opilar v to oppilate; to block up; to obstruct.
Opinar v to opine; to suppose; to judge.
Opinião s opinion; hint; tip; USA pointer.
Ópio s opium (narcotic).
Oponente s opponent; antagonist; adversary.
Opor v to oppose; to object to; to run against.
Oportunidade s opportunity; chance.
Oportunismo s opportunism.
Oportunista s opportunist; timeserver; temporizer.
Oportuno adj opportune; seasonable.
Oposição s opposition; resistance.
Oposicionista s oppositionist.
Oposto s opposite.
Oposto adj opposite; contrary; contradictory.
Opressão s oppression; tyranny.
Opressivo adj oppressive; tyrannical.
Opressor s oppressor.
Opressor adj oppressive.
Oprimir v to oppress; to grind; to depress; to subdue.
Opróbrio s opprobrium; infamy.
Optar v to choose; to select.
Optativo adj optative.
Óptica s MED optics.
Óptico adj optic; optical.
Opulência s opulence; wealth.
Opulento adj opulent; wealthy; rich.
Opúsculo s opuscule; small work.
Ora conj but; now.
Oração s oration; speech; GRAM sentence.
Oráculo s oracle.
Orador s orator; public-speaker.
Oral adj oral; verbal.
Orangotango s orangutan; orangoutang; an ape.
Orar v to pray; to implore; to beseech.
Oratória s oratory; eloquence.
Oratório s oratory.
Oratório adj oratorial; oratorical.
Orbe s orb; a globe; sphere; the world.
Órbita s orbit.
Orçamento s budget; estimate; USA bid.
Orçar v to budget; to estimate; to amount to.
Ordeiro adj peaceable; methodical.
Ordem s order; kind; sequence; sort; class.
Ordenação s ordinance; disposition; arrangement.
Ordenada s GEOM ordinate.
Ordenado s salary; wages.
Ordenança s orderly.
Ordenar v to order; to command; to bid; to charge.
Ordenha s milking.
Ordenhar v to milk.
Ordinal adj ordinal.
Ordinário adj ordinary; usual; customary; commonplace.
Orelha s ear.
Orelheira s animal's ear; pig's ears.
Orelhudo adj long-eared; flap-eared.
Orfanato s orphanage; asylum.
Orfandade s orphanage; orphanhood.
Órfão s orphan.
Órfão adj orphan.
Orfeão s singing society; glee club.
Organdi s organdy.
Orgânico adj organic.
Organismo s organism; body.
Organista s MÚS organist.
Organização s organization.
Organizar v to organize; to arrange; to institute; to stage.
Órgão s organ; instrument; MÚS organ; USA pipe-organ.

Orgia s orgy; revel.
Orgulhar v to flush; to exalt; to elate.
Orgulho s pride; haughtiness.
Orgulhoso adj proud; stuck up; haughty.
Orientação s orientation; directions.
Orientador s guide; director.
Orientador adj orienting.
Oriental s oriental; eastern.
Oriental adj oriental; eastern.
Orientalismo s orientalism.
Orientar v to orient; to direct; to guide.
Oriente s orient; east.
Orifício s orifice; opening; hole.
Origem s origin; beginning; source.
Original s original.
Original adj original; odd; quaint.
Originalidade s originality, inventiveness.
Originar v to originate; to create; to produce; to bear.
Originário adj native; proceeding; originating.
Oriundo vide ORIGINÁRIO.
Orla s border; fringe; edge.
Orlar v to border; to edge.
Ornamentação s ornamentation; decoration.
Ornamentar v to ornament; to decorate; to adorn.
Ornamento s ornament; decoration.
Ornar v to adorn; to deck; to fit; to suit; to become.
Ornato s ornament; decoration.
Orquestra s orchestra.
Orquestração s orchestration.
Orquestrar v to orchestrate.
Orquídea s orchid.
Ortodoxia s orthodoxy.
Ortodoxo adj orthodox.
Ortogonal adj orthogonal; perpendicular.
Ortografia s orthography.
Ortográfico adj orthographic; orthographical.
Ortopedia s orthopedics.
Ortopédico adj orthopedic.
Orvalhar v to bedew; to drizzle; to wet.
Orvalho s dew; mist; drizzle.
Oscilação s oscilation; variation.
Oscilante adj oscillating; changing.
Oscilar v to oscillate; to fluctuate; to hesitate.
Oscilatório adj oscillatory.
Osculação s osculation; a kiss.
Oscular v to osculate; to kiss.
Ósculo s kiss; osculum.
Osmose s osmosis.
Ossada s heap of bones; skeleton; carcass.
Ossário s ossuary; charnel house; bone house.
Ossatura s skeleton; framework.
Ósseo adj osseous; bony.
Ossificação s ossification.
Ossificar v to ossify.
Osso s bone.
Ossudo adj bony; raw-boned.
Ostensível adj ostensible; ostensive.
Ostentação s ostentation; splurge; show.
Ostentador s boaster; ostentatious person.
Ostentador adj ostentatious.
Ostentar v to flaunt; to show off; to display; to boast.
Osteomielite s MED osteomyelitis.
Ostra s oyster (mollusk).
Ostracismo s ostracism; relegation.
Otário s a fool person; GÍR gull; ninny; dupe; USA sucker.
Ótica s MED otic.
Ótico s otic.
Ótico adj situated near or pertaining to the ear.
Otimismo s optimism.

Otimista s optimist.
Otimista adj optimistic.
Ótimo s very good; excellent; fine.
Otite s otitis.
Otologia s MED otology.
Otomana s ottoman.
Otomano adj Ottoman.
Ou conj either; or.
Ourela s border; edge; fagend.
Ouriço s bur of chestnuts.
Ourives s goldsmith.
Ourivesaria s goldsmith's shop.
Ouro s gold (symbol Au).
Ouropel s tinsel; ormolu.
Ousadia s boldness; audacity; daring; insolence.
Ousado adj bold; daring; USA nervy.
Ousar v to dare; to venture; to embolden.
Outeiro s hill; small mound; hillock.
Outonal adj autumnal; fall.
Outono s autumn; USA fall.
Outorga s grant; granting.
Outorgante s granter; grantor.
Outorgante adj bestowing; granting.
Outorgar v to grant; to agree; to approve.
Outrem pron somebody else.
Outro adj other.
Outro pron other; another.
Outrora adv formerly; once; of yore.
Outubro s October (the tenth month of the year).
Ouvinte s hearer; listener.
Ouvir v to hear; to listen to; to learn of; to heed to.
Ova s spawn; roe.
Ovação s ovation; applause.
Ovacionar v to give an ovation to; to acclaim.
Oval adj oval; egg-shaped.
Ovalar v to ovalize; to make oval; to shape into oval form.
Ovário s ANAT ovary.
Ovelha s ewe; sheep.
Ovíparo adj oviparous; laying eggs.
Ovo s egg.
Ovoide adj ovoid; egg-shaped.
Ovular adj ovular.
Óvulo s ovule; egg-cell.
Oxalá interj would to god!; may it be so!
Oxidação s oxidation.
Oxidar v to oxidize; to oxidate.
Oxidável adj oxidable.
Óxido s oxide.
Oxigenação s oxygenation.
Oxigenar v to oxygenate.
Oxigênio s oxygen (symbol O).
Oxítono s oxytone.
Oxítono adj oxytone.
Ozônio s ozone.
Ozonização s ozonization.
Ozonizar v to impregnate with ozone; to ozonize; to treat with ozone.

p P

P *s* the fifteenth letter of the Portuguese alphabet and the sixteenth letter of the English alphabet.
Pá *s* spade; shovel; shoulder-bladeb.
Pacato *adj* peaceful; pacific; quiet; tranquil; mild.
Pachorra *s* sluggishness; calmness; phlegm.
Paciência *s* patience; resignation; forbearange; solitaire.
Paciente *s* patient; sick-person.
Paciente *adj* patient; enduring.
Pacificação *s* pacification.
Pacificador *s* pacificator; pacifier; peace-maker; appeaser.
Pacificar *v* to pacify; to appease; to soothe; to calm; to quiet.
Pacificidade *s* pacificity.
Pacífico *adj* pacific; peaceful; peaceable; quiet; calm; tranquil.
Pacifismo *s* pacifism.
Pacifista *s* pacifist.
Pacifista *adj* pacifist.
Paço *s* palace; court.
Pacote *s* pack; packet; package; bundle; parcel.
Pacto *s* pact; agreement.
Pactuar *v* to pact; to agree; to bargain; to covenant.
Padaria *s* bakery; bakehouse; baker's shop.
Padecer *v* to suffer; to bear; to endure; to support; to tolerate.
Padecimento *s* enduring; suffering.
Padeiro *s* baker.
Padiola *s* handbarrow; stretcher.
Padrão *s* pattern; model; specimen; sample; outline.
Padrasto *s* step-father.
Padre *s* priest; clergyman; father.
Padrinho *s* godfather; protector; paranymph.
Padroeiro *s* patron; patron saint.
Paga *s* pay; remuneration; wagees; salary.
Pagador *s* payer; paymaster.
Pagadoria *s* pay-office; treasury; paying office.
Pagamento *s* pay; payment; remuneration; wages; salary; reward; recompense.
Paganismo *s* paganism; heathenism.
Paganizar *v* to paganize.
Pagão *s* pagan; heathen.
Pagão *adj* pagan; idolatrous; irreligious.
Pagar *v* to pay up; to remunerate; to acquit; to reward.
Pagável *adj* payable.
Página *s* page; writing.
Paginação *s* pagination; paging.
Paginar *v* to page; to paginate.
Pago *s* reward; recompense.
Pago *adj* paid; rewarded.
Pagode *s* pagoda; feasting.
Pai *s* father; male parent; ancestor.
Painel *s* picture; panel.
Paiol *s* store-room; powder; magazine.
Pairar *v* to ply; to bring to; to lie to hover; to soar.
País *s* country; nation; fatherland; land.
Paisagem *s* landscape; scenery; scene; seascape.
Paisagista *s* landscape-painter; painter.
Paisano *s* countryman; civilian.

Paixão *s* passion; love; violent or intense emotion; rage; anger; *Sexta-Feira da PAIXÃO*: Good Friday.
Pajear *v* to page; to attend or follow as pages; to act as page; BR to attend children.
Pajem *s* dry-nurse.
Pala *s* eye-shade; bezel of a jewel; peak of a cap.
Palacete *s* small palace.
Palaciano *s* courtier.
Palaciano *adj* palacial.
Palácio *s* palace.
Paladar *s* palate; taste.
Paladino *s* paladin; champion.
Palafita *s* palafitte.
Palanca *s* pile; palisade.
Palanque *s* plataform; scaffold; platform; stand.
Palatal *adj* palatal; palatine.
Palatino *s* palatine; palatial; a fur covering.
Palato *s* palate; taste.
Palavra *s* word; verbal expression; term; speech; promise; command.
Palavrão *s* obscenity; coarse word.
Palavreado *s* rigmarole; chatter.
Palavrear *v* to talk; to palaver; to speak foolishly.
Palavrório *s* babbling verbiage; prating.
Palavroso *adj* verbose; prolix; wordy; long-winded.
Palco *s* stage; FIG the theatre.
Paleolítico *adj* paleolithic; paleolithical.
Paleozoico *s* paleozoic.
Paleozoico *adj* paleozoic.
Palerma *s* blockhead; stupid; fool; simpleton.
Palerma *adj* silly; foolish.
Palermice *s* stupidity; silliness; foolishness.
Palestra *s* talking; talk; chat; chattiness; conversation.
Palestrar *v* to talk; to chat; to prattle; to prate; to chatter.
Paleta *s* palette; pallet.
Paletó *s* paletot; jacket; coat; single-breasted coat.
Palha *s* straw.
Palhaçada *s* buffoonery.
Palhaço *s* clown; buffoon.
Palheta *s* pallet; reed of wind instrument; rack.
Palhinha *s* a kind of straw; a heap of straw.
Palhoça *s* thatched cottage; cot; hut; shack; house.
Paliação *s* palliation; palliating; extenuation.
Paliar *v* to palliate; to hide; to shelter; to disguise; to mitigate; to lessen; to excuse; to extenuate; to dissemble.
Paliçada *s* palisade.
Palidez *s* pallidness; paleness; colorlessness; dimness; faintness; pallor; wanness.
Pálido *adj* pale; pallid; faint; dim; light in color; wan.
Pálio *s* canopy carried over the Sacrament in processions.
Palitar *v* to pick the teeth; to cleanse teeth.
Paliteiro *s* toothpick-case.
Palito *s* toothpick.
Palma *s* palm; BOT palm; FIG victory; triumph.
Palmada *s* slap.

PALMATÓRIA — PARCEIRO

Palmatória s ferule; rod; candlestick.
Palmeira s palm-tree.
Palmilha s inner sole of a shoe; foot of a stocking.
Palmilhar v to put sock in shoes; to mend; to foot; to walk.
Palmital s grove of dwarf fan-palms.
Palmito s a dwarf fan palm; palmetto; fan-palm; dwarf.
Palmo s palm; a linear measure; measure of length; span.
Palpação s touching; palpation.
Palpar v to touch; to examine by touch; to explorer by palpation.
Palpável adj palpable; clear; obvious; plain.
Pálpebra s eye-lid.
Palpitação s palpitation; tremble.
Palpitante adj palpitating; thrilling; throbbing.
Palpitar v to palpitate; to thrill; to throb; to flutter; to fidget; to hint.
Palpite s palpitation; hint; conjecture; tip; misgiving.
Palpo s palp; palpus.
Palrador s prattler; babbler; chatterer.
Palrador adj prattling.
Palrar v to prattle; to chatter.
Palude s moor; marsh; fen.
Paludial adj marshy; fenny; paludal.
Paludismo s paludism.
Paludoso adj paludine; marshy; malarial.
Palustre adj palustral; paludal; swampy; paludous.
Pampa s pampa; extensive plain.
Panaceia s panacea.
Panariz s whith law; aganil; felon; witlow.
Panca s wooden lever.
Pança s belly; paunch; potbelly.
Pancada s a blow; stroke; knock; GÍR craze; mania.
Pancadaria s brawl; tumult.
Pâncreas s pancreas: sweetbread.
Pançudo adj big-bellied; paunchy; potbellied.
Panda s panda.
Pândega s merry-making; spree; junketing.
Pândego s merry-maker; fond of feasting.
Pandeiro s tambourine; timbrel.
Pandemônio s pandemonium.
Panegírico s panegyric.
Panegírico adj panegyric; panegyrical.
Panela s pot; pan.
Panfletista s pamphleteer.
Panfleto s pamphlet; booklet.
Pânico s panic; fright.
Pânico adj panic; fright.
Panificação s panification.
Panificar v to make bread; to bake.
Pano s cloth; fabric; sails; curtain.
Panorama s panorama; landscape; view.
Panorâmico adj panoramic.
Panqueca s pancake; idleness.
Pantalonas s pantaloons.
Pantanal s marshy place; swampy.
Pântano s swamp; marsh; bog; fen.
Pantanoso adj swampy; marshy; bog.
Panteão s pantheon.
Panteísmo s pantheism.
Panteísta s pantheisty.
Panteísta adj pantheistic; pantheistical.
Pantera s panther.
Pantomima s pantomime; dumb show; trick.
Pão s bread; sustenance.
Papa s Pope; pap (food).
Papada s double chin.
Papagaio s parrot (a bird); kite.
Papaguear v to parrot.
Papai s papa; daddy; *PAPAI Noel*: Santa Claus.

Papão s bugbear; bugaboo; body.
Papar v to eat; to extort; to gobble.
Paparicar v to pick; to nibble at food; to caress; to fondle.
Papear v to prate; to chatter.
Papeira s mumps; goitre.
Papel s paper; sheet.
Papelada s heap of papers (documents).
Papelão s pasteboard; cadboard; FIG complete failure; blunder.
Papelaria s stationer's shop; stationery.
Papeleiro s paper maker; stationer.
Papeleta s poster; announcement.
Papelotes s curling papers; curl papers.
Papiro s papyrus.
Papismo s papism; popery.
Papo s double chin; craw.
Papoula s poppy (opium).
Papudo adj double-chinned; goitrous; FIG boastful; braggartlike.
Paquiderme s pachyderm; thick-skinned.
Par s pair; couple; fellow; partner (at a dance); peer (dignity).
Par adj even; equal; like.
Para prep for; to; in order to; ready to; about.
Parabéns s congratulations.
Parábola s parable; MAT parabola.
Parabólico adj parabolic.
Para-brisas s windshield; windscreen.
Para-choque s buffer; bumper.
Parada s stop; delay; pause; halt.
Paradeiro s whereabouts; end; stopping place.
Paradigma s paradigm; example.
Paradisíaco adj paradisiac; paradisiacal.
Parado adj stopped; FIG quiet; unemployed; indolent.
Paradoxal adj paradoxical.
Paradoxo s paradox.
Paradoxo adj paradoxical.
Parafina s paraffin.
Parafinar v to paraffin.
Paráfrase s paraphrase.
Parafrasear v to paraphrase.
Parafusar v to screw; to muse; to meditate.
Parafuso s screw; spindle of a press.
Paragem s stopping-place; spot.
Parágrafo s paragraph.
Paraíso s paradise; heaven; FIG a place of state of bliss.
Para-lama s fender; mudguard; wing.
Paralela s parallel.
Paralelepípedo s parallelepiped.
Paralelismo s parallelism.
Paralelo s parallel; similar; corresponding.
Paralelo adj parallel; similar; corresponding.
Paralelogramo s parallelogram.
Paralisação s paralysation; stopping; stoppage; stagnation.
Paralisar v to paralyse; to stop; to palsy.
Paralisia s paralysis; palsy.
Paralítico s paralytic.
Paralítico adj paralytic.
Paramentar v to adorn; to attire.
Paramento s hanging; ornament; trappings.
Parâmetro s parameter.
Paraninfo s paranymph; protector; godfather.
Parapeito s parapet.
Paraquedas s parachute.
Paraquedista s parachutist.
Parar v to cease; to stop; to halt; to block.
Para-raios s lightning-rod.
Parasita s parasite; a hanger on; toady; BIO parasite; FIG sponger.
Para-sol s parasol.
Para-vento s windscreen.
Parceiro s partner; participant; play fellow.

Parcela s portion; item.
Parcelar v to parcel out; to divide or distribute by parts or portions.
Parceria s partnership.
Parcial adj partial; biased; unfair.
Parcialidade s partiality.
Parcializar v to render partial; to bias.
Parcimônia s parsimony; stinginess.
Parcimonioso adj parsimonious; stingy; penurious.
Parco adj saving; sober; moderate.
Pardal s sparrow.
Pardieiro s hovel; shed.
Pardo s mulatto.
Pardo adj gray; dark; brown.
Parecença s resemblance; likeness; similitude.
Parecer s appearance; opinion; judgement; aspect.
Parecer v to seem; to appear; to look like; to resemble.
Parecido adj like; alike; resembling.
Paredão s thick wall; break water.
Parede s wall; strike.
Paregórico adj paregoric.
Parelha s pair; couple; match; team.
Parenta s kinswoman.
Parente s relative; relation; kinsman.
Parentesco s relationship; kinship; kindred.
Parêntese s parenthesis; FIG an interval or interlude.
Pária s pariah; outcast; FIG one despised by society.
Paridade s parity; par of exchange.
Parietal s ANAT parietal (bone).
Parietal adj parietal; mural.
Parir v to bring forth; to give birth; to whelp.
Parisiense s parisian.
Parisiense adj parisian.
Parlamentar s parliamentarian.
Parlamentar v to parley; to parliament; to converse; to parliamentarize.
Parlamentar adj parliamentary.
Parlamento s parliament; parliament-house.
Parlar v to prattle; to chatter; to chat; to prate.
Parmesão s parmesan cheese.
Parmesão adj parmesan.
Pároco s parish priest; parson.
Paródia s parody.
Parodiar v to parody; to burlesque.
Paróquia s parish.
Paroquial adj parochial.
Parque s park.
Parreira s vine; spreading vine.
Parreiral s vineyard.
Parte s part; piece; fragment; section; MÚS part.
Parteira s midwife.
Parteiro s obstetrician; accoucher.
Participação s participation; communication.
Participante s participant; sharer; sharing; participator.
Participar v to give notice; to participate; to partake; to share.
Partícipe s partaker; participator.
Particípio s participle.
Partícula s particle.
Particular adj particular; individual; private; peculiar; personal.
Particularidade s particularity; peculiarity; detail.
Particularizar v to particularize; to detail; to specify.
Partida s departure; match; game.
Partidário s partisan; party; supporter; follower.
Partidarismo s partisanship.
Partido s party; side; advantage; profit; match; marriage.
Partido adj parted; divided; broken; split.
Partilha s partition; division; share; sharing.
Partilhar v to partition; to share.
Partir v to part; to depart; to split; to break.

Partitura s MÚS partitur; partitura.
Parto s parturition; delivery; childbirth.
Parturiente s expectant mother.
Parturiente adj parturient.
Parvo s fool; blockhead.
Parvo adj small; simple; stupid.
Páscoa s Easter; Passover (of the Jews).
Pasmado adj astonished; gasping; perplex; amazed; gaping.
Pasmar v to be astonished; to be amazed.
Pasmo s astonishment; amazement; surprise.
Paspalhice s foolishness; nonsense; silliness.
Paspalho s scarecrow; fool; dolt; dunce; simpleton.
Pasquim s pasquinade; satirical writing.
Pasquinar v to pasquinade; to lampoon; to satirize.
Passa s raisin.
Passadeira s strainer; filter; narrow carpet.
Passadiço s footbridge; passage; corridor.
Passado s past; past time; former time.
Passado adj past; out of fashion; old; last; ago.
Passageiro s passenger; traveller.
Passageiro adj temporary; transitory.
Passagem s passage; way; road; passageway.
Passamanaria s lace-work; lace-making.
Passante s passer-by.
Passante adj walking; passing; exceeding.
Passaporte s passport.
Passar v to pass; to move; to change possession; to elapse; to go away; to occur; to happen.
Passarada s crowd of birds.
Passarinho s little bird.
Pássaro s bird.
Passatempo s pastime; recreation; amusement; diversion; hobby.
Passável adj passable; tolerable; bearable.
Passe s pass; free-pass.
Passeador s walker.
Passear v to walk; to take a walk.
Passeata s tour; promenade.
Passeio s walk; sidewalk; pavement; stroll.
Passional adj passional.
Passiva s GRAM passsive voice; passive.
Passível adj passible; liable.
Passividade s passiveness; passivity; submissiveness.
Passivo adj passive; inactive; inert; submissive; responsive.
Passo s pace; step; gait; walk.
Pasta s portfolio; paste; folder; batter.
Pastagem s pasturage; pasture.
Pastar v to pasture; to graze; to grass.
Pastel s pastel; small meat pie; art pastel; TIP pie.
Pastelão s a great pie.
Pastelaria s pastry.
Pasteleiro s pastry-cook; pastry-dealer.
Pastilha s pastille.
Pasto s pasture; food; aliment; nourishment.
Pastor s shepherd; herder; pastor; parson.
Pastora s shepherdess.
Pastoral s pastoral; rural.
Pastoral adj pastoral; rural; MÚS pastorale.
Pastorear v to pasture; to graze; to grass; to tend.
Pastoso adj viscous; sticky; pasty.
Pata s duck; paw; foot.
Patacoada s nonsense; boasting; bragging.
Patada s kick, a blow with the foot or paws.
Patamar s stair-head; landing.
Patavina s nothing.
Patente s patent; license; licence.
Patente adj patent; evident; obvious; manifest.
Patentear v to manifest; to charter; to franchise; to patent.
Paternal adj paternal; fatherly.

Paternidade s paternity; fatherhood.
Paterno adj paternal; fatherly.
Pateta s simpleton; block-head.
Patetice s stupidity; silliness; nonsense.
Patíbulo s gallows; scaffold; gibbet.
Patifaria s kanvery; roguery; mischief; BR cowardness.
Patife s rascal; kanve; scoundrel.
Patife adj kanvish; rascally.
Patim s skate; landing; roller-skate.
Patinador s skater.
Patinar v to skate.
Patinha s small paw or foot.
Patinhar v to paddle; to dabble.
Patinho s duckling.
Pátio s yard; court-yard.
Pato s duck; drake; FIG a fool or idiot person.
Patoá s patois; dialect.
Patogênico adj pathogenic.
Patologia s pathology.
Patranha s lie; story; fake; whopper.
Patrão s master; boss; patron.
Pátria s native country; home; fatherland.
Patriarca s Patriarch.
Patriarcado s patriarchate.
Patriarcal s patriarchal.
Patriarcal adj patriarchal.
Patrício s patrician; fellow countryman.
Patrício adj patrician; fellow countryman.
Patrimônio s patrimony; inheritance.
Pátrio adj home; paternal.
Patriota s patriot.
Patrioteiro s patrioteer; chauvinist; jingo.
Patriótico adj patriotic; patriotical.
Patriotismo s patriotism.
Patroa s patroness; housewife.
Patrocinador s patronizer; protector; sponsor.
Patrocinar v to patronize; to protector; to help; to support.
Patrocínio s patronage; protection; support; sponsorship.
Patrono s patron; defender.
Patrulha s patrol; a guard.
Patrulhar v to patrol.
Pau s wood; piece of wood; stick; club at cards.
Paulada s blow with a stick; stroke with a stick.
Paulatino adj done slowly, by degrees; slow; gradual.
Paupérrimo s pauper; miserable person.
Paupérrimo adj very poor.
Pausa s pause; MÚS pause.
Pausado adj paused; slow; calm; quiet.
Pausar v to pause; to cease for a time; to hesitate; to stop.
Pauta s guide lines (in paper); rule paper; list; staff.
Pautado adj ruled of paper; methodical; moderate.
Pautar v to rule lines on paper; to direct; to rule (paper).
Pavão s peacock, a kind of bird.
Pavilhão s pavilion; a large tent; flag; canopy.
Pavimentar v to pave.
Pavimento s pavement; floor.
Pavio s wick of a candle; taper.
Pavoa s peahen.
Pavonear v to pavonize; to adorn with gaudy colors.
Pavor s dread; terror; fright.
Pavoroso adj dreadful; frighful; horrible; awful.
Paxá s pasha.
Paz s peace; calmness; tranquillity; quiet.
Pé s foot; base; support; stand; paw.
Peão s a foot traveller; foot soldier; pedestrian.
Pear v to retard; to hinder; to embarass; to clog.
Peça s piece; a literary, artistic or musical composition; one of the objects moved on the board (games).
Pecado s sin; any offense.

Pecador s sinner; pecant; offender.
Pecador adj sinful.
Pecaminoso adj sinful; wicked.
Pecar v to sin.
Pecha s blemish; fault; spot.
Pechincha s godsend; bargain; easy profit.
Pechinchar v to chaffer; to bargain; to profit.
Peçonha s poison; venom.
Peçonhento adj venomous; poisonous.
Pecuária s cattle-raising; cattle-breeding; livestock; raising.
Peculato s peculation; peculate; embezzlement.
Peculiar adj peculiar; singular; special.
Peculiaridade s peculiarity; singularity.
Pecúlio s savings; economy; property.
Pecúnia s money; pecuniary.
Pecuniário adj pecuniary.
Pedacinho s a little piece; a bit.
Pedaço s piece; a fragment; bit; morsel.
Pedagogia s pedagogy.
Pedagógico adj pedagogical.
Pedagogo s pedagogist; pedagogue; educator.
Pedal s pedal; foot-lever; treadle.
Pedalar v to pedal.
Pedante s pedant.
Pedante adj pedant; pedantic; pretentious.
Pedantismo s pedantism; pedantry.
Pederasta s pederast; GÍR gay.
Pederastia s pederasty.
Pedestal s pedestal; stand; support.
Pedestre s pedestrian; a walker.
Pedestre adj pedestrian.
Pediatra s pediatrician; pediatrist.
Pediatria s pediatrics.
Pedicuro s pedicure; chiropodist.
Pedido s request; petition; supplication; demand.
Pedinte s beggar.
Pedir v to call for; to beg; to request; to desire; to supplicate; to ask for; to ask alms.
Pedra s stone; MED gall-stone; gravel; hail; slate.
Pedrada s throw of a stone; blow with a stone.
Pedraria s precious stones; gems; freestone.
Pedregulho s gravel; boulder.
Pedreira s stone-pit; quarry.
Pedreiro s Mason.
Pegada s footmark; footprint; footstep; mark; trace; track.
Pegar v to seize; to hold; to take up; to stick; to glue; to join; to unite; to infect; to contaminate.
Peito s breast, the lower part of the body between the neck and the abdomen; torax.
Peitoral s breastplate; poitrel; MED pectoral.
Peitoral adj pectoral.
Peixe s fish; the flesh of fish used at food.
Peixeira s fishwife; fishwoman.
Peixeiro s fishman; fishmonger; coster-monger.
Pejo s bashfulness; shame; modesty; shyness.
Pejorativo adj pejorative; depreciatory.
Pela contr (prep + art) (pen+a) by; along; about.
Pelada s alopecia; loss of hair; ESP GÍR soccer.
Pelado s bald person.
Pelado adj without hair; bald.
Pelagem s pelage.
Pelanca s wrinkled skin.
Pelar v to skin; to strip the skin from; to peel.
Pele s skin; pelt; hide; fell; fur simples.
Peleja s fight; battle; struggle; combat.
Pelejar v to fight; to struggle; to contend; to battle; to combat.
Pelica s kid leather.
Pelicano s pelican (bird).
Película s pellicle (skin, film); membrane.

PELICULAR — PERFURADO

Pelicular *adj* pellicular.
Pelo *contr* (*prep* + *art*) (**per+o**) by.
Pelo *s* hair.
Pelota *s* pellet; small ball; pelota game.
Pelotão *s* MIL platoon; troop.
Pelourinho *s* pillory.
Pelúcia *s* plush.
Peludo *adj* hairy; shaggy.
Pelugem *s* down; soft fluffy feathers; soft hairy growth.
Pelve *s* MED pelvis.
Pena *s* feather; plume; pity; compassion; regret; plumage.
Penacho *s* panache.
Penado *adj* feathery; painful; grievous.
Penal *s* penal; punitive.
Penalidade *s* penalty; punishment for crime.
Penalizar *v* to pain; to afflict; to move one's heart.
Pênalti *s* FUT penalty, maximun foul.
Penar *v* to suffer; to pain; to grieve; to mourn.
Penca *s* BR bunch.
Pendão *s* pennon; flag; banner.
Pendência *s* dispute; quarrel; fight; strife.
Pendente *adj* pendent; suspended; pending; hanging.
Pender *v* to hang; to pend; to incline.
Pendor *s* slope; declivity; inclination; tendency.
Pêndulo *s* pendulum.
Pendurar *v* to hang; to suspend; to fasten; to droop.
Penedo *s* rock.
Peneira *s* sieve.
Peneiração *s* sifting.
Peneirar *v* to sift; to pass through a sieve; to bolt; to drizzle.
Penetra *s* peevish person; insolent person; cracker; intruder.
Penetração *s* penetration; penetrating; entering; discernment.
Penetrante *adj* penetrant; piercing; discerning.
Penetrar *v* to penetrate; to enter into; to pierce.
Penhasco *s* high cliff or rock.
Penhor *s* pledge; pawn; guaranty.
Penhora *s* seizure; confiscation.
Penhorado *adj* seized; confiscated; obliged.
Penhorar *v* to seize; to pledge; to confiscate; to pawn; to oblige.
Peninsular *adj* peninsular.
Penitenciar *v* to impose penance on; to repent; to regret.
Penitenciária *s* penitentiary; prison.
Penitenciário *s* penitentiary prisoner; prisoner.
Penitenciário *adj* penitentiary; penitential.
Penitente *s* penitent.
Penitente *adj* penitent; repentant; sorry.
Penoso *adj* painful; difficult; hard; laborious; toilsome.
Pensado *adj* deliberate; premeditated.
Pensador *s* thinker.
Pensamento *s* thought; reflection; imagination.
Pensão *s* pension; annuity.
Pensar *s* thought; reflection.
Pensar *v* to think; to reflect; to reason; to have in mind; to ponder; to meditate.
Pensativo *adj* thoughful; meditative; sad; gloomy.
Pensionista *s* pensionary; pensioner; boarder.
Pentágono *s* Pentagon.
Pentagrama *s* pentagram; musical staff.
Pentateuco *s* RELIG Pentateuch.
Pente *s* comb.
Penteadeira *s* hairdresser; dressing-table.
Penteado *s* hairdressing; coiffure; hair-dress.
Penteado *adj* combed.
Pentear *v* to comb; to comb oneself; to comb one's hair.
Pentecostes *s* RELIG Pentecost (Christian feast of Whitsunday, Whitsuntide).
Penugem *s* down; fluff.
Penúltima *s* penultimate.
Penúltimo *adj* penultimate.

Penumbra *s* penumbra; dim-light.
Penumbroso *adj* dim-lighted; penumbral; penumbrous.
Penúria *s* penury; indigence.
Pepinal *s* plantation of cucumbers.
Pepino *s* cucumber.
Pepita *s* nugget.
Pequenez *s* smallness; childhood; FIG lowness; meanness.
Pequeno *adj* little; small; short; insignificant.
Pequerrucho *s* baby; child.
Pequerrucho *adj* very small; tiny.
Pera *s* pear.
Peralta *s* beau; dandy; fop; BR a naughty boy.
Peraltear *v* to play the dandy.
Peraltice *s* dandyism; BR naughtiness.
Perante *prep* before; in presence of.
Perceber *v* to perceive; to notice; to note; to comprehend; to understand; to realize.
Percepção *s* perception; discernment; apprehension.
Perceptível *adj* perceptible; perceivable; discernible.
Percevejo *s* bug; USA bedbug; chinch.
Percorrer *v* to percur; to traverse; to travel all over.
Percurso *s* travelling over; way; course; road; route; path.
Percussão *s* percussion.
Percussor *s* percussive.
Percussor *adj* percussive.
Percutir *v* to percuss; to strike; to beat.
Perda *s* a loss; damage; ruin; waste.
Perdão *s* pardon; forgiveness; excuse for a fault.
Perdição *s* loss; losing; ruin; destruction; perdition.
Perdida *s* prostitute; harlot.
Perdido *adj* lost; ruined; misguided; dissolute.
Perdigão *s* male partridge.
Perdigueiro *s* setter; pointer; retriever.
Perdiz *s* partridge.
Perdoador *s* pardonner.
Perdoar *v* to pardon; to forgive; to spare; to excuse.
Perdulário *s* spendthrift.
Perdulário *adj* prodigal; wasteful.
Perdurar *v* to last a long.
Perecer *v* to perish; to be destroyed or ruined; to die.
Perecimento *s* perishability; death; loss; decay.
Perecível *adj* perishable.
Peregrinação *s* peregrination; pilgrimage.
Peregrinar *v* to peregrinate; to travel; to pilgrimage.
Peregrino *s* pilgrim.
Peregrino *adj* foreign; outlandish.
Pereira *s* pear-tree.
Peremptório *adj* peremptory; conclusive; absolute; decisive; positive.
Perene *adj* perennial; perpetual.
Perenidade *s* perenniality; perennity; continuity.
Perfazer *v* to perfect; accomplish; to complete; to make up.
Perfeição *s* perfection; beauty; thoroughness.
Perfeito *adj* perfect; whole; complet; exact; accomplished.
Perfídia *s* perfidy; faithlessness; treachery.
Pérfido *adj* perfidious; guilty of perfidy; faithless.
Perfil *s* profile; outline.
Perfilar *v* to profile; to draw up in line soldiers.
Perfilhamento *s* adoption; affiliation.
Perfilhar *v* to adopt; to affiliate.
Perfumado *adj* perfumed; scented with perfume.
Perfumador *s* perfumer.
Perfumador *adj* fragrant; perfuming.
Perfumar *v* to perfume; to scent; to aromatize.
Perfumaria *s* perfumary; perfumer's shop; GÍR soft drinks.
Perfume *s* perfume; a scent; a pleasant fragrance; smell.
Perfumista *s* perfumer.
Perfuração *s* perforation; an aperture; punching; boring.
Perfurado *adj* perforated; pierced.

Perfurar v to perforate; to bore through; to pierce; to drill.
Pergaminho s parchment.
Pergunta s question; a query; a doubt.
Perguntar v to ask for; to question; to inquire; to query.
Perícia s skill; skillfulness; expertness.
Periclitante adj in danger; risky; hazardous.
Periclitar v to be in danger or risk; to peril; to hesitate.
Periferia s periphery; the surface of any body; the circumference of a circle; perimeter of a circle.
Perífrase s periphrasis; circumlocution; evasive.
Perifrástico adj periphrastic.
Perigar v to peril; to be in danger.
Perigo s danger; peril; risk.
Perigoso adj dangerous; risky; hazardous.
Periódico s periodical, newspaper published at regular intervals.
Periódico adj periodic; periodical; regular.
Periodismo s journalism.
Periodista s journalist; editor.
Periodizar v to divide into periods.
Período s period; age; era; cycle; sentence; term; duration of time.
Peripécia s peripetia; POP incident; unexpected occurrence.
Périplo s periplus; circumnavigation.
Periquito s perakeet; lovebird.
Periscópio s periscope.
Perito s expert; connoisseur.
Perito adj skilled; skillful; clever; able.
Perjurar v to perjure; to forswear; to violate one's oath; to abjure.
Perjúrio s perjury; false swearing.
Perjuro s perjurer.
Perjuro adj perjurious; perjured.
Perlongar v to coast along (ship); to delay; to postpone.
Permanecente adj permanent; lasting.
Permanecer v to remain; to stay to rest; to continue; to persevere; to persist.
Permanência s permanence; permanency; duration; lasting.
Permanente s permanent wave.
Permanente adj permanent; lasting; enduring; not changed; fixed.
Permear v to permeate; to bore; to pierce; to pervade.
Permeável adj permeable.
Permeio adv in the middle.
Permissão s permission; authorization; leave; permit.
Permitir v to permit; to allow; to consent to; to tolerate.
Permuta s exchange; permutation; barter.
Permutação s permutation; exchange of one thing to another; MAT permutation.
Permutar v to permute; to interchange; to exchange.
Permutável adj permutable; exchangeable.
Pernada s walk with long steps; main bough of a tree; kick.
Pernalta s ZOO stilt-bird.
Pernalta adj long-legged.
Pernão s a thick leg.
Pernear v to kick or shake the legs; to gambol.
Pernicioso adj pernicious; ruinous; malign; harmful; noxious.
Pernil s slender leg; pestle.
Pernilongo adj long-legged; mosquito.
Pernoitar v to pass the night.
Pernóstico adj pedantic; antipathic; flippant.
Pernudo adj long-legged; big legged.
Pérola s pearl.
Perônio s MED fibula.
Peroração s peroration.
Perorar v to perorate; to speak at length.
Perpassar v to pass by; to move.
Perpendicular s perpendicular.
Perpendicular adj perpendicular; vertical; upright.

Perpendicularidade s perpendicularity.
Perpetração s perpetration.
Perpetrador s perpetrator.
Perpetrador adj perpetrating.
Perpetrar v to perpetrate; to commit.
Perpetuação s perpetuation.
Perpetuador s perpetuator.
Perpetuador adj perpetuating.
Perpetuar v to perpetuate; to make perpetual; to last for ever.
Perpétuo adj perpetual; endless; eternal; constant; everlasting.
Perplexidade s perplexity; irresolution; bewilderment.
Perplexo adj perplexed; confused; irresolute; puzzled.
Perquirição s search; inquiry.
Perquirir v to search; to inquire.
Perscrutação s perscrutation, close examiniation.
Perscrutar v to perscrutate; to scrutinize; to inquire into.
Perseguição s persecution; pursuit; to hant; chase.
Perseguidor s persecutor; pursuer.
Perseguir v to persecute; to pursue; to chase; to hunt down; to prosecute.
Perseverança s perseverance; persistence; constancy.
Perseverante adj perseverant; persevering.
Perseverar v to persevere; to persist; to remain; to last.
Persiana s persian blinds.
Pérsico s Persian.
Pérsico adj Persian.
Persignar-se v to make the signal of cross; to cross oneself.
Persistência s persistence; perseverance; constancy.
Persistente adj persistent; steady; persevering; determined.
Persistir v to persist; to persevere; to remain; to continue.
Personagem s personage.
Personalidade s personality; person; individuality.
Personalizar v to personalize; to personify; to personate.
Personificação s personification; embodiment.
Personificar v to personify; to personalize; to embody.
Perspectiva s perspicacity; view; prospecty.
Perspicácia s perspicacity; shrewdness; sagacity.
Perspicaz adj perspicacious; sagacious; clear sighted.
Persuadir v to persuade; to induce; to be convinced.
Persuasão s persuasion; persuading; conviction.
Persuasivo adj persuasive; convincing.
Pertence s pertaining.
Pertencente adj belonging.
Pertencer v to pertain; to belong; to appertain; to concern.
Pertinácia s pertinacity; obstinacy.
Pertinaz adj pertinacious; obstinate; tenacious; stubborn.
Pertinente adj pertinent; appropriated; concerning.
Perto adv near; close by; about; almost; at short distance.
Perturbação s perturbation; perturbing; agitation of mind.
Perturbador s perturber; disturber.
Perturbador adj perturbative; disturbing.
Perturbar v to perturb; to disturb; to trouble; to agitate.
Perturbável s perturbable; easily; disturbed.
Peru s turkey.
Perua s turkey-hen; a station waggon.
Peruca s wig; peruke; periwig.
Perversidade s perversity; perverseness; cruelty.
Perverso adj perverse; corrupt; perverted; vicious; cruel.
Pervertedor s perverter.
Pervertedor adj perverse; cruel.
Perverter v to pervert; to corrupt; to deprave; to debase.
Pervertido adj perverted; corrupt; vicious; wicked.
Pesadelo s nightmare.
Pesado adj weight; weighty; heavy; burdensome; troublesome; BR unlucky.
Pesagem s weighing.
Pêsame s condolences.
Pesar v to weigh; to ponder; to sorrow; to think over.
Pesaroso adj sorry; sorrowful; sad.

PESCA — PIONEIRO

Pesca s fishing; fishery.
Pescada s withing (fish).
Pescado s fish caught.
Pescador s fisher; fisherman; fishmonger; angler.
Pescar v to fish; to find out; to angle.
Pescaria s fishing; fishery; angling.
Pescoço s neck.
Peseta s peseta (coin).
Peso s weight; importance; authority; load; heaviness; burden; PESO bruto: gross weight; PESO líquido: net weight.
Pespontar v to quilt; to stitch together; to sew together.
Pesponto s quilting-stitch; bakstitch.
Pesqueira s fishery; fishing grouds.
Pesquisa s research; search; inquiry; investigation.
Pesquisador s researcher; searcher; inquirer; investigator.
Pesquisar v to research; to search; to investigate.
Pessegada s peach jam.
Pessegal s peach-trees grove.
Pêssego s peach.
Pessegueiro s peach-tree.
Pessimismo s pessimism.
Pessimista s pessimist.
Pessimista adj pessimistic.
Péssimo adj very bad.
Pessoa s person.
Pessoal s personnel.
Pessoal adj personal; private people.
Pestana s eyelash.
Pestanejante adj winking; that winks; blinking.
Pestanejar v to blink; to wink.
Pestanejo s blinking; winking.
Peste s pest; pestilence.
Pestilência s pestilence.
Pestilento adj pestilent; pernicious; deadly; foul.
Pétala s petal.
Petardo s petard; bomb.
Peteca s shuttlecock.
Petição s petition; request; a solemn entreaty; supplication.
Peticionário s petitioner; orator.
Petiscar v to nibble at food; to taste; to eat dainty bits.
Petisco s titbit; dainty bit; daintiness.
Petisqueira s dainty dish.
Petizada s a number of boys together.
Pétreo adj stony; rocky.
Petrificação s petrification; petrifaction.
Petrificador s petrifier.
Petrificador adj petrifying.
Petrificar v to petrify; to convert into stone; to make rigid.
Petroleiro s petroleur; oil-tanker.
Petroleiro adj petrolic.
Petróleo s petrol; petroleum; oil.
Petrolífero adj petroliferous; oil-bearing.
Petulância s petulance; petulancy; insolence; immodesty.
Petulante adj petulant; insolent; brazen; bold; USA nervy.
Pia s sink; sink-stone; basin; trough; trough watering; lavatory.
Piada s biting; jeer; joke; taunt; BR peep.
Piadista s taunter; jeerer; joker.
Pianista s pianist; piano-player.
Piano s piano.
Piar v to chirp; to pule; to peep.
Picada s pricking; sting; peak; puncture.
Picado s minced-meat.
Picado adj pricked.
Picante adj pricking; stinging; piquant; pungent.
Pica-pau s woodpecker.
Picar v to prick; to sting; to peck; to mince; to pick; to bite.
Picardia s kanvery; malice; roguery.
Picareta s pick; pickaxe; mattock.
Pichar v BR to smear with pitch; to pitch.

Piche s pitch.
Pico s peak; summit; top; prickle; thorn; sharp point.
Picota s pillory; plumb-brake; piston-rod.
Picotar v to punch (tickets); to perforate (stamps).
Piedade s piety; piousness; pity; compassion; commiseration.
Piedoso adj pious; devout.
Piegas s ninny; trifler; mushy.
Piegas adj tender; gentle; finical; squeamish.
Pieguice s an excessive or affected sentimentalism; tenderness.
Pigarrear v to hoarsen; to hoarse; to clear one's throat.
Pigarro s hoarseness; hawk; hem; a frog in the throat.
Pigmentação s pigmentation.
Pigmentar v to give pigment to; to color; to give the colour of the skin to.
Pigmento s pigment.
Pigmeu s pigmy; dwarf.
Pigmeu adj dwarfish.
Pijama s pyjamas; USA pajamas.
Pilão s pestle; punner.
Pilar s pillar; pier.
Pilar v to bray; to peel; to pound.
Pilastra s pilaster; square column.
Pileque s GÍR drunkennes; intoxication; booze.
Pilha s pile; heap; ELETR pile; battery; cell.
Pilhagem s pillage; plundering; plunder; spoil; foray.
Pilhar v to pillage; to plunder; to rob; to catch; to grasp.
Pilhéria s fun; jesting; joke.
Piloro s MED pylorus.
Piloso adj pilose; hairy; pilous.
Pilotagem s pilotage.
Pilotar v to pilot; to serve as a pilot.
Piloto s pilot; guide; leader.
Pílula s pill; pilule; pellet.
Pilular adj pilulous; pilular.
Pimenta s pepper.
Pimentão s pimiento; guinea pepper; Spanish paprika.
Pimenteira s peppershrubs; pepper-hot; USA pepper-shaker.
Pimpolho s young shoot; FIG a baby.
Pináculo s pinnacle; peak; apex.
Pinça s pincers; clip; tweezers.
Píncaro s pinnacle; peak; apex; summit; top.
Pincel s brush; colour brush; paint brush.
Pincelada s stroke with a brush; touch.
Pincelar v to paint; to daub.
Pinga s brandy; drop; FAM wine; rum; brandy.
Pingar v to drop; to drip; to fall; to start raining.
Pingente s ear-drop; pendant; straphanger.
Pingo s drop; dripping.
Pinha s pine-cone; fruit of pine; heap.
Pinhão s seed of the pine-tree; MEC pinion.
Pinheiral s pine-grove; pine-wood; pinery.
Pinheiro s pine-tree; pine.
Pinho s pine-wood; pine timber.
Pino s peg; top; the highest point; summit; pianncle.
Pinote s jump; leap; bound.
Pinta s spot; mark; GÍR aspect.
Pintadela s light painting.
Pintado adj painted; mottled.
Pintainho s chick; young bird; small chicken.
Pintar v to paint; to color; to portray; to describe.
Pintassilgo s goldfinch; yellow bird.
Pinto s chicken.
Pintor s painter.
Pintora s paintress.
Pintura s painting; paint; rouge.
Pio s peep (the cry of a chicken).
Pio adj pious; devout; charitable.
Piolho s louse; lice.
Pioneiro s pioneer; early settler; explorer; path-finder.

Pior adv worse.
Piorar v to make worse; to become worse.
Pipa s pipe; barrel.
Pipi s BR piss; urination.
Pipoca s POP-corn; popped corn.
Pique s ESP hide-and-seek; pique; piquant taste.
Piquenique s picnic.
Piquete s picket.
Pira s pyre; FIG crucible.
Pirâmide s pyramid.
Pirata s pirate; corsair; robber.
Pirataria s piracy.
Piratear v to pirate; to play the pirate.
Pires s saucer.
Pirilampo s glow-worm; fire-fly.
Pirraça s teasing; insult; provocation.
Pirueta s pirouette.
Pisada s footstep; pressing of grapes; treading.
Pisadela s treading.
Pisadura s treading; bruise.
Pisão s fulling-mill; BR footstep; treading.
Pisar v to bruise; to trample; to crush (with feet); to hurt.
Piscadela s twinkling; twinkle; wink; blinking.
Piscar v to twinkle; to blink at; to wink.
Piscian s piscian; swimming pool; bathing-pond.
Piscicultor s pisciculturist; fish-breeder.
Piscicultura s pisciculture; fish-breeding.
Pisciforme adj pisciform; fish-like.
Piso s floor; pavement; ground; level; tread; walking; footing.
Pista s trail; track; trace; footprint; clue; runway.
Pistão s MÚS piston; MEC plunger pump.
Pistola s pistol; USA gun.
Pistolão s BR pull.
Pitada s pinch of snuff; pinch.
Pitagórico adj Pythagorean.
Pitagorismo s pythagorism.
Piteira s cigaret-holder.
Pitéu s dainty; delicacy.
Pitonisa s pythoness.
Pitoresco adj picturesque.
Pituitária s MED pituitary.
Pituitário adj ANAT pituitary.
Placa s plate; plaque; door-plate.
Placidez s placidity; calmness; serenity; quietness.
Plácido adj placid; undisturbed; quiet; peaceful; calm.
Plaga s region; zone; country.
Plagiador s plagiarist; plagiary.
Plagiador adj plagiary.
Plagiar v to plagiarize; to crib.
Plágio s plagiarism.
Plaina s plane; shaver.
Plaino s plane; level; plan.
Plaino adj plane; level.
Plana s class; category; rank; order; reputation.
Planalto s plateau; upland; table-land.
Planejamento s planning.
Planejar v to plan out; to schedule; to intend.
Planeta s planet.
Planetário s planetarium.
Planetário adj planetary.
Plangente adj plangent; pitiful; sad; clangorous; plaintive.
Planície s plan; level land; plain; open country.
Planisfério s planisphere.
Plano s plan; prospects; MAT plane.
Plano adj level; even; flat; plane.
Planta s plant; plan.
Plantação s plantation; grove; planting.
Plantão s guard; service; night watchman.
Plantar v to plant; to set.

Plantio s plantation; planting.
Planura s plain; level land.
Plasmar v to mold; to mould; to shape.
Plasticidade s plasticity.
Plástico s plastic.
Plástico adj plastic; formative.
Plataforma s platform; flat; POL platform.
Plateia s pit of a theatre; USA parterre.
Platina s platinum.
Platinagem s platinizing.
Platinar v to platinize.
Platônico adj platonic.
Platonismo s platonism.
Plausibilidade s plausibility; plausibleness.
Plausível adj plausible; applausible; expressing approval.
Plebe s plebe; common people; mob; populace.
Plebeu adj plebeian.
Plebeu adj plebeian.
Plebiscito s plebiscite; plebiscitum.
Pleiteador s pleader.
Pleiteante s litigant.
Pleiteante adj litigant; engagged in lawsuit.
Pleitear v to plead; to argue before a court; to apology.
Pleito s law-suit; plea; an appeal.
Plenário s congress.
Plenário adj pleanry; full; complete.
Plenilunar adj plenilunar; plenilunary.
Plenilúnio s plenilune; full moon.
Plenipotência s plenipotence; full powers.
Plenipotente adj plenipotent.
Plenitude s plenitude; fullness; completeness.
Pleno adj full; complete; entire.
Pleonasmo s pleonasm; super-abundance.
Pleonástico adj pleonastic.
Pletórico adj plethoric.
Pleura s ANAT pleura.
Plexo s plexus; network.
Pluma s plume; feather; pen.
Plumagem s plumage.
Pluralidade s plurality.
Pluralizar v to pluralize.
Plutocracia s plutocracy.
Pluvial adj pluvial; rainy.
Pneumático s pneumatic; pneu; tire.
Pneumático adj pneumatic.
Pneumonia s MED pneumonia.
Pó s powder; dust.
Pobre s poor; beggar.
Pobre adj poor; needy; indigent.
Pobreza s poverty; poorness; scarcity.
Poça s pool; a puddle.
Poção s potion; a dose; draft; draught.
Pocilga s pig-sty; sty; piggery.
Poço s well; pit; shaft of a mine.
Poda s pruning; lopping.
Podadeira s pruning-hook.
Podar v to prune; to lop; to cut down; to trim off.
Poder s power; ability; authority; influence; state government; force.
Poder v to can; to be possible; to have power.
Poderio s power; domination; authority; might.
Poderoso adj powerful; potent; mighty; influential.
Podre s rottenness.
Podre adj rotten; decomposed; putrid.
Podridão s rottenness.
Poeira s dust; fine; dry.
Poeirento adj dusty.
Poema s poem.
Poente s West; Occident.

Poesia s poetry; poem; poetic works.
Poeta s poet.
Poetar v to poetize; to write poetry.
Poético adj poetical; poetic.
Poetisa s poetess.
Poetizar v to poetize.
Pois conj because; then; since; therefore; for; as.
Polaca s polacca, a Polish dance.
Polaco s Pole.
Polaco adj Polish.
Polainas s gaiters; spats.
Polar adj polar.
Polegada s inch (= 2,54 cm).
Polegar s roost; perch; thumb.
Polêmica s polemics; controversy.
Polêmico adj polemic; polemical; controversial.
Polemizar v BR to polemize.
Polenta s polenta (dish).
Polícia s police; policeman; USA patrolman.
Policial s policeman; police officer; cop; USA patrolman.
Policiar v to police.
Polidez s politeness; civility; breeding; courteousness.
Polido adj polished; shining; polite; civil; courteous.
Polidor s polisher; shining brush.
Polidor adj polishing.
Polidura s polishing.
Poligamia s polygamy.
Poligâmico adj polygamous.
Poliglota s polyglot.
Poliglota adj polyglot.
Polimento s polish; polishing; polishment.
Polir v to polish; to give luster to; to burnish.
Politeísmo s polytheism.
Politeísta s polytheist.
Politeísta adj polytheistic.
Política s politics; political science; statecraft.
Politicagem s petty politics; peanut politics.
Politicar v to politicize; to discuss; to take part in politics.
Político s politician; statesman.
Político adj political; politic.
Politiqueiro s petty politician; babby kisser.
Polpa s pulp.
Polpudo adj pulpous; pulpy.
Poltrão s poltroon.
Poltrão adj cowardly; coward; sluggard.
Poltrona s arm-chair; easy-chair.
Poltronaria s poltroonery.
Poluição s pollution; impurity.
Poluir v to pollute; to defile; to stain; to spot.
Polvilhar v to powder.
Polvilho s powder; hair powder; fecula; starch.
Polvo s ZOO poulpe; octopus.
Pólvora s gunpowder; powder.
Polvorosa s haste; rush; agitation; confusion; disorder; uproar.
Pomáceo adj pomaceous.
Pomada s pomade (perfume); MED salve; pomatum.
Pomar s orchard.
Pomba s dove (female); pigeon.
Pombal s dove-cot; dovecote; pigeoncove; pigeon-lot.
Pombo s dove; pigeon.
Pomo s pome; apple.
Pompa s pomp; magnificence; ostentation; pride; splendour.
Pomposo adj pompous; splendid; pretentious; high-sounding.
Ponche s punch (beverage).
Poncheira s punch-bowl.
Ponderação s ponderation; consideration; reflection.
Ponderado adj ponderate; judicious; wise.
Ponderar v to ponderate; to weigh; to ponder; to consider.
Ponderável adj ponderable; ponderous; weighty.

Pônei s pony, a little horse.
Ponta s extremity; point; tip; end; top; head; edge horn; stub of cigar; stub of cigarette.
Pontada s smart; stitch; sharp pain.
Pontapé s kick.
Pontaria s aim; aiming.
Ponte s bridge; NÁUT deck.
Ponteado adj stitched; stippled.
Pontear v to stipple; to dot; to sew; to mark with ponts.
Ponteiro s pointer; quill; hand of a clock; point of a tool.
Pontiagudo adj sharp-pointed.
Pontificado s pontificate; papacy; papedom.
Pontifical adj pontifical; episcopal; papal.
Pontificar v to pontificate; to celebrate pontifical Mass.
Pontífice s pontiff; bishop; chief or high priest.
Pontilhar v to dot; to mark with dots.
Ponto s point; dot; spot; stitch; item; detail; question; place; site; situation; full stop; place; spot.
Pontuação s punctuation; pointing.
Pontual adj punctual; precise.
Pontualidade s punctuality.
Pontualmente adj punctually; in time.
Pontuar v to punctuate; to point; to use punctuation marks; to dot.
Pontudo adj pointed; piercing; stinging; poignant; sharp.
Popa s poop; stern (ship).
Populaça s populace; the mob.
População s population.
Popular s proletarian; the common people.
Popular adj popular.
Popularidade s popularity.
Popularizar v to popularize.
Populoso adj populous; abounding in people.
Pôquer s poker (game at cards).
Por prep for; by; through; for; across; about; out of about; in; on account of.
Pôr v to put; to place; to lay; to set; to fix.
Porão s basement; cellar; hold of a ship.
Porca s sow.
Porcada s herd of swine.
Porcalhão s dirty fellow.
Porcalhão adj dirty.
Porção s portion; share; part; lot.
Porcaria s dirt; dirtiness; filth; filthness; uncleanliness; obscenity; lewdness.
Porcelana s porcelain; china; chinaware.
Porcentagem s percentage.
Porcino adj porcine; hoggish.
Porco s pig; hog; swine.
Porém conj but; yet; however.
Porfia s quarrel; obstinacy; perseverance; competition.
Porfiador s contender; striver; a stubborn person; competitor.
Porfiar v to quarrel; to strive; to be obstinate; to discuss.
Pormenor s detail; particular.
Pormenorização s detailing; detailment.
Pormenorizar v to detail.
Pornografia s pornographic.
Poro s pore; spiracle; interstice.
Porosidade s porosity; porousness.
Poroso adj porous; porose.
Porquanto conj considering that; since; because.
Porque conj because; as; since.
Porquê s reason; cause; motive.
Porqueira s sty; piggery; woman pig-driver; pig-sty; hog-pen.
Porqueiro s pig-driver; swine breeder.
Porquinho s young pig; a bundle of hemp.
Porre s BR drunkenness; intoxication.
Porretada s blow with a stick; blow with a club.
Porrete s stick; cudgel; club.

Porta s door; doorway; gateway; access; entrance.
Portador s porter; bearer.
Portal s portal; doorway.
Portanto conj therefore; consequently.
Portão s gate; large door; gateway.
Portaria s main gate; entrance; hall; front office.
Portar-se v to behave; to conduct oneself; to act.
Portátil adj portable; easily transported.
Porte s postage; behavior; port; portance; presence; size.
Porteiro s door-keeper; doorman; USA janitor.
Portentoso adj portentous; marvellous; prodigious.
Pórtico s portico; porch.
Portinhola s door of a carriage; porthole; coach-door.
Porto s port; harbor; haven; harbour; shelter.
Português s Portuguese.
Português adj Portuguese.
Porventura adv by chance; perhaps.
Porvir s future.
Posar v to sit for a portrait; to pose.
Pose s attitude; posture; pose.
Pós-escrito s postscript.
Posição s position; posture; mental attitude; site; location; place; official rank; social rank or status.
Positividade s positivity; positiviness.
Positivismo s positivism.
Positivista s positivist.
Positivo s positive.
Positivo adj positive; affirmative; concrete.
Pospor v to postpone; to defer; to delay; to put off.
Posposição s postponement; posposition.
Posposto adj postponed; put after.
Possante adj powerful; mighty; vigorous; strong; puissant.
Posse s possession; power; property; wealth.
Possessão s possession.
Possessivo adj possessive; GRAM possessive.
Possesso s one possessed with evel spirits.
Possesso adj possessed; mad; crazed.
Possessório adj possessory; JUR possessory, arising out of.
Possibilidade s possibility.
Possibilitar v to possibilitate; to make possible.
Possível s possible; the attainable; best.
Possível adj possible; praticable; feasible; *fazer o POSSÍVEL*: to do one's best.
Possuído adj possessed.
Possuidor s possessor; owner; holder.
Possuir v to possess; to have; to own; to copulate.
Postal adj postal; postcard.
Postar v to post; to send by mail; to station in a given place.
Poste s post; pillar; stake.
Postergação s contempt; despise; disregard.
Postergar v to leave behind; to postpone; to put off; to despise; to scorn; to disdain; to disregard; to slight.
Posteridade s posterity; descendants; future time.
Posterior adj posterior; later; rear; hinder; buttocks.
Póstero adj future; descendants; coming.
Postiço adj artificial; false; dummy.
Posto s place; stead; employment; office; post.
Posto adj placed; put; set.
Postulação s postulation; request; petition.
Postulado s postulate.
Postular v to postulate; to demand; to request.
Postura s posture; position; situation; laying (of eggs).
Potável adj potable; drinkable.
Pote s pot; water-pot; jar.
Potência s potency; potence; power; force; strength.
Potenciação s raising to a power.
Potencial adj potencial; latent; virtual.
Potencialidade s potentiality; potentialness.
Potenciar v to raise to power.

Potentado s potentate.
Potente adj potent; strong; vigorous; powerful; mighty.
Potestade s potestate; potentate; divine power.
Potro s colt; foal; young horse.
Pouco s little; few.
Pouco adj little; few.
Pouco adv little; few.
Poupado adj saved; saving; sparing; thrifty.
Poupar v to save; to spare; to spare trouble; to dodge.
Pousada s inn; lodging; dwelling-house; lodging-house.
Pousar v to put; to lay down; to set; to perch; to alight; to sit down; to lodge.
Pouso s resting-place; anchorage; AER landing.
Povo s people; tribe; nation; mob.
Povoação s village; town; borough; population; settlement.
Povoado s village.
Povoador s colonist; colonizer; settler.
Povoador adj peopling.
Povoar v to people; to supply; to populate; to settle.
Praça s square; market-place; a fortified place; bull-ring; a soldier.
Pradaria s meadow-land; prairie; grass-land.
Prado s meadow; lawn.
Praga s curse; imprecation; plague.
Pragmática s pragmatic; etiquette.
Pragmático adj pragmatic; pragmatical; conventional.
Pragmatismo s pragmatism.
Praguejador s curser, one who curses.
Praguejador adj cursing.
Praguejar v to swear; to curse.
Praia s shore; seaside cost; USA beach.
Prancha s plank; board.
Prancheta s plane-table; little plank; drawing-board.
Prantear v to mourn; to weep for; to feel sorrow or regret.
Pranto s weeping; mourning; wailing; tears.
Prata s silver; silverware.
Prataria s silver-plate; lots of plates.
Prateação s silvering.
Prateado adj silvered; silver colored; silvery.
Prateador s silverer.
Pratear v to silver; to cover with silver.
Prática s practice; usage; habit; exercise.
Praticabilidade s practicability; practicableness; feasibility.
Praticante s practicant; practitioner.
Praticar v to practice; to do; to perform; to fulfil; to exercise; to train; to operate; to preach.
Praticável adj practicable; feasible.
Prático s practitioner; practicer.
Prático adj practical; experienced; expert.
Prato s plate; dish.
Praxe s praxis; practise; use; habit; custom.
Prazenteiro adj joiful; gay; cheerful; merry; pleasurable.
Prazer s pleasure; enjoyment; joy.
Prazer v to please; to be pleasant; to give pleasure to.
Prazo s term; time; delay; appointment time.
Preamar s high tide; high flood.
Preambular v to preamble; to make a preamble; to preface.
Preambular adj preambulary; introductory; preliminary.
Preâmbulo s preamble; preface.
Precariedade s precariousness.
Precário adj precarious; unsettled; dubious; insecure; unstable; hard; difficult.
Precatória s JUR deprecative letter.
Precaução s precaution.
Precaver v to prevent from; to precaution; to forewarn.
Prece s prayer; supplication.
Precedência s precedence; precedency; priority.
Precedente s precedent.
Precedente adj preceding; foregoing.

Preceder v to precede.
Preceito s precept; order; rule.
Preceituar v to precept; to establish.
Preceptor s preceptor (teacher).
Preciosidade s preciosity; preciousness; worth.
Precioso adj precious; valuable; costly; very valuable.
Precipício s precipice; cliff; chasm; abysm; FIG damage; ruin.
Precipitação s precipitation; rashness; precipitance; precipitancy; rush; haste; QUÍM precipitation.
Precipitado adj precipitate; abrupt; hurried; hasty; rash.
Precipitar v to precipitate; to throw headlong; to dash headlong; to move rapidly; to urge; to hurry.
Precisado adj needy; necessitous; wanting.
Precisão s precision; exactness; accuracy; accurateness; necessity; want; need.
Precisar v to precise; to state; to particularize; to want; to need; to necessitate.
Preciso adj precise; define; exact; accurate; needful; necessary; indispensable.
Precitado adj aforesaid; forementioned.
Preço s price; value; worth; cost of obtaining; rate; reward.
Precoce adj precocious; forward.
Precocidade s precocity; forwardness.
Precognição s precognition.
Preconceber v to preconceive.
Preconcebido adj preconceived; preconcerted.
Preconceito s preconception; prejudice; prepossession.
Preconização s preconization.
Preconizador s preconizer.
Preconizador adj preconizing.
Preconizar v to preconize; to commend; to praise.
Precursor s precursor; harbinger.
Precursor adj precursory.
Predatório adj predatory.
Predecessor s predecessor.
Predefinição s predefinition.
Predefinir v to predefine.
Predestinação s predestination; fate; destiny.
Predestinado adj predestinate; predestinated; foreordained; fated; RELIG elect.
Predestinar v to predestinate; to predestine; to foredoom.
Predeterminar v to predetermine; to settle in advance.
Predicação s predication.
Predicado s predicate; ability; virtue.
Predição s prediction; prophecy.
Predileção s predilection; sympathy; partiality; preference.
Predileto adj dear; darling; favourite.
Prédio s house; property; edifice; building; landed property.
Predispor v to predispose; to prejudice.
Predisposição s predisposition; previous inclination; tendency or propensity; predilection; susceptibility.
Predizer v to foretell; to predict; to prognosticate.
Predominância s predominance; predominancy; prevalence.
Predominante adj predominant; prevailing; prevalent.
Predominar v to predominate; to prevail; to preponderate.
Predomínio s predomination; predominance.
Preeminência s pre-eminence.
Preeminente adj pre-eminent.
Preencher v to fulfil; to perform; USA to fill.
Preenchimento s fulfilment; performance.
Preestabelecer v to pre-establish.
Preestabelecido adj pre-established.
Preexistir v to pre-exist; to exist before.
Prefaciar v to preface; to furnish with a preface.
Prefácio s preface; introduction; prologue; preamble; foreword.
Prefeito s prefect; BR mayor.
Prefeitura s prefecture.
Preferência s preferable; preference; choice; predilection.
Preferente adj preferable; more desirable.

Preferir v to prefer; to like better; to have rather.
Preferível adj preferable.
Prefiguração s prefiguration.
Prefigurar v to prefigurate; to prefigure; to figure to oneself.
Prefixar v to prefix; to predetermine.
Prefixo s prefix.
Prefixo adj prefixed.
Prega s fold; plait; wrinkle; gather; gathering.
Pregação s preaching; sermon; chiding; reprehension.
Pregador s preacher.
Pregão s ban; outcry; proclamation; cry.
Pregar v to nail; to fix; to preach; to sermonize.
Prego s nail.
Pregoar v to proclaim; to divulge.
Preguear v to plait; to fold; to wrinkle.
Preguiça s laziness; idleness; indolence; slothfulness; barker.
Preguiçoso adj lazy; indolent; slothful; idle; workshy.
Prejudicador s injurer; one who causes damage.
Prejudicar v to prejudice; to damage; to impair.
Prejudicial adj prejudicial; harmful; damaging; noxious.
Prejuízo s prejudice; damage; loss; injury; USA bias.
Prejulgar s prejudge.
Prejulgar adj to prejudge.
Prelado s prelate.
Preleção s prelection; lecture.
Prelecionador s prelector; a reader; lecturer; professor.
Prelecionar v to prelect; to lecture.
Prelegar v to prelegate.
Prelibação s prelibation; a foretaste.
Preliminar s preliminary; a preparatory step; measure; etc.
Preliminar adj preliminary; prefatory; preparatory; introductory.
Prelo s printing-press; press.
Preludiar v to prelude; to play an introduction; to introduce.
Prelúdio s MÚS prelude; introductory.
Prematuridade s prematurity; precocity; prematuriness.
Prematuro adj premature; happening; arriving; unripe.
Premeditação s premeditation; premeditating; planning beforehand.
Premeditação adj premeditate; premeditated.
Premeditar v to premeditate; to consider or plane beforehand.
Premência s urgency; pressure.
Premente adj pressing; compressing; urgent.
Premer v to compress; to press; to oppress; to squeeze.
Premiar v to reward; to recompense; to requite.
Prêmio s reward; recompense; COM premium; USA prize.
Premissa s premise.
Premonitório adj premonitory.
Premunir v to warn; to caution; to guard; to provide.
Prenda s gift; present; endowments; talents.
Prendar v to make a gift to; to reward.
Prendedor s holder; fixer.
Prendedor adj fixing.
Prender v to clasp; to catch; to take up; to imprison; to detain; to attach to.
Prenhe adj pregnant; full of; plentiful; replete.
Prenhez s pregnancy.
Prenome s prename; prenomen.
Prensa s press; printing-press; MEC press.
Prensagem s pressing.
Prensar v to press; to compress; to squeeze; to crush.
Prenunciação s prediction; foretelling; foreshadowing.
Prenunciar v to predict; to foretell; to prophesy; to foreshadow.
Prenúncio s prediction; presage; foretoken.
Preocupação s preoccupation; worry; care.
Preocupado adj worried.
Preocupar v to preoccupy; to prepossess; to engage; to occupy; to worry about.
Preordenar v to preordain; to order beforehand; to foreordain.

Preparação s preparation.
Preparado s chemical product; a drug.
Preparado adj prepared; ready.
Preparar v to prepare; to provide; to fit; to get ready; to dispose; to dress; to cook; to compound.
Preparativo adj preparative; preparation.
Preparatório s preparatory studies; preparatory school.
Preparatório adj preparatory; preliminary.
Preponderância s preponderance; preponderancy; supremacy.
Preponderante adj preponderant; prevalent; prevailing.
Preponderar v to preponderate; to exceed in weight; to prevail; to predominate; to overweight.
Prepor v to prepose; to place before; to put forward.
Preposição s preposition.
Prepositivo adj prepositive.
Prepotência s prepotency; prepotence; predominance.
Prepotente adj prepotent; very powerful; predominating over; despotic; tyrannical.
Prepúcio s prepuce; the foreskin.
Prerrogativa s prerogative; privilege.
Presa s prey; booty; spoils; capture; claw; fang; a person given up or seized as a victim.
Presbiterianismo s Presbyterianism.
Presbiteriano s presbyterian.
Presbiteriano adj presbyterian.
Presbítero s presbyter; priest.
Prescindir v to prescind; to abstract; to detach; to spare; to renounce.
Prescindível adj prescindent.
Prescrever v to ordain; to dictate; to guide; to limit; to confine; to dispose; JUR to prescribe.
Prescrição s precept; order; JUR prescription.
Prescrito adj prescribed, ordained by authority.
Presença s presence; port; air; mien; appearance; aspect.
Presenciar v to be present; to assist; to see; to witness.
Presente s present; present (time); a thing presented; a gift; donation; GRAM the present tense.
Presente adj present.
Presenteador s gifter.
Presentear v to present; to give.
Presépio s stable; manger; crip; The Sculpture of The Nativity.
Preservador s preserver.
Preservador adj preservable; preserving.
Preservar v to preserve; to protect; to defend; to guard.
Preservativo s preservative; preserver.
Preservativo adj preservative.
Presidência s presidency; chairmanship.
Presidente s chairman; president; governor.
Presidiário s convict.
Presidiário adj presidial; presidiary.
Presídio s garrison; prison; presidium; jail; gaol; penitentiary.
Presidir v to preside; to direct; to rule.
Presilha s loop; strap; footstrap.
Preso s prisoner; convict.
Preso adj bound; fastened; imprisoned.
Pressa s haste; hurry; speed; urgency.
Pressagiador s presager.
Pressagiador adj foreboding; foretelling.
Pressagiar v to presage; to forebode; to foretell.
Presságio s presage; presentiment; foreboding; prediction.
Pressentimento s presentiment; apprehension; premonition.
Pressentir v to surmise; to forebode; to have a presentiment.
Pressupor v to presuppose; to suppose beforehand; to involve.
Pressuposição s presupposition; conjecture; supposition.
Pressuposto s presupposition; conjecture; design; motive; pretext.
Pressuposto adj presupposed.
Prestação s lending; instalment.
Prestamista s pawnbroker; pawnbrokeress; money-lander.

Prestar v to be usefull; to be fit; to lend; to impart.
Prestável adj obliging; useful; serviceable.
Prestes adj ready to; speedy.
Prestes adv quick; hastily.
Presteza s agility; nimbleness; quickness; dispatch.
Prestidigitação s prestidigitation; jugglery; sleight of hand.
Prestidigitador s prestidigitator; juggler.
Prestigiar v to give prestige to; to make prestigious.
Prestígio s prestige; influence; renown.
Prestigioso adj prestigious; respected; renowned.
Préstimo s serviceableness; usefulness; aid; assistance.
Préstito s retinue; train; attendants; procession.
Presumido adj presumptuous; presumptive; self-conceited.
Presumir v to presume; to suppose; to guess; to conjecture.
Presumível adj presumable.
Presunção s presumption; conjecture; vanity; insolence.
Presunçoso adj presumptuous; too pround; self-confident.
Presuntivo adj presumptive; supposed.
Presunto s ham.
Preta s color black; color woman; Negress.
Pretendente s pretendant; pretender.
Pretender v to claim; to aim at; to aspire; to long for.
Pretensão s pretension; boasting; aim; claim; design.
Pretensioso adj pretentious; showy; ostentatious; ambitious.
Preterição s preterition; omission.
Preterir v to pretermit; to pass over; to omit; to slight.
Pretérito s preterit; past tense.
Pretérito adj preterit; past.
Pretextar v to pretext.
Pretexto s pretext; excuse; pretence; USA pretense.
Preto s color black.
Preto adj black; having dark skin; negro.
Pretoria s praetorship.
Prevalecente adj prevalent; prevailing; widespread.
Prevalecer v to prevail; to predominate; to be prevalent.
Prevalência s prevalency.
Prevaricação s prevarication; corruption.
Prevaricador s prevaricator; quibbler; shuffler; transgressor.
Prevaricar v to prevaricate; to corrupt; to quibble.
Prevenção s prevention; caution; foresight; warning.
Prevenido adj prevented; prepared; provided; ready.
Prevenir v to prevent; to caution; to advise; to warn.
Preventivo s MED preventive.
Preventivo adj preventive.
Prever v to foresee; to presuppose.
Previdência s foresight; providence; precaution.
Previdente adj provident; wise; cautious; USA forehanded.
Prévio s previous; preliminary; anterior; foregoing.
Previsão s prevision; foresight; foreknowledge; prevision.
Previsto adj foreseen.
Prezado adj dear; esteemed; beloved.
Prezar v to esteem; to valve; to value; to honor; to cherish.
Prima s female cousin; MÚS prime.
Primacial adj primatial; chief; essential.
Primar v to excel; to surpass.
Primário adj primary; original; basic; BR mediocre; common.
Primata s primate.
Primavera s spring; springtime; BOT primrose.
Primaveril adj spring.
Primaz s primate.
Primazia s primacy; primateship.
Primeiro s former; first.
Primeiro adj former; first.
Primeiro adv first; sooner; rather.
Primevo adj primeval; primal; primitive.
Primícias s firstling; first fruits.
Primitivismo s primitiveness; primitivity.
Primitivo adj primitive; primary; primordial; original.
Primo s cousin.

Primo *adj* prime; first.
Primor *s* beauty; delicacy; accuracy; perfection; excellence.
Primordial *adj* primordial; primary; essential.
Primórdio *s* primordial; origin.
Princesa *s* princess.
Principado *s* princedom; principality.
Principal *s* principal; leader; chief; head; superior of a religious community.
Principal *adj* principal; chief; main; capital.
Principar *v* to begin; to commence; to start; to set about.
Príncipe *s* prince; a sovereign; ruler.
Principesco *adj* princelike; princely.
Principiante *s* beginner; apprentice.
Princípio *s* beginning; principle.
Prior *s* prior; a monastic superior.
Priorato *s* prioracy; priorate.
Prioridade *s* priority; precedence.
Prisão *s* prision; jail; incarceration; seizing; arrest.
Prisioneiro *s* prisoner; a captive.
Privação *s* privation; destitution; want; hardship.
Privada *s* water-closet; latrine; USA toilet.
Privado *s* favourite.
Privado *adj* private; privy; deprived.
Privar *v* to deprive; to take away from; to strip.
Privativo *adj* privative; depriving; privater; exclusive.
Privilegiar *s* to privilege; to charter.
Privilégio *s* privilege; prerogative.
Proa *s* prow; the bow of a vessel.
Probabilidade *s* probability; likelihood.
Probatório *adj* probatory; probationary.
Probidade *s* probity; integrity; honesty.
Problema *s* problem; question.
Problemático *adj* problematic; problematical; uncertain.
Probo *adj* honestic;virtuous; upright; honest.
Procedência *s* origin; derivation from; provenance.
Procedente *adj* coming; resulting; consequent proceeding.
Proceder *v* to proceed; to originate; to descend; to spring.
Procedimento *s* proceeding; procedure; behaviour; conduct.
Prócer *s* grand; stateman; leader.
Processamento *s* proceedings; make up of a process.
Processar *v* to process; to prosecute; to sue.
Processo *s* process; law-suit; legal proceedings; prosecution.
Processual *adj* processal.
Procissão *s* procession.
Proclama *s* proclamation; ban of a marriage.
Proclamação *s* proclamation; a public declaration; announcement.
Proclamar *v* to proclaim; to promulgate.
Procrastinação *s* procrastination; delay; dilatoriness.
Procrastinador *s* procrastinator.
Procrastinador *adj* procrastinating.
Procrastinar *v* to procrastinate; to defer; to delay; to put off.
Procriação *s* procreation; begetting.
Procriador *s* procreator.
Procriador *adj* procreate.
Procriar *v* to procreate; to beget; to engender.
Procura *s* search; to look for; searching; examination; research; pursuit; quest; demand.
Procuração *s* procuration; proxy; letter of attorney.
Procurador *s* proxy; procurator; solicitor; attorney.
Procuradoria *s* proctorship; procuratorship; attorneyship.
Procurar *v* to search; to look for; to ask for; to procure.
Prodigalidade *s* prodigality; excessive liberality; waste.
Prodigalizador *s* prodigal; squander; waster.
Prodigalizador *adj* prodigal; squandering.
Prodigalizar *v* to prodigalize; to lavish; to squander.
Prodígio *s* prodigy; wonder; marvel.
Prodigioso *adj* prodigious; wondrous; astounding.
Pródigo *s* prodigal; spendthrift.

Pródigo *adj* prodigal; lavish; wasteful.
Produção *s* production; produce; performance.
Producente *adj* productive; producible.
Produtibilidade *s* productibility; productiveness.
Produtivo *adj* productive; fruitful; generative; profitable.
Produto *s* product; production; produce; article.
Produtor *s* producer.
Produtor *adj* productive; producing.
Produzir *v* to produce; to bring forth; to cause; to exhibit.
Proeminência *s* prominence; something prominent; projection.
Proeminente *adj* prominent; jutting out; leading; eminent.
Proeza *s* prowness; courage; prowess; feat; exploit.
Profanação *s* profanation; desecration; sacrilege.
Profanador *s* profaner; desecrator.
Profanador *adj* profanatory.
Profanar *v* to profane; to desecrate; to defile; to vulgarize.
Profano *s* profaner.
Profano *adj* profane; secular; wordly.
Profecia *s* prophecy.
Proferir *v* to profer; to utter; to pronounce; to express.
Professar *v* to profess; to practice the profession of; to teach as professor; to follow.
Professor *s* professor; teacher; master; lecturer; lady teacher.
Professorado *s* professorship; teaching; teacher.
Profeta *s* prophet.
Profético *adj* prophetical; prophetic.
Profetisa *s* prophetess; sibyl.
Profetizar *v* to prophesy; to foretell; to predict.
Proficiente *adj* proficient; versed; skilled; competent.
Profícuo *adj* profitable; useful; lucrative.
Profilático *adj* prophylatic; prophylatical; preventive.
Profilaxia *s* prophylaxis; preventive; medicine.
Profissão *s* profession; affirmation; calling; occupation; work.
Profundamente *adv* profoundly; deeply.
Profundeza *s* profundity; depth; profoundness; intensity.
Profundo *adj* profound; deep; intense; dense.
Profusão *s* profusion; abundance; lavish supply; exuberance.
Profuso *adj* profuse; lavish; exuberant; plenteous.
Progênie *s* progeny; offspring.
Progenitor *s* progenitor; forefather.
Progenitura *s* progeniture; progeny.
Prognosticar *v* to prognosticate; to predict; to prophesy.
Prognóstico *s* prognostic; omen; presage.
Programa *s* programme; scheme; schedule; USA program.
Progredir *v* to progress; to move forward; to advance.
Progressão *s* progression.
Progressista *s* progressionist; progressive.
Progressista *adj* progressionist; progressive.
Progresso *s* progress; progression; advancement.
Proibição *s* prohibition; interdition; forbidding.
Proibir *v* to prohibit; to forbid by authority; to interdict.
Projeção *s* projection; prominence.
Projetar *v* to project; to plan; to design; to contrive.
Projétil *s* projectile.
Projeto *s* project; scheme; projection.
Projetor *s* projector.
Prol *s* profit; advantage.
Prolapso *s* MED prolapse.
Prole *s* issue; offspring; progeny.
Proletariado *s* proletariat; proletariate.
Proletário *s* proletarian; proletary; worker; workman.
Proliferação *s* proliferation.
Proliferar *v* to proliferate; to breed; to bear.
Prolífico *adj* proliferous; fruitful; fertile.
Prolixidade *s* prolixity.
Prolixo *adj* prolix; verbose; profuse; diffuse; long-winded.
Prologar *v* to prologue; to preface; to introduce with a preface.
Prólogo *s* prologue; preface.

PROLONGAÇÃO — PROVÉRBIO

Prolongação s prolongation; retard; delay.
Prolongado adj prolonged; delayed.
Prolongamento s prolongation; a lengthening; extension.
Prolongar v to prolong; to lengthen; to extend.
Promanar v to emanate; to derivate from; to proceed.
Promessa s promise; engage; pledge; vow.
Prometedor s promiser.
Prometedor adj promising.
Prometer v to promise; to engage; to pledge one's word.
Promiscuidade s promiscuity.
Promíscuo adj promiscuous; indiscriminate; confused.
Promissor adj promising.
Promissória s promissory note.
Promissório adj promissory.
Promoção s promotion; raise (in rank).
Promontório s promontory; headland.
Promotor s promoter; a public prosecutor; furtherer.
Promotoria s prosecutor's office.
Promover v to promote; to advance; to foster.
Promulgação s promulgation.
Promulgador s promulgator.
Promulgar v to promulgate; to declare; to publish.
Pronome s pronoun.
Prontidão s promptness; promptitude; speed; speedness.
Pronto adj prompt; quick; ready.
Pronto adv promptly; quickly.
Prontuário s promptuary.
Pronúncia s pronunciation; JUR formal accusation.
Pronunciamento s pronouncement; revolt; sublevation.
Pronunciar v to pronounce; to utter officially.
Propagação s propagation; diffusion; dissemination; spreading.
Propagador s propagator; spreader.
Propaganda s propaganda; advert; advertising; publicity.
Propagandista s propagandist; propagator; canvasser.
Propagar v to propagate; to diffuse; to transmit; to spread.
Propalar s to publish; to blow; to divulge; to spread.
Proparoxítona s proparoxytone.
Proparoxítono adj proparoxytone; proparoxytonic.
Propelir v to propel; to push ahead.
Propensão s propension; propensity; tendency; bent.
Propenso adj propense; inclined; disposed; prone; minded.
Propiciação s propitiation; opportunity.
Propiciar v to propitiate; to pacify; to render favourable.
Propício adj propitious; promising; opportune; lucky.
Propina s fee; a tip; perquisite.
Proponente s proposer; proponent.
Proponente adj proponent.
Propor v to propose; to propound; to intend; to suggest.
Proporção s proportion.
Proporcionado adj proportioned; regular; conformable.
Proporcional s proportional.
Proporcional adj proportional.
Proporcionalidade s proportionality.
Proporcionar v to proportion to adjust; to afford; to supply.
Propositado adj on purpose; intencional.
Propósito s purpose; design; aim; intention; resolution; plan.
Proposta s proposal; proposition; suggestion; motion; offer.
Proprietário s proprietary; owner.
Proprietário adj proprietary.
Próprio adj proper; own; appropriate; peculiar; inherent.
Propugnador s defender; propugnator; vindicator; furtherer.
Propugnar v to contend for; to defend; further.
Propulsão s propulsion.
Propulsar v to propel; to propulse; to repel.
Propulsivo adj propulsive.
Propulsor s propeller.
Propulsor adj propelling.

Prorrogação s prorogation; extension (of time); prolongation; FUT extra-time.
Prorrogar v to prorogue; to defer; to postpone; to extend.
Prorrogativo adj that prorogues.
Prorromper v to start; to burst; to break out.
Prosa s prose; BR talking.
Prosaico adj prosaic; dull; humdrum; commonplace.
Prosar v to prose; to write; to talk.
Proscrever v to proscribe; to condemn; to prohibit; to outlaw.
Proscrição s proscription; prohibition; banishment.
Proscrito s outlaw.
Proscrito adj proscribed.
Prosear v to talk; to boast; to brag; to chat.
Prosélito s proselyte; a new convert; follower.
Prosódia s prosody; pronunciation; orthoepy.
Prosperar v to prosper; to succeed; to be successful; to thrive.
Prosperidade s prosperity; success; happiness.
Próspero adj prosperous; successful; thriving; fortunate.
Prospetivo adj prospective; of the future; looking forward.
Prospeto s prospectus.
Prossecução s prosecution; pursuit.
Prosseguimento s prosecution; pursuit.
Prosseguir v to prosecute; to follow; to pursue; to continue.
Prosternação s prostrate; prostration.
Prosternar v to prostrate.
Prostíbulo s brothel; bawdy-house.
Prostituição s prostitution; whoredom.
Prostituir v to prostitute; to debase; to prostitute oneself.
Prostituta s prostitute; a harlot; whore.
Prostração s prostration; despondency.
Prostrar v to prostrate; to bend; to humble; to enfeeble.
Protagonista s protagonist.
Proteção s protection; patronage; cover; help; aid; shelter.
Proteger v to protect; to defend; to guard; to shelter; to patronage; to help; to aid.
Protegido s protegé; favourite.
Protegido adj protected.
Protelar v to protract; to postpone; to put off; to delay.
Prótese s prothesis.
Protestante s protestant.
Protestantismo s protestantism.
Protestar v to protest; to assert; to affirm; to testify.
Protesto s protest; a protestation; a formal objection.
Protético adj prothetic.
Protetor s protector; protectress; patron; supporter.
Protetorado s protectorship; protectorate.
Protocolar adj protocolar.
Protocolo s protocol; registry.
Protomártir s protomartyr.
Protótipo s prototype; pattern; original; model.
Protuberância s protuberance; projection; prominence; lump.
Protuberante adj protuberant; swelling.
Prova s proof; testimony; test; taste; probation; proof sheet; test; trial; experiment.
Provação s probation; trial.
Provador s taster; trier.
Provar v to demonstrate; to try; to test; to prove.
Provável adj probable; likely.
Provavelmente adv probably.
Provecto adj provect; advanced in years; mature.
Provedor s purveyor; provider; furnished; supplier.
Proveito s profit; gain; advantage; utility; benefit.
Proveitoso adj profitable; advantageous; useful; beneficial.
Proveniência s provenance; origin; provenience.
Proveniente adj proceeding; provenient; arising; coming.
Provento s profit; gain; revenue.
Prover v to provide; to supply; to provide oneself; to see to.
Proverbial adj proverbial.
Provérbio s proverb; saying; saw; adage; by-word.

PROVETA — PUTREFAÇÃO

Proveta s test-tub; gauge.
Providência s providence; prudence; foresight; disposition.
Providencial adj providential; opportune; lucky.
Providenciar v to provide for; to make provision on.
Providente adj providential; furnishing; cautions; prudent.
Provido adj furnished; provided.
Provimento s provious; supply; stock; appointment.
Província s province; country.
Provincial s provincial.
Provincial adj provincial.
Provindo adj proceeding; coming forth.
Provir v to proceed from; to issue from; to come from.
Provisão s stock; provision; supplying; store.
Provisionar v to provision; to supply with provisions; to supply; to furnish.
Provisório adj provisional; temporary.
Provocação s provocation; challenge; allurement.
Provocador s challenger; provocator; provoker.
Provocador adj provoking.
Provocar v to provoke; to challenge; to excite; to arouse.
Provocativo adj provocative.
Proximidade s proximity; nearness; vicinity.
Próximo s neighbor or neighbour.
Próximo adj near; adjacent; next.
Prudência s prudence; foresight; forethought; wisdom.
Prudente adj prudent; cautions; wary; wise; discreet.
Prumo s prummet; plumb; plumbline.
Prurido s pruritus; prurience; itch; itching.
Prussiano s Prussian.
Prussiano adj Prussian.
Pseudônimo s pseudonym; pen name.
Pseudônimo adj pseudonymous.
Psicanálise s psychoanalysis.
Psicanalista s psychoanalizer; psychoanalist.
Psicanalista adj psychoanalistic.
Psicologia s psychology.
Psicólogo s psychologist; shrink.
Psicopata s psychopath; psychopathist.
Psicopatia s psychopathly; mental disorder.
Psicopático adj psychopathic.
Psicose s psychosis; mental disorder.
Psicoterapia s psychotherapy.
Psique s psyche; mental life; the mind.
Psiquiatra s psychiatrist; psychiater; psychopathist.
Psiquiatria s psychiatry.
Psíquico adj psychic; psychical.
Pua s sharp point; prong; prick; prong; gimlet; wimble.
Puberdade s puberty.
Púbere adj pubescent.
Pubescência s pubescence.
Púbis s pubes; pubis.
Publicação s publication.
Publicar v to publish; to print; to spread; to announce.
Publicidade s publicity; advertising.
Publicista s publicist.
Público s public; audience.
Público adj common; notorius; general.
Pudico adj chaste; shameful; bashful.
Pudim s pudding.
Pudor s pudicity; decency; shame; modesty; bashfulness.
Pueril adj puerile; childish; boy-blind.
Puerilidade s puerility; childishness; silliness.
Pugilato s pugilism; boxing; a quarrel.
Pugilismo s pugilism; boxing.
Pugilista s pugilist; boxer.
Pugna s battle; combat; fight; struggle.
Pugnador s pugnacious; quarrelsome; combative; belligerent.
Pugnar v to combat; to fight against; to defend; to struggle.
Pujança s strength; vigor; vitality; powerfulness; might.

Pujante adj strong; powerful; vigorous.
Pulador s jumper.
Pulador s jumping; hopping; leaping.
Pular v to jump; to leap; to spring; to fidget; to jump; to skip.
Pulga s flea.
Pulgão s plant louse.
Pulmão s lung; lungs.
Pulmonar adj pulmonary.
Pulo s leap; jump; spring; bound.
Púlpito s pulpit; preaching place.
Pulsação s pulsation; pulse; throbbing.
Pulsar v to strike; to pulsate; to pulse; to beat; to throb.
Pulseira s bracelet.
Pulso s pulse; wrist; beat; energy.
Pulular v to pullulate; to germinate; to bud; to abound.
Pulverização s pulverization.
Pulverizar v to pulverize; to smash; to demolish; to spray.
Puma s puma.
Punção s puncture; pricking; bradawal; punching; punch.
Puncionar v to puncture; to punch.
Pundonor s self respect; nobility of character; pride; mettle.
Pungente adj pungent; poignant; sharp.
Pungir v to pinch; to prick; to puncture; to sting; to stimulate.
Punhado s handful; few.
Punhal s dagger; poniard.
Punho s first; wrist; cuff; ruffle; clenched hand.
Punibilidade s punishability; punishableness.
Punição s punishment; chastisement; punishing.
Punidor s punisher.
Punidor adj punitory.
Punir v to punish; to correct; to discipline; to chastise.
Punitivo adj punitive.
Punível adj punishable.
Pupila s pupil; eye-ball; apple of the eye.
Pupilar adj pupilar; pupillary.
Pupilo s pupil; a boy ward.
Purê s puree; thick soup.
Pureza s purity; chastity; innocence; cleanness.
Purga s purge; purgative; purgation.
Purgação s purgation; purification.
Purgante s purgative medicine; laxative; purge.
Purgante adj purgative medicine; laxative; purge.
Purgar v to purge; to purify; to cleanse.
Purgatório s purgatory.
Puridade s purity.
Purificação s purification; cleansing.
Purificador s purifier.
Purificador adj purificative; purifying.
Purificar v to purity; to make pure; to cleanse.
Purismo s purism.
Purista s purist.
Puritanismo s puritanism.
Puro adj pure; not mixed; clear; mere; faultless; chaste.
Púrpura s purple; purple-shell; dignity of a king; rank of a cardinal.
Purpurar v to purple; to turn purple; to dye purple.
Purpúreo adj purpureal; purple; red; purpuric.
Purpurina s purpurin.
Purpurino adj purple; purpurate.
Purulência s purulence; purulency.
Purulento adj purulent; pussy; gleety.
Pusilânime adj pusillanimous; cowardly; fainthearted.
Pusilanimidade s pulsillanimity; cowardliness; faintheartedness.
Pústula s pustule; whelk; blister.
Pustulado adj pustule.
Pustulento adj pustulatous.
Putativo adj putative; reputed; supposed.
Putrefação s putrefaction.

Putrefaciente *adj* putrefactive.
Putrefato *adj* putrefied; rotten; putrid; decayed.
Putrefazer *v* to putrefy; to become putrid; to decompose; to rot; to make putrid.
Puxadela *s* pull.
Puxado *adj* pulled; spruce; exaustive; expensive.
Puxão *s* a pull; draw; strain; a sharp sudden push.
Puxar *v* to pull; to draw; to stretch; to end; to strain; to drag; to tug.

q Q

Q *s* the sixteenth letter of the Portuguese alphabet and the seventeenth of the English alphabet.
Quacre *s* RELIG quaker.
Quadra *s* square room; four (cards); block (houses); square bed (garden); FIG season; age.
Quadrado *s* square.
Quadrado *adj* square.
Quadrangular *adj* quadrangular.
Quadrante *s* MAT dial; quadrant.
Quadratura *s* squaring; quadrature.
Quadriculado *adj* cross section.
Quadriênio *s* quadriennium.
Quadril *s* hip; rump; haunch.
Quadrilátero *s* quadrilateral.
Quadrilátero *adj* foursided.
Quadrilha *s* gang; party; group; band; quadrille.
Quadrimestral *adj* four-monthly.
Quadro *s* square; map; picture; list; board; spectacle.
Quadrúpede *adj* four footed; quadruped.
Quadruplicar *v* to quadruplicate.
Qual *adj* which; what.
Qual *pron* which; whom; such as; as; one; another.
Qual *conj* like; as.
Qual *interj* nonsense!
Qualidade *s* quality; kind; rank; condition; accomplishment.
Qualificação *s* qualification; classification; qualifying.
Qualificador *s* qualifier; classifier.
Qualificador *adj* qualifying.
Qualificar *v* to qualify; to class; to authorize; to rate.
Qualificativo *adj* qualifying.
Qualquer *adj* any.
Qualquer *pron* any one; anybody; whoever; whichever.
Quando *adv* when.
Quando *conj* though; although.
Quantia *s* amount; sum.
Quantidade *s* quantity.
Quanto *adj* all that; what; how much; whatever; how many; how far.
Quanto *pron* all that; as much as.
Quão *adv* how.
Quarentena *s* quarantine.
Quaresma *s* lent.
Quarta *s* quarter; fourth; fourth part.
Quarteirão *s* quarter; block (houses).
Quartel *s* quarter; fourth part; barracks.
Quarteto *s* MÚS quartet; quartete.
Quartilho *s* pint.
Quarto *s* quarter; fourth; room; bedroom.
Quartzo *s* quartz (stone).
Quase *adv* almost; all but; nearly.
Quê *s* a bit; little; something; difficulty; complication.
Que *adj* what; which.
Que *pron* what; which; that; who.
Que *adv* how.
Que *interj* is that so!; what!

Quebra *s* breaking; bankruptcy; interruption.
Quebradiço *adj* fragile; broken.
Quebrado *s* fraction.
Quebrado *adj* broken; tired out; bankrupt.
Quebrantamento *s* depression; weariness; dejection.
Quebrantar *v* to break; to weary; to infringe.
Quebrantar-se *v* to become dejected; to lose heart.
Quebranto *s* weakness; dejection; evil eye; prostration.
Quebrar *v* to break; to infringe; to conquer; to weaken; to twist.
Queda *s* downfall; fall; drop; falling.
Queijaria *s* cheese making; cheese dairy.
Queijeiro *s* cheese monger; cheese maker.
Queijo *s* cheese.
Queima *s* burning; combustion.
Queimada *s* forest fire; burning of wood; burning of fields.
Queimado *adj* burnt.
Queimadura *s* burn; sunburn.
Queimar *v* to burn; to scald; to scorch; to blast.
Queixa *s* protest; complaint.
Queixada *s* jawbone; chap; mandible.
Queixar-se *v* to complain.
Queixo *s* chin; jawbone.
Queixoso *adj* plaintive; plaintiff; moanful; complaining.
Queixudo *adj* big-chinned.
Queixume *s* moan; lamentation.
Quem *pron* who; that; whom.
Quente *adj* warm; hot; sensual.
Quentura *s* warmth; heat.
Quer *conj* either; or; whether.
Querela *s* controversy; charge.
Querelante *s* complainant; plaintiff.
Querelante *adj* complaining.
Querelar *v* JUR to complain; to make a formal accusation.
Querer *v* to wish; to desire; to wish; to like; to will.
Querido *s* dear; darling.
Querido *adj* beloved; dear.
Querubim *s* cherub; RELIG angel.
Quesito *s* query; question.
Questão *s* question; matter; quarrel; affair.
Questionar *v* to question; to argue; to dispute; to quarrel.
Questionário *s* questionnaire.
Questionável *adj* questionable; doubtful.
Questiúncula *s* petty question; petty controversy.
Quiçá *adv* maybe; perhaps.
Quietação *s* quietness; tranquillity; stilness; ease.
Quieto *adj* quiet; peaceful; still; peaceable.
Quietude *s* quietness; peacefulness; tranquillity; quietness.
Quilate *s* superiority; perfection; carat; excellence.
Quilha *s* keel (ship).
Quilo *s* kilogram; kilogramme; MED chyle.
Quilograma *s* kilogram (= 1,000 grams).
Quilolitro *s* kilolitre (= 1,000 liters).
Quilometrar *v* to measure in kilometers.
Quilométrico *adj* kilometric.
Quilômetro *s* kilometer (=1,000 meters).

Quilowatt s kilowatt (=1,000 watts or rate of work).
Quimera s chimera; fancy.
Quimérico adj fantastic; fanciful; chimerical.
Química s chemistry.
Químico s chemist.
Químico adj chemical.
Quimono s kimono (cloth).
Quina s corner; five (cards).
Quinhão s share; lot; portion.
Quinhentista s cinquecentist.
Quinhoar v to share; to partake with anothers.
Quinquênio s quinquennium.
Quinquilharias s hardwares; toys; trifles; playthings.
Quinta s farm; marm; manor-house; *QUINTA-feira*: thursday; *QUINTA-feira Santa*: Maundy Thursday.
Quintal s back-garden; back-yard; USA door-yard.
Quinteto s MÚS quintet.
Quintuplicar v to quintuplicate.

Quinzena s a fortnight.
Quinzenal adj bi-monthly.
Quiosque s kiosk; news-stand.
Quiproquó s confusion; misunderstanding; mistake.
Quiromancia s chiromancy; palmistry.
Quiromante s chiromancer; palmister.
Quisto s MED cyst; wen.
Quisto adj beloved; well-liked.
Quitação s acquittance; receipt; discharge.
Quitanda s greengrocery; market.
Quitandeiro s greengrocer; seller (of vegetables).
Quitar v to acquit; to discharge.
Quite adj free from debt; free from obligation.
Quociente s MAT quotient.
Quota s quota; part; share; portion.
Quotidiano adj daily.
Quotização s assessment.
Quotizar v to assess; to fix amount of; to rate.

R

R *s* the seventeenth letter of the Portuguese alphabet and the eighteenth letter of the English alphabet.
Rã *s* frog.
Rabada *s* rump; an ox; tail (pig).
Rabanada *s* french toast.
Rabanete *s* small radish.
Rabear *v* to wag (tail); to frisk about; to caper.
Rabeca *s* MÚS rebec (fiddle).
Rabecão *s* MÚS contrabass; double-bass; POP vehicle in which corpses are transported.
Rabeira *s* track.
Rabequista *s* MÚS fiddle violinist.
Rabi *s* RELIG rabbi.
Rabicho *s* crupper (horse); pigtail.
Rabino *s* RELIG rabbi; rabbin.
Rabiscador *s* scrawler.
Rabiscador *adj* scrawling.
Rabiscar *v* to scrawl; to doodle; to scribble.
Rabisco *s* scrawl; scribbling; doodle.
Rabo *s* tail; train; backside; handle.
Rabudo *s* long tailed.
Rabugento *adj* peevish; morose; fretful.
Rabugice *s* peevishness; fretfulness; moroseness.
Rábula *s* pettifogger; quibbler; lawmonger.
Raça *s* race; breed.
Ração *s* ration; allowance.
Racha *s* clink; chap; crack; cleft.
Rachador *s* splitter; slitter; woodcutter.
Rachar *v* to clink; to rift; to chap; to cleave; to split; to crack.
Raciocinar *v* to reason; to raciocinate.
Raciocínio *s* reasosing; ratiocination.
Racional *s* racional being.
Racional *adj* rational; reasonable.
Racionalidade *s* rationality; reasonableness.
Racionalismo *s* rationalism.
Racionalista *s* rationalist.
Racionalista *adj* rationalistic.
Racionalização *s* rationalization.
Racionalizar *v* to rationalize.
Radiação *s* radiation.
Radiador *s* radiator.
Radiante *adj* radiant; beaming; brilliant.
Radiar *v* to radiate; to shine; to beam; to sparkle.
Radicação *s* radication.
Radical *adj* radical; essencial.
Radicalismo *s* radicalism.
Radicar *v* to radicate; to take root; to settle; to root; to fix.
Rádio *s* radium; radio; ANAT radius; radium.
Radioatividade *s* radioactivity; radioactiveness.
Radioativo *adj* radioactive.
Radiografar *v* to radiograph; take X-ray pictures.
Radiografia *s* radiography; radiograph.
Radiográfico *adj* radiographic.
Radiograma *s* radiogram; radiotelegram; wireless message.
Radioso *adj* radiant; beaming; glowing; joyful; merry.
Raia *s* line; stripe; boundary; stroke.
Raiar *v* to break; to beam; to emit; to radiate; to shine.
Rainha *s* queen.
Raio *s* ray; beam; thunderbolt; MAT radius; spoke.
Raiva *s* rage; fury; anger; madness; hydrophobia.
Raivoso *adj* rageful; furious; angry; mad.
Raiz *s* root; basis; MAT radix; source; foundation.
Rajá *s* rajah.
Rajada *s* gust; sudden motion.
Ralar *v* to grate; to scrape; to vex; to afflict; to trouble.
Ralé *s* mob; rabble; riff-raff.
Ralhador *s* scolder; nagger; childer.
Ralhador *adj* scolding; faultfinding; chiding.
Ralhar *v* to scold; to chide; to rebuke; to snap; to nag.
Ralho *s* scolding; chiding; rebuke; admonition.
Ralo *s* a grater; arasp; botton.
Ralo *adj* thin; sparce; rare.
Rama *s* foliage; chase.
Ramagem *s* foliage; boungfhs of a tree.
Ramal *s* ramification; extension phone.
Ramalhete *s* nosegay; a bunch of flowers; bouquet.
Rameira *s* prostitute; harlot; strumpet.
Ramela *s* rheum or rheuma.
Ramificação *s* ramification; branching off.
Ramificar *v* to ramify.
Ramo *s* branch; bough; off-shoot; nosegay.
Ramoso *adj* branchy; full of branches.
Rampa *s* ramp; a sloping passage; slope; stage.
Rancheiro *s* messman; messmate; a cowboy.
Rancho *s* mess; food for soldier; band; troop; shanty.
Ranço *s* rancidity; rankness.
Ranço *adj* rancid.
Rancor *s* rancor; rancour; enmity; spite.
Rancoroso *adj* rancorous; deeply malevolent; hateful; resentful.
Rançoso *adj* rancid; rank; stale; FIG dull; insipid.
Ranger *v* to creak; to grind.
Rangido *s* creak; creaking; grinding squeak.
Ranhento *adj* FAM snotty.
Ranheta *s* gouchy.
Ranheta *adj* peevish; crabby.
Ranho *s* snivel; snot; mucus of the nose.
Ranhoso *adj* snotty; snivelling.
Ranhura *s* groove; rabblet; spline; notch.
Rapadeira *s* scraper; scratching knife; rasp.
Rapapé *s* flattery.
Rapar *v* to scrape; to gather and board money; to shave; to rasp; to crop.
Rapariga *s* girl; lass; servant girl; POP trumpet.
Rapaz *s* boy; young man; lad; youth; hobbledehoy.
Rapaziada *s* a group of boys.
Rapazola *s* stout boy; grown-up boy.
Rapazote *s* any young boy.
Rapé *s* snuff.
Rapidez *s* rapidity; swiftness; speed; quickness.
Rápido *adj* rapid; fast; quick; swift; flyer.
Rapina *s* rapine; pillage; plundering; robbery.
Rapinar *v* to plunder; to rob; to pillage; to pilfer.

Raposa *s* fox; sly; cunning; crafty person.
Rapsódia *s* rhapsody.
Raptar *v* to ravish; to kidnap.
Rapto *s* ravishing; kidnapping; kidnap; abduction.
Rapto *adj* quick; rapt.
Raptor *s* ravisher; kidnaper.
Raqueta *s* racket.
Ráquis *s* ANAT rachis; spine.
Raquítico *adj* MED rachitic; richety; puny; pindling.
Raquitismo *s* MED rachitis; rickets.
Raramente *adj* seldom; rarely.
Rarear *v* to make thin; to become rare.
Rarefação *s* rarefaction; rarefication.
Rarefazer *v* to rarely; to rarefy.
Rarefeito *adj* rarefied.
Raridade *s* rarity; rareness; freak.
Raro *adj* rare; very uncommon; scarce; strange; unusual; exceptional.
Rascunhar *v* to sketch; to outline.
Rascunho *s* sketch; outline; first plan; rough copy.
Rasgado *adj* torn; rent; lavish.
Rasgão *s* rent; tear; rip.
Rasgar *v* to tear; to rip; to rend.
Rasgo *s* dash; stroke; flourish.
Raso *adj* level; plain; flat; holow.
Raspa *s* scraping; shaving.
Raspadeira *s* scraper; scratcher; currycomb.
Raspador *s* scraper.
Raspagem *s* scraping; erasure; rasping; abrasion.
Raspão *s* scrape; scratch.
Raspar *v* to scrape; to rasp; to scratch; to erase.
Rasteira *s* trip.
Rasteiro *adj* creeping; low; abject; base.
Rastejador *s* tracer; crawler.
Rastejador *adj* searching; creeping.
Rastejar *v* to trace; to track; to creep.
Rastilho *s* train of gunpowder.
Rastrear *v* to trace; to creep; to crawl.
Rastro *s* rake; trace; track; footprint; trail.
Rasura *s* erasure; scratching; rubbing out.
Ratazana *s* rat; a large rat.
Ratear *v* to share; to apportion.
Rateio *s* apportionment; proration.
Ratificação *s* ratification; confirmation.
Ratificar *v* to ratify; to confirm; to corroborate.
Rato *s* mouse; rat.
Ratoeira *s* a mouse trap; snare.
Ravina *s* ravine; gluch; gully.
Razão *s* reason; good sense; purpose.
Razoar *v* to reason; to argue.
Razoável *adj* reasonable; just.
Ré *s* accused woman; NÁUT stern; MÚS note (symbol "D").
Reabastecer *v* to revictual; to equip again; to refuel.
Reabertura *s* reopening.
Reabilitação *s* rehabilitation.
Reabilitar *v* to rehabilitate; to restore; to reinstate.
Reabrir *v* to reopen.
Reação *s* reaction; test; revolution.
Reacender *v* to light again; to rekindle; to revive; to stimulate.
Reacionário *s* reactionary.
Reacionário *adj* reactionary.
Readmissão *s* readmission.
Readmitir *v* to readmit.
Readquirir *v* to get back; to regain; to recover.
Reafirmar *v* to reaffirm; to reassert.
Reagente *s* reagent.
Reagente *adj* reactive.
Reagir *v* to react; to oppose; to resist.
Real *s* real; BR real (coin).

Real *adj* royal; kinglike; real; kingly.
Realçar *v* to extol; to set forth; to emphasize; to excel.
Realce *s* relief; distinctness; emphasis; stress; vividness.
Realejo *s* barrel organ; streetorgan; hand organ.
Realengo *adj* royal; kinglike.
Realeza *s* royalty; sovereignty.
Realidade *s* reality; royalty; truth.
Realismo *s* realism, royalism.
Realista *s* realist.
Realista *adj* realistic; royalistic.
Realistar *v* to enlist again.
Realização *s* realization; accomplishment; achievement.
Realizar *v* to fulfil; to achieve; to perform; to accomplish; to unfold.
Realizável *adj* accomplishable; performable; practicable.
Realmente *adv* really; actually.
Reanimação *s* reanimation; reviving.
Reanimar *v* to reanimate; to revive; to cheer; to comfort.
Reaparecer *v* to reappear.
Reaparição *s* reappearance.
Reaquisição *s* recovering, requisition.
Reascender *v* to reascend; to ascend again.
Reassumir *v* to reassume; to resume; to retake.
Reatamento *s* renewing; renewal; resumption.
Reatar *v* to bind again; to tie again; to renew; to resume.
Reaver *v* to recover; to get back; to regain.
Reavivar *v* to revive; to reawaken; to renew.
Rebaixamento *s* lowering; debasement; degradation.
Rebaixar *v* to low; to lessen; to lower; to debase; to demote.
Rebanho *s* herd of oxen; flock of sheep.
Rebarba *s* bezel; seam; fash; fin; burr.
Rebate *s* alarm; sudden attack; charge.
Rebater *v* to beat again; to refute; to repress.
Rebatido *adj* repelled.
Rebelar *v* to rebel; to revolt; to rise up.
Rebelde *s* rebellions; rebel; obstinate; stubborn; unruly.
Rebelde *adj* rebellions; rebel; obstinate; stubborn; unruly.
Rebeldia *s* rebellion; revolt; obstinacy.
Rebelião *s* rebellion; insurrection; revolt.
Rebentação *s* bursting; breaking; surge.
Rebentar *v* to burst; to sprout; to bud.
Rebento *s* sprout; shoot; spring.
Rebitar *v* to rivet; to turn up; to clinch.
Rebite *s* rivet; bolt.
Reboar *v* to echo; to resound; to reverberate.
Rebocador *s* tow-boat; tug-boat.
Rebocar *v* to plaster; to tow; to render.
Reboco *s* plaster; plastering; rough-cast.
Rebolado *s* wadding; swinging.
Rebolar *v* to roll; to swing; to tumble.
Rebolo *s* grindstone; cylinder; whetstone.
Reboque *s* tow; towing; trailer.
Rebordo *s* edge; border; rim.
Rebrilhar *v* to glitter; to glow.
Rebrotar *v* to sprout again.
Rebuliço *s* noise; tumult; uproar; turmoil.
Rebuscado *adj* far ferched; finical.
Rebuscar *v* to research; to search; to ransack.
Recaída *s* relapse; falling back.
Recair *v* to fall again; to relapse.
Recalcado *adj* rammed; repressed; compressed; trod down.
Recalcar *v* to press; to repress; to trample.
Recalcitrante *adj* recalcitrant; refractory; unwilling.
Recalcitrar *v* to recalcitrate; to object.
Recalque *s* repression.
Recamado *adj* embroidered; adorned; spangled.
Recamar *v* to embroider; to deck.
Recapitulação *s* recapitulation; summing up.
Recapitular *v* to recapitulate; to summarize; to sum up.

Recapturar v to recapture; to capture again.
Recarga s overcharge; recipe; fresh attack.
Recatado adj shy; bashful; modest; reserved; cautious.
Recatar v to conceal; to shield.
Recato s modesty; prudence; protection.
Recear v to fear; to be afraid; to dread.
Recebedor s receiver; collector.
Recebedoria s collectorship; receiver's office.
Receber v to receive; to accept; to welcome.
Recebimento s reception; receiving; admission.
Receio s fear; dread; apprehension.
Receita s receipt; recipe; revenue.
Receitar v to prescribe.
Recém adv recently; newly.
Recenseamento s census.
Recente adj recent; new; late; fresh.
Receoso adj afraid; fearful; apprehensive.
Recepção s reception; welcome.
Receptáculo s receptacle; repository.
Receptar v to receive (stolen goods); conceal.
Receptividade s receptivity.
Receptivo adj receptive.
Recessão s depression.
Recesso s recess; retirement; nook.
Rechaçar v to repel; to refute; to beat.
Recheado adj filled; stuffed; crammed.
Rechear v to stuff; to cram; to fill up.
Recheio s stuff; stuffing; forcemeat.
Recibo s receipt; aquittance.
Recife s reef; ridge; rocks.
Recinto s enclosure; place; precint.
Recipiendário s recipiendary; new member.
Recipiente s recipient; container.
Recipiente adj recipient; receiving.
Reciprocidade s reciprocity.
Recíproco adj reciprocal; mutual.
Recisão s abrogation; annulling.
Recital s recital; concert.
Recitar v to recite; to rehearse; to declaim; to narrate.
Reclamação s reclamation; claim; demand; complaint.
Reclamador s claimer; complainer; objector.
Reclamar v to reclaim; to call up; to complain.
Reclamável adj reclaimable.
Reclamo s advertisement; bird call; claim.
Reclinação s reclination; reclining.
Reclinado adj reclined; reclining; leaned.
Reclinar v to recline; to lean back.
Reclusão s reclusion; seclusion.
Recluso s recluse.
Recluso adj recluse.
Recobramento s recovery; getting again; recuperation.
Recobrar v to regain; to recuperate.
Recobrável adj recoverable.
Recobrir v to recover.
Recolher v to gather; to reap; to collect; to take up; to retire; to go to bed.
Recolhido adj retired.
Recolhimento s retirement; seclusion; meditation; privacy.
Recomeçar v to commend; to praise; to recommend; to resume.
Recomeço s recommencement.
Recomendação s recommendation; advice; warring.
Recomendar v to recommend; to commend.
Recompensa s recompense; reward; indemnity.
Recompensador s recompenser; reward.
Recompensar v to recompense; to compense; to reward.
Recompensável adj to recompense; to compose again; to reconcile.
Recomposição s recomposition; reconciliation.
Recomposto adj recomposed.

Recôncavo s recess; environs; surroundings; cave.
Reconciliação s reconciliation.
Reconciliador s reconciler.
Reconciliador adj reconciling.
Reconciliar v to reconcile; to concitiate; to accord.
Reconciliatório adj reconciliatory.
Reconciliável adj reconcilable.
Recôndito adj hidden; unknown.
Recondução s reconduction; reconveyance.
Reconduzir v to reconduct; to lead; to reconvey.
Reconfortante adj invigorating; refreshing, enlivening.
Reconfortar v to cheer up; to console; to comfort; to enliven.
Reconhecer v to recognize; to admite; to own; to admit; to acknowledge.
Reconhecido adj grateful; thankful; obliged.
Reconhecimento s recognition; acknowledgement; gratitude.
Reconquista s reconquest; reconquering.
Reconquistar v to reconquer; to recover; to regain.
Reconsideração s reconsideration.
Reconsiderar v to reconsider.
Reconstituir v to reconstitute.
Reconstrução s reconstruction; rebuilding.
Reconstruir v to rebuild; to reconstruct.
Recontar v to reckon; to recount.
Recopilação s recopilation; recollection; abridgement.
Recopilar v to recopile; to recollect; to compile.
Recordação s remembrance; rememoration; keepsake.
Recordar v to remember; to keep in mind; to remind.
Recorde s record.
Recordista s recordist.
Recorrente s appellant.
Recorrente adj appellant.
Recorrer v to resort; to appeal; to recur; to apply.
Recorrido s appellee.
Recortar v to cut; to cut away; to clip.
Recorte s cutting; clipping; outline.
Recoser v to sew again.
Recostar v to lean; to recline; to lean back.
Recozer adj overboiled; overbaked.
Recozimento s rebaking.
Recreação s recreation; divertion; amusement.
Recrear v to recreate; to amuse; to gladden; to entertain.
Recreativo adj recreative; amusing; recreation.
Recreio s recreation; pastime; playground.
Recriar v to recreate.
Recriminação s recrimination; retort.
Recriminar v to recriminate; to retort; to blame.
Recrudescência s recrudescence; recrudescency.
Recrudescente adj recrudescent.
Recrudescer v to recrudesce; to increase.
Recruta s recruit; trainee; galoot.
Recrutar v to recruit; to enlist.
Recuamento s recoil; recoiling; retreat.
Recuar v to draw back; to recoil; to recede.
Recuo s recoil; recolling; retreat.
Recuperação s recuperation; recovery; salvage.
Recuperar v to recuperate; to recover; to regain; to get over.
Recurso s recourse; resort; appeal; remedy.
Recurvar v to bend; to recurve; to crook.
Recurvo adj recurvate; crooked; recurved.
Recusa s refusal; refusing; rejection.
Recusar v to refuse; to decline; to reject; to deny.
Redação s redaction; editorial office; wording.
Redarguição s retort; reply.
Redarguir v to retort; to refute; to reply.
Rede s a net; network; trap.
Rédea s rein; bridle.
Redemoinho s whirl.
Redenção s redemption; release; restoration.

Redentor s redeemer.
Redigir v to draw up; to redact; to write out.
Redimir v to redeem; to ransom.
Redivivo adj resuscitated; revived.
Redobra s a double fold.
Redobrar v to redouble; to double; to increase; to intensify.
Redoma s glass case; glass bell; bell jar.
Redondela s a little wheel.
Redondeza s roundness; environs; surroundings.
Redondo adj round; rotunded; circular; plumb; spheriacal.
Redor s circuit; contour.
Redor prep around; about.
Redução s reduction; cutback; decrease.
Redundância s redundance; redundancy; pleonasm.
Redundar v to redound; to ensue; to be redundant; to overflow.
Redutível adj reducible.
Reduto s redoubt; reduct.
Reduzir v to reduce; to diminish; to lessen; to lower.
Reedição s reprint; reissue.
Reedificação s rebuilding; reedification.
Reedificar v to rebuilt; to reedificate.
Reeditar v to reprint; to print again; to reproduce.
Reeleger v to re-elect; to elect again.
Reembarcar v to re-embark; to embark again; to reship.
Reembarque s re-embarkation; reshipment.
Reembolsar v to reimburse; to repay; to refund.
Reembolso s reimbursement; replacement; repayment.
Reempossar v to re-empower.
Reempregar v to re-employ; to employ again.
Reencarnação s reincarnation.
Reencarnar v to reincarnate; to be reincarnate.
Reencontrar v to find again; to re-encounter.
Reencontro s a finding again.
Reengajamento s re-engagement.
Reengajar-se v to re-engage.
Reentrância s re-entrance; re-entrancy.
Reentrante adj re-entrant; re-entering.
Reentrar v to re-enter; to enter gain.
Reenviar v to send again; to send back; to remand.
Reestabelecer v to re-establish; to establish anew.
Reestabelecimento s re-establishment.
Reexportação s re-exportation.
Refazer v to remake; to restore; to repair; to mend.
Refeição s meal; repast.
Refeito adj refreshed; restored; recovered; remade.
Refeitório s refectory; dining hall.
Refém s hostage.
Referência s reference; relation; allusion; regard.
Referendar v to countersign; to reference; to authenticate.
Referente adj relating; referring; concerning.
Referido adj related; named, above mentioned; referred to.
Referir v to refer; to apply; to relate; to tell; to concern.
Referver v to boil again; to ferment; to rage; to boil over.
Refestelar-se v to accost; to rejoice; to loll; to lean back.
Refinação s refinig; refinement.
Refinado adj refined; exquisite; utter.
Refinador s refiner.
Refinamento s refinement; elegance; cultivation.
Refinar v to refine; to polish; to finish; to purify.
Refletir v to reflect; to mirror; to cogitate; to ponder; to consider.
Refletor s reflector.
Refletor adj reflective; searchlight.
Reflexão s reflection; meditation; contemplation; consideration.
Reflexibilidade s reflexibility; reflebleness.
Reflexionar v to reflect; to think; to ponderate.
Reflexo s reflex; a mirrored image; reflection.
Reflexo adj reflex; reflected; reflexive.

Reflorestamento s reforestation.
Reflorestar v to reforest; to afforest.
Reflorir v to reflower; to reflourish; to blossom again.
Refluir v to flow back; to reflow; to ebb.
Refluxo s reflux; a flowing back; ebb; refluence.
Refogado s stew; onion gravy; tomato gravy.
Refolhar v to cover with leaves; to fold.
Reforçar v to reinforce; to strengthen; to fortify.
Reforço s reinforcement, backing, bracing; welt.
Reforma s reform; alteration; renewal.
Reformado adj reformed; retired officer; reshaped.
Reformador s reformer.
Reformador adj reforming.
Reformar v to reform; to retire; to reverse; to mend.
Reformatório s reformatory; work house; penitentiary.
Reformável adj reformable; mendable.
Refrão s refrain; burden; saw; saying.
Refratar v to refract; to be refracted.
Refratário adj refractory; unruly; obstinate.
Refreamento s refrainment; check; restraint; coercion.
Refrear v to bridle; to restrain; to hold back; to check.
Refrega s fray; affray; fight; combat.
Refreio s bridle; curb; check.
Refrescante adj cooling; refreshing.
Refrescar v to refresh; to freshen; to cool; to relieve.
Refresco s refreshment.
Refrigeração s refrigeration.
Refrigerador s refrigerator; freezer.
Refrigerador adj refrigerative.
Refrigerante s refrigerant; refreshment; coolant.
Refrigerante adj refrigerant; refreshment; coolant.
Refrigerar v to refrigerate; to cool; to refresh; to comfort; to relieve.
Refrigério s refrigeration; freshness; relief; consolation.
Refugar v to reject; to refuse; to throw aside.
Refugiado s refugee.
Refugiar-se v to take refuge; to shelter.
Refúgio s refuge; shelter; asylum; protection.
Refugo s refuse; rubbish; waste; trash; dross.
Refulgência s refulgence; radiance; brightness; splendour.
Refulgente adj refulgent; radiant; brilliant; shinning; bright.
Refulgir v to shine; to be refulgent; to glitter.
Refundição s recasting; remelting.
Refundir v to found; to cast again; to recast.
Refutador s refuser; refuter.
Refutar v to refuse; to oppose; to reject; to confute; to rebut.
Refutável adj refutable.
Rega s irrigation; watering.
Regador s watering-can, watering-pot; sprinkling.
Regalar v to regale; to entertain; to delight.
Regalia s regale; prerogative; privilege.
Regalo s delight; pleasure; present; gift; muff.
Reganhar v to regain.
Regar v to irrigate; to water; to spray.
Regata v to huckster; rowing-match; regatta.
Regateador s bargaining; haggler, higlher.
Regatear v to cheapen; to bargain; to grudge.
Regateio s bargaining; haggling.
Regato s brook; rill; creek; rivulet.
Regelado adj frozen; congealed.
Regelar v to freeze; to congeal.
Regelo s iciness; coolness; FIG insensibility.
Regência s regency.
Regeneração s regeneration; regeneracy.
Regenerado adj regenerate.
Regenerar v to regenerate; to reproduce; to reform.
Regente s MÚS regent; conductor.
Regente adj governing; MÚS acting as regent.
Reger v to govern; to conduct; to direct.

Região s region; province; district.
Regime s regime; regimen; rule.
Regimental adj regimental.
Regimentar adj regimentary.
Regimento s regime; regiment; discipline; regulation.
Régio adj royal; kinglike; regal; kingly.
Regional adj regional; local.
Regionalismo s regionalism; sectionalism.
Regionalista s regionalist.
Regionalista adj regionalistic.
Registrador s recorder; register; registering.
Registrar v to register; to enroll; to record.
Registro s register; entry; registry.
Rego s trench; drain, ditch; groove.
Regozijar v to rejoice; to gladden; to be glad.
Regozijo s rejoicing; joy; mirth; glee.
Regra s rule; regulation; standard; *ditar as REGRAS*: to rule the roost.
Regrado adj regular; orderly.
Regrar v to rule; to moderate; to regulate.
Regredir v to regress; to retrograde; to return.
Regressão s regression; regress; return; retrogression.
Regressar v to return; to come back; to restem.
Regressivo adj regressive; retroactive; retrogressive.
Regresso s return; regression.
Régua s ruler; straight.
Regulação s regulation; rule; law.
Regulador s regulator.
Regulador adj rulling; regulating; governing.
Regulamentação s regularization; regulation.
Regulamento s regulation; rule; order; direction.
Regular v to regulate; to rule; to dispose; to adjust.
Regular adj regular; ordinary; moderate.
Regularidade s regularity.
Regularização s regularization.
Regurgitação s regurgitation; overflowing.
Regurgitar v to regurgitate; to overflow; to vomit up.
Rei s king; king (chess, card).
Reimpressão s reprinting; reprint.
Reimprimir v to reprint; to print again.
Reinação s romping; play; prank; antic.
Reinado s reign; sway; dominion.
Reinante adj reigning; reignant; prevailling.
Reinar v to reign; to govern as king; to prevail.
Reincidência s reiteration; relapse; wayward; recurrence.
Reincidente adj reiterating; relapsing.
Reincidir v to relapse; to fall back; to backslide.
Reino s reign; kingdom; realm.
Reinstalação s reinstatement; reinstalment.
Reinstalar v to reinstate; to reinstall.
Reintegração s reintegration; reinstatement.
Reintegrar v to reintegrate; to reinstate; to restore.
Reiteração s reiteration; repetition; renewal.
Reiterar v to renew; to repeat; to reiterate.
Reitor s rector.
Reitoria s rectory; rectorship.
Reivindicação s revindication; claim; vindication.
Reivindicar v to revindicate; to claim; to vindicate.
Rejeição s rejection; reject.
Rejeitar v to reject; to repel; to refuse; to blackball.
Rejeitável adj rejective; refusable; objectionable.
Rejubilar v to rejoice; to be glad.
Rejúbilo s rejoicing; joyfulness; cheerfulness.
Rejuvenescer v to rejuvenate; to restore to youth; to get younger.
Relação s relation; respect; affairs; account; relationship.
Relacionado adj related; connected.
Relacionamento s relationship.
Relacionar v to relate; to connect; to report.

Relâmpago s lightning; flash.
Relampejante adj glittering; flashing; lighting.
Relampejar v to lighten; to glitter; to shine brightly.
Relance s quick glance; at a glance.
Relancear v to glance; to glance at.
Relapso s relapser.
Relapso adj relapsed.
Relatador s relater; narrator; reporter.
Relatar v to relate; to narrate; to report; to recount.
Relatividade s relativity.
Relativismo s relativism.
Relativo adj pertaining; relating.
Relato s report; account.
Relator s relator; relater; narrator; reporter.
Relatório s report; statement; account, write up.
Relaxação s relaxation; looseness.
Relaxado adj relaxed; loose; negligent; careless.
Relaxar v to relax; to slacken; to loosen.
Relegar v to relegate.
Relembrança s remembrance.
Relembrar v to remind; to rememorate; to remember.
Reler v to read over again.
Reles adj vile; base; mean; shabby.
Relevação s remission; forgiveness; pardon; exemption.
Relevância s importance; eminence; weight.
Relevar v to release; to pardon; to relieve.
Relevo s relief; embossment; set-off; relievo.
Relicário s reliquary; shrine.
Religar v to bind again.
Religião s religion.
Religiosa s nun.
Religiosidade s religiousness; devotion.
Religioso adj religious; devout; pious; scrupulous; strict.
Relinchar v to neigh; to whinny.
Relincho s neigh; neighing.
Relíquia s relic; ruins; memento.
Relógio s watch; clock; timepiece.
Relojoaria s clock and watch making; watchmaker's (shop).
Relojoeiro s watchmaker.
Relutância s reluctance; obstinacy; opposition; aversion.
Relutante adj reluctant; uniwilling; averse; disinclined.
Relutar v to reluct; to resist; to struggle.
Reluzente adj relucent; shining; bright.
Reluzir v to reluce; to glisten; to shine; to glitter.
Relva s grass; turf; sod; sward.
Remador s a rower; oarsman.
Remadura s rowing.
Remanescente s remainder; remnant.
Remanescente adj remaining; lasting.
Remar v to row; to paddle.
Remarcar v to mark again; to re-mark.
Rematar v to end; to consummate; to finish; to complete; to accomplish.
Remate s end; finishing; conclusion; top.
Remedar v to mimic; to ape.
Remediado adj remedied; well-off; well-to-do.
Remediador s helper.
Remediador adj remedial.
Remediar v to remedy; to cure; to repair; to redress.
Remédio s medicine.
Remedo s imitation; mockery; mimicry; mimicking.
Remela s blearness; blearedness; rheum of the eye.
Remelar v to blear; to become blear-eyed.
Rememoração s rememoration; remembrance.
Rememorar v to rememorate; to remembrance; to remind.
Rememorativo adj rememorative; recalling; reminding.
Remendado adj patched; mended; spotted.
Remendão s patcher; botcher; job-tailor; cobbler; bungler.
Remendar v to piece; to patch; to mend.

REMENDO — REPRESENTADOR

Remendo s patch; piece; mend; botch, clout.
Remessa s remittance; payment; remission.
Remetente s remittor; remitter; sender; shipper.
Remeter v to send; to forward; to remit.
Remexer v to stir up; to rummage; to turn upside down.
Remexida s stir; stirring; rummaging; confusion; disorder.
Remexido s bustle; stirring.
Remexido adj restless; bustling.
Reminiscência s reminiscence; remembrance; recollection.
Remir v to redeem; to ransom; to deliver; to make amends for.
Remirar v to look again; to gaze at.
Remissão s remission; pardon; forgiveness; relaxation.
Remitir v to remit; to forgive; to pardon; to abate.
Remo s oar; boat-oar; paddle; rowing.
Remoção s removal; remove.
Remoçar v to rejuvenate.
Remodelação s remodelment; remodelling; refashioning.
Remodelar v to remodel; to mold anew; to refashion.
Remoedura s rumination.
Remoer v to chew the cud; to fret; to repeat; to prey.
Remontar v to remount; to raise; to repair.
Remonte s vamping; soaring; rapairing.
Remorder v to bite again; to fret; to torment.
Remorso s remorse; compunction.
Remoto adj remote; distant; far-off.
Remover v to remove; to move; to transfer; to get rid of.
Remuneração s remuneration; payment; recompense; salary.
Remunerar v to remunerate; to reward; to pay; to satisfy.
Rena s zoo reindeer.
Renal adj renal.
Renano adj rhenish.
Renascença s renascence; rebirth; revival; renaiscence.
Renascente adj renascent.
Renascimento s renaissance.
Renda s lace; rent.
Rendado adj laced; lacy.
Rendar v to rent; to lace.
Rendeiro s renter; tenant; lace seller.
Render v to subject; to subdue; to yield; to render; to produce.
Rendição s surrender; giving up; delivery.
Rendido adj overcome; conquered; ruptured.
Rendilhar v to adorn with laces.
Rendimento s income; revenue; rupture; produce; yield.
Rendoso adj lucrative; profitable; gainful.
Renegação s renegation.
Renegado s renegate; renegade; apostate.
Renegar v to deny; to renounce; to disown; to disclaim.
Renhido adj fierce; furious; bloodly; dogged.
Renhir v to dispute; to contend, to wrangle.
Renome s renown; fame; celebrity; reputation.
Renovação s renovation; renewal; renewing.
Renovador s renewer; renovator.
Renovador adj renewing, renovating.
Renovamento s renovation.
Renovar v to renew; to renovate; to reform; to replace.
Renque s row; file; rank; tier.
Rente adj close; close to.
Rente adv close; close to.
Renúncia s renunciation; renouncing; resignation.
Renunciar v to renounce; to give up; to reject publicity.
Renunciável adj renunciative.
Reocupar v to reoccupy; to occupy again.
Reordenar v to reordain.
Reorganização s reorganization.
Reorganizar v to reorganize; to improve; to amend.
Reparação s reparation; amends; compensation; indemnity.
Reparador s repairer; restorer.
Reparador adj repairing; restoring.

Reparar v to repair; to restore; to make good; to mend; to renew; to notice.
Reparável adj reparable; remediable; retrievable.
Reparo s repair; defence; remark; notice.
Repartição s partition; office; department; section; division.
Repartimento s partition; compartment.
Repartir v to share; to distribute; to portion out; to allot; to apportion.
Repartível adj distributable.
Repassado adj soaker; imbued; soaked; steeped.
Repassar v to repass; to pass; to soak.
Repastar v to pasture again; to feed again; to feast.
Repasto s repasture; food; meal; banquet.
Repatriação s repatriation.
Repatriar v to repatriate.
Repelão s thrust; violent pull.
Repelência s repellence; repellency; repulsion.
Repelente adj repellent; repulsive; revolting.
Repelir v to repel; to drive back; to repulse; to reject.
Repente s outburst; sudden fit.
Repentino adj sudden; impetuous; abrupt; rapid.
Repentista s extemporizer.
Repercussão s repercussion; reband; rebound; reverberation.
Repercutir v to repercuss; to resound; to reflect; to echo.
Repertório s repertory; a list; index; repertoire; collection.
Repesar v to reweigh; to weigh again.
Repeso s reweight; reweighting.
Repeso adj contrite; sorry.
Repetente s repeater.
Repetente adj repeating.
Repetição s repetition.
Repetidor s repeater; tutor.
Repetidor adj repeating.
Repetir v to repeat; to reiterate; to reproduce; to recur.
Repicar v to ring (bells); to chime.
Repintar v to repaint; to paint again.
Repique s chime; peal; ringing.
Repisar v to press again; to insist; to repeat over and over.
Replantar v to replant.
Repleto adj replete; crammed; stuffed.
Réplica s reply; answer; reproduction; rejoinder.
Replicador s replier; refuter.
Replicar v to reply; to retort; to rebut; rejoin.
Repolho s cabbage.
Repontar v to appear; to begin; to come up.
Repor v to replace; to restore; to put again; to reinstate.
Reportagem s reportage; feature.
Reportar v to turn backwards; to attribute; to report; to refer.
Repórter s reporter.
Reposição s reposition; restitution; replacement; reinstatement.
Repositório s repository.
Repousante adj reposeful; restful; quiet; tranquil.
Repousar v to repose; to rest; to take a rest; to lie down.
Repouso s rest; repose; tranquillity.
Repovoar v to repeople; to people anew.
Repreendedor s reprehender; childer; reaproacher.
Repreender v to reprehend; to rattle; to reprimand; to censure.
Repreensão s reprehension; rebuke; reproach; reprimand.
Repreensível adj reprehensible; blamefully; blamable.
Repreensor s reprehender.
Repreensor adj reprehensory; reprehensive.
Repregar v to nail again; to bestud.
Represa s dam; sluice; recapture.
Represado adj dammed; confined.
Represália s reprisal, retaliation.
Represar v to dam; to restrain; to embank; to stop; to hold.
Representação s representation; figure; image; petition.
Representador s representer; actor; player.

Representante s representative; proxy.
Representante adj representing.
Representar v to represent; to portray; to act; to perform.
Representável adj representable.
Repressão s repression; restraint; check; suppression.
Repressivo adj repressive; restrictive.
Repressor s represser; repressive.
Reprimenda s reprimand; rebuke.
Reprimir v to repress; to bridle; to restrain; to curb; to check.
Réprobo s reprobate.
Réprobo adj reprobate.
Reprodução s reproduction; act or process of reproducing.
Reprodutor s reproducer; breeder.
Reprodutor adj reproducing; breeding.
Reproduzir v to produce anew; to produce again; to transfer.
Reprovação s reprobation; failure; reproof; disapproval.
Reprovado s repeat.
Reprovado adj reproved; refused; rejected; flunked.
Reprovar v to reprove; to censure; to rebuke; to reject; to refuse; to condemn.
Reprovável adj reprovable; reprehensive; blameworthy.
Réptil s reptile; creeping; crawling.
Réptil adj reptile; creeping; crawling.
Repto s challenge.
República s republic; commonwealth; the state.
Republicano s republican.
Republicano adj republican.
Repudiado adj repudiated; divorced.
Repudiar v to repudiate; to discard; to cast off; to disown.
Repúdio s repudiation; divorce; disavowal.
Repugnância s repugnance; loathing; reluctance; repugnancy.
Repugnante adj repugnant; ugly; disgusting; adverse; distasteful.
Repugnar v to repugn; to oppose; to be repugnant.
Repulsa s refusal; repulse; rejection, repulsion; opposition.
Repulsão s repulsion.
Repulsar v to repulse; to repel; to reject; to drive back.
Repulsivo adj repulsive; loathsome; repellent.
Reputação s reputation; repute; fame; renown.
Reputar v to repute; to esteem; to reckon; to estimate.
Repuxado adj drawn back.
Repuxar v to draw back; to pull back; to spout.
Repuxo s drawing back; water spout; recoil.
Requebrar v to woo; to waddle; to move languidly.
Requebro s waddle; movement; voluptuos movement.
Requeijão s curd; curd-cheese; pot-cheese..
Requeimar v to roast excessively; to overcook; to scorch.
Requentado adj warmed up again; heated again.
Requentar v to warm again; to warm up.
Requerente s solicitor; petitioner; requester.
Requerente adj requesting; requiring.
Requerer v to require; to demand; to claim; to call for; to petition; to apply for.
Requerido adj required; requisite; necessary.
Requerimento s request; petition; demand; application.
Réquiem s requiem.
Requintado adj dressed up; refined; exquisite; perfect; accomplished.
Requintar v to refine; to surpass; to dress up; to perfect.
Requinte s refinement; elegance; affectation.
Requisição s requisition; request.
Requisitar v to requisition; to order; to request; to demand.
Requisito s requisite; requirement.
Rés adj even; level; close; plain.
Rescaldar v to scald again; to scald very; to scorch; to heat.
Rescindir v to rescind; to annul; to cancel; to abolish.
Rescisão s rescission; annulment; cancellation.
Rescisório adj rescissory; rescinding.
Rescrever v to rewrite; to write again.

Resenha s report; description; list.
Reserva s reserve; stock; store; restriction; ESP reserve (substitute).
Reservado adj reserved; stand-offish; circumspect.
Reservar v to reserve; to keep in store; to put by; to retain; to conceal.
Reservatório s reservoir.
Reservista s reservist.
Resfolegar v to breathe; to gasp for breath; to snort.
Resfôlego s respiration; breath.
Resfriado s cold; cooling.
Resfriar v to cool; to catch a cold; to catch a chill.
Resgatar v to ransom; to rescue; to redeem.
Resgate s ransom; redemption.
Resguardar v to preserve; to shelter; to defend; to protect.
Resguardo s guard; foresight; care; prudence; caution.
Residência s residence; abode; dwelling; home.
Residencial adj residential.
Residente s abider; dweller.
Residente adj resident; residing; dwelling.
Residir v to reside; to live; to dwell; to abide; to stay.
Residual adj residual; remaining.
Resíduo s residue; remnant; remainder; rest.
Resignação s resignation; renunciation; abdication; submission.
Resignante s resigner.
Resignante adj resignful; resigning.
Resignar v to resign; to abdicate; to give up.
Resinar v to resin; to apply resin to.
Resistência s resistance; opposition; power or capacity to resist.
Resistente s resistant; strong.
Resistente adj resistant.
Resistir v to resist; to oppose; to stand; to strive against.
Resistível adj resistible; endurable.
Resma s ream; twenty quires.
Resmungação s grumbler.
Resmungação adj grumbling.
Resmungar v to grumble; to mumble; to mutter; to growl.
Resolução s resolution; resoluteness; firmness; courage.
Resoluto adj resolute; daring; bold; audacious.
Resolver v to resolve; to decide; to solve; to explain; to clear up.
Resolvível adj resoluble.
Respectivo adj respective.
Respeitador s respecter.
Respeitador adj respectful.
Respeitar v to respect; to regard; to observe; to honour.
Respeitável adj respectable; honourable.
Respeito s respect; esteem; regard; consideration; relation.
Respeitoso adj respectful.
Respingar v to sprinkle; to splash; to crackle.
Respingo s sprinkling; sparkling.
Respiração s respiration; breathing (inspiration and expiration).
Respiradouro s air hole; vent.
Respirar v to respire; to breathe out; to exhale.
Respirável adj respirable.
Respiro s breath; breathing; respite.
Resplandecência s resplendency; resplendence; glare.
Resplandecente adj resplendent; lustrous; shining.
Resplandecer v to resplend; to be resplendent; to glisten.
Resplendor s splendor; resplendence; aureola; halo; radiance.
Responder v to answer; to respond; to reply.
Responsabilidade s responsibility; responsibleness; burden.
Responsabilizar v to hold responsible; to be responsible for.
Responsável adj responsible; answerable; accountable.
Resposta s answer; reply; response.
Resquício s vestige; reminder; cleft; slit; clink; chap; chink.
Ressabiado adj skittish; nervous; suspicious; disgusted.
Ressaca s ebb; reflux of tide; hang-over.

Ressair v to project; to jut out; to stand out.
Ressaltar v to jut out; to be in evidence; to stand out.
Ressalva s safeguard; provision; correction; exception.
Ressalvar v to safeguard; to correct; to caution; to except.
Ressarcir v to compensate for; to indemnify; to make up for.
Ressecar v to overdry; to dry again; to dry up.
Ressentimento s rancor; spite; grudge.
Ressentir v to resent.
Ressoante adj resounding.
Ressoar v to resound; to reverberate; to ring; to clash; to echo.
Ressonância s resonance; ring; jingle; echo; sonority.
Ressonante adj resonant; resounding; echoing back.
Ressonar v to resound; to re-echo; to ring; to reverberate.
Ressudar v to perspire; to sweat; to transude; to exude.
Ressurgimento s resurrection; renaissance; renewal; revival.
Ressurgir v to resurge; to rise again; to resurrect.
Ressurreição s resurrection.
Ressuscitação s resuscitation; revival; renewal; restoration.
Ressuscitador s reviver; restorer; resuscitator.
Ressuscitador adj reviving; restoring; resuscitative.
Ressuscitar v to resuscitate; to revive; to restore; to resurrect.
Restabelecer v to re-establish; to establish anew; to recover.
Restabelecimento s recovery; re-establishment.
Restante s remainder; rest.
Restante adj remaining; resting.
Restar v to remain; to rest; to be left out; to remin over.
Restauração s restoration; renovation; repair; restoring.
Restaurador s restorer.
Restaurador adj restoring; restorative.
Restaurante s restorative; restorer; restaurant.
Restaurante adj restoring; restorative.
Restaurar v to restore; to give back; to return; to repair.
Réstia s rope of onions (etc.); ray of light.
Restinga s reef; shallow; sand-bank; shoal; beach ridge.
Restituição s restitution; return; reparation; rehabilitation.
Restituir v to restitute; to give back; to restore; to return.
Restituível adj restitutive; restorable; returnable.
Resto s rest; remainder; residue; remnant; scraps.
Restrição s restriction; limitation; restricting.
Restringir v to restrict; to bound; to restrain; to restringe.
Restrito adj restricted; limited; confined.
Resultado s result; effect; consequence; FUT outcome.
Resultar v to result from; to follow; to proceed; to spring.
Resumir v to summarize; to epitomize; to condense; to sum up.
Resumo s resume; abridgement; summary.
Resvalar v to slip; to slide; to glide; to steal away.
Reta s straight line.
Retaguarda s rear-guard; rear.
Retalhador s slasher.
Retalhadura s cutting into small pieces; slash.
Retalhar v to cut up; to slash; to cut into pieces; to retail.
Retalho s shred; strip; rag; retail.
Retaliação s retaliation; reprisal; punishment; tit for tat.
Retaliar v to retaliate.
Retardamento s delay; retardment; retardation.
Retardar v to retard; to delay; to slow; to defer; to be late.
Retardatário s laggard.
Retardatário adj retardatory; loiterer.
Retelhar v to tile anew.
Retemperar v to temper again; to revigorate; to brace.
Retenção s retention; keeping; holding.
Retentor s retainer; keeper; armature.
Reter v to retain; to hold; to restrain.
Retesar v to stretch; to draw tight; to stiffen; to tighten.
Reticência s reticence; suspension-mark; ellipses.
Reticente adj reticent.
Retícula s reticle; reticule; screen.
Reticulado adj reticulated.
Reticular adj reticular.

Retidão s rectitude; integrity; uprightness; righteousness.
Retificação s rectification.
Retificador s rectifier.
Retificador adj rectifying; stripper.
Retificar v to rectify; to correct; to adjust; to set right.
Retina s ANAT retina.
Retinir v to tinkle; to blow; to echo; to resound; to clink; to jingle.
Retirada s MIL retreat; retirement; withdrawal.
Retirado adj retired; solitary; remote.
Retirar v to retreat; to retire; to withdraw.
Retirar-se v to go back.
Retiro s retirement; reclusion; solitude; seclusion; retreat.
Reto s rectum.
Reto adj right; straight; just; equitable.
Retocar v to retouch; to finish; to improve; to perfect.
Retomada s recapture; reconquest.
Retomar v to take back; to get back; to recover; to retake.
Retoque s retouch; improvement.
Retorcer v to twist; to twine; to writhe.
Retorcido adj twisted; crooked; farferched.
Retórica s rhetoric.
Retórico s rhetorician.
Retórico adj rhetorical.
Retornar v to return; to come back; to bring back.
Retorno s return; returning; reexchange; barter.
Retorquir v to retort; to rejoin; to say in reply.
Retração s retraction; drawing back.
Retraçar v to retrace; to trace again.
Retraído adj withdraw; reserved; reticent; shy; timid.
Retraimento s retraction; reserve; shyness; bashfulness.
Retrair v to retract; to withdraw; to draw back; to shrink.
Retratação s retraction; retractation; recantation.
Retratado adj portrayed; painted; photographed.
Retratar v to retract; to portray; to rescind; to paint; to describe.
Retratar-se v to take back.
Retratista s portraitist; portrait-painter; photographer.
Retrato s portrait; photograph; image; picture.
Retribuição s retribution; return; free; recompense.
Retribuidor s retributor; retributing.
Retribuidor adj retributive.
Retribuir v to retribute; to return; to reward; to recompense.
Retroação s retroaction.
Retroagir v to retroact; to act backward; to react.
Retroatividade s retroactivity; retroactiveness.
Retroativo adj retroactive; reactive.
Retroceder v to retrocede; to go back; to recede; to fall back; to go backward.
Retrocesso s retrocession; back-spacer; retrogression.
Retrogradação s retrogradation; retrogression.
Retrogradar v to retrograde; to retrogress.
Retrógrado s retrograde; retrogressive; reactionary.
Retrógrado adj retrograde; retrogressive; reactionary.
Retrós s twist; twisted; silk; sewing silk.
Retrospecção s retrospection.
Retrospectivo adj retropective; contemplative.
Retrospecto s retrospect; a review of the past; flashback.
Retroverter v to retrovert; to turn back; to retranslate.
Retrucar v to reply; to retort; to talk back.
Retumbância s resounding; resonance.
Retumbante adj resounding; echoing; resonant; bombastic.
Retumbar v to resound; to re-echo; to thunder.
Réu s culprit; JUR defendant.
Réu adj guilty; criminal; wicked.
Reumatismo s rheumatism.
Reunião s meeting; reunion; social party; gathering; assembly.
Reunir v to reunite; to unite again; to rejoin; to draw together; to put together.
Revacinar v to revaccinate; to vaccinate a second time.

Revalidação s revalidation; ratification; confirmation.
Revalidar v to revalidate; to restore validity to; to ratify.
Revel adj rebel; obstinate; defaulter; unruly.
Revelação s revelation; disclosure.
Revelador s revealer; FOT developer.
Revelador adj revealing.
Revelar v to ravel; to disclose; to divulge; to discover; FOT to develop; **REVELAR-SE** v, to unfold; *REVELAR-SE ser um "pé no saco"*: to makes a pain of himself.
Revelia s default; contumacy; stubbornness.
Revenda s reselling; resale.
Revendedor s reseller.
Revendedor adj reselling.
Revender v to resell; to sell again.
Rever v to review; to examine again; to meet again.
Reverberação s reverberation; reverberating.
Reverberar v to reverberate; to reflect; to return back; to send back.
Reverência s reverence; bow; respect; deference; courtesy.
Reverenciar v to revere; to honor; to reverence; to venerate.
Reverendo s reverend; clergyman.
Reverendo adj reverend.
Reverente adj reverent.
Reversão s reversion.
Reversibilidade s reversibility; reversibleness.
Reversível adj reversible.
Reverso s the reverse; lower side of a surface.
Reverso adj reverse; contrary; inverted.
Reverter v to revert; to return; to result in; to turn to.
Revés s reverse; backstroke; misfortune; setback.
Revestimento s revestment; coating; facing.
Revestir v to attire; to revet; to assume; to coat.
Revezamento s alternation.
Revezar v to alternative; to carry out by turns; to take turns.
Revigorar v to revigorate; to invigorate.
Revirar v to turn again; to turn round; to turn inside out.
Reviravolta s turning round; complete turn; reversal.
Revisão s revision; revisal; revise; proof-reading.
Revisar v to verify; to control; to revise; to make a revision.
Revisor s reviser; proof reader; ticket collector.
Revista s review; a periodical; revue; magazine; survey.
Revistar s to review troops; to look over; to inspect.
Reviver v to revive; to reawaken.
Revivescência s revivescence; reviviscence; revival.
Revivescente adj revivescent; reviviscent; reviving.
Revivescer v to revive.
Revivificação s revivification; revival.
Revivificar v to revivify; to revive.
Revoada s flight (birds).
Revoar v to fly again; to flutter.
Revogação s revocation; cancellation; repeal.
Revogar v to revoke; to annul; to rescind; to repeal.
Revogatório adj revocatory; repealing.
Revogável adj revocable; defeasible; repealable.
Revolta s revolt; rebellion; uprising; mutiny; rising.
Revoltado s rebel; mutineer.
Revoltado adj revolted.
Revoltante adj revolting; disgusting; offensive.
Revoltar v to revolt; to rebel; to offend; to shock; to rise up.
Revolto adj turbulent; troubled; hooked; boisterous; furious.
Revoltoso s rebel; insurgent.
Revoltoso adj turbulent; rebel.
Revolução s revolution; rebellion; ASTR revolution.
Revolucionar v to revolutionize; to revolution; to change.
Revolucionário s revolutionist; revolutionary.
Revolver v to revolve; to rotate; to welter; to agitate; to stir.
Revólver s revolver; firearm; gun.
Reza s prayer; praying.
Rezar v to pray; to state; to say a prayer.

Riacho s brook; rill; streamlet; creek; rivulet.
Ribalta s footlights; the stage.
Ribanceira s ravine; chasm.
Ribeira s riverside; river bank; bank.
Ribombar v to resound; to thunder; to reverberate; to roar.
Ricaço s a very rich man.
Ricaço adj very rich.
Rícino s BOT ricinus; castor-oil plant.
Rico adj rich; wealthy; moneyed; opulent; well-off; costly.
Ridente adj smiling; cheerful; gay; joyfull; FIG blooming.
Ridicularizar v to ridicule; to mock; to make ridiculous; to make fun of.
Ridículo s ridicule; mockery; irony; sarcasm.
Ridículo adj ridiculous.
Rifa s raffle; saying.
Rifar v to raffle; to dispose by a raffle.
Rigidez s rigidity; rigidness; severity; rigor; sternness.
Rígido adj rigid; not flexible; stiff; strict; hard; austere.
Rigor s rigor; rigidity; stiffness; severity; harshness; austerity.
Rigoroso adj rigorous; inflexible; inexorable; harsh; severe.
Rijo adj stiff; hard; harsh; severe; fierce; strong; vigorous.
Rim s kidney.
Rima s rhyme; heap; chink.
Rimado adj versified; rhymed.
Rimar v to rhyme; to make rhymes; to versify.
Rincão s corner; nook, angle; remote place.
Rinchar v to neigh; to whinny.
Rincho s neighing of horses.
Rinoceronte s rhinoceros.
Rio s river; stream.
Ripa s lath work; slat; batten.
Ripar v to hackle (the flax); to lath; to rake; to criticize.
Riqueza s wealth; opulence, richness; abundance.
Rir v to laugh; to smile; to jeer; to titter.
Risada s laughter; laughing.
Risca s line; mark; stripe; stroke.
Riscado s gingham.
Riscado adj striped.
Riscar v to scratch out; to strike; to streak; to cancel; to annul; to score.
Risco s stripe; scratch; outline; danger; risk.
Riso s laughter; laugh; laughing.
Risonho adj smiling; cheerful.
Rispidez s hardness; rudeness; roughness.
Ríspido adj harsh; rough; rude; severe.
Ritmado adj rhythmic; rhythmical; cadenced.
Rítmico adj rhythmic; rhythmical.
Ritmo s rhytm; cadence; rime; rhythm.
Rito s rite; ceremony.
Ritual s ritual; ceremonial.
Ritualismo s ritualism.
Ritualista s ritualist; ritualistic.
Rival s rival; emulator.
Rivalidade s rivalry; rivalship; jealousy.
Rivalizar v to rival; to vie with; to emulate; to compete.
Rixa s quarrel; dispute; wrangle; disorder; disagreement; brawl.
Rixar v to quarrel.
Robalo s robalo; sergean-fish; the snook (fish).
Roble s roble; oak tree.
Robustecer v to strengthen; to grow robust; to confirm.
Robustez s robustness; vigor; vigour; strength; stoutness.
Robusto adj robust; strong; vigorous; sound; stout; hale.
Rocambolesco adj extravagant; fantastic.
Roçar v to graze; to grub; to skim.
Rocha s rock.
Rochedo s large rock; cliff.
Rochoso adj rocky; ricky.
Roda s wheel; circle; circuit; circumference; orb; turning-box.
Rodado adj wheeled; wide.

Rodapé s footnote; baseboard; washboard.
Rodar v to roll; to move on rollers; to move wheels; to turn around; to rotate; to wheel.
Rodear v to enclose; to encircle; to turn around; to surround.
Rodeio s round-about way; shift; evasion; rodeo; winding.
Rodela s round shield; small wheel; slice (lemon, orange, etc.).
Rodízio s water-wheel; turn; round.
Rodo s rake; wooden rake.
Rodopiar v to whirl; to turn round; to turn about; to spin.
Rodopio s whirl; whirling.
Roedor s rodent.
Roedor adj gnawing; rodent; corroding.
Roer v to gnaw; to bite repeatedly; to eat away; to corrode.
Rogação s rogation; a petition; request; rogations.
Rogador s supplicant.
Rogar v to beg; to supplicate; to implore; to entreat; to ask.
Rogativo adj supplicatory.
Rogatória s request; supplication; prayer.
Rogo s request; supplication; prayer; entreaty.
Roído adj gnawed; corroded.
Rol s roll; register; record; list; catalogue.
Rolador s roller.
Rolamento s rolling; MEC bearings.
Rolante adj rolling.
Rolar v to roll; to tumble; to drive forward; to twist the body (as an acrobat).
Roldana s pulley.
Roleta s roulette.
Rolha s cork; stopper.
Roliço adj round; plump; stocky.
Rolo s roll; bundle; roll of paper; roll of notes; package.
Romã s pomegranate.
Romance s romance; novel; a fictious tale; fantasy.
Romancear v to romance; to write or tell romances.
Romancista s romancist; novelist.
Romanesco adj romanesque; fanciful; imaginative; chimerical.
Românico adj romanic; romance.
Romântico s romantic.
Romântico adj romantic; sentimental; imaginative; fantastic.
Romantismo s romanticism.
Romaria s pilgrimage; religious event.
Romãzeira s pomegranate tree.
Rombo s hole; leak; blunt; FIG dull.
Romeiro s pilgrim.
Romeno adj Rumanian.
Rompante s impetuosity; fury.
Rompante adj arrogant; haughty.
Romper v to break up; to split; to impair; to destroy; to defeat; to transgress; to cleave.
Rompimento s breaking; breach; rupture; falling.
Roncador s snorer; boaster; snoring.
Roncar v to snore; to roar; to brag; to rumble.
Ronco s snoring; roaring; rumbling.
Ronda s rounds; patrol; round dance; beat.
Rondar v to patrol; to round; to haunt.
Rondó s MÚS rondo.
Ronquidão s hoarseness; snoring.
Ronronar v to purr.
Rosa s rose.
Rosácea s rose-window; rosace.
Rosáceo adj rosaceous.
Rosa-cruz s Rosicrucianism, The Ancient and Mystical Order Rose Cross, AMORC; Rosicrucian.
Rosa-cruz adj Rosicrucian, member of an ancient and international fraternity; the symbol of the Rosicrusians: a Rose and Cross.
Rosado adj rose; rosy.
Rosário s rosary; a string of beads; chaplet.
Rosbife s roast-beef.

Rosca s screw; coil of a serpent thread; rusk, sweet biscuit.
Roseira s rose-bush; rambler.
Roseiral s bed of rose; rose garden; rose plot.
Róseo adj rosy; blooming; roseate.
Roseta s small rose; rosette.
Rosnar v to drumble; to snarl; to growl; to grumble; to mutter.
Rosto s face; visage; countenance; frontispiece of a book; head of a coin.
Rota s route; course; way; path.
Rotação s rotation; turn; revolution.
Rotativo adj rotative; rotating; rotary.
Rotatório adj rotatory; rotary.
Roteiro s logbook; guideline; roadbook; directions.
Rotina s routine; any regular procedure.
Rotineiro adj routine; routinary; work-a-day.
Roto adj ragged; in rags; broken; torn; shattered.
Rótula s patella; kneecap; kneepan.
Rotular v to ticket; to label; to inscribe.
Rotular adj rotular; to label.
Rótulo s inscription; label; mark.
Rotura s rupture; fracture.
Roubalheira s robbery; thievery; pilfering; fraud; cheat.
Roubar v to rob; to steal; to plunder; to pillage; to thieve.
Roubo s robbery; theft; plunder.
Rouco adj hoarse; husky; raucous.
Roupa s clothes; clothing; linen.
Roupagem s drapery; clothes.
Roupão s dressing-gnown; morning-dress; wrapper.
Roupeiro s linen-keeper.
Rouquidão s hoarseness; roughness; snoring.
Rouxinol s nightingale.
Roxear v to purple; to color with purple.
Roxo s purple; violet.
Roxo adj purple; violet.
Rua s street; thoroughfare; way.
Rua interj be off! get you gone!
Rubi s ruby.
Rublo s rouble (monetary unit of Russia).
Rubor s redness; blush; flush; shame.
Ruborescer v to redden; to shame; to become red (in face); to flush.
Ruborização s reddening; blushing.
Ruborizar v to redden; to make red; to blush; to flush.
Rubrica s rubric; rubrication; initials.
Rubricar v to rubricate; to ribricize; to mark.
Rubro adj red; ruddy; red-hot.
Ruço adj grey; faded; gray; a thick fog.
Rude adj rude; discourteous; unpolite; coarse; vulgar; rugged; uncivilized.
Rudeza s rudeness; coarseness; roughness.
Rudimentar adj rudimental; rudimentary; undeveloped.
Rudimento s rudiment.
Ruela s lane; alley; by street.
Rufador adj drumming.
Rufar v to beat a drum; to ruff; to plait; to roll.
Rufião s ruffian; hooligan; rowdy.
Rufiar v to ruffian; to pander.
Rufo s roll of a drum; ruffle; plait.
Ruga s wrinkle; furrow.
Rugido s roar.
Rugidor s roarer.
Rugidor adj roaring; bellowing.
Rugir v to roar; to utter; to rustle; to bellow.
Rugosidade s rugosity; wrinkleness.
Rugoso adj rugous; wrinkled; wrinkly.
Ruído s noise; uproar; rumor; bustle; rumour; hearsay.
Ruidoso adj noisy; uproarious; showy.
Ruim adj bad; wicked; vile; low; mean.
Ruína s ruin; destruction; downfall.

Ruindade s meanness; wickedness; badness; malice.
Ruinoso adj ruinous; baneful.
Ruir v to tumble; to fall down; to fall into ruins; to crumble down.
Ruivo adj red; red-haired; ruddy.
Rum s rum.
Rumar v to put a ship on the due course; to steer for; to head; to make for.
Ruminação s rumination.
Ruminante s ruminant; ruminantia.
Ruminante adj ruminant; ruminantia.
Ruminar v to ruminate; to chew the cud; to ponder; to muse; to brook over.
Rumo s rhumb; course of a ship; route; bearing.
Rumor s rumor; noise; hearsay; report.
Rumorejante adj murmuring; rustling; rippling.
Rumorejar v to rustle; to babble; to rumor; to tell or spread by rumor; to ripple.
Rumorejo s rustling; bubbling; rumor; common talk; ripple.
Rumoroso adj rumorous; noisy.
Rupestre adj rupestral; rupestrian.
Rúpia s rupee (East Indian silver coin).
Rural adj rural; rustic; rustical; pastoral; country.
Rusga s noise; uproar; disorder; search; quarrel; disturbance.
Russo adj Russian.
Rústico s rustic.
Rústico adj rustic; rude; coarse; artless; rural.
Rutilação s brightness; shining; intense brilliancy; splendour.
Rutilar v to glitter; to shine; to gleam; to sparkle.

S

S *s* the eighteenth letter of the Portuguese alphabet and the nineteenth letter of the English alphabet.
Sã *adj* healthy.
Sábado *s* Saturday; Sabbath.
Sabão *s* soap; POP scolding; dressing down.
Sabatina *s* repetition; recapitulation (lessons); school quiz; discussion.
Sabedor *s* learned man.
Sabedor *adj* acquainted with; knowing.
Sabedoria *s* wisdom; knowledge; sagacity.
Saber *v* to know; to be skilled in; to have knowledge.
Sabiá *s* BR bird.
Sabichão *s* know-all; GÍR USA smart aleck.
Sabido *adj* known; wise; prudent; crafty.
Sábio *s* wise man.
Sábio *adj* wise; learned.
Sabonete *s* toilet soap; cake of soap; soapball.
Saboneteira *s* soap-case; soap-dish.
Sabor *s* savor; taste; flavor.
Saborear *v* to savor; to savour; to taste.
Saboroso *adj* savorous; tasty; appetizing.
Sabotagem *s* sabotage.
Sabotar *v* to sabotage.
Sabre *s* saber; sabre.
Sabugal *s* elder-trees (plantation).
Sabugo *s* elder; pitch (elder tree).
Sabugueiro *s* elder-tree.
Sabujo *s* bloodhound; FIG cringe.
Saca *s* bag.
Sacada *s* balcony; drawing.
Sacado *s* COM drawee.
Sacador *s* COM drawer.
Sacar *v* to draw; to pull out.
Sacaria *s pl* bags; sacks.
Saca-rolhas *s* corkscrew.
Sacerdócio *s* priesthood; sacerdotage.
Sacerdotal *adj* sacerdotal; priestly.
Sacerdote *s* priest; clergyperson; clergyman.
Saci *s* MIT BR a little one-legged black boy.
Saciar *v* to saciate; to sate; to cloy.
Saciedade *s* society; replition; surfeit.
Saco *s* sack; grab-bag.
Sacola *s* wallet; knapsack; grip-sack.
Sacolejar *adj* to rattle; to rock; to swing; to sway.
Sacramentar *v* to take the Sacraments; to receive the Sacraments.
Sacramento *s* Sacrament.
Sacrificador *s* sacrificer.
Sacrificador *adj* sacrificing.
Sacrificar *v* to sacrifice.
Sacrifício *s* sacrifice; immolation; privation; renouncement.
Sacrilégio *s* sacrilege; profanation.
Sacrílego *adj* sacrilegious.
Sacristão *s* sacristan; sexton.
Sacristia *s* sacristy; vestry.
Sacro *s* ANAT sacrum.

Sacro *adj* sacred; sacral.
Sacrossanto *adj* sacrosanct.
Sacudida *s* shaking; shake.
Sacudido *adj* shaken; harsh.
Sacudir *v* to shake; to jerk; to jolt; to wag.
Sádico *adj* sadistic; sadist.
Sadio *adj* healthy; wholesome.
Sadismo *s* sadism.
Safado *adj* worn out; POP shameless; BR licentious; immoral.
Safanão *s* a jerk; flounce; shove; push; GÍR a slap.
Safar *v* to wear out; to clear; to wipe out.
Safena *s* MED saphena.
Safira *s* sapphire.
Safra *s* harvest; crop.
Saga *s* saga.
Sagacidade *s* sagacity; penetration; discerment; perspicacity.
Sagaz *adj* sagacious; shrewd; perspicacious.
Sagração *s* consecration.
Sagrado *adj* sacred; divine; holy; sacrosanct.
Sagrar *v* to consecrate; to bless; to hallow; to dedicate.
Sagu *s* sago.
Saguão *s* inner yard; passage; entrance; hall.
Saia *s* skirt.
Saibro *s* gravel; gross sand.
Saída *s* way out; exit; issue; outlet; going out.
Saiote *s* short petticoat; short skirt.
Sair *v* to go out; to proceed; to go out; to get out; to come out; to turn out; to go away; GÍR **sai fora!**: get lost!
Sal *s* salt; piquancy; wit; grace.
Sala *s* room.
Salada *s* salad.
Salamaleque *s* salaam.
Salamandra *s* ZOO salamander.
Salame *s* salami.
Salão *s* salon; saloon.
Salário *s* wages; hire; pay given for labor.
Saldar *v* to balance; to settle; to pay off.
Saldo *s* COM balance of an account; remainder.
Saleiro *s* salt-cellar; salt-shaker.
Salgado *adj* salted; salty; FIG witty.
Salgar *v* to salt; to flavor.
Salgueiro *s* willow; wipping.
Saliência *s* salience; projection; jutting; protuberance.
Salientar *v* to point out; to jut out; to set off; to insist on; to emphasize; to accent.
Salina *s* saline.
Salitre *s* saltpeter; nitrate.
Saliva *s* spittle; saliva.
Salivar *v* to spit; to produce salivation.
Salmão *s* salmon (fish).
Salmo *s* RELIG psalm.
Salmoura *s* brine; pickle.
Salobre *adj* brackish; briny; saltish.
Salpicado *adj* besprinkled; spotted; speckled.
Salpicar *v* to speckle; to speck; to besprinkle; to sprinkle.
Salsa *s* parsley.

SALSICHA — SEDE

Salsicha s sausage.
Salsicharia s pork-shop.
Salsicheiro s pork-butcher.
Saltador s jumper; hopper.
Saltador adj leaping; jumping.
Saltar v to jump; to leap; to spring.
Saltear v to assault; to overtake; to surprise.
Saltimbanco s mountebank; quack.
Saltitante adj hopping; skipping.
Saltitar v to skip; to hop; to move with light leaps.
Salto s leap; jump; bound.
Salubre adj salutary; salubrious; wholesome.
Salutar adj salutary; healthy.
Salva s volley of guns; salver; tray; BOT garden sage.
Salvação s salvation; deliverance.
Salvador s sayer; saviour.
Salvador adj saving.
Salvaguardar v to safeguard; to protect against; to defend.
Salvamento s safety; salvation.
Salvar v to save; to rescue; to deliver.
Salve interj hail!
Salvo adj safe; secure; saved.
Salvo prep save; except; saving.
Salvo-conduto s safe-conduct; passport.
Samba s BR music; dance; rythm.
Sanar v to heal; to restore; to health; MED to cure.
Sanatório s sanatorium.
Sanável adj curable; removable.
Sanção s sanction; ratification.
Sancionar v to sanction; to ratify; to confirm; to authorize.
Sandália s sandal (shoe).
Sanduíche s sandwich.
Saneamento s sanitation.
Sanear v to sanitare; to drain; to improve lands.
Sanfona s MÚS hurdy-gurdy; accordion.
Sangrar v to bleed; to let bleed.
Sangrento s bleeding; bloody.
Sangria s bleeding; blood-letting; negus.
Sangue s blood; bloodlife; life; race.
Sanguessuga s ZOO leech.
Sanguinário adj sanguinary; bloody; bloodthirsty.
Sanha s fury; anger; rage.
Sanidade s healthy; sanity; lucidity; wholesomeness.
Sanitário adj sanitary; hygienic; hygienical.
Sânscrito s Sanskrit (ancient language).
Santidade s sanctity; holiness; saintliness; godliness.
Santificar v to sanctify; to make sacred or holy; to hallow.
Santíssimo adj most holy.
Santo s Saint.
Santo adj holy; sacred; saintly.
Santuário s sanctuary; shrine; Holy of Holies.
São adj sound; wholesome; entire; healthy; healthy.
Sapa s shove; sap; sapping.
Sapataria s shoemaker's shop.
Sapateado s clog-dance; tap-dance; cloging-dance.
Sapatear v to beat time with the foot; to stamp the feet.
Sapateira s shoemaker's wife.
Sapateiro s shoemaker; shoe-dealer.
Sapato s shoe.
Sapiência s sapience; wisdom; sageness.
Sapiente adj wise; sapient; sage; sagacious; learned.
Sapinhos s MED thrush.
Sapo s toad; kibitzer; disguised inspector.
Saponáceo adj saponaceous; soapy.
Saque s sack; plunder; pillage; COM draft.
Saqueador s plunderer; pillager.
Saquear v to sack; to loot; to plunder; to pillage; to rob.
Saraiva s hail.
Saraivada s hail-storm; shower.

Saraivar v to haill; to shower down like hail.
Sarampo s MED measles.
Sarar s to heal; to cure a disease; to recover.
Sarau s soirée.
Sarcasmo s sarcasm; irony; ridicule; taunt.
Sarcástico adj sarcastic; sardonic; sarcastical.
Sarcófago s sarcophagus.
Sarda s freckle; spleckle.
Sardento adj freckled; freckly.
Sardinha s sardine.
Sargento s sergeant; clamp iron.
Sarjeta s gutter; thin; serge.
Sarna s itch; itching.
Sarraceno adj saracen.
Sarrafo s fath; shingle; batten.
Sarro s tartar.
Satanás s satan.
Satânico adj satanic; devilish; infernal.
Satélite s satellite.
Sátira s satire; irony.
Satirizar v to satirize; to write satires upon; to lampoon.
Satisfação s satisfation; plesure; apologies.
Satisfatório adj satisfactory.
Satisfazer v to satisfy; to please; to fulfil.
Satisfeito adj satisfied; content; happy.
Sátrapa s satrap.
Saturar v to saturate; to soak; to drench; to steep.
Saturno adj ASTR Saturn.
Saudação s salutation; salute; greeting.
Saudade s regret; sorrow; longing.
Saudar v to salute; to compliment; to greet; to welcome.
Saudável adj sound; wholesome; salutary; healthy.
Saúde s health.
Saudoso adj longing; regretted; nostalgic.
Saxão adj saxon.
Sazonar v to season; to mature; to ripen; to grow ripe.
Se conj if; whether.
Se pron himself; itself; themselves; each other; one another; one; people; they.
Sebo s tallow; BR second hand book store.
Seca s drying; dryness; drouth; drought.
Secador s desiccator; dryer.
Secagem s drying.
Seção s section; portion; intersection.
Secar v to dry; to dry up; to season (wood).
Seccionar v to section; to cut into sections.
Secessão s secession.
Seco adj dry; rude; lean; lank; plain.
Secretaria s secretariat; secretary; writing desk.
Secretariado s secretaryship; secretariat.
Secretariar v to act as secretary; to be a secretary of.
Secretário s Secretary.
Secreto s secret; mystery.
Secreto adj secret; private; reserved.
Sectarismo s sectarianism; partisanship; sectarism.
Secular s layman.
Secular adj secular.
Secularizar v to secularize.
Século s century (100 years); age.
Secundar v to second; to follow or attend; to back up.
Secundário adj secondary; subsidiary.
Secura s dryness; thirst; insensibility; indifference.
Seda s silk.
Sedação s mitigation.
Sedar v to allay; to alleviate; to hackle; to hatchel.
Sedativo adj sedative;depressant.
Sedativo s sedative;depressant.
Sede s see; headquarters; seat.
Sede s thirst; desire; eagerness.

Sedentário s sedentary man.
Sedentário adj sedentary; inactive.
Sedento s thirsty; eager; avid; anxious.
Sediar v to host.
Sedição s sedition; tumult; dissension; mutiny; revolt.
Sedicioso adj seditious; guilty of sedition; disobedient.
Sedimentação s sedimentation.
Sedimentar v to sedimentate; sedimentary.
Sedimento s sediment; settling; dregs.
Sedoso adj silky; silken; hairy.
Sedução s seduction; charm; enticement; attraction.
Sedutor s seducer; allurer.
Sedutor adj seductive; alluring.
Seduzir v to seduce; to lead; to allure; to mislead; to entice.
Segador s reaper; mower.
Segar v to mow; to cut the grass; to reap; to harvest.
Segmentação s segmentation.
Segmentar v to segment; to separate into segments.
Segmento s segment; section.
Segredar v to whisper; to speak secretly; to mention privately.
Segredo s secret; mystery.
Segregação s segregation.
Segregar v to segregate; to separate; to cut off from others.
Seguida s following; continuation.
Seguido adj followed; continuous; constant; incessant.
Seguidor s disciple; partisan.
Seguimento s following; pursuing; continuation; consequence.
Seguinte s follower.
Seguinte adj next; immediate; continuous; adjoining; following.
Seguir v to follow; to go chase; to pursue; to obey; to mind; to proceed along.
Segunda s MÚS second; MEC second gear; second speed.
Segundar v to second; to follow; to assist; to support.
Segundo s second; a moment; an instant; one who comes after; a backer; an assistant.
Segundo adj second; secondary; inferior.
Segundo prep according to.
Segurança s safety; security; guarantee; protection; assurance.
Segurar v to firm; to hold; to grab; to assure; to ensure; to insure; to garantee.
Seguro s insure; insuring; premium.
Seguro adj secure; safe; firm; steady.
Seio s breast; bosom; heart; womb; sinus; bay.
Seita s sect; religious order; party; faction.
Seiva s sap; sapwood; vital juice; blood.
Seixo s pebble.
Sela s saddle.
Selado adj saddled (horse); sealed (stamped).
Selador s sealer.
Selar v to saddle; to seal; to stamp; to conclude; to finish.
Seleção s selection; ESP scratch team.
Selecionar v to select; to choose; to pick up.
Seleiro s saddler.
Seletivo adj selective.
Seleto adj selected; select; picked; choosen.
Selo s seal; postage-stamp; stamp; postmark.
Selva s jungle.
Selvagem s savage.
Selvagem adj savage; wild; untamed; uncivilized.
Selvajaria s savagery; barbarity; wildness.
Sem prep without; lacking.
Semáforo adj semaphore.
Semana s week.
Semanal adj weekly.
Semanário s weekly (publication).
Semanário adj weekly.
Semblante s semblant; face; air; figure.
Semeador s sower; seeder.

Semeador adj sowing.
Semeadura s sowing; seedind.
Semear v to sow; to scatter; to spread.
Semelhança s resemblance; similarity; likeness; similitute; analogy; semblance.
Semelhante adj resembling; like; similar; alike; such.
Sêmen s semen; seed; sperm.
Semente s seed; any small seedlike fruit; semen; FIG origin.
Sementeira s seedtime; seeding; sowing.
Semestral adj semestral.
Semestre s semester.
Semestre adj semestral.
Seminação s semination; dissemination; BOT semination.
Seminal adj seminal.
Seminário s seminary; seminar.
Seminário adj seminal.
Seminarista s seminarist.
Semínima s MÚs crotchet; quarter note.
Seminu adj half-naked.
Semioficial adj semiofficial.
Semita s semite; semitic.
Semítico adj semitic.
Semitismo s semitism.
Semitom s MÚS semitone.
Semivogal s GRAM semivowel.
Semolina s semola; semoline.
Sempiterno adj sempiternal; everlasting.
Sempre adj always; ever.
Senado s the Senate; Senate-House.
Senador s senator.
Senão s fault; defect.
Senão conj otherwise; else.
Senão prep but; execpt.
Senda s pathway; footpath; routine; path; way.
Senha s watchword; password; shibboleth.
Senhor s master; Lord; sir; mister.
Senhora s lady; wife; mistress.
Senhorear v to master; to subdue; to domineer.
Senhoria s lordship; landlady.
Senhorio s seigniory; lordship; landlord; owner.
Senhorita s miss.
Senil adj senile.
Senilidade s senility; old age.
Sênior adj senior; elder.
Seno s MAT sine.
Sensabor adj tasteless; insipid.
Sensação s sensation.
Sensacional adj sensational.
Sensatez s sensibleness; prudence; wisdow; good sense.
Sensato adj sensible; responsive; reasonable; rational.
Sensibilidade s sensibility; sensitiveness; tender heartedness.
Sensibilizar v to sensibilize; to render sensitive; to move.
Sensitivo adj sensitive; susceptible; impressionable.
Sensível adj sensitive; tender; touchy; grievous.
Senso s sense; reason; intelligence.
Sensorial adj sensorial.
Sensório s MED sensorium.
Sensório adj sensory.
Sensual adj sensual; sensuous; fleshy; lewd; lustful.
Sensualidade s sensuality; lewdness.
Sensualismo s sensualism.
Sensualista s sensualist.
Sensualizar v to sensualize; to make sensual.
Sentar v to fix; to sit.
Sentença s sentence; maxim; axiom; verdict; award.
Sentenciado adj judged; sentenced; convict.
Sentenciar v to sentence; to pass judgment on; to adjudge; to pronounce sentence; to determine; to decide.
Sentido s sense; meaning; care; direction; way.

Sentido *adj* sensible; grievous; sorry; sorrowful.
Sentido *interj* alert!
Sentimental *adj* sentimental; romantic; mushy.
Sentimentalismo *s* sentimentalism; sentimentality.
Sentimento *s* sentiment; feeling; sensibility; passion; perception; sorrow; distress; resentment.
Sentinela *s* sentry; watchtower.
Sentir *s* sentiment; feeling.
Sentir *v* to feel; to be sensible of; to be sorry for; to foresee; to perceive.
Separação *s* separation; split; dissociation; partition; divorce.
Separado *adj* separate; unconnected.
Separar *v* to separate; to disconnect; to take asunder.
Separata *s* separatum.
Separatismo *s* separatism.
Separatista *adj* separatist.
Separável *adj* separable.
Séptico *adj* septic; putrefactive.
Sepulcral *adj* sepulchral; gloomy; funeral.
Sepulcro *s* sepulchre; grave; tomb; *Santo SEPULCRO*: Holy Sepulchre.
Sepultador *s* burier.
Sepultar *v* to sepulcher; to sepulchre; to bury; to entomb.
Sepultura *s* sepulture; sepulcher; grave; burial; tomb.
Sequaz *s* follower; partisan; supporter; hench man.
Sequência *s* sequence; succession.
Sequente *adj* sequent; following.
Sequer *adj* at least; however; even.
Sequestrador *s* sequestrator; kidnapper.
Sequestrador *adj* sequestrating.
Sequestrar *v* to sequestrate; to confiscate; to kidnap.
Sequestro *s* sequestration; kidnapping.
Sequioso *adj* thirsty; dry; FIG eager; greedy; avid.
Séquito *s* retinue; body of retainers.
Ser *s* being.
Ser *v* to be; to exist; to live.
Sereia *s* mermaid.
Serenar *v* to calm; to soothe; to quiet; BR to drizzle.
Serenata *s* serenade.
Serenidade *s* serenity; calmness; quietness; calmness of mind.
Sereno *s* dew; evening damp.
Sereno *adj* serene; calm; placid; undisturbed; tranquil; quiet.
Seriamente *adv* seriously; earnestly; thoughtfully.
Seriar *v* to classify; to order.
Sericicultura *s* sericiculture; sericulture.
Série *s* a series; succession; a continuation; a sequence.
Seriedade *s* seriousness; integrity; gravity.
Seringa *s* syringe; syringa; the mock orange.
Seringal *s* seringal.
Seringueira *s* seringa (tree).
Sério *adj* serious; earnest; thoughtful; solemn; grave.
Sermão *s* sermon.
Seroso *adj* serous; thin; watery.
Serpear *v* to meander; to wind; to wringle.
Serpentário *s* secretary-bird; serpent-eater; BR serpentarium.
Serpente *s* serpent (snake); POP ugly woman.
Serpentina *s* serpentine; carnival ribbon; streamer.
Serra *s* saw; chain of mountains.
Serração *s* sawing; sawdust.
Serrador *s* sawyer.
Serragem *s* sawing; sawdust.
Serralha *s* BOT sow-thistle.
Serralharia *s* locksmith's trade; locksmith's shop.
Serralheiro *s* locksmith.
Serrar *v* to saw.
Serraria *s* saw-mill.
Sertanejo *s* inlander; forester.
Sertanejo *adj* rude; inland.
Sertão *s* backwoods.

Serva *s* a maid; a domestic servant; a woman slave.
Servente *s* servant; cleaner; a domestic servant.
Serventia *s* service; use; entrance; usefulness.
Serviçal *adj* serviceable; useful; doing service; servant.
Serviço *s* service; duty; set; course.
Servidão *s* servitude; slavery; bondage.
Servidor *s* servant; attendant.
Servil *adj* servile; abject; obsequious; subservient; manial.
Servilismo *s* servility; servilism.
Servir *v* to serve; to help persons to food at table; to wait on.
Servo *s* servant; slave; serf.
Sésamo *s* gergelim; sesame (Indian herb).
Sessão *s* session; meeting.
Sesta *s* siesta.
Seta *s* arrow.
Setáceo *adj* setaceous; bristly.
Setada *s* arrowshot.
Seteira *s* loophole; looplight.
Seteiro *s* archer; bowman.
Setembro *s* September (ninth mounth of the year).
Setentrião *s* septentrion; the North Pole.
Seu *adj* his; its; your; one's; their; yours; theirs.
Severidade *s* severity; austerity; harshness.
Severo *adj* severe; grave; austere; rigorous.
Sevícia *s* cruelty; ill-treatment.
Seviciar *v* to treat with cruelty.
Sexo *s* sex.
Sexta *s* sext; MÚS sixty; sext.
Sexta-feira *s* Friday; *SEXTA-FEIRA Santa*: Good Friday.
Sextante *s* sextant.
Sexteto *s* MÚS sextet.
Sexual *adj* sexual.
Sexualidade *s* sexuality.
Sexualismo *s* sexualism.
Si *s* MÚS si note (symbol "B").
Si *pron* himself; herself; itself; oneself; yourself.
Siberiano *adj* Siberian.
Sibila *s* sibyl; witch.
Sibilação *s* sibilance; sibilancy.
Sibilante *adj* sibilant; hissing.
Sibilar *v* to sibilate; to hiss.
Sicrano *s* such a one.
Sideral *adj* sideral; starry; astral.
Siderurgia *s* siderurgical.
Siderúrgico *adj* siderurgical.
Sidra *s* cider.
Sifão *s* siphon; syphon.
Sífilis *s* MED syphilis.
Sifilizar *v* to syphilize.
Sigilar *v* to sigillate; to seal.
Sigilo *s* a secret; reserve.
Sigla *s* sigla; abbreviature; monogram.
Sigma *s* sigma (18th letter of the Greek alphabet).
Signa *s* flag; standard; emblem.
Signatário *s* signatory; signer; subscriber.
Significação *s* signification; meaning; significancy.
Significado *s* signification; meaning.
Significador *s* signifier.
Significador *adj* significative; indicative; suggestive.
Significante *adj* significant; meaningful.
Significar *v* to signify; to mean; to denote; to express.
Significativo *adj* significative; significant; meaningful.
Signo *s* ASTR sign.
Silabar *v* to syllabicate; to syllabize.
Silenciar *v* to silence; to quiet; to stop the noise of.
Silêncio *s* silence; stillness.
Silencioso *adj* silent; mute; taciturn; reserved; speechless.
Silente *adj* silent.
Silhueta *s* silhouette.

SÍLICA — SOBEJO

Sílica s silex; silica; flint.
Silo s silo.
Silogismo s syllogism.
Silogizar v to syllogize.
Silvestre adj wild; woody; sylvestral.
Silvicultor s silviculturist; forester.
Silvicultura s silviculture; forestry.
Silvo s whistle; whistling; hissing; swish.
Sim s yes; indeed; assent; consent.
Simbiótico adj symbiotic.
Simbólico adj symbolic; symbolical.
Simbolismo s symbolism.
Simbolista s symbolist.
Simbolística adj symbolistic.
Simbolizar v to symbolize; to use symbols; to typify.
Símbolo s symbol; emblem; figure; type; sign.
Simbologia s symbology.
Simetria s symmetry.
Simétrico adj symmetrical.
Simetrizar v to symmetrize; to make symmetrical.
Símil s simile; analogy.
Símil adj similiar; like.
Similar adj similar.
Similaridade s similarity; resemblance; likeness.
Símile s simile; comparison; similarity.
Símile adj simile; similar.
Similitude s semilitude; resemblance.
Símio s ape-monkey.
Símio adj simian; apelike.
Simpatia s approval; fellow-feeling.
Simpático adj charming; nice; likeable.
Simpatizante s supporter.
Simpatizante adj sympathizing; supporting.
Simpatizar v to take to; to have a liking for.
Simples adj simple; single; plain.
Simplesmente adv just.
Simplicidade s simplicity; simpleness; modesty; plainness.
Simplificação s simplification; the act of simplifying.
Simplificador s simplifier.
Simplificar v to simplify; to make simple; to make clear.
Simplório s simpleton; a fool; a silly person.
Simplório adj simple; silly; dunce.
Simulação s simulation; disguise; camouflage.
Simulacro s simulacrum; pretense; resemblance.
Simulado adj feigned; pretended; simulate; false.
Simulador s simulator; dissembler.
Simular v to simulate; to act; to feign; to imitate; to pretend; to sham.
Simultaneidade s simultaneity; simultaneousness.
Simultâneo adj simultaneous.
Sina s fate; destiny; lot.
Sinagoga s synagogue.
Sinal s sign; a conventional symbol; a conventional emblem.
Sinalar v to sign; to signalize.
Sinaleiro s signalman; signalist; signater; flagman.
Sinalização s road-signs; signalling.
Sinceridade s sincerity; honesty; heartness; sincereness.
Sincero adj sincere; unfeigned; frank upright; honest; artless.
Sincopar v GRAM to syncopate.
Síncope s MED syncope.
Sincretismo s syncretism.
Sincrônico adj synchronous.
Sincronizar v to synchronize; to agree in time.
Sindical adj syndical; trade union.
Sindicalismo s syndicalism.
Sindicalizar v to syndicate.
Sindicância s inquiry; investigation.
Sindicante s inquirer; questioner; investigator.
Sindicar v to inquire; to investigate.

Sindicato s syndicate; trade-union.
Síndico s syndic; trustee.
Síndrome s MED syndrome.
Sinecura s sinecure; soft job; plum; a snap.
Sineiro s a bell-ringer; bell-founder; bell-man.
Sineta s small bell.
Sinete s a signet; seal; small seal.
Sinfonia s symphony.
Sinfônico adj symphonic.
Singeleza s simplicity; plainness; sincerity; innocense.
Singelo adj simple; plain; sincere; true; honest.
Singrar v to sail; to steer.
Singular s GRAM singular; the singular number.
Singular adj singular; eccentric; peculiar; extraordinary.
Singularidade s singularity; peculiarity; oddity.
Singularizar v to singularize; to distinguish; to particularize.
Sinistra s the left hand.
Sinistro s disaster; damage; loss; accident; catastrophe.
Sinistro adj sinister; evil; ill-omened; sinistrous; perverse.
Sino s bell.
Sínodo s synod.
Sinônimo s GRAM synonym.
Sinóptico adj synoptic; synoptical.
Sintático adj syntactic; syntactical.
Sintaxe s GRAM syntax.
Síntese s synthesis.
Sintético adj synthetic; not genuine; artificial.
Sintetizar v to synthesize; to combine by synthesis; to put together by synthesis; to produce by synthesis.
Sintoma s symptom.
Sintonia s syntony; radio check.
Sintonização s syntonization; tuning.
Sintonizar v to syntonize; to tune in; to put in tune.
Sinuosidade s sinuosity; tortuosity; circumlocution.
Sinuoso adj sinuous; intricate; wavy; winding.
Sinusite s MED sinusitis.
Sionismo s zionism.
Sionista s zionist.
Siríaco adj syriac.
Sirigaita s GÍR a restless and sly girl.
Sírio s Syrian; ASTR Sirius.
Sírio adj Syrian.
Sísmico adj seismic; seismical.
Sismo s earthquake.
Sismografia s seismography.
Sismógrafo adj seismographic; seismographical.
Sismologia s seismology.
Siso s sense; judgement; wisdom.
Sistema s system; method.
Sistemático adj systematic; methodical.
Sistematizar v to systematize; to organize; to arrange methodically.
Sístole s MED systole.
Sistólico adj MED systolic.
Sisudez s circunspection.
Sitiante s BR small farmer; besieger.
Sitiante adj besieging.
Sítio s siege; place; site.
Sito adj situated; placed.
Situação s situation; condition; site; position.
Situar v to situate; to locate; to place.
Só adj alone; only; sole.
Só adv only; lonely.
Soalho s floor.
Soante adj sonorous; sounding.
Soar v to sound; to ring; to produce a sound.
Sob prep under; beneath; below.
Sobejar v to exceed; to be left over; to remain over.
Sobejo s remains; leavings; left-over.

Sobejo *adj* excessive.
Soberania *s* sovereignty; sway.
Soberanizar *v* to sovereignize; to be sovereign.
Soberano *s* sovereign; supreme.
Soberano *adj* sovereign; supreme.
Soberba *s* pride; arrogance; haughtiness; presumption.
Soberbo *adj* proud; arrogant; superb; majestic; grand.
Sobra *s* rest; remains; overplus; excess; surplus.
Sobradar *v* to floor; to cover with a floor; to furnish with a floor.
Sobrado *s* second floor.
Sobrado *adj* left; excessive; plentiful.
Sobranceiro *adj* towering; hanging-over; haughty; proud.
Sobrancelha *s* the eyebrow.
Sobrar *v* to remain; to be left over.
Sobre *prep* on; upon; over; about.
Sobreaviso *s* look-out; previous advice.
Sobrecarga *s* surcharge; overburden; overload.
Sobrecarregar *v* to surcharge; to overload; to overburden.
Sobrecasaca *s* frock-coat.
Sobrelevar *v* to surpass; to surmount; to tower above.
Sobreloja *s* entresol; mezzanine.
Sobremaneira *adv* excessively; most; exceedingly.
Sobremesa *s* dessert.
Sobremodo *adv* excessively; most; exceedingly.
Sobrenatural *adj* supernatural; miraculous; superhuman.
Sobrenome *s* surname; nickname.
Sobrenomear *v* to surname.
Sobrepeliz *s* surplice.
Sobrepor *v* to surpose; to lay upon; to overlap; to put over.
Sobreposição *s* superposition.
Sobreposto *adj* superposed; trimming.
Sobrepujar *v* to surpass; to excel; to exceed; to preponderate.
Sobrescrever *v* to superscrible; to address.
Sobrescritar *v* to superscribe; to address.
Sobrescrito *s* address.
Sobressair *v* to surpass; to excel; to exceed; to overtop.
Sobressalente *adj* spare; superabundant.
Sobressaltado *adj* surprised; frightened; taken aback.
Sobressaltar *v* to surprise; to frighten; to startle.
Sobressalto *s* alarm; fear.
Sobretaxa *s* extra tax; additional tax; overtax.
Sobretudo *s* overcoat.
Sobretudo *adv* above all.
Sobrevir *v* to supervene; to follow; to happen; to occur.
Sobrevivência *s* survival.
Sobrevivente *s* survivor.
Sobrevivente *adj* surviving.
Sobreviver *v* to survive; to outlive; to outlast.
Sobrevoar *v* to fly over.
Sobriedade *s* sobriety; frugality.
Sobrinha *s* niece.
Sobrinho *s* nephew.
Sóbrio *adj* sober; not drunk; frugal.
Socar *v* to box; to strike; to pound.
Sócia *s* female associate.
Sociabilidade *s* sociability; sociableness.
Sociabilizar *v* to make sociable.
Social *adj* social; sociable; convivial.
Socialismo *s* socialism.
Socializar *v* to socialize.
Sociável *adj* sociable; companionable.
Sociedade *s* society; relationship; association; alliance.
Sócio *s* partner; sharer; associate.
Sociologia *s* sociology.
Sociológico *adj* sociologistic; sociologistical.
Sociólogo *s* sociologist; sociologian.
Soco *s* sock; socking; a box; a punch.
Soçobrar *v* to sink; to overwhelm; to capsize.

Soçobro *s* sinking; shipwreck; ruin; fall; foundering.
Socorrer *v* to help; to aid; to assist; to succor; to relief.
Socorro *s* succor; help; aid; assistance.
Socorro *interj* help!
Soda *s* soda.
Soerguer *v* to lift; to raise.
Sofá *s* sofa; couch; settee.
Sofisma *s* sophism; fallacy; quibble.
Sofismar *v* to sophisticate; to quibble; to equivocate.
Sofista *s* sophist; quibbler.
Sofisticação *s* sophistication.
Sofisticado *adj* sophisticated; prim; priggish.
Sofisticar *v* to sophisticate; to become artificial.
Sofredor *s* sufferer.
Sofredor *adj* suffering.
Sôfrego *adj* eager; greedy; voracious; impatient.
Sofreguidão *s* eagerness; greediness; greed.
Sofrer *v* to suffer; to bear; to undergo.
Sofrido *adj* suffered; patient.
Sofrimento *s* suffering; pain.
Sogra *s* mother-in-law.
Sogro *s* father-in-law.
Sol *s* the Sun.
Sola *s* leather; sole of a foot.
Solapado *adj* undermined; hidden; secret.
Solapar *v* to undermine; to hide; to ruin; to sap.
Solar *s* manor; manor-house.
Solar *adj* solar.
Solavanco *s* a jerk; a jolt.
Solda *s* solder.
Soldadesca *s* soldiery.
Soldado *s* soldier.
Soldador *s* solderer; welderer.
Soldagem *s* soldering; welding.
Soldar *v* to solder; to weld.
Soleira *s* threshold.
Solene *adj* solemn; stately; formal; grave; pompous.
Solenidade *s* solemnity; celebration; ceremony.
Solenizar *v* to solemnize; to celebrate.
Solércia *s* artfulness; cunning; skill; skillfulness.
Soletração *s* spelling.
Soletrar *v* to spell.
Solfejar *v* MÚS to sol-fa; to solmizate.
Solfejo *s* MÚS solfeggio.
Solfista *s* sol-faist.
Solicitação *s* solicitation; request; entreaty.
Solicitador *s* solicitor; petitioner.
Solicitante *s* applicant; petitioner.
Solicitante *adj* soliciting.
Solicitar *v* to solicit; to beg; to apply for; to entreat.
Solícito *adj* solicitous; careful; eager to do; diligent.
Solicitude *s* solicitude; diligence; carefulness.
Solidão *s* solitude; loneliness; seclusion; wilderness.
Solidariedade *s* solidarity.
Solidário *adj* solidary.
Solidarizar *v* to solidarize.
Solidez *s* solidity; solidness; firmness.
Solidificação *s* solidification.
Solidificar *v* to solidify; to make firm.
Sólido *s* solid.
Sólido *adj* solid; compact; firm; sound.
Solilóquio *s* soliloquy.
Solista *s* soloist.
Solitária *s* tapeworm; a solitary cell.
Solitário *adj* solitary; alone; lone; lonely; lonesome.
Solo *s* soil; ground; earth; MÚS solo.
Solsticial *adj* solstitial.
Solstício *s* solstice.
Soltar *v* to untie; to loosen; to let go; to set free; to release.

Solteirão s bachelor.
Solteiro adj unmarried; single; bachelor.
Solteirona s spinster; old maid.
Solto adj loose; free; not tied; licentious.
Soltura s letting loose; licentiousness.
Solubilidade s solubility.
Solubilizar v to render soluble.
Solução s solution; explanation; solution; solving; conclusion.
Soluçar v to sob; to hiccup.
Solucionar v to solve; to puzzle out; to answer.
Soluço s sob; hiccup.
Solúvel adj soluble.
Solvência s solvency.
Solvente adj solvent; dissolving; COM solvent.
Solver v to solve; to explain; to resolve; to puzzle out; to pay.
Solvível adj solvable.
Som s sound.
Soma s sum; amount.
Somar v to sum; to add.
Somático adj somatic; physical; corporeal.
Somatório s total; sum; amount.
Sombra s shade; shadow.
Sombreado s shady; shading.
Sombrear v to shade; to shadow.
Sombrinha s small sun umbrella; parasol; sunshade.
Sombrio adj shady; dark; gloomy; sad; harsh; sombre; sullen.
Somenos adj of little worth; cheaper; inferior.
Somente adv only; merely; solely.
Sonambulismo s somnambulism.
Sonâmbulo s somnambulist; sleep-walker.
Sonâmbulo adj somnambulistic; somnambulistical.
Sonante adj sonant; sounding.
Sonata s sonata.
Sonatina s sonatina.
Sonda s MED probe; plumb; bob; a well drill.
Sondar v to sound; to bore; MED to probe.
Soneca s a nap; a short slumber; doze; forty winks.
Sonegação s concealing; concealment.
Sonegador s concealer.
Sonegamento s concealment.
Sonegar v to conceal; to hide; to hold back.
Sonetista s sonneteer.
Soneto s sonnet.
Sonhador s dreamer; muser.
Sonhador adj dreaming; dreamy.
Sonhar v to dream; to have a dream or dreams; to muse.
Sonho s dream; vision; reverie; muse; fiction.
Sonido s sound; noise; acute sound; crash.
Sonífero s hypnotic; soporific.
Sonífero adj somnific; somniferous; soporific.
Sono s sleep.
Sonolência s somnolence; sleepiness; drowsiness.
Sonolento adj somnolent; sleepy; FIG slow; lazy.
Sonoridade s sonorousness; sonority.
Sonorização s sonorousness.
Sonorizar v to render sonorous; to sound.
Sonoro adj sonorous; resonant.
Sonsa s slyness; sham.
Sonso s shammer; pussy-footed.
Sonso adj sly; cunning.
Sopa s soup; cinch.
Sopapo s slap; blow; punch; box.
Sopé s base; foot (hill).
Sopeira s soup tureen; porridge-dish.
Sopitar v to make drowsy; to allay; to soothe; to quiet.
Sopor s sopor; lethargic sleep; drowsiness.
Soporífero adj soporiferous; soporific.
Soprano s MÚS soprano.
Soprar v to blow; to prompt; to incite.
Sopro s blowing; puff; whiff; breath; hint.
Soquete s rammer; socket; land packer; ramrod.
Sordidez s sordidness; meanness; stinginess; filth.
Sórdido adj sordid; vile; mean; base; dirty; filthy.
Soro s serum; whey.
Soror s sister.
Sorrateiramente adv sneakily.
Sorrateiro adj cunning; sly; crafty.
Sorridente adj smiling; gay; pleasant.
Sorrir v to smile; to look or appear gay.
Sorriso s smile; sickly smile.
Sorte s luck; fortune; chance; lottery.
Sortear v to lot; to raffle; to cast lots.
Sorteio s balloting; drawing lots; assortment; lottery; raffle.
Sortilégio s sortilege; sorcery; witchery; witchcraft.
Sortimento s assortment; stock; supply.
Sortir v to furnish; to supply; to furnish oneself.
Sorvedouro s abyss; pit; whirpool; gulf.
Sorver v to sip; to suck; to absorb; to swallow.
Sorvete s ice-cream; ice.
Sósia s sosia.
Soslaio s slant; obliquity.
Sossegado adj tranquil; quiet; calm; still.
Sossegador s quieter; appeaser.
Sossegar v to appease; to calm; to quiet; to tranquilize.
Sossego s calmness; quietness; stillness.
Sótão s garret; an attic; penthouse.
Sotaque s accent.
Sota-vento s leeward; lee.
Soterramento s burying; interment.
Soterrâneo s subterrane.
Soterrâneo adj subterraneous; subterranean.
Soterrar v to bury; to put under ground.
Soturnidade s sadness; surlinness; gloominess.
Soturno adj sullen; dull; sad; surly.
Sova s thrashing; beating.
Sovaco s armpit.
Sovar v to thrash; to beat; to knead; to mold; to mould.
Soviético adj sovietic; soviet.
Sovina s a wooden pin; miser; niggard.
Sovina adj sordid; miserly; stingy.
Sovinar v to sting; to prick; FIG to molest; to hurt.
Sovinice s stinginess; niggardliness; avarice.
Sozinho adj alone; lonely; on my own.
Sua adj your; its; her.
Sua pron yours; hers; its.
Suado adj sweaty; perspiring.
Suador s sweater.
Suador adj sweating.
Suadouro s sudorific; saddlecloth.
Suar v to sweat; to work hard; to labor.
Suástica s swastika.
Suave adj smooth; soft; gentle; sweet; pleasant.
Suavidade s suavity; softness; gentleness.
Suavização s smoothing; softness; softening.
Suavizar v to soften; to appease; to mitigate; to ease.
Subalternar v to subordinate; to render subject.
Subalternizar v to subordinate; to make subaltern.
Subchefe s assistant chief; second in command.
Subclasse s subclass.
Subconsciência s subconsciousness.
Subconsciente s subconscious.
Subcultura s subculture.
Subcutâneo adj subcutaneous.
Subdelegação s subdelegation.
Subdelegado s assistant deputy; subdelegate.
Subdelegar v to subdelegate.
Subdividir v to subdivide; to divide again.
Subdivisão s subdivision.

Subdivisível *adj* subdivisible.
Subentender *v* to understand; to assume; to be implied.
Subespécie *s* subespecies.
Subida *s* ascension; going up; rise; ascent.
Subido *adj* raised; mounted; dear; expensive; excessive; finest.
Subinspetor *s* deputy inspector; subinspector.
Subir *v* to go up; to climb; to ascend; to mount; to rise.
Súbito *s* some sudden event.
Súbito *adj* sudden; unexpected.
Súbito *adv* suddenly.
Subjacente *adj* subjacent; lying under; lying below; underlying.
Subjetivismo *s* subjectivity; subjectivism.
Subjetivo *adj* subjective.
Subjugação *s* subjugation.
Subjugador *s* subjugator; conqueror.
Subjugar *v* to subjugate; to conquer by force; to subdue.
Subjuntivo *s* subjunctive mood.
Subjuntivo *adj* GRAM subjunctive.
Sublevação *s* sublevation; insurrection; uprising; raising up.
Sublevar *v* to sublevate; to raise up; to rebel; to revolt.
Sublimação *s* sublimation.
Sublimar *v* to sublimate; to sublime; to exalt; to heighten.
Sublime *s* sublime; the supreme degree; the acme.
Sublime *adj* sublime; noble; majestic.
Sublimidade *s* sublimity; perfection.
Sublinear *adj* sublinear; underline.
Sublingual *adj* MED sublingual.
Sublinhar *v* to underline; to underscore.
Sublocação *s* underletting; subcontract.
Sublocar *v* to sublet; to underlet.
Sublocatário *s* undertenant; subcontractor.
Sublunar *adj* sublunary; sublunar; earthly.
Submarino *s* submarine (ship).
Submergir *v* to submerge; to put under water; to sink.
Submeter *v* to subject; to submit; to subdue; to yield.
Submissão *s* submission; submissiveness.
Subordinação *s* subordination; subjection.
Subordinado *s* subordinate.
Subordinado *adj* subordinate; subservient; obedient.
Subordinador *adj* subordinating.
Subordinar *v* to subordinate; to make subject; to make subservient; to subdue.
Subornação *s* subornation.
Subornador *s* suborner; briber.
Subornar *v* to suborn; to buy off; to bribe.
Suborno *s* subornation; bribe; graft; bribery.
Sub-reptício *adj* subreptitious; clandestine; secret.
Sub-rogação *s* subrogation; surrogation.
Sub-rogar *v* to subrogate; to substitute; to surrogate.
Subscrever *v* to subscribe; to sign; to approve; to agree to.
Subscrição *s* subscription; whip round.
Subscrito *adj* subscript; written below; signed.
Subscritor *s* subscriber.
Subsecretário *s* subsecretary; undersecretary.
Subsequência *s* subsequence.
Subsequente *adj* subsequent; ensuing; succeeding.
Subserviência *s* subserviency; subservience.
Subserviente *adj* subservient; servile.
Subsidiar *v* to subsidize; to furnish with subsidy.
Subsidiário *adj* subsidiary; branch.
Subsídio *s* subsidy; aid; assistance; subvention.
Subsistência *s* subsistence; livelihood.
Subsistente *adj* subsistent; subsisting.
Subsistir *v* to subsist; to remain; to live.
Subsolo *s* subsoil.
Substabelecer *v* to substitute; to replace.
Substância *s* substance; value; gist; matter.
Substancial *s* essential; material; real.
Substancial *adj* substantial.
Substancializar *v* to substantialize.
Substanciar *v* to substantiate; to nourish; to put into substance; to put into concrete form.
Substancioso *adj* substantial; nourishing; nutritious.
Substantivo *s* substantive; noun.
Substituição *s* substitution; replacement.
Substituir *v* to substitute; to make up for; to commute.
Subtender *v* to subtend; to extend under.
Subterfúgio *s* suberfuge; evasion; shift.
Subterrâneo *s* subterrane.
Subterrâneo *adj* subterraneous; subterranean.
Subtração *s* subraction; thievery; stealing.
Subtrair *v* to subract; to pilfer; to shun; to steal; to deduct.
Suburbano *adj* suburban.
Subúrbio *s* suburb; faubourg; outskirts.
Subvenção *s* subvention; subsidy; grant.
Subvencionar *v* to subsidize.
Subversão *s* subversion; overthrow.
Subversivo *adj* subversive.
Subversor *s* subverter.
Subverter *v* to subvert; to overthrow.
Sucata *s* scrap iron; junk iron.
Sucção *s* suction; sucking.
Sucedâneo *s* succedaneum; substitute.
Sucedâneo *adj* succedaneous.
Suceder *v* to succeed; to take place; to follow; to happen; to come about.
Sucedido *s* event; happening; occurence.
Sucessão *s* succession; sequence; series; issue.
Sucessivo *adj* successive; consecutive.
Sucesso *s* success; prosperity; luck.
Sucinto *adj* succint; concise; brief; short.
Suco *s* juice; sap.
Sucoso *adj* julev; full of juice; juicy.
Súcubo *s* succubus.
Súcubo *adj* succubuous.
Suculência *s* succulency; succulence; juiciness.
Suculento *adj* succulent; juicy.
Sucumbir *v* to succumb; to yield; to submit; to die; to perish.
Sucuri *s* BR snake.
Sudação *s* perspiration; sweat.
Sudário *s* shroud.
Sudeste *s* Southeast.
Sudeste *adj* Southeast.
Sudoeste *s* Southwest.
Sudoeste *adj* Southwest.
Sudorífero *s* sudorific.
Sudorífero *adj* sudorific.
Sudoríparo *adj* sudoriparous.
Sueco *s* Swede.
Sueco *adj* Swedish.
Suficiência *s* sufficient; enough; sufficiency; ability.
Sufixo *s* suffix.
Sufocação *s* suffocation.
Sufocar *v* to suffocate; to smother; to stifle.
Sufragar *v* to elect by vote; to suffrage; to approve; to support.
Sufrágio *s* suffrage; vote.
Sufragista *s* suffragist; suffragette.
Sufragista *adj* suffragial.
Sugação *s* suck; sucking.
Sugador *s* sucker.
Sugador *adj* sucking.
Sugar *v* to suck.
Sugerir *v* to suggest; to hint; to insinuate.
Sugestão *s* suggestion; tip.
Sugestionar *v* to suggest; to hint; to insinuate.
Sugestionável *adj* suggestible.
Sugestivo *adj* suggestive.
Suíças *s* whisker.

Suicida s suicide.
Suicidar-se v to commit suicide; to kill oneself; to do way with one self.
Suicídio s suicide; self-murder; self-destruction.
Suíço adj Swiss.
Suíno s swine; pig.
Sujar v to dirty; to soil; to foul; to tarnish; to sully.
Sujeição s subjection; obedience; control; subjugation.
Sujeira s dirt; filth; nastiness.
Sujeitar v to subject; to subdue; to submit; to subject oneself.
Sujeito s guy.
Sujeito adj subject; liable; exposed.
Sujo adj dirty; foul; filthy; nasty; dishonest; deceiful.
Sul s South.
Sul adj South.
Sulcar v to furrow; to plough; to line.
Sulco s furrow; track; channel.
Sulista s southerner.
Sulista adj southern.
Sultão s sultan.
Suma s summa; summary; abridgment.
Sumariar v to summarize; to sum up.
Sumário s summary.
Sumário adj summary; short; brief; succint.
Sumiço s vanishment; disappearance.
Sumidade s summit; pinnacle; peak; FIG prominent person.
Sumido adj low; sunken; overwhelmed; disappeared.
Sumir v to banish; to disappear; to sink; to hide.
Sumo s juice; sap.
Sumo adj great; supreme.
Súmula s summula; abridgment; summary.
Suntuosidade s sumptuosity; sumptuousness.
Suntuoso adj sumptuous; costly; lavish; splendid; magnificent.
Suor s sweat; perspiration; toil.
Superabundância s superabundance; great abundance; excess.
Superabundante adj superabundant; excessive; exuberant.
Superabundar v to superabound.
Superalimentação s overfeed.
Superalimentar v to overfeed.
Superaquecer v to overheat.
Superar v to surmount; to surpass; to exceed; to overcome.
Superável adj superable; surmountable.
Superavit s superavit; surplus; excess supply.
Supercílio s brow; eyebrow.
Superestimar v BR to overestimate.
Superexcitar v to overexcite.
Superficial adj superficial; shallow.
Superficialidade s superficiality; shallowness.
Superfície s superficies; surface; the exterior part; area.
Supérfluo s surplus; superfluty; excess.
Supérfluo adj superfluous; nonessential; needless.
Superintendência s superintendence; supervision.
Superintender v to superintend; to supervise; to oversee.
Superior s superior; head of a religious house.
Superior adj superior; higher; upper.
Superiora s superioress.
Superioridade s superiority; preeminence; excellence; predominancy.
Superlativar v to make superlative.
Superlotado adj overcrowded.
Superlotar v to overcrowd; to overload.
Superpopulação s superpopulation.
Superpor v to superpose; to lay above; to place over; to place above.
Superposição s superposition.
Superprodução s overproduction.
Supersensível adj supersensible.
Superstição s supertition.
Supersticioso adj superstitious.

Superveniente adj supervenient; supervening.
Supervivência s survival.
Supervivente s suriver.
Supervivente adj surviving.
Suplantação s supplanting.
Suplantar v to supplant; to supersede.
Suplementar adj supplementary; supplemental; additional.
Suplementar v to supplement.
Suplemento s supplement.
Suplente s substitute.
Suplente adj substitutive.
Supletivo adj supplementary; suppletory.
Súplica s supplication; entreaty; solicitation.
Suplicante s supplicant; petitioner.
Suplicar v to supplicate; to beseech; to entreat; to petition.
Súplice adj supplicant; supplicanting.
Supliciado adj punished.
Supliciar v to punish; to execute; to torture; to distress.
Suplício s supplice; torture; torment; affliction.
Supor v to suppose; to assume as true; to accept as true.
Suportar v to support; to bear; to sustain; to endure.
Suportável adj supportable; endurable; bearable.
Suporte s prop; stay; support.
Suposição s supposition; conjecture; hypothesis; surmise.
Supositório s suppository.
Supostamente adv allegedly.
Suposto adj supposed; assumed; would-be.
Supracitado adj above mentioned.
Supradito adj above mentioned.
Supramencionado adj above mentioned.
Supranaturalismo s supernaturalism.
Supranaturalista s supernaturalist.
Suprassumo s acme; the highest point.
Supremacia s supremacy; supreme authority; supreme power; ascendancy.
Supremo adj supreme; highest; paramount.
Supressão s suppression; stoppage.
Supressivo adj suppressive.
Supridor s supplier; substitute.
Suprimento s supply; reinforcement.
Suprimir v to suppress; to conceal; to omit.
Suprir v to supply; to make up for; to fill up.
Supuração s suppuration.
Supurar v to suppurate; to cause to generate pus.
Supurativo adj suppurative.
Surdez s deafness.
Surdina s MÚS sordine; mute; damper.
Surdir v to appear; to come forth; to emerge; to spring.
Surdo adj deaf; surd; voiceless.
Surgir v to rise; to appear; to come forth; to arise.
Surpreendente adj surprising; astonishing; amazing.
Surpreender v to surprise; to astonish; to amaze; to astound.
Surpresa s surprise; amazement; trick.
Surra s thrashing; whipping; flogging.
Surrar v to beat; top thrash; to wear.
Surripiador s pilferer.
Surripiar v to pilfer; to filch; to thieve; to swindle; to steal.
Surtir v to produce; to succeed; to thrive; to originate.
Surto s start.
Surto adj anchored; moored.
Susceptibilidade s susceptibility; feeling; emotion; sensibility; impressibility.
Susceptibilizar v to offend; to hurt; to resent.
Susceptível adj susceptible.
Suscitador s instigator; exciter.
Suscitar v to suscitate; to raise; to excite; to stir up.
Suserania s suzerainty.
Suserano s suzerain.
Suspeição s suspicion; doubt; mistrust.

Suspeitar v to suspect; to mistrust; to be suspicious.
Suspeito adj suspicious; suspected; doubtful.
Suspeitoso adj suspicious.
Suspender v to suspend; to heave; to hold over.
Suspensão s suspension; interruption; cessation.
Suspensivo adj suspensive.
Suspenso adj hung; hunging; suspended.
Suspensório s braces; suspenders.
Suspensório adj suspensory.
Suspirante adj sighing.
Suspirar v to sigh; to take a long deep; to long for; to crave.
Suspiro s sigh; breath; icing.
Sussurrador s whisperer.
Sussurrador adj murmuring; whispering.
Sussurrante adj whispering; murmuring; susurrant.
Sussurrar v to hum; to buzz; to murmur; to whisper.
Sussurro s whispering; susurration; susurrus; murmur; whisper.

Sustar v to stop; to hold up.
Sustenido s MÚS diesis; sharp.
Sustenizar v to MÚS to sharp; to sharpen; to raise in pitch.
Sustentação s sustenance; maintenance; sustentation; livehood.
Sustentáculo s prop; support; stay.
Sustentador s sustainer.
Sustentar v to sustain; to support; to maintain; to feed; to bear; to aid; to help.
Sustentável adj sustainable; defensible.
Sustento s sustenance; maintenance; nourishment.
Susto s sudden terror; fright; dread; fear.
Sutil adj subtile; skill; crafty; subtle; subletly; shrewdness; acute.
Sutileza s subtility; subtileness; subtlety; shrewdness; cunning.
Sutilizar v to make subtile; to perfect; to subtilize.
Sutura s suture; seam; stitch.
Sutural adj sutural.

t T

T *s* the ninteenth letter of the Portuguese alphabet and the twentieth letter of the English alphabet.
Tá *interj* o.k.!
Taba *s* indian village; indian settlement.
Tabacal *s* tobacco plantation.
Tabacaria *s* tobacco shop; tobacconist's shop; USA cigarstore.
Tabaco *s* tobacco (plant).
Tabagismo *s* tobaccoism.
Tabefe *s* slap; cuff; blow; spat.
Tabela *s* table; board; slab; index.
Tabelamento *s* price control.
Tabelar *v* to price; to control prices.
Tabelião *s* notary.
Tabelionato *s* establishment of a notary.
Taberna *s* tavern; pub; tap house.
Tabernáculo *s* RELIG tabernacle.
Taberneiro *s* tavern-keeper; inn-keeper.
Tablado *s* scaffold; bridge floor.
Tabu *s* taboo; tabu; prohibition ban.
Tábua *s* index; table of contents; list.
Tabuada *s* multiplication table; elementary arithmetic.
Tábula *s* round table.
Tabuleiro *s* chess-board; low plateau.
Tabuleta *s* sign-board; bill-board.
Tacada *s* stroke with a cue; continuos score in billliards.
Tacanho *adj* stingy; short; mean.
Tacão *s* heel.
Tacha *s* tack; stud; FIG blemish flaw; fault.
Tachão *s* large tack; large pail.
Tachinha *s* small tack.
Tacho *s* wide pan; pot; pail; shallow.
Tácito *adj* tacit; silent; unspoken; implied.
Taciturno *adj* taciturn; reserved; silent; quiet.
Taco *s* cue; parquet; block; billiard cue; stick.
Tafetá *s* taffeta.
Tagarela *s* talkative; talker; chatterer.
Tagarela *adj* chatty; talkative.
Tagarelar *v* to chatter; to prattle; to jabber; to gossip.
Tagarelice *s* chatter; prattle; gossip; jabber.
Tainha *s* mullet (fish).
Tal *adj* such; like; so; so much.
Tal *pron* that; a certain.
Tal *adv* so; in such manner; *fulano de TAL*: Mr. So-and-So.
Talão *s* counterfoil; counterpart; ticket.
Talco *s* talc.
Talento *s* talent.
Talentoso *adj* talented; crafty; skill; able.
Talhadeira *s* chopping-knife; cleaver; chisel.
Talhado *adj* carved; able; fit.
Talhar *v* to cut; to carve; to curdle (milk); to engrave.
Talhe *s* shape; fashion; make; style.
Talher *s* cover; table fittings; cutlery.
Talho *s* carving; fashion; cut; incision.
Talismã *s* talisman; luck charm; amulet.
Talmude *s* talmud.
Talmúdico *adj* talmudic.

Talo *s* stalk; stump.
Taludo *adj* stalky; corpulent; big.
Talvez *adv* perhaps; maybe.
Tamanco *s* clog; wooden-shoe.
Tamanduá *s* tamandua; ant-bear; ant-eater.
Tamanho *s* bulk; size.
Tamanho *adj* so great; so big; so large.
Tamanquear *v* to wear clogs.
Tâmara *s* date.
Tamareira *s* date tree; date palm.
Também *conj* also; besides; too; as well; moreover; likewise.
Também *adv* also; too; as well; besides.
Tambor *s* drum; barrel.
Tamborilar *v* to drum.
Tampa *s* cover; lid; cap; cap.
Tampar *v* to cover; to stop up.
Tampo *s* cover; cap; soundboard.
Tampouco *adv* either; neither.
Tanga *s* tanga; loin-cloth; sarong.
Tangente *s* GEOM tangent.
Tangente *adj* tangent; touching.
Tangerina *s* mandarin; tangerine.
Tangerineira *s* tangerine (tree).
Tangibilidade *s* tangibility.
Tangível *adj* tangible; palpable; real; actual.
Tango *s* tango (dance and music).
Tanque *s* vat; tank; MIL tank (engine).
Tantã *s* gong; tom-tom; silly; stupid.
Tanto *s* so much.
Tanto *adj* as much; as well as; so much; so many; as much.
Tanto *adv* as much; so much; so.
Tão *adv* so; such; as much.
Tapa *s* rap; slap; blow.
Tapado *adj* closed; shut; covered; FIG stupid; fool.
Tapar *v* to cover; to fence; to close; to stop up; to wall.
Tapeçaria *s* tapestry; hangings.
Tapeceiro *s* tapestry maker.
Tapetar *v* to carpet.
Tapete *s* carpet; rug.
Tapume *s* fence; paling; hedge.
Taquicardia *s* tachycardia.
Taquigrafia *s* shorthand; stenography.
Taquígrafo *s* stenographer.
Tara *s* tare.
Tarado *adj* deranged.
Tardar *v* to delay; to put off; to linger.
Tarde *s* afternoon.
Tarde *adv* late.
Tardinha *s* evening.
Tardio *adj* late; tardy; lazy.
Tarefa *s* task; toil; job.
Tarifa *s* tariff; fare; rate; quotation.
Tarifar *v* to tariff; to list the tariff of; to schedule the tariff of.
Tarimba *s* wooden couch; bedstead; FIG soldier's life.
Tarja *s* target; border; buckler.
Tarjar *v* to border.

Tarrafa s casting-net; sweep-net.
Tarraxa s screw; wedge; screw tap.
Tarraxar v to screw; to rivet.
Tártaro s tartar; tartarus.
Tartaruga s tortoise; turtle.
Tatear v to grope; to feel; to touch.
Tática s tactics; clever devices for accomplishing.
Tático adj tactical.
Tátil adj tactile.
Tato s touch; tact; skill.
Tatu s ZOO armadillo.
Tatuagem s tattoo; tattooing.
Tatuar v to tattoo.
Taumaturgia s thaumaturgy.
Taumaturgo s thaumaturge.
Taumaturgo adj thaumaturgic.
Tauro s ASTR Taurus (constellation).
Taverna s tavern; inn; pub; saloon.
Taverneiro s tavern-keeper; inner; saloon-keeper; publican.
Távola s round table.
Taxa s tax; rate; royalties.
Taxação s rating; taxation; appraisement.
Taxar v to tax; to rate; to charge.
Taxativo adj taxing; limitative; restricted.
Táxi s taxicab.
Taxidermia s taxidermy.
Taxímetro s taximeter.
Te pron you; yourself; thee; to thee.
Tear s loom; weaving machine.
Teatral adj theatrical; theatrical; FIG ostentatious.
Teatro s theatre; theater.
Tecelagem s weaving business; weaver's trade.
Tecelão s weaver; fuller.
Tecer v to weave; to contrive; to knit.
Tecido s woven; fabric; cloth; tissue.
Tecido adj woven.
Tecla s key.
Teclado s keyboard.
Técnica s technique; technics.
Técnico s technician; technist.
Técnico adj technical.
Tecnologia s technology.
Tecnológico adj technological.
Tecnologista s technologist.
Tectônica s tectonics.
Tectônico adj tectonic.
Tédio s tedium; ennui; boredom.
Tedioso adj tedious; bore; tiresome.
Tegumento s tegument.
Teia s web; weft; plot.
Teima s obstinacy; stubbornness; wilfulness.
Teimar v to be obstinate; to insist.
Teimosa s obstinacy; stubbornness.
Teimoso adj obstinate; stubborn; headstrong.
Teísmo s theism.
Teísta s theist; theistic.
Tela s web; canvas; painting; screen.
Telefonar v to telephone; to call up; to ring up.
Telefone s telephone.
Telefonema s calling; phone call.
Telefonia s telephony.
Telefonista s telephonist; operator.
Telegrafar v to telegraph; to wire; to cable.
Telegrafia s telegraphy.
Telégrafo s telegraph.
Telegrama s telegram; cable; wire.
Telepatia s telepathy.
Telepático adj telepathic.

Telescópico adj telescopic.
Telescópio s telescope; glass.
Telespectador s televiewer.
Televisão s television; television receiver set.
Televisor s televisor set; "TV" receiver; television receiving set.
Telha s tile; whim.
Telhado s roof; house top.
Telhador s tiler.
Telhar v to tile.
Tema s theme.
Temente adj fearful; afraid; fearing.
Temer v to fear; to dread; to be afraid of; to respect.
Temerário adj temerarious; venturous; daring; rash; hasty.
Temeridade s temerity; rashness; folly.
Temeroso adj temerous; rash; venturesome; bold; afraid.
Temido adj dreaded; feared.
Temível adj dreadful; terrible; redoubtable.
Temor s dread; fear; awe.
Têmpera s temper; composure; self-control.
Temperado adj temperate; mild; seasoned; moderate.
Temperamento s temperament; temper; disposition.
Temperar v to temper; to season; to flavor; MÚS to tune.
Temperatura s temperature.
Tempero s seasoning; flavoring; condiment.
Tempestade s tempest; thunderstorm.
Tempestivo adj tempesty; stormy; tempestuous.
Tempestuoso adj tempestuous; stormy; turbulent; violent.
Templário s templar.
Templo s temple.
Tempo s time; opportunity; leisure; period; epoch.
Temporada s season; spell; along while.
Temporal s tempest; storm; gale.
Temporal adj temporal; secular.
Temporão adj premature; untimely.
Temporário adj temporary; transitory; not permanent.
Têmporas s ember days; MED temple.
Temporizador s temporizer.
Temporizar v to temporize; to retard; to put off.
Tenacidade s tenacity; persistency; contumacy.
Tenaz adj tenacious; pertinacious; obstinate.
Tenção s intension; plan; purpose.
Tencionar v to intent; to purpose; to plan; to contemplate.
Tenda s tent; stall; booth.
Tendão s tendon; sinew.
Tendência s tendency; bent; drift; trend.
Tendencioso adj tendentious; prejudiced.
Tender v to tend; to bias; to have tendency.
Tenebrosidade s tenebrosity.
Tenebroso adj tenebrous; dark; dusky.
Tenente s lieutenant.
Tênis s lawn tennis; tennis shoe; sneaker.
Tenor s MÚS tenor.
Tenro adj tender; soft; fragile; delicate.
Tensão s tension; stretching; tensing; mental strain; tenseness.
Tenso adj tensed; stretched; tight; rigid; feeling.
Tentação s temptation; tempting; longing; enticement.
Tentáculo s tentacle.
Tentado adj allured; captivated.
Tentador s tempter.
Tentar v to attempt; to try; to inite; to entice; to allure; to provoke.
Tentativa s tentative; attempt.
Tento s counter; goal; mark; point (in games).
Tênue adj tenuous; subtile; rare; thin; faint.
Tenuidade s tenuity; rarity; faintness.
Teologal adj theological; theologic.
Teologia s theology.
Teor s purport; substance; tenor.
Teorema s theorem.

Teoria s theory; hypothesis; guess.
Teorizar s to theorize; to speculate.
Teosofia s theosophy.
Tepidez s tepidity FIG likewarmness; indolence.
Tépido adj tepid; warm; moderately warm.
Ter v to have; to possess; to hold; to contain; to own; to obtain; to acquire.
Terapêutica s therapeutics.
Terapia s therapy; therapeutics.
Terça-feira s Tuesday.
Terceto s tercet; triplet.
Terciário adj tertiary.
Terço s the third part; chaplet; beads.
Terçol s MED sty.
Tergiversação s tergiversation; subterfuge; evasion; fencing.
Tergiversador s tergiversant; tergiversator.
Tergiversador adj tergiversant; tergiversatory.
Tergiversar v to tergiversate; to use subterfuges; to shuffle.
Termas s thermae; hot baths; hot springs.
Térmico adj thermic; thermal.
Terminal adj terminating.
Terminar v to terminate; to complete; to finish.
Término s term; limit; end.
Terminologia s terminology.
Termo s term; limit; condition.
Termologia s thermology.
Termômetro s thermometer.
Ternário adj ternary; ternal.
Terno s ternary; three (at card); male suit.
Terno adj tender; delicate; loving.
Ternura s tenderness; love; kindness; fondeness.
Terra s earth; land; soil; ground; region; the world.
Terraplenagem s earthwork.
Terraplenar v to level; to make even; to embank; to fill.
Terreiro s yard; backyard; dooryard.
Terremoto s earthquake.
Terreno s ground; soil.
Terreno adj terrene.
Térreo adj low ground.
Terrestre adj terrestrial; earthly.
Terrificante adj terrific; terrible.
Terrificar v to terrify; to frighten.
Território s territory.
Terrível adj terrible; dreadful; horrible; appalling.
Terror s terror; violent dread; extreme fear; awe.
Terrorismo s terrorism.
Teso adj stiff; rigid; firm; strong.
Tesoura s scissors; shears; back biter.
Tesoureiro s treasure; riches; treasury; treasure house.
Testa s forehead; forepart; front; head.
Testamento s testament; a will.
Testar v to testate; to make a testament; to test.
Teste s test; proof; experiment.
Testemunha s witness; testify.
Testemunhar v to witness; to testify; to be the scene of.
Testemunho s testimony; declaration; affirmation.
Testificar v to testify; to bear witness; to declare.
Teta s teat; nipple; udder; FIG source.
Tetânico adj tetanic; tetanical.
Tétano s tetanus; lockjaw.
Teto s shelter; protection; AER ceiling.
Tétrico adj tetric; austere; harsh; gloomy.
Teu adj your; thy.
Teu pron yours; thine.
Têxtil adj textile.
Texto s text; theme; topic; letterpress.
Textura s texture; construction.
Tez s skin; complexion.
Ti pron thee; you.

Tia s aunt; FAM spinster.
Tiara s tiara.
Tíbia s MED tibia; MÚS flutelike (instrument).
Tição s firebrand; brand; negro.
Tifo s typhus; jail fever; famine fever.
Tifoide adj typhoidal; typhoid.
Tifoso adj typhous.
Tigela s bowl; porringer.
Tigre s tiger.
Tijoleiro s bricker maker.
Tijolo s brick.
Til s tilde mark.
Tilintar v to clink; to chink.
Timão s beam of a plow; pole of a couch; NÁUT helm; rudder.
Timbrar v to stamp; to take pride in.
Timbre s timbre; peculiar tone; distinctive tone; tone color.
Time s ESP team.
Timidez s timidity; shyness; bashfulness.
Tímido s shy person; timid person.
Tímido adj timid; fearful; shy.
Timoneiro s steersman; helmsman.
Timorato adj timorous; fearful.
Tímpano s tympanum; eardrum; TIP tympan.
Tina s tub; pail; vat.
Tingidor s dyer.
Tingidor adj dyeing.
Tingir v to tinge; to color; to stain.
Tinhoso adj scurfy; scabby.
Tinir v to tinkle.
Tino s sense; judgement.
Tinta s ink; hue; color; tint; paint.
Tinteiro s inkstand; inkwell; inkpot.
Tinto adj dyed; tinted.
Tintura s tint; tincture; color; tinge.
Tinturaria s dry-cleaning shop; dye house.
Tintureiro s dyer; patrol-van; prison-van.
Tio s uncle.
Típico adj typical; characteristic.
Tipo s type; pattern; figure; sort.
Tipografia s typography; printery; printing.
Tipográfico adj typographyc; typographycal.
Tipógrafo s typographer; printer; typesetter.
Tipoia s palanquim; sling; splint.
Tique s MED tic; twitching.
Tira s strip; band; wisp; policeman.
Tiracolo s shoulderbelt; baldric.
Tirada s stretch; long speech.
Tirania s tyranny; despotism.
Tirânico adj tyrannical; oppressive; despotic.
Tiranizar v to tyrannize; to act as a tyrant.
Tirano s tyrant.
Tirano adj tyrannous; tyrannical.
Tirante s joist; tie-rod; stay; brace.
Tirante adj seeming; pulling.
Tirante prep save; except.
Tirar v to remove; to draw out; to abolish.
Tireoide s MED thyroid (gland).
Tiro s shot; shooting; firing.
Tirocínio s tirocinium; apprenticeship.
Tirolês adj Tyrolese; Tyrolian.
Tirolês s Tyrolese; Tyrolian.
Tiroteio s firing; fusillade.
Tísica s phthisis; tuberculosis.
Tísico adj phthisical.
Titânico adj titanic; gigantic.
Títere s marionette; puppet; clown; dandy; fop.
Titubeação s titubation; hesitation; wavering.
Titubeante adj titubant; staggering; vacillant; unsteady.
Titubear v to titubate; to stagger; to totter; to reel.

Titular v to title; to entitle.
Título s title; headline; caption.
Toada s tune; continual sounding.
Toalha s towel.
Toalheiro s towel-stand; towel-horse; towl-rack.
Toca s burrow; hole.
Tocar v to touch; to ring; MÚS to play an instrument.
Tocata s MÚS toccata.
Tocha s torch.
Toco s stub.
Todavia conj yet; however; nevertheless.
Todo s whole; entire.
Todo adj all; every; whole.
Toga s toga; gown; judicial robe.
Togado adj togated; togate.
Toldo s awning; tilt; covering; canopy.
Tolerância s tolerance; toleration; complaisance.
Tolerante adj tolerant; forbearing; broad-minded.
Tolerar v to tolerate; to suffer; to bear with.
Tolerável adj tolerable; supportable; sufferable.
Tolher v to hinder; to stop; to benumb.
Tolhido adj hindered; crippled.
Tolhimento s hindrance; benumbing; lameness.
Tolice s folly; silliness; foolishness.
Tolo s a fool.
Tolo adj foolish; silly.
Tom s tone; character; quality.
Tomada s taking; seizure; capture.
Tomado adj taken; seized; captured.
Tomar v to take; to require; to assume; to drink.
Tomate s tomato.
Tomateiro s tomato-plant.
Tombadilho s NÁUT the quarter-deck.
Tombar v to throw down; to tumble; to fall down.
Tombo s tumble; fall; waterfall.
Tômbola s tombola.
Tomo s tome.
Tonalidade s tonality; hue.
Tonel s vat; tank.
Tonelada s ton.
Tonelagem s tonnage; shipping; load; charge.
Tônica s MÚS tonic; key-note; key-tone.
Tônico s tonic.
Tônico adj tonic; GRAM accented.
Tonificar v to tonic; to stengthen by a tonic; to invigorate.
Tonitruante adj tonitruous; thundering; thunderous.
Tonsura s tonsure.
Tonteira s dizziness; foolery; nonsense.
Tontice s foolery; silliness.
Tonto s fool.
Tonto adj silly; foolish; stupid; dizzy.
Tontura s dizziness; vertigo; giddiness.
Topada s stumbling; tripping.
Topar v to find; to stumble; to come across.
Topázio s topaz.
Tope s top; cockade; clashing.
Topete s foretop; toupee; a mass of hair.
Topetudo adj tufty; tufted.
Topo s summit; extremity; end.
Toque s touch; assay; touch; test of metal.
Torar v to cut up.
Tórax s ANAT thorax.
Torção s torsion; twisting; sprain.
Torcedor s twister; fan; cheerer.
Torcedor adj twisting.
Torcedura s twisting; torsion; sprain.
Torcer v to twist; to distort; to sprain; to twine.
Torcicolo s roundabout way; stiff neck.
Torcida s wick; fans; rooters; cheer.
Torcido adj twisted; winding; oblique; tortuous; bent.
Tormenta s storm; torment; tempest; FIG agitation; disorder.
Tormento s torment; torture; affliction; misfortune; bad luck.
Tornar v to return; to bring; to convey; to come back; to retort; to turn.
Torneado adj turned.
Tornear v to turn; to surround.
Torneio s tourney; contest; turning.
Torneira s tap; cock; spigot.
Torneiro s turner.
Torniquete s turnstile; tourniquet; swivel.
Torno s lathe; vice; engine lathe.
Tornozelo s ankle.
Torpe adj obscene; vile; unchaste; indecorous; infamous.
Torpedear v to torpedo; to discharge.
Torpedeiro s torpedo boat.
Torpedo s torpedo.
Torpeza s obscenity; lasciviy; impurity; infamy; baseness.
Torpor s torpor; apathy; lethargy.
Torquês s pincers.
Torrada s toast.
Torrado adj toasted.
Torrão s clod; country; ground; soil.
Torrar v to toast; to roast coffee; to sunburn.
Torre s tower; tower castle at chess.
Torrefação s torrefaction; roasting.
Torrencial adj torrential; outpouring; overwhelming.
Torrente s torrent; flood.
Torresmo s cracklings; scrap; hard fried bacon.
Tórrido adj torrid; parched; burning.
Torrificar v to torrefy; to roast; to parch.
Torta s tart; pie; apple-pie; griddle-cake.
Torto adj crooked; tortuous; deformed; oblique; squint-eyed.
Tortuosidade s tortuosity; sinuosity.
Tortuoso adj tortuous; sinuous; wavy.
Tortura s torture; extreme pain; torment; affliction.
Torturante adj torturing; tormenting.
Torturar v to torture; to torment.
Torvelinho s whirlwind; whirlpool.
Tosa s sheep shearing.
Tosador s a shearer; shearman.
Tosadura s shearing; sheep shearing.
Tosar v to shear; to pasture; to grass.
Tosco adj coarse; unpolished; rude; rough.
Tosquia s sheep shearing.
Tosquiar v to shear; to cut; clip; to pillage; to plunder; to loot.
Tosse s cough; coughing.
Tossir v to cough.
Tostado adj parched; toasted; tanned by sun.
Tostadura s toasting; parching.
Tostão s BR coin.
Tostar v to toast; to parch; to roast.
Total s whole; total; totality; amount.
Total adj total; entire; complete; utter; absolute.
Totalidade s totality; whole.
Totalitarismo s totalitarism.
Totalitarista s totalitarian.
Totalização s totalization.
Totalizar v to totalize; to make total.
Touca s coif; cap; mob-cap; bonnet.
Toucador s dressing table; dressing room.
Toucinho s lard; *TOUCINHO defumado*: bacon.
Toupeira s mole; idiot; adumbell.
Tourada s bull-fight.
Toureador s bullfighter.
Tourear v to fight bulls.
Toureiro s bullfighter.
Touro s bull.
Toxicar v to intoxicate; to poison.

Tóxico s toxic; poison.
Tóxico adj toxic; poison.
Toxicologia s toxicology.
Toxicólogo s toxicologist.
Toxina s toxin; toxine.
Trabalhado s labored; well-done; elaborated; wrought.
Trabalhador s worker; workman.
Trabalhador adj industrious; hardworking.
Trabalhar v to work; to be employed; to operate.
Trabalhista s laborite; laborist; labour.
Trabalho s labor; work; industry; toil; job.
Trabalhoso adj laborious; troublesome; toilsome.
Trabuco s blunderbuss; trabuco; catapult.
Traça s clothesmoth.
Traçado s outline; sketch; draw.
Traçado adj moth-eaten; outlined.
Tração s traction.
Traçar v to trace; to draw; to outline; to sketch.
Tracejar v to draw; to sketch; to outline.
Traço s trace; a vestige; a sign; track; line.
Tradição s tradition.
Tradicional adj traditional.
Tradução s translation.
Traduzir v to translate; to turn into one's own or another language; to express.
Traduzível adj translatable.
Trafegar v to traffic; to carry on traffic; to deal; to move.
Tráfego s traffic; intercourse; traffic jam.
Traficante s knave; trader; rogue; crook.
Traficar v to traffic; to trade.
Tráfico s traffic; trade; illicit sale or trade.
Tragar v to swallow; to devour; to suffer; to bear.
Tragédia s tragedy.
Trágico s tragedian.
Trágico adj tragical; tragic; calamitous.
Trago s draught; gulp.
Traição s treason; treachery; sedition; betrayal.
Traiçoeiro adj treacherous; perfidious; traitorous.
Traidor s traitor; betrayer.
Traidor adj treacherous; disloyal.
Trair v to betray.
Trajar v to dress; to clothe; to wear.
Traje s dress; suit; garb; garment; costume.
Trajeto s traject; course; route; way; stretch.
Trajetória s trajectory; traject; way; course.
Trajo s dress; garment; garb.
Trama s woof; FIG a plot; intrigue.
Tramar v to weave; to hatch; to scheme; to plot; to conspire.
Trambolho s clog; FIG hindrance; obstacle; heavy person.
Trâmite s path; means; course.
Tramoia s trick; cheat; plot; intrigue.
Trampolim s spring-board; leaping-board; diving-board.
Trança s tress; pigtail; curl; intrigue.
Tranca s transverse bar; cross-bar; hindrance; obstacle.
Trançado adj tressed.
Trancafiar v to imprison; to put in jail; to shut up.
Trancar v to bar; to shut up.
Trançar v to weave.
Tranco s jerk; jolt; shock; BR dash.
Tranqueira s palisade; trench.
Tranquilidade s tranquility; calm; quiet.
Tranquilizador s tranquilizer; quieter; pacifier; soothing.
Tranquilizar v to calm; to pacify; to quiet.
Tranquilo adj tranquil; quiet; calm; undisturbed.
Transação s transaction; negotiation; compromise.
Transacionar v to transact; to compromise.
Transatlântico adj transatlantic.
Transbordamento s overflowing.
Transbordar v to overflow; to tranship.

Transcendência s transcendency.
Transcendental adj transcendental; transcendent.
Transcendente adj transcendent; surpassing; transcendental.
Transcender v to transcend; to surpass; to excel.
Transcontinental adj transcontinental.
Transcorrer v to elapse; to go by; to pass.
Transcrever v to transcribe; to write a copy of.
Transcrição s transcription; transcript; a copy.
Transcurso s course of time; elapse of time.
Transe s anguish; distress; plight; apprehension; predicament.
Transeunte s passer by; passer.
Transeunte adj passing; transitory.
Transferência s transference; passage; conveyance; transfer.
Transferir v to transfer; to devolve; to remove; to put off.
Transferível adj transferable; transportable.
Transfiguração v to transfiguration.
Transformação s transformation; complete change.
Transformador s transformer.
Transformador adj transforming.
Transformante adj transforming; changing.
Transformar v to transform; to change; to reshape.
Transformável adj changeable; mutable.
Transformismo s transformism; evolutionism; evolution.
Transformista s transformist; rapid impersonator.
Transformista adj transformist; rapid impersonator.
Transgredir v to transgress; to break (law); to violate.
Transgressão s transgression; misdeed; infringement; trespass.
Transgressor s transgressor; infrator; lawbreaker.
Transição s transition.
Transigência s condescendence; consent; compliance.
Transigente adj condescendent; compliant; tolerance.
Transigir v to compound; to condescend; to give in.
Transitar v to transit; to pass; to change; to travel.
Transitável adj passable; practicable.
Transitivo adj GRAM transitive.
Trânsito s transit; passage.
Transitório adj transitory; temporary; momentary.
Translação s translation; removal; change of place.
Translucidez s translucence; transparency.
Translúcido adj translucent; semi-transparent.
Transmigração s transmigration.
Transmigrar v to transmigrate.
Transmissão s transmission; broadcast.
Transmissível adj transmissible.
Transmitir v to transmit; to broadcast; to devolve.
Transmontar v to pass over; to overpass.
Transmudar v to transmute; to change.
Transmutação s transmutation; conversion; change.
Transmutar v to transmute; to change; to transform.
Transparecer v to appear through; to reveal itself.
Transparência s transparency; transparence.
Transparente s transparent slate.
Transparente adj transparent.
Transpiração s transpiration; perspiration.
Transpirar v to transpire; to excrete; to leak out; to perspire.
Transplantar v to transplant.
Transpor v to transpose; to surmount; to pass over.
Transportar v to transport; to convey; to carry; to remove.
Transportável adj transportable; conveyable.
Transporte s transport; transfer; conveyance.
Transposição s transposition.
Transtornar v to overthrow; to upset; to disturb; to trouble.
Transtorno s overthrow; trouble; reverse; upsetting.
Transubstanciação s transubstantiation.
Transubstanciar v to transubstantiate.
Transudar v to transude; to cause to exude; to perspire.
Transversal s transversal; cross; transverse.
Transversal adj transversal; cross; transverse.
Transverso adj transverse.

Transviar v to mislead; to lead astray.
Trapaça s cheat; trickery; fraud.
Trapacear v to cheat; to trick; to defraud; to deceive.
Trapaceiro s cheat; cheater; trickster; cardsharper (at cards).
Trapaceiro adj cheating.
Trapalhada s entanglement; disorder; mess.
Trapalhão s ragged man; impostor; bungler.
Trapeira s dormer-window.
Trapeiro s rag-gatherer; ragman.
Trapézio s trapezium; trapeze.
Trapezista s trapezist.
Trapo s rag; tatter.
Traqueia s trachea; windpipe.
Traquejar v to pursue; to go after; to train; to drill; to scold.
Traquinar v to troublesome; to play pranks; to be naughty.
Trás adv behind; after.
Trás prep behind; after.
Trás interj bang!
Trasbordamento s overflowing; overflow.
Trasbordar v to overflow; to tranship; to spread.
Traseira s rear; tail.
Traseiro s hinder part; buttock.
Traseiro adj back; hind; coming behind.
Traslação s translation; removal.
Trasladação s translation; transfer; conveyance; removal.
Trasladar v to translate; to remove; to transfer; to transcribe.
Traslado s copy; transcript; model; counterpart.
Traspassar v to transpass; to cross; to violate; to transgress; to pierce.
Traste s truck; scamp; rogue; rascal.
Tratadista s treatiser.
Tratado s treaty; treatise; tract; essay.
Tratador s horse breeder; treater.
Tratamento s treatment; title; appellation.
Tratante s rogue; knave; sharper.
Tratar v to treat; to handle; to deal with; to care for.
Tratável adj tractable; affable.
Trato s treatment; trade.
Trauma s MED trauma; traumatism.
Traumático adj traumatic.
Traumatismo s traumatism; trauma.
Traumatizar v to traumatize.
Trava s clog; trammel; beam.
Travação s connexion; joining; link.
Travado adj linked; joined; connected; braced.
Travador s saw-set.
Travador adj linking; joining; cheking.
Travamento s staying; joining; connection.
Travar v to pull up; to stop; to fetter.
Trave s a beam; rafter; girder.
Travessa s cross-bar; sleeper; plate; transom; dish; crossroad; by way.
Travessão s beam of a balance; dash; large dish.
Travesseiro s pillow; bolster.
Travessia s crossing; voyage; passage.
Travesso adj naughty; restless; turbulent; noisy.
Travessura s trick; wile; prank; caper; antic.
Trazer v to bring; to fetch; to take; to carry; to wear; to bear.
Trecho s space; distance; stretch; MÚS passage.
Treino s training; practice; drill.
Trejeitar v to grim at.
Trejeito s grimace; grin; twist.
Trem s train; carriage; coach; equipage.
Trema s dieresis.
Tremendo adj dreadful; awful; tremendous; frightful; terrific; terrible.
Tremer v to tremble; to shake; to shiver; to quiver; to quaker; to feel fear.
Tremido adj shaky; doubtful; risky; trembling.

Tremoço s lupine-seed.
Tremor s trembling; tremor; vibration.
Tremulação s shivering; wavering; oscilation; waving.
Tremular v to wave; to swing; to tremole; to speak in a tremolo; to sing in a tremola.
Trêmulo s MÚS tremolo.
Trêmulo adj tremulous; quivering; vibratory.
Tremura s tremor; tremble; shake; vibration; quiver.
Trena s topcord; fillet; tape.
Trenó s sledge; sleigh; sled.
Trepadeira s creeping plant; climbing plant.
Trepanação s trepaning; trepanning.
Trepanar v to trepan.
Trépano s trepan; trephine.
Trepar v to climb; to rise; to slope upward; to mount; to mock.
Trepidação s trepidation; agitation; bustle; chatter.
Trepidante adj trepidatory; vibrating; shaking.
Trepidar v to tremble; to quaker; to oscillate; to vibrate.
Tresloucado adj crazy; mad; insane.
Tresloucar v to become mad; to become crazy; to madden.
Tresmudar v to transmute.
Trespassar v to pass over; to cross; to run through; to transfer.
Treta s stratagem; feint; wile; trick.
Trevas s darkness; obscurity; ignorance.
Trevo s BOT clover.
Tríade s triad.
Triangular v to triangulate.
Triangular adj triangular.
Triângulo s triangle.
Tribo s tribe; clan.
Tribulação s tribulation; affliction.
Tribuna s tribune; rostrum; stand.
Tribunal s tribunal; court of justice; the judgment seat.
Tribuno s tribune; orator.
Tributação s tribute; contribution; tax; taxation.
Tributar v to tax; to impose tax on; to tribute; to devote.
Tributário adj tributary; paying tribute to another; contributory.
Tributável adj taxable; tributable.
Tributo s tribute; tax; levy; duty; contribution.
Triciclo s tricycle.
Tricolor adj three-colored; tricolor; tricolour.
Tricotar v to knit.
Tricúspide adj tricuspid; MED tricuspid (valve).
Tridente s tridente.
Triênio s triennial.
Trigal s wheatfield; corn field; wheat field.
Trigêmeo s trigeminal.
Trigêmeo adj trigeminous.
Trigo s wheat; corn.
Trigonometria s trigonometry.
Trigonométrico adj trigonometrical; trigonometric.
Trigueiro adj brownish; swarthy.
Trilha s track; trace; trail.
Trilhar v to thrash; to beat; to tread out; to track.
Trilho s track; rail.
Trilogia s trilogy.
Trimestral adj trimonthly.
Trimestre s trimester.
Trinado s trill; warble; tremulous sound; shake; quaver.
Trinar v to trill; to twitter.
Trinca s BR scratch; cleft.
Trincado adj bitten off; FIG sly; shrewd; cunning.
Trincha s adze; slice; steak; chop; brush; flat paint.
Trinco s latch; latch-key.
Trindade s trinity; *Santíssima TRINDADE*: Blessed Trinity.
Tripa s stripe; intestine; bowel; gut.
Tripé s tripod.
Tripeça s three footed stool.

Triple adj triple; threefold.
Triplicação s triplication.
Triplicar v to triple; to treble; to triplicate.
Tríplice adj triplex; treble; triple; threefold.
Tripudiar v to trip; to dance.
Tripúdio s trip; a quick; light step; tripudium; dancing; jumpig.
Tripulação s crew.
Tripulante s seaman; sailor.
Tripular v NÁUT to supply with men.
Trissilábico adj trisyllabic.
Trissílabo s trisyllable.
Triste adj sad; sorrowful; gloomy; mournful; blue; melancholic.
Tristeza s sorrow; sadness; gloom; melancholy.
Tristonho adj dejected; dreary; gloomy.
Tritongo s triphthong.
Trituração s trituration.
Triturador s triturator; crusher.
Triturador adj triturating; grinding.
Triturar v to triturate; to grind; to thrash; to annoy; to crush.
Triunfal adj triumphal.
Triunfar v to triumph; to obtain victory; to be successful.
Trivalência s QUÍM trivalence.
Trivalente adj QUÍM trivalent.
Trivial adj trivial; vulgar; common; ordinary.
Trivialidade s triviality.
Trivializar v to render trivial; to trivialize.
Troante adj thundering; thunderous.
Troca s exchange; swap; barter; interchange; bargain.
Troça s mockery; scoff.
Trocadilho s pun.
Trocador s exchanger.
Trocador adj exchanging.
Trocar v to exchange; to change; to equivocate; to truck; to swap; to switch.
Troçar v to mock; to scoff; to scorn; to disdain; to make fun of.
Troco s change; small change.
Troféu s trophy.
Troglodita s troglodyte.
Troglodita adj troglodytal; troglodyte.
Trole s trolley; trolly.
Tromba s trunk; snout; sucker.
Trombada s collision; clash.
Trombeta s trumpet; trumpeter; bugle.
Trombeteiro s trumpeter; trumpet player.
Trombone s trombone.
Trombudo adj sullen; sulky; pouting.
Trompa s trumpet.
Tronante adj thundering.
Tronar v to thunder.
Tronco s bole; origin; stalk.
Trono s throne.
Tropa s troop; a division of a cavalry squadron.
Tropeção s stumbling; stumble; trip.
Tropeçar v to stumble; to trip.
Tropeço s stumble; hitch; obstacle.
Trôpego s hobbler.
Trôpego adj hobbling; limping.
Tropeiro s muleteer; mule-driver.
Tropel s stamp; mob; crowd; tumult.
Tropelia s confusion; hurry; prank; mischief; throng.
Tropical adj tropical.
Trópico s tropic.
Trotador s trotter; trotting horse.
Trotador adj trotting horse.
Trotar v to trot; to bully; BR to mock; to haze (in schools; colleges).
Trote s trot; BR hazing.
Trouxa s pack; bundle; a fool.
Trouxa adj foolish; unskilled.

Trovão s thunder.
Trovar v to write ballads; to versify.
Trovejar v to thunder; to produce thunder.
Trovoada s thunderstorm; uproar.
Trucidar v to kill; to slaughter; to murder.
Truculência s truculence; ferocity; savageness.
Truculento adj truculent; cruel; fierce; savage.
Trufa s truffle.
Trunfo s trump; trump card; a card game like twist.
Truque s trick; bluff; stratagem; trick; card playing.
Truta s trout.
Tu pron thou; you.
Tua adj thy; thine; your; yours.
Tua pron thy; thine; your; yours.
Tuba s trumpet.
Tubagem s tubing; tubage; piping.
Tubarão s shark.
Tubérculo s tubercle; tuber.
Tuberculose s tuberculosis.
Tuberculoso adj tuberculous; consumptive.
Tubo s tube; pipe.
Tubular adj tubular; tube-shaped.
Tubuloso adj tubulous.
Tucano s toucan.
Tudo pron all; the whole; everything; anything.
Tufão s hurricane.
Tufo s tuft; puff; flock of cotton.
Tulha s granary; cave.
Tulipa s BOT tulip.
Tumba s grave; tomb; bier.
Tumescência s tumescence.
Tumescente adj tumescent.
Tumidez s tumidity.
Túmido adj tumid; swollen; protuberant; bloated.
Tumor s tumour; tumor.
Tumular v to bury.
Tumular adj tumular.
Túmulo s tomb; grave; tumulus.
Tumulto s tumult; uprising; riot; mutiny; FIG perturbation.
Tumultuar v to tumult; to cause tumult.
Tunda s sound beating; drubbing; cudgelling.
Túnel s tunnel; subterranean passage.
Tungar v BR to discuss; to fool; to trick; to cheat.
Túnica s tunic; tunica.
Tupi s the language of the Tupis.
Tupi adj tupian.
Turba s crowd; rabble; mod.
Turbação s perturbation; confusion; disorder; disturbance.
Turbante s turban.
Turbar v to trouble; to overcast; to agitate; to disturb; to dim.
Turbilhão s whirlwind; vortex; tumult; disturbance.
Turbinado adj turbinated; spiral.
Turbulência s turbulence; rioting; agitation; disturbance; impetuosity.
Turbulento adj turbulent; riotous; restless.
Turco s Turk.
Turco adj turkish.
Turfe s the turf.
Turfista s turfman.
Turgescer v to turgesce; to become turgid; to swell or be inflated.
Turgidez s turgescency; turgescence; selling.
Túrgido adj turgid; tumid; swollen.
Turíbulo s thurible; censer.
Turismo s tourism.
Turista s tourist.
Turma s group; gang; band; squad; section.
Turmalina s tourmaline.
Turno s turn; place; shift; time.

Turquesa s turquoise.
Turra adj obstinate; stubborn.
Turrão s an obstinate person.
Turrão adj obstinate; headstrong; stubborn.
Turrar v to butt; to be obstinate; to be stubborn.
Turvamento s perturbation; dimming.
Turvar v to disturb; to confuse the mind; to trouble; to disorder; to dim.
Turvo adj muddy; dim; overcast.
Tutano s marrow; pith.
Tutela s tutelage; tutorage; guardianship; protection; care.
Tutelar v to tutor; to protect; to defend.
Tutelar adj tutelar.
Tutor s tutor; guardian; protector; defender.
Tutorar v to tutor; to protect; to defend.
Tutoria s tutelage; tutorage; guardianship.

u U

U *s* the twentieth letter of the Portuguese alphabet and the twenty-first letter of the English alphabet.
Úbere *s* udder.
Úbere *adj* uberous; abundant; plentiful.
Ubíquo *adj* ubiquitous; omnipresent.
Ufa *interj* hey-day!
Ufanar *v* to be proud; to boast; to be haughty.
Ufania *s* boasting; ostentation; pride.
Ufano *adj* vain; proud; boastful; braggart.
Uivar *v* to howl; to utter a loud.
Uivo *s* howl; FIG yelp; yelling.
Úlcera *s* MED ulcer; ulceration.
Ulceração *s* MED ulceration; fester.
Ulcerar *v* MED to ulcerate.
Ulterior *adj* ulterior; further; posterior.
Ultimação *s* ultimation; finish.
Ultimado *adj* ended; finished; ultimate.
Ultimamente *adv* of late; lately.
Ultimar *v* to ultimate; to end; to finish.
Ultimato *s* ultimatum; ultimate.
Último *adj* last; later; latter; final.
Ultrajador *s* insulter, slanderer.
Ultrajador *adj* insulting.
Ultrajante *adj* outrageous.
Ultrajar *v* to outrage; to subject.
Ultraje *s* outrage.
Ultrajoso *adj* outrageous.
Ultramar *s* ultramare; beyond the sea.
Ultramarino *adj* ultramarine; beyoun the sea; oversea.
Ultrapassar *v* to go beyond; to exceed.
Ultravioleta *adj* ultraviolet.
Ululação *s* howling; ululation.
Ulular *v* to ululate; to howl; to wail.
Umbigo *s* umbilicus; navel.
Umbilical *adj* umbilical.
Umbral *s* door-post; threshold; lintel.
Umedecer *v* to moisten; to make moist; to become moist.
Umedecimento *s* moistness; wetting.
Úmero *s* ANAT humerus.
Umidade *s* humidity; dampness.
Úmido *adj* humid; moist; damp.
Unânime *adj* unanimous.
Unanimidade *s* unanimity.
Unção *s* unction; inuction; anointment.
Ungido *adj* anointed.
Ungir *v* to anoint; to consecrate.
Unguento *s* unguent; ointment.
Unha *s* nail; hoof; talon; claw; pointed hook.
Unhada *s* scratch with a nail.
Unhar *v* to scratch.
Unheiro *s* agnail; whitlow.
União *s* union; junction; alliance.
Unicamente *adv* only; uniquely; all.
Único *adj* unique; only; singular; alone; single.
Unicolor *adj* unicolored; whole colored.
Unicorne *s* unicorn.

Unicórnio *vide* UNICORNE.
Unidade *s* unity; MAT unity.
Unido *adj* united; joined; joint; confederate.
Unificação *s* unification; unity.
Unificar *v* to unify; to unite; to unify.
Uniforme *s* uniform; regimentals.
Uniforme *adj* uniform; regular.
Uniformidade *s* uniformity.
Uniformização *s* uniformization.
Uniformizar *v* to uniformize; to make uniform.
Unigênito *adj* unigenital; only-begotten.
Unilateral *adj* unilateral; onesided.
Unir *v* to join; to fasten; to put together; to unite; to combine; to join interest; to consolidate.
Unissonante *s* unison.
Unissonante *adj* unisonous; unisonant.
Uníssono *vide* UNISSONANTE.
Unitário *adj* unitary; RELIG unitarian.
Unitarismo *s* RELIG unitarianism; POL centralization.
Universal *s* world-wide; universal.
Universal *adj* world-wide; universal.
Universalismo *s* universalism.
Universalista *s* univeralist.
Universalização *s* universalization.
Universalizar *v* to universalize; to make universal.
Universidade *s* BR university.
Universitário *s* university (student or professor).
Universo *s* universe.
Unívoco *adj* univocal; unambiguous.
Uno *adj* sole; singular.
Untadura *s* anointing; daubing.
Untar *v* to anoint; to besmear; to grease.
Unto *s* grease; fat (of animals).
Untuoso *adj* unctuous; fatty; oily; greasy.
Urânico *adj* uranic.
Urânio *s* QUÍM uranium.
Urano *s* ASTR Uranus.
Uranologia *s* uranology.
Urbanidade *s* urbanity; courtesy; urban life.
Urbanismo *s* urbanism.
Urbanista *s* urbanist.
Urbanizar *v* to urbanize.
Urbano *adj* urban; courteous; urbane.
Urbe *s* city; town.
Urdideira *s* woman warper; warp-beam.
Urdidor *s* warper; weaver; FIG intriguer.
Urdidura *s* warping; FIG a plot; conspiracy.
Urdir *v* to warp; to weave; FIG to contrive; to plot.
Ureia *s* urea.
Uremia *s* uremia; uraemia.
Uréter *s* ANAT ureter.
Urgência *s* urgency; pressure; insistente.
Urgente *adj* urgent; pressing; urging.
Urgir *v* to be urgent; to urge; to press.
Urina *s* urine.
Urinar *v* to urinate; to make water.

URINOL — UXÓRIO

Urinol s urinal; chamber-pot.
Urna s an urn; ballot-box.
Urrar v to roar; to groan; to bellow; to shout.
Urro s roar; roaring.
Ursa s bear (female).
Urso s zoo bear.
Urticária s urticaria; hives; nettle rash.
Urtiga s nettle.
Urtigar v to nettle; to urticate.
Urubu s urubu.
Usado adj worn out; employed; used.
Usança s usage; custom.
Usar v to use; to wear; to be habituated to.
Usável adj usable; wearable.
Uso s use; usage; custom; wearing; wear.
Usual adj usual; customary.
Usualmente adv usually; habitually.
Usufruir v to usufruct.
Usufruto s enjoyment; usufruct.
Usufrutuário s usufructuary.
Usura s usury.
Usurário s usurer; money lender.
Usurário adj usurious.
Usurpação s usurpation; forcible seisure.
Usurpador s usurper.
Usurpar v to usurp.
Utensílio s utensil.
Útero s ANAT uterus; womb.
Útil s utility; usefulness.
Útil adj useful; profitable.
Utilidade s utility; profit; usefulness.
Utilitário s utilitarian; useful; practical.
Utilitário adj utilitarian; useful; practical.
Utilitarismo s utilitarism.
Utilitarista s utilitarian; utilitarist.
Utilizar v to utilize; to make use of.
Utopia s utopia; dream; fancy.
Utópico adj utopical; utopian.
Utopista s utopianist; utopian, visionary.
Uva s grape.
Úvea s ANAT uvea.
Úvula s ANAT uvula.
Uvulite s MED uvulitis.
Uxoricida s uxoricide.
Uxoricídio s uxoricide.
Uxório adj uxorial.

V

V *s* the twenty-first letter of the Portuguese alphabet and the twenty-second letter of the English alphabet.
Vaca *s* cow.
Vacância *s* vacancy; vacuity.
Vacar *v* to be vacant; to make vacant.
Vacaria *s* a cow-house; dairy.
Vacilação *s* vacillation; indecision; hesitation.
Vacilante *adj* vacillating; flickering; hesitating.
Vacilar *v* to vacillate; to hesitate; to totter.
Vacina *s* vaccine; cowpox.
Vacinação *s* vaccination; inoculation.
Vacinar *v* to vaccinate.
Vacum *adj* bovine.
Vácuo *s* vacuum.
Vadeação *s* wading; fording.
Vadear *v* to wade; to ford.
Vadiação *s* vagrancy; loafness.
Vadiagem *vide* VADIAÇÃO.
Vadiar *v* to wander; to loaf.
Vadio *s* vagrant; vagabond; loafer.
Vadio *adj* vagrant; vagabond; loafer.
Vaga *s* wave; vacancy.
Vagabundear *v* to rove; to loaf.
Vagabundo *s* vagabond; vagrant; loafer.
Vagabundo *adj* vagabond; vagrant; loafer.
Vagalhão *s* billow.
Vagante *adj* vacant; vagrant.
Vagão *s* railroad coach; railway carriage.
Vagar *s* leisure; slowness; spare time.
Vagar *v* to become vagant; to wander about; to rove.
Vagareza *s* slowness; sluggishness; lentitude.
Vagarosamente *adj* slowly.
Vagaroso *adj* slow; not hasty.
Vagem *s* string beans.
Vagido *s* wailling; mewling.
Vagina *s* ANAT vagina.
Vago *adj* vague; indefinite; wandering; unoccupied.
Vagueação *s* wandering; rambling.
Vaguear *v* to vague; to wander; to roam.
Vaia *s* hoot; shouting.
Vaiar *v* to hoot.
Vaidade *s* vanity.
Vaidoso *adj* vain; proud; futile.
Vaivém *s* battering-ram; sway; unsteadiness; inconstancy.
Vala *s* ditch; gutter; drain.
Vale *s* valley; advance of money.
Valentão *s* braggart; hooligan; USA roughneck.
Valentão *adj* bragging; valiant; blustering.
Valente *adj* brave; valiant.
Valentia *s* valiancy; bravery; courage.
Valer *v* to be valuable; to be worth; to be valid.
Valeta *s* gutter; gully; drain.
Valete *s* knave at cards.
Valia *s* value; credit; favour.
Validação *s* validation; acknowledgment.
Validade *s* validity.

Validar *v* to validate; to confirm.
Validez *s* validity; strength.
Válido *adj* valid; efficacious; legal; lawful.
Valioso *adj* valuable; of a great value.
Valor *s* value; price; valor or valour.
Valorização *s* valuation; estimate of value; appraisal.
Valorizar *v* to valorize; to value of.
Valoroso *adj* valorous; fearless; bold; active.
Valsa *s* MÚS waltz.
Valsar *v* to waltz; to dance waltz.
Válvula *s* valve.
Valvular *adj* valvular, valval.
Vampírico *adj* vampiric.
Vampirismo *s* vampirism.
Vampiro *s* vampire; bloodsucker; ghoul.
Vandalismo *s* vandalism; barbarism.
Vândalo *s* vandal; barbarian; destroyer.
Vanglória *s* vainglory; boast.
Vangloriar *v* to vainglory.
Vanguarda *s* vanguard.
Vantagem *s* advantage; gain; upper hand.
Vantajoso *adj* advantageous; profitable; lucrative.
Vão *s* open space; void.
Vão *adj* vain; empty; frivolous.
Vapor *s* vapour; steam; steamer.
Vaporar *v* to vaporize; to convert into vapour.
Vaporização *s* vaporization.
Vaporizar *v* to vaporize.
Vaporoso *adj* vaporous; vaporlike; ethereal.
Vaqueiro *s* cowboy; cowkeeper.
Vara *s* twig; rod; punishment; correction.
Varado *adj* beached; run through.
Varal *s* thill; shaft of cart or carriage.
Varanda *s* veranda; porch; balcony; terrace.
Varão *s* male; man; man of respectability.
Varar *v* to beat with a rod; to drive away; to strand.
Varejista *s* retailer; retail dealer.
Varejo *s* search; retail.
Vareta *s* ramrod; small rod.
Variabilidade *s* variability; variableness.
Variação *s* variation; change; variety.
Variado *adj* varied; various; diversified.
Variante *s* variant; secondary road.
Variante *adj* variant.
Variar *v* to vary; to alter; to change; to modify.
Varicela *s* MED chicken-pox; varicella.
Variedade *s* variety; variation; diversity.
Vário *adj* various; fickle; unstable; divers.
Varíola *s* MED smallpox; variola.
Varonil *adj* manly; courageous.
Varredor *s* sweeper; scavenger.
Varredor *adj* sweeping.
Varredura *s* sweeping; rubbish; garbage.
Varrer *v* to sweep; to brush; to clean.
Várzea *s* tilled plain; plain level.
Vasa *s* ooze; mud; slime.

Vasculhar v to sweep the dust; to search.
Vaselina s vaseline.
Vasilha s vessel; cask.
Vasilhame s set of casks.
Vaso s vessel; vase; flower-pot; vessel; ship.
Vassalagem s vassalage; dependence; servitude.
Vassalar v to vassal.
Vassalo s vassal; dependant; subject.
Vassoura s broom; sweeping brusch.
Vassourada s blow with a broom.
Vassoureiro s broom-maker; broom-seller.
Vastidão s vastness; immensity.
Vasto adj vast; immense; huge; enormous.
Vate s bard; poet.
Vaticinação s vatication; prophecy; prediction.
Vaticinador s vaticinator; prophet.
Vaticinador adj prophesying.
Vaticinar v to vaticinate; to prophesy; to foretell.
Vau s ford.
Vazante s reflux of tide; ebb.
Vazar v to empty; to hollow; to ebb.
Vazio s void; empty; blank; gap.
Vazio adj empty; void; vacant.
Veado s hart; stag.
Vedação s fencing; fence; barrier; enclosure.
Vedar v to forbid; to hinder; to fence.
Vedete s vedette; theater star.
Veemência s vehemence; violent ardor; fervor.
Veemente adj vehement; impetous; very ardent; passionate.
Vegetação s vegetation; plants.
Vegetal s vegetable; vegetal.
Vegetal adj vegetable; vegetal.
Vegetar v to vegetate; grow as plant.
Vegetariano s e adj vegetarian.
Vegetativo adj vegetative; plantlike.
Veia s vein; FIG bent.
Veicular s to propagate, to transmit.
Veicular adj vehicular.
Veículo s vehicle; carriage; car.
Veio s vein; seam; spindle; shaft.
Vela s sail; candle.
Velar v to veil; to conceal; to watch.
Velear v to equip with sail; to furnish with sail.
Veleidade s velleity; whim; fancy; levity.
Veleiro s sail-maker; candle-maker.
Veleiro adj sailing.
Velejar v to sail; to navigate.
Velha s old woman.
Velhacaria s knavery; roguery.
Velhaco s knave; rascal; rogue.
Velhaco adj knavish; roguish; crafty.
Velharia s old things; rubbish.
Velhice s old age.
Velho s old man.
Velho adj old; former; ancient.
Velocidade s velocity; speed; celerity.
Velocípede s velocipede.
Velódromo s cycle racing-track.
Veloz adj swift; rapid; speedy.
Veludo s velvet.
Venal adj venal; mercenary; saleable.
Vencedor s victor; winner.
Vencedor adj victorious; conquering.
Vencer v to vanquish; to conquer; to overcome.
Vencível adj conquerable; vincible; surmountable.
Venda s sale; selling; market; grocery; store.
Vendar v to bandage.
Vendaval s storm wind; tempest.
Vendável adj saleable.

Vendedor s seller; salesman; trader.
Vender v to sell.
Veneno s poison; venom; rancor; spite.
Venenoso adj venomous; envenomed; poisonous; rancorous.
Venerabilidade s venerableness; venerability.
Veneração s veneration; respect; whorship.
Venerar v to venerate; to revere; to respect.
Venerável adj venerable; reverential; respectful.
Veneta s fancy; whim; bad humor; bad temper.
Veneziana s venetian window; palladian window.
Vênia s permission; excuse; courtesy.
Venial adj venial; trivial.
Venoso adj veiny; venous; veined; venose.
Venta s nostril; nose.
Ventana s window; fan.
Ventania s high wind.
Ventar v to blow; to wind; to breath.
Ventarola s a kind of fan.
Ventilação s ventilation; circulation of air.
Ventilador s ventilator; aerator.
Ventilar v to ventilate; to discuss freely.
Vento s wind; a breeze; flatulence.
Ventoinha s weathercock.
Ventral adj ventral.
Ventre s belly; abdomen; womb.
Ventricular adj ventricular.
Ventrículo s ventricle.
Ventriloquia s ventriloquism.
Ventríloquo s ventriloquist.
Ventríloquo adj ventriloquous.
Ventura s venture; chance; luck; hazard; risk.
Venturoso adj fortunate; lucky; risky.
Vênus s ASTR Venus.
Ver v to see; to look; to examine.
Veracidade s veracity; truthfulness; truth.
Veranear v to summer.
Veraneio s summer holidays; summering.
Verão s summer.
Verba s item; sum; article.
Verbal adj verbal; oral.
Verbalizar v to verbalize; to make verbal.
Verbalmente adv verbally; orally.
Verberação s verberation; castigation; censure.
Verberador s reprover.
Verberador adj verberating.
Verberar v to verberate; to strike; to reprove; to beat.
Verbete s note; annotation; entry.
Verbo s GRAM verb; a word; a vocable.
Verbosidade s verbosity; wordiness.
Verdade s truth; verity; veracity; truthfulness.
Verdadeiro adj true; veracious; veritable; real; genuine.
Verde adj green colored; green; fresh; not ripe; not seasoned; inexperienced.
Verdejante adj verdant.
Verdejar v to green; to get a greenish color.
Verdor s verdure; green color; FIG freshness.
Verdugo s hangman; executioner.
Verdura s verdure; vegetables.
Vereador s councillor; USA councilman.
Vereda s footpath; bypath; path.
Veredicto s veredict.
Vergalhar v to whip; to scourge; to beat.
Vergão s wale.
Vergar v to curve; to bend.
Vergonha s shame; modesty; decency; confusion; blush.
Vergonhoso adj shameful; bashful; shy.
Verídico adj veridical; veridic; truthful; veracious.
Verificação s verification; checking.
Verificador s examiner; verifier.

Verificar *v* to verify; to confirm the truth of; to check out.
Verificável *adj* verifiable.
Verme *s* worm; tapeworm; grub.
Vermelho *s* red; the red color; socialist.
Vermute *s* vermouth.
Vernáculo *s* vernacular.
Vernáculo *adj* vernacular.
Vernal *adj* vernal.
Verniz *s* varnish.
Verossímil *adj* verisimilar.
Verossimilhança *s* verisimilitude.
Verruga *s* wat.
Versado *adj* versed; skilled; practised.
Versão *s* version; translation.
Versar *v* to version; to make a version.
Versátil *adj* versatile; variable; changeable.
Versatilidade *s* versatility; versatileness.
Versejar *v* to versify; to compose verses.
Versículo *s* RELIG versicle, verse of the Bible.
Versificar *v* to versify; to compose verses.
Verso *s* verse; stanza; versification; poetry; reverse; back of a coin.
Vértebra *s* vertebra; spondyl.
Vertebrado *s* vertebrate.
Vertebrado *adj* vertebrate; vertebrated.
Vertente *s* watershed; slope.
Verter *v* to spill; to shed; to turn into; to translate; to overflow.
Vertical *s* the vertical; the vertical line.
Vertical *adj* vertical.
Vértice *s* vertex; top; summit; apex.
Vertigem *s* MED vertigo; dizziness.
Vertiginoso *adj* vertiginous; dizzy; giddy; rotary; revolving.
Verve *s* verve; enthusiasm; spirit.
Vesgo *s* a squint-eyed person.
Vesgo *adj* squinting; squint-eyed.
Vesícula *s* vesicle; blister.
Vespa *s* wasp.
Vésper *s* vesper; FIG the west.
Véspera *s* eve.
Vesperal *s* vesperal.
Vespertino *s* evening paper.
Vespertino *adj* vespertine; evening.
Vestal *s* vestal.
Vestal *adj* vestal.
Veste *s* clothes; vest; dress.
Vestiária *s* vestiary; clothing; vestiment.
Vestiário *s* vestry; cloak-room; dressing-room.
Vestibular *adj* vestibular.
Vestíbulo *s* vestibule; hall; USA entry.
Vestido *s* dress; clothes; garment; gown.
Vestidura *s* clothes; garments.
Vestígio *s* vestige; footprint; trace; sign.
Vestimenta *s* vestiment; dress; vestments.
Vestir *v* to dress; to clothe; to cover with.
Vestuário *s* clothes; apparel.
Vetar *v* to veto; to prohibit; to refuse.
Veterano *s* veteran; expert.
Veterano *adj* veteran; expert.
Veterinária *s* veterinary; veterinary surgeon.
Veterinário *adj* veterinary.
Veto *s* veto.
Vetustez *s* vetusty; old age.
Vetusto *adj* vetust; ancient; old.
Véu *s* veil; FIG cover; disguise.
Vexação *s* vexation; chagrin; mortification.
Vexame *s* vexation; trouble; mortification.
Vexar *v* to harass; to humiliate; to disturb.
Vexativo *adj* vexatious; afflictive; disturbed.
Vexatório *vide* VEXATIVO.

Vez *s* time; turn; opportunity; occasion; share.
Via *s* way; road; street; via; copy; duplicate.
Viabilidade *s* viability; workability.
Viação *s* network of roads.
Viaduto *s* viaduct; bridge.
Viagem *s* voyage; trip; travel; travelling.
Viajante *s* traveller; passenger.
Viajante *adj* travelling.
Viajar *v* to travel; to journey; to take a trip.
Viatura *s* vehicle.
Viável *adj* viable; practible; feasible.
Víbora *s* viper; a kind of snake; FIG treacherous or malignant person.
Vibração *s* vibration; oscillation; trembling motion.
Vibrante *adj* vibrant; vibrating.
Vibrar *v* to vibrate; to oscillate; to vibrate.
Vibratório *adj* vibratory; vibratile.
Vicejante *adj* exuberant; luxuriant.
Vicejar *v* to grow luxuriant; to bloom; to shine.
Vice-versa *adv* vice-versa; conversely.
Viciado *adj* vicious; vitiated; defective.
Viciador *s* corrupter; vitiator.
Viciar *v* to vitiate; to deprave; to corrupt; to pervert.
Vício *s* vice; immoral conduct; immoral habit.
Vicioso *adj* vicious; faulty; imperfect; impure.
Vicissitude *s* vicissitude.
Viço *s* rankness; freshness; exuberance.
Viçoso *adj* blossoming; blooming.
Vida *s* life; livelihood; lifetime; living.
Videira *s* grape-vine; vine.
Vidente *s* seer; foreteller, prophet.
Vidraça *s* window-glass; window-pane.
Vidraçaria *s* glazier 's shop.
Vidraceiro *s* glazier.
Vidrado *adj* glazed; dim.
Vidrar *v* to glaze; to dim; to grow dim.
Vidraria *s* glass-making; glass-work; glass-shop.
Vidreiro *s* glass-maker; glass-man.
Vidro *s* glass; window-pane.
Viela *s* lane; narrow street; MÚS vielle.
Viga *s* beam; girder.
Vigamento *s* beams; framework.
Vigário *s* vicar; curate.
Vigarista *s* swindler; confidence man.
Vigente *adj* JUR in force; in vigor; standing.
Vigia *s* watching; watch; vigilance; sentinel.
Vigiador *s* watcher.
Vigiador *adj* watching.
Vigiar *v* to watch; to spy; to vigil.
Vigilância *s* vigilance; watchfulness; caution.
Vigilante *adj* vigilant; watchful; wakeful.
Vigília *s* vigil; watching; wakefulness.
Vigor *s* vigour; strength; potency.
Vigorante *adj* invigorating; invigorant.
Vigorar *v* to vigor; to invigorate; to be in force; to be in vigor.
Vigoroso *adj* vigorous; energetic; effective; vehement.
Vil *adj* vile; mean; abject; base; villainous.
Vila *s* country-house; villa.
Vilania *s* villainy.
Vilão *s* villain; rascal; boor.
Vileza *s* fileness; meanness; baseness.
Vilipendiar *v* to vilify; to debase; to revile.
Vilipêndio *s* contempt; disdain.
Vilipendioso *adj* contemptuous.
Vime *s* osier; twing; wicker.
Vinagre *s* vinegar.
Vinagreira *s* vinegar-cruet.
Vinagreiro *s* vinegar-maker.
Vincar *v* to crase; to fold; to plait.

Vinco s crease; fold; wale.
Vinculação s binding; vinculation.
Vincular v to entail; to bind; to tie; to link.
Vínculo s a tie; link; entail; entailment.
Vinda s arrival; coming.
Vindicação s vindication; defense.
Vindicar v to vindicate; to defend; to claim.
Vindicativo adj vindicative.
Vindima s vintage.
Vindimar v to vintage; to gather grapes.
Vindita s vindicta; vengeance; chastisement.
Vindouro adj future; coming.
Vingador s avenger; revenger.
Vingador adj avenging.
Vingança s vengeance; revenge.
Vingar v to avenge; to revenge.
Vingativo adj vindictive; revengeful.
Vinha s vine; vineyard.
Vinhedo s vineyard.
Vinheta s vignette.
Vinhetista s vignettist.
Vinho s wine.
Vinícola adj wine-growing; vinicultural.
Vinicultor s viniculturist; winegrower.
Vinicultura s winegrowing; viniculture.
Vinífero adj viniferous.
Viola s viol; viola (small guitar).
Violação s violation; transgression; profanation.
Violáceo adj violaceous.
Violador s violator; ravisher; profaner.
Violão s viol; guitar.
Violar v to violate; to break; to commit rape on.
Violável adj violable.
Violeiro s guitar maker.
Violência s violence; intensity; rape.
Violentador s ravisher, one who forces.
Violentar v to force; to do violence; to commit rape on.
Violento adj violent; impetuous; strained.
Violeta s BOT violet; common purple.
Violinista s MÚS violinist.
Violino s MÚS violin.
Violoncelista s MÚS violoncellist.
Violoncelo s MÚS violoncello.
Vir v to come; to arrive; to appear; to occur.
Virar v to turn; to reverse; to empty; to transmute.
Viravolta s circular motion; somersault; FIG vicissitude.
Virgem s Virgin; Maid; the Holy Virgin.
Virgem adj virgin; pure.
Virginal adj virginal; maidenly.
Virgindade s virginity; maidenhood.
Vírgula s comma.
Viril adj virile; manly.
Virilidade s virility; masculinity.
Virilizar v to make virile.
Virola s virola; ferrule.
Virtualidade s virtuality; potencial existence.
Virtude s virtue; morality; efficacy; rectitude.
Virtuosidade s virtuosity.
Virtuoso adj virtuous; pure.
Virulência s virulency; virulence.
Virulento adj virulent; malignant; infectious.
Visagem s visage; appearance; vision.
Visão s sight; a view; vision; apparition.
Visar v to aim at; to have in view; to aspire.
Vísceras s ANAT viscera.
Visco s BOT mistletoe; birdlime; FIG allurement; enticement.
Visconde s viscount.
Viscosidade s viscosity; stickiness.
Viscoso adj viscous; sticky.

Viseira s visor; vizor.
Visibilidade s visibility.
Visionar v to vision; to have visions.
Visionário s visionary.
Visionário adj visionary.
Visita s visit; visitor; guest.
Visitar v to visit; to make a visit.
Visível adj visible; obvious; manifest.
Vislumbrar v to glimmer; to catch a glimpse; to catch a sight of.
Vislumbre s glimmer; faint light; light resemblance.
Viso s sight; aspect; visage; glimmer.
Vista s sight; a look; glance; picture; intention.
Visto s visa; visé.
Visto adj seen; examined; known.
Vistoria s inspection; assessment; survey; valuation.
Vistoriar v to survey; to inspect.
Vistoso adj striking; showy; ostentatious.
Visual adj visual.
Vital adj vital; indispensable; imperative.
Vitalício adj vital; lifelong.
Vitalidade s vitality.
Vitalizar v to vitalize; to make alive.
Vitamina s vitamin.
Vitela s heifer; veal; calf.
Vítima s victim.
Vitimar v to victimize; to make a victim of.
Vitória s victory; success; conquest; triumph.
Vitorioso adj victorious; conquering; winning.
Vitral s stained glass-window.
Vítreo adj vitreous; glassy.
Vitrificação s vitrification; vitrifaction.
Vitrificar v to vitrify.
Vitrina s shop-window; show-case.
Vitrinista s window dresser.
Vituperação s vituperation.
Vituperar v to vituperate; to censure.
Vitupério s vituperation; severe censure: disgrace.
Viúva s widow.
Viúva adj widowed; FIG desolate; helpless.
Viuvez s widowhood.
Viúvo s widower.
Viúvo adj widowed; FIG desolate; helpless.
Viva s cheer.
Viva interj hurrah! huzza! huzzé!
Vivacidade s vivacity; vital force; animation.
Vivaz adj vivacious; lively; brisk.
Viveiro s coop; a small enclosure.
Vivenda s dwelling; cottage; country house.
Vivente adj living.
Viver v to live; to subsist; to dwell; to reside.
Víveres s provisions; victuals.
Vivificação s vivification; enlivening.
Vivificar v to vivify; to endure with life; to animate.
Vivo s living person; braid of a garment.
Vivo adj live; alive; living; lively; striking.
Vizinhança s neighbourhood; neighborhood; vicinity.
Vizinho s neighbour; neighbor.
Vizinho adj neighboring; neighbouring; near.
Vizir s vizier; vizir.
Voador s flier.
Voar v to fly; to run away; to disappear; to spead.
Vocabulário s vocabulary; lexicon.
Vocábulo s vocable; word; term.
Vocação s vocation; inclination; calling.
Vocal adj vocal.
Vocalizar v to vocalize.
Vocativo s vocative case.
Vocativo adj GRAM vocative.
Você pron you.

VOCIFERAÇÃO — VULTOSO

Vociferação s vociferation; outcry; clamor.
Vociferador s vociferator; shouter.
Vociferante adj vociferating.
Vociferar v to vociferate; to shout out.
Voga s vogue; fashion; usage.
Vogal s vowel; voter; member of a jury.
Vogal adj vocal; vocalic.
Vogar v to row; to float; to sail; to slip.
Volante s fly-wheel; hand-wheel; steering-wheel.
Volante adj volant; flying.
Volátil adj volatile; gaseous; vaporous.
Volatilizar v to volatilize; to cause to pass off in vapor.
Volição s volition; will; determination.
Volitar v to volitate; to flutter; to flicker.
Volitivo adj volitive; volitional.
Volt s ELET volt.
Volta s turn; circuit; revolution; rotation.
Voltado adj turned up; opposite.
Voltagem s voltagem.
Voltar v to turn; to return; to come back.
Voltear v to whril; to revolve rapidly; to vault.
Volubilidade s volubility; inconstancy; versatility.
Volume s volume; bulk; a mass.
Volumoso adj voluminous; bulky; large; swelling.
Voluntariedade s voluntariness; voluntarity.
Voluntário s volunteer.
Voluntário adj voluntary; free; self-willed.
Volúpia s volupty.
Voluptuosidade s voluptuousness; lewdness.
Voluptuoso adj voluptuos; sensuous; luxurious.
Voluta s ARQ volute.
Volúvel adj voluble; changeable; instable; fickle.
Volver v to turn; to roll; to turn round.
Volvo s MED volvulus.
Vomitar v to vomit; to belch forth.
Vômito s vomit; vomiting.

Vontade s will; rational choice; mind; desire.
Voo s flight; ecstasy; rapture.
Voracidade s voracity; voraciousness; greediness.
Voragem s vortex; whirlwind; tornado; whirlpool.
Voraz adj voracious; ravenous; insatiable.
Vórtice s vortex; whirlwind.
Vos pron you.
Vosso adj your.
Vosso pron yours.
Votação s voting; balloting.
Votante adj voting.
Votar v to vote; to grant; to vow; to dedicate.
Voto s vote; suffrage; ballot; the right of suffrage; vow.
Vovô s grandpa; granddad.
Vovó s grandma; granny.
Voz s voice; speech; vote; MÚS voice.
Vozeirão s a loud voice.
Vulcâneo adj vulcanian.
Vulcânico adj vulcanic.
Vulcanização s vulcanization.
Vulcanizar v to vulcanize; FIG to exalt; to enthusiasm.
Vulcão s volcano.
Vulgar s vulgar.
Vulgar adj vulgar; common; coarse; ordinary.
Vulgaridade s vulgarity; quality of being vulgar.
Vulgarismo s vulgarism; rudeness; vulgarity.
Vulgarização s vulgarization.
Vulgarizar v to vulgarize; to make vulgar.
Vulgata s Vulgate (Bible).
Vulgo s vulgus; vulgar people; common people.
Vulgo adv vulgo.
Vulnerabilidade s vulnerability; vulnerableness.
Vulnerar v to vulnerate; to wound; to hurt.
Vulnerável adj vulnerable.
Vulto s face; countenance; visage; image; aspect; appearance.
Vultoso adj bulky; voluminous.

W

W s the twenty third letter of the English alphabet and in Portuguese alphabet it is used in some words derived from foreign names.

Wagneriano *adj* wagnerian.
Water-closede s water-closet (W.C.); latrine.
Watímetro s wattmeter.
Watt s FÍS watt (symbol w).
Westerne s western; horse-opera.
Wind-surfe s ESP wind surf.

X s the twenty second letter of the Portuguese alphabet and the twenty-fourth letter of the English alphabet.
X s the tenth in Roman numeral.
X s MAT an unknown quantity (algebra); the symbol of multiplication.
Xá s shah.
Xadrez s ESP chess (game); BR jail; prison.
Xadrezar v to checker.
Xadrezista s chess player.
Xale s shawl.
Xará s homonym; namesake.
Xaropada s syrupy; BR something tiresome.
Xarope s syrup; sirup.
Xaroposo adj syrup-like; syrupy.
Xaveco s NÁUT xebec (ship).
Xelim s shilling (British coin).
Xenofobia s xenophobia.
Xenófobo adj xenophobe.
Xeque s sheik; ESP check (at chess).
Xerife s sheriff.

Xerocar v to copy; to xerox.
Xerofagia s xerophagy; xerophagia.
Xerox s Xerox (Registered Mark).
Xícara s cup; cupful.
Xifópagos s xiphopagus.
Xifópagos adj xiphopagous.
Xilófilo adj xilophilous.
Xilografia s xilography.
Xilógrafo s xilographer.
Xilogravura s xilograph.
Xiloide adj resembling wood; woody; xiloid.
Xilomancia s xilomancy.
Xingamento s insulting speechs.
Xingar v BR to call bad names.
Xintoísmo s Shintoism; shinto.
Xintoísta s RELIG shintoist.
Xintoísta s adj RELIG shintoist.
Xisto s schist (rock); xyst (Greek portico).
Xistoso adj schistose.
Xodó s BR GÍR passion; strong liking.
Xucro adj GÍR BR untamed animal; silly person.

Y s the twenty five letter of the English alphabet and in Portuguese alphabet is only used in words derived from foreign names (symbols, abbreviations and foreign names).

Y s MAT the second unknown quantity in algebra.
Y s QUÍM symbol of **YTTRIUM**.
Yd s YARD (= 914.4 mm).

Z

Z *s* the twenty third letter of the Portuguese alphabet and the twenty sixth letter of the English alphabet.
Z *s* MAT unknown quantity.
Zabumba *s* a big drum; bass drum.
Zabumbar *v* to beat a big drum; to beat a bass drum.
Zagaia *s* assagai; assegai; spire.
Zanga *s* anger; aversion; quarrel.
Zangado *adj* angry; ill-tempered.
Zangão *s* drone; COM stockjober.
Zangar *v* to anger; to annoy; to grow angry; to irritate.
Zanzar *v* to roam; to rove; to wander.
Zarabatana *s* blowpipe; blowtube.
Zarolho *adj* cross-eyed; one-eyed; squint-eyed.
Zarpar *v* to run away; to weigh anchor.
Zebra *s* ZOO zebra (animal).
Zebroide *adj* zebroid, like a zebra (or pertaining to).
Zebu *s* zebu (ox).
Zéfiro *s* zephyr; gently breeze; Zephyr, the west wind.
Zelador *s* guardian; janitor; keeper.
Zelar *v* to look after; to take care of; to watch over.
Zelo *s* ardent interest; zeal.
Zeloso *adj* careful; devoted; zealous.
Zenda *s* RELIG Zend (Zoroastrian writings).
Zenda-avesta *s* RELIG Zenda-Avesta (Zoroastrian writings).
Zênite *s* ASTR zenith.
Zepelin *s* AER zeppelin.
Zero *s* zero; a cipher.
Ziguezague *s* zigzag; sinuosity.
Ziguezaguear *v* to zigzag.
Zimbório *s* ARQT cupola; dome.
Zimbrar *v* to beat; to pitch a ship; to strike.
Zimologia *s* zymology (fermentation treatise).
Zinabre *s* verdigris.
Zincagem *s* zincification; zincking.
Zincar *v* to galvanize; to zincify; to zinc.
Zinco *s* QUÍM zinc.
Zincografar *v* to engrave in zinc sheets.
Zincografia *s* zincography.
Zincográfico *adj* zincographic; zincographical.
Zincógrafo *s* zincographer.
Zincogravura *s* zincograph; zinc-etching.
Zíngaro *s* gipsy; gypsy.
Zingração *s* mockery; scoffing.
Zingrar *v* to laugh at; to mock; to scoff.
Zoar *v* to buzz; to hum; to sound.
Zodiacal *adj* zodiacal.
Zodíaco *s* zodiac.
Zombador *s* jester; mocker.
Zombador *adj* mocking.
Zombar *v* to deride; to mock; to scoff.
Zombaria *s* derision; mockery; mocking; scoffing.
Zombeteiro *s* jester; mocker.
Zombeteiro *adj* mocking.
Zona *s* area; belt; region; zone.
Zoófilo *s* zoophilist (a lover of animals).
Zoófilo *adj* zoophilous (animal loving).
Zoófito *s* zoophyte.
Zoofobia *s* zoophobia.
Zoófobo *adj* zoophobous.
Zoografia *s* zoography (description of animals).
Zoólatra *s* zoolater.
Zoólatra *adj* zoolatrous.
Zoolatria *s* zoolatry (worship of animals).
Zoólito *s* zoolite; zoolith (a fossil animal).
Zoologia *s* zoology.
Zoológico *adj* zoological.
Zoologista *s* zoologist.
Zoólogo *vide* ZOOLOGISTA.
Zootaxia *s* zootaxy; zoological taxonomy.
Zootecnia *s* zootechny; zootechnics.
Zootécnico *adj* zootechnic.
Zooterapia *s* zootherapy (veterinary therapeutics).
Zooterápico *adj* zootherapeutical; zootherapeutic.
Zootomia *s* zootomy.
Zoroastrismo *s* RELIG zoroastrianism.
Zorra *s* old fox; sledge; trolley; timber-truck; truck.
Zorro *s* fox; zorro.
Zorro *adj* crafty; cunning; slow.
Zumbido *s* buzzing; hum; humming; ringing in the ears.
Zumbir *v* to buzz; to hum; to whirl.
Zunido *s* buzzing; humming; whistling; whining.
Zunir *v* to buzz; to hum; to whistle.
Zunzum *s* hum; intrigue; report; rumour.
Zurrar *v* to bray; to utter a bray.
Zurro *s* bray.
Zurzir *v* to thrash; to cudgel; to chastise.
Zwinglianismo *s* RELIG zwinglianism.
Zwingliano *s* zwinglianist (follower of or pertaining to the Zwinglianism).

Minidicionário Escolar

Apêndices

Verbetes de Informática

A

ABORTION (ábór-shânn) comando de aborto que visa parar algo fora de controle (que não se está entendo no momento) e que ocorre no micro quando se faz uma operação errônea (usualmente abreviado ABORT).

ABOUT BOX (âbau-t bóx) janela que se abre no vídeo mostrando informações tais como, o nome do programa, versão, socorro (help), etc.

ACCELERATOR BOARD (éksé-láreitâr bôurd) placa aceleradora, dispositivo colocado no micro que o torna mais rápido (pela união de dois processadores).

ACK (âk) abreviatura de ACKnowledge (âknó-lidj) que possui um sentido de "reconhecimento", vez que se trata de compatibilização entre modems.

ACTIVE WINDOW (ék-tiv uin-dôu) janela ativa, janela que se abre solicitando uma das opções ali enumeradas, através de comando (mouse ou teclado); noutras palavras, é a tela aberta que mostra as muitas opções à disposição, quando se liga o computador.

ADDON PROGRAM (édônn prôu-grémm) programa adicionado (suplementar) que atua juntamente com outro programa, buscando aperfeiçoar suas características.

ADDRESS (âdré-ss) endereço, lugar onde os itens ficam armazenados no micro ou, em se tratando de planilha, tem endereço, linha e coluna.

AIR BRUSH (ér brâsh) tópico constante em muitos programas, utilizado para criar e trabalhar com imagens gráficas.

ALGOL (élgôul) abreviatura de ALGOrithmic Language, linguagem de máquina chamada de alto nível, porquanto é muito próxima da linguagem humana.

ALGORITHM (élgôul rítê-m) algoritmo, conjunto de informações e instruções lógicas que possibilitam a feitura de programas (linguagem de máquina).

ALIGNMENT (âláin-ment) refere-se ao corpo de escritos na tela, do texto em si, que pode receber o comando justificado, à direita, à esquerda, centralizado.

ALPHANUMERIC (élfâ niumé-ric) alfanumérico, combinações de números, caracteres, símbolos e letras, que formam programas e são reconhecidos pelo micro; ou, característica de um campo tornando-o capaz de abrigar letras, números, caracteres especiais, etc.

ALT (ól-t) abreviatura de ALTERNATE que é uma chave-comando no teclado, servindo para alternar a função de outra chave (tecla), na medida em que é pressionada conjuntamente com outra chave (tecla).

AND (énd) e, é um operador lógico como os usados em teoria de conjuntos (matemática), mantendo uma função comparativa na construção de programas, fundamentalmente na linguagem "basic".

ANNALIST (é-nálist) o que examina programa de computação.

ANSI (ân-sai) abreviatura de American National Standards Institute, definidor de padrões técnicos às indústrias e estabelece, nos micros, a forma dos caracteres, a comunicação entre eles, além de como devem trabalhar os programas.

ANSWER MODE (én-sâr mouwd) modo responde, modo como um MODEM, aceita e recebe o chamado de outro modem (comunicação entre computadores à distância).

APPLICATIVE (é-plikèitiv) aplicativo, é um programa específico com diversas funções (vide SOFTWARE).

AROW (árô-u) chave (tecla-seta) do teclado (hard) que move o cursor (sinal que "pisca" no vídeo) para todos os lados.

ATTACHMENT (âté-tshment) anexo (arquivo anexados), são arquivos enviados ou recebidos como parte de uma mensagem de correio eletrônico (E-mail).

B

BACKUP (baek âp) ferramenta útil que permite fazer cópias de segurança daquilo que está no disco rígido (hard disk), possibilitando a reposição de tudo que tenha sido danificados.

BATCH FILE (bétsh faile) arquivo de lote, um arquivo especial contendo comandos do sistema operacional (MS-DOS), processado sequencialmente, geralmente com a extensão BAT (.bat).

BEDBUG (béd-bâg) programa (software) que causa problemas noutros programas.

BOOT (but) ação inicial promovida pelo computador, assim que ligado, deixando todo o sistema à disposição do usuário.

BUFFER (bâ-fâr) área de armazenamento temporário os quais serão transferidos automática e oportunamente pelo sistema, ou, memória temporária que retém parte do trabalho que o computador deve realizar, aguardando a vez para fazer o restante do mesmo, como numa impressão, por exemplo.

BUG (bâg) vírus, programa que impede o funcionamento correto de outros programas.

C

CACHE (kaesh) esconderijo, lugar embutido na memória do computador onde ficam armazenados um determinado volume de dados, temporariamente, evitando acessar o drive do disco rígido ou flexível, o que provoca um rodar mais rápido no mesmo; memory CACHE: memória esconderijo, chips de memória que retêm dados, temporariamente, a fim de fazer um micro rodar mais rápido.

CHIP microcircuitos integrados, minúsculos componentes eletrônicos transistorizados que se constituem na menor parte física do computador (hardware).

CLEAN (klin) adj, comando que limpa a tela do vídeo do computador, bastando digitar abreviadamente CLS.

COMPACT (kóm-pekt) CD-ROM, disco compacto, apenas com memória para ser lida, contendo diversos dados (arquivos, diretórios, multimídia, elementos gráficos, jogos, etc.)

CONFIGURATION (konfighiurêi-shân) configuração, esta palavra é utilizada com diversos sentidos: um deles é no sentido de dar forma ao trabalho, em termos de tamanho da página, etc.; outro é no sentido de instalar determinado programa ou aplicativo no micro.

D

DEBUG (di-bug) depurar; eliminar problemas em um programa que contenha vírus; eliminar vírus (bugs).

DEFAULT (difól-t) padrão, ações predefinidas no programa de origem que são ativadas caso o usuário não manifeste uma outra ação qualquer, como, por exemplo, o número de uma página que já tem um tamanho padrão (10).

DEFAULT drive (difól-t draiv) drive padrão, é o lugar, em primeira plana, onde o micro busca por informações, caso não lhe seja dada outra instrução e, geralmente, é o drive C.

DELETE (dili-t) tecla DEL do computador que apaga os caracteres à esquerda do cursor.

DESK top (desk-tóp) mesa de trabalho, tela inicial (interface gráfica de usuário), abaixo da barra de menu,, onde permanece todos os comandos constante da janelas (ícones – atalhos) que possibilitam acesso rápido aos programas.

DESK top publishing editoração eletrônica, combinação específica de textos e imagens que servem para criar e publicar jornais; livros; etc.

DEVICE (diváı-ss) qualquer equipamento (hard) que possa enviar ou receber dados, como um monitor, uma impressora, o mouse, etc.

DIGITAL (di-dijtâl) os computadores modernos funcionam de maneira digital, isto é, representam os objetos em estado ligado/desligado (zero/um).

DIRECTORY (dirék-tôuri) diretório, unidade de armazenamento que abriga divisões no disco rígido (C:) ou no flexível (A:); servindo para organizar todos os arquivos.

DISK (disk) disco; hard DISK: disco rígido; material duro, com camada de óxido sobre alumínio, recoberto de material magnético, localizado dentro do gabinete que guarda o microprocessador, mantendo a função de armazenamento de dados; floppy DISK: disco flexível de 5 ou 3 1/2 polegadas, magnetizado, mantendo a função de armazenador de dados (portátil);

DISK operating system (DOS) sistema operacional de disco (DOS), programa (software) desenvolvido especialmente para gerenciar todo o computador, na sua parte material (hardware) e na parte imaterial (programas, softwares), promovendo um perfeito entrosamento entre seus elementos.

E

EDIT (é-dit) editar, modificar dados, textos, gráficos, etc., em um arquivo; geralmente consta da barra de títulos e basta um click com o mouse para abrir a janela que contém diversos comandos.

ELECTRONIC mail (e-mail) (iléktrôu-nik mêiuol) – correio eletrônico, envio de mensageiras criadas e lidas por sistemas que envolvem micros, modems, telefone, transmitidas via satélite.

E-MAIL address (iléktrôu-nik mêiuol a-drés) endereço do correio eletrônico, números, letras e palavras que identificam um usuário de uma rede de computadores, conectados via telefones e modem (local/ mundial) como a Internet, Network, etc.

ENTER (én-târ) tecla de entrar que envia um determinado comando ao sistema utilizado.

ESCAPE (iskêi-p) abreviado como Esc, consta do teclado do computador e, quando pressionada, cancela qualquer comando que tenha sido dado por último.

F

FILE (fá-il) conjunto de informações que, por meio de comando específico, são alocadas à memória do computador, que as coloca numa pasta específica, devidamente nomeadas e que poderão sofrer modificações ou impressões posteriores no ambiente gráfico.

FONT (fónt) formato opcional de letras.

FORMAT (fôurmé-t) trata-se de um comando de diversos aplicativos que serve para preparar o disco utilizado para posteriores gravações; além disso apaga todos as informações anteriores, dando-nos conta da sua capacidade de armazenamento; um outro conceito dessa palavra está interligado à possibilidade de amoldarmos aquilo que se vai escrever, dando nos a possibilidade de amoldarmos o trabalho quanto ao parágrafo, fontes, cores, etc.

G

ARBAGE (gár-bidj) lixo, informação desnecessária.

GATEWAY (ghêit-uêi) meio de acesso, o link (ligação) conectivo entre computadores, que faz a tradução entre dois tipos diferentes de redes.

GENDER BENDER (djén-dâr Bêender) adaptador, plugue especial que transforma um cabo com conexão fêmea em cabo com conexão macho e vice-versa.

GENDER CHANGER (djén-dâr têchen-djâr) adaptador, plugue especial que transforma um cabo fêmea em cabo com conexão macho e vice-versa.

H

HACK (hék) piratear, modificar um programa de um modo ilegal.

HACKER (hé-kâr) pirata, pessoa muito habilitada em computação que consegue adentrar em qualquer sistema, via modem ou de outra maneira, descobrindo a senha de entrada (password), roubando, assim, informações confidenciais.

HARD-disk (hárd disck) dísco rígido, dispositivo interno do computador que armazena programas, arquivos, etc.

HARDWARE (hárd-uér) componentes da complexa aparelhagem que forma um Micro, chamada, às vezes, parte material, em oposição a software que é sua parte imaterial, formando uma dualidade Hardware, Software.do.

HOME computer (hôumm) computador doméstico.

HOME-key tecla que, se acionada, move o cursor para o início ou topo de um documento ativo no computador.

I

ICON (ái-kónn) figuras ou imagens que substituem os comandos de acesso aos programas, constituindo-se num atalho, bastando clicá-las com o mouse.

INPUT (in-pât) entrada, informações que alimentam o computador no sentido de que possa produzir algum tipo de resultado (output).

INTERFACE (inter-fêis) é a conexão que se verifica entre o computador, seus diversos dispositivos e o usuário.

INTERNET (inter-nét) rede internacional de comunicação eletrônica, via computadores, interligados por telefone e modem.

J

JACKET (djé-két) a caixa plástica quadrada que protege os discos flexíveis.

JOB (djób) tarefa que o computador deve fazer sempre que comandado

JOIN (djóinn) associação, termo que se utiliza quando há uma referência cruzada entre dois arquivos.

JOYSTICK (jóin-estik) dispositivo de controle que move o curso na tela do computador.

JUMP (djâmp) salto, mudança repentina de uma instrução subsequente num programa, de um lugar para outro.

JUSTIFY (djâs-tiái) comando que permite que o computador faça um alinhamento de texto automaticamente.

VERBETES DE INFORMÁTICA

K

K (kêi) sigla de kilobyte (1024 bytes).

KERNEL (kârn-l) semente, termo usado por programadores para descrever o núcleo do programa ou o principal do programa.

KEY (ki) os botões do teclado; senha que codifica ou decodifica arquivos.

KEYBOARD (ki-bòurd) teclado do computador composto de teclas de função e KEYPAD.

KEYPAD (ki-péd) teclado numérico do computador, incluindo o teclado do cursor, que está ligado ao KEYBORD.

KNOWLEDGE (nó-ledj) banco de conhecimentos que, supostamente atualizado, armazena informações para resolução de problemas gerais.

L

LANGUAGE (lén-güidj) linguagem de programação ou de máquina, é a língua que o computador compreende para que possa realizar as inúmeras tarefas que lhe são solicitadas e que forma, enfim, o programa executado; pode ser de alto nível quando a mesma é bem próxima da própria linguagem humana; ou de baixo nível, quando o seu entendimento rápido só pode ser entendido pelo computador; todo software é feito numa dessas linguagens.

LAPTOP (lép-tóp) um computador pequeno e portátil.

LIGHT (láit) uma caneta magnética que permite que se possa desenhar figuras e dar entradas no computador pelo próprio vídeo.

LINE EDITOR (láinn-editâr) um programa que possibilita a modificação de uma linha de cada vez em um arquivo de texto.

LINK (link) significa interligar dois computadores através de um modem, cabo ou rede.

LOAD (lôud) transferir (carregar) dados armazenados no disco rígido para a memória RAM do computador.

M

MENU (mé-niu) uma lista de comandos disponíveis em um programa que ficam, potencialmente no vídeo, à disposição do usuário e que, por intermédio do mouse ou via keyboard, podem ser acionados.

MESSAGE BOX (mé-sâdji bóx) caixa de mensagem, uma pequena janela ou quadrado que aparece na tela do micro, contendo recados sobre o programa que está sendo usado.

MICRO (maicrou) abreviatura de microcomputador.

MOTHER-board placa mãe, circuito principal de onde parte a conexão da maioria dos dispositivos do computador.

MOUSE (máuz) camundongo, dispositivo manual apontador que possibilita enviar comandos por meio de movimentação e pressionamento de botões, mantendo, na tela, uma visualização permanente do cursor que se movimenta concomitantemente.

MOVE (muv) um comando que em muitos softwares tem a função de transferir objetos ou textos de um para outro lugar.

N

NATURAL LANGUAGE PROCESSING processamento de linguagem natural, isto é, uma linguagem humana processada pelo computador, diferente da comum, que é chamada linguagem de máquina.

NAVIGATION (névighêi-shânn) navegação, ação de um usuário de computador, buscando, no vídeo, pela movimentação do mouse ou teclado, dados, arquivos, programas, etc, ajustando-os segundo suas conveniências.

NET-WORK, NETWORK (nét-uôrk) rede, sistema de interligação de computadores autônomos, visando transferência de informações.

NIBBLE (nib-l) a metade de um BYTE (quatro BITES).

NOTEBOOK (nôut-buk) computador portátil.

O

OPERATOR (ó-pârêitâr) símbolos que representam operações matemáticas nos programas.

OUTPUT (áut-put) saída, o resultado do trabalho fornecido ao computador, em forma de som, caracteres no vídeo ou pela impressão em papel, etc.

P

PADDLE (péd-l) dispositivo de entrada que permite a movimentação de um objeto no vídeo (para a esquerda, direita, etc.); vide JOYSTICK.

PAINT-brush (pêint-brush) pincel, programa específico para desenhos e pinturas em computação gráfica, desenvolvido pela Microsoft (marca registrada).

PASSWORD (paes-uârd) senha, palavra necessária que precisa ser digitada com antecedência para que se possa ter acesso a um programa, a um arquivo, etc.

PASTE (pêist) colar, ação de copiar determinado texto, desenho, etc., transferindo-o para outro lugar que se queira.

PATH (péth) caminho, instrução detalhada e específica que se digita no teclado para acessar determinados aplicativos.

PERSONAL computer (pâr-sânâl câmpiuter) computador pessoal.

PROMPT (prómpt) pronto, símbolo indicativo que aparece no vídeo indicando que o computador já está preparado para receber algum tipo de comando.

R

RANDOM Access Memory (rén-dâmm acssés mêmori) (ROM) memória de acesso aleatório – memória que se pode modificar, escrever ou ler, e que permanece caso houver o salvamento prévio do trabalho, caso contrário, não ficará armazenado.

READ-only-memory (rid onli mêmori) memória de leitura (ROM); trata-se de uma memória do computador que não pode ser mudada (editada) regularmente, apenas ser lida.

READY only (ré-di onli) somente leitura, termo indicativo de que um arquivo não pode ser editado (modificado), sendo utilizável apenas à leitura.

ROOT directory (rut diréctóri) diretório raiz, é o primeiro diretório de um disco que se ramifica com subdiretórios; no DOS o símbolo do diretório raiz é a barra invertida (\).

S

SCAN (skénn) varredura, comando que permite uma verificação geral do disco rígido ou de um disquete, buscando erros que possam eventualmente existir, nos arquivos, pastas, diretórios, etc., corrigindo-os automaticamente; ação de leitura, feita pelo computador, de códigos de barra, textos, imagens, introduzidas por um dispositivo especial chamado scanner.

SERVER (sâr-vâr) servidor, computador central que controla toda a rede de uma empresa, isto é, dentre inúmeros outros computadores, chamados de terminais, cada um com uma função específica, é o computador-mestre.

SITE (sáit) localidade, qualquer endereço na Internet (FTP ou WWW).

SOFTWARE (sóft-uér) programa lógico, como o DOS ou um utilitário qualquer que, juntamente com o hardware, formam a unidade fundamental do computador.

SYSOP (sáisóp) abreviatura de system operator, operador de sistema, que é o "cabeça" controlador das operações do sistema, via BBS (Bulletin Board System).

T

TEXT editor (tékst éditâr) editor de texto, um programa ou um modificador de palavras que permite que você modifique (edite) arquivos de texto, etc.

TRASH (trésh) lixo, um lugar especial na memória do computador aonde alguns trabalhos, arquivos, etc, podem ser transferidos, até que haja um comando para apagá-los.

U

UNDERLINE (ân-dârláinn) em informática é o atributo que se aplica ao texto, fazendo-o sublinhado.

UPPER memory (â-pâr mêmori) memória alta, é porção de memória não utilizada pelo DOS à execução do programa.

UPPERCASE (â-pâr-keiz) letras em caixa-alta, maiúsculas, como nos velhos tempos da tipografia.

V

VIDEO (vídiou) vídeo, tela onde aparecem todas as imagens que demonstram as opções de comando para o computador, texto, etc., bem como as imagens de todas as funções do computador.

VIRUS (vái-râss) programa específico que tem o objetivo de alterar ou destruir outros programas.

W

WEB master (uéb-mástâr) expert em internet.

WINDOW (uin-dôu) janela, caixa que se abre na tela de um computador, após um comando, demonstrando inúmeras opções ao usuário ou dando algum tipo de advertência.

WORD (uârd) um programa específico para processamento de palavras.

Z

ZOOM (zum) comando que possibilita aumentar gradualmente textos, gráficos, dados que aparecem na tela.

Questões Gramaticais que causam Confusão

1 ARTIGO INDEFINIDO A, AN "A"
NORMALMENTE VEM COLOCADO ANTES DE PALAVRAS QUE COMEÇAM POR CONSOANTES.

exemplos: a book, a girl, a door, etc.

Excessões: PALAVRAS QUE COMEÇAM COM VOGAL, MAS QUE TÊM SOM DE CONSOANTE.

exemplos: a university, a union, etc.

"AN" NORMALMENTE VEM COLOCADO ANTES DE PALAVRAS QUE COMEÇAM POR VOGAL.

exemplos: an egg, an old friend, etc.

Excessões: PALAVRAS QUE COMEÇAM COM CONSOANTES, MAS QUE TÊM SOM DE VOGAL.

exemplos: an hour, an honest man, etc.

2 ARTIGO DEFINIDO "THE"
USA-SE O ARTIGO DEFINIDO "THE" QUANDO UM OBJETO ESTÁ SENDO MOTIVO DE APRECIAÇÃO ESPECIAL, EM OPOSIÇÃO AO MESMO OBJETO CONSIDERADO DE UMA FORMA GERAL.

exemplo: The book wich I am reading is very interesting = o livro que estou lendo é muito interessante (um objeto especial, isto é, aquele livro que estou lendo).

NOTAR QUE PARA A FRASE "A BOOK IS ON THE TABLE" = "O LIVROS ESTÁ EM CIMA DA MESA", NÃO HÁ MENÇÃO DE NENHUM LIVRO EM PARTICULAR, PODENDO SER UM LIVRO QUALQUER (GRANDE, PEQUENO, SOBRE QUÍMICA, ETC.).

3 SAY AND TELL
OS VERBOS TO SAY AND TO TELL (DIZER, FALAR, CONTAR) POSSUEM O MESMO SIGNIFICADO, MAS SÃO USADOS DE DIFERENTES MANEIRAS:

a) DIRECT SPEECH (FALA DIRETA)
SAY É GERALMENTE USADO QUANDO AS PALAVRAS SÃO DITAS DE UMA FORMA DIRETA E COLOCADAS ENTRE ASPAS.

exemplo: Gregório said to me: "I am very busy" (not told) = Gregório disse-me "Estou muito ocupado".

b) REPORTED SPEECH (FALA INDIRETA)
PODEM, TODAVIA, SEREM DITAS INDIRETAMENTE, ISTO É, SEM AS EXATAS PALAVRAS ENTRE ASPAS. MAS NESSE CASO, A PESSOA PARA QUEM SE DIRIGE A PALAVRA (OBJETO INDIRETO) NÃO SERÁ MENCIONADA.

exemplo: Gregório said that he was very busy = Gregório disse que está muito ocupado David Jr. said that he did not feel well = David Jr. disse que não estava sentindo-se bem.

Observação:
SE FOR NECESSÁRIO MENCIONAR A PESSOA PARA QUEM É DIRIGIDA A PALAVRA, ENTÃO USA-SE "TO TELL".

exemplo: David Jr. told me that he did not feel well = David Jr. disse-me que não estava sentindo-se bem.

TELL É TAMBÉM USADO NOS SEGUINTES ESPECIAIS MODOS:
To tell a lie = contar mentira.
To tell about something = falar sobre algo.
To tell a story = contar uma estória.
To tell the truth = contar a verdade.

4 USO DO VERBO AUXILIAR MAY (PODER)
NOTAMOS QUE O AUXILIAR MAY TEM DOIS DIFERENTE USOS:

a) PARA PEDIR PERMISSÃO

exemplo: You may smoke here (i. E. You have permission to smoke here) = você pode fumar aqui (isto é, você tem permissão para fumar aqui).

b) PARA INDICAR DÚVIDA OU POSSÍVEL AÇÃO FUTURA

exemplo: she may leave tomorrow (i. e. It is possible that she will leave tomorrow) = ela talvez saia amanhã (isto é, é possível que ela saia amanhã).

5 THIS (THESE) = ESSE, ESSA (ESSES, ESSAS) AND THAT (THOSE) = ESTE, ESTA (ESTES, ESTAS).
USAMOS "THIS" PARA INDICAR UM OBJETO PRÓXIMO E "THAT" PARA INDICAR UM OBJETO QUE ESTA À DISTÂNCIA. "THESE" AND "THOSE" SÃO O PLURAL, RESPECTIVAMENTE DE "THIS" E "THAT".

exemplos:
This book in my hand is old = este livro em minha mão é velho.
That book over there on the table belongs to brother Flávio = aquele livro ali sobre a mesa pertence ao irmão Flávio.

6 MUCH AND MANY.
"MUCH" É USADO COM NOMES NO SINGULAR, PARTICULARMENTE COM COISAS DE QUANTIDADE OU TAMANHO INDEFINIDOS (QUE NÃO PODEM SER CONTADOS).

exemplos:
much coffee = muito café.
much rain = muita chuva.
much sugar = muito açúcar.

"MANY" É USADO COM NOMES NO PLURAL, COM COISAS DE NÚMERO DEFINIDO QUE PODEM SER CONTADAS.

exemplos:
many books = muitos livros
many friends = muitos amigos
many students = muitos estudantes.

SÃO USADOS FREQUENTEMENTE COM "HOW", FORMANDO EXPRESSÕES INTERROGATIVAS.

exemplos:
how many studantes are there in your class? = quantos estudantes existem em sua classe de aula?
how much coffee do you drink every day? = quantos café você bebe todo dia?

7 ALSO, TOO AND EITHER
AS PALAVRAS "ALSO" E "TOO" (também) NÃO PODEM SER USADAS EM SENTENÇAS NEGATIVAS.

exemplos:
She eats in that restaurant too = ela também come naquele restaurante.
She also likes American food = ela também gosta de comida Americana.

Observação: NAS SENTENÇAS NEGATIVAS USA-SE "EITHER" NO LUGAR DE "ALSO" OU "TOO".

exemplos:
She doesn't eat in that restaurant either = ela também não come naquele restaurante.
She doesn't like American food either = ela também não gosta de cominda Americana.

"ALSO" GERALMENTE É POSTO ANTES DO VERBO PRINCIPAL

exemplo: she also likes american food)
"TOO" GERALMENTE VAI NO FINAL DA FRASE
exemplo: She eats in that restaurant too.
Observação: COM O VERBO TO BE, CONTUDO, "ALSO" SEGUE O VERBO, NOS TEMPOS PRESENTE E PASSADO
exemplo: she is also an excellent swimmer = ela é também uma excelente nadadora.

8 NO AND NOT (não)
"NO" É UM ADJETIVO, LOGO SÓ MODIFICA NOMES (SUBSTANTIVOS)
exemplo: she has no money and no friends = ela não tem dinheiro nem amigos
"NOT" É UM ADVÉRBIO E É USADO NOS SEGUINTES CASOS:
a) PARA MODIFICAR O VERBO
exemplo: she does not speak english well = Ela não fala inglês muito bem.
b) ANTES DOS ADJETIVOS "MUCH", "MANY", "ENOUGH"
exemplo: not many people came to the meeting = poucas pessoas vieram para a reunião.
c) ANTES DE QUALQUER NUMERAL OU ARTIGO USADOS COMO ADJETIVO PARA MODIFICAR O SUBSTANTIVO.
exemplo: not a person spoke = nenhuma pessoa falou not one word of protest was heard = nenhuma palavra de protesto foi ouvida.
d) SOME AND ANY
USAMOS "SOME" (algum) EM SENTENÇAS POSITIVAS.
e) "ANY" (nenhum) EM SENTENÇAS NEGATIVAS.
exemplos:
She took SOME books home with her = ela levou alguns livros consigo para casa.
She didn't take ANY book home with her = ela não levou nenhum livro para casa consigo.

9 "IT TAKE"– "IT TOOK"– "IT WILL TAKE"
FREQUENTEMENTE USAMOS O VERBO "TO TAKE" (pegar, levar, durar), COM O PRONOME NEUTRO "IT", PARA EXPRESSAR UM PERÍODO DE TEMPO NECESSÁRIO AO COMPLEMENTO DE UMA CERTA AÇÃO.

exemplos:
It takes me an hour to prepare my homework = deve durar cerca de uma hora para eu terminar a lição.
It took us five days to reach Delaware = levou cinco dias para chegarmos em Delaware.
It will take him several months to finish that work = levará diversos meses para ele terminar aquele trabalho.
Observação: NOTE QUE O INFINITIVO DE OUTRO VERBO SEMPRE SEGUE "IT TAKES."

10 MUST AND HAVE TO
"MUST" E "HAVE TO" POSSUEM O MESMO SIGNIFICADO QUANDO USADOS PARA EXPRESSAR FORTE OBRIGAÇÃO, DEVER OU NECESSIDADE.

exemplos:
Nélson has to work tonight = Nélson tem (precisa) que trabalhar à noite
Nélson must work tonight = Nélson tem (deve) que trabalhar à noite.
Observação: Usamos "must" para expressar comando ou ordem com um sentido mais forte, enquanto que "have to" para expressões diárias de necessidade, com um sentido mais brando.

11 WOULD RATHER
É UMA FRASE VERBAL IDIOMÁTICA QUE POSSUI O SENTIDO DE PREFERÊNCIA, REFERINDO-SE AO TEMPO PRESENTE E OU AO FUTURO.

exemplos:
I would rather watch television than go to a movie = prefiro assistir televisão do que ir ao cinema.
I would rather walk than take a taxi = prefiro ir andando do que "pegar" um táxi.
Observação:
NA CONVERSAÇÃO DIÁRIA USA-SE A FORMA CONTRAÍDA "I'D RATHER, HE'D RATHER, ETC."
I'd rather watch television than go...
I'd rather walk than take...

Verbos Irregulares

INFINITIVE	PAST TENSE	PAST PARTICIPLE
ABIDE = enfrentar, resistir, suportar	ABODE/ABIDED	ABODE/ABIDED
ARISE = levantar-se, surgir	AROSE	ARISEN
AWAKE = acordar, despertar.	AWOKE	AWOKEN – AWAKED
BE = ser, estar	WAS, WERE	BEEN
BEAR = carregar, suportar	BORE	BORNE
BEAR = gerar, produzir	BORE	BORN (to be born = nascer)
BEAT = bater, derrotar	BEAT	BEAT – BEATEN
BECOME = tornar-se, convir	BECAME	BECOME
BEGIN = começar	BEGAN	BEGUN
BEHOLD = ver, olhar	BEHELD	BEHELD
BEND = curvar-se, inclinar, dobrar	BENT	BENT
BET = apostar	BET	BET
BID = oferecer, lançar, mandar	BADE – BID	BIDDEN – BID
BIND = amarrar, atar, encadernar	BOUND	BOUND
BITE = morder	BIT	BITTEN – BIT
BLEED = sangrar	BLED	BLED
BLOW = soprar, separar	BLEW	BLOWN
BREAK = quebrar	BROKE	BROKEN
BREED = procriar, criar	BRED	BRED
BRING = trazer	BROUGHT	BROUGHT
BUILD = construir.	BUILT	BUILT
BURN = queimar	BURNT	BURNT
BURST = rebentar, romper	BURST	BURST
BUY = comprar	BOUGHT	BOUGHT
CAST = atirar, lançar	CAST	CAST
CATCH = apanhar, agarrar, pegar	CAUGHT	CAUGHT
CHOOSE = escolher	CHOSE	CHOSEN
CLIMB = trepar	CLOMB	CLOMB
CLING = aderir, apegar-se	CLUNG	CLUNG
CLOTHE = vestir	CLOTHED	CLAD
COME = vir	CAME	COME
COST = custar	COST	COST
CREEP = arrastar-se, rastejar	CREPT	CREPT
CUT = cortar	CUT	CUT
DEAL = lidar, tratar, negociar	DEALT	DEALT
DIG = cavar, escavar	DUG	DUG
DO = fazer	DID	DONE
DRAW = arrastar, puxar, desenhar	DREW	DRAWN
DREAM = sonhar	DREAMT	DREAMT/DREAMED
DRINK = beber, tomar	DRANK	DRUNK
DRIVE = dirigir, conduzir, impelir	DROVE	DRIVEN
DWELL = habitar, morar, residir	DWELT	DWELT
EAT = comer	ATE	EATEN
FALL = cair	FELL	FALLEN
FEED = alimentar	FED	FED
FEEL = sentir	FELT	FELT
FIND = achar	FOUND	FOUND
FLEE = escapar, fugir	FLED	FLED
FIGHT = lutar, combater	FOUGHT	FOUGHT
FLING = arremeçar, atirar, lançar	FLUNG	FLUNG
FLY = voar	FLEW	FLOWN
FORBID = proibir	FORBADE	FORBIDDEN
FORGET = esquecer	FORGOT	FORGOTTEN
FORGIVE = perdoar	FORGAVE	FORGIVEN
FREEZE = congelar, gelar	FROZE	FROZEN
GET = conseguir, ganhar, adquirir	GOT	GOTTEN/GOT
GIVE = dar	GAVE	GIVEN
GO = ir	WENT	GONE
GRIND = moer, triturar	GROUND	GROUND
GROW = crescer, tornar-se	GREW	GROWN

INFINITIVE	PAST TENSE	PAST PARTICIPLE
HANG = pendurar, suspender	HUNG	HUNG
HANG = enforcar, enforcar-se	HUNGED	HUNGED
HAVE = ter	HAD	HAD
HEAR = ouvir	HEARD	HEARD
HIDE = esconder	HID	HIDDEN
HIT = atingir, bater, ferir	HIT	HIT
HOLD = deter, segurar, manter	HELD	HELD
HURT = doer, ferir, magoar	HURT	HURT
KEEP = conservar, guardar, manter	KEPT	KEPT
KNEEL = ajoelhar-se	KNELT	KNELT
KNOW = conhecer, saber	KNEW	KNOWN
LAY = colocar, pôr	LAID	LAID
LEAD = conduzir, levar, guiar	LED	LED
LEARN = aprender	LEARNT	LEARNT
LEAVE = deixar, partir, sair	LEFT	LEFT
LEND = emprestar	LENT	LENT
LET = deixar, permitir	LET	LET
LIE = estar deitado, jazer	LAY	LAIN
LIE = mentir	LIED	LIED
LIGHT = iluminar, acender	LIT	LIT
LOAD = carregar	LOADED	LOADEN
LOSE = perder	LOST	LOST
MAKE = fazer	MADE	MADE
MEAN = querer dizer, significar	MEANT	MEANT
MEET = encontrar-se	MET	MET
MISTAKE = errar, enganar	MISTOOK	MISTAKEN
MOW = ceifar, cortar grama	MOWED	MOWN
PAY = pagar	PAID	PAID
PUT = colocar, pôr	PUT	PUT
QUIT = abandonar, desistir de	QUIT/QUITTED	QUIT/QUITTED
READ = ler	READ	READ
REND = despedaçar, rasgar	RENT	RENT
RID = desembaraçar, livrar	RID – RIDDED	RID
RIDE = andar de, cavalgar	RODE	RIDDEN
RING = tocar campainha, sino, etc.	RANG	RUNG-(RING UP= telefonar)
RISE = erguer-se, levantar-se	ROSE	RISEN
RUN = correr	RAN	RUN
SAW = serrar	SAWED	SAWN
SAY = dizer	SAID	SAID
SEE = ver	SAW	SEEN
SEEK = buscar, procurar	SOUGHT	SOUGHT
SELL = vender	SOLD	SOLD
SEND = enviar, mandar	SENT	SENT
SET = colocar, pôr	SET	SET
SEW = costurar	SEWED	SEWED – SEWN
SHAKE = apertar, sacudir, abalar	SHOOK	SHAKEN
SHAVE = barbear-se	SHAVED	SHAVEN
SHINE = brilhar, lustrar, polir, luzir	SHONE	SHONE – SHINED
SHOOT = atirar	SHOT	SHOT
SHOW = mostrar	SHOWED	SHOWN – SHOWED
SHRINK = encolher, contrair-se	SHRANK	SHRUNK – SHRUNKEN
SHUT = fechar	SHUT	SHUT
SING = cantar	SANG	SUNG
SINK = afundar	SANK	SUNK
SIT = sentar	SAT - SATE	SAT – SATE
SLEEP = dormir.	SLEPT	SLEPT
SLIDE = escorregar, deslizar	SLID	SLID – SLIDDEN
SLIT = cortar, rasgar, rasgar	SLIT	SLIT
SMELL = cheirar	SMELT	SMELT
SNOW = nevar	SNOWED	SNOWN
SOW = plantar, semear	SOWED	SOWN – SOWED
SPEAK = falar	SPOKE	SPOKEN
SPEED = apressar, acelerar	SPED	SPED
SPEND = gastar, passar (o tempo)	SPENT	SPENT
SPIN = fiar, tecer	SPUN	SPUN

VERBOS IRREGULARES

INFINITIVE	PAST TENSE	PAST PARTICIPLE
SPIT = cuspir	SPAT	SPIT
SPLIT = fender, rachar	SPLIT	SPLIT
SPREAD = estender, espalhar	SPREAD	SPREAD
SPRING = saltar	SPRANG	SPRUNG
STAND = levantar-se, estar de pé	STOOD	STOOD
STAY = ficar, parar	STAID	STAID
STEAL = furtar	STOLE	STOLEN
STICK = colar, cravar, fincar	STUCK	STUCK
STING = aferroar, ferroar, picar	STUNG	STUNG
STINK = feder, cheirar mal	STANK	STUNCK
STRIDE = dar passos largos	STRODE	STRIDDEN
STRIKE = bater, golpear, ferir, matar	STRUCK	STRUCK - STRICKEN
STRING = encordoar	STRUNG	STRUNG
SWEAR = jurar, praguejar	SWORE	SWORN
SWEAT = suar	SWEAT	SWEAT
SWEEP = varrer	SWEPT	SWEPT
SWELL = inchar	SWELLED	SWOLLEN
SWIM = nadar	SWAM	SWUM
SWING = balançar, oscilar	SWUNG	SWUNG
TAKE = levar, pegar, tomar	TOOK	TAKEN
TEACH = ensinar	TAUGHT	TAUGHT
TEAR = rasgar	TORE	TORN
TELL = contar, dizer, narrar	TOLD	TOLD
THINK = achar, pensar	THOUGHT	THOUGHT
THROW = atirar, lançar	THREW	THROWN
TREAD = pisar	TROD	TRODD
UNDERSTAND = compreender	UNDERSTOOD	UNDERSTOOD
WAKE = acordar	WOKE/WAKED	WOKEN/WAKED
WEAR = usar, vestir	WORE	WORN
WEAVE = tecer, trançar	WOVE	WOVEN
WEEP = chorar	WEPT	WEPT
WET = molhar, umedecer	WET/WETTED	WET/WETTED
WIN = ganhar, vencer	WON	WON
WIND = enrolar, sepentear, girar	WOUND	WOUND
WRING = espremer, tocer	WRUNG	WRUNG
WRITE = escrever	WROTE	WRITTEN